Peter Ulrich Weiß

Deutsche Zentralarchive in den Systemumbrüchen nach 1933 und 1945

Geschichte der Gegenwart

Herausgegeben von
Frank Bösch und Martin Sabrow

Band 30

Peter Ulrich Weiß

Deutsche Zentralarchive in den Systemumbrüchen nach 1933 und 1945

WALLSTEIN VERLAG

Bibliografische Information der Deutschen Nationalbibliothek
Die Deutsche Nationalbibliothek verzeichnet diese Publikation in der Deutschen Nationalbibliografie; detaillierte bibliografische Daten sind im Internet über http://dnb.d-nb.de abrufbar.

www.wallstein-verlag.de
Vom Verlag gesetzt aus der Adobe Garamond
Umschlaggestaltung: Susanne Gerhards, Düsseldorf
Umschlagfoto: Magazinraum des Deutschen Zentralarchivs
in der Orangerie im Park Sanssouci in Potsdam (1955)
© Bundesarchiv, DO 6 Bild-21-001/Foto: o.Ang.
Druck und Verarbeitung: Hubert & Co, Göttingen
ISBN 978-3-8353-5209-4

Inhalt

II.

III.

Vorwort

Europas Archivwesen erlebte im 20. Jahrhundert einen ungeahnten Bedeutungszuwachs. Der Ausbau des modernen Behörden- und Verwaltungsstaates, der Machtantritt totalitärer Regime und ihr Zugriff auf Archive sowie die geschichtspolitische Konkurrenz politischer Großordnungen führten nicht nur zum exponentiellen Anwachsen des Archivguts, sondern auch zur politischen Aufwertung und zur ideologischen Instrumentalisierung von Archiveinrichtungen und Archivarbeit. Für den deutschen Fall gilt, dass die deutschen Zentralarchive nach der Kriegsniederlage 1918, aber vor allem nach dem nationalsozialistischen Machtantritt 1933 und wieder im Zuge der deutschen Teilung nach 1945 von den administrativen Randzonen ins Kraft- und Kampffeld der politischen Herrschaftssicherung nach innen und außen rückten. In der Folge sahen die Wahrer und Anwälte der Überlieferung sich mit den Forderungen, Ansprüchen und Zwängen ihrer Zeit und insbesondere der nationalsozialistischen und kommunistischen Diktaturen konfrontiert. Das daraus hervorgehende Spektrum fachlichen Tuns und politischer Einlassung ist breit; es reichte von bereitwilliger Entsprechung bis zu verdeckter Abwehr und auch gezielter Verweigerung.

In das mittlerweile durch zahlreiche Studien zu personellen und institutionellen Diktaturbelastungen und Kontinuitäten erschlossene Forschungsfeld ordnet sich das vorliegende Buch ein. Am Beispiel von Reichsarchiv, Deutschem Zentralarchiv der DDR und Bundesarchiv untersucht es die Funktions- und Mitmachmechanismen, denen eine besondere Expertengruppe von Staatsbeamten und -angestellten unter den Rahmenbedingungen unterschiedlicher Herrschaftsverhältnisse unterworfen war. Das Buch lotet Handlungszwänge und Handlungsspielräume aus aus; es leuchtet die Praxis von Anpassung und Mitläufertum aus, und es erzählt zugleich von gelebter Distanz und praktizierter Fachautonomie.

Die vorliegende Untersuchung zum staatlichen Archivwesen zwischen Demokratie und Diktatur im Deutschland des 20. Jahrhunderts ist aus einem Kooperationsprojekt zwischen dem Bundesarchiv und dem Leibniz-Zentrum für Zeithistorische Forschung Potsdam erwachsen. Sie versteht sich als Beitrag zur Auseinandersetzung deutscher Behörden und ihrer Vorgängerinstitutionen mit ihrer eigenen institutionellen Diktaturbelastung und trägt zur Klärung von Fragestellungen bei, denen sich die zeithistorische Behördenforschung seit einer Reihe von Jahren mit besonderem Nachdruck widmet.

Prof. Dr. Michael Hollmann
Prof. Dr. Martin Sabrow

Vorwort

Einleitung

Staatliches Archivwesen zwischen Demokratie und Diktatur

»Unterhalb des politisch-ideologischen Nebels wurde weithin professionelle Arbeit im besten Sinn geleistet – und dies vielfach unter völlig unzureichenden räumlichen, technischen und materiellen Bedingungen und nicht selten in stillschweigendem, aber wirksamem Widerspruch zu ideologisch bestimmten Anweisungen und Richtlinien.«[1] Diese Schilderung archivarischer Tätigkeit in der DDR, veröffentlicht 1990 in der Zeitschrift »Der Archivar«, stammt von Gerhard Schmid, einem ehemaligen Archivar des Deutschen Zentralarchivs (DZA). Sie ließ die historisch interessierte Leserschaft in zweierlei Hinsicht aufhorchen. Erstens wollte hier ein renommierter Archivar nach dem Zusammenbruch der SED-Diktatur die Qualität seines Berufsstandes herausstreichen und dezent von der früheren politischen Umgebung loslösen. Zweitens schimmerte in Schmids Formulierung eine Argumentationslinie durch, die an Darstellungen aus der Zeit unmittelbar nach dem Zweiten Weltkrieg erinnerte, als Archivare[2] ihr berufliches Tun während der Jahre 1933 bis 1945 zu rechtfertigen suchten. Beides irritiert und macht zugleich neugierig. Es wirft Fragen auf, die nicht nur das umkämpfte Verhältnis von fachlicher Autonomie und politischer Indienstnahme von Expertengruppen in einer Diktatur betreffen, sondern auch die Deutung und Aufarbeitung von Arrangement und Belastung. Entgegen dem Bild vom apolitischen Tagesgeschäft, das staatliche Archivare gern zeichneten, agierten sie als Dienstleistende, die Macht ausübten: Sie befassten sich mit der Auswahl, Ordnung, Speicherung sowie der Herausgabe und Produktion von historischen Quellen, Geschichtsdiskursen und Herrschaftswissen.

Darüber hinaus wirkten viele von ihnen an der Gestaltung und am Erhalt diktatorischer Herrschaftssysteme mit. Gerade für die Jahre 1933 bis 1945 konnte eine Reihe von Untersuchungen den Nachweis erbringen, dass unter Archivaren ein größeres Spektrum von NS-Verstrickung und -Belastung bestand, als bisher angenommen, und dass zahlreiche Archive Teil des Herr-

1 Gerhard Schmid, Prolegomena zur Archivgeschichte der DDR. Eine Wortmeldung zur Einheit im deutschen Archivwesen, in: Der Archivar 43 (1990) 4, Sp. 501-516, hier Sp. 509 f.

2 Ein Hinweis zum Umgang mit genderdifferenter Sprache im Buch: Das deutsche Archivwesen war jenseits von Schreib- und Buchhaltungstätigkeiten bis 1945 und weit darüber hinaus eine Männerdomäne – in einem eigenen Abschnitt dieses Buches auf S. 112 ff. werden diese Gegebenheiten thematisiert. Aus diesem Grund wird bei generalisierenden Aussagen oder Berufsbezeichnungen wie »Archivar« mehrheitlich die männliche Variante verwendet.

schaftsinstrumentariums des NS-Staates wurden.[3] Einer besonders kritischen Revision wurden dabei die Auslandseinsätze in den okkupierten Gebieten unterzogen. Studien über den »Osteinsatz« und »Westeinsatz« deutscher Archivare veranschaulichen auf empirisch hohem Niveau, wie sehr die NS-Archivpolitik über Personal- und Nutzungsentscheidungen hinaus Teil des systemischen Herrschaftsexpansionismus war und die Vorstellung einer quasi neutralen, unpolitischen Archivarbeit eine Illusion darstellte.[4] Aufgabenstellung wie auch -umsetzung waren ideologisch geprägt und durch das strukturelle Machtgefälle zwischen eingesetzten und einheimischen Archivaren bestimmt. Auch wenn nicht jeder Archivar als überzeugter Nationalsozialist oder treuer Parteigenosse auftrat und manch fachlicher Einwand vorgetragen wurde, funktionierten sie im Sinne des Systems bzw. trugen dazu bei, die NS-Archivpolitik möglichst reibungslos umzusetzen.

Nach 1945 wurden dann in Archivarskreisen erhebliche Anstrengungen unternommen, sich gegenseitig zu entlasten und »Persilscheine« auszustellen. Gerade in den Westzonen bzw. in Westdeutschland überlebten alte Netzwerke, und es wurde umfangreich »geweißelt«, sodass die Berufswege und Karrieren von belasteten Archivaren in der Regel ihre Fortsetzung im bundesdeutschen Archivwesen fanden.[5] Darüber hinaus wurde auf vielen Feldern der Archivwissenschaft, der archivarischen Forschung und der Ausbildung an die Zeit vor 1945 mehr oder weniger nahtlos angeknüpft.[6] Auch in der DDR existierten im staatlichen Archivwesen, das hier zu den zivilen Expertenbereichen des Ministeriums des Innern (MdI) zählte, formale NS-Belastungsraten und Personalkontinuitäten, obwohl das Ministerium von Alt-Kommunisten und jungen SED-Kadern angeführt wurde.[7] Vor diesem Hintergrund fallen

3 Torsten Musial, Staatsarchive im Dritten Reich. Zur Geschichte des staatlichen Archivwesens in Deutschland 1933-1945, Potsdam 1996.- Robert Kretzschmar u. a. (Red.), Das deutsche Archivwesen und der Nationalsozialismus. 75. Deutscher Archivtag 2005 in Stuttgart, Essen 2007.- Stefan Lehr, Ein fast vergessener »Osteinsatz«. Deutsche Archivare im Generalgouvernement und im Reichskommissariat Ukraine, Düsseldorf 2007.- Sarah Schmidt, Das Staatsarchiv Hamburg im Nationalsozialismus, Hamburg 2016.- Tobias Winter, Die deutsche Archivwissenschaft und das »Dritte Reich«. Disziplingeschichtliche Betrachtungen von den 1920ern bis in die 1950er Jahre, Berlin 2018.

4 Lehr, Ein fast vergessener »Osteinsatz«.- Winter, Die deutsche Archivwissenschaft.

5 Hans Booms, Georg Winters Weg zum Gründungsdirektor des Bundesarchivs. Hoffnungen und Enttäuschungen des früheren preußischen Staatsarchivdirektors, in: Klaus Oldenhage/Hermann Schreyer/Wolfram Werner (Hg.), Archiv und Geschichte. Festschrift für Friedrich P. Kahlenberg, Düsseldorf 2000, S. 240-263.- Astrid M. Eckert, Kampf um die Akten. Die Westalliierten und die Rückgabe von deutschem Archivgut nach dem Zweiten Weltkrieg, Stuttgart 2004.- Winter, Die deutsche Archivwissenschaft.

6 Winter, Die deutsche Archivwissenschaft.

7 Simone Walther, Zum Umgang mit der NS-Vergangenheit beim personellen Neubeginn im zentralen Archivwesen der SBZ/DDR 1945-1952. Versuch einer Bestandsaufnahme, in: Robert Kretzschmar u. a. (Red.), Das deutsche Archivwesen und der Nationalsozialismus. 75. Deutscher Archivtag 2005 in Stuttgart, Essen 2007, S. 469-485

archivgeschichtlich vor allem das nahezu problemlose Changieren und rasche Einpassen der meisten Archivare in die jeweiligen Regime und Gesellschaftsordnungen auf, die erheblichen arbeitsbiografischen Kontinuitäten, die systemübergreifende Verflechtung der Experten sowie das geringe Problembewusstsein gegenüber ihrem eigenen Handeln in der Diktatur.[8]

Die enorme Adaptionsfähigkeit erst an diktatorische, dann an demokratische Herrschaftsverhältnisse hat erstaunt, irritiert, empört – und bisweilen zu heftigen Schuldzuweisungen geführt.[9] Zur Erklärung ist dabei zu Recht auf Persilscheinnetzwerke, Verschweigen oder torpedierte Aufarbeitung für die Zeit nach 1945 hingewiesen worden. Auch Lernfähigkeit und Mentalitätswandel gehören zu den gewichtigen Argumenten, die für den Westen den Übergang von undemokratisch eingestellten Eliten zu zumindest formal verlässlichen Trägern der bundesdeutschen Demokratie begründen.[10] Dennoch bleiben die Erklärungsangebote unbefriedigend, wenn es darum geht, die enorme Flexibilität und Ambivalenz von persönlicher Haltung und individuellem Handeln über die Zäsurgrenzen hinweg nachvollziehbar zu machen. Denn neben Diktaturanfälligkeit und Schweigekonsens war es gerade der Komplex aus politischer Wechselhaftigkeit, fachkultureller Geschlossenheit und biografischer Vielgestaltigkeit, der die Expertengruppe im Jahrhundert der Extreme auszeichnete.

Hier möchte die vorliegende Untersuchung ansetzen und am Beispiel des Reichsarchivs, Deutschen Zentralarchivs und Bundesarchivs der Eindringtiefe politisch-ideologischer Faktoren in die traditionelle Arkansphäre der Archive bzw. in den Arbeitsalltag staatlicher Archivare nachgehen: Welche Auswirkungen ergaben sich aus der Durchsetzung diktatorischer und demokratischer Herrschaftsverhältnisse, aus der Katastrophe des Zweiten Weltkriegs sowie aus der andauernden Systemkonkurrenz? Welche Momente von Diktaturbelastung, Arrangement und Einpassung, aber auch Distanz und Resilienz lassen

(zuvor bereits abgedruckt in: Friedrich Beck u.a. (Hg.), Archive und Gedächtnis. Festschrift für Botho Brachmann, Potsdam 2005, S. 217-236).- Lutz Maeke, Kontinuität der Experten. Die Meteorologie und das Archivwesen im MdI, in: Frank Bösch/ Andreas Wirsching (Hg.), Hüter der Ordnung. Die Innenministerien in Bonn und Ost-Berlin nach dem Nationalsozialismus, Göttingen 2018, 710-728.

8 Vgl. Wolfgang Ernst, Im Namen von Geschichte. Sammeln – Speichern – Er/zählen. Infrastrukturelle Konfigurationen des deutschen Gedächtnisses, München 2003, S. 614ff.- Eckert, Kampf um die Akten.- Kretzschmar (Red.), Das deutsche Archivwesen.- Lehr, Ein fast vergessener »Osteinsatz«.- Maeke, Kontinuität der Experten.- Winter, Die deutsche Archivwissenschaft.

9 Zu den ersten Kritikern gehörte Karl Heinz Roth: Ders., Eine höhere Form des Plünderns. Der Abschlußbericht der »Gruppe Archivwesen« der deutschen Militärverwaltung in Frankreich 1940-1944, in: 1999. Zeitschrift für Sozialgeschichte des 20. und 21. Jahrhunderts 4 (1989) 2, S. 79-112.- Ders., Klios rabiate Hilfstruppen. Archivare und Archivpolitik im deutschen Faschismus, in: Archivmitteilungen 41 (1991) 1, S. 1-10.

10 Vgl. Eckert, Kampf um die Akten.- Winter, Die deutsche Archivwissenschaft.

sich identifizieren? Worin bestanden die inneren Bindungskräfte archivarischer Loyalitätsverhältnisse in Diktatur- und postdiktatorischen Zeiten?

Als Geburten des 20. Jahrhunderts spielten das Reichsarchiv (gegründet 1919), das Deutsche Zentralarchiv (1946) und das Bundesarchiv (1950/52) eine besondere Rolle in diesem Prozess: Ihre Historie verkörpert gleichermaßen archivarische Tradition und archivfachliche Modernität, institutionellen Aufstieg und politische Zerschlagung. Der Aufgabenstellung und Funktion nach bildeten sie einen bedeutenden Nukleus dessen, was als (archivisches) Gedächtnis einer Nation gilt. Zugleich verschmolzen ihre Geschichten mit- und nacheinander und fanden schließlich unter dem Dach des heutigen Bundesarchivs ihr archivisches Zuhause. Diese Gemengelage macht die drei Archive für eine Längsschnittuntersuchung interessant, wobei der Schwerpunkt in dieser Arbeit auf den 1930er bis Anfang 1970er Jahren liegt. Diese bildeten mit ihren Systemumstürzen und Transformationsphasen archivgeschichtliche Schlüsseljahrzehnte, in denen das deutsche Archivwesen im Sinne einer Scharnierzeit grundlegend politisch und fachlich geprägt wurde. Wie stark sich dabei Archivgeschichte durch den Zusammenfall von Ort und Zeit verdichten kann, zeigt das Beispiel Potsdam. Mit dem Reichsarchiv, dem Deutschen Zentralarchiv bzw. Zentralen Staatsarchiv der DDR, der Staatlichen Archivverwaltung, dem Staats- bzw. Landeshauptarchiv, dem Militärarchiv sowie dem Institut für Archivwissenschaft bzw. der Fachschule für Archivwesen stellte die Stadt zwischen 1919 und 1989 ein Archivzentrum in der Mitte Ostdeutschlands dar. Es war ein Standort, der im 20. Jahrhundert fünf politische Systeme und ihre aufeinander folgenden Wechsel durchlebte. »Umbruch« als ereignisgeschichtliche Kategorie besaß hier eine besondere materielle und erfahrungsgeschichtliche Bedeutung. Vor diesem Hintergrund bettet sich der Untersuchungsgegenstand in Forschungen ein, die gesellschaftspolitische Umwälzungen und Transformationsprozesse sowohl für die Zeit nach 1933 als auch nach 1945 und 1989 thematisieren.[11]

Aus der forschungsprogrammatischen Perspektive einer Konkurrenz von Diktatur und Demokratie vollzogen sich mehrere Aufbau- und Umbauphasen. Die strukturellen und konzeptionellen Wurzeln der drei zentralen staatlichen Archive lagen dabei zunächst in der preußischen Archivtradition. Sie bildete das gemeinsame theoretische Fundament und organisationsgeschichtliche Baugerüst, die zum Gegenstand von Adaption und Umformung unter veränderten gesellschaftlichen Kräfteverhältnissen wurden; die jeweilige Vorgängerzeit bzw. -institution waren stetiger Bezugs- und Orientierungspunkt. Um die Wandlungsprozesse zu historisieren und die Folgewirkungen einschließlich der diachronen und synchronen Interdependenzen in einen Zusammenhang zu bringen, bietet sich als heuristische Klammer der Transfor-

11 Hans-Jürgen Wagener, Transformation als historisches Phänomen, Frankfurt/Oder 1996.- Wolfgang Merkel, Systemtransformation. Eine Einführung in die Theorie und Empirie der Transformationsforschung, 2. Aufl., Wiesbaden 2010, S. 128 ff.- Michael Thomas/Ulrich Busch (Hg.), Transformation im 21. Jahrhundert. Theorien-Geschichte-Fallstudien, Berlin 2015.

mationsbegriff an. Dieser ist bislang kaum in die Archivgeschichte eingeführt worden. »Transformation« umschreibt dabei den ergebnis- und zeitoffenen Übergang von einer Gesellschaftsordnung zur nächsten bzw. von einem gesellschaftlichen Systemtyp zum folgenden,[12] ein Prozess, der die Grundsatzfrage nach dem Wechselverhältnis von Kontinuität und Wandel im Angesicht gesellschaftspolitischer Großzäsuren und sektoriell begrenzter Veränderung vor Ort aufwirft. Im Ergebnis solcher Vorgänge, so die Hypothese, nahmen zahlreiche berufliche Werdegänge von Archivaren ebenfalls den Charakter von Transformationsbiografien an, in deren Verlauf die Betroffenen mit Berufskrisen, Loyalitätskonflikten und Existenznöten umzugehen hatten.[13] Der Transformationsgedanke korrespondiert mit den Beschreibungen der eher langsam vonstatten gehenden Veränderungsprozesse von deutscher Administration und ihren Funktionseliten vor und nach 1945, die auch mit der Formel »Beharrung im Wandel« umschrieben wurden.[14] So hatte sich der administrative Wandel niemals über revolutionäre Eingriffe in die institutionellen und personellen Strukturen vollzogen, sondern stets jeweils nur durch schrittweise Erweiterung, Ausdifferenzierung und Modifikation der bestehenden Verwaltungen.[15]

Die Verknüpfung von archivhistorischen Fragestellungen mit verwaltungsgeschichtlichen Perspektiven liegt dabei auf der Hand: Aus institutionengeschichtlicher Sicht bilden Archive als funktional ausdifferenzierte Organisationseinheiten mit anderen Behörden einen Verbund und sollen den Zweck

12 Raj Kollmorgen, Wende – Umbruch – Beitritt. Die ostdeutsche Transformation und ihre Verortung im postsozialistischen Raum, in: Thomas Großbölting/Raj Kollmorgen/Sascha Möbius/Rüdiger Schmidt (Hg.), Das Ende des Kommunismus. Die Überwindung der Diktaturen in Europa und ihre Folgen, Essen 2010, S. 151-175.

13 Zur begrifflichen Hinführung für Biografien aus der Zeit nach 1989: Gabriele Andretta/Martin Baethge, Zwischen zwei Welten: Berufliche Transformationsbiographien in den neuen Bundesländern, in: L. Clausen (Hg.), Gesellschaften im Umbruch: Verhandlungen des 27. Kongresses der Deutschen Gesellschaft für Soziologie in Halle an der Saale 1995, Frankfurt a. M. 1996, S. 706-721.- Martin Baethge u. a. (Hg.), Die berufliche Transformation in den neuen Bundesländern. Ein Forschungsbericht, Münster/New York 1996, S. 11 ff.

14 Michael Ruck, Beharrung im Wandel. Neuere Forschungen zur deutschen Verwaltung im 20. Jahrhundert, in: Neue politische Literatur 42 (1997) 2, S. 200-256.- Ders., Die »Demokratisierung« des Verwaltungspersonals in Deutschland, in: Edwin Czerwick/Wolfgang H. Lorig/Erhard Treutner (Hg.), Die öffentliche Verwaltung in der Demokratie der Bundesrepublik Deutschland, Wiesbaden 2009, S. 89-112.

15 Thomas Ellwein, Der Staat als Zufall und Notwendigkeit. Die jüngere Verwaltungsentwicklung in Deutschland am Beispiel Ostwestfalen-Lippe, Bd. 2: Die öffentliche Verwaltung im gesellschaftlichen und politischen Wandel 1919-1990, Opladen 1997.- Auch Curt Garner unterstrich in diesem Zusammenhang den gleichermaßen revolutionsfeindlichen wie reformunwilligen Kurs westdeutscher Beschäftigter im öffentlichen Dienst nach Kriegsende, der sämtliche alliierten Versuche einer grundsätzlichen Neujustierung der Verwaltung versanden ließ. Curt Garner, Der öffentliche Dienst in den 50er Jahren: Politische Weichenstellungen und ihre sozialgeschichtlichen Folgen, in: Axel Schildt/Arnold Sywottek (Hg.), Modernisierung im Wiederaufbau. Die westdeutsche Gesellschaft der 50er Jahre, Bonn 1993, S. 759-790.

erfüllen, die historisch wertvolle Überlieferung aus der Flut des im Laufe der Entwicklung der öffentlichen Verwaltung immer umfangreicher werdenden Verwaltungsschriftguts zu selektieren und zu sichern.[16] In diesem Sinne ist Archivgeschichte in vielerlei Hinsicht Verwaltungsgeschichte. Das machen rechtliche Bestimmungen, Institutionenhierarchie und Beamtenstatus ebenso deutlich wie zahlreiche Aufgabenbereiche und die Archivkultur.[17] Ein Großteil der Archivbeschäftigten verfügte über einen Beamtenstatus. Über das besondere Verhältnis der Beamten zum Nationalsozialismus wurde bereits frühzeitig festgestellt, dass, obwohl der avisierte »Säuberungseffekt« durch das Berufsbeamtengesetz vom 7. April 1933 geringer war als angenommen, die Ein- und Anpassungsformen und die loyale Beteiligung am Unrechtssystem in dieser Berufsgruppe genauso ausgeprägt waren wie in der Verwaltung generell.[18] Staatsdiener und Verwaltungseliten zeigten sich auf der Grundlage vordemokratischer Verhaltensdispositionen in der übergroßen Mehrheit kooperationswillig gegenüber dem neuen NS-Regime und wechselten weitgehend problemlos ins Lager der »Nationalen Revolution«, obwohl Hitler und seine Entourage öffentlich Aversionen gegen Bürokratie und Beamtentum pflegten.[19] Michael Ruck fächerte das Spektrum des beamtischen Verhaltens

16 Jörn Brinkhus, Das Staatsarchiv Bremen. Aspekte seiner Institutionalisierung, in: Archiv-Nachrichten Niedersachsen. Mitteilungen aus niedersächsischen Archiven 15/2011, S. 11-20, hier S. 11.

17 Daher sucht die Studie stellenweise kulturgeschichtliche Ansätze der modernen Verwaltungsgeschichte zu nutzen, um das Verhältnis von Verwaltung und diktatorischen Regimen zu klären. Dazu auch: Peter Becker, Überlegungen zu einer Kulturgeschichte der Verwaltung, in: Jahrbuch für europäische Verwaltungsgeschichte 15 (2003), S. 311-336.

18 Hans Mommsen, Beamtentum im Dritten Reich. Mit ausgewählten Quellen zur nationalsozialistischen Beamtenpolitik, Stuttgart 1966.- Dieter Rebentisch, Führerstaat und Verwaltung im Zweiten Weltkrieg. Verfassungsentwicklung und Verwaltungspolitik 1939-1945, Stuttgart 1989.- Sigrun Mühl-Benninghaus, Das Beamtentum in der NS-Diktatur bis zum Ausbruch des Zweiten Weltkriegs, Düsseldorf 1996.- Horst Matzerath, Bürokratie und Judenverfolgung, in: U. Büttner (Hg.), Die Deutschen und die Judenverfolgung im Dritten Reich, Hamburg 1992, S. 105-129.- Ruck, Korpsgeist und Staatsbewusstsein.- Elisabeth Volquardts, Beamtenverbände im Nationalsozialismus: Gleichschaltung zum Zwecke der Ausschaltung aufgrund politischer oder weltanschaulicher Gegnerschaft. Dargestellt am Beispiel des Deutschen Beamtenbundes, des Verbandes Preußischer Polizeibeamten e. V. und der Gewerkschaft Deutscher Lokomotivführer e. V., München 2001.- Wolf Gruner, Öffentliche Wohlfahrt und Judenverfolgung. Wechselwirkung lokaler und zentraler Politik im NS-Staat (1933-1942), München 2002.- Hans-Christian Jasch, Staatssekretär Wilhelm Stuckart und die Judenpolitik. Der Mythos von der sauberen Verwaltung, München 2012.- Christiane Kuller, »Kämpfende Verwaltung«. Bürokratie im NS-Staat, in: Dietmar Süß/Winfried Süß (Hg.), Das »Dritte Reich«. Eine Einführung, München 2008, S. 227-245.- Kuller, Bürokratie und Verbrechen.

19 Michael Ruck, Die Tradition der deutschen Verwaltung, in: Anselm Doering-Manteuffel (Hg.), Strukturmerkmale der deutschen Geschichte des 20. Jahrhunderts, München 2006, S. 95-108, hier S. 99.

mit Blick auf die südwestdeutschen Verwaltungseliten, aber dennoch verallgemeinerbar, wie folgt auf:

»Nahezu ausnahmslos haben sie es von 1933 bis 1945 verstanden, den totalitären Rollendruck auf die Staatsdienerschaft für ihre Person jeweils in Attentismus, in Konformismus oder in Karrierismus umzuwandeln. Im Vordergrund stand dabei das Bestreben, ihre individuellen Karrieren und ihre korporative Identität möglichst unversehrt in das ›Dritte Reich‹ hinein und über die – zeitlich unbestimmte – NS-Herrschaft hinweg zu retten. Manche führte das ungebremste Karrierestreben auf den Pfad der – teils auch verbrecherischen – Kollaboration, andere hielten aus unterschiedlichen Motiven Abstand zur NSDAP und nahmen dafür gewisse berufliche Nachteile in Kauf. Die weit überwiegende Mehrzahl der höheren Beamtenschaft indessen übte sich – je jünger, desto intensiver – in politischer Mindestanpassung und uneingeschränkter dienstlicher Loyalität. Mit einem solchen Niedrigprofil ließ es sich im Kompetenzenwirrwarr der NS-Polykratie als Einzelner wie als Gruppe zumeist ganz gut durchkommen.«[20]

Eine solche Beschreibung weist Parallelen zum Verhaltensmodus eines Teils der staatlichen Archivare auf, ist aber noch um einige Spezifika der Berufsgruppe zu ergänzen. So fiel das Gros der ausgebildeten Archivare in die Kategorie von Fachexperten, die im individuellen Spannungsfeld von Beruf und Berufung ein Diktaturarrangement eingingen, sich anpassten, einfügten und mitmachten. Dabei ist zunächst von einer großen Leidenschaft für den Archivarberuf auszugehen. Zugleich sind Laufbahnlogiken und Dienstzwänge zu berücksichtigen. Dies zusammengenommen entfaltete eine große Bindungskraft an die Profession, die jeweilige Institution und in der Folge das System als Ganzes. Max Weber hat bereits 1919 in seiner Schrift »Wissenschaft als Beruf« die Unterscheidung von Beruf (als schlichter Notwendigkeit der wirtschaftlichen Existenzsicherung) und Berufung getroffen.[21] Das ist in Ansätzen von der Forschung zum Wissenschaftsbetrieb im Nationalsozialismus fruchtbar gemacht worden, um akademisches Anpassungsverhalten jenseits ideologischer Anhängerschaft zu erklären.[22] Diese Unterteilung lässt sich auch für die Situation von Archivbeamten anwenden, um deren Mit- und Weitermachen plausibel zu machen.

Ihre arbeitsweltliche Rahmung erfuhr die »Berufung« durch das Fachbeamtentum, dem die Archivare zuzurechnen waren. Es stellt eine Verwaltungsform

20 Michael Ruck, Kontinuität und Wandel: Westdeutsche Verwaltungseliten unter dem NS-Regime und in der alten Bundesrepublik, in: Wilfried Loth/Bernd-A. Rusinek (Hg.), Verwandlungspolitik. NS-Eliten in der westdeutschen Nachkriegsgesellschaft, Frankfurt a. M./New York 1998, S. 117-142, hier S. 125 f.

21 Max Weber, Wissenschaft als Beruf, Stuttgart 2010.

22 Jens Thiel, Akademische »Zinnsoldaten«? Karrieren deutscher Geisteswissenschaftler zwischen Beruf und Berufung (1933/1945), in: Rüdiger vom Bruch/Uta Gerhardt/Aleksandra Pawliczek (Hg.), Kontinuitäten und Diskontinuitäten in der Wissenschaftsgeschichte des 20. Jahrhunderts, Stuttgart 2006, S. 167-194.

dar, in der auf ihrem Sach- und Entscheidungsgebiet qualifizierte Beamte (und nicht Wahlbeamte) arbeiten. Das Fachbeamtentum entstand im Kontext der Verwissenschaftlichung des Berufs bzw. seiner Verknüpfung mit rationell-wissenschaftlichen Ansprüchen.[23] Kennzeichen für die Einordnung der staatlichen Archivare als Fachbeamte waren seit Beginn des 20. Jahrhunderts: eine langjährige fachliche Schulung oder ein Studium bzw. eine spezialisierte Ausbildung, eine arbeitsteilige Tätigkeit nach genauer Kompetenzverteilung, ein entwickeltes Berufsethos sowie eine hierarchische Ämterstruktur innerhalb der Archivverwaltung.[24] Das Fachbeamtentum im institutionalisierten Archivwesen bettete sich ein in Max Webers Idealtypus bürokratischer Herrschaft. Orientierung an ausformulierten Regeln, klare Zuständigkeitsabgrenzung, Beamtentum als Hauptberuf mit Fachwissen und eine feste Besoldung sind als wichtige Merkmale zu nennen.[25] Zugleich bildeten sie Eckpunkte für einen beruflichen Korpsgeist, der seinerseits die Herrschaftsverhältnisse formte.[26]

Verhaltensdispositionen von Anpassung bis Gefolgschaft und das Beziehungsgeflecht staatlicher Archivare in ihrer systemübergreifenden Ausprägung sind nur schwerlich nachvollziehbar, lässt man die Verbreitung und Wirkmächtigkeit von Loyalitätsverhältnissen außen vor.[27] Die Funktionstüchtigkeit einer Institution, eines Netzwerks oder einer Berufsbeziehung beruhte ebenso wie die eines Staates in beträchtlichem Maße auf praktizierter Loyalität – aus politikwissenschaftlicher Sicht zählt die Loyalitätsfrage sogar zu den Zentralproblemen moderner Gesellschaften.[28] Loyalität erweist sich sowohl als elastischer Begriff als auch als flexible Verhaltensqualität. Sie schließt in Bezug auf eine diktatorische Umgebung Anpassung und Mitmachen ebenso ein wie

23 Max Weber, Politik als Beruf, in: Ders., Gesammelte Politische Schriften (herausgegeben von Johannes Winckelmann), 5. Aufl., Tübingen 1988, S. 505-560.- Tibor Süle, Preußische Bürokratietradition. Zur Entwicklung von Verwaltung und Beamtenschaft in Deutschland 1871-1918, Göttingen 1988, S. 19-126.

24 Genannte Kennzeichen in Aneignung der Kriterien, die Barbara Dorothea Michels für das bergmännische Fachbeamtentum aufgestellt hat. Dies., Fachbeamtentum und bürgerliche Vergesellschaftung. Der Berg- und Hüttenmännische Verein, Ruhr-Universität Bochum 2012, S. 5. [https://hss-opus.ub.ruhr-uni-bochum.de/opus4/frontdoor/deliver/index/docId/3502/file/diss.pdf (letzter Zugriff am 15.01.2020)].- Siehe auch: Max Weber, Wirtschaft und Gesellschaft, 5. Aufl., Tübingen 1980, S. 831 ff.

25 Max Weber, Gesamtausgabe, Bd. I/22-4, München 2005, S. 157-160 und 726-729.

26 Dazu: Michael Ruck, Korpsgeist und Staatsbewußtsein. Beamte im deutschen Südwesten 1928 bis 1972, München 1996.

27 Martin Schulze Wessel, »Loyalität« als geschichtlicher Grundbegriff und Forschungskonzept: Zur Einleitung, in: Ders. (Hg.), Loyalitäten in der Tschechoslowakischen Republik 1918-1938, München 2004, S. 1-22.

28 Es gehöre zu den Aufgaben gewählter Regierungen, so wird argumentiert, die »Beherrschten« unter demokratischen Bedingungen dazu zu bewegen, Gesetzen, Anordnungen und Codices zu folgen. Klaus Schubert/Martina Klein, Das Politiklexikon, 3., aktual. Aufl., Bonn 2003.

Formen von Distanz, Resistenz und Widerstand (Illoyalität).[29] Die oder der Betreffende beweist Loyalität in der Regel gegenüber verschiedenen Akteuren. Das hat zur Folge, dass sich Loyalitätsverhältnisse oftmals komplex und spannungsgeladen gestalten. Ein und dieselbe Person kann inkohärente Entscheidungen treffen oder widersprüchliche, sogar gegensätzliche Handlungen vollziehen – ein Ausdruck ambivalenten Vorgehens (»sowohl als auch«). In der Personalpolitik der Nachkriegszeit konnte sich diese Gemengelage bei Entscheidungsträgern beispielsweise darin äußern, dass man sich zwar der neuen demokratischen Grundordnung verpflichtet fühlte und das zurückliegende NS-System ablehnte, zugleich jedoch NS-belastete Mitarbeiter einstellte, zu denen eine persönliche (Arbeits-)Beziehung bestand oder mit denen man gemeinsame Erfahrungen teilte.[30] Analytisch ist der Loyalitätsbegriff insbesondere dann erkenntnisfördernd, wenn es um die Beschreibung und Erklärung von historischen Beharrungsmomenten geht. Gerade in den Übergangsphasen systemischen Wandels tritt die Wirkmächtigkeit von Loyalitätsverhältnissen als konservativ-bewahrendes Element zutage. Das betrifft sowohl den Wechsel von der Diktatur in die Demokratie als auch den umgekehrten Weg. Damit sind Antworten zu erwarten auf die Frage, wie die Integrationsfähigkeit bzw. -leistung ehemals belasteter Funktionsträger in die bundesdeutsche Gesellschaft auszulegen ist.[31]

Doch Verhaltensweisen in und gegenüber diktatorischen Regimen wurden und werden nicht nur beschrieben und interpretiert, sondern auch kategorisiert und bewertet. Dafür hat sich der Begriff der »Belastung« etabliert. Die Forschung schreibt dem Begriff – in erster Linie in Hinsicht auf die NS-Diktatur – eine eigene Vielschichtigkeit, Historizität und Wandelbarkeit sowie einen unterschiedlichen Gebrauch zu. In der Praxis wird der Blick meist auf folgende Ebenen gerichtet: die formale Belastung, die materiale Belastung, die politisch-ideologische Belastung, die juristische Belastung sowie die moralische Belastung. Geht es allerdings um die Beschreibung von Mitmachen und Mitläufertum abseits der überzeugten Nationalsozialisten und NS-Täter, verliert der Begriff bisweilen seine Zuschreibungskraft bzw. hat man mit erheblichen

29 Loyalität empirisch zu messen, ist dabei keinesfalls leicht; nur selten taucht sie als Quellenbegriff auf. Gleichwohl ist loyales Verhalten mit konkretem Tun oder eben Nicht-Tun verbunden, was doch vielfach ein »Ablesen« ermöglicht, wohingegen Identität als benachbarte Kategorie als weitaus schwieriger nachzuweisen gilt. Peter Haslinger/Joachim von Puttkamer, Staatsmacht, Minderheit, Loyalität – konzeptionelle Grundlagen am Beispiel Ostmittel- und Südosteuropas in der Zwischenkriegszeit, in: Dies. (Hg.), Staat, Loyalität und Minderheiten in Ostmittel- und Südosteuropa 1918-1941, München 2007, S. 1-16, hier S. 9.

30 Die Grenze zu solidarischem Verhalten mag hier sicherlich eine fließende sein (Loyalität bringt eine innere Selbst-Verpflichtung zum Ausdruck, Solidarität hingegen beruht auf einem inneren Bedürfnis).

31 So auch problematisiert in Magnus Brechtken, Mehr als Historikergeplänkel. Die Debatte um »Das Amt und die Vergangenheit«, in: Vierteljahrshefte für Zeitgeschichte 63 (2015) 1, S. 59-91.

Unschärfen umzugehen. Das gilt erst recht, wenn sich der Betrachtungszeitraum auf die SED-Diktatur ausweitet.

In der Forschung besteht Einigkeit darüber, dass die formale Belastung in Form von Mitgliedschaften in Formationen nur wenig oder bedingt etwas über die Intensität der Systemträgerschaft des Betreffenden aussagt. Zudem konnten die Gründe für einen Eintritt in Formationen zwischen Überzeugung und Zwang variieren. Aber auch ideologische Übereinstimmung bzw. nationalsozialistische Gesinnung lassen sich nicht immer quantifizieren oder trennscharf graduieren. Überdies ist zu berücksichtigen, dass belastendes Engagement nicht zwangsläufig dauerhaft erfolgte, sondern häufig phasenweise und situationsgebunden. Das bedeutet auch, dass sich das archivarische Handeln beispielsweise in Bezug zum Nationalsozialismus wiederholt als »Mischform« abbildet: Bei ein und demselben Archivar konnte es neben Momenten von Belastung längere Phasen von Nicht-Belastung sowie auch Augenblicke von renitentem oder gar widerständigem Verhalten geben. Distanz und Mitwirkung an NS-Zielen konnten ebenso Hand in Hand gehen wie Nähe und Verweigerung. So verhinderte beispielsweise der Mediävist und NS-Multifunktionär Theodor Mayer, Direktor des Deutschen Historischen Instituts in Rom, trotz seines umfassenden Engagements für den Nationalsozialismus den geplanten Archivalienraub der deutschen »Archivschutz«-Abteilung in Italien.[32]

Nicht zuletzt ist auch die Bewertung von Verwaltungshandeln als direkte oder indirekte Zuarbeit zum Herrschaftssystem oder gar zu NS-Verbrechen in vielen Fällen eine Grauzone. Darüber hinaus war und ist die Auslegung dessen, was als belastend galt und entsprechend zu sanktionieren war, je nach Ort und Zeitpunkt verschieden. So wurde in der SBZ/DDR anfänglich personalpolitisch besonders streng und rigide ge- und verurteilt.[33] Die Entnazifizierungsverfahren waren dann der Versuch, unterschiedliche Belastungsgrade bis hin zur Entlastung zu definieren und einen juristisch relevanten Kriterienkatalog zu etablieren.[34] Um dennoch Anfang und Grenzen von Systemträgerschaft und Mitmachen in einer Diktatur näher zu bestimmen[35], erscheint daher eine Einzelfallbetrachtung letztlich unabdingbar.

32 Jürgen Klöckler, Verhinderter Archivalienraub in Italien. Theodor Mayer und die Abteilung »Archivschutz« bei der Militärverwaltung in Verona 1943-1945, in: Quellen und Forschungen aus italienischen Archiven und Bibliotheken 86 (2006), S. 491-537.

33 Clemens Vollnhals (Hg.), Entnazifizierung. Politische Säuberung und Rehabilitierung in den vier Besatzungszonen 1945-1949, München 1991.- Annette Weinke, Die Verfolgung von NS-Tätern im geteilten Deutschland. Vergangenheitsbewältigungen 1949-1969 oder: eine deutsch-deutsche Beziehungsgeschichte im Kalten Krieg, Paderborn u.a. 2002.- Alexander Perry Biddiscombe, The Denazification of Germany. A History 1945-1950, Stroud 2007.

34 Zu dieser Problematik insgesamt: Manfred Görtemaker/Christoph Safferling (Hg.), Die Akte Rosenburg. Das Bundesministerium der Justiz und die NS-Zeit, München 2016, S. 32-85.

35 Hier kann an das Reflexionsniveau und die Ergebnisse angeknüpft werden, die im Zuge der Diskussionen um Resistenz und Widerstand, aber auch NS-Täterschaft

Ausgehend von diesen Vorüberlegungen sucht die vorliegende Untersuchung, biografiegeleitet Archivgeschichte über vier politische Systeme zu kondensieren. Um den Phänomenen von Adaption und Resilienz, Brüchigkeit und Kontingenz nachzuspüren, werden bisweilen Mittel der dichten Beschreibung eingesetzt. Dazu wurden situative Stichproben genommen, die auf mitunter dokumentarische Weise unterschiedliche Konstellationen und Gemengelagen abbilden wie Krieg und »Archivschutz«, Überleben und Nachkriegszeit oder Mauerbau und Geheimdienstkontrolle. Materiale Gegebenheiten und strukturelle Veränderungen finden ebenso Eingang in die Betrachtung wie – am ausgewählten Einzelfall – familiäre Umstände oder arbeitsbiografische Wendepunkte. Dabei werden Lücken, Unterbrechungen und Auszeiten ebenso zum Gegenstand wie Biegsamkeit, strukturelle Persistenz und die intrinsische Kraft des Expertentums. Die hohe Erklärungskraft, die den ideologischen Bindekräften von Nationalsozialismus und Kommunismus als diktaturtragendes Moment zugeschrieben wird, soll auf den Prüfstand gestellt und zugleich die jeweilige konkrete Lebens- und Arbeitssituation sowie das fachliche Umfeld als wirkmächtiges Movens für individuelle Verhaltensweisen und Entscheidungswege verstärkt ins Blickfeld gerückt werden.

Ungleicher Forschungsstand

Verdrängung und Schweigen, Aufarbeitung und »Bewältigung« der NS-Vergangenheit beschäftigten nach 1945 über Jahrzehnte hinweg die Gesellschaften des erst geteilten, dann vereinten Deutschlands. Zugleich boten sie innerhalb der deutsch-deutschen Beziehungen den Stoff für anhaltende politische Legitimations- und Delegitimationsdiskurse. In der deutschen Zeitgeschichte gehören sie deshalb zu den historiografischen Kernthemen für die Zeit nach dem Zweiten Weltkrieg.[36] Dabei wurden vor allem drei Bereiche berührt: die rechtsförmige und strafrechtliche Auseinandersetzung, die Problematik von Wiedergutmachung und Entschädigung sowie der öffentliche Umgang mit der NS-Vergangenheit im gesellschaftlichen Diskurs.[37] Mit der historiografischen Etablierung von Erinnerungskultur, Geschichtspolitik und *public history* entwickelte sich zudem die Aufarbeitung der Aufarbeitung seit den 1990er Jahren zu einem eigenen Analysefeld.[38] Die Erforschung und Histori-

entstanden sind. Aus der umfangreichen Forschungsdebatte stellvertretend: Peter Steinbach, Widerstand im Widerstreit. Der Widerstand gegen den Nationalsozialismus in der Erinnerung der Deutschen. Ausgewählte Studien, 2. Aufl., Paderborn u. a. 2001.- Einführend zur Begriffsdiskussion und mit weiteren Literaturhinweisen: Michael Kißener, Das Dritte Reich, Darmstadt 2005, S. 82-101.

36 Vgl. dazu auch im Überblick: Bernd Stöver, Die Bundesrepublik Deutschland, Darmstadt 2002, S. 61ff.

37 Kißener, Das Dritte Reich, S. 104ff.

38 Stellvertretend: Ulrich Brochhagen, Nach Nürnberg. Vergangenheitsbewältigung und Westintegration in der Ära Adenauer, Hamburg 1994.- Norbert Frei, Vergangen-

sierung von Verwaltungshandeln in Diktaturen im Allgemeinen und für die Zeit des Nationalsozialismus im Speziellen hat in den letzten Jahren unter Historikerinnen und Historikern ein gesteigertes Interesse erfahren.[39] Auslöser waren zum einen Debatten, die zentrale Deutungsmodelle zur Funktionsweise nationalsozialistischer Herrschaft zur Disposition stellten, wie beispielsweise den Erklärungsansatz des »Doppelstaatsmodells« oder die Annahme, dass es vor dem Hintergrund polykratischer Verhältnisse zu Totalblockaden durch Ämterkonkurrenz und Kompetenzchaos gekommen sei. Stattdessen heben neuere Untersuchungen darauf ab, dass die Verwaltungen in der Regel bis zum Kriegsende auf gleichermaßen elastische wie professionelle Weise weiterarbeiteten, vielmehr inter-institutionelle Kooperation anstatt Konfrontation praktizierten und dass es zur Herrschaftsdurchsetzung keiner umfassenden Überwindung eingefahrener Handlungsmuster und Beamtenroutinen bedurfte, sondern diese in einem wechselseitigen Adaptionsprozess schnell integraler Teil der NS-Herrschaftsausübung wurden.[40] Zum anderen sorgte die intensive Beschäftigung mit der NS-Vergangenheit deutscher Ministerien und Behörden

heitspolitik. Die Anfänge der Bundesrepublik und die NS-Vergangenheit, München 1996.- Petra Bock/Edgar Wolfrum (Hg.), Umkämpfte Vergangenheit. Geschichtsbilder, Erinnerung und Vergangenheitspolitik im internationalen Vergleich, Göttingen 1999.- Kerstin von Lingen, Kesselrings letzte Schlacht. Kriegsverbrecherprozesse, Vergangenheitspolitik und Wiederbewaffnung. Der Fall Kesselring, Paderborn etc. 2004.- Constantin Goschler, Schuld und Schulden. Die Politik der Wiedergutmachung für NS-Verfolgte seit 1945, Göttingen 2005.- David Art, The Politics of the Nazi Past in Germany and Austria, Cambridge 2006.- Norbert Frei (Hg.), Transnationale Vergangenheitspolitik. Der Umgang mit deutschen Kriegsverbrechern in Europa nach dem Zweiten Weltkrieg, Göttingen 2006.- Harald Welzer, Der Krieg der Erinnerung. Holocaust, Kollaboration und Widerstand im europäischen Gedächtnis, Frankfurt a. M. 2007.

39 Jane Caplan, Goverment without Administration. State and Civil Service in Weimarer Republic and Nazi Germany, Oxford 1988.- Christiane Kuller, Bürokratie und Verbrechen. Antisemitische Finanzpolitik und Verwaltungspraxis im nationalsozialistischen Deutschland, München 2013, S. 16 f.

40 Starre Apparate waren mit beweglichen Netzwerken verknüpft, eine hybride Kombination, die Kontinuität mit Flexibilität, Regelhaftigkeit mit Ausnahme verband und als »neue Staatlichkeit« begrifflich in die Forschung Eingang fand. Rüdiger Hachtmann, Elastisch, dynamisch und von katastrophaler Effizienz. Anmerkungen zur Neuen Staatlichkeit des Nationalsozialismus, in: Sven Reichardt/Wolfgang Seibel (Hg.), Der prekäre Staat. Herrschen und Verwalten im Nationalsozialismus, Frankfurt a. M./New York 2011, S. 29-73.- Ansonsten dazu auch: Bernhard Gotto, Nationalsozialistische Kommunalpolitik. Administrative Normalität und Systemstabilisierung durch die Augsburger Stadtverwaltung 1933-1945, München 2006.- Sabine Mecking/Andreas Wirsching (Hg.), Stadtverwaltung im Nationalsozialismus. Systemstabilisierende Dimensionen kommunaler Herrschaft, Paderborn 2005.- Sven Reichardt/Wolfgang Seibel, Radikalität und Stabilität. Herrschen und Verwalten im Nationalsozialismus, in: Dies. (Hg.), Der prekäre Staat, S. 7-27 sowie die darin enthaltenen Beiträge.

in den zurückliegenden Jahren für einen Forschungs- und Erkenntnisboom.[41] Die Aufarbeitungswelle setzte zwar bereits zuvor mit Untersuchungen zur Geschichte deutscher Unternehmen zwischen 1933 und 1945 ein, doch erst mit dem Buch »Das Amt und seine Vergangenheit« (2010) und der damit verbundenen Debatte rückte der behördliche Bereich in den Fokus von Medien und Fachwissenschaft.[42] Das Ergebnis ist eine Reihe vielbeachteter institutionengeschichtlicher Studien, die einen wesentlichen Forschungskontext für die vorliegende Untersuchung bilden.[43]

Einen Bezugsrahmen im engeren Sinne stellen speziell archivgeschichtliche Arbeiten dar. Dabei ist anzumerken, dass archivhistorische Fragestellungen im Kontext von Politik und Gesellschaft bis zum Ende des vergangenen Jahrhunderts in der zeitgeschichtlichen Forschung als wenig attraktiv galten.[44] Jenseits

41 Andreas Wirsching, Zur aktuellen Situation der »Aufarbeitung der NS-Zeit«, in: Südosteuropa-Mitteilungen 54 (2014) 4, S. 16-27.- Christian Mentel/Niels Weise, Die zentralen deutschen Behörden und der Nationalsozialismus. Stand und Perspektiven der Forschung, herausgegeben von Frank Bösch, Martin Sabrow und Andreas Wirsching, München/Potsdam 2016.

42 Eckart Conze/Norbert Frei/Peter Hayes/Moshe Zimmermann (Hg.), Das Amt und die Vergangenheit. Deutsche Diplomaten im Dritten Reich und in der Bundesrepublik, München 2010.- Christian Mentel/Martin Sabrow (Hg.), Das Auswärtige Amt und seine umstrittene Vergangenheit. Eine deutsche Debatte, Frankfurt a. M. 2014.

43 Zum Beispiel: Imanuel Baumann/Herbert Reinke/Andrej Stephan/Patrick Wagner, Schatten der Vergangenheit. Das BKA und seine Gründungsgeneration in der frühen Bundesrepublik, Köln 2011.- Conze/Frei/Hayes/Zimmermann, Das Amt und die Vergangenheit.- Manfred Görtemaker/Christoph Safferling (Hg.), Die Rosenburg. Das Bundesministerium der Justiz und die NS-Vergangenheit – eine Bestandsaufnahme, Göttingen 2013.- Dies., Die Akte Rosenburg. Das Bundesministerium der Justiz und die NS-Zeit, München 2016.- Constantin Goschler/Michael Wala, »Keine neue Gestapo«. Das Bundesamt für Verfassungsschutz und die NS-Vergangenheit. Reinbek bei Hamburg 2015.- Christoph Rass, Das Sozialprofil des Bundesnachrichtendienstes. Von den Anfängen bis 1968, Berlin 2016.- Sabrina Nowack, Sicherheitsrisiko NS-Belastung. Personalüberprüfungen im Bundesnachrichtendienst in den 1960er Jahren, Berlin 2016.- Alexander Nützenadel (Hg.), Das Reichsarbeitsministerium im Nationalsozialismus. Verwaltung – Politik – Verbrechen, Göttingen 2017.- Stefan Creuzberger/Dominik Geppert (Hrsg.), Die Ämter und ihre Vergangenheit. Ministerien und Behörden im geteilten Deutschland 1949-1972, Paderborn u. a. 2018.- Friedrich Kießling/Christoph Safferling, Staatsschutz im Kalten Krieg. Die Bundesanwaltschaft zwischen NS-Vergangenheit, Spiegel-Affäre und RAF, München 2021.- Lutz Kreller/Franziska Kuschel, Vom »Volkskörper« zum Individuum. Das Bundesministerium für Gesundheitswesen nach dem Nationalsozialismus, Göttingen 2022.

44 Vgl. auch die Forschungsaufrisse von Annika Wellmann, Theorie der Archive – Archive der Macht. Aktuelle Tendenzen der Archivgeschichte, in: Neue Politische Literatur 57 (2012) 3, S. 385-401.- Alf Lüdtke/Tobias Nanz, Register des Archivs. Zur Einleitung, in: Dies. (Hg.), Laute, Bilder, Texte. Register des Archivs, Göttingen 2015, S. 9-24.- Philipp Springer, Die ganz normale Abteilung XII. Archivgeschichte und MfS-Forschung in institutionengeschichtlicher Erweiterung, in: Karsten Jedlitschka/Philipp Springer (Hg.), Das Gedächtnis der Staatssicherheit. Die Kartei- und Archi-

von Kultursoziologen und -philosophen waren es daher bis dato vorrangig Angehörige der Berufsgruppe selbst, die Historisierungsanstrengungen in diese Richtung unternahmen.[45] Archivgeschichte als »untergründige Subdisziplin« der Archivwissenschaft, so Wilfried Reininghaus, diente dabei vielfach einer methodischen Selbstvergewisserung und historischen Standortbestimmung des Fachs.[46]

Das Spannungsverhältnis von Politik, Diktatur und Archivwesen entwickelte sich erst seit Anfang der 1990er Jahre sowie in der Folge der Debatten um die NS-Belastung von Historikern und Archivaren im Umfeld des Frankfurter Historikertages 1998 bzw. der Archivtage 2001 und 2005 zu einem eigenen Themenfeld – mit eindeutigem Fokus auf die Zeit zwischen 1933 und 1945.[47] Karl Heinz Roth, Matthias Herrmann und Torsten Musial gehörten hierbei zu den ersten Autoren, die das aktive Mitmachen im Archivwesen bei der Verwirklichung nationalsozialistischer Herrschaftsziele herausarbeiteten.[48] Im Jahr 2007 erschienen dann der aus dem 75. Archivtag hervorgegangene, 31 Beiträge umfassende Sammelband über das deutsche Archivwesen im »Dritten Reich« und Stefan Lehrs Studie über den »Osteinsatz« deutscher Archivare im damaligen Generalgouvernement und in der Ukraine.[49] Zusammen mit der geschichtswissenschaftlichen Untersuchung von Astrid M. Eckert drei Jahre zuvor[50] kündeten sie von einer gewissen Aufbruchstimmung archivgeschichtlicher Vergangenheitsaufarbeitung, die auch eine Beschäftigung mit österreichischen Archiven und Archivaren in der NS-Zeit mit einschloss.[51]

vabteilung des MfS, Göttingen 2015, S. 7-23.- Die nachfolgenden Literaturverweise sind exemplarisch ausgesucht und bilden die Sekundärliteratur nicht in Gänze ab.

45 Zu den raren Überblicks- bzw. Längsschnittdarstellungen in diesem Feld gehören die anregenden Arbeiten von Dietmar Schenk, die zugleich auch immer die internationalen Forschungstrends reflektieren. Dietmar Schenk, Kleine Theorie des Archivs, Stuttgart 2008.- Ders., »Aufheben, was nicht vergessen werden darf«.- Ders., Archivwissenschaft im Zeichen des Historismus – ein Nachwort, in: Adolf Brenneke: Gestalten des Archivs. Nachgelassene Schriften zur Archivwissenschaft, Hamburg 2018, S. 163-254.

46 So Wilfried Reininghaus, selbst in leitender Funktion im Landesarchiv NRW tätig, der 2008 zudem konstatierte, dass Archivgeschichte nicht systematisch, sondern vorrangig akzidentiell betrieben würde. Wilfried Reininghaus, Archivgeschichte. Umrisse einer untergründigen Subdisziplin, in: Archivar 61 (2008) 4, S. 352-360, hier S. 352 und 360.

47 Archive und Herrschaft. Referate des 72. Deutschen Archivtages 2001 in Cottbus, Siegburg 2002.- Kretzschmar (Red.), Das deutsche Archivwesen.

48 Roth, Eine höhere Form des Plünderns.- Matthias Herrmann, Das Reichsarchiv 1919-1945. Eine archivische Institution im Spannungsfeld der deutschen Politik, 2 Bde., Humboldt-Universität zu Berlin 1994.- Musial, Staatsarchive im Dritten Reich.

49 Kretzschmar u. a. (Red.), Das deutsche Archivwesen.- Lehr, Ein fast vergessener »Osteinsatz«.

50 Eckert, Kampf um die Akten.

51 Generaldirektion des Österreichischen Staatsarchivs (Hg.), Österreichs Archive unter dem Hakenkreuz, Innsbruck 2010.

Ein nächster publizistischer Meilenstein aus archivarischer Feder stellt der von Sven Kriese 2015 herausgegebene Band zur Archivarbeit preußischer Staatsarchive im Nationalsozialismus dar, die sich – besonders prominent durch das Geheime Staatsarchiv Berlin (GStA) – quasi in Nachbarschaft zum Potsdamer Reichsarchiv vollzog.[52] Es folgte 2017 ein Themenheft der Zeitschrift »Archivar« zu Archiven im Nationalsozialismus sowie 2020 ein Themenband der »Archivalischen Zeitschrift« über bayerische Archive in der NS-Zeit.[53] Zu den bemerkenswerten jüngeren Darstellungen gehört neben der NS-Geschichte des Hamburger Staatsarchivs von Sarah Schmidt aus dem Jahr 2016[54] die mehr als 40 Jahre umspannende Untersuchung von Tobias Winter zwei Jahre später, die sich mit der deutschen Archivwissenschaft vor, in und nach dem »Dritten Reich« auseinandersetzt.[55] In disziplinhistorischer Fokussierung analysiert der Historiker wissens-, generationen- und erfahrungsgeschichtlich die maßgeblichen Denkschulen, Fachtraditionen, Autoritäten und Archivpraxen des deutschen Archivwesens mit Blick auf ihre Anpassungsleistung und Instrumentalisierung in der Diktatur- und Kriegszeit 1933 bis 1945. Winters Studie legt dabei nicht nur das Mitmachen und zäsurübergreifende Fortleben offen, sondern gibt Aufschluss über die inneren Bindungskräfte dieser Expertengruppe.

Für das westdeutsche Archivwesen wies Astrid M. Eckert in ihrer Untersuchung über die Rückgabe deutschen Archivgutes aus den Händen der Westalliierten eindrucksvoll das Überleben von Archiveliten nach.[56] Eckerts Ausführungen machen zum einen deutlich, dass sich die Rückgabeauseinandersetzungen zu einem diskursiven Gegenstand entwickelten, der von den Akteuren gezielt benutzt wurde, um macht- und archivpolitische sowie geschichtswissenschaftliche Traditionsbestände zu beschwören und (west)deutsche Archivare und Historiker im Restitutions-»Kampf« zu einen. Zum anderen hat Eckert so umfänglich wie bislang niemand zuvor die »Persilschein«-Aktivitäten und Karrierekontinuitäten im bundesdeutschen Archivwesen offengelegt. Diese Befunde konnte jüngst Tobias Winter in seiner Studie erweitern.[57] Geht es um personelle und sachliche Kontinuitäten im Bundesministerium des Innern (BMI) als dem Bundesarchiv übergeordneter Behörde, erweisen sich die Ergebnisse der Studie »Hüter der Ordnung« als besonderer Referenzrahmen.[58] Auch wenn es kaum direkte Personalkontinuitäten zwischen dem Reichsinnenministerium

52 Kriese (Hg.), Archivarbeit im und für den Nationalsozialismus.

53 Archivar – Zeitschrift für Archivwesen 4/2017, hier S. 362-411.- Generaldirektion der Staatlichen Archive Bayerns (Hg.), Die Staatlichen Archive Bayerns in der Zeit des Nationalsozialismus, in: Archivalische Zeitschrift 96 (2019).

54 Sarah Schmidt, Das Staatsarchiv Hamburg im Nationalsozialismus, Hamburg 2016.

55 Winter, Die deutsche Archivwissenschaft.

56 Eckert, Kampf um die Akten.

57 Winter, Die deutsche Archivwissenschaft.

58 Frank Bösch/Andreas Wirsching (Hg.), Hüter der Ordnung. Die Innenministerien in Bonn und Ost-Berlin nach dem Nationalsozialismus, Göttingen 2018. Gegenstand des Autorenkollektivs waren die Bereiche Innere Sicherheit, Medien/Sport/Kultur, der Öffentliche Dienst, die Zentralabteilung, das Gesundheits- und Sozialwesen

und der westdeutschen Nachfolgeinstitution gab, da ehemalige Mitarbeiter nach 1945 häufig in anderen Behörden beschäftigt wurden, war die Zahl NS-belasteter Beamter gerade im BMI beträchtlich. Deren Wertehorizont blieb rechtskonservativ geprägt; zudem blieben autoritäre Denkmuster trotz Einpassung ins demokratische System bestehen, die sich bisweilen in politischen Entscheidungen niederschlugen.

Der Zusammenbruch der kommunistischen Regime 1989/90 und die nachfolgenden Öffnungen der Archive weckten erstaunlicherweise nur wenig Interesse, sich mit der Archivgeschichte der zweiten deutschen Diktatur auseinanderzusetzen. Erst im neuen Jahrtausend meldeten sich Archivarinnen und Archivare mit Beiträgen zur ostdeutschen Vergangenheit und deren Erbe zu Wort.[59] 2008 legte dann der ehemalige DZA-Archivar und spätere Abteilungsleiter im Bundesarchiv Hermann Schreyer eine stark strukturgeschichtlich angelegte Überblicksdarstellung zum staatlichen ostdeutschen Archivwesen vor, die auch das Potsdamer Zentralarchiv thematisiert.[60] Schreyer weist dezidiert auf die sowjetische Vorbildfunktion in allen Archivangelegenheiten sowie auf die Vielstimmigkeit und das Kompetenzgerangel hin, dem das staatliche Archivwesen im »Einzugsbereich« von MdI, MfS und SED ausgesetzt war. Dabei destillierte er vier Entwicklungsschritte bzw. Phasen für den »DDR-Archivbetrieb« heraus: die »bürgerliche« Phase (1946-57), die sozialistische Aufbauphase (1958-68), die Phase der Etablierung und des verstärkten »Klassenkampfes« (1968-1982) sowie die letzten Jahre der Stagnation, politischen Unsicherheiten und des Endes (1983-1990). Aufschlussreich für die Frühgeschichte der staatlichen Archive in der DDR ist die 2018 erschienene Untersuchung von Oxana Kosenko, die anhand russischer Akten die sowjetische Archivpolitik in der SBZ sowohl auf der intentionalen als auch der praktischen Ebene nachzeichnet.[61] Mit Blick auf Personalpolitik und NS-Kontinuitäten im ostdeutschen Archivwesen ist es vor allem die jüngste Analyse von Lutz Maeke im Band »Hüter der Ordnung«, die, eingebettet in den innenministeriellen Kontext, das

sowie Verfassung und Verwaltung, wobei sich ein Abschnitt explizit mit dem Archivwesen der DDR befasst.

59 Beispielweise: Dagmar Unverhau (Hg.), Hatte »Janus« eine Chance? Das Ende der DDR und die Sicherung einer Zukunft der Vergangenheit, Münster 2003.- Friedrich Beck/Eckart Henning/Joachim-Felix Leonhard/Susanne Paulukat/Olaf B. Rader (Hg.), Archive und Gedächtnis: Festschrift für Botho Brachmann, Berlin 2005.- Irmgard Christa Becker/Volker Hirsch/Annegret Wenz-Haubfleisch (Hg.), Neue Strukturen – bewährte Methoden? Was bleibt vom Archivwesen der DDR. Beiträge zum 15. Archivwissenschaftlichen Kolloquium der Archivschule Marburg, Marburg 2011.- Auch die Darlegungen Matthias Wagners, ehemaliger Mitarbeiter des Zentralen Staatsarchivs in Potsdam, über die letzten DDR-Jahre und seine eigene ambivalente Rolle gehörten dazu. Ders., Das Stasi-Syndrom. Über den Umgang mit den Akten des MfS in den 90er Jahren. Berlin 2001.

60 Hermann Schreyer, Das Staatliche Archivwesen der DDR. Ein Überblick, Düsseldorf 2008.

61 Oxana Kosenko, Sowjetische Archivarbeit in der SBZ 1945 bis 1949, Aachen 2018.

arbeitsbiografische Über- und Weiterleben von Archivaren nach 1945 auch für die SBZ/DDR nachweisen kann.[62] Methodisch hochreflektiert präsentiert sich der Sammelband von Karsten Jedlitschka und Philipp Springer, der gleichermaßen institutionen- wie biografiegeschichtlich verschiedene Facetten der an Bedeutung stetig wachsenden MfS-Archivarbeit untersucht und Eliteoffiziere porträtiert, die später der Staatlichen Archivverwaltung der DDR und damit auch dem DZA vorstanden.[63]

Was die Ausbildung von vielen Bundesarchivaren und den damit verbundenen Anfang und Aufbau der westdeutschen Archivarsausbildung anbetrifft, haben jüngst Philipp Haas und Martin Schürrer eine fundierte Untersuchung vorgelegt, die neben der Gründungsgeschichte der Marburger Archivschule das Fortleben zahlreicher preußischer Traditionslinien offenlegt.[64] Für die DDR waren es bislang vor allem ehemalige Protagonisten bzw. Lehrkräfte selbst, die das damalige Ausbildungsgeschehen beschrieben haben.[65]

Die Dominanz der Aufarbeitung aus archivarischer Feder spiegelt sich auch in den Studien über das Reichsarchiv und seine Nachfolgeinstitutionen wider, die zusammengenommen einen unerlässlichen Bezugsrahmen für die vorliegende Arbeit bilden. Zum Untersuchungsgegenstand wurde dabei vor allem das Reichsarchiv, das schon zu Lebzeiten Thema medialer Berichterstattung[66] bzw.

62 Franziska Kuschel/Lutz Maeke, Konsolidierung und Wandel. Die Personalpolitik des MdI bis 1969, sowie Lutz Maeke, Kontinuität der Experten. Die Meteorologie und das Archivwesen im MdI, in: Bösch/Wirsching (Hg.), Hüter der Ordnung, S. 238-265 bzw. 710-728.

63 Karsten Jedlitschka/Philipp Springer (Hg.), Das Gedächtnis der Staatssicherheit. Die Kartei- und Archivabteilung des MfS, Göttingen 2015.

64 Philipp Haas/Martin Schürrer, Was von Preußen blieb. Das Ringen um die Ausbildung und Organisation des archivarischen Berufsstandes nach 1945, Marburg 2020.

65 Zum Beispiel: Botho Brachmann/Klaus Klauß, »De me ipso!« Heinrich Otto Meisner und die Ausbildung archivarischen Nachwuchses in Potsdam und Berlin, in: Friedrich Beck/Wolfgang Hempel/Eckart Henning (Hg.), Archivistica docet. Beiträge zur Archivwissenschaft und ihres interdisziplinären Umfelds, Potsdam 1999, S. 601-636.

66 Hier einige Beispiele, wobei die Autorenschaft nicht selten selbst aus dem Reichsarchiv kam: Das Reichsarchiv, in: Vossische Zeitung vom 04.10.1919.- Veit Valentin, Das Reichsarchiv, in: Die Glocke vom 19.09.1921.- Das Reichsarchiv in Potsdam. Republikanische »Dolchstoß-Propaganda«, in: Berliner Volkszeitung vom 20.02.1922.- Ludwig Bergsträßer, Das Reichsarchiv, in: Deutsche Pressekorrespondenz vom 01.10.1924.- Die Historische Kommission für das Reichsarchiv, in: Deutsche Allgemeine Zeitung vom 31.10.1925.- Ignaz Wrobel [Kurt Tucholsky], Das Reichsarchiv, in: Die Weltbühne Nr. 7 vom 16.02.1926, S. 273.- Aufgaben und Tätigkeit des Reichsarchivs, in: Germania vom 13.11.1927.- Das Erlebnis des Weltkrieges in hunderttausend Aktenbänden. Wesen und Aufgaben des deutschen Reichsarchivs, in: Der Tag vom 29.10.1931.- Reichsgedanke und Reich. Nationalsammlung deutscher Anschauungsfundamente im Reichsarchiv, in: Völkischer Beobachter vom 17.01.1933.- Friedrich Feyerabend, Akten für Volk, Staat und Wissenschaft. Das Reichsarchiv und das Aufgabengebiet seiner Beamten, in: Völkischer Beobachter vom 13. und 14.05.1934.-

fachlicher Beiträge[67] war. Mit dem Ende des Reichsarchivs und der Parallelexistenz zweier deutscher Nachfolgeeinrichtungen geriet seine Geschichte zunächst ins Fahrwasser des Kalten Kriegs und der damit verbundenen Systemauseinandersetzung – und schließlich *peu à peu* in Vergessenheit. Aus der Feder von DDR-Historikern stammten nur wenige Untersuchungen der Potsdamer Archivbehörde. Die dabei aufgeworfenen Fragestellungen waren in der Regel ideologisch vorgrundiert (»bürgerliche Geschichtsschreibung«).[68] Westdeutsche Publikationen hingegen nahmen vor allem Bezug auf das Reichsarchiv, wenn es um die sogenannte Kriegsschulddebatte und das Weltkriegswerk des Archivs ging.[69] Auf NS-Belastungen wurde nur peripher eingegangen. Archivare aus beiden Teilen Deutschlands interessierte nach 1949 vor allem der Verbleib der ehemaligen Reichsarchiv-Akten.[70] Walter

Das Reichsarchiv. Geschichte, Aufgaben, Bestände, in: Westdeutscher Beobachter vom 12.12.1936.

67 In Auswahl: Ernst Müsebeck, Der systematische Aufbau des Reichsarchivs, in: Preußische Jahrbücher 191 (1923), S. 294-318.- Wilhelm Groener, Das kriegsgeschichtliche Werk des Reichsarchivs, in: Preußische Jahrbücher 199 (1925), S. 47-56.- F.A. Raasche, Lichtbild und Film im Rahmen des Reichsarchivs, in: Der Bildwart. Blätter zur Volksbildung 4 (1925), S. 349-354.- Helmuth Rogge, Das Reichsarchiv, in: Archivalische Zeitschrift 35 (1925), S. 119-133.- Ernst Zipfel, Die Akten der Kriegsgesellschaften im Reichsarchiv, ihre Aufbewahrung, Sichtung und Nutzbarmachung, in: Archivalische Zeitschrift 36 (1926), S. 44-67.- Theodor Jochim, Der Herbstfeldzug 1914. Fünfter Band des Kriegswerkes des Reichsarchivs, in: Wissen und Wehr 10 (1929) 2, S. 81-106.- Ernst Zipfel, Die Organisation des Reichsarchivs von der Gründung bis zur Wiedergründung der Wehrmachtsarchive (1919 bis 1937), in: Archivalische Zeitschrift 45 (1939), S. 1-6.- Rudolf Wiesen, Der Neubau des Heeresarchivs Potsdam, in: Archivalische Zeitschrift 45 (1939), S. 7-15.

68 Mit Reinhard Brühl als langjährigem Direktor des Potsdamer Militärgeschichtlichen Institutes der DDR war es allerdings ein durchaus prominenter Autor. Vgl. Reinhard Brühl, Entstehung und Konsolidierung des Reichsarchivs 1919-1923. Ein Beitrag zum Thema Generalstab und Militärgeschichtsschreibung, in: Zeitschrift für Militärgeschichte 4/1968, S. 423-438.- Ders., Militärgeschichte und Kriegspolitik. Zur Militärgeschichtsschreibung des preußisch-deutschen Generalstabes 1816-1945, Berlin (Ost) 1973.

69 Frühe Beispiele: Eugen Fischer-Baling, Der Untersuchungsausschuss für die Schuldfragen des Ersten Weltkrieges, in: Alfred Herrmann (Hg.), Aus Geschichte und Politik. Festschrift zum 70. Geburtstag von Ludwig Bergsträßer, Düsseldorf 1954, S. 117-137.- Walther Hubatsch, Das Weltkriegswerk des Reichsarchivs, Bd. 13 (1917/18), in: Wehrwissenschaftliche Rundschau 6 (1956), S. 269-272.- Walther Hubatsch, Das Ende des Weltkriegswerkes, in: Wehrwissenschaftliche Rundschau 7 (1957), S. 45-47.- Wolfgang Jäger, Historische Forschung und politische Kultur in Deutschland. Die Debatte 1914-1980 über den Ausbruch des Ersten Weltkriegs, Göttingen 1984.

70 Wolfgang A. Mommsen, Deutsche Archivalien im Ausland, in: Der Archivar 3 (1950), Sp. 33-38.- Bernhard Poll, Vom Schicksal der deutschen Heeresakten und der amtlichen Kriegsgeschichtsschreibung, in: Die Welt als Geschichte 12 (1952), S. 61-68.- Wilhelm Rohr, Schicksal und Verbleib des Schriftguts der obersten Reichsbehörden, in: Der Archivar 8 (1955), Sp. 161-188.- Gerhard Schmid, Die Verluste des ehemaligen Reichsarchivs im Zweiten Weltkrieg, in: Archivar und Historiker. Studien zur Archiv- und Geschichtswissenschaft, Berlin 1956, S. 176-207.- Gerhart

Nissens Ausführungen zur Reichsarchividee blieben eine Ausnahme in der DDR.[71]

Zu den ersten, über Artikellänge hinausgehenden Darstellungen zum Reichsarchiv nach 1945 gehörten die Schriften von Karl Demeter und Walter Vogel, die explizit aus der Zeitzeugenperspektive ehemaliger Reichsarchivare verfasst wurden.[72] Es dauerte bis zum Ende der DDR, bis mit der zweibändigen Dissertation von Matthias Herrmann eine quellen- und faktengesättigte Studie zur Geschichte des Reichsarchivs vorlag.[73] Sie beeindruckt vor allem durch ihre organisations- und institutionengeschichtliche Detailfülle, die die Arbeit zu einem wahren Nachschlagewerk für den Werdegang des Archivs »im Spannungsfeld der deutschen Politik« in der Zeit von 1919 bis 1945 macht. Im Jahr 2019 erschien sie endlich als allgemein zugängliches, im Handel erhältliches Buch.[74] Nahezu zeitgleich zu Herrmanns Erstpublikation brachte Torsten Musial seine Studie über die Staatsarchive im »Dritten Reich« heraus, die auch das Reichsarchiv behandelt.[75] Musial legte darin erstmals in territorial umfassender Weise den Einsatz deutscher Archivare in den besetzten Gebieten in Ost- und Westeuropa dar. In seiner bisweilen pointierten Darlegung ließ er kaum einen Zweifel an der starken Nazifizierungsbereitschaft weiter Teile der deutschen Archivargemeinschaft sowie am schuldbeladenen Engagement im auswärtigen »Archivschutz«. Der vergleichende (Über-)Blick auf die zweifellos heterogene Archivlandschaft gehört zu den Stärken der Arbeit. Speziell mit dem Gründungsmoment des Reichsarchivs setzt sich noch einmal eine jüngere Untersuchung von Michael Hollmann auseinander.[76]

Enders, Die ehemaligen deutschen Militärarchive und das Schicksal der deutschen Militärakten nach 1945, in: Militärgeschichte 8 (1969), S. 600-608.- Eine (wenn auch nur sehr knappe) Ausnahme bildete: Heinrich Otto Meisner, Das Reichsarchiv, in: Archivalische Zeitschrift 66 (1970), S. 50-53.

71 Walter Nissen, Zur Geschichte der Reichsarchividee im 19. Jahrhundert, in: Helmut Lötzke/Hans-Stephan Brather (Red.), Archivar und Historiker. Studien zur Archiv- und Geschichtswissenschaft. Zum 65. Geburtstag von Heinrich Otto Meisner, Berlin (Ost) 1956, S. 162-175.

72 Beide Autoren waren quasi Insider, wobei sie neben ihren Erinnerungen vorrangig auf die Tagebucheinträge ihres Kollegen Hans Thimme zurückgriffen. Immer wieder scheint dabei auch das technokratische Narrativ des Archivars als »pflichterfüllter Aktenverwalter« durch, der, durch seinen Gegenstand passioniert, seiner Einrichtung und ihren Aufgaben durch die politischen »Wirren« hindurch »zu ihrem Besten« dient. Karl Demeter, Das Reichsarchiv. Tatsachen und Personen, Frankfurt a. M. 1969.- Walter Vogel, Der Kampf um das geistige Erbe. Zur Geschichte der Reichsarchividee und des Reichsarchivs als »geistiger Tempel deutscher Einheit«, Bonn 1994.

73 Herrmann, Das Reichsarchiv 1919-1945, Humboldt-Universität zu Berlin 1994.

74 Matthias Herrmann, Das Reichsarchiv (1919-1945). Eine archivische Institution im Spannungsfeld der deutschen Politik, Kamenz 2019. Hierbei handelt es sich um eine Veröffentlichung des Stadtarchivs Kamenz.

75 Musial, Staatsarchive im Dritten Reich.

76 Michael Hollmann, Die Gründung des Reichsarchivs im Jahre 1919, in: Rainer Hering/Robert Kretzschmar/Wolfgang Zimmermann (Hg.), Erinnern an den Ersten

Das Mitwirken des Reichsarchivs und seiner Archivare an geschichtswissenschaftlichen und -politischen Diskursen ist insbesondere im Zusammenhang mit seinen militär- und kriegsgeschichtlichen Schriften ins öffentliche Bewusstsein gerückt. Detailliert hat Markus Pöhlmann diesen Aspekt anhand der über 40-jährigen amtlichen deutschen Weltkriegsgeschichtsschreibung ausgeleuchtet.[77] Dabei erwiesen sich weniger die 18 Bände und das Monumentalwerk »Der Weltkrieg 1914-1918« als einflussreich, als vielmehr die multimedialen amtlichen, halbamtlichen und privaten Veröffentlichungen, unter denen sich auch Propagandafotografien und -filme befanden. Weitere arbeitsbiografische Einsichten in die Geschichte des Reichsarchivs nach 1933 ermöglichen Studien über Ludwig Bergsträsser, Hans Thimme und Ernst Zipfel.[78] Geht es um die

Weltkrieg. Archivische Überlieferungsbildung und Sammlungsaktivitäten in der Weimarer Republik, Stuttgart 2015, S. 29-62.- Einen allgemeinen Überblick bietet das Themenheft »100 Jahre Reichsarchiv« der Zeitschrift Forum. Das Fachmagazin des Bundesarchivs 2019, Koblenz 2019.

77 Markus Pöhlmann, Kriegsgeschichte und Geschichtspolitik: Der Erste Weltkrieg. Die amtliche deutsche Militärgeschichtsschreibung 1914-1956, Paderborn 2002.- Dazu auch der Überblick von Helmut Otto, Das ehemalige Reichsarchiv. Streiflichter seiner Geschichte und der wissenschaftlichen Aufarbeitung des Ersten Weltkrieges, in: Bernhard R. Kroener (Hg.), Potsdam. Staat, Armee, Residenz in der preußisch-deutschen Militärgeschichte, Frankfurt a.M. u.a. 1993, S. 421-434, sowie seinen kurzen Forschungsüberblick: Der Bestand Kriegsgeschichtliche Forschungsanstalt des Heeres im Bundesarchiv, Militärisches Zwischenarchiv Potsdam, in: Militärgeschichtliche Mitteilungen 51 (1992) 2, S. 429-441.

78 Dagmar Gieseke u.a., Ernst Posner 1892-1980. Archivar in Deutschland und Amerika. Eine biographische Skizze, Potsdam 1997.- Stephanie Zibell, Ludwig Bergsträsser – Ein politisches Portrait, Mainz 2002.- Roland Thimme, Rote Fahnen über Potsdam 1933-1989. Lebenswege und Tagebücher, Berlin 2007, S. 165ff.- Johanna Weiser, Geschichte der preußischen Archivverwaltung und ihrer Leiter. Von den Anfängen unter Staatskanzler von Hardenberg bis zur Auflösung im Jahre 1945, Köln u.a. 2000, S. 144ff.- Einen besonderen Platz nimmt Albert Brackmann als kurzzeitiger, aber einflussreicher kommissarischer Leiter des Reichsarchivs ein, der v.a. als einer der »höchstrangigen deutschen Historiker« und Ostforscher in die NS-Wissenschaftsgeschichte eingegangen ist. Vgl. dazu auch: Gabriele Camphausen, Die wissenschaftliche historische Russlandforschung im Dritten Reich 1933-1945. Frankfurt a.M. u.a. 1990, S. 182-212.- Wolfgang J. Mommsen, Vom »Volkstumskampf« zur nationalsozialistischen Vernichtungspolitik in Europa. Zur Rolle der deutschen Historiker unter dem Nationalsozialismus, in: Winfried Schulze/Otto Gerhard Oexle (Hg.), Deutsche Historiker im Nationalsozialismus, Frankfurt a.M. 1999, S. 183-214, hier S. 183. Allgemein auch die Beiträge und Passagen zu Brackmann in: Michael Burleigh, Germany Turns Eastwards. A Study of Ostforschung in the Third Reich, New York: Cambridge University Press 1988.- Ders., Wissenschaft und Lebenswelt. Generaldirektor Brackmann und die nationalsozialistische Ostforschung, in: Werkstatt Geschichte, 8, Ergebnisse, Hamburg 1994, S. 68-75.- Peter Schöttler (Hg.), Geschichtsschreibung als Legitimationswissenschaft 1918-1945. 2. Aufl., Frankfurt a.M. 1999, S. 229-243.- Ingo Haar, Historiker im Nationalsozialismus. Deutsche Geschichtswissenschaft und der »Volkstumskampf« im Osten, 2. Aufl., Göttingen 2002.- Winfried Schulze/Otto Gerhard Oexle (Hg.), Deutsche Historiker im Nationalsozialismus, Frankfurt a.M. 1999.- Thomas Schöbel, Albert Brackmann und die Publikationsstelle Berlin-Dahlem, in: Jessica Hoffmann/Anja

die Leiter des Geheimen Staatsarchivs (GStA) und den darin enthaltenen Arbeitsbiografien der Direktoren Albert Brackmann (1929-1936) und Ernst Zipfel (1936-1945) stößt man allerdings mitunter auf interpretatorische Unschärfen. Exemplarisch deutlich wird das an Johanna Weisers, 150 Jahre behandelnde Studie über GStA-Direktoren.[79] Die Ausführungen gehörten zum Zeitpunkt der Veröffentlichung zu den ausführlichsten über die beiden Archivfunktionäre. Weiser bringt in ihrer Darstellung zwar die problematischen Aspekte wie die antisemitische, willfährige Dienstbeflissenheit gegenüber dem NS-Apparat zur Sprache. Gleichwohl führen die stark personenbezogene Ausrichtung der Arbeit und der binneninstitutionelle Bewertungsrahmen – nämlich, was »gut« für das Archivwesen und das GStA gewesen sei – dazu, dass eine chronologische »Geschichte großer Männer« und ihrer Verdienste entsteht, die mehr oder weniger uneingeschränkt auch für die NS-Zeit gilt.[80] Sven Krieses aufschlussreicher Vergleich der GStA-Leiter Brackmann und Zipfel fällt dem gegenüber in Ansatz und Ergebnis weitaus differenzierter aus.[81]

Die in der verwaltungsgeschichtlichen NS-Forschung eingeführten kulturgeschichtlichen Zugriffe haben in Hinsicht auf Archive kaum Nachahmung gefunden. Mario Wimmers Beitrag über Verwaltung bzw. Archivarbeit als Kommunikationsleistung stellt eine anregende Ausnahme dar.[82] So problematisiert der Autor anhand der Bemühungen um die Einführung einer vereinheitlichten Archivfachsprache im Reichsarchiv zwischen 1929 und 1934, welche Folgen eine solche (»kalte«) semantische Uniformierung auf Denkstil und Geisteshaltung der Archivbeamten hatte. Auch Wolfgang Ernst widmet in seiner monumentalen, explizit kultur- und ideengeschichtlichen Studie über Sammeln, Speichern und Erzählen von Vergangenheit dem Reichsarchiv und den deutschen (Reichs-)Archivaren mehrere Kapitel. Darin setzt er sich vor allem mit dem sprunghaften Bedeutungsgewinn von Archiven und Ar-

Megel/Robert Parzer/Helena Seidel (Hg.), Dahlemer Erinnerungsorte, Berlin 2007, S. 229-243.- Helmut Wilhelm Schaller, Die ›Publikationsstelle Berlin-Dahlem‹ und die deutsche Osteuropaforschung in der Zeit von 1933 bis 1945, in: Historische Mitteilungen 20 (2008), S. 193-216.

79 Weiser, Geschichte der preußischen Archivverwaltung, S. 111 ff.

80 Darin mag im Übrigen, wie Wilfried Reininghaus ausführte, ein Fortleben historiografischer Traditionslinien aus dem Historismus eines Friedrich Meinecke ablesbar sein, der die Rolle des Einzelnen in der Geschichte emporhob. Reininghaus, Archivgeschichte.

81 Sven Kriese, Albert Brackmann und Ernst Zipfel. Die Generaldirektoren im Vergleich, in: Ders. (Hg.), Archivarbeit im und für den Nationalsozialismus, S. 17-94.

82 Mario Wimmer, Die kalte Sprache des Lebendigen. Über die Anfänge der Archivberufssprache (1929-1934), in: Peter Becker (Hg.), Sprachvollzug im Amt. Kommunikation und Verwaltung im Europa des 19. und 20. Jahrhunderts, Bielefeld 2011, S. 45-74.- Ders., Archivkörper. Eine Geschichte historischer Einbildungskraft, Göttingen 2012.

chivarstätigkeit im Zuge der nationalsozialistischen Rassen-, Geschichts- und Kriegspolitik auseinander.[83]

Dagegen stellt die Geschichte des Deutschen Zentralarchivs und des Bundesarchivs aus Historikerperspektive immer noch ein wenig beschriebenes Blatt dar. In Hermann Schreyers Gesamtdarstellung zum DDR-Archivwesen geht der Autor immer wieder auf bestimmte Entwicklungsstränge im DZA ein, ebenso befassen sich Eckert, Lehr, Winter oder auch frühe Insider-Darstellungen wie die von Friedrich Kahlenberg[84] mit der Gründung des Bundesarchivs und dem Amtsantritt seines ersten Direktors. Doch die meisten Ausführungen behandeln vor allem Personalfragen und die archivalischen Rückgabeverhandlungen. Auch Rainer Eckerts jüngst verfasste Einzelfallstudie zu Inoffiziellen Mitarbeitern des MfS im Zentralen Staatsarchiv der DDR geht über diesen besonderen Aspekt der Institutionengeschichte nicht hinaus.[85] Insofern bleiben nach wie vor Selbstdarstellungen des Deutschen Zentralarchivs und vor allem des Bundesarchivs oder Memoiren von Mitarbeitern wichtige Informationsquellen.[86] Summa summarum stand die vorliegende Darstellung vor der Herausforderung, mit deutlichen Forschungslücken und Unwuchten im Wissensstand für die Zeit vor und nach 1945 umgehen zu müssen. Dies hat den Aufbau der Arbeit insofern beeinflusst, als der Entwicklung nach dem Zweiten Weltkrieg besondere Aufmerksamkeit geschenkt wurde.

83 Ernst, Im Namen von Geschichte, S. 650ff.

84 Die Überblicksdarstellung des späteren Präsidenten des Bundesarchivs zu den west- und ostdeutschen Archiven aus dem Jahr 1972 gehörte zu den häufig zitierten Standardwerken in diesem Bereich. In seiner sachlich-informativen, gut lesbaren, gleichwohl quellen- und literaturgestützten Argumentation suchte der Autor immer wieder nach grenzüberschreitenden Berührungspunkten zwischen der Entwicklung in West und Ost und ging dabei immer wieder beispielhaft auf das Deutsche Zentralarchiv und das Bundesarchiv ein. Die ideologisch wenig polemische Darstellung, die die differenten gesellschaftlichen Rahmenbedingungen nahezu an den Rand schob und stattdessen die Gemeinsamkeit des Gegenstandes betonte, erscheint angesichts der damaligen deutsch-deutschen Annäherungen wie ein archivgeschichtlicher Beitrag zur Entspannungspolitik. Friedrich P. Kahlenberg, Deutsche Archive in West und Ost. Zur Entwicklung des staatlichen Archivwesens seit 1945, Düsseldorf 1972.

85 Rainer Eckert, Archivare als Geheimpolizisten. Das Zentrale Staatsarchiv der DDR in Potsdam und das Ministerium für Staatssicherheit, Leipzig 2019.

86 Helmut Lötzke, Der Aufbau des Deutschen Zentralarchivs 1946-1956, in: Der Archivar 9 (1956) 4, S. 335-348.- Ders., Zehn Jahre Deutsches Zentralarchiv, in: Archivmitteilungen 6 (1956) 2, S. 33-41.- Eberhard von Vietsch/Wolfgang Kohte, Das Bundesarchiv. Entwicklung und Aufgaben, Boppard a.R. 1966.- Heinz Boberach/Hans Booms (Hg.), Aus der Arbeit des Bundesarchivs. Beiträge zum Archivwesen, zur Quellenkunde und Zeitgeschichte, Boppard a.R. 1977.- Tilman Koops/Ernst Ritter, Das Bundesarchiv. Geschichte und Organisation – Aufgaben – Bestände. Mit einer Einleitung von Hans Booms, Koblenz 1988.- Heinz Boberach, Archivar zwischen Akten und Aktualität, Norderstedt 2004.- Simone Walther-von Jena, Das Zentrale Staatsarchiv der DDR, in: Forum. Das Fachmagazin des Bundesarchivs 2019: 100 Jahre Reichsarchiv, Koblenz 2019, S. 95-104.

I.

Das Reichsarchiv in Potsdam um 1930

Hans von Haeften
(1870-1937)

Albert Brackmann
(1871-1952)

Ernst Zipfel
(1891-1966)

Das Reichsarchiv zwischen konservativer Beharrung und Nazifizierung

»Mag es nun an der Aehnlichkeit der ›geni locorum‹ liegen […] Tatsache bleibt, daß hier die Gegner der Republik mit dem Gelde der Republik gefüttert werden«.[1] Es war die »Berliner Volkszeitung«, die sich in ihrer Abendausgabe vom 22. Februar 1922 über kriegsgeschichtliche Publikationen des neu gegründeten Potsdamer Reichsarchivs echauffierte, die, so das Blatt, aus der Feder dortiger konservativ-republikfeindlicher Offizierskreise entstammen und der jungen Weimarer Republik in Krisenjahren einen quasi historiografischen »Dolchstoß« versetzen würden. Als drei Tage später das verantwortliche Innenministerium auf die Unterscheidung zwischen privater und dienstlicher Veröffentlichung von Reichsarchivaren abhob und nur einen vorläufigen Publikationsstopp verhängen wollte, hagelte es erneut Kritik, da am Projekt der Militärgeschichtsforschung dennoch grundsätzlich festgehalten wurde.[2] So wie hier stand in den 1920er Jahren das Reichsarchiv als »Streitarchiv« noch oft im Medienfokus und zog vergleichsweise viel Aufmerksamkeit auf sich. Begrifflich war das insofern missverständlich, weil es dabei fast nie um das tatsächliche Archiv ging, sondern um seine forschungsgeschichtliche Abteilung und die geschichtspolitischen Auffassungen ihrer Mitarbeiter.

Im SPD-regierten Freistaat Preußen, den Ministerpräsident Otto Braun zu einem »republikanischen Bollwerk« formen zu können glaubte, war das Reichsarchiv wie viele andere Behörden weder für Nationalsozialisten noch für Kommunisten ein Ankerpunkt. Doch ebenso wenig stellte es mit seinen zahlreichen Anhängern des 1933 zum Ehrenbürger von Potsdam ernannten Generalfeldmarschalls und Reichspräsidenten Paul von Hindenburg eine sozial- oder liberaldemokratische Festung republikanischen Gedankenguts dar. Viele Archivbeamte befürworteten grundsätzlich das Ende der Weimarer Republik, ohne sich auf die Seite der nationalsozialistischen Bewegung zu schlagen, als sich 1929/30 mit der Weltwirtschaftskrise und dem Außerkraftsetzen des Parlaments durch Präsidialkabinette das baldige Ende der jungen Demokratie ankündigte. Insofern war das Reichsarchiv mehrheitlich eine (erz)konservative Institution.

Der Aufstieg und die Regierungsübernahme von Adolf Hitler und der NSDAP 1933 verursachte dann einen radikalen Systemwechsel, der den archivarischen Beamtenkörper vor existenzielle Fragen seiner Gefolgschaft stellte, die die Betroffenen individuell unterschiedlich beantworteten. Das erste Kapitel widmet sich dem Wandlungsprozess des Potsdamer Reichsarchivs von einer konservativen Zentralinstitution zu einer nazifizierten Restbehörde. Dabei

1 Das Reichsarchiv in Potsdam. Republikanische »Dolchstoß«-Propaganda, in: Berliner Volkszeitung vom 20.2.1922 (Abendausgabe).

2 Politische Propaganda im Reichsarchiv, in: Neue Berliner Zeitung vom 25.2.1922.

liegt – die organisationsgeschichtliche Genese wurde bereits andernorts dargestellt[3] – das Augenmerk auf Verhaltensdispositionen der Fachbeamten und ihre Mobilisierung sowie auf die politischen Destruktivkräfte, die später zur Erosion und Auflösung des Archivbetriebs beitrugen.

Das Potsdamer Zentralarchiv vor 1933 und danach

Während das erste Drittel des 20. Jahrhunderts aus gesellschaftspolitischer Perspektive ein äußerst dynamischer und auch zerstörerischer Zeitabschnitt war, in dem sich Kriegskatastrophen und fundamentale Systemwechsel ereigneten, erwiesen sich dieselben drei Jahrzehnte aus archivgeschichtlicher Sicht als eher arm an Höhepunkten und Veränderungen. Die Organisationsstruktur des Archivwesens blieb unverändert föderalistisch. Die einzelnen deutschen Länder verfügten jeweils über ein Staatsarchiv – Ausnahmen bildeten Bayern und Preußen mit mehreren Provinzialarchiven. Knapp 60 staatliche Archive mit insgesamt rund 140 wissenschaftlichen Beamten gab es in Deutschland vor 1914, zwei Zahlenwerte, die durch die Kriegsverluste nach 1918 zunächst sanken, dann jedoch wieder ansteigen sollten.[4] Vor diesem Hintergrund gehörte die Gründung des Potsdamer Reichsarchivs im Jahr 1919 zu den bemerkenswerten archivpolitischen Ereignissen jener Zeit.

Bis dato hatte es – trotz des Aufschwungs der preußischen Archive – an einem nationalen Reichsarchiv im Deutschen Kaiserreich gefehlt. Erste dahingehende Gründungsüberlegungen waren 1905/06 ventiliert worden. Historisches Referenzobjekt bildete das Geheime Staatsarchiv Berlin (GStA), das sich 1874 auf Druck von Max Duncker und Heinrich von Sybel mit dem ansässigen Ministerialarchiv zu einem Zentralarchiv vereinigt hatte. Es war für die Akten sämtlicher oberster Zivilbehörden des preußischen Staates zuständig, womit der alte Gegensatz zwischen Hauptarchiv und Behördenarchiven überwunden wurde. Doch im Unterschied zum GStA verdankte sich die Gründung des Reichsarchivs nicht einer wohlüberlegten verwaltungsamtlichen Planung, sondern der politischen Notsituation nach Weltkriegsende. Dadurch verlor es nie das behördliche Odium des Improvisierten und Künstlichen. Die institutionellen Aufbau-, Konsolidierungs- und Selbstfindungsprozesse wurden im Kontext der politischen Zerrissenheit der Weimarer Republik und der gesellschaftspolitischen Ausnahmezustände des »Dritten Reichs« durchlebt – und spiegelten diese. Als neue Reichsbehörde waren Platz und Bestimmung erst noch zu fixieren. Die kurze Geschichte des Reichsarchivs zwischen 1919 und 1945 war daher immer wieder gezeichnet von institutioneller Positionssuche.

3 Dazu: Herrmann, Das Reichsarchiv (1919-1945), sowie Pöhlmann, Kriegsgeschichte und Geschichtspolitik, aber auch Demeter, Das Reichsarchiv, und Vogel, Der Kampf um das geistige Erbe.

4 Musial, Staatsarchive im Dritten Reich, S. 15.

Aus historischer Sicht ergibt sich das Bild einer unsteten Einrichtung, die sich beständig neu auf- und umstellte und mit Krisensituationen konfrontiert war, in denen sie mal als Akteur auftrat, mal zum Spielball von behördlichen Machtkämpfen wurde. Diese ausgeprägte Binnendynamik unterschied das Reichsarchiv in vielerlei Hinsicht von anderen, langsam gewachsenen Archiven wie eben dem GStA.

Das Übergewicht des Militärischen

Nicht nur unter Potsdamern, sondern auch unter Verwaltungsbeamten und in der allgemeinen Öffentlichkeit lebte über viele Jahre hinweg die Vorstellung fort, es handele sich beim Reichsarchiv um eine quasi-militärische Einrichtung.[5] Der Grund dafür lag sowohl im kriegsgeschichtlichen Forschungsauftrag als auch in der personellen Zusammensetzung. Zudem suggerierte der gewählte Standort, der 1902 errichtete Gebäudekomplex der Königlich-Preußischen Kriegsschule auf dem Brauhausberg, institutionelle Kontinuität. Schon der eigentliche Gründungsimpuls ging von militärischer Seite aus, wenngleich, wie erwähnt, erste konkrete Planungen bereits vor Ausbruch des Ersten Weltkriegs aufgekommen waren.[6] Nachdem infolge des Versailler Friedensvertrages der Große Generalstab aufgelöst worden war, blieb zunächst offen, was mit dessen zahlreichen Unterlagen und kostbaren Sammlungen von Akten und Handschriften geschehen sollte. Es war der zeitweilige Chef des Generalstabs des Armeeoberkommandos Nord im Grenzschutz Ost und Leiter der militärischen Sachverständigenkommission bei der deutschen Friedensdelegation zum Vertrag von Versailles, Generalmajor Hans von Seeckt, der im Juli 1919 in einer Denkschrift der Reichsregierung vorschlug, die kriegsgeschichtlichen Abteilungen des Großen Generalstabs umzuwandeln und ein allgemeines Reichsarchiv zu gründen, dem zugleich auch Forschungsaufgaben zu übertragen seien.[7]

5 Das Reichsarchiv, in: Deutsche Allgemeine Zeitung vom 19.11.1920.- Historische Kommission für das Reichsarchiv; 1. Sitzung, in: Reichsanzeiger vom 09.11.1920.- Bevenschon, Das Reichsarchiv in Potsdam und seine vaterländische Bedeutung, in: Deutsche Tageszeitung vom 12.04.1922.- C. Mühling, Das Reichsarchiv. Seine Aufgaben und Ziele, in: Berliner Lokal-Anzeiger vom 16.10.1924.- Heinrich Kanner, Das Reichsarchiv und sein Werk, in: Die Weltbühne Nr. 10 vom 09.03.1926, S. 361-363.- Bernhard Poll, Über leitende Gedanken, die 1919 zur Gründung des Reichsarchivs geführt haben, in: Kölnische Volkszeitung vom 11.09.1929.- Das Erlebnis des Weltkrieges in hunderttausend Aktenbänden. Wesen und Aufgaben des deutschen Reichsarchivs, in: Der Tag vom 29.10.1931.

6 Herrmann, Das Reichsarchiv (1919-1945), S. 37 f.

7 BArch, R1506/41: Generalmajor Hans von Seeckt: Denkschrift über die Zukunft der Archive und kriegsgeschichtlichen Abteilungen des Großen Generalstabes, 12.7.1919.- BArch, R 43 I/886: Generalmajor Hans von Seeckt: Antrag zur Umwandlung der kriegsgeschichtlichen Abteilungen in ein Reichsarchiv, 12.7.1919.- BArch, R1506/41: General von Seeckt: Errichtung eines Reichsarchivs, 3.9.1919. Auch: Friedrich von Rabenau, Seeckt. Aus seinem Leben, Leipzig 1918-1936, 1940, S. 192 f.- Brühl, Entstehung und Konsolidierung des Reichsarchivs 1919-1923, S. 427 ff.- Otto, Das ehemalige

Unter der Bedingung, dass ein solches Archiv keine Überlebensinsel des Generalstabes sein dürfe und es der Zuständigkeit des Reichsinnenministeriums unterliege, wurde am 5. September 1919 der Entscheidungsvorlage zur Errichtung eines Reichsarchivs zum 1. Oktober zugestimmt.[8] Da Berlin zu diesem Zeitpunkt als politisch unsicher galt, fiel die Standortwahl auf Potsdam. Die Stadt an der Havel war bekannt für ihre militärische Tradition und Infrastruktur. Zugleich lag sie nah zu den Reichsbehörden der Hauptstadt.

Drei Hauptaufgaben wurden dem Reichsarchiv übertragen: erstens die Übernahme, Verwahrung und Verwaltung des gesamten Urkunden- und Aktenmaterials des Reiches seit seiner Gründung 1871, soweit dieses nicht mehr für die laufende Verwaltung gebraucht werde; zweitens die wissenschaftliche Erforschung und Schilderung der bis zum Weltkriegsende reichenden Periode des Reiches; drittens die Auskunftserteilung aufgrund des dem Archiv anvertrauten Aktenmaterials.[9] Eine vorrangig zivile Orientierung war damit durch den Innenminister vorgegeben. Doch in der Praxis überwog zunächst der militärische Aspekt. Dafür sorgten die zu archivierenden Aktenmassen des Generalstabes und der Kriegswirtschaft ebenso wie der Auf- und Ausbau der militärgeschichtlichen Weltkriegsforschung. Ihr wurde innerhalb der behördlichen Binnentektonik ein zentraler Platz eingeräumt. Entsprechend sah von Seeckts Konzept 147 Offiziere und 34 Beamte als Gesamtpersonalbestand vor.[10] Im Oktober 1919 wurden dann zunächst 80 Offiziere als wissenschaftliche bzw. höhere Verwaltungsangestellte eingestellt, darunter zwei Oberste, ein Oberleutnant und 18 Majore.[11] Fünf Jahre später befanden sich allein unter den insgesamt 37 wissenschaftlichen Bearbeitern der Kriegsgeschichtlichen Abteilung weiterhin 32 ehemalige Offiziere, darunter 23 Generalstabsoffiziere – das

Reichsarchiv, S. 423 f.- Ausführlich zur Gründung: Hollmann, Die Gründung des Reichsarchivs.

8 BArch, R 43 I/886: Reichsministerium des Innern: Protokoll der Kabinettsitzung vom 5.9.1919.- Beschluß der Reichsregierung, die Archive ziviler und militärischer Dienststellen zu einem Reichsarchiv zu vereinigen, in: Deutscher Reichsanzeiger vom 03.10.1919.- Hollmann, Die Gründung des Reichsarchivs.

9 BArch, R 1506/350, Bd. 1: Der Präsident des Reichsarchivs an den Geheimen Archivrat Dr. Müsebeck: Aufzeichnung über die Sitzung der »Historischen Kommission für das Reichsarchiv« am 7. November 1920. Anlage: Die Aufgaben des Reichsarchivs, 13.11.1920.- BArch, R 601/420, Bd. 2: Der Reichsminister des Innern an den Präsidenten des Reichstags: Aufstellung über den Geschäftsbereich der Reichsbehörden unter gleichzeitiger Angabe der bei ihnen beschäftigten Personen – Das Reichsarchiv (S. 12), 14.12.1920.- BArch, R1506/41: Mertz von Quirnheim: Denkschrift über die Stellung des Reichsarchivs im Behördenorganismus des deutschen Reiches, 24.1.1921.- Demeter, Das Reichsarchiv, S. 13.

10 BArch, R1506/41: General von Seeckt: Errichtung eines Reichsarchivs (einschließlich der Anlagen I und II), 3.9.1919.- BArch, R1506/41: Etatbegründung. Gliederung des Reichsarchivs, 11.12.1920. Darin wurde eine Personalaufstockung um sechs Mitarbeiter auf 153 insgesamt beantragt.

11 Herrmann, Das Reichsarchiv (1919-1945), S. 62.

Reichswehrministerium hatte durchsetzen können, dass militärische Darstellungen mehrheitlich in Offiziershänden lagen.[12]

Dass das Reichsarchiv weitgehend von Militärs dominiert wurde, zeigte auch die Besetzung der Leitungsebene. An der Spitze des Archivs stand der letzte Oberquartiermeister für Kriegsgeschichte, Generalmajor Hermann Ritter Mertz von Quirnheim. Der 53-Jährige, der als enger Vertrauter Hindenburgs während des Krieges galt, erschien in Zeiten politischer Zerrissenheit als Konsensfigur. Er war zwar ein hochrangiger Offizier, jedoch nicht als militaristischer Hardliner und Anti-Republikaner bekannt: »Seine pragmatischen politischen Vorstellungen und seine diplomatische Vermittlungsfähigkeit ließen ihn auch für einen republikanischen Innenminister akzeptabel erscheinen, während ihn seine eigene Kriegstätigkeit zu einem intimen Kenner der Verhältnisse in der obersten militärischen Leitung des Kaiserreiches machte. Gleichzeitig gestaltete sich sein Verhältnis zu den ehemaligen Führern der 3. OHL weiterhin so loyal, dass mit einer allzu kritischen Geschichtsschreibung zu Hindenburg und Ludendorff … nicht gerechnet werden musste«, beschrieb Markus Pöhlmann dessen Eignung.[13]

Neben dem Direktorenposten wurden weitere Schlüsselpositionen mit Militärs besetzt: Generalmajor Hans von Haeften, im Krieg Vertrauter Ludendorffs und Verbindungsoffizier zwischen Oberster Heeresleitung und Auswärtigem Amt, führte die maßgebliche kriegsgeschichtliche Abteilung, offiziell: Sichtungsabteilung, an; Oberstleutnant Theodor Jochim, der bereits zuvor die Archivabteilung beim Oberquartiermeister für Kriegsgeschichte geleitet hatte, wurde zunächst die Archivabteilung übertragen; Major Karl Ruppert stand mit der Zentralabteilung Z den Verwaltungsaufgaben vor.[14] Es waren die militärische Prägung einerseits und das bislang einmalige Herauswachsen eines Verwaltungsarchivs aus einem Heeresarchiv andererseits, die dem Reichsarchiv unter Archivaren den Nimbus einer Sonderbehörde verliehen.[15] Wohl mit leichtem Schmunzeln bezeichnete es der Begründer der neuzeitlichen Aktenlehre und langjährige Reichsarchivar Heinrich Otto Meisner daher rückblickend auch als »ein irreguläres archivisch indeklinables Gebilde, dessen heterogener Beamtenkörper den ›Hiatus‹ [Kluft] zwischen Militär und Zivil widerspiegelte«.[16]

12 Hans Schleier, Die bürgerliche deutsche Geschichtsschreibung der Weimarer Republik, Berlin (Ost) 1975, S. 128ff.

13 Pöhlmann, Kriegsgeschichte und Geschichtspolitik, S. 84.

14 BArch, R 1506/63: Der Präsident des Reichsarchivs: Gliederung des Reichsarchivs und Stellenbesetzung, 3.5.1920.

15 Klaus Neitmann, Zentralarchive in der Berlin-Potsdamer Archivlandschaft – ein Überblick über ihre Geschichte vom hohen Mittelalter bis in die 1950er Jahre, in: Brandenburgische Archive 14/1999, S. 2-8, hier S. 5f.

16 Heinrich Otto Meisner, Das Reichsarchiv, in: Archivalische Zeitschrift 66 (1970), S. 50-53, hier S. 51f.

Zentrale Säule des Reichsarchivs war die kriegsgeschichtliche Forschungsabteilung.[17] Sie war es auch, die die zunächst wenig sichtbare Archivbehörde ins Rampenlicht rückte – und zwar als geschichtspolitische Kampfarena und Austragungsort personeller Spannungen. Auslöser waren massive Diskrepanzen zwischen den Vorstellungen einzelner Mitglieder der Mitte Juli 1920 gebildeten Historischen Kommission[18] auf der einen Seite (allen voran einige liberale Geschichtsprofessoren um Hans Delbrück) und den Auffassungen der schreibenden Ex-Offiziere aus der Kriegsgeschichtlichen Abteilung sowie der Reichswehr-Führung auf der anderen Seite, die vor allem in den Jahren 1921 bis 1923 bestanden. Die Militärs weigerten sich, die fachliche Autorität der 12-köpfigen Kommission, der unter anderem auch der Generaldirektor der preußischen Staatsarchive, Paul Fridolin Kehr, angehörte,[19] anzuerkennen und auf wissenschaftliche Einwände zu reagieren. Zugleich beharrten sie auf ihrem Auftrag, als Autorenkollektiv[20] eine quasi amtliche, offiziöse Darstellung zu verfassen, die dem deutschen Volk und seinen Kriegsopfern mehr oder weniger ein Denkmal setzen sollte.[21]

Gegen eine solche Vorgehensweise hatten etliche Kommissionsmitglieder interveniert, darunter auch Delbrück, ebenso der Reichskanzler und Außenminister Joseph Wirth von der Deutschen Zentrumspartei.[22] Schon auf der ersten Sitzung der Kommission im November 1920 war in Bezug auf die Aufgaben des Reichsarchivs festgehalten worden, dass jeder »amtliche Charakter« der Veröffentlichungen zu vermeiden sei, eine Position, die noch einmal durch zwei angeforderte Gutachten der renommierten zivilen Reichsarchiv-Forscher Martin Hobohm und Veit Valentin bekräftigt wurde.[23] Man befürchtete eine politisch tendenziöse, weichgezeichnete Kriegsgeschichte durch quasi Laienhistoriker, was wiederum durch die Kommission als Beirat sowie durch Politiker

17 Ernst, Im Namen von Geschichte, S. 677 ff. Pöhlmann, Kriegsgeschichte und Geschichtspolitik.

18 BArch, R 1506/350, Bd. 1: Der Reichspräsident (Ebert)/ Der Reichminister des Innern (Koch): Erlaß, betreffend Bildung einer »Historischen Kommission für das Reichsarchiv« beim Reichsministerium des Innern, 17.7.1920.

19 BArch, R 1506/350, Bd. 1: Reichminister des Innern: Berufung der Mitglieder der Historischen Kommission für das Reichsarchiv, 2.9.1920.

20 BArch, R 1506/350, Bd. 1: Der Präsident des Reichsarchivs: Tätigkeitsbericht für die Zeit Oktober 1920 bis Oktober 1921, 23.9.1921.

21 Herrmann, Das Reichsarchiv (1919-1945), S. 81-96.

22 BArch, R 1506/350, Bd. 1: Schreiben Hans Delbrück an den Präsidenten des Reichsarchivs, Mertz von Quirnheim, 12.10.1921.- BArch, R 1506/350, Bd. 1: Der Reichsminister des Auswärtigen an den Reichsminister des Innern (Abschrift), 29.12.2021.

23 BArch, R 1506/350, Bd. 1: Der Präsident des Reichsarchivs an den Geheimen Archivrat Dr. Müsebeck: Aufzeichnung über die Sitzung der »Historischen Kommission für das Reichsarchiv« am 7. November 1920. Anlage: Die Aufgaben des Reichsarchivs, 13.11.1920.- BArch, R 1506/97, Bd. 1: Bericht des Archivrats Prof. Dr. Veit Valentin an den Präsidenten des Reichsarchivs, 7.11.1921.- BArch, R 1506/97, Bd. 1: Archivrat Prof. Dr. Bergsträßer: Bericht betr. das vom Reichsarchiv herauszugebende Kriegswerk, o. D.

zu verantworten gewesen wäre. Vonseiten der Kommission wurden fachliche Mängel beanstandet, konzeptionelle Schwächen kritisiert und zwischenzeitlich sogar die Einstellung jeglicher Forschungs- und Publikationsaktivitäten debattiert.[24] Die Angegriffenen und ihre Unterstützer wiederum sahen darin eine Bevormundung durch fachfremde Nicht-Militärs.[25] Personalpolitische Brisanz erhielten die Auseinandersetzungen dadurch, dass die Kommission ein Vorschlags- und Begutachtungsrecht für die Einstellung neuer Mitarbeiter besaß.[26] Schnell weiteten sich die Konflikte zu einem Grundsatzkampf um Deutungsanspruch und Interpretationshoheit über die Weltkriegshistorie aus und spalteten das Reichsarchiv über Jahre in Befürworter, Gegner und Vermittler, die sich gegenseitig mit Kampfansagen, Misstrauensbekundungen und Anschuldigungen bis hin zur Anzeige überzogen.[27]

Doch damit nicht genug: Weil sich auch das Innen-, Außen- und Reichswehrministerium, zum Teil in Person ihrer Minister, einschalteten, entwickelte sich die Debatte bald zu einer zwischenbehördlichen Kraftprobe.[28] Als mächtiger Gegenspieler agierte das Reichswehrministerium, das wenige Jahre nach dem Kriegsdesaster erneut an öffentlichem Ansehen gewann: »Je mehr sich die Stellung der Reichswehr zu stabilisieren begann und sie sich zu einem innenpolitischen Machtfaktor entwickelte«, resümierte dahingehend Markus Pöhlmann, »desto stärker begann die Heeresleitung auch ihre vorübergehend verlorenen Ansprüche auf die Militärgeschichtsschreibung und ganz konkret auf die Arbeit des Reichsarchivs geltend zu machen.«[29] Langfristig hatten die akademisch-republikanischen Mitglieder der Historischen Kommission in diesem Ringen das Nachsehen. Ihr Bemühen, die im Reichsarchiv betriebene Militärgeschichtsschreibung möglichst vollständig in die Hände von professionellen Historikern zu legen und um möglichst viele Aspekte der politischen Geschichte zu erweitern, scheiterte, auch wenn ihnen formal das Zustimmungsrecht zu allen wissenschaftlichen Untersuchungen eingeräumt worden war.[30] Der Ausgang der zweijährigen Auseinandersetzungen von 1921 bis 1923

24 BArch, R 1506/350, Bd. 1: Sitzungsprotokoll der außerordentlichen Tagung der Historischen Kommission, 23.6.1922.

25 BArch, R 1506/350, Bd. 1: Protokoll der mündlichen Stellungnahme des Reichswehrministeriums während der Besprechung im Ministerium des Innern über die Befugnisse und Zusammensetzung der Historischen Kommission, 20.12.1922.- BArch, R 1506/350, Bd. 1: Erklärung leitender Beamter des Reichsarchivs, 9.3.1923.

26 Die Historische Kommission, in: Deutsche Allgemeine Zeitung vom 10.11.1920.- BArch, R 1506/350, Bd. 1: Der Vorsitzende der Historischen Kommission für das Reichsarchiv: Zusammenfassung der Beschlüsse der »Historischen Kommission für das Reichsarchiv« in ihren Sitzungen am 6. und 7. November 1920, 24.11.1920.

27 So Demeter, Das Reichsarchiv, S. 16.

28 Dazu ausführlich: Pöhlmann, Kriegsgeschichte und Geschichtspolitik, S. 104-123, 141-145.

29 Pöhlmann, Kriegsgeschichte und Geschichtspolitik, S. 123.

30 BArch, R 1506/350, Bd. 1: Protokoll der Sitzung der Historischen Kommission am 26. März 1923 im Reichsministerium des Innern (2. Entwurf), 6.4.1923.

wie auch die weiteren Entwicklungen danach wurden zu einem Abbild der zeitgenössischen Spannungen und Stimmungslagen der Weimarer Republik. Dementsprechend resigniert erklärte dann auch der Kommissionsvorsitzende Hans Delbrück bereits Ende 1923, dass die alten kriegsgeschichtlichen Abteilungen des Großen Generalstabs im Reichsarchiv weiterleben würden.[31]

In dem Maße, wie mit zunehmendem zeitlichen Abstand zum Ersten Weltkrieg die ehemals heftige Kritik am Generalstab in der Öffentlichkeit verhallte und die Reichswehr wieder zum vaterländischen Symbol für deutsche Wehrhaftigkeit und nationale Selbstbestimmung wurde, lösten sich auch innerhalb der Kommission die Vorbehalte und Widerstände gegen die Kriegsgeschichtsschreibung und ihre Protagonisten auf. Als nach dem Tod von Delbrück im Jahr 1929 der rechtskonservative Königsberger Historiker Hans Rothfels seine Nachfolge antrat, war die Zeit der Kommission als geschichtspolitisches Korrektiv für das Reichsarchiv endgültig vorbei. Ihre Arbeit wurde in der Öffentlichkeit nur noch beiläufig registriert.[32] Im Ergebnis verstärkte diese Entwicklung letztlich den Ruf des Reichsarchivs, eine Stätte behördlicher Amtsgeschichtsschreibung zu sein.

Unruhige Behörde: Umstrukturierung als Dauerphänomen

Die Geschichte des Reichsarchivs ist von zahlreichen personellen, institutionellen und programmatischen Umstellungen und Brüchen gekennzeichnet, die vielfach quer zu politischen Zäsuren wie etwa 1933 lagen. Aus der historischen Vogelperspektive ergibt sich daher das Bild einer Institution, die personell und strukturell ständig in Bewegung war und diese Umruhe dabei von Beginn an mitbrachte. Insbesondere die erste Hälfte der 1920er Jahre war bestimmt vom Ringen um die strukturelle Form, personelle Größe und institutionelle Beständigkeit des Archivs.[33] Das betraf weniger die oberste Leitungsebene, denn mit Hermann Ritter Mertz von Quirnheim war zunächst personelle Kontinuität gegeben: Von Quirnheim leitete das Archiv für immerhin zwölf Jahre (1. Oktober 1919 bis 31. Oktober 1931), ihm folgte für vier Jahre Hans von Haeften, der seit 1920 der kriegsgeschichtlichen Abteilung vorstand. Anders jedoch die Abteilungsebene: Hier fallen die häufigen größeren und kleineren Umstruktu-

31 BArch, RH 61/572: Martin Reymann, Die Entstehung des Reichsarchivs und die Bearbeitung des amtlichen Weltkriegswerkes 1914-1918, Bl. 214. Zu Delbrücks geschichtspolitischem Engagement in der Kommission sowie allgemein seinem Kampf gegen die Dolchstoßlegende und die radikalen rechten Kreise in der Republik auch: Christian Lüdtke, Hans Delbrück und Weimar. Für eine konservative Republik – gegen Kriegsschuldlüge und Dolchstoßlegende, Göttingen 2018, S. 307 ff. bzw. 375 ff.

32 Pöhlmann, Kriegsgeschichte und Geschichtspolitik, S. 144.

33 Otto, Das ehemalige Reicharchiv.- Herrmann, Das Reichsarchiv (1919-1945).- Pöhlmann, Kriegsgeschichte und Geschichtspolitik.

rierungen ins Auge – allein zwischen 1920 und 1927 mindestens viermal.[34] Diese wurden zum einen hervorgerufen durch innerbehördliche Motivlagen, zum anderen durch externe Einflussnahmen, Beschlüsse und Instrumentalisierungen seitens der Politik. In der Anfangszeit lagen die Gründe in ministeriellen Sparauflagen während der landesweiten Wirtschaftskrise, in rasant wachsenden Aktenströmen und Sammlungsbeständen, die es zu bewältigen galt, sowie in den systematischen Neuerungen, die der neue Leiter der Archivabteilung Ernst Müsebeck einführte. Den vorerst größten Einschnitt bedeuteten die Personaleinsparungen, die 1923 im Zuge der Währungsreform und allgemeinen Finanznot alle Reichsbehörden erfassten. Neunzehn höhere Beamte wurden entlassen, der Mitarbeiterstamm fiel von insgesamt 171 auf 131, was in etwa der 25-prozentigen Personalstreichung entsprach, die den Reichsbehörden auferlegt worden war.[35] Die landesweiten Kürzungsverordnungen von 1923 werden in der Forschung zunehmend als dramatisches Erlebnis für die Beamtenschaft bzw. die Verwaltungsangestellten interpretiert, da sie traditionelle Sicherheiten und soziale Gewissheiten dieser *peer group* fundamental infrage stellten.[36] Dass sich die Regierung der Weimarer Republik gegen ihre »Staatsdiener« entschied, wurde von der Mehrheit der Beamten den gewandelten politischen Verhältnissen bzw. den Repräsentanten des neuen Systems angelastet. Auch viele derjenigen, die bislang Vertrauen und Loyalität aufgebracht hatten, wandten sich nun enttäuscht von der Republik ab. Obgleich aus dem Reichsarchiv kaum direkte Reaktionen überliefert sind, ist von einem tiefen Schock und einer dauerhaften Verunsicherung auszugehen, den diese Umstrukturierung nach sich zog. Die zusammengeschmolzene Gruppe der wissenschaftlichen Beamten im Reichsarchiv setzte sich danach zusammen aus zwei Direktoren, neun Oberarchivräten (davon einer in Dresden), 45 Archivräten (davon zwei in Berlin und einer in Stuttgart), drei Hilfsreferenten, sieben Hilfsarchivaren (davon einer in Berlin) sowie 63 mittleren und 19 unteren Beamten.[37]

Dass das Reichsarchiv eine »Behörde in Bewegung« war, lag maßgeblich auch darin begründet, dass es aktiv in den durch die Alliierten beschlossenen Auflösungsprozess der Reichswehr eingebunden war. Um die Abwicklung und Übernahme der militärischen Aktenbestände der verschiedenen Heereseinrichtungen und -truppen zu bewältigen – 1920 wurden diese auf ca. 30 Millionen

34 BArch, R 1506/63: Einteilung des Reichsarchivs, 9.4.1920.- BArch, R 1506/63: Der Präsident des Reichsarchivs: Gliederung und Stellenplan zum 5. Mai 1920, 3.5.1920.- BArch, R 1506/2: Der Präsident des Reichsarchivs: Gliederung und Stellenverteilung zum 1. Januar 1921, 28.12.1920.- BArch, R 1506/2: Aufstellung der Archivabteilung, o. D. (1923).- BArch, R 1506/2: Verteilung der Referate der Archivabteilung, o. D. (1927).- BArch, R 1506/50: Tätigkeitsberichte des Reichsarchivs von 1920-1925 und 1926-1927, 1925 bzw. 30.12.1927.

35 BArch, R 1506/50: Tätigkeitsbericht des Reichsarchivs 1920-1925, S. 4.

36 Rainer Fattmann, Bildungsbürger in der Defensive. Die akademische Beamtenschaft im »Reichsbund der höheren Beamten« in der Weimarer Republik, Göttingen 2001, S. 37 ff.

37 Rogge, Das Reichsarchiv, S. 120.

Akteneinheiten geschätzt[38] –, erhielt das Reichsarchiv die Aufsichtsbefugnis über neugebildete Reichsnebenarchive in Berlin, München, Dresden und Stuttgart sowie deren untergeordnete siebzehn Reichsarchivstellen. Diese gingen aus Archivabteilungen und Abwicklungsämtern der Armee hervor – das Gros, nämlich fünfzehn, befand sich in Preußen.[39] Der Abteilung Berlin kam in Form einer eigenen Reichsarchivabteilung die besondere Aufgabe zu, die Arbeit der Zweigstellen zu koordinieren.

Dass neben regionalen auch gattungsspezifische Sonderstellungen zu berücksichtigen waren, wurde im Fall des Marine-Archivs deutlich. Als vormals direkt dem Reich unterstellt, beanspruchte die Reichsmarine auch für die Zeit nach 1918 ein eigenes Archiv innerhalb der Abteilung Berlin. Von Quirnheim akzeptierte den Wunsch des Marine-Abwicklungsamtes. Zugleich genehmigte er auch die vollständige Übernahme des bisherigen Personals, womit die alte Militärtradition ungebrochen fortlebte.[40] Formal-organisatorisch gehörten damit dessen Außenstellen in Kiel und Wilhelmshaven ebenfalls zum Reichsarchiv. Bereits im Juni 1921 wurde diese Struktur allerdings mit einem RMI-Erlass über die Gründung von Zweigstellen modifiziert. Die Zahl der preußischen Stellen wurde auf sieben reduziert (darunter Kiel und Wilhelmshaven, die weiter in den Händen der Marine verblieben). In dieser Stärke arbeiteten die Zweigstellen etwa vier Jahre unverändert fort. Nachdem die Aktenbestände weitgehend überführt und zusammengelegt worden waren, wurde erneut eine Stellenreduktion beschlossen, sodass im Frühjahr 1926 neben Frankfurt am Main nur noch Außenstellen in Dresden, Stuttgart und Berlin existierten. Diese bestanden dann immerhin bis 1937 in unveränderter Form fort.[41]

Für institutionelle Unruhe sorgten des Weiteren Spannungen und Abstimmungsdefizite auf der Führungsebene. Ernst Müsebeck sah oder glaubte sich als Leiter der Archivabteilung häufig von Kommunikations- und Entscheidungsprozessen ausgegrenzt, insbesondere vom übergeordneten Reichsinnenministerium sowie von Leitern anderer Archive. Umgekehrt fasste er mitunter Beschlüsse, ohne sich zuvor beim Innenministerium abzusichern, was ebenfalls Konflikte provozierte.[42] Nachdem die Reichswehr in der zweiten Hälfte der 1920er Jahre wieder an Renommee gewonnen hatte, suchten zudem Militärs wie Hans von Haeften oder Karl Ruppert, aber auch Präsident Mertz

38 Herrmann, Das Reichsarchiv (1919-1945), S. 128

39 Dazu gehörten: Spandau, Königsberg, Stettin, Magdeburg, Glogau, Beslau, Münster, Osnabrück, Altona, Hann. Münden, Heilbronn, Neuburg, Blankenburg, Braunsberg, Dessau.

40 Zum Marinearchiv: Sebastian Rojek, Versunkene Hoffnungen. Die deutsche Marine im Umgang mit Erwartungen und Enttäuschungen 1871-1930, Berlin/Boston 2017, S. 363-420.

41 BArch, R 1506/50: Tätigkeitsbericht des Reichsarchivs 1920-1925, S. 4f.- Herrmann, Das Reichsarchiv (1919-1945), S. 127-144.

42 BArch, N 1058 (Nachlass Hans Thimme): Tagebucheintrag von Hans Thimme vom 21.10.1924, S. 116 sowie vom 13. und 31.3.1927, S. 8, 10.- Dazu auch: Vogel, Zur Geschichte der Reichsarchividee, S. 54, 58f.

von Quirnheim die wachsende Bedeutung des »Zivilen« Müsebeck innerhalb des Reichsarchivs zurückzudrängen. Einen Höhepunkt dieser Bemühungen stellte die heimliche Umstrukturierung der Archivabteilung in Müsebecks Abwesenheit im Jahr 1931 dar – dieser erlitt daraufhin einen Nervenzusammenbruch und reichte sein Abschiedsgesuch ein. Zwar konnte ihn der neue Archivpräsident Hans von Haeften überreden zu bleiben, und 1934 wurde ihm sogar die kommissarische Leitung des Reichsarchivs übertragen.[43] Doch der 64-jährige Müsebeck war inzwischen gesundheitlich derart angeschlagen, dass er dieses Amt nur noch mit größter Anstrengung bis zu seiner Pensionierung im Folgejahr erfüllen konnte.

Verstärkt wurden die Leistungs- und Entscheidungsschwächen auf der Leitungsebene in dieser Zeit durch die häufigen Krankheitsausfälle Hans von Haeftens in seiner Funktion als Präsident des Reichsarchivs. Nach dessen Ausscheiden und der kommissarischen Leitung durch Müsebeck übernahm 1935 der Generaldirektor der preußischen Staatsarchive, Albert Brackmann, den Posten. Doch schon 1936 musste dieser seinen Stuhl infolge eines Machtkampfes hinter den Kulissen wieder räumen und Ernst Zipfel übernahm die Archivleitung.[44] Erst mit Zipfel kehrte an dieser Stelle wieder Personalkontinuität ein. Allerdings sollte sich nun die Beschäftigtenstärke des Reichsarchivs – infolge seiner Verkleinerung in den Jahren 1935 bis 1937 – erheblich verändern: Von 139 Planstellen im Jahr 1935 sank der Mitarbeiterstamm nach Abtrennung des Heeresarchivs 1936/37 auf knapp unter 40 im Jahr 1938 – um danach wieder leicht anzusteigen.[45]

Zivile Archivarbeit und Nationalarchiv-Idee

Die initiale Fixierung auf Militaria und Militärgeschichtsschreibung brachte eine Hintanstellung der zivilen archivischen Kernaufgaben mit sich. Das drückte sich zunächst darin aus, dass das eigentliche Archiv lediglich in Form einer »Archivabteilung« existierte, wohingegen drei Abteilungen mit der historischen Auswertung der Archivalien beauftragt wurden.[46] Personell und infrastrukturell blieb diese Unwucht auch bestehen, als 1923 zwei Abteilungen eingespart werden mussten und nur die kriegsgeschichtliche Abteilung überlebte.[47] Doch ab Mitte der 1920er Jahre verschob sich die Gewichtung spürbar. Maßgeblichen Anteil daran hatte der Leiter der Archivabteilung, Ernst Müsebeck, der Theodor Jochim ablöste. Seit seinem Amtsantritt am 15. Dezember

43 Ebd., S. 58-62.

44 Zu den Hintergründen des Wechsels: Kriese, Albert Brackmann und Ernst Zipfel, S. 33-37, 86-90.

45 BArch, R 1506/90: Reichsarchiv: Verzeichnis über die Besetzung der Planstellen im Rechnungsjahr 1935, sowie Reichsarchiv: Verzeichnis über die Besetzung der Planstellen im Rechnungsjahr 1938 (Stand 1.7.1938).

46 Herrmann, Das Reichsarchiv (1919-1945), S. 97 ff.

47 Vogel, Zur Geschichte der Reichsarchividee, S. 35 f.

1920 wirkte der vormalige Geheime Staatsarchivar aus Berlin Schritt für Schritt darauf hin, das Reichsarchiv in eine »archivalische Zentralstelle für die Gesamtheit der obersten Reichsbehörden« zu überführen.[48] Durch die Neustrukturierung der Archivabteilung, die gezielte Anwerbung und Ausbildung von Spezialisten, die Umstrukturierung bibliothekarischer Bestände sowie durch permanente Kompetenzanreicherung und Selbstinitiativen gelang es ihm, die zivile Komponente über die Jahre zu erweitern und schließlich zum »zentralen Punkt des Reichsarchivs« zu entwickeln.[49] Die zivile Archivarbeit avancierte somit schrittweise vom Nebenauftrag zur Kernaufgabe. Nicht zuletzt führte auch die plötzliche Aktenflut dazu, dass sich das Reichsarchiv *peu à peu* »entmilitarisierte« und zugleich professionalisierte.

Die enormen Aktenmengen, aber auch die neuen Bestandsgruppen (insbesondere die der Kriegswirtschaftsgesellschaften), die nun bei der Archivabteilung eintrafen, überforderten innerhalb kurzer Zeit die früheren Mitarbeiter des Kriegsarchivs, sodass regelmäßige Weiterbildungen durch Archivare des Geheimen Preußischen Staatsarchivs anberaumt und zusätzlich zivile Mitarbeiter als unabdingbare Personalmaßnahme eingestellt wurden.[50] Darüber hinaus führte Müsebeck veränderte Methoden und Systeme zur Erfassung und Bewertung bislang unbekannter Massenakten- und Sammlungsüberlieferungen ein, womit er innerhalb der deutschen Archivwissenschaft neuartige Wege beschritt.[51] Erste Formen einer Öffentlichkeitsarbeit, wie zum Beispiel die im Oktober 1924 auf Betreiben Müsebecks durchgeführte »Ausstellung des Reichsarchivs zur Deutschen Geschichte« oder Archivalienausstellungen, popularisierten das Reichsarchiv als ziviles Archiv. Dies war dringend nötig, denn den meisten Politikern, Soziologen und Historikern der damaligen Zeit war seine Existenz mindestens bis Mitte der 1920er Jahre weitgehend unbekannt.[52]

48 Ernst Müsebeck, Der systematische Aufbau des Reichsarchivs, in: Preußische Jahrbücher 191 (1923), S. 294-318.

49 Herrmann, Das Reichsarchiv (1919-1945), S. 147.

50 Ebd., S. 74.- Pöhlmann, Kriegsgeschichte und Geschichtspolitik, S. 80.

51 Neitmann, Zentralarchive in der Berlin-Potsdamer Archivlandschaft, S. 5.- Auch: Ernst Müsebeck, Der systematische Aufbau des Reichsarchivs, in: Preußische Jahrbücher 191 (1923), S. 294-318.- Ders., Der Einfluß des Weltkrieges auf die archivalische Methode, in: Archivalische Zeitschrift 38 (1929), S. 135-150.- Ders., Grundsätzliches zur Kassation moderner Aktenbestände, in: Artur Brabant/Hans Beschorner (Hg.), Archivstudien. Zum siebzigsten Geburtstage von Woldemar Lippert, Dresden 1931, S. 160-165.- Ders., Grundsätzliches zur Aufbewahrung und Kassation von Akten wirtschaftlicher und verkehrstechnischer Registraturen im Reichsarchiv und in den Landesarchiven, in: In: Korrespondenzblatt des Gesamtvereins der Deutschen Geschichts- und Alterthums-Vereine 80 (1932), Sp. 157-158.

52 BArch, R 1506/50: Tätigkeitsbericht des Reichsarchivs 1920-1925, S. 12 f.- Ernst Müsebeck, Wesen und Wert von Archivausstellungen, in: Minerva-Zeitschrift 3 (1927) 4, S. 72-77.- Ernst Müsebeck, Die nationalen Kulturaufgaben des Reichsarchivs, Berlin 1925.- Dazu auch zeitgenössische Pressemeldungen: Zur Schaffung eines Reichsarchivs als Sammelstätte für das gesamte Urkunden- und Aktenmaterial des

Ein solches Schattendasein war unter Weimarer Verhältnissen nicht überraschend. Das Gros der Staatsarchive bestand aus infrastrukturell und personell äußerst kleinen Einrichtungen, die, ebenso wie die Staatsarchivare selbst, in der Verwaltungsstruktur vor Ort vielfach am Ende der Hierarchie situiert waren. Überdies war der berufsständische Organisationsgrad noch schwach ausgeprägt; der Verband der wissenschaftlichen Beamten an preußischen Staatsarchiven entfaltete ebenso wie die 1924 gegründete Vereinigung der deutschen staatlichen Archivare nur eine geringe Außenwirkung. Immerhin bildeten Berlin und Potsdam durch ihre hohe Archiv- und Archivarsdichte – mit dem GStA und dem Reichsarchiv als besondere »Behörden-Tanker« – ein besonderes Kommunikationszentrum. Nicht von ungefähr setzte sich der geschäftsführende Vorstand der Vereinigung aus dem Potsdamer Reichsarchivar Hans Kaiser und den GStA-Beamten Ernst Müller und Heinrich Otto Meisner zusammen. Aufmerksamkeit erzeugten zunächst lediglich die Archivtage. Wirkten sie zunächst vor allem als Foren der fachlichen Selbstverständigung und Diskussion, gerieten sie nach 1918 auch zu Podien politischer Manifestation und nationalistischer Bekenntnisse. Daran beteiligten sich auch Angehörige des Reichsarchivs wie beispielsweise Ernst Müsebeck, der auf dem Danziger Archivtag 1928 mit eindringlichen Worten die Einheit des deutschen Volkes über »willkürliche Grenzen« hinweg beschwor.[53]

Was den Leiter der Archivabteilung in seinem Tun vor allem antrieb, war erstens die Weiterentwicklung des Reichsarchivs zu einem tatsächlichen Nationalarchiv und zweitens »den archivalischen Zusammenhang mit dem alten Reich« herzustellen.[54] Dabei blickten, wenn es um Archiv und Nationalstaat ging, geschichtsbewusste, nationalistisch eingestellte Archivare seit dem 19. Jahrhundert neidisch auf ihre britischen oder französischen Kollegen, die seit langem über entsprechende Nationalarchive verfügten. In Deutschland dagegen hatten föderalistische Strukturen und wiederholtes Kriegschaos

Reiches, in: Reichsanzeiger vom 26.10.1920.- Politische Propaganda im Reichsarchiv, in: Neue Berliner Zeitung vom 25.02.1922.- Hans Goldschmidt, Die politische und wirtschaftsgeschichtliche Ausstellung des Deutschen Reichsarchivs, in: Weltwirtschaftliches Archiv 21 (1925) 1, S. 231-237.- P. Bloch, Das Haus der Akten. Die Geheimnisse des Reichsarchivs, in: Jüdische Zeitung vom 19.08.1927.- Später auch: Das Erlebnis des Weltkrieges in hunderttausend Aktenbänden. Wesen und Aufgaben des deutschen Reichsarchivs, in: Der Tag vom 29.10.1931.- Reichsgedanke und Reich. Nationalsammlung deutscher Anschauungsfundamente im Reichsarchiv, in: Völkischer Beobachter vom 17.01.1933.

53 So hieß es in seiner Rede: »Auch über unserer Tagung soll das Wort geschrieben stehen: Volk will zu Volk! Das deutsche Volk will ohne Rücksicht auf staatliche, willkürliche Grenzen sich sammeln und sein Volkstum als einheitliche Kulturaufgabe erleben, deren Lösung es sich selbst um ihrer Größe und Erhabenheit willen, aber auch der Welt schuldig ist.« Ernst Müsebeck, Rede auf dem 20. Archivtag in Danzig vom 27.-28.8.1928, in: Korrespondenzblatt des Gesamtvereins der deutschen Geschichts- und Altertumsvereine 76 (1928) 7-9, Sp. 166.

54 BArch, R 1506/62: Ernst Müsebeck: Zehn Jahre Abteilung A des Reichsarchivs. Ein Rückblick, o. D.- Herrmann, Das Reichsarchiv 1919-1945, S. 97 f.

jegliche Anläufe zu einem nationalen Reichsarchiv seit Mitte des 19. Jahrhunderts Theorie bleiben lassen.[55] Am Ende waren es gravierende Raumnöte der Reichsbehörden, die die Errichtung eines zentralen Sammlungsortes für deren Akten auf die Tagesordnung brachten. Als 1914 der Bau schließlich beginnen sollte, brach jedoch der Erste Weltkrieg aus und das Projekt wurde auf Eis gelegt.[56] Erst nach dem Krieg, dem Ende der Monarchie bzw. der Einführung der parlamentarischen Demokratie bot sich mit dem Reichsarchiv nun die einmalige Chance, den alten nationalarchivischen Traum zu verwirklichen.

Das sah auch Erich Müsebeck so, der in seiner Funktion nun alles daransetzte, das Potsdamer Reichsarchiv in ein Zentralarchiv für die obersten Reichsbehörden ab 1867 zu überführen.[57] Im Sinne einer »nationale Aufgabe ohne jeden parteipolitischen Auftrag« gelte es, »für die Einheit unseres Reiches ein Institut zu schaffen, wie es andere Großmächte längst besitzen«, erklärte Müsebeck, der selbst zur nationalen Erneuerungsbewegung des 19. Jahrhunderts geforscht hatte, im Januar 1921 in einer Denkschrift über die künftige Stellung des Archivs.[58] Ihm schwebte ein Ganzheitsarchiv vor »für die Konzentration des Staatsgedankens und für die Einheit der ganzen Volksgemeinschaft als des Trägers des Reiches und des Nationalstaates«, ausgestattet mit einem prinzipiellen Totalanspruch auf Akten und Sammlungsbestände.[59] Deren Vielfalt habe das nationale Leben in seinem Quellenreichtum zu spiegeln, führte er in einer weiteren Denkschrift vom Juni 1922 über die Funktion und kulturpolitische Reichweite seiner Abteilung aus.[60]

Doch in der Praxis verfügte das neue Reichsarchiv zunächst nicht über die nötige Autorität und den Bekanntheitsgrad, um sowohl von Behörden und Archiven als auch von Ministern und der Öffentlichkeit wahrgenommen bzw. in seinen Sammlungsaufgaben ernst genommen zu werden. Darüber hinaus wehrten sich mehrere Länder, alte Registraturen abzugeben. Es bedurfte vieler Anmahnungen und ministerieller Dienstanweisungen, bis sich seit Mitte der 1920er Jahre, spätestens jedoch seit 1926, die geordnete Bestandsübernahme und regelmäßige Aktenabgabe der zivilen Reichsbehörden verstetigte.[61] Für die zunehmende institutionelle Akzeptanz sorgten dabei auch Müsebecks

55 Walter Nissen, Zur Geschichte der Reichsarchividee im 19. Jahrhundert, in: Staatliche Archivverwaltung (Hg.), Archivar und Historiker. Studien zur Archiv- und Geschichtswissenschaft. Zum 65. Geburtstag von Heinrich Otto Meisner, Berlin (Ost) 1956, S. 156 ff.

56 Ernst Müsebeck, Der systematische Aufbau des Reichsarchivs, in: Preußische Jahrbücher 191 (1923), S. 1-25.- Vogel, Der Kampf um das geistige Erbe, S. 13 ff.

57 Müsebeck, Die nationalen Kulturaufgaben des Reichsarchivs.

58 BArch, R1506/41: Denkschrift an das Reichsministerium des Innern über die Stellung des Reichsarchivs im Behördenorganismus des Deutschen Reiches, 25.1.1921.

59 Müsebeck, Die nationalen Kulturaufgaben des Reichsarchivs, S. 17.

60 BArch, R 1506/49: Ernst Müsebeck: Denkschrift über die Archivabteilung des Reichsarchivs und ihre Aufgaben, 14.6.1922.

61 Das zeigt auch die dahingehende Entwicklung in den Tätigkeitsberichten des Reichsarchivs für 1920-1932 in: BArch, R 1506/50.

erfolgreich betriebene Übernahme der Überlieferungen des Reichskammergerichts und des Deutschen Bundes sowie seine Anordnung, ausgewählte nichtstaatliche Dokumente auf systematische Weise zu sammeln. Ganz im Sinne einer solchen Nationalarchividee erfolgte dann die Aufnahme der bislang von der Stadt Frankfurt am Main verwalteten Bestände des ehemaligen Reichskammergerichts, des Deutschen Bundes und der Provisorischen Reichsgewalt von 1848 durch das Reichsarchiv im Jahre 1925. Räumlich verblieben sie in der 1925 errichteten Außenstelle des Reichsarchivs in Frankfurt.[62]

Ein Potsdamer Spezifikum war die Einbeziehung in die auswärtige Kulturpolitik. Nach der Weltkriegsniederlage entdeckte die deutsche Außenpolitik den Kultur- bzw. Wissenschaftsaustausch als probates Mittel, um unterhalb der diplomatischen Ebene internationale Beziehungen aufzubauen und die Isolierung des Landes zu durchbrechen. Das Reichsarchiv beteiligte sich daran mit einer eigenen, wenn auch kurzen Mission in Richtung »rotes Russland«. Im Unterschied zu den Westmächten, die vor dem Hintergrund der Archivgutzerstörungen und -plünderungen deutscher Truppen und der dahingehenden umfangreichen Restitutionsbestimmungen des Versailler Vertrags mit Zurückhaltung auf die Gründung des Reichsarchivs reagiert hatten (und deren Vertreter dem Brauhausberg immer wieder unangenehme Kontrollbesuche abstatteten), zeigte sich die sowjetische Seite von Beginn an stark an der Organisation, Infrastruktur und Arbeitsweise des Archivs interessiert und strebte Austauschbeziehungen an. 1926 besichtigte erstmals eine Vertreterin aus Moskau den Archivkomplex.[63] Obwohl viele Archivare und Historiker die kommunistische Ideologie und das bolschewistische System grundsätzlich ablehnten, wuchs in Fachkreisen das Interesse an russisch-sowjetischen Archivbeständen. Reichsarchivpräsident Mertz von Quirnheim sah darin die Chance, seine Behörde archivpolitisch zu profilieren. Er gab dem Drängen der sowjetischen Seite nach und vereinbarte im Anschluss an die Sowjetische Historikerwoche in Berlin und den Besuch einer Historikerdelegation im Reichsarchiv im Juli 1928 ein Abkommen zum Austausch und zur Zusammenarbeit zwischen dem Zentralarchiv der RSFSR, dem Moskauer Marx-Engels-Institut und dem Reichsarchiv, das ein Jahr später unterzeichnet wurde.[64] Damit nahm das Reichsarchiv für sich in Anspruch, Deutschland auf der Reichsebene der Staatsarchive zu

62 Karl Demeter, Das Bundesarchiv, Abteilung Frankfurt a. M. Entstehung, Aufgabe, Tätigkeit, in: Archivalische Zeitung 49 (1954), S. 111-125.

63 Herrmann, Das Reichsarchiv (1919-1945), S. 194-196

64 BArch, R 1506/50: Tätigkeitsbericht des Reichsarchivs 1927-1928, Oktober 1928.- BArch, R 1506/34: Abkommen zwischen der Direktion des Zentralarchivs der RSFSR und dem Marx-Engels-Institut Moskau sowie dem Reichsarchiv zu Potsdam (Abschrift), unterzeichnet am 17. bzw. 24.7.1929.- Rudolf Franz/Reiner Groß, Wissenschaftliche Beziehungen zwischen sowjetischen und deutschen Archivaren in den Jahren 1917-1933, in: Archivmitteilungen 16 (1966) 3, S. 81-90.- Rainer Groß, Kontakte zwischen sowjetischen und deutschen Archivaren in den Jahren zwischen 1928-1930, in: Beiträge zum 50. Jahrestag der Großen Sozialistischen Oktoberrevolution, Potsdam 1968, S. 198-203.

vertreten. Doch es dauerte nicht lange, und die Führungsambitionen wurden gestoppt. Nachdem mehrere Archivleiter eine einheitliche Regelung im Umgang mit sowjetischen Archiven und Archivanfragen sowie eine gemeinsame Haltung gegenüber den katastrophalen politischen Zuständen in der UdSSR einforderten, reagierte das Reichsinnenministerium und fror die angelaufenen Archivbeziehungen ein. 1930 erfolgte dann der Schnitt: Albert Brackmann, neuer rechtskonservativer Generaldirektor der preußischen Staatsarchive und Erster Direktor des Geheimen Staatsarchivs, kappte eigeninitiativ sämtliche Beziehungen seiner Einrichtungen zur Sowjetunion. Ihm folgten weitere deutsche Archivdirektoren und auch das Reichsarchiv, das im gleichen Jahr seinen Archivalienleihverkehr mit sowjetischen Nutzern einstellte.[65] Die anvisierte Vorreiterrolle des Reichsarchivs war damit definitiv hinfällig.

Städtischer Wandel nach 1933

Das Reichsarchiv existierte gleichermaßen in einem administrativen Kontext wie in einem städtischen Umfeld.[66] Mit seinem Sitz in der brandenburgisch-preußischen Residenzstadt und Garnisonstadt erlebten die Mitarbeiter in den 1930er Jahren nicht nur einen Umbruch ihrer Behörde, sondern wurden auch Zeugen eines beeindruckenden urbanen Wandels. Potsdam war mit 73 700 Einwohnern im Jahr 1934 vor Brandenburg an der Havel (64 200) die größte Stadt innerhalb des gleichnamigen Regierungsbezirks.[67] Sie war damit Sitz einer Verwaltungseinheit, die mit Berlin die größte Stadt des Deutschen Reiches vollständig umschloss und zugleich wirtschaftlich, kulturell und sozial von dieser geprägt wurde. Neben wichtigen Industriebetrieben herrschten im Regierungsbezirk große Agrarwirtschaften vor, die sich in der Hand alter prominenter Adelsfamilien befanden. Diese verfügten traditionell über enge Beziehungen zu administrativen Entscheidungsträgern in der Region sowie zur Kaste der Militärs. Der »Stahlhelm«, der der Deutschnationalen Volkspartei (DNVP) nahestehende Bund der Frontsoldaten, war im Bezirk stark vertreten, ebenso die evangelische Kirche, der 90 Prozent der Bevölkerung angehörten.[68]

65 BArch, R 1506/50: Listung des Archivalienleihverkehrs mit russischen Nutzern des Marx-Engels-Instituts, o. D.- Herrmann, Das Reichsarchiv (1919-1945), S. 197 f.- Kriese, Albert Brackmann und Ernst Zipfel, S. 72 f.

66 Dazu auch Roland Thimme, Rote Fahnen über Potsdam 1933-1989. Lebenswege und Tagebücher, Berlin 2007, Kapitel I.

67 Wolfgang Ribbe, Einleitung, in: ders. (Hg.), Die Lageberichte der Geheimen Staatspolizei über die Provinz Brandenburg und die Reichshauptstadt Berlin 1933 bis 1936. Teilband I: Der Regierungsbezirk Potsdam, Köln/Weimar/Berlin 1998, S. 1.- Dietrich Eichenholz (Hg.), Brandenburg in der NS-Zeit. Studien und Dokumente, Berlin 1993.

68 Ribbe, Einleitung, S. 5.

Die Weltwirtschaftskrise erfasste Ende der 1920er Jahre auch Potsdam und führte zu Massenarbeitslosigkeit, Wohnungsnot und weitverbreiteter Armut.[69] Wachsende soziale Not, die Spaltung der städtischen Gesellschaft und Abstiegsängste brachten in der Folge der NSDAP rasch mehr und mehr Wählerstimmen: Bei den Stadtverordnetenwahlen im November 1929 zogen erstmals drei NSDAP-Vertreter mit über 2500 Stimmen ins Stadtparlament ein; das waren doppelt so viele Stimmen, wie die KPD erhielt, und rund ein Viertel der Stimmen, die jeweils auf DNVP und SPD entfielen.[70] Bei den Reichstagswahlen im September des Folgejahres reichte der Stimmenanteil der NSDAP mit rund 9600 schon bedrohlich an den der DNVP mit 11 400 heran.[71] Nun wuchsen auch die Mitgliederzahlen von SA und NSDAP Jahr für Jahr signifikant an. Einer der städtischen Höhepunkte der NS-Bewegung war die Großkundgebung im Potsdamer Luftschiffhafen mit anschließendem Fackelzug durch die Stadt am 4. April 1932. Vor dem anwesenden Adolf Hitler marschierten rund 10 000 SA- und SS-Männer vorbei und hinterließen nachhaltigen Eindruck vor Ort: Mit mehr als 18 000 Wählerstimmen wurde die NSDAP bei den anschließenden Landtagswahlen mit Abstand stärkste Kraft in Potsdam und ließ die DNVP, die nicht einmal halb so viele Stimmen auf sich vereinen konnte, weit hinter sich.[72] Spätestens jetzt wurde deutlich, dass sich ein politischer Meinungsumschwung nach rechts außen vollzogen hatte. Insbesondere die in Potsdamer Beamten- und Militärkreisen verankerten Deutsch-Nationalen hatten demgegenüber massiv an Boden verloren.

In der zweiten Hälfte der 1930er Jahre durchlebte Potsdam einen außergewöhnlichen Wachstumsschub. Hauptursache waren die Eingemeindungen von 1935 und 1939. Betroffen war eine Reihe von umliegenden Dörfern, die vor allem als Militärstandorte bekannt waren, wie Bornstedt (Kriegsschule Potsdam), Eiche (Unteroffiziersschule des Heeres) oder Krampnitz (Kavallerieschule). Doch den größten Zuwachs erfuhr Potsdam durch die Eingemeindung des benachbarten Babelsberg bzw. Nowawes am 1. April 1939, ein ausgesprochener Industriestandort mit mehreren Zehntausend Einwohnern und starker sozialdemokratischer und kommunistischer Wählerschaft (»rotes Nowawes«).[73] In der Folge verdoppelte sich die Bevölkerungszahl nahezu auf 136 000 Einwohner (1939) – mit erheblichen Auswirkungen auf die Sozialstruktur: Das Verhältnis zwischen Zivilbevölkerung und Militärangehörigen veränderte sich; der Anteil der in Industrie und Handwerk Beschäftigten stieg von 6900 (1933) auf 21 200 (1939), der der Beamtenschaft hingegen fiel.[74]

69 Dazu auch: Harald Müller, Zur Geschichte der Stadt Potsdam von 1918 bis 1933, Potsdam 1970, S. 55 ff.

70 Potsdamer Volksblatt vom 28.11.1928.

71 Potsdamer Volksblatt vom 15.9.1930.

72 Potsdamer Tageszeitung vom 25.4.1932.

73 Almuth Püschel, Verwehte Spuren. Zwangsarbeit in Potsdam – Fremdarbeiter und Kriegsgefangene. Dokumentation, Wilhelmshorst 2002, S. 17.

74 Ebd., S. 17 f.

Gleichwohl hielt die Stadt ihren Status als regionales Verwaltungs- und Dienstleistungszentrum aufrecht. Nach 1933 entwickelte sich Potsdam-Babelsberg dann mehr und mehr zu einem Ballungsgebiet von militärischen Rüstungs- bzw. Zulieferbetrieben, von denen die Arado-Flugzeugwerke GmbH mit 3200 Beschäftigten der größte war. Hinzu kamen die Babelsberger Maschinen- und Bahnbedarf AG, das Reichsbahnausbesserungswerk oder Frieske & Höpfner, die Teile für die Luftwaffe herstellten. Die Rüstungsindustrie als erheblicher wirtschaftlicher Faktor Potsdams wurde von außen allerdings nur wenig wahrgenommen. Dazu trugen nicht zuletzt auch Glanz und Renommee der Babelsberger Ufa-Filmstudios bei, in denen 4500 Beschäftigte arbeiteten.[75]

Politisch waren sowohl der Regierungsbezirk als auch Potsdam von einem großen Arbeiteranteil sowie überdurchschnittlich starken Wählervoten für SPD und KPD geprägt. Noch am 5. März 1933 stimmten bei der Reichstagswahl 20,4 Prozent für die SPD und 10,7 Prozent für die KPD, hingegen »nur« 52,6 Prozent für die NSDAP.[76] In einer Reihe größerer Industriestandorte in der Umgebung erhielten Sozialdemokraten und Kommunisten zusammen – wie beispielsweise in Nowawes[77] – sogar die Mehrheit, was diese Orte bald zu Angriffszielen für den braunen Terror werden ließ. Zudem war die Stadt nicht nur einfache Militärstadt oder Symbolstätte durch den »Tag von Potsdam«,[78] sondern wurde auch ein Zentrum ideologischer Ausbildungs- und Propagandaarbeit. Mit der Nationalsozialistischen Erziehungsanstalt (seit 1933), der Reichsführerschule der Hitlerjugend (1933), der Reichsführerinnenschule des Bundes Deutscher Mädel (1933), der Reichsführerschule des Reichsarbeitsdienstes (1934), der Polizeischule für Berlin und die Mark Brandenburg (1935) oder der Unteroffiziersschule des Heeres (1936) wurden hier auf vielfältige Weise Eliten und Funktionsträger des NS-Regimes ausgebildet, die das politische Kräfteverhältnis in der Stadt zugunsten des nationalsozialistischen Regimes verschoben. Diese Facetten des städtischen Wandels gehörten zur Hintergrundkulisse, vor der sich die Nazifizierung des Reichsarchivs abspielte.

75 Ebd., S. 23.

76 Ebd., S. 3.

77 So zum Beispiel bei den Reichstagswahlen am 31. Juli und 6. November 1932. Potsdamer Tageszeitung vom 1.8. und 7.6.1932.

78 Martin Sabrow, Der »Tag von Potsdam«. Zur Karriere eines politischen Symbols, Vortrag vom 21.3.2003, unter: https://docplayer.org/71314668-Der-tag-von-potsdam-zur-karriere-eines-politischen-symbols.html (letzter Zugriff am 15.1.2022).- John Zimmermann, Der Tag von Potsdam, in: Michael Epkenhans/Carmen Winkel (Hg.), Die Garnisonkirche Potsdam. Zwischen Mythos und Erinnerung, Freiburg im Breisgau 2013, S. 69-90.

Kampf um institutionelle Selbstbehauptung und Behördenaufspaltung 1936/37

Im Herbst 1931 ging im Reichsarchiv eine Ära zu Ende: Hermann Ritter Mertz von Quirnheim hatte das Ruhestandsalter erreicht und verließ zum 31. Oktober das Archiv. Mit dem weithin respektierten Generalleutnant, dem 1926 die Ehrendoktorwürde der Universität Leipzig verliehen worden war, verbanden sich die Gründung und Etablierung der neuen Behörde in quasi militärhistoriografischem Antlitz – seine Person verkörperte Kontinuität inmitten bewegter Behörden- bzw. Nachkriegsjahre. Dass auch die kommende Zeit ereignisreich bleiben und in eine eigene Transformationsphase münden würde, war in diesem Moment nicht abzusehen. Was zunächst Beständigkeit versprach, war die fortgesetzte militärische Leitung der Behörde. Denn Nachfolger wurde der 61-jährige Hans von Haeften. Die Personalie überraschte kaum jemanden, denn von Haeften galt zuvor in seiner Funktion als Leiter der Historischen Abteilung als zweiter Mann im Reichsarchiv. Mit ihm trat nun »eine der schillerndsten Persönlichkeiten der deutschen Militärelite von 1914 bis 1918«[79] auf den Posten des Reichsarchivpräsidenten.[80] Auffällig ist, dass von Haeften in den höchsten politischen und militärischen Kreisen über einen bemerkenswerten Ruf verfügte. Er galt als Adlatus von Ludendorff und Unterstützer Hindenburgs, den er zur Reichspräsidentenwahl 1932 öffentlich unterstützte, und im Vergleich zu anderen Militärs als intellektuell beweglich und breit interessiert.[81] Somit leitete nicht irgendjemand das Reichsarchiv, sondern ein renommierter ranghoher Militär, der sich in der Tradition seines Vorgängers bewegte.[82]

79 Pöhlmann, Kriegsgeschichte und Geschichtspolitik, S. 84.

80 Hans Maximilian Gustav von Haeften wurde 1870 in Fürstenberg am Niederrhein geboren. Unmittelbar nach dem Abitur beschritt er die Militärlaufbahn und arbeitete sich innerhalb des Großen Generalstabes bis zum Ersten Weltkrieg peu à peu nach oben. Für Haeftens spätere Zeit am Reichsarchiv ist insbesondere sein Wirken in der Kriegsgeschichtlichen Abteilung I von Belang, wo er sich unter Leitung von Freytag-Loringhoven mit militärhistorischen Abhandlungen zum Buren- und Hererokrieg hervortat, die mehr oder weniger amtlichen Charakter besaßen. Vor diesem Hintergrund und angesichts weiterer Stationen im Truppenkommando berief ihn Generalstabschef Helmuth Johannes Ludwig von Moltke im Sommer 1914 in den ausgewählten Kreis derjenigen, die die kaiserlichen Proklamationen »An das deutsche Volk« bzw. »An das deutsche Heer« ausformulierten.- Markus Pöhlmann arbeitete anschaulich die vielgestaltigen Facetten seiner Militärkarriere und Rezeption sowohl unter Zeitgenossen als auch in der späteren Zeit heraus. Pöhlmann, Kriegsgeschichte und Geschichtspolitik, S. 84-92.

81 Später verband sich der Name von Haeften mit dem Putschversuch vom 20. Juli 1944. Zwei seiner Söhne waren an dem Putschversuch beteiligt, und die ganze Familie stand fortan unter dem Druck von Überwachung und Verfolgung.

82 In dieser Beziehung übte er sich im Übrigen auch als gestrenger Archivpräsident in umfassender Kontrolle und Zensur der ausgearbeiteten Manuskripte, was sowohl republikanische als auch republikferne Autoren erfahren mussten. Pöhlmann, Kriegsgeschichte und Geschichtspolitik, S. 140.

Am Vorabend der nationalsozialistischen Machtübernahme stand von Haeften einer Behördenbastion nationalkonservativen Beamtentums vor, deren Belegschaft nach wie vor mehrheitlich militärisch sozialisiert und geprägt war. Werte des Militärischen amalgamierten sich mit beamtischen Auffassungen; Kasten- und Elitebewusstsein verschmolzen mit unbedingter Staatstreue, Dienstpflichterfüllung und glorifizierendem Preußentum. Gelebtes Staatsdienertum war zugleich das, was die Beamten vom Brauhausberg mit den zivilen preußischen Staatsarchivaren teilten, die als Fachbeamte mit – in der Regel – universitärem Geschichtsstudium ihre Tätigkeit im Archiv als »Dienst für den Staat« verstanden, was Pflichterfüllung und Obrigkeitstreue einschloss.[83] Insbesondere die Mitarbeiter mit Offiziershintergrund standen der Weimarer Republik distanziert gegenüber, erfahrungsgeschichtlich verstärkt durch den Prestigeverlust ihres Standes sowie den zwischenzeitlichen Personalabbau, die Etatkürzungen und Sparauflagen im Reichsarchiv und im Archivwesen allgemein.[84] Dennoch sorgten der gepflegte Militärstatus, die kollektive Verbundenheit mit Reichspräsident Hindenburg und die mehrheitliche Mitgliedschaft im »Stahlhelm« zunächst dafür, dass die NSDAP als »Partei der Straße« kaum Anhänger in der Offiziersgruppe fand[85] – ein Befund, der nach bisherigem Forschungsstand für die Zeit vor 1933 für die große Mehrheit der Archivbeamten zutraf. Doch die Situation war fragil, denn es herrschten seit Jahren eine Vielzahl von persönlichen Animositäten und politisch-ideologischen Divergenzen unter den Reichsarchivaren – bisweilen quer durch alle Statusgruppen.[86]

Übergänge einer fragmentierten Behörde in die NS-Diktatur

Betrachtet man den Zeitraum von 1933 bis 1939 zusammenhängend, treten vor allem fünf Aspekte hervor, die die Entwicklung des Reichsarchivs prägten: erstens die Positionsbestimmung der Archivare gegenüber dem neuen Regime, zweitens die erfolgreiche Nazifizierung der Behörde, drittens das Ringen um institutionelle Selbstbehauptung, viertens die personalpolitischen Veränderungen und Karrierestarts etlicher bedeutsamer Archivare und fünftens die Etablierung der Archivabteilung als maßgebliche Archivinstanz für alle staatlichen Zentralbehörden. Gerade für den letzten Aspekt waren zwei weitere Gegebenheiten bedeutsam, die die institutionelle Umgebung formten: Die deutsche Archivlandschaft war fragmentiert, bestand aus mehreren Landesarchivverwaltungen mit starken Direktoren an der Spitze – »Kurfürsten«, wie

83 Musial, Staatsarchive im Dritten Reich, S. 15 f.

84 Ebd., S. 27.

85 BArch, R 1506/119: Geschichte der nationalsozialistischen Beamtenarbeitsgemeinschaft und des Reichsbundes der Deutschen Beamten, 14.1.1938.

86 Herrmann, Das Reichsarchiv (1919-1945), S. 72 ff.- Pöhlmann, Kriegsgeschichte und Geschichtspolitik, S. 127 f.

Ernst Zipfel sie nannte[87] – und verfügte über keine einheitlichen Standards und Regelungen. Des Weiteren galt Preußens Archivverwaltung sowohl personell und etatmäßig als auch in Fachdebatten und Behördenkonflikten als absolutes Schwergewicht.

Das Jahr 1933 stellte für die preußischen Archive wie für das deutsche Archivwesen allgemein keine scharfe Zäsur dar. Der Archivbetrieb lief nach dem 30. Januar zunächst mehr oder weniger unverändert weiter, die Archivbeamten gingen ihrer gewohnten Tätigkeit nach. Im Reichsarchiv dagegen waren schon frühzeitig erste Auswirkungen zu spüren. Hier wurden bereits im ersten Jahr der braunen Machtübernahme Weichen für die Umgestaltung gestellt. Denn nachdem Wilhelm Frick neuer Innenminister wurde, war das Reichsarchiv nicht nur von den allgemeinen Gleichschaltungsmaßnahmen betroffen, sondern auch von den Folgen außenpolitischer Beschlüsse: So musste etwa mit dem Austritt aus dem Völkerbund die Aktenauskunft an ausländische Antragsteller umgehend neu geregelt werden.[88] Darüber hinaus wurde Ende 1934 die bislang ohnehin kontrovers beurteilte Arbeit der Historischen Kommission eingestellt, nachdem klar war, dass die Forschungsgeschichtliche Abteilung dem Reichswehrministerium unterstellt wird: Die letzte Kommissionssitzung fand bereits am 7. März 1933 statt.[89]

Auffällig rasch geriet die Archivleitung ins Wanken, an deren Spitze Hans von Haeften stand. Seine politische Haltung wurde seit der Machtübernahme der Nationalsozialisten mehr und mehr widersprüchlich und bisweilen konfus. Während er sich zur Weimarer Verfassung und zum nationalkonservativen Militärflügel um Hindenburg bekannte, näherte er sich zugleich dem neuen nationalsozialistischen Zeitgeist an. Einerseits suchte er die ausgreifenden Aktivitäten der NS-Parteigänger im Archiv zu unterbinden. Andererseits trat er selbst im Sommer der NS-Beamtenfachschaft bei, rief die Mitarbeiter trotz Aufnahmesperre auf, der NSDAP beizutreten, bzw. stellte selbst einen entsprechenden Antrag oder ordnete die großzügige Anschaffung von NS-Literatur für die Bibliothek an. Zum einen teilte er den republikfeindlichen Konservatismus der Offiziere am Reichsarchiv. Zum anderen schlug er im Herbst 1933 vor, die kriegsgeschichtliche Abteilung herauszulösen und ausgerechnet der Historischen Reichskommission zu unterstellen, also jenem wissenschaftlichen Beirat, mit dem seit vielen Jahren ein Dauerkonflikt bestand – eine Provokation für die meisten Mitarbeiter der Abteilung.[90]

Doch der Knackpunkt seiner Karriere ereignete sich schon wenige Wochen nach der »Machtergreifung«, als sich mit der »Flaggen-Affäre« vom März

87 BArch, R 1506/1020: Ernst Zipfel, Erinnerungen eines Archivars, 28.2.1956, S. 34.

88 Pöhlmann, Kriegsgeschichte und Geschichtspolitik, S. 148.

89 BArch, R 1506/352, Bd. 4: Aufzeichnungen über die Sitzung der Historischen Kommission für das Reichsarchiv am 7. März 1933.- BArch, R 1506/352, Bd. 4: Der Präsident des Reichsarchivs (in Vertretung Ernst Müsebeck) an den Reichsminister des Innern, 11.12.1934.

90 Pöhlmann, Kriegsgeschichte und Geschichtspolitik, S. 150 f.

1933 der latente Konflikt zwischen der erstarkten NSDAP-Fraktion und dem Korpus aus ehemals kaiserlichen, im »Stahlhelm« organisierten Ex-Offizieren mit antirepublikanischer Gesinnung zuspitzte. Letztere kamen vielfach aus der Forschungsabteilung und standen den meist deutlich jüngeren Angestellten mit NSDAP-Parteibuch sowohl politisch als auch sozial zunächst distanziert bis ablehnend gegenüber.[91] Von Haeften geriet auf ungewollte Weise zum Hauptakteur und Opfer dieses bereits verschiedenen Orts erwähnten Zwischenfalls, über dessen Verlauf allerdings unterschiedliche Versionen kursieren.[92] In der ersten Version hatten NSDAP-Mitglieder nach dem Sieg ihrer Partei bei den Reichstagswahlen am 5. März eigenmächtig die Hakenkreuzflagge auf dem Brauhausberg gehisst und ein erboster Archivpräsident mit Hinweis auf seinen Eid auf die Weimarer Verfassung ihre sofortige Einholung befohlen. In der zweiten Version hingegen war es eine schwarz-weiß-rote Flagge, die mit Billigung des Leiters der Historischen Abteilung, Wolfgang Foerster, und des Oberarchivrats Wilhelm Solger von Stahlhelm-Mitgliedern aufgezogen worden war und die von Haeften aus Angst vor den politischen Konsequenzen hatte entfernen lassen.[93] Dies habe erst einen Eklat unter den Offizieren ausgelöst, dann hätten auch NSDAP-Anhänger ihre Flagge zu hissen verlangt. Unabhängig davon, welche Version die richtige war: Der völlig überforderte von Haeften entschied nach Rückfragen im Reichsministerium des Innern (RMI) und Beratungen im engsten Kreis am 10. März, beide Fahnen aufzuziehen. Doch Entscheidungsfindung und -verkündung desavouierten ihn in allen Lagern auf fatale Weise.[94] Im Ergebnis dieses Vorfalls forderten sowohl RMI als auch Reichswehrministerium seine sofortige Entlassung, eine Maßnahme, die zunächst nur durch Hindenburgs Protektion verhindert wurde. Doch von Haeften war nicht mehr lange zu halten, ungeachtet dessen, dass er gerade erst zum ordentlichen Mitglied der Preußischen Akademie der Wissenschaften berufen worden war. Wenige Wochen später beantragte er seine vorzeitige Versetzung in den Ruhestand, zum 1. Mai 1934 verließ er das Reichsarchiv. Die letzten Monate seiner Dienstzeit wurden als ein opportunistisches Einknicken in alle Richtungen wahrgenommen, sodass sein Weggang am Ende nur wenig Bedauern auslöste.[95] Für Pöhlmann stellte von Haeftens regimezugewandtes Tun nach der »Flaggen-Affäre« allerdings weniger ein nationalsozialistisches

91 BArch, R 1506/119: Geschichte der nationalsozialistischen Beamtenarbeitsgemeinschaft und des Reichsbundes der Deutschen Beamten, 14.1.1938.- Pöhlmann, Kriegsgeschichte und Geschichtspolitik, S. 149 f.

92 Herrmann, Das Reichsarchiv (1919-1945), S. 252.- Demeter, Das Reichsarchiv, S. 40 f..- Pöhlmann, Kriegsgeschichte und Geschichtspolitik, S. 149 ff.

93 Diese Version gibt auch der kurze Abriss »Geschichte der nationalsozialistischen Beamtenarbeitsgemeinschaft und des Reichsbundes der Deutschen Beamten« vom 14.1.1938 wieder, in: BArch, R 1506/119.

94 BArch, N 1058 (Nachlass Hans Thimme): Tagebucheintrag von Hans Thimme vom 10.3.1933.

95 Pöhlmann, Kriegsgeschichte und Geschichtspolitik, S. 150.

Bekenntnis dar, als vielmehr den »Versuch einer Schadensbegrenzung eines Mannes, der den Wind des Wandels nicht rechtzeitig genug wahrgenommen zu haben glaubte und nun über seine eigene Courage erschrocken war«.[96] Nach dem Abtritt von Haeftens, der 1937 in Gotha verstarb, übernahm der bisherige 64-jährige Leiter der Archivabteilung, Ernst Müsebeck, die kommissarische Direktion des gesamten Reichsarchivs, eine Besetzung, die aufgrund dessen anstehender Pensionierung aber nur gut ein Jahr anhielt.

Amtliche bzw. kommissarische Leiter des Reichsarchivs 1919-1945

Name	**Amtszeit**
Hermann Ritter Mertz von Quirnheim (1866-1947)	1919-1931
Hans von Haeften (1870-1937)	1931-1934
Ernst Müsebeck (1870-1939)	1934-1935
Albert Brackmann (1871-1952)	1935-1936
Ernst Zipfel (1891-1966)	1936-1945

Institutionelle Teilung

Schien sich in der zweiten Hälfte der 1920er Jahre das Reichsarchiv institutionell immer weiter zu etablieren, brachen im Zuge der Diskussionen um die Reichsreform zu Beginn der 1930er Jahre erneut zentrale archivorganisatorische Fragen und Debatten auf, in deren Folge sich Stellung und Position des Archivs radikal änderten. Ausgangspunkt waren zum einen divergierende Auffassungen zum Verhältnis von Reichsarchiv und Geheimem Preußischen Staatsarchiv im Zuge der Vereinigung von preußischen mit Reichsministerien 1934. Dabei entspann sich ein Kräfteringen zwischen Albert Brackmann und Hans von Haeften um die künftige Führungsrolle von GStA oder Reichsarchiv im Rahmen einer geplanten neuartigen Reichsarchivverwaltung. Brackmann beabsichtigte, die Überlieferung der Reichsbehörden ins GStA zu überführen und beide Zentralarchive in einem neuen Bau in Berlin-Dahlem zu vereinen.[97] Der Präsident des Reichsarchivs hingegen lehnte die avisierte Übergabe aller Akten ziviler Reichsbehörden an Preußen kategorisch mit der Begründung ab, dass eine solche Lösung weder der »heutigen Vormachtstellung des Reiches« gegenüber den Ländern noch der »heutigen Staatsauffassung« entspräche. Es

96 Ebd., S. 151.

97 Dazu auch: Vogel, Zur Geschichte der Reichsarchividee, S. 79 ff.- Gerhard Zimmermann, Das Ringen um die Vereinheitlichung des Archivwesens in Preußen und im Reich von 1933 bis 1945, in: Jahrbuch Preußischer Kulturbesitz 1967, Köln/Berlin 1968, S. 129-143.- Ingeborg Schnelling-Reinicke, Gegeneinander – miteinander. Der preußische Führungsanspruch unter den deutschen Staatsarchiven und das Reichsarchiv, in: Kriese: Archivarbeit in und für den Nationalsozialismus, S. 145-164.

sei vielmehr Aufgabe des Reichsarchivs, an der Spitze zentralistischer Leitungsstrukturen zu stehen und einheitliche Verwaltungs- und Benutzerrichtlinien auszuarbeiten.[98] Der Konflikt endete ungelöst im Patt, nicht zuletzt weil das Projekt vertagt wurde.

Zum anderen strebte nun die wiedererstarkende Reichswehr erfolgreich danach, die Hoheit über die Militärgeschichtsschreibung zurückzugewinnen und entsprechende Militärarchive auszugliedern – eine »Zerreissung der Reichsakten«, gegen die sich Ernst Müsebeck in einer langen Schrift an den Reichsinnenminister vergeblich aussprach.[99] In der Folge wurde zunächst zum 1. April 1934 die Historische Abteilung, die sich im Reichsarchiv mit den Weltkriegsdarstellungen befasste, dem Reichswehrministerium unterstellt (allerdings noch nicht etatrechtlich). Ein Jahr später wurde sie dann komplett aus dem Reichsarchiv herausgelöst und in »Forschungsanstalt für Kriegs- und Heeresgeschichte« umbenannt.[100] Am 1. April 1937 erhielt sie schließlich ihre endgültige Bezeichnung als »Kriegsgeschichtliche Forschungsanstalt des Heeres«; zugleich gingen auch Bibliothek und Druckerei des Reichsarchivs in ihre Zuständigkeit über.[101] Oberstleutnant a. D. Wolfgang Foerster, der als Abteilungsleiter die Nachfolge von Hans von Haeften angetreten und in dieser Funktion eine Direktorenstelle bekleidet hatte, wurde zum Präsidenten der Anstalt ernannt. Ihm unterstanden 1937 41 Beamte, 23 Angestellte sowie etliche Arbeiter, die ihrerseits aus dem alten Stellenplan des Reichsarchivs entfielen.[102] Begleitet wurden diese Aktivitäten von der Errichtung eines neuen Magazins auf dem Gelände und dessen rasche Bestückung mit militärischen Akten im Zeitraum 1934/35.[103]

In einem zweiten Schritt wurde 1936/37 ein eigenes Heeresarchiv unter Leitung von Generalmajor Friedrich von Rabenau gegründet, das sämtliche dem Reich oder den Ländern (Preußen, Bayern) zugeordnete und nun abverhan-

98 Friedrich-Christian Stahl, Die Organisation des Heeresarchivwesens in Deutschland 1936-1945, in: Heinz Boberach/Hans Booms (Hg.), Aus der Arbeit des Bundesarchivs. Beiträge zum Archivwesen, zur Quellenkunde und Zeitgeschichte, Boppard a. R. 1977, S. 69-101, hier S. 71.

99 BArch, R. 1506, Nr. 13: Der Präsident des Reichsarchivs (i. V. Müsebeck) an den Reichsminister des Innern betr. Umbildung des Reichsarchivs, 9.1.1934.

100 Zur Genese der Forschungsanstalt: Pöhlmann, Kriegsgeschichte und Geschichtspolitik, S. 151 ff.

101 Otto, Der Bestand Kriegsgeschichtliche Forschungsanstalt des Heeres, 432.

102 Pöhlmann, Kriegsgeschichte und Geschichtspolitik, S. 155.

103 Albert Brackmann notierte bereits Ende Oktober 1935, dass das Magazin zu 90 Prozent mit militärischen Akten gefüllt und eine Nutzung für zivile Akten kaum noch denkbar sei. BArch, R 1506/44: Reichsarchiv/Albert Brackmann: Archivneubau für die Akten der nicht militärischen Zentralbehörden, 28.10.1935.- Reichsgeschichte in sieben Stockwerken. Neuorganisation des Reichsarchivs, in: Schwäbischer Merkur vom 21.9.1935.- Rudolf Wiesen, Der Neubau des Heeresarchivs Potsdam, in: Archivalische Zeitschrift 45 (1939), S. 7-15.

delte Militärbestände zu einem eigenen Bestand vereinigte.[104] Noch Anfang 1936 hatte Reichskriegsminister Werner von Blomberg nahezu fordernd an den Reichs- und Preußischen Minister des Innern geschrieben: »Ich halte die Stunde für gekommen, die gegenwärtige Zersplitterung in der Aufbewahrung der militärischen Akten aus Kriegs- und Friedenszeiten, die sich für die militärwissenschaftliche Forschung als höchst nachteilig erwiesen hat, zu beseitigen und ein Allgemeines Heeresarchiv in Potsdam zu schaffen, das meinem Ministerium zu unterstellen wäre. Ein Heeresarchiv ist ein unentbehrliches Mittel für die Schlagkraft eines Heeres«.[105] Inzwischen hatte sich von Blomberg in allen Belangen durchgesetzt. Das Potsdamer Heeresarchiv unterstand wie auch die Heeresarchive München, Dresden und Stuttgart sowie später Wien und die Zweigstellen Prag und Danzig dem »Chef der Heeresarchive« (also von Rabenau) als übergeordneter Verwaltungseinheit. Die einzelnen Heeresarchive selbst wurden vor Ort von Direktoren geleitet. Im Falle Potsdams erfüllte Karl Ruppert (1886-1951) die Funktion. Ruppert, seit 1919 im Reichsarchiv, später Generalreferent für das amtliche Weltkriegswerk des Reichsarchivs »Der Weltkrieg 1914-1918«, persönlicher Referent Mertz von Quirnheims und seit 1927 Oberregierungsrat, profitierte zu Beginn der 1940er Jahre von internen Richtungskämpfen. Nach der Entmachtung von Rabenaus im Sommer 1942 übernahm er die nun zusammengelegten Dienststellen Chef der Heeresarchive und Potsdamer Heeresarchiv – eine Doppelfunktion, die ihn, der 1944 noch zum Ministerialdirigenten ernannt worden war, nach dem Krieg zur ersten Ansprechperson der sowjetischen Besatzungsmacht für alle Archivangelegenheiten auf dem Brauhausberg machen sollte.[106]

Im Ergebnis der Umstrukturierung schmolz die Beschäftigtenzahl des Reichsarchivs auf vorerst 24 Angestellte im Jahr 1937. Zum verbliebenen wissenschaftlichen Personal gehörten neben Ernst Zipfel und den Oberarchivräten Hermann Cron und Heinrich Otto Meisner die Archivräte Karl Demeter, Werner Grieshammer, Erwin Hölk, Hermann Kleinau und Helmuth Rogge. Der Aktenbestand wiederum belief sich auf rund 21 000 lfm., wobei Zipfel mit zusätzlichen 12-14 000 lfm. in den kommenden Jahren rechnete.[107] Hinsichtlich der ministeriellen Unterstellung des Reichsarchivs ergaben sich weitere

104 BArch, R 1506/44: Der Oberbefehlshaber des Heeres: Bildung des Heeresarchivs (Abschrift), 7.9.1936.- Dazu: Stahl, Die Organisation des Heeresarchivwesens in Deutschland 1936-1945, S. 74 ff.

105 Zit. aus: ebd., S. 74.

106 Sven Uwe Devantier, Das Heeresarchiv Potsdam. Die Bestandsaufnahme in der Abteilung Militärarchiv des Bundesarchivs, in: Archivar. Zeitschrift für Archivwesen 4/2008, S. 361-369, hier S. 364 f.- Dazu auch ältere Darstellungen mit Schwerpunkt Archivgut-Verbleib: Bernhard Poll, Vom Schicksal der deutschen Heeresakten und der amtlichen Kriegsgeschichtsschreibung, in: Der Archivar 6 (1953), S. 65-76.- Gerhart Enders, Die ehemaligen deutschen Militärarchive und das Schicksal der deutschen Militärakten nach 1945, in: Zeitschrift für Militärgeschichte 5 (1969), S. 599-608.

107 Ernst Zipfel, Die Organisation des Reichsarchivs von der Gründung bis hin zur Bildung der Wehrmachtsarchive (1919-1937), in: Archivalische Zeitung 45 (1939), S. 5.

Veränderungen: Laut dem Geschäftsverteilungsplan des RMI vom 15. Juli 1936 standen die Referate »Archivwesen und Schriftdenkmalschutz« und »Reichsarchiv« unter der Verantwortung von Matthias Lichter bzw. Bernhard Lösener. Letzterer war als Ministerialrat zugleich Leiter der übergeordneten Gruppe 6 »Rassenrecht und Rassepolitik« der Abteilung I. Mit Wirkung vom 1. Januar 1937 wurde dann das Sachgebiet »Archivwesen« herausgelöst und der Abteilung VI zugeordnet.[108]

Struktur und Leitungspersonal des verkleinerten Reichsarchivs im Oktober 1936

Direktor des Reichsarchivs	Ernst Zipfel
Leitender Direktor des Reichsarchivs – Hauptabteilung	Heinrich Otto Meisner
Abteilung A »Staatsoberhaupt und Parlamente«	Heinrich Otto Meisner
Abteilung B »Reichsregierung und Reichsministerien«	Heinrich Otto Meisner
Abteilung C »Kriegsgesellschaften«	Hermann Cron
Abteilung D »Nichtstaatliches Archivgut und zeitgeschichtliche Sammlungen«	Helmuth Rogge
Bücherei	Helmuth Rogge
Außenstelle Frankfurt/Main	Karl Demeter

Die Zuständigkeiten und Aktivitäten des Reichsarchivs beschränkten sich seit der Verkleinerung auf die zivilen Dienststellen des Reiches. Die Abtrennung des bisherigen archivalischen und personellen Schwerpunktes bedeutete daher eine einschneidende institutionelle Zäsur für das Potsdamer Reichsarchiv, die neben dem massiven Substanz- auch einen zumindest zeitweisen Bedeutungs- und Prestigeverlust in der deutschen Verwaltungs-, Archiv- und Wissenschaftslandschaft zur Folge hatte. Sämtliche Vorarbeiten und Planungen für ein Nationalarchiv waren mit dieser Entscheidung zunichte gemacht worden.[109]

Während dieser Vorgang unter dem Gesichtspunkt von Kompetenz und Zuständigkeit eher desaströs erschien, erlaubt ein strikt archivarischer Fokus auch eine andere Bewertung. »Wenn auch mit der Verselbständigung der Heeresarchivverwaltung die Zentralarchividee unverkennbar eingeengt worden war, so brachte die ›Entmilitarisierung‹ dem Reichsarchiv doch auch den Vorteil, sich eindeutiger auf seine Kernaufgabe konzentrieren zu können«, stellte etwa Friedrich Kahlenberg mit Bezug auf Heinrich Otto Meisner fest und erläuterte: »Die vor 1936 immer wieder zu beobachtenden Spannungen zwischen den engeren archivfachlichen und den forschend tätigen Organisationseinheiten des Reichsarchivs entfielen fortan. Die dem Reichsarchiv nach 1936 verbleibenden Jahre konnten so dazu genutzt werden, in einem Integrations-

108 Hans-Christian Jasch, Staatssekretär Wilhelm Stuckart und die Judenpolitik, München 2012, S. 461.

109 Vogel, Zur Geschichte der Reichsarchividee, S. 66 f.

prozess ›seine archivische Vollform‹ zu erringen.«[110] In dieser Perspektive stellte die Verkleinerung des Reichsarchivs zwar einen quantitativen Verlust, zugleich jedoch auch einen qualitativen Gewinn dar. Für den machtbewussten Archivdirektor Zipfel begann die Karriere damit zwar mit der »Zergliederung«[111] und institutionellen Entmachtung des Reichsarchivs. Doch schon bald kam es zum Ausgleich mit der Übertragung der Leitung des GStA, des archivwissenschaftlichen Instituts in Berlin-Dahlem sowie weiterer Institutionen und Verantwortlichkeiten.

Das Reichsarchiv im städtebaulichen Visier des Oberbürgermeisters

Sowohl für die Potsdamer NS-Zeit im Allgemeinen als auch die lokalpolitische Einbettung des Reichsarchivs in der Stadt spielte Generalmajor Hans Friedrichs (1875-1962) in seiner Funktion als Oberbürgermeister von 1934 bis 1945 sowie als NSDAP-Kreisleiter von 1933 bis 1937 eine wichtige Rolle. Er galt in seiner Doppelfunktion als Potsdams starker Mann. Friedrichs' Aufstieg zum politischen Funktionsträger war ungewöhnlich schnell verlaufen, obwohl er der NSDAP erst am 1. August 1932, einen Tag nach ihrem mit 37,3 Prozent bislang größten Erfolg bei den Reichstagswahlen, beigetreten war. Er profitierte zum einen von den unmittelbaren Folgen des Machtantritts 1933. So erbrachten die Kommunalwahlen in Potsdam vom 12. März 1933 einen überragenden Sieg von DNVP und NSDAP, womit er, der zunächst nur auf dem neunten Platz der nationalsozialistischen Kandidatenliste zur Stadtverordnetenversammlung stand, quasi in die Kommunalpolitik »gespült« wurde. Als Stadtverordneter engagierte er sich im Vorsitz des Finanzausschusses und weiteren Gremien und äußerte sich immer wieder zur städtebaulichen Entwicklung.[112] Dieser Einsatz und sein klares Bekenntnis zum Nationalsozialismus empfahlen ihn in den oberen NSDAP-Kreisen erst als Nachfolger des bisherigen Kreisleiters der Partei, Otto Freiherr von Dungern, im Juli 1933 und dann als Nachfolger des langjährigen Potsdamer Oberbürgermeisters von der DNVP, Arno Rauscher, im März 1934. Rauschers erzwungener Eintritt in den Ruhestand war dabei massiv vom neuen Regierungspräsidenten und NSDAP-Gauinspektor Ernst Fromm vorangetrieben worden. Zu Friedrichs' ersten Amtshandlungen gehörte der Austausch von zwölf Stadträten, die nicht der NSDAP angehörten.[113]

Der politische Lebensweg und die geförderte Karriere Friedrichs' erschienen wie ein Identifikationsangebot an die alten Eliten in der Stadt, die Hitler und der NSDAP noch distanziert gegenüberstanden.[114] Nach außen trat er

110 Kahlenberg, Deutsche Archive in Ost und West, S. 22.

111 So Herrmann, Das Reichsarchiv (1919-1945), S. 300.

112 Armin Hanson, Denkmal- und Stadtbildpflege in Potsdam 1918-1945, Berlin 2011, S. 154-156.

113 Ebd., S. 156 f.,

114 In Demmin in Vorpommern geboren, hatte Friedrichs zwischen 1894 und 1929 zunächst Karriere in der Reichswehr gemacht und sich dabei insbesondere während

charismatisch, hartnäckig und zielorientiert und als personifizierte Versinnbildlichung soldatischer Tugenden auf. Er verkörperte sowohl das militärisch-konservative Milieu mit seinem spezifischen Traditionshaushalt und der ablehnenden Haltung gegenüber Versailler Vertrag und Weimarer Republik als auch den neuen Geist des Nationalsozialismus. Sowohl in seiner Vita als auch der Karriereentwicklung bestanden im Übrigen etliche Schnittmengen zu Ernst Zipfels Biografie.

Neben kommunalpolitischen Zielsetzungen sah Friedrichs im Nationalsozialismus auch die Chance, seine ambitionierten persönlichen Vorstellungen von Stadtbau und Stadtentwicklung Potsdams umzusetzen. Sein Wohnhaus befand sich am Brauhausberg 12 und damit in Sichtweite zum Archivkomplex. Das hatte zur Folge, dass das Reichsarchiv auf besondere Weise in den Fokus des Oberbürgermeisters geriet, denn folgt man Armin Hansen, so hasste der selbst ernannte Architekturkenner Friedrichs nichts so sehr wie den 64 Meter hohen Turm des Archivgebäudes.[115] Hauptturm und Kriegsschulgebäude im Cottage-Stil mit Giebeln und schottischem Musterfachwerk waren auf Weisung Kaiser Wilhelms II. englischen Collegegebäuden nachempfunden worden. Die daraus hervorgehende Silhouette setzte sich in Friedrichs' Augen nicht nur von den sonstigen historischen Dach-, Kuppel- und Turmsilhouetten der Potsdamer Altstadt ab, sondern bildete für ihn sogar ein exponiertes Beispiel städtebaulicher Fehlentwicklung, die es zu »bereinigen« galt. Dieses Vorhaben bettete sich ein in Friedrichs' umfassendes Stadtentwicklungsprojekt, das auch die architektonische »Entschandelung« der (Innen-)Stadt, die »Beseitigung alter eingewurzelter Häßlichkeiten« sowie eine Homogenisierung des Stadtbildes vorsah.[116]

Dazu zählte auch die anvisierte Abstockung des Hauptturms des Reichsarchivs, die als langwierige und mit Abstand teuerste »Bereinigungsmaßnahme« galt und so auch überregional diskutiert wurde. Da das Archiv dem Reich unterstellt war, blieb Friedrichs eine direkte Einflussnahme zunächst verwehrt. Doch nachdem für 1935 die Fertigstellung eines großen, siebengeschossigen Anbaus des Magazingebäudes vorgesehen war, dessen Entwurf Friedrichs als architektonisch misslungen betrachtete, verstärkte dieser seine Bemühungen,

des Ersten Weltkriegs besondere militärische Verdienste und Ehrungen erworben. Nach verschiedenen Stationen unter anderem in Görlitz und Ohrdruf wurde er mit 53 Jahren im Rang eines Generalmajors aus dem Dienst verabschiedet. Danach siedelte er nach Potsdam über. Hanson sieht Friedrichs' Auftreten und Agieren seit 1933 vielfach strategisch-karrieristisch motiviert, denn dieser war bereit, alle politischen Bedingungen zu erfüllen, um das Oberbürgermeisteramt zu übernehmen. Als 1937 beschlossen wurde, die vormals angestrebte Personalunion von Partei- und kommunalpolitischen Ämtern wieder aufzulösen und daraufhin der Kreisleiterposten an den 27 Jahre jüngeren Karl Scholze (1902-1945) vergeben wurde, hielt sich Friedrichs fortan mit explizit politisch-propagandistischen Auftritten auffällig zurück. Ebd., S. 141 ff., 158 f.

115 Ebd., S. 317.

116 Ebd., S. 170 ff., S. 307.

den ungeliebten Turm wenigstens um zwei Stockwerke abzusenken. Er brachte den Fall in die Presse und erreichte, dass die Baupläne für den Neubau der Baupolizei und einem Sachverständigenbeirat vorgelegt und schließlich von den örtlichen Baubehörden abgelehnt wurden. Doch reichte sein Einfluss nicht so weit, um beim Finanz- und Innenministerium damit vollständig durchzukommen. Diese wollten den Bau in jedem Fall bis Mitte 1935 realisieren. So wurde am Ende ein Kompromiss ausgehandelt, der nach außen hin allerdings eher Friedrichs als Sieger erschienen ließ: Während der ohnehin geplante Neubau in seiner alten Form genehmigt wurde, willigten im Gegenzug beide Ministerien ein, den beanstandeten Turm auf eine Höhe von 50 Metern abtragen zu lassen. Der Umbau wurde noch im Herbst 1935 durchgeführt. Anstelle der alten Turmspitze entstand nun ein schnörkelloses Zeltdach, das durch nahezu plakative Einfachheit auffiel. Was vielleicht ästhetisch unter Umständen noch begründbar gewesen wäre, war aus Sicht der historischen Denkmalpflege ein Desaster, denn immerhin handelte es sich um eines der letzten lokalen Großbauprojekte der Hohenzollern, das in seiner durchaus eigenwilligen Form kulturlandschaftlich in Brandenburg einzigartig war.[117] Doch nationalsozialistische Zeitgenossen sahen dies anders und feierten den Umbau als vorbildhafte »Entschandelung«.[118] Dass die Kosten für den Abbau mit rund 95 000 Reichsmark etwa ein Zehntel der Bausumme für den Neubau des Magazins betrugen und für eine Formkorrektur damit außerordentlich hoch ausfielen, wurde öffentlich nicht moniert.[119]

Nazifizierung und Mobilisierung

»Da war ich doch froh, dass ich Nazi geworden bin. Es ist erstaunlich, welche Wunder ein solches Parteiabzeichen wirkt […] O, wenn ich könnte, was möchte und würde ich da im Reichsarchiv säubern und neu aufbauen«, schrieb Reichsarchivar Paul Oßwald am 11. April 1933 an einen Freund, fügte jedoch verzweifelt hinzu, dass er, um nicht eigennützig zu erscheinen, sich dafür nicht in den Vordergrund drängen könne, auf der anderen Seite eine leitende Stellung aber vonnöten sei, um einen »Neuaufbau« durchsetzen zu können.[120] Es war mit Oßwald ein Oberarchivrat, der, obwohl erst im Februar 1933 in die NSDAP eingetreten, sich hier nun nahezu erfüllt von Euphorie und Tatendrang exponierte, um auf dem Brauhausberg die neue Ordnung durchzusetzen. Plötzliches Eiferertum, vermischt mit Opportunismus und Karrieredenken – dies war eine Kombination, die nicht nur höhere Beamte wie Oßwald an den Tag legten. Archivrat Hans Thimme notierte Ende 1933 anläss-

117 Ebd., S. 322.
118 Ebd., S. 315 f., FN 1404.
119 Ebd., S. 322.
120 Zitiert aus: Pöhlmann, Kriegsgeschichte und Geschichtspolitik, S. 128, der wiederum aus der Akte eines Moskauer Archivs zitiert.

lich des Eintritts Helmuth Rogges in die SS in sein Tagebuch, dass inzwischen nahezu jeder Kollege »fieberhaft« in die Partei streben würde – auch wenn zum 1. Mai 1933 eine allgemeine Aufnahmesperre verhängt worden war.[121] Ein Klima gegenseitiger Verdächtigung, Überwachung und Verleumdung breitete sich aus und beeinträchtigte die Mitarbeiteratmosphäre im Reichsarchiv.[122]

Erste personalpolitische Folgen

Die Anpassung der deutschen Archivare an die NS-Strukturen vollzog sich schrittweise. Ihre Ansprache bzw. die Einforderung ihrer Mitarbeit für das neue Regime erfolgten spätestens auf dem 24. Archivtag im September 1933 in Königsberg. In seiner Eröffnungsrede rief Albert Brackmann seine Kollegen zum politischen und fachlichen Mitwirken auf.[123] Von einem quasi fachbeamtischen Loyalitätsbekenntnis an die neuen Machthaber versprach er sich auch dringend benötigte Hilfeleistungen in Form von Etatsteigerungen, Personalaufstockungen und modernen Archivbauten. Auf dem darauffolgenden Archivtag 1934 in Wiesbaden sprach Brackmann erneut die notwendige Modernisierung an und verknüpfte archivische und politische Aufgaben als künftige Ziele: Vereinheitlichung des Archivwesens und Ausarbeitung eines Archivgutschutzgesetzes sowie Unterstützung der Erbhof-, Familien- und sippenkundlichen Forschung.[124]

Der konkrete Eintritt in die NS-Formationen erfolgte reichsweit vor allem 1933 und 1937, wobei zu keiner Zeit ein Zwang zum Eintritt in die NSDAP bestand. Torsten Musial schätzte die NSDAP-Mitgliederstärke unter den Archivaren auf knapp 25 Prozent für das Frühjahr 1933, nach der Aufhebung der Mitgliedersperre am 1. Juli 1937 auf 80 Prozent aller deutschen wissenschaftlichen Archivare, in einigen Archiven sogar auf 100 Prozent.[125] Darüber hinaus gehörten geschätzte zehn Prozent der wissenschaftlichen Beamten der SA an, knapp fünf Prozent der SS. Doch während Musial die Adaption an das neue Regime auf der individuellen und Leitungsebene verallgemeinernd als »nahezu reibungslos« umschrieb,[126] verwies Matthias Herrmann mit Blick auf das Reichsarchiv zu Recht auf binneninstitutionelle Beharrungskräfte und Zurückhaltung.[127] So waren Anfang 1933 von den über 150 Beschäftigten des

121 BArch, N 1058 (Nachlass Hans Thimme): Tagebucheintrag von Hans Thimme vom 16.10.1933.

122 Pöhlmann, Kriegsgeschichte und Geschichtspolitik, S. 128.

123 Deutscher Archivtag und Hauptversammlung des Gesamtvereins der deutschen Geschichts- und Altertumsvereine in Königsberg vom 3.-8.9.1933. Bericht vom Archivtag, in: Korrespondenzblatt des Gesamtvereins der deutschen Geschichts- und Altertumsvereine 81 (1933), Sp. 186-190, hier besonders Sp. 188.

124 Albert Brackmann, Eröffnungsansprache zum 25. Deutschen Archivtag in Wiesbaden, in: Archivalische Zeitung 44 (1936), S. 1-5.

125 Musial, Staatsarchive im Dritten Reich, S. 33.

126 Ebd., S. 32.

127 Herrmann, Das Reichsarchiv (1919-1945), S. 250 ff.

Reichsarchivs gerade einmal 22 Parteigenossen (Pg.).[128] Da auch die Zahl der sogenannten »Märzgefallenen« überschaubar blieb, bewegte sich der Pg.-Anteil im Reichsarchiv nach der Verhängung der Aufnahmesperre bis zu ihrer Aufhebung 1937 auf vergleichsweise niedrigem Niveau.

Ein Grund für diese Zurückhaltung bestand zweifellos in der verbreiteten rechtskonservativen Einstellung der zahlreichen angestellten Offiziere und Beamten, die ihre Verankerung auch in der Potsdamer Stadtgesellschaft mit ihrer starken Militärtradition hatte. Im Reichsarchiv herrschten Standesdünkel, militärisches Ehrgefühl und Ressentiments nicht nur gegen die Weimarer Republik vor, sondern auch gegen die NSDAP und deren Führerkult um Adolf Hitler. Zumindest bis 1934 überging die Archivleitung wiederholt Vorgaben, die auf eine Stärkung des NSDAP-Einflusses und Führerkultes im Archiv abzielten.[129] Damit zog sie sich den Unwillen des Potsdamer Oberbürgermeisters Hans Friedrichs zu, der sich in seiner zusätzlichen Eigenschaft als NSDAP-Kreisleiter immer wieder einschaltete, wenn es um die vermeintlich mangelhafte Unterstützung für die NS-Bewegung unter den Reichsarchiv-Mitarbeitern ging. Das Spannungsverhältnis endete erst, als Friedrichs 1937 sein Parteiamt an den deutlich jüngeren Karl Scholze abgeben musste, der sich gut mit Zipfel verstand.

Personalpolitisch wurden in der kurzen Ära Hans von Haeftens aber bereits eine Reihe von Entlassungen vorbereitet, die nach der Machtübernahme durch die Nationalsozialisten umgesetzt wurden, jedoch mitunter auch ohne die »braune Revolution« längst beschlossene Sache waren. Im besonderen Fokus des rechten Militärflügels im Archiv wie auch konservativer Kommissionsmitglieder stand dabei die republikanische »Dreierbande« Martin Hobohm, Ludwig Bergsträsser und Veit Valentin. Insbesondere Hobohm, der zuvor als Gutachter für einen Untersuchungsausschuss im Reichstag gewirkt hatte, und Valentin gerieten zur Zielscheibe, denn Bergsträsser war nach dem Ende seines Mandats als Reichstagsabgeordneter für die Deutsche Demokratische Partei (DDP) 1928 an der Frankfurter Außenstelle tätig.[130] Es war einmal mehr Hans Rothfels, der als Mitglied der Historischen Kommission beiden Oberarchivräten sowohl die fachliche Befähigung als auch das Vermögen zur Integration

128 BArch, R 1506/119: Tätigkeitsbericht Juli 1934 des R.D.B. Gau Kurmark/Fachschaft Reichsarchiv Potsdam, 3.8.1934.

129 BArch, R 1506/119: Stimmungsbericht des R. D.B. Gau Kurmark/Fachschaft Reichsarchiv Potsdam, 3.8.1934.

130 BArch, R 1506/1114: Der Präsident des Reichsarchivs, Dr. von Haeften, an Herrn Oberarchivraat Prof. Dr. Bergsträsser (Abschrift), 31.8.1932.- Zu Bergsträßer: Walter Mühlhausen, Einleitung: Ludwig Bergsträsser und die hessische Politik der Nachkriegszeit, in: Ders. (Hg.), Ludwig Bergsträsser: Befreiung, Besatzung, Neubeginn. Tagebuch des Darmstädter Regierungspräsidenten 1945-1948, München 1987, S. 11 ff.- Stephanie Zibell, Ludwig Bergsträsser – Ein politisches Portrait, Bd. 2, Mainz 2002, S. 52 ff.- Dies., Ludwig Bergsträsser und das deutsche Archivwesen, in: Archivalische Zeitschrift 87 (2005), S. 7-38, hier S. 12-17.- Dazu auch: Ludwig Bergsträsser, Mein Weg, Bonn 1953, S. 8 ff.

ins Reichsarchiv absprach und deshalb ihre Ablösung von ihren gut dotierten Stellen forderte.[131] Rothfels argumentierte hierbei auch im Wissen um bzw. mit der Empathie für zahlreiche leistungsstarke, jedoch arbeitslose Jungakademiker, die im Zuge der Einsparungen und der Weltwirtschaftskrise stellenlos geblieben waren. Hintergrund war der Plan von Haeftens, Valentin mit der Herausgabe einer Quellenedition zu 1918/19 zu beauftragen. Die Kritik daran wurde unterschiedlich stark auch von Oncken, Meinecke, Brandenburg und Mayer geteilt. Der neue Präsident des Reichsarchivs, der sich früher gegen die Republikaner positioniert hatte, bemühte sich überraschenderweise zunächst aber noch, sich vor »seinen« Mitarbeiter zu stellen. Das betraf auch Hobohm, der nach Ansicht der Kommission vom 8. März 1932 wegen körperlicher Schwächen und seelischer Beeinträchtigungen in den Ruhestand versetzt werden sollte, eine bis dato nicht dagewesene Empfehlung durch die Kommission, die seine spätere Entlassung vorwegnahm.[132] Am Ende gelang es von Haeften nur, den Ausschluss der beiden zu verzögern; ihn tatsächlich verhindern konnte er nicht und wollte es auch nicht um jeden Preis.

Das zeigte auch der Fall Ludwig Bergsträssers in Frankfurt/Main, der seit November 1932 die Leitung der Außenstelle übertragen bekommen hatte. Bereits Mitte April 1933 erhielt er infolge des Innenminister-Erlasses vom 13. April 1933 von Präsident von Haeften die Aufforderung, Nachweise über seine arische Abstammung sowie Berichte über seine politische Betätigung zur Prüfung einzureichen.[133] Dabei kam noch einmal zu Papier, dass Bergsträsser 1918 in die DDP eingetreten war und zwischen 1924 und 1928 als Vorstandsmitglied und Ortsvorsitzender für den Wahlkreis Potsdam I im Reichstag saß, in dieser Zeit dem Reichsbanner angehörte und nach der Umwandlung der DDP zur Deutschen Staatspartei im Sommer 1930 in die SPD übertrat.[134] Weitere obligatorische Fragebögen zu seinem politischen und Arbeitsleben folgten dann im Mai 1933.[135] Die sozialdemokratische Vergangenheit Bergsträssers sorgte dafür, dass er wenige Wochen später beurlaubt und noch für Juli die rasche Übergabe sämtlicher Unterlagen, Archivdokumente und Bücher eingefordert wurde.[136] Als sich dabei aufgrund von Krankheit und der extremen Eile Verzögerungen ergaben, wurde nicht gewartet, einen Gestapo-Beamten einzuschalten, um

131 BArch, R 1506/352: Sitzung der Historischen Kommission am 7. März 1933.- BArch, R 1506/352, Bd. 4: Aufzeichnungen über die Sitzung der Historischen Kommission für das Reichsarchiv am 7. März 1933.

132 Ebd.- Pöhlmann, Kriegsgeschichte und Geschichtspolitik, S. 146f.

133 BArch, R 1506/1114: Der Präsident des Reichsarchivs, Dr. von Haeften, an Herrn Oberarchivrat Prof. Dr. Bergsträsser, 20.4.1933.

134 BArch, R 1506/1114: Die politische Betätigung des Oberarchivrats Prof. Dr. Ludwig Bergsträsser, o. D. (April/Mai 1933).

135 BArch, R 1506/1114: Der Präsident des Reichsarchivs (i. A. Ruppert) an Herrn Oberarchivrat Prof. Dr. Bergsträsser, 22.5.1933.

136 BArch, R 1506/1114: Der Präsident des Reichsarchivs, Dr. von Haeften, an Herrn Prof. Dr. Bergsträsser, Oberarchivrat a. D., 18.7.1933.

die Aktenrückgabe durchzusetzen.[137] Bergsträsser durfte die Räumlichkeiten des Archivs nicht mehr betreten.[138] Zudem erfolgten mit Unterstützung des Stadtarchivs Frankfurt/Main detailgenaue Nachrecherchen über Ausleihe und Rückgabe von Archivalien durch den ehemaligen Abteilungsleiter.[139] Im Ergebnis musste sich Bergsträsser noch im Sommer 1933 vollständig aus der Frankfurter Außenstelle zurückziehen. Sein Nachfolger wurde der 1889 geborene Potsdamer Reichsarchivar Karl Demeter, der seit 1920 als einer der ersten zivilen wissenschaftlichen Mitarbeiter ans Archiv gekommen war, dort soziologisch ausgerichtete Militärstudien betrieb und als politisch angepasst galt, wenngleich er der NSDAP erst 1942 beitrat.[140]

Voraussetzung und Grundlage des Vorgehens war das Gesetz zur Wiederherstellung des Berufsbeamtentums vom 7. April 1933 und seine unmittelbare Umsetzung in der Behörde. Das Gesetz erlaubte es, jüdische und politisch missliebige Beamte innerhalb kürzester Zeit aus dem Dienst zu entfernen. In der Folge erlebte auch der Personalbestand auf dem Brauhausberg seine ersten Erschütterungen. So wurden aus politischen bzw. rassenpolitischen Gründen 1933 Oberarchivrat Prof. Dr. Ludwig Bergsträsser, Oberarchivrat Prof. Dr. Veit Valentin, Archivrat Prof. Dr. Martin Hobohm und Archivar Dr. Alex Bein ihrer Ämter enthoben oder beurlaubt (und innerhalb der folgenden zwei Jahre entlassen), im Jahr 1934 Oberarchivrat Prof. Dr. Friedrich Rauers, Archivrat Albrecht von Stosch und Archivrat Dr. Heinrich Schäfer sowie Archivar Hans Goldschmidt, im Jahr 1935 Archivrat Ernst Kinitz, Archivrat Herbert Graf von Wartensleben, Archivrat Dr. Werner Blankenstein und Archivrat Otto Danz[141] und 1936 der Leiter des Sachgebiets Gerichtsakten Martin Löwenthal. Manche Entlassung wurde allerdings nicht nur politisch begründet: So beantragten Archivdirektor Ernst Müsebeck und der kommissarische Leiter des Reichsarchivs, Albert Brackmann, beide selbst keine Mitglieder der NSDAP, 1934 bzw. 1935

137 BArch, R 1506/1114: Das Stadtarchiv Frankfurt/Main an den Herrn Präsidenten des Reichsarchivs, 5.8.1933.

138 BArch, R 1506, Nr. Stadtarchiv Frankfurt/Main an Herrn Oberarchivrat a. D., Prof. Dr. L. Bergsträsser, 15.8.1933.

139 BArch, R 1506, Nr. Stadtarchiv Frankfurt/Main an Herrn Oberarchivrat a. D., Prof. Dr. L. Bergsträsser, 17.8.1933.- BArch, R 1506/1114: Karl Demeter an den Herrn Präsidenten des Reichsarchivs, 28.10.1933.

140 BArch, R 1506/1101: Karl Demeter an den Herrn Direktor des Reichsarchivs Potsdam, 21.12.1942.- Karl Demeter, Das deutsche Offizierskorps in seinen historisch-soziologischen Grundlagen, Berlin 1930.- Pöhlmann, Kriegsgeschichte und Geschichtspolitik, S. 27.- Im Zweiten Weltkrieg arbeitete er zwischenzeitlich als Honorarkraft beim Arbeitswissenschaftlichen Institut der Deutschen Arbeitsfront. Karl Heinz Roth, Intelligenz und Sozialpolitik im »Dritten Reich«. Eine methodisch-historische Studie am Beispiel des Arbeitswissenschaftlichen Instituts der Deutschen Arbeitsfront, München 1993, S. 303.

141 Otto Danz erhielt zwar die Kündigung, wurde aber dennoch vom Heeresarchiv weiterbeschäftigt. 1940 wurde er dort zum Oberheeresarchivar ernannt. BArch, DO 1/33905: Personalakte Otto Danz.

für sieben Mitarbeiter die Ruhestandsversetzung mit der zusätzlichen Begründung geringer Leistungsfähigkeit der Betroffenen.[142]

Druck, Anpassung und Integration unter Brackmann und Zipfel

Für Tempo und Verlauf der Nazifizierung bedeuteten vor allem das Jahr 1935 und die kommissarische Amtsübernahme durch Albert Brackmann einen markanten Punkt. Der 1871 in Hannover geborene Brackmann war zu Beginn der 1930er Jahre sowohl in der Geschichtswissenschaft und im Wissenschaftsbetrieb als auch im Archivwesen eine außergewöhnliche Autorität, wie nachfolgende, ausgewählte Funktionen andeuten: Professor für mittelalterliche Geschichte an der Universität Berlin (bis 1929), Mitglied der Gelehrtengesellschaft von Göttingen, der Bayerischen, Deutschen und Preußischen Akademie sowie der Historischen Kommission für Westfalen, Mitherausgeber der Historischen Zeitschrift, Generaldirektor der preußischen Staatsarchive und Erster Direktor des Geheimen Staatsarchivs sowie Leiter des Instituts für Archivwissenschaft und geschichtswissenschaftliche Fortbildung in Berlin-Dahlem.[143] Als er zum 1. August 1935 zum kommissarischen Direktor des Reichsarchivs ernannt wurde, verwunderte dies nur wenige bzw. stieß dies vor allem bei den Zentralisierungsbefürwortern unter den Archivaren auf freudige Zustimmung.[144] Umso bemerkenswerter – und für die Kollegenschaft irritierend – erschien die Ruhestands-Versetzung gegen Brackmanns Willen ein Jahr später sowie die Ernennung des bislang unbekannten, ohne geschichtswissenschaftliche Bezüge

142 BArch, R 1506/106: Der Reichsminister des Innern an den Präsidenten des Reichsarchivs, 22.6.1933.- BArch, R 1506/101: Übersicht über die Anwendung des Gesetzes zur Wiederherstellung des Berufsbeamtentums beim Reichsarchiv, 7.9.1933.- BArch, R 1506/105: Der kommissarische Leiter des Reichsarchivs, Albert Brackmann, an den Reichs- und Preußischen Minister des Innern: Betr. Versetzung von vier wissenschaftlichen Beamten in den Ruhestand bzw. in ein anderes Amt auf Grund der §5 und 6 des Gesetzes zur Wiederherstellung des Berufsbeamtentums, 15.10.1935.- BArch, R 1506/106: Der Präsident des Reichsarchivs (in Vertretung Ernst Müsebeck) an den Reichsminister des Innern, 3.5.1934.- BArch, R 1506: Der Reichsminister des Innern an den Präsidenten des Reichsarchivs, 7.5.1934.

143 Eine vertiefte biografiegeschichtliche Annäherung an Brackmann steht noch aus. Zu seiner wissenschaftspolitischen Rolle ansonsten die Ausführungen in: Burleigh, Germany Turns Eastwards.- Ingo Haar, Historiker im Nationalsozialismus. Deutsche Geschichtswissenschaft und der »Volkstumskampf« im Osten, 2. Aufl., Göttingen 2002.- Winfried Schulze/Otto Gerhard Oexle (Hg.), Deutsche Historiker im Nationalsozialismus, Frankfurt a.M. 1999.- Thomas Schöbel, Albert Brackmann und die Publikationsstelle Berlin-Dahlem, in: Jessica Hoffmann/Anja Megel/Robert Parzer/Helena Seidel (Hg.), Dahlemer Erinnerungsorte. Mit einem Nachwort von Wolfgang Wippermann, Berlin 2007.- Peter Schöttler (Hg.), Geschichtsschreibung als Legitimationswissenschaft 1918-1945, 2. Aufl., Frankfurt a.M. 1999, S. 229-243.

144 Ingeborg Schnelling-Reinicke, Gegeneinander – miteinander: Der preußische Führungsanspruch unter den deutschen Staatsarchiven und das Reichsarchiv, in: Kriese (Hg.), Archivarbeit im und für den Nationalsozialismus, S. 145-164, hier S. 156f.

oder Meriten versehenen Zipfel zu seinem Nachfolger. An verschiedenen Stellen ist bereits erschöpfend ausgeführt worden, dass es vor allem intrigierende Aktivitäten des antisemitisch-nationalsozialistisch überzeugten Walter Frank, Präsident des 1935 gegründeten Reichsinstituts für Geschichte des neuen Deutschlands, waren, die die Amtsverlängerung Brackmanns verhinderten.[145]

So erstaunlich im Rückblick der Erfolg des gerade einmal 30-jährigen Frank gegen den gut vernetzten »höchstrangigen deutschen Historiker«[146] und die »graue Eminenz der Ostforschung«[147] auch war, mindestens ebenso bizarr war es, dass es später Brackmann im Entnazifizierungsverfahren nach 1945 möglich war, die erzwungene Pensionierung neben der fehlenden NSDAP-Mitgliedschaft erfolgreich als glaubhaftes Zeugnis für seine Unbelastetheit und Widerständigkeit zu verkaufen. Infolgedessen wurde er selbst sogar plötzlich zur gefragten Persönlichkeit für auszustellende »Persilscheine«.[148] Noch Mitte der 1990er Jahre wurde in den »Mitteilungen aus dem Bundesarchiv« Albert Brackmann in einem Atemzug mit Ludwig Bergsträsser, Heinrich Schäfer oder Hans Goldstein genannt und in die Reihe der zu gedenkenden Opfer des Nationalsozialismus gestellt. Es fehle, mahnte Autor Heinz Boberach, ein Bild von Brackmann in der fotografischen Ahnenreihe, die die Chefetage des Koblenzer Bundesarchivs schmückt, was die Redaktion als einzubringenden Vorschlag dankend begrüßte.[149] Geschichtspolitisch mutet dies bedenklich an, überrascht angesichts des Zeitpunkts der Veröffentlichung jedoch nicht gänzlich. So erschien der Artikel ein Jahr vor dem berühmt gewordenen Frankfurter Historikertag 1998, der die Rolle deutscher Historiker in der Zeit des Nationalsozialismus unter großer Anteilnahme der allgemeinen und der Fachöffentlichkeit kritisch diskutierte und damit eine Welle dahingehender Untersuchungen und Aufarbeitungsinitiativen auslöste. Gleichwohl lagen bereits zuvor vereinzelte Studien und Hinweise vor, die Brackmanns hoch problematischen Einsatz für eine nationalistische bzw. nationalsozialistische Volkstumspolitik und Ostforschung offenlegten. Dabei ragen vor allem seine Aktivitäten im Rahmen des Deutschen Ostmarkenvereins/Bundes deutscher Osten, der 1931 gegründeten Publikationsstelle Berlin-Dahlem, der Nordostdeutschen Forschungsgemeinschaft sowie seine Autorenschaft und Mitwirkung an Denkschriften wie jener

145 Besonders früh und ausführlich: Helmut Heiber, Walter Frank und sein Reichsinstitut für Geschichte des neuen Deutschland, Stuttgart 1966, hier insbesondere S. 850 ff.- Ansonsten: Winter, Die deutsche Archivwissenschaft, S. 187-196.

146 Wolfgang J. Mommsen, Vom »Volkstumskampf« zur nationalsozialistischen Vernichtungspolitik in Europa. Zur Rolle der deutschen Historiker unter dem Nationalsozialismus, in: Winfried Schulze/Otto Gerhard Oexle (Hg.), Deutsche Historiker im Nationalsozialismus, Frankfurt a. M. 1999, S. 183-214, hier S. 183.

147 Michael Burleigh, Wissenschaft und Lebenswelt. Generaldirektor Brackmann und die nationalsozialistische Ostforschung, in: Werkstatt Geschichte 8, Ergebnisse, Hamburg 1994, S. 68-75.

148 Winter, Die deutsche Archivwissenschaft, S. 418 f.

149 Heinz Boberach, Angehörige des Reichsarchivs als Opfer der Verfolgung durch das NS-Regime, in: Mitteilungen aus dem Bundesarchiv 2/1997, S. 17-19.

zur »Eindeutschung Posens und Westpreußens« oder der Propagandaschrift »Krisis und Aufbau in Osteuropa. Ein weltgeschichtliches Bild« (im Auftrag der SS) hervor. Auch dass Brackmann anlässlich seines 70. Geburtstages im Kreise von Hitler, Göring, Frick und Ribbentrop mit der höchsten Wissenschaftsauszeichnung, dem »Adlerschild des Deutschen Reiches«, geehrt wurde, war nicht unbekannt.

Doch führte dieses Wissen offenbar zunächst kaum zu einer Neubewertung. Vielmehr fällt das Schrifttum über Brackmann, angefangen von Nachrufen über Lexika-Einträge bis hin zu Fachartikeln, aus archivgeschichtlicher Perspektive durch eine Separierung bzw. bisweilen Ausklammerung des archivarischen Tuns auf.[150] Dabei wirkte Brackmann, der vormals der Deutschen Volkspartei bzw. Deutschnationalen Volkspartei angehört hatte, frühzeitig als Rufer und Agent nationalsozialistischer Vorstellungen. Dies geschah zum einen auf den großen Zusammenkünften während der Deutschen Archivtage. Auf dem 24. Archivtag in Königsberg im September 1933 erklärte er beispielsweise, dass die deutschen Archivare dem Ruf Hitlers und des neuen Deutschlands gefolgt seien, sich in das politische Geschehen der Zeit einzuordnen hätten und dabei die Ostforschung eine besondere Rolle für die künftigen nationalen Aufgaben zu spielen habe.[151] Ein Jahr später in Wiesbaden begrüßte er das neue »Reichsoberhaupt« und erklärte in seiner Eröffnungsrede: »Sein Kampf um Deutschland ist auch der unsere; alle unsere Kräfte und all unser berufliches Können werden wir für die große Aufgabe einsetzen, die er sich und uns gestellt hat: für den Aufbau eines neuen glücklichen Deutschlands. Mit diesem Gelöbnis huldigen wir deutschen Archivare ihm heute in dem Rufe: Unser Führer und Reichskanzler Adolf Hitler«; seine Ausführungen schloss er mit »Sieg Heil«.[152]

Zum anderen wurde Brackmann in seinem Amtsbereich nun ganz konkret, wenn er den »Vierteljuden« Ludwig Dehio aus dem GStA-Dienst entfernte oder beim Preußischen Ministerpräsidenten die am 15. Juni 1935 beschlossene Verordnung veranlasste, wonach künftig Materialien der Preußischen Staats-

150 Leo Santifaller, Albert Brackmann. Zum Gedächtnis an den zehnjährigen Todestag 17. März 1952, in: Der Archivar 15 (1962) 4, Sp. 317-328.- Hermann Meinert, Albert Brackmann und das deutsche Archivwesen, in: Archivalische Zeitschrift 49 (1954) 127-138.- Karl Bosl/Günther Franz/Hanns Hubert Hofmann, Biographisches Wörterbuch zur deutschen Geschichte, Bd. 1, Augsburg 1995, S. 338.- Ernst Klee, Das Personenlexikon zum Dritten Reich. Frankfurt a. M. 2005, S. 69.

151 GStA PK, VI. HA NL Brackmann, Nr. 92: Manuskript der Eröffnungsrede auf dem 24. Archivtag in Königsberg vom 3.-8. September 1933, 4.9.1933. Zu diesem Archivtag auch: Deutscher Archivtag und Hauptversammlung des Gesamtvereins der deutschen Geschichts- und Altertumsvereine in Königsberg vom 3.-8.9.1933. Bericht vom Archivtag, in: Korrespondenzblatt des Gesamtvereins der Deutschen Geschichts- und Altertumsvereine 81 (1933), Sp. 186-190.

152 GStA PK, I. HA Rep. 178, Nr. 1173: Albert Brackmann: Eröffnungsrede zum 25. Archivtag in Wiesbaden vom 2.-3. September 1934, 3.9.1934.- Siehe auch: Bericht über den 25. deutschen Archivtag 1934 in Wiesbaden, in: Korrespondenzblatt des Gesamtvereins der deutschen Geschichts- und Altertumsvereine 82 (1934) Sp. 82-88.

archive zur Geschichte des Judentums im 19. und 20. Jahrhundert nur noch im Einzelfall und mit persönlicher Genehmigung des Archivdirektors benutzt werden durften.[153] Auf Leitungsebene war es zuerst vor allem er, der seine Mitarbeiter anhielt, in NS-Formationen einzutreten, den Hitlergruß zu zeigen oder für die NS-Bewegung zu spenden. Das betraf auch das Reichsarchiv und dessen damals 139 Beschäftigten.[154] Nach den politisch und rassistisch motivierten Entlassungen bzw. Beurlaubungen 1933 und 1934 ordnete Brackmann weiterhin im Herbst 1935 die Entlassung bzw. Ruhestandsversetzung der Archivräte Ernst Kinitz, Herbert Graf von Wartensleben, Werner Blankenstein sowie Otto Danz an – mit der Begründung, es lägen bei den Betroffenen Dauerkrankheit, fachliche Mängel, Disziplinverstöße und ungenügende Ausbildung vor.[155] Im Januar 1936 erfüllte er überdies die Forderung nach Aufnahme und Förderung »verdienter Parteigenossen« in Verwaltung und Behörden und ernannte einen Mitarbeiter sowie einen Versorgungsanwärter, deren NSDAP-Mitgliedschaften weit vor 1933 lagen, zu verbeamteten Assistenten bzw. Sekretären.[156] Als weiteres Zeichen für den personalpolitischen Umbauwillen galt die Ernennung Ernst Zipfels zum Oberarchivrat und Leiter für Personal- und Verwaltungsangelegenheiten zum 1. August 1935, also parallel zur Leitungsübernahme Brackmanns.

Wenn der Archivdirektor erklärte, »die Personalverhältnisse im Reichsarchiv verlangen … dringend eine andere Zusammensetzung des Beamtenkörpers, soweit die wissenschaftlichen Beamten in Frage kommen«, hatte er nicht nur eine politische Neuausrichtung im Sinn, sondern auch archivspezifische Reformmaßnahmen, die auf Zentralisierung, Fusion und ausgewiesenes Expertentum abzielten. Es könne nicht daran gezweifelt werden, so Brackmann, »daß das Reichsarchiv erst nach einer gründlichen Erneuerung des wissenschaftlichen Beamtenkörpers in der Lage sein wird, die Stellung als Zentralarchiv des neuen Deutschlands auszufüllen«.[157] Insofern suchten mit Müsebeck und Brackmann

153 BArch, R 1506/307: Albert Brackmann an den Reichs- und Preußischen Minister des Innern, 3.1.1936.- GStA PK, I. HA Rep. 178, Nr. 510: Bericht des Generaldirektors der Staatsarchive über die Tätigkeit der Preußischen Archivverwaltung für das Jahr 1938, S. 22.

154 Zum Personalbestand: BArch, R 1506/90: Verzeichnis über die Besetzung der Planstellen Rechnungsjahr 1935.

155 BArch, R 1506/105: Der kommissarische Leiter des Reichsarchivs, Albert Brackmann, an den Reichs- und Preußischen Minister des Innern: Betr. Versetzung von vier wissenschaftlichen Beamten in den Ruhestand bzw. in ein anderes Amt auf Grund der § 5 und 6 des Gesetzes zur Wiederherstellung des Berufsbeamtentums, 15.10.1935.

156 BArch, R 1506/106: Der kommissarische Leiter des Reichsarchivs, Albert Brackmann, an den Reichs- und Preußischen Minister des Innern: Betr. Ernennung von Beamten, 28.1.1936.

157 BArch, R 1506/105: Der kommissarische Leiter des Reichsarchivs, Albert Brackmann, an den Reichs- und Preußischen Minister des Innern: Betr. Versetzung von vier wissenschaftlichen Beamten in den Ruhestand bzw. in ein anderes Amt auf

sowohl regimeferne als auch -nahe Experten auch, die »Gunst der Stunde« für ein Aussieben im sonst schwerlich veränderbaren Beamtenkorpus zu nutzen. Das angeführte Argument fachlicher Mängel war sicherlich ein Grund dafür, dass sich unter der Belegschaft und darüber hinaus kaum solidarischer Protest gegen die »Säuberungen« regte. Eine Ausnahme bildete der Fall Goldschmidt: Gegen die auf Grundlage des Arierparagrafen ausgesprochene Kündigung legten der Vorsitzende der Historischen Reichskommission, Professor Hermann Oncken, und die Gräfin Bismarck im Innenministerium Einspruch ein. Auch wenn die Intervention scheiterte, führte sie immerhin dazu, dass Goldschmidt in Form einer Sondererlaubnis die Archivbestände nutzen und seine Forschungen fortführen durfte.[158]

Unter den Mitarbeitern waren es in erster Linie Regierungsinspektor Friedrich Feyerabend sowie Archivrat Ernst Zipfel, beide Parteimitglieder seit 1928 bzw. 1932, die beständig für die NSDAP und die nationalsozialistische Bewegung warben. Nach dem Machtantritt Hitlers fühlten sie sich autorisiert, die braune Revolution mit Verve in die Behörde zu tragen, was zu einer zeitweiligen innerbehördlichen Klimaverschlechterung führte – nicht zuletzt durch gegenseitige Überwachung und Denunziation. Der 1880 geborene Major a. D. und Oberregierungsrat Günther Frantz, der im Ersten Weltkrieg unter anderem als Nachrichtenoffizier gedient hatte, geriet beispielsweise gleich zweimal in den dringenden Verdacht, sowohl einen Mitarbeiter als auch den Direktor des Heeresarchivs, Wolfgang Foerster, politisch anonym denunziert zu haben. Nachdem die Sache aufflog, konnte sich Frantz einem Strafverfahren nur dadurch entziehen, dass sich seine Frau der Tat bezichtigte und er um seine sofortige Entlassung bat.[159] Das Zentralbüro der Deutschen Arbeitsfront, Abteilung Abwehr, vermeldete wiederum in einem Schreiben vom 30. April 1934 beim Reichsinnenminister, dass die Archivräte Goldschmidt und Schäfer politisch beleidigende Witze gegen den Führer erzählt hätten, woraufhin der Fall zur Klärung an Müsebeck weitergeleitet wurde, der zu diesem Zeitpunkt den Präsidenten des Reichsarchivs vertrat. In der Folge kam es zu einer aufwendigen Befragung und Recherche, die nur deshalb im Sande verlief, weil beide »Delinquenten« ohnehin zur Entlassung vorgesehen waren.[160] Bereits kurz zuvor hatte sich eine längere Auseinandersetzung um den Personalreferenten Karl Ruppert entsponnen. Dieser hatte angeblich Angaben über vermeintliche jüdische Mitarbeiter zusammengetragen, die vormals als Frontoffiziere gedient

Grund der § 5 und 6 des Gesetzes zur Wiederherstellung des Berufsbeamtentums, 15.10.1935.

158 Herrmann, Das Reichsarchiv (1919-1945), S. 255.

159 Pöhlmann, Kriegsgeschichte und Geschichtspolitik, S. 128.

160 BArch, R 1506/101: Der Reichsminister des Innern an den Präsidenten des Reichsarchivs, 19.5.1934.- BArch, R 1506/101: Der Präsident des Reichsarchivs an Dr. Goldschmidt, 25.5.1934.- BArch, R 1506/101: Der Präsident des Reichsarchivs an Dr. Schäfer, 25.5.1934.- BArch, R 1506/101: Der Präsident des Reichsarchivs an den Reichsminister des Innern, 2.6.1934.

hatten. Als sich darüber ein nicht-jüdischer Betroffener bei Fachschaftsleiter und NSDAP-Mitglied Feyerabend wegen Falschmeldung beschwerte und Ruppert zur Rede gestellt wurde, stritt dieser alles ab. Daraufhin schaltete Feyerabend den NSDAP-Kreisleiter und Potsdamer Oberbürgermeister Friedrichs ein, der seinerseits nun Müsebeck heftig bedrängte, Ruppert zu entlassen. Als der Archivdirektor dies fortgesetzt ablehnte, informierte Friedrichs wiederum den Gauleiter der Kurmark über Müsebecks Abwehrverhalten. Im Ergebnis langer Briefwechsel wurde Ruppert intern versetzt, verblieb jedoch im Reichsarchiv.[161] Später sollte sich in diesem Zusammenhang auch Oberarchivrat und Abteilungsleiter Helmuth Rogge – SS-Mann und NSDAP-Mitglied seit 1933 bzw. 1937 – als Informant für den Sicherheitsdienst des Reichsführers (SD) betätigen.[162] Deutlich wird, dass das vormals eher abgeschottete Archiv kein geschützter Ort mehr war und neue Macht- und Einflussbeziehungen die alte hierarchische Behördentektonik herausforderten.

Mit der Ernennung Zipfels zum Oberregierungsrat und zweiten Mann hinter Brackmann 1935 sowie schließlich zum Archivdirektor 1936/37 wuchs sukzessive der Druck auf die Mitarbeiter, NS-Formationen beizutreten und sich stärker für NS-Belange zu engagieren. Als sich im November 1936 der NSDAP-Kreisleiter und DAF-Kreisobmann für Potsdam bei Zipfel darüber beschwerte, dass sich fünf wiederholt angeschriebene Reichsarchiv-Angestellte einem DAF-Beitritt mit der Begründung verweigert hätten, man könne das nicht selbst entscheiden, sondern müsse auf eine Anweisung aus dem Kriegsministerium warten, sah nicht nur der Kreisleiter, sondern auch der neue Behördenleiter darin eine inakzeptable Ausrede.[163] Im Reichsarchiv ließ Zipfel zu Boykottzwecken eine Liste mit explizit jüdischen Geschäften in Potsdam kursieren, zugleich erließ er eine Anordnung zum Tragen der Hakenkreuzarmbinde bei Fachschaftstreffen oder anderen betrieblichen Veranstaltungen.[164] Ein regelmäßiger Besuch der Fachschaftsabende wurde von ihm ohnehin erwartet.[165]

Zipfel verschärfte die Hierarchien und installierte innerhalb der Behörde quasi ein Führerprinzip, dem sämtliche Beschäftigte bis hoch zur Leitungsebene zu folgen hatten. Insbesondere 1937/38 entfaltete Zipfel rege Aktivitä-

161 BArch, R 1506/101: Leiter Fachschaft Reichsarchiv, Friedrich Feyerabend, an den Präsidenten des Reichsarchivs, 22.3.1934.- BArch, R 1506/101: NSDAP-Kreisleiter/Oberbürgermeister Friedrichs an den Präsidenten des Reichsarchivs, 24.3.1934.- BArch, R 1506/101: Der Präsident des Reichsarchivs (in Vertretung Ernst Müsebeck) an den Reichsminister des Innern, 3.4.1934.

162 Eckert, Kampf um die Akten, S. 157.

163 BArch, R 1506/111: Kreiswalter Deutsche Arbeitsfront/Gauwaltung Kurmark/Kreiswaltung Potsdam an Dr. Zipfel, Direktor des Reichsarchivs, 14.11.1936.- BArch, R 1506/111: Dr. Zipfel an den Kreiswalter Deutsche Arbeitsfront/Gauwaltung Kurmark/Kreiswaltung Potsdam (Entwurf), 16.11.1936.

164 BArch, R 1506/1: Anordnung zum Tragen der Hakenkreuzarmbinde, 14.6.1937.- BArch, R 1506/1: Liste der jüdischen Geschäfte Potsdams, 1.11.1937.

165 BArch, R 1506/53: Niederschrift über die vom Direktor des Reichsarchivs mit den wissenschaftlichen Beamten abgehaltene Besprechung, 18.11.1937.

ten, das hierarchische Prinzip konzeptionell zu festigen sowie die Mitarbeiter in Partei und NS-Organisationen zu drängen. Hintergrund war die bis dato bestehende unterdurchschnittliche Quote an Mitgliedschaften, die vonseiten der Potsdamer NSDAP-Führung bemängelt wurde. Bald zeitigte sein Drängen Wirkung: So gehörten bereits im Juli 1938 von den 40 Beschäftigten 24 der NSDAP an (60 Prozent), unter den darunter befindlichen 30 Oberarchivräten, Archivräten, Regierungsoberinspektoren und Regierungsinspektoren, Sekretären, Amtsgehilfen, verbeamteten Hilfskräften sowie dem Verwaltungsamtmann waren es 21 (70 Prozent).[166] Hinzu kamen mindestens zwei Mitgliedschaften in der SA und eine in der SS.[167] Auf der oberen Fach- und Verwaltungsebene fiel der Anteil zu diesem Zeitpunkt noch höher aus: Von den sieben Oberarchiv- und Archivräten waren sechs Mitglied der NSDAP, von den Regierungsoberinspektoren und -inspektoren gehörten ihr sämtliche fünf an.[168] Lediglich der 1875 geborene Oberarchivrat Hermann Cron sowie der 1878 geborene Verwaltungsamtmann Max Rabenhorst traten der Partei nicht bei. Da Cron, der seit 1921 dem Reichsarchiv angehörte, allerdings als Zipfels Stellvertreter fungierte, blieb seine fortgesetzte Weigerung in den Augen Zipfels ein gewisses Ärgernis.

Als binnenbehördliches Scharnier im NS-Integrationsprozess wirkte vor allem die Fachschaft des Reichsbundes der Deutschen Beamten (RDB), ein der NSDAP angeschlossener, berufsständischer Verband, der den aufgelösten Deutschen Beamtenbund und weitere Beamtenverbände der Weimarer Republik ersetzte. Ihm sollten, so der allgemeine Zweck, alle Parteimitglieder und mit der NSDAP sympathisierenden Beamten angehören. Die erste dahingehende Initiative war im April 1932 mit der Gründung einer nationalsozialistischen Beamtenarbeitsgemeinschaft durch sechs im Reichsarchiv arbeitende Pg. erfolgt. An der Spitze der Gruppe stand der »alte Kämpfer« Friedrich Feyerabend, der im Juni vom Leiter der NSDAP-Beamtenabteilung der Gaue Groß-Berlin und Brandenburg zum Obmann der NS-Beamtenarbeitsgemeinschaft »Ortsgruppe Potsdam – Fachschaft Reichsarchiv« ernannt worden war und

166 BArch, R 1506/90: Stellenplan des Reichsarchivs, Stand: 1.7.1938.- Auswertung der NSDAP-Mitgliederkartei des Bundesarchivs. BArch, R 9361-IX Kartei.

167 BArch, R 1506/120: Organisationsgrad der RDB-Fachschaft Reichsarchiv vom 26. April 1938 (Entwurf), f. 305.

168 BArch, R 1506/90: Stellenplan des Reichsarchivs, Stand: 1.7.1938.- Auswertung der NSDAP-Mitgliederkartei des Bundesarchivs. BArch, R 9361-IX Kartei. Diese Zahlenwerte sind nicht als fix zu betrachten, sondern unterliegen möglicherweise Abweichungen, da die Überlieferung in zahlreichen Fällen nicht eindeutig Dienstantritt und Dienstende sowie das Verhältnis von Planstellen und tatsächlicher Beschäftigtenstärke vermerkt. Die in meinem früheren Beitrag »Das Potsdamer Reichsarchiv in der Zeit des Nationalsozialismus – ausgewählte Beobachtungen und Befunde zur NS-Belastung« (in: Archivar – Zeitschrift für Archivwesen 4/2017, S. 381) angegebenen Zahlenwerte erweisen sich vor diesem Hintergrund und aufgrund weiterer Quellenfunde als zu niedrig berechnet bzw. wurde hier nach oben korrigiert.

seitdem unermüdlich für den Beitritt warb. Auch wenn einige Mitglieder ihre Distanz zur NS-Ideologie und zu Hitler zunächst noch bewahrten und »mitmachten, damit sie nicht unangenehm auffallen«, wie ein Fachschaftsbericht vom Sommer 1934 vermerkte, wuchs der Einfluss unaufhörlich.[169] Schon 1934 waren von 100 Archivbeamten 95 Mitglieder des Reichsbundes, darunter 22 NSDAP-Mitglieder.[170] Im gleichen Jahr wurde die Arbeitsgemeinschaft in drei Gruppen geteilt, die wiederum von den Pg. Archivrat Zipfel, Regierungsoberinspektor Friedrich Rost und Amtsobergehilfe Altmann als Gruppenführer bzw. Vertrauensmänner angeleitet wurden.[171] Im Jahr 1935 wurde Feyerabend, der das Reichsarchiv verließ, durch Rost ersetzt, der seit 1931 der NSDAP angehörte und die Fachschaft bis zu seinem Ruhestand 1938 leitete. Ihm folgte Robert Knof (seit 1933 in der NSDAP).[172]

Die beständigen RDB-Aktivitäten der »Ortsgruppe Potsdam – Fachschaft Reichsarchiv« wie Propagandamärsche, Ausflüge, Maifeiern, Erntedankfeste, Kameradschaftsabende des Amtes für Beamte, Schulungsabende und Fachschaftsversammlungen führten bereits kurz nach 1933 erst viele Mitarbeiter, dann alle Reichsarchivbeamte bzw. nahezu sämtliche Beschäftigte zusammen und sorgten zumindest für eine vordergründige Mobilisierung.[173] Allerdings brachten es die beständigen Umstrukturierungen bzw. innerbehördlichen Abtrennungen mit sich, dass die Mitgliederzahlen der Fachschaft – März 1935: 103 Mitglieder, April 1935 (nach Abtrennung der Forschungsanstalt): 86 Mitglieder, April 1937 (nach Abtrennung des Heeresarchivs): 33 Mitglieder[174] – enorm schwankten, was wiederum das angestrebte Zusammengehörigkeitsgefühl beeinträchtigte.

169 BArch, R 1506/119: Tätigkeitsbericht der Fachschaft Reichsarchiv, 9.8.1934.

170 BArch, R 1506/119: Tätigkeitsbericht Juli 1934 des R. D.B. Gau Kurmark/Fachschaft Reichsarchiv Potsdam, 9.8.1934.

171 BArch, R 1506/119: Geschichte der nationalsozialistischen Beamtengemeinschaft und des Reichsbundes der Deutschen Beamten / Fachschaftsgruppe Reichsarchiv, 14.1.1938.

172 BArch, R 1506/120: Rundschreiben an alle Fachschaftsmitglieder der Fachschaft »Reichsarchiv«, 23.3.1938.

173 Dazu auch die diversen Tätigkeitsberichte der Fachschaft Reichsarchiv zwischen 1934 und 1939 in: BArch, R 1506/119 sowie 120.

174 BArch, R 1506/119: Geschichte der nationalsozialistischen Beamtengemeinschaft und des Reichsbundes der Deutschen Beamten / Fachschaftsgruppe Reichsarchiv, 14.1.1938.

Organisationsgrad der Fachschaft Reichsarchiv im Reichsbund der Deutschen Beamten vom April 1938[175]

Gliederungen / Funktionen	**Anzahl**
Gesamtzahl der RDB-Mitglieder	32
Andere Beamtenorganisationen und Verbände	Keiner
Überhaupt nicht organisiert	Keiner
Im RDB beitragspflichtig	31
Im RDB beitragsfrei	1
Mitglied der NSDAP	10
Parteianwärter	12
Politische Leiter	7
Walter oder Warte Im RDB: In anderen angeschlossenen Verbänden:	10 4 6
Mitglied der SS In Führerstellung vom Sturmführer aufwärts:	1 1
Mitglied der SA In Führerstellung vom Sturmführer aufwärts:	2 Keiner
Mitglied im NSKK (Nationalsozialistisches Kraftfahrkorps): In Führerstellung vom Sturmführer aufwärts:	1 Keiner
Mitglied im NSFK (Nationalsozialistisches Fliegerkorps) Davon aktiv: Davon werbend:	13 Keiner 13
In Führerstellungen der HJ	Keiner
Mitglied der NSBO (Nationalsozialistische Betriebszellenorganisation)	31
Mitglied im NSDDB (Nationalsozialistischer Deutscher Dozentenbund)	1
Mitglied in der NS-Frauenschaft	Keine
Mitglied im NS-Frauenwerk	Keine
Mitglied im NS-Ärztebund	Keiner
Mitglied im NS-Bund Deutscher Technik	Keiner
Mitglied im NS-Rechtswahrerbund	1
Mitglied im Kolonialbund	3
Mitglied im Reichsluftschutzbund	17

175 BArch, R 1506/120: Organisationsgrad der RDB-Fachschaft Reichsarchiv vom 26. April 1938 (Entwurf), f. 305.- Die Nationalsozialistische Volkswohlfahrt (NSV) wurde hier aufgeführt.

Mitglied im Reichskriegerbund	2
Mitglied im Reichstreubund (Soldatenbund)	4
Mitglied in der NS-Kulturgemeinde	1
Mitglied im Roten Kreuz	Keiner
Mitglied in der NSOG	1
Mitglied im Bund deutscher Osten	10
Mitglied im Deutschen Offiziersbund	2

Auch Anfang der 1940er Jahre war die Zahl der Parteigänger hoch, aber eben nicht überwältigend hoch. Im Juli 1942 gehörten mindestens 30 der 59 Beschäftigten des Reichsarchivs der NSDAP an (51 Prozent), bei den Verbeamteten waren es 25 von 35 (71 Prozent).[176] Von den insgesamt 15 beschäftigten Frauen gehörten jeweils eine Angestellte und eine Arbeiterin der NSDAP an (13 Prozent). Mindestens 19 der 30 NSDAP-Mitglieder waren in der Ortsgruppe Potsdam organisiert, der Rest in Berlin, Frankfurt am Main und anderswo.

NSDAP-Mitgliedschaften im Reichsarchiv zu Beginn des Jahres 1942

Statusgruppe	**Anzahl der Mitarbeiter**	**NSDAP-Mitglieder**	**NSDAP-Eintritt vor 1933**	**NSDAP-Eintritt zum 1. Mai 1933**	**NSDAP-Eintritt 1937 und danach**
Beamte	35	25	2	7	16
Angestellte	14	4	-	-	4
Arbeiter	10	1	-	-	1

Von den sechs zwischen 1871 und 1880 sowie den vier zwischen 1921 und 1930 geborenen Mitarbeitern gehörte niemand der NSDAP an. Mit jeweils 11 Pg. waren hingegen die Geburtenjahrgänge zwischen 1881 und 1890 (insgesamt 14 Mitarbeiter) sowie zwischen 1901 und 1910 (insgesamt ebenfalls 14 Mitarbeiter) überdurchschnittlich stark in der NSDAP vertreten. Unter den 35 Beamten machten sie jeweils eine Gruppe von 10 Mitgliedern aus. Während die vor 1880 geborenen »Altnationalen«, die sich Mitte der 1930er Jahre auf dem Höhepunkt ihrer Laufbahn und ihres beruflichen Selbstbewusstseins befanden, der NS-Bewegung eher distanziert gegenüberstanden, da sie angesichts ihres fortgeschrittenen Alters letztlich auch nichts mehr erwarteten, gehörten etliche Mitarbeiter der im Folgejahrzehnt Geborenen zu denjenigen, die durch den

176 Auswertung der NSDAP-Mitgliederkartei des Bundesarchivs. BArch, R 9361-IX Kartei.- Grundlage für die Angaben zum Personalbestand sind die Angaben der Zahlstelle des Reichsarchivs für das Lohnkonto der Mitarbeiter für das Kalenderjahr 1942, in: BArch, R 1506/95.

Krieg und durch blockierte Verwaltungskarrieren in der Weimarer Republik in ihrer Entwicklung gehemmt worden waren und die sich nun einen Entwicklungsschub erhofften. Dies deckt sich mit Beobachtungen aus anderen Beamtenbereichen und Länderregionen.[177] Ebenso allgemeintypisch ist die hohe Gefolgschaft in den Jahrgängen der »Kriegsjugendgeneration«, also der zwischen 1900 und 1910 Geborenen. Etliche von ihnen hatten ihre Ausbildung unter den Bedingungen der Weltwirtschaftskrise gemacht und waren mit schlechten Berufs- und Karriereaussichten auf dem Arbeitsmarkt gestartet. Die Aufhebung der NSDAP-Mitgliedersperre schuf neue Loyalitäten und weckte Ambitionen bei all denjenigen, die ab der zweiten Hälfte der 1930er Jahre in die Archive strebten. Dennoch: Führt man sich vor Augen, dass lediglich zwei der Beamten bereits vor 1933 NSDAP-Mitglieder waren, sieben zum 1. Mai 1933 beitraten, elf zum 1. Mai 1937 (darunter einige, deren Eintritt im Verhältnis zum Zeitpunkt der Antragstellung zurückdatiert wurde), einer 1938 und weitere vier nach 1940, deutet sich trotz erhöhter Zahlwerte an, dass diese Steigerung nach wie vor nur schleppend erreicht wurde. In diesem Sinne stellte das Reichsarchiv für die Nationalsozialisten kein Musterbeispiel für eine formal durchnazifizierte Institution bzw. keine Vorzeigebehörde von enthusiastischen Parteigängern dar.[178]

Diese Entwicklung korrespondierte mit einem Trend, wie er auch im RMI zu beobachten war. Dort lag der Anteil der NSDAP-Mitglieder unter den Ministerialräten, -dirigenten und -direktoren im Jahr 1943 zwwar immerhin bei 82 Prozent (49 von 60, darunter 16 »alte Kämpfer«).[179] Doch die hohe Prozentzahl war erst das Ergebnis der Jahre ab 1937. Noch 1936 gehörte erst gut die Hälfte der höheren Beamten im RMI der NSDAP an, nämlich 33 von damals insgesamt 64. Sieben Jahre später waren von den genannten 49 Parteigenossen erst 14 nach Aufhebung der Mitgliedersperre 1937 bzw. weitere 6 zwischen 1938 und 1941 beigetreten.[180] Die Zahlenwerte konnten generell je nach Abteilung bzw. je nach Ministerium und Region erheblich voneinander abweichen: Während im Reichsarbeitsministerium (RAM) im Jahr 1938 von 38 Ministerialräten erst 5 der NSDAP angehörten – diese waren überdies erst nach 1933 eingetreten –, arbeitete im bayerischen Innenministerium bereits ab 1941 kein höherer Beamter mehr, der nicht der Partei angehörte. Die Gründe divergierten: Zum einen unterstanden leitende Beamte in Behörden, die wie das RAM nicht zu den Schlüsselministerien gerechnet wurden, unter etwas geringerem Anpassungs- bzw. Eintrittsdruck als andere. Zum anderen hing viel von der

177 Ruck, Kontinuität und Wandel, S. 127 f.

178 Auswertung der NSDAP-Mitgliederkartei des Bundesarchivs: BArch, R 9361-IX Kartei, sowie der Personalangaben im Zusammenhang mit der Zahlstelle des Reichsarchivs in: BArch, R 1506/95.

179 In Himmlers Amtszeit lag sie dann sogar bei 87 Prozent. Stephan Lehnstaedt, Das Reichsministerium des Inneren unter Heinrich Himmler 1943-1945, in: Vierteljahrshefte für Zeitgeschichte, 54 (2006) 4, S. 639-672, hier S. 660 f.

180 Ebd., S. 661 f.

Einstellung und dem Verhalten des jeweiligen Behördenchefs, Staatssekretärs oder Abteilungsleiters ab. Dass die NSDAP-Mitgliederquote in der Medizinalverwaltung des RMI so hoch war, lag nicht zuletzt am zuständigen Staatssekretär Conti, der persönlich seine Mitarbeiter bedrängte bzw. dementsprechend auswählte.[181] Insofern, das zeigt der Vergleich, gab es in anderen Behördenleitungen noch weitaus stärkere Einpeitscher als im Reichsarchiv.

Gleichwohl stellen Ernst Zipfel und Helmuth Rogge prominente Beispiele für die freiwillige Selbstmobilisierung von verbeamteten Reichsarchivaren dar. Andere Archivare, zweifellos das Gros, kooperierten mit dem Regime, darunter etwa Hans von Haeften, Ernst Müsebeck oder auch Heinrich Otto Meisner, der 1937 der NSDAP beitrat. Dies konnte sich im Laufe der Zeit bisweilen auch in tatsächliche »Kollaborationsverhältnisse«[182] steigern, wenn beispielsweise archivarische Einsätze im besetzten Ausland durchgeführt wurden, wie jene der Nachwuchsarchivare Wilhelm Güthling (geb. 1906) und Walter Heinemeyer (geb. 1912), die beide noch 1933 NSDAP-Mitglied geworden waren. Zugleich ist aber nicht zu übersehen, dass mit den beiden Oberarchivräten Cron und Meisner zwar Mitwisser und Mitmacher das Reichsarchiv fachlich anführten, jedoch in ihrem politischen Habitus dem eigenen Expertenhorizont verpflichtet blieben, ohne sich zu ideologischen Scharfmachern aufzuschwingen. Gerade der 1890 geborene und damit fast in der gleichen Alterskohorte wie Zipfel und Rogge befindliche Meisner spielte als anerkannte Fachautorität eine dämpfende Rolle. 1935 war Meisner, der über persönliche Kenntnisse des sowjetischen Archivwesens verfügte,[183] von Brackmann als Stellvertreter des Behördenleiters für wissenschaftliche und archivtechnische Angelegenheiten vom GStA an das Reichsarchiv in Potsdam geholt worden, wo er dann erfolgreich die Abteilung »Staatliches Archivgut« aufbaute. Brackmann hatte ursprünglich sogar geplant, ihn zum neuen Direktor des Reichsarchivs zu machen. Doch kam es 1936 innerhalb der NS-Fachschaft zu Protesten gegen Meisner, der weder im Krieg gedient hatte, wie sich manche echauffierten, noch der NSDAP angehörte und dem arrogantes Verhalten gegenüber der Fachschaft unterstellt wurde.[184] Nachdem Zipfel die Reichsarchivspitze übernommen hatte, wurde Cron mit den Stellvertreteraufgaben betraut, wobei in der Praxis die hierarchische Grenze zwischen ihm und Meisner fließend blieb.

181 Ebd., S. 660 f.

182 Dazu auch: Herbert Mehrtens, Kollaborationsverhältnisse. Natur- und Technikwissenschaften im NS-Staat und ihre Historie, in: Christoph Meinel/Peter Voswinckel (Hg.), Medizin, Naturwissenschaft, Technik und Nationalsozialismus. Kontinuitäten und Diskontinuitäten, Stuttgart 1984, S. 13-32.

183 Heinrich Otto Meisner, Über das Archivwesen der russischen Sowjetrepublik. Beobachtungen während eines Studienaufenthalts in Moskau und Leningrad, in: Archivalische Zeitschrift 38 (1929), S. 178-196.

184 Vogel, Der Kampf um das geistige Erbe, S. 74 f. (unter Bezugnahme auf den Tagebucheintrag von Hans Thimme vom 29.8.1936).

Für Ernst Zipfel galt es in der Anfangsphase, einen Spagat zu vollführen und taktisch mit Bedacht zu agieren. Als Neuling und Kompromisskandidat war er auf dem Leitungsposten auf leistungsstarke Fachkräfte angewiesen, um die beständig wachsenden Anforderungen an das geschrumpfte Archiv zu bewältigen und Erfolge vorweisen zu können. Insofern hieß es auch, keine Experten durch zu energische politisch-ideologische Drangsalierung zu verlieren. Seit 1938/39 verschob sich dann sein Interesse, nachdem er sich im Reichsarchiv etabliert und immer mehr Funktionen und Ämter übernommen hatte. In den Vordergrund rückte die angestrebte forcierte Zentralisierung des deutschen Archivwesens. Zudem veränderte dann der Ausbruch des Zweiten Weltkriegs die Prioritäten. Nun stand weniger die fortgesetzte offensive Nazifizierung der Mitarbeiterschaft im Fokus als vielmehr die fachlich gesicherte Funktionsfähigkeit der Behörde. Daher ließ der Druck Zipfels auf seinen Mitarbeiterkreis, sich per Mitgliedschaft zum Nationalsozialismus zu bekennen, etwas nach. Der Leiter des Reichsarchivs begnügte sich nun mit Parteianwartschaften sowie Mitgliedschaften in Organisationen wie dem Nationalsozialistischen Fliegerkorps oder dem Reichsluftschutzbund als Gefolgschaftsbeweis.[185] Einer Zwangseinstellung »verdienstvoller«, gleichwohl fachfremder NSDAP-Mitglieder stand er ohnehin kritisch gegenüber, um das qualitative Ansehen der Behörde nicht zu schädigen.[186]

Zu einem politisch-ideologisch besonders zuverlässigen Gewährsmann im Archiv entwickelte sich Helmuth Rogge. Der am 5. Dezember 1891 geborene Archivrat, der 1918 zum Thema »Verbrechen wegen Mordes, begangen an weltlichen deutschen Fürsten in der Zeit von 911-1056« promoviert hatte, war seit 1921 am Reichsarchiv, wo er zunächst für die Abteilung Politik und Kolonialgeschichte arbeitete, dann in die Archivabteilung wechselte und dort seit 1925 für das Referat für Nachlässe und kleine Erwerbungen zuständig war. Politisch zuvor unauffällig, trat er im Oktober 1933 in die 7. SS-Reiterstandarte Potsdam ein. Hier stieg er 1937 zum Untersturmführer, 1939 zum Obersturmführer und schließlich 1940 zum Hauptsturmführer auf. Dafür besuchte er zahlreiche Lehrgänge und absolvierte militärische Übungen.[187] Neben den gängigen NS-Formationen wie NSV und RDB trat er nach Aufhebung der Mitgliedersperre rückwirkend zum 1. Mai 1937 der NSDAP bei (sein Antrag ging am 24. Juni 1937 ein). Im gleichen Jahr begann er, sich ehrenamtlich als Verbindungsmann zum Hauptamt des Sicherheitsdienstes zu engagieren, eine Tätigkeit, die auch mit einem geheimdienstlichen Auftrag zur Überwachung seiner Umgebung verbunden war. Im SD schätzte man seine fachliche Expertise und nationalsozialistische Überzeugung hoch ein, sodass er sogar für eine Beförderung

185 BArch, R 1506/120: Organisationsgrad der RDB-Fachschaft Reichsarchiv vom 26. April 1938 (Entwurf).

186 BArch, R 1506/53: Besprechungen des Direktors des Reichsarchivs mit den Abteilungsleitern am 6. Februar 1937 sowie am 3. April 1937.

187 Dazu auch dahingehende Mitteilungen Rogges in den Tätigkeitsberichten der Abteilung D in: BArch, R 1506/80.

vorgeschlagen wurde. Rogge galt »innerhalb des gesamten Archivwesens« als der »haltungsmässig und fachlich wertvollste Sacharbeiter auf diesem Gebiet«, der mit seinen Denkschriften dem »Reichsführer SS entscheidende Vorlagen zur nationalsozialistischen Umgestaltung des Archivwesens« an die Hand gab, wie SD-Inlandschef Alfred Six seinen Vorschlag begründete. Rogge war es dann auch, der wichtige inhaltliche Impulse für das deutsch-tschechische Archivabkommen gab, das 1938 abgeschlossen wurde und unter Verletzung des Provenienzprinzips die Herauslösung und Übergabe bestimmter Archivbestände festlegte.[188]

Mit seinem verstärkten politischen Engagement ging sein beruflicher Aufstieg voran: Unter Zipfels Direktorium leitete Rogge die aus acht Sachgebieten bestehende Abteilung D »Nichtstaatliches Archivgut und zeitgeschichtliche Sammlungen« sowie die neu entstehende Bücherei des Archivs;[189] 1941 wurde er zum Oberarchivrat befördert. Das britische Besatzungsmilitär führte Rogge 1945 auf einer Liste der »hundertprozentigen« Archivare.[190] Dass er bis zum Schluss am Regime festhielt, bezeugt eine bekanntgewordene Denunziation aus dem Jahr 1944, als er während seines Einsatzes in Jugoslawien einen Mann defätistischer Äußerungen bezichtigte – eine Beschuldigung, die nur durch glückliche Fügung nicht vor einem Sondergericht landete.[191] Für die Zeit nach 1945 hat Astrid M. Eckert ausführlich die Bemühungen Georg Winters beschrieben, Rogge als NS-Belasteten ins Bundesarchiv zu holen. Das Vorhaben scheiterte lediglich an Ludwig Bergsträssers Veto. Rogge, der dennoch 1952 eine prominente Anstellung als Leiter des Archivs im Presse- und Informationsamt der Bundesregierung fand, fiel danach sowohl als Archivleiter als auch als Archivbenutzer nach seiner Pensionierung 1956 immer wieder durch antisemitische und rassistische Äußerungen auf.[192]

Zu den bedeutsamen Schrittfolgen der Nazifizierung gehörte der sukzessive Ausschluss nicht nur jüdischer Archivmitarbeiter, sondern auch jüdischer Archivbenutzer. »Nicht-arische« Benutzer, darunter auch Archivare, die Opfer der Entlassungswelle geworden waren, durften nach 1933 zunächst noch weiterhin das Archiv benutzen, wie der Fall des früheren Reichsarchivars Hans Goldschmidt zeigte. Das währte aber nicht lange: 1935 ordnete Brackmann für seinen Zuständigkeitsbereich an, dass jede Aktenvorlage an jüdische Benutzer von ihm

188 BArch, R 1506/3: Niederschrift über die am 19. Oktober 1938 im Reichsministerium des Innern stattgehabte Besprechung über die von der tschechoslowakischen Regierung auf Grund der veränderten politischen Lage zurückzufordernden Archivalien, o. D.- BArch, R 1506/3: Archivrat Dr. Rogge an den Direktor des Reichsarchivs und Generaldirektor, Dr. Ernst Zipfel: Bericht über die Besprechung vom 16.12.1938 in Wien, 21.12.1938.

189 BArch, R 1506/80: Tätigkeitsberichte der Abteilung D für die Jahre 1937-1943. Herrmann, Das Reichsarchiv 1919-1945, S. 313, 326-330.

190 Eckert, Kampf um die Akten, S. 123, FN 31.

191 Ebd., S. 158 f.

192 Ebd., S. 156-160.

persönlich genehmigt werden müsse.[193] Diese willkürliche, gleichwohl noch einigermaßen durchlässige Praxis änderte Zipfel Anfang 1938 dann eigeninitiativ am Beispiel Goldschmidts, dem er erstens kein »einwandfreies Verhalten« und zweitens eine zu »weitrahmige Umgrenzung« seines Forschungsthemas vorwarf, die »die Kontrolle über die Art der Verwertung der Akten fast unmöglich macht«. Per Rundschreiben an die Staatsarchivdirektoren untersagte Zipfel eine weitere Archivbenutzung Goldschmidts. Zwar wollte er dies noch nicht als allgemeines Benutzungsverbot für jüdische Antragsteller oder »Mischlinge« ausgelegt wissen, doch rief er in diesem Zusammenhang alle Archivleiter auf, jeden Fall gründlich danach zu evaluieren, ob die Nürnberger Gesetze oder »Interessen von Volk und Staat« verletzt würden. In jedem Fall müsse, so Zipfel, die Anzahl von »arischen« und »nicht rein arischen« Benutzern künftig in einem »angemessenen Verhältnis« stehen.[194] Dem vorausgegangen waren wiederholte Anfragen denunziatorischen Charakters an Zipfel nach Abstammung, Auslandsbeziehungen sowie politischer Vergangenheit Goldschmidts.[195] Am 24. März 1938 verfügte der Innenminister dann die archivalische Beschränkung auf Familienforschung und jüdische »Volkstumsforschung«, wobei nur das »unentbehrliche« Material zur Sichtung angeboten werden sollte.[196] Im Ergebnis der Novemberpogrome 1938 verfügte Zipfel schließlich am 7. Januar 1939, dass eine persönliche Nutzung preußischer Staatsarchive durch Juden nicht mehr möglich sei.[197] Die ohnehin massiv gefallenen Nutzerzahlen – der Anteil jüdischer Benutzer im GStA betrug im ersten Halbjahr 1938 nur noch zwischen 1,2 und 2,7 Prozent, was real zwei bis sechs Personen pro Monat entsprach[198] –, fielen damit auf Null. Dieser Ausschluss wurde seitens der Archivmitarbeiter widerspruchslos mitgetragen und umgesetzt.

Außenseitertum und Verfolgung: Das Schicksal von Reichsarchivrat Karl Heinrich Schäfer

Lebensweltliche Betrachtungsweisen rücken anders als Milieu-Studien das Individuum (als Akteur) in den Mittelpunkt ihrer Untersuchung. Sie richten damit verstärkt auch den Blick auf Abweichungen und Besonderheiten, auf die

193 BArch, R 1506/307: Albert Brackmann an den Reichs- und Preußischen Minister des Innern, 3.1.1936.- GStA PK, I. HA Rep. 178, Nr. 510: Bericht des Generaldirektors der Staatsarchive über die Tätigkeit der Preußischen Archivverwaltung für das Jahr 1938, S. 22 f.

194 Alle Zitate aus: GStA PK, I. HA Rep. 178 B, Nr. 9: Ernst Zipfel an die Staatsarchivdirektoren, 24.1.1938.

195 Bspw. BArch, R 1506/44: Schreiben an Dr. Zipfel, 19.3.1936.

196 GStA PK, I. HA Rep. 178 B, Nr. 9: Anordnung des Reichs- und Preuß. Ministers des Innern, 24.3.1938.

197 GStA PK, I. HA Rep. 178, Nr. 510: Bericht des Generaldirektors der Staatsarchive über die Tätigkeit der Preußischen Archivverwaltung für das Jahr 1938, S. 23.

198 GStA PK, I. HA Rep. 178 B, Nr. 9: Der Anteil der nicht arischen und der nicht rein arischen Benutzer an der Gesamtbenutzung des Geheimen Staatsarchivs (1. Halbjahr 1938).

Vernetzungen von Menschen, auf kulturelle Übertragungen zwischen unterschiedlichen gesellschaftlichen Räumen, auf Veränderungen in den persönlichen Einstellungen und Verhaltensweisen. Das bedeutet für den vorliegenden Untersuchungsgegenstand, Archivare nicht nur als Beamte im Dienst in den Blick zu nehmen, sondern auch jenseits der Institution Archiv. Dafür steht exemplarisch Karl Heinrich Schäfer, ein innerhalb der »Archivmauern« eher durchschnittlich, unauffällig wirkender Reichsarchivar, der aber außerhalb seiner Behörde als einer der bedeutendsten katholischen Kirchenforscher sowie als NS-distanzierter Stadtpolitiker und Gesellschafter in Potsdamer Kultureliten in Erscheinung trat. Er wurde nach 1933 aus dem Reichsarchiv gedrängt und 1945 im KZ Sachsenhausen umgebracht.

Die vielen Rollen und Zuschreibungen, mit denen Schäfer in den Jahren unmittelbar nach seinem Tod bedacht wurde, deuten die Vielfalt seiner Persönlichkeit an: »gläubiger Christ und aufrechter Antifaschist«,[199] »führende Persönlichkeit im katholischen Leben der Reichshauptstadt«,[200] »Bollwerk des freiheitlichen Geistes«,[201] »Reichsarchivrat«,[202] »Konvertit, Märtyrer«,[203] »bedeutender Potsdamer Historiker und Hitlergegner«,[204] Historiker und Liebhaber der mittelalterlichen Mark[205] oder auch das Bistum Berlin prägende Persönlichkeit.[206] Doch trotz der Menge von anerkennenden Zuschreibungen war und ist Schäfer nicht Teil derjenigen Gruppe von Widerständlern, Wissenschaftlern oder Persönlichkeiten, an die in Potsdam erinnert wurde und wird – vielmehr wurde er über Jahrzehnte vergessen.[207] Erst nach der Jahrtausendwende änderte sich dies, wozu auch die Aufarbeitung seines wissenschaftlichen und privaten Nachlasses einen wichtigen Beitrag leistete.[208]

Der am 27. Juli 1871 in Wetter (Kreis Marburg) in Hessen geborene Sohn eines streng lutherischen Klempnermeisters stammte aus einfachen,

199 Die Tragödie eines Forscherlebens, in: Märkische Union vom 28.1.1949.
200 K. H. Schäfer, in: Würzburger Sonntagsblatt 1955/5.
201 Historiker in Wahrheit, in: Luxemburger Wort vom 12.4.1947.
202 Ein Nachruf für Reichsarchivrat Dr. Schäfer, in: Witzenhäuser Kreisblatt, Juli 1951.
203 Historiker, Konvertit, Märtyrer. Zeitungsartikel vom 27.1.1985, in: Diözesanarchiv Berlin (DAB) V/30-1-27: Presseausschnittsammlung zu Karl-Heinrich Schäfer. Der darin ausgeschnittene Artikel enthielt keine Angabe zur Herkunft der Zeitung, die auch im Nachhinein nicht ermittelt werden konnte.
204 »Lützelburg« als Zufluchtsstätte, in: Potsdamer Neueste Nachrichten von 25./26.7.1984.
205 Ein Historiker der Mark, in: Der Abend – Zeitung für Berlin vom 2.4.1946
206 Vergessener Historiker, in: Petrusblatt vom 8.2.1987.
207 Ebd.
208 Auf Initiative von Prof. Dr. Heinz-Dieter Heimann von der Universität Potsdam wurde sein wissenschaftlicher und privater Nachlass aufgearbeitet, der 650 Bände aus Schäfers Bibliothek sowie rund 1.600 einzelne Dokumente, wie Briefe, Fotos und Zeitungsberichte, umfasst. Er befindet sich im Diözesanarchiv Berlin und im Archiv der Potsdamer Propsteikirche St. Peter und Paul. https://docplayer.org/36935309-Nachlass-von-dr-karl-heinrich-schaefer-findbuch-zum-bestand-im-pfarrarchiv-st-peter-und-paul-in-potsdam.html (letzter Zugriff am 15.01.2022).

jedoch nicht bildungsfernen Verhältnissen und hatte evangelische Theologie in Greifswald, Erlangen und Marburg studiert.[209] Während des Studiums entdeckte er sein Interesse für Geschichte, sodass er zwar das Pfarrexamen ablegte, sich jedoch nicht ordinieren ließ und 1896 in Marburg ein Geschichtsstudium aufnahm, das er schließlich 1902 mit einer kirchenrechtsgeschichtlichen Promotion über das Verhältnis von Pfarrkirche und Stift im deutschen Mittelalter abschloss.[210] Ende 1902 konvertierte er zum katholischen Glauben, was ihn zunächst seine Stelle als Hilfsarbeiter beim Historischen Archiv der Stadt Köln kostete, dann jedoch zu einer Anstellung am Römischen Institut der Görres-Gesellschaft führte, dem ältesten deutschen Auslandsinstitut mit Sitz am Priesterkolleg des Campo Santo Teutonico am Vatikan, wo er bis zum Kriegsausbruch 1914 arbeitete und forschte.[211] Den Ersten Weltkrieg überlebte er zunächst als Soldat und dann im Stab der 243. Württembergischen Infanteriedivision, wo er Armee- und Kriegsgeschichten zu verfassen hatte.

Als Schäfer am 21. April 1921 von Reichspräsident Friedrich Ebert zum Reichsarchivrat bestellt wurde, befand er sich im 50. Lebensjahr und hatte eine von Höhen und Tiefen gezeichnete wissenschaftlich-akademische Karriere in Göttingen, Braunschweig und Wolfenbüttel hinter sich, in der er immer wieder mit konfessionsbedingten Ressentiments umzugehen hatte. Er hatte es dann vor allem dem katholischen Professor und renommierten Wirtschafts- und Verfassungshistoriker Aloys Schulte zu verdanken, dass er das Angebot erhielt, ans Reichsarchiv zu gehen. Neben Schulte setzte sich auch Prälat Georg

209 Nachfolgende biografische Ausführungen beruhen auf: Helmut Holzapfel/Bernhard Stasiewski, Gedenkschrift für Karl Heinrich Schäfer, Würzburg 1946, S. 35-58.- Heinz Kühn, Karl Heinrich Schäfer, in: Ders., Blutzeugen des Bistums Berlin, 2. Aufl., Berlin 1952, S. 147-159.- Bernhard Stasiewski, Karl Heinrich Schäfer zum Gedächtnis (1871-1945), in: Wichmann-Jahrbuch [7] 1953, S. 156-160.- Felix Escher, Der Potsdamer Reichsarchivrat Karl Heinrich Schäfer (1871-1945) und sein Wirken für die brandenburgische Landesgeschichte, in: Jahrbuch für brandenburgische Landesgeschichte 44 (1993), S. 211-220.- Ders., Bekenner in der Diktatur. Zum Leben, Wirken und Sterben von Karl Heinrich Schäfer, in: Wichmann-Jahrbuch N. F. 3 = 34/35 (1995), S. 235-245.- Sigrid Grabner, Die Wahrheit wird euch freimachen. Der Historiker, Publizist und Querdenker Karl Heinrich Schäfer (1871-1945), in: Jahrbuch für das Erzbistum Berlin 2006, S. 70-76.- Michael Höhle, Karl Heinrich Schäfers Aufzeichnungen aus der Haftzeit 1942/43, in: Wichmann-Jahrbuch N. F. 10 = 48/49 (2009), S. 180-201.- Benjamin Gallin/Peter Riedel, Potsdamer Bürger und Katholik – Reichsarchivrat Karl Heinrich Schäfer (1871-1945), in: Bürger machen Politik. 200 Jahre Stadtverordnete in Potsdam, H. 1, Potsdam 2009, S. 33-61.

210 DAB V/30-1-27, Nachlass Karl Heinrich Schäfer: Heinz Kühn, Lebensbild von Karl Heinrich Schäfer (Biographische Dokumentation), o. D. Später publiziert in: Kühn, Blutzeugen des Bistums Berlin, hier S. 151.

211 Das Institut und seine Mitarbeiter befassten sich unter Leitung von Stefan Ehse mit Kirchengeschichte und christlicher Archäologie und gaben zusammen mit dem Priesterkolleg die 1887 gegründete »Römische Quartalschrift für Christliche Altertumskunde und Kirchengeschichte« heraus. Erwin Gatz, Das Römische Institut der Görres-Gesellschaft 1888-1988, in: Römische Quartalschrift für Christliche Altertumskunde und Kirchengeschichte 83 (1988), S. 3-18.

Schreiber aus Münster für Schäfer ein. Sowohl Schulte als auch Schreiber gehörten der Historischen Kommission an, die das Reichsarchiv in seiner wissenschaftlichen Tätigkeit begleitete und begutachtete. Insofern besaß Schäfer gewichtige katholische Förderer in einem Archiv, das ansonsten von vorrangig preußisch-evangelischen Ex-Berufsoffizieren und Wissenschaftlern dominiert wurde.[212] Gleich zu Beginn, als im Zuge der Inflation und Wirtschaftskrise auch das Reichsarchiv zu Personaleinsparungen angehalten wurde, stand Schäfers »Zivilisten-Stelle« auf der Liste der zu streichenden Arbeitsplätze. Doch es war Schreiber, der seine Entlassung verhinderte. Inzwischen zum Reichstagsabgeordneten der katholischen Zentrumspartei gewählt, war das Kommissionsmitglied einflussreich genug, die Angelegenheit mit dem Argument, Schäfers Weggang verändere den obligatorischen konfessionellen Proporz in der Behörde, zugunsten des Archivrats zu klären.

Zusammen mit fünf weiteren Beamten hatte Schäfer zunächst mühselig Kriegsakten zu sichten, bevor er die wissenschaftliche Bearbeitung des Themas »Die Caritas im Weltkrieg« übertragen bekam, was seinen eigentlichen Fähigkeiten und Neigungen stärker entsprach.[213] Doch davon abgesehen blieb Schäfer ein Außenseiter im Reichsarchiv. Herkunft, Laufbahn, nicht-preußischer Offiziersrang und Konfession passten nicht ins biografische Schema der meisten anderen Mitarbeiter. Hinzu kam, dass er keine klassische Offizierslaufbahn zurückgelegt hatte und nur wenig Faible für militärische Themen und militärischen Habitus zeigte. Immer wieder kam es während der regelmäßigen Abteilungsleiterkonferenzen zu offenen Streitgesprächen mit Ernst Müsebeck, in denen konfessionelle Standpunkte und Fragen debattiert wurden.[214] Mehr Anerkennung erfuhr er hingegen außerhalb des Archivs. So widmete er sich intensiv der katholischen Geschichte der Mark Brandenburg und publizierte acht Bücher und Broschüren sowie 97 Zeitungs- und Zeitschriftenartikel zu diesem Thema.[215] Damit brachte er es in der Wissenschaftswelt zu einiger

212 Pöhlmann, Kriegsgeschichte und Geschichtspolitik, S. 102 f., 123-128.

213 Grundlage dafür war die Bildung einer »Arbeitsgemeinschaft Kulturgeschichte« innerhalb des Reichsarchivs im Jahr 1932, in deren Rahmen sein Projekt eingebettet wurde. BArch, R 1506/1: Der Präsident des Reichsarchivs: Bildung einer »Arbeitsgemeinschaft Kulturgeschichte« beim Reichsarchiv, 27.7.1932.- Pöhlmann, Kriegsgeschichte und Geschichtspolitik, S. 356.

214 Dass er den aus Pommern stammenden Direktor der Archivabteilung, der ebenso wie er dem Wingolfsbund, einem christlich-ökumenischen Dachverband von Studentenverbindungen, angehörte, dennoch schätzte, zeigte sich 1935, als Schäfer in der »Potsdamer Tageszeitung« einen Nachruf auf Müsebeck verfasste. Escher, Bekenner in der Diktatur, S. 239.

215 Bernhard Stasiewski, Bibliographie der Arbeiten von Dr. Karl-Heinrich Schäfer, in: Holzapfel/Stasiewski, Gedenkschrift für Karl Heinrich Schäfer, S. 47 ff. In den Lokalmedien waren es Artikel und Miszellen in der »Potsdamer Tageszeitung« und in der »Märkischen Volkszeitung«, in denen Schäfer über damit verbundene Ereignisse, Gebäude oder Personen aus der Vergangenheit schrieb und sich um die historische Aufwertung des katholischen Anteils an der gesellschaftlich-kulturellen Entwicklung in der Region bemühte. Vgl. exemplarisch auch: Thomas Marin, Von

Bekanntheit. Das zeigten nicht zuletzt Herkunft und Status zahlreicher Gratulanten, die sich zum 60. Geburtstag in seinem Haus versammelten bzw. ihm ihre Glückwünsche schriftlich übermittelten.[216] Just in dieser Zeit erfolgten dann auch die Ernennungen zum Ehrenmitglied der Luxemburger Akademie der Wissenschaft (1932) sowie der Königlichen Akademie der Literatur und Künste Lucca (1934) und 1941 die Aufnahme in die Liste der Ritter vom Heiligen Grab.[217]

Darüber hinaus entfalteten Schäfer und seine Frau, die als Industriellentochter erhebliche finanzielle Mittel in die Ehe einbrachte, umfangreiche Aktivitäten sowohl im gesellschaftlichen sowie speziell katholischen Milieu Potsdams.[218] Das Ehepaar erwarb im heutigen Stadtteil Potsdam-West ein Haus, das zu einem städtischen Zentrum bürgerlicher Kultur avancierte. Regelmäßig veranstalteten die Schäfers dort Musik- und Vortragsabende für ein größeres Publikum, an denen auch ausgewählte Mitarbeiter des Reichsarchivs teilnahmen.[219] Zu den Höhepunkten gehörte die Ausrichtung des Märkischen Katholikentages, der im August 1929 in Potsdam stattfand und an dem durch maßgebliche Vermittlung Schäfers der ehemalige Reichskanzler Wilhelm Marx von der Zentrumspartei, der Breslauer Erzbischof Adolf Kardinal Bertram und der Apostolische Nuntius im Reich und spätere Papst Pius XII., Eugenio Pacelli, teilnahmen. Schäfer engagierte sich im Elternbeirat der katholischen Marienschule, in der Ortsgruppe des Deutschen Offiziersbundes sowie im katholisch orientierten »Geselligen Militärverein St. Georg« und begründete 1928 den »Geschichtsverein Katholische Mark«, der sich 1930 zum Diözesangeschichtsverein umbenannte. Sein Engagement in der katholischen Pfarrgemeinde St. Peter und Paul, sein bildungsbürgerliches Wirken und seine Forschungsaktivitäten zur brandenburgischen und hessischen Landes- und Kulturgeschichte des Mittelalters machten den insbesondere im katholischen Bildungsbürgertum vernetzten Archivar zu einer geschätzten und bekannten Gelehrtenpersönlichkeit. Er engagierte sich auch kommunalpolitisch und wurde für die katholische Zentrumspartei zum Potsdamer Stadtrat gewählt.

Stanesdorp nach Stahnsdorf. Karl Heinrich Schäfers Forschungen zum Mittelalter in Stahnsdorf, Norderstedt 2014.

216 Siehe die Korrespondenzen in: DAB V/30-1-25-8, V/30-1-5 und V/30-1-6, Nachlass Karl Heinrich Schäfer.

217 DAB V/30-1-2, Nachlass Karl Heinrich Schäfer: Leben und Schriften von Dr. Karl Heinrich Schäfer, o. D.- DAB V/30-1-2, Nachlass Karl Heinrich Schäfer: Lebenslauf Barbara Schäfer, 25.8.1945.- Kühn, Blutzeugen des Bistums Berlin, S. 156 f.

218 Pfarrarchiv St. Peter und Paul in Potsdam, Nachlass Karl Heinrich Schäfer, Nr. 152: Mein Leben. Lebenslauf von Barbara Schäfer, 14.4.1946.

219 Als junger Mann hatte Schäfer beim Schwiegersohn des Großindustriellen Werner von Siemens verkehrt, der in Potsdam-Bornstedt ein offenes Haus führte, das zu einem großbürgerlichen Treffpunkt für Liebhaber von Kunst und Kultur wurde. Der Esprit des Ortes und Gastgebers faszinierte Schäfer, so dass er seine »Lützelburg« in Potsdam-West ebenso ausrichtete.

Der nationalsozialistischen Ideologie und Machtübernahme 1933 stand der Reichsarchivrat ablehnend gegenüber, wie auch der Biograf Heinz Kühn feststellte: »Schäfer machte von Anfang an kein Hehl aus seiner hitlerfeindlichen Einstellung [...] Er hasste das braune Regime«.[220] Gleichwohl war auch er zeitweise nicht ganz frei von Faszination für den totalitären Führerkult. So unternahm Schäfer im Jahr 1932 eine Italienreise, die ihn nach Rom und zu einer Audienz beim italienischen Diktator Benito Mussolini führte, von dem er sich beeindruckt zeigte und mit dem er die Distanz zu Hitler sowie kulturhegemoniale Auffassungen teilte.[221] Gut ein Jahr nach der Machtübernahme setzten die Nationalsozialisten Schäfers »Treiben« in der Stadt und im Reichsarchiv ein Ende. Befördert durch Denunziationen im Kollegenkreis wurde Schäfer am 22. Mai 1934 – noch vor Erreichen des Pensionsalters – auf der Grundlage des Gesetzes zur Wiederherstellung des Berufsbeamtentums und mit dem Argument fachlicher Mängel in den vorzeitigen Ruhestand versetzt. Die Versetzung wurde offiziell auf Grundlage der neuen gesetzlichen Bestimmungen zur Vereinfachung der Verwaltung ausgesprochen.[222] Damit endete seine Dienstzeit im Reichsarchiv noch vor dem Amtsantritt von Albert Brackmann und Ernst Zipfel.

Der 63-jährige Schäfer widmete nun mit aller Kraft seinen Forschungen. Zugleich entwickelte sich sein Haus bald zu einem Treffpunkt Gleichgesinnter und Gegner des Nationalsozialismus, in dem auch nach Kriegsausbruch gemeinsam ausländische Sender gehört wurden. Er hielt engen Kontakt zum inhaftierten widerständigen Dompropst Bernhard Lichtenberg, der im Gefängnis Berlin-Moabit festgehalten wurde. In der Folge wurde Schäfer unter Beobachtung gestellt. Nach der Denunziation durch eine Hausangestellte wurde das Ehepaar Schäfer wegen Hörens eines englischen Radiosenders am 14. Oktober 1942 verhaftet und unter der Anklage »planmäßig organisierter Zersetzungsarbeit« zu zwei Jahren bzw. zu 18 Monaten Zuchthaus verurteilt.[223] Mit der Verurteilung wurden auch das Ruhestandsgehalt eingestellt und Schäfers Titel aberkannt.[224] Während Barbara Schäfer nach Haftende aus dem Frauengefängnis Cottbus wieder entlassen wurde, überstellte man ihren Mann nach Verbüßung seiner zweijährigen Strafe aus dem Zuchthaus Luckau an die Geheime Staatspolizei, die ihn in das Konzentrationslager Sachsenhausen

220 Kühn, Karl Heinrich Schäfer, S. 157.

221 Welchen Eindruck die Audienz gemacht hatte, vermitteln ausführlich und plastisch Schäfers eigene Erinnerungen in: Archiv der Katholischen Kirchengemeinde St Peter und Paul, Potsdam, Nachlass Karl Heinrich Schäfer, Mappe 7, Konvolut »Rom 1932«.

222 Escher, Bekenner in der Diktatur, S. 240.

223 Ebd., S. 241.- DAB V/30-1-2, Nachlass Karl Heinrich Schäfer: Barbara Marx: Mein Leben, 14.4.1946.- DAB V/30-1-2, Nachlass Karl Heinrich Schäfer: Lebenslauf Barbara Schäfer, 25.8.1945.

224 Pfarrarchiv St. Peter und Paul in Potsdam, Nachlass Karl Heinrich Schäfer, Nr. 1199: Reichsministerium des Inneren an K. H. Schäfer, 8.3.1943.

verbringen ließ. Dort kam Karl Heinrich Schäfer am 29. Januar 1945 ums Leben; der Totenschein vermerkte Rippenfellentzündung und allgemeine Körperschwäche als Todesursache.[225] Damit endete das politisch engagierte Leben eines Historikerarchivars, dessen Wirken weniger Eingang in die deutsche Archivgeschichte als vielmehr in die katholische Erinnerungskultur Berlin-Brandenburgs gefunden hat. Schäfer gehörte zu denjenigen Persönlichkeiten, so Felix Escher, »die dem an den Nachwehen des Kulturkampfes noch immer leidenden Diasporakatholizismus im nordöstlichen Deutschland ein neues Selbstbewusstsein geben konnten«.[226] In der Unterkirche der Berliner St. Hedwigs-Kathedrale, wo sein Name verzeichnet ist, wird er als Märtyrer für den katholischen Glauben geehrt; ein Grabstein im Vorgarten seines früheren Wohnhauses erinnert im Stadtteil Potsdam-West an seine Person.

Mobilisierung von Ressourcen

Im Rahmen des Ressourcenmobilisierungsansatzes wird seit längerem darüber diskutiert, inwiefern sich Institutionen und Protagonisten der Wissenschaft (und in gewisser Weise auch der Verwaltung) mit ihren Mitteln und im Sinne wechselseitiger Interessenlagen für die nationalsozialistische Diktatur engagierten – sowohl in Form einer unmittelbaren Ressourcenakquise als auch eines Ressourcentauschs zwischen Wissenschaft und Politik bzw. Wissenschaft und Wirtschaft – und wie wirkmächtig sich diese Vorgänge für die jeweiligen Institutionen und Sparten darstellten.[227] Dabei kam Peter Schöttler mit Blick auf den deutschen »Archivschutz« in Frankreich und die »Westforschung« zu dem Ergebnis, dass der Aufwand für ersteren zwar immens gewesen sei, doch hätten in der »zwiespältigen und mageren Schlussbilanz« lediglich ein paar Dokumente trophäenhaft die Seite getauscht und einige tausend Akten, zum Teil kriegsbeschädigt, ihre Bleibe und ihre Inventarzugehörigkeit gewechselt. Zu einer tatsächlich breiten (geschichtswissenschaftlichen) Verwertung dieser

225 Historiker, Konvertit, Märtyrer. Zeitungsartikel vom 27.1.1985, in: DAB V/30-1-27, Nachlass Karl Heinrich Schäfer: Presseausschnittsammlung zu K. H. Schäfer. Der darin ausgeschnittene Artikel enthielt keine Angabe zur Herkunft der Zeitung, die auch im Nachhinein nicht ermittelt werden konnte.- DAB V/30-1-27, Nachlass Karl Heinrich Schäfer: Heinz Kühn, Lebensbild von Karl Heinrich Schäfer (Biographische Dokumentation), o. D. Später publiziert in: Kühn, Blutzeugen des Bistums Berlin, hier S. 158.

226 Escher, Bekenner in der Diktatur, S. 235.

227 Mitchell G. Ash leistete mit seinen Überlegungen dazu einen wichtigen Anschub für die Diskussion. Ders., Wissenschaft und Politik als Ressourcen für einander, in: Rüdiger vom Bruch/Brigitte Kaderas (Hg.), Wissenschaften und Wissenschaftspolitik. Bestandsaufnahmen zu Formationen, Brüchen und Kontinuitäten im Deutschland des 20. Jahrhunderts, Stuttgart 2002, S. 32-51.- Jüngst: Sören Flachowsky/Rüdiger Hachtmann/Florian Schmaltz (Hg.), Ressourcenmobilisierung. Wissenschaftspolitik und Forschungspraxis im NS-Herrschaftssystem, Göttingen 2017.

angeeigneten oder geraubten Bestände sei es kaum gekommen.[228] Eine solche Betrachtung erscheint in ihrer Nüchternheit und Unaufgeregtheit nahezu provokant – und setzt sich damit ab von anderen Bewertungen in dieser Problematik.[229] Doch sie bilanziert weniger von der intentionalen Ebene aus, als vom Resultat her (gleichwohl fügen sich sowohl Intention und Praxis als auch Ergebnis in das Mobilisierungsparadigma ein).

Auch das Agieren des Reichsarchivs ist unter dem Blickwinkel seiner Ressourcenmobilisierung fassbar, und auch hier offenbart sich, wenig überraschend, ein gewisses Gefälle zwischen Absicht und Resultat. Als Zentralarchiv erfüllte es eine ganze Palette politisch-ideologisch grundierter Aufgaben und Zuarbeiten auf verschiedenen Gebieten wie der Geschichtspolitik, Propagandapolitik oder auch der Rassen- und Sippenpolitik. So hatte sich Ernst Zipfel beim 27. (und vorerst letzten) Archivtag in Gotha im September 1937 den versammelten 200 Teilnehmern als Direktor des Reichsarchivs präsentiert, der sich vor allem für eine Indienstnahme der Archive für nationalsozialistische Zwecke in Wissenschaft und Politik stark machte, wobei er insbesondere die »Sippen-, Rassen- und Volkstumsforschung« anführte. Dass er zugleich mit dem Hinweis einer »fast 1000%igen Steigerung der Benutzung« mehr öffentliche Anerkennung und Förderung der Archive und Archivare forderte, sprach den meisten Anwesenden angesichts der fortgesetzten Finanznot aus der Seele.[230] Zwischen diversen Einrichtungen und Institutionen bahnten sich über die Person Zipfels neue Kontakte an. Dazu gehörte auch das Reichsinstitut für die Geschichte des neuen Deutschlands unter Walter Frank, der das Reichsarchiv 1938 besuchte, drei Jahre nach den Intrigen, die zu Brackmanns Zwangspensionierung führten. Als Franks Institut im Januar des Folgejahres an der Berliner Universität eine Vortragsreihe zu »Judentum und Judenfrage« durchführte, verpflichtete Zipfel seine wissenschaftlichen Mitarbeiter zum Besuch der Veranstaltungen.[231]

Das Engagement des Reichsarchivs besaß verschiedene Ausdrucksformen, angefangen von Ausstellungen und Vorträgen über Studien und Quellenpublikationen bis zu Recherchen und Auskunftstätigkeiten, die hier nicht im Einzelnen aufgeführt werden können. Die besondere Aufmerksamkeit erzeugende militärgeschichtliche Forschung wurde fortgeführt und intensiviert, wenngleich die Abteilung und ihre Forscher schon bald einen eigenen, vom

228 Peter Schöttler, Ressourcen in der NS-Geschichtswissenschaft – am Beispiel von ›Westforschung‹ und ›Archivschutz‹, in: ebd., S. 178-196.

229 Zum Beispiel: Ulrich Pfeil, Archivraub und historische Deutungsmacht. Ein anderer Einblick in die deutsche Besatzungspolitik in Frankreich, in: Francia 33 (2006) 3, S. 163-194.

230 Mitteilungsblatt der Preußischen Archivverwaltung 1937, Nr. 11, Anlage, S. 1 f.- BArch, N 1333 (Nachlass Georg Winter)/52: Ernst Zipfel auf dem Archivtag in Gotha am 22.9.1937.

231 BArch, R 1506/58: Der Direktor des Reichsarchivs an alle Abteilungen, 7.1.1939.- BArch, R 1506/58: Der Präsident des Reichsinstituts für die Geschichte des neuen Deutschlands: Rundschreiben an die Mitglieder des Sachverständigenbeirats und die Forschungsbeauftragten des Reichsinstituts, 9.1.1939.

Reichsarchiv unabhängigen Weg gingen.[232] Besonders öffentlichkeitswirksam waren Expositionen: So lieferte das Reichsarchiv vielfältiges Quellen- und Anschauungsmaterial für zahlreiche Propagandaausstellungen, beispielsweise allein von Herbst 1933 bis Herbst 1934 für die große Düsseldorfer Ausstellung der NSDAP, die Schlageter-Wanderausstellung, die Expositionen »Deutsches Volk, deutsche Arbeit«, »Die Front«, »Deutscher Osten« sowie die »Vogesen-Ausstellung« (für die Schlageter-Wanderausstellung engagierte sich beispielsweise insbesondere Oberarchivrat und SS-Mann Helmuth Rogge, der als Vorstandsmitglied des Vereins Schlageter-Gedächtnis-Museum e.V. die Kooperation und Zuarbeit für das Museum unter seine Fittiche nahm[233]); im Jahr 1936 waren es wiederum die Ausstellungen »Weltfeind Nr. 1«, »Das wehrhafte Deutschland«, »Das politische Deutschland« und »Das Recht«, 1938/39 »Volk und Recht« in Leipzig oder die Gaukulturwoche in Hanau.[234] Auch später lieferte das Reichsarchiv Material für Ausstellungen wie »Deutsche Größe«, die vom Amt Rosenberg organisiert worden war, oder »Der ewige Jude« und »Großdeutschland und die See«, die 1940 und 1941 in München eröffnet wurden.[235] Doch im Arbeitshaushalt des Archivs insgesamt nahm sich die Mitwirkung an propagandistischen Ausstellungen überschaubar aus. Kontaktpflege – ohne tatsächliche, größere Kooperationsvorhaben – bestand zum Reichsinstitut für die Geschichte des neuen Deutschland, zur Publikationsstelle in Berlin-Dahlem oder zur Volksdeutschen Archivverwaltung. Die Arbeit der Kriegsgeschichtlichen Forschungsanstalt des Heeres wurde durch bereitgestellte Quellen weiter unterstützt. Die unter NS-Stellen breit diskutierte Erfassung und Aneignung von jüdischen Quellen wurde zwar auch unter Reichsarchivaren erörtert, bedeutsame praktische Konsequenzen im Arbeitsalltag des Archivs zog dies jedoch kaum nach sich. Zu den wichtigsten Aktivitäten gehörten der Erwerb mehrerer Nachlässe aus der Handschriftensammlung des Berliner Fabrikanten Max Stein sowie die Recherche und Übernahme des Nachlasses von Walther Rathenau.[236] Das Reichsarchiv hatte – auch mit Rückenwind des Reichsinnen-

232 Pöhlmann, Kriegsgeschichte und Geschichtspolitik, S. 151ff.

233 Dazu auch: Aufruf des Reichsarchivs zur Beteiligung am Schlageter-Gedächtnis-Museum e.V., in: Völkischer Beobachter vom 13.03.1934, sowie die umfangreiche Korrespondenz und Mitarbeit von Rogge in Verein und Museum in: BArch, R 1506/208. Die gesamte Akte versammelt ausschließlich dahingehende Dokumente. Weitere Korrespondenzen zu Ausstellungsbeteiligungen bzw. Archivalienausleihen in diesen Jahren in: BArch, R 1506/1114.

234 BArch, R 1506/80: Reichsarchiv/Abt. IV: Tätigkeitsbericht für die Zeit vom 1. Oktober 1933-1. Oktober 1934, 13.10.1934.- Gerd Rühle/Rolf Heller, Das Dritte Reich. Dokumentarische Darstellung des Aufbaues der Nation. Mit Unterstützung des Deutschen Reichsarchivs, Berlin 1934.- BArch, R 1506/80: Reichsarchiv/Abt. IV: Tätigkeitsbericht für die Zeit vom 1. Juli 1936 bis 31. Dezember 1936, o. D.

235 Herrmann, Das Reichsarchiv (1919-1945), S. 374f.

236 GStA PK, Rep. 178, VII 2 E 8: Der Direktor des Reichsarchivs an den Reichsminister des Innern, 8.2.1939.- BArch, R 1506/5: Dr. Rogge: Vermerk über den gegenwärtigen Stand der Sache »Rathenau«, o. D. (1939)

ministeriums – lange Zeit auf der Unrechtmäßigkeit und damit Unmöglichkeit beharrt, Ausleihen von Personalakten bzw. Akten mit personenbezogenen Angaben durch NSDAP-, SS-, Gestapo- oder andere Stellen zuzustimmen.[237] Doch seit 1936/37 wurde die Praxis – auch auf politischen Druck gegenüber dem RMI hin – unter Zipfel gelockert.[238] Ein ungehinderter Zugang blieb allerdings bis zum Schluss verboten.

1936 wurde mit großem propagandistischen Aufwand der sogenannte Vierjahresplan verkündet, der unter anderem auf eine größere ökonomische Autarkie Deutschlands abzielte und eine effektivere und sparsame Ausnutzung der eigenen Ressourcen anstrebte. Dazu gehörte auch eine forcierte Wiederverwendung von Altpapier, wozu nicht nur in Privathaushalten, sondern auch in Betrieben und Verwaltungen organisierte Sammlungen durchgeführt wurden, die aus Sicht der Archivare bald in ein Sammelunwesen mündete. Es war hier vor allem Zipfel, der sich in Bezug auf Registratur- und Archivgut vehement für den materiellen Erhalt und die Einhaltung der Verwaltungsordnung im Umgang mit abzulegenden Behördenakten einsetzte, hier also strikt archivarische Interessen vertrat und keiner Parteipolitik folgte.[239] Insofern verweigerte sich Zipfel derlei Mobilisierungskampagnen von außen, wenn sie keinen Nutzen für das Archivwesen im Allgemeinen und das Reichsarchiv im Besonderen versprachen.

Das betraf auch die sogenannte »Ostforschung«. Zipfel hegte dahingehend im Zusammenhang mit dem Reichsarchiv keine größeren Ambitionen. In der forschungsgeschichtlichen Abteilung des Reichsarchivs hatte zwar früher die »Gruppe Volkmann«[240] existiert, die sich mit der Koordinierung von Forschungsarbeiten befasst hatte, die unter anderem auch Polen und die verlorenen Ostgebiete thematisierten. Doch die Gruppe war nach der Loslösung vom Reichsarchiv dem GStA zugeordnet worden.[241] Im Ergebnis blieben die

237 BArch, R 1506/130: Der Reichs- und Preußische Minister des Innern betr. Akteneinsicht durch Parteidienststellen der NSDAP, 29.12.1934.

238 BArch, R 1506/53: Protokoll der Abteilungsleiterbesprechung vom 16.10.1937, 19.10.1937.

239 Winter, Die deutsche Archivwissenschaft, S. 209-213.

240 Dabei handelte es sich um eine Forschungsgruppe um den ehemaligen Major und – seit 1935 – Oberarchivrat Erich Otto Volkmann, der für seine Untersuchungen zur Kriegsschuldfrage, zur Dolchstoß-Frage und zur sogenannten Drückebergerei von Soldaten im Ersten Weltkrieg bekannt geworden war. Volkmann starb 1938 mit 59 Jahren. Ders., Die Ursachen des Deutschen Zusammenbruches im Jahre 1918, Bd. 2: Soziale Heeresmißstände als Mitursache des deutschen Zusammenbruchs von 1918, 1. Halbbd: Gutachten des Sachverständigen Volkmann: Die Annexionsfragen des Weltkrieges, sowie Bd. 6: Die Stellung der oppositionellen sozialdemokratischen Parteigruppen im Weltkrieg zum nationalen Staat und zur Frage der Landesverteidigung, Berlin 1929.

241 BArch, R 1506/22: Niederschrift über die gemeinsame Sitzung des Preußischen Geheimen Staatsarchivs (Zentralstelle für Nachkriegsforschung) und der Forschungsanstalt für Kriegs- und Heeresgeschichte am 14.2.1936 im Reichsarchiv zu Potsdam.

tatsächlichen Effekte und Resultate mobilisierender Wechselwirkungen in der kurzen Zeitspanne bis 1941/42 überschaubar.

Ernst Zipfel an der Macht

Dass der politisch mächtigste Archivfunktionär des Nationalsozialismus ausgerechnet aus dem nationalkonservativ dominierten Reichsarchiv Potsdam hervorgehen würde, sah 1933 in der föderal-zersplitterten Archivwelt niemand voraus. Kein anderer deutscher Archivleiter sollte über derart viele Ämterkompetenzen und eine solche Machtfülle im 20. Jahrhundert verfügen wie Ernst Zipfel: Direktor des Reichsarchivs Potsdam, Generaldirektor der Preußischen Staatsarchive, Kommissar für den Luft- und Archivschutz, Leiter des »Sonderstabs Archive« des Einsatzstabes Reichsleiter Rosenberg für das Rückwärtige Heeresgebiet, Leiter der Unterabteilung I »Archiv- und Schriftgutwesen« im Reichsministerium des Innern, Leiter des Instituts für Archivwissenschaft (IfA) in Berlin-Dahlem, Mitglied im Beirat der Forschungsabteilung Judenfrage im Reichsinstitut für Geschichte des Neuen Deutschlands, ordentliches Mitglied der Historischen Kommission für Westfalen, Mitglied der Kommission zur Bewahrung von Zeitdokumenten und anderes.[242] Doch der am 23. März 1891 in Dresden geborene Zipfel war vor allem ein Repräsentant des NS-Regimes und ein Archivfunktionär mit besonderer Diktaturbelastung.[243] Auffallend ist erstens sein unter Archivaren vergleichsweise früher Eintritt in die NSDAP zum 1. Mai 1932 (sieben Jahre später ersuchte er um Mitgliedschaft in der SS).[244] Damit gehörte er zur überschaubaren Anzahl derjenigen Archivare, die vor 1933 und offenbar aus Überzeugung eintraten – wobei ihm eine auch karrierebezogene Intention zu unterstellen ist. Zumindest im nationalkonservativ geprägten Reichsarchiv befand er sich zu diesem Zeitpunkt aber noch

242 BArch, R 1506/18: Schema der dem Generaldirektor der Staatsarchive, dem Direktor des Reichsarchivs und des Kommissars für den Archivschutz unterstellten Archive in Bezug zu allen Verwaltungsangelegenheiten, zu fachlichen und wissenschaftlichen Angelegenheiten und zu Luftschutz-Angelegenheiten, o. D.- BArch, R 1506/1026: Reichsminister des Innern: Betrifft: Kommissar für den Archivschutz, 11.7.1944.

243 Auch wenn eine umfassende (Arbeits-)Biografie noch aussteht, liegt inzwischen eine Reihe von Abhandlungen über Ernst Zipfel vor, auf die im Folgenden zurückgegriffen wird: Rohr, Nachruf Ernst Zipfel.- Weiser, Geschichte der preußischen Archivverwaltung, S. 144 ff.- Kriese, Albert Brackmann und Ernst Zipfel.- Winter, Die deutsche Archivwissenschaft, S. 197-202.- Sven Kriese, »Gute Freundschaft mit dem kleineren bayerischen Bruder«. Die Generaldirektoren der Preußischen Staatsarchive und Reichsarchivleiter Albert Brackmann und Ernst Zipfel und die Staatlichen Archive Bayerns, in: Archivalische Zeitschrift 96 (2019), S. 11-30, sowie auch Zipfels Aufzeichnungen: BArch, R 1506/1020: Ernst Zipfel, Erinnerungen eines Archivars, 28.2.1956.

244 BArch, R 9361-IX Kartei / 50590258.- Fahlbusch, Deutschtumspolitik und Westdeutsche Forschungsgemeinschaft, S. 605.

in der klaren Minderheit. Seit dieser Zeit engagierte sich Zipfel zweitens als stetiger Werber für die NS-Bewegung sowohl innerhalb des Reichsarchivs als auch außerhalb. 1933 wurde er zum Vorsitzenden des Verbandes nationalsozialistischer Beamter im Regierungsbezirk Potsdam ernannt. Dabei hielt er auch Reden und Vorträge in der brandenburgischen Provinz wie beispielsweise Ende November 1933 vor der Ortsgruppe Schwedt der Beamtenarbeitsgemeinschaft, wo er die politischen und beamtenspezifischen Veränderungen seit dem Machtantritt Hitlers erläuterte und alle anwesenden Beamten aufrief, sich der NS-Bewegung anzuschließen.[245] Dazu gehörte später dann auch seine Dozententätigkeit am Institut für Archivwissenschaften in Berlin-Dahlem, wo er den Archivarnachwuchs in die »Grundlagen« des Nationalsozialismus einführte und um entsprechendes Engagement warb.[246] Drittens setzte Zipfel seit 1936 kompromisslos die zentralen politischen und rassistischen Beschlüsse in seiner Behörde um.[247] Überdies sorgte er viertens auch durch eigeninitiative Ausgrenzungsmaßnahmen für die rasche Durchsetzung des NS-Herrschaftsanspruchs im Archivwesen.[248] Fünftens bedrängte er aktiv die ihm unterstehenden Mitarbeiter zum Beitritt in die NSDAP bzw. in NS-Formationen, forderte eine rege Beteiligung der Belegschaft an NS-Initiativen und -Gemeinschaftsleben ein und »übersetzte« das Führerprinzip auf seinen Verantwortungsbereich:[249] »Das Archivwesen«, so Michael Fahlbusch, »erhielt durch ihn die größte Anpassung an die politische Macht, nachdem Brackmann bereits die neuen Machthaber hofiert hatte.«[250] Schließlich stand er sechstens von archivarischer Seite aus neben archivschützenden Maßnahmen auch kulturimperialistischen Raub- und Zerstörungsaktivitäten im besetzten Ausland vor.[251]

Nach 1945 bezahlte Zipfel für sein archivpolitisches Funktionärshandeln und seinen Machthunger mit dem Verlust jeglicher weiterer Berufsperspektive – und blieb damit unter seinen Kollegen ein Einzelfall. Diese schwiegen oder verschanzten sich schuldabweisend hinter Zipfel und dessen »Führerprinzip«, dem sie unterworfen gewesen seien. Diese einseitige Personalisierung in der Schuldfrage sowie Abgabe jeder Verantwortlichkeit prägten zunächst den archivarischen Entlastungsdiskurs unmittelbar nach 1945. Später änderte sich

245 Schwedter Tageblatt vom 29.11.1933.

246 Pauline Puppel, Die »Heranziehung und Ausbildung des archivalischen Nachwuchses«. – Die Ausbildung am Institut für Archivwissenschaft und geschichtswissenschaftliche Fortbildung in Berlin-Dahlem (1930-1945), in: Kriese (Hg.), Archivarbeit im und für den Nationalsozialismus, S. 335-370.

247 Herrmann, Das Reichsarchiv (1919-1945), S. 301 ff.

248 Winter, Die deutsche Archivwissenschaft, S. S. 197-244.

249 Kriese, Albert Brackmann und Ernst Zipfel, S. 79-86.

250 Fahlbusch, Deutschtumspolitik und Westdeutsche Forschungsgemeinschaft, S. 605.

251 Musial, Staatsarchive im Dritten Reich, S. 109-169.- Lehr, Ein fast vergessener »Osteinsatz«.- Winter, Die deutsche Archivwissenschaft, S. 247-350.- Johannes Kistenich-Zerfaß, Auslagerung von Archivgut im Zweiten Weltkrieg. Selbsthilfe der Staatsarchive oder zentrale Steuerung durch den Kommissar für Archivschutz? In: Kriese (Hg.), Archivarbeit im Nationalsozialismus, S. 407-476.

dann die Bewertung und Zipfels tatsächliche oder vermeintliche Verdienste fanden stärker Beachtung, sodass ein gespaltenes Bild seiner Persönlichkeit entstand: Einerseits galt er als Führungspersönlichkeit der nationalsozialistischen Archivwelt – eine Funktion, die Zipfel selbst für sich in Anspruch nahm. Andererseits wurde durchaus anerkannt, dass er seine Macht und Verbindungen zu den Reichs- und preußischen Behörden sowie zu den Parteidienststellen zum Nutzen und Vorteil der Archive einzusetzen wusste.[252] Sein Engagement und Organisationstalent als Kommissar für den Archivschutz trug zum Archivalienraub ebenso bei wie zum tatsächlichen Schutz von Archivgut;[253] sein verdrängter Vorgänger Albert Brackmann bekannte, im Krieg die Situation keinesfalls besser hätte meistern zu können.[254] Auf die archivfachliche Nachwelt übte Zipfel daher eine gewisse Faszination aus – Matthias Herrmann nannte ihn »ebenso schillernd wie umstritten«.[255] Historiker hingegen beurteilten ihn im Kontext der NS-Belastungen deutscher Eliten ausschließlich kritisch: Karl Heinz Roth sah in ihm einen »fähigen wie skrupellosen Karrieristen«, für Michael Fahlbusch gehörte er schlicht zu »denjenigen, vorauseilend gehorsamen Beamten, die in Übererfüllung ihrer Pflicht den Rassismus und Antisemitismus des NS-Regimes unter allen Umständen förderten«.[256]

Die nachfolgenden arbeitsbiografischen Ausführungen versuchen beide Perspektiven zu verbinden. Denn Zipfels Wirken und Amtszeit waren in der Tat von Ambivalenzen geprägt; sein Karriereweg verlief keineswegs geradlinig und typisch, sondern war von Brüchen und überraschenden Wendungen gekennzeichnet. Zudem gelang es ihm, der zwar nicht als Außenseiter der Zunft, jedoch auch nicht als ihr prototypischer Vertreter galt, expertenkulturelle Gefolgschaften aufzubauen und Loyalitätsverhältnisse zu erzeugen, die dazu beitrugen, dass nach 1945 unter Archivarskreisen eben vielfach keine eindeutige Einordnung Zipfels als Systemträger und Täter der NS-Diktatur vorgenommen wurde.

Ausgangspunkt seiner politischen Karriere im Reichsarchiv waren seine Militärlaufbahn, das nachfolgende Studium nebst Promotion und die arbeitspraktische Bewährung im laufenden Archivbetrieb, die unter Archivkollegen diverse Identifikationsmomente in Herkunft und Arbeitsmotivation boten, verkörperte der in einem bildungsbürgerlichen Elternhaus in Dresden aufge-

252 Musial, Staatsarchive im Dritten Reich, S. 173.- Weiser, Geschichte der Preußischen Archivverwaltung, S. 207.

253 Herrmann, Das Reichsarchiv (1933-1945): Wirken und Wirkungen unter Einflussnahme nationalsozialistischer Politik, S. 45.

254 Wilhelm Rohr, Nachruf Erst Zipfel, in: Der Archivar 20 (1967) 2, Sp. 206-210, hier Sp. 208.

255 Herrmann, Das Reichsarchiv (1933-1945): Wirken und Wirkungen unter Einflussnahme nationalsozialistischer Politik, S. 45.

256 Roth, Eine höhere Form des Plünderns, S. 92.- Michael Fahlbusch, Deutschtumspolitik und Westdeutsche Forschungsgemeinschaft, in: Burkhard Dietz/Helmut Gabel/Ulrich Tiedau (Hg.), Griff nach dem Westen. Die »Westforschung« der völkisch-nationalen Wissenschaften zum nordwesteuropäischen Raum (1919-1960), Münster u. a. 2003, S. 569-648, hier S. 605.

wachsene Zipfel doch die biografische Verschmelzung von hochgedientem Armeeoffizier und leistungsstarkem Archivar. Fleiß und Beharrlichkeit, Strebsamkeit und Belastbarkeit korrespondierten als Fundament für den beruflichen und sozialen Aufstieg mit den preußischen Beamtentugenden, wie sie unter Archivaren und Beamten propagiert und gepflegt wurden. Zipfel war 1910 in die Armee eingetreten und hatte sich vor und während des Ersten Weltkriegs bis zum mehrfach ausgezeichneten Ordonanzoffizier hochgearbeitet, bevor er dann 1917 ins sächsische Kriegsministerium abgeordnet wurde, wo er Verwaltungs- und Referentenaufgaben zu erfüllen hatte und erstmals mit Akten und Aktenvorgängen in Berührung kam. Mit dem Ende des Ersten Weltkriegs kam der arbeitsbiografische Bruch, verbunden mit dem Abschied aus der Armee. Wie so viele Archivare am späteren Reichsarchiv und andernorts in Deutschland nahm Zipfel die Kriegsniederlage, die Novemberrevolution sowie die Desavouierung und den Statusverlust der Militärkaste als politisches Desaster und persönliche Zäsur wahr. Im Herbst 1919 war Zipfel zunächst zur kriegsgeschichtlichen Abteilung des Großen Generalstabs abkommandiert worden; zum 1. April des Folgejahres wurde er dann als Hilfsarchivar, Beamter auf Lebenszeit und Hauptmann a. D. am Potsdamer Reichsarchiv eingestellt. Um sich hier etablieren zu können, nahm er nebenbei ein Studium auf und promovierte in Volkswirtschaft. 1923 hatte er sein Ziel erreicht: Mit der Promotion in der Tasche wurde er zum Archivrat im Reichsarchiv Potsdam ernannt. Wenig später besserte sich auch die familiäre Situation: Die bislang in Dresden verbliebene Familie zog nach Potsdam in eine große Wohnung nahe des Neuen Gartens.[257] Zudem entdeckte Zipfel, der bereits Artikel für diverse Zeitungen verfasst hatte, das Schreiben von Regimentsgeschichten für sich als eine interessante und vor allem finanziell lohnenswerte Beschäftigung.[258]

Zipfels Leistungswillen zog im Reichsarchiv die Aufmerksamkeit von Archivdirektor Ernst Müsebeck auf sich, der dessen Arbeitsvermögen, rasche Auffassungsgabe und archivarisches Organisationstalent wohlwollend beobachtete und mit der Delegierung leitender Aufgaben honorierte. Beschäftigt in der Abteilung »Kriegswirtschaftsakten«, hatte er 1930 deren Leitung übertragen bekommen, obwohl er nur den Status eines Archivrats hatte – bis dato ein einzigartiger Vorgang am Reichsarchiv. Hier gelang es ihm mit Hilfe eigener methodischer Überlegungen, innerhalb weniger Jahre Hunderttausende zu bearbeitende Akten und Bücher auf einen Bruchteil verbleibendes Archivgut zu reduzieren, was ihm Anerkennung im Haus und in der Archivleitung einbrachte.[259]

257 Zu diesem Lebensabschnitt Zipfels: Kriese, Albert Brackmann und Ernst Zipfel, S. 27-30.

258 Sein Buch »Flammende Fronten. Eindrücke und Erlebnisse aus dem Weltkrieg« erschien in vier Auflagen und verkaufte sich mit 10 000 Exemplaren. BArch, R 1506/1020: Ernst Zipfel, Erinnerungen eines Archivars, 28.2.1956, S. 6 ff.

259 Laut eigener Aussage von Zipfel handlte es sich um zwei Millionen Akten, die dieser auf zehn Prozent reduziert habe. Ebd., S. 8.

Den Sprung an die Spitze des Archivs vollzog Zipfel zweifellos im Fahrwasser seines politischen Engagements. Sein Aufstieg als NSDAP-Mitglied war kein Einzelfall, sondern bettete sich ein in die Amtsübernahmen durch eine Reihe von nationalsozialistisch eingestellten Archivaren, die Mitte der 1930er Jahre zu Archivleitern ernannt wurden und sich in ihren Einrichtungen offensiv den Ansprüchen, Zielen und Umgangsformen des neuen Regimes verschrieben, darunter 1934 Willy Flach, 1935 Erich Randt und 1936 Josef Franz Knöpfler. Insbesondere mit Knöpfler als Direktor bzw. Generaldirektor der bayerischen Staatsarchive verband ihn ein gemeinsamer steiler Karriereweg.[260] Es war im RMI vor allem der ebenfalls 1932 in die NSDAP eingetretene Leitende Staatssekretär und überzeugte Nationalsozialist Hans Pfundtner, der Zipfels Karriere im Reichsarchiv mit dessen Ernennung zum Personal- und Verwaltungsleiter zum 1. Januar 1935 vorantrieb. Achtzehn Monate später, am 11. Juni 1936, wurde ihm die gleiche Funktion in der preußischen Archivverwaltung übertragen – unter anderem auch auf Empfehlung Brackmanns und Hans von Haeftens;[261] am 1. Oktober 1938 wurde er offiziell zum Generaldirektor der preußischen Staatsarchive ernannt. Brackmann erkannte in Zipfels Weg zwar durchaus parteikarrieristische Züge und fachliche Defizite. Gleichwohl deckten sich dessen erklärter Drang und Wille zur Vereinheitlichung des Archivwesens vorzüglich mit Brackmanns bisherigen Absichten. Daher förderte und unterstützte er auch nach seiner Zwangspensionierung Zipfel weiter, wohl auch in dem Glauben, hier einen willfährigen Adlatus gefunden zu haben.[262]

Die partei-intriganten Umstände der Absetzung Brackmanns und den Kampf um dessen Nachfolge 1935/36 hatte Zipfel naturgemäß mitverfolgt. Zunächst hielt er sich nur für einen Übergangs- bzw. Kompromisskandidaten, denn wie Brackmann und andere ging er davon aus, dass nur ein »Historiker von Rang« mit Befähigungen in neuerer und Verwaltungsgeschichte die vakante Stelle eines Generaldirektors besetzen könne.[263] Umso mehr erstaunt, dass Zipfel angesichts der schwachen Rückendeckung auf das »Klinkenputzen« bei den Parteimächtigen verzichtete und sich stattdessen auf die Schaffung eines Vertrautenkreises von Archivmitarbeitern konzentrierte.[264] Dieser Kreis

260 Musial, Staatsarchive im Dritten Reich, S. 33, 41.

261 GStA PK, VI. HA NL Brackmann, Nr. 99: Schreiben Hans von Haeften an Albert Brackmann, 9.8.1935.

262 Heiber, Walter Frank, S. 875 f.- Weiser, Geschichte der preußischen Archivverwaltung, S. 145.- Kriese, Albert Brackmann und Ernst Zipfel, S. 33-37.

263 So formulierte Ernst Zipfel selbst dahingehend: »Für den Posten des Präsidenten oder Generaldirektors kommt nur eine im In- und Ausland bekannte Persönlichkeit in Frage, die eine wissenschaftlichen Namen hat«, und benannte dafür unter anderm die Professoren Walter Platzhoff, Herman Aubin und Karl Alexander von Müller. GStA PK, VI. HA NL Brackmann, Nr. 99: Ernst Zipfel: Die Frage der Neuorganisation des deutschen Archivwesens und die Wiederbesetzung der Stelle des Generaldirektors der Staatsarchive, 2.10.1936.- GStA PK, VI. HA NL Brackmann, Nr. 93: Albert Brackmann: Denkschrift vom 30.9.1936.

264 Kriese, Albert Brackmann und Ernst Zipfel, S. 85.

bestand aus Archivbeamten seiner und der jüngeren Generation; ihm gehörten zu verschiedenen Zeitpunkten vor allem Hans Fredrichs, Oskar Haase, Erich Randt, Wilhelm Rohr, Wilhelm Suhr und Georg Winter an – darunter mit den persönlichen Referenten Winter und Rohr zwei der später leitenden Bundesarchivare. Dass er hierbei mit Haase und Winter auch zwei Mitarbeiter um sich scharte, die nicht der NSDAP angehörten, überrascht. Doch mit Haase, der im GStA für Verwaltungs- und Personalangelegenheiten zuständig war, war er durch seine vorherige Tätigkeit als Personalchef des Reichsarchivs verbunden. Winter hingegen, der im Hintergrund vor allem konzeptionelle Arbeit verrichtete, war durch sein schnittstellenhaftes Wirken für Brackmann bzw. für das Institut für Archivwissenschaft sowohl archivfachlich als auch organisatorisch wertvoll. Dies verweist auf ein personalpolitisches Grundprinzip Zipfels: Bei Erfüllung seiner Leistungsvorstellungen setzte er gern auf personelle Kontinuität, sei es mit oder ohne Parteimitgliedschaft.

Die Mitarbeiter seines Verantwortungsbereiches drängte Zipfel gleichwohl, NS-Formationen anzugehören und ein Bekenntnis zu Ideologie und Staat abzulegen.[265] Doch in der Durchsetzung einer 100-prozentigen »Quote« zeigte er nur wenig erpresserische Härte bzw. nahm bei guten Leistungen oder angenommener Unverzichtbarkeit auch nach 1937 fehlende Mitgliedschaften hin. Wie sehr Zipfel am fachlich reibungslosen Funktionieren der Archive gelegen war, kam beispielsweise in seiner Ablehnung gegenüber der Aufforderung des RMI zum Ausdruck, einen ideologisch überzeugten, jedoch völlig fachfremden Nationalsozialisten einzustellen,[266] oder im prominenten Festhalten an den leitenden Archivaren Hermann Cron vom Reichsarchiv und GStA-Direktor Adolf Brenneke, die beide weder der NSDAP noch sonstigen bedeutsamen NS-Formationen (bis auf den NS-Altherrenbund der deutschen Studenten) angehörten.[267] Beruflichen Fortbildungen maß er – zumindest 1937 – bisweilen mehr Gewicht bei als ideologischen Schulungen.[268] Dieser Vorzug des Expertentums vor dem inkompenten Parteigängertum wurde unter Archivaren als fachliches Qualitätsbekenntnis durchaus positiv aufgenommen.

Zipfel suchte überdies seinen amtsbezogenen Führungsanspruch stets auch mit einem paternalistischen Fürsorgegebot zu verbinden. Als leistungsorientierter Vorgesetzter entwickelte er eine eigenständige Personalförderung, für die das NSDAP-Mitgliedsbuch nicht das einzige Kriterium darstellte. Dies äußerte sich zum einen in konkreten Beförderungen: So schlug er Johannes

265 BArch, R 1506/53: Reichsarchiv Potsdam: Protokoll der Besprechung im Dienstzimmer des Herrn Direktors, 27.2.1937.

266 BArch, R 1506/53: Reichsarchiv Potsdam: Protokoll der Dienstbesprechung des Direktors mit den Abteilungsleitern, 6.2.1937.

267 Zu Brenneke auch: Dietmar Schenk, Archivwissenschaft im Zeichen des Historismus – ein Nachwort, in: Adolf Brenneke: Gestalten des Archivs. Nachgelassene Schriften zur Archivwissenschaft, Hamburg 2018, S. 163-254, hier S. 180.

268 BArch, R 1506/53: Reichsarchiv Potsdam: Besprechung des Direktors mit den Abteilungsleitern, 16.10.1937.

Bauermann, Karl Gustav Bruchmann, Bruno Hirschfeld, Johannes Papritz, Georg Schnath, Aloys Schmidt, Georg Sante, Georg Winter und Günther Wrede zu preußischen Staatsarchivdirektoren vor.[269] Zugleich setzte er sich auch für Aufstieg und Versetzung von Nicht-Pg.s ein wie Heinrich Büttner, Oskar Haase, Paul Egon Hübinger, Hermann Meinert, Aloys Schmidt oder Georg Winter. Den aus rassenpolitischen Gründen aus dem GStA verdrängten Staatsarchivrat Ludwig Dehio – der 1888 in Königsberg Geborene war als Enkel des Altphilologen Ludwig Friedländer als »Vierteljude« eingestuft worden – beließ Zipfel bewusst auf dem entlegenen Posten im Brandenburg-Preußischen Hausarchiv in Charlottenburg, wenngleich diesem öffentliche Tätigkeiten und Publikationen verwehrt blieben.[270]

Dass Zipfel sich für Parteilose verwandte, ist bemerkenswert, jedoch nicht außergewöhnlich, denn erstens bestand zwischen 1933 und 1937 eine Aufnahmesperre und zweitens war die Parteimitgliedschaft, im Gegensatz zum Treueid auf Hitler, auch nach dem Deutschen Beamtengesetz vom 26. Januar 1937 keine Pflicht.[271] Gleichwohl sorgten die Förder- und Beförderungsmaßnahmen für Loyalitätsbeziehungen zwischen Zipfel und seinen Begünstigten. Anzumerken bleibt allerdings, dass sich unter den Genannten keine Reichsarchivare befanden, die in Potsdam arbeiteten oder später dort eingesetzt wurden.

Trotz seines Interesses für Kriegs- und Regimentsgeschichten war Zipfel kein typischer Archivar mit üblicher Neigung zu landeshistorischem bzw. geschichtswissenschaftlichem Arbeiten und Publizieren. Sein Tun war weniger von einer wissenschaftlich motivierten als vielmehr von einer administrativen Agenda geleitet.[272] Folgt man Sven Kriese, so waren in Zipfels Zurückhaltung auch die Forschungsaktivitäten des »Ostprogramms« und der Publikationsstelle Berlin-Dahlem (PUSTE) eingeschlossen.[273] Nur ungern wollte Zipfel »seine« gut ausgebildeten Archivare und Experten im Status von Hilfskräften und Zuarbeitern für andere geschichtswissenschaftliche oder sonstige Projekte wissen; er verbat sogar alle unangemeldeten Initiativen seiner Direktoren

269 BArch, R 1506/1020: Ernst Zipfel, Erinnerungen eines Archivars, 28.2.1956, S. 13 f.

270 Ebd., S. 15.- Zu Dehio: Volker R. Berghahn: Ludwig Dehio, in: Hans-Ulrich Wehler (Hg.), Deutsche Historiker, Göttingen 1973, S. 473-492.- Theodor Schieder: Ludwig Dehio zum Gedächtnis 1888-1963, in: Historische Zeitschrift 201 (1965), S. 1-12.

271 Deutsches Beamtengesetz (DGB) vom 26. Januar 1937, in: Reichsgesetzblatt 1937 Teil I, S. 41-48.

272 So resümiert auch Kriese, dass Zipfels Handeln hier »keine eigentliche Wissenschaftsorganisation, wie bei Brackmann, sondern vornehmlich Verwaltungshandeln« gewesen sei. Kriese, Albert Brackmann und Ernst Zipfel, S. 49.

273 Ebd., S. 47 ff.- Zur Arbeit der Publikationsstelle: Martin Munke, »... die Interessen des deutschen Volkstums zu stützen und zu fördern«. Die Publikationsstelle Berlin-Dahlem 1931/33 bis 1943/47, in: Kriese (Hg.), Archivarbeit im und für den Nationalsozialismus, S. 259-292.

und Mitarbeiter.[274] Überdies suchte er die Einflussnahmen des nach wie vor im Hintergrund Strippen ziehenden Brackmann abzublocken.[275] Lediglich 1939/40 unternahm er kurzzeitig konzeptionelle Anstrengungen für ein eigenes Ost- und Westprogramm der preußischen Archivverwaltung zur Erfassung der archivalischen Materialien und deren Auswertung im Sinne der Neuordnung Europas – die Bemühungen blieben jedoch schon bald angesichts des fortschreitenden Krieges stecken.[276] Von derlei Aktivitäten blieben jedoch das Reichsarchiv Potsdam und seine Mitarbeiter mangels Ressourcen und Kompetenzen nahezu unberührt.

Dass Zipfel während des Zweiten Weltkriegs zum Kreis der führenden NS-Protagonisten kulturimperialistischen Vorgehens in den besetzten Gebieten gehörte, daran kann kein Zweifel bestehen angesichts dessen, dass er Archivare zu »Archivschutz«-Tätigkeiten ins Ausland entsandte, eine nationalsozialistische Neuordnung des dortigen Archivwesens und rassenpolitische Überprüfung einheimischer Archivmitarbeiter betrieb und die Über- und Mitnahme von Archivalien befürwortete bzw. veranlasste, die seiner Meinung nach thematisch »ins Reich« gehörten.[277] Das haben inzwischen zahlreiche Studien hinlänglich gezeigt und braucht hier nicht weiter ausgeführt werden.[278] Gleichwohl bleibt

274 GStA PK, I. HA Rep. 178, Nr. 1118: Der Generaldirektor der Staatsarchive/Dr. Zipfel: A.V. 1655: An alle Staatsarchive, 26.3.1940.- Ebenso in: GStA PK, I. HA Rep. 178, Nr. 152: Dr. Zipfel/AV 1655, 26.3.1940.

275 Fahlbusch, Deutschtumspolitik und Westdeutsche Forschungsgemeinschaft, S. 640f.- Darunter auch Brackmanns forschungspolitische Anstrengungen im Rahmen der 1933 gegründeten Zentralstelle für Nachkriegsgeschichte, deren Leitung er seit 1934/35 übernommen hatte. GStA PK, I. HA Rep. 178, Nr. 151: Zentralstelle für Nachkriegsgeschichte/Brackmann, 23.10.1944.- Ebd.: Schreiben Prof. Dr. Albert Brackmann, 8.9.1944.

276 GStA PK, I. HA Rep. 151 Finanzministerium, Nr. 94: Der Generaldirektor der Staatsarchive: Betr. Archivmaßnahmen in den befreiten und besetzten Gebieten des Ostens, 7.12.1939.- GStA PK, I. HA Rep. 151 Finanzministerium, Nr. 94: Der Generaldirektor der Staatsarchive: Betr. Archivmaßnahmen im Osten, 26.4.1940 (Abschrift).- GStA PK, I. HA Rep. 151 Finanzministerium, Nr. 94: Der Generaldirektor der Staatsarchive: Protokoll über die Besprechung beim Generaldirektor der Staatsarchive am Mittwoch, dem 28.8.1940.- Kriese, Albert Brackmann und Ernst Zipfel, S. 47ff.- Hinweise auf das Vorhaben des Westprogramms auch in: BArch, PERS 101/70759: Kommissar für Archivschutz/Ernst Zipfel: Denkschrift über Leistungen des Archivschutzes für die Wissenschaft, 26.11.1941. Siehe auch die Auflistung von über 30 Vorhaben im März 1941 in: Mitteilungsblatt der Preußischen Archivverwaltung 1941, Nr. 2, S. 29-41.

277 Das wird allein bereits in der 16-seitigen Denkschrift Zipfels vom November 1941 über die vermeintlichen Leistungen der Archiveinsätze in zahlreichen europäischen Ländern deutlich. BArch, PERS 101/70759: Kommissar für Archivschutz/Ernst Zipfel: Denkschrift über Leistungen des Archivschutzes für die Wissenschaft, 26.11.1941.

278 Darunter Musial, Staatsarchive im Dritten Reich.- Lehr, Ein fast vergessener »Osteinsatz«.- Winter, Die deutsche Archivwissenschaft. Siehe auch den Abschnitt »›Archivschutz‹-Einsätze als Loyalitätsbeglaubigung und Bürde« im Buch.

zu konstatieren, dass er im Vergleich zu den Verantwortlichen des ERR, der SS oder des Einsatzkommandos Künsberg ein erkennbar geringeres Interesse am ungehemmten Archivalienraub in großem Maßstab entwickelte.

Zipfel sah seine Stärke und Aufgabe in erster Linie im Verwaltungsmanagement. Die Herstellung eines leistungsfähigen Archivwesens, die Entwicklung von allgemeinen Leitlinien und Strukturen sowie die großflächige Koordination und Kontrolle besaßen für ihn Vorrang gegenüber vermeintlich kleinteiligen Tätigkeiten und Forschungsprojekten. Damit unterschied er sich vom bestehenden archivarischen Idealtypus sowie von der Mehrheit der Archivare im höheren Dienst. Diese Umorientierung ist insofern bedeutsam, als Zipfel damit prominent den allmählichen Berufsbildwechsel vom Historiker-Archivar zum Verwaltungs-Archivar repräsentierte – mit Georg Winter an der Spitze des Bundesarchivs setzte sich dieser Trend nach 1945 in großen Zentralarchiven fort.[279]

Seine fehlende archiv- und geschichtswissenschaftliche Legitimation suchte Zipfel durch eine nahezu obsessive Pflege militärisch-technokratischer Effizienz auf der Organisationsebene auszugleichen. Als er 1936/37 an die Spitze des Reichsarchivs berufen wurde, übernahm er den autoritär-militärischen Führungsstil seiner Vorgänger aus der Zeit vor 1933 – und verschärfte ihn. Dies korrespondierte zum einen mit den Strukturen im preußischen Beamten- und Behördenapparat. Zum anderen deckte es sich mit den arbeitsbiografischen Vorerfahrungen der meisten Mitarbeiter als frühere Armeeoffiziere. Demnach galt die Autorität des Behördenleiters als unanfechtbar, und die Leitungsarbeit wurde vor allem vom präsidialen Schreibtisch aus geführt. Allerdings hatte das Amt seit 1933 einen gewissen Prestigeverlust erlebt, der zurückzuführen war auf die desavouierenden Effekte der sogenannten Flaggen-Affäre, auf die Führungsschwäche angesichts ständiger Krankheitsausfälle an der Archivspitze, auf die kommissarische Leitungsübernahme des »Zivilen« Ernst Müsebeck sowie die kurzlebige Nachfolge von Albert Brackmann, der als Generaldirektor der preußischen Archive von Berlin die Verschmelzung des Reichsarchivs mit dem GStA beabsichtigt hatte.

Zur Überwindung dieser vermeintlichen Schwächephase etablierte Zipfel das binnenbehördliche Führerprinzip, das zugleich für die gesamte Archivverwaltung wirksam wurde. Zugleich verband er dies mit einzelnen Elementen moderner Verwaltungsleitung, deren Einsatz er allerdings nicht mitarbeiterorientiert interpretierte, sondern vor allem als Effizienzbeschleunigung verstanden wissen wollte. So verdichtete er den gegenseitigen Informationsfluss durch die Einführung eines regelmäßigen Rapportsystems und das überdurchschnittlich häufige Führen von Mitarbeitergesprächen. Mündlichkeit und Reisepräsenz gerieten zu einem wesentlichen Merkmal seines Leitungsstils, das den autokratischen Lenkungsmechanismus etwas ausglich und auf der persönlichen Basis von Vier-Augen-Gesprächen Loyalitätsverhältnisse herstellte

279 Kriese, Albert Brackmann und Ernst Zipfel, S. 46 f.

oder bekräftigte. Zudem stärkte und vergrößerte er in bestimmten Bereichen die Befugnisse von Abteilungs- und Archivleitern, nicht zuletzt um sich selbst von den vielen Arbeitsaufgaben zu entlasten. Personal- oder Beförderungsvorschläge von anderen verbat er sich allerdings strengstens.

Die Arbeitsbesprechungen unter den leitenden Archivaren wollte er als »Aussprachen kameradschaftlicher Art« verstanden wissen. Vor dem Hintergrund der vielfachen Spannungen und Konflikte in der Belegschaft appellierte er an seine Mitarbeiter, einen paramilitärischen Gemeinschaftssinn zu bilden, der zugleich mit der Idee der Volksgemeinschaft korrespondierte: »Ich bin Soldat und verlange überall soldatische Haltung, vor allem auch gegenüber der Gefolgschaft der Behörde. Aber nicht eine äußerliche soldatische Haltung, sondern eine soldatische Haltung der gesamten Persönlichkeit und eine soldatische Pflichtauffassung. Alles, was ich verlange, verlange ich aus einem idealen Tun heraus, das durch die dienstlichen Pflichten und vor allem durch die Fürsorge für die Gefolgschaft bestimmt wird. Sie, meine Herren, sind gleichsam das Offizierskorps in der Behörde. Das soll nicht etwa eine unnationalsozialistische Akademikerabsonderung von der übrigen Gefolgschaft bedeuten, sondern soll heißen, dass wir vor allem auf Vorbild und Können beobachtet werden«, erklärte er im Februar 1937 vor den leitenden Archivaren im Reichsarchiv.[280] »Mein Ziel ist: Einen wohl verstandenen, in einem idealistischen Sinn verstandenen Korpsgeist zu schaffen, der wesentlich bestimmt ist durch korrektes Verhalten und vor allem durch Leistungen.« Derlei Vorstellungen verband Zipfel dann auch mit konkreten Handlungsdirektiven für den Arbeitsalltag: »Es gibt kein offenes oder gar geheimes Übelnehmen. [...] Ich stimme völlig mit den Richtlinien des Ministeriums und der Bewegung überein, wenn ich sage, dass für die Beurteilung eines Beamten nicht nur sein Intellekt und sein fachliches Können, sondern vor allem auch sein Charakter, sein Mitgehen in der Fachschaft, seine ganze Haltung und sein Auftreten außerhalb des Dienstes wesentlich sind. [...] In der Frage der Dienststunden verlange ich eine fanatische Pünktlichkeit. [...] Die Vorschriften der Geschäftsordnung für Entwürfe, Geschäftsvermerke, Anlagevermerke usw. sind aufs genaueste zu beachten. [...]«.[281] Dass er sich bereit erklärte, zwei- bis viermal pro Monat einen halben Tag Sportübungen zum Ausgleich für »die staubige Aktenarbeit« zuzulassen, obwohl dies beamtenrechtlich nicht erlaubt war, mildert den Eindruck ausgesprochener Regulierungswut kaum.[282]

Nach 1939 betteten sich Zipfels Vorstellungen und Auslegungen in das allgemein postulierte Ideal einer »kämpfenden Verwaltung« ein.[283] Damit festigte

280 BArch, R 1506/275: Arbeitsbesprechung im Reichsarchiv Potsdam, 27.2.1937.

281 Ebd.

282 BArch, R 1506/275: Arbeitsbesprechung im Reichsarchiv Potsdam, 3.12.1936.

283 Die Schritte ihrer radikalen NS-Politik, in der Krieg und Deportation und Vernichtung der Juden einen maßgeblichen Mittelpunkt bildeten, glaubte die NS-Führung nicht mit vorwiegend alten Eliten und Behörden realisieren zu können, wie Johannes Hürter ausführte. Sie übertrug dahingehende Aufgaben seit 1938 ver-

er eine genau fixierte Autoritätshierarchie mit exakten Über- und Unterordnungsverhältnissen, einer festen Arbeitsteilung, definierten Verhaltens- und Kommunikationsregeln und einer rationalen Disziplin, die auf bedingungslose Ausführung abzielte. Dieses Bürokratiemodell entspricht der Organisations- und Kommunikationsform des Ein-Linien-Systems, in dem die untergeordnete Stelle Anordnungen und Informationen immer von einer übergeordneten (vertikalen) Stelle erhält.[284] Von dieser Erfahrung wurden wiederum zahlreiche Bundesarchivare der ersten Generation geprägt, allen voran dessen erster Direktor Georg Winter und sein Stellvertreter Wilhelm Rohr, die in dieser Zeit als persönliche Mitarbeiter Zipfels gewirkt hatten. Dieses »Erbe« hatten sie im Gepäck, als sie das Bundesarchiv aufbauten.

Mit Zipfel gelangte ein Kenner der Kassationsproblematik an die Spitze des Reichsarchivs, der angesichts des noch jungen Massenaktenproblems gerade in der kontrollierten Unterlagenvernichtung ein Kernproblem der archivarischen Praxis identifizierte. Um entsprechende einheitliche Richtlinien festzulegen, beauftragte er eine Kommission, der mit Heinrich Otto Meisner und Hermann Meinert Archivare angehörten, die nach 1945 östlich und westlich der Elbe weiter Karriere machten. Zugleich regte Zipfel über das »Mitteilungsblatt der Preußischen Archivverwaltung« eine reichsweite Fachdiskussion zum Thema an. Wie schon vor 1933 erlangte damit das Potsdamer Reichsarchiv den Ruf, innovative Reformvorschläge anzuregen. Im Ergebnis entstanden Grundsätze, die aufgrund ihrer hohen theoretischen Qualität und fachlichen Anerkennung über Jahre hinweg Maßstäbe setzten und neben den archivgesetzlichen und organisationsstrukturellen Anstrengungen Zipfels Renommee als bemühter Erneuerer, Experte und »Mann der Sache« nachhaltig stärkten.[285]

mehrt an neue Institutionen und Akteure ebenjener »kämpfenden Verwaltung« wie beispielsweise den Mitarbeitern des Reichssicherheitshauptamtes. Johannes Hürter, Das Auswärtige Amt, die NS-Diktatur und der Holocaust. Kritische Bemerkungen zu einem Kommissionsbericht, in: Vierteljahrshefte für Zeitgeschichte 59 (2011) 2, S. 167-192, hier S. 176.- Michael Wildt, Generation des Unbedingten. Das Führungskorps des Reichssicherheitshauptamtes, Hamburg 2002.- Christiane Kuller, »Kämpfende Verwaltung«. Bürokratie im NS-Staat, in: Dietmar Süß/Winfried Süß (Hg.), Das »Dritte Reich«. Eine Einführung, München 2008, S. 227-244.

284 Kommunikation findet dabei nur über den langen Instanzenweg statt. Die Auswirkungen des autoritären Führungsstils sind gravierend: Mitarbeiter beklagen Informationsdefizite und fehlende Anerkennung, es herrscht ein höheres Konfliktniveau und mehr Unzufriedenheit, es fehlt an Kollegialität, Entschlossenheit und Entscheidungsstärke, es überwiegt Resignation und Unsicherheit. Ist das System weniger streng, verkürzt sich bisweilen der Verlauf durch den »kurzen Dienstweg« bzw. durch Querabstimmungen. Klaus Althoff/Michael Thielepape, Psychologie in der Verwaltung, Hamburg 1995, S. 152 f., 169.

285 Dazu auch die bemerkenswerte Diplomarbeit von Martina Düntzer über »Ernst Zipfel und die archivfachliche Diskussion der zwanziger und dreißiger Jahre zur Frage der Bewertung«, Fachhochschule Potsdam 2005.

Zipfel setzte sich darüber hinaus für die Zentralisierung des deutschen Archivwesens bzw. die »Verreichlichung« der Archivverwaltung ein.[286] In diesem Zusammenhang begann seine Amtszeit zunächst allerdings mit der Zerschlagung aller bisherigen Ideen, Konzepte und Hoffnungen auf einheitliche Arbeitsgrundlagen sowie eine zentralistisch strukturierte Archivlandschaft, als Hitler 1936/37 einer derartigen, zuletzt von Brackmann vorangetriebenen Beschlussfassung endgültig seine Unterschrift verweigerte. Viele Archivare sahen darin einen schweren Rückschlag. Doch Zipfel gab sich nicht geschlagen und setzte sich weiter unermüdlich für eine Kompetenzbündelung ein, diesmal in Form einer zu bildenden sogenannten Fachspitze für das gesamte deutsche Archivwesen, die Zipfel – natürlich – mit seiner Person besetzen wollte.[287] Stellvertretend für sein Engagement stehen die mehr als 20 Denkschriften, Konzeptpapiere und Schreiben, die er dazu zwischen 1938 bis 1941 verfasste.[288] In Richtung Zentralisierung und Vereinheitlichung gingen dabei auch die Bemühungen, eine allgemein gültige, »reichseinheitliche« Benutzer- sowie Gebührenordnung durchzusetzen. Beides wurde in die Entwurfs- und Diskussionsphase gebracht, jedoch eine Umsetzung nicht mehr erreicht bzw. auf die Zeit nach dem Krieg verschoben.[289] Dagegen wurde die Archivbenutzung durch Ausländer bereits per Runderlass des Reichs- und Preußischen Ministers des Innern vom 28. März 1938 einer einheitlichen Regelung unterworfen, wonach künftig derartige Anträge stets den diplomatischen Genehmigungsweg zu gehen hatten.[290] Am Ende waren es ausgerechnet der kriegsbedingte Ausnahmezustand und der damit einhergehende Bedarf an Koordinierung einschließlich Verwaltungsreduktion (»Vereinfachung der Verwaltung«), die

286 Schnelling-Reinicke, Gegeneinander – miteinander, S. 160 ff.

287 BArch, R 1506/12: Direktor des Reichsarchivs an MR Wagner, Reichsministerium des Innern: Denkschrift über deutsche Archivangelegenheiten, 12.10.1938.- BArch, R 1506/12: Denkschrift über die Schaffung einer Fachspitze für das gesamte deutsche Archivwesen (mit Ausnahme von Partei und Wehrmacht) (Abschrift), 10.1.1939.- BArch, R 1506/12: Direktor des Reichsarchivs an MR Wagner, Reichsministerium des Innern: Haushaltsplan für eine Fachspitze des deutschen Archivwesens, 2.2.1939.- Dazu auch: Volker Wahl, Die »gemeinsame Front«. Die Arbeitstagungen der deutschen Archivverwaltungen 1941 bis 1944, in: Kretzschmar (Red.), Das deutsche Archivwesen, S. 57-68.

288 BArch, R 1506/12: Übersicht über Berichte betr. Organisation der Reichsarchivverwaltung und Schaffung einer obersten Leitung, o. D. (Herbst 1941).

289 BArch, R 1506/304: Benutzerordnung (Entwurf), September 1938. Die Akte 304 dokumentiert den dahingehenden großen Aufwand, den Zipfel mit der Einholung und Auswertung reichsweiter Benutzerordnungen betrieben hat, sowie die rege, kritische Diskussion seines Entwurfs unter den Archivleitern.

290 Runderlass des Reichs- und Preußischen Ministers des Innern: Archivbenutzung durch Ausländer, in: Mitteilungsblatt der Preußischen Archivverwaltung 1938, Nr. 5, S. 90.- BArch, R 1506/1113: Der Reichs- und Preußische Minister des Innern: Archivbenutzung durch Ausländer. Im Anschluss an den Runderlass vom 21.4.1936 (Abschrift), 28.3.1938.

dazu führten, dass Zipfel mehr und mehr zentralistische Befugnisse auf sich vereinigen konnte.[291]

Nach Kriegsende war die Bewertung Zipfels in der Archivargemeinschaft geteilt. Während die einen vor allem das außergewöhnliche Organisationstalent, logistische Vermögen und den Archivschutzeinsatz hervorhoben, waren andere wie Heinrich Otto Meisner oder Walter Heinemeyer abgestoßen von seinem soldatischen Habitus, seiner NS-Parteinahme und seinem technokratischen Ehrgeiz.[292] Doch es gab nur wenige, die sich öffentlich von Zipfel distanzierten bzw. diesen für sein NS-Engagement brandmarkten. Bezeichnend für die uneindeutige Mischung aus Solidarität und Loyalität auf der einen Seite und Ablehnung auf der anderen war das Nebeneinander von finanziellen Hilfsaktionen sowie einer beeindruckenden Menge an Entlastungsschreiben, die Kollegen für den einstigen NS-Funktionär verfassten, und der entschiedenen Positionierung gegen eine Rückkehr des inzwischen als »Mitläufer« entnazifizierten Zipfels in den westdeutschen Archivdienst durch die Leitungsspitze des Vereins deutscher Archivare im Jahr 1949.[293] Offene Wertschätzung erfuhr Zipfel weiterhin von ehemals engen Mitarbeitern, Geförderten und Begünstigten wie Wilhelm Rohr, Walther Latzke oder Karl Gustav Bruchmann. Zu Bruchmanns ersten Amtshandlungen als Direktor des Bundesarchivs gehörte

291 Am 22. Mai 1940 wurde er zunächst für das westliche Operationsgebiet zum »Kommissar für den Archivschutz« ernannt, dann seit 21. April 1941 für alle besetzten Gebiete, seit dem 23. Juli 1942 zum »Kommissar für Archivschutz«, am 5. Januar 1944 zum Leiter der Unterabteilung I Archivschutz- und Schrifttumswesen im RMI und am 10. Oktober 1944 schließlich zum Leiter des Sonderstabes Archive im ERR. Insbesondere die Gründung der Unterabteilung I mit ihren drei Referaten Organisation des deutschen Archivwesens, Personalangelegenheiten und archivfachliche Angelegenheiten bedeutete eine nie zuvor dagewesene verwaltungsorganisatorische Zusammenfassung unter einer Führungsspitze und damit ein Erfolg der Zentralisierungsbefürworter – der jedoch inmitten des dramatischen Kriegsverlaufs sowie der Überlebensanstrengungen der archivischen Reststrukturen nur von wenigen wahrgenommen wurde.

292 Dass sich Zipfel nach Kriegsende unbedarft und überall um Entlastungsschreiben bemühte, entrüstete den ehemaligen Reichsarchivar Meisner, der 1946 an Heinemeyer schrieb: »Mit derselben ›unbefangenen‹ Dreistigkeit und dem brutalen Egoismus, womit er seine Karriere gemacht hat, versucht er jetzt das ungetrübte Wässerchen zu spielen. Auch an hiesige Univ.-Professoren, die er gar nicht näher kennt, hat er sich wegen eines Alibis herangemacht. [...] Hoffentlich findet er nicht wieder Leute, die ihm zum Munde reden.« ABBAW, NL H.O. Meisner, Nr. 104: H.O. Meisner an Walter Heinemeyer, 21.9.1946.- Heinemeyer pflichtete Meisner bei und kündigte an, gegen eine folgenlose Entlastung Zipfels, »der doch ein reines Geschöpf der Partei war«, intervenieren zu wollen. ABBAW, NL H.O. Meisner, Nr. 104: Walter Heinemeyer an H.O. Meisner, 1.9.1946.

293 Philip Haas/Martin Schürrer, Was von Preußen blieb. Das Ringen um die Ausbildung und Organisation des archivarischen Berufsstandes nach 1945, Darmstadt/Marburg 2020, S. 58f.

dann auch die Versendung eines langen, huldigenden Schreibens an Zipfel aus Anlass seines 70. Geburtstags im Jahr 1961.[294]

Zipfel selbst blendete – wenig überraschend – in seinen unveröffentlichten »Erinnerungen eines Archivars« aus dem Jahr 1956 sein schuldbeladenes Mitwirken an der NS-Diktatur mehr oder weniger aus. Stattdessen wurden in dem gut 45-seitigen Manuskript zahlreiche legitimatorische Narrative bemüht, wie sie zugleich charakteristisch für den Entlastungsdiskurs der archivarischen Mehrheit waren, darunter die des verdienten Aufsteigers und passionierten Archivars, des apolitisch-sauberen Verwaltungsbeamten mit Organisations- und Strukturtalent, des fachlich und sozial gerechten Förderers und des aufopferungsvollen Vielarbeiters mit ausgeprägtem Beamtenethos sowie des Archivgutretters.[295] Als Zipfel dann am 17. April 1966 starb, war es Wilhelm Rohr, der im »Archivar« einen Nachruf verfasste. Darin verleugnete dieser zwar nicht das nationalsozialistische »Odium, das auf Zipfel gefallen ist«, doch jenseits dieses einzelnen kritischen Satzes zeichnete er zum Verdruss seines Freundes Heinrich Otto Meisner[296] ein quasi heroisches Bild.[297] Die apologetische Darstellung

294 Stadtarchiv Goslar: Zg. 79/99, NL Bruchmann, Nr. 28: Karl Gustav Bruchmann an Ernst Zipfel, 21.3.1961. Der Präsident des Bundesarchivs Karl Gustav Bruchmann und der dortige Archivar Walther Latzke unterstützten 1961 Zipfels Wunsch, an die Lokalpresse sowie Stadtverwaltung von Bad Pyrmont zu schreiben, »damit die Pyrmonter mal erfahren, was ein Generaldirektor der Staatsarchive und Direktor des Reichsarchivs, der im letzten Kriege als Kommissar für Archivschutz nicht nur deutsche, sondern europäische Kulturgüter geschützt und gerettet hat, war.« Latzke erklärte gegenüber Bruchmann: »Nach meinem Dafürhalten hat sich Herr Generaldirektor Dr. Zipfel wohl den Anspruch erworben, dass bei der genannten Gelegenheit seiner in irgendeiner von Ihnen zu bestimmenden Form gedacht wird. [...] Ich selbst bin ihm persönlich zu großem Dank verpflichtet und kann ihm als Chef nur das Beste nachsagen.« Stadtarchiv Goslar: Zg. 79/99, NL Bruchmann, Nr. 28: Walther Latzke an Karl Gustav Bruchmann, 15.3.1961.- Bruchmann pflichtete Latzke bei und bat dafür, den offiziellen Briefkopf der Frankfurter Bundesarchivabteilung zu verwenden. Stadtarchiv Goslar: Zg. 79/99, NL Bruchmann, Nr. 28: Karl Gustav Bruchmann an Walther Latzke, 16.3.1961.

295 Dass Zipfel in seinen Auslassungen zahlreiche leitende Archivare der Bundesrepublik im Zusammenhang mit dem archivischen Wirken vor 1945 namentlich benannte, dürfte dazu beigetragen haben, dass von westdeutscher Seite niemand Interesse an einer kommentierten oder unkommentierten Veröffentlichung dieses Dokuments zeigte.

296 ABBAW, NL H. O. Meisner, Nr. 105: H. O. Meisner an Wilhelm Rohr, 25.10.1967.

297 So schrieb Rohr: »Er [Zipfel] war ein Mann der praktischen Talente, in allen Künsten und Finessen der Verwaltung beschlagen, ein Meister der schnellen, mit einfachen Mitteln gehandhabten und wirksamen Organisation. Diese Begabung war es, die er unermüdlich, meist mit glücklicher Hand, in den Dienst der Archive und ihres Personals gestellt hat; ohne sie hätte er alle die Improvisationen, auf die es in jenen Jahren ankam, nicht zuwege gebracht; auf ihr beruht zumal sein unbestreitbares, dauernd bestehen bleibendes Verdienst darum, daß die deutschen Archive den Krieg mit verhältnismäßig geringem Substanzverlust überstanden haben [...] Ein Mann, der nach Charakter, Werdegang, dienstlicher Stellung und Leistung aus

blieb in Archivarskreisen öffentlich unwidersprochen, obwohl man sich dort seit 20 Jahren mehr oder weniger einig war, dass eine berufliche Reintegration Zipfels aus (archiv-)politischen Gründen nicht infrage kam. Somit blieben Zipfels vermeintliche Leistungen anerkannt, obwohl man ihn als Person fallengelassen hatte.

Archivarsausbildung und Lehrbetrieb nach 1933

»Die preußische Archivverwaltung wurde 1945 zerschlagen, aber sie lebt und wirkt in Deutschland fort in vielen Berufsgenossen, die durch ihre Schule gegangen sind.«[298] Es war der leitende Bundesarchivar Wilhelm Rohr, der 1961 diese pathetische Formulierung wählte, um in einem Nachruf das Wirken seines verstorbenen Vorgesetzten Georg Winter am Institut für Archivwissenschaft und geschichtswissenschaftliche Fortbildung (IfA) in Berlin-Dahlem zu würdigen und zugleich auf eine der nachhaltigsten Bildungsinstitutionen im deutschen Archivwesen zu verweisen. Der »Output« des Instituts war gemessen an den neun Lehrgängen zwischen 1930 und 1945 beträchtlich: 132 bzw. 138 (nominelle) Absolventen listete Wolfgang Leesch 1971 auf.[299] Auch wenn viele von ihnen danach an Einrichtungen der preußischen Archivverwaltung gingen, strahlte das IfA sowohl reichsweit als auch epochenübergreifend aus, wie die Besetzungslisten wichtiger Archivposten vor und nach 1945 auszuweisen vermögen. Wie weit das Institut die deutsche Archivlandschaft prägte, wird allein dadurch deutlich, dass nach 1936 mindestens 50 Prozent aller Auszubildenden und Hörer aus nicht-preußischen Archiven kamen.[300] Dies betraf auch etliche Reichsarchivare und zahlreiche Bundesarchivare, die sich mit der Ausbildung und dem vermittelten Selbstverständnis des IfA identifizierten. Allein von den sechzehn Absolventen des I. Lehrgangs 1930/31 gingen später Werner Grieshammer, Erwin Hölk, Hermann Kleinau und Werner Ohnesorge an das Reichsarchiv sowie Karl Gustav Bruchmann und Wolfgang Kohte an das Bundesarchiv.[301]

dem Rahmen des in unserem Berufsstand Normalen fällt!« Wilhelm Rohr, Ernst Zipfel †, in: Der Archivar 20 (1967) 2, Sp. 206ff.

298 Wilhelm Rohr, Nachruf Georg Winter, in: Der Archivar 14 (1961) 2, Sp. 179-190, hier. Sp. 179.

299 Darunter befanden sich sogar fünf Gasthörer aus außereuropäischen Ländern. Wolfgang Leesch, Das Institut für Archivwissenschaft und geschichtswissenschaftliche Fortbildung (IfA) in Berlin-Dahlem (1930-1945), in: Brandenburgische Jahrhunderte. Festgabe für Johannes Schultze, Berlin 1971, S. 219-254.

300 Musial, Staatsarchive im Dritten Reich, S. 65.

301 HU UA, Institut für Archivwissenschaft 1929-1944. Photokopierte Quellensammlung des DZA Merseburg: Bericht über die wissenschaftliche Tätigkeit des Instituts für Archivwissenschaft und geschichtswissenschaftliche Fortbildung während des Studienjahres 1930/31. Teil III: Chronik des Instituts, 15.4.1931.

Anpassung, Umbau und Auflösung des IfA nach 1933 und 1939

Gründung, Struktur und Anliegen des Instituts sind verschiedentlich beschrieben worden, sodass im Folgenden nur ausgewählte Schlaglichter auf die Zeit nach 1933 geworfen werden sollen.[302] Die Einrichtung erwies sich in ihrer Gesamtheit personell, infrastrukturell und inhaltlich inkonsistenter, als ihr Ruf einer modernen Schule und Ausbildungsstätte für den archivarischen »Osteinsatz« hätte vermuten lassen. So existierte das IfA zunächst mehr oder weniger als Appendix des Geheimen Staatsarchivs, wie die bescheidenen Räumlichkeiten zeigen, um die Institutsgründer Albert Brackmann stets ebenso zu kämpfen hatte wie um die kontinuierliche Mittelzuwendung.[303] Es waren dabei vor allem die von ihm in Stellung gebrachten politisch-ideologischen Argumente – nämlich durch das IfA »der gefährlichen geistigen Offensive Polens« und der damit einhergehenden Propagandatätigkeit offensiv entgegenzuarbeiten –, die das Überleben sicherte.[304]

Die Zulassung zum wissenschaftlichen Archivdienst wurde in der Verordnung vom 28. August 1917 geregelt. Demnach konnte sich zum Archivar ausbilden lassen, wer ein abgeschlossenes Studium für das Lehramt an höheren Schulen und eine erfolgreich absolvierte Promotionsprüfung vorweisen konnte.[305] Das Bewerbungsprozedere am IfA verlief direkt und auf kurzem Wege.

302 Dazu: Pauline Puppel, Die »Heranziehung und Ausbildung des archivalischen Nachwuchses« – Die Ausbildung am Institut für Archivwissenschaft und geschichtswissenschaftliche Fortbildung in Berlin-Dahlem (1930-1945), in: Kriese (Hg.), Archivarbeit im und für den Nationalsozialismus, S. 335-370, hier S. 338.- Winter, Die deutsche Archivwissenschaft, S. 117-130.- Aus zeitgenössischer Gründerperspektive: Albert Brackmann, Das Institut für Archivwissenschaft und geschichtswissenschaftliche Fortbildung am Geheimen Staatsarchiv in Berlin-Dahlem, in: Archivalische Zeitschrift 40 (1931), S. 1-16. Ders., Das Dahlemer Institut für Archivwissenschaft und geschichtswissenschaftliche Fortbildung in den Jahren 1930-1932 und das Problem des archivarischen Nachwuchses, in: Korrespondenzblatt des Gesamtvereins der deutschen Geschichts- und Altertumsvereine 80 (1932), Sp. 150-155.

303 Das IfA befand sich in einer doppelten Unterstellung: Zum einen war es dem Preußischen Ministerpräsidenten unterstellt, zum anderen dem Preußischen Wissenschafts-, Erziehungs- und Volksbildungsminister, der die Finanzierung sicherte. Dem wissenschaftlichen Beirat des IfA gehörten Erich Caspar, Fritz Hartung sowie Friedrich Meinecke an. Als außerordentliches Mitglied fungierte Paul Kehr, der zugleich im Verwaltungsausschuss saß. Dass das Institut gleich im ersten Jahr seines Bestehens per Erlass des Ministerpräsidenten und Kultusministers zu einer Einsparung von 10 Prozent verpflichtet wurde, weist auf die dauerhaft knapp bemessene Finanzlage des IfA hin. Es bestanden sogar Überlegungen, das Institut aus Gründen der Mitteleinsparung gleich wieder zu schließen. HU UA, Institut für Archivwissenschaft 1929-1944. Photokopierte Quellensammlung des DZA Merseburg: Bericht über die wissenschaftliche Tätigkeit des Instituts für Archivwissenschaft und geschichtswissenschaftliche Fortbildung während des Studienjahres 1930/31. Teil II: Ausgaben des Instituts, 15.4.1931.

304 Puppel, Die »Heranziehung und Ausbildung des archivalischen Nachwuchses«, S. 340.

305 Ebd., S. 338.

Waren alle formalen Zugangsvoraussetzungen erfüllt, stellten sich die Bewerber bei Generaldirektor Brackmann persönlich vor, der im Zweifelsfall über die Aufnahme in den Vorbereitungsdienst entschied. Diese Praxis änderte sich auch später unter Ernst Zipfel nicht, sodass der Teilnehmerauswahl letztlich eine individuelle Begutachtung ohne demokratische Abstimmungselemente vorausging. Gleichwohl sind Fälle, in denen die Generaldirektoren einen Bewerber aus politischen Gründen ablehnten, bislang nicht bekannt.[306] Für diejenigen Absolventen, die das Examen bestanden und für den Dienst in preußischen Staatsarchiven zugelassen wurden – von den fünfzehn Teilnehmern des I. Lehrgangs hatten beispielsweise nur dreizehn die Prüfung bestanden[307] –, folgte ein halbjähriges Praktikum. Mit seinem Abschluss endete der zweijährige Vorbereitungsdienst, und die Übernahme in die staatliche Beamtenlaufbahn konnte erfolgen. Die künftigen Archivare stammten vielfach aus einer akademisch gebildeten Mittel- und Oberschicht in Preußen, die sich dem humanistischen Bildungsideal verpflichtet fühlte. So hatten von den fünfzehn Teilnehmern des I. Lehrgangs 1930/31 zwölf ein humanistisches Gymnasium besucht, dreizehn entstammten einem mittleren und höheren Beamtenhaushalt, elf kamen aus Preußen und dreizehn gehörten der evangelischen Religion an.[308]

Nach der Machtübernahme durch die Nationalsozialisten passte sich das Institut bereits zum Folgejahr an die neue Situation an und veränderte sowohl die Lehrinhalte als auch die politische Ausrichtung des Unterrichts.[309] Archivpflege und Sippenforschung, Sicherung nichtstaatlichen Archivguts und Archivgutschutzgesetz wurden neu hinzugenommen, Familienkunde und archivalische Ausstellungen intensiviert.[310] Das Jahr 1933 stellte darüber hinaus insofern einen Einschnitt dar, als sich die Bewerberzahl umgehend erhöhte.

306 Ebd., S. 342 f.

307 HU UA, Institut für Archivwissenschaft 1929-1944. Photokopierte Quellensammlung des DZA Merseburg: Bericht über die wissenschaftliche Tätigkeit des Instituts für Archivwissenschaft und geschichtswissenschaftliche Fortbildung während des Studienjahres 1930/31. Teil III: Chronik des Instituts, 15.4.1931.

308 Von den vierzehn Teilnehmern des III. Lehrgangs (1933/34) hatten beispielsweise ebenfalls sechs ein humanistisches und acht ein Realgymnasium besucht, entstammten zwölf einem mittleren und höheren Beamtenhaushalt, kamen zwölf aus Preußen und gehörten ebenso zwölf der evangelischen Religion an. HU UA, Institut für Archivwissenschaft 1929-1944. Photokopierte Quellensammlung des DZA Merseburg: Bericht über die wissenschaftliche Tätigkeit des Instituts für Archivwissenschaft und geschichtswissenschaftliche Fortbildung während des Studienjahres 1930/31. Teil III: Chronik des Instituts, 15.4.1931.- HU UA, Institut für Archivwissenschaft 1929-1935. Photokopierte Quellensammlung des DZA Merseburg: Bericht über die wissenschaftliche Tätigkeit des Instituts für Archivwissenschaft und geschichtswissenschaftliche Fortbildung während des Studienjahres 1933/34. Teil III: Chronik des Instituts, 31.5.1934.

309 Winter, Die deutsche Archivwissenschaft, S. 169-177.

310 GStA PK, I. HA Rep. 178, Nr. 241: Institut für Archivwissenschaft und geschichtswissenschaftliche Fortbildung / Prof. Dr. Albert Brackmann: Jahresbericht für das

So bewarben sich seitdem stetig etwa doppelt so viele Kandidaten, als Ausbildungsplätze zur Verfügung standen. Das lag nicht zuletzt am sprunghaft gestiegenen Bedarf an Archivaren im Zuge der neuen rassenpolitischen Aufgabenfelder der Archive. Die Anstellungschancen waren nicht nur in der preußischen Archivverwaltung mit einem Schlag gestiegen – im Übrigen ein gewichtiger Grund dafür, dass sich viele Archivare freiwillig einpassten und mit dem Regime arrangierten.[311] Dieser plötzliche Personalbedarf führte dazu, dass die Ausbildung des II. und IV. Lehrgangs um drei Monate verkürzt wurde.[312] Gleichzeitig stieg die Fluktuation der Kursteilnehmer signifikant, was bisweilen im veränderten politisch-gesellschaftlichen Umfeld begründet lag.[313] Für zusätzliche Beeinträchtigungen und Unterbrechungen sorgte, dass die SA ungeachtet der Lehrzeitverkürzung von ihren Mitgliedern viele Dienstzeiten einforderte. Da zu diesem Zeitpunkt alle »körperlich tauglichen« Teilnehmer der SA angehörten, betraf dies zum Beispiel den kompletten Lehrgang 1933/34.[314] Was die Zusammensetzung des Lehrkörpers anbelangt, blieb 1933 bzw. das Berufsbeamtengesetz vom 7. April zunächst folgenlos. Sowohl Ludwig Dehio als auch Ernst Posner, die beide nicht »rein arischer Herkunft« waren, durften zunächst in Kenntnis des Kultusministers weiter unterrichten. Auch etliche Kursteilnehmer nahmen die Jahre 1933/34 am Institut offenbar als politisch wenig bewegt wahr. Zwar seien etliche Teilnehmer »irgendwelchen Organisationen der NSDAP« beigetreten, jedoch habe dies, so der Auszubildende und spätere stellvertretende Direktor des Staatsarchivs Marburg Karl E. Demandt im Rückblick, kaum eine Rolle gespielt.[315] Auch IfA-Absolvent Wolfgang A.

Rechnungs- und Studienjahr 1933/34, 31.5.1934, sowie Jahresbericht für das Rechnungs- und Studienjahr 1934/35, 13.5.1935.

311 Puppel, Die »Heranziehung und Ausbildung des archivalischen Nachwuchses«, S. 341.

312 Ebd., S. 342.

313 Nachdem sich beispielsweise 16 Teilnehmer für den III. Lehrgang 1933/34 angemeldet hatten, zogen sich vier von ihnen kurz vor Beginn am 24. April 1933 »infolge von Veränderungen in der wirtschaftlichen und sozialen Lage« zurück. Zwei Teilnehmer wurden mit Verspätung nachnominiert. Während des Kursverlaufs verließen erneut vier Teilnehmer den Lehrgang, von denen einer ins Bürgermeisteramt und ein zweiter in die Abteilung für konfessionellen Frieden der Reichsparteileitung wechselte. Damit konnte der enttäuschte Brackmann lediglich zehn Absolventen des IfA vermelden, was angesichts des Bedarfs als unbefriedigendes Ergebnis protokolliert wurde. HU UA, Institut für Archivwissenschaft 1929-1935. Photokopierte Quellensammlung des DZA Merseburg: Bericht über die wissenschaftliche Tätigkeit des Instituts für Archivwissenschaft und geschichtswissenschaftliche Fortbildung während des Studienjahres 1933/34. Teil III: Chronik des Instituts, 31.5.1934.

314 Ebd.

315 Da sich der 1909 geborene Demandt jedoch selbst 1933 und danach der SA, NSDAP und Waffen-SS angeschlossen hatte, dürfte diese Sicht sehr persönlich ausgefallen sein. Winter, Die deutsche Archivwissenschaft, S. 174f.

Mommsen erklärte 25 Jahre später, »das Medusenhaupt« des Nationalsozialismus habe sich zu diesem frühen Zeitpunkt »erst zum Teil enthüllt«.[316]

Im Februar 1939 wurde im Zuge der Verordnung über Vorbildung und Laufbahnen deutscher Beamter die seit 1930 bestehende Zulassungsordnung für den wissenschaftlichen Archivdienst verändert. Dies beeinflusste den NS-Organisationsgrad, denn was unter Zipfel und davor bereits unter dem Mantel der Freiwilligkeit praktiziert worden war, erfuhr jetzt seine formale Festlegung: Verlangt wurden neben den fachlichen Kenntnissen nun auch die Mitgliedschaft in der NSDAP oder einer ihrer Gliederungen, der Erwerb des Reichssportabzeichens oder des SA-Wehrabzeichens, die erfüllte Dienstpflicht in der Wehrmacht und im Arbeitsdienst sowie die beamtenrechtlichen Voraussetzungen, zu denen die »deutschblütige« Abstammung gehörte.[317] Für den Auszubildendenkreis war dies allerdings mehrheitlich schon längst Normalität. Denn was die Mitgliedschaft in NS-Formationen anbetraf, hatten sich viele der künftigen Archivare bereits umfassend organisiert. Für den IV. Lehrgang notierte Brackmann 1934/35, dass unter den männlichen Teilnehmern vier der NSDAP und ansonsten nahezu alle der SA oder SS angehörten. Im V. Lehrgang wiederum befanden sich allerdings nur ein Parteimitglied und »mehrere« SA- und NSKK-Angehörige.[318] Insofern war die Quote nicht durchgehend hoch. Neuartig an der Verordnung war die materielle Unterstützung der Studierenden, deren Durchsetzung sich Zipfel auf die Fahnen geschrieben hatte. So erhielten von nun an die Lehrgangsteilnehmer monetäre Zuschüsse, die es ihnen erlaubten, finanziell unabhängig von den Eltern bzw. der Familie zu leben und lernen. Zwar entstammten viele Teilnehmer aus Beamtenhaushalten, doch die Unterhaltssituation war für die Mehrheit schwierig bis prekär. Da die Klärung dieser wirtschaftlichen Frage für das Gros der künftigen Archivare von existenzieller Bedeutung war, entfaltete die Neuregelung – nach Puppel eine der »großen Errungenschaften« jener Zeit – auf ihre Weise loyale Bindungskräfte sowohl an Zipfel als auch an das NS-System allgemein.[319]

Maßgeblich verstärkt wurde die ideologische Indoktrinierung, als Reichsarchivpräsident Ernst Zipfel 1937 die Institutsleitung übernahm und selbst Unterrichtseinheiten durchführte.[320] Zipfel lehrte Geschichte der NS-Bewegung, NS-Weltanschauung sowie NS-Beamtenrecht. Darüber hinaus wurden die angehenden Archivare gezielt mit Blick auf die Ostforschung und die östlichen Gebietsverhältnisse (bzw. -ansprüche) und Archive ausgebildet; Polnisch-Un-

316 Wolfgang A. Mommsen, Ernst Posner. Mittler zwischen deutschem und amerikanischem Archivwesen. Zu seinem 75. Geburtstag, in: Der Archivar 20 (1967), Sp. 217-230, hier Sp. 221.

317 Puppel, Die »Heranziehung und Ausbildung des archivalischen Nachwuchses«, S. 344.

318 Ebd., S. 353.

319 Ebd., S. 344.

320 Leesch, Das Institut für Archivwissenschaft.- Winter, Die deutsche Archivwissenschaft, S. 213 f.

terricht und osteuropäische Geschichte gehörten weiterhin zum Unterricht wie Studienfahrten nach Ost- und Westpreußen. Doch die Liste der Fächer gibt auch zu erkennen, dass nach wie vor archivfachliche Themen und Lehrstunden mit Abstand den größten Anteil des Unterrichts ausmachten, wohingegen rein ideologievermittelnde Fächer wie beispielsweise Geschichte der nationalsozialistischen Bewegung und Weltanschauung nur einen Bruchteil davon einnahmen.[321]

Mit Ausbruch des Zweiten Weltkrieges änderte sich die Situation am IfA grundlegend. Bald mussten, wie Pauline Puppel ausführte, der »Unterricht ausgesetzt, auf die Zwischensemester völlig verzichtet, die Lehrgänge verkürzt und gemäß Erlass des Preußischen Ministerpräsidenten vom 20. Februar 1940 Prüfungen vereinfacht werden«.[322] Zum Wehrdienst eingezogene Teilnehmer und Dozenten fehlten ebenso zahlreich, wie es aufgrund von Krieg und Bombardierung bald empfindlich an Unterrichtsmaterialien und Ausbildungsstätten mangelte. Als am 1. April 1941 der VII. Lehrgang anlaufen sollte, standen lediglich vier Teilnehmer bereit. Der Rest befand sich an der Front. Mitte 1943 vermerkte Zipfel im IfA-Jahresbericht 1942/43, dass überhaupt kein regulärer Lehrgang mehr durchgeführt werden konnte, da sich inzwischen alle Teilnehmer des VII. und VIII. Lehrgangs im Kriegseinsatz befanden.[323] Hinzu kamen 1943 die katastrophalen Bombentreffer auf das Verwaltungsgebäude, das Magazin und die Buchbinderei des GStA. Im Folgejahr wurde schließlich der Abtransport von Lehrmaterialien und sonstigem Schriftgut nach Schönebeck nahe Magdeburg veranlasst. Hielten auch Winter und Zipfel bis zum Schluss am improvisierten letzten Lehrgang fest, spätestens mit der Flucht Zipfels Mitte April 1945 löste sich die Phantomstruktur auf. Am 25. April wurde Dahlem bombardiert, wenig später gaben zwei Referendare ihre Ausbildung auf.[324] Der menschliche Verlust, den das IfA erlitten hatte, war beträchtlich: Insgesamt 28 seiner Absolventen (und damit mehr als ein Fünftel) kehrten aus dem Krieg nicht wieder heim.[325]

Ost-Ausrichtung und ihre Grenzen

Das IfA wollte und musste dringend benötigte Fachkräfte hervorbringen. Doch die Zeit der Ausbildung war, gemessen an späteren Jahren, mit zunächst achtzehn Monaten vergleichsweise kurz. Das war allen damaligen Verantwort-

321 HU UA, Institut für Archivwissenschaft 1929-1935. Photokopierte Quellensammlung des DZA Merseburg: Schreiben von Ernst Zipfel an den Reichsprotektor in Böhmen und Mähren, 19.12.1940.

322 Puppel, Die »Heranziehung und Ausbildung des archivalischen Nachwuchses«, S. 359.

323 Ebd.

324 Nur die verbliebene Teilnehmerin Lisa Kaiser brachte mit ihrer nachträglichen Prüfung 1946 den Lehrgang zu Ende. Ebd., S. 360 f.

325 Leesch, Das Institut für Archivwissenschaft, S. S. 245 ff.

lichen bewusst. Daher überwog in der Ära Brackmann die stark fachliche Ausrichtung des Unterrichtsprogramms.[326] Dennoch verstand sich das IfA nicht nur als eine simple Lehranstalt, sondern auch als eine geschichtspolitische Denkschule – zumindest von ihrem Anspruch her. Dies hatte Albert Brackmann in zahlreichen Denkschriften, Reden und Publikationen nach außen getragen. Es war aber nicht nur der IfA-Leiter selbst, der diese Ambition trug, sondern auch andere Repräsentanten des Instituts wie der junge Geschäftsführer Georg Winter. In einem Kurzgutachten, das dieser 1933 über die Vergrößerung des Aufgabengebiets und des Teilnehmerkreises anfertigte, formulierte der damalige Staatsarchivrat, dass die Beschäftigung mit Fragen des europäischen Ostens eine »nationalpolitische Aufgabe ersten Ranges« sei. Dafür gelte es, »eine ganze Generation junger Historiker« hin- und umzuorientieren, was zugleich eine dahingehende Lehrplananpassung erfordere. Winter regte an, diejenigen, die im Anschluss an das IfA eine geschichtswissenschaftliche Laufbahn anstreben, von bestimmten Lehreinheiten der archivalischen Hilfswissenschaft zugunsten ihrer historischen Ausbildung zu entlasten – ein Vorschlag, der letzten Endes auf ministerielle Ablehnung stieß.[327]

Winter, der nach der Pensionierung Brackmanns bis zum Dienstantritt Zipfels am 1. Oktober 1936 als kommissarischer Leiter des IfA eingesetzt war, hatte sich früh den ostpolitischen Orientierungen Brackmanns angepasst und vertrat diese gegenüber den Lehrgangsteilnehmern. Besonders wenn sogenannte Grenzland-Schulungsfahrten durchgeführt wurden, von denen sich Brackmann neben kunstgeschichtlicher und archivkundlicher Information vor allem einen Zuwachs »für das nationalpolitische Wissen und Wollen der Teilnehmer« versprach,[328] trat Winter in seiner Funktion als Geschäftsführer, Organisator und Dozent wiederholt als derjenige hervor, der den Zusammenhang zwischen deutscher Geschichte im Osten und gegenwärtigen politischen Forderungen herstellte und dies auf die Lehr- und Forschungsaufgaben des IfA ummünzte.[329] So unternahm er beispielsweise mit den Teilnehmern des

326 HU UA, Institut für Archivwissenschaft 1929-1944. Photokopierte Quellensammlung des DZA Merseburg: Bericht über die wissenschaftliche Tätigkeit des Instituts für Archivwissenschaft und geschichtswissenschaftliche Fortbildung während des Studienjahres 1930/31. Teil III: Chronik des Instituts, 15.4.1931.- HU UA, Institut für Archivwissenschaft 1929-1944. Photokopierte Quellensammlung des DZA Merseburg: Prof. Dr. Albert Brackmann: Bericht über den ersten Lehrgang am Institut für Archivwissenschaft und geschichtswissenschaftliche Fortbildung in Berlin-Dahlem vom 1. Mai 1930 bis 30. September 1931, 30.9.1931.

327 Puppel, Die »Heranziehung und Ausbildung des archivalischen Nachwuchses, S. 349.

328 HU UA, Institut für Archivwissenschaft 1929-1935. Photokopierte Quellensammlung des DZA Merseburg: Bericht über die wissenschaftliche Tätigkeit des Instituts für Archivwissenschaft und geschichtswissenschaftliche Fortbildung während des Studienjahres 1933/34. Teil III: Chronik des Instituts, 31.5.1934.

329 Als Abschluss der Schulungsfahrt wurde der Besuch von Gdingen ausgewählt. »Man darf wohl sagen, dass dieser Ausflug nach Gdingen der unmittelbarste politische

III. Lehrgangs eine mehrtägige Reise nach Königsberg, Marienburg, Marienwerder, Danzig, Oliva und Gdingen, auf der man immer wieder auf die vermeintlich historischen Ansprüche Deutschlands auf bestimmte polnische Gebiete zu sprechen kam.[330]

Was den von Brackmann eingeführten Erwerb der polnischen Sprache anbetrifft, der häufig als Beleg für die expansionistische Ost-Ausrichtung des IfA genannt wird, relativiert ein Blick auf den Unterrichtsalltag überhöhte Vorstellungen von Umfang und Ausmaß dieser Maßnahme. Zunächst einmal gehörte der Polnisch-Unterricht nicht von Beginn an zum Lehrangebot. Erst im II. Lehrgang (Beginn: November 1931) wurde der Sprachkurs als einführender Teil in die sogenannte Ostmarkenforschung eingeführt. Die Teilnahme war allerdings freiwillig, und der Unterricht überschritt – zumindest im III. Lehrgang – nicht den Umfang von zweimal wöchentlich je einer Einheit von 8.50 bis 10.00 Uhr.[331] Überdies wurde bald bekannt, dass ein Besuch des Sprachkurses den künftigen Einsatzort sowohl vor als auch nach dem Krieg vorbestimmen würde. Wer also vermeiden wollte, nach bestandenem Examen nach Osten versetzt zu werden, ließ die Hände vom Polnisch-Unterricht, was offensichtlich die meisten taten. So wurde dann auch 1941 dem Dozenten für polnische Sprache mangels Nachfrage kein Lehrdeputat mehr erteilt.[332]

In der Gesamtbilanz des IfA schlugen zwölf Absolventen eine wissenschaftliche Hochschullaufbahn ein. Albert Brackmanns Vision vom Aufbau einer neuen einflussreichen Historikerschule erfüllte sich damit aber nicht. Stattdessen verblieb das Institut im Status einer archivarischen Ausbildungsstätte. Anspruch und Wirklichkeit klafften letztlich auseinander, womit auch die Zuschreibung des IfA als »braune Historikerschmiede« der NS-Zeit nur von begrenzter Reichweite ist.

Anschauungsunterricht war. Alles, was den Mitgliedern dort gezeigt wurde, schuf tiefe, unvergessliche, wenn auch keineswegs für uns erfreuliche und beruhigende Eindrücke«. Ebd.

330 So ist in dem Reisebericht zu lesen: »Auf Bitten des Unterzeichneten hatte Herr Regierungspräsident Dr. Büdding Herrn Regierungsassessor Hering als Führer entsandt, der an der bekannten Dreiländerecke und bei Kurzebrak über die Unsinnigkeiten der Grenzziehung und über die für Preußen durch die Schaffung des Korridors herbeigeführten Notverhältnisse bemerkenswerte Aufschlüsse gab. […] Am Abend [des 9. März 1934] hielt dann im Gebäude der Regierung Herr Oberstudiendirektor Prof. Dr. Schumacher einen begeistert aufgenommenen Vortrag über die politischen Beziehungen des Deutschen Ordens und die Gestaltung der politischen Verhältnisse, die Gedeih und Verderb des deutschen Ostens in seiner Geschichte bestimmen. Herr Staatsarchivrat Dr. Winter unterstrich in seiner Schlussansprache noch einmal die auch für die Gegenwart gültigen politischen Grundlehren, die die Geschichte des Ordensstaates uns gibt.« Ebd.

331 Ebd.

332 Anstelle des Sprachunterrichts wurde allerdings die Erörterung von Fragen und Problemen der Sippenforschung sowie der Erbhof-Forschung in den Unterrichtsstoff eingebaut. Puppel, Die »Heranziehung und Ausbildung des archivalischen Nachwuchses«, S. 349f. und FN 68 sowie S. 352.

Das Archiv als Männerdomäne

Mit der Gleichstellung der Geschlechter in der Weimarer Verfassung standen den Frauen formalrechtlich alle Berufe offen, darunter auch im Staatsapparat. Gegen den Widerstand von verschiedenen Seiten wurde das juristische Berufs- und Studienfeld den Frauen Stück für Stück zugänglich gemacht, und in ausgewählten Fällen gelangten Juristinnen in höhere Ämter. Doch in der Realität blieb die Zahl eingestellter Frauen im Staatsdienst gering.[333] Wurden welche eingestellt, geschah dies mit Blick auf vermeintlich frauentypische Tätigkeiten. So wuchs dann auch im einfachen mittleren Dienst, zu dem etwa Sekretärinnenstellen gehörten, ihr Anteil rasch. Eine maßgebliche Barriere für den Eintritt bildete nach wie vor die Zölibatsklausel, die eine Entlassung nach Heirat vorsah. Formal war sie in der Weimarer Verfassung zwar gestrichen worden, und einzelne Berufsgruppen wie Juristen wurden davon ausgenommen. Doch für das Gros der Beamtenberufe vor allem in den Länderverwaltungen galt dies weiterhin als Praxis. Hinzu kam, dass diese Regelung im Zuge von Spar- und Personalabbaumaßnahmen in der ersten Hälfte der 1920er Jahre die Möglichkeit bot, die vorzunehmenden Entlassungen zugunsten der Männer zu kanalisieren. Auch im Gesetz über die Rechtstellung der weiblichen Beamten vom 30. Mai 1932 wurde der entsprechende Zölibatsartikel unbefristet verlängert.[334] Arbeit und Familie galten wie im Kaiserreich nach wie vor als unvereinbar. Insofern verwundert es nicht, dass die Ausbildung zum Archivar sowie der Archivdienst selbst zunächst fast ausschließlich eine Angelegenheit von Männern war.[335]

Zwischen 1930 und 1945 durchliefen lediglich acht Frauen erfolgreich die IfA-Kurse: Anneliese Birch-Hirschfeld (1903-1998), Katharina Weber (1905-1985), Herta Mittelberger (1904-1976), Edith Ennen (1907-1999), Klothilde von Olshausen (1907-1997), Charlotte Knabe (1907-1991), Hildegard Thierfelder (1908-1985) sowie Lisa Kaiser (1916-1972). Bis auf den II. Lehrgang, an dem erstmalig und dann gleich drei Frauen teilnahmen, blieb die Geschlechterverteilung völlig einseitig. So brachten der I., III. sowie VI.-VIII. Kurs überhaupt keine Absolventinnen hervor.[336] Dafür sorgte eine Reihe von Verfügungen, die zumindest im Bereich der staatlichen Archive eine Karriere von Frauen verhinderte. Zwar zeigte sich hier Albert Brackmann durchaus offen und interessiert, Lehrgangsteilnehmerinnen zu unterstützen. Doch musste er jeder Bewerberin und jeder Auszubildenden darlegen, dass eine beamtenrechtliche Anstellung im staatlichen Archivdienst nicht zu erwarten war.

333 Dazu: Elisabeth Lembeck, Frauenarbeit bei Vater Staat. Weibliche Behördenangestellte in der Weimarer Republik, Pfaffenhofen 1993.

334 Bernd Wunder, Geschichte der Bürokratie in Deutschland, Frankfurt a.M. 1926, S. 116.

335 Dazu allgemein: Gisela Vollmer, Archivarinnen gestern und heute. Zur Entwicklung des Frauenanteils insbesondere im staatlichen Bereich, in: Der Archivar 42 (1989) 3, Sp. 351-374.

336 Winter, die deutsche Archivwissenschaft, S. 175.

Trotz gestiegenen Personalbedarfs nach 1933 veränderten sich diese Voraussetzungen auch unter den Nationalsozialisten nicht.[337] Im Gegenteil, in den Kursen für den höheren Archivdienst wurden überhaupt keine Frauen zugelassen (die Ausbildungs- und Prüfungsordnung vom November 1936 sah eine Vorlage des Arbeitsdienst- und Wehrpasses vor), und mit den angepassten Zugangsregelungen 1939 wurden Frauen nun explizit von der Zulassung ausgeschlossen. Ihr Status am IfA wurde in den von Hospitantinnen umgewandelt.[338] Ernst Zipfel war mit diesen Beschränkungen nicht einverstanden, konnte sich jedoch nicht gegenüber der übergeordneten ministeriellen Ebene durchsetzen. Sein Hauptargument bestand in der kriegsbedingt prekären Stellensituation, die durch eine Besetzung mit Frauen rasch hätte verbessert werden können. Insbesondere im IfA-Jahresbericht 1942/43 bezog Zipfel dazu kritisch Stellung. Doch der angesprochene Reichsminister Rust reagierte ablehnend mit Verweis auf den unmissverständlich formulierten Wunsch von Adolf Hitler, höhere Beamtendienststellen nur mit Männern zu besetzen.[339]

Ein besonderer Fall war Lisa Kaiser, die entgegen der Regel am 1. Juli 1944 in den IX. Lehrgang aufgenommen worden war – und im Herbst 1946 als einzige Kursteilnehmerin und letzte IfA-Absolventin überhaupt die Prüfung erfolgreich beendete. Die 1916 geborene Kaiser hatte über Hans von Bernstein und die sächsische Landesverwaltung im 16. Jahrhundert promoviert und war in quasi letzter Minute ins IfA aufgenommen worden.[340] Neben dem akuten Bedarf an Archivaren war es wahrscheinlich die kolportierte besondere Beziehung zu IfA-Chef Ernst Zipfel, die diese Aufnahme möglich gemacht hatte. So berichtete später Georg Winter – freilich verschwommen und mit dem Odium der Spekulation versehen – von einem Verhältnis zwischen den beiden, »das über das rein dienstliche« hinausgegangen sei.[341] Mindestens ebenso nebulös erscheint im Nachhinein aber auch das Verhältnis zwischen Winter und Lisa Kaiser. Zum einen tauchten nach 1945 im Bundesinnenministerium Gerüchte auf, wonach ihr Winter in einer früheren Beurteilung einen nachlässigen Umgang mit nationalsozialistischen Formalia wie dem Hitlergruß vorwarf.[342] Zum anderen lehnte er als ehemaliger Dozent sämtliche ihrer Anfragen bzw. Bewerbungen um Übernahme in den Archiv- bzw. Bundesarchivdienst Anfang der 1950er Jahre ab, obwohl sie dafür in vielerlei Hinsicht geeignet war: Sie

337 Vollmer, Archivarinnen gestern und heute.

338 Pauline Puppel, Die »Heranziehung und Ausbildung des archivalischen Nachwuchses«. – Die Ausbildung am Institut für Archivwissenschaft und geschichtswissenschaftliche Fortbildung in Berlin-Dahlem (1930-1945), in: Kriese (Hg.), Archivarbeit im und für den Nationalsozialismus, S. 335-370, hier S. 364 f.

339 Ebd., S. 365.

340 Heinz Boberach/Gerhard Jungjohann, Nachruf Lisa Kaiser, in: Der Archivar 26 (1973) 2, Sp. 348-350.

341 Booms, Georg Winters Weg, S. 259 f.

342 Zu Kaiser auch: Puppel, Die »Heranziehung und Ausbildung des archivalischen Nachwuchses«, S. 368 f.

hatte ihr Examen inmitten der Kriegs- bzw. Nachkriegswirren immerhin mit »gut« bestanden, ein Prädikat, mit dem sie zum Kreis der besseren Prüflinge gehörte.[343] Außerdem war sie kein Mitglied der NSDAP gewesen und galt als unbelastet. Kaiser hatte zunächst im GStA als Magazinreferentin gearbeitet, dann seit Juli 1947 beim Länderrat der US-Zone als Archivarin und schließlich seit 1948 beim Statistischen Bundesamt in Wiesbaden als Archiv- und Bibliothekarsreferentin (eine Arbeitsstelle, auf der sie Anfang der 1970er Jahre zur Bibliotheksdirektorin ernannt wurde) – Qualifikation und erste praktische Erfahrungen waren damit ebenso vorhanden. Über Winters Gründe für die konsequente Verweigerung lassen sich nur Vermutungen anstellen: So mochte ihm missfallen haben, dass die Anfang 30-Jährige nicht der männlichen Vorstellung von Beamtentum entsprach, wie sie der gut 20 Jahre ältere Winter vertrat.[344] Oder sein Negativurteil resultierte aus der angenommenen Liaison zu Zipfel. Denkbar ist auch, dass er niemanden im Bundesarchiv haben wollte, der wie sie als IfA-Teilnehmerin, Zeitzeugin und enge Zipfel-Bekannte über kompromittierendes Detailwissen über ihn und die letzten Kriegsmonate verfügte. Vielleicht war Winters Reaktion aber auch nur die schlichte Fortsetzung einer frauenfeindlichen Personalpolitik, wie sie in den ersten männerdominierten Stellenplänen des Bundesarchivs abzulesen war. So suchte man in den 1950er und 1960er Jahren weitgehend vergeblich nach Archivarinnen im höheren Dienst des Bundesarchivs.[345]

In der DDR durchbrach man die Geschlechtertrennung im Archivwesen und ermutigte Frauen, eine Ausbildung und Anstellung im Archiv aufzunehmen. Für diesen Trend sprach im Fall des Deutschen Zentralarchivs die frühzeitige Besetzung der fachlichen Leitung mit Charlotte Knabe. Dennoch dauerte es auch hier bis in die 1970er Jahre, bis sich das starke Ungleichgewicht in der Stellenbesetzung vor Ort abzumildern begann. Unter den 128 Studierenden am IfA der Humboldt-Universität bis zum Jahr 1967 befanden sich immerhin 29 Frauen, unter den 24 »Externen« ebenfalls drei.[346] Im Vergleich zur Situation in der Bundesrepublik waren diese Zahlen durchaus beachtlich. Von den über 240 Teilnehmern der Wissenschaftlichen Lehrgänge an der Archivschule

343 Ebd.

344 Das kommunizierte er auch gegenüber verantwortlichen Stellen. Booms, Georg Winters Weg, S. 260.

345 Zu den schwierigen Bedingungen für Archivarinnen in der frühen Bundesrepublik auch: Yvonne Leiverkus, »Wunsch und wissenschaftliche Neigung liessen mich den Archivberuf ergreifen.« Edith Ennen (1907-1999). Archivarin und Historikerin, in: Andrea Stieldorf/Ursula Mättig/Ines Neffgen (Hg.), Doch plötzlich jetzt emanzipiert will Wissenschaft sie treiben. Frauen an der Universität Bonn (1918-2018), Göttingen 2018, S. 165-191.

346 Botho Brachmann/Helmut Lötzke, Die Ausbildung wissenschaftlicher Archivare für das sozialistische Archivwesen der Deutschen Demokratischen Republik, in: Archivmitteilungen 17 (1967) 5, S. 182-189, hier S. 184.

Marburg im Zeitraum 1949 bis 1974 waren lediglich zehn Prozent Frauen.[347] Erschwerend wirkte sich aus, dass viele Archivarinnen nach der Schwangerschaft nicht mehr in den Archivdienst zurückkehrten. Auch im DZA herrschte diesbezüglich Fluktuation. Doch mit Elisabeth Brachmann-Teubner, Gerlinde Grahn, Meta Kohnke und anderen Mitarbeiterinnen etablierten sich später mehrere Frauen in leitenden Positionen. Dass dann nach dem Tod Helmut Lötzkes in den 1980er Jahren mit Elisabeth Brachmann-Teubner eine Archivarin zur Leiterin eines nationalen Zentralarchivs berufen wurde, bedeutete ein Novum in der europäischen Archivwelt und einen Kontinuitätsbruch, der auch im vereinigten Deutschland eine Besonderheit darstellte.

Marburger Kontinuitäten?

Als der ehemalige Reichsarchivar und langjährige Dozent Walter Heinemeyer im Jahr 1989 anlässlich des 40-jährigen Bestehens der Archivschule Marburg einen Rückblick verfasste, musste es manchem weniger betagten Leser bei der Lektüre wohl unweigerlich erscheinen, als ob die Zeit stehengeblieben wäre.[348] Trockene institutionengeschichtliche Ausführungen, antiquierte Sprache, Zahlenhuberei, wenig Selbstkritik und ein Lob auf die Scholastik bildeten eine Melange, in der man vergeblich historisch-politische Reflexionen über Personal, Lehrinhalte und Traditionsverständnis im Kontext von Diktatur, Systemwechsel und deutscher Teilung suchte. Immer wieder verwies der Autor auf alte Autoritäten wie Brackmann, Brenneke, Winter oder Papritz als fachlichen Traditionsbestand, um sich der Richtigkeit und Wohlbasiertheit »seiner« Schule zu versichern – und durchaus folgerichtig widmete der damals 77-Jährige den Aufsatz seinen früheren Kollegen des fünften Berlin-Dahlemer IfA-Lehrgangs von 1936/37 sowie den Marburger Mitarbeitern der ersten Stunde.[349]

Dass sich zum Jubiläum mit Walter Heinemeyer ein etablierter Archivwissenschaftler »alter Schule« mit einer solchen Bilanz zu Wort meldete, korrespondierte mit dem personellen und inhaltlichen Traditionsbewusstsein einer Ausbildungseinrichtung, die nach ihrer Gründung vor allem auf Kontinuität zu setzen schien, sei es zum vergangenen IfA oder zur Archivwissenschaft vor 1945. Bereits 1971 hatte der ehemalige Reichsarchiv-Kollege Wolfgang Leesch, inzwischen Staatsarchivar in Münster, in Bezug auf das Lehrpersonal formu-

347 Unter den über 200 Teilnehmern der Marburger Fachhochschulkurse waren es im gleichen Zeitraum immerhin mehr als ein Drittel Frauen. Je nach Autor und Berechnung schwanken die Zahlenangaben leicht. Marcus Stumpf, Zur gegenwärtigen Situation der Aus- und Weiterbildung von Archivarinnen und Archivaren in Deutschland, in: Archivpflege in Westfalen-Lippe 88/2018, S. 2-8, hier S. 3, FN 4.- Mechthild Black-Veldtrup, Viele Wege ins Archiv. Die Ausbildung von Frauen (und Männern), in: Der Archivar 75 (2022) 2, S. 123-127.

348 Walter Heinemeyer, 40 Jahre Archivschule Marburg 1949-1989, in: Archiv für Diplomatik 35 (1989), S. 631-671.

349 Ebd., S. 631, FN 1.

liert: »In Ludwig Dehio, dem ersten Leiter der Marburger Archivschule, und Heinrich Otto Meisner, dem maßgeblichen Dozenten der Potsdamer Archivschule, zwei Dozenten, die schon in Kehrs Archivschule und in Brackmanns Ifa gewirkt hatten, wird die über den Zusammenbruch von 1945 reichende Tradition der preußischen Archivarsausbildung sinnbildlich deutlich.«[350] Zugleich nahm die Archivschule Marburg mit 452 ausgebildeten Archivreferendaren und 501 Archivinspektoren innerhalb von vier Jahrzehnten den Rang einer nationalen Archivarschmiede ein, die insbesondere auch für das Bundesarchiv und seinen Personalbedarf von Bedeutung war.[351]

(Vor-)Geschichte und Gründung der Schule setzten früher ein als beim ostdeutschen Pendant in Potsdam: Im Herbst 1946 schlugen hessische Archivare um Georg Sante vor, die ehemalige Archivschule in Marburg wiederzubeleben, anstatt – wie auch diskutiert – eine neue Lehrinstitution zu gründen.[352] Für seinen Vorschlag konnten sich sowohl die führenden deutschen Archivare im Deutschen Archivausschuss als auch die Landesarchivverwaltungen erwärmen, sodass bis auf die bayerische Landesarchivverwaltung, die über eine eigene Archivschule verfügte, länderweit Zuschüsse zum Schulaufbau nach Marburg flossen.[353] Anderslautende frühe Pläne für eine Archivschule in Münster unter Leitung von Georg Winter und mit einer hauptamtlichen Dozentur für Heinrich Otto Meisner, der ebenfalls zugesagt hatte, wurden *ad acta* gelegt.[354] Im Ergebnis diverser Aushandlungen eröffnete zum 2. Mai 1949 – einen Monat vor der offiziellen Einweihung der Schule – der erste wissenschaftliche Lehrgang in Marburg mit insgesamt elf Teilnehmern.[355]

Erster Schulleiter war der ehemalige IfA-Dozent Ludwig Dehio (1888-1963), der von den Nationalsozialisten aus seinem Amt gedrängt worden war. Er stand der Schule von 1949 bis 1954 vor.[356] Ihm folgten bis 1963 der dem NS-

350 Leesch, Das Institut für Archivwissenschaft und geschichtswissenschaftliche Fortbildung (IFA) in Berlin-Dahlem (1930-1945), in: Veröffentlichungen des Vereins für Geschichte der Mark Brandenburg 35 (1971), S. 219-254, hier. S. 242,

351 Heinemeyer, 40 Jahre Archivschule Marburg, S. 632.- Marcus Stumpf, Zur gegenwärtigen Situation der Aus- und Weiterbildung von Archivarinnen und Archivaren in Deutschland, in: Archivpflege in Westfalen-Lippe 88/2018, S. 2-8, hier S. 3.

352 Dazu unter anderem auch: BArch, B 198/10012: Tagung der Staats- und Stadtarchivare der amerikanischen Zone im Staatsarchiv Wiesbaden am 10.12.1946.- Zur wechselhaften Vorgeschichte und Gründung sehr kenntnis- und aufschlussreich: Haas/Schürrer, Was von Preußen blieb.

353 Winter, Die deutsche Archivwissenschaft, S. 444 f.

354 Angelika Menne-Haritz, 40 Jahre Archivschule Marburg. Perspektiven der Archivarsausbildung, in: Der Archivar 42 (1989) 2, S. Sp. 165-176, hier Sp. 165.

355 Ludwig Dehio, Bericht der Archivschule Marburg über den ersten Lehrgang für Anwärter des wissenschaftlichen Archivdienstes 1949-1950, in: Der Archivar 4 (1951), Sp. 35-40.

356 Zum biografischen Werdegang von Dehio auch: Marcel vom Lehn, Westdeutsche und italienische Historiker als Intellektuelle? Ihr Umgang mit Nationalsozialismus und Faschismus in den Massenmedien (1943/45-1960), Göttingen 2012, S. 55-57

Regime deutlich nähere Johannes Papritz sowie bis 1973 Kurt Dülfer.[357] Einige Lehrkräfte wie Dehio hatten entweder selbst bereits am IfA unterrichtet oder waren dort Schüler gewesen wie Dülfer, Heinemeyer, Papritz oder auch Prof. Heinrich Büttner (1908-1970), Direktor des Instituts für mittelalterliche Geschichte, geschichtliche Hilfswissenschaften und geschichtliche Landeskunde. Darüber hinaus lehrten mit Ewald Gutbier und Ewald Herzog zwei Archivare, die ihre Ausbildung ebenfalls in Preußen bzw. im preußischen Archivwesen erhalten hatten.[358]

Sowohl die damaligen Gründungsväter als auch spätere Lehrkräfte der Marburger Schule stellten das Berlin-Dahlemer IfA mehr oder weniger unhinterfragt als Musterinstitution an den historischen Anfang der Ausbildungslinie. Nahezu selbstverständlich wurde an die Lehr- und Prüfungsfächer aus IfA-Zeiten angeknüpft, das seinerseits die Prüfungsordnungen der preußischen Archivschulen von 1894 und 1917 zur Grundlage genommen hatte.[359] Doch es gab einen unverkennbaren Unterschied: Die Marburger Schule beschränkte sich in ihrem Ansatz auf die Archivarsausbildung im engeren Sinne, womit sie sich von Brackmanns »Institut für Archivwissenschaft und geschichtswissenschaftliche Fortbildung« abgrenzte, in dem der Geschichte als Lehrgegenstand ein zentraler Stellenwert zugeschrieben worden war.[360] Der vormalige ostpolitisch ausgerichtete Forschungs- und Ausbildungsstrang, der im IfA bis in die einzelnen Fächer hinein strukturierend gewirkt hatte, wurde mit dieser Grundsatzentscheidung endgültig aus der Archivarsausbildung verbannt, auch wenn sich Dehio nach Ende des ersten Durchlaufs noch eine künftige Aufnahme von Historikern mit akademischer Laufbahnkarriere vorstellen konnte, um, ähnlich der Berlin-Dahlemer Entwicklung, die Lehreinrichtung universitär bzw. forschungsinstitutionell zu stärken.[361] Allerdings gelang es zumindest in den 1950er Jahren aus mehreren, vielfach ganz praktischen Gründen noch nicht einmal, eigene archivwissenschaftliche Schwerpunkte zu setzen, sodass die Archivschule, wie Haas/Schürrer schreiben, zunächst vor allem den Charakter einer tatsächlichen Schule besaß.[362] Insofern vollzog die Marburger Einrichtung an dieser Stelle eine partielle Abkehr vom Berlin-Dahlemer Modell und vom IfA ostdeutscher Prägung. Letzteres blieb allerdings Referenzpunkt: Als

357 Kahlenberg, Deutsche Archive in Ost und West, S. 39 f.

358 Winter, Die deutsche Archivwissenschaft, S. 446.

359 Karsten Uhde, Die Gründung der Archivschule Marburg, in: [https://www.archivschule.de/DE/publikation/forum-hefte/forum-heft-12-50-jahre-archivschule-marburg.html#09 (letzter Zugriff am 4.1.2019)].

360 Dabei war es Brackmann selbst, der 1948 als vermeintliches »Regimeopfer« ein Gutachten zum Marburger Archivschulplan verfasst hatte, das den weitgehenden Verzicht auf geschichtswissenschaftliche Aktivitäten empfahl. Heinemeyer, 40 Jahre Archivschule Marburg, S. 641 ff.

361 Ludwig Dehio, Bericht der Archivschule Marburg über den ersten Lehrgang für Anwärter des wissenschaftlichen Archivdienstes 1949-1950, in: Der Archivar 4 (1951), Sp. 40.

362 Haas/Schürrer, Was von Preußen blieb, S. 102 f.

1963 innerhalb der Archivschule Marburg das gleichnamige Institut für Archivwissenschaft eingerichtet wurde, um archivwissenschaftliche Forschung zu betreiben, geschah dies mit Blick auf die DDR-Konkurrenz an der HU Berlin, von der man annahm, dass sie den Westen überflügeln würde.

Zwischen Bruch und Beständigkeit bewegte sich auch manche Personalie. Tobias Winter konnte zeigen, wie mit Johannes Papritz und Kurt Dülfer zwei Archivare führende Lehrkräfte bzw. Schulleiter wurden, die nicht nur herausragende Archivwissenschaftler waren, sondern auch in imperialistischen Forschungsnetzwerken und -institutionen im Nationalsozialismus gewirkt hatten. Insbesondere Papritz als Leiter der Publikationsstelle und Geschäftsführer der Nord- und Ostdeutschen Forschungsgemeinschaft sowie Mitglied von SA und NSDAP hatte sich vom Regime vereinnahmen lassen.[363]

Mit Walter Heinemeyer fand an der Marburger Archivschule ebenfalls ein Dahlemer IfA-Absolvent, ehemaliges SA- und NSDAP-Mitglied (Eintritt 1933), Potsdamer Reichsarchivar und Archivar im »Westeinsatz« eine neue Wirkungsstätte, dessen Arbeitsbiografie Belastungsmomente aufwies. Der 1912 Geborene hatte nach einem Geschichtsstudium mit anschließender Promotion über Diplomatik[364] als Kursant am V. Lehrgang des IfA Berlin-Dahlem im März 1938 seine Ausbildung »mit Auszeichnung« abgeschlossen und deshalb als einer der Kandidaten gegolten, denen eine steile Karriere vorausgesagt wurde. Seine Bewerbung für das Reichsarchiv Potsdam wurde daher von Zipfel auch mit Freude angenommen, zumal mit Heinemeyer ein junger Pg. an sein Haus kam. Doch schon ein Jahr später erfolgte im Mai mit der Einberufung in die Wehrmacht der arbeitsbiografische Einschnitt. Nach dem Zweiten Weltkrieg, den er nahezu durchweg im Ausland verbracht hatte, unter anderem im »Archivschutz«-Kommando in Paris, hatte er zunächst den Status als Belasteter und brauchte bis 1948, um als Staatsarchivrat in Darmstadt wieder in sein altes Berufsfeld einsteigen zu können. Das Angebot seines früheren Lehrers und Reichsarchiv-Kollegen Heinrich Otto Meisner, sich am Deutschen Zentralarchiv der DDR zu bewerben, schlug er aus.[365] Ende 1949 wurde er dann an das Marburger Staatsarchiv zunächst abgeordnet, schließlich dauerhaft versetzt. Überdies, und damit stellte sich die Verbindung von Berlin-Dahlem über Potsdam nach Marburg her, wurde er 1952 für den 2. Lehrgang der Marburger

363 Munke, »... die Interessen des deutschen Volkstums zu stützen und zu fördern«, S. 278 ff.- Winter, Die deutsche Archivwissenschaft, S. 137 ff., 462 ff.

364 In Druckform: Walter Heinemeyer, Studien zur Diplomatik mittelalterlicher Verträge, vornehmlich des 13. Jahrhunderts, in: Archiv für Urkundenforschung 14, 1936, S. 321-413.

365 ABBAW, NL H.O. Meisner, Nr. 104: Walter Heinemeyer an H.O. Meisner, 11.7.1946.- ABBAW, NL H.O. Meisner, Nr. 104: Walter Heinemeyer an H.O. Meisner, 1.9.1946.- ABBAW, NL H.O. Meisner, Nr. 104: H.O. Meisner an Walter Heinemeyer, 21.9.1946.- ABBAW, NL H.O. Meisner, Nr. 104: Walter Heinemeyer an H.O. Meisner, 13.2.1947.

Archivschule zum Dozenten für Historische Hilfswissenschaften berufen.[366] Erst als Lehrbeauftragter, dann als ordentlicher Professor für Historische Hilfswissenschaften und Archivwissenschaft an der ansässigen Philipps-Universität (1966-1980) entwickelte er sich zu einer festen Größe der bundesdeutschen Archivarsausbildung: »Vielen Generationen junger Archivare vermittelte er, pädagogisch und didaktisch hochbegabt, das für ihren Beruf unentbehrliche Rüstzeug vor allem in Paläographie und Diplomatik«, umschrieb Hugo Stehkämper dieses fast 30-jährige Wirken.[367] Zudem war er Mitdirektor des Instituts für mittelalterliche Geschichte, geschichtliche Hilfswissenschaften und geschichtliche Landeskunde sowie des Forschungsinstituts Lichtbildarchiv älterer Originalurkunden an der Philipps-Universität Marburg und seit 1963 (als Nachfolger von Edmund E. Stengel) Herausgeber der Zeitschrift »Archiv für Diplomatik«.[368] Er wirkte seit 1953 in der Historischen Kommission für Hessen und Waldeck (von 1963 bis 1999 als deren Vorsitzender), im Verein für hessische Geschichte und Landeskunde (von 1958 bis 1967 ebenfalls als dessen Vorsitzender), der unter seiner Leitung maßgeblich von 700 auf 1200 Mitglieder anwuchs,[369] sowie als Leiter des Gesamtvereins der deutschen Geschichts- und Altertumsvereine (von 1968 bis 1985); für diese Arbeit wurden ihm diverse Preise und die Ehrenpräsidentschaft verliehen. Als Heinemeyer am 26. April 2001 starb, wurde er als ein allseits geschätzter hessischer Wissenschaftler, Wissenschaftsvermittler und -organisator von Rang gewürdigt.[370] Es waren wohl zuerst Anne Christine Nagel und Wolfgang Reininghaus, die Heinemeyers NSDAP-Mitgliedschaft zumindest einmal erwähnten, nachdem ansonsten die 1930er und 1940er Jahre in Darstellungen eine biografische Lücke darstellten.[371]

366 ABBAW, NL H.O. Meisner, Nr. 104: Walter Heinemeyer an H.O. Meisner, 28.3.1952.

367 Stehkämper, Nachruf Walter Heinemeyer, S. VII.- Als Doktorvater betreute er überdies achtzehn Dissertationen. Lachmann, Walter Heinemeyer, S. XIX.

368 Theo Kölzer, Walter Heinemeyer und das »Archiv für Diplomatik«, in: Hessisches Jahrbuch für Landesgeschichte 63 (2013), S. 237-249.

369 Kahlfuß, In memoriam Professor Dr. Walter Heinemeyer, S. 310.

370 Hans-Peter Lachmann, Walter Heinemeyer †, in: Hessisches Jahrbuch für Landesgeschichte 51 (2001), S. XVII-XIX.- Hugo Stehkämper, Nachruf Walter Heinmeyer (5. August 1912-26. April 2001), in: Blätter für deutsche Landesgeschichte 137 (2001), S. VII-X.- Hans-Jürgen Kahlfuß, In memoriam Professor Dr. Walter Heinemeyer, in: Zeitschrift des Vereins für hessische Geschichte 106 (2001) S. 309-311.- Ottfried Dascher, Walter Heinemeyer †, in: Der Archivar 56 (2003) 1, S. 93-94.- Bereits aus Anlass seines 80. Geburtstags: Hans-Jürgen Kahlfuß, Landesgeschichte und Geschichtsvereine in Hessen in der Begegnung. Zur Würdigung von Walter Heinemeyer, in: Zeitschrift des Vereins für hessische Geschichte und Landeskunde 97 (1992), S. 15-19.

371 Anne Christine Nagel, Im Schatten des Dritten Reichs. Mittelalterforschung in der Bundesrepublik Deutschland 1945-1970, Göttingen 2005, S. 38, FN 49.- Wilfried Reininghaus, Walter Heinemeyer und die (hessische) Landesgeschichte, in: Hessisches Jahrbuch für Landesgeschichte 63 (2013), S. 203-213, hier S. 211.

Die Weltkriegszäsur

»Archivwesen und Weltkrieg: eine Nebensache in einem Riesengeschehen, ein winziger Abschnitt in einem vielbändigen Buche, das mit dem Blut der Menschheit geschrieben ist, ein einziges Rädchen an einer gewaltigen Maschine, deren Teile in der Schmiede der fünf Erdteile geglüht, geschweißt und gehämmert wurden.«[1] Es war der Generaldirektor des bayerischen Hauptstaatsarchivs, Otto Riedner, der den versammelten Kollegen auf dem Regensburger Archivtag 1925 gleichermaßen demütig wie aufrüttelnd kriegerische Destruktionskraft und institutionelles Nischendasein vor Augen hielt und damit in bemerkenswerter Selbstdistanz auf einen wichtigen Umstand verwies: die gesellschaftspolitische Relativität archivischer Belange in Krisen- und Kriegszeiten. Dabei war und ist es nicht nur die Kriegszeit selbst, sondern das problematische Nachleben kriegerischer Konflikte in Bezug auf Infrastruktur, Personal und Archivgut, das die Dimension des Einschnitts begründet. Wie gewalthaltig die »Außenwelt« nach 1914 in die Arkansphäre der Archive eingedrungen war, deutete Riedners Schadensbilanz an: mindestens 21 getötete deutsche Archivare – davon vierzehn aus der preußischen Archivverwaltung[2] – sowie substantielle Aktenverluste durch Archivdiebstähle, Altpapiersammlungen, Bombardierungen, schadhafte Auslagerungen und gezielte Bestandsbeschlagnahme. Hinzu kamen für die Zeit nach 1918 der Verlust ganzer Archive durch Gebietsabtretungen, gesunkene Arbeitskraft durch Beamtenabbau, sprunghafter Aktenzuwachs bei gleichzeitigem akuten Platzmangel, fehlende Finanzmittel durch Einsparungen sowie eine »veränderte Einstellung zur Vergangenheit, eine offene Verachtung des geschichtlich Gewordenen« – zusammen genommen »Zangen der Nachkriegszeit«, klagte Riedner, gegen die es zu mobilisieren gelte.[3] Als analogiebildende Vorgeschichte für das Geschehen während des Zweiten Weltkriegs und danach wurden hier Tatsachen aufgerufen, die einmal mehr den Krieg als archivgeschichtliche Zäsur eigener Prägekraft ausweisen.

Besonders dramatisch für das staatliche deutsche Archivwesen war nun, dass sich das Kriegsdesaster nach gut 20 Jahren wiederholte und die Schadensbilanz noch katastrophaler ausfiel: Mindestens 35 wissenschaftliche Archivare waren zwischen 1939 und 1945 im Krieg gefallen, zwei bei Bombenangriffen ums Leben gekommen. Weitere sieben starben in der Gefangenschaft, andere wie Roland Seeberg-Elverfeldt, Horst Schlechte oder Georg Schnath mussten Jahre in Kriegsgefangenschaft verbringen.[4] Zahlreiche Gebäude von Staats-, Haupt-

1 Otto Riedner, Archivwesen und Weltkrieg, Berlin 1928, S. 3.

2 Ebd., S. 4.

3 Ebd., S. 16.

4 Liste der Gefallenen und Gestorbenen, in: Der Archivar 1 (1947/48), Sp. 45-46.- Eckert, Kampf um die Akten, S. 125 ff.- Winter, Die deutsche Archivwissenschaft, S. 401 ff.

staats- oder Reichsarchiven wie in Berlin, Darmstadt, Hannover, München, Potsdam oder auch Stuttgart waren zerbombt, kostbare und geschichtsträchtige Archivbestände vernichtet, schwer beschädigt und zerteilt worden. Unbewachte Auslagerungsorte wurden zum Ziel von Diebstahl und Zerstörung. Geraubte und übernommene Bestände aus Archiven ehemals besetzter Gebiete hatten zurückgegeben werden müssen. Bedeutsame Archive im Osten wie in Breslau, Danzig, Stettin und Königsberg gingen im Zuge der alliierten Beschlüsse an Polen bzw. an die Sowjetunion über.[5] Und schließlich: Millionen an Akten wurden von den Alliierten beschlagnahmt und blieben für Jahre und Jahrzehnte unzugänglich.

Das Reichsarchiv gehörte zu den Institutionen, die von diesen Ereignissen in vollem Maße betroffen waren und in dessen Historie sich der Zäsurcharakter des Weltkriegs tief einschrieb. Die Kriegsvorbereitungen und der Kriegsverlauf markierten die zweite Etappe in der Geschichte des Zentralarchivs während des Nationalsozialismus. Sie beinhaltet den Weg, den das Potsdamer Reichsarchiv bis zur Zerstörung und institutionellen Auflösung ging. Dabei wird im Folgenden den Auswirkungen von Krieg und Kriegstreiberei auf den Arbeitsalltag des Reichsarchivs und anderer Archive ebenso nachgegangen wie der Frage nach den individuellen Belastungsmomenten archivarischer Kriegseinsätze, den Wahrnehmungen und Legitimationsnarrativen für das Mitmachen in der NS-Diktatur. Den Zeitabschnitt beschließt das lange, bis 1946 reichende Ende des alten Reichsarchivs, das geprägt war vom vergeblichen Ringen um institutionelles und personelles Überleben in der Zusammenbruchsgesellschaft und der sich neu entwickelnden Ordnung in der Sowjetischen Besatzungszone.

Die lange Auszeit: Vom Krisenmanagement zum Stillstand der Archive

Im Verlauf des Jahres 1938 ging das NS-Regime in die Offensive und stellte die Weichen für Krieg und Völkermord. Zunächst vollzogen die Nationalsozialisten den Anschluss Österreichs an das Deutsche Reich. Dann wurde Ende September 1938 das Münchner Abkommen zwischen Deutschland, dem Vereinigten Königreich, Frankreich und Italien unterzeichnet, das bestimmte, dass die Tschechoslowakei das Sudetenland an das Deutsche Reich abtreten und binnen zehn Tagen räumen musste; bereits Anfang Oktober begann hier der Einmarsch der Wehrmacht. Innenpolitisch wurde die Politik gegenüber der jüdischen Bevölkerung dramatisch verschärft, sodass deren Diskriminierung und Verfolgung noch einmal massiv zunahm. Im November gipfelte der staatliche Antisemitismus in deutschlandweiten mörderischen Pogromen gegen Juden. Im März bzw. August 1939 wurde dann die »Rest-Tschechei« annektiert und zum Protektorat Böhmen und Mähren erklärt sowie ein geheimer deutsch-

5 Musial, Staatsarchive im Dritten Reich, S. 175.

sowjetischer Nichtangriffspakt geschlossen, der unter anderem die Aufteilung Polens vorsah. Mit dem Überfall auf Polen begann im September schließlich der Zweite Weltkrieg.

Auf dem Weg zum Notbetrieb

Wie bei der Mehrzahl der Beamten war auch unter den Archivaren die Anfangszeit des Krieges zunächst von starken Momenten der Euphorie und des strukturellen Konjunkturempfindens geprägt. Vielen von ihnen imponierten die raschen Siege der Wehrmacht und das schlagartige institutionelle Wachstum des Staatsarchivwesens nach den Zwangseingliederungen der Archive aus den besetzten Gebieten. Die Zahl der wissenschaftlichen Archivare hatte sich gegenüber 1933 allein um die Hälfte erhöht und betrug 1942 etwa 205.[6] Die preußische Archivverwaltung unter Ernst Zipfel zeigte sich zufrieden über ihre Präsenz in den auswärtigen »Archivschutz«-Kommissionen und die Rolle, die ihre Abgesandten beim Aufbau von Archivverwaltungen spielten. Macht und Einflussmöglichkeiten der Archivare waren gewachsen. Zugleich konnte die preußische Archivverwaltung ihre hegemoniale Stellung ausbauen.

Doch es gab auch gegenläufige Entwicklungen: So waren seit 1939 Personalbestand und -verfügbarkeit in den einzelnen Archiven vor Ort grundsätzlich eher in eine rückläufige Bewegung geraten. Grund dafür waren die Mobilmachungsübungen, zu denen eine wachsende Zahl von Beamten einberufen wurden, sowie dann die Einberufungen zur Wehrmacht mit Beginn des Zweiten Weltkriegs, die rasch etwa ein Drittel aller höheren Beamten betrafen. Zu ihnen gehörten anfänglich auch leitende Archivare wie Ernst Zipfel, Georg Winter, Helmuth Rogge und Adolf Diestelkamp. Allerdings wurden Beamte wie Zipfel und Georg Schnath bereits Ende 1939 / Anfang 1940 wieder entlassen. Andere waren zu Reserveeinheiten in ihren Heimatorten beordert worden, sodass beispielsweise Ernst Zipfel, der als Hauptmann eines Ersatzbataillons in Berlin-Spandau stationiert war, weiterhin in der Lage war, die preußische Archivverwaltung zu führen.[7]

Da sich der Publikumsverkehr bzw. der Nutzerbetrieb nach Kriegsbeginn ohnehin verringerte, zeitigte diese Personalabschöpfung kaum Folgen, wie Musial konstatierte: »Anfang 1940 hatten sich die Verhältnisse in den deutschen Staatsarchiven zunehmend normalisiert. [...] Die Personallage in den Archiven war trotz der Abordnungen nach Polen wieder relativ günstig«.[8] Auch auf den Benutzeralltag hatte der Krieg anfänglich zunächst nur überschaubare Auswirkungen. Zwar gab es bereits im Winter 1939/40 Einschränkungen – vielfach war Heizmaterial knapp, sodass Benutzersäle wie im Staatsarchiv Hannover ge-

6 Dabei war die Zahl der Beschäftigten insgesamt sogar noch mehr gewachsen. Allein in Preußen hatte sie sich im Vergleich zu 1933 auf 225 Prozent erhöht, wie Torsten Musial errechnete. Musial, Staatsarchive im Dritten Reich, S. 90.

7 Ebd., S. 84.

8 Ebd., S. 85.

schlossen wurden oder wie in den preußischen Staatsarchiven nur von 10 bis 13 Uhr geöffnet hatten[9] –, doch die Besucherzahlen waren nur geringfügig gefallen und die wissenschaftliche Forschung wurde fortgeführt. Der Einschnitt kam nach dem Überfall auf die Sowjetunion im Sommer 1941. Von nun an sanken die Besucherzahlen rapide.[10] Beschleunigt wurde diese Entwicklung zum einen durch die Einberufung von immer mehr Nutzern zur Wehrmacht, zum anderen durch Zipfels restriktive Anordnungen. In der Allgemeinen Verfügung 506 vom 30. Januar 1942 forderte er beispielsweise eine Beschränkung auf die Bearbeitung amtlicher Anfragen sowie auf rein wissenschaftliche Nutzung und Forschung von deutschem Interesse. Alle anderen darüber hinaus gehenden Anträge sollten auf die Zeit nach Kriegsende verschoben werden. Mit der Neufestlegung der Aufgaben preußischer Staatsarchive am 22. Februar 1943 wurden die private Benutzung bzw. die Bearbeitung privater Anfragen dann endgültig eingestellt und die Benutzerzimmer geschlossen. Immerhin sollten, wo möglich, Archivare noch in Historischen Kommissionen und Geschichtsvereinen mitarbeiten.[11]

Als sich mit den verlorenen Schlachten von Moskau 1941/42 und vor allem Stalingrad 1942/43 das Kriegsblatt zu wenden begann, setzte nochmal eine Verschlechterung der Personalsituation ein. Durch den Führererlass vom 13. Januar 1943 über den Einsatz von Männern und Frauen für Reichsverteidigungsaufgaben und die Ausrufung des »totalen Krieges« am 18. Februar 1943 wurden erneut zahlreiche Archivare bzw. Archivbeschäftigte eingezogen oder für Verteidigungsaufgaben abgestellt. Im Ergebnis fehlten beispielsweise in der bayerischen Archivverwaltung wenige Monate später rund 60 Prozent der männlichen Beamten und Angestellten sowie 30 Prozent des weiblichen Personals, da sie entweder in der Armee oder in der Reichsverteidigung dienten.[12] Um eventuellen Einsparauflagen oder gar Schließungsanweisungen von außen zuvor zu kommen, hatte Zipfel eigeninitiativ bereits am 22. Februar verfügt, dass die Personalstärke preußischer Staatsarchive nur noch maximal sechs bis acht Leute umfassen dürfe (davon ein bis zwei Beamte des höheren Dienstes). Die anderen Beschäftigten sollten hingegen Verteidigungsaufgaben leisten.[13] Im Folgejahr waren es dann durchschnittlich sogar nur noch vier bis fünf Mitarbeiter, darunter vielfach reaktivierte Pensionäre, die in preußischen Staatsarchiven ihren Dienst taten.

9 Manfred Hamann, Geschichte des Niedersächsischen Hauptstaatsarchivs in Hannover. Teil 2, in: Hannoversche Geschichtsblätter, Neue Folge 42 (1988), S. 37-119, hier S. 75.

10 Musial, Staatsarchive im Dritten Reich, S. 96ff.

11 BArch, R 1506/5: Der Generaldirektor der Staatsarchive, Dr. Zipfel: Grundsätze für den Dienstbetrieb der Staatsarchive, 22.2.1943.

12 Anton Schmid, Die bayerischen Archive im zweiten Weltkrieg, in: Archivalische Zeitschrift 46 (1950) S. 41-76, hier S. 70.

13 BArch, R 1506/5: Der Generaldirektor der Staatsarchive, Dr. Zipfel: Grundsätze für den Dienstbetrieb der Staatsarchive, 22.2.1943.

Weitere gravierende Negativeffekte ergaben sich aus den Folgen des Luftkriegs bzw. der Fliegerangriffe auf deutsche Städte und Regionen: An die Stelle von Ordnungs- und Erschließungsarbeiten traten die Sicherung bzw. Verlagerung von Archivgut. Vor welchen Zusatzaufgaben und Problemen die verbliebenen Mitarbeiter dabei standen, beschrieb Musial so: »Neben der Aufrechterhaltung der Geschäfte des Archivs mussten die Beamten Luftschutzwachen stellen, nach Angriffen Trümmer beseitigen und dabei zerstreutes Archivgut einsammeln, Auslagerungsorte aussuchen, Archivalien dorthin verbringen und überwachen sowie entsprechende Listen anfertigen. Dazu kam die ständige Berichtspflicht an den Kommissar für Archivschutz. Die Transportmittel für die Umzüge und der Kraftstoff dafür wurden immer knapper. Auch das Verkehrsnetz war durch die ständigen Luftangriffe stark in Mitleidenschaft gezogen. Dazu kamen dauernd Querelen mit den verschiedensten Partei- und Verwaltungsstellen, welche nicht immer gewillt waren, diesen Transporten den nötigen Vorrang zu gewähren.«[14]

Mit der Übernahme des Amtes als neuer Reichs- und Preußischer Minister des Innern am 26. August 1943 durch Heinrich Himmler wurde mit Wilhelm Frick nicht nur ein prominenter NS-Minister der ersten Stunde abgelöst, sondern auch der behördliche Übergang in die Zeit des »totalen Krieges« eingeläutet.[15] Die neue Funktion bedeutete zum einen eine weitere Machtzunahme des Reichsführers-SS, die als solche auch im alliierten Ausland genauestens registriert wurde. Zum anderen sah Himmler jedoch im Innenministerium eine seit Jahren schwächelnde Behörde, die unter Frick *peu à peu* Kompetenzen abgegeben hatte und in der sich zugleich verhasste Administration ballte. Himmler hegte – auf einer Linie mit Hitler – Geringschätzung und Ablehnung gegenüber Verwaltung und Verwaltungsabläufen. Fehlende praktische Erfahrung und damit einhergehende, vermeintliche Lebensfremdheit war dabei ein immer wiederkehrender Pauschalvorwurf gegen akademisch ausgebildete Beamte, die als erneuerungsfeindlich und unflexibel galten. Gerade die obligate Verknüpfung von höherem Dienst und juristischer Ausbildung war Himmler ein Dorn im Auge. Ihm schwebten dagegen Beamte vor, die weniger nach Verordnungen und Paragrafen handelten, als vielmehr ihrem ideologisch gerahmten Initiativgeist folgten.[16] Der Weg dorthin führte für Himmler über eine »Germanisierung« von Bürokratie und Beamten. Doch entgegen den eigenen Vorsätzen und Ansprüchen füllte Himmler sein Ministeramt kaum

14 Musial, Staatsarchive im Dritten Reich, S. 104 f.

15 Zur Entwicklung des RMI in knapper Form auch: Frieder Günther/Lutz Maeke, Vorgeschichte und Entstehung der Innenministerien in Bonn und Ost-Berlin, in: Bösch/Wirsching (Hg.), Hüter der Ordnung, S. 27-54, hier S. 27-34.- Aus zeitgenössischer Perspektive: Franz Albrecht Medicus, Das Reichsministerium des Innern. Geschichte und Aufbau, Berlin 1940.- Ernst Ritter, 100 Jahre Innenressort: vom Reichsamt zum Bundesministerium, Bonn 1981 (Ausstellungskatalog).

16 Stephan Lehnstaedt, Das Reichsministerium des Inneren unter Heinrich Himmler 1943-1945, in: Vierteljahrshefte für Zeitgeschichte 54 (2006) 4, S. 645.

aus. Mit Vorliebe produzierte er sich auf Treffen und Tagungen, auf denen er seine programmatischen Vorstellungen ausbreitete. Darüber hinaus trat er aber als Minister aufgrund der geringen ministerialen Spiel- und Gestaltungsräume in dieser Phase des Krieges und angesichts der Fülle kriegsrelevanter Führungsaufgaben nur wenig in Erscheinung. Stattdessen führten seine Staatssekretäre Wilhelm Stuckart und Leonardo Conti mehr oder weniger im Alleingang die Geschäfte oder lenkten die wichtigen Entscheidungen.[17] Während sich nun Conti um den Bereich des Gesundheitswesens kümmerte, oblagen die anderen Referate Stuckart, der damit zum De-facto-Innenminister aufstieg – und bald zum obersten Vorgesetzten der Archive. Ihm unterstand die Abteilung »Verfassung, Verwaltung, Gesetzgebung« unter der Leitung von Ministerialdirektor Hans Faust, in der am Ende auch das Referat Archivwesen untergebracht war. Bis zum Schluss entfaltete Stuckart ein reges Engagement in seiner Behörde. Seine Mitarbeiter schätzten ihn als stets korrekt, vielfach hilfsbereit und sogar fürsorglich für das Personal ein. In diesem Sinne offenbaren sich frappierende Parallelen zum Auftreten und Agieren von Ernst Zipfel.[18]

Ende 1943 wurde die für das Archivwesen zuständige Abteilung IV im RMI aufgelöst. An ihre Stelle trat die neu errichtete »Unterabteilung I Archiv- und Schriftgutwesen«, an deren Spitze Zipfel berufen wurde. Damit stand erstmals ein Archivar der Unterabteilung des Ministeriums vor bzw. fungierte als direkter Berater des Ministers (gleichwohl befand sich die Unterabteilung I im Zuständigkeitsbereich von Ministerialdirektor Faust) – formal-bürokratisch bedeutete dies eine deutliche Aufwertung im Ministerialgefüge. Zu Zipfels engsten Mitarbeitern gehörten hier von nun an der Oberregierungsrat Hoffmann und der Amtsrat Andreas, die beide bereits dem Ministerium angehörten, sowie Wilhelm Rohr, der 1939 als Generalreferent für Verwaltungsangelegenheiten am GStA ins RMI gewechselt war und den Zipfel 1944 zum Oberregierungsrat beförderte, der Verwaltungsamtmann Max Rabenhorst vom Reichsarchiv und der ebenfalls in Potsdam tätige Regierungsinspektor Maximilian Stiller. Zipfels Befugnisse wurden im RMI-Erlaß vom 11. Juli 1944 noch einmal präzisiert und punktuell erweitert, sodass ihm dann im Ergebnis 30 Archive mit rund 600 Beamten und Angestellten unterstanden, unter denen sich rund 170 wissenschaftliche Beamte befanden.[19] Damit war der Potsdamer Reichsarchivdirektor auf vielen Umwegen zum bislang mächtigsten deutschen Archivbeamten aufgestiegen. »Eine Unterstellung der gesamten deutschen Archive mit einem Präsidenten an der Spitze unter den Reichsminister und Chef der Reichskanzlei war nach meiner Überzeugung und auf Grund der Erfahrungen in Preußen … die Ideallösung«, erklärte Zipfel dazu im Rückblick.[20]

17 Ebd., S. 648-650.

18 Ebd., S. 649, 658.- Zu Stuckart in dieser Phase: Hans-Christian Jasch, Staatssekretär Wilhelm Stuckart und die Judenpolitik. Der Mythos von der sauberen Verwaltung, München 2012, S. 110-189, insbesondere S. 136 ff.

19 BArch, R 1506/1020: Ernst Zipfel, Erinnerungen eines Archivars, S. 34.

20 Ebd., S. 36.

Doch die vielen Zügel, die er nun in der Hand hielt, blieben im Kontext des Kriegsdebakels nur eine kurze Episode ohne Nachhaltigkeit, denn nach dem Ende der NS-Diktatur löste sich diese Machtfülle unverzüglich wieder auf.

Kriegszerstörungen, Archivgutsicherung und Aktenauslagerungen

»Die erhöhte Gefährdung aller Kulturwerte durch die englischen Bombenangriffe hat den Leiter der Parteikanzlei veranlasst, mit Anordnung vom 5. Mai 1942 alle Gauleiter anzuweisen, unter ihrer Verantwortung für brand- und bombensichere Unterbringung dieser Werte zu sorgen. Es liegt auf der Hand, daß die Parteidienststellen sich aufgrund dieser Anweisung auch um die Sicherung von Archivgut kümmern müssen.«[21] Es war Ernst Zipfel, der zwei Tage nach der von Martin Bormann im Auftrag von Adolf Hitler verkündeten Anweisung vom 5. Mai 1942[22] dieses Rundschreiben an seine Archivleiter mit der Bitte versendete, sich umgehend an die Gauleiter zu wenden. Beide Anordnungen stellten einen Wendepunkt in der preußischen bzw. reichsdeutschen Politik zum Schutz der eigenen Archive dar. Nunmehr erfuhr die Archivaliensicherung eine organisationspolitische Aufwertung innerhalb der kriegsbezogenen Militär- und Zivilverwaltungen und volle innenpolitische Legitimität, denn zuvor waren Haltung und Praxis dazu eine andere.

Mit Ausbruch des Weltkrieges wurden Archivalien zunächst aus den als besonders gefährdet eingeschätzten Westgebieten wie den saarländischen Grenzgebieten verbracht. Doch das allgemeine Bewusstsein für die Notwendigkeit von Archivschutzmaßnahmen war lange Zeit eher gering ausgeprägt, was maßgeblich auf die anfänglichen militärischen Erfolge zurückzuführen war. Gleichwohl gelang es Zipfel, sich am 22. Mai 1940 vom Reichsinnenministerium zum Kommissar für den Archivschutz (K.f.d.A.) ernennen zu lassen,[23] ein Auftrag, den er zugleich als Chance interpretierte, wenigstens in den besetzten Ländern eine einheitliche deutsche Archivpolitik zu realisieren. Sein

21 BArch, R 1506/286: Generaldirektor der Staatsarchive betr. Luftschutzmaßnahmen, Ausweichstellen für Archivgut, 7.5.1942.

22 Die Anweisung lautete im Volltext: »Hoechst bedauerlicherweise sind bei verschiedenen schweren Bombenangriffen auf deutsche Städte unersetzliche Kulturwerte (Ölgemälde, Stiche, Möbel, wertvolle Akten und Bücher, Noten, Architektur-Zeichnungen usw., usw.) verbrannt. Damit dergleichen Verluste nicht wieder eintreten, haben die Gauleiter dafür Sorge zu tragen, daß sämtliche Kulturwerte ihrer Gaue bomben- und brandsicher untergebracht werden. Der Führer macht die Gauleiter, wie ich im Auftrag mitteile, voll für die notwendigen Maßnahmen verantwortlich. Sollten irgendwelchen Schwierigkeiten auftreten, ist umgehend zu berichten.« BArch, R 1506/286: Parteikanzlei/Martin Bormann (Abschrift), 5.5.1942.

23 Erlaß des Reichsministers des Innern vom 22. Mai 1940, in: Mitteilungsblatt der Preußischen Archivverwaltung 1940, Nr. 4, S. 61.- BArch, R 1506/5: Reichsminister des Innern/Dr. Stuckart: Rundschreiben bezüglich Ernennung und Befugnisse des Kommissars für Archivschutz, 11.7.1944.- Kistenich-Zerfaß, Auslagerung von Archivgut im Zweiten Weltkrieg, S. 415-417.

Aufgabenfeld war zunächst auf das »westliche Operationsgebiet« beschränkt. Bis Mitte 1942 wurden Archivalienverlagerungen eher als unwillkommene, weil arbeitsaufwendige Ausnahme angesehen. Man beschränkte sich auf die konventionellen Luftschutzvorrichtungen und -vorkehrungen. Doch als die Luftangriffe auf deutsche Städte deutlich zunahmen, setzte ein zügiger Meinungsumschwung unter den Archivaren ein. Zipfel, der noch Anfang Oktober 1941 vor den Direktoren der preußischen Staatsarchive Sinn und Nutzen von Flüchtungen angezweifelt hatte, ordnete im Mai 1942 die ersten Auslagerungen von Beständen an.[24] Damit hatte er sich vom zaudernden Skeptiker zu einem vehementen Befürworter gewandelt.[25] Gerade der Bombenangriff auf Köln am 31. Mai 1942 sorgte für einen allgemeinen Schock und Sinneswandel unter den Archivaren – auch wenn noch keine bedeutsamen Archivgebäude zerstört wurden. Die Flüchtung von Archivalien wurde nun mehrheitlich akzeptiert und sogar begrüßt.[26] So wandte sich Zipfel noch im Juni 1942 schwer beeindruckt von den Kölner Zerstörungen an den Leiter der Frankfurter Außenstelle des Reichsarchivs sowie an den Leiter des benachbarten Potsdamer Heeresarchivs mit der Empfehlung, zügig bauliche Sicherungsmaßnahmen am dortigen Magazin und auf den Dachböden zu ergreifen.[27] Darüber hinaus fragte er bei diversen Ministerien wie dem RMI, dem Auswärtigen Amt oder der Reichskanzlei Informationen an, ob sie einer Verbringung von Reichsarchivakten an Ausweichstellen zustimmen würden.[28]

Wie bereits angedeutet, wuchs mit den größer werdenden Destruktivkräften im Kriegschaos das Maß der personalisierten Zentralisierung, was die Befürworter eines einheitlichen Archivwesens aufmerksam registrierten. Per Erlass des Reichsinnenministers bekam Zipfel am 23. Juli 1942 die zentrale fachliche Leitung und Lenkung der Luftschutzmaßnahmen für alle Archive im gesamten Reichsgebiet übertragen.[29] Zugleich wurde er für die fachlichen und wissenschaftlichen Angelegenheiten der Reichs- und Reichsgauarchive (ohne Wien) zuständig, sodass sich sein Kompetenzbereich noch einmal sprunghaft ausdehnte. Während bis dahin nur die preußischen Staatsarchive und das Potsdamer Reichsarchiv unter seiner direkten Führung standen sowie – in

24 Wilhelm Rohr, Die zentrale Lenkung deutscher Archivschutzmaßnahmen im Zweiten Weltkrieg, in: Der Archivar 3 (1950) 3, Sp. 105-122, hier Sp. 109 ff.

25 Kistenich-Zerfaß, Auslagerung von Archivgut im Zweiten Weltkrieg, S. 417-426.

26 Hansgerd Hellenkemper, Gedächtnisverlust. Zur Erinnerung an die Peter-und-Paul-Nacht 1943 in Köln, in: Kölner Museums-Bulletin 3/1993, S. 9-17, hier S. 11.

27 BArch, R 1506/286: Direktor des Reichsarchivs an den Direktor des Heeresarchivs, 30.6.1942.- BArch, R 1506/286: Direktor des Reichsarchivs an den Leiter der Reichsarchiv-Abteilung Frankfurt a. M., 1.7.1942.

28 BArch, R 1506/286: Direktor des Reichsarchivs an den Herrn Reichsminister und Chef der Reichskanzlei, 29.6.1942.- BArch, R 1506/286: Direktor des Reichsarchivs an das Auswärtige Amt, 29.6.1942.- BArch, R 1506/286: Direktor des Reichsarchivs an den Reichsminister des Innern, 18.7.1942.

29 Erlaß des Reichsministers des Innern vom 23.7.1942, in: Mitteilungsblatt der Preußischen Archivverwaltung 1942, Nr. 7, S. 91-92.

seiner Eigenschaft als Kommissar für den Archivschutz – die Archive in den besetzten Gebieten, gerieten nun im Prinzip alle wichtigen Archive unter seine Einflussnahme.

Zu den frühesten Auslagerungen in Zipfels Zuständigkeitsbereich gehörte die Aktenverbringung der Frankfurter Außenstelle des Reichsarchivs. Hier hatten bereits am 17. August 1942 die Umlagerungsarbeiten begonnen, in deren Verlauf die Bestände ins Schloss Laudenbach am Main sowie ins Schloss Bronnbach an der Tauber verbracht wurden. Schon zum 30. September 1942 konnte Außenstellenleiter Karl Demeter Vollzug melden.[30] Am 11. September hatte der Reichsminister des Innern auf Zipfels Rat hin einen Runderlass zur Sicherung des behördlichen Schriftgutes gegen Luftgefahren erlassen, der Art und Weise der Aktenlagerungen konkret anwies.[31]

Ab 1943 wurden Auslagerungen schließlich normale Praxis. Zipfel formulierte am 15. März 1943 dahingehend, der beste Archivgutschutz bestehe im Verbringen an Ausweichstellen; ein halbes Jahr später ordnete er an, dass in jedem Archiv mindestens 50 Prozent des jeweiligen Gesamtbestandes auszulagern sei, wünschenswert seien jedoch 75 bis 80 Prozent.[32] Priorität bei Schutz und Verbringung wurde den Findbüchern eingeräumt, die für Zipfel das Herzstück jeder Bestandsordnung und daher nach Möglichkeit zu verfilmen waren.[33] Um die Auslagerung voranzubringen, entwickelte der oberste Archivfunktionär eine außergewöhnlich dichte Reisetätigkeit und ließ eine zentrale Kartei einrichten, in der er Informationen, Daten und Korrespondenzen sammelte, um sich beständig über den Stand der Dinge auf dem Laufenden zu halten. Alle staatlichen und kommunalen Archive waren angewiesen, kontinuierlich über die Archivsituation vor Ort zu berichten. Jeder Reichsgau hatte in Person eines staatlichen Archivdirektors einen Vertreter zu entsenden, der als »Luftschutzbeauftragter« die zentralen Maßnahmen regional zu übermitteln und zu kontrollieren hatte. Zipfel begab sich vielfach vor Ort, um mit seiner Organisationskraft und vor allem mit seiner Autorität die notwendigen Arbeitskräfte, Transportmittel und Einrichtungsgegenstände für die Umlagerungen zu sichern.[34] Schließlich entwickelte er noch einen speziellen Maßnahmenkatalog für den Katastrophenfall, der dann galt, wenn ein Archiv bei einem »Großangriff … selbst schwer getroffen wird«.[35] Für das Potsdamer

30 BArch, R 1506/286: Reichsarchiv/Abt. Frankfurt a.M. an den Herrn Direktor des Reichsarchivs, 1.9.1942 sowie 30.9.1942.

31 Reichsministerialblatt der inneren Verwaltung 1942, Nr. 37, S. 1815.

32 Mitteilungsblatt der Preußischen Archivverwaltung 1943, Nr. 3, S. 46. Rohr, Die zentrale Lenkung deutscher Archivschutzmaßnahmen, Sp. 111f.

33 BArch, R 1506/286: Der Generaldirektor der Staatsarchive und Direktor des Reichsarchivs Potsdam – Kommissar für den Archivschutz, 23.10.1943.

34 BArch, R 1506/1020: Ernst Zipfel, Erinnerungen eines Archivars, S. 32f.

35 BArch, R 1506/286: Generaldirektor der Staatsarchive betr. Luftschutzmaßnahmen für den Katastrophenfall, 15.3.1943.

Reichsarchiv sicherten sich dafür Zipfel bzw. Heinrich Otto Meisner eine Reihe von Kellerräumen in den städtischen Arado-Flugzeugwerken.[36]

Zur praktischen Richtschnur wurde das Prinzip, geflüchtetes Archivgut dezentral zu lagern und dafür Orte auszuwählen, die von außen nicht leicht zu lokalisieren waren wie etwa Schlösser, Klöster, Gutshäuser, Türme oder Behördenräume kleiner Ortschaften und solche, die eine gewisse Sicherheit boten wie beispielsweise Felsenstollen, Felsenkeller großer Brauereien und Bergwerke.[37] Bereits im Ersten Weltkrieg hatten sich Salz- und Kalibergwerke als besonders geeignete Lagerungsstätten erwiesen, sodass daran angeknüpft wurde. Zu den wichtigsten Orten der Sicherung von Archivgut gehörten die Festung Ehrenbreitstein und die Bergwerke Grasleben bei Helmstedt, Salzdettfurth bei Hildesheim, Kochendorf bei Heilbronn, Bernburg sowie Staßfurt (unter anderem mit Beständen des Reichsarchivs Potsdam, des Geheimen Staatsarchivs Berlin und des Brandenburgisch-Preußischen Hausarchivs) und Schönebeck an der Elbe (mit Beständen des Reichsarchivs Potsdam, des Geheimen Staatsarchivs Berlin und des Staatsarchivs Magdeburg).[38]

Mit der Bildung der Unterabteilung für Archiv- und Schriftgutwesen im Reichsinnenministerium unter Zipfels Leitung im Januar 1944 und der Erteilung einer generellen Weisungsbefugnis in fachlichen und wissenschaftlichen Angelegenheiten gegenüber allen Reichs- und Reichsgauarchiven im darauffolgenden Juli wurden Zentralisierungsmaßnahmen durchgesetzt, die sich für die Organisation der Flüchtung und Verbringung von Archivgut als vorteilhaft erweisen sollten.[39] Im Sommer 1944 erarbeitete Wilhelm Rohr angesichts der massiven Bombenschäden auf reichsdeutschem Gebiet und der heranrückenden Kriegsfront eine Übersicht über die vorgenommenen Aktenverschiebungen. Die darin enthaltenen Zahlen zeichnen ein gleichermaßen beeindruckendes wie erschütterndes Bild eines sich in völliger Auflösung befindlichen Archivwesens, das nun nicht mehr nur über wenig Fachpersonal verfügte, sondern auch das Gros seiner Archivbestände aus seiner angestammten Ordnung und Verwahrung gegeben hatte. In 550 Ausweichstellen hatten 96 dem Kommissar für den Archivschutz unterstellte Archive bis zum 1. März 1944 insgesamt rund 2 Millionen Urkunden, 450 000 Handschriften und Bücher sowie 1 460 000 Aktenpakete eingelagert, was ungefähr dem Dreifachen der Archivalienmenge entsprach, über die die bayerische Archivverwaltung verfügte. Von diesen Archiven hatten dann

36 BArch, R 1506/286: Arado Flugzeugwerke (Werkschutzleiter) an das Reichsarchiv (Dr. Meisner), 5.5.1943.

37 Rohr, Die zentrale Lenkung deutscher Archivschutzmaßnahmen, Sp. 113.- Georg Leyh, Die deutschen wissenschaftlichen Bibliotheken nach dem Krieg, Tübingen 1947, S. 10.

38 BArch, MfS, Sekr. Neiber, Nr. 757: Dr. Zipfel, Generaldirektor der Staatsarchive und Direktor des Reichsarchivs Potsdam, Kommissar für Archivschutz an die Britische Militärregierung, 29.8.1945 (Kopie), f. 41f.

39 Erlaß des Reichsministers des Innern vom 11. Juli 1944, in: Mitteilungsblatt der Preußischen Archivverwaltung 1940, Nr. 6, S. 58.

mit Stand vom 1. Juni 1944 20 Archive über 90 Prozent ihrer Gesamtbestände in Ausweichstellen oder Depots verbracht, 7 zwischen 80-90 Prozent und 53 mehr als 50 Prozent. Für November 1944 führte Rohr noch einmal 54 staatliche und 35 städtische Archive an, die zusammen rund 2,25 Millionen Urkunden, 550 000 Handschriften und Amtsbücher, 400 000 Karten und Pläne sowie 1,75 Millionen Aktenpakete außerhalb ihrer Magazine verbracht hätten.[40] Als die Rote Armee die Oder erreichte, wurden in Pommern und in der Mark Brandenburg die Anstrengungen noch einmal intensiviert, bedrohtes Archivgut zu sichern. Die Anlieferungen kamen aus allen Richtungen: Zum Beispiel erreichte ein Waggon mit Archivalien des Staatsarchivs Stettin Grasleben; das GStA überstellte im Februar 1945 Archivgut aus dem frontnahen Lübben in das Bergwerk bei Schönebeck an der Elbe, wo zu diesem Zeitpunkt ebenso wie im Schacht zu Staßfurt bereits große Mengen Archivgut des GStA und des Reichsarchivs lagerten. Die Transporte liefen bis Mitte April.[41]

Was das Potsdamer Reichsarchiv anbetraf, lag die luftschutztechnische Gebäudesicherung zunächst in den Händen des Heeresarchivs als Gebäudeeigentümer, doch in der dortigen Leitung ging man 1942 und auch danach noch davon aus, dass der neue Magazinneubau ausreichend Schutz gegen Brandgefahr bieten würde. Zipfel beließ es zunächst dabei, wohl auch weil lange Zeit keine Alternative gefunden werden konnte. So forcierte er erst vergleichsweise spät die Standortwahl und den Druck, die Potsdamer Reichsarchivakten in Ausweichlager zu verbringen. Ein Grund für das Umdenken mochte dabei auch die Bombardierung Hannovers und des dortigen Staatsarchivs gewesen sein, deren Folgen Zipfel unmittelbar selbst vor Ort besichtigte. Zipfel erklärte daraufhin schwer beeindruckt, dass die Räumungsarbeiten nun absoluten Vorrang hätten.[42] Bald wurden die Bergwerksstollen in Schönebeck und Staßfurt an der Elbe als neue Auslagerungsorte ausfindig gemacht und – zeitlich versetzt – angemietet. Allerdings musste gerade in Schönebeck noch eine Reihe Vorarbeiten und Installationen durchgeführt werden, um die Räumlichkeiten unter Tage kompatibel für die Einlagerung von Akten zu machen. Die ersten Transporte gingen dann auch zunächst nach Staßfurt.

Nachdem am 6. März 1944 nach einem Luftangriff ein Brand im Potsdamer Archivkomplex ausgebrochen war, intensivierten Zipfel und seine schockierten Archivmitarbeiter die Bemühungen noch einmal massiv. Insgesamt waren dreizehn Brandkanister über dem Archivgelände abgeworfen worden, von denen sieben die Südseite des Heeresarchiv-Dienstgebäudes trafen und zwei das Dach des Magazin-Quergebäudes durchschlugen, wo sie dort gelagertes und zur Kassation vorgesehenes Schriftgut verbrannten. Rund 400 Quadratmeter Dachfläche sowie

40 BArch, R 1506/1027: Niederschrift über die Tagung in Würzburg am 1. und 2. August 1944.- BArch, R 1506/1028: Wilhelm Rohr: Stand der Luftschutzmaßnahmen bei den Archiven im Reich, o. D. (1944).

41 Rohr, Die zentrale Lenkung deutscher Archivschutzmaßnahmen, Sp. 119-121.

42 BArch, R 1506/286: Generaldirektor der Staatsarchive, 23.10.1943.

41 große Fensterscheiben wurden zerstört.[43] »Ich ersuche«, ordnete Zipfel zwei Tage später an, »unverzüglich Bestände größeren Umfanges, am besten nach Staßfurt, zu flüchten«. Außerdem sei umgehend der Dachboden zu räumen, die Dienstbücherei auszulagern, die Aktenabgabe der Ministerien sofort nach Staßfurt zu leiten und jede amtliche Auskunftstätigkeit zu verschieben.[44]

Nachdem auch der Bergwerksstollen in Schönebeck an der Elbe hergerichtet worden war, erfolgte am 21. April unter großem physischen Aufwand die Verbringung von 230 Tonnen Akten des Reichsarchivs und des GStA (jeweils rund 50 000 bzw. 175 000 Aktenpakete) per Schleppkahn über die Elbe nach Schönebeck.[45] Es war in besonderer Weise Oberarchivrat Hermann Cron vom Reichsarchiv, der sich neben den Staatsarchivräten Hans Bellée und Gottfried Wentz vom GStA organisatorisch um diese Aktion verdient machte, wobei es in den Stollen selbst wiederum Heinrich Otto Meisner und Karl Demeter waren, die sich um eine Aufbewahrungs- und Aktenordnung unter Tage bemühten.[46] Zusätzlich zu den Beamten vom Reichsarchiv waren an der Beladung des Schleppkahns im Übrigen auch fünf Strafgefangene beteiligt, die vom Potsdamer Polizeigefängnis in der Priesterstraße angefordert worden waren.[47] Damit wurde knapp die Hälfte des insgesamt rund 11 000 lfm. umfassenden Aktenbestandes des Reichsarchivs gesichert – Cron vermeldete Mitte Oktober 1944, dass damit 47 Prozent der Reichsarchivakten geflüchtet seien, von denen sich 30 Prozent in Schönebeck und 17 Prozent in Staßfurt befinden würden.[48]

43 BArch, R 1506/286: Der Chef der Heeresarchive: Bericht über die Schäden, welche bei dem Luftangrif am 6. März 1944 im Dienstgebäude des Heeresarchivs entstanden sind, 7.3.1944.- BArch, R 1506/286: Der Chef der Heeresarchive: Hausmitteilung Nr. 12, 9.3.1944.

44 BArch, R 1506/286: Der Generaldirektor der Staatsarchive und Direktor des Reichsarchivs Potsdam – Kommissar für den Archivschutz: Zum Bericht vom 6. März, 8.3.1944.- BArch, R 1506/286: Der Generaldirektor der Staatsarchive und Direktor des Reichsarchivs Potsdam – Kommissar für den Archivschutz: Anordnung zur beschleunigten Räumung, 10.3.1944.

45 BArch, R 1506/286: Reichsarchiv Potsdam: Abteilungsleiter-Besprechung am 19. April 1944, 19.4.1944.- BArch, R 1506/286: Fr. Enger an das Reichsarchiv, betr. Aktenverladung, 27.4.1944.- BArch, R 1506/286: Direktor des Reichsarchivs (i. V. Cron) an den Reichsminister des Innern, 29.4.1944.- BArch, R 1506/286: Direktor des Reichsarchivs (i. V. Cron) an den Reichsminister des Innern, 8.5.1944.

46 Diese Archivare hob später Zipfel besonders hervor. BArch, R 1506/1020: Ernst Zipfel, Erinnerungen eines Archivars, S. 42.- BArch, R 1506/286: Reichsarchiv Potsdam: Abteilungsleiter-Besprechung am 19. April 1944, 19.4.1944.- BArch, R 1506/286: Reichsarchiv Potsdam: Arbeitsplan für Dr. Meisner und Dr. Demeter in Schönebeck und Staßburg, 20.4.1944.

47 BArch, Nr. R 1506/286: Vermerk über ein Ferngespräch am 4. April 1943, 6.6.1943.

48 BArch, R 1506/286: Direktor des Reichsarchivs Potsdam (i. V. Cron) an den Herrn Generaldirektor der Staatsarchive und Kommissar für den Archivschutz, 20.10.1944.

Auch im August und im September 1944 wurden per Kahn weitere Archivgutbestände in Richtung Schönebeck transportiert.[49] Im Laufe des Transporte kam es durch die Eile und schwierigen Verladeumstände allerdings immer wieder zur Auflösung von Bestandsordnungen: »Da die Akten mangelhaft gebündelt und bezettelt waren, so sind sie durch das vielmalige Umladen (Kahn, Eisenbahnwagen, Grubenwagen, am Ort) völlig durcheinander gekommen [...] Da die Akten ohne Verzeichnisse abgegeben wurden, so läßt sich ... nicht sagen, welchen Geschäftsgruppen sie angehören«, berichtete Cron an Zipfel in Bezug auf 60 Kubikmeter Akten des Reichswirtschafts- und Reichsarbeitsministeriums und fügte hinzu, dass aus Kapazitätsgründen eine sofortige Wiederherstellung der Ordnung vorerst nicht möglich sei.[50] Auch andere Fälle, in denen Aktenpakete, zum Teil Verschlusssachen, von den Transportwagen fielen, ereigneten sich in der Folge.[51]

Das oberste Geschoss des Reichsarchiv- bzw. Magazingebäudes war nach dem Angriff vom 6. März 1944 innerhalb weniger Wochen vollständig geräumt worden; das Erdgeschoss, das als sicher galt, war hingegen bis auf den letzten Meter gefüllt worden.[52] Der Räumung war eine rasch anberaumte, umfangreiche Kassationsaktion von 21 Regalen Aktenpaketen aus ehemaligen Dienststellen des Reichsfinanz- und Reichsschatzministeriums vorangegangen, die der von Frankfurt am Main nach Potsdam abgeordnete Reichsarchivar Karl Demeter unter Kriegsbedingungen durchführte. Sichtbar wird auch hier, welche Probleme die Kriegssituation für die archivalische Wertauslese verursachte. Demeter hatte im Eilverfahren und nach dem Prinzip der Stichprobenentnahme eine archivalische und historische Bewertung unter anderem von Akten des nach dem Ersten Weltkrieg gebildeten Reichskommissariats für Reparationszahlungen, der Reichsrücklieferungskommission und des Reichsentschädigungsamtes vorgenommen und am Ende 95 Prozent zur Einstampfung freigegeben. »Natürlich war es bei der aus Luftschutzgründen notwendig gebotenen Eile der Kassation schlechterdings nicht möglich, wie ich es sonst für meine Pflicht gehalten hätte, jeden einzelnen Aktenband genau durchzusehen«, rapportierte Demeter sein Vorgehen: »Ich musste [...] ganze Aktengruppen in Bausch und Bogen zur Kassation freigeben«.[53]

49 BArch, R 1506/286: Der Generaldirektor der Staatsarchive und Direktor des Reichsarchivs Potsdam – Kommissar für den Archivschutz, 8.8.1944.- Barch, R 1506/286: Preußisches Geheimes Staatsarchiv an das Reichsarchiv, 10.8.1944.

50 BArch, R 1506/286: Direktor des Reichsarchivs Potsdam (i. V. Cron) an den Kommissar für den Archivschutz, Herrn Generaldirektor Dr. Zipfel, 17.10.1944.

51 BArch, R 1506/286: Auswärtiges Amt an das Reichsarchiv, 2.9.1943.- BArch, R 1506/286: RMI an die obersten Reichsbehörden, 13.10.1943.

52 BArch, R 1506/286: Reichsarchiv Potsdam: Abteilungsleiter-Besprechung am 19. April 1944, 19.4.1944.- BArch, R 1506/286: Direktor des Reichsarchivs Potsdam (i. V. Cron) an den Herrn Generaldirektor der Staatsarchive und Kommissar für den Archivschutz, 20.10.1944.

53 BArch, R 1506/286: Dr. Karl Demeter an den Herrn Direktor des Reichsarchivs Potsdam: Kassationsbericht, 11.8.1944.

Darüber hinaus bemühten sich Potsdamer Reichsarchivare um die weitere Sicherung und koordinierte Auslagerung von Registraturen der Reichsministerien, die bisweilen bereits selbstständig Teile ihres Schriftgutes an Ausweichstellen verbracht hatten. Immerhin gelang es so, noch einige tausend Aktenpakete nach Staßfurt und Schönebeck zu überführen und zusammenhängend zu lagern.[54] Im November 1944 machte sich dann noch einmal ein Autolastzug mit ca. 200 Zentnern Archivgut auf den Weg von Potsdam nach Schönebeck.[55] Dabei handelte es sich um eine der letzten großen Anlieferungen aus dem Reichsarchiv. Zwar sollte noch Ende Februar 1945 auf Anweisung Zipfels ein größeres Konvolut von 30 Paketen Reichsarchivakten, die »von Wert sind, aber dem Feinde nicht in die Hände fallen dürfen«, per Kurierdienst durch vier Archivbeamte nach Schönebeck gebracht und dort eingelagert werden.[56] Doch inzwischen bestanden massive logistische Schwierigkeiten, sowohl was die Verkehrsmittel als auch die Gewährleistung einer sicheren Route anbetraf, sodass Zipfel Sonderbescheinigungen ausstellen musste.[57] Letzte Meldungen vom Transport eines Güterwagens mit mehr als 80 Kisten Archivgut in Richtung Schönebeck liegen für Anfang April vor.[58] Noch im Dezember 1944 war Georg Schnath von Zipfel zum Sonderbeauftragten für den Archivschutz in den westlichen Grenzgebieten des Reichs sowie zum Verantwortlichen für den Archivalienschutz des Potsdamer Reichsarchivs ernannt worden[59] – ob er einen besonderen Einfluss auf die Flüchtungs-Bemühungen nehmen konnte, wird aus den Akten nicht ersichtlich.

Dass am Ende trotz allem »wertvolle Archivalien in großem Umfang das Kriegsende überdauerten«, wie Josef Henke in Bezug auf Zipfel und seine Mitarbeiter hervorhob, war »zweifellos … auf die geschilderten Auslagerungsmaßnahmen zurückzuführen«.[60] In diesem Sinne formulierte dann auch Johannes

54 Gerhard Schmid, Die Verluste in den Beständen des ehemaligen Reichsarchivs im Zweiten Weltkrieg, in: Archivar und Historiker. Studien zur Archiv- und Geschichtswissenschaft zum 65. Geburtstag von H. O. Meisner, Berlin (Ost) 1956, S. 176-207.- Walter Nissen, Das Schicksal der ausgelagerten Bestände des Preußischen Geheimen Staatsarchivs und des Brandenburg-Preußischen Haus-Archivs und ihr heutiger Zustand, in: Archivalische Zeitschrift 49 (1954), S. 139-150.

55 BArch, R 1506/286: Direktor des Reichsarchivs Potsdam (i. V. Cron) an die Saline Schönebeck, 21.11.1944.

56 BArch, R 1506/286: Der Generaldirektor der Staatsarchive und Direktor des Reichsarchivs Potsdam – Kommissar für den Archivschutz, 20.2.1945.- BArch, R 1506/286: Direktor des Reichsarchivs Potsdam (i. V. Cron) an den Herrn Generaldirektor der Staatsarchive und Kommissar für den Archivschutz, 26.2.1945.

57 BArch, R 1506/286: Direktor des Reichsarchivs Potsdam (i. V. Cron) an den Herrn Generaldirektor der Staatsarchive und Kommissar für den Archivschutz, 26.2.1945.- BArch, R 1506/286: RMI/Unterabt. I Arch.: Bescheinigung, 6.3.1945.

58 BArch, R 1605, Nr. 286: Reichsarchiv Potsdam/Dr. Cron: Notiz, 9.4.1945.

59 BArch, R 1506/5: Information Ernst Zipfel betr. Sicherung gefährdeten Archivguts im westlichen Grenzgebiet, 19.12.1944.

60 Josef Henke, Das Schicksal deutscher zeitgeschichtlicher Quellen in Kriegs- und Nachkriegszeit. Beschlagnahme – Rückführung – Verbleib, in: Vierteljahrshefte für Zeitgeschichte 30 (1982) 4, S. 557-620, hier S. 562.

Kistenich-Zerfaß, die kriegsbedingte Auslagerung aus den preußischen Staatsarchiven sei »eher eine Erfolgsgeschichte denn ein Fehlschlag« gewesen.[61] Dass es keinesfalls überall so erfolgreich verlief, zeigt das Beispiel des Heeresarchivs, das in unmittelbarer Nachbarschaft zum Reichsarchiv lag. Dessen Archivgut, für das der Kommissar für den Archivschutz allerdings keine Zuständigkeit besaß, war im Zuge des britischen Fliegerangriffs auf Potsdam am 14. April 1945 nahezu vollständig vernichtet worden.[62] Archivalische Totalverluste waren in der Regel in den Einrichtungen entstanden, in denen auf Auslagerungen prinzipiell verzichtet worden war – wie eben im Potsdamer Heeresarchiv. Dort, wo unter den verantwortlichen Militärs oder Zivilverwaltungsbeamten zu lange die Einstellung vorherrschte, Kulturgutverlagerungen aus Grenz- oder Kriegsregionen seien ein Ausdruck von Defätismus und deshalb abzulehnen, rächte sich die Untätigkeit: Das Staatsarchiv Breslau verlor auf diese Weise notwendige Zeit und Ressourcen, um eine Verlagerung der Bestände geordnet zu organisieren, sodass in der Bilanz mehrere Waggonladungen verlustig gingen.[63] Neben dieser Art von Zerstörung kam noch die gezielte Aktenvernichtung hinzu, die in den letzten Wochen und Monaten des Kriegs vor allem in Behörden praktiziert wurde.[64] So enthielt der Erlass des Reichsministers des Innern an die Reichsverteidigungskommissare vom 12. Oktober 1944 über das »Verhalten der Behörden bei Feindbesetzung« die Verhaltensmaßregel, bei zu erwartendem Feindeinbruch alle »wichtigen Akten, insbesondere solcher geheimer und politischer Art und solcher, die für den Feind von Bedeutung für seine Kriegsführung sein können«, zu vernichten.[65] Chancen, dagegen einzuschreiten, bestanden für die Archivare nicht mehr.

Zu Beginn des Jahres 1945 standen die Zeichen schließlich mehr und mehr auf Auflösung: Die letzte Offensive der Wehrmacht war Ende Dezember 1944 in den Ardennen steckengeblieben, alliierte Truppen begannen die deutschen

61 Kistenich-Zerfaß, Auslagerung von Archivgut im Zweiten Weltkrieg, S. 474.

62 Karl Ruppert, Heeresarchiv Potsdam 1936-1945, in: Der Archivar 3 (1950), Sp. 177-180.- Bernhard Poll, Vom Schicksal der deutschen Heeresakten und der amtlichen Kriegsgeschichtsschreibung, in: Der Archivar 6 (1953), Sp. 66-75.- Erich Murawski, Das Bundesarchiv-Militärarchiv, in: Der Archivar 13 (1960), Sp. 187-198.- Gerhart Enders, Die ehemaligen deutschen Militärarchive und das Schicksal der deutschen Militärakten nach 1945, in: Zeitschrift für Militärgeschichte 8 (1969), S. 559-608.

63 Henke, Das Schicksal deutscher zeitgeschichtlicher Quellen, S. 561.

64 Hugo Cordshagen, Die Aktenvernichtungen beim Mecklenburgischen Staatsministerium, Abt. Inneres, und seinen nachgeordneten Behörden im März und April 1945, in: Archivmitteilungen 6 (1956) 4, S. 127-130.- Hans-Stephan Brather, Aktenvernichtung durch deutsche Dienststellen beim Zusammenbruch des Faschismus, in: Archivmitteilungen 8 (1958) 4, S. 115-117.- Heinz Boberach, Die schriftliche Überlieferung der Behörden des Deutschen Reiches 1871-1945. Sicherung, Rückführung, Ersatzdokumentation, in: Ders./Hans Booms (Hg.), Aus der Arbeit des Bundesarchivs. Beiträge zum Archivwesen, zur Quellenkunde und Zeitgeschichte, Boppard a. R. 1977, S. 50-61, hier S. 57.

65 BArch, R 1501/2876: Schnellbrief des RMI/Heinrich Himmler an die Reichsverteidigungskommissare betr. Verhalten der Behörden bei Feindbesetzung, 12.10.1944.

Grenzen zu überschreiten. Ihre Bomberverbände verfügten über nahezu vollständige Lufthoheit und flogen eine Angriffswelle nach der anderen. Nachdem die Rote Armee am 12. Januar 1945 in die Offensive gegangen war, verlief die Ostfront Ende Januar/Anfang Februar an der Oder. Die leitenden Funktionäre der östlichen Staatsarchive wie Max Hein in Königsberg und Joachim Lachmann in Breslau verließen ihre Archive und flohen vor den heranrückenden sowjetischen Truppen. Viele hatten versucht, ihre Bestände westwärts zu verbringen, doch wenn überhaupt Transportmittel aufzutreiben waren, hingen viele Ladungen unterwegs fest.

Das Ende des Reichsarchivs kam zeitgleich mit der bereits erwähnten Bombardierung des Heeresarchivs am 14. April 1945. Der Luftangriff galt dem ganzen Brauhausberg und radierte den Archivstandort mit gewaltigen Explosionen aus: »Sämtliche Bomben schlugen bis fast zum Erdgeschoss durch. Infolge der Detonationen zersprangen die Fenster, und der Aufwind entfachte in Verbindung mit dem Phosphor einen wahren Feuersturm durch sämtliche Geschosse, so dass das große Gebäude in kurzer Zeit in Flammen stand. An eine Löschung des Brandes war, wie Augenzeugen berichten, nicht zu denken, man musste sich darauf beschränken, sein Übergreifen auf das Verwaltungsgebäude zu verhindern. Dieses hatte ebenfalls einen Treffer erhalten, der den Westflügel absprengte und das Nebengebäude I (Bücherei) vernichtete. Auch das Nebengebäude II (Kommandantenhaus) ist durch Bomben und Brand zerstört«, hieß es in einem Augenzeugenbericht, der zudem »6-7 Tote« beklagte.[66] Mit diesem Tag, wenige Wochen vor der Kapitulation Nazi-Deutschlands, hatte das Reichsarchiv aufgehört zu existieren.

Seit Beginn des Jahres 1945 schmolz der Arbeitsstab Zipfels durch weitere Einberufungen und Verlegungen rapide zusammen. Doch die Beamten-Routinen funktionierten bis zum Schluss: Als die totale Niederlage jedermann vor Augen stand, ernannte Ernst Zipfel am 18. April 1945 Erich Randt zum stellvertretenden Generaldirektor der Preußischen Staatsarchive sowie zum stellvertretenden Leiter der Archivabteilung im Preußischen Staatsministerium. Drei Tage später wurde Zipfel von Staatssekretär Stuckart in einen Arbeitsstab des Innenministeriums nach Eutin versetzt, der die Notverwaltung sichern sollte. Von hier aus wurde er dann Ende April ins nahegelegene Stadtarchiv Lübeck geschickt, um weitere Weisungen abzuwarten. Dazu sollte es nicht mehr kommen: Zum 7. Mai 1945, also noch in der Kriegszeit, ließ er sich mit 54 Jahren in den Ruhestand versetzen.[67]

Kurze Zeit später war davon jedoch keine Rede mehr. Im Juli und August verfasste Zipfel ausführliche Informationsschreiben an die britische Militärregierung, verbunden mit der Hoffnung, in deren Dienste treten zu können.

66 Zitiert aus: Hermann, Das Reichsarchiv in Potsdam 1933-1945, S. 50

67 Georg Winter, Die Leitung der Preußischen Archivverwaltung, hrsg. und erg. von Eckart Henning, in: Mitteilungen des Vereins für die Geschichte Berlins 73 (1977), S. 308-314, hier S. 313.

Dabei präsentierte er sich gegenüber den Besatzungsmächten selbstbewusst als »Generaldirektor der Staatsarchive, Direktor des Reichsarchivs Potsdam und Kommissar für Archivschutz« und unabkömmlicher Kenner des deutschen Archivwesens. So forderte er sowohl eine zentralistische Lenkung der Archive und Bergung von Archivgut als auch eine zügige Steuerung der Besetzung von Archivarstellen und der Organisation des Nachwuchses – beides Aufgaben, für die er sich wärmstens selbst empfahl. »Das kann nur, wer, wie ich, die Leistungsfähigkeit der einzelnen Beamten kennt [...] Mein Dienstort könnte dann natürlich nicht Lübeck bleiben, sondern müßte der Ort sein, an dem sich die oberste britische Archivfachstelle befindet oder Berlin«, formulierte er in seinem Schreiben vom 29. August 1945 selbstgewiss.[68]

Während sich Ernst Zipfel aus der Entfernung wieder in Stellung zu bringen versuchte, als seien NS-Diktatur und Krieg bereits längst überwundene Vergangenheit, erschien allen Betroffenen die Potsdamer Situation vor Ort über viele Monate völlig desolat und aussichtslos. Nicht nur lag der Gebäudekomplex in Schutt und Asche, auch der Personalverlust nahm sich desaströs aus. Entsprechend verzweifelt stenografierte Reichsarchivar Heinrich Otto Meisner 1946 an den sächsischen Landesarchivleiter Hellmut Kretzschmar: »Die Leute vom Berge [Potsdamer Brauhausberg] sind, wie schon angedeutet, restlos in der Diaspora; an ihre Sammlung ist z. Z. nicht zu denken. Dass Bittner, Jagow, Windelband sich das Leben genommen haben, Thimme am 14. April unter den Trümmern unseres Verwaltungsgebäudes begraben wurde und Granier in der Gefangenschaft starb, ist Ihnen vielleicht schon bekannt. Abb, Hölck, Fredrichs sind noch in den letzten Kämpfen gefallen. Von Schnath, Frauendienst, Ulrich, Rogge und vielen anderen fehlt jede Nachricht.«[69] Die Zeitschrift »Der Archivar« listete in ihrer ersten Ausgabe vom August 1947 sieben Reichs- und Heeresarchivare vom Potsdamer Brauhausberg auf, die 1945/46 gefallen bzw. an den Kriegsfolgen gestorben waren: Archivrat Erwin Dade, Heeresoberarchivrat Friedrich Garnier, Archivrat Erwin Hölk, Archivassessor John, Regierungssekretär Lehmann, Regierungsoberinspektor Heinrich Stein und Oberregierungsrat Hans Thimme.[70]

Doch ungeachtet der allgemeinen Verwüstung und Lebensgefahr sowie des strukturell-organisatorischen Chaos unternahmen etliche Archivare Versuche und Anstrengungen, versprengtes Archivgut zu bergen und in improvisierter Form zu sichern. Josef Henke hob in diesem Zusammenhang exemplarisch GStA-Mitarbeiter hervor, die »stillschweigend Akten auch von Reichsbehörden aus allen vier Sektoren Berlins unter erheblichen persönlichen Belastungen auf Trümmergrundstücken und Straßen auflasen, nach Dahlem brachten und

68 BArch, MfS, Sekr. Neiber, Nr. 757: Dr. Zipfel, Generaldirektor der Staatsarchive und Direktor des Reichsarchivs Potsdam, Kommissar für Archivschutz an die Britische Militärregierung, 29.8.1945 (Kopie), f. 41.

69 ABBAW, NL H.O. Meisner, Nr. 104: H.O. Meisner an Hellmut Kretzschmar, 27.12.1946.

70 Der Archivar 1 (1947), S. 46.

damit Funktionen des Reichsarchivs übernahmen«.[71] Zum Archivgut, das sie in den Gebäuden sichern konnten, gehörten unter anderem erhebliche Aktenreste von Reichsministerien[72] Welche Überraschungen das vergangene Durcheinander und die Zerstörung im Zuge wenig systematischer Aufräumarbeiten noch Jahre später bereithielten, wurde 1960 deutlich, als auf dem ehemaligen Grundstück des zerstörten Volksgerichtshofgebäudes in Berlin verbrannte Überreste von Urteilspapieren aufgefunden und dem Bundesarchiv übergeben werden konnten.[73]

Die langen Kriegsfolgen

Im Zuge der Eroberung Deutschlands fielen nicht nur große Mengen des aus dem Berliner Raum in Richtung Süden und Westen ausgelagerten Archivgutes in die Hände der amerikanischen und britischen Alliierten, sondern zunächst auch jene Auslagerungsorte im thüringisch-sächsischen Raum und im Westen der Mark Brandenburg, in denen bei Kriegsende US-Truppen standen. Bedeutsam ist, dass die Amerikaner bei ihrem Abzug im Sommer 1945 die in den Bergwerken in Staßfurt und Schönebeck ausgelagerten Bestände des Reichsarchivs und des GStA nicht mitführten, sondern der Sowjetischen Militäradministration in Deutschland (SMAD) überließen. Diese angesichts der kostbaren Bestandslage durchaus überraschende Entscheidung wurde als Beleg dafür gedeutet, dass die Amerikaner kein Interesse an einem Kulturgut-Beutezug hatten, sondern dass es ihnen bei den Beschlagnahmungen tatsächlich um die Sicherung von Akten ging, die eine beweiskräftige Verurteilung von NS-Kriegsverbrechern ermöglichen würde.[74] In der Folge verfügten nun die sowjetischen Besatzungsorgane seit Mitte 1945 über die Reichsarchivakten, die zunächst mangels anderslautender Direktive und aufgrund der zerstörten Archivinfrastruktur in Potsdam und Berlin vor Ort belassen wurden. Neben der Sicherung und Beschlagnahmung der Archive und Archivaliendeponien machten sich spezielle Suchtrupps des NKWD (seit 1946 MWD) bzw. der Archivabteilung der Verwaltung für Innere Angelegenheiten der SMAD auf den Weg, um unbekannte oder geheime Auslagerungsorte, in denen auch verschlepptes Kulturgut aus der Sowjetunion vermutet wurde, ausfindig zu machen und damit Aktenvernichtung, -diebstahl und -verbringung in andere Besatzungszonen zu verhindern.[75] Zugleich ging es darum, sich einen Überblick über die Archivsituation zu verschaffen.

71 Henke, Das Schicksal deutscher zeitgeschichtlicher Quellen, S. 566.

72 Gerhard Zimmermann, Das Hauptarchiv (ehemal. Preuß. Geh. Staatsarchiv) in den ersten Nachkriegsjahren, in: Der Archivar 8 (1955), Sp. 173-180.

73 Joachim Lachmann, Neue Aktenfunde bei Aufräumungsarbeiten in Berlin, in: Der Archivar 14 (1961) 1, Sp. 53 ff.

74 Henke, Das Schicksal deutscher zeitgeschichtlicher Quellen, S. 569.

75 Kosenko, Sowjetische Archivpolitik, S. 99 ff., 153 ff.

Die ersten Rück- bzw. Übergaben an ostdeutsche Behörden bzw. an das 1946 gegründete Deutsche Zentralarchiv erfolgten dann 1948/49. Es handelte sich um größere Mengen des beschlagnahmten ausgelagerten Archivguts, das unter Kontrolle der SMAD stand. Dazu gehörte ein Teil der in Stollen deponierten Akten des Reichsarchivs, die dem DZA übergeben wurden. Die ausgelagerten GStA-Bestände wurden nach einer Zwischenlagerung in Trotha 1948 in Merseburg eingelagert und firmierten von nun an unter dem Namen Deutsches Staatsarchiv. Im Februar 1950 erfolgte dann die Unterstellung unter das DZA als Zweigstelle Merseburg bzw. Historische Abteilung II des Potsdamer Zentralarchivs.[76] Hintergrund für die räumliche Trennung des Archivgutes war die damalige Übergabebedingung der SMAD, die einen Verbleib der Bestände im Land Sachsen-Anhalt vorsah. Ein nächster Schub ging 1952 mit den Archiven der Hansestädte an das DZA.[77]

Im Jahr 1953 fiel dann die vom Politbüro der KPdSU getroffene Entscheidung, in die Sowjetunion verbrachtes deutsches Archivgut an die DDR zurückzugeben. Im Jahr zuvor hatte der tschechoslowakische Staatssicherheitsdienst seinen sowjetischen Kollegen mehrere Zehntausend sogenannte »Trophäen«-Dokumente übergeben, die aus deutschen Archiven stammten und in böhmischen Auslagerungsorten deponiert waren.[78] Eine aus Vertretern des sowjetischen Außen-, Innen- und Staatssicherheitsministeriums bestehende Ständige Kommission arbeitete die Bestände durch und sonderte, je nach ministerieller Interessenlage und Bedarf, Archivgut für eigene Zwecke aus. Stalin stimmte dem Vorschlag der Kommission zu, all jene Akten an die DDR zurückzugeben, die von keiner politischen oder operativen Bedeutung für die Sowjetunion waren. Nach seinem Tod wurden diese Archivbestände am 22. Mai 1953 durch die Sowjetische Kontrollkommission in Deutschland an das Deutsche Zentralarchiv übergeben.[79] Seit 1955 gingen dann weitere Aktenmassen an ostdeutsche Archive, beginnend mit der Übergabe von ca. 150 000 Archivalieneinheiten am 30. Juni 1955.[80]

76 Rudolf Holzhausen, Die Quellen zur Erforschung der Geschichte des »Dritten Reiches«, in: Archivalische Zeitschrift 46 (1950), S. 196-206.- Walter Nissen, Der Neuaufbau verlagerter ehemals preußischer Archivbestände durch das Deutsche Zentralarchiv, in: Archivmitteilungen 1 (1951) 2, S. 21-22.- Heinz Boberach, Die schriftliche Überlieferung der Behörden des Deutschen Reiches 1871-1945. Sicherung, Rückführung, Ersatzdokumentation, in: Ders./Hans Booms (Hg.), Aus der Arbeit des Bundesarchivs. Beiträge zum Archivwesen, zur Quellenkunde und Zeitgeschichte, Boppard a. R. 1977, S. 50-61.- Gerlinde Grahn/Helmut Lötzke/Johanna Weiser, Die Hilfe und Unterstützung der UdSSR für den Schutz und die Sicherung des Staatlichen Archivfonds der DDR, in: Archivmitteilungen 25 (1975) 2, S. 47-52.

77 Diese waren zuvor Gegenstand eines gescheiterten Tauschgeschäftes zwischen sowjetischen und britischen Archivverantwortlichen und wurden von den Sowjets als wertlos taxiert. Henke, Das Schicksal deutscher zeitgeschichtlicher Quellen, S. 580.

78 Kosenko, Sowjetische Archivpolitik, S. 249 f.

79 BArch, DO 6/170, Bl. 11.

80 Kai von Jena, Die Rückführung deutscher Akten aus Russland – eine unerledigte Aufgabe, in: Klaus Oldenhage (Hg.), Archiv und Geschichte. Festschrift für Friedrich P. Kahlenberg, Düsseldorf 2000, S. 391-420, hier S. 403.

Als Motiv für die Rückgabe wurde und wird im Allgemeinen eine (symbolische) Stärkung der Souveränität der jungen DDR angenommen – nicht zuletzt erfolgte die Übergabe im Rahmen der Reise einer offiziellen Ministerdelegation nach Moskau.[81] Von rechtshistorischer Seite wird jedoch auch auf die 1954 verabschiedete Haager Konvention zum Schutz von Kulturgut hingewiesen, die von der Sowjetunion unterzeichnet wurde. Deren Vertreter suchten sich im entspannungspolitischen Kontext des Genfer Gipfeltreffens vom Juli 1955 propagandistisch von den Westalliierten abzusetzen, die ihre Beuteakten noch zurückhielten, was auch im Titel der Rückgabe-Information in den »Archivmitteilungen« zum Ausdruck kam, wo es hieß: »Die Sowjetunion übergab deutsches Archivmaterial – wann werden es die Westmächte tun?«[82] Die größte Rückgabeaktion erfolgte 1959 mit ca. 1,5 Millionen Einheiten aus den Bereichen Wirtschaft, Außenpolitik, Justiz, Privatunternehmen sowie dem Nachlasswesen.[83] Insgesamt gingen so bis 1961 rund drei Millionen Archivalieneinheiten zurück in die DDR – ein Vorgang, der auch in bundesdeutschen Archivar-, Historiker- und Politikerkreisen aufmerksam wahrgenommen und argumentativ für die eigenen Restitutionsansprüche produktiv gemacht wurde.[84]

Wie Oxana Kosenkos Studie anhand russischer Akten zeigen konnte, waren sofort nach Kriegsende zahlreiche sowjetische Institutionen aus Politik, Verwaltung, Kultur und Wissenschaft an den erbeuteten deutschen Akten interessiert. Nach gründlicher Auswertung bedienten sie sich daran in großem Maßstab für ihre eigenen Archive. Schon im Januar 1947 wurden die ersten Reichsarchiv- und GStA-Akten aus dem Schacht in Staßfurt in eine nahe gelegene Montagehalle umgelagert, in Kisten verpackt und von sowjetischen Wissenschaftlern und Spezialisten nach bestimmten interessierenden Themenfeldern durchgesehen. Dabei wurden erste Aktenpakete ausgesondert und vom Bestand gelöst. In Schönebeck geschah dies unter Beteiligung von mindestens fünf Dolmetschern bereits seit Dezember 1946.[85] Dies zeigt an, dass es sich bei dem später zurückgegebenen Archivgut um eine Menge handelte, die zuvor durchgesehen und ausgelesen worden war. Im Übergabeprozess wurde zudem

81 Helmut Lötzke, Die Bedeutung der von der Sowjetunion übergebenen deutschen Archivbestände für die deutsche Geschichtsforschung, in: Zeitschrift für Geschichtswissenschaft 3 (1955) 5, S. 775-779.- Ders., Die Übergabe deutscher Archivbestände durch die Sowjetunion an die Deutsche Demokratische Republik, in: Der Archivar 9 (1956) 1, S. 31-34.- Konstantin Akinscha/Grigori Koslow, Beutekunst. Auf Schatzsuche in russischen Geheimdepots, München 1995, S. 41.

82 Paul Schwabe, Die Sowjetunion übergab deutsches Archivmaterial – wann werden es die Westmächte tun?, in: Archivmitteilungen 5 (1955) 3, S. 1-2.

83 Helmut Lötzke, Bericht über die von der UdSSR an die DDR seit 1957 übergebenen Archivbestände, in: Archivmitteilungen 10 (1960) 1, S. 12-21.- Henke, Das Schicksal deutscher zeitgeschichtlicher Quellen, S. 581.

84 Eckert, Kampf um die Akten.

85 BArch, DO 6/1: Zentralarchiv in der Sowjetischen Besatzungszone/OAR Dr. Poll an die SMA Potsdam/Oberstleutnant Gofstein: Schreiben betr. Aktenauslagerung Staßfurt und Schönebeck, 27.1.1947.

mitunter das Provenienzprinzip verletzt. Das betraf beispielsweise diejenigen deutschen Archivbestände, die an westdeutsche Archive hätten zurückgegeben werden müssen, nun jedoch in die DDR gingen. Zum anderen wurden manche politisch brisanten Bestände, die eigentlich ostdeutscher Herkunft waren, an andere Stellen übergeben. Dies traf etwa auf Dokumente über Georgi Dimitrov zu, die dem ZK der Bulgarischen Kommunistischen Partei überreicht wurden.[86]

Nach den großen Übergaben erklärte die sowjetische Seite ihre Rückgabeaktivitäten für beendet, die in der offiziellen Version als Restitution aller zuvor abtransportierten Archivbestände dargestellt wurden. Dies wurde sowohl vonseiten der Staatlichen Archivverwaltung der DDR als auch des DZA nie bestritten, obwohl die damit befassten Archivare und Archivfunktionäre wussten, dass viel Material in der UdSSR verblieben war. In den 1960er Jahren wurden dann nur noch äußerst geringe Aktenmengen restituiert, ohne dies öffentlich zu machen. Erst in der Ära Gorbatschow kam es Ende der 1980er Jahre noch einmal zur Rückgabe von 26 000 Archivalien aus dem Militärbereich an die DDR.[87] Die Staatliche Archivverwaltung der DDR hatte das veränderte politische Klima zu nutzen versucht und Verhandlungen über die Rückgabe der restlichen Beute-Akten erreicht. Parallel dazu begannen auch Gespräche zwischen dem Bundesarchiv und der sowjetischen Hauptarchivverwaltung über den Tausch der städtischen Archivbestände von Reval gegen jene der Hansestädte Hamburg, Bremen und Lübeck.[88]

Hervorzuheben bleibt, dass die Rückgaben für das Deutsche Zentralarchiv und seine Benutzer im Prinzip nie die sofortige öffentliche Freigabe der Akten bedeuteten. Vielmehr mussten die Bestände für ihren neuen Bestimmungsort noch einmal neu erschlossen und verzeichnet werden, was mitunter Jahre dauern konnte. Eine gewisse Anzahl blieb überdies für die Nutzung gesperrt, sei es aus politischen Gründen oder aufgrund materieller Beschädigung. Darüber hinaus gingen manche Behördenbestände zunächst wieder an DDR-Verwaltungsarchive oder an das Zentrale Parteiarchiv der SED und nicht nach Potsdam. Wie Henkes viel zitierter Aufsatz aufzeigt, herrschte nicht nur 1955, wie es Wilhelm Rohr beschrieben hatte,[89] sondern auch noch 1982 sowohl für westliche Beobachter als auch östliche Besucher trotz veröffentlichter Bestände-Übersicht ein erhebliches Dunkel darüber, welche der von der Sowjetunion beschlagnahmten und offiziell restituierten Bestände denn nun tatsächlich wieder im DZA bzw. Zentralen Staatsarchiv lagerten.[90] Die seit 1957 kursierende Bestandsübersicht bildete nur einen selektiven Ist-Zustand ab.[91]

86 Kosenko, Sowjetische Archivpolitik, S. 258 f.
87 Jena, Rückführung deutscher Akten, S. 406.
88 Ebd., S. 410.
89 Rohr, Schicksal und Verbleib des Schriftguts der obersten Reichsbehörden.
90 Henke, Das Schicksal deutscher zeitgeschichtlicher Quellen, S. 580 f.
91 Übersicht über die Bestände des Deutschen Zentralarchivs Potsdam, Berlin (Ost) 1957.

Für den Westen und das Bundesarchiv stellte sich die Problematik auf ähnlich dramatische Weise, wie zahlreiche Beiträge und Dokumentationen über das Schicksal der in westalliierte Hände gelangten deutschen Archive und Archivalien und deren Restitution aufzeigen. Die gesellschaftspolitische Dimension der archivalischen Kriegsfolgen arbeitet insbesondere die Studie von Astrid M. Eckert heraus, indem sie die Auseinandersetzungen um die Rückgabe (»Kampf um die Akten«) in einem breiten historischen Feld verortet, in dem sich machtpolitische, archivpolitische und geschichtswissenschaftliche Motive und Interessen kreuzten.[92] Faktisch tritt hervor, dass die in die USA und Großbritannien verbrachten Akten – trotz politischer Rückgabe-Vereinbarungen Mitte der 1950er Jahre – teilweise erst Jahre später Stück für Stück zurück in die Bundesrepublik bzw. ins Bundesarchiv gelangten.[93] Auch wenn 1968 ein vorläufiger Abschluss der großen Übergaben erreicht war, dauerte es noch einmal knapp zehn Jahre, bevor Hans Booms als Präsident des Bundesarchivs die Aufarbeitung des Archivguts für die Zeit vor 1945 verkünden konnte.[94] Diese enorme Zeitspanne ergab sich nicht zuletzt auch aus den zeitraubenden Ordnungsarbeiten, die nach der Rückgabe zu versehen waren. »Bei den zurückfließenden Aktenmassen handelt es sich vielfach um völlig durcheinander geratene Registraturen (oft nur Fragmente oder Splitter daraus) oder um Sammelbestände, für die die Alliierten eine neue, für archivische Zwecke unbrauchbare Ordnung geschaffen hatten«, hielt beispielsweise Alfred Wagner 1962 zu den eingetroffenen Aktenbeständen aus den USA fest: »So fanden sich z. B. in dem Mischbestand von Polizeiakten im Umfang von nur 12 Regaleinheiten über 500 verschiedene Provenienzen nicht nur aus dem Bereich der Polizei, wobei in der Regel Schriftstücke verschiedener Herkunft unter oft äußerlichen Gesichtspunkten zu einem Band vereinigt sind. Die Bearbeitung allein dieses Bestandes, der andererseits möglichst sofort benutzbar sein sollte, erfordert mindestens noch anderthalb Jahre.«[95] Hinzu kamen bisweilen aufwendige Restaurierungs- und Regenerierungsarbeiten, wenn das Schriftgut beschädigt war. Die Umstände der Rückgabe und Aufarbeitung hatten auch Folgen für den (west)deutschen Forschungsstand, der in zeitgeschichtlichen Themenstellungen gegenüber der angelsächsischen Geschichtswissenschaft zeitweise ins Hintertreffen geriet, da das Gros der beschlagnahmten Akten im Ausland verfilmt bzw. in Mikroverfilmungsprogrammen publiziert und dort umgehend der wissenschaftlichen Forschung zur Verfügung gestellt worden war.

92 Eckert, Kampf um die Akten.

93 Ebd., S. 314-351.

94 Hans Booms, Das Bundesarchiv. Ein Zentralarchiv 25 Jahre nach der Gründung, in: Heinz Boberach/Hans Booms (Hg.), Aus der Arbeit des Bundesarchivs. Beiträge zum Archivwesen, zur Quellenkunde und Zeitgeschichte, Boppard a. R. 1977, S. 11-49.

95 Alfred Wagner, Rückgabe von Quellen zur jüngsten deutschen Geschichte aus Großbritannien und den Vereinigten Staaten, in: Der Archivar 15 (1962), Sp. 343-346, hier Sp. 346.

Insofern reichte die Kriegszeit mit ihren unmittelbaren und mittelbaren Nachwirkungen für Archive und Archivbenutzung in Deutschland weit über 1945 hinaus und prägte den Betrieb von DZA und Bundesarchiv bis mindestens in die 1960er bzw. 1970er Jahre auf grundlegende Weise.

»Archivschutz«-Einsätze als Loyalitätsbeglaubigung und Bürde

»Archivschutz«-Einsätze im besetzten Ausland bilden zusammen mit Kulturgüterraub und -zerstörung ein thematisches Tandem, das in den letzten 30 Jahren zunächst vermehrte Aufmerksamkeit, dann verstärktes Forschungsinteresse gefunden hat.[96] Im Zweiten Weltkrieg waren deutsche Archivare im »Archivschutz« mindestens in Belgien, Dänemark, Estland, Griechenland, Großbritannien, Frankreich, Italien, Jugoslawien, Lettland, Luxemburg, Niederlande, Norwegen, Polen, Sowjetunion, Tschechoslowakei und Ungarn engagiert. Die je nach Land und Kriegsziel abgestimmten »Ost- und Westeinsätze« fanden ihren quantitativen und qualitativen Höhepunkt in den Jahren

96 Unter anderem: Karl Jacob Kurz, Kunstraub in Europa 1938-1945, Hamburg 1989.- Heinz Roth, Eine höhere Form des Plünderns. Der Abschlußbericht der »Gruppe Archivwesen« der deutschen Militärverwaltung in Frankreich 1940-1944, in: 1999. Zeitschrift für Sozialgeschichte des 20. und 21. Jahrhunderts 4/1989, S. 79-112.- Lynn H. Nicholas, The Rape of Europa. The Fate of Europe's Treasures in the Third Reich and the Second World War, London 1994.- Peter M. Manasse, Verschleppte Archive und Bibliotheken. Die Tätigkeit des Einsatzstabes Rosenberg während des Zweiten Weltkrieges, St. Ingbert 1997.- Jonathan Petropoulos, Kunstraub und Sammelwahn. Kunst und Politik im Dritten Reich, Berlin 1999.- Willem de Vries, Kunstraub im Westen 1940-1945. Alfred Rosenberg und der Sonderstab Musik, Frankfurt a. M. 2000.- Anja Heuss, Kunst- und Kulturraub. Eine vergleichende Studie zur Besatzungspolitik der Nationalsozialisten in Frankreich und der Sowjetunion, Heidelberg 2000.- Natalia Volkert, Kunst- und Kulturraub im Zweiten Weltkrieg. Versuch eines Vergleichs zwischen den Zielsetzungen und Praktiken der deutschen und der sowjetischen Beuteorganisationen unter Berücksichtigung der Restitutionsfragen, Frankfurt a. M. u. a. 2000.- Ulrich Pfeil, Archivraub und historische Deutungsmacht. Ein anderer Einblick in die deutsche Besatzungspolitik in Frankreich, in: Francia 33 (2006) 3, S. 163-194.- Jürgen Klöckler, Verhinderter Archivalienraub in Italien. Theodor Mayer und die Abteilung »Archivschutz« bei der Militärverwaltung in Verona 1943-1945, in: Quellen und Forschungen aus italienischen Archiven und Bibliotheken 86 (2006), S. 491-537.- Matthias Berg, »Die 760 Kisten gehen übermorgen nach Frankfurt«. Von der paradigmatischen zur physischen Aneignung von Archivalien durch die nationalsozialistische »Judenforschung«, in: Ders./Jens Thiel/Peter Th. Walther (Hg.), Mit Feder und Schwert. Militär und Wissenschaft – Wissenschaftler und Krieg, Stuttgart 2009, S. 241-257.- Nazarii Gutsul, Der Einsatzstab Reichsleiter Rosenberg und seine Tätigkeit in der Ukraine 1941-1944, Gießen 2013 [https://geb.uni-giessen.de/geb/volltexte/2014/11002/pdf/GutsulNazarii_2013_07_02.pdf (letzter Zugriff am 25.1.2022)].- Hanns Christian Löhr, Kunst als Waffe – Der Einsatzstab Reichsleiter Rosenberg, Ideologie und Kunstraub im »Dritten Reich«, Berlin 2018.

1941/42.[97] Ihr expansionistischer Zweck reichte von Archivsicherung und politisch-rassischer Überprüfung des Archivpersonals über Erfassung und Rückführung von Archivgut deutscher Provenienz bis hin zu erzwungenem »Archivalientausch« und offenem Archivalienraub.[98] Dabei ging es in Einzelfällen auch darum, veränderte Sammlungsordnungen anhand von ethnischen und rassischen Kriterien zu etablieren. An der übergriffigen »Archivschutz«-Praxis und den damit einhergehenden Archiv- und Kulturgutplünderungen in zahlreichen besetzten Ländern waren unterschiedlichste, zum Teil miteinander konkurrierende NS-Organisationen und Behörden beteiligt, darunter Kommandos des Einsatzstabes Reichsleiter Rosenberg, des Auswärtigen Amtes (»Sonderkommando Künsberg«), der SD-Archivkommissionen und weiterer Institutionen. Ein Teil dieser Aktivitäten fiel in den Verantwortungsbereich Ernst Zipfels – und prägte bleibend sein negatives Image. Vor allem Historiker stellten diese archivpolitischen Ein- und Übergriffe unmissverständlich als Teil einer kulturimperialistischen Kriegspraxis bloß.[99]

Historisch war das Phänomen keinesfalls neu. Okkupierte Archive sind ebenso wie Verlagerung, Raub und Zerstörung von Archivalien eine jahrhundertealte Praxis in der europäischen und globalen Kriegsgeschichte.[100] Gern wird in diesem Zusammenhang auf die Eroberung königlicher Urkunden und Archivalien von Philipp Augustus durch Richard Löwenherz nach dem siegreichen Gefecht von Fréteval 1194 verwiesen – ein archivgeschichtliches Schlüsselereignis.[101] Sowohl der Verlust als die Sicherung königlicher Archivalien in Konflikt- und Kriegssituationen wurden zu einem eigenen Problemfeld. Schließlich legitimierten diese Dokumente Besitzansprüche von geopolitisch herrschaftssicherndem Stellenwert.[102] Noch älter sind Kunst- und Kulturraub einzuordnen. Motivation und Rechtfertigung reichten von religiös hergeleiteter »Reinigung«, Heimbringung oder Anspruchnahme über demonstrative Demütigung des besiegten Gegners bis hin zum schlichten Diebstahl zwecks kollektiver Bereicherung oder individuellen Tauschs gegen Lebensmittel und Waren.[103] Einen Höhepunkt der Übergriffe auf Kulturgegenstände und Archivalien in Europa bildeten die Ereignisse der Französischen Revolution und der Napoleonischen Eroberungskriege.[104] Seitdem blieben Auseinandersetzungen

97 Musial, Staatsarchive im Dritten Reich, S. 109 ff.

98 Ebd., S. 111.

99 In diesem Zusammenhang gehört zweifellos Karl Heinz Roths pointierter Aufriss zu den frühesten und am meisten zitierten Beiträgen. Ders., Eine höhere Form des Plünderns.

100 Winter, Die deutsche Archivwissenschaft, S. 43 f.

101 Vismann, Cornelia Vismann, Akten. Medientechnik und Recht, 3. Aufl., Frankfurt a. M. 2011, S. 134 f.

102 Friedrich, Die Geburt des Archivs, S. 51.

103 Paul Wescher, Kunstraub unter Napoleon, Berlin 1976, S. 11-25.

104 Hierbei ging es in der ersten Phase vielfach darum, die Besitz- und Machtansprüche des *Ancien Régime* und dessen urkundliche und archivalische Zeugnisse und Dokumente auszulöschen. Mit der Machtübernahme Napoleons und seinen

über Plünderungen von Kunstsammlungen und Kulturgütern auf europäischer Ebene ein fortwährendes Thema. Der Einsatz für einen juristisch bzw. völkerrechtlich verbindlichen Schutz von Archiven und Akten hat sich hingegen erst im 20. Jahrhundert zu einem eigenen archiv- und kulturpolitischen Diskurs entwickelt.

Der Erste Weltkrieg als Vorläufer

Historischer Referenzpunkt für die Auslandseinsätze deutscher Archivare nach 1939 waren die Erfahrungen aus dem Ersten Weltkrieg. Hier offenbart sich eine Reihe von Analogien.[105] Damals waren gleich nach Kriegsbeginn Archivare ins besetzte Ausland entsandt worden, um die dortigen Archive im Sinne der Haager Landkriegsordnung vom 18. Oktober 1907 vor den Kriegshandlungen zu sichern. Artikel 56 der völkerrechtlichen Regelung, die 1910 auch deutsche Vertreter unterzeichnet hatten, legte fest: »Das Eigentum der Gemeinden und der dem Gottesdienste, der Wohltätigkeit, dem Unterrichte, der Kunst und der Wissenschaft gewidmeten Anstalten, auch wenn diese dem Staate gehören, ist als Privateigentum zu behandeln. Jede Beschlagnahme, jede absichtliche Zerstörung oder Beschädigung von derartigen Anlagen, von geschichtlichen Denkmälern oder von Werken der Kunst und Wissenschaft ist untersagt und soll geahndet werden.« In diese Schutzerklärung waren ausdrücklich auch Archive und Archivalien einbezogen.[106]

ausgedehnten Eroberungszügen durch Europa und darüber hinaus erfuhr in der anschließenden, zweiten Phase speziell der Kunst- und Kulturraub eine neue Dimension. Denn jetzt wurden nicht nur mit Bedacht ausgewählte große Mengen an ausländischen Kunstwerken und Kulturgegenständen nach Frankreich verbracht. Vielmehr wurden in bislang nicht dagewesener Weise Experten bzw. Kulturverständige in diesen Prozess einbezogen. Raub und Mitnahme erfolgten auf Grundlage ihrer Einschätzungen und Expertisen und nicht mehr sporadisch und unkontrolliert wie zuvor. Selbst der Transport wurde unter Anleitung von Fachleuten organisiert. Nach dem Sieg über Napoleon wurde sowohl im Pariser Frieden als auch bei den anschließenden Rückgabeverhandlungen die vollständige Herausgabe der verbrachten Kulturgüter vereinbart. Doch trotz Wiener Kongress und eindeutigem Sieger- und Verliererstatus gelang am Ende keine vollständige Rückgabe. Ein Teil der Beutekunst verblieb in Frankreich. Günther Haase, Kunstraub und Kunstschutz. Eine Dokumentation, Hildesheim 1991, S. 20f.- Wescher, Kunstraub unter Napoleon, S. 38-57.- Anja Heuss, Kunst- und Kulturgutraub. Eine vergleichende Studie zur Besatzungspolitik der Nationalsozialisten in Frankreich und der Sowjetunion, Heidelberg 2000, S. 251.

105 Dazu auch: Lehr, Ein fast vergessener »Osteinsatz«, S. 19-44.- Winter, Die deutsche Archivwissenschaft, S. 52-67.

106 Bereits seit mehreren Jahren zuvor galt der Grundsatz, dass im Falle einer Besatzung Privateigentum zu schützen, der Diebstahl von Kulturgütern Barbarei sei, womit gesammeltes Archivgut einer gewissen, international verbindlichen Protektion unterstand. Joachim Meyer-Landrut, Die Behandlung von staatlichen Archiven und Registraturen nach Völkerrecht, in: Archivalische Zeitschrift 48 (1958), S. 45-120, hier S. 71.

Ein Novum im Ersten Weltkrieg war, dass der »Archivschutz« von den Archivaren selbst geleistet wurde.[107] In früheren Kriegen wurden Archive und Archivgut betreffende Maßnahmen in besetzten Gebieten in der Regel durch militärische Einheiten und mittels Friedensverträgen um- oder durchgesetzt. Dies wurde nun von Archiv-Experten übernommen, die mit unterschiedlichen Aufträgen nach Belgien, Frankreich und Polen reisten. In Frankreich waren sie Anfang 1915 vom Chef der deutschen Zivilverwaltung zum Schutz der lothringischen Archive angefordert worden. Im besetzten Belgien lautete ihre Order, die einheimischen Archive zu schützen, den Dienstbetrieb zu sichern sowie nach Archivgut deutscher Provenienz zu forschen und entsprechende Funde der deutschen Wissenschaft zugänglich zu machen. Die Archive blieben unter lockerer Beaufsichtigung, Dienstbetrieb und Struktur wurden kaum verändert. Gleichwohl bemühte sich die deutsche Seite angesichts der »günstigen Situation« offensiv darum, Material zur Unterstützung ihrer Flamenpolitik zu sammeln und es für ihre außenpolitischen Ziele propagandistisch auszuschlachten oder in Form von internen Denkschriften für einen vermeintlich völkerrechtlich konformen Kriegseintritt gegen Belgien legitimierend zu verwenden.[108]

Eine Ausnahme stellte die Situation im vormals russisch besetzten Generalgouvernement Warschau dar. Die Anzahl der eingesetzten Archivare war hier besonders hoch. Zu den bekanntesten gehörte der Danziger Staatsarchivdirektor Adolf Warschauer. Er war nach der Einnahme Warschaus im Sommer 1915 von Alfred Kehr, dem Generaldirektor der preußischen Archive, gebeten worden, sich in die polnische Hauptstadt zu begeben. Dort sollte er sowohl die Archive sichern und eine Archivverwaltung für das »Generalgouvernement« aufbauen als auch bislang unzugängliches Archivmaterial wissenschaftlich auswerten. Warschauer, der von einem einmaligen Geschichtsmoment ausging, sagte ebenso zu wie später etliche Archivare aus dem GStA und anderen Archiven. Mit speziellen Rechercheaufträgen versehen, reisten sie in polnische Archive und verzeichneten erhebliche Mengen an Archivalien, die in ihren Augen für die Geschichte Deutschlands und des deutschen Ostens von Belang war. Ihre Verzeichnisse wurden zusammengestellt, um deutschen Forschern einen unkomplizierten Quellenzugang zu ermöglichen. Darüber hinaus wurden die Archive bereits 1916 für die allgemeine Nutzung geöffnet, sodass die Archivverwaltung schon im Folgejahr erste Schriften publizierte.[109]

Die politisch-ideologische Gemengelage, mit der sich die eingesetzten Archivare vor Ort auseinanderzusetzen hatten, war eine Kombination aus »wirtschaftlicher Auspressung, nur ansatzweiser Germanisierung und gleichzeitiger

107 Musial, Staatsarchive im Dritten Reich S. 16.

108 Christoph Roolfs, Eine »günstige Gelegenheit«? Deutsche Wissenschaftler im besetzten Belgien während des Ersten Weltkrieges (1914-1918), in: Matthias Berg/Jens Thiel/Peter Th. Walther (Hg.), Mit Feder und Schwert. Militär und Wissenschaft – Wissenschaftler und Krieg, Stuttgart 2009, S. 137-154.- Winter, Die deutsche Archivwissenschaft, S. 64.

109 Musial, Staatsarchive im Dritten Reich, S. 17.

Hinnahme der Polonisierungstendenzen«[110] bei gleichzeitiger weitgehender Einhaltung völkerrechtlicher Schutzauflagen, was beispielsweise eine Beschlagnahme oder absichtliche Zerstörung von Archivgut untersagte: Deutsche Militär- und Sicherheitsorgane versiegelten nach Besetzung der Gebiete lediglich die polnischen Archive und überließen das weitere Prozedere den eingesetzten Experten. Adolf Warschauer widmete sich zusammen mit seinen eingesetzten Kollegen aktiv der (archiv-)wissenschaftlichen Erschließung der Archive und durchforstete die Bestände. Zugleich waren sie aber um ein gutes Verhältnis zu den ansässigen Berufsgenossen bemüht; gerade Warschauer schätzte und respektierte polnische Historiker und Archivare durchaus.[111] Die betroffenen polnischen Archivare bewerteten denn auch das Handeln und Kommunikationsverhalten der deutschen Kollegen kaum negativ, was Tobias Winter so begründete: »Sie [die polnischen Archivare] waren die Herren über ihr beinahe vollständig gebliebenes Archivwesen, in dem die deutschen Besatzer keine gravierenden Schäden angerichtet hatten, und mussten so gut wie keine größeren Verlagerungen von Archivgut mühsam revidieren«.[112] Dennoch: Trotz dieser prinzipiell auf Konsens und Mitbestimmung angelegten Strategie agierten die deutschen Protagonisten zwischen 1914 und 1918 stets im Kontext der Besatzungspolitik und einer sowohl kultur- als auch geschichtspolitisch determinierten Auftragsideologie, die den Osten grundsätzlich als germanisches Siedlungsgebiet und ausdehnbare Einflusssphäre begriff.

Was das Engagement der damals eingesetzten Archivare im Vergleich zum Vorgehen gut zwei Jahrzehnte später kennzeichnete, war erstens, dass ideologischer Horizont und Handlungsbereitschaft vor Ort weniger stark von nationalistischen Historikerdiskursen kontaminiert waren, sodass der »Archivschutz«-Einsatz von den Zeitgenossen im Rückblick nur selten als kulturimperialistischer Auftritt interpretiert wurde. Deutsche Archivare interessierten sich zu dieser Zeit besonders für die Erforschung und wissenschaftliche

110 Winter, Die deutsche Archivwissenschaft, S. 55.

111 Lehr, Ein fast vergessener »Osteinsatz«, S. 42.

112 1916 wurde der polnische Staat gegründet. Vor diesem Hintergrund wandelte sich die deutsche Rolle vom Okkupanten der zuvor unter russischer Vorherrschaft stehenden Archive zum Übergeber eben dieser bzw. zum Verhandlungspartner für die Bearbeitung von archivalischen Ansprüchen und Wünschen – wenn auch mit dominanter Attitude. Seit 1918 fanden deutsch-polnische Erörterungen über die Archivübergabe an Polen sowie die Rückführung von Archivgut statt. So erarbeiteten die eingesetzten Archivare eine Liste mit Archivgut preußischer Provenienz sowie eine Liste mit Archivalien, für die keine Mitnahmeansprüche rechtlich untermauert werden konnten. Letztere sollten – als Vorbedingung für die Übergabe der polnischen Archive und die Durchführung eines Archivalienaustauschs – per Vertrag und Verhandlung ins Reich überführt werden sollten. Das Kriegsende führte zwar zu einem jähen Abbruch der Gespräche, doch zum einen hatte die deutsche Seite den Verhandlungsweg als einzig akzeptable Option definiert, zum anderen wurde von polnischer Seite durchaus manche deutsche Forderung anerkannt. Winter, Die deutsche Archivwissenschaft, S. 57 ff.

Ausnutzung der Archive. Im Zweiten Weltkrieg lag der Schwerpunkt dann eindeutig auf Kontrolle und Verwaltung der besetzten Archive. Rückforderungen bzw. der Erwerb von Archivalien beschäftigten die deutschen Archivverwaltungen sowohl im Ersten als auch im Zweiten Weltkrieg. Die Verantwortlichen im ersten Fall fühlten sich gleichwohl zweitens mehr oder weniger stark an das Völkerrecht bzw. die Haager Landkriegskonvention gebunden sowie internationalen Prinzipien verpflichtet. Nach 1939 wurden derlei Normative von deutscher Seite vielfach über Bord geworfen: Weder nationale Positionen noch internationale Standards oder Gepflogenheiten wurden berücksichtigt, interessierendes Archivgut wurde auf reichsdeutsches Gebiet verbracht. Drittens war die politisch motivierte Selbstmobilisierung der Archivare vor und nach 1914 weitaus geringer ausgeprägt als im Nationalsozialismus.[113] Die Zeit zwischen 1914 und 1918 bildete viertens eine Blaupause für den »Archivschutz« im Zweiten Weltkrieg, jedoch blieb die Prägekraft persönlicher Vorerfahrung eher begrenzt, denn kaum einer der nach 1939 eingesetzten Archivare hatte auch im Ersten Weltkrieg bereits als »Archivschützer« gewirkt.

Auslandseinsätze der Archivare im Zweiten Weltkrieg

Kaum hatte der Zweite Weltkrieg begonnen, standen auch schon Archiveinsätze im Ausland auf der Tagesordnung. Das Reichsarchiv Potsdam war zunächst durch Ernst Zipfel als Direktor und Koordinator der archivarischen Auslandseinsätze in den »Archivschutz« involviert – ohne jedoch mit seinen Mitarbeitern innerhalb der Riege der entsandten Archivare die personelle Hauptlast zu tragen. Im Gegenteil: An der konkreten Umsetzung vor Ort waren nur in geringem Umfang Potsdamer Reichsarchivare beteiligt. Walter Heinemeyer war im sudetendeutschen Reichsarchiv Reichenberg tätig, Wilhelm Güthling in Belgien, Nordfrankreich sowie in Paris im Einsatz.[114] Ihr Mitwirken beschränkte sich zum einen auf einen eher kurzen, mehrmonatigen Zeitraum. Zum anderen hatten sie während ihres Einsatzes keine leitenden Funktionen inne wie andere Archivare, beispielsweise Georg Schnath in Frankreich oder Erich Randt im »Generalgouvernement«. Das bedeutete aber nicht, dass sie keine Aktivitäten entfalteten – wie das Beispiel des Frankreich-Kenners

113 Als eigener Expertenkreis unterschieden sich die Archivare damit von Natur- und Technikwissenschaftlern, die im Wechselverhältnis von Politik und Wissenschaft bereits in den 1910er Jahren zur Kriegsvorbereitung und Kriegsführung beitrugen. Dazu auch: Herbert Mehrtens, Kollaborationsverhältnisse. Natur und Technikwissenschaften im NS-Staat und ihre Historie, in: Christoph Meinel/Peter Voswinckel (Hg.), Medizin, Naturwissenschaft, Technik und Nationalsozialismus. Kontinuitäten und Diskontinuitäten, Stuttgart 1994, S. 13-32. Karin Orth, Neuere Forschungen zur Selbstmobilisierung der Wissenschaften im Nationalsozialismus, in: NTM – Zeitschrift für Geschichte der Wissenschaften, Technik und Medizin 20 (2012), S. 215-224.

114 Musial, Staatsarchive im Dritten Reich, S. 192-196.

Wilhelm Güthling zeigt.[115] Dieser war von Oktober 1940 bis Oktober 1941 in der »Gruppe Archivwesen« in Frankreich tätig, bevor er dann für weitere drei Monate nach Belgien abkommandiert wurde.[116] Der 1906 geborene Sohn eines Schulrektors war Absolvent des 2. IfA-Lehrgangs in Berlin-Dahlem von 1931-1933, ging danach ans Staatsarchiv Düsseldorf, bevor er zum Potsdamer Reichsarchiv wechselte. Seit 1933 Mitglied von SA und NSDAP, gehörte der Archivrat zu den Nachwuchsarchivaren, denen Zipfel politisch besonderes Vertrauen entgegenbrachte und die er förderte.[117] Im September 1940, kurz vor seiner Entsendung nach Frankreich, erarbeitete Güthling ein Verzeichnis der an Frankreich zu stellenden archivalischen Forderungen. Davon beanspruchte das Reichsarchiv mit 93 Urkunden, 15 Handschriften sowie 10 040 Akteneinheiten, die für die Geschichte des Deutschen Reiches als bedeutsam erachtet wurden, einen erheblichen Posten. Darüber hinaus bestellte man aus Potsdam knapp 108 000 Fotokopien von Akten der Interalliierten Rheinlandkommission sowie weitere 39 000 Kopien aus anderen Beständen.[118] Die ehemaligen Kollegen vom Heeresarchiv waren noch früher aktiv. Bereits wenige Wochen nach Beginn des Zweiten Weltkriegs wurden Heeresarchivare auf die Suche nach relevanten Aktenbeständen zum Militärwesen in Krakau, Posen und Warschau geschickt, sodass schon im Oktober und November 1939 die ersten Transporte mit Akten der deutschen Besatzungsverwaltung in Richtung Potsdam rollten.[119]

115 Wilhelm Güthling, Das französische Archivwesen. Entwicklung und Aufbau, in: Archivalische Zeitschrift 42/43 (1934), S. 28-51.- Seine veröffentlichte Promotion trug den Titel: Lafayette und die Überführung Ludwigs XVI. von Versailles nach Paris, Halle/Saale 1930.

116 Ulrich Pfeil, Archivraub und historische Deutungsmacht. Ein anderer Einblick in die deutsche Besatzungspolitik in Frankreich, in: Francia 33 (2006) 3, S. 163-194.- Els Herrebout, Die deutsche Archivpolitik in Belgien während des Zweiten Weltkriegs, Brüssel 2010.

117 Angaben nach: https://www.siwiarchiv.de/archivare-aus-dem-kreisgebiet-iii-wilhelm-guthling/ (letzter Zugriff am 2.10.2019).

118 Roth, Eine höhere Form des Plünderns, S. 109, 111. Von 1942 bis 1945 nahm Güthling am Zweiten Weltkrieg in Polen und Russland teil. 1947 wurde er in Minden entnazifiziert und in die Kategorie IV eingestuft. 1949 übernahm er das Siegener Stadtarchiv, das er bis 1971 leitete. Ebenso stand er viele Jahre dem Siegerland-Museum und der Forschungsstelle Siegerland vor. Er gab als Organisator und Verfasser der siegerländischen Regionalforschung starke Impulse und organisierte 1964 den den Westdeutschen Archivtag in Siegen. Angaben nach: https://www.siwiarchiv.de/archivare-aus-dem-kreisgebiet-iii-wilhelm-guthling/ (letzter Zugriff am 2.10.2019).

119 Heeresarchiv-Chef Friedrich von Rabenau (später vor allem bekannt geworden als Mitverschwörer und Widerstandskämpfer vom 20. Juli 1944) bejahte bei seinem Besuch in Warschau im Oktober 1939 entschieden die kritische Nachfrage von Heeresarchivar Freiherr von Waldenfels, ob durch den Abtransport jeglichen militärischen Schriftgutes aus dem polnischen Kriegsarchiv dem polnischen Volk nicht die militärische Tradition genommen werde. In der Konsequenz wurden innerhalb weniger Monate sämtliche Militärakten ausgesondert. Lehr, Ein fast vergessener »Osteinsatz«, S. 120.

Dass das Reichsarchiv Potsdam insgesamt nur wenig bei den Auslandseinsätzen aktiv war, hing nicht zuletzt mit seiner noch jungen Existenz zusammen, sodass es im Unterschied zu anderen Archiven kaum Akten und Dokumente »zurückzufordern« hatte. Insofern war das Reichsarchiv via Direktor Zipfel zwar über alle Aktivitäten – auch bezüglich der Ost- und Westforschung – informiert, jedoch nur in geringem Maße involviert.[120] (Als das Reichsarchiv hinsichtlich bestimmter Verwaltungsakten aus deutschen Kolonien Ansprüche gegenüber Großbritannien erhob, stellte dies allenfalls einen Einzelfall dar.[121]) Mit dem kriegerischen Engagement der zahlreichen Arbeitsgruppen anderer Behörden, Institutionen und Organisationen kamen – mit Ausnahme Güthlings – Reichsarchivare kaum in direkte Berührung. Eine andere Betriebsamkeit offenbart sich allerdings, wenn man Ernst Zipfel in seiner Funktion und in seinem Wirken als Generaldirektor der preußischen Staatsarchive und Kommissar für den Archivschutz betrachtet, was dieser allerdings von Berlin aus tat. Beispielsweise erfolgte die Koordinierung von Archivraubaktionen in Südosteuropa über Zipfel als Kommissar bzw. dann über das Reichsarchiv Wien, wohin die »zurückgeforderten« Akten gingen.[122]

Wesentlich größeren Bekanntheitsgrad als die »Archivschutz«-Aktivitäten der Potsdamer Reichsarchivare haben die Einsätze späterer Beamter des Bundesarchivs erlangt, darunter Georg Winter, Wolfgang A. Mommsen, Karl Gustav Bruchmann, Heinz Buttkus und Walther Latzke. Ihr Einsatzgebiet lag im Osten. Nach dem Einmarsch der deutschen Truppen in Polen 1939 wurde sogleich die Hauptverwaltung der Archive im sogenannten Generalgouvernement mit Sitz in Krakau gegründet. Leiter wurde der Direktor des Staatsarchivs Breslau und Nationalsozialist Erich Randt (*1887). In seinem Gefolge kamen die Archivare Hans Branig (*1906) zunächst nach Radom, dann Krakau und Warschau, Heinz Buttkus (*1904), Eilhard Eilers (*1910) und Erich Weise (*1895) nach Warschau, Hans Goetting (*1911) und Heinz Göring (*1910) nach Krakau sowie Roland Seeberg-Elverfeldt (*1909) nach Lublin. Im 1941 eroberten Lemberg wirkten Hans Branig sowie Rudolf Fitz (*1905) und der Österreicher Otto Guglia (*1904). Sie erhielten zunächst den gleichen Auftrag: »Sicherung der Archive, Feststellung der Auslagerungsorte und Rückführung der ausgelagerten Bestände sowie Sicherstellung polnischer Registraturen.«[123]

Dass der Einsatz schnell und vorbereitet ablief, zeigte sich bereits zu Beginn: Schon am 6. September 1939, nicht einmal eine Woche nach dem Überfall

120 BArch, R 1506/32: Der Generaldirektor der Staatsarchive an das Reichsarchiv Potsdam, 9.5.1940.- Das betrifft auch die lange Korrespondenz zur Aktenauseinandersetzung zwischem dem Generalgouvernement und dem Reichsgebiet über den Verbleib der Bestände der Warschauer Zentralbehörden 1940, in: BArch, R 1506/32.

121 BArch, R 1506/5: Der Direktor des Reichsarchivs (i. V. Cron) an den Generaldirektor der Staatsarchive und Kommissar für den Archivschutz, betr. Deutsche archivalische Forderungen an Großbritannien und das Empire, 25.4.1941.

122 Herrmann, Das Reichsarchiv (1919-1945), S. 402.

123 Musial, Staatsarchive im Dritten Reich, S. 126.

auf Polen, hatte die preußische Archivverwaltung von der Publikationsstelle (PUSTE) einen »Plan für den Archivschutz im ehemaligen Polen mit Übersicht der Archive« erhalten,[124] drei Wochen später wurde – nach Anforderung des Generalstabs des Heeres – der Direktor des Staatsarchivs Breslau Erich Randt als RMI-Kommissar nach Lodz entsendet, um das Stadtarchiv zu sichern. Daraufhin erhielt er den Auftrag zur Sicherung weiterer polnischer Archive und reiste dazu nach Warschau, Posen, Bromberg, Thorn, Radom, Kattowitz, Krakau und Lublin. Am 12. Oktober trafen zur Unterstützung Erich Weise (GStA Berlin), Eilhard Eilers (Staatsarchiv Dresden) sowie Heinz Buttkus (Staatsarchiv Magdeburg) ein, am 21. Oktober Hermann Gollub (Staatsarchiv Breslau) und Kurt Forstreuter (Staatsarchiv Königsberg) sowie am 6. November Karl G. Bruchmann (Staatsarchiv Breslau).[125] In der Folge gehörte damit Bruchmann zusammen mit Buttkus zu den denjenigen späteren Bundesarchivaren, die quasi von Anfang an »Archivschutz«-Aufgaben zu leisten hatten.

Archivarische Ost- und Westeinsätze von Potsdamer Reichs- und späteren Bundesarchivaren im Zweiten Weltkrieg

Name	**Land**	**Zeitraum (einschließlich Unterbrechungen)**
Heinz Buttkus (1904-1978)	Polen, Ukraine	1939-1943
Karl Gustav Bruchmann (1902-1967)	Polen	1939-1943
Wilhelm Güthling (1906-1971)	Frankreich, Belgien	1940-1941
Walter Heinemeyer (1912-2001)	Tschechoslowakei	1940
Walther Latzke (1904-1991)	Ukraine, Tschechoslowakei	1943-1944
Wolfgang A. Mommsen (1907-1986)	Estland, Lettland, Ukraine	1939-1944
Georg Winter (1895-1961)	Frankreich, Ukraine, Tschechoslowakei	1940-1944

Die meisten Archivare, die im Osteinsatz im Generalgouvernement und im Reichskommissariat Ukraine tätig waren, entstammten der preußischen Archivverwaltung. Die leitende Verantwortung lag bei Archivaren wie Erich Randt oder Georg Winter und damit bei Beamten, die vor 1900 geboren waren. Das Gros der eingesetzten Archivare war hingegen jünger und setzte sich zusammen aus Absolventen der IfA bzw. aus Beamten, die in den 1930er Jahren in den Archivdienst eingestellt worden waren. Sie hatten Albert Brack-

124 Zu den Aktivitäten der PUSTE nach dem Einmarsch in Polen: Munke, »... die Interessen des deutschen Volkstums zu stützen und zu fördern«, S. 279 f.- Zur PUSTE ab 1939 auch: Gabriele Camphausen, Die wissenschaftliche historische Russlandforschung im Dritten Reich 1933-1945, Frankfurt a. M. 1990, S. 182 ff.

125 Musial, Staatsarchive im Dritten Reich, S. 126.

mann und dessen ostpolitische Auffassungen in Ausbildung und Archiv erlebt. Gerade die nationalistische Einstellung und Glorifizierung von deutscher Kolonisation und Deutschtum waren es, die die Ostforschenden unter den Archivaren für den Nationalsozialismus empfänglich gemacht hatten.

Von den Archivaren, die im Osten eingesetzt waren, hatten sich die meisten frühzeitig mit dem Regime arrangiert bzw. rasch mit den Zielen des Nationalsozialismus identifiziert. Eine Reihe von ihnen trat 1933 und danach freiwillig in die NSDAP ein und beteiligte sich überdies an Aktivitäten anderer Formationen wie der SA. Winter und Latzke gehörten ebenso wie Randt und Roland Seeberg-Elverfeldt, der später im DDR-Archivwesen eine kurze, aber wichtige Rolle spielen sollte, zu den besonders gut ausgebildeten Fachkräften, die auch vor Ort im Sinne ihres Auftrags als kompetente und fähige Beamten angesehen wurden. Sie wirkten nach außen als zuverlässige Repräsentanten des nationalsozialistischen Regimes. Gleichwohl bestanden Unterschiede in Ausmaß und Intensität der ideologischen Gefolgschaft. So agierten Latzke und Seeberg-Elverfeldt ganz im Geiste Zipfels als überzeugte Nationalsozialisten, wohingegen Winter und Randt eher in die Gruppe der Nationalkonservativen mit großer Anpassungsbereitschaft einzuordnen waren.[126]

Georg Winter in der Ukraine

Persönliche Integrität gehört zu den Schlüsselbegriffen preußischer Beamtenethik. Sie beinhaltet die dauerhafte Übereinstimmung von persönlichem Wertesystem und eigenem Reden und Handeln. Ein Archivar galt dann als integrer Beamter, wenn seine Überzeugungen und Wertvorstellungen auch in seinem Verhalten zum Ausdruck kamen. Dieses Moralkonstrukt geriet mit dem nationalsozialistischen Herrschaftsanspruch erheblich unter Druck und löste in Ausnahmezuständen wie im Krieg bisweilen schwere innere Krisen unter den betroffenen Fachbeamten aus. Für sie bedurfte es besonderer Legitimationsnarrative, die ihr (mitunter auch regimedistanziertes) Mitläufertum inmitten archivarischer Unrechtshandlungen zu rechtfertigen halfen. Die nachfolgenden Ausführungen in diesem sowie im nächsten Teilabschnitt verknüpfen daher extreme archivpolitische Rahmenbedingungen mit Verhaltensdispositionen und Handlungsspielräumen einzelner Reichs- und späterer Bundesarchivare. Dabei wird am biografischen Beispiel der individuelle Umgang mit der diktatorischen Herausforderung geprüft, das heißt das Mitmachen, Durchlavieren oder Aussteigen im Spiegel alltäglichen Erlebens, weltanschaulicher Sinnhorizonte und biografischer Prägungen in den Blick genommen.

»Ich konnte aus jenem Dienstverhältnis mit dem Bewußtsein scheiden, mir in den verrufenen Verhältnissen der Ostverwaltung ein völlig reines Gewissen bewahrt zu haben, eine völlig saubere, parteilose Fachverwaltung mit stärkster seelischer und körperlicher Aufopferung geführt und mich

126 Lehr, Ein fast vergessener »Osteinsatz«, S. 362.

nicht auf Abwege verirrt zu haben, die unseren fachlichen Grundsätzen über die Behandlung fremder Kulturgüter widersprochen hätte. Rundfunk- und Pressenachrichten über Kulturgutvergehen in der Ukraine dürfen beileibe nicht auf die kurzlebige, von mir geleitete ›Landesarchivverwaltung‹ bezogen werden; sie hat keine Archive, Bibliotheken oder Museen geraubt oder nach Deutschland verschleppt, sie war dagegen unter den gegebenen Verhältnissen aufs äußerste für deren Bewahrung und Verbleib in der Ukraine bemüht. Befehle ... wurden so ausgeführt, daß dies weder meine fachliche Verantwortung noch meinen persönlichen Ruf noch vor allem das deutsche Ansehen jemals berühren konnten.«[127] Es war Georg Winter, der so im Juli 1945 in pointierter Selbstdarstellung seine fachliche und politische Unschuld beteuerte, nachdem Vorwürfe gegen seine Tätigkeit in der Ukraine laut geworden waren, die zu seiner Absetzung als kommissarischer Leiter des GStA geführt hatten. Das Zitat prononciert das Loyalitätsbekenntnis zum Fach bei gleichzeitigem Verweis auf dauerhafte Loyalitätskonflikte, in denen sich Winter vor Ort befunden hatte. Zugleich ist der vordergründige Duktus der Entlastung unverkennbar, deren umfänglichen Anspruch allerdings Stefan Lehr und andere faktisch widerlegt haben. Insofern steht der Ukraine-Aufenthalt von Georg Winter, der weder der NSDAP angehörte, noch ein ausgewiesener Osteuropa-Kenner war, beispielhaft für die Janusköpfigkeit der archivarischen Expertenrolle im »Osteinsatz«.[128] Winters Vita und Wirken verkörpern rückblickend nahezu paradigmatisch ein preußisches Fachbeamtentum, das sich gleichermaßen Staat und Archivwesen verpflichtet fühlte und die dienende Funktion nie aufgab, auch wenn sie archivarischen Interessen und Prinzipien zuwiderlief.

Geboren am 28. April 1895 im brandenburgischen Neuruppin als Sohn eines königlichen Hofbeamten, der sich durch Fleiß, Stetigkeit und Treue emporgearbeitet hatte, immatrikulierte sich Georg Winter 1913 zunächst für ein Studium der Geschichte und Germanistik in Berlin. Als dann der Erste Weltkrieg ausbrach, ging er als Freiwilliger an die Front, wo er bis 1918 – zuletzt als dekorierter Nachrichtenoffizier – an verschiedenen Einsatzorten, darunter Frankreich, Rumänien und der Ukraine, kämpfte. Den Schilderungen seiner damaligen Kollegen zufolge absolvierte Winter danach in beeindruckend hohem Tempo, fokussiert und mit besten Noten seine Berliner Studienjahre, die er im Sommer 1921 mit einer Promotion über »Die Ministerialität in Brandenburg« (betreut von Professor Michael Tangl), Anfang 1922 mit Bestehen des Lehramtsexamens für Geschichte, Deutsch und Französisch und schließlich Ende 1922 (nach 14-monatiger Ausbildungszeit) mit der archivalischen Fachprüfung abschloss.[129] Danach

127 GStA PK, I. HA, Rep. 178 B, Nr. 3268 (PA): Georg Winter: Bericht über meine Tätigkeit in der Ukraine, 19. Juli 1945, S. 12.

128 Nachfolgende Darlegungen zu Winters Einsatz in der Ukraine greifen zurück auf: Lehr, Ein fast vergessener »Osteinsatz«, S. 182-229.

129 Rohr, Nachruf Georg Winter, S. 180f. Die Dissertation wurde dann 1922 veröffentlicht: Georg Winter. Die Ministerialität in Brandenburg. Untersuchungen zur Geschichte der Ministerialität und zum Sachsenspiegel, Berlin 1922.

durchlief er verschiedene Stationen der Archivarslaufbahn, bis er im Oktober 1927 zum Staatsarchivrat am GStA ernannt wurde.

Mit dem Wechsel an der Spitze der preußischen Archivverwaltung von Alfred Kehr zu Albert Brackmann änderte sich Winters bisheriges Wirken. War er bislang mit Ordnungsarbeiten und wissenschaftlicher Publikationstätigkeit beschäftigt, wurde der erst 35-Jährige 1930 als Geschäftsführer an das neu gegründete Institut für Archivwissenschaft in Berlin-Dahlem abgeordnet. Hier führte er nicht nur die Geschäfte, sondern betreute als Dozent und Mentor die Teilnehmer zahlreicher IfA-Jahrgänge. In dieser Funktion und Schnittstelle begegnete er vielen Archivaren, die bis weit in die 1960er Jahre hinein das deutsche bzw. westdeutsche Archivwesen prägen sollten. Hier legte Winter den Grundstein für die späteren archivarischen Netzwerke, in denen er sich bewegte. Er stand dabei unter spezieller Förderung und Protektion von Kehr und Brackmann, später aber auch von Zipfel, zu denen besondere Loyalitätsverhältnisse bestanden. In diesem Sinn verkörperte er einen Beamtentypus, der sich seinen Aufstieg aufgrund »preußischer Tugenden« hart erarbeitet hatte und mit seinem Erfolg zu einem Repräsentanten und Verfechter dieses Laufbahnsystems wurde.

Winter war ambitioniert und loyal, jedoch kein bedingungsloser Karrierist. Er und seine Frau Gertrud, mit der er seit 1923 verheiratet war, gehörten beide aktiv der evangelischen Kirche an. Nach Angaben von Rohr engagierte sich Winter 1932 als Vorsteher der evangelischen Kirchengemeinde in Berlin-Friedenau, im September 1934 besuchte er nach seinem Umzug nach Berlin-Dahlem die Zusammenkünfte der Bekennenden Kirche um Martin Niemöller, was er nach 1945 als politischen Entlastungsbeweis vorbrachte.[130] Diese Besuche wurden später auch von GStA-Kollege Johannes Schultze bestätigt, der jedoch einschränkte: »Winter … war nach 1933 ständiger Besucher der Versammlungen Niemöllers mit seiner Frau gewesen, die auch uns [Ehepaar Schultze] als einzige Widerstandsorganisation gegen den Hitlerismus lebhaft anzogen. Seit Zipfels Regime und dessen Beratung wurden jedoch Winters Besuche seltener, um bald ganz aufzuhören. Es wurde ihm offenbar bewusst, daß dies seiner Karriere bei Zipfel nicht förderlich sein konnte.«[131] Gleichwohl blieb Winter

130 Ebd., Sp. 185.

131 Johannes Schultze, Meine Erinnerungen (im Auftr. des Autors hrsg. von Gerhard Knoll), Berlin 1976, S. 63 f.- Von Schultze sind überdies Zweifel daran überliefert, dass Georg Winter nie eine NSDAP-Mitgliedschaft angestrebt habe: »Man munkelte von seiner Bemühung um Aufnahme in die Partei. Er hat mir und anderen 1945 die Zugehörigkeit zur Partei glatt abgestritten. Ich kann es jedoch beschwören, daß ich ihn bei einem meiner letzten Besuche im Geh. Staatsarchiv 1944 in seinem Dienstzimmer mit dem Parteiabzeichen am Rock gesehen habe. Ich teilte dieses sogleich meiner Frau mit: ›Auch diese Säule ist gefallen!‹. Vielleicht war die Sache noch nicht offiziell, das Parteiabzeichen hatte er sich aber angelegt. Vermutlich hoffte er damit die Archivleitung zu erhalten, die Zipfel jedoch dem alten Pg. Randt übertrug.« Ebd.

resistent gegenüber angetragenen Mitgliedschaften, sodass er bis zum Schluss weder der NSDAP, dem NSKK noch der SS oder SA angehörte.[132]

Wohl auch um dem wachsenden Druck zum formalen NS-Bekenntnis per NSDAP-Mitgliedschaft abzufedern, nahm Winter seit Mitte der 1930er Jahre aber an militärischen Übungen teil und ließ sich als Reserveoffizier führen. Das hatte 1939 allerdings zur Folge, dass er schon im Sommer einberufen wurde und als Hauptmann der Reserve und Kompanieführer zuerst den Polen- und später den Frankreich-Feldzug mitmachte. Im Sommer 1940 gelang es Ernst Zipfel, den inzwischen 45-Jährigen von seinem nach Polen verlegten Regiment abzuziehen und zur Gruppe Archivschutz beim Verwaltungsstab des Militärbefehlshabers in Frankreich abzuordnen.[133] Als deutsche Truppen am 17. September 1941 in Kiew einmarschierten, befand sich Winter daher zunächst in Paris. Zipfel, der auf schnelle Entsendung eines Archivverantwortlichen drängte, hatte zunächst den Staatsarchivrat Hans Goetting im Sinn, den jedoch die Wehrmacht nicht freigab. Winter hingegen war als Militärbeamter sofort einsetzbar und hatte im Ersten Weltkrieg in der Ukraine gekämpft – für Zipfel ausreichend Gründe, um sich für Winter zu entscheiden.[134] Die Eindrücke, die dieser im Oktober/November 1941 bei seiner ersten Inspektionsreise nach Poltawa, Charkow, Rowno und Kiew von der Ukraine sammelte,[135] waren von extremem Kriegs- und Versorgungchaos gezeichnet, denen auch die ansässigen Archive und Archivare ausgesetzt waren. Hinzu kam, dass zahlreiche einheimische Archivmitarbeiter vor den Deutschen geflüchtet waren und dabei wichtige Findbücher und Bestände mitgenommen hatten.[136] Insofern wusste Winter von Beginn an über den Charakter der Besatzung allgemein und die von ihm erwarteten Aufgaben und Leistungen Bescheid. Daran lassen auch seine Notizen, Briefe und Berichte keinen Zweifel.[137] In der Regel aus fachlicher Perspektive abgefasst, fanden sich darin dennoch immer wieder auch Beschreibungen und Andeutungen von Kriegs- und Terrormaßnahmen sowie von den katastrophalen Lebensumständen der Zivilbevölkerung.

Winter arbeitete mit dem Einsatzstab Reichsleiter Rosenberg und seinen Vertretern vor Ort zusammen. Grundlage bildete eine Übereinkunft zwischen Zipfel und dem Leiter des Einsatzstabes Reichsleiter Rosenberg (ERR), Gerhard Utikal, vom Oktober 1941, die die jeweiligen Arbeitsbereiche und

132 GStA PK, I. HA, Rep. 178 B, Nr. 3268 (PA): Preußisches Geheimes Staatsarchiv (Dr. Lüdicke): Bescheinigung über Georg Winter, 27.6.1945.

133 GStA PK, I. HA, Rep. 151, Nr. 95: Der Generaldirektor der Staatsarchive (Ernst Zipfel); Dienstreise des Kommissars für den Archivschutz in die besetzten Gebiete des Westens, 19.7.1941.- GStA PK, I. HA, Rep. 178 B, Nr. 3268 (PA): Georg Winter: Bericht über meine Tätigkeit in der Ukraine, 19. Juli 1945, S. 1.

134 Zu Winters Abkommandierung aus Paris auch: Manasse, Verschleppte Archive, S. 110.

135 Gutsul, Der Einsatzstab Reichsleiter Rosenberg, S. 104.

136 GStA PK, I. HA, Rep. 178 B, Nr. 3268 (PA): Georg Winter: Bericht über meine Tätigkeit in der Ukraine, 19. Juli 1945, S. 2 f.

137 Lehr, Ein fast vergessener »Osteinsatz«, S. 186, 220, 226 f.

-aufgaben voneinander abgrenzte.[138] Während Utikal hierbei wenig spezifisch die rasche und möglichst vollständige Erfassung allen kulturellen und ideologischen Materials, das für die nationalsozialistische Bewegung von Bedeutung sei, zur Hauptaufgabe erklärte, definierte Zipfel seine Kompetenz innerhalb des institutionell begrenzten Rahmens von Archiven. Demnach ging es Zipfel vor allem um die Feststellung und Sicherung der vorgefundenen Archive und ihrer Bestände, die Recherche und Fahndung nach fehlendem Archivgut sowie die Nutzbarmachung der vorhandenen Archivalien für die deutsche Politik, Verwaltung und Wissenschaft. Einen funktionierenden Archivbetrieb für die Bevölkerung in den besetzten Gebieten aufzubauen und zu verwalten, sah der Kommissar für Archivschutz hingegen ebenso wenig als eine Aufgabe an wie die Durchführung rein wissenschaftlicher Forschungsaufträge.[139] Diese Absprache bzw. Arbeitsaufteilung zwischen Utikal und Zipfel war insofern bedeutsam, als Zipfels Auflistung Winters Aufgaben- und Kompetenzbereich absteckte. Dies wiederum ergibt Hinweise und Anhaltspunkte, um dessen »Osteinsatz« rückblickend zu bewerten.

War Winter zunächst für einen Einsatz beim Befehlshaber der rückwärtigen Heeresgebiete Süd in der Ostukraine vorgesehen, ließ er sich dann aber im Frühjahr 1942 zum Reichskommissariat Ukraine (RKU) versetzen, um dauerhaft von Kiew aus den Aufbau einer eigenen Archivlandesverwaltung zu organisieren.[140] Die geplante Überstellung Winters an das RKU verzögerte sich allerdings um Monate, sodass er erst Ende Mai 1942 nach Kiew aufbrach. Als nunmehr »Beauftragter des Generaldirektors der Staatsarchive und Kommissars für den Archivschutz beim Einsatzstab Reichsleiter Rosenberg – Hauptarbeitsgruppe Ukraine« wurde er dienstlich dem ERR unterstellt, erhielt jedoch seine fachlichen Anweisungen nach wie vor von Zipfel.[141] Die Arbeit für den ERR besaß den Status eines Kriegseinsatzes und bedeutete, sich zu absoluter Geheimhaltung zu verpflichten.[142] Winter empfand die Zusammenarbeit mit dem ERR als produktiv und fruchtbar, was offenbar auf Gegenseitigkeit beruhte. Freiwillige oder erzwungene Verstöße gegen archivische oder beamtenethische Prinzipien wurden in dieser Zeit nicht vermerkt; ebenso wenig gibt es Hinweise auf etwaige Zweifel Winters am eigenen Tun. Während seiner Zeit beim ERR bis Mitte August 1942 arbeitete er eng und freundschaftlich mit dem Ägyptologen Erich Lüddeckers und dem Stadtarchivar Martin Granzin zusammen, die für den ERR Partei- und Stadtarchive sowie das Kiewer »Judenarchiv«

138 Ebd., S. 189.

139 Ebd., S. 188 f.

140 Gutsul, Der Einsatzstab Reichsleiter Rosenberg, S. 117 f.

141 GStA PK, I. HA, Rep. 151 Finanzministerium, Nr. 95: Ernst Zipfel an den Reichminister des Innern: Archivwesen in der Ukraine, 10.2.1943.- GStA PK, I. HA, Rep. 151 Finanzministerium, Nr. 95: Ernst Zipfel an den Reichminister des Innern: Stand der Arbeiten des Archivschutzes in den besetzten und eingegliederten Gebieten, 31.5.1943.

142 Lehr, Ein fast vergessener »Osteinsatz«, S. 191.

auswerteten. Beide waren als überzeugte Nationalsozialisten Fachkräfte, die Winter schätzte und für seine Landesarchivverwaltung später anzuwerben versuchte – mit beiden stand er auch nach 1945 noch in Kontakt.[143]

Als Gerhard Utikal am 2. Oktober 1942 den Sonderstab Archive einrichtete, wurde Zipfel als Leiter, Winter als Stellvertreter für das rückwärtige Heeresgebiet Süd sowie Wolfgang A. Mommsen als weiterer Stellvertreter für die Heeresgebiete Mitte und Nord berufen.[144] Zwei Monate später wurde Winter zum hauptamtlichen Leiter des Archivwesens im RKU ernannt; die alten Verbindungen blieben aber noch bestehen.[145] Winter verbrachte diese Zeit mit Reisen, infrastruktureller Organisation sowie Sicherstellung und Erfassung vorhandenen Archivguts.[146] Da sowohl Zipfels als auch Winters Ziel darin bestand, Archive und Archivgut für die Verwaltung und Politik nutzbar zu machen, verfügte er, dass die größeren ukrainischen Archive nicht mehr den Stadtverwaltungen, sondern einem zuständigen RKU-Referat unterstellt wurden.[147]

Die Bewertung seines persönlichen Tuns im Hinblick auf Diktaturbelastung erscheint keinesfalls so einfach, wie der grundsätzlich verbrecherische Charakter des Kriegsüberfalls annehmen lässt. Legt man die Erkenntnisse und Beschreibungen von Stefan Lehr und anderen zugrunde, entsteht ein von Ambivalenzen und Unschärfen geprägtes Bild. Bereits durch seine Beteiligung und leitende Funktion im archivarischen »Osteinsatz« war Winter mit dem Verbrechens- und Unrechtssystem der Nazis verstrickt. Er trug einen Teil dieser Politik mit und legte wiederholt – freiwillig oder unfreiwillig – fachlich begründete Vorbehalte beiseite. Er verfügte über Kenntnisse und Informationen sowohl über das Besatzungsregime und dessen Mordfeldzüge im Allgemeinen als auch über die verschiedenen institutionellen und praxisbezogenen Dimensionen der Annexion, Plünderung und Zerstörung von Kulturgütern bzw. Archivgut im Speziellen. Insofern war er ein Mitwissender. Als Verantwortlicher und Organisator des »Archivschutzes« und der Auslagerung und Verbringung von Aktenbeständen handelte er zugleich als Beteiligter und Entscheidungsträger. Aufträge, die Winter vom ERR, der SS oder dem SD erhielt, erfüllte er bereitwillig und widerspruchslos, auch wenn er bisweilen vorsichtige Bedenken gegen die Verlagerung bestimmter ukrainischer Archivbestände äußerte. Gerade in der Endphase setzte er auf Anweisung seiner Vorgesetzten Räumungen und räuberische Verlagerungen zahlreicher Kulturgüter aus der Ukraine auf reichsdeutsches Gebiet an – Maßnahmen, hinter denen sich nur selten tatsächliche Schutzambitionen verbargen, wie auch Lehr konstatierte: »Auslagerungen von Archivalien auf dem Territorium der besetzten Gebiete,

143 Ebd., S. 192-194.

144 Hartung, Verschleppt und verschollen, S. 88

145 Lehr, Ein fast vergessener »Osteinsatz«, S. 195.

146 Gutsul, Der Einsatzstab Reichsleiter Rosenberg, S. 129

147 Heuss, Kunst- und Kulturraub, S. 190.- Lehr, Ein fast vergessener »Osteinsatz«, S. 191.

die man als wirklichen Schutz vor Zerstörungen bewerten könnte, blieben verhältnismäßig selten«.[148]

Gleichwohl konnten erzwungene oder bewusst eingegangene Kooperationen aus archivarischer Sicht auch ihre pragmatisch-vorteilhaften Seiten haben: Sie boten fachlich die (vielfach einzige) Chance, inmitten des »totalen Kriegs« archivische bzw. archivpolitische Belange zur Sprache zu bringen und Militärs für Bedeutungszusammenhänge zu sensibilisieren, die sonst keinerlei Beachtung mehr gefunden hätten.[149] Dies verweist auf ein grundsätzliches Dilemma, in dem sich Winter befand: Der »Osteinsatz« war für ihn – ebenso wie für Erich Randt – ein Sprungbrett, ein Ort der beruflichen Bewährung für die Karriere (und ermöglichte es zudem, nicht an der Front kämpfen zu müssen). Er verbesserte sich finanziell und erhielt einen Verantwortungsbereich mit eigenem Mitarbeiterstab übertragen. Überdies bewegten sich seine Aktivitäten vielfach im Rahmen gewöhnlicher Archivverwaltungstätigkeiten – freilich in einer Umgebung im Ausnahmezustand.[150] Als leitender Archivbeamter stand Winter vergleichsweise unten in der Befehlshierarchie vor Ort. Seine machtpolitische Position war gegenüber anderen, an Archiv- und Kulturgütern interessierten Stellen und Organisationen sowie gegenüber der regulären Besatzungsverwaltung gering, sodass er vielfach als ein von den politischen und den Kriegsereignissen sowie von den Logiken externer Befehlsketten Getriebener agierte. Er handelte nicht nur im Auftrag von bzw. in Absprache mit Zipfel, sondern hatte sich den Anweisungen aus dem Reichskommissariat Ukraine oder auch höheren ERR-Dienststellen zu beugen. RKU-Abteilungsleiter Habig bedrängte Winter immer wieder, endlich den Umfang der zu »flüchtenden« Kulturgüter zu erhöhen. Dass Winter daraufhin im Oktober 1943 erneut nach Kiew reiste und das Volumen der Abtransporte erhöhte, geschah auf Habigs Anordnung.[151]

Wiederholt sprach sich Winter gegen Verlagerungen aus. Dabei argumentierte er vor allem fachlich. Als sich die Kriegslage Ende 1943 änderte und die Front näher rückte, befürwortete er hingegen Aktenverbringungen, da er Chaos, unkontrollierte Plünderungen und massive Zerstörungen befürchtete. Zugleich wies er militärische Stellen an, dass und wie Museen, Archive und Bibliotheken in Kiew zu schützen seien – eine Haltung, die in der Bewertung Lehrs durchaus von einem besorgten und verantwortungsvollen Vorgehen zeugte.[152] Und wiederholt setzte er sich auch bei seinen Vorgesetzten im RKU für eine richtige Behandlung und Betreuung derjenigen Kulturgüter ein, die

148 Lehr, Ein fast vergessener »Osteinsatz«, S. 359.- Zu den angeordneten Verlagerungen S. 220-227.

149 Ebd., S. 362.

150 Dazu auch: GStA PK, I. HA, Rep. 151 Finanzministerium, Nr. 95: Ernst Zipfel an den Reichsminister des Innern: Archivwesen in der Ukraine (Tätigkeit des Staatsarchivdirektors Dr. Winter), 29.7.1942.

151 Lehr, Ein fast vergessener »Osteinsatz«, S. 226.

152 Ebd.

verlagert werden sollten. Bereits im November 1941 hatte sich Winter in einer Besprechung mit den ERR-Vertretern über die Vorgehensweise im Umgang mit Kulturgütern in den besetzten Gebieten darauf verständigt, dass diese zunächst einmal nur sicherzustellen seien. Dass andere Vorauskommandos wie das des Auswärtigen Amtes bereits vor ihrem Eintreffen Raub und Abtransporte betrieben, wurde von den Anwesenden hingegen abgelehnt und sogar verurteilt.[153] Zum 1. April 1944 endete Winters Abordnung zum RKU. Bereits im Februar zuvor erlitt er allerdings schwer einen Herzinfarkt, der ihn fast ein dreiviertel Jahr ans Krankenbett fesselte und ihn aus dem Aktionsradius Ernst Zipfels nahm.[154]

Winter war ein Experte und leidenschaftlicher Archivar – auch im »Osteinsatz«. Sein Tun versuchte er stets zuerst von fachlicher Seite zu begründen. In diesem Blickwinkel dürfte ihm die Zweifelhaftigkeit mancher Maßnahmen und Beschlüsse bewusst gewesen sein.[155] Doch das Maß der Reflexion blieb begrenzt. Basierend auf einem postulierten hohen Beamtenethos externalisierte er die Schuldfrage und zog eine Trennlinie zwischen Experten und quasi fachfremden Täter-Institutionen:

»Die einwandfreie, beamtenmäßig saubere fachliche Verwaltung der Institute, ihre Unantastbarkeit und ihre Mehrung lagen mir in gleicher Weise auf der Seele, wie etwa die Verwaltung unseres Archivwesens in Deutschland. Dies entsprang meiner persönlichen Moral, meinem Gefühl als Beamter und meinem nationalen wie internationalen Verantwortungsbewusstsein. Es war aber auch der Standpunkt, den schon unsere Gruppe ›Archivschutz‹ beim Militärischen Befehlshaber Frankreich und die dortigen Gruppen ›Bibliotheksschutz‹ und ›Museumsschutz‹ eingenommen hatten gegenüber den Raub- und Verwüstungstendenzen, die von höchsten Persönlichkeiten, von Parteidienststellen, SS usw. ausgingen. Unser Standpunkt ist zwischen mir und meinen Mitarbeitern oft erörtert, von ihnen völlig geteilt worden; die entgegengesetzte Haltung an maßgeblichen Stellen des RKU und die Kulturvergehen der vorangegangenen Jahre wurden von uns oft genug angeprangert und bekämpft.«[156]

Derlei Unterscheidung korrespondierte durchaus mit dem aufarbeitungsgeschichtlichen Trend der Nachkriegszeit, die Schuldfrage auf eine »Verbrecher-Clique« bzw. auf »Verbrecherinstitutionen« außerhalb des eigenen Milieus zu fokussieren.[157] Dass abtransportierte auswärtige Archivalien nach 1945 weiterhin in Deutschland verblieben (und für Walther Latzke Arbeits- und

153 Ebd., S. 189 f.

154 GStA PK, I. HA, Rep. 178 B, Nr. 3268 (PA): Georg Winter: Bericht über meine Tätigkeit in der Ukraine, 19. Juli 1945, S. 11 f.

155 Insbesondere die Anhäufung und Verbringung von Deutschtum-bezogenen Archivalien aus der RKU. Lehr, Ein fast vergessener »Osteinsatz«, S. 361.

156 GStA PK, I. HA, Rep. 178 B, Nr. 3268 (PA): Georg Winter: Bericht über meine Tätigkeit in der Ukraine, 19. Juli 1945, S. 7.

157 Norbert Frei, Vergangenheitspolitik. Die Anfänge der Bundesrepublik und die NS-Vergangenheit, München 1996.

Studienmaterial darstellten), hielt Winter auch unter den neuen politischen Verhältnissen für normal. In seiner Perspektive wog das Argument, das Archivgut vor der bolschewistischen Diktatur gerettet zu haben, angesichts der zerstörerischen Sowjetisierung der ost- und mittelosteuropäischen Länder die räuberische Vorgeschichte auf.[158] Das deckte sich mit der verbreiteten Auslegung, wonach die Bewahrung des Archivgutes vor Kriegsschäden und vor »den Russen« eine Rettungstat mit heroischem Nimbus gewesen sei.[159]

In diesem Zusammenhang ist es bemerkenswert, dass sich auch jene Archivare, die das deutsche Engagement vor Ort noch kritisch bewertet hatten, später kaum oder gar nicht zum damaligen Geschehen verhielten. Neben fehlendem Unrechtsbewusstsein ist dieses Schweigen mit dem Netzwerk- und Solidarcharakter, der das Sozial- und Berufsgefüge der Archivare in der Nachkriegszeit auszeichnete, ebenso zu erklären wie mit praktizierten Hierarchie- und Loyalitätsverhältnissen. So sah beispielsweise Bundesarchivar Heinz Buttkus, der während seines archivarischen »Osteinsatzes« in Polen und der Ukraine bestimmte »Archivschutz«-Praktiken angezweifelt hatte, wenig Anlass, Winter als neuen Dienstherrn und zugleich denjenigen, dem er seine Anstellung beim Bundesarchiv als Mitarbeiter der »Ostdokumentation« zu verdanken hatte, mit bohrenden Fragen zu bedrängen.[160]

Kriegswahrnehmungen im Zeichen von bildungsbürgerlichem Integritätsringen und reflektiertem Opportunismus

»Die Weltgeschichte ist die Selbstoffenbarung Gottes in der Form der Zeit [...] Gott hat die Schuld durch die Schöpfung begründet. Der Fortschritt der Geschichte vollzieht sich in der blutigen Auseinandersetzung von Individuen, Staaten und Ideen, die um ihr Leben kämpfen müssen. Wer kraftvoll handelt, macht sich stets schuldig, wer zu handeln unterlässt, durchaus nicht weniger. Gott will aber nicht die Verhärtung der Schuld. Die Konflikte und Katastro-

158 Lehr, Ein fast vergessener »Osteinsatz«, S. 360.

159 Astrid M. Eckert, »Im Fegefeuer der Entbräunung«. Deutsche Archivare auf dem Weg in den Nachkrieg, in: Kretzschmar (Red.), Das deutsche Archivwesen, S. 426-448, hier S. 437 ff.

160 Heinz Buttkus vom Archivamt Warschau hatte im Juli und August 1941 Archive in den ehemaligen Wojewodschaften Bialystok und Nowgorodek sowie in Brest und Minsk betreut und überdies die Staatsarchive Brest und Pinsk gesichert, bevor Georg Winter seine Tätigkeit aufnahm. 1943 entkam Buttkus nur knapp einem Attentat in Warschau, trug aber zeitlebens schwere Verwundungen davon. Nach Kriegsende arbeitete er zunächst im Staatsarchiv Magdeburg, bevor er in den Westen flüchtete und 1956 eine Anstellung am Bundesarchiv fand. Archivmaßnahmen im besetzten sowjetrussischen Gebiet. In: Mitteilungsblatt der Preußischen Archivverwaltung 1941, Nr. 8, S. 110-112, hier S. 111.- Zu Buttkus, Musial, Staatsarchive im Dritten Reich, S. 164.- Lehr, Ein fast vergessener »Osteinsatz«, S. 254 f., 266 f., 277, 291.- Auch BArch, DO 1/33105: Personalakte Heinz Buttkus.

phen sollen zum Bewusstsein der verborgenen, tiefer liegenden Einheit und Brüderlichkeit zurückführen und in ihr ausgelöscht werden.«[161] Was sich hier auf den ersten Blick als enigmatische Welt- und Daseinsreflexion ausnimmt, war eine intellektuelle Reaktion auf den Ausbruch des Zweiten Weltkriegs. Es war Hans Thimme, Reichsarchivar und Bibliothekar der Kriegsgeschichtlichen Forschungsabteilung des Heeres in Potsdam, der diese Gedanken am 13. September 1939 seinem Tagebuch anvertraute. Im Sinne des »Primats der äußeren Politik«, ergänzte Thimme weiter, müsse zunächst einmal Deutschlands Macht stabilisiert werden, dann, »nach dem System«, könne im Inneren noch Gerechtigkeit geschaffen werden – denn: »durch Böses kommt auch Gutes«, pointierte er seine Überlegung in Richtung eines Kausalzusammenhangs.[162] Was hier in intimer Atmosphäre durchschimmerte, steckte einen Deutungshorizont ab, der mindestens in doppelter Weise apologetisch gefärbt war: Zum einen wurde im geistigen Fahrwasser eines religiös-welthistorischen Eskapismus der knapp zwei Wochen zurückliegende Überfall auf Polen verteidigt. Zum anderen wurde die eigene unabänderliche Rolle als stiller Betrachter bzw. beobachtender Teilnehmer, der sich eben nicht am Geschehen beteiligt, fundamentiert. So weit beide Aspekte auch auseinanderlagen, sie bildeten das Spannungsfeld, in dem sich die politische Weltanschauung und Gegenwartsverarbeitung des 1889 als Sohn einer Pastorenfamilie in Schmedenstedt (Provinz Hannover) geborenen Thimme bewegte.

Einen speziellen Einblick in die innere Zerrissenheit gewähren seine umfangreichen Tagebuchaufzeichnungen aus der Zeit zwischen 1933 und 1945. Sie liefern nicht nur Ausschnitte aus der Alltagsgeschichte des Reichsarchivs und dessen Nazifizierung, sondern geben als Medium mit Entlastungsfunktion und als privater Resonanzraum für eine immerwährende Selbstsuche in einer sich dramatisch verändernden Gesellschaft auch Auskunft über den zwiespältigen, gebrochenen Umgang ihres Verfassers mit der NS-Diktatur. Viele Tagebuchpassagen enthielten im Gegensatz zum Eingangszitat kritisches Gedankengut und Formulierungen, für die er als Beamter, der einen Treueeid auf Hitler geschworen hatte, wegen Defätismus und Hochverrats durchaus hätte angeklagt werden können. Thimme, der seit 1920 als Archivrat am Reichsarchiv tätig war und 1935 in die abgetrennte Kriegsgeschichtliche Forschungsanstalt des Heeres als Oberregierungsrat und Leiter der Bibliothek wechselte, war jedoch keiner, der im Dienstalltag den offenen Widerspruch wagte. Vielmehr praktizierte er einen Verhaltensmix aus Abducken, Ausweichen und innerer Emigration. Damit steht seine Person zumindest partiell stellvertretend für die Haltung und Überlebensstrategie von manch alteingesessenem Beamten auf dem Brauhausberg.

161 BArch, N 1058 (Nachlass Hans Thimme): Tagebucheintrag von Hans Thimme vom 13.9.1939.

162 Ebd.

Thimme, der sich nach einem Geschichtsstudium in Freiburg und Berlin freiwillig zum Ersten Weltkrieg gemeldet hatte und 1918 als Leutnant der Reserve entlassen worden war, hatte sich am Vorabend der nationalsozialistischen Machtergreifung und davor als Hindenburg-Anhänger positioniert.[163] Wie viele andere »Vernunftrepublikaner« auch identifizierte er in dem seit 1925 als Reichspräsidenten amtierenden Feldmarschall einen Stabilitätsfaktor sowie eine überparteiliche Verkörperung alter Werte und staatsmännischer Fürsorge für Volk und Nation. Dem Parlamentarismus der Weimarer Republik, den er mit Parteienegoismus, innerparteilichem Machtstreben, fehlender Volksnähe und parteigebundener Propaganda-Presse assoziierte, stand er distanziert gegenüber.[164] Insofern erstaunt es wenig, dass er im Vorfeld der Reichspräsidentenwahl 1932 den Aufruf deutscher Gelehrter zur Wiederwahl Hindenburgs unterzeichnete. Damit befand er sich in Gesellschaft nationalkonservativer und anti-nationalsozialistischer Historiker und »Vernunftrepublikaner« wie Siegfried A. Kaehler, Friedrich Meinecke und Hermann Oncken oder auch Ludwig Dehio, Staatsarchivrat am GStA Berlin.[165]

Nach 1933 änderte sich seine Einstellung zu Hitler und zum Nationalsozialismus. Neben fortgesetzter Kritik am gewaltsamen Umgang mit der jüdischen Bevölkerung oder am Totalitätsanspruch des Staates war nun stellenweise von Respekt, ja Bewunderung zu lesen, was beispielsweise die Außenpolitik anbetraf.[166] Bis zum Schluss trat Thimme aber nicht der NSDAP bei, und er wechselte auf den politisch unauffälligen Bibliothekarsposten, was archivarisch einer Karriere-Sackgasse gleichkam. Doch trotz seiner offenkundigen Distanz zur NSDAP wurde er 1937 zum Oberregierungsrat und Bibliotheksleiter berufen. Zu erklären ist dies vor allem durch seine langjährige enge Freundschaft zu Wilhelm Solger, dem Direktor der Forschungsanstalt für Kriegs- und Heeresgeschichte, die wiederum dem Kriegsministerium unterstellt und somit dem Einfluss Ernst Zipfels entzogen war. Neben Solger unterhielt Thimme im Reichsarchiv besondere Kontakte zu Otto Korfes und dem 1944 hingerichteten Wilhelm Dieckmann. In der Potsdamer Gesellschaft bewegte er sich in den Kreisen des gehobenen, bildungsbürgerlichen Beamtentums und gehörte zu den häufigen Gästen in der »Lützelburg«, also dem Stadthaus seines 1934 entlassenen Kollegen Karl Heinrich Schäfer. Vor diesem Hintergrund wundert

163 Biografische Angaben nach: Roland Thimme, Rote Fahnen über Potsdam 1933-1989. Lebenswege und Tagebücher, Berlin 2007, S. 165-191.

164 Und so forderte er in einem Beitrag für die Zeitung »Der Stahlhelm« von 1926 umfassende parlamentarische Reformen ein, die darauf abzielten, den gewählten Parlamentarier als tatsächlichen »Volksvertreter« und damit auch das Mandat und das Vertrauen des Wählers zu stärken. Dazu gehörten unter anderem die Abschaffung der Listenwahl und des Fraktionszwanges sowie eine größere Eigenverantwortung und Unabhängigkeit des Abgeordneten. Hans Thimme, Parlamentarismus und Gegenwart, in: Der Stahlhelm, Nr. 30, vom 25.7.1926.

165 Thimme, Rote Fahnen über Potsdam, S. 171.

166 BArch, N 1058 (Nachlass Hans Thimme): Tagebucheinträge von Hans Thimme vom 27.3. und 3.4.1933.

es nicht, dass Thimme unter latenter Beobachtung der Gestapo und seiner nationalsozialistischen Kollegen stand. Sein Buch »Weltkrieg ohne Waffen – Die Propaganda der Westmächte gegen Deutschland, ihre Wirkung und ihre Abwehr« lehnte die NSDAP-Reichsstelle zur Förderung des deutschen Schrifttums 1934 zur Publikation ab.[167] Diese Beschränkungen blieben nicht folgenlos, Thimme zog sich mehr und mehr zurück. Dass er als Familienvater und kreditbelasteter Hausbesitzer einer Pflicht und Verantwortung zu genügen hatte, bestärkte in materieller Hinsicht sein Gefühl von Unfreiheit und Abhängigkeit sowie seine Scheu, statusverändernde Risiken einzugehen. Von Thimme selbst ist überliefert, dass er während der Kriegsjahre die verbotenen Sender BBC und Radio Beromünster aus Großbritannien bzw. der Schweiz hörte und damit strafrechtliche Verfolgung riskierte. Da er als loyale und vertrauenswürdige Person galt, erfuhr er viele interne Informationen über Kriegsverlauf und Kriegsverbrechen. Dies ließ ihn frühzeitig die massenverbrecherische Dimension der Ereignisse erahnen.[168]

Die weltanschliche und charakterliche Melange Thimmes war gerahmt durch ein Aufeinandertreffen von religiösen und bildungsbürgerlichen Sinnwelten, Ideologemen und Deutungshorizonten des 18. und frühen 19. Jahrhunderts. Deutscher Idealismus, Romantik und Hegels Geschichtsphilosophie, die den Anspruch vertrat, auch in historischer Sicht die gesamte Wirklichkeit in der Vielfalt ihrer Erscheinungsformen zu begreifen bzw. darzustellen und somit die Bedeutung des Individuums, des Einzelphänomens möglichst gering zu halten, spiegeln sich in Thimmes Niederschriften ebenso wider wie sein Ringen um einen religiösen Standpunkt.[169] In seinen Tagebucheinträgen schwankte er einerseits zwischen dem Wunsch, das Deutsche Reich möge weiterbestehen. Andererseits sah er immer klarer, dass erst durch die Kriegsniederlage ein Ende der NS-Herrschaft herbeizuführen war.[170] Doch den Putschversuch vom 20. Juli 1944, an dem auch Offiziere aus dem Umkreis der ehemaligen Führungsmannschaft des Reichsarchivs beteiligt waren, lehnte er wiederum in Gänze ab.[171] Weder konnte er sich mit dessen Anführern identifizieren noch mit deren Vorgehen und Ziel der physischen Beseitigung Hitlers.[172] Bereits den Übertritt des früheres Reichsarchivars und reaktivierten

167 Thimme, Rote Fahnen über Potsdam, S. 173.

168 So erfuhr Thimme 1943 auf diese Weise von hunderttausenden ermordeten deutschen und ukrainischen Juden, von massenhaften Vergasungen oder auch von KZ-Vernichtungslagern. Thimme, Rote Fahnen über Potsdam, S. 177 f.

169 So schreibt sein 1931 geborener Sohn Roland Thimme, dass sich sein Vater, »im Luthertum mit dem Gefühl der Sündhaftigkeit aufgewachsen«, bemüht habe, die »starren Rituale des elterlichen Pfarrhauses abzustreifen« – eine Prägung bzw. ein Bemühen, das ihn zeitlebens begleitete. Ebd., S. 170.

170 Ebd., S. 175.

171 BArch, N 1058 (Nachlass Hans Thimme): Tagebucheinträge von Hans Thimme vom 9. und 14.8.1944.

172 BArch, N 1058 (Nachlass Hans Thimme): Tagebucheintrag von Hans Thimme vom 9.8.1944.

Offiziers Otto Korfes zum sowjetischen Gegner nach der Schlacht von Stalingrad betrachtete er als Landesverrat.[173] Das moralisch-philosophische Argumentationsgerüst, mit dem er seine Ablehnung begründete, basierte auf der Adaption des Hegelschen Geschichtsdenkens, wie Roland Thimme treffend bemerkte. Demnach deutete sein Vater Hitler als Willen und Werkzeug Gottes bzw. göttlicher Vorhersehung, die der Mensch auszuhalten habe bzw. über die sich dieser nicht »selbstherrlich« und »widergöttlich« hinwegsetzen dürfe.[174]

Derlei Begründungen und intellektuelle Hintergrundfolien müssen in ihrer Widersprüchlichkeit ernst genommen werden, um das Mitmachen und Durchhalten zu erklären, auch wenn ein gehöriges Maß an Opportunismus und letztlich Duckmäusertum Thimmes Haltung prägte. Bis zum Ende hielt er, der sich durch Selbststudium und Privatunterricht das Lesen russischsprachiger Texte beigebracht hatte, den Kommunismus für die größte Gefahr der (europäischen) Menschheit. Im Kampf gegen den Bolschewismus und seine Ideen sah er eine zivilisatorisch-kulturelle Aufgabe, bei der die Kulturnation Deutschland vorangehen sollte. Zu einem Direktkontakt mit sowjetischen Repräsentanten sollte es aber nicht mehr kommen. Nachdem sich die Frontlinie mehr und mehr auf Berlin und Potsdam zubewegte, wurde Thimme ab Februar 1945 als Oberstleutnant der Reserve zu Schieß- und Nahkampfübungen verpflichtet sowie zum militärischen Mitwirken in der Alarmeinheit 5, der nahezu alle verbliebenen Angestellten des Reichsarchivs angehörten. Am 14. April 1945 bombardierten alliierte Flieger das Reichsarchiv. Der 56-jährige Thimme, der sich während des Bombardements in seiner Dienststelle aufhielt, wurde von herabstürzenden Gebäudetrümmern erschlagen. Seine Leiche wurde erst am 6. August, also vier Monate später, geborgen und identifiziert.[175] Damit endete sein Leben zeitgleich mit der Zerstörung des Reichsarchivs.

Mitwisserschaft und Anpassung der »Anständigen«

Als von inneren Zweifeln geplagt im Umgang mit Krieg und NS-Diktatur offenbarte sich auch Wolfgang Arthur Mommsen. Mommsen war seit dem 1. Juli 1939 Staatsarchivrat am Geheimen Staatsarchiv Berlin und in dieser Eigenschaft von Zipfel zwischen 1940 und 1943 zu langwierigen »Archivschutz«-Aufgaben ins Baltikum bzw. Reichskommissariat Ostland abgeordnet worden. Danach wurde er zur Wehrmacht eingezogen und diente die meiste Zeit in der Ukraine bzw. an der zurückweichenden Ostfront. Sowohl über seine Einsätze bis 1943 als auch danach führte er Tagebuch[176]: »Auch als Kanonier und Landser bin ich doch immer noch der Staatsarchivrat«, notierte Mommsen im Oktober 1944.

173 BArch, N 1058 (Nachlass Hans Thimme): Tagebucheintrag von Hans Thimme vom 22.2.1944.

174 Thimme, Rote Fahnen über Potsdam, S. 179.

175 Ebd., S. 181.

176 Dazu Stefan Lehr, Wolfgang A. Mommsens Aufzeichnungen aus dem Baltikum, Polen und Ukraine 1942-1944, in: Zeitschrift für Ostmitteleuropa-Forschung 57

»Die Hoffnung Offizier zu werden, habe ich aufgegeben. Ich bin dazu körperlich nicht widerstandsfähig genug, auch bin ich meiner ganzen Veranlagung nach viel zu zivil und zu alt, um mich noch zu ändern.«[177] Es sind Aussagen wie diese, die erkennen lassen, dass sich Mommsen in seiner Rolle und Funktion als Soldat deplatziert und bisweilen elend fühlte. Wie Georg Winter überlebte Mommsen den Krieg und setzte später seine Karriere fort, die ihn 1967 ebenfalls an die Spitze des Bundesarchivs führen sollte.

Wolfgang A. Mommsens Leben und Wirken war bereits Gegenstand verschiedener Publikationen. Dabei interessiert er zum einen als einer der zahlreichen Angehörigen der Mommsen-Dynastie, zum anderen als prominenter Protagonist des nationalsozialistischen »Archivschutzes« im besetzen Ausland.[178] Das Spannungsverhältnis zwischen innerem Berufsethos und äußerer Zerstörung schrieb sich ebenso wie Mommsens Entscheidungen und Momente von formaler Anpassung und aktiver Beteiligung in die Familiengeschichte der verzweigten Mommsen-Dynastie – als Geschichte deutschen Bildungsbürgertums – ein.[179] Der Ausgang des Ersten Weltkriegs, seine Folgen sowie der Aufstieg des Nationalsozialismus hatten die Mommsens politisiert und gespalten. Der liberale Fortschrittsoptimismus und das neuhumanistische Bildungsideal aus dem 19. Jahrhundert blieben nicht länger unhinterfragt. Mehr noch: »Einzelne Mitglieder der Familie riefen nach einem rettenden Führer, der Staat und Volk einte, und begrüßten die ›nationale Revolution‹ von 1933«, wie Stefan Rebenich in seiner Familienbiografie der Mommsens schreibt.[180] In dieser Phase nutzten Angehörige der jüngeren, in Deutschland verbliebenen Mommsen-Generation bewusst die Aufstiegsmöglichkeiten, die sich nach 1933 den akademisch ausgebildeten Experten eröffneten.[181] Dazu zählte zweifellos auch Wolfang A. Mommsen, wenngleich er nicht zu denjenigen aufsteigenden Beamten gehörte, die ihr Fortkommen durch besonders frühe Mitgliedschaften in NS-Formationen zu beschleunigen suchten: 1933 trat er lediglich dem Stahlhelm bei, der dann in die SA überführt wurde. Dennoch gehörte sein Berufsweg im NS-Zeitkontext zu den »Karrieren im Zwielicht« innerhalb der Familiendynastie, wie Rebenich formulierte, und Peter Köpf ließ an Mommsens

(2008) 4, S. 453-513. Darin publiziert Lehr die vollständig edierten Tagebuchaufzeichnungen von Mommsens Aufenthalt im Baltikum und in der Ukraine.

177 Zitiert aus: Ebd., S. 456 (FN 22).

178 Peter Köpf, Die Mommsens. Von 1848 bis heute. Die Geschichte einer Familie ist die Geschichte der Deutschen, Hamburg 2004.- Stefan Rebenich, Die Mommsens, in: Volker Reinhardt (Hg.), Deutsche Familien. Historische Portraits von Bismarck bis Weizsäcker, München 2005, S. 147-179.- Lehr, Ein fast vergessener »Osteinsatz«.

179 »An dieser weitverzweigten Familie lassen sich beispielhaft Entstehung, Entfaltung und Niedergang einer gebildeten Elite studieren, die in kultureller und politischer Hinsicht das moderne Deutschland im 19. und im 20. Jahrhundert wesentlich geprägt haben«, formulierte dazu Stefan Rebenich. Ders., Die Mommsens, S. 147.

180 Ebd., S. 179.

181 Ebd.

schuldhafter Verstrickung in die imperialistische NS-Archivpolitik überhaupt keinen Zweifel.[182]

Dass seine »Archivschutz«-Tätigkeiten zahlreiche Belastungsmomente aufwiesen, ist inzwischen kaum mehr strittig. Stefan Lehr förderte zahlreiche Details und Zusammenhänge aus den 1940er Jahren zutage, die ein tatkräftiges Mitwirken des damals Mittdreißigers am zerstörerischen »Archivschutz« belegen. Gleichwohl ist nicht zu übersehen, dass die Bewertung bzw. Verurteilung seines konkreten Tuns vor Ort sowohl vonseiten der Spruchkammern nach 1945 als auch späterer Historiker sehr zurückhaltend ausfiel. Dies hängt zum einen mit seinem damaligen Status als entsandter, Anweisungen ausführender Beamter zusammen, zum anderen mit der Überlieferung zahlreicher privater Aufzeichnungen, die seine kritische bis ablehnende Haltung gegenüber Massenmord, Kriegszerstörung und Kulturraub belegen. Dabei zeichnen insbesondere seine Tagebuchnotizen das Bild eines bildungsbürgerlich-feinsinnigen Verwaltungsbeamten, der in eine kriegsverrohte Umgebung hineingeraten war und sich mehr oder weniger vergeblich um die Aufrechterhaltung moralischer und kultureller Standards bemühte. Vor diesem Hintergrund belasteten ihn im Nachhinein nur wenige Autoren mit einer klaren Täter- und Schuldzuweisung, und die meisten Darstellungen beschränken sich auf eine Beschreibung seines Tuns und der Widersprüche, ohne Mommsen explizit zu überführen.

Wolfang A. Mommsen wurde am 11. November 1907 in Berlin als einziger Sohn von Hans Georg Mommsen (1873-1941) und Anna Germershausen (1881-1950) geboren. Sein Vater war der siebte Sohn des Begründers der Mommsen-Dynastie und berühmten Historikers Theodor Mommsen (1817-1903). Das Elternhaus, das in der Berliner Klopstockstraße residierte, war wohlhabend: Der Vater arbeitete als Gaswerksdirektor, seine Mutter war die Tochter eines Berliner Oberverwaltungsgerichtsrats. Der junge Mommsen besuchte verschiedene Gymnasien in Berlin und studierte dann von 1927 bis 1933 Neuere Geschichte sowie Geschichte und Sprachen des Alten Orients in Heidelberg und Berlin. Sein Studium schloss er mit der Dissertation »Die letzte Phase des britischen Imperialismus auf den amerikanischen Kontinenten 1880-1896« ab, die von dem bekannten, pro-republikanischen Hochschullehrer Hermann Oncken betreut wurde und 1933 in einem Leipziger Verlag erschien.[183] 1934 be-

182 Köpf, Die Mommsens.- Rebenich, Die Mommsens.

183 Oncken, 1923 zum ordentlichen Professor in München berufen und 1928 an die Berliner Universität gewechselt, war politisch kein Unbekannter. Nach dem Ersten Weltkrieg hatte er 1919 zusammen mit Max von Baden und Max Weber in der Heidelberger Vereinigung für einen Verständigungsfrieden geworben und sich in der Weimarer Republik für die parlamentarisch-demokratische Verfassung und die Außenpolitik Gustav Stresemanns eingesetzt. 1935 wurde Oncken nach einem im »Völkischen Beobachter« lancierten politisch-ideologischen Angriff durch seinen Schüler Walter Frank, den er 1927 promoviert hatte, zwangsemeritiert. Dass sich Mommsen für seinen Doktorvater einsetzte, ist nicht bekannt. Es waren andere Schüler wie Gerhard Ritter, Anton Ritthaler und Friedrich Meinecke, die Oncken in dieser Phase öffentlich unterstützten und verteidigten.

warb sich Mommsen erfolgreich beim IfA in Berlin-Dahlem und absolvierte in anderthalb Jahren den Archivarslehrgang. Im Anschluss daran arbeitete er vom 15. Januar bis zum 30. Mai 1936 als wissenschaftlicher Hilfsarbeiter zunächst im Geheimen Staatsarchiv Berlin, dann im Brandenburgisch-Preußischen Hausarchiv Berlin. Danach wurde er für neunzehn Monate Archivassessor an beiden Häusern, bevor er zum 1. März 1938 als Staatsarchivassessor am GStA angestellt wurde. Fünfzehn Monate später war es dann soweit: Mommsen wurde am 1. Juli 1939 zum Staatsarchivrat ernannt, eine Stellung, die er offiziell bis zum 30. Mai 1945 innehatte.[184]

Unmittelbar nach Unterzeichnung des Ribbentrop-Molotow-Paktes und der damit einhergehenden Abtretung des Baltikums an die Sowjetunion wurde Mommsen nach Estland geschickt, um dort zusammen mit Karl Christoph von Stritzky relevantes Archivgut zu sichten, auszuführen oder zu fotokopieren.[185] Da sich Mommsen, den die zügige »Bolschewisierung« des baltischen Staates stark beeindruckte,[186] offenbar bewährte und zugleich große Mengen Arbeit zu bewältigen waren, dehnte sich der Aufenthalt in Osteuropa unerwartet lange aus: Vom 1. Februar 1940 bis zum 15. Mai 1941 war er in den unter sowjetischer Verwaltung stehenden Städten Reval und Riga tätig; dann, nach dem Überfall auf die Sowjetunion, erneut vom 18. Oktober 1941 bis zum 22. April 1943 beim Reichskommissar Ostland in Riga. Zum 23. April 1943 wurde er offiziell in die Wehrmacht eingezogen, wobei er weiterhin vor allem Archiv- und Kulturgutaufgaben zu erledigen hatte. Er war kaum an vorderster Front eingesetzt und überstand den Soldatendienst fast unbeschadet. Am 18. April 1945 allerdings wurde der damalige Gefreite der Reserve in Rothenburg ob der Tauber durch einen Granatsplitter am linken Handgelenk so stark verwundet, dass er zu 30 Prozent als kriegsbeschädigt galt.[187]

184 Die biografischen Selbstangaben, die in verschiedenen Lebensläufen vermerkt sind, weisen hinsichtlich der Datierung leichte Schwankungen auf. Im Bewerbungsschreiben für eine Stelle als Archivrat beim Bundesarchiv aus dem Jahr 1952, das hier zur Grundlage genommen wird, ist der berufliche Werdegang wie folgt aufgeführt: BArch, PERS 101/70757: Lebenslauf von Wolfgang A. Mommsen für die Bewerbung zum Archivrat im Bundesarchiv, o. D. (1952).

185 Diverse Dokumente und Berichte dazu in: BArch, PERS 101/70759. Zu dieser besonders umfänglichen Kopieraktion auch: Wilhelm Lenz, Die baltischen Archivfilme im Herder-Institut Marburg, in: Journal of Baltic Studies 21 (1990) 4, S. 309-318.- Peter Wörster, Geschichte der Dokumentesammlung des Herder-Instituts, in: Archivbestände zur Geschichte Liv-, Est- und Kurlands in der Dokumentesammlung des Herder-Instituts Bearbeitet von Csaba János Kenéz und Peter Wörster, Marburg 2000, S. 8 ff.

186 BArch, PERS 101/70759: Deutsche Archivkommission für Estland und Lettland: Die Bolschewisierung des Baltikums. Aus Briefen von Dr. Mommsen, Dr. von Stritzky und Dr. Dülfer, November 1940.

187 BArch, PERS 101/70757: Versorgungsamt Nürnberg an Wolfgang Mommsen, 20.3.1952.- BArch, PERS 101/70757: Mitteilung von Wolfgang Mommsen an das Bundesarchiv, 30.9.1959.- BArch, PERS 101/70757: Verfügung des Bundesarchivs, 14.12.1961.

Dass Mommsen sich seit Jahren in einem »schmutzigen Krieg« befand, davon überzeugte er sich nach seiner Ankunft in Riga, wo Pogrome, Massenermordungen und Ghetto-Bildung zu dieser Zeit in vollem Gang und für jeden Neuankömmling unübersehbar waren.[188] Die Möbel, mit denen er sich in seiner Rigaer Wohnung einrichtete, waren von jüdischen Eigentümern konfisziert bzw. geraubt worden.[189] Seine Tagebucheinträge erzählen von Massenerschießungen vor Ort;[190] sie thematisieren die Verwüstungen, das enorme Chaos, die Plünderungen und den persönlichen Bereicherungswillen, die Mommsen vor allem in Bezug auf Kulturgüter als völlige moralische Verkommenheit und Kriegsverrohung wahrnahm: »Ein Beauftragter des Einsatzstabes Rosenberg … teilte mir in Reval mit, dass alle Kunstschätze aus Petershof … in Flammen aufgegangen waren« (Februar 1942), »im Übrigen wird alles niedergebrannt und gesprengt, nach Möglichkeit recht viel mitgenommen, zu einem Teil sogar die Eisenbahnschienen. […] Ich sprach Soldaten, die durch brennende Dörfer gekommen waren und versicherten, dass den Russen kein Brett gelassen würde« (September 1943).[191] Apathie, Erschöpfung und Hilflosigkeit gegenüber der faktischen Macht und Kraft von Krieg und Militär, für die archivalische Belange oder materieller Kulturgutschutz drittrangig waren, durchdringen die Niederschriften: »Ob Direktor [Georg] Winter wenigstens die wichtigsten Teile des Staatsarchivs abtransportieren konnte? Ich glaube nicht, denn die Schwierigkeiten werden allzugross gewesen sein; ich glaube aber auch, dass Direktor Winter für die gestellte Aufgabe trotz allen Geschickes nicht mehr jung und wendig genug ist. Wie russlandmüde und bereit, alles verkommen zu lassen, war er doch schon bei den Besprechungen Anfang 1942. Welch ein Glück, dass ich wenigstens Nowgorod, Smolensk und Witebsk abtransportieren konnte.« (September 1943)[192]

Mommsen sah sich wiederholt mit Diebstahlfällen konfrontiert, gegen die er zwar einschritt, über die er aber wusste, dass sie prinzipiell nicht einzuhegen waren, zumal wenn sie von Befehlshabern und leitenden Offizieren begangen

188 Marġers Vestermanis, Die nationalsozialistischen Haftstätten und Todeslager im okkupierten Lettland 1941-1945, in: Ulrich Herbert/Karin Orth/Christoph Dieckmann (Hg.), Die nationalsozialistischen Konzentrationslager: Entwicklung und Struktur, Bd. 1, Göttingen 1998, S. 472-492.- Andrej Angrick/Peter Klein, Die »Endlösung« in Riga. Ausbeutung und Vernichtung 1941-1944, Darmstadt 2006.- Heinz Schneppen, Ghettokommandant in Riga: Eduard Roschmann. Fakten und Fiktionen, Berlin 2009.

189 Köpf, Die Mommsens, S. 269-271.

190 BArch, N 1389 (Nachlass Wolfgang A. Mommsen)/22: Tagebucheintrag Heft 1 / Riga, 29.3.1942.

191 BArch, N 1389 (Nachlass Wolfgang A. Mommsen)/22: Tagebucheintrag Heft 1 / Dorpat, 26.2.1942.- BArch, N 1389 (Nachlass Wolfgang A. Mommsen)/22: Tagebucheintrag Heft 1 / Poltawa, 16.9.1943.

192 BArch, N 1389 (Nachlass Wolfgang A. Mommsen)/22: Tagebucheintrag Heft 1 / Makarow, 22.9.1943.

wurden.[193] Die Ursache für derlei Vergehen machte er im Bruch des früheren militärischen Moral- und Ehrenkodex und fehlender Vorbildhaltung aus.[194] Demgegenüber suchte er wenigstens persönlich moralische Standhaftigkeit und preußisches Beamtenethos aufrechtzuerhalten, sei es auch nur auf privater Ebene.[195] Mit dieser Deutung sah er sich zusammen mit Georg Winter in einer archivarischen Wahrnehmungs- und Erfahrungsgemeinschaft. Für beide besaß die Sicherung von ausländischem Archiv- und Kulturgut einen eigenen Wert bzw. stellte *per se* ein berufsbedingtes »natürliches« Anliegen dar. »Winter und ich sind uns darüber klar, dass es kulturelle Dinge gibt, die man mit einem Lande aufgibt oder behält. Aus allgemeinen kulturellen Erwägungen wollen wir deshalb Museen, Archive und Bibliotheken nur vor Vernichtung schützen. Wir wollen sie deshalb nicht aus der Ukraine herausholen und sie unter keinen Umständen für das Deutsche Reich stehlen.« (Oktober 1943)[196] Je länger der Krieg dann dauerte und Mommsen im Einsatz war, desto mehr häuften sich die Tagebuchnotizen über um sich greifende Hoffnungslosigkeit und militärische Verzweiflung an der Front angesichts ausbleibender Kriegserfolge und hoher Menschen- und Materialverluste.

Für Mommsen bot das Tagebuch ein Refugium und Forum, um als »stiller Beobachter« das Gesehene und Gehörte zu beschreiben und zu verarbeiten. Inhalt und intellektueller Tenor der Tagebuchaufzeichnungen liefern für den heutigen Leser in ihrer Diversität vor allem Bausteine für einen Erklärungsmix, warum Mommsen ebenso wie andere diese Aktivitäten nach 1945 verschwiegen oder bagatellisierend übergangen hat. So war in dieser Lesart der »Archivschutz« für Leute wie Mommsen gleichbedeutend mit einem Herausreißen aus ihrem durch die Profession vorgeprägten Sinn-, Werte- und Alltagshorizont. Zwangsläufig verschoben sich vor Ort Maßstäbe, Werte- und Bewertungsskalen, und die Relativität des eigenen Wirkens trat unverblümt zutage. Der Auftrag zur Bewahrung und Sicherung von »Papier« verlor seine ursprüngliche Geltungskraft in einer Umgebung, in der Massenmord und Massenvernichtung auf der Tagesordnung standen und das pure existenzielle Überleben alles überformte. Zugleich fungierten und präsentierten sich Archivar und »Archivschutz« als ein ordnungsstiftendes Moment inmitten von erlebtem Chaos und Zerstörung. Getragen wurde dieses Moment zudem vom Habitus des »anstän-

193 BArch, N 1389 (Nachlass Wolfgang A. Mommsen)/22: Tagebucheintrag Heft 1 / Kiew, 13.10.1943.

194 Ebd.

195 »Die aus dem aufgelösten Bücherlager stammenden Bücher, die ich für mich entnommen habe, waren zur allgemeinen Verteilung bestimmt. Um jeder nur denkbaren Komplikation aus dem Wege zu gehen, habe ich Inge aufgefordert, 75 RM an das WHW [Winterhilfswerk] zu zahlen. Im Grunde kann ich nicht billigen, wie diese Aktion von den anderen Herren gehandhabt worden ist. Auch Winter ist sehr dagegen. Er ist über all diese Unehrlichkeiten ebenso wie ich entsetzt.« Ebd.

196 BArch, N 1389 (Nachlass Wolfgang A. Mommsen)/22: Tagebucheintrag Heft 1 / Kiew, 10.10.1943.

dig« gebliebenen (preußischen) Archivbeamten, der an seinen berufsethischen Prinzipien festhielt. Schließlich agierte der Archivar als Einzelkämpfer und einsamer Experte, der einer fremden polykratisch ausgerichteten Militär- und Ordnungshierarchie mit unbekannten Vorgesetzten und Zuständigkeiten gegenüberstand – eine strukturelle Gemengelage, für die Vorerfahrungen im Umgang fehlten. Im Angesicht der unaufhaltsam vorrückenden Roten Armee bedeutete »Archivschutz« dann auch simple Archivalienrettung vor Stalins Regime. So durchziehen Russland- bzw. Kommunismusfeindlichkeit ohnehin bis 1945 seine Aufzeichnungen.

Die formale Belastung Mommsens erwies sich nach Kriegsende in der Summe als nicht unerheblich: So hatte er zum Zeitpunkt der parteistatistischen Erhebung 1939 der NSDAP, der SA, dem Beamtenbund sowie der NS-Volkswohlfahrt angehört,[197] wobei er zunächst Mitglied des Stahlhelms und nicht der SA war und, mit dem Antragsdatum vom 31. Dezember 1937, der NSDAP erst rückwirkend zum 1. Mai 1937 beitrat, also Pg.-Nachzügler war. Doch dies wollte die Rothenburger Spruchkammer kaum als entlastendes Argument gelten lassen. Am 11. November 1946, an seinem 39. Geburtstag, urteilte die Kammer, seine Tätigkeit beim Reichskommissar Ostland sowie die freiwillig hohen Mitgliedsbeiträge bei der SA ließen auf einen Grad an Mitwirkung schließen, der Mommsen zu einem »Minderbelasteten« (Gruppe 3) mache: »Die Tätigkeit als Staatsarchivar im besetzten Gebiet wird ebenfalls von der Kammer als belastend angesehen, wenn sich der Betroffene dort auch nicht als Anhänger der NS-Politik erwiesen hat, aber er hat dieses Amt ausgeübt«, hieß es in der Begründung.[198] Die Bewährungsfrist wurde zunächst auf ein Jahr, die Höhe der Geldbuße auf 2300 Reichsmark festgelegt.

Doch gegen den Beschluss der Kammer, die die Bewährungszeit nachträglich noch auf zwei Jahre erhöht hatte, legte Mommsen bei der Berufungskammer Ansbach rasch Berufung ein – mit Erfolg. Der Vorsitzende und die beiden Beisitzer verwarfen die alte Urteilsbegründung: »Der Betr. ist, da er als Mitglied der Partei ohne Amt und Rang seit 1937 und als Rottenführer (Mitglied seit 1934) nur nominell am Nationalsozialismus teilgenommen hat, gem. Art. 12 in die Gruppe der Mitläufer einzustufen«, lautete der abschließende Schiedsspruch, der zugleich die verhängte »Geldsühne« auf 1000 Reichsmark herabsenkte.[199] Damit waren die Mitgliedschaften wie auch der »Osteinsatz« im Entnazifizierungsverfahren juristisch so weit entkräftet worden, dass sie für den weiteren Berufsweg kein Hindernis mehr darstellten. Nun konnte

197 BArch, PERS 101/70759: NSDAP-Fragebogen der Parteistatistischen Erhebung 1939, 2.7.1939.

198 BArch, PERS 101/70757: Urteil der Spruchkammer Rothenburg ob der Tauber (Abschrift), 11.11.1946.- Damit nahm das Urteil auch Bezug auf Mommsens Entlastungsargument, Reiten sei ein teurer Sport, weshalb Mitgliedsbeiträge für die Reiter-SA höher als üblich gewesen seien, bzw. wies es als unerheblich zurück.

199 BArch, PERS 101/70757: Spruch der Berufungskammer Ansbach (Abschrift), 11.4.1947.

Mommsen, der sich seit September 1945 mit einer Stelle als Archivar im Archiv Hohenlohe in Schillingsfürst / Kreis Ansbach im mittelfränkischen Bayern mehr als zwei Jahre über Wasser gehalten hatte, wiederauftauchen und in Bewerbungen sogar erklären, eine »scharf antinationalsozialistische Haltung« vertreten sowie als »scharfer Gegner des Systems« gegolten zu haben.[200] Der Generaldirektor der staatlichen Archive Bayerns, Wilhelm Winkler, stellte Mommsen im September 1947 eine Unbedenklichkeitserklärung für die Einstellung in bayerische Archivdienste aus.[201] Zum 1. Oktober 1947 trat er als wissenschaftlicher Angestellter ins Staatsarchiv Nürnberg ein. Hier rückte er am 1. September 1949 zum Staatsarchivrat auf.[202] Förderlich für seine »Wiedereingliederung« war sein Engagement 1948/49 bei der Vorbereitung der Nürnberger Prozesse. Er beschaffte notwendige Prozess-Materialien und stellte sein Wissen dem Institut für Völkerrecht an der Universität Göttingen in einem Maße zur Verfügung,[203] dass deren Direktor später erklärte, Mommsen habe sich damit »allergrößte Verdienste für die deutsche historische und juristische Forschung erworben«.[204] In Nürnberg blieb er bis zum 30. Mai 1952, bevor ihn dann sein früherer Kollege Georg Winter an das neu gegründete Bundesarchiv holte.[205]

Nachkriegschaos und institutionelles Provisorium: Das Potsdamer Zentralarchiv nach dem Kriegsende 1945

»Der Brauhausberg mit dem Bergtheater ist nicht wiederzuerkennen und nur noch ein Schutthaufen. Das Reichsarchiv oben darauf ist von oben bis unten ausgebrannt«, notierte die Oberin des Städtischen Krankenhauses Babelsberg, Ruth Schramm, nach ihrem Gang durch die Trümmerlandschaft, die der Fliegerangriff der *Royal Airforce* auf Potsdam am 14. und 15. April 1945 hinterlassen hatte.[206] Die Zerstörungen waren verheerend und es hätte wohl niemand prognostiziert, dass die SED ausgerechnet an diesem Ort, der historisch die

200 BArch, PERS 101/70758: Dr. Wolfgang Mommsen an das Staatsarchiv Nürnberg: Gesuch um Anstellung, 10.5.1947.

201 BArch, PERS 101/70757: Der Generaldirektor der staatlichen Archive Bayerns an das Staatsministerium für Unterricht und Kultur, 15.9.1947.

202 Alle Angaben nach: BArch, PERS 101/70757: Lebenslauf von Wolfgang A. Mommsen für die Bewerbung zum Archivrat im Bundesarchiv, o. D. (1952).

203 Wolfgang A. Mommsen, Die Akten der Nürnberger Kriegsverbrecherprozesse und die Möglichkeit ihrer historischen Auswertung, in: Der Archivar 3 (1950), Sp. 14-25.

204 BArch, PERS 101/70757: Schreiben von Prof. Dr. Herbert Kraus, Institut für Völkerrecht an der Universität Göttingen, 27.10.1949.

205 Alle Angaben nach: BArch, PERS 101/70757: Lebenslauf von Wolfgang A. Mommsen für die Bewerbung zum Archivrat im Bundesarchiv, o. D. (1952).

206 Ruth Schramm, Die Bombennacht im Städtischen Krankenhaus Babelsberg, in: Potsdam-Museum (Hg.), Potsdam 1945. Persönliche Aufzeichnungen und Erinnerungen. Ausstellungskatalog, Potsdam 2005, S. 53-76, hier S. 62.

Amalgamierung von Militär und Beamtentum verkörperte, schon bald die Schaltzentrale ihrer kommunistischen Regionalmacht installieren sollte – und die vormalige Präsenz des Reichsarchivs nahezu vollständig in Vergessenheit geraten würde.

Noch während des Zweiten Weltkriegs hatten sich die Spaltung der Alliierten und die künftige Teilung der Welt in Herrschafts- und Einflusssphären abgezeichnet. Mit dem Ende der Kampfhandlungen ergriff die sowjetische Seite sofort Maßnahmen, die die schrittweise Errichtung einer politischen Ordnung nach sowjet-kommunistischem Vorbild in ihrer Besatzungszone ermöglichen und die allmähliche Machtübernahme durch die 1946 gegründete SED einleiten sollten. Repression und Terror begleiteten die Durchsetzung der staatssozialistischen Ordnung ebenso wie behördlicher Neuaufbau und personalpolitische Entnazifizierung. Die Sowjetisierung der SBZ/DDR mit ihren hinlänglich bekannten politischen Beschlussfolgen und Zäsuren prägte dabei naturgemäß auch die Potsdamer Verhältnisse.[207] Vor dem Hintergrund landesweiter Entwicklungen vollzog sich der innere Umbau der Stadt in versetzten Schüben. Insbesondere die ersten Jahre nach der Zwangsvereinigung von brandenburgischer SPD und KPD 1946, die in Potsdam am 7. April im »Gesellschaftshaus«, dem Gebäude des späteren Hans-Otto-Theaters, beschlossen wurde, offenbaren sich politisch als eine Gemengelage aus Aufbau und Umgestaltung, Zerstörung und Terror: Der Gründung des Kulturbundes mit linken Künstlern und Intellektuellen an der Spitze stand die gezielte Ausgrenzung und Eliminierung »bürgerlicher« Politiker gegenüber, dem Wiederaufbau beschädigter Industrieanlagen die Demontage und der Abtransport derselbigen in die Sowjetunion, den überlebenswichtigen Massenimpfungen die Beschlagnahme und Umverteilung städtischen Wohnraums, dem Ende von NS-Unrecht sowjetische Willkürjustiz. Zugleich legt die lokalhistorische Sicht der Dinge

207 Aus der Fülle der Literatur über die SBZ und Frühphase der DDR stellvertretend die dahingehenden Ausführungen in: Christoph Kleßmann, Die doppelte Staatsgründung. Deutsche Geschichte 1945-1955, Göttingen 1982.- Stefan Creuzberger, Die sowjetische Besatzungsmacht und das politische System der SBZ, Weimar u. a. 1996.- Konrad Jarausch/Hannes Siegrist (Hg.), Amerikanisierung und Sowjetisierung in Deutschland 1945-1970, Frankfurt a. M./New York 1997.- Michael Lemke (Hg.), Sowjetisierung und Eigenständigkeit in der SBZ/DDR (1945-1953), Berlin 1999.- Dierk Hoffmann/Hermann Wentker (Hg.), Das letzte Jahr der SBZ. Politische Weichenstellungen und Kontinuitäten im Prozeß der Gründung der DDR, München 2000.- Andreas Malycha, Die SED. Geschichte ihrer Stalinisierung 1946-1953, Paderborn 2000.- Timothy R. Vogt, Denazification in Soviet-Occupied Germany. Brandenburg 1945-1948, Cambridge, Mass./London 2000.- Michael Lemke, Einheit oder Sozialismus? Die Deutschlandpolitik der SED 1949-1960, Köln/Weimar/Wien 2001.- Andreas Hilger/Mike Schmeitzner/Clemens Vollnhals (Hg.), Sowjetisierung oder Neutralität? Optionen sowjetischer Besatzungspolitik in Deutschland und Österreich 1945-1955, Göttingen 2006.- Jan Foitzik (Hg.), Sowjetische Kommandanturen und deutsche Verwaltung in der SBZ und frühen DDR. Dokumente, Berlin/Boston 2015.- Michael Bienert/Hermann Wentker (Hg.), Land zwischen den Zeiten: Brandenburg in der SBZ und frühen DDR (1945-1952), Berlin 2022.

nahe, dass mindestens bis zum Mauerbau 1961 die herrschaftspolitische Durchdringung und Kontrolle der Potsdamer Stadtgesellschaft durch die SED und ihren Machtapparat noch längst nicht das Ausmaß erreicht hatten, wie es dann für die Ära Honecker typisch wurde. Über viele Jahre lebten institutionelle oder milieubedingte Inseln und Freiräume fort, die sich dem totalitären Zugriff zu entziehen vermochten.

Nachkriegswirren und Systemumbau

Die Ausgangslage war denkbar kompliziert und chaotisch: Nach Abschluss der Kampfhandlungen befanden sich etwa 60 000 Obdachlose in der Stadt.[208] Es gab zeitweise kein Trinkwasser, kein Gas und keine Elektroenergie; die wichtigsten Brücken waren gesprengt oder stark beschädigt. Betriebe arbeiteten nicht, die Nachrichten- und Verkehrswege waren zusammengebrochen. Gewalt und Kriminalität blieben an der Tagesordnung.[209] Tausende NSDAP-Mitglieder wurden mit der zeitweiligen Einschränkung ihrer staatsbürgerlichen Rechte belegt, was auch mit massenhaften Wohnungsausquartierungen einherging.[210] Flucht und Bevölkerungsverschiebung verschärften die allgemeine Unübersichtlichkeit. Eine im Juli 1945 durchgeführte Volkszählung ergab, dass die offizielle Einwohnerzahl vom 1. März (142 346) um rund 7000 gesunken war.[211] Fünf Monate später lebten offiziell sogar nur noch 112 604 Menschen in der Stadt.[212] Damit hatten innerhalb eines Dreivierteljahrs 30 000 Potsdamer ihre Heimat verlassen, und erst im Jahr 1984 sollte Potsdam wieder die Bevölkerungsgröße erreichen, die die Stadt zu Beginn des Zweiten Weltkriegs hatte.

Eine nächste Stufe des Bevölkerungsumbruchs leitete die von der Provinzialverwaltung verabschiedete Verordnung vom 8. April 1946 ein, die die Aussiedlung von 15 000 Potsdamern vorsah.[213] Ziel war es, eine politische bzw. sozialpolitische Neuordnung in der Stadt zu erreichen, mit der bestimmte Milieus wie das der Beamten – in der kommunistischen Zuschreibung das »alte reaktionäre Beamtentum« – aufgelöst und Platz für den Zuzug »fortschrittlicher Kräfte« und jüngerer Angehöriger »arbeitender Schichten« geschaffen werden sollte. Diese Maßnahme, die in der einheimischen Bevölkerung sowie in den bürgerlichen Parteien auf Widerspruch stieß und für erhebliche Unruhe

208 Potsdam. Geschichte der Stadt in Wort und Bild (Autorenkollektiv unter Leitung von Wolfgang Uhlemann und Otto Rückert), Berlin (Ost) 1986, S. 143.

209 Allein für den Zeitraum vom 1. Juni bis 1. Dezember 1945 wurden in Potsdam polizeilich mindestens 31 Morde, 121 Plünderungen und 28 Erpressungen registriert. Ebd., S. 144.

210 Wolfgang Uhlemann, Hoffnungen, Wege, Irrwege. Potsdam 1945-1990, Emmelshausen 1994, S. 51.

211 Potsdam. Geschichte der Stadt, S. 147.- Uhlemann, Hoffnungen, Wege, Irrwege, S. 51.

212 Zählung zum 1.12.1945. Potsdam. Geschichte der Stadt, S. 147.- Uhlemann, Hoffnungen, Wege, Irrwege, S. 51.

213 Uhlemann, Hoffnungen, Wege, Irrwege, S. 53.

sorgte und der weitere ähnlich lautende Bestimmungen folgten, forcierte die eingeleitete soziale, demografische und kulturelle Entmischung und Neuzusammensetzung der Stadtbevölkerung – ein Prozess, der in der DDR bis in die 1980er Jahre anhielt.[214]

Markant für das Stadtbild der Nachkriegszeit war die allgegenwärtige sowjetische Truppenpräsenz. Schätzungen zufolge belief sich die Anzahl sowjetischer Militärangehöriger in Potsdam 1945 auf 70 000, vier Jahre später – im Gründungsjahr der DDR – noch immer auf etwa 25 000. Die Sowjetische Militäradministration des Landes Brandenburg residierte anfänglich in der heutigen Berliner Straße 98-101 und damit ausgerechnet in jenem Gebäudekomplex, in den 1955 das Deutsche Zentralarchiv einziehen sollte.[215] Im Zuge des Umbaus zur sowjetischen Garnisonstadt und zum zeitweiligen Hauptquartier der SMAD wurde angeordnet, ganze Wohngebiete zu räumen und an die Sowjets zu übergeben. Dazu gehörten komplette, ehemals von Beamten, Militärs und wohlhabenden Schichten bewohnte Straßenzüge und Häuserkomplexe auch im Bereich des Heiligen Sees und der Berliner Vorstadt, wo später neben dem DZA die Staatliche Archivverwaltung und die Archivschule angesiedelt wurden.[216]

Die schrittweise Machtübernahme durch prosowjetische und kommunistische Kräfte kennzeichnete auch in Potsdam die politische Umwälzung nach 1945. Dabei setzte die SMAD in Verbindung mit ihren Unterstützern das Konzept der Einheitspartei bzw. Einheitslisten durch. Sowohl SPD als auch KPD verfügten in der Beamtenstadt über einen regional vergleichsweise starken Rückhalt, wobei der Wille zur Vereinigung mit der KPD unter den Potsdamer Sozialdemokraten zunächst durchaus ausgeprägt war. Zu den prominenten sozialdemokratischen Unterstützern der Vereinigungslinie gehörte unter anderem Otto Meier, der bereits von 1921 bis 1933 für die SPD im Preußischen Landtag saß und von den Nationalsozialisten inhaftiert worden war. Der Chefredakteur der SPD-Zeitung »Das Volk« und Mitglied des neu gewählten

214 Dass die Einwohnerzahl bis Ende 1949 trotzdem wieder auf 120 569 anwuchs, war zum einen der Rückkehr von Kriegsheimkehrern bzw. Kriegsgefangenen geschuldet, zum anderen das Resultat ebenjenes sprunghaften Zuzugs neuer Bevölkerungsgruppen. Stellt man zudem in Rechnung, dass zwischen 1949 und 1950 etwa 10 000 Potsdamer ihre Stadt verließen, gleichzeitig ebenso viele hier Wohnrecht erhielten, wird die enorme Dimension der Menschenverschiebung bzw. des Bevölkerungsaustauschs in diesen Jahren erkennbar. Ebd., S. 61.

215 Damals Neue Königsstraße 74-77, ab 1949 dann Stalinallee 98-101. Erich Konter/Harald Bodenschatz, Städtebau und Herrschaft. Potsdam: Von der Residenz zur Landeshauptstadt, Berlin 2011, S. 148.

216 Das Gros der sowjetischen Offiziere mit ihren Familienangehörigen wohnte im sogenannten Militärstädtchen Nr. 7 (auch »Verbotene Stadt« genannt) zwischen Puschkinallee und Neuem Garten. Hier, inmitten ehemals großbürgerlicher Villen und Wohnhäuser, entstanden zahlreiche russische Geschäfte, Büros, Kindergärten und Kultureinrichtungen, zugleich wurde hier das deutsche Hauptquartier des sowjetischen Geheimdienstes eingerichtet.

SED-Vorstandes war ab 1947 Abgeordneter und von 1949 bis 1952 Präsident des ersten und zweiten Brandenburger Landtags.[217] Ab Juli 1952 fungierte er als Generaldirektor des Staatlichen Archivwesens bzw. ab 1. April 1953 als Leiter der Hauptabteilung Staatliches Archivwesen im Staatssekretariat für Innere Angelegenheiten der DDR (als Nachfolger von Otto Korfes).

Die oberste Stadtführung in Person des Oberbürgermeisters unterlag zunächst noch Personalwirren und mehreren Wechseln. Ungeachtet dessen wurden innerhalb der ersten Wochen nach Kriegsende über 750 Angestellte der Stadtverwaltung als belastete Belegschaft entlassen.[218] Die Wahl der Stadtverordnetenversammlung am 15. September 1946 brachte im Ergebnis zwar eine relative Mehrheit für die SED mit 42,3 Prozent, dennoch vereinigten die CDU und die LDP mit jeweils 32,9 und 22,9 Prozent deutlich mehr als die Hälfte aller abgegebenen Stimmen der 77 022 Potsdamer Wahlberechtigten auf sich.[219] Der bisherige SED-Oberbürgermeister Walter Paul wurde zwar einstimmig gewählt, gleichwohl wurde ihm der bisherige Stadtrat Köhler von der CDU als Bürgermeister an die Seite gestellt. Diese Kommunalwahl stellte die letzte mehr oder weniger freie Wahl dar. Danach setzte die SED ihr diktatorisches Konzept der Einheitsliste durch, das eine Sitzverteilung nach festgelegtem Schlüssel vorsah und die permanente Vormachtstellung der SED sicherte.[220] Gerade Potsdam entwickelte sich zu einem regionalen Schauplatz für die Entmachtung der zu Beginn noch starken bürgerlichen Parteien CDU und LDP sowie für die gezielte Kriminalisierung und Ausschaltung von deren Parteieliten.[221]

Ingrid Jander hat mit Blick auf Brandenburg die »Strategie der Differenzierung« hervorgehoben, nach der die SED zwischen »reaktionären«, schwankenden und »progressiven Kräften« innerhalb der gegnerischen Gruppen unterschied und entsprechend verschiedenartig verfuhr. Erklärtes Ziel der

217 Er war überdies Mitglied des Deutschen Volksrates (1948/49), Abgeordneter der Provisorischen Volkskammer (1949/50) und der Länderkammer der DDR (1950-1958) sowie von 1952 bis zu seinem Tod 1962 Abgeordneter des Bezirkstags Potsdam. Meier wurde später zum Ehrenbürger der Stadt ernannt.

218 Potsdam. Geschichte der Stadt in Wort und Bild, S. 144.- Uhlemann, Hoffnungen, Wege, Irrwege, S. 51.

219 Landeshauptstadt Potsdam, Wahlen seit 1809 in der Stadt Potsdam. Beiträge zur Statistik und Stadtforschung II/1998, S. 41.

220 Und so wurden für die auf Oktober 1950 anberaumte nächste Wahl der Stadtverordnetenversammlung eine Einheitsliste und ein gemeinsames Wahlprogramm des sogenannten Potsdamer Einheitsblocks aus Parteien und Massenorganisationen aufgestellt, deren Kandidatenvorschläge zuvor durch den Landesblockausschuss abgesegnet worden waren. Das Wählervotum, das lediglich in einem Ja oder Nein für die Einheitsliste der im Januar 1950 konstituierten Nationalen Front bestehen durfte, betrug 1950 und fortan bei allen Wahlen zur Stadtverordnetenversammlung bis 1989 über 99 Prozent (1961 sogar 100 Prozent). Ebd., S. 42

221 Ingrid Jander, Politische Verfolgung in Brandenburg 1949 bis 1953. Der Kampf gegen Ost-CDU, Bauern und Kirchen im Spiegel der Akten von SED und Staatssicherheit, Düsseldorf 2012, S. 143-146.

Säuberungsaktionen war die Bildung »fortschrittlicher« Blockparteileitungen, die sich problemlos in die Struktur der Nationalen Front einpassten und die absolute Vorherrschaft der SED anerkannten.[222] Um eine Auflösung der Blockparteien ging es dagegen nicht. Um das scheindemokratische Parteiensystem zu wahren, wurde sogar alles dafür getan, sie formal zu erhalten.[223] Außerdem wurde mit der NDPD eine weitere Blockpartei ins Leben gerufen, die vor allem als Auffangbecken für ehemalige NSDAP-Mitglieder und NS-Funktionsträger dienen sollte – und die in Potsdam mit Otto Korfes einen prominenten Archivar unter sich wusste. Sowjetische Kontrollkommission und sowjetischer Geheimdienst sorgten darüber hinaus nach Kräften dafür, diesen Machtaneignungs-Prozess voranzutreiben, unter anderem auch mit gezielten Verhaftungsaktionen und Haftverurteilungen unliebsamer Politiker und Parteimitglieder.[224] Aus der Heftigkeit und Radikalität der Repressionen kann jedoch auf keine rasche und vollständige Umgestaltung der Potsdamer Bevölkerung in eine sozialistische Stadtgesellschaft geschlossen werden, so wie es den SED-Propagandisten vorschwebte. Bestimmte kulturelle und konfessionelle Bindungen und Milieuzusammenhänge aus der Zeit vor 1945 offenbarten eine hartnäckige Überlebenskraft. Trotz Kirchenverfolgung, Mauerbau und politisch-ideologischem Druck bekannten sich beispielsweise 1964 noch 55 Prozent der Potsdamer Stadtbevölkerung zum evangelischen Glauben bzw. weitere sechs Prozent zum katholischen Glauben.[225]

Reichsarchiv im Überlebenskampf

Am 13. Mai 1945, wenige Tage nach Kriegsende, veranlasste die sowjetische Kommandantur in Potsdam die Sicherung von Archivalien bzw. der Restakten

222 Als zentrale Handlungsträger agierten hier vor allem die SED-Instrukteure, die zu Hunderten in die Kreise, Städte und Dörfer entsandt wurden, um zunächst die politische, wirtschaftliche und soziale Lage sowie die lokalen Funktionsträger zu sondieren und dann die Demontage missliebiger Personen und Parteiverbände durch Kampagnen, Verleumdungen, inszenierte Unruhen u.a.m. anzuleiten. Ebd., S. 351, 526.

223 Zum Spannungsverhältnis innerhalb der Blockparteien zwischen Druck und Anpassung vgl. auch: Michael Bienert, Zwischen Opposition und Blockpolitik. Die »bürgerlichen« Parteien und die SED in den Landtagen von Brandenburg und Thüringen (1946-1952), Düsseldorf 2016.

224 Dazu mit Blick auf ganz Brandenburg: Sven Schultze, Die sowjetische Besatzungsmacht in Brandenburg, 1945 bis 1953, in: Bienert/Wentker (Hg.), Land zwischen den Zeiten, S. 94-142.- Andreas Weigelt, Entnazifizierung, Polizei und Geheimdienste im Land Brandenburg, 1945 bis 1952, in: ebd., S. 252-364.

225 Im Jahr 1964 wurde letztmalig bei einer Volks- und Berufszählung in der DDR die Religionszugehörigkeit statistisch erfasst. Landeshauptstadt Potsdam, Entwicklung und Struktur der Potsdamer Bevölkerung seit 1415 – Mit historischen Hintergründen. Beiträge zur Statistik und Stadtforschung III/1999, S. 47.

auf dem Brauhausberg.[226] Mit der Leitung dieser Aufgabe betraute die SMA Brandenburg den letzten Leiter des Potsdamer Heeresarchivs, Ministerialdirigent Karl Ruppert. Dieser war seit 1919 im Reichsarchiv tätig und 1937 als Oberarchivrat zum Heeresarchivdirektor von Potsdam aufgestiegen. Fünf Jahre später wurde er zudem zum Geschäftsführer des Chefs der Heeresarchive ernannt. Zwar gehörte er damit zum höheren Kreis von Militärbeamten, jedoch hatte er niemals der NSDAP angehört. Galt dies für seine Wahl zunächst als entscheidend, war für die sowjetischen Militäradministratoren mindestens ebenso ausschlaggebend, dass er als profunder Kenner des gesamten Archivkomplexes und respektierter Fachmann galt.

Reichs- und Heeresarchiv wurden auf SMA-Anweisung hin mit Wirkung zum 6. August 1945 zu einer gemeinsamen »Archivverwaltung« zusammengelegt mit dem Ziel, neben der Aktensicherung beide Einrichtungen geordnet abzuwickeln.[227] Karl Ruppert zugeteilt wurden auf dessen Vorschlag in leitender Funktion die alten Oberarchivräte Hermann Cron und Heinrich Otto Meisner (beide Reichsarchiv), Otto Danz und Bernhard Poll (Heeresarchiv) sowie Albert Falck, der speziell mit der Koordination der Aufräumarbeiten des stark beschädigten Archivkomplexes beauftragt wurde. Falck arbeitete seit 1935 im Reichs- bzw. Heeresarchiv im Verwaltungsbereich und war im März 1945 aufgrund interner Streitigkeiten aus dem Heeresarchiv entlassen worden.[228] Mit sämtlichen Verwaltungsangelegenheiten betraute Ruppert Paul Bastian, der seit 1935 in der Potsdamer Heeresverwaltung tätig war. Insofern bestand auf der höheren Ebene des Rumpfarchivs zunächst eine allgemeine personelle Kontinuität, die sich in erster Linie fachlich-organisatorisch begründete und mit Meisner als einzigem vorherigen NSDAP-Mitglied nur wenige formale NS-Belastungspunkte aufwies.

Doch sowohl infrastrukturell als auch personell ließ sich nur schwer auf einen koordinierten Arbeitsbetrieb umschalten, da nach Kriegsende viele der ehemaligen Mitarbeiter Potsdam aus politischen oder persönlichen Gründen verließen oder dem Brauhausberg schlichtweg fernblieben. Die Fluktuation ist nicht exakt zu bemessen. Einen ungefähren Eindruck vermitteln allerdings die beantragten Gehaltslisten. Demnach meldete Ruppert im Juni bei der Stadt Potsdam noch für 19 Mitarbeiter des ehemaligen Reichsarchivs Lohn an, im Juli für elf und im August schließlich nur noch für sieben. Für Heeresarchiv-Angestellte lagen mit zunächst 41 Gehaltsforderungen für Mai und 36 für Juni zwei Werte vor, die ebenfalls Personalschmelze anzeigten.[229] Für September

226 Eberhard Schetelich, Zehn Jahre Staatliche Archivverwaltung der Deutschen Demokratischen Republik, in: Archivmitteilungen 9 (1959) 5, S. 134-142, hier S. 135, FN 3.

227 BArch, DO 6/6: Anweisung Min.-Dir. Karl Ruppert, 13.5.1945 (Abschrift).- BArch, DO 6/6: Anweisung von Karl Ruppert zur Verwendung der Bezeichnung »Archivverwaltung«, 6.8.1945.

228 BArch, DO 6/8: Personalbogen Albert Falck, o. D.

229 BArch, DO 6/6: Geldbedarfsnachweisung für die Beamten, Angestellten und Arbeiter des Reichsarchivs für den Monat Juni, Juli sowie August 1945, 25.6.1945, 2.7.

beantragte Ruppert unter dem neuen Namen »Archivverwaltung« dann jedoch nur noch siebzehn Gehälter für den zusammengelegten Rest der Beschäftigten, wobei zum 22. September die Akten lediglich sechzehn verbliebene Personen anführen[230] – und damit nur noch einen Bruchteil der Vorkriegs- und Kriegszeit. Erschwerend kam hinzu, dass die Stadt Potsdam zum 1. November 1945 aus ihrer treuhänderischen Zuständigkeit als übergeordnete Verwaltungs- und Finanzbehörde ausstieg und damit formal zunächst sämtliche Beschäftigungsverhältnisse aufgehoben waren. Auch wenn Ruppert den Verbliebenen Hoffnung auf eine Übergangslösung machte, blieb die Situation für einige Monate völlig unübersichtlich und unberechenbar, sodass sich mancher Mitarbeiter wie Paul Bastian kurzzeitig eine neue Arbeitsstelle suchte. Ein anderer Teil verblieb aus Leidenschaft oder mangels Alternativen zunächst, wartete ab bzw. ging seiner Arbeit auch unbezahlt weiter nach.[231] Gleichermaßen ratlos wie verzweifelt schrieb daher auch Heinrich Otto Meisner im Mai 1946 an seinen früheren Kollegen Walter Heinemeyer: »An der Havel sieht's … völlig unberechenbar aus. Zum 1. April ist das (einst ach so stolze) RA. [Reichsarchiv] als solches völlig aufgelöst worden. Was übrig blieb, verkörpert sich in einer sog. ›Bücherstation‹, die von der Mil.Kdtur Sanssouci nahe bei den Communs eingerichtet ist und ihr untersteht. Dort bin auch ich (als einziger ehem. wiss. Beamter) im Tagelohn seit Anfang Februar beschäftigt. … Ob sich aus der ›Station‹ eine Art Nachfolger des ehemal. RA. entwickelt, weiß, wie gesagt, kein Mensch.«[232]

Unabhängig davon entwickelte der knapp 60-jährige Ruppert innerhalb kürzester Zeit enorme Eigeninitiative, um die »Archivverwaltung« nicht nur am Leben zu erhalten, sondern ihr auch eine konzeptuelle Zukunftsperspektive zu verschaffen. Dabei schwebte ihm – ganz im national-archivischen Sinne – Großes vor: die Gründung eines gesamtdeutschen Zentralarchivs, dessen Aufgaben- und Zuständigkeitsbereich den des Reichs- und Heeresarchivs, des GStA, des Brandenburg-Preußischen Hausarchivs, des Politischen Archivs des Auswärtigen Amtes sowie das Archivgut weiterer Reichsministerien und oberster Reichsbehörden umfassen sollte. Geleitet in Personalunion sollte dieses Zentralarchiv einer »Zentralverwaltung der staatlichen Archive« angehören, der wiederum sämtliche staatlichen Archive Deutschlands unterständen. Diese

und 9.7.1945 sowie 21.7.1945.- BArch, DO 6/7: Heeresarchiv Potsdam an die Stadtverwaltung Potsdam, Abt. Ernährungsamt: Liste der Mitarbeiter im Heeresarchiv, 25.5.1945.- BArch, DO 6/6: Heeresarchiv Potsdam an die Stadtverwaltung Potsdam, Abt. Finanzen: Anmeldung Geldbedarf für Juni 1945, 26.5.1945.

230 BArch, DO 6/6: Archivverwaltung an den Magistrat Potsdam/Abt. Finanzen, 22.9.1945.

231 Simone Walther vermutete einen zeitweisen Weiterbetrieb der Archivverwaltung, finanziert durch sowjetische Besatzungsbehörden bis Februar 1946. Walther, Zum Umgang mit der NS-Vergangenheit, S. 474.

232 ABBAW, NL H.O. Meisner, Nr. 104: H.O. Meisner an Walter Heinemeyer, 5.5.1946.

Pläne schlug er der Deutschen Zentralverwaltung für Volksbildung und der Abteilung Volksbildung des Magistrats von Berlin vor. Am 16. Oktober präsentierte er sie zudem in Anwesenheit von Poll und Meisner den GStA-Vertretern Bellée und Wendland.[233] Während sich letztere von seinen Vorstellungen angetan zeigten – nicht zuletzt sollte der Sitz der Archiv-Zentralverwaltung nach Berlin-Dahlem verlegt werden –, prallte sein Vorschlag bei Otto Winzer von der Abteilung Volksbildung bereits aufgrund der Herkunft des Verfassers ab: »Der genannte Herr Ruppert war Leiter des Heeresarchivs [...] Ein weiterer Herr, nämlich Dr. Bernhard Poll, war beim Chef der Heeresarchive Beauftragter in Norwegen, Leiter der Zentralabteilung ... und zudem noch Mitglied des Reitersturms der SS in Potsdam. Mir scheint«, schrieb der spätere DDR-Außenminister am 30. November an den Präsidenten der Deutschen Zentralverwaltung für Volksbildung, »dass man sich alle diese Herrschaften einmal gründlich ansehen muss, und es wird notwendig sein, entsprechende Maßnahmen zu treffen.«[234]

Doch auch wenn Winzer das Ansinnen Rupperts aufgrund des alten Personals und mit Hinweis auf den allein Berlin betreffenden Zuständigkeitsbereich ablehnte, gelang es zunächst, den Präsidenten der Deutschen Zentralfinanzverwaltung von der Ressortzuständigkeit und die sowjetische Seite von der Genehmigung des Gesamtvorhabens zu überzeugen. Der am 10. März 1946 in Berlin-Karlshorst bei der Abteilung Volksbildung der SMAD beantragten Gründung eines Zentralarchivs in der SBZ wurde noch am 29. März die Unterstützung zugesagt und dann – durch Erlass vom 8. Mai 1946 – die Erlaubnis erteilt. Damit stand das ehemalige Reichsarchiv bereits ein Jahr nach der Kapitulation vor seiner institutionellen Wiedererrichtung – und zwar nach altem Potsdamer Modell.[235]

Berlin-Brandenburger Archivarskreise hatten diese Entwicklung keinesfalls als selbstverständlich angenommen, insbesondere nicht am GStA.[236] Hier hatte nach Kriegsende zunächst der im Oktober 1944 eingesetzte Erich Randt das Sagen, bis er, nachdem seine Mitgliedschaft in der SA bzw. NSDAP sowie seine vormaligen Funktionen in Osteuropa bekannt wurden, Mitte Juni 1945 durch Georg Winter ersetzt wurde. Als kommissarischer GStA-Chef traf sich dieser am 2. Juli mit Meisner, den er als »Leiter des Reichsarchivs Potsdam«

233 BArch, DO 1/30596: Besprechung über die Reorganisation des Archivwesens am 16. Oktober 1945 in Potsdam, o. D.

234 BArch, DR 2/642: Otto Winzer an den Präsidenten der Deutschen Zentralverwaltung für Volksbildung, Paul Wandel, 30.11.1945.

235 Schetelich, Zehn Jahre Staatliche Archivverwaltung, S. 134f.- Helmut Lötzke/Gerhart Enders/Heinz Welsch, Deutsches Zentralarchiv Potsdam und Merseburg, in: Archivmitteilungen 9 (1959) 5, S. 143-152, hier S. 143.- Walther, Zum Umgang mit der NS-Vergangenheit, S. 476.

236 Dazu: Jürgen Kloosterhuis, Staatsarchiv ohne Staat. Das GStA in den ersten Nachkriegsjahren 1945 bis 1947. Eine archivgeschichtliche Dokumentation, in: Kriese (Hg.), Archivarbeit im und für den Nationalsozialismus, S. 479-599.

empfing.[237] Beide waren sich einig, dass eine baldige Vereinigung beider Institutionen in gegenseitigem Interesse sei und eine dahingehende enge Zusammenarbeit etabliert werden müsse. Als erster Schritt in diese Richtung wurde vereinbart, dass das GStA bis dahin in allen fachlichen und wissenschaftlichen Belangen des Reichsarchivs als führende Stelle (»fachliche Oberinstanz«) auftritt. Meisner wiederum übernahm es, eine »Erfassungsaktion« von Akten- bzw. Archivgut bei allen Potsdamer Behörden und Ämtern durchzuführen und die Ergebnisse ans GStA zu übermitteln. Wie die Außenstellen in Schönebeck und Staßfurt zu besetzen seien, wussten beide angesichts der »äußerste[n] Personalbeschränkung« am Reichsarchiv vorerst nicht zu klären. Schönebeck wurde zwar zur Außenstelle des GStA deklariert, doch der noch nicht genehmigte Haushaltsplan ließ die Bezahlung einer entsprechenden Stelle offen.[238]

Der Übereinkunft fehlte es aber an Rückhalt, insbesondere nachdem mit der Entlassung Winters zum 18. Juli das personelle Bindeglied fehlte. Sein kommissarischer Nachfolger, Staatsarchivrat Gottfried Wentz, gab im Kreise der Kollegen bekannt, dass Winter vom Magistrat der Stadt Berlin suspendiert worden sei, bis seine Tätigkeit in der Ukraine aufgeklärt sein würde.[239] In der GStA-Dienstbesprechung vom 6. August 1945 wurde gleichwohl beschlossen, den Kontakt zum Potsdamer Reichsarchiv zu halten, um das weitere Schicksal der dortigen Bestände der Zentral- und Provinzialbehörden zu erörtern.[240] Aber bereits kurze Zeit später erhielt Wentz Kenntnis von der vom Potsdamer Stadtkommandanten angewiesenen Zusammenlegung von Reichs- und Heeresarchiv, das nun unter Aufsicht sowjetischer Archivverständiger stand. Für Wentz war damit klar, dass die bisherige inter-archivische Kommunikation ihr Ende gefunden hatte und »das GStA … Beziehungen mit dieser neu geschaffenen Behörde aufnehmen [muss]«.[241]

Das Personalkarussell drehte sich allerdings nicht nur auf der Mitarbeiter-, sondern auch auf der Leitungsebene zu schnell, um eine Zusammenarbeit zu etablieren.[242] Völlig überraschend verstarb Wentz am 8. September infolge einer Ruhr-Erkrankung. Auf seinen Posten rückte am 7. November Oberarchivrat Ulrich Wendland, der seine erste Dienstbesprechung am 23. November nicht nur dazu nutzte, um sich als Nachfolger vorzustellen, sondern auch um mit der (Wieder-)Einführung des Kollegialitätsprinzips einen Wechsel der

237 GStA PK, I. HA, Rep. 178 B, Nr. 1048: Georg Winter: Information über das Treffen mit OAR Heinrich Otto Meisner am 2. Juli 1945, 3.7.1945.

238 Ebd.

239 GStA PK, I. HA, Rep. 178 B, Nr. 3268 (PA): Information / Allgemeiner Umlauf (Wentz), 18.7.1945.

240 In diesem Zusammenhang sollte auch eine gemeinsame Stippvisite zur Ausweichstelle im nahe gelegenen Schloß Paretz stattfinden. GStA PK, I. HA, Rep. 178 B, Nr. 1053: GStA: Dienstbesprechung vom 6.8.1945.

241 GStA PK, I. HA, Rep. 178 B, Nr. 1053: GStA: Dienstbesprechung vom 14.8.1945.

242 Im Ergebnis von politischen Personalüberprüfungen waren allein Mitte Juli 1945 von den einst 85 Mitarbeitern des GStA (1939) insgesamt nur noch 18 übrig geblieben. Kloosterhuis, Staatsarchiv ohne Staat, S. 486.

bisherigen Dienstkultur einzuläuten.[243] Dass von Ruppert am 29. Oktober 1945 verfasste Memorandum zur Wiedereinführung einer fünfköpfigen archivischen Fachspitze mit Sitz in Berlin-Dahlem, der das GStA, das vereinigte Reichs- und Heeresarchiv Potsdam, das Brandenburg-Preußische Hausarchiv, das Politische Archiv des Auswärtigen Amtes sowie weitere Archive aufgelöster Reichsbehörden unterstellt sein sollten, beurteilte Wendland intern als verfrüht und zu diesem Zeitpunkt als nicht realisierbar.[244]

Eine Kooperation mit dem Reichsarchiv hingegen erschien aber nach wie vor im Bereich des Möglichen. Von derlei Hoffnung zeugte auch eine Diskussion über den künftigen Archivnamen, die sich im November 1945 im GStA entspann. So erschien es den meisten unstrittig, dass sich eine institutionelle Weiterarbeit bei gleichzeitigem Neuanfang auch im Namen widerspiegeln müsse. Ausgangspunkt war ein Veto des eingesetzten »GStA-Kurators« Traugott Böhme, der dem stellvertretenden Leiter Hans Bellée mitteilte, »daß die Amtsbezeichnung ›Preußisches Geheimes Staatsarchiv‹ in der Entwicklung der gegenwärtigen Verhältnisse nicht mehr zweckmäßig erscheint, ja sogar Grund zur Beanstandung geben könnte, denn die Bezeichnung ‚›Preußisches‹ Geh. StA könne leicht als Programm aufgefaßt werden. Jedenfalls sei die Bezeichnung jetzt so irreführend, wie die Bezeichnung ›Geheimes‹, die bereits zu falschen Auffassungen geführt habe«. Als Alternative schlug Böhme »Zentrales Staatsarchiv« vor. Andere votierten für »Staatsarchiv Berlin«, »Staatsarchiv zu Berlin«, »Haupt-Staatsarchiv«, »Preussisches Staatsarchiv« oder auch, wie Hans Bellée, »Deutsches Zentralarchiv« für den Fall einer künftigen deutschen Einheit: »Wenn man davon ausgeht, daß die Zusammenlegung des Reichsarchivs in Potsdam mit dem Geh. StA in sicherer Aussicht steht und daß wieder eine zentrale deutsche Regierung zu erwarten ist, so ließe sich am besten der Begriff ›Deutsches Zentralarchiv‹ dafür finden. […] Da aber soeben erst von München aus der dortige Ministerpräsident eine einheitliche Regierung abgelehnt hat und diese auch aus anderen Erscheinungen heraus so bald doch nicht zu erwarten ist, bleibt kaum ein anderer Begriff als ›Hauptstaatsarchiv‹.« Von der Abteilung Volksbildung des Berliner Magistrats wurde dieser Vorschlag am 28. November 1945 in Form von »Hauptstaatsarchiv Berlin-Dahlem« aufgenommen und gegenüber den US-amerikanischen Verantwortlichen präsentiert.[245] Dort begrüßte man die geplante Umbenennung, schlug zugleich jedoch eine Präzisierung vor, die zum einen den Aufgabenbereich kenntlich mache, zum anderen aber nicht einer künftigen Staatsbildung namentlich vor-

243 »Die Rückbesinnung auf das bewährte (ja auch bei den preußischen Behörden üblich gewesene) Kollegialitätsprinzip«, hieß es dazu von Wendland im Protokoll der Dienstbesprechung, »macht eine Ersetzung des bisherigen Ich-Stils in der amtlichen Korrespondenz durch den Wir-Stil oder die Anwendung der unpersönlichen Form erforderlich.« GStA PK, I. HA, Rep. 178 B, Nr. 1053: GStA: Dienstbesprechung vom 23.11.1945.

244 Ebd.

245 Zitiert nach: Kloosterhuis, Staatsarchiv ohne Staat, S. 589.

greife. Im Ergebnis ging die Bezeichnung »Hauptarchiv für Behördenakten« hervor, die dann am 23. Januar 1946 durch Winzer per Verfügung genehmigt wurde.[246] Zwei Jahre später erfolgte schließlich die Umbenennung in »Berliner Hauptarchiv«, nachdem seitens der Stadtverordnetenversammlung Einwände gegen die bisherige Bezeichnung laut wurden, die im Zuge der fortgesetzten Teilung Deutschlands und Berlins als – historisch und politisch – irreführend angesehen wurde.[247]

Im Frühjahr 1946 verflüchtigten sich alle Illusionen über ein Zusammengehen. So vermeldete Ulrich Wendland am 12. April 1946 in der GStA-Leitung, die Auflösung von Reichs- und Heeresarchiv sei gleichbedeutend mit dem Ende aller Bemühungen um eine »zentrale deutsche Archivverwaltung für die russische Okkupationszone« sowie sämtlicher Pläne für eine Vereinigung mit dem GStA. Oberarchivrat Meisner, einstiger Gewährsmann solcher Überlegungen, sei mit einigen anderen Mitarbeitern »in russischem Auftrag« mit der Ordnung eines Bücherdepots in Nebengebäuden des Neuen Palais beauftragt worden.[248] Wendland richtete nun seine Anstrengungen darauf, wenigstens den alten Standort Berlin-Dahlem zu konsolidieren. Doch für alle überraschend kam 1947 ans Tageslicht, dass er früher NSDAP-Mitglied war und diese Zugehörigkeit verschwiegen hatte, was zu seiner Entlassung und der anschließenden Übernahme der Leitung durch den unbelasteten Hans Bellée führte.

Zwischenresümee

Der Zeitraum 1933 bis 1939 stellt sich – wie die gesamte NS-Periode – behördengeschichtlich als eine Zeit voller Unruhe und Umbrüche dar. Während die Jahre 1933 bis 1936 im Zeichen einer stetigen Führungsschwäche an der Archivspitze, weltanschaulicher Friktionen und Umorientierungen sowie der Herstellung neuer Loyalitätsverhältnisse zwischen Archivbeamten und NS-Regime standen, geriet das Reichsarchiv von 1934 bis 1937 zum Gegenstand heftig umstrittener archivpolitischer Neuordnungskonzeptionen und zerfiel schließlich 1936/37 in seiner alten Form.

Das Reichsarchiv war eine von Militärs dominierte Beamtenbastion, die als Institution von Beginn an politisch und sozial stark fragmentiert war. Dauerspannungen zwischen Zivilen und (Ex-)Offizieren beherrschten den Alltag ebenso wie Lagerbildungen und gegenseitige Beschwerdeführungen. Trotz konservativ-republikfeindlicher Einstellungen vieler Mitarbeiter zählte das Archiv bis Mitte der 1930er Jahre aber nur wenige NSDAP-Mitglieder. Der Umschwung im Reichsarchiv setzte 1934/35 und dann insbesondere ab Herbst 1936 ein mit den Amtsantritten zunächst von Albert Brackmann, der als kommis-

246 Ebd., S. 592.

247 Ebd., S. 598 f.

248 GStA PK, I. HA, Rep. 178 B, Nr. 1053: GStA: Dienstbesprechung vom 12.6.1946.

sarischer Leiter die Indienststellung des Reichsarchivs für die NS-Bewegung propagierte und forcierte, und dann des überzeugten Nationalsozialisten Ernst Zipfel an der Spitze des Archivs.

Die schrittweise Nazifizierung der Behörde war zuerst vor allem sichtbar in der Entlassung politisch unliebsamer und jüdischer Mitarbeiter, im Mitwirken an NS-Propagandaausstellungen sowie in der rassenpolitischen Regulierung des Benutzerzugangs. Auffällig ist, dass leitende Experten wie Ernst Müsebeck von der Archivabteilung den Ausleseprozess zu nutzen suchten, um sich von vermeintlich leistungsschwachen Archivaren zu trennen. Protest gegen den Ausschluss einzelner Mitarbeiter oder andere Regulierungen regte sich nicht. Mit der Aufhebung der Mitgliederaufnahme-Sperre in die NSDAP 1937 wuchs der Grad formaler Belastung unter den Angestellten sprunghaft an. Entscheidendes Scharnier für die Integration in die NS-Bewegung, die Akzeptanz und Befürwortung der diktatorischen Verhältnisse sowie die Disziplinierung abweichenden Verhaltens war die NS-Fachschaft im Reichsarchiv, die sowohl überzeugte Nationalsozialisten als auch regimeferne Mitarbeiter zusammenführte. Das Betriebsklima blieb aber unverändert angespannt. Mit der Entfernung einiger bekennender Republikaner hatte sich nach 1933 zwar ein politisch-ideologisches Konfliktfeld aufgelöst, doch an seine Stelle traten angesichts des nationalsozialistischen Bekenntnisdrucks nun gegenseitige Gesinnungskontrolle, Bespitzelungen und Verdächtigungen.

Archivdirektor Ernst Zipfel propagierte nationalsozialistische Ziele, setzte das behördliche Führerprinzip durch und mitverantwortete eine imperialistisch-zerstörerische Archivpolitik im besetzten Ausland. Er führte eine veränderte Kommunikationskultur ein, die sich gleichermaßen modern, rationell und soldatisch gab. Die verbale und habituelle Abgrenzung vom vorherigen Arbeitsstil deckte sich dabei mit nationalsozialistischen Vorbehalten gegenüber einem vermeintlich behäbigen, konservativ-bremsenden Beamten- und Bürokratentum. So veranlasste Zipfel auf der einen Seite archiv-organisatorische Straffungen, Kontrollen und Berichtspflichten. Auf der anderen Seite vergrößerte er die Befugnisse und Selbständigkeit von Abteilungsleitern, nicht zuletzt auch um sich selbst von den vielen Arbeitsaufgaben zu entlasten. Doch Zipfel, der sich neben seiner politischen Überzeugung vor allem dem Fachlichen verpflichtet fühlte, zog auch Grenzen, wenn er beispielsweise eine unbeschränkte Ausleiherlaubnis von Personalakten bzw. Akten mit personenbezogenen Inhalten für NSDAP, SS, Gestapo oder andere Dienststellen mit Hinweis auf die Unrechtmäßigkeit eines solchen Vorgehens verweigerte.

Die NS-Diktatur hatte Konsequenzen für die Ausbildung des archivarischen Nachwuchses. Das IfA, an dem die Reichsarchivare Ernst Zipfel und Heinrich Otto Meisner lehrten, wurde nach 1933 durch die Ideologisierung von Lehrinhalten und den Zwang zur Mitgliedschaft in NS-Formationen zu einer Schleuse für den systemkonformen Expertennachwuchs, der über 1945 hinaus das westdeutsche Archivwesen und die Marburger Ausbildung prägen sollte. Der IfA-Absolvent und frühere Reichsarchivar Walter Heinemeyer, der als NSDAP-Mitglied bei einem »Archivschutz«-Einsatz in Frankreich mitgewirkt hatte, gehörte später zu den anerkannten Lehrern in Marburg. Angesichts der Kürze der Ausbildungskurse, des deutlichen Übergewichts des Fachunterrichtes und der kriegsbedingten Einschränkungen muss allerdings fraglich bleiben, ob das IfA einen tatsächlich nachhaltigen Einfluss als »braune Archivarsschmiede« ausüben konnte. Dagegen blieb es unverändert eine Vermittlungsstätte preußischer Archivtradition.

Mit Blick auf die NS-Diktatur ist dann ab 1938/39 ein zügiger, dreistufiger Wandel zu konstatieren, der sowohl für den deutschen Archivalltag im Allgemeinen als auch für den Reichsarchivbetrieb im Speziellen kennzeichnend war: von der einfachen Krisenbewältigung über den akuten Notbetrieb 1942/43 bis zum finalen Stillstand bzw. zur Auflösung des Archivwesens 1945. Zentrale Elemente der Transformation und Entfunktionalisierung waren militärische Einberufungen und Personalabzug, Aufgabe von Ordnungs- und Erschließungsarbeiten, personelle Kapazitätskonzentration auf Verlagerungstätigkeiten und Einstellung des öffentlichen Nutzerbetriebs sowie Verwaisung und Zerstörung von Archivgebäuden und der Tod von Archivaren.

Im Reichsarchiv liefen bis zum Schluss die beamtischen Routinen ebenso weiter wie das archivarische Mitmachen in der NS-Diktatur. Der vieldiskutierte Auslandseinsatz deutscher Archivare war ein kulturimperialistischer Kriegsauftrag, den die eingesetzten Reichs- bzw. späteren Bundesarchivare in vollem Umfang für das NS-Regime ausführten, wenngleich das Potsdamer Zentralarchiv darin vergleichsweise geringfügig involviert war. Verstöße gegen das Provenienzprinzip wurden von den Ausführenden ebenso in Kauf genommen wie das Auseinanderreißen von Beständen und Verluste beim Abtransport von beschlagnahmtem Archivgut. Das Verhältnis von deutschen und einheimischen Archivaren war grundsätzlich ohnehin von Ungleichheit geprägt. Zweifellos suchten Archivare wie Georg Winter und Wolfgang A. Mommsen dort, wo es möglich schien, fachliche und berufsethische Standards zu wahren und als Experten ihren Auftrag zu verrichten. Dennoch erweist sich in der Nahbetrachtung der archivarische Arbeitsalltag im besetzten Ausland vielfach als eine schwer zu bewertende Grauzone, in der Phasen von Belastung und Momente der Nicht-Belastung einander abwechselten bzw. ineinander übergingen.

Die Aufspaltung und Verkleinerung des Reichsarchivs ab 1935/36 sowie die Vernichtung, Translozierung und Sperrung großer Aktenmengen nach Kriegsbeginn 1939 und Kriegsende 1945 machen beispielhaft deutlich, dass Verlust und Ausfall insbesondere im zweiten Drittel des 20. Jahrhunderts zu zentralen Merkmalen der von kriegerischer Systemkonkurrenz und totalitärer Diktatur geprägten Zeitgeschichte der Archive wurden. Dies führte zu substanziellen Sammlungslücken und einem Entwicklungsverlauf, bei dem sich Archivinstitution und »Archivkörper« nicht wie üblich langsam und »organisch« konsolidierten, sondern sprunghaft. Zwar wurde die Auslagerung der Reichsarchivbestände zu Recht als eigene Leistung gewürdigt. Dennoch konnte – angesichts des Einsatzes von Kriegsgefangenen, des Verlustes von Bestandsordnungen und der Zerstörung des Gebäudekomplexes – diese Rettungstat nicht verdecken, dass sie Teil der Verteidigungsstrategie des NS-Regimes war. Zugleich wurde das Reichsarchiv selbst zum Opfer des von den Nationalsozialisten entfachten Krieges. Das lange Ende des Potsdamer Reichsarchivs 1945/46 offenbart in diesem Zusammenhang eindrucksvoll und exemplarisch den gewaltigen Schaden und den hohen Preis, den Archivare und Archive für die NS-Diktatur und ihr Mitwirken daran zu zahlen hatten.

II.

Blick auf das Deutsche Zentralarchiv in Potsdam 1956

Otto Korfes
(1889-1964)

Charlotte Knabe
(1907-1991)

Helmut Lötzke
(1920-1984)

Die schwierige Umgründung als Zentralarchiv der SBZ/DDR

Den Aufbau der staatssozialistischen Ordnung in der SBZ/DDR bestimmten Unterdrückung und Gewalt ebenso wie die Entnazifizierung von Eliten und Belegschaften und die Errichtung neuer Behörden. Während sich dabei für viele Verwaltungsbereiche ein umfassender Austausch von NS-belastetem Personal konstatieren lässt, stößt man in Bereichen, die von Experten geführt wurden, auf Kontinuitätslinien, die nicht zuletzt aus dem großen Bedarf an Fachleuten herrührten – darunter auch im staatlichen Archivwesen. Doch ausgerechnet im Potsdamer Deutschen Zentralarchiv stellt sich dieser Befund weniger eindeutig dar. Das Wirken NS-belasteter Archivare war hier vergleichsweise geringfügig und kurzlebig. Betrachtet man die Phase bis Ende der 1950er Jahre, offenbart sich ein langer institutioneller Aufbauprozess, der beständig von personalpolitischen und strukturellen Wechseln gekennzeichnet war. Diese institutionelle »Unruhe« stellt eine Parallele in der Geschichte von Reichsarchiv und DZA dar.

Begleitet wurden der Neuaufbau und die Neuausrichtung des DZA von einem Wandel Potsdams von der preußischen Beamtenstadt zur sozialistischen Kader- und Verwaltungsstadt. Dies war verbunden mit der Ansiedlung von staatsnahen Bildungs- und Wissenschaftseinrichtungen wie der Akademie für Staats- und Rechtswissenschaften, die 1952 aus dem Zusammenschluss der Deutschen Verwaltungsakademie und der Hochschule für Justiz hervorging, oder der 1951 aus einer Umgründung der Brandenburgischen Landeshochschule entstehenden Pädagogischen Hochschule. An ihr wurden fortan tausende Lehrer ausgebildet; 1971 erhielt sie den Zusatznamen »Karl Liebknecht«. Von rund 60 000 Berufstätigen im Jahr 1955 in Potsdam waren ca. 17 700 in den Bereichen Kultur, (Volks-)Bildung sowie »in der staatlichen Leitung« beschäftigt, wie es in einer offiziellen Darstellung zur Potsdamer Stadtgeschichte aus dem Jahr 1986 hieß.[1] Darunter fielen auch die dem Ministerium des Innern zugehörigen Mitarbeiter des Archivwesens. Dieser überproportional große Anteil wurde typisch für die Potsdamer Sozialstruktur und Arbeitswelt bis 1989.

Bedeutend für die Transformation Potsdams war überdies die Verwaltungsreform von 1952 mit ihrer Territorialaufteilung in Bezirke und Kreise und der daraus hervorgehenden neuen Funktion als Bezirksstadt. Aus der ehemaligen Landesregierung wurde der Rat des Bezirkes, ebenso verwandelten sich ehemalige Landeseinrichtungen wie das Landesgericht oder das Potsdamer Amtsgericht in ein Bezirks- bzw. Kreisgericht – ein Vorgang, der aus der politisch-administrativen Vogelperspektive die Bedeutung der ehemaligen Landeshauptstadt Potsdam zunächst verringerte. In der Folge kam es zu einer

1 Potsdam. Geschichte der Stadt, S. 183.

lokalen Ballung von staatlicher und Parteiadministration, die sich im Fall Potsdams nicht zuletzt auch durch die Verdichtung und Überlagerung der Ebenen von Bezirk, Stadt sowie Kreis Potsdam-Land begründete und sich vom MfS über die Blockparteien bis zu den sogenannten Massenorganisationen erstreckte. So war allein der Stellenplan des Rates des Bezirkes 1952 mit über 520 Mitarbeitern konzipiert.[2] Die SED-Führung nahm überdies den damit deklarierten Auf- und Umbau neuer und bestehender Verwaltungsbehörden zum Anlass, um personalpolitisch auszusortieren sowie nach eigenen Wünschen neu zu besetzen. Von den übernommenen und neuen Mitarbeitern im Staatsapparat wurde zwar noch nicht die Anerkennung der führenden Rolle der SED verlangt, gleichwohl aber das Bekenntnis zur »unverbrüchlichen Freundschaft« zur Sowjetunion und zu den »Volksdemokratien« sowie die Bereitschaft, die DDR aktiv und bewaffnet zu verteidigen.[3]

Die nachfolgenden Ausführungen skizzieren die Umgründung des Reichsarchivs zum DZA als einen Vorgang von transformatorischer Gestalt, in dem Erfahrungen und Gegebenheiten der Vergangenheit zum fachlichen Ausgangspunkt für die künftige Entwicklung genommen wurden. Aus der Sicht von SED und Ministerium des Innern erfüllten die Ergebnisse allerdings nicht die politisch-ideologischen Ansprüche, die sie an ein sozialistisches Archiv stellten. Stattdessen glaubten sich die Verantwortlichen mit einer »bürgerlichen Expertenoase« konfrontiert.

Umgründung und unstete Aufbaujahre

Bescheidene Anfänge

Die offizielle Gründung des neuen Zentralarchivs erfolgte mit Einverständnis der Sowjetischen Militäradministration zum 1. Juni 1946.[4] Sitz war zunächst der Neue Marstall am Neuen Palais in Potsdam-Wildpark; Ende 1948 zog das Archiv dann in den Ostflügel der Orangerie im Park Sanssouci. Der Ruinenkomplex des ehemaligen Reichs- und Heeresarchivs auf dem Brauhausberg galt als unbrauchbar. Erst im Juni 1948 sollte die SMA das ehemalige, 5600 qm² große Gebäude an die Landesregierung übergeben, die es jedoch bereits im Folgejahr im Zuge eines Immobilientauschs an die SED-Landesleitung abgab. 1952 zog hier die Bezirksleitung der SED zusammen mit der Potsdamer Kreisparteileitung ein. Seitdem prangte weithin sichtbar das überdimensionale

2 Detlef Kotsch, Das Land Brandenburg zwischen Auflösung und Neubegründung. Politik, Wirtschaft und soziale Verhältnisse in den Bezirken Potsdam, Frankfurt (Oder) und Cottbus in der DDR (1952 bis 1990), Berlin 2001, S. 87.

3 Ebd., S. 103, FN 65.

4 BArch, DR 2/642: Rundschreiben der Deutschen Zentralverwaltung für Volksbildung an die Landes- und Provinzialverwaltungen, 2.7.1946.

Parteilogo am 50 Meter hohen Turm des Hauses über den Dächern der Stadt.[5] Dass es sich bei dem rot-braunen Backsteingebäudekomplex – im Volksmund bald »Kreml« genannt – um die ehemalige Reichskriegsschule bzw. nachfolgend um das frühere Reichs- und Heeresarchiv handelte, war nur noch für Ortskundige ein pikantes Detail.

Erklärter Auftrag des neuen Archivs war die Erfassung und Aufbewahrung des Archivgutes der Zentralarchive des Reiches und Preußens, der Akten der ehemaligen obersten Reichsbehörden, des Archivgutes aus den früheren Ostgebieten und des zu archivierenden kommenden Schriftgutes der neuen Zentralbehörden. Darüber hinaus sollten hier zentrale Fragen und Probleme des Archivwesens in der SBZ erörtert und geklärt werden.[6] Zum Leiter wurde erneut zunächst Karl Ruppert berufen. Doch bereits nach einigen Wochen zog er sich krankheitsbedingt aus Amt und Archivwesen zurück. Ihm folgte für knapp anderthalb Jahre Bernhard Poll, dann Otto Danz bis Herbst 1948.[7] Alle entstammten dem Heeresarchiv und hatten dort hohe und höchste Beamtenränge bekleidet. Sowohl altersmäßig als auch generationell waren die Unterschiede zwischen den 1886 bzw. 1885 geborenen Ruppert und Danz auf der einen Seite und dem 1901 geborenen Poll auf der anderen beträchtlich. Erstere waren von Beginn an im Reichsarchiv tätig, Poll stieß erst 1927 hinzu.[8] Es waren zunächst ihre institutionelle Herkunft und damit verbundenen Kenntnisse, die fehlende NSDAP-Mitgliedschaft sowie die erste generelle Bereitschaft zum Wiederaufbau, die sie aus Sicht der SMA qualifizierten. Bei Danz kam hinzu, dass er 1946 in die SED eingetreten war.[9]

Doch der schützende Firnis war dünn, wie nicht nur Otto Winzers kritischer Kommentar anzeigte, sondern auch die täglichen Massenverhaftungen und -verurteilungen in Potsdam und der SBZ erkennen ließen. Vor diesem Hintergrund wird der Weggang des erst 46-jährigen Poll verständlich, der es als Ex-Militär Ende 1947 für sicherer befand, in den Westen überzusiedeln. Ihm war bekannt, dass die sowjetischen Behörden Kenntnis darüber besaßen, dass er nach der »Machtergreifung« der Nationalsozialisten in die SS-Reiterstaffel eingetreten war. Die Risiken, die solche vorherigen Mitgliedschaften in anderen NS-Formationen bargen, waren unvorhersehbar. Aber es war vor allem auch die unabänderliche kommunistische Machtübernahme, die Polls Weg-

5 Von der Kriegsschule zum Parlament. Historische Notizen zum Gebäudekomplex Am Havelblick 8, hrsg. vom Landtag Brandenburg, 5. Aufl., Potsdam 2010.

6 Helmut Lötzke, Der Aufbau des Deutschen Zentralarchivs 1946-1956, in: Der Archivar 9 (1956) 4, S. 335-348.

7 Walther, Zum Umgang mit der NS-Vergangenheit, S. 472 ff.

8 Karl Ruppert: 1920 Archivrat im Reichsarchiv, 1935 Oberarchivrat, 1937 Heeresarchivdirektor, 1942 geschäftsführender Beauftragter des Chefs der Heeresarchive, 1944 Ministerialdirigent; Bernhard Poll: 1927 wissenschaftlicher Angestellter im Reichsarchiv, 1937 Wechsel zum Heeresarchiv, 1940-1943 Beauftragter des Chefs der Heeresarchive in Norwegen, 1943 Oberarchivrat.

9 BArch, DO 1/33905: Personalakte Otto Danz.

gang beschleunigte. Weder wollte er sich in den Dienst einer neuen Diktatur stellen, noch als Spezialist zur Sichtung der in die Sowjetunion verbrachten Reichsakten nach Moskau entsandt werden, wie er bei seiner Einstellung als Stadtarchivdirektor in Aachen angab.[10]

Dienststellenleiter (auch kommissarisch) des Zentralarchivs in der SBZ bzw. des DZA Potsdam

Person	**Amtszeit**	**Vorherige Arbeitsstelle**
Karl Ruppert (1886-1953)	Juni 1946-Juli 1946	Heeresarchiv Potsdam
Bernhard Poll (1901-1981)	Aug. 1946-Dez. 1947	Heeresarchiv Potsdam
Otto Danz (*1885[11])	Januar 1948-Okt. 1948	Heeresarchiv Potsdam
Otto Korfes (1889-1964)	Okt. 1948-Febr. 1952	Wehrmacht bzw. NKFD
Charlotte Knabe (wiss. Leitung) (1907-1991)	Sept. 1949-Okt. 1952	Staatsarchiv Magdeburg
Helmut Lötzke (1920-1984)	März 1952-Dez. 1984	Hauptabteilung Archivwesen im MdI

Die erste Phase der Bewertung sowie Entlassung, Weiterbeschäftigung oder Neueinstellung von Personal nach Kriegsende erstreckte sich von Herbst 1945 bis Sommer 1946. Zum vorhandenen Mitarbeiterkreis hatte Ruppert zunächst individuelle Einschätzungen zu Aufgabenfeld vor und nach 1945, Arbeitsleistung und politischer Vergangenheit anzufertigen. Die häufigsten Zuschreibungen in den Akten lauteten »arbeitswillig«, »fleißig«, »pünktlich«, »gewissenhaft«, »selbständig«, »belastbar« und geben vermeintlich typische Eigenschaften eines preußischen Arbeitsethos wider.[12] Rupperts Urteil entschied dann über Verbleib oder Entlassung. Die NSDAP-Mitgliedschaft als obligater, definitiver Entlassungsgrund war dabei zunächst nicht verhandelbar. Im Ergebnis befand sich Mitte 1946 kein einziger ehemaliger Pg. mehr unter der Restbelegschaft, das heißt die formale parteibezogene Belastungsquote lag zu diesem Zeitpunkt bei null Prozent.

Ruppert begann die Arbeit des Zentralarchivs zunächst mit sechs Mitarbeitern. Im Verlauf der nächsten 36 Monate erhöhte sich die Anzahl der Planstellen sukzessive auf fünfzehn, um dann bis 1959 auf 74 anzusteigen.[13] Damit begann das DZA als ein sehr kleines Archiv, das sich personell auf dem niedri-

10 Maeke, Kontinuität der Experten, S. 721.

11 Otto Danz schied mit Erreichen des Rentenalters 1950 aus dem DZA aus. Das Datum seines Todes konnte nicht ermittelt werden.

12 BArch, DO 6/9: Beurteilungen von Mitarbeitern des Reichs- und Heeresarchivs und der Archivverwaltung, Jan. 1945-Febr. 1946.

13 Helmut Lötzke, Zehn Jahre Deutsches Zentralarchiv, in: Archivmitteilungen 6 (1956) 2, S. 33-41.- Ders./Enders/Welsch/Schmid, Deutsches Zentralarchiv Potsdam und Merseburg.

gen Niveau des benachbarten Brandenburgischen Landeshauptarchivs bewegte bzw. deutlich hinter dem Sächsischen Landeshauptarchiv Dresden rangierte, das 1946 über siebzehn Planstellen verfügte.[14] Dieses Verhältnis spiegelte sich auch in den staatlichen Zuwendungen wider. Während der Etat des DZA im Jahr 1949 bei rund 120 000 Mark lag, standen dem Sächsischen Landeshauptarchiv 171 000 Mark zur Verfügung.[15]

Planstellen und Haushaltsmittel des Zentralarchivs in der SBZ bzw. DZA 1946-1959[16]

Zeitraum	Planstellen	Zuwendung in Mark
1946-1949	15	120 000
1950	35	620 000
1955	58	759 000
1957	69	n. a.
1959	74	908 000

Für die Gründungsphase gilt es institutionengeschichtlich allerdings zu berücksichtigen, dass der Standort Merseburg erst zum 1. Januar 1950 dem DZA unterstellt wurde.[17] Als »Deutsches Staatsarchiv« war es 1948 von der Landesregierung Sachsen-Anhalt gegründet worden, um die von der SMA übergebenen, während des Krieges zuvor in den Kalibergwerken Staßfurt und Schönebeck/Elbe eingelagerten Archivbestände zu verwalten. Nach dem Anschluss des Merseburger Archivs an das DZA wurde es zum Historischen Archiv innerhalb des Zentralarchivs mit dem Schwerpunkt preußischer Zentralverwaltungsakten bis 1945. Mit dem Zusammenschluss wuchs schlagartig auch das verwaltete Archivgut des DZA von bislang 1000 lfm. auf nunmehr 25 500 lfm.[18] Dies erklärt wiederum die bis dato geringe Mitarbeiterzahl, denn faktisch begann das DZA – ebenso wie später das Bundesarchiv – seine Tätigkeit als Archiv mit nur wenigen Akten. Hauptgründe dafür waren die kriegsbedingten Archivgutzerstörungen und -auslagerungen, sowjetische Beschlagnahmen, fehlende Unter-

14 Friedrich Beck, Brandenburgisches Landeshauptarchiv Potsdam, in: Archivmitteilungen 9 (1959) 5, S. 153-158.- Horst Schlechte, Sächsisches Landeshauptarchiv Dresden, in: Archivmitteilungen 9 (1959) 5, S. 164-168.

15 Schlechte, Sächsisches Landeshauptarchiv Dresden.

16 Angaben aus: Lötzke/Enders/Welsch/Schmid, Deutsches Zentralarchiv Potsdam und Merseburg, S. 145.

17 BArch, DO 6/347: Deutsches Zentralarchiv an das Ministerium des Innern/HA Staatliche Verwaltung: Schreiben betr. Hauptabteilung Archivwesen, 27.2.1950.

18 Autorenkollektiv unter Leitung von Helmut Lötzke, Deutsches Zentralarchiv 1946-1971, Potsdam 1971, S. 23.

bringungskapazitäten im kriegszerstörten Potsdam sowie vorerst ausbleibende Aktenabgaben seitens der Verwaltungsbehörden.

Grobstruktur des Potsdamer Zentralarchivs vom 1. November 1948[19]

Bereich	**Leiter**	**Anzahl der Mitarbeiter (ohne Leiter)**
Archivleitung	Otto Korfes	5
Referat A (Reorganisation des Archivwesens)	Otto Danz	2
Referat B (Archivgut bis 1945)	Heinz Riese	3

Dass die Entstehungsgeschichte des DZA keineswegs ein Selbstläufer war, zeigen die Einschätzungen aus den Reihen der Deutschen Verwaltung für Volksbildung, die nach einer Archivbesichtigung im September 1948 zu dem Urteil gelangte, das Potsdamer DZA sei überflüssig und könne, nach Zuweisung eines großen trockenen Kellers für die vorhandenen Bestände, geschlossen werden.[20] Dieser Standpunkt war durchaus symptomatisch für die weitgehend fehlende Unterstützung für die Archivleiter Poll und Danz durch die vorgesetzte Verwaltungsbehörde. Vor dem Hintergrund der Annahme, dass die eigentlichen Archivschätze von Reichsarchiv und GStA in Merseburg verortet wurden, schlugen die Inspekteure daher die Schließung des Archivs für Mitte Oktober 1948 vor, was jedoch abgewendet werden konnte.[21] Dass sich das Zentralarchiv ebenso wie seine administrative Umgebung in der Tat in einem Zustand des Vorläufigen und Provisorischen befand, zeigte sich nicht nur in den Personalwechseln an der Spitze und Basis, sondern auch in seiner Unterstellung unter die Deutsche Zentralverwaltung für Volksbildung sowie in der Bezeichnung der Institution, die – mit Deutsches Zentralarchiv – erst mit Gründung der DDR ihren bis 1973 offiziell gültigen Namen erhielt.

19 BArch, DO 1/30208: Otto Korfes: Geschäftsverteilungsplan für den Dienstbetrieb des Zentralarchivs (Abschrift), 1.11.1948.

20 Schreyer, Das staatliche Archivwesen, S. 23.

21 Walther, Zum Umgang mit der NS-Vergangenheit, S. 479.

Institutionenbezeichnung und behördliche Unterstellung

Name	**Zeitraum**	**Übergeordnete Behörde**	**Zeitraum**
Vereinigtes Reichs- und Heeresarchiv / Archivverwaltung	Aug. 1945 – April/Mai 1946	Archivverwaltung Potsdam Deutsche Zentralverwaltung für Volksbildung	Aug. 1945 – Febr. 1946 seit März 1946
Zentralarchiv in der SBZ	8.5. 1946 bzw. 1.6.1946-6.10.1949	Deutsche Zentralverwaltung für Volksbildung Zentralstelle für das Archivwesen bei der Deutschen Verwaltung des Innern	bis Juli 1949 Aug. 1949 – Okt. 1949
Deutsches Zentralarchiv	7.10.1949-30.9.1973	Hauptabteilung Archivwesen des MdI Staatliche Archivverwaltung der DDR, seit 1955 mit Sitz in Potsdam	Okt. 1949 – Febr. 1953 Febr. 1953 – Sept. 1973
Zentrales Staatsarchiv der DDR	1.10.1973-2.10.1990	Staatliche Archivverwaltung der DDR	Okt. 1973 – Okt. 1990

Mit dem Umzug des DZA in das neu errichtete Archivgebäude in der Stalinallee (später Berliner Straße) 1955 stabilisierte sich jedoch die innere Struktur des Archivs zunehmend. Neben technischen Kriterien bezogen Aufbau und Zuständigkeit Mitte der 1950er Jahre ihre Logik aus der zeitlichen Ordnung der Bestände und ihrer räumlichen Lagerung. Ideologisch gefärbte Ordnungsprinzipien erfuhren in dieser Phase (noch) keine strukturelle Umsetzung. Stärkster Bereich war die Abteilung I, die sich 1956 aus sechs Referaten zusammensetzte und die Hälfte der rund 60 Mitarbeiter auf sich vereinte. Mit 20 wissenschaftlichen bzw. staatlich geprüften Archivaren war überdies der Anteil qualifizierter Fachkräfte hier besonders hoch. Dass mit Gerhart Enders der stellvertretende Archivleiter an der Spitze der Abteilung stand, unterstrich ihr besonderes Gewicht im DZA.[22]

22 Helmut Lötzke/Hans-Stephan Brather, Übersicht über die Bestände des Deutschen Zentralarchivs Potsdam. Schriftenreihe des Deutschen Zentralarchivs, Bd. 1, Berlin (Ost) 1957, S. 30. Im Dezember 1957 wurden innerhalb der Abteilung I die Hauptreferate A »Staatliches Archivgut« und B »Nichtstaatliches Archivgut« eingerichtet.

Struktur des DZA vom 1. Oktober 1956[23]

Bereich	Zuständigkeit	Standort
Archivleitung	Benutzerdienst Aktenkontrollstelle Magazindienst Kartenabteilung Fachbibliothek Technische Werkstätten	Potsdam
Abteilung I	Bestände des ehem. Reichsarchivs und weitere Reichsbestände	Potsdam
Abteilung II	Bestände des ehem. Preußischen Geheimen Staatsarchivs und des Brandenburg-Preußischen Hausarchivs	Merseburg
Abteilung III	Archivgut aus Gebieten außerhalb der DDR	Potsdam
Abteilung IV	zentrale Einrichtungen der SBZ/DDR	Potsdam

Etablierung unter Otto Korfes

Dass es mit Otto Korfes ausgerechnet ein ehemaliger Reichsarchivar und Wehrmachtsgeneral war, der die Schließung des Zentralarchivs verhinderte, erscheint im Nachhinein bemerkenswert. Als neuer Archivleiter eingesetzt vom Präsidenten der Deutschen Verwaltung für Volksbildung, Paul Wandel, zum 15. Oktober 1948 – dem Tag, für den das Ende des Archivs eigentlich vorgeschlagen worden war –, erreichte Korfes umgehend die Aufhebung des Beschlusses sowie wenig später die Zuweisung neuer Räumlichkeiten für Magazin und Arbeit in der Orangerie nahe des Schlosses Sanssouci.[24] Diesen Platz teilte sich das Archiv bis zu seinem Umzug in die Stalinallee (später Berliner Straße) für die nächsten sieben Jahre mit dem Landeshauptarchiv. Vor diesem Hintergrund begann der 1889 geborene Korfes seine Arbeit mit dem Nimbus des Archivretters. Dabei betrachtete er das Zentralarchiv stets ganz selbstverständlich als Nachfolgeinstitution des Reichsarchivs,[25] ein Anspruch, den er zudem arbeitsbiografisch verkörperte.

Rund achtzehn Jahre hatte Korfes im Reichs- bzw. Heeresarchiv gewirkt, was in den Augen der sowjetischen Verantwortlichen seine Eignung unterstrich: So hatte er vom 1. Oktober 1919 für sechs Monate als Bürooffizier

23 Ebd., S. 13, 28, 30.- BArch, DO 6/347: Ministerium des Innern/Kaderverwaltung: Stellenplan für das Deutsche Zentralarchiv Potsdam, 29.10.1956.

24 Schreyer, Das staatliche Archivwesen, S. 24f.

25 So Korfes wörtlich in diversen Schreiben zum Jahreswechsel 1948/49 an verschiedene Dienststellen von SMA und Deutscher Verwaltung für Volksbildung, in: BArch, N 2152 (Nachlass Otto Korfes)/48.

(übergeordnete Dienststelle: Kriegsministerium) bei den Vorbereitungen zur Reichsarchivgründung sowie beim Auswahlprozess der künftigen Arbeitskräfte mitgewirkt. Zum 1. April 1920 wurde er aus dem Heer als Hauptmann a. D. mit Pensionsanspruch verabschiedet und zugleich als Archivrat im Reichsarchiv (Reichsministerium des Innern) angestellt. Danach arbeitete er fünfzehn Jahre im Bereich Kriegsgeschichte, bevor er zum 1. April 1935 als Oberregierungsrat aus dem Reichsarchiv herausgelöst und der Kriegsgeschichtlichen Forschungsabteilung des Heeres (Personalamt des Heeres) zugeordnet wurde, wo er bis zum 30. Juni 1937 tätig war.[26] Mit dem Wiedereintritt in die aktive Heereslaufbahn zum 1. Juli 1937 sowie seiner Teilnahme an den Feldzügen der Wehrmacht gegen Polen, Frankreich und die UdSSR nahm seine Karriere eine rasante Wendung, die ihn zum einen vom Major zum Oberstleutnant, Oberst und schließlich Generalmajor beförderte, zum anderen mit der Niederlage in Stalingrad in die sowjetische Gefangenschaft und das »Nationalkomitee Freies Deutschland« (NKFD) führte – ein Lebensweg, der später wiederholt Gegenstand verschiedener Publikationen wurde.[27]

Innerhalb seiner vierjährigen Amtszeit changierte seine konkrete Position im Archivwesen: Sie reichte vom Leiter des Zentralarchivs in der SBZ (15. Oktober 1948-30. Juni 1949) über Chefinspekteur der Volkspolizei (VP) und Leiter der Zentralstelle für das Archivwesen (1. Juli – 15. Oktober 1949) bis zum Leiter der Hauptabteilung Archivwesen im nunmehrigen MdI (15. Oktober 1949-30. September 1952).[28] Dass Korfes, der mehrere Parteischulen in der sowjetischen Gefangenschaft durchlaufen und politisch die Seiten gewechselt hatte, nach seiner Rückkehr nach Deutschland 1948 bereit war, sich auch öffentlich zu seinem Gesinnungswandel zu bekennen und via NDPD die belasteten Archivare an die »Zone« zu binden, darin bestanden aus SMAD-Sicht seine besondere Qualität und sein Auftrag als prominenter Überläufer. Denn während das Zentralarchiv als Institution zunächst weitgehend unbemerkt existierte, sorgte die Personalie Otto Korfes als neu berufener Leiter für gewisses Aufsehen in der westzonalen Presse.[29] »Nazigeneral residiert in Potsdam. Er nennt sich

26 Angaben zu den beruflichen Stationen: BArch, MfS, AP, Nr. 11365/64: Personaldienstbogen Dr. Otto Korfes, 23.3.1953, f. 11.- BArch, MfS, AP, Nr. 11365/64: Lebenslauf Dr. Korfes, 6.10.1952, f. 20-22.

27 Ebd.- Personalunterlagen in BArch, DR 2/971.- Dazu auch: Sigrid Wegner-Korfes, Weimar – Stalingrad – Berlin. Das Leben des deutschen Generals Otto Korfes, Berlin 1994.- Thimme, Rote Fahnen über Potsdam, S. 158-165.- Franziska Kuschel/Lutz Maeke, Ein Neubeginn. Das Innenministerium der DDR und sein Führungspersonal, in: Frank Bösch/Andreas Wirsching (Hg.), Hüter der Ordnung. Die Innenministerien in Bonn und Ost-Berlin nach dem Nationalsozialismus, Göttingen 2018, S. 182-237, hier S. 188 f.

28 Angaben zu den beruflichen Stationen: BArch, MfS, AP, Nr. 11365/64: Personaldienstbogen Dr. Otto Korfes, 23.3.1953, f. 12.- BArch, MfS, AP, Nr. 11365/64: Lebenslauf Dr. Korfes, 6.10.1952, f. 20-22.

29 »Karriere« eines Generals, in: Tagesspiegel vom 22.11.1948.- General Korfes – der Verantwortliche in Potsdam, in: Frankfurter Rundschau vom 4.7.1949.- Ein neuer

Archivar und hütet den Tauroggen-Geist – Geheimnisvolle Mission«[30] lautete die Schlagzeile eines von zahlreichen Artikeln, die das scheinbar nicht Zusammengehende von Vergangenheit und Gegenwart in der Person Korfes, dessen Name in der deutschen und Weltöffentlichkeit so eng mit der Schlacht und dem Mythos Stalingrad verbunden war, zu vereinigen suchte. Seine Ernennung zum VP-General drang als eigenständige Meldung sogar bis in die westdeutsche Regionalpresse vor und wurde dort als Beleg für seine Verwandlung zum Steigbügelhalter des kommunistischen Regimes gewertet.[31]

In den Augen einiger argwöhnischer Korrespondenten bildete das Archiv dabei lediglich eine Fassade, hinter der deutsche Ex-Offiziere abgeschirmt und in sowjetischen Diensten deutschlandpolitische Strategiepapiere entwickelten. »In Potsdam gehen geheimnisvolle Dinge vor sich«, leitete das *Westdeutsche Tageblatt* im September 1949 einen Beitrag über das Archiv und Korfes ein: »In der Orangerie von Sanssouci arbeiten ranghohe ehemalige deutsche Offiziere unter sowjetischer Kontrolle die Grundzüge einer neuen Rapallo-Politik aus: machtpolitische Zusammenarbeit zwischen Sowjetrussland und Deutschland. Das Institut läuft unter der Bezeichnung ›Zentralarchiv der Sowjetzone‹. Ein Schild mit der Aufschrift ›Einlass nur mit Sonderausweis‹ verbietet allen Unbefugten den Zutritt, daneben stehen unverständliche kyrillische Schriftzeichen und bunte Sowjetsterne«.[32]

In eine andere, jedoch nicht weniger spekulative Richtung fabulierte der in West-Berlin erscheinende »Telegraf«, als er Ende Januar 1950 vermeldete, Korfes sei durch das MdI mit der Bildung eines Staatssicherheitsdienstes im Land Brandenburg beauftragt worden, für den zahlreiche Wehrmachtsoffiziere angeworben werden sollten.[33] Solche Nachrichten trugen zunächst dazu bei, dass weder das Archiv als Institution noch Korfes als ranghöchster Archivfunktionär der DDR sonderlich wahr- oder ernst genommen wurden.

Hinzu kam, dass sich die Räumlichkeiten in der Potsdamer Orangerie einmal mehr als schwer zugängliches Provisorium erwiesen, das Antrittsbesuche oder eine Archivnutzung vor Ort für Besucher kaum möglich erscheinen ließ. »Der Name Korfes steht in keinem Telefonbuch«, klagte ein Journalist im »Bayernboten« über die beschwerliche Suche nach dem »Geheimarchiv« und dessen Leiter: »Von der Landesregierung wurde ich nach Sanssouci verwiesen. In der bescheidenen Gärtnerwohnung im zweiten Nebenflügelstockwerk der friderizianischen Orangerie hat der Stalingradkämpfer seine Diensträume

Bürger nach dem Herzen des alten Potsdam, in: Die Neue Zeitung vom 17.8.1949.- Der Einsatz des Generals Dr. Korfes, in: Telegraf vom 18.1.1950.

30 Nazigeneral residiert in Potsdam. Er nennt sich Archivar und hütet den Tauroggen-Geist – Geheimnisvolle Mission, in: Montags-Zeitung vom 30.5.1949.

31 Giessener Freie Presse vom 10.11.1949.- Neue Ruhrzeitung vom 11.11.1949.- Landeszeitung in der Lüneburger Heide vom 11.11.1949.

32 Deutsche Generäle im ›Zentralarchiv‹ der Sowjetzone. Die Wandlung des Dr. Korfes, in: Westdeutsches Tageblatt vom 19.9.1949.

33 Auf alten Spuren. Hitleroffiziere im »Sicherheitsdienst«, in: Telegraf vom 31.1.1950.

bezogen. Unter ihm wohnen Flüchtlingsfamilien. […] In den nüchternen Räumen, in denen verschlissene Barocksessel und wilhelminische Schränke neben allen Stilen und Stillosigkeiten aufgelöster Potsdamer Haushalte vertreten sind, geht es ohne Antichambrieren gleich nach der Anmeldung an den Schreibtisch des Generals.«[34] Die SED nahm die Berichte über das Archiv zwar mit gewissem Unbehagen zur Kenntnis, doch eine Thematisierung von Korfes' Übertritt, verbunden mit längeren Beiträgen über das NKFD und seine sowjetischen Jahre, war ganz in ihrem propagandistischen Sinne.

Zentrale Archivverwaltung und fachfremde Spitzen

Institutionengeschichtlich verband sich mit Korfes auch die Gründung einer übergeordneten Leitungsinstanz im ostdeutschen Archivwesen. Dies war von der SMA angemahnt und dem noch schwachen Zentralarchiv bei der Umgründung als Auftrag quasi mitgegeben worden, ohne dass es jedoch in der Anfangszeit dazu personell und archivpolitisch in der Lage gewesen wäre. Gleichwohl hatte sich ein kleiner Kreis von leitenden Archivaren zusammengefunden, der seit 1946 in Abständen informelle Treffen organisierte, auf denen Informationen ausgetauscht und bestimmte Fragen untereinander abgestimmt wurden. Zu ihm gehörten solch illustre Persönlichkeiten wie Willy Flach (Weimar), Hanns Gringmuth-Dallmer (Magdeburg) und Hellmut Kretzschmar (Dresden), die als Archivdirektoren das sogenannte Wettinische Dreieck bildeten und konzeptionelle Positionen beispielsweise zur Archivarsausbildung erarbeiteten.[35] Nach seinem Amtsantritt nahm Korfes sofort Kontakt zu diesen wichtigen Archivvertretern auf, sondierte Interessen und berief zum 16. Dezember, zwei Monate nach Gründung der DDR, eine Archivdirektorenkonferenz ein. Dabei wurden Leitlinien einer künftigen Archivverwaltung erarbeitet, die als zentrale Instanz das Archivwesen koordinieren und aufeinander abstimmen sollte.[36] Dies war sowohl im fachlichen Sinne der Archivare, die eine solche Zentralinstitution bereits zu Zipfels Zeiten wünschten, als auch im ideologischen Sinne der neuen sowjetischen und deutschen Machthaber.

34 Nationaldemokraten bauen auf die Russen. Der deutsche Stalingrad-General Korfes leitet in der Orangerie von Sanssouci ein Geheimarchiv, in: Der Bayernbote vom 11.6.1949.

35 Volker Wahl, »Auf jeden Fall soll die Qualität des Archivarstandes gewahrt werden«. Eine Denkschrift von 1948 zur künftigen Ausbildung des wissenschaftlichen Archivarnachwuchses in der Sowjetischen Besatzungszone, in: Beck/Hempel/Henning (Hg.), Archivistica docet, S. 583-600.

36 Protokoll zu der von der Hauptabteilung Archivwesen einberufenen Konferenz der Archivdirektoren der Länder in Potsdam am 16. Dezember 1949, abgedruckt in: Brachmann/Klauß, »De me ipso!«, S. 615-628.- BArch, DO 1/30208: Otto Korfes an die deutsche Verwaltung des Innern: Vorschlag für den Aufbau des Zentralarchivs und einer zentralen Archivverwaltung in der sowjetischen Besatzungszone, 31.1.1949.

Mit ausdrücklicher Zustimmung Korfes' wurden die Archivverwaltung wie auch das Zentralarchiv dem Ministerium des Innern unterstellt.[37] Korfes, der dieses Ministerium in der Regierungshierarchie als grundsätzlich bedeutsam einordnete, erhoffte sich davon unmittelbar eine materielle Stärkung und symbolische Aufwertung. Bereits im Dezember 1948 hatte er aus ebendiesen Gründen den Vorschlag lebhaft unterstützt, das Zentralarchiv in den Verantwortungsbereich der Deutschen Verwaltung des Innern zu überführen.[38] Strukturell entscheidend wurde die Bildung einer Hauptabteilung Archivwesen im MdI mit Korfes als Leiter, was, begründet in der Doppelfunktion, das Potsdamer Zentralarchiv zugleich auf eine nationale Ebene rückte. Gleichwohl handelte es sich in der Anfangszeit zunächst lediglich um eine Handvoll Archivare bzw. Mitarbeiter, die im Berliner MdI-Büro staatliche Archivstrukturen zu gestalten beabsichtigten. Neben Korfes handelte es sich dabei um Roland Seeberg-Elverfeldt, Helmut Lötzke, Franz Wiszniewski und Helmut Sachsenröder, der von 1951 bis 1955 überdies die »Archivmitteilungen« als Chefredakteur betreute.[39]

Innerhalb des neu gegründeten Innenministeriums nahmen Korfes und die Mitarbeiter seiner Abteilung zunächst eher den Status von Exoten ein. Seine Herkunft unterschied sich in vielem von der seiner Kollegen und Vorgesetzten im Ministerium.[40] Dies wird bereits in der Personalaufstellung der ersten zwölfköpfigen Führungsriege des MdI sichtbar.[41] Demnach gehörte Korfes weder zu den Altkommunisten, Moskau-Exilanten, SED-Mitgliedern und unmittelbar Verfolgten des Nazi-Regimes, noch hatte er bereits Leitungsfunktionen in der Zonenverwaltung ausgeübt. Überdies war er mit 60 Jahren der älteste unter ihnen – ihn trennten 26 Jahre vom Jüngsten (Willi Seifert) – und besaß mit einem Gymnasial- und Universitätsabschluss einschließlich der Promotion einen überdurchschnittlich hohen Ausbildungsgrad. Insofern

37 Protokoll zu der von der Hauptabteilung Archivwesen einberufenen Konferenz der Archivdirektoren der Länder in Potsdam am 16. Dezember 1949, abgedruckt in: Brachmann/Klauß, »De me ipso!«, S. 617-619.

38 Walther, Zum Umgang mit der NS-Vergangenheit, S. 480.- Schreyer, Das staatliche Archivwesen, S. 28.

39 BArch, DO 6/168: Hauptabteilung Archivwesen beim Ministerium des Innern, 25.5.1951.

40 Franziska Kuschel/Lutz Maeke, Ein Neubeginn. Das Innenministerium der DDR und sein Führungspersonal, in: Bösch/Wirsching (Hg.), Hüter der Ordnung, S. 182-237, hier S. 188 f.

41 Die erste oberste Führungsriege des MdI Ende 1949/Anfang 1950: Minister: Carl Steinhoff (geb. 1892); Staatssekretär: Johannes (Hans) Warnke (1886); Leiter der Hauptverwaltung DVP: Kurt Fischer (1900); Leiter der Hauptverwaltung zum Schutz der Volkswirtschaft: Erich Mielke (1907); Leiter der Hauptverwaltung für Ausbildung/Schulung: Wilhelm Zaisser (1893); Generalinspektoren DVP: August Mayer (1898), Heinz Hoffmann (1910), Willi Seifert (1915); Leiter der Hauptabteilung Staatliche Verwaltung: Alfred Malz (1913); Leiter der Hauptabteilung Schutz des Volkseigentums: Kurt Lengwinat (1913); Leiter der Archivverwaltung: Otto Korfes (1889); Leiter der Hauptabteilung Personal: Kurt Riemer (1909).

entsprach NDPD-Mitglied und Ex-Militär Korfes nur bedingt dem Profil der neuen Funktionärselite.

Dennoch existierten auf verschiedenen Ebenen bzw. mit einzelnen Biografien auch gewisse Schnittmengen. Besonders augenfällig – und bedeutsam – waren jene mit Minister Carl Steinhoff. Dieser war nahezu gleich alt wie Korfes, nach einem Studium der Rechtswissenschaften war er zum Dr. jur. promoviert worden und hatte bis zu seiner Entlassung 1933 verschiedene Verwaltungs- und Gesandtschaftsfunktionen bekleidet – zum Schluss als Regierungsvizepräsident des Regierungsbezirks Gumbinnen/Ostpreußen sowie Vize-Oberpräsident von Ostpreußen in Königsberg. Zur SED gelangte Steinhoff als vorheriges SPD-Mitglied. Nach 1945 wurde er von der SMAD als Präsident der Provinzialverwaltung Mark Brandenburg und von 1946 bis 1949 als Ministerpräsident der Provinz bzw. des Landes Brandenburg eingesetzt – Posten, die ihn auch mit dem Potsdamer Reichs- und Heeresarchiv in Berührung brachten.[42] Damit gehörten Steinhoff und Korfes zu denjenigen Fachexperten und Funktionären im Kreis, die vor 1945 kaum oder gar keine kommunistische Prägung erfahren hatten. Es war daher gewiss kein Zufall, dass die spätere Ablösung von Korfes und Steinhoff 1952 mehr oder weniger zeitgleich und aus ähnlichen Motiven erfolgte.[43] Ebenso wenig überrascht, dass beide danach unter verstärkter Beobachtung der Stasi standen. Die geheimdienstliche Überwachung Korfes' – nun in seiner neuen Funktion als Leiter der Historischen Abteilung im Stab des MdI – wurde unter anderem auch deshalb in Gang gesetzt, um eine mögliche Verbindung zur antikommunistischen Kampfgruppe gegen Unmenschlichkeit (KgU) aufzudecken.[44] Die Observation wurde schrittweise intensiviert und mündete schließlich in eine Zusammenstellung von Kollegen-Aussagen und GI-Berichten. Nach deren Auswertung galt der Generalmajor als »politisch unzuverlässig«. In der Folge verzichtete man daher auf seine Übernahme in das geplante neue Verteidigungsministerium und leitete stattdessen 1956 seine Pensionierung ein.[45]

Seit 1952/53 begannen sich die bislang noch äußerst eng gewebten Strukturen im Archivwesen auszudifferenzieren: Personelle Doppelbesetzungen wurden aufgelöst, die Hauptabteilung in die Staatliche Archivverwaltung (StAV) umgewandelt – sie stand von nun an bis zum Ende der DDR dem DZA bzw.

42 Rudolf Steinhoff, Carl Steinhoff. Die Biografie, Berlin 2012.- Lutz Maeke, Carl Steinhoff: Erster DDR-Innenminister. Wandlungen eines bürgerlichen Sozialisten, Göttingen 2020.

43 Auf Befehl des Ministers des Innern vom 27. August 1952 wurde Otto Korfes nach seiner Abberufung im Range eines Generalmajors zum Leiter der Historischen Abteilung im Stab des MdI ernannt und in seine neue Dienststelle nach Berlin versetzt mit dem Auftrag, die Geschichte der Kasernierten Volkspolizei zu dokumentieren.

44 Vgl. den Aktenvorgang BArch, MfS, AP, Nr. 11365/64.

45 BArch, MfS, AP, Nr. 11365/64: HA I/5: Aktennotiz, 28.9.1953, f. 155 f.- BArch, MfS, AP, Nr. 11365/64: HA I/1: Zwischenbericht zum operativen Material über Generalmajor Korfes, Stab der KVP, 19.1.1956, f. 245-254.

ZStA institutionell vor – und die Zuständigkeiten für die zivilen Bereiche innerhalb der MdI-Führungsstruktur neu sortiert. Im Ergebnis schälte sich eine dreistufige hierarchische Ordnung heraus: Demnach stand das DZA zwar unter direkter Kontrolle der Archivverwaltung, doch innerhalb des MdI gehörte das Archivwesen zu den zivil-wissenschaftlichen Bereichen wie das Karten- und Vermessungswesen oder der Meteorologische Dienst, die ihrerseits zusammen mit der Finanzverwaltung einem Staatssekretär bzw. stellvertretenden Minister unterstanden. Dieser fungierte letztlich als oberster Archivfunktionär des Staates, ihm gegenüber hatte sich die StAV-Leitung zu verantworten. Zugleich war er gegenüber dem Innenminister rechenschaftspflichtig.

Zwei Gruppen von Funktionären mit jeweils anderem Hintergrund besetzten hier den Posten. Hans Warnke, Josef Hegen und Peter Wenzel waren kommunistische Widerstandskämpfer, die nach 1945 in verschiedenen hohen Funktionen an der innenpolitischen Machtübernahme der SED mitwirkten. Seit Generalmajor Heinz Huth trat dann ab Mitte der 1960er Jahre ein Funktionärstyp hervor, dessen Laufbahn via NVA und Polizei quasi genuin stark militärisch geprägt war, auch wenn die unmittelbaren Vorgänger Grünstein und Wenzel ebenfalls ab 1949 über die Deutsche Volkspolizei (DVP) Karriere gemacht hatten. Für diese Riege von Spitzenfunktionären gilt: Keiner von ihnen stand vor seiner Einsetzung jemals in Berührung mit dem Archivwesen. Das blieb auch bis zum Ende der DDR so.

Staatssekretäre bzw. stellvertretende Minister des Innern mit Zuständigkeitsbereich Archivwesen

Person	**Amtszeit**
Hans Warnke (1896-1984)	1949-1952
Josef Hegen (1907-1969)	1953-1957
Generalmajor Herbert Grünstein (1912-1992)	1957
Generalmajor Richard Max Peter Wenzel (1904-1980)	1958-1966
Generalmajor Heinz Huth (1917-2002)	1966-1970
Generalmajor Ernst Marterer (1921-2004)	1970-1983
Generalleutnant Günter Giel (1929-1988)	1973-1987
Generalmajor Dieter Winderlich (*1938)	1987-1990

Mag dies in diesem Funktionsbereich noch wenig überraschen, so erstaunt doch, welche Parallelen sich auf der StAV-Leitungsebene auftaten. So wurden seit der Absetzung von Otto Korfes 1952 ebenfalls nur Funktionsträger an die Spitze berufen, die über keinen Bezug zum Archivwesen verfügten. Und auch hier übernahmen seit Gerhard Exners Amtsantritt 1968 hohe Offiziere von Polizei und Stasi die Leitungsposten. Diese Personalauswahl deutet bereits bei kursorischer Betrachtung auf ein stetig erhöhtes Staatsinteresse am Archivwesen sowie auf ein explizites Bedürfnis nach Sicherung und Durchherrschung in diesem Bereich hin.

Leiter der Zentralstelle für das Archivwesen bei der Deutschen Verwaltung des Innern bzw. der Hauptabteilung Archivwesen im Ministerium des Innern sowie dann der Staatlichen Archivverwaltung der DDR (ab 1953)

Person	**Amtszeit**
Otto Korfes (1889-1964)	1949-1952
Otto Meier (1889-1962)	1952-1958
Karl Schirdewan (1907-1998)	1958-1965
Walter Hochmuth (1904-1979)	1965-1968
Generalmajor Gerhard Exner (1919-1989)	1968-1982
Oberst Roland Leipold (1930-2000)	1983-1989
Günter Herzog (1937)	1990

Bestimmten in der ersten Hälfte der 1950er Jahre das DZA und die Landeshaupt- bzw. Staatsarchive die politisch-fachliche Dynamik des staatlichen Archivwesens der DDR, so verschob sich im Zuge der Zentralisierungsanstrengungen *peu à peu* die Lenkungskraft und Entscheidungsgewalt auf die Seite der StAV, die insbesondere nach ihrem Umzug nach Potsdam auch personell an Gewicht zunahm. Immer mehr Aufgaben und Aufträge wurden von Abteilungen und Referaten der StAV übernommen oder zumindest koordiniert.

Hinzu kam das stetige personelle Wachstum in den Archiven, die der StAV untergeordnet waren, sowie in der StAV selbst, was für einen Bedeutungs- und Machtzuwachs sorgte. Zum 1. März 1953 stellte StAV-Leiter Meier eine Übersicht über das staatliche Archivwesen der DDR zusammen, die Angaben über die personelle und archivalische Beschaffenheit und Größe der Landes- und Landeshauptarchive sowie des DZA enthielt. Demnach waren hier insgesamt 234 Personen angestellt, von denen statusmäßig 31 als Wissenschaftler, 31 als staatlich geprüfte Archivare, 122 als Hilfskräfte und 50 als weitere Beschäftigte gruppiert waren.[46]

46 BArch, DO 1/30194: Einige Bemerkungen zur Personalfrage in den staatlichen Archiven (Entwurf), o. D. (März 1953).

Abteilungen der StAV und ihre Aufgabenfelder zum 1. August 1957[47]

Ministerium des Innern Staatliche Archivverwaltung			
Der Leiter			
Sekretariat			
Abt. Organisation und Grundsatzfragen	Abt. Forschungen und Veröffentlichungen	Hauptreferat Kader, Ausbildung, Schulung	Referat Finanzen und allgemeine Verwaltung
- Anleitung und Kontrolle direkt unterstellter und nicht-unterstellter Archive und Archivverwaltungen (i. d.R. Archivreferate in den Bezirksräten) - Betreuung von Parteiarchiven und Archiven von Massenorganisationen und Wissenschaftseinrichtungen - Erarbeitung von Richtlinien und archivgesetzlichen Bestimmungen	- Archivbenutzung und -auskunft - Publikationen Redaktion »Archivmitteilungen« - Klärung archivtechnischer Angelegenheiten	- Personalangelegenheiten - Fachhochschule für Archivwesen - Institut für Archivwissenschaft	- StAV-Haushalt - Lenkung und Kontrolle des Haushalts unterstellter Archive - Material-, Geräte- und Maschinenbeschaffung

Diese Entwicklung brachte eine archivpolitische Aufwertung der StAV-Leitung gegenüber den Archivdirektoren mit sich, die bis dato als die eigentlichen Regenten im Archivwesen galten. Schrittweise wurden die Archivleiter auf die Führung der praktischen Archivarbeit vor Ort begrenzt. Dieser Entflechtungs- bzw. Kompetenzübertragungsprozess ging allmählich vor sich und sorgte für neue Konkurrenzverhältnisse und Zuständigkeitsüberschneidungen – auch zwischen DZA und StAV, die seit 1955 in einem gemeinsamen Gebäudekomplex residierten und eine besondere Nähe pflegten.

47 Schema in Anlehnung an: Schreyer, Das staatliche Archivwesen der DDR, S. 54, 79.

Konversion und Karriere: Frühe Expertenwege in der SBZ/DDR

Zweite Chance im Osten

Das leitende MdI-Personal umfasste im Zeitraum von 1949 bis 1970 mehr als 1000 Personen. Anhand ihrer Erfahrung und Sozialisation mit Prägekraft lassen sie sich nach Kuschel/Maeke in sechs Typen von Gruppen einteilen: Häftlinge, Moskau-Emigranten, Antifa-Schüler, junge Parteisoldaten, Arbeiter und Angestellte sowie Experten. Gegenüber den Häftlingen und Emigranten, die beide jeweils die größte Gruppe darstellten, war der Kreis der Experten zahlenmäßig überschaubar. Gleichwohl kam ihnen aufgrund ihrer Fachkompetenz eine besondere, in ihrem Gebiet quasi singuläre Bedeutung zu. Der dringende Bedarf an solchen Fachkräften im zivil-wissenschaftlichen Bereich machte es möglich, dass über formale NS-Belastungen besonders kulant hinweggesehen wurde. In der Folge wies das Spitzenpersonal (ab der Ebene von Abteilungsleitern) zwischen 1950 bis 1960 in den MdI-Bereichen Vermessungswesen, Meteorologie und Archivwesen mit 30 Prozent einen besonders hohen Anteil ehemaliger NSDAP-Mitglieder auf.[48]

Unter ihnen befand sich auch Roland Seeberg-Elverfeldt. Dessen Weg ins MdI schätzen Kuschel/Maeke als durchaus modellhaft für die Art und Weise der beruflichen Reintegration ein, die der Typus ›Experte‹ vollzog: »Zunächst besetzten jene Personen Nischenfunktionen innerhalb der zivilen Verwaltungen des MdI, die zumal – im Unterschied zu den Ämtern der ›bewaffneten Organe‹ – als politisch weniger sensibel galten. Letzteres wiederum resultierte daraus, dass die Fachkräfte ihr jeweiliges Metier entpolitisierten, indem sie es zu einer rein wissenschaftlichen Disziplin erklärten, womit sie zugleich ihre eigene Rolle als unersetzliche Mitarbeiter des Wiederaufbauprozesses jener Arbeitsgebiete unterstrichen. Dabei paralysierte die Prämisse fachlicher Expertise MdI- und SED-offizielle personalpolitische Dogmen deshalb erfolgreich, weil die Wissenschaftler entweder über direkte Kontakte zu sowjetischen Verantwortlichen verfügten oder sich indirekt – wie bei Seeberg-Elverfeldt mithilfe von Otto Korfes – der entscheidenden Fürsprache der Sowjetischen Militäradministration beziehungsweise der Sowjetischen Kontrollkommission versicherten; ihre politische Loyalitätsverpflichtung gegenüber dem sozialistischen Aufbau in der DDR vorausgesetzt.«[49] Der berufliche Wiedereinstieg von Seeberg-Elverfeldt ist ein Beispiel für den Karrierefortgang NS-belasteter Experten bzw. Archivare im MdI. Doch er besitzt nicht unbedingt exemplarischen Charakter, denn sein arbeitsbiografischer Karriereweg und die dafür eingegangenen politisch-ideologischen Zugeständnisse und Aktivitäten bewegten

48 Franziska Kuschel/Lutz Maeke, Konsolidierung und Wandel. Die Personalpolitik des MdI bis 1969, in: Bösch/Wirsching (Hg.), Hüter der Ordnung, S. 238-265, hier S. 251 f.

49 Ebd., S. 203.

sich mit ihren extremen Amplituden doch eher im Ausnahmebereich. Zeichnet man seine Stationen und Netzwerke, seine Bestrebungen und Initiativen, seine Publikationsliste und Konzeptpapiere nach, scheint einem auf der einen Seite ein Mann entgegenzutreten, der grundsätzlich von erheblichem Tätigkeitsdrang geprägt, ja getrieben war, gepaart mit dem Wunsch nach Aufstieg in leitende Funktionen des Archivwesens, für dessen Erfüllung er bisweilen auch eine gewisse Skrupellosigkeit an den Tag legte. Auf der anderen Seite gehörte Seeberg-Elverfeldt zu den passionierten Experten und Fachbeamten, trat er doch stets auch als leidenschaftlicher Archivar und Genealoge in Erscheinung. Sowohl Lehr als auch Kuschel/Maeke haben sich mit der schillernd erscheinenden Archivarspersönlichkeit Roland Seeberg-Elverfeldts (1909-1993) befasst und sein Engagement im nationalsozialistischen »Archivschutz« in Polen bzw. seinen politischen Umschwung und seine knapp drei Jahre währende Tätigkeit als Stellvertreter Korfes' beschrieben.[50] Dabei agierte er höchst dienstwillig und anpassungsfähig, was ihn – mit guten Gründen – als quasi »Wendehals« und politisches Chamäleon charakterisiert.

Als in St. Petersburg aufgewachsener und 1918 nach Estland geflohener Deutschbalte brachte Seeberg-Elverfeldt – ganz im Sinne Albert Brackmanns – beste Voraussetzungen dafür mit, sich neben der Archivarsausbildung »ostwissenschaftlich« zu entwickeln. Dahingehende Entwicklungsschritte in der Nordostdeutschen Forschungsgemeinschaft und Publikationsstelle PUSTE wurden vom Generaldirektor der preußischen Staatsarchive ebenso gefördert wie der Eintritt ins Stettiner Staatsarchiv. Auf der Grundlage eines Wissenschaftsstipendiums arbeitete und forschte Seeberg-Elverfeldt am Staatsarchiv Königsberg und promovierte schließlich 1935 beim Königsberger Professor Hans Rothfels.[51] In der NS-Zeit trat er 1933 als Mittzwanziger und Absolvent des IfA in Berlin-Dahlem der SA bei, 1937 als Mitarbeiter des Staatsarchivs Stettin der NSDAP – im Kreis der Archivare keine ungewöhnlichen Zeitpunkte bzw. ein eingeforderter Bekenntnisnachweis –, in der DDR 1950 als Vierzigjähriger wiederum der NDPD und schließlich dem MfS als Geheimer Informator (GI). Insbesondere Lehr arbeitete Seeberg-Elverfeldts Initiativgeist in den mehr als drei Jahren heraus, in denen er seit 1940 für die Archive im Lubliner Amtsdistrikt zuständig war und, gut vernetzt mit Zivil- und Militärbehörden im Generalgouvernement, nicht nur Archivgut deutscher und polnischer Provenienz »sicherte«, sondern auch historisch bedeutsame Archivalien

50 Lehr, Ein fast vergessener »Osteinsatz«, hier insbesondere S. 151-182, 252-254, 297-300, 330-333.- Franziska Kuschel/Lutz Maeke, Ein Neubeginn. Das Innenministerium der DDR und sein Führungspersonal, in: Bösch/Wirsching (Hg.), Hüter der Ordnung, S. 182-237, hier S. 201-204.

51 Angaben aus: BArch, MfS, AIM, Nr. 183/54, Bd. 1: Abteilung VI: Vorschlag, 3.6.1951, f. 10.- Lehr, Ein fast vergessener »Osteinsatz«, S. 63-65.- Kuschel/Maeke, Ein Neubeginn, S. 201ff.

und Bibliotheksgut aufspürte und einsammelte, die sich zuvor im Besitz von Juden und anderen Deportierten befanden.[52]

Dass sich Korfes für Seeberg-Elverfeldt mit großer Dringlichkeit und Überzeugung verwandte, mag zum einen auf die schmale Personalbasis der in der SBZ/DDR übrig gebliebenen Archivare zurückzuführen gewesen sein. Zum anderen hatte er wie Korfes vier Jahre in sowjetischer Kriegsgefangenschaft verbracht und währenddessen mehrere Parteischulen besucht, was eine Brücke zu den SMAD-Verantwortlichen schlug.[53] Wie Korfes gab er sich öffentlich als politischer Konvertit zu erkennen, der sich zur DDR und zum neuen System bekannte und nicht, wie Heinrich Otto Meisner, eine vornehme Distanziertheit pflegte. Seeberg-Elverfeldt, der nach seiner Rückkehr in Berlin-Karlshorst wohnte, war 1952 Mitglied im DSF-Vorstand innerhalb des MdI sowie Mitglied im örtlichen NDPD-Kreisvorstand. Er galt als fachlich kompetent, fleißig, sorgfältig und kommunikativ. Dass er in seiner Freizeit polnische und sowjetische Fachliteratur übersetzte, wurde als wichtiger Beitrag zum Aufbau des DDR-Archivwesens gewertet.[54] Dass sein Auftrag als Geheimer Informator der Staatssicherheit ihm im Oktober 1952 zusätzlich den Posten als Stellvertreter Korfes' und Meiers bzw. als kommissarischer Abteilungsleiter sicherte, lässt sich zwar nicht belegen, jedoch annehmen. Umso überraschender war sein plötzlicher Weggang in den Westen – seit dem 26. Februar 1953 galt er als republikflüchtig. Immerhin hinterließ er ein Abschiedsschreiben an MdI-Staatssekretär Grötschel, das jedoch seine konkreten Motive aussparte. »Ich habe meine Aufgabe bis zum letzten Tage loyal erfüllt und nicht als Agent, Saboteur, Spion oder Diversant gearbeitet. [...] Ich hoffe, dass wir uns in einem wirklich demokratischen einheitlichen Deutschland wieder sehen werden«, hieß es darin.[55] Für das MfS waren die Motive klar: Demnach hätten nach Korfes' Weggang in der Führungsebene zwischen Meier und Seeberg-Elverfeldt starke Spannungen bestanden, in deren Folge sich letzterer, der stets karriereorientiert gehandelt habe, an den Rand gedrängt gefühlt habe. Überdies habe seine Frau der DDR und dem Sozialismus ablehnend gegenübergestanden.[56]

Es lag wohl vor allem in seiner Tätigkeit im DDR-Innenministerium begründet, dass er nach seiner Flucht im Jahre 1953 drei Jahre brauchte, bis er im Pressearchiv und in der Bibliothek des Presse- und Informationsamtes der Bundesregierung eine Anstellung fand. Dann dauerte es allerdings nicht mehr lange, bis er zum Oberarchivrat (1958) und Archivdirektor (1965) bzw. vom Stellvertreter zum Dienststellenleiter befördert wurde. 1969 gipfelte sein Weg

52 Lehr, Ein fast vergessener »Osteinsatz«, S. 174ff.

53 Angaben aus: BArch, MfS, AIM, Nr. 183/54, Bd. 1: Abteilung VI: Vorschlag, 3.6.1951, f. 10.

54 BArch, MfS, AIM, Nr. 183/54, Bd. 1: Beurteilung Dr. Roland Seeberg-Elverfeldt, 3.3.1952, f. 17.

55 BArch, MfS, AIM, Nr. 183/54, Bd. 1: Schreiben Dr. Seeberg-Elverfeldt an Staatssekretär Grötschel (Abschrift), 26.2.1953, f. 18.

56 BArch, MfS, AIM, Nr. 183/54, Bd. 1: Abteilung VI/II: Aktenvermerk, 30.3.1953, f. 23.

schließlich im Rang des Ministerialrats, war er bis zu seiner Pensionierung 1974 blieb. Fachlich sorgte er als Mitbegründer der Fachgruppe »Presse-, Rundfunk- und Filmarchivare« innerhalb des Vereins deutscher Archivare für bleibende Akzente. Etlichen Kollegen war seine Vergangenheit bzw. sein Engagement für das »Dritte Reich« und in der DDR nicht unbekannt geblieben – und er erschien manchen von ihnen, etwa Heinrich Otto Meisner und Georg Winter, suspekt.[57] Für diese Wahrnehmung spricht auch, dass er trotz seines erheblichen Forschungsengagements zur Geschichte des Baltikums bzw. Ostpreußens und Pommerns erst 1961 in die Baltische Historische Kommission und 1975 in den Herder-Forschungsrat als korrespondierendes Mitglied gewählt wurde. In der Nachfolge von Gottfried Roesler bzw. Gerhard Geßner übernahm er 1962 für die nächsten 28 Jahre die Schriftleiterstelle der »Ostdeutschen Familienkunde«, einer 1953 gegründeten, genealogischen Fachzeitschrift, die sich mit familienkundlichen und regionalhistorischen Themen in den ehemaligen ost- und südosteuropäischen Siedlungsgebieten der Deutschen beschäftigte und später in »Zeitschrift für Ostdeutsche Familiengeschichte« umbenannt wurde.

Während Seeberg-Elverfeldts außergewöhnlich kurvenreicher Werdegang durch alle drei Systeme höchste Anpassungsbereitschaft demonstriert, verweisen andere Berufs- und Lebenswege auf Persistenz und – mit Blick auf das DZA – auch auf erstaunliche Novitäten. Otto Korfes war zwar seit Oktober 1948 neuer Dienststellenleiter des DZA, doch die konkrete fachliche Leitung vor Ort lag bald in den Händen einer Frau: Charlotte (»Lotte«) Knabe. Sie gehörte zu den wenigen Frauen, die sowohl vor 1945 als auch in der Nachkriegszeit der Berufsgruppe der wissenschaftlichen Archivare angehörte. Geboren am 30. Januar 1907 in Metz als Tochter des Fabrikanten Paul Knabe und seiner Frau Helene, durchlief sie eine klassische Ausbildungslaufbahn:[58] Nach dem Abitur in der Deutschen Oberschule Berlin-Zehlendorf nahm sie ein Studium der Geschichte, Germanistik und Kunstgeschichte in Jena, Marburg und Berlin auf, das sie 1935 mit einer Dissertation bei Albert Brackmann über die gelasianische Zweigewaltentheorie bis zum Ende des Investiturstreits beendete, die im Folgejahr in einem Berliner Verlag erschien. Danach schrieb sich Knabe in das IfA in Berlin-Dahlem ein, wo sie 1937 ihre Ausbildung zum Archivar abschloss. Als Archivarin durchlief sie vom Juli 1937 bis zum September 1938 etliche Stationen in den Stadtverwaltungen von Tangermünde, Loburg, Grö-

57 ABBAW, NL H. O. Meisner, Nr. 106: Georg Winter an H. O. Meisner, 3.7.1953.- ABBAW, NL H. O. Meisner, Nr. 106: H. O. Meisner an Georg Winter, 15.7.1953.

58 Biografische Stationen nach: BArch, DO 1/33104: Personalakte Charlotte Knabe.- ABBAW, Mag. IIIa, Reg. 30, VA-PA Dr. Charlotte Knabe, sowie: Frank Boblenz, Charlotte Helene Frieda Knabe (1907-1991), in: Lebensbilder Thüringer Archivare. Herausgegeben vom Vorstand des Thüringer Archivarverbandes, Rudolstadt 2001, S. 126-132.- Josef Hartmann, Zum Gedenken an Dr. Charlotte Knabe, in: Sachsen und Anhalt, Bd. 18 (1994), S. 607-611.- Ulrike Höroldt, Knabe, Charlotte (1907-1991), in: Eva Labouvie (Hg.), Frauen in Sachsen-Anhalt 2. Ein biographisch-bibliographisches Lexikon vom 19. Jahrhundert bis 1945, Wien/Köln/Weimar 2019, S. 248-251.

ningen und Osterwiek. Zum 1. Oktober 1938 fand sie dann eine Anstellung als geschäftsführende Archivarin an der Archivberatungsstelle des Provinzialverbandes der Provinz Sachsen beim Staatsarchiv Magdeburg. 1946 wurde Knabe die kommissarische Leitung des Landeshauptarchivs Sachsen-Anhalt in Magdeburg übertragen. Aus gesundheitlichen Gründen bat sie im August 1948 um ihre Entlassung bzw. Versetzung ans Stadtarchiv Erfurt, wo sie die Direktorenstelle übernehmen sollte. Doch diese Anstellung zerschlug sich unerwartet, sodass sie schließlich im Februar 1949 eine Berufung ans Merseburger Archiv annahm. Hier wurde ihr offiziell die fachliche bzw. wissenschaftliche Leitung beim archivischen Neuaufbau übertragen. In dieser Funktion wechselte sie schließlich auf Vorschlag Korfes' zum 1. August 1949 ans DZA Potsdam, wo sie in der Position einer Oberreferentin bis zum 1. Oktober 1952 als Abteilungsleiterin und stellvertretende Dienststellenleiterin fungierte.[59] Damit war Lotte Knabe die erste deutsche Frau, die in der Männerdomäne Archive mit einer derartigen Führungsposition betraut wurde.[60]

Ihre besondere Eignung ergab sich zum einen aus ihrer guten (»klassischen«) Ausbildung – nicht nur Heinrich Otto Meisner bescheinigte ihr hervorragende archivarische Fähigkeiten in Theorie und Praxis[61] –, zum anderen aus der fehlenden NS-Belastung. Knabe war nach 1933 nicht der NSDAP beigetreten, ebenso wenig wie anderen NS-Formationen (soweit diverse Personalakten bzw. -bögen dies belegen). Während ihrer Archivarbeit entzog sie sich so weit wie möglich jeglichen politischen Aktivitäten für das NS-Regime. Eine grundsätzlich parteiferne Haltung bewahrte sie auch in den Jahren nach 1945, was, gepaart mit persönlich motivierter Distanz zu allem Russischen,[62] ihren Karriereweg allerdings bald blockieren sollte. Knabe, die sich mit großer Leidenschaft und persönlicher Hingabe dem Aufbau des DZA verschrieb, trat zwar dem Kulturbund, der DFD und DSF bei, war im Friedenskomitee aktiv und äußerte sich aufgeschlossen gegenüber der neuen Gesellschaftsordnung, wie ein Stasi-Bericht und ein Personalgutachten vermerkten.[63] Doch einer SED-Mitgliedschaft verweigerte sich die als sperrig und eigensinnig geltende Archiv-

59 BArch, MfS, AP, Nr. 11365/64: Auszug aus dem Personalbogen (Abschrift), 17.1.1951, f. 118f.- BArch, MfS, AP, Nr. 11365/64: Charakteristik über die Kollegin Dr. Charlotte Knabe (Abschrift), o. D. (1952), f. 121.

60 Vgl. auch: Gisela Vollmer, Archivarinnen gestern und heute. Zur Entwicklung des Frauenanteils insbesondere im staatlichen Bereich, in: Der Archivar 42 (1989) 3, S. 351-374.

61 ABBAW, Mag. IIIa, Reg. 30, VA-PA Dr. Charlotte Knabe: H. O. Meisner: Beurteilung von Charlotte Knabe, 26.4.1953.

62 In seinem GI-Bericht mutmaßt Seeberg-Elverfeldt, Knabe habe eine fundamentale Reserviertheit gegenüber »den Russen« aufgrund persönlicher Opfererfahrungen im Jahre 1945 gehabt. BArch, MfS, AIM, Nr. 183/54, Bd. 1: GI-Bericht zum Deutschen Zentralarchiv in Potsdam, 17.9.1952, f. 47.

63 BArch, MfS, AIM, Nr. 183/54, Bd. 1: GI-Bericht zum Deutschen Zentralarchiv in Potsdam, 17.9.1952, f. 47.- BArch, DO 1/33104: DZA/Lötzke an die Deutsche Akademie der Wissenschaften zu Berlin: Gutachten über Frl. Lotte Knabe, 7.8.1953.

leiterin ebenso, wie sie fachliche Einlassungen und Kompetenzbeschneidungen von Archivmitarbeitern mit Parteibuch nicht selten vehement zurückwies.[64] Das führte zu Verwerfungen mit den für personalpolitische Fragen zuständigen Berta Jentsch und Oskar Gromodtka, die beide der SED angehörten. »Sie [Lotte Knabe] fördert ganz besonders alle indifferenten Kollegen, während ihr Genossen von vornherein unangenehm sind. […] Die deutsch-sowjetische Freundschaft lehnt sie ab«, wusste daher auch eine interne Einschätzung zu berichten.[65]

Überdies galt Knabe als gut vernetzt mit westdeutschen Archivaren, was sie in den Augen der Personalstrategen im MdI endgültig für einen Archivleitungsposten disqualifizierte, für den sie Korfes wärmstens ins Spiel gebracht hatte: »… weil die politischen Voraussetzungen bei Frl. Knabe nicht gegeben sind, kann sie die Leitung der Zentralarchive nicht übernehmen«, lautete dann auch das abschließende Urteil der MdI-Personalabteilung gegenüber Staatssekretär Warnke im April 1950, »Herr Dr. Korfes ist davon unterrichtet.«[66] Gleichwohl leitete sie mangels fachpersoneller Alternativen noch zwei weitere Jahre – bis zur Einsetzung Helmut Lötzkes – das DZA Potsdam bzw. besetzte im Anschluss daran den Stellvertreterposten. Auch der junge Lötzke schätzte sie als Expertin und beauftragte sie nach Amtsantritt mit der bedeutsamen Ordnungsarbeit der aus der UdSSR freigegebenen Archivbestände.[67]

In dieser Konstellation währte die Doppelspitze allerdings nicht mehr lange. Zum 1. Oktober 1953, die Gründe sind nicht eindeutig rekonstruierbar, wechselte Knabe unter Fürsprache von Meisner als Archivarin an die Akademie der Wissenschaften, wo sie sich bis zu ihrem Ruhestand 1967 der Erschließung und Herausgabe der politischen Schriften von Gottfried Wilhelm Leibniz widmete.[68] Das DZA stellte sich auf der Leitungsebene von nun an wieder als männlich geführte Einrichtung dar. Mit Lotte Knabe verlor die »apolitische«, SED-ferne Expertenfraktion im DZA (wie unter den ostdeutschen Archivaren generell) eine wichtige Protagonistin. Zugleich dünnte sich mit ihrem Weggang der personifizierte Dahlemer IfA-Traditionsbestand im Zentralarchiv weiter aus.

64 BArch, MfS, AP, Nr. 11365/64: DZA/Lötzke: Beurteilung von Dr. Lotte Knabe, 14.10.1953, f. 120.

65 BArch, MfS, AP, Nr. 11365/64: Charakteristik über die Kollegin Dr. Charlotte Knabe (Abschrift), o. D. (1952), f. 121.

66 ABBAW, Mag. IIIa, Reg. 30, VA-PA: Dr. Charlotte Knabe: Schreiben an die Personalabteilung des MdI, Staatssekretär Warnke, 6.4.1950.

67 BArch, MfS, AP, Nr. 11365/64: DZA/Lötzke: Beurteilung von Dr. Lotte Knabe, 14.10.1953, f. 120.

68 Gottfried Wilhelm Leibniz. Sämtliche Schriften und Briefe. Hrsg. v. d. Akademie der Wissenschaften der DDR. Vierte Reihe: Politische Schriften, 2. Bd.: 1677-1687. Bearb. von Lotte Knabe u. a.; 3. Bd.: 1688-1689. Bearb. von Lotte Knabe in Zusammenarbeit mit Margot Faak, Berlin 1963, 1968.

Das DZA als Sprungbrett für Neueinsteiger

Im Unterschied zum Bundesarchiv, das seine Fachspitze zunächst aus erfahrenen Archivaren rekrutierte, war das DZA auch eine Stätte des beruflichen Neueinstiegs und des raschen Aufstiegs nach Jahren des Kriegseinsatzes. Unter den DZA-Mitarbeitern, die 1949/50 den personellen Grundstock des Archivs bildeten, befanden sich etliche, die erst im Zuge ihrer Einstellung mit dem institutionellen und archivarischen Umfeld in Kontakt kamen. Das wohl prominenteste Beispiel dafür stellt der langjährige DZA-Direktor Helmut Lötzke dar. Geboren am 29. August 1920 in Königsberg als Sohn eines Sanitätsfeldwebels, verbrachte er seine Kindheit und Schulzeit in der ostpreußischen Metropole am Pregel.[69] Über seine dortigen familiären und sozialen Verhältnisse ist kaum etwas bekannt. Nach der schulischen Reifeprüfung 1938 nahm der junge Lötzke ein Lehramtsstudium in Elbing bzw. ab 1939 in Danzig auf, das er 1940 mit dem ersten Staatsexamen abschloss. Im Folgejahr kam die Einberufung zum Wehrdienst. Das Jahr 1943 wurde dann zur persönlichen Zäsur: Lötzke wurde schwer verwundet und musste sich den linken Unterschenkel amputieren lassen. Ausgemustert aus der Wehrmacht, nahm er noch im Sommersemester 1944 während des Lazarettaufenthaltes ein Studium der Geschichte und Germanistik sowie Philosophie und Pädagogik an der Universität Königsberg auf, das er dann nach Kriegsende in Greifswald fortsetzte. 1950 legte er sein Staatsexamen in den Hauptfächern Geschichte und Germanistik ab und promovierte Anfang des Folgejahres mit der Arbeit »Die Burggrafen von Magdeburg aus dem Querfurter Hause«. In dieser Zeit arbeitete er an der Arbeiter-und-Bauern-Fakultät Greifswald bereits als Dozent für Geschichte und Gegenwartskunde.

Nach Fertigstellung der Promotion holte ihn Otto Korfes, der den kriegsbehinderten ehrgeizigen Mann offenbar mochte und zu fördern gedachte, in die Hauptabteilung Archivwesen, wo er zunächst im Bereich Ausbildung arbeitete.[70] Parallel dazu absolvierte Lötzke eine Archivarsausbildung am Potsdamer IfA, die er im Juni 1953 erfolgreich mit der Gesamtnote »gut« abschloss. Lötzke war verheiratet und hatte zwei Kinder. Charakterlich überzeugte er nicht nur Korfes und Seeberg-Elverfeldt, der als GI »Reimund« im September 1952 über Lötzke schrieb: »Dr. L. ist menschlich sympathisch, überzeugter Anhänger seiner Weltanschauung, kein Phrasendrescher, ruhig sachlich, strebsam und überlegt. Im MdI hat er, als Vorgänger von [Günter] Weltins, vorbildlich gear-

69 Nachfolgende biografische bzw. arbeitsbiografische Angaben sind entnommen aus: BArch, DO 1/31250: Personalakte Helmut Lötzke.- HU UA, Sektion Geschichte, Facultas docendi, Akte Dr. Helmut Lötzke vom 13.9.1977, die neben Zeugnissen und Beurteilungen auch Lebenslaufbeschreibungen enthält.

70 BArch, DO 1/31250: MdI/HA Archivwesen: Ernennung von Koll. Dr. Lötzke zum Referenten, 29.6.1951. BArch, DO 1/31250: MdI/HA Archivwesen: Versetzung von H. Lötzke, 9.4.1952.

beitet. [...] Unkorrektheiten, Indiskretionen sind L. nicht zuzutrauen.«[71] Auch im DZA, das zu diesem Zeitpunkt aufgrund interner Kompetenzstreitigkeiten unter einem auffällig schlechten Arbeitsklima litt, fand er schnell Anerkennung in der Belegschaft.[72]

Auffällig ist, dass Lötzke bereits zu einem Zeitpunkt DZA-Direktor wurde – im März 1952 –, als er sich noch inmitten seiner Ausbildung zum Archivar befand. Die Entscheidung, ausgerechnet den 32 Jahre jungen und in praktischer Archivarbeit letztlich noch wenig erfahrenen Mann zum Leiter einer solch exponierten Archiveinrichtung zu machen, ist unter archivarischen Maßstäben bemerkenswert. Zugleich passten sich solche Personalentschlüsse aber durchaus in die Arbeitswelt der Nachkriegszeit und den Prozess anfänglicher Elitenbildung in der SBZ/DDR ein. Über die genauen personalpolitischen Motive seiner Einsetzung liegen allerdings nur wenige Hintergrundinformationen vor. Klar ist, dass das MdI endlich ein SED-Mitglied an die Spitze des DZA setzen wollte. Zugleich war es, wie die Personalsituation im Leitungsbereich der Hauptabteilung bzw. StAV zeigte, zu dieser Zeit keinesfalls die Ausnahme, Quereinsteiger oder Unterqualifizierte mit derartigen Posten zu betrauen. Lötzke galt als hochmotiviert, zuverlässig, fleißig und weiterbildungsbereit und war im Unterschied zu Otto Korfes und Lotte Knabe eben seit 1946 Mitglied der SED (wenngleich er zunächst in die SPD eingetreten war, die dann 1946 mit der KPD zwangsvereinigt wurde). In dieser Eigenschaft engagierte er sich wiederholt in der Parteileitung des DZA und wirkte als sogenannter Zirkelleiter im Parteilehrjahr. Überdies gehörte er dem FDGB, der DSF und dem Kulturbund an und engagierte sich im Elternaktiv einer Potsdamer Schule.[73] Insofern verfügte er über etliche Voraussetzungen und Eigenschaften, die sich in das Modell einer sozialistischen Archivarskarriere einfügten.

Zu jenen, die ebenfalls als quasi unbeschriebenes Blatt begannen, gehörte auch der am 6. November 1920 im schlesischen Welkersdorf geborene Hans Gold. Im DZA wurde er am 17. Oktober 1949 als technischer Mitarbeiter eingestellt. Zuvor hatte er im Krieg sechs Jahre in diversen Artillerieregimentern der Wehrmacht gedient und war 1944/45 für kurze Zeit als Ausbilder in zwei Artillerieschulen tätig gewesen. Nach fast einem Jahr in sowjetischer Kriegsgefangenschaft hatte Gold, Leutnant der Reserve und ausgezeichnet mit der Ostmedaille und dem EK II, dann bei der SMAD als Kraftfahrer gearbeitet. 1951 absolvierte er am IfA Potsdam die Prüfung zum staatlichen Archivar und sattelte später noch einmal ein Universitätsstudium drauf, das er 1962 als Diplom-Archivar und Diplom-Historiker abschloss. Nach drei Jahren freiberuf-

71 BArch, MfS, AIM, Nr. 183/54, Bd. 1: GI-Bericht zum Deutschen Zentralarchiv in Potsdam, 17.9.1952, f. 46.

72 Ebd.

73 BArch, DO 1/31250: MdI/Staatliche Archivverwaltung: Beurteilung des Direktors des Deutschen Zentralarchivs Potsdam, Dr. Helmut Lötzke, 13.12.1957 und 20.6.1958 bzw. Beurteilung der allgemein fachlichen, politischen und charakterlichen Eigenschaften des Gen. Lötzke, 15.10.1958.

licher Tätigkeit (mit Dienstvertrag) für die Staatliche Archivverwaltung stieg er 1964 als wissenschaftlicher Mitarbeiter der Abteilung Archivwissenschaft fest in die StAV ein.[74]

Politisch stand Gold, der vor 1945 der NSDAP angehört hatte, von Beginn an loyal der DDR und ihrem Regime gegenüber. Allerdings trat er 1951 nicht der SED oder NDPD bei, sondern der LDPD, für die er zwischen 1953 und 1956 sogar ein Stadtverordnetenmandat bekleidete. Zugleich wirkte er zwischen 1953 und 1955 als Schöffe beim Kreisgericht Potsdam. Für seine gesellschaftlichen und beruflichen Leistungen erhielt er 1959 die Verdienstmedaille der DDR, überdies wiederholt Prämien für vorbildliche Arbeit.[75] Wie Einschätzungen aus verschiedenen Richtungen zeigen, trat Gold nie kritisch hervor. Sein Verhalten bzw. seine Einstellung zum System war vielmehr staatstragend, ein oppositioneller Impuls war nicht zu erkennen – er war sogar bereit, den Kontakt zu seinem in Westdeutschland lebenden Bruder aufzugeben. Gleichwohl wurde er zumindest im DZA durch seine Mitgliedschaft in der Blockpartei eher als politisch abseitig eingeordnet, was einmal mehr die Interpretationsgrenzen formaler Parteizugehörigkeiten demonstriert. Im März 1973 prüfte das MfS eine Anwerbung Golds als IM.[76] In diesem Zusammenhang wurden die charakterliche Vorzüge und Nachteile des »Kandidaten« abgewogen. Demnach galt Gold der Erscheinung nach als »gutbürgerlich, einen Schuß vom alten Offizierstyp behalten, intelligent, sehr beweglich [...] politisch offenkundig zumindest aufgeschlossen mit guter, staatsbejahender, etwas mehr als loyaler Grundhaltung«.[77] Als Mängel wurden stenografisch aufgelistet: »Wie fast alle Archivare – gebrochenes Kreuz, fehlt an Selbstbewusstsein, Forsche, ›Mumm‹ – könnte vielleicht durch kluge Aufbauarbeit gebessert werden. Auch – wie ebenfalls viele Archivare – etwas zu viel Beflissenheit (es mag eine Rolle gespielt haben, dass wir, d.h. das D.-Z. [Deutsche Zentralarchiv] bei den Archivaren als politisch besonders profilierte Dienststelle gelten!)«.[78] So bemerkenswert bis amüsant derlei Verallgemeinerungen waren, die ein ganz eigenes Licht auf die geheimdienstliche Sichtweise auf einen ganzen Berufsstand werfen, so sehr machen sie deutlich, dass vermeintliche Überreste

74 Alle Angaben nach: BArch, MfS, AOPK, Nr. 9907/78: Notiz betreffend Hans Gold, 6.11.1920, Mitarbeiter der Staatlichen Archivverwaltung, o.D. (1973), f. 7.- Dazu auch: Rudolf Knaack, Hans-Sigmund Gold (1920-1996), in: Friedrich Beck/Klaus Neitmann (Hg.), Lebensbilder brandenburgischer Archivare und Historiker: Landes-, Kommunal- und Kirchenarchivare, Landes-, Regional- und Kirchenhistoriker, Archäologen, historische Geografen, Landes- und Volkskundler des 19. und 20. Jahrhunderts, Berlin 2013, S. 189-192.

75 BArch, MfS, AOPK, Nr. 9907/78: Notiz betreffend Hans Gold, 6.11.1920, Mitarbeiter der Staatlichen Archivverwaltung, o.D. (1973), f. 8.

76 Vgl. allgemein die Akte: BArch, MfS, AOPK, Nr. 9907/78. Im Ergebnis der mehrjährigen Überprüfung wurde Gold als nicht geeignet für eine IM-Tätigkeit eingeschätzt.

77 BArch, MfS, AOPK, Nr. 9907/78: Notiz betreffend Hans Gold, 6.11.1920, Mitarbeiter der Staatlichen Archivverwaltung, o.D. (1973), f. 9.

78 Ebd., f. 10.

»bürgerlich-preußischer« Beamtentugenden noch Mitte der 1970er Jahre genauestens als solche wahrgenommen wurden.

Akademisches Insulaner-Dasein: Das Beispiel Heinrich Otto Meisner

»Meinen Sie nicht, dass es angebracht wäre, wenn Sie als Ältester und international Bekannter unter uns das Amt des Sprechers der Delegation übernehmen würden, damit sich nicht der Bremer Fall [Archivtag in Bremen 1953] wiederholt, wo einen dauernd die Leute fragen, wer denn der junge Mann sei, der für die DDR spreche. Man wird bei solchen Delegationen doch immer zwischen dem leitenden wissenschaftlichen Kopf und dem administrativen Manager unterscheiden müssen, womit nichts gegen den netten und sympathischen Kollegen Lötzke gesagt sein soll.«[79] Es war Hellmut Kretzschmar, Direktor des Sächsischen Landeshauptarchivs, der diese Zeilen im August 1954 an seinen Freund und Kollegen Heinrich Otto Meisner richtete und damit nicht nur die Generationen- und Erfahrungsmalaise im DDR-Archivwesen kenntlich machte, sondern auch seine außerordentliche Wertschätzung für den Potsdamer zum Ausdruck brachte. Meisner und Kretzschmar bildeten in den 1950er Jahren zusammen mit Willy Flach das »bestimmende Dreigestirn«[80] am Institut für Archivwissenschaft in Potsdam. Meisner, der ganze Kohorten von Schülern prägte, genoss über die Landesgrenzen hinaus den Ruf eines herausragenden Archivwissenschaftlers und Mentors. Zu nahezu der gesamten frühen DZA-Spitze und vielen weiteren markanten Vertretern des DDR-Archivwesens bestand eine Verbindung als Lehrvater. Selbst der spätere Direktor des Bundesarchivs Karl Gustav Bruchmann bekannte sich als Meisner-Schüler.[81] Wie Flach und Kretzschmar gehörte er zur kleinen (ost)deutschen Elite der Archivare, die aufgrund ihrer Fachkompetenz über 1945 hinaus systemübergreifend wirken konnten – wenngleich nicht ohne Bruchstellen und politisches Misstrauen seitens der Herrschenden.

Dass der Oberarchivrat am Reichsarchiv und Begründer der neuzeitlichen Urkunden- und Aktenlehre nicht in den Westen ging, sondern bis zu seinem Tod als national und international gefragte Wissenschaftlerpersönlichkeit im sozialistischen Potsdam blieb, darf erstaunen. Doch als Archivar, Wissenschaftler und Universitätsprofessor suchte Meisner die vermeintliche Neutralität und Nobilität der »reinen« Wissenschaft zu wahren und die Tugend apolitischen Expertentums zu praktizieren. Im Gegensatz zu erklärten politischen Konvertiten wie Roland Seeberg-Elverfeldt oder Otto Korfes pflegte er eine distinguierte Distanz gegenüber Staat und System und betrachtete sich als »Insulaner« in einer ihm fremden Gesellschaftsordnung. Der bisweilen als un-

79 ABBAW, NL H.O. Meisner, Nr. 104: Prof. Dr. Hellmut Kretzschmar an Prof. Dr. H.O. Meisner, 10.8.1954.

80 Brachmann/Klauß, »De me ipso!«, S. 613.

81 ABBAW, NL H.O. Meisner, Nr. 104: A. Szedö an Hellmut Kretzschmar, 1.7.1963.

nahbar geltende Meisner ließ sich nur schwerlich instrumentalisieren; zugleich blieb er aber berufs- und karrierebewusst – und distanzierte sich kaum öffentlich von seiner diktatorischen Umgebung. In den Augen der SED-Funktionäre fungierte er daher auch als loyaler Fachexperte und »fortschrittsorientierter Konservativer« im Range eines »wertvollen Bündnispartners«.[82] So brauchte die DDR-Führung ebenso wie die Staatliche Archivverwaltung, das IfA und das DZA seine Autorität als wissenschaftspolitisches Aushängeschild eines isolierten Landes: Man schmückte sich mit dem Vertreter der sogenannten alten Intelligenz. Damit sind ein besonderes arbeitsbiografisches Spannungsverhältnis und eine individuelle Haltung angedeutet, wie sie in ihrer Dynamik zugleich exemplarisch für viele Wissenschaftlerleben in Diktaturzeiten stehen.

Meisners Schaffen nach 1945 konzentrierte sich auf drei Schwerpunkte: die Ausbildung des archivarischen Nachwuchses, die Begründung und Etablierung der neuzeitlichen Aktenkunde sowie die Erarbeitung von gemeinsamen Standards einer nationalen und internationalen Fachterminologie.[83] Sein Wirken – am Geheimen Preußischen Staatsarchiv und am Reichsarchiv sowie am Institut für Archivwissenschaft und an der Humboldt-Universität – nahm in den 1920er Jahren institutionell seinen Anfang und reichte bis in die 1970er Jahre hinein. Es trug auf seine Weise dazu bei, Berlin-Potsdam als deutsches Archivzentrum zu etablieren. Seine Publikationstätigkeit war beachtlich und ist in ihrer Diversität und Vielzahl von Büchern, Artikeln und Rezensionen wohl noch immer nicht vollständig erfasst.[84]

Heinrich Otto Max Meisner wurde am 1. April 1890 in Berlin als Sohn von Heinrich Meisner (1849-1929) geboren, einem Abteilungsleiter und späteren Direktor an der Staatsbibliothek Berlin, der Werke von Ernst Moritz Arndt und Schleiermacher herausgegeben und historische sowie literatur- und biografiegeschichtliche Abhandlungen verfasst hatte und zu dem er ein lebenslan-

82 So die Einschätzung von Karl Schirdewan, zwischen 1958 und 1965 Leiter der StAV. Karl Schirdewan, Ein Jahrhundert Leben. Erinnerungen und Visionen. Autobiographie, Berlin 1998, S. 275.

83 Vgl. Botho Brachmann, Die Ausbildung der wissenschaftlichen Archivare in Potsdam und Berlin 1950-1995/96, in: Archiv für Diplomatik 39 (1993), S. 387-492.- Brachmann/Klauß, »De me ipso!«.- Eckart Henning, Wie die Aktenkunde entstand. Zur Disziplingenese einer Historischen Hilfswissenschaft und ihrer weiteren Entwicklung im 20. Jahrhundert, in: Auxilia Historica. Beiträge zu den historischen Hilfswissenschaften und ihren Wechselbeziehungen, 2. Aufl., Köln 2004, S. 105-127.

84 Er selbst bezifferte sein Werk auf über 70 eigenständige Arbeiten, von denen zweifellos die dreibändige Aktenkunde hervorragt, mit der er den Grundstein für die Aufnahme der Aktenkunde in das Fachgebiet der Historischen Hilfswissenschaften legte. Heinrich Otto Meisner, Urkunden- und Aktenlehre der Neuzeit, Leipzig 1950.- Botho Brachmann, Zum 100. Geburtstag von Heinrich Otto Meisner, in: Archivmitteilungen 40 (1990) 2, S. 41-43.- Das in der Personalakte Meisners der Akademie der Wissenschaften enthaltene Schriftenverzeichnis von 1969 enthielt 74 Titel sowie den Verweis auf Rezensionen in zahlreichen Zeitschriften. ABBAW, AKL (1945-1968) Pers., Nr. A 303: Heinrich Otto Meisner: Schriftenverzeichnis, 1969.

ges Vertrauensverhältnis pflegte.[85] Meisner studierte in Berlin Geschichte, Germanistik, Philosophie sowie Staats- und Verwaltungsrecht, promovierte mit ausgezeichnetem Ergebnis und wurde, nach einem Volontariat am Staatsarchiv Stettin, 1914 im GStA eingestellt. Mit Ausbruch des Ersten Weltkriegs wurde er zum Militärdienst einberufen, den er unbeschadet überstand. In den Jahren nach Kriegsende schritt Meisner auf seinem Berufsweg voran: zum 1. April 1919 Anstellung als wissenschaftlicher Hilfsarbeiter beim GStA sowie zum 1. Oktober 1919 als Archivassistent, am 8. Februar 1921 Ernennung zum Staatsarchivar bzw. Staatsarchivrat, 1923 Abordnung als staatlicher Kommissar an das brandenburgisch-preußische Hausarchiv in Berlin-Charlottenburg im Auftrag des Finanzministeriums und 1925 Ernennung zum dortigen Ersten Hausarchivar, im April 1928 dann der Wechsel bzw. die Rückkehr zum GStA. Seit 1930 wirkte er nebenamtlich als Dozent am Institut für Archivwissenschaften und geschichtswissenschaftliche Fortbildung. 1935 wurde er von Brackmann ans Reichsarchiv Potsdam überstellt, wo er bis 1945 abteilungsleitende Funktionen bekleidete. Das letzte Kriegsjahr samt Kriegsende erlebte er stark gezeichnet von Krankheit[86] und Verlusten: So verlor Meisner infolge der Zerstörung des Reichsarchivgebäudes im April 1945 rund 40 Kartons mit archivwissenschaftlichen Schriften, druckfertigen Manuskripten und Skizzen.[87]

Meisners Arbeitsbiografie war mindestens bis 1950 von Verunsicherung, Leerzeiten und Durchwursteln sowie unregelmäßigem Einkommen geprägt. Lag die Leitung des Reichs- und Heeresarchivs nach Kriegsende de facto noch bei Karl Ruppert und ihm, führte seine NSDAP-Mitgliedschaft ab 1937 jedoch bald zu seiner Entlassung und blockierte ein Weitermachen im Archiv bzw. die Übernahme ins DZA. Es folgten kurzzeitige Beschäftigungen. Meisners Personalbogen von 1953 enthält folgende Stationen: 8. Mai 1945 bis 1. Februar 1946 »wissenschaftlicher Arbeiter« bei der Archivverwaltung Potsdam, 1. Februar bis 30. November 1946 »wissenschaftlicher Arbeiter« in der Potsdamer Bücherstation der Roten Armee, 28. Juli bis 26. Dezember 1947 »wissenschaftlicher Arbeiter« bei der Archivabteilung SMA. Doch erst mit Bescheid vom 12. März 1948 erhielt er per Entscheidung des Brandenburger Landtags und im Einverständnis mit dem Minister des Innern die lang ersehnte Genehmigung für eine »uneingeschränkte Verwendung im öffentlichen und halböffentlichen

85 Vgl. allg. zum biografischen Datengerüst Meisners: Helmut Lötzke, Nachruf für Heinrich Otto Meisner, in: Archivmitteilungen 27 (1977) 1, S. 37.- Wolfgang Leesch, Nachruf für Heinrich Otto Meisner, in: Der Archivar 30 (1977), Sp. 469-474.- Botho Brachmann, Zum 100. Geburtstag von Heinrich Otto Meisner, in: Archivmitteilungen 40 (1990) 2, S. 41-43.- Wimmer Archivkörper, S. 19, 39f., hier auch mehr zu Meisners archivterminologischen Studien, S. 46f., 78ff.

86 Meisner litt von Juli bis November 1944 erst an infektiöser Gelbsucht, dann wochenlang an schwerem Ischias. Ende 1945 wurde er von Arthritis befallen, Anfang 1946 musste seine Frau ins Krankenhaus. ABBAW, NL H. O. Meisner, Nr. 104: Brief Heinrich Otto Meisner an Werner Grieshammer, 13.5.1952.

87 ABBAW, NL H. O. Meisner, Nr. 104: H. O. Meisner an Walter Heinemeyer, 9.3.1947.

Dienst«, sodass er vom 1. Juni 1948 bis 31. Mai 1950 Justitiar beim Landtagspräsidium in Potsdam werden konnte.[88]

Dass die Entscheidung kein Selbstläufer war und Meisner lange Zeit seinen Belasteten-Status nicht ablegen konnte, zeigen die fehlgeschlagenen Bemühungen um seine Einstellung an der Deutschen Akademie der Wissenschaften zu Berlin (DAW). Im Frühjahr 1947 hatte der Vorsitzende der Historischen Kommission der Akademie, Fritz Hartung, die Einstellung von Meisner als wissenschaftlicher Mitarbeiter beantragt, der im Auftrag der Kommission zur »inneren Geschichte des Kaiserreichs von 1871-1918« und hier insbesondere zur Entstehung und Entwicklung der Reichsbehörden und des Reichsbeamtentums Quellen sichten und eine schriftliche Ausarbeitung anfertigen sollte.[89] Um eine Anstellung zu ermöglichen, bedurfte es allerdings der Zustimmung der Deutschen Verwaltung für Volksbildung der SBZ. Diese widersprach jedoch der Einschätzung Hartungs und anderer Gremien, dass Meisner nur als nominelles Mitglied zu betrachten sei, und stufte ihn anhand einiger früherer Schriften weiterhin als belastet ein:[90] »Der Auffassung, die Professor Hartung in seinem Gutachten vertritt, daß das Gebiet der Verwaltungsgeschichte außerhalb der nationalsozialistischen Ideologie liege, können wir nicht beipflichten. Eine Verwaltungsgeschichte, die ein Nationalsozialist oder ein Deutschnationaler entwirft, wird durch andere Auswahl des Materials und Kommentierung wesentlich anders aussehen als etwa die eines fortschrittlichen Sozialisten. Gerade die umfassende Materialkenntnis kann zur Gefahr werden, weil sie die Freiheit in der Auswahl und Akzentuierung erhöht«, wurde gegen Hartungs fachlich hergeleitete Begründung argumentiert.[91] Der Fall zeigt, dass trotz wachsenden Personalbedarfs die NSDAP-Mitgliedschaft auch drei Jahre nach Kriegsende ein Karrierebremsstein blieb.

Ging es um den archivpolitischen Neubeginn in der SBZ, stand Meisners Name dennoch meist auch auf dem Zettel. Dass dies stets auch im Wissen und mit dem Einverständnis der SMA erfolgte, steht außer Frage.[92] Meisner war

88 ABBAW, AKL (1945-1968) Pers., Nr. A 303: Personalbogen Heinrich Otto Meisner, 9.1.1953.

89 ABBAW, AKL (1945-1968) Pers., Nr. A 303: Denkschrift über die Bearbeitung der inneren Geschichte des zweiten Reichs, 17.5.1947. ABBAW, AKL (1945-1968) Pers., Nr. A 303: Philosophisch-historische Verwaltungsabteilung der DAW an die Deutsche Verwaltung für Volksbildung, 13.3.1948.

90 ABBAW, AKL (1945-1968) Pers., Nr. A 303: Bescheinigung des Einheitsblocks der Antifaschistischen Parteien beim Magistrat Potsdam für Heinrich Otto Meisner (Vors. Springer), 16.1.1947.- ABBAW, AKL (1945-1968) Pers., Nr. A 303: Deutsche Verwaltung für Volksbildung der Sowjetischen Besatzungszone an die Deutsche Akademie der Wissenschaften zu Berlin, 3.7.1948.- ABBAW, NL H. O. Meisner, Nr. 104: Prof. Hartung an H. O. Meisner, 7.11.1948.

91 ABBAW, AKL (1945-1968) Pers., Nr. A 303: Deutsche Verwaltung für Volksbildung der Sowjetischen Besatzungszone an die Deutsche Akademie der Wissenschaften zu Berlin, 3.7.1948.

92 Brachmann/Klauß, »De me ipso!«, S. 610f.

den neuen Machthabern bzw. sowjetischen Besatzerkreisen durch seinen früheren Studienaufenthalt in Moskau und Leningrad in der zweiten Hälfte der 1920er Jahre nicht unbekannt, und ihm wurden Experten- und Vermittlerqualitäten gen Osten zugetraut.[93] Er gehörte ebenfalls zum Kreis der Auserwählten, die Otto Korfes im Herbst 1948 schriftlich um Rat und Unterstützung bat und Ende 1949 zu der Archivdirektorenkonferenz in Potsdam einlud, auf der die konzeptionellen Weichen für das Archivwesen der DDR gestellt wurden.[94]

Die Erlösung kam im Sommer 1950 mit der auf der Konferenz vereinbarten Gründung des Instituts für Archivwissenschaft. Meisner hatte sich zum einen im Landtagspräsidium politisch bewährt, das heißt, loyal, unauffällig und arbeitsam gewirkt. Zum anderen war er der bekannteste in der DDR verbliebene Archivwissenschaftler, der hier auch eine Anstellung suchte. So erhielt er Mitte 1950 einen mit 1400 Mark dotierten Einzelvertrag als hauptamtlicher Dozent für Aktenkunde, Archivwissenschaft und Verwaltungsgeschichte am IfA.[95] Damit begann für den 60-jährigen Meisner noch einmal ein neuer Abschnitt seines Arbeitslebens, der zu hohen Laufbahnehren führte: Im April 1953 wurde ihm die Professur für die Historischen Hilfswissenschaften der Neuzeit und die Archivwissenschaft an der Humboldt-Universität zu Berlin übertragen, womit er eine nächste Karrierestufe beschritt. Zugleich wurde er in die Sektion Geschichte der Deutschen Akademie der Wissenschaften zu Berlin aufgenommen. 1957 wurde er zum Vorsitzenden des wissenschaftlichen Beirats des Akademie-Archivs ernannt, 1959 zum korrespondierenden Mitglied der Akademie und schließlich 1961 zum ordentlichen Akademiemitglied in der Klasse für Philosophie, Geschichte, Staats-, Rechts- und Wirtschaftswissenschaften – ein Platz, den er sich mit Professoren wie Robert Alt, Ernst Engelberg, Georg Klaus, Walter Markov und Karl Polak teilte.[96] Dass er am Ende in der obersten Etage der DDR-Wissenschaftselite angekommen war, bezeugen die offiziellen Glückwünsche des ZK der SED zu seinem 75. Geburtstag 1965.[97] Bereits fünf Jahre zuvor war ihm in »Anerkennung hervorragender Leistungen im Kampf gegen den Faschismus, beim Aufbau und bei der Festigung der DDR auf wissenschaftlichem Gebiet« der Vaterländische Verdienstorden in Bronze verliehen worden.[98]

93 Heinrich Otto Meisner, Über das Archivwesen der russischen Sowjet-Republik. Beobachtungen während eines Studienaufenthalts in Moskau und Leningrad, in: Archivalische Zeitung 38 (1929), S. 178-198.- Dazu auch: Brachmann/Klauß, »De me ipso!«, S. 604f.- Winter, Die deutsche Archivwissenschaft, S. 115f.- Wimmer, Archivkörper, S. 106.

94 Brachmann/Klauß, »De me ipso!«, S. 608f., 615ff.

95 ABBAW, AKL (1945-1968) Pers., Nr. A 303: Personalbogen Heinrich Otto Meisner, 9.1.1953.

96 ABBAW, AKL (1945-1968) Pers., Nr. A 303: Mitteilung des Ministerrates der DDR an den Präsidenten der Deutschen Akademie der Wissenschaften zu Berlin, Prof. Dr. Werner Hartke, 29.6.1961.

97 ADN Nr. 90 vom 31.3.1965.

98 Neues Deutschland vom 28.4.1960.

Persönliche Bekenntnisse zu Staat und Sozialismus finden sich in Meisners Hinterlassenschaften jenseits weniger offizieller Floskeln nicht. Möglichkeiten, in der Bundesrepublik eine angemessene Wirkungsstätte zu erhalten, waren zweifellos da. Dennoch ergriff er im Gegensatz zu anderen prominenten Archivaren nie die Gelegenheit, Potsdam und der DDR den Rücken zu kehren und in den Westen überzusiedeln. Die Frage nach dem Warum lässt sich nur anhand von Plausibilitätserklärungen beantworten. Dazu gehörte erstens die persönliche und familiäre Verbundenheit mit der Stadt. Potsdam war sowohl vor als auch nach 1945 ein deutsches Archivzentrum und bot ihm eine langjährige Wirkungsstätte. Seine Frau Margarete, die keinen Beruf ausübte und sich um Mann und Haushalt kümmerte, hatte hier (einschließlich der Kinder aus vorheriger Ehe) ihr soziales Umfeld und ihre Heimat. Der sich stetig verschlechternde Gesundheitszustand beider trug sein Übriges dazu bei, eventuelle Umzugspläne zu verwerfen. Zweitens hielt Meisner eine Bewerbung in den Westzonen ohne offizielles Entlastungsschreiben bezüglich seiner NSDAP-Mitgliedschaft mindestens bis Mitte 1948 für zwecklos – eine Einschätzung, die im Ergebnis eines Meinungsaustauschs mit Bernhard Vollmer und Georg Sante entstand, in dem Chancen für eine Anstellung in Marburg ausgelotet wurden.[99] Drittens hatte ihm der ostdeutsche Staat nach Jahren der Ungewissheit einen beruflichen Wiedereinstieg und sogar Aufstieg gewährt. Mit der Professur in Ost-Berlin und der DAW-Mitgliedschaft erhielt er ein umfassendes Wirkungsfeld, und die neue Archivarsgeneration im Sozialismus zollte ihm in alter IfA-Manier lebenslangen Respekt. Seine Reputation war anerkannt, und der ostdeutsche Wissenschaftsbetrieb schmückte sich mit ihm als nationaler und internationaler Fachkoryphäe. Viertens scheinen ihm in seinem wissenschaftlichen Tun von staatlicher Seite weder politisch-ideologische Steine in den Weg gelegt worden zu sein, noch war er größerem Druck oder gar Repression ausgesetzt, die einen Weggang als Ausweg nahelegten; Momente von ausgesprochener Resistenz oder Widerstand sind nicht überliefert. Dass er seine Archivalienkunde weitgehend ideologiefrei entwickelte, ist zweifellos als Ausdruck von gelebter Fachautonomie zu werten, und es war eine Form, sich gegen politische Ansprüche von außen zu immunisieren. Übersehen werden darf fünftens auch nicht, dass die Archivwissenschaft mindestens bis Anfang der 1960er Jahre den Status eines Orchideenfachs innehatte, das wissenschaftspolitisch zweit- oder drittrangig eingeordnet wurde. Hochschul- und wissenschaftspolitischen Aktivitäten hat sich Meisner eher entzogen; die Teilnahmelisten in den Protokollen der Fakultätsratssitzungen zeugen von seiner häufigen Abwesenheit.[100] Und von den wenigen Gremientreffen, an denen er anwesend

99 ABBAW, NL H.O. Meisner, Nr. 106: Bernhard Vollmer an H.O. Meisner, 19.3.1947.- ABBAW, NL H.O. Meisner, Nr. 106: Georg Sante an H.O. Meisner, 25.2.1948.

100 Vgl. die Protokolle für 1958/59 in: HU UA, Philosophische Fakultät 1945-1990, Nr. 6.- Seiner Teilnahme standen etwa Lehrveranstaltungen in Potsdam entgegen. Aufgrund seines angeschlagenen gesundheitlichen Zustands war er überdies auf

war, sind kaum Aussprüche oder Statements von seiner Seite überliefert; die Verlaufsprotokolle der Fakultätsratssitzungen 1958/59 enthalten beispielsweise keine einzige Wortmeldung Meisners.[101] Dass hier ein bewusstes Abstandhalten praktiziert wurde, ist in Kenntnis seiner Persönlichkeit stark zu vermuten. Insofern waren es insgesamt eher ein Verhaltensmix aus Anpassung und Abstinenz sowie die Pflege eines Nischendaseins, mit denen sich der Experte Meisner seine Weiterexistenz unter diktatorischen Rahmenbedingungen gestaltete.

Bedeutsam oder sogar überlebenswichtig war für ihn, dass er sich zunächst über die deutsche Teilung weitgehend hinwegsetzen konnte. Er lernte sich mit der DDR zu arrangieren, betrachtete sich aber weiterhin als gesamtdeutscher Archivar und Mitglied der internationalen Wissenschaftlergemeinschaft, deren intellektuelles Wirken nicht an Grenzen stoppte. Aufgrund seiner internationalen Kontakte, vielfältigen Mitgliedschaften in Kommissionen und Arbeitskreisen und der zahlreichen Einladungen holte sich Meisner zahlreiche Genehmigungen für Reisen ins westliche Ausland ein, meist in Begleitung seiner Frau. Im Gegensatz zu den meisten seiner ostdeutschen Kollegen, ließ sich Meisner in seiner Medienwahl kaum beeinflussen und publizierte auch in westdeutschen Zeitschriften. So veröffentlichte er in den 1950er und 1960er Jahren unter anderem in »Der Archivar«, der »Archivalischen Zeitschrift«, den »Mitteilungen des österreichischen Staatsarchivs« oder in der Neuen Deutschen Biographie der Historischen Kommission der Bayrischen Akademie der Wissenschaften.[102] Dahingehende Korrespondenzen zwischen Autor und Redaktionen lassen zwar wachsende Schwierigkeiten im deutsch-deutschen Wissenschaftsaustausch im Allgemeinen und der Akquise ostdeutscher Autorenbeiträge im Speziellen erkennen, doch Meisners Aktivitäten selbst schienen davon unberührt. Einer seiner letzten Beiträge erschien 1970 in der »Archivalischen Zeitschrift« und widmete sich mit dem Reichsarchiv seinen institutionellen Wurzeln.[103] Meisner betrachtete die Teilung als ein Ergebnis des Krieges, nie jedoch erkannte er eine politische Notwendigkeit dafür an. Trotz seiner privilegierten Reisetätigkeit setzte ihm die Trennung zu, wie sein Schreiben an Wolfgang A. Mommsen 1959 erkennen lässt, in dem er schrieb: »Ich bedauere

Fahrer bzw. Mitfahrgelegenheiten angewiesen, um die beschwerliche Reise nach Ost-Berlin zu bewältigen.

101 Vgl. ebd.

102 Zum Beispiel: Archive, Bibliotheken und Literaturarchive, in: Archivalische Zeitschrift 50/51 (1955), S. 167-183.- Über einige Fragen der deutschen Berufssprache, in: Der Archivar 8 (1955), Sp. 347-360.- Allgemeine archivische Schriftkunde und Fragen der Archivwissenschaft, in: Archivalische Zeitschrift 54 (1958), S. 49-73.- Privatarchivalien und Privatarchive, in: Archivalische Zeitschrift 55 (1959), S. 117-127.- Zum Berufsbild des wissenschaftlichen Archivars, in: Der Archivar 21/ (1968), Sp. 103.

103 Heinrich Otto Meisner, Das Reichsarchiv, in: Archivalische Zeitschrift 60 (1970), S. 50-53.

es recht, dass wir uns so lange nicht gesehen haben. Diese unglückselige Zerreissung des deutschen Volkes!«[104]

Meisner führte eine rege Korrespondenz mit nahezu allen bedeutenden Archivaren Ost- und Westdeutschlands sowie mit zahlreichen bekannten Historikern wie Hermann Aubin oder Helmut Beumann. Sein Nachlass führt viele Dutzend Namen auf. In diesem Sinne wirkte er als Vertreter einer traditionellen wissenschaftlichen Briefkultur, die in der DDR jedoch bald immer weniger Gelehrte aufrechterhalten sollten.[105] Besonders herzlich, privat und ausführlich fielen die Briefwechsel mit ehemaligen Kollegen vom Brauhausberg aus, hier vor allem Güthling, Heinemeyer, aber auch Rogge.[106] Einen zweiten Korrespondenzkreis bildeten die Spitzenarchivare, die in wichtigen westdeutschen Archiven und Funktionen hohe Ämter innehatten, darunter Winter, Bruchmann und Mommsen vom Bundesarchiv oder auch Schnath, Vollmer und die Schriftleiter des »Archivars« und der »Archivalischen Zeitschrift«, Helmut Dahm (Staatsarchiv Düsseldorf) und Archivdirektor Otto Schottenloher (Bayrisches Hauptstaatsarchiv München). Bis ins hohe Alter wurde Meisner, der als Hochschullehrer für seine »klare Diktion«, »scharfe Begriffsbildung«, »Fähigkeit zu Systematisierungen« und seinen »Reichtum an Detailwissen« bekannt war,[107] auch von ihnen um Meinung und Rat zu konkreten, häufig archivterminologischen Fragen oder Problemstellungen gefragt. Einen speziellen Gegenstand der Korrespondenz bildeten überdies personalpolitische Auskünfte mit teilweise hochsensiblen Inhalten. So bat beispielsweise Georg Winter im Sommer 1953 um Hintergrundinformationen zum Angestelltenverhältnis des Mitte der 1930er Jahre entlassenen Reichsarchivars Hans Goldschmidt oder holte Meisners Meinung über den übergesiedelten Roland Seeberg-Elverfeldt ein, der sich Hoffnungen auf eine Abteilungsleiterstelle im Bundesarchiv machte.[108]

Eine dritte, in diesem Zusammenhang interessierende Gruppe stellte die Schar der jüngeren Archivare dar, die in der DDR bzw. in Potsdam in leitenden Funktionen oder auch archivwissenschaftlich tätig waren, wie beispielsweise Lötzke, Brather, Gringmuth-Dallmer, Blaschke, Brachmann. Das traditionelle Lehrer-Schüler-Verhältnis erhielt sich bis zum Schluss, und nicht zufällig

104 ABBAW, NL H. O. Meisner, Nr. 105: Dr. Wolfgang A. Mommsen an H. O. Meisner, 13.10.1959.

105 Vgl. dazu auch: Matthias Berg (Hg.), Briefkultur(en) in der deutschenGeschichtswissenschaft zwischen dem19. und 21. Jahrhundert, 2020.

106 Hierbei stechen im Schriftverkehr insbesondere für die ersten Nachkriegsjahre nebulöse Formulierungen, lateinische Wendungen und zahlreiche Abkürzungen ins Auge, die neben Papierersparnis den Zweck hatten, die Briefinhalte für Außenstehende zu verschlüsseln und politisch oder privat Kompromittierendes – bzw. das, was als solches angenommen wurde – zu verbergen und zu verschleiern. So taucht beispielsweise häufig »Z.« auf, wenn es um Ernst Zipfel geht.

107 Brachmann/Klauß, »De me ipso!«, S. 614.

108 ABBAW, NL H.O. Meisner, Nr. 106: Georg Winter an H.O. Meisner, 3.7.1953.- ABBAW, NL H. O. Meisner, Nr. 106: H. O. Meisner an Georg Winter, 15.7.1953.

richtete das DZA am 15. März 1963 anlässlich Meisners 50. Doktorjubiläum eine Feierstunde aus, auf der diesem das goldene Doktordiplom der Humboldt-Universität überreicht wurde.[109] Voller Empathie sprach und schrieb Meisner umgekehrt dann auch von seinen »Ifanten«, womit sowohl die alten Absolventen als auch die gegenwärtigen Studierenden des Berlin-Dahlemer und Potsdamer Instituts für Archivwissenschaften (IfA) gemeint waren.[110] Politisch-ideologisch geprägte Formulierungen oder Inhalte finden sich in diesen Briefwechseln nicht. Im Hinblick auf Berufsethos und Denkstil scheinen in Meisners Schriftverkehr immer wieder Formulierungen durch, die archivarische Leidenschaft und beamtische Pflichterfüllung miteinander verknüpfen. Sie bildeten das Fundament seines Tuns, wurden zugleich aber auch als Tugenden des gesamten Berufsstandes interpretiert. Als Rohr Meisner Ende der 1950er Jahre mitteilte, dass er demnächst auf dringende ärztliche Empfehlung hin wegen einer als unheilbar diagnostizierten Herzkrankheit aus seiner Funktion beim Bundesarchiv aussteigen werde, zeigte sich dieser nahezu bestürzt darüber.[111] Eher höflich bekundete Meisner in seiner Antwort Verständnis, um dann im weiteren Briefverlauf rasch erneut in fachliche Erörterungen zu wechseln.[112] Ein vorzeitiges Aufhören passionierter Archivarstätigkeit erschien ihm kaum vorstellbar, zumal die Arbeit die Basis von Kommunikation und kollegialer Freundschaft bildete. Liebe und Begeisterung für den Archivarberuf sowie ein hohes Berufsethos gehörten dann auch zu den Werten, die er, der durchaus als gefürchteter Prüfer galt, gegenüber seinen Studenten mit Leidenschaft vertrat und zeitlebens zu vermitteln suchte.[113]

Seit der zweiten Hälfte der 1960er Jahre zog sich Meisner mehr und mehr an seinen Wohnort zurück und verzichtete nun auch auf die geschätzten Gastvorlesungen, die er nach seiner Emeritierung 1960 noch gelegentlich gehalten hatte. Körperliche Beschwerden und Bewegungsunfähigkeit ließen ihm selbst Stadtausflüge in Potsdam zur Anstrengung und Qual werden. Dies stellte bereits 1964 den Grund für seine Ablehnung dar, der neu gegründeten Sektion Geschichte der DAW beizutreten.[114] Spätestens als seine Frau 1970 starb, fühlte er sich endgültig als Insulaner »mit Tendenz zur Vereinsamung«.[115] Gesellschaftliche Aufbrüche und archivpolitische Veränderungen nahm Meisner nur noch aus der Ferne wahr. Am 24. Oktober 1976 erlitt Meisner einen Schlaganfall, vier Wochen später, am 26. November, verstarb er an dessen Folgen.

109 ABBAW, AKL (1945-1968) Pers., Nr. A 303: Dr. Helmut Lötzke an die Protokollabteilung des DAW, 22.2.1963.

110 ABBAW, NL H. O. Meisner, Nr. 106: H. O. Meisner an Georg Winter, 15.7.1953.

111 ABBAW, NL H. O. Meisner, Nr. 105: Wilhelm Rohr an H. O. Meisner, 29.12.1959.

112 Ebd.

113 Brachmann/Klauß, »De me ipso!«, S. 614.

114 ABBAW, NL H. O. Meisner, Nr. 106: Heinrich Otto Meisner an Leo Stern, 16.3.1964. Meisner erklärte darin, seine Ablehnung lieber mündlich erläutern zu wollen.

115 ABBAW, NL H. O. Meisner, Nr. 106: Heinrich Otto Meisner an Wolfgang Leesch, 20.2.1972.

Die Trauerfeier fand am 6. Dezember 1976 in der Kapelle des Neuen Friedhofs in Potsdam in der Heinrich-Mann-Allee unter großer Anteilnahme der Archivare statt. Dass mit Meisner ein Archivwissenschaftler der »alten Garde« gestorben war, spiegelte sich im Nachruf der Akademie der Wissenschaften der DDR wider. Spezialistentum und Systemabwesenheit – diese Aspekte waren es, die dem Leser ins Auge sprangen. So würdigte Akademiepräsident Hermann Klare Meisners Wirken als wichtigen fachlichen Beitrag zur Entwicklung der Archivwissenschaft bzw. Archivterminologie in der DDR mit hoher Anerkennung im In- und Ausland, verwendete jedoch an keiner Stelle die Begriffe »Sozialismus« oder »sozialistisch«.[116] Dass mit Meisner der letzte ostdeutsche Repräsentant der Vorgängereinrichtung des DDR-Zentralarchivs gestorben war, daran erinnerte die öffentliche Todesanzeige von Gertrud und Günter Wohlgemuth: Tituliert wurde Meisner hier als »vormals Oberarchivrat und Abteilungsleiter im ehemaligen Reichsarchiv Potsdam«.[117]

Enklave der Eigenwilligen: Das DZA in den 1950er Jahren

Wie in allen Behörden und Expertenkreisen existierte auch innerhalb des DZA eine Vielzahl von Kommunikationsbeziehungen und Bekanntschaftsverhältnissen. Diese lagen bisweilen quer zu bestimmten Hierarchien und Statusgruppen und wiesen eine unterschiedliche Beschaffenheit auf. Solche personellen Verbindungen bestanden rund um die SED-Betriebsorganisation und die NDPD-Parteigruppe sowie im Alters- und Erfahrungskontext älterer und etablierter wissenschaftlicher Archivare auf der einen Seite und jüngerer Mitarbeiter sowie werdender Archivare auf der anderen Seite. Darüber hinaus bestanden übergreifende Freundschaftsbande, die auch Personen aus anderen Archiven und Einrichtungen einschlossen. Diese Verhältnisse zu rekapitulieren, hilft zu verstehen, warum sich in den Augen mancher Funktionäre das DZA in den 1950er und frühen 1960er Jahren eher als politisch ungesicherte Institution darstellte, in der eine gezielte Kaderpolitik im Sinne der SED nur schwerlich umzusetzen war. Die Zahlen sprachen dabei von Beginn an für sich: Von 34 im Juni 1950 aufgeführten Beschäftigten des DZA gehörten gerade einmal sieben der SED an, dagegen 21 den Blockparteien NDPD, LDPD und CDU. Gerade einmal eine der sechs Referentenstellen war mit einem SED-Mitglied besetzt.[118] Dabei gilt es zu berücksichtigen, dass das DZA in seiner Personalstärke beständig anwuchs, zugleich aber zahlreiche Mitarbeiter

116 ABBAW, AKL (1945-1968) Pers., Nr. A 303: Nachruf der Akademie der Wissenschaften der DDR, November 1976.

117 ABBAW, AKL (1945-1968) Pers., Nr. A 303: Nachricht zum Tod von Heinrich Otto Meisner von Günter und Gertrud Wohlgemuth, 26.11.1976.

118 BArch, DO 6/347: Einstellungen im Deutschen Zentralarchiv ab 15. August 1948, 28.6.1950.

das Archiv auch wieder verließen, sei es, weil sie hinausgedrängt wurden, in die Bundesrepublik übersiedelten oder schlicht den Arbeitsplatz wechselten.

Die Archivleitung hatte es überdies gerade in der Anfangszeit auch mit Unvorhergesehenem zu tun. So wurde 1952 zusammen mit dem Zentralarchiv für Genealogie die in Ost-Berlin residierende Bildstelle Langheinrich vom DZA übernommen. Was zunächst als gelungene Erhöhung und Arrondierung der Bestände betrachtet wurde, erwies sich personal- und sicherheitspolitisch schnell als Problem, nachdem durchdrang, dass von zwölf Mitarbeitern der Bildstelle, die Dokumente und Pläne von Betrieben und staatlichen Einrichtungen der DDR fotokopierte, acht den Mormonen angehörten, Bildstellenleiter Paul Langheinrich zugleich Vorsitzender der Berliner Mormonengemeinde war und als Pendler täglich von West-Berlin anreiste.[119] In der Folge wurden zwar Belegschaftsentlassungen vorgenommen, doch Langheinrich blieb als benötigter Spezialist vorerst in DZA-Diensten, bis er sich 1954 in die USA absetzte.[120]

Resistente Nationaldemokraten

Mit Otto Korfes an der Spitze von Archivverwaltung und DZA hatte die NDPD zu Beginn der 1950er Jahre ein besonderes Gewicht im Archiv. Dass die NDPD hier stark vertreten war – 15 von 34 der im Juni 1950 aufgeführten Beschäftigten des DZA gehörten ihr an[121] –, ist beachtenswert, aber keinesfalls völlig überraschend. Die Gründe dafür sind vor allem personalpolitischer Natur sowie in der Zielgruppenorientierung der Partei und dem Charakter Potsdams als Verwaltungszentrum zu suchen, denn die NDPD war zu Beginn vor allem eine Angestelltenpartei.[122] Historisch fiel der Dienstantritt Otto Korfes' zusammen mit dem zuvor ergangenen SMAD-Befehl Nr. 35 vom 26. Februar 1948, der offiziell das Ende der Entnazifizierung in der SBZ verkündete. Vier Wochen später, am 18. März, wurde eine Amnestie für alle Strafen gegen NS-Täter verkündet, deren Strafmaß unter einem Jahr lag. Unterlegt wurde diese Maßnahme von Stalins Äußerung, dass es nun an der Zeit sei, die Trennlinie zwischen ehemaligen Nazis und Nicht-Nazis aufzulösen.[123] Nahezu zeitgleich erfolgte der Aufruf zur Gründung der NDPD, dem die Bildung eines Zonengründungsausschusses und die Lizensierung der Partei durch die SMAD

119 Informationen dazu in: BArch, DO 6/2018.

120 BArch, MfS, BV Pdm, AIM, Nr. 318/58, Bd. I: Abt. V/III: Treffbericht, Quelle »Fritz«, 31.3.1955, f. 55.

121 BArch, DO 6/347: Einstellungen im Deutschen Zentralarchiv ab 15. August 1948, 28.6.1950.

122 Das spiegelte sich in der Zusammensetzung der Brandenburger NDPD wider: Rund 37 Prozent gehörten Ende 1951 zur Angestelltenschicht. Da in Potsdam die Verwaltungsdichte höher als anderswo in der Region ausfiel, ist dieser Anteil großzügig aufzurunden.

123 Klaus Schroeder, Der SED-Staat. Partei, Staat und Gesellschaft 1949-1990, München 2000, S. 42.- Vogt, Denazification in Soviet-Occupied Germany. Brandenburg 1945-1948, S. 198 ff.

folgten. Anfang September 1948 konstituierte sich dieser Ausschuss zum Hauptvorstand der NDPD und wählte den späteren Minister für Auswärtige Angelegenheiten der DDR, Lothar Bolz, zum Vorsitzenden. Die erste Parteikonferenz fand ausgerechnet in Potsdam statt und machte die Parteigründung in der Stadt und früheren preußischen Militärhochburg besonders bekannt.

Hinter der von der SMAD-Informationsabteilung unter Leitung von Oberst Sergei Tjulpanov sowie von SED-Strategen geplanten Parteigründung verbargen sich mehrere Motive. So ging es darum, die »nichtbelasteten« NSDAP-Mitglieder sowie ehemalige Offiziere und Vertriebene in den Aufbau und die gesellschaftspolitische Umgestaltung aktiv einzubeziehen und deren Erfahrungen, Einstellungen und Mitarbeit zu kanalisieren bzw. zu kontrollieren. Mit der Aufnahme der NDPD in die Landesblockausschüsse sowie dann in die Nationale Front sollte zugleich die Position von CDU und LDP in Gremien und Verwaltungsorganen geschwächt werden. Für anstehende Wahlen erhofften sich die Machthaber eine Wählerabwanderung von den alten Blockparteien hin zur NDPD (bzw. zur Deutschen Bauernpartei).

Auch wenn es aufgrund der allzu durchschaubaren Fremdbestimmung und des kaum zu übersehenden Marionettencharakters nur teilweise gelang, ehemalige Offiziere und Parteigenossen an die NDPD zu binden, erhofften sich dennoch tausende Mitglieder eine tatsächliche Interessenvertretung. Diese gründeten sich zum einen auf dem Mitwirken solcher Persönlichkeiten wie Alfred Wunderlich, der als früheres NSDAP-Mitglied den NDPD-Landesverband von Berlin leitete, oder eben Ex-General Otto Korfes. Zum anderen gab es eine Reihe von konkreten Initiativen, die Erwartungen weckten. So durfte die NDPD beispielsweise Ende 1949 in der Provisorischen Volkskammer den Antrag für das Gesetz über den Erlass von Sühnemaßnahmen und die Gewährung staatsbürgerlicher Rechte für ehemalige Mitglieder und Anhänger der NSDAP und Offiziere der Wehrmacht einbringen. Wenig später sprach sich der Vorsitzende Bolz auf dem 2. Parteitag 1950 dafür aus, dass die diesem Personenkreis Angehörenden ausnahmslos wieder in ihren früheren Berufen arbeiten dürfen sollten.[124] Zudem erschienen Aufrufe wie der »Ruf an die Frontgeneration« oder Vortragsreihen unter dem Titel »Stalingrad, wie ich es erlebte«, auf denen Otto Korfes referierte, die den Eindruck vermittelten, dass auch Nicht-Kommunisten öffentlich zu Wort kommen durften.[125] Die Mitgliederzahl von rund 102 000 Personen drei Jahre nach Gründung zeigte den Bedarf und die erhebliche Anziehungskraft an. Brandenburg stellte mit knapp 15 000 Mitgliedern zwar keine absolute Hochburg der Partei dar. Doch die meisten von ihnen – rund 6300 Mitglieder (1952) – sammelten sich im Bezirk Potsdam bzw. in der Landeshaupt- bzw. Bezirksstadt.[126] Sie galt damit als ein regionales Zentrum der NDPD.

124 Kotsch, Das Land Brandenburg zwischen Auflösung und Neubegründung, S. 195.
125 Ebd.
126 Statistische Angaben zum NDPD-Landesverband aus: Ebd., S. 199.

Angesichts Korfes' Stellung als Brandenburgischer Spitzenfunktionär schloss sich eine Reihe von Archivmitarbeitern der Blockpartei an, darunter einige mit NSDAP-Vergangenheit. Die Parteigruppe im Archiv versammelte ehemals Gleichgesinnte sowie systemdistanzierte Kollegen, die so auch in die schützende Nähe des Archivleiters zu rücken glaubten. Ihr gehörten Mitarbeiter wie Franz Sondermann, Fritz Meilick oder Hans Brumme an. Sie alle verfügten über engmaschige Verbindungen untereinander, die es der SED und dem MfS schwermachten, in die Belegschaft einzudringen, wie nachfolgende Zusammenstellung von Beziehungen und Verflechtungen anzeigt: Sondermann und Meilick (beide ehemals NSDAP-Mitglieder) waren gut miteinander befreundet.[127] Meilick pflegte außerdem sehr gute Bekanntschaft mit Friedrich Blum (ehemals NSDAP-Mitglied) vom DZA, der der Schwiegersohn eines Lebensmittelhändlers aus Potsdam-Bornstedt war und mit dem Meilick zusammen in einem Reiterregiment gedient hatte. Blums Nichte Hannelore Wolf arbeitete ebenfalls im DZA als Diplomarchivarin. Alle drei schätzte der Geheime Informator »Fritz« als »pro westlich« ein, als Menschen, die sich wenig mit sozialistischen Werten und Praxen identifizieren und überdies beständig nach West-Berlin reisen würden.[128] Meilick galt des Weiteren mit dem in den Westen ans Bundesarchiv geflohenen DZA-Archivar Rudolf Schatz (ehemals NSDAP-Mitglied) und sowie mit dessen Freundin befreundet, deren Tochter eine Zeitlang als Schreibkraft im DZA tätig war, bevor sie ebenfalls in den Westen ging.[129] Schatz vermittelte Meilicks geflohenen Freund Sondermann 1955 an den früheren Heeresarchivar Bernhard Poll, der diesem wiederum eine Anstellung in West-Berlin verschaffen konnte.[130] Mit Schatz war zugleich auch das Ehepaar Enders sehr gut befreundet. Lieselotte Enders, die im Brandenburgischen Landeshauptarchiv beschäftigt war, und Gerhart Enders (ehemals NSDAP) vom DZA gehörten beide der SED an und besuchten Schatz während ihres Urlaubs 1955 in Koblenz.[131] Hans Brumme (ehemals NSDAP) wiederum war sehr freundschaftlich mit dem SED-Mitglied Lieselotte Schorn aus dem DZA Merseburg verbunden, die jedoch 1953 die DDR verließ.[132] Dem GI »Fritz« zufolge vertrat Brumme politisch »gefährliche Ansichten« in Stammtischrunden, an denen neben ihm unter anderem auch Meilick, Blum und Bastian teilnahmen: Die allgemeine Ruhe im Lande, kolportierte der GI einmal

127 Meilick wurde deshalb 1954 von der DZA-Archivleitung nach West-Berlin entsandt, um den geflohenen Sondermann umzustimmen und zur Rückkehr zu bewegen. BArch, MfS, BV Pdm, AIM, Nr. 318/58, Bd. I: Bericht Quelle »Fritz«, 5.10.1955, f. 71.

128 Über Wolf berichtete »Fritz« beispielsweise in diesem Zusammenhang, dass er bei einem obligatorischen Kartoffelernteeinsatz bewusst mit Handschuhen und wenig leistungsbereit aufgetreten sei, um derlei Einsätze »lächerlich« zu machen. BArch, MfS, BV Pdm, AIM, Nr. 844/56, Bd. II: Bericht von GI »Fritz«, 24.9.1955.

129 Alle drei hatten zuvor 1955 den geflohenen Rudolf Schatz in Koblenz besucht. BArch, MfS, BV Pdm, AIM, Nr. 844/56, Bd. II: Bericht von GI »Fritz«, 24.1.1956.

130 BArch, MfS, BVfS Pdm,, AIM 318/58, Bd. I: Bericht von GI »Fritz«, 5.10.1955, f. 73.

131 Ebd.

132 Ebd., f. 74f.

eine Aussage Brummes, sei nur eine oberflächliche, darunter würde es im Sinne des Volksaufstandes vom 17. Juni 1953 weiter glimmen – eine Meinung, der sich an jenem Aprilabend 1956 auch Blum lautstark anschloss.[133] Wie eng die Beziehungen untereinander waren, zeigte auch die spätere Kontaktpflege zu geflohenen Mitarbeitern. So kam es beispielsweise am Rande des Archivtages in Koblenz 1957 zu herzlichen und vorbehaltlosen Aufeinandertreffen zwischen den inzwischen in die Bundesrepublik übergesiedelten Schatz, Sondermann und Meilick und den aus der DDR angereisten Lötzke und Höhnel.[134]

Existenzialisten, Undisziplinierte und Grenzgänger

Weitere Verknüpfungen ergaben sich durch gemeinsame Aktivitäten nach Feierabend. Zum engeren Bekanntenkreis von Lötzke gehörte beispielsweise die sogenannte »Skatrunde«, der neben Lötzke der Potsdamer Staatsarchivdirektor Fritz Beck, der Dozent und spätere Professor für Archivwissenschaft an der Humboldt-Universität zu Berlin Botho Brachmann und ein Arzt aus der Vertragsklinik der BDVP angehörten und die sich über viele Jahre regelmäßig in einer der Wohnungen der Teilnehmer traf.[135]

So harmlos das praktizierte Spielvergnügen auf der einen Seite auch war, mit Lötzke, Beck und Brachmann saßen drei wichtige Institutionenvertreter beieinander, die bei dieser Gelegenheit fachliche Dinge informell erörtern konnten. Da sich ein Geheimer Informator unter den Spielern befand, existierte zudem ein Informationskanal zum MfS. Einen eher jugendlicheren Charakter besaßen abendliche Freizeitvergnügungen, an denen sich vor allem jüngere Archivare und DZA-Mitarbeiter beteiligten und die im Laufe der Zeit einen nahezu legendären Ruf bekamen bzw. Anlass für zahllose Spekulationen bildeten. Einen kleinen Einblick geben die Einlassungen von GI »Friedrich«, die MfS-Offizier Seyffer nach einem Treffen im Potsdamer Haus der Lehrer aktenkundig machte: »Über die Gruppierung im DZA berichtete der GI noch, dass er ermitteln konnte, dass von dieser monatliche Partys durchgeführt werden, die letzte war am Sonnabend, den 30.7.1960. Die Party wurde im Studentenheim in der Rudolf-Breitscheid-Straße durchgeführt, das die StAV verwaltet. […] Zu der Gruppierung gehören: Dr. Enders und Frau, Dr. Schmid und Frau, Mlynek, Schreyer, Merker, Klauß, Dreßler, Hartmann, Schulz und Rößler. […] Die Gruppierung soll sich Existentialistenclub nennen. Die Party's finden in der Wohnung eines Doktors oder in den Weinbergterrassen statt. Als Beitrag zur Unterhaltung bringt jeder Besucher eine Flasche Wein mit, der Veranstalter sorgt für das Abendbrot. Damit ihm das finanziell keine

133 BArch, MfS, BV Pdm, AIM, Nr. 844/56, Bd. II: Bericht von GI »Fritz«, 9.4.1956.

134 BArch, MfS, BV Pdm, AIM, Nr. 318/58, Bd. I: Abt. V/1: Treffbericht, Quelle »Fritz«, 25.10.1957, f. 203.

135 BArch, MfS, HA VII, Nr. 3: Abteilung VII: Zwischeneinschätzung zur OPK »Direktor«, 29.3.1983.

Schwierigkeiten bereitet, hinterlegt jeder der Gäste bei Betreten der Wohnung 20,- DM.«[136]

Doch für das MfS steckte mehr dahinter als nur ein Abendvergnügen. 1958/59 waren im Zuge von geheimdienstlichen Recherchen über die Weitergabe interner DZA-Informationen an westdeutsche Medien etliche Protagonisten aus diesem Umfeld als »möglicher Täterkreis« unter Beobachtung genommen worden. Die Stasi glaubte hier einen Kreis von Leuten aufgespürt zu haben, die »durch feindlich-negative oder schwankende politische Grundhaltungen bzw. prowestliche Einstellungen bekannt wurden und wechselseitig in regelmäßigen Abständen in ihren Wohnungen Feiern, zum Teil mit Anzeichen von alkoholischen und sexuellen Ausschreitungen, durchführten (›Club der Archivare‹ bzw. ›Existenzialistenclub‹). Bezeichnend war, dass sich dieser Personenkreis, […] gegen jegliche Aktivitäten des MfS abschirmte und gegenseitig über diesbezügliche Feststellungen informierte (Aussprachen mit einzelnen Leuten, missglückte Werbungen usw.).«[137] Auch wenn die Nachforschungen am Ende nicht zu den »Tätern« führten, stufte das MfS diese Bekanntschaften und Aktivitäten als politisch verdächtiges Geschehen ein, das auch künftig zu überwachen sei.

Was die Geheimdienstberichte jenseits ihrer mitunter verworrenen Inhalte zeigen, ist, dass im DZA Arbeits- und Freizeitbeziehungen bisweilen miteinander verschmolzen. Als Einrichtung im beständigen Aufwuchs war das Archiv eine Stätte mit jungem Personal beiderlei Geschlechts; nur wenige der genannten Personen waren überhaupt älter als 30 Jahre. Sie waren meist gut ausgebildete Archivare, beweglich und gehörten zur fachlichen Elite im DZA. Das führte nahezu naturgemäß zu einem besonderen Binnenklima.[138] So wundert es dann auch nicht, dass GI »Friedrich« Ende 1959 über generationell bedingte Spannungen im DZA berichtete. Demnach hatten ältere Archivare wie Bernoth, Blum oder Bänsch den Eindruck, von den jüngeren und besser ausgebildeten Archivaren wie Schreyer oder Schmidt sowohl leistungsmäßig als auch fachlich-intellektuell in den Hintergrund gedrängt zu werden.[139] In gewisser Weise bildete sich hier im Kleinen der Konflikt zwischen alter und neuer Intelligenz ab, wie er gerade für die Aufbaujahre der DDR typisch war.

136 BArch, MfS, BV Pdm, AOP, Nr. 219/61: Bericht Quelle »Friedrich«, 11.8.1960, f. 171f.

137 BArch, MfS, HA VII, Nr. 6708: Zusammenfassende Einschätzung über das Archivmaterial der BV Potsdam, AOP 219/61 unter Berücksichtigung bei der damaligen Bearbeitung nicht beachteter Zusammenhänge zu Boelcke, 22.8.1984.

138 Vgl. nachfolgende Geburtsjahre: Hannelore Wolff (1934), Helmut Lötzke (1920), Gerhart Enders (1924), Marlies Dressler (1939), Fides Schulze (1936), Gisela Rößler (1937), Dorette Hartmann (1933), Klaus Mlynek (1936), Willi Bohm (1906). BArch, MfS, BV Pdm, AOP, Nr. 219/61: Abteilung VII/1: Material »Welt-Artikel«, 6.11.1959, f. 10-17.

139 BArch, MfS, BV Pdm, AOP, Nr. 219/61: Abteilung VII/1: Bericht, 25.12.1959, f. 103f.

Neben abendlichen Feiern sorgten wiederholt kleinere Zwischenfälle für politische Unruhe, was sowohl das MfS als auch die Archivleitung beschäftigte. So war im Oktober 1955 der Magazinmeister mit seinen drei Mitarbeitern im Archiv unterwegs, wo diese bei der Sichtung von Akten ein Bild von Adolf Hitler fanden. Sie stellten es in ihrem Raum auf und defilierten daran mit »Heil Hitler« in der Dienstzeit vorbei. Es war dann ein parteiloser Kollege, der dieses Verhalten beobachtete und zur Meldung brachte. Daraufhin strengte Lötzke gegen die drei, die tags darauf eigentlich eine Prämie erhalten hätten sollen, ein Disziplinarverfahren an. Der Magazinmeister galt wiederum als ein »Zögling« von Enders, der als politisch renitent angesehen wurde und öffentlich gegen die Einführung militärischer Dienste und Organe wetterte.[140] Die genannte Vierergruppe war unter Kollegen dafür bekannt, ihre Arbeit bewusst langsam zu verrichten.

Wie bereits erwähnt, stellten auch Reisen und Kurzbesuche nach West-Berlin oder Westdeutschland sowohl ein sicherheitspolitisches Dauerproblem als auch ein ständiges innerbetriebliches Konfliktfeld dar, denn viele Mitarbeiter umgingen privat und nach Feierabend die strengen Vorschriften für MdI-Angehörige, was ein ums andere Mal »aufgedeckt« wurde. Diese benötigten eine besondere Genehmigung, die, wenn sie überhaupt erteilt wurde, vielfach mit Auflagen und Einschränkungen versehen war. Als am 25. November 1957 Staatssekretär Herbert Grünstein das DZA besuchte, mahnte er explizit die bessere Kontrolle der Westbesuche bzw. des Durchfahrens West-Berlins und Westdeutschlands durch DDR-Archivare an.[141] 1957 vermeldete beispielsweise GI »Fritz« Einkaufsbesuche von DZA-Mitarbeiterinnen in West-Berlin und hob dabei insbesondere eine Angestellte aus der Kaderabteilung hervor, deren Ehemann zugleich als Offizier bei der NVA diente. In der Folge handelte das MfS umgehend und informierte die Kaderleiterin. Im Ergebnis erhielten die Genannte und eine weitere »Delinquentin« eine Disziplinarstrafe. Allerdings gehörte letztere der SED an, und als Genossin bemühte sie sich daraufhin, in Gesprächen den Denunzianten im Archiv ausfindig zu machen – ein Vorgehen, das wiederum »Fritz« beunruhigte.[142]

Doch weder die DZA-Leitung noch die StAV besaßen in diesen frühen Jahren große Spielräume für einen Personalaustausch. Die Beschäftigungssituation blieb in den 1950er Jahren nicht nur in Bezug auf qualifizierte Mitarbeiter, sondern auch konstante Arbeitsverhältnisse angespannt. Wie schnell diese enden konnten, zeigte sich beispielsweise 1955, als plötzlich ein Mitarbeiter des DZA-Wachschutzes wegen wiederholter Unpünktlichkeit, übermäßigem

140 BArch, MfS, BV Pdm, AIM, Nr. 318/58, Bd. I: Abt. V: Treffbericht, Quelle »Fritz«, 13.10.1955, f. 90.

141 Ebd.

142 BArch, MfS, BV Pdm, AIM, Nr. 318/58, Bd. I: Abt. V/1: Treffbericht, Quelle »Fritz«, 25.10.1957, f. 203.

Alkoholgenuss und heimlicher Reisen nach West-Berlin entlassen wurde.[143] 1957 kündigte eine Mitarbeiterin der DZA-Bildstelle kurzerhand, nachdem ihr Antrag eines Besuchs bei ihrem Verlobten in West-Berlin abgelehnt wurde, hingegen der Antrag der Kaderleiterin, die zusammen mit ihrer Tochter ihre kranke Schwiegermutter in Westdeutschland besuchen wollte, bewilligt worden war. Viele in der Belegschaft reagierten darauf mit Empörung, da die Vermutung kursierte, dass es die fehlende SED-Mitgliedschaft gewesen sei, die anders als bei der Kaderleiterin zur Ablehnung geführt habe.[144] Die DZA-Leitung dementierte zwar den Zusammenhang, konnte jedoch die Kündigung nicht mehr verhindern. Eine eingearbeitete Beschäftigte ging dem DZA somit von einem Tag auf den anderen verloren.

Dass die DZA-Belegschaft bisweilen schwer auf Parteilinie zu bringen war, hing auch mit der personellen Vorauswahl zusammen, die intern getroffen wurde. Diese oblag vor allem Gerhart Enders, der als Zuständiger für Organisatorisches und stellvertretender Direktor auch für die Personalentwicklung verantwortlich war. Enders war am 17. Oktober 1924 in Dresden geboren worden und in einer Pflegefamilie aufgewachsen. 1940 erhielt er eine Freistelle zum Besuch einer Lehrerbildungsanstalt. Nach seinem Eintritt in die NSDAP im September 1942 gehörte er 1942/43 dem Reichsarbeitsdienst an und wurde dann zur Wehrmacht eingezogen, wo er am Ende den Rang eines Unteroffiziers bekleidete. Am 7. Mai 1945 geriet er in Kriegsgefangenschaft und wurde Ende des Jahres aus Munsterlager entlassen. In den beiden folgenden Jahren absolvierte er die Oberschule und studierte in Jena und Halle Geschichte, ein Bildungsweg, den er mit der Promotion erfolgreich beendete. Von 1951 bis 1953 durchlief er dann den Potsdamer IfA-Kurs und wurde zunächst als wissenschaftlicher Archivar bzw. Referent im DZA eingestellt. Als der Leiter der Abteilung I, Hans-Joachim Neufeldt, sich 1955 in den Westen absetzte, rückte Enders zunächst kommissarisch, dann offiziell nach. Er war Mitglied der SED, galt aus Stasi-Sicht jedoch als Genosse, dem der »klar entwickelte Klassenstandpunkt« fehlte: Vorgesetzten Stellen begegne er kritisch und respektlos, zudem verfalle er oft in »Objektivismus«, bilanzierte 1961 das MfS.[145] Was nun die Neueinstellung von Beschäftigten anbetraf, suchte er nach Möglichkeit die Kontrolle und Übersicht zu behalten. So beriet er sich zusammen mit befreundeten jüngeren Archivaren darüber, welcher künftige Absolvent zu welcher Abteilung passen könnte sowie wie man den »drohenden« Einfluss von SED-Mitgliedern einhegen oder verlagern könne. Im Ergebnis solcher Beratungen wurden beispielsweise der später eingestellte Kurt Metschies als »ungefährlich und politisch desinteressiert« (und damit als geeignet), andere hingegen als

143 BArch, MfS, BV Pdm, AIM, Nr. 318/58, Bd. I: Abt. V/1: Treffbericht, Quelle »Fritz«, 24.9.1955, f. 67.

144 BArch, MfS, BV Pdm, AIM, Nr. 318/58, Bd. I: Abt. V/1: Treffbericht, Quelle »Fritz«, 25.11.1957, f. 204, sowie: Treffbericht, Quelle »Fritz«, 30.12.1957, f. 206.

145 BArch, MfS, BV Pdm, AOP, Nr. 219/61: Abteilung VII/1: Auskunftsbericht zu Dr. Enders, 29.5.1961, f. 251-256.

»Radfahrer« oder »zu wenig kämpferisch« (und damit als problematisch) eingeschätzt.[146] Was hier durchscheint, ist eine verdeckte Personalsteuerung unter Umgehung der StAV, wobei die ideologische Einflussnahme und personelle Stärkung der SED quasi durch ein eigenes Parteimitglied begrenzt wurde.[147] Dies war insofern nicht unbedeutend, weil Absolventen damals kaum gegen den Willen einer Archivleitung eingestellt wurden. Zu den Maßnahmen, die das MfS auf Grundlage dahingehender Berichte von GI »Friedrich« einleitete, gehörte 1960 daher auch eine gezielte Rücksprache mit StAV-Leiter Karl Schirdewan »über [die] kadermäßige Besetzung des DZA und über [die] Neuregelung der Erledigung organisatorischer Angelegenheiten im DZA«.[148]

Personalpolitischer Umgang mit ehemaligen NSDAP-Mitgliedern

»Er [Roland Seeberg-Elverfeldt] wurde durch Korfes gefördert, und es ist festzustellen, dass beide versuchten, die nach 1945 vom damaligen Staatssekretär Warnke eingesetzten, vermutlich klassenbewussten Kräfte im Archivwesen wie u.a. Oskar Gromodtka [und] Berta Jänsch [Jentsch] systematisch herauszudrängen. Von ihnen wurden dabei ehemalige NSDAP-Mitglieder bzw. ehemalige Offiziere als ›Fachkräfte‹ in Positionen gebracht, wie Lötzke und Knabe (Potsdam), Nissen und Herricht (Merseburg), Gringmuth-Dallmer (Magdeburg).«[149] Als das MfS zu dieser Einschätzung gelangte, lagen die Ereignisse bereits mehr als 30 Jahre zurück. Für diesen großen zeitlichen Abstand fiel die Kritik erstaunlich undifferenziert aus, denn aus Sicht des Geheimdienstes gehörten zu den verschuldeten Fehlbesetzungen im DZA nicht nur die Einstel-

146 Über Enders' eventuelles Kalkül erfährt man zum Beispiel in einem GI-Bericht, der sich mit der Einschätzung bzw. Einstellung eines Absolventen befasst: »Außerdem soll er [der Absolvent] in der Abteilung IV in Berlin eingesetzt werden. Damit wären mit Ausnahme von Dr. Enders alle Genossen Wissenschaftler in Berlin eingesetzt«, hieß es im Treffbericht, »Dabei könnte man von Seiten des DZA mit der Wichtigkeit der jüngeren Bestände in Berlin argumentieren, außerdem würde diese Abteilung bei den Verhandlungen mit Genossen der Ministerien ein ›freundlicheres‹ Bild bieten, da dort dann nur Genossen als Wissenschaftler eingesetzt wären«, übermittelte GI »Friedrich« an seinen Führungsoffizier. BArch, MfS, BV Pdm, AOP, Nr. 219/61: Abteilung VII/1: Treffbericht GI »Friedrich«, 19.9.1960, f. 198-200.

147 Dass Enders damit auch versuchte, seinen persönlichen Einfluss im Archiv zu stärken, liegt auf der Hand. Das deuten zumindest zahlreiche Informationen über dessen Arbeits- und Leitungsstil an. BArch, MfS, BV Pdm, AOP, Nr. 219/61: Abteilung VII/1: Treffbericht GI »Friedrich«, 19.9.1960, f. 199 f.- BArch, MfS, BV Pdm, AOP, Nr. 219/61: Abteilung VII/1: Auskunftsbericht zu Dr. Enders, 29.5.1961, f. 251-256.

148 Insofern hatten GI-Zuträgerdienste tatsächlich auch unmittelbare Auswirkungen auf das Geschehen im Allgemeinen und die Personalpolitik im Besonderen. BArch, MfS, BV Pdm, AOP, Nr. 219/61: Abteilung VII/1: Treffbericht GI »Friedrich«, 19.9.1960, f. 200.

149 BArch, MfS, HA VII, Nr. 6708: Zusammenfassung über operative Erkenntnisse zu dem ehemaligen Angehörigen der Staatlichen Archivverwaltung (damalige HA Archivwesen des MdI) Roland Seeberg-Elverfeldt, Oktober 1984.

lung Walter Nissens, sondern auch Lotte Knabes und Helmut Lötzkes, der nun wahrlich als systemloyal einzuschätzen war.

Otto Korfes wurde sowohl vom MfS als auch von der späteren Forschung für die Einstellung zahlreicher NS-belasteter Mitarbeiter verantwortlich gemacht.[150] Die Stasi glaubte 1984 bereits nach »flüchtiger Begutachtung« feststellen zu können, dass »bei der damaligen Wiedereinstellung (nach 1945) in den Archivdienst [...] vom ersten Leiter des Archivwesens [...] eine sehr starke Orientierung auf ehemalige Offizierskameraden erfolgte, die (meist) aus westlicher Kriegsgefangenschaft entlassen worden sind und der Nazipartei angehörten«.[151] Unter Korfes' Ägide seien zudem »fortschrittliche Kräfte« systematisch hinausgedrängt und durch ehemalige NSDAP-Mitglieder, Offiziere und frühere Fachkräfte ausgetauscht worden.[152] Darüber hatte sich bereits der damalige Archivverwalter von Merseburg 1950 bei Walter Ulbricht und dem Ministerpräsidenten von Sachsen-Anhalt beschwert.[153]

Aktuelle Studien bestätigen diese Beobachtung sowohl für das Ministerium des Innern allgemein als auch dessen zivile Bereiche (einschließlich des Archivwesens) im Besonderen: Von 450 der rund 670 relevanten Personen, die zwischen 1949 und 1970 als Referatsleiter oder in einer höheren Funktion im MdI tätig waren, waren demnach ein Fünftel ehemalige Mitglieder der NSDAP – ohne jedoch eine höhere Parteifunktion ausgeübt zu haben.[154] Von diesen 89 Personen mit Pg.-Vergangenheit gehörten insgesamt 53 den zivilwissenschaftlichen MdI-Bereichen an. Davon arbeiteten 18 Personen in der Hauptverwaltung Archiv bzw. Staatlichen Archivverwaltung sowie 22 beim Meteorologischen und Hydrologischen Dienst. Dies entsprach einem Anteil ehemaliger NSDAP-Mitglieder von 20 bzw. 24 Prozent unter den Angestellten

150 Vgl. Lutz Maeke, Die zivilen Verwaltungen und wissenschaftlichen Dienste, in: Frank Bösch/Andreas Wirsching (Hg.): Abschlussbericht zur Vorstudie zum Thema »Die Nachkriegsgeschichte des Bundesministeriums des Innern (BMI) und des Ministeriums des Innern der DDR (MdI) hinsichtlich möglicher personeller und sachlicher Kontinuitäten zur Zeit des Nationalsozialismus«, München/Potsdam 2015, S. 130-140, hier S. 135 ff. [https://www.bmi.bund.de/SharedDocs/downloads/DE/veroeffentlichungen/2015/abschlussbericht-vorstudie-aufarbeitung-bmi-nachkriegsgeschichte.html (letzter Zugriff am 10.12.2021)].

151 BArch, MfS, HA VII, Nr. 6708: Zusammenfassung über bisherige Erkenntnisse zu Angehörigen der Bereiche der StAV, die ungesetzlich die DDR verlassen haben, August 1984, f. 9.

152 BArch, MfS, HA VII, Nr. 6708: Zusammenfassender Bericht Oktober 1984, f. 25.

153 »[Er hat] es verstanden ..., unter dem Deckmantel des Fachwissenschaftlers sich mit einer Gruppe weiterer Offiziere zu umgeben«. BArch, MfS, AP, Nr. 11365/64: Hugo Saupe an Walter Ulbricht (Abschrift), 21.3.1950, f. 65, sowie: »An der Spitze [des DZA] steht ein aktiver Nazi-General, der bei Stalingrad übergelaufen ist. Er tarnt sich mit dem Abzeichen der VVN. Seine Berliner und Potsdamer Belegschaft umfasst 38 Köpfe. 5 gehören zur SED, von denen 2 bestenfalls als nominelle Mitglieder bezeichnet werden können.« BArch, MfS, AP, Nr. 11365/64: Hugo Saupe an Ministerpräsident Bruschke (Abschrift), 16.3.1950, f. 61.

154 Maeke, Die zivilen Verwaltungen, S. 130 f.

dieser drei Bereiche.[155] Innerhalb des MdI lagen all die genannten Zahlenwerte damit deutlich über den 14 Prozent, die als Durchschnittswert für alle Beschäftigungsbereiche für die Zeit bis 1970 ermittelt wurden.[156]

Die Personalpolitik lag – mit sowjetischer Rückendeckung – bis 1952 im Wesentlichen in den Händen von Otto Korfes, wobei einzelne wichtige Personalentscheidungen mit Vertretern der SMAD-Archivabteilung sowie mit Staatssekretär Hans Warnke abzustimmen waren.[157] Gleichwohl beriet er sich mit seinen Stellvertretern Jürgen Sydow und Roland Seeberg-Elverfeldt sowie anderen Archivdirektoren oder nahm deren Empfehlungen an. Grundsätzlich ist in der Beurteilung des eingestellten Personals zweierlei zu berücksichtigen: Erstens herrschte in der SBZ bzw. frühen DDR ein eklatanter Mangel an ausgebildetem Personal. Fachkräfte aus ostdeutschen Archiven waren im Krieg gefallen, befanden sich in Kriegsgefangenschaft oder waren in eine der westlichen Zonen abgewandert. Zudem waren formal belastete Archivkräfte in der Regel aussortiert worden. Überdies waren Prestige, Sozialstatus und Verdienst, die die Arbeit im Archiv einbrachte, gering. Nicht zufällig beklagte Korfes' Nachfolger Otto Meier 1952 eine viel zu niedrige Bezahlung: Ein promovierter wissenschaftlicher Archivar mit einem 12-semestrigen Hochschulstudium verdiene 572 Mark, wohingegen ein Universitätsassistent mit einem 6-8-semestrigen Studium bereits bei 700 Mark liege. Auch das Gehalt der Archivdirektoren lag mit 825 Mark kaum markant darüber. (Frühe Ausnahmen bildeten lediglich die Archivdirektoren Kretzschmar und Flach, die höher dotierte Einzelverträge abgeschlossen hatten.)[158] Fehlende Anreize von außen verschärften also noch einmal dramatisch den Bewerbermangel. Doch Korfes hatte den Auftrag, das Archivwesen aufrechtzuerhalten bzw. innerhalb kürzester Zeit zügig auszubauen. In der Folge griffen er und sein Vorgänger vereinzelt auf ehemalige Fachkräfte vom Brauhausberg zurück, wie Martin Reymann, Heinz Riese oder Georg Strutz, die zuletzt im Heeresarchiv gearbeitet hatten und sich mit den dortigen Beständen auskannten.[159]

Für die Beurteilung der Einstellungspraxis zu berücksichtigen sind zweitens der SMAD-Befehl Nr. 35 vom 26. Februar 1948, der offiziell das Ende der Entnazifizierungszeit in der SBZ verkündete, sowie vier Wochen später, am

155 Ebd., S. 131.

156 Frank Bösch/Andreas Wirsching, Zusammenfassung, in: Dies. (Hg.), Abschlussbericht zur Vorstudie, S. 141-145, hier S. 142.

157 Vgl. allgemein BArch DR 2/921.- Kurz nach dem Kriegsende spielte die Archivabteilung der Verwaltung für Innere Angelegenheiten der SMAD eine wichtige Rolle bei der Abstimmung der ersten Archivaktivitäten in der SBZ. Kosenko, Sowjetische Archivarbeit, S. 22 ff. Im DZA selbst war zu dieser Zeit das wenig akzeptierte SED-Mitglied Berta Jentsch für Personalangelegenheiten zuständig. Sie wurde jedoch schon bald aus dem Archiv gedrängt. BArch, MfS, AIM, Nr. 183/54, Bd. 1: GI-Bericht zum Deutschen Zentralarchiv in Potsdam, 17.9.1952, f. 46.

158 Schreyer, Das staatliche Archivwesen der DDR, S. 44.

159 Reymann und Riese wurden 1948, Strutz 1950 eingestellt. Vgl. auch Walther, Zum Umgang mit der NS-Vergangenheit. S. 478, FN 55.

18. März, die Durchführung einer Amnestie für alle Strafen gegen NS-Täter, deren Strafmaß unter einem Jahr lag. Diese Regelung schuf die Grundlage dafür, dass Korfes einige Monate später mit einer gewissen personalpolitischen Toleranz bei NS-Belastungsmomenten agierte, die zwei Jahre zuvor noch undenkbar war.

Als NDPD-Spitzenfunktionär mit Aushängeschildcharakter war Korfes ein überzeugter Anhänger des Anliegens, ehemalige Mitläufer und Mitmacher des NS-Regimes nicht nur politisch und gesellschaftlich zu integrieren, sondern ihnen auch wieder konkreten Zugang in die Arbeitswelt zu ermöglichen. Dabei argumentierte er in einer Weise, die sich bisweilen von westdeutschen Entlastungsdiskursen kaum unterschied. Dass Korfes dabei durchaus einen Nerv traf, musste die SED am 15. November 1949 feststellen. An diesem Tag, fünf Wochen nach Gründung der DDR, veranstaltete die NDPD in der Potsdamer Konsumgaststätte in der Brandenburger Straße eine öffentliche Versammlung mit 700-800 Besuchern zum Thema »Schluss mit der Frage: Waren Sie Pg., Berufssoldat oder Offizier?« mit Korfes als Hauptredner. Zum Ärger der anwesenden SED-Beobachter wurde der Abend »unbestreitbar ein großer Erfolg für die NDPD«, was sich, wie der Rapport prognostizierte, bei den nächsten Wahlen »stimmenmäßig auswirken« werde.[160] Die NDPD-Redner exponierten sich während des Abends rhetorisch geschickt als »Retter« und »Beschützer« von Pg.s und Offizieren. Korfes erklärte, dass nicht jeder Offizier oder Berufssoldat automatisch ein »Militarist« sei, dass Deutschland in den Krieg »hineingeschliddert« sei und dass es »schlappe« Franzosen und Engländer nicht vermocht hätten, Hitler vor Kriegsausbruch zu stoppen. Sämtliche Redner schrieben unter großem Applaus der Anwesenden den Amnestieerlass allein der NDPD als deren Verdienst zu, sodass der Ex-General seine Ausführungen mit dem eindringlichen Appell beendete, doch in die Partei einzutreten.[161] Mit derartigen Auftritten im Rücken entwickelte Korfes – bestärkt durch NDPD-Mitglied Seeberg-Elverfeldt – seine personalpolitischen Vorschläge und Entscheidungen. In der Gesamtbeurteilung bleibt allerdings zu berücksichtigen, dass es sich nur um den kurzen Zeitraum bis 1952 handelte und mit seiner Entlassung die vergangenheitspolitische Kulanz endete.

Im DZA vollzog sich, wie bereits beschrieben, im Jahr 1946 zunächst frühzeitig ein umfassender personeller Bruch, der zur weitgehenden Trennung von ehemaligen NSDAP-Mitgliedern und alter Belegschaft von Reichs- und Heeresarchiv führte. Im Zuge der späteren Neueinstellungen, die ehemalige NSDAP-Mitglieder nicht mehr per se ausschlossen, änderte sich die Zusammensetzung: Von den 34 zwischen August 1948 und Juni 1950 eingestellten Mitarbeitern im DZA hatten zehn der NSDAP angehört (29 Prozent). Im September 1950 – inzwischen war das DZA um den Standort Merseburg erweitert worden – blieb dieser Zahlenwert konstant, auch wenn sich die Mitarbeiter-

160 BArch, MfS, AP, Nr. 11365/64: Bericht über die öffentliche Versammlung der NDPD am 15.11.1949 in Potsdam, 18.11.1949, f. 57-59.

161 Ebd., f. 57 f.

zahl auf 41 erhöht hatte (damit insgesamt noch 25 Prozent ehemalige NSDAP-Mitglieder). Doch betraf dies mit Ausnahme von Walter Nissen, der bis zu seiner Übersiedlung in die Bundesrepublik 1958 die Außenstelle Merseburg leitete, keine leitenden Angestellten. Referent Walter Haentsch und Archivar Rudolf Schatz verfügten zwar über den Pg.-Status, jedoch verließen sie schon bald wieder das Archiv. Mit Ausnahme der Hilfskraft Willy Bohm hatte sich überdies kein weiterer der 1946 wegen NSDAP-Mitgliedschaft Entlassenen erfolgreich um Wiedereinstellung bemüht. Von den zehn ehemaligen NSDAP-Mitgliedern hatten zuvor lediglich Sacharbeiter Hans Brumme (kurzzeitig) am Reichsarchiv und Hilfssacharbeiter Bohm beim Heeresarchiv gearbeitet.

Wie disparat sich hier die Arbeitsbiografie darstellen konnte, zeigt das Beispiel Hans Brumme. 1899 im oberfränkischen Rehau geboren, arbeitete er nach den Stationen Volksschule, Musikschule Oelsnitz im Vogtland und Militärdienst im Ersten Weltkrieg von 1919 bis 1926 in einer Schuhfabrik in Oberfranken. Dann trat er als Musiker beim Musikkorps der Nachrichtenabteilung 3 Potsdam ein, wo er bis 1938 blieb. Ende 1938 begann er eine Beamtenausbildung am Potsdamer Reichsarchiv, die er mit einer Assistentenprüfung erfolgreich abschloss. 1939 trat er der NSDAP bei und wurde noch im August des gleichen Jahres zur Wehrmacht einberufen – als Militärmusiker. Bis Kriegsende war Brumme im Range eines Stabsfeldwebels beim Militär und wurde dann, nach wenigen Monaten russischer Kriegsgefangenschaft, als Arbeiter zum Wiederaufbau Potsdams verpflichtet. Nach mehreren Stationen als Arbeiter und Musiker in verschiedenen Fabriken und Orchestern zwischen April 1946 und Juni 1949 wurde Brumme schließlich zum 1. Juli 1949 als Sachbearbeiter im DZA angestellt.[162] Dass sich unter den ehemaligen »Parteigenossen« aber möglicherweise auch eifernde Nationalsozialisten befunden haben konnten, deuten spätere Nachforschungen über Willy Bohm an, der nach 1945 beschuldigt wurde, als NSDAP-Blockwart Menschen aus der Nachbarschaft überwacht und denunziert zu haben.[163]

162 Nach eigenen Angaben war Brumme in der NSDAP ohne Funktion geblieben. 1949 trat er in die NDPD ein und betätigte sich unter anderem als Schriftführer in der örtlichen Nationalen Front. Mitglied des FDGB war er bereits seit 1946. Zwischen Mai 1950 und April 1951 wurde Brumme ins DZA Merseburg versetzt, wo er die Führung der Kassengeschäfte ordnen und übernehmen sollte. Zugleich übernahm er dort auch die Aufgabe eines Hausverwalters. Dem Zeugnis seines Chefs Walter Nissen zufolge hat Brumme seine Aufgaben gut erfüllt und nahm sogar an politischen Weiterbildungen teil. BArch, MfS, BV Pdm, AP, Nr. 2988/54: Personalbogen der Nationalen Front, 5.2.1950, sowie: Lebenslauf Hans Brumme, 5.2.1950.- BArch, MfS, BV Pdm, AP, Nr. 2988/54: DZA Merseburg: Dienstleistungsbericht über den Angestellten Hans Brumme, 5.5.1951.

163 Den am 14. Februar 1906 geborenen und in Potsdam lebenden früheren Mitarbeiter des Heeresarchivs hatten mehrere Nachbarn der Denunziation beschuldigt. Bohm war den Recherchen zufolge seit 1936 Mitglied der NSDAP und hatte sich insbesondere seit seiner 1938 übernommenen Funktion als NSDAP-Blockwart als gefürchteter Kontrolleur profiliert. Die Entnazifizierungsstelle der Stadt Potsdam nahm daraufhin

Mit Heinz Riese und Georg Strutz besetzten auf der Referentenebene zwar keine formal Belasteten, jedoch zwei ehemalige Reichs- und spätere Heeresarchivare die Posten. Riese war seit 1948, der 20 Jahre ältere Strutz seit 1950 am DZA. 1952 bzw. 1953 flohen beide aus der DDR. Der seit 1919 am Reichsarchiv tätige Strutz, der 1937 zum Oberarchivrat, 1939 zum Heeresarchivdirektor und schließlich 1943 zum Leiter der Heeresarchiv-Zweigstelle Danzig-Oliva ernannt worden war, verdingte sich nach seiner Entlassung aus der sowjetischen Kriegsgefangenschaft im Sommer 1945 als Referent für das Bücherei- und Archivwesen bei der Provinzial- und späteren Landesregierung in Potsdam, wo er Heinrich Otto Meisner begegnete. Wie dieser lehrte Strutz am Potsdamer IfA als Dozent für Historische Geographie. Mit seinem Weggang im Februar 1953 verließ ein inzwischen zum Abteilungsleiter aufgestiegener, hochausgebildeter Experte das DZA.[164] Damit riss am Haus die fachlich-personelle Verbindung zur Vorgängerinstitution und ihren Angestellten ab.

Mitarbeiter mit ehemaliger NSDAP-Mitgliedschaft im DZA Potsdam (September 1950)[165]

Person (Geburtsjahr)	**Aufgabe im DZA**	**Angestellt seit**	**Eintritt in die NSDAP**
Walter Haentsch (*1897)	Referent	5.2.1949	1937
Rudolf Schatz (*1913)	Sachbearbeiter	10.1.1950	1936
Fritz Meilick (*1902)	Sachbearbeiter	12.5.1949	1937
Hans Brumme (*1899)	Sachbearbeiter	1.7.1949	1939
Friedrich Blum (*1901)	Hilfssachbearbeiter	13.5.1949	1938
Hans-Sigismund Gold (*1920)	Hilfssachbearbeiter	17.10.1949	1938
Willy Bohm (*1906)	Hilfssachbearbeiter	1.7.1949	1936
Wilhelm Becker (*1907)	Kraftfahrer	1.7.1950	1933
Franz Sondermann (*1901)	Magazinverwalter	15.12.1949	1933

Eine gewisse Ausnahme im DZA bildete Walter Nissen. Obwohl er 1937 der NSDAP beigetreten war, war er zum Außenstellen-Leiter in Merseburg beru-

Ermittlungen auf, die zwar viel von der vergifteten Atmosphäre gegenseitigen Misstrauens und Bespitzelns zutage förderten, jedoch am Ende keine anklagewürdigen Belastungspunkte ergaben, sodass das Verfahren schließlich eingestellt wurde. Vgl. dazugehörige Akte: BArch, MfS, BV Potsdam, Abt. Potsdam Nr. 1699.

164 Angaben aus: Michael Gockel (Hg.), Rudolf Lehmann, ein bürgerlicher Historiker und Archivar am Rande der DDR. Tagebücher 1945-1964, Berlin 2018, S. 56, FN 228 und S. 147, FN 605.

165 BArch, DO 6/7: Übersicht über die Angestellten des DZA am Standort Potsdam, 12.9.1950, sowie die Angaben aus den jeweiligen NSDAP-Gaukarteien / BArch, R 9361-IX.

fen worden. Nissen wurde am 3. September 1908 als Kind einer Angestelltenfamilie in Hamburg-Bergedorf geboren. Nach dem Staatsexamen und der Dissertation trat er 1939 in die Archivarsausbildung am GStA ein; zwei Jahre später wurde er zur Wehrmacht eingezogen. Bei Kriegsende geriet er im Rang eines Leutnants in sowjetische Gefangenschaft, aus der er erst 1949 wieder entlassen wurde. Es war Otto Korfes, der sich nach seiner Rückkehr und Bewerbung für Nissen verwendete und ihn an der Spitze des Staatsarchivs Merseburg bzw. der DZA-Außenstelle Merseburg einsetzte. Hier wirkte er vom 1. Februar 1950 bis zu seiner Flucht am 31. Dezember 1958 als Leiter. Über die Beweggründe von Nissens Flucht rätselte die Stasi lange Zeit. Sie vermutete Abwerbung, Angst vor der Festnahme nach Erscheinen archivkritischer Zeitungsartikel im Westen oder Druck durch Erpressung von außen. Nissen selbst hatte einen Abschiedsbrief verfasst, in dem er eine von ihm nicht gewollte Erziehung zum »parteilosen Kommunisten« beklagte. Sein Motiv wurde nicht vollständig aufgeklärt. Ungeachtet dessen stand Nissen zeitlebens unter geheimdienstlicher Beobachtung, insbesondere wenn er gelegentliche Reisen in die DDR unternahm.[166]

Einen zweiten Ausnahmefall stellte Gerhart Enders dar, der 1953 ins DZA gekommen war und später stellvertretender Direktor des Archivs wurde. Als knapp 18-Jähriger war er – nach Antragstellung im März – im September 1942 der NSDAP in Frankenberg/Sachsen beigetreten.[167] In der Kaderplanung von StAV bzw. DZA wurden jedoch offenbar sowohl sein junges Eintrittsalter und seine Funktionslosigkeit in NS-Formationen als auch seine darauffolgende Mitgliedschaft in der SED berücksichtigt bzw. angerechnet, sodass ihm aus seinem früheren Pg.-Status letztlich kein sichtlicher Nachteil für die Archivarslaufbahn erwuchs. Insgesamt ist neben den genannten Fällen zu berücksichtigen, dass insbesondere Ende der 1940er und Anfang der 1950er Jahre, letztlich aber bis mindestens zum Mauerfall von einer extremen Personalfluktuation ausgegangen werden muss, die das DZA beherrschte und die Statistik über die Anzahl der Angestellten mit früherer NSDAP-Mitgliedschaft ständig veränderte. Die Grundtendenz bestand in einer stetigen Verringerung ihres Anteils an der Gesamtbeschäftigtenzahl. Wenn Ende der 1960er Jahre kaum noch eine Handvoll ehemaliger NSDAP-Mitglieder im DZA arbeiteten, unterstreicht dies den Wandel. Im Übrigen waren auch nach 1948/49 Archivare mit einem hohen Belastungsgrad schon in der Bewerbungsphase aussortiert worden. So entschied sich die Hauptabteilung Archivwesen bzw. das DZA bewusst gegen eine Einstellung des promovierten Archivars Martin Granzin, der als NSDAP-Mitglied und SA-Mann nach 1945 zu 12 Jahren Zuchthaus – nach Artikel 201 und der Direktive 38 des Potsdamer Abkommens wegen Mitwirkens an der NS-Diktatur – verurteilt und 1952 begnadigt worden war, aus genau diesen

166 BArch, MfS, HA VII, Nr. 6708: Zusammenfassung zu operativen Erkenntnissen über den ehemaligen Leiter des Staatsarchivs Merseburg, Dr. Walter Nissen, Oktober 1984.

167 BArch, R 9361-IX Kartei / 7781546.

Gründen.[168] Im Ergebnis relativieren die hier aus der Perspektive des DZA dargelegten Befunde die These von den stark ausgeprägten NS-belasteten Personalkontinuitäten im staatlichen Archivwesen der DDR, mit denen sich die SED arrangiert hätte.

Verheimlichte Vergangenheiten

Dass Angaben über ein früheres Engagement für die NS-Diktatur durch Betroffene unterschlagen wurden, war trotz Verbot aufgrund der zu erwartenden Sanktionierungen oder vermuteten Nachteile keine Seltenheit. Je länger das Kriegsende zurücklag, desto geringfügiger fielen in der Regel die Konsequenzen aus, wenn die Unwahrheit zutage trat, vorausgesetzt, es handelte sich nicht um einen schwerwiegenden Tatbestand. DDR-Behörden im Allgemeinen wie auch das MdI im Speziellen reagierten in der Regel erst dann auf Verdacht und Nachweis von bereits mitgeteilter oder verschwiegener NS-Belastung, wenn eine öffentliche Bloßstellung drohte.[169] Im Archivwesen stellte das zwar die Ausnahme dar. Trotzdem gab es diese Fälle. Die prominenteste Causa war die des stellvertretenden bzw. kommissarischen StAV-Leiters Karl Höhnel, die bereits verschiedentlich beschrieben wurde.[170] Der Fall verdient insofern Aufmerksamkeit, als Höhnel der höchste Archivfunktionär war, der in der DDR wegen NS-Belastung von seinem Posten entlassen wurde.

Der 1900 im Sudetenland geborene, in Prag promovierte und nach dem Zweiten Weltkrieg in der Verwaltung eines Harzer Zementwerkes tätige Höhnel war mehr oder weniger zufällig für archivarische Dienste entdeckt und 1953 in die Hauptabteilung Archivwesen/Staatliche Archivverwaltung des MdI eingestellt worden. Hier und in weiteren Gremien hatte er sich innerhalb kürzester Zeit so weit als Fachkraft etabliert, dass ihm sogar die kommissarische Leitung der StAV übertragen wurde, nachdem Otto Meier erkrankt ausfiel. Nach Meiers Weggang war Höhnel, der der SED angehörte, eigentlich als Nachfolger gehandelt worden. Doch biografische Recherchen der MdI-Kaderabteilung brachten häppchenweise eine verschwiegene Mitgliedschaft in der Sudetendeutschen Partei 1929 und in der NSDAP 1938 ans Tageslicht. Zudem wurden Belege gefunden, dass sich Höhnel als überzeugter Nationalsozialist in der Krankenversicherungsanstalt seiner Geburtsstadt Teplitz-Schönau exponiert hatte, wo er bis 1943 zum Hauptabteilungsleiter aufgestiegen war. Daraufhin wurde er 1960 aus »gesundheitlichen Gründen« von seinem Posten

168 BArch, DO 1/31550: MdI/HA Archivwesen: Aktennotiz zur Bewerbung von Dr. Martin Granzin, o. D. (Ende 1952).

169 Franziska Kuschel/Lutz Maeke, Konsolidierung und Wandel. Die Personalpolitik des MdI bis 1969, in: Bösch/Wirsching (Hg.), Hüter der Ordnung, S. 238-265, hier S. 252.

170 Ebd., S. 253-257.- Schreyer, Das staatliche Archivwesen der DDR, S. 89 f.- Die nachfolgenden Darlegungen zu Höhnel basieren weitgehend auf diesen beiden Darstellungen.

abberufen. Allerdings endete er weder im Gefängnis, noch verschwand er im völligen Nichts, sondern wurde auf den Direktorenposten des Staatsarchivs Leipzig versetzt, wo er bis 1969 tätig war.[171] Den Mitarbeitern von StAV und DZA wurden die Hintergründe seines Abschieds verschwiegen.

Dass Höhnel vergleichsweise weich fiel, hing zum einen an seiner bislang gegenüber der DDR und dem Sozialismus loyalen und parteikonformen Einstellung, seinem überregionalen Bekanntheitsgrad – er hatte zwischen 1956 bis 1958 die StAV kommissarisch nicht nur im In-, sondern auch im Ausland vertreten – und seinen teils fachlichen, teils persönlichen Verbindungen in den Westen, die im Falle seines Verschwindens zweifellos Nachfragen provoziert hätten. Zum anderen rüstete sich die DDR gerade selbst zum Ankläger gegen NS-Kontinuitäten in der Bundesrepublik auf, sodass ein erheblicher, propagandistisch ausschlachtbarer Glaubwürdigkeitsverlust zu befürchten war, wäre Höhnels Vergehen öffentlich geworden. »Die politische Brisanz des Falles Höhnel ergab sich für die DDR folglich weniger aus dessen Karriere vor 1945 als vielmehr aus der eigenen ›Anklagearbeit‹ gegenüber der Bundesrepublik – die drohte desavouiert zu werden«, urteilten dazu dann auch Kuschel/Maeke.[172]

Doch auch in den Reihen des DZA findet sich ein Fall von zunächst verschwiegener, dann aufgedeckter NSDAP-Mitgliedschaft. Es handelt sich dabei um einen bislang unbekannten Hergang. Im September 1978 löste die MfS-Bezirksverwaltung Leipzig bei der HA IX/11 einen routinemäßigen Suchauftrag aus, um biografische Angaben über den Leiter der DZA-Außenstelle Coswig, Günther Kesselbauer, aus der Zeit vor 1945 zu erhalten.[173] Dabei stellte sich heraus, dass der ursprünglich als unbelastet eingestufte Kesselbauer am 1. September 1939 der NSDAP beigetreten war und der Ortsgruppe Büschdorf angehört hatte. Der Beitritt erfolgte wenige Wochen nach seinem 18. Geburtstag bzw. kurz vor seiner Einziehung in die Wehrmacht im Januar 1940.[174]

Die Archivverwaltung wurde von der Neuigkeit völlig überrascht: Kesselbauer stand seit November 1968 an der Spitze der Coswiger DZA-Außenstelle. Als frühes Mitglied von SED, FDGB, DSF und Kulturbund galt der 1921 in Nietleben/Saalkreis Geborene als politisch zuverlässiger Dienststellenleiter. »Hohes politische Bewusstsein«, »gute Erfahrungen in der Parteiarbeit«, »klarer

171 1967 wirkte er hier an der Bildung der »Zentralstelle für Genealogie in der DDR« mit und beteiligte sich an der Gründung der Arbeitsgemeinschaft Genealogie im Leipziger Kulturbund, aus dem später die Leipziger Genealogische Gesellschaft hervorging.

172 Kuschel/Maeke, Konsolidierung und Wandel, S. 257.- Dass Höhnel nicht stillschweigend bleiben konnte, leitet Schreyer plausibel aus Annahmen des MfS ab, wonach dessen in den Westen geflüchteter Vorgänger Seeberg-Elverfeldt ihn womöglich trotz Kenntnis seiner tatsächlichen Vergangenheit an die StAV geholt hatte und Höhnel als West-Reisekader dadurch nun Angriffspunkte für mögliche Erpressungsversuche bot. Schreyer, Das staatliche Archivwesen der DDR, S. 90.

173 MfS, HA IX/11, AK, Nr. 4279/78: Suchaufträge vom 3.9.1978, f. 3 f.

174 MfS, HA IX/11, AK, Nr. 4279/78: HA IX/11 an die BVfS Leipzig/KD Leipzig, 24.3.1970, f. 10.

Klassenstandpunkt in Diskussionen, Aussprachen und Gesprächen« lauteten einige der Eigenschaften, die ihn aus Sicht der Personalverantwortlichen von StAV und MfS für seinen Posten qualifizierten.[175] Dass Kesselbauer bei Amtsantritt kein ausgebildeter Archivar gewesen war, sondern Elektromaschinenbauer und promovierter Diplomwirtschaftler, der an der KMU Leipzig lehrte, hatte im Gegensatz zu den DZA-Mitarbeitern niemanden gestört.[176]

Personalpolitisch war die Verheimlichung der früheren NSDAP-Mitgliedschaft nicht hinnehmbar, auch wenn sich überraschenderweise herausstellte, dass das MfS bereits 1970 darauf gestoßen war, diese Information jedoch folgenlos versandete.[177] Erschwerend wirkte, dass auch über seine Frau, eine stellvertretende Schulleiterin und Kreistagsabgeordnete, kompromittierende Details aus der Zeit vor 1945 ans Tageslicht gekommen waren.[178] Noch im gleichen Jahr der Recherche 1978 musste Kesselbauer »aus gesundheitlichen Gründen« vom Amt des DZA-Leiters Coswig zurücktreten.[179] Er verließ das Archiv aber nicht, sondern verblieb in der Funktion eines wissenschaftlichen Mitarbeiters. Darüber hinaus engagierte er sich weiter als Parteisekretär und

175 BArch, BV Halle, KD Roslau, VIII, Nr. 2422/83: MfS-Kreisdienststelle Roßlau an die BVfS Halle / Abt. Kader und Schulung, 6.6.1970, f. 16.

176 Ebd.- Er absolvierte später eine Archivarsausbildung im Fernstudium. Dies sorgte intern für mehr fachliche Akzeptanz.

177 Während der Informationsbeschaffung 1978 trat zutage, dass schon im März 1970, April 1971 und Juni 1972 entsprechende Suchaufträge zur Person Kesselbauer gestellt worden waren, die einen früheren Pg.-Status feststellten. Warum sie offenbar lediglich abgelegt worden waren und keine Konsequenzen nach sich gezogen hatten, muss offenbleiben. MfS, HA IX/11, AK, Nr. 4279/78: Suchaufträge vom 1.3.1970, 1.4.1971 und 28.6.1972, f. 8f., 13f. und 17f.- Wiederholt findet sich in seinen MfS-Akten der Hinweis, dass trotz Anfrage keine näheren Informationen über seine Zeit vor 1945 aus der BVfS Leipzig nach Halle bzw. Roßlau gelangt waren und er damit als – noch – unbelastet eingestuft worden war. BArch, BV Halle, KD Roslau, VIII, Nr. 2422/83: MfS-Kreisdienststelle Roßlau, Kaderermittlungsbericht, 20.7.1983, f. 38f.

178 Dass seine Frau als stellvertretende Schuldirektorin, SED-Mitglied und Trägerin des Vaterländischen Verdienstordens in Bronze ebenfalls eine Vergangenheit als BDM-Führerin hatte, vermerkte die Stasi als pikantes Detail in ihren Akten – gleich nach Abschrift eines angeblich DDR-verächtlichen Witzes, den sie ihren Schülern außerhalb des Unterrichts erzählt haben soll. Als Kreistagsabgeordnete war sie Mitglied der dortigen Kommission »Kultur und Bildung«. BArch, BV Halle, KD Roslau, VIII, Nr. 2422/83: MfS-Kreisdienststelle Roßlau an die BVfS Halle / Abt. Kader und Schulung, 6.6.1970, f. 16.- BArch, BV Halle, KD Roslau, VIII, Nr. 2422/83: MfS-Kreisdienststelle Roßlau an die BVfS Halle / Abt. Kader und Schulung, 5.2.1972, f. 24.

179 Ob sein plötzlicher Rückzug tatsächlich aufgrund der (vom für das DZA Coswig zuständigen Hallenser bzw. Rosslauer MfS) aufgedeckten NSDAP-Mitgliedschaft erfolgte, ließ sich zwar nicht direkt nachweisen, jedoch ist es durch die zeitliche Übereinstimmung mit dem Suchvorgang stark zu vermuten. Dagegen könnte sprechen, dass in den Akten tatsächlich von gesundheitlichen Problemen die Rede ist.

Propagandist der SED.[180] Mit dieser Position in der zweiten Reihe sollte er für das MfS nun als geheime Informationsquelle interessant werden.[181] Ebenso wie im Fall Höhnel wird hier deutlich, dass in der Frage der Postenbesetzung keine Kompromisse eingegangen wurden, die Betroffenen jedoch nicht gänzlich aus dem Archivwesen »ausgestoßen« wurden, wenn sie ihr Vergehen eingestanden hatten.

Archivarsausbildung am Rande des frühsozialistischen Bildungsbetriebs

Mit dem Zusammenbruch des Dahlemer IfA und der deutschen Teilung war eine neue, eigene Ausbildungsstätte für den archivarischen Nachwuchs in der SBZ/DDR notwendig geworden. Eine solche forderte nach dem Krieg besonders nachhaltig der Direktor des Sächsischen Landeshauptarchivs Dresden, Hellmut Kretzschmar. Er hatte im Februar 1948 eine dahingehende Denkschrift verfasst, die zunächst zum Sächsischen Bildungsministerium, dann zur Zentralverwaltung für Volksbildung wanderte.[182] In der Zentralverwaltung wie auch in Otto Korfes' Archivverwaltung brauchte es aber eine Weile, bis man von der Dringlichkeit des Anliegens überzeugt war und die fachlichen Rahmenbedingungen erfasst hatte, zu denen auch die Vorgeschichte des alten Instituts und dessen Lehrinhalte gehörten. Überdies war potenzielles Lehrpersonal auf (politische) Eignung abzuklopfen. Frühzeitig war klar, dass das Fundament für die künftige Ausbildung in der engen Zusammenarbeit zwischen Potsdamer Institut und DZA bestehen sollte: Das spiegelte sich in der bis 1971 anhaltenden Personalunion der beiden Leiterposten wider – eine Vor-Ort-Verbindung, die zuvor zwischen IfA und GStA praktiziert worden war und auch in Marburg eingeführt wurde.

Als am 1. Juli 1950 das Institut für Archivwissenschaft im Westflügel der Potsdamer Orangerie im Park Sanssouci seine Arbeit aufnahm – ein Großteil der vor 1945 ausgelagerten IfA-Bibliothek gehörte zum DZA und konnte für das Literaturstudium genutzt werden –, war die Personalbesetzung eher hybrider Natur. Heinrich Otto Meisner war zunächst der einzige Hauptangestellte, später folgten eine Sekretärin, ein wissenschaftlicher Mitarbeiter sowie ein Oberassistent.[183] Die zweijährige Ausbildung erfolgte in dezentralen Lehrgängen am DZA Potsdam und Merseburg sowie an den Landeshauptarchiven in Dresden, Magdeburg, Potsdam, Schwerin und Weimar. Dozenten

180 BArch, BV Halle, KD Roslau, VIII, Nr. 2422/83: MfS-Kreisdienststelle Roßlau, Kaderermittlungsbericht, 20.7.1983, f. 38f.

181 BArch, BV Halle, KD Roslau, VIII, Nr. 2422/83: MfS-Kreisdienststelle Roßlau: Vorschlag zum Einsatz des GMS Dr. Günther Kesselbauer, o. D. (1983).- Als GMS »Walter König« berichtete Kesselbauer seit 1983 über Vorgänge im Archiv und seine nähere Umgebung in Coswig. BArch, BV Halle, KD Roslau, VIII, Nr. 2422/83: MfS-Kreisdienststelle Roßlau: Bericht über die Kontaktaufnahme zum GMS, 11.1.1984, f. 55.

182 Wahl, »Auf jeden Fall soll die Qualität des Archivarstandes gewahrt werden«.

183 Zu Meisner und seiner Bedeutung für die ostdeutsche Archivarsausbildung: Brachmann/Klauß, »De me ipso!«.

wurden aus verschiedenen Institutionen und Städten verpflichtet, etwa Willy Kretzschmar, Willy Flach, Leo Stern oder Fritz Hartung und Hans Haussherr von der Deutschen Akademie der Wissenschaften. Mit Meisner und Hartung bestand die alte IfA-Linie weiter, die sich auch in der fachlichen Ausgestaltung und Vermittlung des Unterrichtsstoffes auswirkte. So griff Meisner in seinen Vorlesungen und Seminaren – wenig verwunderlich – auf Manuskripte und Konzeptionen zurück, die er vor 1945 entwickelt hatte. Ohne Zweifel flossen seine neueren Überlegungen auch in den Unterricht ein. Doch ihre geistige Basis bezogen diese aus den Ausarbeitungen vergangener Jahrzehnte.[184] Daneben bildeten vielfach Adolf Brennekes gesammelte Vorlesungen die Unterrichtsgrundlage.[185] Das war ganz im Sinne von Otto Korfes und seinem Mitarbeiter Heinz Riese vom ehemaligen Heeresarchiv, die beide auf der Archivdirektoren-Konferenz Mitte Dezember 1949 auf das frühere Institut für Archivwissenschaft und geschichtswissenschaftliche Fortbildung als Vorbild und Maßstab für die Ausbildung verwiesen hatten.[186] Bis zur Gründung der Fachschule im Jahr 1955 wurden vom IfA unter den bescheidenen Bedingungen immerhin 63 Archivare für den mittleren Dienst ausgebildet.[187]

Im Jahr 1955 erfolgte die erste von zwei räumlichen Zäsuren: Das Institut zog in den neu errichteten Archivbau in die Stalinallee bzw. spätere Berliner Straße und damit vom äußerst beengten, gleichwohl malerischen Schlosstrakt mit Parkkulisse in deutlich größere Räumlichkeiten, die sich allerdings in Sichtweite zur militärisch ausgebauten Staatsgrenze an der Glienicker Brücke befanden. Drei Jahre später kam es zur zweiten Zäsur, die zugleich struktureller Natur war: Das IfA kehrte nach Berlin zurück – nun allerdings in den Ostteil der Stadt und mit der Maßgabe, an der Humboldt-Universität ein universitäres Hochschulstudium für den höheren Archivdienst zu etablieren.

Dieser Umzug wurde im Wesentlichen von Meisner und DZA-Direktor Helmut Lötzke vorangetrieben. Das Fach Archivwissenschaft sollte aufgewertet und der Studiengang mit allen universitären Qualifikationsmöglichkeiten wie Promotion oder Habilitation ausgestattet werden. Das neue Institut wurde zum 1. Juni 1958 der Universität angegliedert und der dortigen Philosophischen Fakultät unterstellt.[188] Drei Monate später, am 5. November, stellte sich Lötzke für die Position des Institutsleiters vor bzw. wurde eine Kommission aus den

184 Dazu auch die Genese von Mario Wimmer zu Meisner Forschungen: Ders., Archivkörper. Eine Geschichte historischer Einbildungskraft, Göttingen 2012, S. 69 ff.

185 Adolf Brenneke, Archivkunde. Ein Beitrag zur Theorie und Geschichte des europäischen Archivwesens. Bearbeitet nach Vorlesungsmitschriften und Nachlaßpapieren durch Wolfgang Leesch, Leipzig 1953.

186 Protokoll zu der von der Hauptabteilung Archivwesen einberufenen Konferenz der Archivdirektoren der Länder in Potsdam am 16. Dezember 1949, abgedruckt in: Brachmann/Klauß, »De me ipso!«, S. 615-628, hier S. 621 f., 625.

187 Märkische Union vom 17.9.1965.

188 HU UA, Philosophische Fakultät 1945-1990, Nr. 6: Protokoll der Sitzung des Rates der Philosophischen Fakultät am Freitag, den 27.6.1958, im Senatssaal, 10.7.1958.

Professoren Gerhard Schilfert, Erich Paterna, Eduard Winter und Heinrich Otto Meisner eingesetzt, die seine Berufung prüfen sollte.[189] Am 3. Dezember 1958 wurde schließlich die Empfehlung der Kommission verlesen: Lötzke sei mit der Wahrnehmung einer Professur für Archivwissenschaft zu betrauen – allerdings verbunden mit der Auflage, sich innerhalb von vier Jahren zu habilitieren.[190] Zum 1. Februar 1959 wurde Lötzke offiziell zum »Professor mit Lehrauftrag für Archivwissenschaft« ernannt. Damit bestand zugleich eine graduelle Abstufung zur regulären Universitätsprofessur.[191]

Im Ergebnis hatte eine Perspektivverschiebung und Neuverortung stattgefunden: Auf der einen Seite entzog sich der universitäre Ausbildungsstrang räumlich dem stetig wachsenden Kontrollgebaren der StAV. Auf der anderen Seite gerieten das Institut, sein Lehrkörper und seine Studenten nun *peu à peu* in den Gesichtskreis der ideologisch hoch indoktrinierten Geschichtswissenschaft an der Humboldt-Universität. Doch zunächst konnte das IfA aufgrund seiner geringen Größe und hybriden Struktur eine wenig beobachtete Randposition einnehmen und seine bisherige Erfolgsbilanz ausbauen: Zwischen 1950 und 1967 wurden in neun Lehrgängen von 128 Teilnehmern 118 zu Diplomarchivaren ausgebildet. Von ihnen gingen 80 an Staatsarchive der DDR.[192]

Im Zuge der Umsetzung der dritten Hochschulreform 1967/68 sorgte die Umbenennung des Instituts für Archivwissenschaft in »Bereich Archivwissenschaft der Sektion Geschichte der Humboldt-Universität zu Berlin« für einen symbolischen Bruch mit der Vergangenheit. Der Studiengang wurde sprachlich vom Berlin-Dahlemer Vorgänger sowie vom gleichnamigen, 1963 ins Leben gerufenen Institut an der Archivschule Marburg losgelöst. »Ifanten«, wie einst Meisner seine Studierenden nannte, gab es von nun an nicht mehr. Damit entschwand das alte IfA aus dem Traditionsbestand der DDR-Archivarsausbildung. Bezeichnenderweise wurde der Leser im »Lexikon Archivwesen

189 HU UA, Philosophische Fakultät 1945-1990, Nr. 6: Protokoll der Sitzung des Rates der Philosophischen Fakultät am 5.11.1958 im Senatssaal, 15.11.1958.

190 Während alle Anwesenden diesem Vorschlag zustimmten, wandte sich Prof. Hans-Holm Bielfeldt dagegen, und zwar mit der Begründung, er sei grundsätzlich gegen die Vergabe von Professuren ohne vorliegende Habilitation, was zur Folge hatte, dass ein Kollege die Wiedereinführung der Kategorie »Honorarprofessor« anregte – und die finale Entscheidung vertagt wurde. Ein Machtwort des Dekans der Philosophischen Fakultät, Prof. Dr. Martin Lehnert, entschied schließlich zwei Wochen später den Streit. In einer Aussprache erklärte er, zwar ebenfalls Bedenken gehabt zu haben, jedoch habe es sich in der Praxis gezeigt, dass ohne derartige Übergangslösungen zahlreiche Institute ihre Aufgaben nicht bewältigen könnten – insofern seien Wahrnehmungen von Dozenturen oder Professuren notwendig. HU UA, Philosophische Fakultät 1945-1990, Nr. 6: Protokoll der Sitzung des Rates der Philosophischen Fakultät am 19.12.1958 im Senatssaal, o. D.

191 HU UA, Philosophische Fakultät 1945-1990, Nr. 6: Protokoll der Sitzung des Rates der Philosophischen Fakultät am 18.3.1959 im Senatssaal, 23.3.1959.

192 Botho Brachmann/Helmut Lötzke, Die Ausbildung wissenschaftlicher Archivare für das sozialistische Archivwesen der Deutschen Demokratischen Republik, in: Archivmitteilungen 17 (1967) 5, S. 182-189, hier S. 184.

der DDR« von 1976 unter dem Lexem »Institut für Archivwissenschaft« an den »Bereich Archivwissenschaft« verwiesen, und selbst eine knappe Erwähnung der historischen Wurzeln entfiel.[193]

Helmut Lötzke stellte zumindest für die 1950er und frühen 1960er Jahre neben Heinrich Otto Meisner die zentrale Figur und Lehrautorität dar, wenn es um Ausbildungsangelegenheiten ging, auch wenn er nicht wie Meisner der Schöpfer eines neuen Forschungsgebietes war oder eine eigene inhaltlich-methodisch begründete »Schule« prägte. Lötzkes hervorgehobene Stellung lag in seiner Position als Institutsdirektor und zeitweise einziger Prüfungs- und Betreuungsberechtigter begründet. Dies veränderte sich erst mit der hochschulrechtlichen Etablierung und schrittweisen Statusanhebung von Botho Brachmann ab Anfang/Mitte der 1960er Jahre. Allein 40 Diplomarbeiten, neun Dissertationen und zwei Habilitationen betreute Lötzke auf dem Hochschulweg bis Mitte 1976. Darunter befanden sich mit Johanna Weiser, Hans-Stephan Brather, Hermann Schreyer, Meta Kohnke, Kurt Metschies oder Elisabeth Brachmann-Teubner Diplomanden bzw. Promovenden, die zu wichtigen Fachkräften im DZA avancierten.[194]

Davon abgesehen stellte die geringe personelle Ausstattung des Instituts bzw. Fachbereichs ein Dauerproblem dar. Besonders akut wurde es mit dem Ausscheiden von Meisner als Professor im Jahr 1960, der nur noch in Einzelfällen Promotionen betreute. Denn sowohl Lötzke als auch die anderen Dozenten waren nebenamtlich tätig und verkehrten meist nur für die Zeit ihrer unmittelbaren Lehrzeit an der HU. Botho Brachmann als einziger hauptamtlicher Mitarbeiter, der mit äußerst hohem persönlichen Einsatz das Institut vor Ort am Laufen hielt, bekam auf Antrag von Lötzke erst im Herbst 1964 eine Dozentur für Archivverwaltungslehre und Historische Hilfswissenschaften der Neuzeit zugesprochen.[195] Dennoch blieb die Beschäftigtensituation auch in den nächsten Jahren prekär.[196]

193 Lexikon Archivwesen der DDR, hrsg. von der Staatlichen Archivverwaltung des Ministeriums des Innern der DDR, Berlin (Ost) 1976, S. 162.

194 HU UA, Sektion Geschichte, Facultas docendi, Akte Dr. Helmut Lötzke vom 13.9.1977: Helmut Lötzke: Bericht über meine wissenschaftlichen Ergebnisse in Forschung, Lehre und Erziehung, 1.9.1976.

195 HU UA, Philosophische Fakultät 1945-1990, Nr. 63: Helmut Lötzke / Institut für Archivwissenschaft an Prof. Dr. Müller-Mertens / Leiter der Fachrichtung Geschichte der HU Berlin: Ausbildung von wissenschaftlichen Archivaren ab September 1965, 7.6.1963, sowie: Helmut Lötzke (Institut für Archivwissenschaft) über Prof. Dr. Müller-Mertens (Leiter der Fachrichtung Geschichte) an Prof. Dr. Otto, Dekan der Philosophischen Fakultät der HU Berlin: Ernennung des Kollegen Dr. Brachmann zum Dozenten, o. D. (Sommer 1963).

196 Die Stellenlage blieb in der gesamten Sektion schwierig. So waren dort 1969 89 Mitarbeiter beschäftigt, darunter 69 Hochschullehrer und wissenschaftliche Mitarbeiter, 1972 waren es nur noch 74 bzw. 59. Auch wenn die Sektion deshalb in der Abteilung Wissenschaft beim ZK der SED erfolgreich intervenierte, ein Aufwuchs auf 80 bzw. 65 Stellen war erst für 1974 vorgesehen – und blieb ein Plan. HU UA, Philosophische Fakultät, Sektion Geschichte, Kaderarbeit 1970-1975, Nr. 2737: Joachim Streisand:

Über die Zulassung zum knapp zweijährigen HU-Studium entschied eine Kommission unter Leitung von Lötzke, die die Eignungsprüfung des Kandidaten bewertete. Neben Fremdsprachen waren Kenntnisse der Wirtschafts-, Verfassungs- und Rechtsgeschichte sowie der historischen Hilfswissenschaften nachzuweisen. Die Auswahlkriterien waren allerdings auch an den landesweiten Bedarf gekoppelt, der von der StAV ermittelt wurde.[197] Nachteilig wirkte sich aus, dass das IfA über kein eigenes, definiertes Immatrikulationskontingent verfügte, sodass die Zahl der zu vergebenden Studienplätze von Fakultätsseite stets schwankte.[198] Dies änderte sich erst mit der 1970 zwischen StAV und Universität bzw. Geschichtssektion geschlossenen Vereinbarung über die Aus- und Weiterbildung von Diplomarchivaren.[199] Quasi nebenbei wurde damals ein StAV-Vertreter in den Sektionsrat aufgenommen; umgekehrt wurde ein Historiker Mitglied im wissenschaftlichen Beirat der StAV. Damit erhielt die StAV-Leitung seit dem Wegzug des IfA aus Potsdam wieder größeren Zugriff auf die archivwissenschaftliche Ausbildung. Dass das zunächst für alle zwei Jahre angebotene Zusatzstudium anspruchsvoll und komplex war, spiegelte sich in den Absolventenzahlen wider, denn nicht jeder kam durch: Von den 128 Studierenden bis zum Jahr 1967 schafften zehn, von den 24 Teilnehmern der externen Ausbildung neun nicht ihren Abschluss.[200]

Neben dem Institut für Archivwissenschaft an der Humboldt-Universität existierte mit der Fachschule für Archivwesen (FfA) eine zweite Ausbildungsstätte. Die 1955 gegründete und 1980 um den Namen »Franz Mehring« erweiterte Einrichtung war die größte »Archivarsschmiede« der DDR. Zwischen 1955 und 1993, dem Jahr ihrer Auflösung, absolvierten hier 1462 Studenten ihre Ausbildung. Es bestanden, wenn auch zeitlich nicht durchgängig, vier Varianten,

Erfahrungen bei der Auswertung des VIII. Parteitages der SED für Forschung und Lehre in der Sektion Geschichte der Humboldt-Universität zu Berlin, 26.1.1972.

197 So galt im Fall eines Zusatzstudiums das abgeschlossene Hochschulstudium in Geschichte oder Wirtschaftswissenschaft als gängige Voraussetzung, doch »bei Bedarf auch in Rechtswissenschaft, Geographie und Germanistik«, wie es die Ausbildungs- und Prüfungsordnung vom 1. Dezember 1961 ausdrückte. HU UA, Philosophische Fakultät 1945-1990, Nr. 63: Gemeinsame Anweisung des Staatssekretariats für das Hoch- und Fachschulwesen und des Ministeriums des Innern über die Zulassung, Ausbildung und Prüfung der Studierenden für den wissenschaftlichen Archivdienst (Zusatzstudium), Januar 1962.

198 Mindestens bis 1964 wurden Archivstudenten im Rahmen des Diplomhistoriker-Kontingents abgerechnet. HU UA, Philosophische Fakultät 1945-1990, Nr. 60: Helmut Lötzke (Institut für Archivwissenschaft) an Prof. Dr. Knepler, Musikwissenschaftliches Institut der HUB und Leiter der Arbeitsgruppe Immatrikulationskontingente, 27.11.1964.

199 HU UA, Sektion Geschichte 1968-1975, Nr. 2851: Vereinbarung über die Aus- und Weiterbildung von Diplomarchivaren zwischen dem Ministerium des Innern, Staatliche Archivverwaltung, und der Humboldt-Universität zu Berlin, Sektion Geschichte (Entwurf), 1969.- Brachmann, Die Ausbildung wissenschaftlicher Archivare in Potsdam und Berlin, S. 420.

200 Brachmann/Lötzke, Die Ausbildung wissenschaftlicher Archivare, S. 182-189.

um einen Fachschulabschluss zu erlangen: das Direkt- und Fernstudium, das Ablegen einer Externen-Prüfung sowie, bis 1977, die Zuerkennung des Berufstitels.[201] Die damit verbundenen Berufsbezeichnungen wechselten im Laufe der Jahre: Aus dem »Diplomarchivar« nach dem Fachschulstudium wurde der »staatlich geprüfte Archivar«. Später war nur noch schlicht von »Archivaren« die Rede (FfA-Statut von 1975). Den Plan, eine solche Fachschule einzurichten, gab es bereits 1953. Doch es dauerte bis zum 1. September 1955, bis die Einrichtung alle Formalia und Voraussetzungen erfüllt hatte, um den Lehrbetrieb offiziell zu starten.[202] Hintergrund der Fachschulgründung war der außerordentliche Bedarf an »staatlich geprüften Archivaren« aufgrund von Personalmangel und sprunghaft anwachsenden Aktenmengen nach der Verwaltungsreform von 1952 bzw. der Umstellung von der Länder- zur Bezirksstruktur.[203]

Personell und räumlich war die Fachschule, die aufgrund der ersten und zunächst einzigen Klasse von 20 Direktstudenten zu Beginn als kleinste Fachschule des Landes galt, ebenso wie das IfA viele Jahre äußerst eng an das DZA gebunden. Sie wurde im Westflügel des DZA-Gebäudes untergebracht; die

201 Das Gros konzentrierte sich naturgemäß auf die ersten beiden. So zählten nach Angaben des ehemaligen Leiters der Fachschule, Waldemar Schupp, im genannten Zeitraum 675 Direkt- und 636 Fernstudenten zu den Absolventen. Des Weiteren wurden 29 externe Prüfungen und 122 Zuerkennungen vorgenommen. Im Rahmen internationaler Solidarität bzw. Entwicklungshilfe studierten seit 1976 überdies auch 22 zukünftige Archivare aus Vietnam, Jemen und Laos in Potsdam. Waldemar Schupp, Die Anfänge und das Ende der Fachschule für Archivwesen (1953/1993), in: Archive und Gedächtnis. Festschrift für Botho Brachmann, hrsg. von Friedrich Beck/Eckart Henning/Joachim-Felix Leonhard/Susanne Paulukat/Olaf B. Rader, Berlin 2005, S. S. 177-200, hier S. 194.

202 Zur Chronologie der Fachschule aus der Binnenperspektive: BArch, DO 7/76: Rudi Lechelt/Karin Rentsch/Waldemar Schupp, Fachschule für Archivwesen »Franz Mehring«. Chronik 1955-1985, Ms., Potsdam 1985.

203 Den entscheidenden Anstoß, der zur Antragstellung von StAV-Leiter Otto Meier führte, gab die Idee, im Rahmen einer Fachschule ein Fernstudium einzurichten. Damit konnte der eklatante landesweite Mangel an ausgebildeten Archivaren reduziert werden, ohne große Kosten entstehen zu lassen. Dass die behördliche Genehmigung mit der Unterzeichnung der »Richtlinie zur Ausbildung Staatlich geprüfter Archivare in der Deutschen Demokratischen Republik« durch den Stellvertreter des Staatssekretärs für Innere Angelegenheiten im MdI, Erich Funk, erst offiziell am 8. September und damit nach der Eröffnung erteilt wurde, gehört zu den Besonderheiten jener Zeit, die auch von Improvisation und Ausnahmeregelungen gekennzeichnet war. So war es im Unterschied zu anderen Fachschulen hier möglich, sich ohne Abitur und/oder Facharbeiterausbildung zu bewerben. Die Ausbildung am Potsdamer IfA folgte zeitlich nicht dem Semesterprinzip, sondern dem Kalenderjahr, sodass die Ausbildung im Januar eines jeden Jahres begann. Susanne Kaiser, Die Fachschule für Archivwesen »Franz Mehring« in Potsdam (1955-1993), in: Lorenz Friedrich Beck/Felix Escher/Eckart Henning (Hrsg.), Jahrbuch für Brandenburgische Landesgeschichte 60 (2009), S. 180-203.

Bibliothek und ausgewählte Räumlichkeiten durften genutzt werden.[204] Dass zunächst Helmut Lötzke, der bereits dem DZA und IfA vorstand, zum FfA-Direktor ernannt wurde, unterstreicht die enge Verknüpfung. Auch als Botho Brachmann dann 1956 die Direktorentätigkeit im FfA übernahm, blieb Lötzke präsent, war ihm jener doch als Mitarbeiter am IfA unterstellt. Die Studenten waren daher angehalten, sich bei bestimmten Fragen oder gesellschaftspolitischen Aktivitäten mit den Mitarbeitern des DZA oder der StAV zu verständigen. Erst mit der Ernennung von Waldemar Schupp zum FfA-Direktor 1960 bzw. mit dem Umzug 1967 in die benachbarte Menzelstraße 11 erfolgte die personelle und räumliche Trennung von Fachschule und DZA.[205]

Markant für den Lehrbetrieb war der Unterrichtseinsatz von DZA-Archivaren, mit dem auch die anhaltende Personalknappheit der FfA kompensiert wurde.[206] Dabei wurde allerdings nicht jeder DZA-Archivar akzeptiert: So wurden beispielsweise die Anträge von Klaus Mlynek und Hermann Schreyer, als Dozenten an der Fachschule für Archivwesen zu unterrichten, mit Hinweis auf die fehlende politische Einstellung bzw. Grundhaltung abgelehnt – beide galten als streng religiös.[207] Ansonsten waren mit Brather, Enders, Lötzke und Schmid vier DZA-Archivare tätig, die eine gemeinsame Teilnahme am zweiten IfA-Lehrgang, die Lehre bei Meisner sowie ein überdurchschnittliches Interesse an archivwissenschaftlichen Fragen einte.[208] Gerade die Ausbildung durch und Verbundenheit mit Meisner sorgten bei ihnen für ein gewisses Maß an gemeinschaftlicher Prägung durch preußische Archivtraditionen – die in Teilen an die Studierenden weitergegeben wurde.

204 Um ihre Studenten unterzubringen, mietete die Fachschule mehrere Gebäude an. Dazu gehörten Häuser in der Rudolf-Breitscheid-Straße 186 und Domstraße 27 (1957) sowie Domstraße 8 (1962) und Johann-Strauß-Platz 11 (1964). Somit konzentrierte sich das studentische Leben der angehenden Archivare außerhalb ihrer Fachschule vor allem in Potsdam-Babelsberg. BArch, DO 7/58.- BArch, DO 7/77: Zeittafel zur Geschichte der Fachschule, 1980.

205 BArch, DO 7/76: Rudi Lechelt/Karin Rentsch/Waldemar Schupp, Fachschule für Archivwesen »Franz Mehring«. Chronik 1955-1985, Potsdam 1985, S. 10, 17.

206 Denn zum einen stellte der Anteil tatsächlich hauptamtlich Beschäftigter nur einen Bruchteil dar und etliche bewilligte Planstellen blieben aus verschiedenen Gründen unbesetzt. Zum anderen wuchs die Zahl der Studenten. Im Jahr 1966 verfügte die FfA über fünfzehn Planstellen mit drei hauptamtlichen Dozenten, zehn Jahre später bereits über 27 mit neun hauptamtlichen Dozenten.

207 BArch, MfS, SdM, Nr. 122: StAV (Gottschalk) an die Kaderverwaltung des MdI (Gliniorz): Aussprache mit dem Abteilungsleiter im DZA Potsdam, Gen. Dr. Gerhart Enders, 25.5.1961.

208 HU UA, Philosophische Fakultät 1945-1990, Nr. 60: Übersicht über die Lehrbeauftragten und ihre Fachgebiete am Institut für Archivwissenschaft Potsdam, 10.11.1958.

Vom Austausch zur Abschottung: Deutsch-deutsche Begegnungen im Kalten Krieg

Der wissenschaftliche Internationalismus und seine globale Ausbreitung beschleunigten seit etwa 1900 die Bildung von *scientific communities* jenseits von Region und Nation.[209] Diese waren ihrem Wesen nach *imagined communities*, deren Zusammenhalt vor allem durch die gegenseitige Verständigung ihrer Mitglieder erreicht wurde.[210] Dies traf auch auf die damalige deutsche Archivgemeinschaft zu. Der Fachaustausch, der im Sinne praktischer Vergemeinschaftung an Orte, Medien und konkrete Aufeinandertreffen gebunden ist, sorgte mit seiner Wiederholungsstruktur für Zugehörigkeit und Identität. Zugleich unterlag er im Fall des geteilten Deutschlands den Mechanismen von politischer, fachbezogener oder auch materiell bedingter Inklusion und Exklusion.

Der Kalte Krieg, die deutsche Teilung als Folge des Zweiten Weltkriegs und die jeweils enge Bindung der beiden deutschen Staaten an die Sowjetunion oder die westlichen Bündnispartner USA, Frankreich und Großbritannien prägten das politische Korsett, in dem nach 1945 Begegnungen, Kontaktpflege und Fachaustausch ost- und westdeutscher Archivare eingezwängt waren.[211] Offizieller Bezugsrahmen war der weite Bereich auswärtiger Kulturpolitik bzw. internationaler Wissenschaftsbeziehungen. Hier gedachten beide deutsche Staaten angesichts von Systemkonkurrenz und deutscher Teilung eine aktive Rolle zu spielen.[212] Dabei herrschte von Beginn an ein faktisches Un-

209 Elisabeth T. Crawford, The Universe of International Science, 1880-1939, in: Tore Frängsmyr (Hg.), Solomon's House Revisited. The Organization and Institutionalization of Science, Canton, Mass. 1990, S. 251-269.- Brigitte Schroeder-Gudehus, Internationale Kongresse und die Organisation der Wissenschaft. Ein Blick auf die Jahrhundertwende, in: Hartmut Bookmann/Kurt Jörgensen (Hg.), Nachdenken über Geschichte. Beiträge aus der Ökumene der Historiker, Neumünster 1991, S. 247.- Eckhardt Fuchs, Wissenschaft, Kongreßbewegung und Weltausstellungen: Zu den Anfängen der Wissenschaftsinternationale vor dem Ersten Weltkrieg, in: COMPARATIV 9 (1996) 5-6, S. 156-177.

210 Ludmilla Jordanova, Science and Nationhood. Cultures of Imagined Communities, in: Geoffrey Cubitt (Hg.), Imagining Nations, Manchester 1998, S. 192-211.- Gangolf Hübinger (Hg.), Europäische Wissenschaftskulturen und politische Ordnungen in der Moderne (1890-1970), München 2014.

211 Stellvertretend für die umfangreiche Literatur über den Kalten Krieg: Bernd Stöver, Der Kalte Krieg. Geschichte eines radikalen Zeitalters 1947-1991, München 2007.

212 Stellvertretend für eine Reihe von Studien dazu: Johannes Paulmann (Hg.), Auswärtige Repräsentationen. Deutsche Kulturdiplomatie nach 1945, Köln 2005.- Olivia Griese, Auswärtige Kulturpolitik und Kalter Krieg. Die Konkurrenz von Bundesrepublik und DDR in Finnland 1949-1972, Wiesbaden 2006.- Peter Ulrich Weiß, Kulturarbeit als diplomatischer Zankapfel. Die kulturellen Auslandsbeziehungen im Dreiecksverhältnis der beiden deutschen Staaten und Rumäniens von 1950 bis 1972, München 2010.- Frank Trommler, Kulturmacht ohne Kompass. Deutsche auswärtige Kulturbeziehungen im 20. Jahrhundert, Köln 2014.

gleichgewicht zu Ungunsten der DDR, denn die 1955 von der Bundesregierung verkündete »Hallstein-Doktrin« und der umstrittene Berlin-Status erschwerten den Aufbau regulärer staatlicher Kultur- und Wissenschaftsbeziehungen außerhalb des eigenen Bündnislagers massiv.[213] In der Folge stand die auswärtige Kulturpolitik der DDR bis 1972/73 primär im Dienste der staatlichen Anerkennungspolitik – und der Kultur- bzw. Wissenschaftsaustausch im Rang eines legitimen Mittels zur Durchsetzung diplomatischer Ziele.[214]

Die Wissenschaftsstrukturen in der DDR waren grundsätzlich der Politisierung und Ideologisierung ausgesetzt. Binnenkulturell wiesen sie jedoch Unterschiede und Grenzen auf, wie die Forschung unterstreicht.[215] Während die gesellschafts- und geisteswissenschaftlichen Bereiche unter besonderem Druck eingeforderter Parteilichkeit standen, konnten die Vertreter von Natur- und Technikwissenschaften, der Medizin oder auch der Mathematik ihren Anspruch auf systemunabhängige Professionalität und Standards länger bewahren. Das Archivwesen nahm hierbei eine Mittelposition ein. Denn je nach Perspektive wurde Archivierung entweder als Bestandteil rein technokratischer Verwaltungsprozesse betrachtet, oder man interessierte sich für die Archivwissenschaft, die disziplinär den historischen Hilfswissenschaften und damit der Geschichtswissenschaft zugeteilt war. Die SED ordnete die deutsch-deutschen Archivbeziehungen dem »Kulturaustausch« zu,[216] sodass allen Bewilligungen von Westreisen ostdeutscher Archivvertreter stets auch ein politik-instrumentelles Motiv eingeschrieben war.

Unabhängig davon stieß man jenseits politisch motivierter Impulse allerorts auf ein quasi intrinsisches Interesse der Experten in Ost und West an grenzüberschreitendem Austausch. Bedeutsame Stätten wissenschaftlicher und fachlicher Vergemeinschaftung bzw. Kollektividentität bildeten dabei Fachorganisationen wie der Verein deutscher Archivare oder der Conseil International des Archives / International Council on Archives der Unesco (CIA/ICA) und seine Gremien. Mit ihren – bisweilen rituell und symbolisch aufgeladenen – Versammlungen, Konferenzen und Zusammenkünften trugen sie auf ihre Weise zur internationalen Selbstvergewisserung ihres Berufsstandes bei.[217] Die oben genannten politischen Gemengelagen beeinflussten allerdings ein ums andere Mal die grenzüberschreitende Fachkommunikation.

213 Rüdiger Marco Booz, »Hallsteinzeit«. Deutsche Außenpolitik 1955-1972, Bonn 1995.

214 Stichwort Kulturaustausch, in: Kulturpolitisches Wörterbuch, Berlin (Ost) 1970, S. 293.

215 Ralph Jessen, Akademische Elite und kommunistische Diktatur. Die ostdeutsche Hochschullehrerschaft in der Ulbricht-Ära, Göttingen 1999.- Niederhut, Wissenschaftsaustausch im Kalten Krieg.

216 Stichwort Kulturaustausch, in: Kulturpolitisches Wörterbuch, Berlin (Ost) 1970, S. 293.

217 Jens Niederhut, Wissenschaftsaustausch im Kalten Krieg. Die ostdeutschen Naturwissenschaftler und der Westen, Köln/Weimar/Wien 2007, S. 9 f.

Schwierige Anfänge und unscheinbarer Osten

Nach 1945 hielten leitende west- und ostdeutsche Archivare die Pflege zonen- bzw. grenzüberschreitender Kontakte auch unter veränderten politischen Bedingungen für selbstverständlich und strukturell notwendig. Die Vorstellung einer ungeteilten deutschen Wissenschaft im Allgemeinen wie auch einer gemeinsamen Archivwissenschaft und eines im Kern zusammengehörigen Archivwesens im Speziellen lebte unter zahlreichen west- und ostdeutschen Archivaren mindestens bis zum Mauerbau fort. Ein solches Selbstverständnis wurde bis Mitte der 1950er Jahre auch durch dahingehende (partei)politische Deutschland-Diskurse unterfüttert, sodass die Ost-West-Zusammenkünfte jener Zeit von den Beteiligten vielfach weniger spektakulär wahrgenommen wurden, als zunächst zu vermuten gewesen wäre. Die Beweggründe, sich gesamtdeutsch zu engagieren, variierten: Während sich der in Ost und West gleichermaßen anerkannte Archivar Willy Flach seit 1946 intensiv um einen grenzübergreifenden Fachdiskurs bemühte, mehr oder weniger eigeninitiativ westdeutsche Archivtage besuchte und unter Kollegen und Funktionären der Archivverwaltung offen immer wieder auf die fachliche Notwendigkeit des Informations- und Erfahrungsaustauschs hinwies, dachte Otto Korfes stärker in Kategorien des »Klassenkampfes«, wenn er 1951 von einer »wirkungsvollen politischen Kampfveranstaltung« oder in Anlehnung an das kommunistische Modell der »Partei neuen Typs« von einem Archivtag neuen Typs sprach, die der geplante Weimarer Archivarskongress 1952 nach außen darstellen müsse.[218]

Doch im praktischen Alltag der unmittelbaren Nachkriegsgesellschaft war es angesichts zerstörter Strukturen, unklarer politischer und institutioneller Verhältnisse und einer zunächst durch Tod, Kriegsgefangenschaft, NS-Belastung, Berufsaustritt und Verstreutheit aufgelösten Archivargemeinschaft zunächst alles andere als einfach, Netzwerke zu reanimieren und interzonale Ankerpunkte zu setzen. Die Kontakte in der ersten Zeit beschränkten sich daher meist auf individuelle Briefkommunikation und informelle Besuche.

Bald konnten erste archivarische Zusammenkünfte initiiert sowie Vereinsstrukturen ins Leben gerufen werden, die bis zur doppelten Staatsgründung als überregionale Informations- und Austauschbörsen fungierten. Bis 1949 waren es insgesamt sieben zonale bzw. bizonale Tagungen, durchgeführt in Aulendorf, Bamberg, Detmold und Wiesbaden, an denen sich, wenn auch nicht durchgängig, Archivare aus der SBZ beteiligten.[219] Die maßgeblichen Initiativen dafür gingen von westdeutschen Archivaren aus, insbesondere vom Archivdirektor des Staatsarchivs Düsseldorf, Bernhard Vollmer, der dem 1946 gegründeten »Beirat für Archivwesen in der britischen Zone« angehörte, die Zeitschrift »Der Archivar. Mitteilungsblatt für das deutsche Archivwesen« her-

218 BArch, DO 1/240: Protokoll der Dienstbesprechung vom 10./11. April 1951.- Wahl, Der Kongress der Archivare der DDR, S. 122.

219 28. Deutscher Archivtag in Wiesbaden am 31. Mai 1949, in: Der Archivar 2 (1949) 2, Sp. 41-48, hier 44.

ausgab und die Gründung des Vereins deutscher Archivare (VdA) mitinitiierte. Der VdA stand allen deutschen Archivaren offen und veranstaltete regelmäßig Archivtage.[220] Doch es war weder leicht, solche Treffen zu organisieren, noch sie zu besuchen. Die Archivare benötigten Interzonenpässe, Aufenthaltsbestätigungen sowie dazugehörige Lebensmittelkarten.

Im Falle der ostdeutschen Archivare war der »Zutritt« in den Westen ohnehin von Beginn an begrenzt. Dies hing nicht zuletzt mit der Unterstellung der staatlichen Archive in den Zuständigkeitsbereich der Innenverwaltung bzw. des MdI zusammen, für deren Angehörige strenge Reiseregelungen galten und die Beschaffung von Reisepapieren besonders aufwendig war. Sowohl mündliche Anweisungen in den Anfangsjahren, wovon der geflohene Jürgen Sydow berichtete, als auch schriftliche Anordnungen wie die von Innenminister Karl Maron Ende 1956 untersagten beispielsweise das Betreten oder Durchfahren der Berliner Westsektoren.[221] In Richtung Restriktion und Abgrenzung argumentierte daher auch Otto Korfes, als er im April 1951 auf einer Dienstbesprechung eine »Gesamtbeteiligung« an westdeutschen Archivtagungen für »nicht möglich« erklärte.[222] Und so war es in jenem Jahr lediglich der Dresdner Hauptstaatsarchivdirektor Hellmut Kretzschmar, der, sehr zum Befremden seiner westdeutschen Kollegen, im September 1951 als einziger offizieller Vertreter aus der DDR zum Archivtag in Marburg anreiste – nicht ohne seinen Vortrag zuvor von Otto Korfes und dem Innenminister autorisieren lassen zu müssen.[223] Die Einführung der D-Mark in den Westzonen erwies sich zusätzlich als problematisch, um deutsch-deutsche Kommunikation aufrechtzuerhalten, denn auf ostdeutscher Seite fehlte vielfach schlicht das Geld in westlicher Währung, um westdeutsche Fachzeitschriften wie »Der Archivar« zu beziehen oder Reise- und Aufenthaltskosten zu bestreiten. In der Folge all dieser Hürden nahmen an den ersten Neuauflagen des Deutschen Archivtags seit 1949 nur äußerst wenige oder gar keine Archivare aus der DDR teil.[224]

Dies änderte sich erst wieder im Gefolge des 17. Juni 1953, nachdem die SED Reiseerleichterungen für Wissenschaftler und Intellektuelle beschlossen hatte. Die Interzonenpass-Beantragung beim MdI, die bisweilen Monate dauerte,

220 Vgl. u.: BArch, B 198/10012: Niederschrift über die Tagung der Archivleiter der britischen Zone am 25.6.1946 in Bünde, o. D., sowie zahlreiche weitere in der Akte enthaltene Dokumente, die den von britischer Seite geförderten Grün-dungsprozess 1946/47 nachzeichnen.- Helmut Dahm, Die Gründung des Vereins deutscher Archivare: Zur 25. Wiederkehr des Gründungstages, in: Der Archivar 25 (1972) 1, Sp. 5-8.

221 Sydow, Das Archivwesen, Sp. 64.- Schreyer, Das staatliche Archivwesen, S. 38, 52.

222 Schreyer, Das staatliche Archivwesen, S. 38 (s. a. FN 162). BArch, DO 1/240: Protokoll der Dienstbesprechung vom 10./11. April 1951, S. 2.

223 Wahl, Der Kongress der Archivare der DDR, S. 122.

224 Sydow, Das Archivwesen, Sp. 64.- Norbert Reimann, 50 Jahre Verein deutscher Archivare, in: Der Archivar. Beiband 2, Siegburg 1998, S. 1-13, hier S. 7.- Ramona Riedrich, Die Deutschen Archivtage. Diplomarbeit an der Fachhochschule Potsdam. Potsdam: unveröff. Typoskript 2004, S. 42.

entfiel nun, und es lag in den Händen der Volkspolizei, den antragstellenden Wissenschaftlern zügig Grenzübertritts-Bescheinigungen auszustellen.[225] Auch Hochschullehrer wie Heinrich Otto Meisner benötigten nun keine Vorab-Erlaubnis mehr von ihrem Staatssekretariat für Hoch- und Fachschulwesen, wenngleich die Beantragung und eventuelle Verweigerung von Devisen ein Mittel der Kontrolle über den Reiseverkehr blieb.[226]

Was sich der Überwachung noch weitgehend entzog, war der private Reiseverkehr, der sich in erster Linie als Ost-West-Reisestrom darstellte. Jedes Jahr fuhren Dutzende ostdeutsche Archivare in die Bundesrepublik oder nach West-Berlin, um dort Einkäufe zu erledigen, sich zu amüsieren und ihren Urlaub zu verbringen oder Kollegen, Freunde und Verwandte zu besuchen.[227] Dabei schien sich trotz MdI- bzw. StAV-Zugehörigkeit kaum jemand groß um Verbote, Geheimhaltungsvorschriften oder Belehrungen zu kümmern. Dementsprechend sah auch das MfS die Aufdeckung und Eindämmung solcher Reisen als eine seiner Hauptaufgaben im Archivwesen an.

Helmut Lötzke als Repräsentant des DZA

Im Verlauf der 1950er Jahre begannen sich institutionelle bzw. offizielle Kommunikationskanäle und Austauschprozedere zu etablieren, aber auch Konturen einer geteilten Fachgemeinschaft abzuzeichnen. Dies traf zeitlich auf das 1952 gegründete Bundesarchiv ebenso zu wie auf das DZA, dessen Strukturen und praktische Nutzungsmöglichkeiten erst mit dem Umzug in das neue Gebäude 1955 bzw. mit dem darauffolgenden Zusammenzug mit der StAV feste, repräsentative Formen annahmen. Seitdem – und parallel zu den laufenden Archivgutrückgaben aus der Sowjetunion – verdichteten sich die Ost-West-Kontakte.

Auffällig für die Frühphase ist die Außenseiterrolle des obersten DDR-Archivfunktionärs und DZA-Leiters Otto Korfes, der kaum mit westdeutschen Archivaren verkehrte. Das hing zum einen mit den bereits beschriebenen schwierigen Bedingungen in dessen Amtszeit von 1948 bis 1952 und seiner weitgehenden Unbekanntheit in Archivkreisen zusammen. Zum anderen beurteilten viele Archivare aus dem Westen den Ex-Generalmajor als eine in der Kriegsgefangenschaft »umgedrehte« Marionette der Sowjets – mit begrenzter Fachkompetenz. Dass er mit seiner Arbeitsbiografie durchaus eine reichsarchivarische Kontinuitätslinie verkörperte, wurde kaum ernst genommen. Auch seine Personalpolitik, die ja alte Fachkräfte mit NSDAP-Hintergrund berücksichtigte, wurde eher als politisch konform interpretiert. Zwar bestanden durchaus einzelne Kontakte zu westdeutschen Archivaren und Historikern wie beispielsweise Gerhard Ritter, mit dem er Zugänge zu DDR-Archiven erörtert

225 Niederhut, Wissenschaftsaustausch im Kalten Krieg, S. 27 ff.

226 Ebd., S. 27.

227 Allein im ersten Halbjahr 1957 wurden 28 Mitarbeiter der Staatsarchive registriert, die derartige Privatfahrten unternommen hatten. Schreyer, Das staatliche Archivwesen der DDR, S. 53.

und den er 1952 zu einer von Leo Stern angeregten »Aussprache« ost- und westdeutscher Historiker eingeladen hatte, doch sein kurzes Wirken blieb blass.[228]

Als gewichtigste Stimme aus dem Raum Potsdam/Ost-Berlin galt in jener Zeit Heinrich Otto Meisner. Seine Fachautorität und politische Unabhängigkeit wurde in der Archivgemeinschaft nie angezweifelt, der Vorwurf politisch-ideologischer Instrumentalisierung nie erhoben. Er galt als erfahrener Mitbegründer der noch jungen Archivwissenschaft, als letzter Vertreter des Reichsarchivs, als Repräsentant des Instituts für Archivwissenschaft und seiner besten Traditionen – und als ein im Osten Zurückgebliebener.[229]

Das DZA erhielt erst mit Helmut Lötzke ein eigenes Gesicht in den westdeutschen Fachkreisen. Lötzke galt zwar als Nachwuchskraft, die sich in der Gemeinschaft noch zu bewähren hatte, doch immerhin wurde er im Laufe der 1950er Jahre als genuiner Archivar und fähiges Gegenüber auf Augenhöhe akzeptiert. Dazu trugen maßgeblich seine Einladungs- und Besuchsaktivitäten bei, bei denen er vor allem als Experte und Archivvertreter, hingegen kaum als sozialistischer Funktionär und SED-Mitglied auftrat. Neben dem Wegfall politisch-ideologischer Bekenntnisse und Agitationsversuche nahmen westliche Kollegen vor allem Lötzkes betont freundschaftlich-kollegialen Ton positiv wahr, mit dem er sich quasi in eine gesamtdeutsche Archivarsgemeinschaft einfügte. Überdies verleugnete er als junger Archivleiter nicht die vorhandenen Traditionsbestände, Erfahrungswerte und Hierarchien, die durch gestandene Archivare der vorherigen Generation(en) geprägt wurden. Dies wird beispielsweise im Schriftverkehr ersichtlich, den Lötzke zwischen 1954 und 1956 mit Georg Winter vom Bundesarchiv oder Johannes Papritz von der Archivschule in Marburg führte. Der stellenweise auffällig ehrerbietige Sprachduktus Lötzkes ist darin unüberlesbar. Zugleich formulierte er in seiner Funktion den ausdrücklichen Wunsch, die Beziehungen zwischen DZA und Bundesarchiv auszubauen.[230]

Im Rahmen dieser Kommunikation wurden rasch Tauschverabredungen bezüglich Zeitschriften und Fachpublikationen getroffen, aber auch konkrete Treffen vereinbart, die vor allem in der zweiten Hälfte der 1950er Jahre realisiert wurden. Lötzke folgte im Mai 1956 einer Einladung nach Marburg, um dort als Gastdozent das Programm der DDR-Archivarsausbildung zu erläutern. In diesem Zusammenhang besuchte er auf Einladung von Archivdirektor Georg Sante ebenfalls das Staatsarchiv Wiesbaden. Sante wiederum brach noch im

228 Olaf Blaschke/Jens Thiel, Konsolidierung und Politisierung (1949/50-1958), in: Matthias Berg/Olaf Blaschke/Martin Sabrow/Jens Thiel, Die versammelte Zunft. Historikerverband und Historikertage in Deutschland 1893-2000, Bd. 2, Göttingen 2018, S. 399 f.

229 Zu Meisner siehe auch die Ausführungen in diesem Buch.

230 BArch, DO 6/364: Helmut Lötzke an Georg Winter, 20.12.1955.- BArch, DO 6/364: Dr. Lötzke an den Direktor des Bundesarchivs, Dr. Georg Winter, 3.7.1956.

gleichen Monat zu einem Gegenbesuch nach Potsdam auf.[231] Dies war auch mit rituellen Gesten wie Geschenksendungen verbunden. So schickte Lötzke an Sante ein Paket mit Büchern und Fotokopien bedeutsamer DZA-Archivalien zur deutschen Geschichte zwischen 1856-1943.[232] Indem solche Kanäle gepflegt wurden, wurden zugleich Möglichkeiten ausgelotet, institutionelle Austauschbeziehungen zu entwickeln. So strengte Lötzke 1954/55 eine Vereinbarung zum probeweisen Archivalienleihverkehr zwischen dem DZA Merseburg und dem Staatsarchiv Düsseldorf an.[233]

Bemerkenswert war, dass sich Lötzke in seiner Besuchspolitik zunächst nicht von der politischen Vergangenheit seiner Gäste einschränken ließ. So reiste im Juli 1956 der aus der SBZ/DDR geflüchtete, nunmehrige Archivrat Friedrich Facius vom Koblenzer Bundesarchiv ebenso nach Potsdam und ließ sich durch das Archiv führen wie einige Monate später sein Archivkollege Wilhelm Rohr, der nicht nur die rechte Hand von Winter war, sondern vor 1945 auch zu Zipfels engsten Getreuen gehört hatte.[234] Dass Lötzke bei dieser Gelegenheit Rohr bat, bei seinen Kollegen gegen den »völlig überholten Standpunkt« einwirken zu wollen, die DDR befinde sich hinter dem Eisernen Vorgang und sei für Archivbesuche aus dem Westen unzugänglich[235] – eine Einschätzung, die weder Rohr teilte, noch Prof. Dr. Walther Hubatsch aus Göttingen, der mit seinen Studenten im Juli 1956 das DZA besuchte – ist bezeichnend für einen insgesamt bemerkenswert vorbehaltlosen Umgang.[236] Schließlich war es auch der DZA-Direktor, der zum 65. Geburtstag von Heinrich Otto Meisner eine Festschrift mit zahlreichen auswärtigen bzw. westdeutschen Autoren herausgab,

231 BArch, DO 6/364: Helmut Lötzke an Staatsarchivdirektor Dr. Papritz, 5.4.1956 sowie 16.5.1956.- BArch, DO 6/364: Archivdirektor Dr. Papritz an Dr. Lötzke, 9.4.1956.- BArch, DO 6/364: Helmut Lötzke an Prof. Dr. Sante, 16.5.1956.- BArch, DO 6/364: Helmut Lötzke an die StAV, Koll. Schetelich: Besuch von Prof. Dr. Sante, Wiesbaden, in Potsdam und Merseburg, 22.5.1956.

232 BArch, DO 6/364: Auflistung der Geschenksendung des DZA an Staatsarchivdirektor Prof. Dr. Sante, 31.5.1956.

233 BArch, DO 6/364: Dr. Lötzke an den Staatssekretär für Innere Angelegenheiten im MdI: Archivalien-Leihverkehr mit Westdeutschland, 25.10.1955.- BArch, DO 6/364: Staatliche Archivverwaltung (Dr. Höhnel) an den Staatssekretär für Innere Angelegenheiten im MdI: Archivalienleihverkehr mit Westdeutschland, 10.11.1955.

234 BArch, DO 6/364: Dr. Friedrich Facius an das Deutsche Zentralarchiv / Dr. Helmut Lötzke, 28.6.1956.- BArch, DO 6/364: Dr. Lötzke an Dr. Friedrich Facius, 2.7.1956.- BArch, DO 6/364: Oberarchivrat Dr. Wilhelm Rohr an Dr. Helmut Lötzke, 15.11.1956.- BArch, DO 6/364: Dr. Lötzke an Staatssekretär Hegen / MdI: Bericht über den Besuch von Oberarchivrat Dr. Rohr vom Bundesarchiv Koblenz, 3.12.1956.

235 BArch, DO 6/364: Dr. Lötzke an Staatssekretär Hegen/MdI: Bericht über den Besuch von Oberarchivrat Dr. Rohr vom Bundesarchiv Koblenz, 3.12.1956.

236 BArch, DO 6/364: Prof. Dr. Walther Hubatsch an Dr. Lötzke, Direktor des DZA, 10.6. und 29.6.1956 sowie 17.7.1956.- BArch, DO 6/364: Dr. Lötzke an Prof. Dr. Walther Hubatsch, 16.6.1956 und 24.7.1956.

die auf ihre Weise das unter den Archivaren jener Zeit noch vorherrschende gesamtdeutsche Zusammengehörigkeitsgefühl abbildete.[237]

Am Ende des Jahrzehnts hatte sich Lötzke in der Riege der deutschen Archivleiter etabliert, was auch im Vorstellungsschreiben des neuen Generaldirektors der staatlichen Archive Bayerns, Heinz Lieberich, aus dem Jahr 1959 zum Ausdruck kam, in dem dieser respektvoll um gute Zusammenarbeit ersuchte.[238] Der internationale Kontakt hatte sich beständig erweitert; es gab etwa Verbindungen zur *Library of Congress*, zum Internationalen Institut für Sozialgeschichte Amsterdam oder zu einer Reihe schwedischer Professoren. Dabei stieg das Interesse mit dem Wachstum der Bestände am DZA mehr oder weniger parallel an. Umgekehrt fungierte Lötzke zumindest in den 1950er Jahren als Multiplikator nach innen. Als DDR-Delegierter und Berichterstatter für die »Archivmitteilungen« brachte er den DDR-Archivaren zumindest bruchstückhaft das internationale und vor allem westliche Geschehen zur Kenntnis. So verantwortete er unter anderem Berichte über den 32. Archivtag in Bremen (1953), den 33. Archivtag in Goslar (1954), den *Table ronde des Archives* in Zagreb (1957), den 35. Archivtag in Koblenz (1957), den 36. Archivtag in Konstanz (1958) und den IV. Internationaler Archivkongress in Stockholm (1960).[239] Darüber hinaus rezensierte er die Ausgaben des westdeutschen Fachorgans »Der Archivar« der Jahrgänge 1958-1962 sowie diverse Publikationen des Bundesarchivs, darunter auch Friedrich Kahlenbergs »Deutsche Archive in Ost und West«.[240]

237 Archivar und Historiker. Festschrift zum 65. Geburtstag von Heinrich Otto Meisner, Berlin (Ost) 1956.

238 BArch, DO 6/364: Generaldirektor der staatlichen Archive Bayerns, Prof. Dr. Heinz Lieberich, an den Direktor des Deutschen Zentralarchivs Potsdam, Dr. Lötzke, 7.2.1959.- BArch, DO 6/364: Direktor des Deutschen Zentralarchivs Potsdam, Dr. Lötzke, an den Generaldirektor der staatlichen Archive Bayerns, Prof. Dr. Heinz Lieberich, 24.2.1959.

239 32. Deutschen Archivtag in Bremen, in: Archivmitteilungen 3 (1953) 3/4, S. 66.- 33. Deutscher Archivtag in Goslar, in: Archivmitteilungen 4 (1954) 4, S. 73-74.- 35. Deutscher Archivtag in Koblenz, in: Archivmitteilungen 7 (1957) 4, S. 151.- 36. Archivtag in Konstanz, in: Archivmiteilungen 8 (1958) 4, S. 124-125.- Internationale Kongresse in Stockholm, in: Archivmitteilungen 10 (1960) 1, S. 36.

240 Helmut Lötzke in: Archivmitteilungen 9 (1959) 6, S. 217-219 / 10 (1960) 5, S. 184-186 / 11 (1961) 5, S. 164-165 / 12 (1962) 6, S. 227-229 / 14 (1964) 1, S. 37-39.- Helmut Lötzke, Das Bundesarchiv und seine Bestände, in: Archivmitteilungen 11 (1961) 6, S. 101-102.- Ders., Rezension zu Friedrich P. Kahlenberg, Deutsche Archive in West und Ost. Zur Entwicklung des Staatlichen Archivwesens seit 1945, Düsseldorf 1972, in: Zeitschrift für Geschichtswissenschaft 21 (1973).- Ders., Rezension: Führer durch die Quellen zur Geschichte Lateinamerikas in der Bundesrepublik Deutschland, in: Archivmitteilungen 25 (1975), S. 118.

Weimar 1952

In der DDR existierte keine Berufsvereinigung, die nach westdeutschem Muster zu Archivtagen hätte einladen können. Für die Binnenkommunikation wurden zwar eigene Formate des Informationsaustauschs etabliert, angefangen von eintägigen Zusammenkünften bis zu mehrtägigen Konferenzen. Doch in der Außenrepräsentation entstand so eine Lücke, wie Anfang der 1950er Jahre vonseiten ostdeutscher Archivare moniert wurde.[241] Kompensiert werden sollte das Defizit mit der Durchführung des Weimarer Kongresses der Archivare der DDR. Einberufen für die Zeit vom 28. bis 30. Mai 1952, lag er zwischen der kurz zuvor verkündeten Stalin-Note vom 10. März und der bald folgenden territorialpolitischen Umstellung von der Länder- zur Bezirksstruktur in der DDR. Er fand zudem zwischen der Anfang Mai erfolgten Absetzung von Innenminister Steinhoff und der wenige Monate später vollzogenen Ablösung Korfes' als oberstem Archivfunktionär und DZA-Leiter statt.[242] Sowohl die Territorial- und Verwaltungsreform als auch die Personalwechsel sollten die Archivlandschaft im Anschluss an den Kongress nachhaltig verändern. Deshalb konnte keiner der Teilnehmer ahnen, dass so manches Diskussionsthema schon Wochen später »Schnee von gestern« war.[243] Insofern bestand die Besonderheit dieses Kongresses weniger in seinen fachlichen Debatten als vielmehr darin, dass er bis zum Ende der DDR das einzige Treffen auf ostdeutschem Boden war, auf dem Archivare beider Länder in größerer Zahl zusammenkamen. Zwar folgten noch bis 1959 Begegnungen auf den westdeutschen Archivtagen. Doch die dort anwesenden DDR-Delegationen waren ausgesucht und ein freier Austausch mit ihnen schwierig.

Der Kongress, dessen Vorgeschichte und Verlauf Volker Wahl eingehend beschrieben hat, fungierte als Bühne der Selbstverständigung, Reorganisation und Neuausrichtung des ostdeutschen Archivwesens im Kontext der Teilung Deutschlands.[244] Zugleich war – wenig verwunderlich – eine Schaufensterfunktion prominent mitgedacht,[245] was die beträchtliche Anzahl von 87 Einladungen erklärt, die in die Bundesrepublik verschickt worden waren.[246]

241 BArch, DO 1/240: Protokoll der Dienstbesprechung vom 10./11. April 1951.

242 Schreyer, Das staatliche Archivwesen, S, 38 ff.

243 Willy Flach beispielsweise sprach sich in seinem Vortrag für eine Kompetenzerweiterung der Landesarchivverwaltungen zur effektiveren Umsetzung der archivischen Verordnungen und Gesetze der DDR aus. Schreyer, Das staatliche Archivwesen der DDR, S. 41.

244 Volker Wahl, Der Kongress der Archivare der DDR 1952 in Weimar, in: Klaus Oldenhage/Hermann Schreyer/Wolfram Werner (Hg.), Archiv und Geschichte. Festschrift für Friedrich P. Kahlenberg, Düsseldorf 2000, S. 115-141.

245 Otto Korfes, Der Kongreß der Archivare als Förderer der deutschen Einheit, in: Archivmitteilungen 2 (1952) 1, S. 1-2.- Willy Stoph, Zum Kongreß der Archivare in Weimar, in: ebd., S. 17.

246 Wahl, Der Kongress der Archivare, S. 126.

Dass am Ende aber nur zehn bundesdeutsche Gäste tatsächlich anreisten,[247] hing maßgeblich mit den erheblichen Teilnahmebedenken vieler Archivare sowie den Verhaltensrichtlinien zusammen, die das Bundesministerium für gesamtdeutsche Fragen ausgegeben hatte.[248] Dort versperrte man sich zwar nicht grundsätzlich der Teilnahme. Doch sah man die Gefahr einer propagandistischen Instrumentalisierung der Veranstaltung. Dem Archivausschuss wurde daher vorgeschlagen, nur eine kleine Gruppe ohne offiziellen Delegationsstatus zu entsenden. Daraufhin sagte VdA-Leiter Vollmer seine Teilnahme ab, versprach Otto Korfes jedoch in seinem Antwortschreiben, die Reise nach Weimar unter Kollegen zu empfehlen.[249]

Wie vom Bundesministerium vermutet, nutzten DDR-Politiker das Forum, um gegen westdeutsche Politik zu agitieren. Während sich in den Begrüßungsreden von Staatssekretär Hans Warnke und StAV-Leiter Otto Korfes politisches Statement und fachliche Einlassungen die Waage hielten, wetterte der Innenminister des Landes Thüringen, Willy Gebhardt, lautstark gegen Bundeskanzler Konrad Adenauer und dessen Regierung sowie gegen den General- bzw. Deutschlandvertrag, der der Bundesrepublik umfassende Souveränitätsrechte zusprach. Von den bundesdeutschen Gästen verließ daraufhin der Marburger Historiker Walter Schlesinger unter Protest den Saal. Dass er mit seiner Empörung nicht alleinstand, erfuhr Schlesinger dann in den Pausengesprächen, denn auch ostdeutsche Kollegen äußerten sich pikiert über Gebhardts Ausfälle.[250] Nach dieser Eröffnung bestimmten allerdings fachliche Fragen den weiteren Kongressverlauf, und die meisten Beiträge argumentierten strikt fachbezogen.[251] Gezielte Angriffe oder Anspielungen auf die bundesdeutschen Verhältnisse oder die abgrenzende Propagierung eines »sozialistischen Archivwesens« unterblieben.[252] Vielmehr nutzten viele DDR-Archivare die Gelegenheit, sich mit den westdeutschen Gästen vertraulich austauschen zu

247 Folgende Archivare und Historiker aus der Bundesrepublik nahmen am Weimarer Kongress teil: Staatsarchivdirektor Friedrich Prüser (Bremen), Stadtarchivdirektor Reinhold Schaffer (München), Landesarchivrat Wilhelm Suhr (Schleswig), Staatsarchivrat Fritz Geisthardt (Wiesbaden), Staatsarchivrat Wolf Heino Struck (Wiesbaden), Stadtarchivar Willibald Fischer (Aschaffenburg), Archivassessor Walter Scherzer (Würzburg), Dr. Anneliese Triller (Königstein/Taunus), Hermann Heimpel (Göttingen), Walter Schlesinger (Marburg). Ebd., S. 131, FN 53.

248 Riedrich, Die Deutschen Archivtage, S. 45 f.

249 Wahl, Der Kongress der Archivare, S. 127 ff.

250 Bericht von Prof. Dr. Walter Schlesinger (Marburg) an das Bundesministerium für gesamtdeutsche Fragen in Bonn über seine Teilnahme am Kongreß der Archivare der DDR 1952 in Weimar, 27. Juni 1952. Dokument abgedruckt in: Wahl, Der Kongress der Archivare, S. 134-141, hier S. 136 f.

251 Die Ergebnisse der Tagung wurden publiziert in: Archivarbeit und Geschichtsforschung. Vorträge und Referat, gehalten auf dem Kongress der Archivare der DDR in Weimar 1952, Berlin 1952.

252 Wahl, Der Kongress der Archivare, S. 137.

können.[253] Für die ostdeutschen Archivare und Historiker, die zusammen 561 Kongressteilnehmer ausmachten, besaß die Weimarer Veranstaltung daher auch den Charakter einer überregionalen Selbstverständigung unter den neuen politischen Bedingungen.[254] Die Hoffnung, dass von nun an mehr Austausch praktiziert werden würde, erwies sich jedoch als Trugschluss. Nur zehn Wochen später fand in Nürnberg der 31. Deutsche Archivtag statt. Die dortige Teilnahme von DDR-Archivaren war – aus Reziprozitätsgründen – eines der Motive für den westdeutschen Besuch in Weimar. Mit 30 Anmeldungen aus der DDR schien diese Rechnung zunächst aufzugehen. In letzter Minute aber verweigerten die ostdeutschen Behörden den Antragstellern die Ausreise in die Bundesrepublik.[255]

Vom dosierten Austausch zum Abbruch der Kontakte

Die Zahl der ostdeutschen Teilnehmer an den Zusammenkünften ihrer westdeutschen Archivarskollegen war von einem ständigen Auf und Ab gekennzeichnet. 1953 reisten sieben Vertreter zum Archivtag nach Bremen, im Folgejahr waren es eine 18-köpfige Archivarsdelegation sowie weitere 20 Historiker und Archivmitarbeiter in Goslar.[256] Auch 1955 in Augsburg bestand die Delegation immerhin aus etwa 40 Personen; die Zahl der DDR-Archivare war insgesamt zwar wieder niedriger, allerdings waren sie mit Lötzke, Meisner, Flach und Kretzschmar prominent vertreten.[257] Bei den Archivtagen 1957 in Koblenz, 1958 in Konstanz und 1959 in Osnabrück war ebenfalls eine offizielle Delegation aus der DDR anwesend,[258] doch trübte sich zwischenzeitlich das Klima im Bereich Geschichtswissenschaft und Archivwesen ein. Anlass war der Eklat rund um das erteilte Redeverbot gegenüber mehreren DDR-Historikern auf dem Trierer Historikertag 1958, was dort zur vorzeitigen Abreise der DDR-Delegation geführt hatte.[259] (Es folgten weitere gegenseitige Stellungnahmen,

253 »Jeder war froh, endlich einmal sein Herz ausschütten zu können. […] Dem niederdrückenden Gefühl, vergessen worden zu sein, das vielleicht nicht ganz mit Unrecht stellenweise aufgekommen ist, wird dadurch der Boden entzogen«, berichtete Schlesinger an das Bundesministerium für gesamtdeutsche Fragen. Ebd., S. 134.

254 Ebd., S. 126.

255 Riedrich, Die Deutschen Archivtage, S. 48 f.

256 Helmut Lötzke, Bericht über den 32. Deutschen Archivtag in Bremen, in: Archivmitteilungen 3 (1953) 3/4, S. 66.- Ders., 33. Deutscher Archivtag in Goslar, in: Archivmitteilungen 4 (1954) 4, S. 26.- Schreyer, Das staatliche Archivwesen, S. 38 f., 51 ff.

257 Friedrich Beck, 34. Deutscher Archivtag in Augsburg, in: Archivmitteilungen 5 (1955) 4, S. 26-27.

258 Vgl. auch die Tagungsberichte in den Archivmitteilungen 7 (1957) 4, S. 151 / 8 (1958) 4, S. 124 f. / 9 (1959) 6, S. 210 f.

259 Dazu auch: Blaschke/Thiel, Konsolidierung und Politisierung, S. 409 ff.

die vor allem in DDR-Medien zu einem ernsthaften Zwischenfall erklärt und dementsprechend propagandistisch ausgeschlachtet wurden.[260])

Diese Entwicklung hatte insofern dramatische Züge, als noch im Jahr zuvor, vom 24. bis 27. Juni 1957, in einvernehmlicher Weise der zweite große Kongress der DDR-Archivare unter Beteiligung von elf bundesdeutschen Archivaren in Leipzig stattgefunden hatte. Die Beiträge und Debatten waren ausgesprochen sachorientiert geführt worden, sodass die ost- und westdeutschen Tagungsberichte jeder Seite konstruktive Mitarbeit bescheinigten und die guten persönlichen und fachlichen Beziehungen hervorhoben.[261] Erst im Rückblick wurde offenbar, dass das Leipziger Aufeinandertreffen die letzte gesamtdeutsche Veranstaltung auf ostdeutschem Boden war. Denn mit der Aufgabe der Vorstellung, es lasse sich eine deutsche Einheit unter sozialistischen Vorzeichen »erkämpfen«, erfolgte eine politische Kehrtwende der SED-Führung, die nun auf Abgrenzung zur Bundesrepublik setzte, Reiseanträge entsprechend restriktiv behandelte oder wie im Falle Willy Flachs Lehrstuhlberufungen an bundesdeutsche Universitäten zu verhindern suchte.[262] Der auf den Archivtagen gehaltene deutsch-deutsche Gesprächsfaden zerriss noch vor dem Mauerbau. Der VdA hielt zwar für den Essener Archivtag Ende September 1960 trotz der Trierer Vorfälle an seiner offenen Einladungspraxis fest und beantragte sogar Reisemittel für ostdeutsche Kollegen. Obwohl es Georg Sante gelang, Vorbehalte gegen eine Teilnahme von DDR-Archivaren innerhalb des Verbandes zu zerstreuen,[263] war es nun aber die DDR-Seite, die auf einen Abbruch hinarbeitete. Mit der Begründung, das Thema des Archivtags sei für DDR-Belange wenig ergiebig und der IV. Internationale Archivkongress habe Priorität, erteilte die StAV dem VdA eine Abfuhr und genehmigte lediglich die Teilnahme von drei Stadtarchivaren und einem Dozent für Landesgeschichte.[264]

260 Vgl. Der Archivar 11 (1958) 4, Sp. 346.- Trierischer Volksfreund vom 26. und 29. 9.1958.- Neues Deutschland vom 27. September 1958.- Blaschke/Thiel, Konsolidierung und Politisierung, S. 410f.

261 Vgl. Tagungsberichte in Archivmitteilungen 7 (1957) 3, S. 91-97, und Deutschlandarchiv 10/1957, Sp. 263-274.- Schreyer, Das staatliche Archivwesen, S. 52f.

262 Dazu auch: Michael Lemke, Einheit oder Sozialismus? Die Deutschlandpolitik der SED 1949-1961, Köln/Weimar/Wien 2001.- Jessen, Akademische Elite und kommunistische Diktatur, S. 98, 214f., 297ff.- Zu Willy Flach: Hans Patze, Willy Flach zum Gedächtnis, in: Jahrbuch für die Geschichte Mittel- und Ostdeutschlands 8 (1959), S. 349-363.-Volker Wahl, Einleitung. Thüringer Archivar, Landeshistoriker und Goetheforscher. Willy Flach (1903-1958) – Ein Lebensbild, in: Ders., (Hg.), Willy Flach (1903-1958). Beiträge zum Archivwesen, zur thüringischen Landesgeschichte und zur Goetheforschung, Weimar 2003, S. 10-55, hier S. 40ff.- Udo Grashoff, »In einem Anfall von Depression …«: Selbsttötungen in der DDR, Berlin 2010, S. 208ff.

263 Riedrich, Die Deutschen Archivtage, S. 61ff.- Norbert Reimann, 50 Jahre Verein deutscher Archivare, in: 50 Jahre Verein deutscher Archivare. Bilanz und Perspektiven des Archivwesens in Deutschland, Siegburg, 1997., S. 1-12, hier S. 8.

264 DeutschlandArchiv 4/1960, Sp. 414.- Schreyer, Das staatliche Archivwesen der DDR, S. 88.

Ein Jahr später wurde mit dem Mauerbau die eingeleitete Abschottungspolitik dann sprichwörtlich zementiert. Nicht nur der Reiseverkehr brach ab, auch der offizielle Informationsfluss zwischen West und Ost und die gegenseitige Rezeption kamen zum Erliegen. Die »Archivmitteilungen« berichteten nur noch über die Jahrgänge 1962 bzw. 1966 der westdeutschen Fachzeitschriften »Der Archivar« und »Archivalische Zeitschrift«.[265] Danach wanderten die Zeitschriften in den »Giftschrank« und konnten nur noch nach erfolgreicher gesonderter Antragstellung für definierte Forschungszwecke eingesehen werden. Zugleich durfte im Westen nicht ohne explizite Erlaubnis publiziert werden. Zwar setzte einige Zeit nach dem Schock des 13. August 1961 wieder eine gewisse Liberalisierung im wissenschaftspolitischen Bereich und hinsichtlich des wissenschaftlichen Austauschs ein, und die Zahl der Auslandsreisen im wissenschaftlichen Sektor stieg wieder an.[266] Doch das DDR-Archivwesen blieb davon unberührt und geriet – mit Blick auf den Westen – rasch in die Isolation. Freilich gingen nach dem Mauerbau weiterhin regelmäßig VdA-Einladungen an die Staatliche Archivverwaltung bzw. die DDR-Archivare ein, auf die die ostdeutsche Seite immerhin noch schriftlich reagierte (teilweise sogar mit Grußtelegrammen).[267] Doch da die Absagen meist erst kurz vor Tagungsbeginn übersandt wurden und solch ein Vorgehen schnell als Reaktionsmuster durchschaut wurde, schmolzen die Hoffnungen auf deutsch-deutsche Zusammentreffen dahin. Bald verzichteten beide Seiten sowohl auf Einladungen als auch auf Anmeldungen bzw. schriftliche Ablehnungen. In den Eröffnungsreden der Archivtage wurde die ostdeutsche Kollegenschaft nun auch nicht mehr erwähnt, ebenso wurden sie bis auf ausgewählte Vertreter und einzelne Archive im »Verzeichnis der Archivare« nicht mehr aufgeführt. Insofern riss, abgesehen von vereinzelten Behördenkontakten, Mitte der 1960er Jahre der deutsch-deutsche Kommunikationszusammenhang mindestens bis zur Unterzeichnung des Kulturabkommens zwischen Bundesrepublik und DDR im Jahr 1986 mehr oder weniger vollständig ab.[268]

Die Phase der Abtrennung wurde darüber hinaus begleitet von der Pensionierung renommierter Archivare wie Hellmut Kretzschmar oder Heinrich Otto Meisner, die der DDR auf der gesamtdeutschen und internationalen Bühne bislang eine eigene Stimme gegeben hatten. Sie zogen sich zurück oder traten nicht mehr als Repräsentanten ihres Landes bzw. ihrer Einrichtungen in Erscheinung.[269] Mit dem Ausscheiden von Karl Höhnel aus der StAV verlor

265 Schreyer, Das staatliche Archivwesen, S. 91.

266 Niederhut, Wissenschaftsaustausch im Kalten Krieg, S. 36, 43 f., 47.

267 Riedrich, Die Deutschen Archivtage, S. 70 f.

268 Ebd.

269 Karlheinz Blaschke, Hellmut Kretzschmar zum Gedächtnis, in: Blätter für deutsche Landesgeschichte 105 (1969), S. 44-51.- Reiner Groß, Hellmut Kretzschmar. 1893 bis 1965, in: Heinz Heitzer/Horst Bartel (Hg.), Wegbereiter der DDR-Geschichtswissenschaft. Biographien, Berlin 1989, S. 125-135.- Wahl, Willy Flach (1903-1958).- Zu Meisner siehe das dahingehende Kapitel im vorliegenden Buch.

das DDR-Archivwesen zudem auf der Funktionärsebene eine ihrer wenigen Persönlichkeiten, die im Westen als fachlich versiert, kommunikationsfreudig und kooperativ akzeptiert worden waren.[270] Damit entstand auch auf der Führungsebene der StAV eine sichtbare Lücke, die die fachfremden Leiter in den Folgejahren nicht zu schließen vermochten, weshalb sie international dann häufig durch ausgewählte Reisekader wie Reinhard Kluge (StAV), Horst Schlechte (Staatsarchiv Dresden) oder Heinz Voßke (Zentrales Parteiarchiv) vertreten wurden.[271] Im Ergebnis forcierten Mauerbau und personelle Abschmelze auf doppelte Weise ein fachliches Verblassen der ostdeutschen Archivgemeinschaft in der westlichen *Community*. Verbliebene Generations- und Erfahrungszusammenhänge zwischen ost- und westdeutschen Archivaren erhielten sich, wenn überhaupt, nur noch auf privater Ebene.

Flucht und Ausreise

Abwanderung der Experten

Der Kalte Krieg, die deutsche Teilung und das sämtliche Bevölkerungsschichten erfassende Fluchtgeschehen von Ost nach West prägten nachhaltig die Gesellschaft der SBZ/DDR und der Grenzstadt Potsdam. Der ostdeutschen Seite gelang es trotz Grenzregime bis zum Mauerbau nie, den massenhaften Weggang ihrer Bürger im Allgemeinen sowie der Fachkräfte im Besonderen signifikant zu stoppen. Das betraf auch das Archivwesen. Der fachliche Aderlass, verbunden mit dem Reputationsverlust, den das SED-Regime durch die Flucht- und Ausreisebewegung erlitt, begann frühzeitig und hatte beträchtliche Ausmaße.[272] So befanden sich unter den Geflüchteten prominente Archivare und Spitzenvertreter des Archivwesens wie der ehemalige Leiter der Hauptabteilung Archivwesen im MdI, Roland Seeberg-Elverfeldt (Flucht 1953), der ehemalige Leiter des Staatsarchivs Weimar, Willy Flach (1958), der ehemalige Leiter des DZA Merseburg, Walter Nissen (1959), der ehemalige stellvertretende Leiter des Staatsarchivs Magdeburg, Berent Schwineköper (1959) oder der ehemalige Leiter des Staatsarchivs Dresden, Alfred Opitz (1959). Insgesamt verließen allein zwischen 1948 und 1965 44 Personen aus dem Zuständigkeitsbereich der StAV die DDR.[273] Das Gros siedelte in den 1950er Jahren über, wobei insbesondere die Jahre 1953-1960 mit 29 Fällen und hier noch einmal der Zeitraum 1958-1960 mit zwölf in der Statistik herausstechen. Dass es sich dabei um einen tatsächlichen Elitenverlust beiderlei Geschlechts handelte, zeigt die Zahl von 28 promovierten Hochschulkadern an,

270 Kuschel/Maeke, Konsolidierung und Wandel, S. 253 ff.

271 Blum/Springer, Aufstieg und Fall eines »Unfehlbaren«, S. 329 f.- Schreyer, Das staatliche Archivwesen, S. 149 ff., 177, 218-221.

272 Zahlreiche Personennamen in: Schreyer, Das staatliche Archivwesen, S. 92.

273 BArch, MfS, HA VII, Nr. 6708: Zusammenfassung über bisherige Erkenntnisse zu Angehörigen von Bereichen der StAV, die ungesetzlich die DDR verlassen haben, August 1984.

unter denen sich elf Frauen befanden.[274] Ein auffälliger »Hotspot« war das Landeshauptarchiv bzw. spätere Staatsarchiv Magdeburg. Hier ging 1954 Johannes Papritz als stellvertretender Archivdirektor fort. Ihm folgte 1956 sein Nachfolger Heinz Buttkus (später Bundesarchiv) sowie 1959 dessen Nachfolger, der bereits erwähnte Berent Schwineköper.[275] Dass sie sich gegenseitig ermutigten und unterstützten, ist vorstellbar.

Die konkreten Motive sind nur selten dokumentiert. Gleichwohl lassen sich allgemein politische und fachliche Unzufriedenheit in Kombination mit attraktiven Stellenangeboten bzw. Karriereaussichten an bundesdeutschen Archiven als Hauptgründe für den Weggang plausibilisieren. So geriet Jürgen Sydow, Leiter des Hauptreferats Ausbildung und Nachwuchs in der HA Archivwesen, aufgrund vermeintlichen Versagens in der Ausbildung von »fortschrittlichem« Archivarsnachwuchs politisch in die Kritik und siedelte nach seiner Entlassung 1951 in die Bundesrepublik über.[276] Roland Seeberg-Elverfeldt verließ ein Jahr nach der Absetzung Otto Korfes' als hochrangiger StAV-Funktionär die DDR, da er angesichts politischen und ideologischen Drucks ein sachlich-fachliches Arbeiten nicht mehr für möglich hielt.[277] Willy Flach erhielt als einer der renommierten Archivare der DDR 1957 einen Ruf an die Universität in Bonn, dessen Annahme erst genehmigt, dann zurückgezogen wurde, sodass er sich 1958 zur Flucht gezwungen fühlte.[278] Ein weiterer Impuls ging vom Amtsantritt Karl Schirdewans 1958 aus. Als parteitreuer Nicht-Fachmann trieb der neue StAV-Leiter die Politisierung und Ideologisierung des DDR-Archivwesens offensiv und konfrontativ voran und schuf sich damit viele Gegner unter den hochqualifizierten Archivkräften. Eine Reihe von ihnen reagierte mit Flucht auf die Bevormundung. Das bemerkte auch das MfS, als es Jahre später aus seiner Perspektive die Fluchtbewegung analysierte. Dem-

274 Ebd.

275 BArch, MfS, HA VII, Nr. 6708: Hinweise für Recherchen zum Verbleib bzw. zu einer möglichen Verbringung von Beständen der ehemaligen »Publikationsstelle« (PSt) Bautzen des faschistischen »Reichssicherheitshauptamtes« (RSHA), August 1985.- Auch BArch, DO 1/33105: Personalakte Heinz Buttkus. Heinz Buttkus gab sowohl archivpolitische als auch familiäre Gründe an, da seine Familie bereits seit längerem in Westdeutschland lebte. BArch, DO 1/33105: Dr. Buttkus an die Staatliche Archivverwaltung, 12.9.1956.

276 Jürgen Sydow, Das Archivwesen der Deutschen Demokratischen Republik (Sowjetische Besatzungszone), in: Der Archivar 4 (1951), Sp. 55-64.

277 Kuschel/Maeke, Ein Neubeginn, S. 201 ff.

278 Volker Wahl: Willy Flach (1903-1958). In: Thüringer Archivarverband (Hrsg.): Lebensbilder Thüringer Archivare, Rudolstadt 2001, S. 72-88.- Volker Wahl: Thüringer Archivar, Landeshistoriker und Goetheforscher. Willy Flach (1903-1958), in: Volker Wahl (Hg.), Willy Flach. Beiträge zum Archivwesen, zur thüringischen Landesgeschichte und zur Goetheforschung, Weimar 2003, S. 10-56.- Udo Grashoff, »In einem Anfall von Depression«: Selbsttötungen in der DDR, Berlin 2006, S. 204-210.

nach hätten sich die »Feindaktivitäten« mit Beginn von Schirdewans Amtszeit deutlich verstärkt.[279]

Unter den Geflüchteten fanden insbesondere die prominenten und gut ausgebildeten Archivare im Westen hohe und gut dotierte Anstellungen. So wurde beispielsweise Alfred Opitz Abteilungsleiter im Deutschen Museum München, der vom Staatsarchiv Schwerin kommende Manfred Hamann Archivdirektor im Staatsarchiv Hannover, Berent Schwineköper Direktor des Stadtarchivs Freiburg, Walter Nissen Archivdirektor des Staatsarchivs Göttingen, die vom Staatsarchiv Weimar kommenden Wolfgang Huschke, Friedrich Facius (später beim Bundesarchiv) und Hans Patzke wurden Leiter des Personenstandsarchivs Brühl, Staatsarchivdirektor beim Generallandesarchiv/Außenstelle Freiburg bzw. Professor für Landesgeschichte an der Universität Gießen.[280]

Doch für etliche Archivare gestaltete sich der Eintritt ins westdeutsche Archivwesen keinesfalls als Selbstläufer. Der bundesdeutsche Stellenmarkt war zumindest in den 1950er Jahren noch weitgehend dicht. Es brauchte die Bereitschaft, Umwege zu gehen und gegebenenfalls wieder unten anzufangen.[281] Überdies war eine Reihe von Qualifikationen, Referenzen und Nachweisen zu erbringen, deren Anerkennung keineswegs gesichert war. Gerade als sich die politischen Verhältnisse in der DDR mehr und mehr ideologisch aufluden und die SED den Elitenwechsel vorantrieb, wurde dies zum Problem. So erbat sich beispielsweise 1956 der Direktor des Bundesarchivs, Georg Winter, anlässlich des Einstellungsgesuchs eines geflüchteten Potsdamer Zentralarchivars zunächst einmal Auskunft bei Johannes Papritz (der ebenfalls die DDR verlassen hatte und nun in der Archivschule Marburg tätig war) darüber, inwiefern die Potsdamer Ausbildung mit westdeutschen Standards zu vergleichen sei. Hintergrund war die allgemeine Beobachtung einer zunehmenden Politisierung sowohl der Ausbildung als auch bereits der Auswahl der Auszubildenden in der DDR.[282] In seiner Antwort kam Papritz zu dem Ergebnis, dass die Absolventen der Jahrgänge 1950/51, 1951/53 und 1953/55 gegenüber den westlichen Kollegen noch als gleichwertig zu betrachten seien, da die ostdeutschen Ausbildungsverfahren und Lehransprüche noch direkt an das Berlin-Dahlemer IfA angeknüpft hätten. Für die Zeit seit 1956 hingegen konstatierte Papritz einen Wandel in Lehre und Absolventenkreis, sodass eine vollwertige Anerkennung nicht mehr möglich und beim Wechsel an eine westdeutsche Einrichtung

279 BArch, MfS, HA VII, Nr. 6708: Zusammenfassung über bisherige Erkenntnisse zu Angehörigen von Bereichen der StAV, die ungesetzlich die DDR verlassen haben, August 1984.

280 BArch, MfS, HA VII, Nr. 6708: Auflistung der aus der DDR geflohenen Diplom- und staatlich geprüften Archivare bis 1965, o. D. (wahrscheinlich 1984).

281 Gregor Richter, Schicksalhafte Konstellationen und laufbahnrechtliche Hürden beim beruflichen Neubeginn nach der Flucht aus der DDR, in: Klaus Oldenhage/Hermann Schreyer/Wolfram Werner (Hg.), Archiv und Geschichte. Festschrift für Friedrich P. Kahlenberg, Düsseldorf 2000, S. 142-156.

282 BArch, PERS 101/62708: Schreiben Georg Winter an Johannis Papritz, 10.11.1956

eine zusätzliche Ausbildung erforderlich sei.[283] Dies sahen Georg Winter und andere Archivleiter ebenso, sodass sich Neuankömmlinge aus der DDR in der Regel zunächst einmal zu bewähren und weiter zu qualifizieren hatten.

Fluchtmotive von DZA-Beschäftigten

Von der allgemeinen Flucht- und Ausreisewelle war auch das DZA massiv betroffen. So verließen allein bis zum Mauerbau Abteilungsleiter Rudolf Schatz (1953), die Referenten Heinz Riese (1952) und Georg Strutz (1953), die Schreibkraft Ida Klintz (1953), Diplomarchivarin Lieselotte Schorn (1953), Magazinmeister Franz Sondermann (1954), Verwaltungsmitarbeiter Fritz Meilick (1956) Archiv-Außenstellenleiter Walter Nissen (1958) und Diplomarchivar Willi Boelcke (1959) sowie Diplomarchivarin Hannelore Wolf (später Ritscher, 1961) das Archiv.

Die Ursachen für ihren Weggang waren divers, gleichwohl schälen sich folgende Beweggründe als hauptsächliche Motive heraus: politisch und fachlich motivierter Dissens, Bedrängnis durch den Geheimdienst sowie attraktive Karrierechancen im Westen. Dabei macht die Nahperspektive deutlich, dass jede Person bis zum Entschluss, Archiv und Heimat zu verlassen, ihre individuelle Vorgeschichte durchlebte, die sich in Verlauf und Dynamik kaum in ein gemeinsames Schema einpassen lässt. Die Einzelschicksale spiegelten die Heterogenität der DZA-Belegschaft wider. Dennoch ist ihnen als Erfahrung die widerfahrene Wirkmächtigkeit diktatorischer Herrschaft gemeinsam, die archivarische Lebenswege umlenkte. Das sollen im Folgenden fünf biografische Beispiele aus dem Zentralarchiv illustrieren.

Dass Archivmitarbeiter in den Strudel der »großen Politik« geraten konnten und dadurch in die Flucht getrieben wurden, zeigt der erste Fall von Lieselotte Schorn. Sie hatte 1950 zunächst als Hilfskraft im DZA Merseburg begonnen und sich dann unter Leitung von Walter Nissen zur Diplomarchivarin weiterqualifiziert. Schorn war Mitglied der SED und galt im Kollegium als geschätzte Fachkraft. 1953 geriet die 33-Jährige jedoch in den Fokus der Sicherheitsorgane. Grund dafür waren die aufrührerischen Aktivitäten ihres Mannes Fritz Schorn als »Streikführer Leuna« bzw. »Streikleiter Leuna-Buna-Merseburg« während des Volksaufstandes vom 17. Juni und danach.[284] Nach dessen Niederschlagung war der kaufmännische Angestellte geflohen und engagierte sich im »Komitee 17. Juni«, das von West-Berlin aus agierte und vom DDR-Geheimdienst als staatsfeindlicher Agentenring eingestuft wurde.[285] In der Folge wurde nun

283 BArch, PERS 101/62708: Schreiben von Johannes Papritz an Georg Winter, 19.11.1956.

284 BArch, MfS, AOP, Nr. 202/54: Aufruf des Komitees 17. Juni, o. D. (Sommer 1953).- Fritz Schorn wurde sogar im »Leuna-Echo« namentlich als »Provokateur« abgebildet. Leuna-Echo Nr. 57 vom 4.8.1953.

285 Dazu auch die Aktenvorgänge: BArch, MfS, AOP, Nr. 202/54, Bd. 1-4.- Dass die Gruppe um Fritz Schorn teilweise tatsächlich Spionage betrieben haben könnte und

auch seine Ehefrau zum Observationsziel im MfS-Gruppenvorgang 23/53 »Zentrum«. Dieser sah die »Aufklärung« und »Bekämpfung« des Komitees und ihm verbundener Gruppierungen vor.[286] Eigentlich galt Lieselotte Schorn als überzeugte Marxistin, die die SED und die sozialistische Gesellschaftsordnung stets vorbehaltlos unterstützt hatte.[287] Doch nach der bewaffneten Durchsuchung ihres Wohnhauses, dem Bemühen der örtlichen SED-Kreisleitung, beim DZA ihre Entlassung durchzusetzen, und der unablässigen Überwachung setzte bei der zweifachen Mutter ein Sinneswandel ein.[288] Sie suchte nun aktiv den Kontakt zu ihrem Mann und weiteren Komitee-Mitgliedern in West-Berlin. Unterstützt wurde sie dabei von einer befreundeten Kollegin im Archiv, die ihr als Sachbearbeiterin am DZA Potsdam entsprechende Dienstfahrtbescheinigungen als Alibi-Reisen ausstellte.[289] Als das Verhaftungsrisiko immer größer schien, entschloss sich Lieselotte Schorn schließlich Mitte November 1953 zur Flucht.[290]

Bedeutsam für das vorliegende Thema ist, dass im Kontext der geheimdienstlichen Überwachung von Archivmitarbeitern Lieselotte Schorns Fall und Name noch über viele Jahre als Exempel für DDR-feindliche Kontakte und Marker für erhöhte Wachsamkeit kursierten. In der Rückschau wird zugleich erkennbar, dass innerhalb der Belegschaft der Rückhalt für System und Regime eher fragil war, interne Netzwerke bestanden und Beziehungen in den Westen relativ problemlos gepflegt werden konnten. Zugleich werden auch die interpretatorischen Grenzen eines formalen Bekenntnisses zur DDR und deren Gesellschaftsordnung in Form der SED-Mitgliedschaft deutlich. Schließlich galt Lieselotte Schorn bis zum 17. Juni 1953 als zuverlässige und ideologisch gefestigte Genossin im Kreis der Zentralarchivare, deren beide Elternteile ebenfalls der SED angehörten.[291]

Inwieweit die »Magnetkraft« des Westens zur Flucht ermutigte, wird im zweiten Fall von Rudolf Schatz deutlich. Sein überraschender Weggang hin-

Verbindungen zu bundesdeutschen und westlichen Geheimdiensten bestanden, lässt sich aus überlieferten Geheiminformationen durchaus schlussfolgern. BArch, MfS, AOP, Nr. 202/54: Auszug aus dem GM-Bericht vom 16.10.1953.- Vgl. auch die Beiakte zum Vorgang BArch, MfS, AOP, Nr. 202/54.

286 Ebd.

287 Vgl. die Berichte von GI »Rampa« vom September bis November 1953 in: BArch, MfS, AOP, Nr. 202/54, Bd. 3.

288 BArch, MfS, AOP, Nr. 202/54, Bd. 3: Bericht vom 8.9.1953.

289 BArch, MfS, AOP, Nr. 202/54, Bd. 3: Bericht vom 16. Oktober 1953.

290 BArch, MfS, AOP, Nr. 202/54, Bd. 3: Betriebsparteiorganisation des Zentralarchivs an die Kreisleitung der SED, 16.11.1953.- Der MfS-Vorgang »Zentrum« lief noch bis Ende 1954. Er führte sowohl zur Verhaftung zahlreicher Protagonisten als auch zur erfolgreichen Anwerbung etlicher Verhafteter als Informanten des Staatssicherheitsdienstes. BArch, MfS, AOP, Nr. 202/54: Bericht betr. Überwerbung des Agenten Werner Mangelsdorf aus dem Gruppenvorgang »Zentrum«, 30.12.1953.

291 BArch, MfS, AOP, Nr. 202/54, Bd. 3: Betriebsparteiorganisation des Zentralarchivs an die Kreisleitung der SED, 16.11.1953.

terließ unter den DZA-Mitarbeitern einen besonders nachhaltigen Eindruck. Der 1913 geborene Schatz war seit Januar 1950 am DZA und hatte sich vom Sachbearbeiter zum wissenschaftlichen Referenten hochgearbeitet.[292] Er galt als ausgezeichneter Fachmann, der im DZA exzellente Arbeit leistete und eine besondere Autorität ausstrahlte. Resolut in seinem Auftreten, scheute er sich nicht, SED-Mitglieder oder die SED-Betriebsgruppenleitung zu kritisieren, wenn er es für angebracht hielt.[293] Politisch war seine Position allerdings durchaus fragil. Als ehemaliges NSDAP-Mitglied zählte er zu den formal Belasteten, und er gehörte nicht der SED an. Dennoch umgab ihn nicht der Nimbus des Verfolgten, nachdem seine Flucht bekannt wurde. Er galt als jemand, der aus Karrieregründen das Land verlassen hatte – und zwar ans neu gegründete Koblenzer Bundesarchiv. Hier hatte er sofort eine materiell gut ausgestattete Anstellung erhalten, was in den Augen der verbliebenen Kollegen den Weggang zu einer beispielhaften Erfolgsgeschichte mit hohem Attraktionswert machte. Noch Jahre später stellten Schatz' Flucht und seine Neuinstallation als Bundesarchivar ein Gesprächsthema im DZA dar, wie das MfS kritisch registrierte, und Archivare suchten immer wieder das Gespräch mit ihm, wenn sie sich in Westdeutschland aufhielten.[294]

Deutlich stärker politisch motiviert als bei Rudolf Schatz erweist sich die Flucht beim dritten Beispiel, dem 1919 in Potsdam-Nowawes geborenen Hans-Joachim Neufeldt. Nach dem Studium der Geschichte, Geographie und Germanistik an der Humboldt-Universität zu Berlin, einem erfolgreichen Archivarstudium im ersten Lehrgang des IfA Potsdam sowie der 1952 in Leipzig abgeschlossenen Promotion über die Verwaltung des sächsischen Amts Belzig vom Ende des 16. Jahrhunderts bis zum Anfang des 19. Jahrhunderts arbeitete Schatz von Oktober 1952 bis zum Februar 1953 zunächst am Landeshauptarchiv Potsdam, bevor er – als Ersatz für den geflohenen Georg Strutz – als Abteilungsleiter an das DZA wechselte.[295] Als ihm dann zum 1. September 1953 der Archivleiterposten im Landeshauptarchiv bzw. Staatsarchiv Potsdam angeboten wurde, wechselte Neufeldt erneut die Einrichtung und ging zurück. Damit zählte er, der zeitgleich einen Lehrgang an der Landesverwaltungsschule

292 BArch, DO 1/33698: Personalakte Rudolf Schatz.

293 BArch, MfS, BV Pdm, AIM, Nr. 318/58, Bd. I: Bericht Quelle »Fritz«, 5.10.1955, f. 71-73.

294 Ebd., f. 73.

295 Alle biografischen Angaben aus: BArch, PERS 101/62708.- Details auch in: BArch, DO 1/30194: Personalangelegenheit Dr. Neufeldt, 24.2. und 27.5.1953.- BArch, MfS, BV Pdm, AIM, Nr. 318/58, Bd. I: Bericht Quelle »Fritz«, 5.10.1955, f. 75 f.- Darüber hinaus: Rudolf Schatz, Hans-Joachim Neufeldt [Nachruf], in: Der Archivar 12 (1959), Sp. 69-70.- Friedrich Beck, Hans-Joachim Neufeldt (1919-1958), in: Friedrich Beck/Klaus Neitmann (Hg.), Lebensbilder brandenburgischer Archivare und Historiker: Landes-, Kommunal- und Kirchenarchivare, Landes-, Regional- und Kirchenhistoriker, Archäologen, historische Geografen, Landes- und Volkskundler des 19. und 20. Jahrhunderts, Berlin 2013, S. 184-188. BArch, DO 1/30194: Personalangelegenheit Dr. Neufeldt, 24.2. und 27.5.1953.

in Königs Wusterhausen absolviert hatte, trotz seines jungen Alters zur hoffnungsvollen Nachwuchselite im DDR-Archivwesen. Doch zum Entsetzen der StAV verließ Neufeldt neun Monate später mit Frau und Kindern Potsdam in Richtung West-Berlin.

Der Zeitpunkt der Flucht, der 17. Juni 1954, also ein Jahr nach dem gescheiterten Volksaufstand in der DDR, gibt einen Hinweis auf die Motive. So wurde Neufeldt in West-Berlin als politischer Flüchtling anerkannt aufgrund einer »illegale[n] Zusammenarbeit mit einer westlichen Organisation«, wie in den Aufnahmeformularen vermerkt wurde.[296] Neufeldt war als Schüler 1934 der Hitlerjugend beigetreten und fungierte bis 1937 als Scharführer. Nach Ablegung der gymnasialen Reifeprüfung am Potsdamer Victoria-Gymnasium 1938 leistete er den obligatorischen Arbeitsdienst und wurde zum Militärdienst bei den Luftnachrichtentruppen eingezogen. Als Neufeldt 1945 nach britischer Internierung in Holstein nach Potsdam zurückkehrte, trat er im Januar 1946 bewusst der SPD bei – und nicht der KPD.[297] Der Zwangsvereinigung beider Parteien stand er skeptisch gegenüber, blieb jedoch Mitglied der nunmehrigen SED. Doch immer wieder geriet er in den Folgejahren als kurzzeitiger Geschichtslehrer und Archivar in offenen und inneren Konflikt mit der SED-Politik. Zugleich wurden ihm Kontakte zu geflüchteten ehemaligen Kollegen vorgeworfen, sodass er schließlich den Entschluss zur Flucht fasste, wie auch die ehemals leitende DZA-Archivarin Lotte Knabe in ihrem geheimen Empfehlungsschreiben an den Direktor des Bundesarchivs schrieb.[298]

Neufeldts Berufsziel im Westen war eine Anstellung im Bundesarchiv, dort, wo sein früherer Potsdamer Kollege Rudolf Schatz bereits untergekommen war. Doch der angefragte Direktor Georg Winter reagierte trotz Neufeldts Qualifikation und Referenzen zunächst ablehnend: Die Einstellungssituation sei im Moment aussichtslos, schrieb er Neufeldt im Juli 1954 persönlich.[299] Dieser fand zunächst eine Anstellung beim Stadtarchiv Worms, von dem er zum Archiv der Fürsten von Hatzfeldt-Wildenburg zu Schönstein/Sieg in Rheinland-Pfalz wechselte – und wartete ab. Seine Geduld zahlte sich aus. Als sich Anfang 1956 die Stellensituation im Bundesarchiv verbesserte, stellte Winter, der Neufeldts Anfrage stets im Hinterkopf behalten hatte, den frü-

296 BArch, PERS 101/62708: Der Leiter des Bundesnotaufnahmeverfahrens in Berlin: Aufnahmeausschuss / Aufenthaltserlaubnis – Begründung, 9.7.1954.

297 BArch, PERS 101/62708: Personalbogen und Lebenslauf, 30.10.1955.

298 Dass die Situation für die Archivare politisch risikobehaftet war, kam auch im Versand ihres Briefes zum Ausdruck, den Knabe in einem Brief an eine West-Berliner Freundin versteckt eingetütet hatte und den diese nach Koblenz weiterleitete. BArch, PERS 101/62708: Schreiben Lotte Knabe an Georg Winter, 18.1.1954.

299 BArch, PERS 101/62708: Schreiben von Georg Winter (Bundesarchiv) an Hans-Joachim Neufeldt, 1.7.1954.

heren Archivleiter zunächst als wissenschaftlichen Hilfsreferenten, später als Archivrat im Bundesarchiv ein.[300]

Wie bereits benannt, stellten erpresserische Anwerbungen durch den Geheimdienst eine weitere markante Fluchtursache dar, insbesondere dann, wenn daraus existenzielle Loyalitätskonflikte bei den Betroffenen entstanden. So hatte Referent Heinz Riese bereits im Sommer 1952 sein Arbeitsverhältnis beim DZA mit der Begründung, dass er zum wiederholten Male von sowjetischen Offizieren einbestellt, verhört und zu Spitzeldiensten gedrängt worden sei, erst aufgekündigt und dann die DDR in Richtung West-Berlin verlassen.[301] Solcherlei geheimdienstliche Anwerbungspraxis wurde ebenfalls dem DZA-Mitarbeiter Fritz Meilick zum Verhängnis, der das vierte Beispiel bildet. Meilick hatte sich zunächst zu gewissen Auskünften bereit erklärt, nachdem die Staatssicherheit auf seine Mitarbeit insistiert hatte. Doch es wurden – wohl auf Betreiben der Stasi selbst – Gerüchte über sein Engagement gestreut, was ihn schließlich so weit in Verruf brachte, dass er sich gezwungen sah, seine Heimatstadt zu verlassen: »Ohne mein Zutun war dieses Verhältnis im Hause [DZA, PUW] und darüber hinaus in meinem großen Bekannten- und Freundeskreis in Potsdam und Babelsberg bekannt geworden. Ich musste nun feststellen«, hieß es in seinem Abschiedsbrief an den stellvertretenden DZA-Direktor vom 23. September 1956, »dass meine Freunde und Bekannten meiner Frau und mir in zunehmendem Maße mit Misstrauen begegneten und dass teilweise der persönliche Verkehr mit uns abgebrochen wurde. Alles das hat mich in meiner Arbeit und im Privatleben so sehr belastet, dass ich keinen anderen Ausweg aus dieser Lage sah, als den Weggang aus Potsdam«.[302]

Meilick war als leitender Mitarbeiter in der Allgemeinen Verwaltung im Zentralarchiv tätig. Der 1902 in Berlin Geborene hatte sich seit seinem Eintritt ins DZA im Mai 1949 vom Wachmann zum Verwaltungsspezialisten hochgearbeitet. Er galt als gewissenhafter, pflichtbewusster und zurückhaltender Mitarbeiter. Leitende Archivare wie Helmut Lötzke, Gerhart Enders und Hans-Stephan Brather bescheinigten ihm einen glaubhaften Sinneswandel

300 Doch die nun an Fahrt aufgenommene Karriere brach unvermittelt ab. Am 1. Juli 1958 starb Neufeldt überraschend im Alter von nur 39 Jahren in Koblenz. In der Beileidsbekundung Winters an die Ehefrau nannte dieser Neufeldt eine hoch geschätzte Fachkraft, die sich die herzliche Zuneigung aller Mitarbeiter erworben habe und als solche »unvergessen« sei. BArch, PERS 101/62708: Schreiben des Bundesarchivs an den Bundesminister des Innern, 2.7.1958.- BArch, PERS 101/62708: Schreiben von Georg Winter an Anita Neufeldt, 3.7.1958.

301 BArch, DO 1/30194: Einschreiben Dr. Heinz Riese an das Deutsche Zentralarchiv in der DDR (Abschrift), 20.8.1952.- BArch, DO 1/30194: DZA/Der Leiter an den Staatssekretär des MdI: Schreiben betr. Kündigung des Kollegen Dr. Riese, 28.8.1952. Diesen Vorfall hatte Riese nicht nur dem DZA, sondern auch dem MdI schriftlich mitgeteilt. BArch, DO 1/30194: Einschreiben Dr. Heinz Riese an das MdI/Hauptabteilung Archivwesen (Abschrift), 25.8.1952.

302 BArch, MfS, BV Pdm, AIM, Nr. 844/56, Bd. II: Brief von Fritz Meilick an Dr. Enders vom 23.9.1956 (Abschrift).

vom »faschistischen Offizier« zum Mitgestalter der DDR-Gesellschaft,[303] andere im Archiv wie GI »Fritz« betrachteten ihn dagegen als westlich eingestellten, SED-kritischen Mitarbeiter.[304] Dass die Stasi ihn 1956 als Geheimen Informator anwerben wollte, hing mit seinem Engagement für die NDPD in Betrieb und Wohngebiet zusammen, der er seit 1950 angehörte, vor allem aber mit seiner militärischen Vergangenheit. Er hatte zunächst zwölf Jahre im 4. Reiterregiment Potsdam gedient. Nach seinem Ausscheiden als Wachtmeister entschied er sich für eine Verwaltungsausbildung bei der Stadt Berlin und wurde 1938 zum Stadtinspektor ernannt. Im August 1939 wurde er erneut eingezogen und diente bis zum Kriegsende als Oberzahlmeister bei der 719. Infanteriedivision. Meilick war Mitglied der NSDAP, der er rückwirkend zum 1. Mai 1937 (Antrag: 4. August 1937) beigetreten war.[305]

Nach dem Krieg hielt Meilick weiter Kontakt zu seinen Regimentskameraden und nahm regelmäßig an den Traditionstreffen in West-Berlin teil. Da das 4. Reiterregiment mit dem Spitznamen »Die Stobigen« zur 3. Panzerdivision und damit zur sogenannten »Bärendivision« gehörte, rechnete sich die Stasi wertvolle Informationen aus über eventuell geplante Aktionen des Traditionsverbandes oder über militärische Abwerbungen durch die westdeutsche Armee.[306] Doch die seit Februar 1956 anlaufende Zusammenarbeit mit Meilick verlief nicht nach den Vorstellungen des MfS. Nicht nur, dass dieser keine schriftliche Verpflichtungserklärung unterzeichnen wollte, sondern er besorgte auch nicht die gewünschten Informationen.[307] Meilick entschuldigte sich immer wieder mit dem Argument, dass er solch ein Tun mit seiner Ehre als Soldat nicht vereinen könne.[308] Schließlich wurde der offensichtliche Belastungsdruck zur biografischen Zäsur. Im September 1956, nach nur sechs Treffen mit Stasi-Mitarbeitern, stieg Meilick aus und verließ zusammen mit seiner Familie Potsdam in Richtung West-Berlin. Für das DZA war der Verlust der anerkannten Fachkraft beträchtlich. Für das MfS hingegen wog das Ausscheiden weniger schwer: Man hatte zwar einen Informator verloren, jedoch auch eine politisch missliebige Person aus dem Archiv verdrängt.

303 Vgl. unter anderem die Gutachten und Leistungsbeurteilungen aus dem DZA von Lötzke, Brather und Enders vom 5.10.1954, 7.12.1954 und 17.9.1955, in: BArch, MfS, BV Pdm, AIM, Nr. 844/56, Bd. II.

304 BArch, MfS, BV Pdm, AIM, Nr. 844/56, Bd. II: Bericht von GI »Fritz«, 24.9.1955.- Weitere diverse Berichte von »Fritz« über Meilick in: BArch, MfS, BV Pdm, AIM, Nr. 844/56, Bd. II.

305 BArch, NSDAP-Gaukartei: R 9361-IX Kartei / 28101262.

306 Da überdies Meilicks Schwester einen Lastkahn betrieb, der Frachten von Ost nach West und umgekehrt transportierte, wurde diese als potenzielle Kurierin in Betracht gezogen. Biografische Angaben nach: BArch, MfS, BV Pdm, AIM, Nr. 844/56, Bd. II.

307 Vgl. die Treffberichte in: BArch, MfS, BV Pdm, AIM, Nr. 844/56, Bd. I.

308 BArch, MfS, BV Pdm, AIM, Nr. 844/56, Bd. II: Abteilung V/5: Bericht über die erfolgte Anwerbung des GI »Arno« auf der Linie der Interessengemeinschaft der ehemaligen Angehörigen des 4. Reiterregiments und ehemaliger Offiziere, 24.5.1956.

Eine Mischung aus politischen und individuellen Umständen kennzeichnet wiederum den fünften Fall, die Flucht des DZA-Archivars Willi Boelcke, der sich im Juli 1959 nach West-Berlin absetzte. Um seine Person rankten sich viele Vermutungen und Legenden, und im Nachhinein macht es den Eindruck, als ob weder SED und MfS noch die Archivleitung jemals so recht wussten, mit wem sie es zu tun hatten. Die MfS-Akten zeichneten demnach auch von dem 1929 in Berlin-Lankwitz geborenen Sohn eines Fleischermeisters das Bild einer jugendhaften, politisch sprunghaften und eigenwilligen Persönlichkeit, deren Tun als schwer durchdringlich galt. In allen Beurteilungen wurde er als zwar sehr gut ausgebildet, jedoch ebenso als eigensinnig individualistisch, schwer zugänglich und bisweilen überheblich eingeschätzt. Botho Brachmann kolportierte in seiner Beurteilung als stellvertretender IfA-Leiter 1956, dass sich Boelcke selbst als »bürgerlichen Wissenschaftler« verstehe, der der DDR gegenüber loyal sei.[309]

Er absolvierte nach seiner Schulzeit von 1949 bis 1953 bzw. 1955 ein Geschichts- und Archivarstudium an der Humboldt-Universität zu Berlin sowie am IfA in Potsdam und promovierte im gleichen Jahr mit der Arbeit »Die Patrimonialjustiz in Preußen auf den Rittergütern der Kur- und Altmark im 18. Jahrhundert«. Nach eigenen Angaben war Boelcke als Jugendlicher zwar dem »Deutschen Jungvolk« beigetreten, hatte jedoch der Einberufung zur »SS-Panzerdivision Hitlerjugend« keine Folge geleistet. 1950 wurde er als Student dann auf eigenen Wunsch in die SED als Kandidat aufgenommen (der FDJ und der DSF gehörte er bereits seit 1948 bzw. 1949 an). Im Zuge der politischen Krise durch die Beschlüsse der zweiten Parteikonferenz der SED 1952 hatte er dann jedoch am Jahresende seinen Austritt erklärt, um im Juli 1953 erneut einen Antrag auf Parteimitgliedschaft zu stellen.[310]

Trotz dieses Hin und Her erhielt Boelcke aufgrund seiner guten Leistungen sowohl die Zulassung zum IfA als auch danach für die Merseburger DZA-Abteilung als wissenschaftlicher Archivar. Hier sahen sich die Verantwortlichen allerdings bald mit einer Reihe von Disziplinverstößen konfrontiert, wie Nichtausführen von Dienstaufträgen, Bruch des Dienstgeheimnisses oder Nichtanerkennung vorgesetzter Autoritäten. Zudem äußerte er abweichende deutschlandpolitische Meinungen und kritisierte offen die DDR-Geschichtswissenschaft als »steril«. Das führte erst zu Aussprachen und dann 1957 zur Versetzung von Merseburg nach Potsdam, wo er Lötzke direkt unterstellt wurde.[311]

309 Trotz fachlich guter Leistungen müsse Boelcke, so Brachmann im Januar 1956, daher durch die Partei- und Gewerkschaftsleitung des DZA »noch weiter politisch erzogen werden«. BArch, MfS, BV Pdm, AOPK, Nr. 380/85: Institut für Archivwissenschaft / Botho Brachmann: Abschlussbeurteilung des Kollegen Dr. Willi Boelcke, 20.1.1956 (Kopie), f. 150.

310 BArch, MfS, BV Pdm, AOPK, Nr. 380/85: Lebenslauf W. Boelcke, 26.7.1953, f. 147-149, sowie: Personalbogen W. Boelcke, 25.7.1953, f. 145 f.

311 BArch, MfS, BV Pdm, AOPK, Nr. 380/85: DZA / Abteilung Merseburg: Disziplinarverfahren Dr. Willi Boelcke, 22.1.1957, f. 152-156, sowie: DZA / Helmut Lötzke:

Aus SED-Perspektive erwies sich Boelcke damit einmal mehr als politischer Unsicherheitsfaktor und Beispiel für »bürgerliches« Wissenschaftlertum am Archiv.

Als Boelcke Mitte 1959 in den Westen ging, zeigten sich daher viele Kollegen nicht sonderlich überrascht, und seine Kritiker sahen sich in ihren Vorbehalten bestätigt. Die Negativhaltung verstärkte sich in den späteren Jahren in dem Maße, in dem Hinweise gefunden wurden, dass Boelcke insgeheim DZA-Bestände des Reichspropagandaministeriums verfilmt hatte. Darunter befand sich vor allem Material zu Pressekonferenzen und zu internen Zusammenkünften von Goebbels. In der Bundesrepublik publizierte Boelcke dann auf Grundlage dieser DZA-Archivalien verschiedene Schriften, wie beispielsweise »Wollt ihr den totalen Krieg? Die geheimen Goebbels-Konferenzen 1939-1943« (Stuttgart 1967).[312] Des Weiteren stellte das MfS Recherchen an über einen möglichen Zusammenhang zwischen dem Erscheinen des Zeitungsartikels über die geplante Übergabe von Merseburger DZA-Archivgutbeständen an die Volksrepublik Polen in der westdeutschen »Welt« am 18. Dezember 1958 und der anschließenden Flucht von Außenstellenleiter Walter Nissen, der sich gegen die Archivalienübergabe ausgesprochen hatte. Dabei entwickelte das MfS folgende Deutung: Nissen sei indirekt durch Boelcke zu diesem Schritt gebracht worden, indem letzterer Detailwissen über das Merseburger Archiv gezielt an die »Welt« weitergeleitet habe. Boelcke habe vorausschauend einkalkuliert, dass Nissen in den Verdacht des Geheimnisverrats geraten und mit Flucht reagieren würde.[313] Dass Boelcke überdies weitere Informationen in den Westen geschmuggelt hatte, davon war die Stasi später überzeugt.[314] Insofern blieb der Potsdamer DZA-Archivar bis zum Schluss ein rotes Tuch für die Fahnder des MfS. Boelcke selbst wiederum stieg nach seiner Übersiedlung aus dem Archivwesen aus und wandte sich ganz der Geschichtswissenschaft zu. Im Jahr 1967 habilitierte er sich an der Universität Hohenheim und wurde zwei Jahre später Lehrstuhlinhaber der Professur für Sozial- und Wirtschaftsgeschichte an der Universität Hohenheim.

Aktenvermerk Aussprache mit Kollegen Dr. Boelcke am 14.2.1959, f. 158. Lötzke vermutete, dass Boelckes Auftreten eine Reaktion auf dessen tiefe Unzufriedenheit mit dem Archivarberuf bzw. mit dem Archivwesen als Berufsfeld sei, da Boelcke sich lieber geschichtswissenschaftlichen Studien widmen wollte

312 BArch, MfS, HA XX, Nr. 4241: Abt. VII: Abschlussbericht zur OPK »Direktor«, 15.2.1985, f. 228 f.

313 BArch, MfS, HA VII, Nr. 6708: Zusammenfassung zu operativen Erkenntnissen über den ehemaligen Leiter des Staatsarchivs Merseburg, Dr. Walter Nissen, Oktober 1984.

314 So galt Boelcke schon in den 1950er Jahren als befreundet mit dem Journalisten Wolfgang Weinert, der verschiedentlich über das Archivwesen der DDR berichtete. BArch, MfS, HA VII, Nr. 6708: Zwischenbericht zum Stand der Aufklärung von Feindverbindungen, Feindaktivitäten und Rückverbindungen des ehemaligen Angehörigen des Zentralarchivs Potsdam Prof. Dr. Willi Boelcke, 5.10.1984.

Umstrukturierung und Disziplinierung im Staatssozialismus

Im Dezember 1963 schlug das MfS beim DDR-Innenministerium Alarm. Übergeben wurde eine Lageanalyse über »die gegenwärtige Situation in den Archiven«. Darin berichtete die Stasi dem MdI von zwei Problembereichen: Es wurde erstens beanstandet, dass eine »systematische«, »wissenschaftliche« und »politische« Auswertung von Dokumenten und Archivmaterial aus der Zeit vor 1945 zur »Entlarvung ehem. Kriegsverbrecher, militaristischer und faschistischer Kräfte, die im Bonner Staat ihre alten Machtpositionen wieder einnehmen«, organisationstechnisch kaum möglich sei. Moniert wurden hierbei vor allem die »zersplitterte Aufbewahrung derartiger Unterlagen« und ihre fehlende zentralisierte Erfassung.[1] Zweitens wurden die »Arbeitsweise, der Kaderbestand und die politisch-ideologische Situation« in den staatlichen Archiven kritisiert, die »nicht die Gewähr [bieten], dass sich der geschilderte Zustand ändern wird«.[2] Es fehle unter Archivaren an »klarem Staatsbewusstsein«, einer »politisch-bewusste[n]« und zugleich »fachlich-qualifizierte[n] Kaderreserve«,[3] echauffierten sich die Berichterstatter. »Bis in die jüngste Vergangenheit schrieben leitende Mitarbeiter […] für westdeutsche Zeitschriften […] Weit verbreitet unter den neuausgebildeten Archivaren ist […] die Einstellung, eine ›neutrale‹ Stellung einnehmen zu können, weil die Spezialisierung auf eng begrenzte fachliche Probleme oder frühere Gesellschaftsordnungen zu nichts ›verpflichtet‹«.[4] Neben den »bürgerlichen Anschauungen« und Westkontakten wurde im Rapport zudem moniert, dass der Anteil von SED-Mitgliedern im Archivpersonal viel zu niedrig sei, was eine parteigesteuerte Einflussnahme auf die praktische Archivarbeit weitgehend verhindere. Zur Bekräftigung wurde das Beispiel des Landesarchivs Greifswald angeführt, in dem kein einziger Mitarbeiter der SED angehöre. Im Ergebnis wurden drei grundlegende Maßnahmen gefordert: erstens die »Verbesserung der politisch-ideologischen Erziehungsarbeit«, zweitens eine »gründliche Überprüfung der Kader- und Nachwuchsermittlung« sowie drittens die Einrichtung einer effektiven »Dokumentationsstelle 1933-45« bei der StAV.[5] Damit sind drei Punkte benannt, die

1 BArch, MfS, ZAIG, Nr. 826: E. J. über einige Probleme der staatlichen Verwaltung der Archive in der DDR, 9.12.1963, f. 1-3.

2 Ebd., f. 3.

3 Ebd., f. 3-4.

4 Darüber hinaus, so der Bericht, seien auch Anzahl, Qualität und öffentliche Wirksamkeit von Quelleneditionen, Monografien und anderen Publikationen der DDR-Archive im Vergleich zu gleichartigen bundesdeutschen Aktivitäten mangelhaft, was »ein ernstes Zurückbleiben gegenüber den politischen Erfordernissen« offenbare. Ebd., f. 5.

5 Ebd., f. 6f.

die künftige Arbeit und Entwicklung der Archivverwaltung wie auch des DZA mehr denn je prägen sollten.

So waren die 1960er und 1970er Jahre sowohl im staatlichen Archivwesen der DDR als auch im Potsdamer Zentralarchiv eine Phase des Übergangs vom strukturellen Auf- und Umbau zur ideologischen Überformung und politischen Instrumentalisierung. Es war eine Zeit der erzwungenen Politisierung, verbunden mit einer drastischen Verschärfung der behördlichen und geheimdienstlichen Kontrolle des Leitungspersonals, der Mitarbeiter sowie der Archivbenutzer. Damit einher gingen personalpolitische Umbrüche und Disziplinierungen bis hin zur Auswechslung, Versetzung und Degradierung, wofür landesweit die Namen solch illustrer Archivare stehen wie Karlheinz Blaschke 1963, Hugo Cordshagen 1964 und Hanns Gringmuth-Dallmer 1967 oder auch die Archivfunktionäre Karl Höhnel und Karl Schirdewan 1960/61 bzw. 1965.[6] Zugleich wurde die politische Nutzbarmachung zu einem Leitkriterium der Archivarbeit. So rangierten in der vom MfS durchgesehenen Verordnung über das staatliche Archivwesen 1964 auf Rang 1 und 2 der wichtigsten Aufgaben des Archivwesens die Unterstützung der Staatsorgane bei der praktischen Nutzung der dokumentarischen Materialien und die Unterstützung der Wirtschaft durch Bereitstellen geeigneten Archivmaterials für die ökonomisch-technische Nutzung und die Rohstoffbasenerschließung. Erst an dritter Stelle folgte die historische Forschung.[7]

Doch die Entwicklung blieb nicht monochromatisch: Die archivpolitischen Restriktionsmaßnahmen wurden, quasi auf einem Nebengleis, begleitet durch eine fachliche und archivwissenschaftliche Profilierung, die von Experten getragen wurde. Dabei erwies sich die erste Hälfte der 1960er Jahre als besonders fruchtbare Phase für die Ausarbeitung und Einführung von Grundlagen der Standardisierung im ostdeutschen Archivwesen: Publikationen wie »Grundzüge einer deutschen Archivterminologie« (1960) von Heinrich Otto Meisner/Wolfgang Leesch, »Archivverwaltungslehre« (1962) von Gerhart Enders, »Richtlinien für die Ordnung und Verzeichnung neuestens Schriftgutes (für die Zeit nach 1945)« (1961) oder »Grundsätze für die Ordnung und Verzeichnung in den staatlichen Archiven« (1964) repräsentieren diesen Entwicklungsstrang.

6 Schreyer, Das staatliche Archivwesen, S. 131, 134 f., 137 f. Zu Höhnel und Schirdewan siehe die Ausführungen in diesem Band.

7 Weitere Punkte waren: Unterstützung der »Friedenspolitik«, »Kampf gegen den westdeutschen Imperialismus« sowie Förderung der sozialistischen Bewusstseinsbildung und Kulturarbeit. BArch, MfS, SdM, Nr. 1160: Ministerium des Innern: Verordnung über das staatliche Archivwesen (Entwurf), September 1964.- Eine Notiz vermerkt General Scholz, Oberst Knoppe, das Archiv des MfS sowie Oberst Kistowski als Gutachter für den Entwurf der geplanten Verordnung. BArch, MfS, SdM, Nr. 1160, f. 45.- Mit der Personalie des stellvertretenden Ministers des Innern Grünstein als IM, der die Genehmigung aus der Normannenstraße einholte, lag eine besonders pikante Note in der interministeriellen Kommunikation vor. BArch, MfS, SdM, Nr. 1160: Schreiben von Generalleutnant Grünstein (MdI) an den Minister für Staatssicherheit Erich Mielke, 7.9.1964.

Den meisten Arbeiten wurde ein hohes Niveau bescheinigt, das auch den westdeutschen Kollegen Respekt abnötigte, gehörte die Einführung einheitlicher Standards doch seit Jahrzehnten zu den zentralen Forderungen deutscher Archivare.[8] Dass ein Teil der Autoren und Herausgeber dem DZA entstammte, unterstrich das besondere Gewicht des Zentralarchivs als Impulsgeber für die damalige Fachdiskussion. Allerdings gehört in diese Zeit auch eine Reihe von Beschlüssen, Grundsätzen und Lehrbüchern, die das Archivische unter sozialistischen Vorzeichen zu systematisieren suchten, wie etwa die »Grundsätze zur weiteren sozialistischen Entwicklung des staatlichen Archivwesens der DDR« (1962). Insofern zeichnete sich auch hier bereits frühzeitig der ideologische Umschwung ab, der bald das gesamte DDR-Archivwesen erfassen sollte.

Vor diesem Hintergrund wird im nachfolgenden Kapitel die zweite Transformationsphase des Potsdamer Zentralarchivs im Staatssozialismus untersucht. War die erste Phase vom Aufbau eines traditional entwickelten Archivs geprägt, das die Vorstellungen und politischen Ansprüche der Verantwortlichen von SED, MfS und MdI nur unzureichend erfüllte, wurde nun die schrittweise Ideologisierung und herrschaftspolitische Durchdringung zum neuen Kennzeichen.

Ideologischer Umschwung und Kampf gegen den »Schirdewanismus«

Das Jahr 1958 leitete einen Umschwung im ostdeutschen Archivwesen ein. Dieser hing unmittelbar mit dem Amtsantritt von Karl Schirdewan als neuem Leiter der StAV zusammen. Er war nach Rudolf Herrnstadt der zweite SED-Spitzenpolitiker, der nach einem verlorenen Machtkampf mit Walter Ulbricht ins Archivwesen abgeschoben wurde. Doch im Unterschied zu Herrnstadt stand er immerhin noch einem MdI-Bereich vor.[9] Diesem versuchte er seinen Stempel aufzudrücken – und zwar ganz im dogmatischen Sinn der Staatspartei.

8 Ilka Hebig, Zur Entstehungsgeschichte der Ordnungs- und Verzeichnungsgrundsätze der DDR (OVG), in: Angelika Menne-Haritz (Hg.), Archivische Erschließung: Methodische Aspekte einer Fachkompetenz. Beiträge des 3. Archivwissenschaftlichen Kolloquiums der Archivschule Marburg, Marburg 1999, S. 181 ff.- Gisela Haker, Erschließung in staatlichen Archiven der DDR, in: Irmgard Ch. Becker/Volker Hirsch/Annegret Wenz-Haubfleisch (Hg.), Neue Strukturen – bewährte Methoden? Was bleibt vom Archivwesen der DDR. Beiträge zum 15. Archivwissenschaftlichen Kolloquium der Archivschule Marburg, Marburg 2011, S. 317 ff.- Petra Rauschenbach, Einheitliche Ordnungs- und Verzeichnungsgrundsätze in der DDR. Nutzen für Theorie und Praxis, in: Brandenburgische Archive (2015) Heft 32, S. 17-21.

9 Nach seiner Entmachtung 1953 und seinem Ausschluss aus der SED erhielt Herrnstedt den Arbeitsplatz eines wissenschaftlichen Mitarbeiters der Historischen Abteilung II im Deutschen Zentralarchiv in Merseburg. Zu seiner Vita: Andrea Görldt, Rudolf Herrnstadt und Wilhelm Zaisser. Ihre Konflikte in der SED-Führung im Kontext innerparteilicher Machtsicherung und sowjetischer Deutschlandpolitik, Frankfurt

Es ging ihm dabei um mehr Parteiherrschaft und Zentralismus zugunsten der StAV sowie um die »sozialistische Erziehung der Kader« und die »Beseitigung der bürgerlichen Anschauungen … unter der Flagge des ›Neutralismus‹ und der ›Objektivität‹«.[10] Auftritt und Wirken des entmachteten Ulbricht-Kritikers führten zu einer unerwarteten personalpolitischen Polarisierung, die viele Mitarbeiter sowohl seiner Archivverwaltung als auch des DZA persönlich spürten. Zwar umgab ihn nach außen der Nimbus des aufrechten Kommunisten und geopferten Reformers,[11] doch im Innenbereich des Archivwesens war von seinen vermeintlich undogmatischen, liberalen Ansätzen wenig zu erkennen. Kein Wunder: Der Altkommunist sah in der ihm unterstellten Expertenkultur ein Refugium übernommener Traditionen und bürgerlicher Werte aus der Vergangenheit, das sich der sozialistischen Umgestaltung noch weitgehend entzogen hatte. Über die damaligen Archivare gab er später zu Protokoll: »Ihre Arbeitsauffassungen waren nicht selten durch ein bürgerlich-konservatives oder formal-neutralistisches Politikverständnis geprägt. […] Viele Archivare wähnten sich auf einer Insel der Seligen, wo Ziele und Aufgaben allein aus den Besonderheiten des Arbeitsgegenstandes und subjektiven Vorstellungen abgeleitet wurden. Entsprechend verwahrlost fand ich meinen neuen Verantwortungsbereich vor. Die Notwendigkeit einer festen Hand und neuer Ideen sprang dem objektiven Beobachter, dem es um die Überwindung des mittlerweile gravierenden Entwicklungsrückstandes zu den meisten anderen gesellschaftlichen Bereichen ging, geradezu ins Auge.«[12] In der Folge wurde Schirdewan schon nach kurzer Zeit als unsensibler Parteihardliner wahrgenommen, der als Fachfremder das Archivwesen unter ideologischen Prämissen zu leiten und zu verändern gedachte.

Der Drang nach »parteilichem Durchgreifen« war in der Biografie des 1907 in Breslau geborenen Schirdewan angelegt.[13] Prägend für sein Auftreten – und

a.M. 2002.- Irina Liebmann, Wäre es schön? Es wäre schön! Mein Vater Rudolf Herrnstadt. Berlin Verlag, Berlin 2008.

10 BArch, DO 1/10372: MdI/Staatliche Archivverwaltung: Beschlussvorlage für das Kollegium des Ministeriums des Innern über die weitere Entwicklung des staatlichen Archivwesens in der DDR, o.D. (Juni 1958).- BArch, DO 1/10372: MdI/Sekretariat: Auszug aus dem Protokoll des Kollegiums vom 16. Dezember 1958, 22.12.1958.

11 So auch Karl Schirdewans Selbstdarstellung in: Ders., Aufstand gegen Ulbricht, Berlin 1994.

12 Karl Schirdewan, Ein Jahrhundert Leben. Erinnerungen und Visionen. Autobiographie, Berlin 1998, S. 272-273.

13 Der in einer Pflegefamilie aufgewachsene Schirdewan hatte außer seinem Interesse für die Geschichte der deutschen Arbeiterbewegung keinerlei Berührungspunkte mit dem Archivwesen, was er mit seinem Vorgänger teilte. Er besaß weder Abitur noch einen Studienabschluss und hatte sich als Autodidakt sein Wissen erworben. Als ihm 1931 die hauptamtliche Leitung des kommunistischen Verlags »Junge Garde« anvertraut wurde, kam er zumindest für einige Zeit mit dem Schriftwesen in Berührung. Jahre später, 1947, wurde Schirdewan zum Leiter einer Arbeitsgruppe zum »Studium der illegalen Parteigeschichte« ernannt, eine Aufgabe, die er jedoch nicht sehr lange ausübte. Ansonsten wirkte er, der 1923 zunächst in den Kommunistischen

das einer ganzen Generation von Parteifunktionären – waren die Zeit des Widerstands gegen die NS-Diktatur und die langen Jahre der Haft, die Schirdewan nach 1945 zu einem kompromisslosen Streiter für die SED und gegen die Sozialdemokratie machten.[14] Vermitteln, aushandeln und überzeugen waren daher seine Sache nicht, auch wenn er sich in der späteren Auseinandersetzung mit Ulbricht als Kämpfer gegen den Stalinismus zu profilieren suchte. Schirdewan sortierte und selektierte ganz den Sinnkategorien des Klassenkampfes entsprechend. Den »Archivaren der Vergangenheit« mit wenig Interesse an gesellschaftlichen Veränderungen stellte er die jungen, noch in der Unterzahl befindlichen Nachwuchskräfte gegenüber, die ihre »Hoffnung in das Neue [setzen]«.[15] Spezialisten wie Heinrich Otto Meisner, den er als konservativen, aber loyalen Fachexperten schätzte, hielt er immerhin noch für nützlich;[16] andere, die neben der gewünschten Parteilinie zu liegen schienen, hingegen nicht. Schon bald wurde eine Reihe von Mitarbeitern entlassen, darunter in der Potsdamer StAV der Stellvertreter Karl Höhnel, der Kaderleiter Paul Schwabe, der Referent Fritz Wollny sowie zwei Sachbearbeiterinnen für Haushaltsfragen und eine Mitarbeiterin der Kaderabteilung.[17]

Jugendverband Deutschland (KJVD), dann 1925 in die KPD eingetreten war, vor allem als kommunistischer Funktionär. In dieser Eigenschaft stieg er nach 1945 zu einem der wichtigsten Politiker nach Ulbricht auf. Stationen auf diesem Weg waren unter anderem Leiter der Westabteilung beim ZK der SED (1950), Erster Sekretär der SED-Landesleitung in Sachsen bzw. dann Erster Sekretär der Bezirksleitung Leipzig (1952/53), Mitglied des Politbüros (1953) ZK-Sekretär der Abteilung Leitende Organe und Kader (1953-1958) und Mitglied der Sicherheitskommission (1954-1957). Angaben nach: Deutsche Kommunisten: Biographisches Handbuch 1918 bis 1945, hrsg. von Hermann Weber und Andreas Herbst, 2. Aufl., Berlin 2008, S. 786.- Wer war wer in der DDR? Ein Lexikon ostdeutscher Biographien, hrsg. von Helmut Müller-Enbergs/ Jan Wielgohs/Dieter Hoffmann/Andreas Herbst, Bd. 2, 1. Aufl. der vierten Ausgabe, Berlin 2006, S. 877 f.

14 So ging er nach der Machtübernahme Hitlers in den Untergrund, wurde jedoch 1934 verhaftet und verurteilt und gelangte erst nach elf Jahren Zuchthaus und KZ- Haft in Sachsenhausen und Flossenbürg zum Kriegsende 1945 wieder in Freiheit.

15 Schirdewan, Ein Jahrhundert Leben, S. 276.

16 Kurz nach Schirdewans Antritt kam es allerdings zum Konflikt zwischen beiden, da Meisner ein Manuskript über Terminologien und Strukturen des Archivwesens veröffentlichen wollte, das sich an vielen Stellen an der Situation in der Weimarer Republik orientierte. Für den neuen StAV-Leiter war dies jedoch unhaltbar, denn die Studie sollte die DDR-Zeit gebührend einbeziehen. Schließlich fanden beide einen Kompromiss, ohne den, das war klar, Meisners Text auch nicht in den Druck gegangen wäre. Schirdewans Kommentar dazu aus den 1990er Jahren lautete lapidargönnerhaft: »Seine Ausarbeitung war ein Versuch aus jener Zeit gewesen, in der es noch keine richtige Leitung gegeben hatte. Da konnten solche Schriften inoffiziell auch schon mal kursieren. Als umso wichtiger erwies es sich, jetzt in den Grundsatzfragen schnell Klarheit zu schaffen.« Ebd., S. 275.

17 Während Höhnel offiziell aus Gesundheitsgründen entlassen wurde, wurden bei Schwabe und Wollny Altersgründe vorgegeben, wobei beide in der Tat bereits das

Doch seine disziplinierende Rolle als Parteisoldat blieb ambivalent. Auf der einen Seite setzte Schirdewan alles daran, den »bürgerlichen« Einfluss zurückzudrängen und das Archivwesen auf SED-Linie zu bringen. Auf der anderen Seite kam mit seiner Person der »Schirdewanismus« ins Archiv, was einmal mehr den Fokus seiner politischen Gegner und des MfS auf die Archivare richtete. Denn während Schirdewan vom Großteil der Archivare als ein geschasster und ins Archivwesen abgeschobener Hardliner erlebt wurde, identifizierte sich ein kleiner Teil der Archivare durchaus mit dessen Ulbricht-kritischen Auffassungen.[18] Das rief den Geheimdienst auf den Plan, der eine Ausbreitung des »Schirdewanismus« insbesondere in Potsdam fürchtete, wo sich StAV, DZA und Archivschule gemeinsam einen Gebäudekomplex teilten. So hielt sich der neue StAV-Leiter in bestimmten Fragen nicht zurück. Während einer deutschlandpolitischen Diskussionsrunde auf einer DZA-Schulung im Herbst 1960 argumentierte er beispielsweise gegen die offizielle Darstellung, dass beide deutsche Staaten und Gesellschaften völlig getrennt voneinander existieren würden.[19] Zudem fürchtete das MfS, dass streng geheim gehaltene Hintergründe und Details der Absetzung Schirdewans auf der 35. Tagung des ZK der SED vom 3. bis 6. Februar 1958 nach außen dringen könnten. Folgt man ZI-Berichten und weiteren Stasi-Dokumenten, so war der DZA-Leitungsebene um Lötzke und Enders Schirdewans politische Haltung gegenüber Ulbricht und dem zeitgenössischen SED-Kurs ebenso bekannt wie die Motive seiner Absetzung einschließlich gewisser protokollarischer Details der entscheidenden Sitzungen.[20] Darüber hinaus hatte der damalige Leiter der Abteilung IV, Wolfgang Merker, Einsicht in parteiinternes Archivmaterial von der ZK-Tagung genommen, wovon er einzelne DZA-Mitarbeiter in Kenntnis setzte. Es enthielt Passagen mit kritischen Statements und Schlussworten, die wiederum für die Öffentlichkeit gesperrt worden waren.[21] Daher blieb das DZA in mehrfacher

Alter von 65 Jahren überschritten hatten. BArch, MfS, HA IX, Nr. 24277: Vernehmungsprotokoll des Beschuldigten Dr. Mlynek, 7.2.1962, f. 39.

18 BArch, MfS, HA IX, Nr. 24277: Auszüge aus ZI-Berichten über Äußerungen des Beschuldigten Dr. Mlynek über das Zentralarchiv Potsdam (8.1.1962), 27.1.1962, f. 2-7.

19 Als Beispiel für bestehende Verbindungen nannte er die gegenseitige Wahrnehmung durch Rundfunk und Medien sowie zur Überraschung aller auch die gegenseitigen Migrationsbewegungen, was von manchen Mitarbeitern als unausgesprochene Billigung von Republikfluchten interpretiert wurde. BArch, MfS, HA IX, Nr. 24277: Vernehmungsprotokoll des Beschuldigten Dr. Mlynek, 8.2.1962, f. 59 f..

20 So kolportierte Lötzke ausgewählten DZA-Mitarbeitern einen Witz, den Schirdewan im Frühjahr 1959 intern zum Besten gegeben haben soll. Demnach sei die Antwort auf die Frage, worin der Unterschied zwischen Christentum und Sozialismus bestehe, folgende: Christen hofften nach ihrem Tode auf ein Weiterleben, Sozialisten hingegen auf ihre Rehabilitation. Der DZA-Leiter wertete dies wohlwollend als Fähigkeit Schirdewans zu Selbstironie, woraufhin, durch Lötzkes Wiedergabe legitimiert, der Witz schnell seine Runde im Archiv machte. BArch, MfS, HA IX, Nr. 24277: Vernehmungsprotokoll des Beschuldigten Dr. Mlynek, 8.2.1962, f. 58.

21 BArch, MfS, HA IX, Nr. 24277: Vernehmungsprotokoll des Beschuldigten Dr. Mlynek, 9.4.1962, f. 149-151.

Hinsicht für das MfS ein archivpolitischer »Unsicherheitsfaktor«, und es galt, die offizielle Version der Abberufung zu sichern, mögliche »undichte Stellen« zu identifizieren und vermeintliche Verbündete Schirdewans zu lokalisieren.[22]

Allgemeinen Handlungsbedarf bewies in den Augen der Stasi die Verhaftung von Klaus Mlynek. Der Mitarbeiter des DZA in Abteilung I war im Zusammenspiel von geheimdienstlicher Überwachung und Verhör als »Schirdewanist« überführt worden.[23] Der 1936 in Posen geborene Mlynek hatte nach Studium und Promotion in Jena sowie nach einer Ausbildung am Potsdamer IfA seit 1959 als wissenschaftlicher Archivar am DZA gearbeitet, wo er dem »Jenaer Kreis« zugeordnet wurde. Hier war er zunächst in Abteilung I unter Gerhart Enders in einem Referat angestellt, das sich mit dem Archivgut von Betrieben und Wirtschaftsunternehmen befasste. Als Schirdewan die StAV übernahm, sympathisierte Mlynek mit dessen Ulbricht-Kritik und bekannte sich im Kollegenkreis als »Schirdewanist«.[24] Seine Festnahme erfolgte 1961 im Kontext der im Jahr zuvor angelaufenen landesweiten Verhaftungswelle gegen die der Spionage und umstürzlerischer Aktivitäten bezichtigte »Brandt-Fickenscher-Raddatz-Gruppe«, deren Mitwirkende oder vermeintliche Sympathisanten sowie – daran angeschlossen – gegen Anhänger Schirdewans, denen gleichlautende staatsfeindliche Verstöße vorgeworfen wurden. Ziel des mehrere Jahre andauernden (und Tausende Seiten umfassenden) Untersuchungsverfahrens nebst Prozess gegen die Hauptangeklagten Heinz Brandt, Karl Raddatz und Wilhelm Fickenscher wegen des Vorwurfs der Spionage für den Bundesnachrichtendienst und für das Ostbüro der SPD war die Zurschaustellung von Netzwerken und Aktivitäten der »fraktionellen Gruppe Schirdewan-Wollweber«.[25] Die im Laufe der Untersuchungen angelegten Namenslisten und Querverbindungen von rund 200 Personen reichten bis in die oberste Führungsriege der SED.[26] Es sollte öffentlichkeitswirksam der Nachweis erbracht werden, dass beide

22 BArch, MfS, HA IX, Nr. 24277: Hauptabteilung IX/2, Informationsbericht, 10.2.1962, f. 90-92.

23 Vgl. BArch, MfS, HA IX, Nr. 24277.

24 BArch, MfS, HA IX, Nr. 24277: Auszüge aus ZI-Berichten über Äußerungen des Beschuldigten Dr. Mlynek über das Zentralarchiv Potsdam (8.1.1962), 27.1.1962, f. 3.

25 Vgl. den mehrbändigen Aktenvorgang: BArch, MfS, HA IX, Nr. 24267 ff. Eine Zusammenfassung der Anklagepunkte findet sich unter: BArch, MfS, HA IX, Nr. 24274, f. 387-406.- Es handelte sich um einen Großprozess von hoher politischer Bedeutung, was nicht zuletzt in der ständigen Einbeziehung und Information von Politbüro- und ZK-Funktionären zum Ausdruck kam. Dementsprechend hoch waren die ausgesprochenen Haftstrafen für die drei genannten Beschuldigten mit dreizehn, siebeneinhalb und zwölf Jahren (in Reihenfolge ihrer Nennung). Die Urteile reflektieren sowohl das Klima des Kalten Kriegs als auch das drastische Strafmaß jener Zeit. Vgl. BArch, MfS, HA IX, Nr. 24274: Vorschlag für die Unterbringung der Verurteilten aus dem Vorgang Brandt-Fickenscher-Raddatz u. a. im Strafvollzug, 4.6.1962, f. 470 f.

26 BArch, MfS, HA IX, Nr. 24274: Aufstellung von Personen, über die im Untersuchungsverfahren gegen Brandt-Raddatz-Fickenscher u. a. von den Beschuldigten Aussagen gemacht wurden, 20.2.1962, f. 324-386.

Gruppierungen durch »kriminelle Machenschaften« miteinander verbunden waren.[27] In dieses Manöver geriet Mlynek. Der Archivar wurde zu einer Strafe von einem Jahr und sechs Monaten Zuchthaus verurteilt.[28] Er überstand die Haftzeit, galt danach jedoch als politisch stigmatisiert. Schließlich wechselte er ins Archiv der Deutschen Akademie der Wissenschaften in Ost-Berlin.[29]

Doch mit dem Prozessende kehrte für Schirdewan keine Ruhe ein. Im Frühjahr 1965 fand sowohl im MdI im Allgemeinen wie auch in der StAV und einigen ihr unterstellten Staatsarchiven im Speziellen eine Evaluierung statt. Die als »Brigadeeinsatz« titulierte Kontrollaktion zwischen dem 5. und 25. März in mehreren Staatsarchiven und Dienststellen stand unter Leitung eines eingesetzten vierköpfigen Kontrollgremiums der Abteilung Sicherheit im ZK der SED mit Bruno Wansierski an der Spitze. Im Anschluss an die Aktion wurde ein 16-seitiger Bericht plus Anhang mit Negativbeispielen zur Führungs- und Leitungstätigkeit verfasst, der sich streckenweise las wie eine einzige Mängelliste bzw. eine persönliche Anklageschrift gegen Karl Schirdewan als StAV-Leiter und seinen Vorgesetzten, den stellvertretenden Innenminister Richard Wenzel.[30] Der »Brigadeeinsatz« war eine Maßnahme, wie sie durchaus gebräuchlich war, wenn es um die Ausschaltung politischer Kontrahenten

27 BArch, MfS, HA IX, Nr. 24274: Hauptabteilung IX: Durchführung der Prozesse gegen Brandt-Raddatz-Fickenscher u. a., 11.12.1961, f. 260-270, sowie: Untersuchungsverfahren gegen Raddatz-Brandt-Fickenscher und andere: Auszüge aus Vernehmungsprotokollen der Beschuldigten und Zeugen zur Existenz der fraktionellen Gruppe Schirdewan-Wollweber, 20.11.1961, f. 225-260.

28 Die Haft hatte er in einer Gemeinschaftszelle in Bautzen II und unter Verrichtung von Arbeiten am Fließband abzusitzen. Zugleich wurde ein Zelleninformator eingesetzt, »um eine ständige Kontrolle über das Auftreten des Mlynek als ehemaligen Mitarbeiter von Schirdewan« zu gewährleisten. BArch, MfS, HA IX, Nr. 24274: Vorschlag für die Unterbringung der Verurteilten aus dem Vorgang Brandt-Fickenscher-Raddatz u. a. im Strafvollzug, 4.6.1962, f. 472.- Bei der Auswahl und Zusammenlegung der Gefangenen wurde Mlynek mit dem Kreis derjenigen sieben Personen zusammengeführt, die in der zweiten Runde des »Brandt-Fickenscher-Raddatz-Prozesses« zwischen dem 17. und 30. Mai 1962 vom Bezirksgericht Potsdam verurteilt worden waren. BArch, MfS, HA IX, Nr. 24274: Hauptabteilung IX/2: Vorschlag: Abschluss der Untersuchungen im Ermittlungsverfahren gegen Fickenscher, Wilhelm, Raddatz, Karl u. a., 19.6.1961, f. 145-162, sowie: Hauptabteilung IX/2: Bericht über den Verlauf der Prozesse gegen die weiteren zur Spionagegruppe Brandt, Fickenscher, Raddatz gehörenden Angeklagten, 1.6.1962, f. 467-469.- Dass Mlynek damit im Kontext dieses Gesamtprozesses noch vergleichsweise glimpflich davongekommen war, deuten wesentlich höhere Haftstrafen für die anderen Angeklagten von bis zu sieben Jahren Zuchthaus an. Vgl. BArch, MfS, HA IX, Nr. 24274: Vorschlag für die Unterbringung der Verurteilten aus dem Vorgang Brandt-Fickenscher-Raddatz u. a. im Strafvollzug, 4.6.1962, f. 471-474.

29 Aus Gründen politischer und beruflicher Unzufriedenheit reiste Mlynek 1977 in die Bundesrepublik aus. Hier übernahm der ehemalige DZA-Archivar den Direktorenposten im Stadtarchiv Hannover, wo er 20 Jahre blieb.

30 BArch, DO 1/21060: Bericht über den Brigadeeinsatz im Bereich der Staatlichen Archivverwaltung, 29.3.1965.- Der Anhang in Karl Schirdewans Erinnerungen enthält

ging. Doch im Archivwesen war eine solche Aktion ein Novum, und sie hatte von Beginn an die personelle Neubesetzung der StAV-Leitung zum Ziel. Folgt man den Notizen Alfred Schlegels – ein StAV-Mitarbeiter und Freund Schirdewans – über den Einsatz, war es der spätere stellvertretende Innenminister Ernst Marterer, der seinen früheren Bekannten Werner Gottschalk, der in der StAV als Parteisekretär und Kaderleiter tätig war, im Vorfeld insgeheim gewarnt hatte.[31] Demnach sollte Gottschalk alle Schirdewan-Sympathisanten unter den Parteimitgliedern anhalten, »keine unbedachten Äußerungen« zu machen oder kritische Diskussionen anzuzetteln. So habe die Kontrollbrigade einen »von höchster Stelle« angewiesenen Auftrag zu erfüllen, dessen Ergebnis die Amtsenthebung Schirdewans sei.[32]

Das Besondere an der »Anklage« war der Mix aus ideologischen Anschuldigungen der SED-Funktionäre und zusammengetragener fachlicher Kritik. Letztere stammte insbesondere von DZA-Archivaren: Einer »wirksamen, überzeugenden Arbeit« stehe ein »administrativer und bürokratischer Arbeitsstil sowie sektiererisches Verhalten gegenüber parteilosen Mitarbeitern der Archive« gegenüber; Schirdewan blocke Fachkritik auf radikale Weise ab bzw. suche diese stets als Generalangriff auf die Partei zu interpretieren, kommuniziere in Entscheidungsprozessen kaum mit Mitarbeitern und begegne Parteilosen mit »übertriebenem Misstrauen«; in Konferenzen und Beratungen trete er »hart« auf, um seine Forderungen durchzusetzen; er habe »starke Vorbehalte« gegen Archivdirektoren entwickelt, die die StAV-Maßnahmen nicht »sofort vorbehaltlos akzeptieren« würden; die StAV versuche archivische Zuständigkeiten und Belange mehr und mehr bei sich zu zentralisieren, gleichzeitig habe das Dokumentationszentrum kaum Unterstützung erfahren.[33] In der Schuldfrage äußerte sich der Leiter der Kontrollgruppe, Bruno Wansierski, unzweideutig: »Für diesen Zustand trägt der Leiter der Staatlichen Archivverwaltung, Genosse Karl Schirdewan, die Hauptverantwortung«, betonte er nachdrücklich. Ebenso unmissverständlich lautete die Schlussfolgerung: »Wir schlagen vor, den Genossen Schirdewan von seiner Funktion zu entbinden«.[34]

Im Ergebnis berief Innenminister Dickel am 17. Mai 1965 Schirdewan von seinem Posten ab.[35] Der erst 1964 mit dem Banner der Arbeit ausgezeichnete Wenzel kam mit einer Rüge davon. Schirdewan selbst durfte weder vor der

ebenfalls einen Auszug aus diesem Bericht. Ders., Ein Jahrhundert Leben. Erinnerungen und Visionen. Autobiographie, Berlin 1998, S. 322 f.

31 Ebd., S. 324-327.

32 Ebd., S. 324.

33 BArch, DO 1/21060: Bericht über den Brigadeeinsatz im Bereich der Staatlichen Archivverwaltung, 29.3.1965.

34 Ebd.

35 BArch, DO 1/21292: Aktenvermerk betr. Aussprache mit dem Leiter der Staatlichen Archivverwaltung, Genossen Schirdewan, am 17.5.1965.- BArch, DO 1/21292: Minister des Innern/Gen. Genralleutnant Dickel an den Stellvertreter des Ministers des Innern/Gen. Generalmajor Wenzel: Anweisung, 24.5.1965.

Kontrollgruppe oder der ZK-Sicherheitsabteilung noch innerhalb der StAV zu den Vorwürfen Stellung nehmen.[36] Vielmehr trug Wansierski die inhaltlichen und personellen Ergebnisse der Untersuchung vor einem ausgewählten StAV-Mitarbeiterkreis vor. Schirdewan verschwand damit auch physisch von einem Tag auf den anderen aus dem Archivwesen: Die StAV durfte er nicht mehr betreten, eine offizielle Verabschiedung von seinen Mitarbeitern fand nicht statt.[37] Er erhielt zum 1. Juni 1965 einen Arbeitsvertrag als freier Mitarbeiter der Staatlichen Archivverwaltung, um »schriftliche Ausarbeitungen zu Problemen des nationalen und internationalen Archivwesens« sowie »zu politischen, wirtschaftlichen und kulturellen Fragen, die sich zur Auswertung durch interessierte Stellen eignen«, anzufertigen.[38]

Eine Solidarisierung mit Schirdewan blieb unter den Archivaren aus. Auch jene Mitarbeiter, die sich ihm nahe fühlten, hielten sich an die Empfehlung zu schweigen – und an die Regel, geschasste Funktionäre zu meiden. Eine Ausnahme bildete Werner Gottschalk, der es wagte, Teile aus Wansierskis Bericht anzuzweifeln. Nur wenige Wochen später musste auch er seinen Hut nehmen.[39] Eine Reihe von DZA-Archivaren empfand Genugtuung darüber, dass Schirdewan abgesetzt wurde. Das Ende des fachfremden Dogmatikers in Zuchtmeisterpose nährte Hoffnungen auf einen archivpolitischen Kurswechsel, denn immerhin hatte die Kontrollgruppe die Fachkritik von unten zur Kenntnis genommen – manche deuteten das als Akt gelebter sozialistischer Demokratie. Doch dies blieb eine Illusion. Bei dem »Brigadeeinsatz«, der im Übrigen im Verantwortungsbereich Erich Honeckers als Leiter der ZK-Sicherheitsabteilung lag, handelte es sich letztlich um eine Intrige mit dem Ziel, dem wachsenden Bekanntheitsgrad des vormaligen Ulbricht-Opponenten entgegenzutreten. Dieser ergab sich aus der steigenden nationalen und internationalen Aufmerksamkeit für das DDR-Archivwesen und das Dokumenta-

36 Schirdewan nahm seine Degradierung ohne Widerspruch an. Schirdewan, Ein Jahrhundert Leben, S. 324.

37 Ebd., S. 326. Zugleich durften er und seine Familie aber in ihrem vormals zugewiesenen Haus in der Potsdamer Tizianstraße wohnen bleiben, das sich nur wenige Meter von seinem vorherigen Arbeitsplatz in der Stalinallee bzw. Berliner Straße entfernt befand. Insofern blieb der Sichtkontakt zur ehemaligen Wirkungsstätte erhalten. Vom Geheimdienst wurde er in den folgenden Jahrzehnten rund um die Uhr überwacht, obwohl er sich gegenüber anderen und in der Öffentlichkeit stets »parteilich« verhielt und offene Kritik an Personen und Verhältnissen unterließ. Kontakt zur StAV hielt er über Alfred Schlegel, der ihn von dort mit Informationen versorgte und zugleich ein Nachbar war. Als Vorsitzender des Komitees der antifaschistischen Widerstandskämpfer Potsdams durfte er wenigstens noch ein öffentliches Amt bekleiden. BArch, MfS, HA XX, Nr. 18706: Abteilung VII: Bericht über Karl Schirdewan, 5.1.1978, f. 31-32.

38 BArch, DO 1/21292: Ministerrat der DDR/Ministerium des Innern/Staatliche Archivverwaltung: Arbeitsvertrag mit Herrn Karl Schirdewan zum 1. Juni 1965.

39 Schirdewan, Ein Jahrhundert Leben, S. 326.

tionszentrum. So waren inzwischen mehrere Einladungen an den StAV-Leiter eingegangen, auch in internationalen Gremien mitzuwirken.

Kontrolle durch Umstrukturierung und Sicherheitsverschärfung

Restrukturierungen und Statusprobleme eines wachsenden Archivs

Sowohl die StAV als auch das DZA blieben auch nach dem Mauerbau Behörden in Bewegung. Beständige Umstrukturierungen bei steigenden Mitarbeiterzahlen sorgten für stetige kleine und größere Veränderungen in den Organigrammen. Die »fachliche Planung, Leitung und Kontrolle des staatlichen Archivwesens« sowie die dahingehende Aufgabenkoordinierung lagen beim Ministerium des Innern bzw. der ihr unterstellten Staatlichen Archivverwaltung. Ihr unterstanden 1965 das DZA, die ehemaligen Landeshaupt-, nun Staatsarchive Dresden, Magdeburg, Potsdam, Schwerin und Weimar, die ehemaligen Landes-, nun Staatsarchive Greifswald, Leipzig, Meiningen und Rudolstadt, Altenburg, Bautzen, Gotha, Greiz und Oranienbaum bei Dessau sowie die Archivdepots der StAV in Dornburg/Elbe und Lübben, die zentralen Technischen Werkstätten (Zentralstelle für Archivrestaurierung in Dresden, Zentrale Bildstelle in Kossenblatt) und die Fachschule für Archivwesen. Die vormaligen Landesarchive Glauchau, Lübben und Merseburg wurden aufgelöst.[40] Die territoriale Zuständigkeit der Staatsarchive gliederte sich folgendermaßen auf: Dresden (Bezirke Dresden und Karl-Marx-Stadt), Greifswald (Bezirk Rostock), Leipzig (Bezirk Leipzig), Magdeburg (Bezirke Magdeburg und Halle), Meiningen (Bezirk Suhl), Potsdam (Bezirke Cottbus, Frankfurt/Oder und Potsdam), Rudolstadt (Bezirk Gera), Schwerin (Bezirke Schwerin und Neubrandenburg) sowie Weimar (Bezirk Erfurt).[41] Im Frühjahr 1965 betrug die Zahl aller in Einrichtungen der StAV beschäftigten Mitarbeiter 579 Personen, ein Plus von 65 gegenüber 1961. Von ihnen gehörten knapp ein Fünftel, nämlich 124, zum Kreis der leitenden Kader bzw. wissenschaftlichen Angestellten, wovon wiederum 94 über eine abgeschlossene Hochschulausbildung verfügten (Ende 1961 waren es noch 83).[42] Dies bedeutete im Vergleich zu 1952 inzwischen bereits fast eine Verdopplung des Personals. 1987 waren es

40 BArch, MfS, SdM, Nr. 1160: Ministerium des Innern: Begründung zur Verordnung über das staatliche Archivwesen (Entwurf), September 1964.

41 BArch, DO 6/1108: Grundstruktur der Staatlichen Archivverwaltung, ihren Dienststellen und Einrichtungen 1976 (Schema), o. D.- Lexikon Archivwesen der DDR, hrsg. von der Staatlichen Archivverwaltung des Ministeriums des Innern der DDR, Berlin (Ost) 1976, S. 264f.

42 BArch, DO 1/10409: StAV/Karl Schirdewan: Situationsbericht über die Kader- und Ausbildungsarbeit im Staatlichen Archivwesen, o. D. (Januar 1962).- BArch, DO 1/30676: Anlage 2 der Übersicht (Schreyer, Das staatliche Archivwesen der DDR, S. 123f.).

dann mit 677 Beschäftigten (bei 669 Soll-Planstellen) noch einmal mehr, nun wenn auch mit geringerer Steigerungsrate.[43]

Das DZA durchlebte als größtes Einzelarchiv der StAV ein ähnlich starkes Mitarbeiterwachstum: von 35 im Jahr 1950 über 135,5 (Soll-Planstellen 147) 1970 bis zu 163 Angestellten (bei 182,5 Soll-Planstellen) im Jahr 1987. Dabei wurde die Forderung nach mehr Planstellen über Jahrzehnte hinweg ebenso dauerhaft gestellt, wie die tatsächliche Besetzung der vorhandenen Stellen mit geeigneten Kräften ein permanentes Manko blieb.[44] Noch Anfang der 1960er Jahre herrschte im DZA ein auffälliger Mangel an staatlich geprüften Archivaren und vor allem technischen Mitarbeitern, bei denen die Arbeitskräftefluktuation besonders eklatant war. Die Gründe für die Fluktuationsbewegungen waren bis zum Mauerbau divers: Unter den wissenschaftlichen Archivaren waren es Branchen- oder Institutionenwechsel, zum Beispiel zu Verlagen und Akademien, oder die Flucht in den Westen, die vereinzelt Lücken rissen. Bei der Gruppe der staatlich geprüften Archivarinnen und Archivare hingegen stiegen häufiger weibliche Mitarbeiter nach Eheschließung und Mutterschaft aus dem DZA aus. Im Fall der technischen Mitarbeiter waren es vor allem die besseren Verdienstmöglichkeiten in anderen Betrieben oder Wirtschaftszweigen, die sie dazu bewogen, häufig schon nach kurzer Zeit das Archiv wieder zu verlassen.[45] Ein weiteres Problem, das sich der Archivleitung stellte, bestand in der verminderten Leistungsfähigkeit in Teilen der Belegschaft, ein Aspekt, der letztlich über Jahrzehnte virulent blieb. Hier wirkten vor allem Faktoren wie überaltertes Personal und körperliche Versehrtheit – 1970 waren elf Prozent der Beschäftigten Rentner, dreizehn Prozent Schwerbeschädigte – sowie die Notwendigkeit familiärer Betreuung im Krankheitsfall, was zwischenzeitlich gerade unter den Mitarbeiterinnen immer wieder für ein erhebliches Maß an Fehlzeiten und unerfüllter Arbeitsnorm sorgte.[46]

Ansonsten hatte jede Abteilung, jeder Bereich sein eigenes soziales Profil. In der Zusammensetzung der Belegschaft der Historischen Abteilung I sticht beispielsweise zum Zeitpunkt 1970 heraus, dass über die Hälfte der 40 Mitarbeiter ein gut ausgebildetes Archivfachpersonal darstellte und darunter ein vergleichsweise hoher Frauenanteil bestand – womit sich das DZA an dieser Stelle vom noch immer stark männlich dominierten Bundesarchiv unterschied. Auffällig ist zudem, dass der Mitarbeiterkreis mit einem Durchschnittsalter von rund 40 Jahren eher jung war; zugleich war über die Hälfte weniger als zehn Jahre im DZA tätig, was den starken Aufwuchs in den 1960er Jahren belegt.

43 BArch, MfS, Sekr. Neiber, Nr. 151: Struktur der StAV und der ihr unterstellten Dienststellen und Einrichtungen, 31.12.1987, f. 55.

44 Ebd.

45 BArch, MfS, HA IX, Nr. 24277: Vernehmungsprotokoll des Beschuldigten Dr. Mlynek, 5.2.1962, f. 19.

46 BArch, DO 6/931: DZA/Dr. Lötzke: Entwurf zur Weiterentwicklung von Kaderprogramm und Strukturplan des DZA, 10.4.1970.

Ausgewählte Indikatoren der Sozial- bzw. Mitarbeiterstruktur im DZA 1970[47]

Mitarbeiterstellen	135,5 (Planstellen-Soll: 147)
Altersstruktur	Zwei Drittel der Mitarbeiter unter 50 Jahre
Qualifikation	25 Diplomarchivare (davon 9 Frauen und 9 Promovierte) 20 staatlich geprüfte Archivare (davon 13 Frauen) 7 Archivassistenten (davon 6 Frauen) 48 Mitarbeiter mit anderem Facharbeiterabschluss (davon 32 Frauen)
Personengruppen mit dauerhaft oder zeitweise eingeschränkter Leistungsfähigkeit	15 Rentner 18 Schwerbeschädigte 30 Frauen mit Kindern unter 14 Jahren 34 Mitarbeiter mit häufigen Gesundheitsausfällen ohne Behinderungsgrad
SED-Mitgliedschaft	31 Mitarbeiter (davon 16 Frauen bzw. 15 Fachkader) = 23 Prozent aller Mitarbeiter

Die Gründe für die strukturellen Ausdifferenzierungen und Anpassungen im DZA waren vielfältig. Eine der wichtigsten Ursachen stellte das rasant anwachsende Archivgut bzw. dessen Bearbeitung dar. So war das DZA mit seinen Standorten Potsdam, Merseburg und Coswig (seit 1961) zuständig für das Archivgut der zentralen Organe und Einrichtungen des Staatsapparates sowie der wirtschaftsleitenden Organe, der zentralen Organe und Einrichtungen des deutschen Reiches und Preußens und schließlich der zentralen Organe und Einrichtungen der Wirtschaft vor 1945.[48] Hierbei entwickelte sich der Archivgutzufluss bald zu einem regelrechten Strom, nachdem sich das DZA seit der zweiten Hälfte der 1950er Jahre mit der Erschließung und Archivierung der vormals beschlagnahmten und abtransportierten Bestandsmassen zu befassen hatte, die aus der Sowjetunion bzw. aus sowjetischer Kontrolle zurückgegeben wurden. Darüber hinaus gingen seit dem Gesetz vom 11. Februar 1958, das die Auflösung bzw. Reorganisation und Zusammenfassung der bisherigen acht Industrieministerien vorsah, weitere umfangreiche Aktenmassen ans DZA – ein Vorgang, dessen praktische Konsequenzen erst einige Jahre später zutage traten. Die seit 1961 betriebene Außenstelle Coswig, die im dortigen Schlossgebäude (das zuvor als Zuchthaus gedient hatte) untergebracht war und zunächst von Gottfried Börnert, dann seit 1968 von Günter Kesselbauer geleitet wurde, wurde der bisherigen Abteilung IV zugeordnet. Mit Wirkung zum 1. Januar 1962 wurden dann die Bezeichnungen von Abteilung III und IV getauscht, sodass Coswig von nun an ebenfalls der dritten Abteilung angehörte.[49]

47 Angaben nach: ebd.

48 Deutsches Zentralarchiv 1946-1971, Autorenkollektiv unter Leitung von Helmut Lötzke, Potsdam 1971, S. 7 f.

49 BArch, DO 6/232: Der Direktor an die Abteilungsleiter: Änderung der Bezeichnung für die bisherigen Abteilungen III und IV, 20.2.1962.

Struktur des DZA vom 1. Januar 1962[50]

Bereich	Zuständigkeit	Standort
Archivleitung	Sekretariat; die Referate Kader/Schulung und Haushalt/Allgemeine Verwaltung; Luft- und Brandschutz; Bibliothek und Dokumentation; Grundsatzreferate Ordnungs- und Verzeichnungsgrundsätze, Kassation, Bau- und Lagerungsfragen sowie Konservierung/Restaurierung/Fototechnik	Potsdam
Abteilung I	Deutsches Reich	Potsdam
Abteilung II	Preußen	Merseburg
Abteilung III	SBZ/DDR	Potsdam, Coswig
Abteilung IV	Fremde Bestände	Potsdam

Weitere bedeutsame Motive für strukturelle Änderungen und die innere Reorganisation waren der Ausbau des Zentralarchivs zu einem geheimdienstlichen Sicherungsbereich und das Ansinnen, die archivische Binnen- und Ordnungsstruktur mit sozialistischem Vokabular auszuweisen. Vor diesem Hintergrund wurde zum 1. Januar 1965 die Abteilung III in Abteilung Sozialismus und die Abteilung IV in Sonderabteilung für Bestände aus Gebieten außerhalb der DDR umbenannt. Ebenso umgetauft wurden die bisherigen ersten beiden Abteilungen, die die Archivbestände zum Deutschen Reich und Preußen verwalteten; sie trugen nunmehr die wenig aussagekräftigen Abteilungsnamen Historische Abteilung I und II.[51]

Struktur des DZA vom 1. Juli 1967[52]

Bereich	Zuständigkeit	Standort
Archivleitung	Sekretariat; Referate Organisation/Planung, Öffentlichkeitsarbeit/Informationspolitik, Fachbibliothek und Haushalt/Allgemeine Verwaltung	Potsdam
Historische Abteilung I	Deutsches Reich	Potsdam
Historische Abteilung II	Preußen	Merseburg
Abteilung Sozialismus	SBZ/DDR	Potsdam, Coswig
Sonderabteilung	Fremde Bestände	Potsdam

50 BArch, DO 6/232: Strukturplan des Deutschen Zentralarchivs vom 1.1.1962.

51 BArch, DO 6/232: Der Direktor an die Abteilungsleiter: Änderung der Abteilungsbezeichnungen, 8.1.1965.

52 BArch, DO 6/232: Strukturplan Deutsches Zentralarchiv (gültig ab 1. Juli 1967).

Im Jahr 1973 wurde dann das ganze Archiv umbenannt in Zentrales Staatsarchiv der DDR. Hintergrund waren der Machtwechsel von Walter Ulbricht zu Erich Honecker, der deutsch-deutsche Grundlagenvertrag und die damit verbundene internationale Anerkennung des Landes im Westen. Mit dem neuen Namen sollte auch für den Bereich des Archivwesens die Zweistaatlichkeit und nationalkulturelle Eigenständigkeit herausgestellt werden. Drei Jahre später wurde dann eine völlig neue Grundstruktur eingeführt. Kern der Umstrukturierung war die Aufhebung des bisherigen bestandsbezogenen Organisationsaufbaus zugunsten einer Gliederung nach den Arbeitsfeldern »Auswertung« und »Erschließung«.

Fachlich wurde diese Neuordnung, an der seit Beginn der 1970er Jahre gearbeitet worden war, als eindeutig nachteilig gewertet. Doch im Vordergrund der Überlegungen standen vor allem sicherheitspolitische Aspekte. So war seit den 1960er Jahren das Interesse der allgemeinen und Fachöffentlichkeit an den Beständen des Zentralarchivs stetig und in hohem Maße gewachsen. Zugleich wurden mit der Zementierung der deutschen Zweistaatlichkeit durch Mauerbau und deutsch-deutschem Grundlagenvertrag nun stärker denn je Anträge auf Archivalieneinsicht unter dem Gesichtspunkt von Klassenkampf und Systemkonkurrenz betrachtet, entschieden und begleitet. Mit Hilfe der veränderten Struktur war es mit einem Schlag möglich, SED-Mitglieder und politisch zuverlässige Mitarbeiter an entscheidenden Stellen zu platzieren und den Benutzerbereich stärker denn je »zu sichern«. Daher korrelierte die Einführung der neuen Grundstruktur nicht zufällig mit der Phase erhöhter Nutzeranfragen aus dem Westen im Zuge des KSZE-Prozesses und der neuen »Weltoffenheit« zu Beginn der Ära Honecker. In der internen Kommunikation der StAV und Archive fanden solche Motive allerdings kaum Erwähnung. Vielmehr wurde der Umbau begründet mit Argumenten wie Erhöhung der »schöpferischen Mitarbeit«, Vereinfachung der Organisationsstruktur, Erweiterung der »sozialistischen Demokratie«, Überwindung der »Zersplitterung der Kader« oder engere Gestaltung der »Beziehungen zwischen ›Wissenschaft und Produktion‹«.[53]

53 BArch, DO 1/31154: StAV/Abt. Grundsatzfragen/Wissenschaft: Erfahrungen aus der Arbeit mit der neuen Struktur in den Staatsarchiven, 27.8.1979.

Zuständigkeits- und Unterstellungsverhältnisse im ZStA 1976[54]

Direktor Helmut Lötzke (SED)

- Allgemeine Verwaltung: Rudolf Kaulfuß[55]
- Konservierungs- und Restaurierungswerkstatt: Hans Seack (NDPD)
- Dienststelle Merseburg: Johanna Weiser (SED)
- Außenstelle Coswig: Günther Kesselbauer (SED)
- Hauptreferat Organisation und Planung: Johanna Wendt (SED)
- Beauftragter für Sicherheit

Abteilung Auswertung: Gerlinde Grahn (SED)	Abteilung Erschließung: Kurt Metschies (SED)
• Arbeitsbereich Kapitalismus: Josef Glaser (SED) • Arbeitsbereich Sozialismus: Wolfgang Merker (SED) • sowie Benutzerdienst, Bibliothek und Reprographie	• Arbeitsbereich Bewertung und Bestandsergänzung: Elisabeth Brachmann-Teubner (SED) • Arbeitsbereich Erschließung Sozialismus: Elisabeth Brachmann-Teubner (SED) • Arbeitsbereich Erschließung Kapitalismus: Kurt Metschies (SED) • sowie Kartensammlung, Filmreferat und Magazindienst

Alle genannten Umstrukturierungen verfolgten neben dem Wunsch nach mehr Sicherheit und Kontrolle auch das Ziel, das DZA in seiner Rolle als zentrales Behördenarchiv der DDR aufzuwerten. Doch die Archivleitung hatte mit Status- und Akzeptanzproblemen zu kämpfen, hervorgerufen durch Archivkonkurrenz und verweigerte Aktenabgabe. Obwohl es offiziell kein separates Behörden-Archivwesen geben sollte, entstanden seit den 1960er Jahren an mehreren Stätten von Verwaltung und Ministerium eigene Archive. Zu den bekanntesten gehörte das Archiv des MfS sowie dessen »NS-Archiv«, das per Mielke-Befehl vom 23. Dezember 1967 der Abteilung IX/11 unterstellte wurde, die für die künftige Erfassung, Archivierung sowie »politisch-operative Auswertung und Nutzbarmachung« aller Materialien zur NS-Zeit zuständig war.[56] Für den Standort Potsdam war die Bildung des Deutschen Militärarchivs von Bedeutung, das im Juli 1964 auf Befehl des Verteidigungsministers gegründet wurde. Die seit 1974 nur noch Militärarchiv genannte Einrichtung verwaltete neben Beständen der NVA die Aktenbestände des »Zentralen Archivs der

54 BArch, DO 6/931: Vorschlag zur inneren Struktur und Kaderbesetzung der künftigen Abteilung Auswertung, 15.12.1975.- BArch, DO 1/31154: MdI/Ernst Marterer: Grundstruktur des Zentralen Staatsarchivs, 20.4.1976.- BArch, DO 6/1129: Struktur- und Arbeitsverteilungsplan Abteilung Erschließung, o. D.

55 Ob Rudolf Kaulfuß ebenfalls Mitglied der SED war, ließ sich nicht ermitteln.

56 Unverhau, Das NS-Archiv, S. 19, 37, 198-212.- Schreyer, Das staatliche Archivwesen der DDR, S. 143 f.

Kasernierten Volkspolizei« und des Dresdner Heeresarchivs. Letztere enthielten historische Bestände der preußischen und sächsischen Armee sowie der Reichswehr und Wehrmacht. Deren Umfang wuchs direkt proportional mit den Rückgaben durch die Sowjetunion.[57]

Darüber hinaus entzogen sich wichtige Ministerien der gesetzlich festgelegten Ablieferungsfrist gegenüber dem DZA, indem sie auf Geheimnisschutz insistierten und/oder eigene Endarchive durchsetzten. Ein prominentes Beispiel hierfür stellte neben dem Militärarchiv und dem Außenministerium ausgerechnet das MdI dar, also das Ministerium, dem das DZA selbst angehörte. Sämtliche Versuche der Archivare, Ansprüche auf das Schriftgut zu formulieren, scheiterten an dem Veto der anderen Gliederungen und Abteilungen des MdI. Die interne Umsetzung von Archivierungsstandards im MdI-Verwaltungsarchiv glich einer »archivischen Posse«, wie Simone Walther dazu schrieb.[58] Aber auch die Generalstaatsanwaltschaft der DDR hatte ihre General- und Sachakten eigentlich an das DZA abzugeben, was jedoch ebenfalls aus Geheimhaltungsgründen unterblieb. Stattdessen ging ein Großteil der Akten gleich an das MfS-Archiv, bis dort jedoch die Lagerkapazitäten erschöpft waren. Daraufhin bevollmächtigte StAV-Leiter Roland Leipold (zugleich Offizier im besonderen Einsatz (OibE) des MfS) wiederum den Generalstaatsanwalt, selbstständig Bewertung und Kassation vorzunehmen. Erst Ende 1987 gelang es dem DZA/ZStA, erstmals 37 Archivalieneinheiten (2 lfm.) aus dem Zeitraum 1950-65 zu übernehmen – allerdings mit auferlegtem Benutzerverbot bis zum Jahr 2000. Erkennbar wird, dass sowohl das DZA als auch die StAV im ministeriellen Gefüge von Beginn an nur über einen begrenzten verwaltungspolitischen Stellenwert verfügten.

Das Ringen um SED-Mitgliederaufwuchs und Geheimhaltung im Archivbetrieb

Um die Vorherrschaft der SED auch personell abzubilden, brauchte es im DZA auffallend lange. Viele Fachkräfte ließen sich, einmal eingestellt, nur schwer bewegen, in die Staatspartei einzutreten, zumal die Erlangung der Mitgliedschaft über Kandidatur und Bewährungszeit ein aufwendiges Verfahren darstellte. Auffällig war vor allem die geringe SED-Mitgliederzahl in Abteilung I: Hier gehörten 1970 gerade einmal sechs Mitarbeiter (15 Prozent; davon fünf Frauen) der Partei an, darunter war kein Hochschulabsolvent. Die vergleichsweise bescheidene Zahl von SED-Mitgliedern sowohl in dieser Kernabteilung als auch im DZA insgesamt bildete einen dauernden Diskussionsgegenstand,

57 Albrecht Kästner/Anita Kaun, Das Militärarchiv der DDR 1964-1979, in: Archivmitteilungen 29 (1979) 6, S. 210-215.

58 Simone Walther, Besonderheiten der Archivierung und Nutzung ministerialer Überlieferung der Bereiche Inneres und Justiz der DDR – Rückblick und Ausblick, in: Dagmar Unverhau (Hg.), Hatte »Janus« eine Chance? Das Ende der DDR und die Sicherung der Zukunft einer Vergangenheit, Münster 2003. S. 51-68, hier 54.

nicht nur aufgrund der repräsentativen Parteipräsenz vor Ort, sondern auch wegen der solcherart bedingten Einflussbeschränkung. 1970 belief sich der Anteil der Mitarbeiter mit SED-Parteibuch im DZA insgesamt auf knapp 23 Prozent (31 Mitarbeiter, davon 16 Frauen sowie 15 Fachkader).[59] Dies lag nur wenig über dem Wert, der fünf Jahre zuvor auf StAV-Ebene erreicht worden war: 1965 gehörte jeder fünfte Beschäftigte (20,2 Prozent) in Einrichtungen der StAV der SED an, unter den leitenden Mitarbeitern waren es zwei von drei (60 Prozent).[60]

Um eine Änderung der Kräfteverhältnisse zu forcieren, wurden bisweilen bizarre Ideen getestet. So wurde 1963 eine zwischen MdI und StAV abgestimmte Maßnahme zur Veränderung der Kadersituation ventiliert, die darin bestand, im DZA sogenannte Beauftragte für die Erfassung von Quellen zur Geschichte der deutschen Arbeiterbewegung einzusetzen, die wiederum als SED-Mitglieder in den Parteikollektiven mit dem jeweiligen Archivdirektor Personalfragen »verantwortlich« entscheiden sollten – ein Vorschlag zur Infiltration, den das MfS allerdings aufgrund der weiterhin schwach bleibenden Parteibasis als wenig effektiv einschätzte, um eine »grundlegende Wende« herbeizuführen.[61] Langfristig vollzog sich aber eine stete Steigerung auf 34,5 Prozent im Jahr 1984 (57 von 165 Mitarbeitern), was auch in Zahlen mit dem Trend der wachsenden Ideologisierung und Durchherrschung des Zentralarchivs korrespondierte. Dabei erwies sich der Anteil von SED-Mitgliedern am Standort Potsdam mit 38 Prozent (37 von 97 Mitarbeitern) am höchsten.[62]

Ein weiteres Instrument zur Mitarbeiterkontrolle war der Ausbau des DZA zu einer regelrechten Sicherheitszone. War der Zugang zu den Magazinen im Reichs- und Bundesarchiv vor allem anhand der allgemeinen beruflichen Zuständigkeit der Mitarbeiter geregelt, so war der Zutritt im DZA Potsdam in erster Linie durch sicherheitspolitische Parameter organisiert, die streng an den eigenen Aufgabenbereich gekoppelt waren. In der Folge wurde seit den 1960er Jahren das Archiv selbst für die eigenen Archivare zu einer stellenweise schwer zugänglichen Arkansphäre, um deren Kontrolle sich ein eigener Sicherheitsbeauftragter kümmerte. Auffällig an der Organisations- und Kommunikationsstruktur in der Berliner Straße war die strikte Trennung der Bereiche von Archiv und Archivverwaltung. Eingebettet in den Komplex von

59 Sämtliche Angaben nach: BArch, DO 6/191: DZA/Historische Abteilung I: Analyse des Bewußtseinsstandes der Mitarbeiter, 20.1.1970.- BArch, DO 6/931: DZA/ Dr. Lötzke: Entwurf zur Weiterentwicklung von Kaderprogramm und Strukturplan des DZA, 10.4.1970.

60 BArch, DO 1/435: Anlage 2 der Übersicht.

61 BArch, MfS, ZAIG, Nr. 826: E. J. über einige Probleme der staatlichen Verwaltung der Archive in der DDR, 9.12.1963, f. 4.

62 Am Standort Merseburg waren von 51 Mitarbeitern 16 SED-Mitglieder (31 Prozent), in Coswig von 17 Mitarbeitern 4 (24 Prozent). BArch, MfS, BVfS Pdm, AOPK, Nr. 380/85: Bericht IMS »Joachim« über die Inspektionskontrolle des MdI im ZStA Potsdam (Febr. 1984), 27.2.1984, f. 214.

verpflichtender Geheimhaltung und Geheimnisträgerschaft, gab es nur wenige Personen auf der Leitungsebene, die über einen genaueren Überblick über das gesamte Geschehen in den Gebäudeetagen und die einzelnen Tätigkeitsfelder der Mitarbeiter verfügten. Die verschiedenen Hierarchie- und Organisationsebenen bildeten jeweils eigene sektorielle Informations-, Wissens- und Entscheidungsstrukturen, was bisweilen zu einer durchaus erstaunlichen gegenseitigen Unkenntnis führte bzw. Räume für Spekulationen öffnete. In der Folge konnten so immer wieder Gerüchte entstehen oder obskure Verlautbarungen zu plötzlichen Personalwechseln erstaunlich lange halten.[63]

Insbesondere bei westlichem Besuch wurden die Archivmitarbeiter strengstens instruiert. Jeder Meter im Benutzerbereich war in bestimmte Sicherheitszonen eingeteilt, deren Betreten noch einmal nach Arbeits-, Pausen- und Freizeit gesondert geregelt war. Unbefugte Kontakte hatten zu unterbleiben, waren sie auch noch so harmlos. Über Ausnahmen entschied allein das MfS. Dahinter steckte auch die Furcht, DZA/ZStA-Personal könnte sich durch westliche Organisationen und Dienste anwerben lassen oder heimlich Kontakte in den Westen pflegen. Bei Verstößen oder dahingehenden Verdachtsfällen wurde umgehend reagiert: So war beispielsweise 1965 die damalige Leiterin des Benutzerdienstes wegen »politischer Unzuverlässigkeit« von ihrem Posten abgelöst worden, nachdem man ihr vorgeworfen hatte, westliche Besucher bevorzugt behandelt bzw. Anbiederei betrieben zu haben.[64]

Ein zusätzliches, an die Beschäftigten gerichtetes Überwachungsregime sorgte nach innen für rigiden Geheimnisschutz. Dabei verschmolzen häufig behördliche Sicherheitsregularien mit denunziatorischem Überwachungseifer und geheimdienstlicher Observation.[65] Im Fall von DZA-Archivar Kurt Metschies, der Anfang 1966 ins Radar des hauseigenen Überwachungs- und Sicherheitsregimes geriet, zogen Unvorsichtigkeit und Beschwerdelust lebenslange Folgen nach sich. Der junge Diplomabsolvent hatte damals im Anschluss an Unterhaltungen mit einer DZA-Schreibkraft über die Potsdamer Stadtgeschichte der 1940er und 1950er Jahre versucht, mit hauseigener Technik Abbil-

63 Dass beispielsweise Karl Höhnel aus gesundheitlichen Gründen bzw. aufgrund eines schweren Herzfehlers seinen Stellvertreterposten abgab, war eine Version, die von vielen Mitarbeitern wenig hinterfragt angenommen wurde. BArch, MfS, HA IX, Nr. 24277: Vernehmungsprotokoll des Beschuldigten Dr. Mlynek, 7.2.1962, f. 39.

64 BArch, MfS, BV Pdm, AIM, Nr. 673/74, Bd. I: Abt. VII/1: Einschätzung des Kollegen Ulrich Roeske (Abschrift), 24.7.1965.

65 Anfang der 1960er Jahre war beispielsweise ein StAV-Mitarbeiter auf den privaten Mitschnitt einer Rede Konrad Adenauers gestoßen, nachdem er sich von einem befreundeten DZA-Archivar ein Tonbandgerät mit Musikbänder ausgeliehen hatte. Der vorgesetzte StAV-Kaderleiter, dem er seinen Fund meldete, wollte den »Vorfall« aber aus Gründen der Kollegialität zunächst nicht weitermelden. Doch sein Mitarbeiter bestand darauf, sodass das Verfahren notgedrungen seinen Verlauf nahm und der Archivar erhielt eine schwere Rüge. BArch, MfS, HA IX, Nr. 24277: Auszüge aus ZI-Berichten über Äußerungen des Beschuldigten Dr. Mlynek über das Zentralarchiv Potsdam (16.1.1962), 27.1.1962, f. 7f.

dungen aus einem Mikrofilm der Deutschen Staatsbibliothek zu kopieren, der Zeitungsartikel über das Potsdam jener Zeit archivierte und dabei auch einige Beiträge aus westdeutschen Zeitungen enthielt. Den Film hatte er bereits als Student für ein Seminar ausgewertet und nun nach Potsdam bestellt.[66] Als er bei der Leiterin der DZA-Bildstelle um einige Vergrößerungen in Form eines bezahlten Privatauftrags bat, verweigerte die SED-Genossin diese, weil sie auf dem Celluloid einen Artikel der »Berliner Morgenpost« über die Geschichte des alten Potsdamer Traditionscafés bzw. der Konditorei Rabin entdeckt hatte, deren Betreiber, so der Text, durch die SED-Gewerbepolitik vertrieben worden seien und im West-Berliner Stadtbezirk Steglitz ihr Café neu eröffnet hätten.[67] Aufgescheucht durch den Inhalt und die Auftragserteilung, die nicht durch Metschies selbst, sondern durch den für die Lichtbildstelle zuständigen DZA-Referenten erfolgt war, beriet sich die Bildstellenleiterin zuerst mit zwei, der SED angehörenden Mitarbeiterinnen des Dok-Zentrums und übergab danach den Mikrofilm umgehend ihrer Parteisekretärin, die wiederum Archivdirektor Lötzke in Kenntnis setzte.[68] Da es sich nach SED-Lesart um einen Hetzartikel handelte, der vervielfältigt werden sollte, gingen in der Dienststelle die Alarmglocken an, und die Angelegenheit walzte sich zum Entsetzen Metschies' zu einer richtigen Affäre aus. Der Film wurde zunächst auf gemeinsamen Beschluss von BPO- und Dienststellenleitung im Panzerschrank des Direktors eingeschlossen und damit »sichergestellt«. Danach musste Metschies gegenüber Lötzke und der Archiv- und Parteileitung in mehreren Stellungnahmen detailgenau Rechenschaft über Motiv und »Tathergang« ablegen. Dass am Ende nach Rücksprache mit der StAV-Kaderabteilung von einer Disziplinarstrafe abgesehen wurde und er nur mit einer Verwarnung und dem Abfassen eines schriftlichen Berichts einschließlich Schuldeingeständnis und Besserungsgelöbnis davonkam, hatte er nur seiner Jugend, Unerfahrenheit und Selbstkritik sowie seinen guten Arbeitsleistungen und Zeugnissen zu verdanken.[69] Der Leiter der Historischen Abteilung I, Gerhart Enders, wurde beauftragt, Verhalten, Tätigkeit und Persönlichkeitsentwicklung seines Mitarbeiters Metschies künftig regelmäßig zu überprüfen. »Die Angelegenheit« wurde, wie Lötzke in seinem Abschlussbericht vom 18. Mai 1966 festhielt, schließlich durch Vernichten des Mikrofilms »mit Zustimmung des Kollegen Metschies« für »zunächst abgeschlossen« erklärt.[70] Doch aus der Welt war die Sache damit nicht, denn kurz zuvor hatte sich der von der Wucht der Ermittlungen schockierte, vielleicht sogar traumatisierte Metschies aus Angst vor den dro-

66 BArch, MfS, BV Potsdam, Abt. VII, Nr. 13: Abt. VII/1: Stellungnahme »Joachim« (Abschrift), 23.5.1966, f. 88.

67 Franz Born, In Potsdam mal konditern gehen … Geschichten aus 5 Jahrzehnten – erlebt im Café Rabien, in: Berliner Morgenpost vom 20.11.1955, S. 34.

68 BArch, MfS, BV Potsdam, Abt. VII, Nr. 13, Teil I/1: Aktenvermerk, 18.5.1966, f. 85, sowie: Berichte (Schlatzke), 9.5. und 12.5.1966, f. 78f., 81f.

69 BArch, MfS, BV Potsdam, Abt. VII, Nr. 13, Teil I/1: Aktenvermerk, 18.5.1966, f. 86.

70 Ebd.

henden Langzeitfolgen seiner noch jungen Karriere an das MfS mit der Bitte um Unterstützung gewandt. Diese packte die Gelegenheit beim Schopfe und machte ihre Hilfe von einer inoffiziellen Mitarbeit abhängig, ein »Angebot«, in das Metschies nun einwilligte.[71] Am Ende wurde Metschies selbst zum personifizierten Wächter eines überzogenen Sicherheitsregimes im DZA/ZStA. So stand er später im Ruf, penetrant die strenge Einhaltung der Ordnungs- und Sicherheitsbestimmungen im Archiv zu überwachen und selbst kleinste Verstöße zu melden.[72] Seine Kontroll- und Berichtswut beeinträchtigte das Betriebsklima spürbar.[73] In der Folge mieden ihn misstrauisch gewordene oder betroffene Kollegen.[74]

Ein eigenes sicherheitspolitisches, hier jedoch nicht zu vertiefendes Kapitel bildete der Umgang mit Personen, die Zugang zu Aktenmaterial hatten, das dem Geheimhaltungsgrad von Staatsgeheimnissen unterlag und als Vertrauliche Verschlusssache (VVS) abgelegt wurde. Um eine VVS-Berechtigung zu erhalten, stellte die StAV für die betreffende Person einen Antrag. Diese wurde dann vom MfS anhand eines Ermittlungsberichtes mit umfänglichen Abfragepunkten (darunter Herkunft, Aussehen, Lebens- und Arbeitsweg, Verwandtschaft, Charakter und Moral, Mitgliedschaften, ideologische Grundeinstellung, Leumund usw.) durchleuchtet und beurteilt. Erst wenn dieser Bericht mit positivem Votum vorlag, konnte die Berechtigung erteilt und die Person auf die vorgesehene Position gesetzt werden.[75] In regelmäßigen Abständen

71 BArch, MfS, BV Potsdam, Abt. VII, Nr. 13, Teil I/1: Treffbericht »Joachim«, 13.5.1966, f. 83 f., sowie: Treffbericht »Joachim«, 20.5.1966, f. 87.- Dass das MfS hier gut vorbereitet in das Gespräch gehen konnte, lag nicht zuletzt daran, dass es im Vorfeld durch den Genossen Schlatzke über den Vorfall informiert worden war. Schlatzke war wiederum Offizier im besonderen Einsatz und arbeitete zusammen mit Kaden und Wölk für das Dok-Zentrum im DZA. BArch, MfS, BV Potsdam, Abt. VII, Nr. 13, Teil I/1: Aktenvermerk, 9.5.1966, f. 77.

72 Stellvertretend: BArch, MfS, BV Potsdam, Abt. VII, Nr. 13, Teil I/2: Abschlußbericht zur Sicherheitsüberprüfung IMS »Joachim«, 10.6.1985, f. 105.- BArch, MfS, BV Potsdam, Abt. VII, Nr. 13, Teil I/2: Bericht IMS »Ulf«, 30.4.1986, f. 211.- BArch, MfS, BV Potsdam, Abt. VII, Nr. 13, Teil I/2: Berichte IMS »Carola«, 9.5. und 17.9.1986, f. 215 f., 217 f.- BArch, MfS, BV Potsdam, Abt. VII, Nr. 13, Teil I/2: Bericht IMS »Ulf«, 22.6.1988, f. 341.

73 Seine IM-Berichte waren gespickt mit dahingehenden Beobachtungen und (An) Klagen, deren Kleinteiligkeit, polemische Schuldzuweisungen und Sanktionierungsforderungen bisweilen selbst den auswertenden MfS-Offizieren zu weit gingen. Stellvertretend: BArch, MfS, BV Potsdam, Abt. VII, Nr. 13, Teil I/2: Abschlußbericht zur Sicherheitsüberprüfung IMS »Joachim«, 10.6.1985, f. 106 f.- BArch, MfS, BV Potsdam, Abt. VII, Nr. 13, Teil I/2: Einsatz- und Entwicklungskonzeption zum IMS »Joachim«, 13.11.1987, f. 292 f.

74 Stellvertretend: BArch, MfS, BV Potsdam, Abt. VII, Nr. 13, Teil I/2: Bericht IMS »Günter« über Kurt Metschies, 19.11.1986, 247-249.- BArch, MfS, BV Potsdam, Abt. VII, Nr. 13, Teil I/2: Abschlußbericht zur Sicherheitsüberprüfung IMS »Joachim«, 10.6.1985, f. 105 f.

75 Beispiele für Antrag und Ermittlungsbericht in: BArch, MfS, HA VII, Nr. 2108, f. 21-32.

wurden die VVS-Berechtigten und ihr Umfeld erneut überprüft, was fallweise zu einer verschärften Überwachung führen konnte, wenn diejenige Person als Sicherheitsrisiko eingestuft wurde.[76]

Deutlich wird aus der dargestellten Situation, dass die Mitarbeiter als MdI-Angehörige spezifischen Verhaltensnormen sowie Überwachungs- und Berichtspflichten unterworfen waren, deren stete Ausweitung die gegenseitige Kontrolle und Überwachung verschärfte und das betriebliche Binnenklima autoritär verregelte. Der Einhaltung der Sicherheitsdoktrin kam oberste Priorität zu, hinter der kollegiale Loyalitäten zurückzutreten hatten.

Verborgene Parallelstrukturen und Bestandsverriegelungen mit NS-Bezug

Neben personellen Geheimhaltungspraxen gab es eine Reihe von Eingriffen, die Parallelstrukturen, innere Konkurrenzverhältnisse und Archivgutverschiebungen nach sich zogen. Sie sorgten für die zusätzliche Herausbildung von internen Arkanstrukturen und hierarchischer Mehrgleisigkeit im DZA, wie im Folgenden am Beispiel des Dokumentationszentrums, des Referats »Familienforschung« sowie der Bestandsgeschichte des »Jüdischen Gesamtarchivs« und des Archivbestandes »Wehrmachtsauskunftsstelle« gezeigt werden soll.

Die DDR-weit initiierte Aktion zur Errichtung und Materialbelieferung des neu geschaffenen Dokumentationszentrums, das Informationen und Dokumente zur NS-Vergangenheit westdeutscher Politiker und Persönlichkeiten zu sammeln und auszuwerten hatte, führte zu erheblicher Unruhe im DZA. Grundlage war der Ministerratsbeschluss vom 28. Mai 1964 zur »Erfassung und Auswertung der in der DDR befindlichen Dokumente über die Zeit der Hitlerdiktatur«, in dessen Folge das Zentrum gegründet und, unter besonderer Obhut durch den für das Archivwesen zuständigen Innenminister Richard Wenzel, der StAV unterstellt wurde. Um die Recherchen zu bewältigen, wurden 36 sogenannte Forschungsbeauftragte eingestellt, die in allen relevanten Archiven der DDR Suchaufträge durchführten. Allein im DZA handelte es sich um acht solcher Forschungsbeauftragter, die ihrerseits in Forschungsgruppen eingeteilt waren.[77] Sie setzten sich aus festem Fachpersonal und zusätzlichen Hilfskräften zusammen, die aus Studenten, Parteiveteranen oder auch Mitgliedern örtlicher Kommissionen zur Geschichte lokaler Arbeiterbewegungen ausgewählt wurden.

Die fachfremden Mitarbeiter mussten unter hohem Aufwand eingearbeitet und ihre Rechercheergebnisse beständig kontrolliert werden, was zusätzlich Arbeitskapazitäten der DZA-Archivare band. Sie erhielten Archivarsgehälter, ohne tatsächliche Archivarbeit zu leisten, und gehörten zum jeweiligen Archiv-

76 Vgl. BArch, MfS, HA VII, Nr. 1607.

77 BArch, DO 1/21130: StAV/Der Leiter an den Stellv. des Ministers/Gen. Generalmajor Wenzel: Vorläufige Ordnung über Stellung, Aufgaben und Arbeitsweise des »Dokumentationszentrums (1933-1945) in der Staatlichen Archivverwaltung«, 6.10.1965.- Schreyer, Das staatliche Archivwesen der DDR, S. 122f.

kollektiv. Doch im Kern blieben sie fachlich und ideologisch ein Fremdkörper im Archiv, der *in persona* wie ein verlängertes »rotes« Propaganda- und Kontrollorgan hineinwirkte und zur Politisierung des Zentralarchivs beitrug. Genau das beabsichtigte auch das MfS, das das Dokumentationszentrum sowohl an der Führungsspitze als auch im Mitarbeiterkreis unter seine Kontrolle stellte und dort vielfach sogar Offiziere im besonderen Einsatz platzierte.[78] Im Dokumentationszentrum glaubte man sich mit den Mitarbeitern von StAV und ZStA »kämpferisch« verbunden und pflegte stets besondere Kontakte, indem zum Beispiel regelmäßig Prämien an Personen ausgezahlt wurden, mit denen eine enge Arbeitsbeziehung bestand.[79]

Die politische Indienstnahme des DZA war nichts Ungewöhnliches für das Archiv, das als ertragreicher Ort der Materialrecherche in allen groß angelegten Kampagnen und Aufklärungsaktivitäten der DDR gegen NS-belastete Eliten in der Bundesrepublik eine zentrale Zulieferrolle spielte. So weisen beispielsweise die Akten rund um die bereits vielfach untersuchte Globke-Affäre stets das DZA aus, das entsprechende Akten aushob und übergab. Laut Übergabeprotokollen an die Oberste Generalstaatsanwaltschaft der DDR sowie an weitere, mit dem Globke-Fall befasste Einrichtungen wie dem Ausschuss für deutsche Einheit umfasste dies allein im Zeitraum Dezember 1961 / Januar 1962 78 Akten mit rund 13 500 Blatt – Aufgaben, die von den dort angestellten Mitarbeitern erledigt werden mussten.[80]

Hintergrund für die Gründung des Dokumentationszentrums waren die SED-Kampagnenpolitik gegen die Bundesrepublik allgemein[81] und der Ulmer »Einsatzgruppenprozess« 1958 im Besonderen, der eine Wende in der bundesdeutschen Aufarbeitungsgeschichte darstellt: In seiner Folge wurde die »Zentrale Stelle der Landesjustizverwaltungen zur Aufklärung nationalsozialistischer Verbrechen« in Ludwigsburg gegründet.[82] Der Ulmer Prozess, bei dem gegen Teile des Einsatzkommandos in Tilsit wegen der Ermordung von 5500 Juden im Jahr 1941 ermittelt wurde, brachte zum einen die Dimensionen nationalsozialistischer Verbrechen für die (west)deutsche Bevölkerung zum Vorschein. Zum anderen offenbarte er erhebliche Defizite in der strafrechtlichen Aufarbeitung, was in der Bundesrepublik zu mehreren die 1960er Jahre prägenden gesellschaftlichen Debatten führte. Dazu gehörte auch die Verjäh-

78 BArch, MfS, HA VII, Nr. 328/6.- BArch, MfS, HA VII, Nr. 328/7.

79 Einige Auszeichnungsvorschläge in: BArch, MfS, HA IX, Nr. 21105: f. 220-229.

80 BArch, MfS, HA IX/l 1: Übergabeprotokoll, 5.3.1963, f. 198-204.

81 Michael Lemke, Instrumentalisierter Antifaschismus und SED-Kampagnenpolitik im deutschen Sonderkonflikt 1960-1968, in: Jürgen Danyel (Hg.), Die geteilte Vergangenheit. Zum Umgang mit Nationalsozialismus und Widerstand in beiden deutschen Staaten, Berlin 1995, S. 61-86.- Heike Amos, Die Westpolitik der SED 1948/49-1961. »Arbeit nach Westdeutschland« durch die Nationale Front, das Ministerium für Auswärtige Angelegenheiten und das Ministerium für Staatssicherheit, Berlin 1999.

82 Annette Weinke, Die Verfolgung von NS-Straftätern im geteilten Deutschland. Vergangenheitsbewältigung 1949-1969 oder: Eine deutsch-deutsche Beziehungsgeschichte im Kalten Krieg, Paderborn 2002, S. 82.

rungsdebatte, die in der westdeutschen Öffentlichkeit und Politik anlässlich der 1965 erstmals drohenden Verjährung der vor 1945 begangenen Kapitalverbrechen mit Vehemenz ausgetragen wurde.[83]

Im Ergebnis begannen sowohl die Ludwigsburger Zentrale Stelle als auch das Dokumentationszentrum am Münchner Institut für Zeitgeschichte Dokumente und Informationen zu sammeln, die auch für staatsanwaltschaftliche Vorermittlungen gegen NS-Verbrecher genutzt werden sollten.[84] Insofern war die Gründung des Dokumentationszentrums in der DDR auch eine Reaktion auf westdeutsche Entwicklungen – mit dem Ziel der »weiteren Schwächung und Isolierung des Bonner Regimes«.[85] Einen zusätzlichen Impuls gab die westdeutsche Verjährungsdebatte, mit der die SED nun die perfekte Gelegenheit gekommen sah, »gegen die Verjährung und für die Verfolgung und Bestrafung der in Westdeutschland lebenden Nazi- und Kriegsverbrecher« zu kämpfen, wie es in dem Bericht über eine Prager Beratung vom 28. bis 30. September 1965 hieß, an der Vertreter der Dokumentationsstelle sowie Delegationen aus der Volksrepublik Polen, der Volksrepublik Bulgarien und der ČSSR teilnahmen.[86]

Für die Verzeichnung der in Frage kommenden Akten wurden zunächst rund 3000 Archive in der DDR auf entsprechendes Material überprüft – ein Bericht vom März 1965 führte neben dem DZA und den Staatsarchiven 202 Kreis-, 466 Stadt- und 1175 Betriebsarchive auf.[87] Insgesamt 1,5 Millionen Akteneinheiten ließen sich schließlich dabei ermitteln, »alle für politische, wissenschaftliche und ökonomische Zwecke bedeutenden Bestände« sollten dann in einem »zentralen Bestandsnachweis 1933-1945« auf Karteikarten registriert werden[88] Allein diese Zahlen sprechen für den immensen Arbeitsaufwand, den

83 Letztlich wurde zunächst eine Verschiebung der Frist um vier Jahre im Bundestag erwirkt. Erst 1979 allerdings wurde die Verjährung für Mord gänzlich aufgehoben. Zur Debatte auch Weinke, Die Verfolgung von NS-Straftätern, S. 179 ff.- Dazu auch: Stephan Alexander Glienke, Der Dolch unter der Richterrobe. Die Aufarbeitung der NS-Justiz in Gesellschaft, Wissenschaft und Rechtsprechung der Bundesrepublik, in: Zeitgeschichte-online, Dezember 2012, URL: https://www.zeitgeschichte-online.de/thema/der-dolch-unter-der-richterrobe (letzter Zugriff am 15.01.2022).

84 Henry Leide, NS-Verbrecher und Staatssicherheit. Die geheime Vergangenheitspolitik der DDR, 2. Aufl., Göttingen 2006, S. 169.- Siehe auch: BArch, DO 1/21023: Stellungnahme zur Zentralen Stelle in Ludwigsburg, o. D. (1965).

85 BArch, DO 1/21023: Zentralkomitee der SED/Abt. 62 an den Genossen Generalmajor Wenzel/Ministerium des Innern: Maßnahmeplan für die weiteren Aktionen gegen schwerbelastete Faschisten im Bonner Staat, 26.8.1964.

86 BArch, DO 1/21292: Bericht über den Verlauf und die Ergebnisse der Prager Beratung zu Fragen der Verfolgung von Nazi- und Kriegsverbrechern (Abschrift), 16.10.1965.

87 BArch, DO 1/21023: Bericht der Dokumentationsstelle der Staatlichen Archivverwaltung über die Durchführung des Ministerratsbeschlusses vom 28.5.1964 über die zentrale Erfassung und einheitliche Auswertung der in der DDR befindlichen Dokumente aus der Zeit des Hitlerfaschismus, 19.3.1965.

88 BArch, DO 1/32081: MdI/StAV/Dokumentationsstelle: Bericht des Dokumentationszentrums betr. Beschluss des Ministerrates vom 28.5.1964, 18.6.1965.

die Erschließung und Erfassung bedeutete. Für das Zusammentragen der Materialien kamen Stadt-, Kreis- und Betriebsarchive in Betracht, aber auch die Archive wissenschaftlicher Einrichtungen – wie oben bereits benannt – sowie Rechtsorgane und das Institut für Marxismus-Leninismus (und das dort angesiedelte Zentrale Parteiarchiv). In den Staatlichen Archiven der DDR wurden bis zu 50 Prozent aller Mitarbeiter für die Erfassung eingesetzt und darüber hinaus Forschungsgruppen des Dokumentationszentrums eingerichtet, die für die einzelnen Staatsarchive durchschnittlich aus vier, für das DZA Potsdam sogar aus acht Mitarbeitern bestanden. Rund 190 Archivare und Angestellte der Staatsarchive sowie des DZA wurden zwischenzeitlich in thematischen Arbeitsgruppen eingesetzt – eine Auflistung von Dezember 1964 weist allein für das DZA 34 Beschäftigte sowie neun Arbeitsgruppen aus.[89] Welches Ausmaß die Dokumentation annehmen sollte, ließ bereits ein Zwischenbericht Ende November 1964 erkennen: Hier war landesweit allein für die Staatsarchive und das DZA von knapp 16 000 Arbeitstagen und 1,05 Millionen bereitgestellten Akteneinheiten die Rede, von denen bislang über 410 000 durchgearbeitet worden seien. Darüber hinaus entwickelte das Zentrum eine jeweils separate Personen- und eine Sachkartei, um gezielte Suchaufträge durchführen zu können. Dazu waren bis zu diesem Zeitpunkt rund 430 000 Karteikarten handschriftlich ausgefüllt worden, die ihrerseits dann maschinenschriftlich abgetippt wurden.[90] Allein im DZA wurden über 400 000 Dokumente identifiziert, die es zu durchsuchen galt; die Dauer der Akteneinsicht wurde hier auf vier bis fünf Jahre kalkuliert.[91] Der betriebene technische und manuelle Aufwand war immens.

Hinzu kam, dass die zu recherchierenden konkreten Kriterien bzw. Belastungsfaktoren eher offengehalten worden waren, was dazu führte, dass die Bearbeiter in der Regel bereits im ersten Verdachtsmoment Karteien anlegten und somit zu Beginn sogleich Massen produzierten. Die zuständige Hauptabteilung VII des MfS wiederum lieferte erst Anfang August 1964 eine detaillierte Vorlage, die den Dokumentationsvorgang inhaltlich und methodisch verbindlich strukturierte. Auch wenn sich die Karteikartenproduktion daraufhin zu reduzieren begann, blieben die absoluten Zahlen gewaltig: Rund 3,2 Millionen Karteikarten verwahrte das Dokumentationszentrum 1980.[92] Durch die Arbeit

89 Ebd.- BArch, DO 1/32081: MdI/StAV/Der Leiter: Information über die bisherige Tätigkeit zur Erfüllung des Ministerratsbeschlusses vom 28.5.1964, 12.1.1965.- Dazu für das DZA die Aufstellungen von neun Arbeitsgruppen vom 4.12.1964, in: BArch, DO 1/32081.

90 BArch, DO 1/32081: Statistische Angaben zur Information über die bisherige Tätigkeit der Staatsarchive bei der Durchführung des Ministerratsbeschlusses vom 28.5.1964, Stand: 30.11.1964.

91 BArch, DO 1/32081: Bericht der Forschungsgruppe am DZA Potsdam über die Entwicklung und den Aufbau der Forschungsgruppe, o. D. (Herbst 1964).- BArch, DO 1/32081: Stellvertreter DZA/Beauftragter für die Dokumentation an die Staatliche Archivverwaltung, 5.12.1964.

92 Schreyer, Das staatliche Archivwesen der DDR, S. 122.

des Dokumentationszentrums, aber auch durch externe Rechtshilfeersuchen aus verbündeten Staaten, die an das Zentrum herangetragen und dann an die Mitarbeiter in den betreffenden Staatsarchiven und im DZA zur Bearbeitung verteilt wurden, waren in der Folge häufig große Mengen von Akten und Archivgut zum Schaden anderer Nutzer über Wochen und Monate blockiert.[93]

Das »Braunbuch«, das in seiner dritten und letzten Ausgabe von 1968 schließlich 1800 Namen von Personen aus der westdeutschen Justiz, Wirtschaft, Wissenschaft, Politik und Verwaltung auflistete, denen eine NS-Vergangenheit – in welcher Form auch immer – nachgewiesen werden konnte, ist wohl eine der bekanntesten Aktivitäten ostdeutscher Kampagnenpolitik. Erstmals von Albert Norden auf der internationalen Pressekonferenz am 2. Juli 1965 vorgestellt und von westdeutscher Seite mitunter als gefälschtes ›kommunistisches Machwerk‹ abgetan, erlebte es aufgrund der hohen Nachfrage immerhin drei Auflagen und erhielt auch international Anerkennung[94] – eine englische und französische Übersetzung erfolgte noch 1965. Das Dokumentationszentrum war neben seiner Herausgeberrolle inhaltlich vor allem an der zweiten und dritten Auflage beteiligt, indem es zahlreiche Faksimiles von Akten bereitstellte.[95]

Das Buch war ein propagandistisches Machwerk, enthielt jedoch – abgesehen von einzelnen Namensverwechslungen und kleineren Fehlern, die bis zur dritten Auflage korrigiert wurden – keine groben Fälschungen.[96] Falco Werkentin erklärte dazu, dass trotz Propagandaabsicht am »Wahrheitsgehalt der vorgelegten Dokumentationen […] im großen und ganzen nicht zu rütteln« sei.[97] Obwohl der Wahrheitsgehalt des Akten-Materials sowie der Angaben zu einzelnen Personen nicht bestritten werden kann, erwies sich das »Braunbuch« letztendlich aber doch nur als eine Materialsammlung, die im Hinblick auf tatsächliche Täterschaften wenig Aussagekraft entfalten konnte. Dies war dann auch der Hauptkritikpunkt an der Publikation, nannte sie doch im Wesentlichen nur die beruflichen Funktionen im NS-Regime von in der Bundesrepublik wieder in ein Amt gekommenen Personen, aus denen in der Regel kein eindeutiger Beweis einer Täterschaft hervorgeht. Eine Debatte in der westdeutschen Öffentlichkeit – immerhin waren darin solche Persönlichkeiten

93 Zum Beispiel: BArch, MfS, HA IX, Nr. 9966.

94 BArch, DO 1/21023, Dokumentationszentrum/Der Leiter an den Stellvertreter des Ministers des Innern, Gen. Generalmajor Wenzel: Bericht über die Arbeit mit dem Braunbuch, 7.2.1966.

95 Ebd.- BArch, DO 1/21130: Konzeption für die dritte, überarbeitete und erweiterte Auflage des Braunbuches der DDR, Entwurf, o. D.- BArch, DO 1/32079: Konzeption für den überarbeiteten und erweiterten Nachdruck der 2. Auflage des Braunbuches, 14.3.1968.

96 So Norbert Podewin im Vorwort zum Reprint, in: Norbert Podewin (Hg.), Braunbuch. Kriegs- und Naziverbrecher in der Bundesrepublik und in Berlin (West), Reprint der Ausgabe 1968, 3. Auflage, Berlin 2002, S. XIII.

97 Falco Werkentin, Politische Strafjustiz in der Ära Ulbricht. Vom bekennenden Terror zur verdeckten Repression, Berlin 1997, S. 200.

wie der amtierende Bundespräsident Heinrich Lübke als »KZ-Bauführer«[98] verzeichnet – löste das »Braunbuch« jedoch allemal aus,[99] gefolgt von einem Eklat, als die Publikation auf der Frankfurter Buchmesse 1967 beschlagnahmt[100] und erneut Gegenstand der Berichterstattung von Medien wie »Der Spiegel« wurde.[101]

Von Binnen-Arkanstrukturen und strukturellem Dickicht im DZA zeugt auch die Existenz des kaum bekannten Referats »Familienforschung«, dessen Einsatz auf der Mikroebene wie im Testlauf künftige Instrumentalisierungsbemühungen vorwegnahm. Es war 1958 gegründet worden und unterhielt im Seitenflügel des Archivgebäudes eigene Arbeitsräume. Die dreiköpfige Mitarbeitergruppe war unmittelbar Schirdewan unterstellt bzw. nur ihm gegenüber rechenschaftspflichtig. Ihre Aufgabe war es, die von der Sowjetunion zurückgegebenen Kirchenarchivakten durchzuarbeiten und, wie es das MfS nannte, »für die operative Arbeit nutzbar zu machen«.[102] Dieser Auftrag spiegelte sich personalpolitisch wider. So arbeiteten der Leiter des Referats und seine Mitarbeiterin als GI »Roland« und GI »Hertha« dem Geheimdienst zu; die Schreibkraft war Mitglied der SED und stand in enger freundschaftlicher Beziehung zur Familie Schirdewan.[103]

Auszuwerten waren Akten des ehemaligen Reichsministeriums für die kirchlichen Angelegenheiten sowie Aktenbestände, die von der Gestapo bei kirchlichen Stellen sichergestellt worden waren. Nach Rückkehr des beschlagnahmten Archivgutes aus der Sowjetunion 1959 wurde dieses Material von zwei Mitarbeitern ins DZA eingelagert und anschließend mit Titeln katalogisiert. Mit der Deponierung in Lagerräumen des DZA lag die Verfügungsgewalt über ebenjene Räume wiederum beim DZA, das heißt bei Lötzke und Enders, die als DZA-Leiter bzw. dessen Stellvertreter die entsprechenden Schlüssel verwahrten respektive Zugriff darauf hatten. Zudem war Lötzke im Besitz des Findbuchs, sodass er (theoretisch) jederzeit einen Überblick über die Bestände besaß. Zwischen Schirdewan und GI »Roland« war nicht nur vereinbart worden, dass diese Bestände als sogenannte Sekretakten für die Öffentlichkeit gesperrt blieben, sondern auch, dass über jede Anfrage der GI zu informieren war. Dieser durchforstete teils im Auftrag des MfS, teils in eigener Verantwortung die Akten nach Geistlichen und deren Verhalten im Nationalsozialismus.

98 Podewin (Hg.), Braunbuch, S. 37.

99 BArch, DO 1/21023, Dokumentationszentrum/Der Leiter an den Stellvertreter des Ministers des Innern, Gen. Generalmajor Wenzel: Bericht über die Arbeit mit dem Braunbuch, 7.2.1966.

100 Dazu dazu auch: Ulrike Seyer, Die Frankfurter Buchmesse in den Jahren 1967-1969, in: Stephan Füssel, (Hg.), Die Politisierung des Buchmarktes. 1968 als Branchenereignis, Wiesbaden 2007, S. 159-241.

101 o.A.: Braunbuch/Justiz – Was möglich ist, in: Der Spiegel, Nr. 44/1967, S. 76.

102 BArch, MfS, HA XX/4, Nr. 811: Bericht über die Tätigkeit des Referats »Familienzusammenführung« im DZA, 21.4.1960, f. 2.

103 Ebd.

Dabei sammelte er unter anderem Informationen über Otto Dibelius, Eugen Gerstenmaier, Walter Künneth und Hans Globke und übergab sie dem MfS.[104]

GI »Roland« wurde angewiesen, Originalmaterial aus den Akten zu entnehmen bzw. zu übergeben. Auch wenn er zunächst Vorbehalte gegen ein solches Vorgehen hatte, fügte er sich schnell den Anordnungen des Geheimdienstes.[105] Auch seine Mitarbeiterin verfuhr nach diesen Anweisungen: »Sie entnimmt, in Absprache mit GI ›Roland‹, die auf kath. Gebiet vorhandenen Personalakten – sie arbeitet dabei nach dem ihr von uns übergebenen Personalschematismus –, übergibt sie zur Aufbewahrung ›Roland‹ und von ihm übernehmen wir dieselben. […] Von den ca. 600 auf kath. Gebiet vorhandenen Akten hat GI ›Hertha‹ seit Oktober 1959 ca. 110 systematisch nach operativen Gesichtspunkten durchgearbeitet.«[106] Dass damit gegen ein archivarisches Grundprinzip – nämlich keine einzelnen Blätter aus einer Akte oder Dokumentensammlung zu entnehmen – verstoßen wurde, war auch dem Geheimdienst bewusst: »Aus operativen Gründen wurde dieses Prinzip durch beide GIs seit Bestehen des Referats durchbrochen«, hielt das MfS fest.[107] Der Abtransport der entnommenen Akten aus dem DZA erfolgte dabei in der Aktentasche von GI »Roland«.[108]

Durch die räumlichen und personellen Gegebenheiten hatten sich sowohl die Existenz des Referats wie auch dessen Auftrag und Auftraggeber schrittweise herumgesprochen, sodass das MfS bereits im April 1960 eigentlich von einer Dekonspiration ausging. Der Verdacht erhärtete sich unter den Beschäftigten, als ein Mitarbeiter der DZA-Kirchenabteilung bestimmte Kirchenunterlagen aus dem Referat einzusehen wünschte, ihm die Einsicht aber verweigert wurde.[109] Schließlich war das »Familienreferat« nicht das einzige, das sich mit Kirchenfragen beschäftigte. So bestand unter Leitung von Enders im DZA eine weitere eigene Kirchenabteilung, für die – im Jahr 1960 – Schmid als Referatsleiter fungierte. Sowohl er als auch seine beiden Mitarbeiter galten als streng gläubige Christen und parteilos. Schmid warb im DZA wiederholt dafür, die Bestände des »Familienreferats« seiner Abteilung zu unterstellen – eine Auffassung, die offenbar auch Lötzke und Enders teilten.[110] All diese Faktoren trieb das MfS schließlich dazu, das enttarnte Referat an diese Situation anzupassen. Vorgeschlagen wurde daher, das »operativ wertlose« Material herauszulösen und es fachgerecht archiviert an das DZA und die Öffentlichkeit zu übergeben. Das »operative wichtige Material« hingegen sollte beim alten Referat verbleiben, dort sortiert, registriert und von Schirdewan »offiziell« dem Referat als zu erschließendes Material überantwortet werden. Damit sei zwar die Geheimhaltung des Referats beendet. Gleichwohl könne GI »Roland«

104 Ebd., f. 6.
105 Ebd.
106 Ebd.
107 Ebd., f. 11.
108 Ebd., f. 12.
109 Ebd., f. 13.
110 Ebd., f. 12.

dem DZA angegliedert werden, um von dort aus das Kirchenmaterial weiter bearbeiten, deren Einsichtnahme kontrollieren und – »in Absprache mit dem Genossen Schirdewan« – die Kirchenakten anderer Archive in der DDR sichten zu können.[111] »Die Steuerung des GIs unsererseits«, hieß es in Bezug auf GI »Roland« und dessen Aktensichtungen, »müsste so erfolgen, dass wir rechtzeitig eine genaue Übersicht über das außerhalb gelagerte Material erhalten, sodass dieses – für die operative Arbeit wichtige – beim Transport zum DZA von uns abgezogen werden kann«.[112] Dass dieser Plan quasi einem Archivgutraub gleichkam, lässt sich bereits aus diesem einen Satz ohne Mühe schlussfolgern.

Die internen Übergabe- und Einsichtnahme-Regularien, die im Zusammenhang mit der Arbeit des Referats galten, bieten *en miniature* Aufschluss über die Arkanpraxen von DZA im Speziellen und DDR-Archiven im Allgemeinen. Am DZA war 1960 für den An- und Abtransport ein Mitarbeiter verantwortlich (der zugleich Mitglied der SED war). Dieser nahm die Aktenbestellungen vom jeweiligen Referatsleiter entgegen. Diese wurden dann in zweifacher Ausfertigung ausgestellt, wobei jeweils eine anstelle der entnommenen Akte in den Bestand eingelegt wurde. Demnach waren die Akten so geheftet, dass bei Blatt-Entnahme der alte Heftfaden zerschnitten bzw. danach ein neuer eingesetzt werden musste. Dass gleicher Heftfaden 1960 kaum greifbar war, machte eine eventuelle illegale Blattentnahme zusätzlich nachweisbar. Der verantwortliche Transporteur brachte die Akten von einer Stelle zur anderen und notierte mit konkreter Bezeichnung jeden Ein- und Ausgang im Kontrollbuch. Auf jedem inneren Aktendeckel war ein Benutzerblatt eingeklebt, auf dem der Benutzername und der Benutzungszeitraum eingetragen werden musste. Sobald im Falle des »Familienreferats« GI »Roland« eine Lieferung erhielt, hatte er sie zu quittieren. Auf dem Weg vom Lagerraum zum Referat passierte der Transporteur mehrere Abteilungen. Trotz dieser Abfolge glaubte das MfS immer noch Momente identifizieren zu können, die die strikte Geheimhaltung gefährden könnte: Zum einen, sinnierten die Geheindienstmitarbeiter, hätte der Transporteur das Material zeitweise unbeaufsichtigt lassen können, zum anderen sei der unangemeldete Eintritt in den Arbeitsraum der GIs möglich, was ungebetenen Gästen die Gelegenheit geben würde, Einblick in Akten und Tätigkeit der Bearbeiter zu nehmen.[113]

Als sicherheitspolitisch hoch bedeutsam wurde auch der DZA-Bestand »Gesamtarchiv der deutschen Juden« eingestuft, der mit seiner Geschichte ein beredtes Beispiel für die archivpolitische Praxis des Versiegelns und Verschweigens in der DDR wurde. Im März 1989 griff diesbezüglich die Jüdische Allgemeine im Namen westlicher Nutzer direkt die ZStA-Führungsspitze an:

»Weiß die Leiterin des Zentralarchivs der DDR nicht, dass seit Jahrzehnten unzählige jüdische wie deutsche Historiker sich vergeblich um Einsichtnahme

111 Ebd., f. 15.
112 Ebd.
113 Ebd., f. 11 f.

in die ihr unterstehenden Bestände bemühten? Auch baten in den vergangenen Jahren mehrere jüdische Institutionen das Zentrale Staatsarchiv der DDR, diesen ihre Geschichte betreffenden Bestand verfilmen zu dürfen, wie es ihnen in anderen sozialistischen Ländern erlaubt ist. Auf eine Antwort warten sie noch heute. [...] Nein, die jüdischen Historiker und ihre Archivinstitutionen verlangen die Öffnung dieses ihres Archivs. [...] Es gibt keinen Anlaß, der die Geheimhaltung des Gesamtarchivs gegenüber den zahlreichen Historikern und Chronisten durch das Ministerium des Innern der DDR, dem es untersteht, über Jahrzehnte hinweg begründen könnte«.[114]

Dieser Artikel markierte die Zuspitzung eines jahrelangen Ringens um Zugang zu verheimlichten Aktenbeständen. Denn dass »irgendwo« in der DDR Dokumente zur jüdischen Geschichte lagerten, war im Westen bekannt. Insbesondere seit 1980 bemühten sich nun westliche Institute und Forscher, dahingehende Einsichten oder Kopien zu erhalten. Insbesondere mit dem Abschluss des deutsch-deutschen Kulturabkommens 1986 und damit verbundener Archivalienaustausche sowie im Kontext des geplanten Besuches Erich Honeckers in der Bundesrepublik 1987 mehrten sich Anfragen auch von renommierten Einrichtungen wie der Hochschule für jüdische Studien in Heidelberg, von Institutionen, die der Zentralrat der Juden in Deutschland trug, oder vom United States Holocaust Memorial Center.[115] Doch vergeblich: Wie zuvor fielen sämtliche Antworten abschlägig oder zumindest ausweichend aus.[116]

Im Westen wurde dies als bewusstes Vorenthalten eines erschlossenen Archivbestandes interpretiert, das auf ideologische Abschottung und antijüdische Ressentiments zurückrückging. Doch in Wirklichkeit war der historisch wertvolle Archivbestand weder restauriert und erschlossen noch jemals für die eigene Benutzeröffentlichkeit zugänglich gemacht worden. War diese Unterlassung in der Tat ein archivpolitischer Ausdruck des angespannten politischen und historiografischen Verhältnisses zu Israel und zur jüdischen Geschichte, das nach 1989 verschiedene Studien herausarbeiten konnten – umso mehr, als für andere Projekte wie dem Dokumentationszentrum erhebliche Ressourcen mobilisiert wurden –, so lagen gleichzeitig aber auch vermeintliche sicherheits-

114 Zum »Gesamtarchiv der deutschen Juden«: Endlich melden sich die neuen Eigentümer, in: Jüdische Allgemeine Nr. 44/13 vom 31.3.1989,.

115 BArch, MfS, Sekr. Neiber, Nr. 151: Hochschule für jüdische Studien in Heidelberg (Prof. Dr. Ebergard Gönner) an das MdI/StAV, 22.10.1987, f. 126, sowie: Aufenthalt einer Delegation des US-Holocaust Memorial Center (USHMC) in der StAV des MdI, 21.6.1989, f. 141-147.

116 BArch, MfS, Sekr. Neiber, Nr. 151: HA VII/Leiter: Information über die im Zentralen Staatsarchiv in Coswig lagernden Archivmaterialien ehemaliger jüdischer Institutionen und Organisationen, 1.9.1987, f. 119-122, sowie: HA VII/Leiter: Information über den Stand der Erschließung von Archivbeständen jüdischer Provenienz im Zentralen Staatsarchiv, 15.7.1988, f. 132f.- Am 4.11.1988 durften immerhin der Präsident des Verbandes der Jüdischen Gemeinden in der DDR und der Direktor der Stiftung »Neue Synagoge Berlin – Centrum Judaicum« Coswig besuchen.

politische und wirtschaftliche Probleme vor, die für ein ungeordnetes Wegsperren sorgten, wie die folgende Bestandsgeschichte andeutet.

So lagerten seit 1958 in der DZA-Außenstelle Coswig rund 220 lfm. Archivgut von jüdischen Gemeinden, Organisationen und Personen. Das Gros (185 lfm.) entstammte dem »Gesamtarchiv der deutschen Juden« und war als Sachgebiet 75 der ZStA-Bestände kategorisiert. Dieses Archiv bestand seit 1905 in Berlin und übernahm entsprechendes Archivgut, Nachlässe, Familienpapiere etc. mit dem Ziel, eine Quellengrundlage für die Geschichte des deutschen Judentums aufzubauen. Nach 1933 wurde das Gesamtarchiv beschlagnahmt, zur Judenvernichtung ausgewertet und nach dem Novemberpogrom 1938 offiziell vom Reichssippenamt (vormals Reichsstelle für Sippenforschung) übernommen. Bis zu seiner Deportation nach Theresienstadt 1943 geleitet von Jacob Jacobsen, bestand das Gesamtarchiv bis 1944 als Abteilung der Reichsvereinigung der Juden in Deutschland, bevor es dann aufgelöst wurde. Ein Teil der die NS-Institutionen nicht interessierenden Bestände – insbesondere aus der Zeit zwischen Ende des 18. und Anfang des 20. Jahrhunderts – wanderte in das GStA. Infolge der Kriegshandlungen gelangten diese in bestimmte Auslagerungsorte wie Staßfurt – und von dort nach 1945 schließlich ins Merseburger DZA-Archiv.[117]

Im Auftrag des Landesverbandes der jüdischen Gemeinden erfassten die Archivare listenmäßig die Bestände, bevor diese dann 1950 dem wiedergegründeten Landesverband in der Ost-Berliner Oranienburger Straße 28 zurückgegeben wurden. Im dortigen Keller sowie dem Keller der anliegenden Synagoge wurden diese Akten zusammen mit Aktenbeständen gelagert, die nicht 1944 abgegeben worden waren. Das Archivgut unterstand zunächst dem Landesverband der jüdischen Gemeinden in der DDR und dessen Vorsitzendem Julius Meyer. Meyer, der sich persönlich an den Leiter der Hauptabteilung Archivwesen im MdI, Otto Korfes, wandte, war es zunächst auch zu verdanken, dass die Akten aus Merseburg wieder nach Ost-Berlin überführt wurden. Zustimmung und Unterstützung für sein Vorhaben erfuhr er dabei sowohl von Korfes als

117 BArch, MfS, HA VII, Nr. 298, Bd. 1: Konzeption für die Bearbeitung der in Verwahrung des Zentralen Staatsarchivs befindlichen Quellen zur Geschichte der deutschen Juden, o. D. (September 1988), f. 32-41, sowie: Hauptabteilung VII: Information über die im Zentralen Staatsarchiv in Coswig lagernden Archivmaterialien ehemaliger jüdischer Institutionen und Organisationen, 1.9.1988, f. 43-45.- BArch, MfS, HA VII, Nr. 298, Bd. 2: Zentrales Staatsarchiv: Bericht über den Stand der Erschließungsarbeiten an der Bestandsgruppe 75 (Jüdische Gemeinden und Organisationen), 24.1.1989, f. 329-331. Darüber hinaus dazu grundlegend: Elisabeth Brachmann-Teubner, Sources for the History of the Jews from the Eighteenth Century to the Twentieth Century in the Archives of the former DDR, in: Leo Baeck Institute Year Book 28 (1993), S. 391-408.- Peter Honigmann, Geschichte des jüdischen Archivwesens in Deutschland, in: Der Archivar 55 (2002) 3, S. 223-230.- Ders., Gesamtarchiv der deutschen Juden, in: Enzyklopädie Jüdischer Geschichte und Kultur, Bd. 2, Stuttgart/Weimar 2012, S. 434-437.

auch vom Merseburger DZA-Leiter Nissen.[118] Neben Meyer bemühte sich aber auch der Direktor des Jüdischen Zentralarchivs in Jerusalem und ehemalige Potsdamer Reichsarchivar, Alex Bein, um eine Überführung der Bestände – allerdings nach Israel. Dort war man sofort nach der Staatsgründung darangegangen, ein nationales Staatsarchiv aufzubauen und entsprechende Bestände zusammenzutragen. Otto Korfes hatte gegen die Pläne Beins, das Archivgut zunächst an die Universität von Jerusalem zu bringen – ein Antrag, den gesondert ebenfalls Julius Meyer bei Korfes einreichte –, nichts einzuwenden und verwandte sich dafür im September 1950 beim MdI-Staatssekretär Grünstein. Zwei Monate später schaltete sich zusätzlich der israelische Konsul in der Bundesrepublik ein und trug ein offizielles Ersuchen seines Außenministeriums vor.[119]

Doch geriet die Angelegenheit danach ins Stocken. Das DDR-Außenministerium ließ den Vorgang liegen und bremste jede weitere Aktivität ab. Archivdirektor Bein reiste im Mai 1951 sogar eigens nach Deutschland, um die Sache persönlich voranzutreiben, jedoch erhielt er entgegen Korfes' Zusagen weder vom Außen- noch vom Innenministerium die Erlaubnis, das Archivgut zu überführen. Enttäuscht gelang es Bein wenigstens, eine Quellensammlung zur Geschichte der deutschen Juden bei Korfes in Auftrag zu geben, die Aufschluss über die vorhandenen Inhalte und Bestände geben sollte. Nissen beauftragte Adelheid Constabel, eine entsprechende Aufstellung anzufertigen, die dann im September 1952 in zwei gebundenen Exemplaren an Alex Bein bzw. den Staat Israel übergeben wurde.[120] Diese Arbeit bildete dann die faktengestützte Grundlage für spätere Anfragen ausländischer Forscher auf Einsichtnahme des Archivgutbestandes, der ansonsten geheim und unzugänglich gehalten wurde, sowie sukzessive als Existenzbeweis und Druckmittel in den 1980er Jahren, um seine Erschließung zu erzwingen. Im Dezember 1957 beauftragte MdI-Staatssekretär Herbert Grünstein den Interimsleiter der StAV, Karl Höhnel, mit der erneuten Übernahme des Gesamtarchivs, die von Höhnel wiederum an das DZA weiterdelegiert wurde.[121]

Die politischen bzw. archiv(sicherheits)politischen Motive für die Anweisung lagen in der vermuteten Bedeutsamkeit des Materials sowie in der Gefahr

118 Frühe Genese und Kommunikation sind verkürzt wiedergegeben in: BArch, MfS, HA VII, Nr. 298, Bd. 1: Konzeption für die Benutzung von Archivgut jüdischer Gemeinden, Organisationen, Institutionen und Personen, 10.12.1987, f. 170.

119 BArch, MfS, HA VII, Nr. 298, Bd. 1: Konzeption für die Benutzung von Archivgut jüdischer Gemeinden, Organisationen, Institutionen und Personen, 10.12.1987, f. 171 f.

120 Ebd.

121 BArch, MfS, HA VII, Nr. 298, Bd. 1: DZA Direktor an die StAV: Bericht über die Übernahme des Gesamtarchivs der Juden in Deutschland – Übernahme-Auftrag der StAV vom Dezember 1957, 10.3.1958, f. 5-6, sowie: Konzeption für die Benutzung von Archivgut jüdischer Gemeinden, Organisationen, Institutionen und Personen, 10.12.1987, f. 172.

geheimer Aktenverbringungen in den Westen begründet.[122] In der offiziellen Version bat der Landesverband um Übernahme, da er eine fachgerechte Lagerung und Erschließung nicht leisten konnte. Die zuständigen DZA-Referenten Schmid und Schreyer besichtigten die Bestände und vereinbarten einen Depositalvertrag zwischen Verband und DZA. Etwa 28 Tonnen Archivgut lagerten in den 1950er Jahren beim Landesverband. Der Zustand, in dem die DZA-Archivare diese vorfanden, war katastrophal. Feuchtigkeit und planloses, unsachgemäßes Übereinanderstapeln hatten dazu geführt, dass viele Tonnen Akten verklebt und verschimmelt waren. Dabei handelte es sich weniger um die vormals in Merseburg deponierten Akteneinheiten, als vielmehr um bislang unbekannte Aktenstapel von ca. 20 Tonnen, die an einer von Regenwasser ausgesetzten Stelle in den Kellerräumen mehr oder weniger verfaulten. Sowohl beim DZA als auch beim MfS sorgte dieser Fund, über den offenbar nur der damalige Sekretär des Landesverbandes im Bilde war, für Irritationen. Zum einen lag damit ein Verstoß gegen die allgemeine Verordnung vom 8. Juli 1950 vor, die die Ablieferung von verlagerten und verschleppten Unterlagen und Akten, die sich nicht in Gewahr der dafür zuständigen Verwaltungsstellen befanden, anordnete. Zum anderen war kaum vorstellbar, dass der Aktenbestand, wie versichert wurde, nie Gegenstand von Aussprachen im Gemeinderat gewesen sei. Da sowohl Archiv als auch Geheimdienst allerdings erst knapp 30 Jahre später die Bestandsgenese aufzuarbeiten begannen, waren diese Fragen kaum noch zu klären. In drei Lastzugtransporten übernahm das DZA Potsdam Ende Februar / Anfang März 1958 rund vierzehn Tonnen Akten. Die andere Hälfte wurde aufgrund ihres Zerstörungsgrades bzw. der unmöglichen Transportierbarkeit vor Ort belassen, wenngleich sich der Landesverband bereit erklärte, die Überreste noch einmal auf Brauchbarkeit zu sichten.[123]

Die in Potsdam eingetroffenen Aktenmassen wurden eingelagert und so behandelt, dass die Bestandszerstörung vorerst gestoppt war. Das Archivgut wurde für die Benutzung gesperrt, eine weitere Bearbeitung bzw. Erschließung erfolgte nicht. 1975 wurde das »Sachgebiet 75« schließlich ins Archivdepot Coswig umgelagert. 1983 »entdeckte« das MfS den Bestand wieder und informierte sich mittels IM stichpunktartig über den Zustand der Akten. Während dieser mehrheitlich als »befriedigend« eingeschätzt wurde, trat hingegen schnell zum Vorschein, »dass dieses Archivgut nicht ausgewertet ist und zu großen Teilen noch nicht einmal gesichtet wurde. Auch die bereits vorhandenen Übersichten erfassen nur einen kleinen Teil des tatsächlich vorhandenen Archivguts«.[124]

122 BArch, MfS, HA VII, Nr. 298, Bd. 1: Konzeption für die Benutzung von Archivgut jüdischer Gemeinden, Organisationen, Institutionen und Personen, 10.12.1987, f. 170.

123 BArch, MfS, HA VII, Nr. 298, Bd. 1: DZA Direktor an die StAV: Bericht über die Übernahme des Gesamtarchivs der Juden in Deutschland – Übernahme-Auftrag der StAV vom Dezember 1957, 10.3.1958, f. 5-6.

124 BArch, MfS, HA VII, Nr. 298, Bd. 1: Hauptabteilung XX/4: Bericht zu einer Einsichtsnahme in »Jüdisches Archivgut« in Coswig, 26.9.1983, f. 9.

Unter den Verantwortlichen setzte sich 1987 die Erkenntnis durch, dass auf westliche Anfragen nicht mehr ständig ablehnend reagiert werden könne, und es begannen langwierige Planungen zur Erschließung, die jedoch an starke Sicherheitsauflagen gekoppelt wurden. So sollte die Projektleitung zwar bei DZA-Archivar Hermann Schreyer liegen, die konkrete Bearbeitung der zentralen jüdischen Bestände jedoch nicht von ZStA-Mitarbeitern, sondern von Mitarbeitern des Dokumentationszentrums erfolgen, unterstützt von drei Hochschulabsolventen.[125] Aber die Vorbereitungen zogen sich weiter hin, da letztlich unklar blieb, wie der politische Auftrag im Angesicht fehlender Ressourcen praktisch ausgeführt werden sollte. Denn praktisch bedeutete die auf neun Personen aufgestockte Arbeitsgruppe um Schreyer, dass im ZStA dafür »Erschließungsarbeiten der Abteilungen Kapitalismus und Sozialismus; Arbeiten an der Bestandsübersicht für die Bestände der kapitalistischen Zeit (der Band 1 muß höchstwahrscheinlich von 1990 auf 1992, der Termin für Band 2 von 1992 auf 1994 verschoben werden); wichtige Arbeiten der inhaltlichen und technischen Vorbereitung des Archivgutes der Wertekategorie A und B zur Sicherungsverfilmung« zurückgestellt hätten werden müssen.[126] Darüber hinaus hätten durch den Abzug von Restaurierungskapazitäten geplante Restaurationen im ZStA Potsdam und Merseburg sowie in den Staatsarchiven Potsdam und Magdeburg verschoben sowie vorgesehene Kulturgut-Verfilmungen in der Zentralstelle für Reprographie in Kossenblatt ebenfalls zugunsten der Verfilmung von Beständen jüdischer Provenienz umdisponiert werden müssen.[127] Schließlich wurde eine aus vier Archivaren, zwei Restauratoren, zwei Mikroverfilmern und einer technischen Kraft bestehende Arbeitsgruppe gebildet, mit deren Hilfe man bereits für 1989 erste Bestände zur Benutzung freigeben zu können glaubte.[128] Doch die Friedliche Revolution in der DDR unterbrach den Fortgang dieses Projektes bzw. führte zu einem Neuanlauf unter veränderten archivpolitischen Bedingungen.

Was sich an dieser Bestandsgeschichte letztlich erneut beispielhaft abbildet, sind die steuernde Führungsrolle des MfS, die bis zum Vergessen führende Umsortierung und Verbarrikadierung, die sicherheitspolitische Hybris und die arbeitspraktische Überforderung, die zusammengenommen dafür sorgten,

125 BArch, MfS, BV Potsdam, Abt. VII, Nr. 13, Teil II/14: Bericht IMS »Joachim«, 5.8.1988, f. 97.

126 BArch, MfS, HA VII, Nr. 298, Bd. 1: Anlage zum Maßnahmeplan zur Bearbeitung der Archivbestände jüdischer Gemeinden und Organisationen, o. D. (Anfang 1988), f. 151.

127 Ebd.

128 BArch, MfS, Sekr. Neiber, Nr. 151: HA VII/Leiter: Information über die im Zentralen Staatsarchiv in Coswig lagernden Archivmaterialien ehemaliger jüdischer Institutionen und Organisationen, 1.9.1987, f. 119-122, sowie: Information über den Stand der Erschließung von Archivbeständen jüdischer Provenienz im Zentralen Staatsarchiv, 15.7.1988, f. 132 f.

dass ein bedeutsamer Archivalien- und damit Wissensbestand im unzugänglichen Niemandsland verblieb.

Ein weiteres Beispiel für Archivgut-Verriegelung stellt der Bestand »Wehrmachtsauskunftsstelle« dar, der ursprünglich an das DZA gehen sollte, jedoch ebenfalls vom DDR-Geheimdienst unter Verschluss gehalten wurde. Doch im Unterschied zu anderen Fällen regte sich dagegen Widerstand. Er kam nicht aus dem DZA, sondern von prominenter Stelle aus dem Potsdamer Militärarchiv. Hier war es der Archivleiter, Oberst Rudolf Studanski, der sich mit der Verletzung des Provenienzprinzips durch das MfS nicht abfinden wollte. Im August 1964 war der Bestand mit besonderen Sicherheitsauflagen in die Zuständigkeit der StAV übergeben worden. Das Übergabeprotokoll vermerkte 650 laufende Meter mit 2719 Totenkarteien, 245 Paketen Akten über ausländische Kriegsgefangene und Fremdarbeiter, 349 Paketen Schriftwechsel Erkennungsmarkenbücher und Kriegsgräberangelegenheiten sowie 1093 Paketen über deutsche Kriegsgefangene im Ausland, Verwundetenkartei und Lazarettkartei.[129] Weitere Schätzungen nannten rund 850 lfm. Wehrmachts-Krankenblätter und Kriegsgefangenenkarteien sowie 400 lfm. Versorgungsakten als dem Bestand zugehörig.[130] Zuvor hatte der gesamte Bestand jahrelang in Tresorschränken des MdI gelagert. Danach war eigentlich eine Übergabe an das DZA (mit dauerhafter Benutzersperre) geplant, doch aufgrund des als brisant eingestuften Inhalts wurden die Archivalien im März 1962 in drei Kellerräume des Schlosses Dornburg unter Dauerverschluss eingelagert und mit der Petschaft »MdI 192« versiegelt. Eine Öffnung der Räume durfte nur auf Anweisung von Generalmajor Wenzel, dem stellvertretenden Innenminister, erfolgen. Zwei Jahre später, im August 1964, wurde der Bestand dann der StAV unter gleichen Sicherheitsbedingungen übergeben.[131]

Archivleiter Rudolf Studanski war darüber sowohl von Schirdewan als auch dessen Nachfolger Walter Hochmuth informiert worden mit dem Angebot, den Bestand zu übernehmen. Nur in Teilen wurde dies dann in der Folgezeit auch realisiert. Das restliche Archivgut wurde unter Obhut des MfS in Dornburg eingelagert, einem Gebäudeobjekt, das offiziell der StAV unterstand. Als Studanski im Sommer 1975 nach Ausbau seiner Magazinkapazitäten bei Exner vorsprach, um den restlichen Bestand zu übernehmen, lehnte dieser nach Absprache mit dem MfS ab. Studanski wurde sogar aufgefordert, die vormals entnommenen Bestandsteile wieder abzugeben, was diesen zusätzlich verärgerte. Er beharrte darauf, es handle sich um einen Militärbestand. Sämtliche folgenden Argumente und Versuche sowohl von Exner als auch der Abteilung

129 BArch, MfS, Abt. XII, Nr. 8: Übergabeprotokoll vom 18.4.1964 (Kopie), f. 41, sowie: Archivbestände der ehemaligen faschistischen Wehrmacht im Archivdepot Dornburg der Staatlichen Archivverwaltung, 18.3.1974, f. 39 f.

130 BArch, MfS, Abt. XII, Nr. 8: Archivbestände der ehemaligen faschistischen Wehrmacht im Archivdepot Dornburg der Staatlichen Archivverwaltung, 18.3.1974, f. 39 f.

131 BArch, MfS, Abt. XII, Nr. 8: Übergabeprotokoll vom 18.4.1964 (Kopie), f. 41.

XII des MfS, ihn davon abzubringen, scheiterten. Verzweifelt übermittelte MfS-Hauptmann Hinz am 18. Juli 1974 an seine Vorgesetzten: »Er [Studanski] vertritt die Meinung, dass es nicht richtig ist, wenn wertvolle Akten durch das MfS blockiert werden und dadurch der Geschichtsforschung nicht zur Verfügung stehen. Da dort die Hauptarbeit zur Entlarvung des Militarismus geleistet werde. Er will konsequent dafür eintreten, dass provenienzreine Archive (Ablage nach der Herkunft) geschaffen werden und fühlt sich in dem Zusammenhang zuständig für alles Archivgut militärischer Einrichtungen auch vor 1945, u. a. auch für die Bestände der SS. Nach seiner Meinung dürften, was die Archivbestände aus der Zeit vor 1945 betrifft, im MfS nicht die des RSHA sein. Zusammenfassend kann gesagt werden, dass er vorrangig als Historiker und Archivar an die Bearbeitung der Archivbestände herangeht und weniger von ihrer Bedeutung für die Lösung der aktuellen politischen Aufgaben.«[132]

Das MfS versuchte vergeblich, Studanski davon zu überzeugen, dass es sich bei besagtem Bestand um eine Ablage des Deutschen Roten Kreuzes handle, die »möglicherweise« noch benötigt werde; zudem seien die einmal für den Bestand festgehaltenen Sicherheitsbestimmungen fortzuführen.[133] Der Geheimdienst konnte Studanski, der schließlich sogar drohte, NVA-Generaloberst Heinz Keßler einzuschalten, erst von seinen Forderungen abbringen, nachdem die Hauptabteilung I des Ministeriums für Nationale Verteidigung überredet worden war, den renitenten Oberst zur Raison zu rufen.[134] Das Objekt »Elbe«, wie es in den MfS-Akten genannt wurde, verblieb damit in den Händen des Geheimdienstes. Der Bestand war in all den Jahren nicht nur unzugänglich, sondern auch unerschlossen geblieben.

Geheimdienstliche Überwachung, Infiltration und Lenkung

Eine Besonderheit Potsdams ergab sich aus der unmittelbaren Nähe zu West-Berlin, die die Stadt ab der zweiten Hälfte der 1940er Jahre in eine Grenzstadt am Eisernen Vorhang verwandelte.[135] Seit dem Einzug in die Stalinallee bzw. in die Berliner Straße im Jahr 1955 befand sich das DZA zusammen mit der StAV und der Archivschule in Sichtweite zur Staatsgrenze bzw. zur Glienicker

132 BArch, MfS, Abt. XII, Nr. 8: Abt. XII, Zentralarchiv: Information über Gen. Oberst Studanski, Direktor des Militärarchivs der DDR, 18.7.1974, f. 44.

133 BArch, MfS, Abt. XII, Nr. 8: Abt. XII, Zentralarchiv: Information über den Archivbestand »Wehrmachtsauskunftsstelle« der Staatlichen Archivverwaltung, 1.11.1975, f. 37 f.

134 Ebd.

135 Dazu: Dietmar Schultke, »Keiner kommt durch«. Die Geschichte der innerdeutschen Grenze 1945-1990, 2. Aufl., Berlin 2000.- Armin Mitter, Brennpunkt 13. August 1961. Von der inneren Krise zum Mauerbau, Berlin 2001.- Bernd Eisenfeld/Roger Engelmann, 13.8.1961: Mauerbau. Fluchtbewegung und Machtsicherung, Bremen 2000.

Brücke, die bis auf Ausnahmen für den Grenzverkehr gesperrt war.[136] Dass es sich dabei gleichermaßen um einen lebensbedrohlichen bzw. tödlichen Grenzbereich handelte, entging kaum einem Mitarbeiter oder Studierenden: Von den mindestens 46 Todesopfern am Außenring der Berliner Mauer zwischen 1961 und 1989 starben dreizehn in Potsdam, davon acht Flüchtende und zwei Grenzsoldaten sowie drei Menschen ohne Fluchtabsichten.[137] Für das DZA entwickelte das MfS daher ein grenz- wie auch archivpolitisches Sicherungsbedürfnis. In der Folge nahm der DDR-Geheimdienst die DZA-Mitarbeiter und das Archivwesen als Ganzes unter Beobachtung. Dabei trafen zwei institutionelle Arkan-Kulturen und -Institutionen aufeinander – und verwoben sich teilweise miteinander.

Wie in anderen Bereichen der DDR-Gesellschaft auch, sorgte nach 1989 die späte Kenntnis über das umfangreiche Eindringen des MfS sowie das freiwillige Mitwirken vieler an dessen Zielen für Irritation, Betroffenheit – und Schweigen. Zwar gab es wohl kaum einen Mitarbeiter, der eine geheimdienstliche Überwachung des Archivs in den Jahren und Jahrzehnten vor 1989 nicht zumindest vermutet hätte. Doch bei denjenigen, die Einsicht in »ihre Akte« nahmen, wurden die schlimmsten Erwartungen angesichts des Ausmaßes der Durchsetzung, der Menge der gesammelten Informationen und der Dauer vieler GI/IM-Zuträgerschaften von zehn, fünfzehn oder zwanzig Jahren häufig übertroffen. Ganze Karrierewege einzelner Fach- und Institutionengrößen waren von der Zusammenarbeit mit dem DDR-Geheimdienst begleitet. Das Wissen darum ließ bei zahlreichen Betroffenen den Glauben an eine miteinander verschworene Fachgemeinschaft als wirklichkeitsfremde Idealvorstellung zumindest teilweise zerbröckeln. Doch wie weit die Durchsetzung, Kontrolle und gezielte Lenkung durch das MfS reichten, ist längst nicht erschöpfend erforscht. Es war zweifellos Ralf Blum, der mit seinem 2007 erschienenen Aufsatz über das geheimdienstliche Engagement zu Beginn der 1960er Jahre im DZA einen ersten quellenbasierten Aufschlag zu dieser Thematik machte. Er präsentierte konkrete Vorgänge der Überwachung, Überprüfung und Denunziation und berichtete über einzelne Fälle von Zuträgerschaft und Betroffenheit, darunter jene von Karl Höhnel und Gerhart Enders.[138] Rainer Eckert vertiefte dies jüngst.[139]

136 Hans Dieter Behrendt, Im Schatten der Agentenbrücke, Schkeuditz 2003.- Thomas Blees, Glienicker Brücke. Schauplatz der Geschichte, Berlin 2010.

137 Jeweils weitere vier Menschen starben in Sacrow, Kleinmachnow und Teltow sowie zwei in Staaken. Maria Nooke/Hans-Hermann Hertle (Hg.), Die Todesopfer am Außenring der Berliner Mauer 1961-1989, Berlin 2013, S. 40-93.- Hannelore Strehlow, Der gefährliche Weg in die Freiheit. Fluchtversuche aus dem ehemaligen Bezirk Potsdam, Potsdam 2004, S. 68-75.- Blees, Glienicker Brücke, S. 104-108.

138 Autoren wie Schreyer und andere greifen in ihren Darstellungen auf Blum zurück bzw. ergänzen dessen Ausführungen. Schreyer, Das staatliche Archivwesen, S. 89.

139 Eckert, Archivare als Geheimpolizisten.

Bislang kaum in den Blick genommen wurde das äußerst frühzeitige Überwachungsinteresse des Staatssekretariats für Staatssicherheit bzw. MfS am DZA bzw. an der StAV, das bereits weit vor dem Amtsantritt Schirdewans 1957 einsetzte. Dabei ging es neben der Kontrolle der Einrichtungen im Allgemeinen vor allem um sechs Aspekte, für die sich die Stasi interessierte: erstens kollegiale oder private Kontakte der Mitarbeiter in den Westen bzw. zu alten Netzwerken und Kameradschaften aus der Zeit vor 1945 abzuschöpfen; zweitens die Überwachung von NDPD-Mitgliedern und eine damit einhergehende Einhegung bzw. Zurückdrängung ihres Einflusses im Archiv; drittens Personenauskünfte bezüglich der NS-Zeit; viertens vermeintliche Spionage- und Agententätigkeit gegen die DDR; fünftens Fluchtabsichten, sechstens Regimekritik und oppositionelles Denken. Charakteristisch für die frühen 1950er Jahre ist, dass das Vorgehen des Geheimdienstes punktuell und wenig systematisch erfolgte. Eine Beschäftigung mit dem Archivwesen als einem zusammenhängenden Gegenstand geheimdienstlicher Observation und Bearbeitung war noch wenig ausgeprägt. Doch zur »Aufklärungsarbeit« gehörten von Anfang an Anwerbung und Informationsabschöpfung von Geheimen Informatoren. Allerdings war der Erfolg unterschiedlich, wie nachfolgende Stichproben zeigen.

Grenzstadt-Archivare im frühen Visier der Stasi

Eine der ersten und prominentesten Anwerbungen im Archivwesen erfolgte mit GI »Reimund« direkt im Zentrum der neuen Archivleitung: Bei dem Informator handelte es sich um Roland Seeberg-Elverfeldt, dem Stellvertreter Otto Korfes' in der Hauptabteilung Archivwesen. Er wurde am 3. Juni 1951 als GI angeworben und zwei Monate später, am 2. August, unter besagtem Decknamen verpflichtet.[140] Seine sogenannte bürgerliche Herkunft machte ihn für den Geheimdienst besonders interessant, »da er mit vielen Personen in Berührung kommt, [die] in erster Linie nicht unserer Partei angehören und bürgerliche Elemente sind«, wie Anwerber Kienberg von der Ost-Berliner Abteilung VI begründete. Zugleich unterstütze Seeberg-Elverfeldt aber die DDR.[141] Er galt in den Augen des MfS als »Typ eines bürgerlichen Intellektuellen«, der sich zugleich in Hierarchien einpasst: »Er ist seinen Vorgesetzten unterwürfig devot, versucht aber aufgrund seiner akademischen Ausbildung seine Überlegenheit den Mitarbeitern gegenüber zu beweisen«.[142] Die Biografie Seeberg-Elverfeldts, der nach eigenen Angaben von 1933 bis 1939 Mitglied der NSDAP und der SA sowie von 1936 bis 1939 des NSV war, von 1939 bis 1940 als Gefreiter bei der Flak diente, von 1940 bis 1943 als Leiter des Archivamtes in Lublin und Smolensk eingesetzt wurde und von 1943 bis 1945 als Wehrmachts-

140 BArch, MfS, AIM, Nr. 183/54, Bd. 1: Information Geheimer Informator, o. D. (November 1951), f. 4.

141 BArch, MfS, AIM, Nr. 183/54, Bd. 1: Abteilung VI: Vorschlag, 3.6.1951, f. 10.

142 BArch, MfS, AIM, Nr. 183/54, Bd. 1: Beurteilung Dr. Roland Seeberg-Elverfeldt, 3.3.1952, f. 17.

unteroffizier bei der Flak in Schlesien kämpfte, bevor er bis 1949 als Kriegsgefangener in der Sowjetunion verschwand,[143] bot überdies in Archivarskreisen vielfältige kommunikative Anknüpfungspunkte, von denen sich die Stasi zentrale Erkenntnisse erhoffte.

Die Zuarbeit Seeberg-Elverfeldts lief zunächst wie geplant an. »Reimund« berichtete über diverses Geschehen in den Archiven, insbesondere auch im DZA, wobei er zahlreiche Mitarbeiter-Charakteristiken entwarf. Im Zusammenhang mit dem Weimarer Archivarskongress 1952 besorgte er für das MfS Informationen zum geplanten Verlauf und zur (westdeutschen) Gästeliste.[144] Doch die Zusammenarbeit, die, wie Stasi-Offizier Kienberg klagte, letztlich von häufig unpünktlichen und zu seltenen Treffs geprägt gewesen sei, währte nur kurz, denn Anfang 1953 flüchtete Seeberg-Elverfeldt aus der DDR, woraufhin das MfS noch im Mai die GI-Verbindung aufgab.[145] So kurz seine Tätigkeit auch war, belegt sie doch das von Beginn an vorhandene Interesse der Stasi an Archivaren und zentraler Archivorganisation. Zugleich wird deutlich, dass Korfes längst nicht so unbemerkt von der SED und deren Apparat agierte, wie es manche Personalentscheidung des ehemals »aktiven Nazi-Generals«[146] suggeriert. Seeberg-Elverfeldt war jedoch nicht einzige, der schon frühzeitig ins Visier der Stasi geriet bzw. ihr zuarbeitete.

Am 4. November 1951 stellten die Zuständigen des 3. Volkspolizei-Reviers Potsdam den Antrag auf sektionsdienstliche Beobachtung von Franz Sondermann. Sondermann war seit Dezember 1949 im DZA als Transportarbeiter angestellt und hatte dort im Jahr darauf die Funktion des Magazinverwalters übernommen.[147] Vor 1945 war der 1901 geborene Arbeitersohn nach einer zwölfjährigen Armeezeit für mehrere Jahre als einfacher Angestellter am Reichsarchiv tätig, bevor er dann 1943 zur Wehrmacht eingezogen wurde.[148]

143 Angaben aus: BArch, MfS, AIM, Nr. 183/54, Bd. 1: Abteilung VI: Vorschlag, 3.6.1951, f. 10.

144 BArch, MfS, AIM, Nr. 183/54, Bd. 1: Treffbericht GI »Reimund«, 20.2.1952, f. 31.- BArch, MfS, AIM, Nr. 183/54, Bd. 1: Treffbericht GI »Reimund«, 18.4.1952, f. 38.- BArch, MfS, AIM, Nr. 183/54, Bd. 1: Erster Kongreß der Archivare der DDR – Tagungsfolge, o. D., f. 39-41.- BArch, MfS, AIM, Nr. 183/54, Bd. 1: Abteilung VI: Aktenvermerk Treff mit GI »Reimund«, 10.5.1952, f. 42.

145 BArch, MfS, AIM, Nr. 183/54, Bd. 1: Beschluß über das Abbrechen der Verbindung, 6.5.1953, f. 24, sowie: Abschlußbericht GI »Reimund«, 6.2.1954, f. 48.

146 So die Titulierung des Merseburger Archivverwalters Hugo Saupe Anfang 1950. BArch, MfS, AP, Nr. 11365/64: Hugo Saupe an Ministerpräsident Bruschke (Abschrift), 16.3.1950, f. 61.

147 BArch, MfS, BV Pdm, AIM, Nr. 382/54: Lebenslauf Franz Sondermann, 11.3.1953, sowie: Abteilung II / Ref. 4: Vorschlag zur Anwerbung des Franz Sondermann, geb. am 3.7.1901 in Löbejün b. Halle, 19.6.1954.

148 Geboren 1901 als Sohn eines Arbeiterehepaars in Löbejün (Bezirk Halle), gelangte Sondermann im Juni 1919 nach achtjährigem Volksschulbesuch und anschließender Bauerntätigkeit zum Artillerieregiment Nr. 3 in Potsdam. Hier verbrachte er bis 1931 eine zwölfjährige Dienstzeit, die er als Stabsgefreiter beendete. Nach Arbeitslosigkeit und diversen beruflichen Tätigkeiten wurde er im Juli 1935 als Aushilfsangestellter

Als ehemaliges Mitglied von SA und NSDAP (Beitritt 1933) galt Sondermann nach 1945 als formal belastet. Neben seiner neuen Berufstätigkeit im DZA engagierte er sich in verschiedenen Funktionen in der Potsdamer NDPD, der er Ende 1949 beigetreten war.[149] Weil ihm ein starker Einfluss auf die Archivmitarbeiter im Allgemeinen und die dortigen NDPD-Mitglieder im Besonderen zugeschrieben wurde, wurde er unter Beobachtung gestellt. Im Frühjahr 1954 sah die Stasi dann die Chance gekommen, Sondermann »umzudrehen«. Anlass waren seine regelmäßigen Treffen mit ehemaligen Militärkameraden des 3. Artillerieregiments in West-Berlin.[150] Die Stasi erhoffte sich Informationen über Netzwerke, nazistische Verbrechen und geplante Aktionen gegen die DDR. Unter dem Decknamen »Wilno« sollte Sondermann zudem jede »bekannt gewordene feindliche Tätigkeit« am DZA melden.[151] Zeigte sich Sondermann zu Beginn noch äußerst reserviert,[152] gab er beim zweiten Anwerbungsgespräch vor, die »feindliche Tätigkeit« des Soldatenbundes erkannt zu haben und künftig bei der Informationsbeschaffung mitzumachen. Doch es war ein Täuschungsmanöver: Schon wenige Wochen nach Abschluss der Verpflichtung floh »Wilno« in den Westen. Er zog die Reißleine, noch bevor er zum Einsatz kam.[153]

Der Verlauf weist Ähnlichkeiten mit dem bereits erwähnten Fall Fritz Meilick auf. Beide gehörten jeweils der NSDAP und NDPD bzw. militärischen Verbänden an und pflegten dahingehende soldatische Westkontakte. Beide wurden vom DDR-Geheimdienst zunächst erfolgreich angeworben, entzogen sich dann jedoch umgehend durch Flucht. Soldatische Kameradschaft und

im Reichsarchiv eingestellt und später als Angestellter übernommen. Sondermann war 1933 sowohl in die SA als auch in die NSDAP eingetreten, ohne hier jedoch Funktionen auszuüben. 1943 kam dann der Einberufungsbefehl zur Wehrmacht. Hier diente er sich bis zu seiner Gefangennahme im April 1945 in einer Kraftfahrerkompanie zum Feldwebel hoch. Nach amerikanischer Kriegsgefangenschaft bzw. Internierung in Darmstadt kehrte er nach Potsdam zurück, wo er sich die ersten Jahre als Bahnarbeiter, Lagerangestellter, Dachdeckergehilfe und schließlich als Transportarbeiter durchschlug.

149 Im örtlichen Parteivorstand fungierte er bereits seit Mitte 1950 als Leiter der Abteilung I Organisation und Werbung sowie seit Januar 1953 als Leiter der Abteilung II Personalpolitik. Mehrmonatige Lehrgänge auf der NDPD-Landesparteischule in Gröben wie auch seine Tätigkeit als Zirkellehrer innerbetrieblicher Schulungen belegen sein ausgesprochenes Interesse an Partei- und Leitungsarbeit. Ebd.

150 BArch, MfS, BV Pdm, AIM, Nr. 382/54: Abteilung II / Ref. 4: Treffbericht, 31.5.1954.

151 BArch, MfS, BV Pdm, AIM, Nr. 382/54: Abteilung II / Ref. 4: Bericht über die durchgeführte Anwerbung, 19.6.1954, sowie: Verpflichtungserklärung von Franz Sondermann, o. D. (9.6.1954).

152 BArch, MfS, BV Pdm, AIM, Nr. 382/54: Abteilung II / Ref. 4: Treffbericht, 31.5.1954.

153 BArch, MfS, BV Pdm, AIM, Nr. 382/54: Abteilung II / Ref. 4: Bericht über die durchgeführte Anwerbung, 19.6.1954, sowie: Beschluß über das Abbrechen der Verbindung, 20.7.1954.

Ehrgefühl wogen höher als ideologische Klassenkampfdogmen. Beide Fälle demonstrieren erstens, dass SED und Staatssicherheit den NDPD-Einfluss im Archiv nicht nur von außen einzuhegen suchten, sondern auch mittels direkter Durchsetzung. Indem zweitens bei den Betreffenden die militärische Vergangenheit und deren Fortleben in Traditionsverbänden im geheimdienstlichen Fokus stand, rückten jene nicht allein als Archivangestellte ins Blickfeld, sondern auch als politisch agierende Personen außerhalb ihres Dienstverhältnisses. Drittens verweisen Sondermann und Meilick exemplarisch auf eine Reihe von couragierten Archivbeschäftigten, die sich – früher oder später – politischem Druck verweigerten und Konsequenzen zogen. Widerstandswillen basierte dabei viertens auch auf der Bewahrung von traditionellen soldatischen und/oder beamtischen Tugenden. Fünftens wurde die Gewinnung von GI seitens des Geheimdienstes auch unter der Annahme betrieben, dass manch widerspenstiger Angesprochener danach Archiv und Land verlassen und sich dadurch das Problem »von selbst« lösen würde.

Anders verhielt es sich bei denjenigen, die freiwillig und bereitwillig mit den Sicherheitsorganen kooperierten. Einer der fleißigsten und strategisch bedeutsamsten Informanten der 1950er Jahre war Paul Bastian alias GI »Fritz«. Mit ihm wurde ein ehemaliger Verwaltungsoberinspektor des Heeresarchivs und ein DZA-Mitarbeiter der ersten Stunde angeworben: Seit dem 1. Juni 1946 gehörte er dem Zentralarchiv an, wo er sich vom Sachbearbeiter in Haushaltsangelegenheiten zum Leiter der Allgemeinen Verwaltung hochgearbeitet hatte.[154] Angeworben am 27. März 1953 von der Abteilung VI der Potsdamer Bezirksverwaltung, sollte der 1902 in Eberswalde geborene Bastian nicht nur Informationen rund ums DZA sammeln, sondern auch in West-Berliner Soldatenbünde vordringen. Hintergrund war seine Vergangenheit als langgedienter Militär und im Krieg ausgezeichneter Soldat.[155] Darüber hinaus lautete sein Auftrag, Interna der Potsdamer NDPD-Spitze weiterzuleiten sowie den ebenfalls im DZA tätigen NDPD-Aktivisten Friedrich (oder auch Fritz) Blum unter Beob-

154 BArch, MfS, BV Pdm, AIM, Nr. 318/58, Bd. I: Unterabteilung VI/Sachbearbeiter Kiebach: Vorschlag zur Anwerbung, 25.3.1953, f. 10.

155 Nach dem Schulbesuch und der Schornsteinfegerlehre trat er 1922 in die 11. reitende Batterie des 3. Artillerieregiments Potsdam ein. Nach zwölf Jahren Dienstzeit wechselte er als Oberwachtmeister in die Heeresverwaltung, wo er bis 1945 als Kassenleiter, Ober- und Stabszahlmeister sowie Stabsintendant arbeitete. Er erhielt für seine Leistungen als Soldat 1936 die Dienstauszeichnung III I. und II. Klasse sowie 1941 das Kriegsverdienstkreuz II. Klasse. Der NSDAP schloss sich Bastian nicht an. Während der Kriegszeit war er vom 26. August 1939 bis zum 4. Februar 1941 in der Vermessungsabteilung 601 und kam danach ins Heeresarchiv Potsdam, wo er am 15. Mai 1945 als Verwaltungsoberinspektor übernommen wurde. Nach der Auflösung der Dienstelle wurde er zum 28. Februar 1946 entlassen. Nach Übergangstätigkeiten als Dachdecker und Regierungsinspektor bei der Provinzialverwaltung Mark Brandenburg trat er schließlich ins DZA ein. BArch, MfS, BV Pdm, AIM, Nr. 318/58, Bd. II: Lebenslauf Paul Bastian, 31.1.1950.

achtung zu nehmen.[156] Er selbst gehörte der NDPD seit März 1949 an, wobei er in der NS-Zeit nie der NSDAP beigetreten war. Er galt als jemand, der sich den neuen politischen Verhältnissen angepasst hatte (Mitglied von FDGB und DSF sowie BGL-Vorsitzender im DZA zwischen 1946 und 1953) und zugleich durch seine militärische Vergangenheit über gute Kontakte zu den ehemaligen Offizieren im Archiv verfügte.[157] Vor diesem Hintergrund verfasste »Fritz« über Jahre Dutzende Berichte und Einschätzungen über seine Kollegen, wobei seine Ausführungen vielfach außerordentlich subjektiv-zugespitzte und militärgeprägte Urteile beinhalteten. Zur Enttäuschung des MfS interpretierte der GI sein Tun nach einiger Zeit mehr und mehr in der Dialektik von Geben und Nehmen – und forderte finanzielle Gegenleistungen. Darauf wollte sich das MfS aber 1958 nicht mehr einlassen und löste die Mitarbeit bzw. Verbindung auf.[158]

Ein weiteres Motiv für geheimdienstliche Ausspähung und Kontrolle ergab sich aus den GI-Anwerbungen am DZA und deren Vorläufen selbst. Dabei wurden umfassende Nachforschungen zu Familie und Umfeld des »Kandidaten« angestellt, was das Archiv natürlich einschloss. Dies wird beispielsweise im Fall von Hans Brumme und seinem Sohn ersichtlich, die beide seit 1949 bzw. 1950 am DZA arbeiteten. So wurden weitgehende Informationen über Hans Brumme eingeholt, der nicht nur über eine Vergangenheit am Reichsarchiv und als NSDAP-Mitglied verfügte, sondern auch dem systemkritischen NDPD-Flügel am Archiv zugeschlagen wurde, wie aus MfS-Berichten hervorgeht.[159] Der Sohn wurde später als GI angeworben und machte als SED-Mitglied Karriere am DZA.

Doch observiert und überprüft wurden in der frühen DDR nicht nur aktuell beschäftigte Archivmitarbeiter, sondern auch ehemalige Angestellte des Reichsarchivs wie Werner Breitlow und Gerhard Gabler, die der NSDAP angehört und nach 1945 das Metier gewechselt hatten. Die Gründe dafür lagen

156 BArch, MfS, BV Pdm, AIM, Nr. 318/58, Bd. I: Unterabteilung VI/II: Betreff durchgeführte Werbung, 23.4.1953, f. 13.

157 BArch, MfS, BV Pdm, AIM, Nr. 318/58, Bd. II: Lebenslauf Paul Bastian, 31.1.1950.- BArch, MfS, BV Pdm, AIM, Nr. 318/58, Bd. I: Unterabteilung VI/Sachbearbeiter Kiebach: Vorschlag zur Anwerbung, 25.3.1953.

158 1958 eskalierte die Situation zwischen Bastian und seinem Führungsoffizier. »Fritz« hatte Informationen über die zurückliegende Flucht des Weimarer Landeshauptarchivdirektors Flach zusammengetragen und forderte dafür mehr als die 50 Mark Entschädigung, die ihm das MfS anbot. Verärgert überprüfte die Stasi nach dem letzten Treffen am 23. Januar 1958 die Verbindung mit dem Ergebnis, dass die Berichterstattung »ungenügend« sei, wenig »operativen Charakter« zeige und somit einzustellen sei. BArch, MfS, BV Pdm, AIM, Nr. 318/58, Bd. II: Abschlußbericht betreffend GI »Fritz«, 28.8.1958.

159 BArch, MfS, BV Pdm, AP, Nr. 2988/54: Personalbogen der Nationalen Front, 5.2.1950.- BArch, MfS, BV Pdm, AP, Nr. 2988/54: Lebenslauf Hans Brumme, 5.2.1950.- BArch, MfS, BV Pdm, AP, Nr. 2988/54: DZA Merseburg: Dienstleistungsbericht über den Angestellten H.B., 5.5.1951.- BArch, MfS, BV Pdm, AP, Nr. 2988/54: DZA Potsdam: Beurteilung von Heinrich Brumme, 23.3.1954.

allerdings weniger in ihrer Vergangenheit im Archiv oder im »Dritten Reich« als vielmehr in gegenwärtigen Verdachtsmomenten. So hatte der Geheimdienst im Sommer 1952 einen an Breitlow adressierten Brief abgefangen und aufgrund eines als mysteriös klassifizierten Inhalts und Absenders eine Untersuchung wegen Spionageverdachts eingeleitet.[160] Auf Gerhard Gabler wurde das MfS Ende der 1950er Jahre aufmerksam, nachdem Hinweise eingegangen waren, dass sein Sohn, ein NVA-Unteroffizier bei der Aufklärung, sich nach West-Berlin absetzen wollte.[161] Für beide ging die Beobachtung am Ende folgenlos aus.

Zeitungs-Affäre von 1959 und verstärkte GI-Anwerbung

»SED verbietet Schirdewans Werk über die Bodenreform«,[162] »Unterlagen über Kriegsversehrte vernichtet«,[163] »Zuchthaus wird Archiv«[164] – wohl kaum eine andere Artikelserie hat ein derartiges Erdbeben in der Potsdamer Archivlandschaft ausgelöst wie diese drei westdeutschen Zeitungsbeiträge aus dem Jahr 1959. Der erste Beitrag kritisierte unter anderem frühere Grundbuchvernichtungen und die schlechte Aufbewahrung von Bodenreform-Archivalien und machte zugleich Schirdewan dafür verantwortlich. Im zweiten wurde Schirdewans Weisung thematisiert, 3,5 Millionen Krankenblätter von Kriegsversehrten des Zweiten Weltkriegs zu vernichten. Nach sofortiger Überprüfung kam das MfS zu dem Ergebnis, dass die genannten Punkte »im Allgemeinen den Tatsachen entsprechen, jedoch sinnentstellend und verdreht wiedergegeben wurden«.[165] Der dritte »Welt«-Beitrag berichtete über die geplante Umwidmung des ehemaligen Zuchthauses Coswig in ein Archiv und die vermeintliche Einrichtung einer Schirdewan-Gedenkzelle darin.

Zwar waren die Artikel nur Kurztexte, dennoch gingen daraufhin bei StAV und MfS sämtliche Alarmglocken an. Denn erstens erschienen sie wenige

160 In diesem Zusammenhang durchleuchtete das MfS seine Vergangenheit als Reg.-Sekretär im Reichsarchiv und ordnete eine Personenuntersuchung und Postüberwachung an. Auch wenn diese keine weiterführenden Hinweise ergab (Breitlow arbeitete inzwischen als Steinmetz in einer Potsdamer Firma und trat politisch nicht in Erscheinung), dauerte es bis zum März 1956, bis das MfS die »Bearbeitung« einstellte. In dem besagten Schreiben war er gebeten worden, einen mit der Extrapost geschickten Brief persönlich an eine bestimmte Adresse zu übergeben. Er sollte »aus Sicherheitsgründen« das Schreiben erst vor Ort mit dem Absendernamen unterzeichnen und eine Antwort »über die Deckadresse« zusenden. Da Breitlow überdies im Brief geduzt wurde bzw. von »Kameraden« die Rede war, schöpfte das MfS Verdacht. Vgl. die Akte BArch, MfS, BV Pdm, AP, Nr. 232/56.

161 Vgl. den Vorgang BArch, MfS, Zentralarchiv Allg. P Band, Nr. 5727/59, sowie den biografischen Ermittlungsbericht zu Gerhard Gabler vom 17.11.1959.

162 Die Welt vom 14.8.1959.

163 Die Welt vom 27.8.1959.

164 Die Welt vom 23.9.1959.

165 BArch, MfS, BV Pdm, AOP, Nr. 219/61: Abt. VII/1: Material »Welt«-Artikel, 6.11.1959, f.10.

Monate nach Schirdewans Amtsantritt als neuer StAV-Leiter, und zweitens enthielten sie trotz aller Knappheit unverkennbar Insiderinformationen. Das Potsdamer MfS sah den Straftatbestand des Geheimnisverrats durch DZA-Mitarbeiter als erfüllt an und leitete entsprechende Nachforschungen ein.[166] »Ziel des Vorgangs muss es sein, bestehende Verbindungen zwischen dem Archivwesen der DDR und feindlichen Dienststellen und Organisationen, die vermutlich über Westberlin laufen, aufzudecken und zu zerschlagen«, formulierte das MfS unmissverständlich in seinem Operativplan vom 23. November 1959.[167] Die Verdachtsmomente verstärkten sich noch einmal, als am Jahresende in der Zeitschrift des Untersuchungsausschusses Freiheitlicher Juristen »Deutsche Fragen« zahlengesättigt über die Flucht von DDR-Archivaren in den Westen berichtet wurde sowie im März 1960 gleichzeitig in »IWE-Meldung«, »Der Tag« und »Fuldaer Zeitung« genaue Angaben über das Archivgut des Reichssicherheitshauptamtes, Reichsjustizministeriums, Reichsgerichts und Volksgerichtshofs im DZA erschienen.[168]

Die Vorfälle verhärteten die ohnehin angespannten Beziehungen zwischen DZA-Archivaren und Schirdewan, der zunächst davon ausging, es handle sich um eine gezielte Indiskretion aus dem Zentralarchiv gegen seine Person. Darüber hinaus bildeten sie einen markanten Wendepunkt im Verhältnis zwischen DZA und MfS, das davon ausging, einer staatsfeindlichen Straftat von besonderer Schwere auf die Spur kommen zu müssen. Da das Leck bzw. die Täter aber nicht sofort ermittelt werden konnten, nahm man erstmals die gesamte Belegschaft unter die Lupe und analysierte Binnenbeziehungen und politischen Einstellungen im Archiv. Der am 14. Dezember 1959 angelegte Überprüfungsvorgang 102/59 richtete sich stufenweise gegen verschiedene Personen und Gruppierungen,[169] wobei sich die Ermittlungen vor allem auf den geflohenen Archivar Willi Boelcke sowie drei Personenkreise konzentrierten: erstens eine Gruppe von jüngeren wissenschaftlichen und staatlich geprüften Archivaren, die angeblich einen informellen »Club« gebildet hätten und viel Freizeit miteinander verbringen würden,[170] zweitens einige ältere wissenschaftliche Archivare, die über Westkontakte verfügen würden, sowie drittens den Leiter der

166 BArch, MfS, BV Pdm, AOP, Nr. 219/61: Abteilung VII/1: Material »Welt«-Artikel, 6.11.1959, f. 11.- Blum, Wie die Stasi ins Archiv kam, S. 284ff.

167 Vgl. die Akte BArch, MfS, BV Pdm, AOP, Nr. 219/61.

168 BArch, MfS, HA VII, Nr. 6708: Zusammenfassung über erste Ergebnisse zu festgestellten Feindverbindungen und Verbindungskanälen des Boelcke nach der DDR, August 1984.

169 BArch, MfS, BV Pdm, AOP, Nr. 219/61: Abt. VII/1: Sachstandsbericht, 5.1.1961, f. 237.

170 Diesem Personenkreis wurden unter anderem Gerhart Enders (Leiter der Abteilung I und IV), Gerhard Schmid, Klaus Mlynek, Klaus Klauß, Hermann Schreyer, Wolfgang Merker, Marlies Dreßler, Dorette Hartmann, Gisela Rößler und Fides Schulze zugerechnet. Der »Gruppierung« ordnete das MfS ebenfalls die Ehefrauen von Enders und Schmid, beide ebenfalls Archivarinnen, sowie Hans-Stephan Brather (stellvertretender Leiter der Abteilung I) zu. BArch, MfS, BV Pdm, AOP, Nr. 219/61:

Abteilung Organisation und Grundsatzfragen in der StAV, Karl Höhnel, und dessen Bekannte, denen weitreichende Verbindungen nach Westdeutschland unterstellt wurden.[171] Die erfassten Personen wurden intensiv durchleuchtet. Darüber hinaus wurden ebenfalls außerhalb der Dienststellen Personenbeobachtungen durchgeführt, der Postverkehr überprüft und die Hausbewohner der Kastanienallee 29-31, der Hans-Sachs-Straße 6, der Küsselstraße 29 sowie der Haeckelstraße 2 sowohl auf ihre Beziehungen zu den Observierten als auch auf ihre Eignung als Informanten hin überprüft. Insgesamt betraf das etwa 100 Personen.[172] Doch so intensiv der Geheimdienst auch allen Spuren und Hinweisen nachging, er konnte keinen Schuldigen bzw. Straftäter identifizieren, sodass das MfS den Fall nach jahrelangen Untersuchungen schließlich ungelöst zu den Akten legte.

Die Folgen für das DZA waren dennoch erheblich, denn das Zentralarchiv blieb von nun an ein dauerhaftes Observationsobjekt der Stasi. Die zusammengetragenen Informationen und Erkenntnisse bildeten die Basis für die künftige Infiltration und Einflussnahme. Zu den wichtigsten Auswirkungen der Zeitungsaffäre gehörte das verstärkte Anwerbe-Engagement des MfS. Um die Beziehungen untereinander »aufzuklären« und zu spalten, wurden insbesondere unter den jüngeren Mitarbeitern zahlreiche Anwerbeversuche unternommen. Während ein Teil der Angesprochenen diese Versuche konsequent abblockte,[173] war die Stasi bei anderen Mitarbeitern erfolgreich. GI »Sachse«, GI »Franke«, GI »Friedrich«, GI-Kandidat Teichmann – dies waren nur einige der rekrutierten Informanten, die sich neben bereits agierenden wie GI »Kaufmann« nun beteiligten.

Abt. VII/1: Operativplan zum Ü.-Vorgang 102/59, 10.10.1960, f. 203-207.- BArch, MfS, BV Pdm, AOP, Nr. 219/61: Abt. VII/1: Sachstandsbericht, 5.1.1961, f. 237-239.

171 BArch, MfS, BV Pdm, AOP, Nr. 219/61: Abt. VII/1: Sachstandsbericht, 5.1.1961, f. 237.- BArch, MfS, BV Pdm, AIM, Nr. 318/58, Bd. I: Abt. V/1: Treffbericht, Quelle »Fritz«, 25.10.1957, f. 203. Zuerst hatten sich die Ermittlungen ganz stark auf Willi Boelcke und sein Umfeld gerichtet. Doch nachdem klar wurde, dass Boelckes Ausreisezeitpunkt nicht mit den publizierten Artikeln korrespondierte, wurde dieser Beobachtungspfad verlassen. Ebenso stand Ende 1960 fest, dass keine weiteren Spuren zu Höhnel, seiner Bekannten Sch. oder zu Gringmuth-Dallmer führten, bei der Sch. zuvor angestellt war. BArch, MfS, BV Pdm, AOP, Nr. 219/61: Abt. VII: Zwischenbericht, 9.4.1960, f. 143-147.- BArch, MfS, BV Pdm, AOP, Nr. 219/61: Abt. VII/1: Sachstandsbericht, 5.1.1961, f. 237.

172 Namensliste BArch, MfS, BV Pdm, AOP, Nr. 219/61, f. 180-188.

173 Dreßler lehnte sofort ab, Opitz dekonspirierte ein dahingehendes Gespräch, und die Archivarin Hannelore R., die auszureisen beabsichtigte und vom MfS unter der Drohung, die Ausreisegenehmigung zu verweigern, zur Mitarbeit gezwungen werden sollte, erlitt einen Nervenzusammenbruch, sodass der Geheimdienst von ihr abließ. BArch, MfS, BV Pdm, AOP, Nr. 219/61: Abt. VII/1: Aussprache mit der Hannelore Ritscher, 25.10.1950, f. 208-213.- BArch, MfS, BV Pdm, AOP, Nr. 219/61: Abt. VII/1: Sachstandsbericht, 5.1.1961, f. 237-239.

Ralf Blum hat den am 17. September 1959 angeworbenen GI »Sachse« bereits ausführlich als einen der bedeutsamsten Zuträger vorgestellt.[174] Dabei handelte es sich um das SED-Mitglied Gottfried Börnert, der zum Zeitpunkt seiner Anwerbung als Hauptreferent in der StAV arbeitete und zugleich BGL-Vorsitzender war.[175] »Sachse« berichtete, wie mehrere Aktenbände ausweisen, über Jahre aus Potsdam und Coswig, wenngleich, wie Blum ausführt, auch seine Informationen und Intrigen zunächst nicht dazu beitrugen, den gesuchten Täter zu überführen. Dabei richtete sich sein Augenmerk speziell auf die DZA-Leitung in Person von Lötzke und Enders, deren alltägliche Kommunikation und Routinen er detailversessen dokumentierte. Später erstreckte sich Börnerts Auftragsradius, den das MfS aufspannte, weit über DZA-Vorgänge hinaus und schloss Suchaufträge zur NS-Vergangenheit von bundesdeutschen Unternehmen und Konzernen ein.[176] Diese erweiterten Aktivitäten wurden möglich, weil Börnert, der sich als parteitreuer Informant sofort »bewährte«, auf Druck von MfS und StAV auf den strategisch wichtigen Leiterposten der DZA-Dienststelle Coswig delegiert werden konnte. Es war zunächst Schirdewan, der Anfang November 1960 Börnert den Vorschlag unterbreitete, als Leiter der Abteilung IV (neueste Akten) das Coswiger Archivdepot zu übernehmen.[177] Sein Auftrag war es dabei auch, die Materialien aus dem Ost-Berliner Archivdepot zu überführen. Damit stand ab Januar 1961 nicht nur der politisch bedeutsame und hoch sensible Archivbereich für alle Akten nach 1945 unter direkter Kontrolle des MfS, sondern es bestand nun auch ein direkter Draht zur Führungsebene von DZA und StAV.

Ein zweiter zentraler GI bzw. IM, den das MfS im inneren Zirkel der Potsdamer Archivare platzieren konnte – Blum spricht zu Recht von einem »besonderen Coup« des Geheimdienstes –, war »Friedrich«.[178] Nur zwei Monate nach »Sachse« erfolgreich angeworben, kooperierte von nun an mit Botho B. ein Fachexperte mit der Stasi, der im Laufe seiner Karriere zu einem der renommierten Archivwissenschaftler der DDR und des östlichen Europa

174 Blum, Wie die Stasi ins Archiv kam, S. 285 ff.

175 BArch, MfS, BV Halle, AIM, Nr. 3242/69, Bd. II/1: Abt. VII/1: Treffbericht, 4.11.1960, f. 55 f.

176 So wurde er 1965 beauftragt, Informationen zum Personal und Dokumente wie Jahresberichte von WASAG – Chemie Essen, Henkel Düsseldorf, DEHYDAG, Farbwerke Hoechst und Bayer Leverkusen zu beschaffen und dabei insbesondere mögliches NS-Belastungsmaterial aufzudecken. Dazu wurde er dann auch in den VEB Farbenfabrik Wolfen entsandt, um dort jenseits der im Betriebsarchiv lagernden Archivalien nach Hinweisen auf »menschenfeindliche« Aktivitäten von bundesdeutschen Konzernen vor 1945 zu recherchieren. BArch, MfS, BV Halle, AIM, Nr. 3242/69, Bd. I: MfS-Kreisdienststelle Roßlau: Auftrag, 4.8.1965, f. 7 f.

177 BArch, MfS, BV Halle, AIM, Nr. 3242/69, Bd. II/1: Abt. VII/1: Treffbericht, 17.11.1960, f. 57 f.

178 Blum, Wie die Stasi ins Archiv kam, S. 293.- Eckert, Archivare als Geheimpolizisten, S. 38-43.

avancierte.[179] Über die Motive lässt sich nur spekulieren, die Akten über den Anwerbevorgang offenbaren keine Widerstände und kein Zögern gegenüber der Verpflichtung, sondern eine bewusste Entscheidung des damals 29-Jährigen. Die Anwerber machten ihm gegenüber allerdings vor allem das Argument stark, es handle sich angesichts wachsender Feindaktivitäten um eine vorbeugende Tätigkeit für die Sicherheitsorgane.[180] Sein Aufgabenbereich umfasste das DZA, das IfA sowie die Fachschule für Archivwesen, worunter auch Absprachen und Vereinbarungen über den künftigen Einsatz der Studienabgänger fielen. Zu »Friedrichs« ersten Berichten gehörte eine Kategorisierung der DZA-Mitarbeiter. Dabei kristallisierte er eine Gruppe von acht Archivarinnen und Archivaren heraus, die er aufgrund ihres gemeinsamen Studienortes und enger Verbindungen untereinander als »Jenaer Kreis« bezeichnete. Von ihnen gehörten sechs dem DZA und zwei dem Potsdamer Staatsarchiv an.[181]

Dass die Politik der forcierten Durchsetzung des DZA allerdings auch ihre Grenzen hatte bzw. dass ihr von leitender Archivseite aus eine (vorübergehende) Grenze gesetzt wurde, zeigen die Vorgänge vom Mai 1961. Anlass gab das Auftreten des für das Archiv zuständigen MfS-Mitarbeiters, Eberhard Seyffer, im DZA, der sich kaum bemühte, Herkunft und Intention zu verschleiern. Mehr oder weniger offen konsultierte er Archivmitarbeiter zu Informationsgesprächen und unternahm massive Anwerbeversuche, die einige der Angesprochenen ablehnten und daraufhin öffentlich machten. Zudem hatten Mitarbeiter auf dem Schreibtisch des Betriebsparteisekretärs und Leiters der Bildstelle zufällig eine vertrauliche Beurteilung über DZA-Leiter Lötzke entdeckt, von der man annahm, dass sie im Auftrag des MfS gefertigt worden war. In betriebsinternen Gesprächen verstärkten sich daraufhin bei vielen Beschäftigten das gegenseitige Misstrauen und der Eindruck umfassender Bespitzelung erheblich. Daraufhin beschwerte sich Gerhart Enders beim Leiter der StAV-Abteilung Kader und Ausbildung und drohte mit Kündigung.[182] Das alarmierte nicht nur das Innenministerium in Ost-Berlin, sondern auch die oberste MfS-Leitung, die um Stellungnahme und Klärung gebeten wurde. Da die Beschwerde über die geheimdienstliche Arbeitsweise die Unterschrift des stellvertretenden Innenministers trug, landete der Fall auf dem Tisch von Erich Mielke. Die nachfolgende Untersuchung ergab aus Sicht des MfS, dass Seyffer zwar »Fehler« begangen habe, jedoch Enders' Darstellung »überspitzt

179 BArch, MfS, BV Pdm, AOPK, Nr. 380/85: Abt. VII/3: Aktenvermerk Betr. Verhältnis zwischen Prof. Dr. Lötzke, Helmut und Prof. Dr. Brachmann, Botho, 30.3.1984, f. 167. Darin heißt es u. a.: »Ermittlungen ergaben, dass der B., Botho als IM arbeitet …«.

180 Blum, Wie die Stasi ins Archiv kam, S. 293 f.- Eckert, Archivare als Geheimpolizisten, S. 40 f.

181 Blum, Wie die Stasi ins Archiv kam, S. 295.

182 BArch, MfS, SdM, Nr. 122: StAV (Gottschalk) an die Kaderverwaltung des MdI (Gliniorz): Aussprache mit dem Abteilungsleiter im DZA Potsdam, Gen. Dr. Gerhart Enders, 25.5.1961.

und unsachlich« gewesen sei.[183] Am Ende blieb es bei internen Ermahnungen und Aussprachen mit den Betroffenen.[184] Während Seyffer seine Anwerbungen zumindest auf dem DZA-Gelände einstellte, geriet Enders einmal mehr als vermeintlicher Quertreiber in den Fokus des MfS. Unabhängig davon zeigt der Fall, dass couragiertes Eintreten im DZA möglich war und überdies nicht wirkungslos verpuffte.

Besetzung von Schlüsselpositionen in StAV und MdI durch politische Gewährsleute

Nach der aus SED-Sicht archivpolitisch eher unbefriedigend verlaufenen Amtszeit von Karl Schirdewan wurde dringender Bedarf angemeldet, die Leitung des Archivwesens personell neu zu justieren. Zwei Dinge standen dabei zunächst im Vordergrund: Erstens galt es das angespannte Verhältnis zwischen der StAV-Spitze und der archivarischen Fachgemeinschaft zu entkrampfen. Zweitens sollten Funktionäre an die Archivverwaltungsspitze berufen werden, die das Vertrauen der Parteiführung genossen und sich ideologisch auf gewünschter »Linie« bewegten. Dahingehend fielen auch die Empfehlungen der MfS-Hauptabteilung aus, die sie im Anschluss an den »Brigadeeinsatz« und Schirdewans Ablösung formulierte: »Bei der Besetzung der Funktion des Leiters der Staatlichen Archivverwaltung erscheint es notwendig, besonderen Wert darauf zu legen, dass als Leiter ein Genosse eingesetzt wird, der neben den politischen Voraussetzungen auch Erfahrungen in der politisch-operativen Arbeit sowie in der Menschenführung besitzt. […] Um eine grundlegende Änderung in der Leitung der Staatlichen Archivverwaltung herbeizuführen, erscheint es weiterhin erforderlich, ein bis zwei zuverlässige Genossen in entsprechende Planstellen einzusetzen, damit sich der neue Leiter erforderlicherweise bei der Durchsetzung der Linie der Partei auf diese stützen kann.«[185]

Doch das Personaltableau war klein, was nicht zuletzt am beschränkten Stellenwert des Archivwesens in Politik und Gesellschaft lag. In der fachfremden Außenwahrnehmung erschienen staatliche Archive als verborgene Ein-

183 MfS-Oberstleutnant Spange war beauftragt worden, die Vorfälle in Potsdam aufzuklären. Der gestand zwar Verhaltensmängel von Seyffer ein, qualifizierte zugleich die Situationsbeschreibung von Enders ab, sodass sein Vorgesetzter, der Leiter der HA VII Oberst Jamin, nun gegenüber Wenzel vor allem Enders' »undurchsichtiges « Verhalten kritisierte. BArch, MfS, SdM, Nr. 122: HA VII an den Genossen Minister Mielke: Überprüfung der Beschwerde des stellvertretenden Ministers des Innern, Genossen Generalmajor Wenzel, über die Arbeitsweise des MfS im DZA Potsdam, 31.5.1961.

184 Eine gemeinsame Aussprache mit leitenden Mitarbeitern des DZA, wie von Spange vorgeschlagen, lehnte Mielke ebenso ab wie die Vorladung von Enders und Schirdewan in die HA VII. BArch, MfS, SdM, Nr. 122: Aktennotiz betr. Beschwerde des MdI, Staatl. Archivverwaltung Potsdam, 31.5.1961.

185 BArch, MfS, HA IX, Nr. 20475: Hauptabteilung IX: Stellungnahme zum Bericht über den Brigadeeinsatz im Bereich der Staatlichen Archivverwaltung, 13.8.1965.

richtungen, die sich mit Vergangenem, nicht jedoch mit dem sozialistischen Fortschritts- und Zukunftsprojekt von heute und morgen beschäftigten. So galten dann auch die Leitungsposten im Zivilbereich des MdI und in der Archivverwaltung in Hierarchie und Karrierehorizont der Spitzenfunktionäre eher als Ruheposten oder berufliches Abstellgleis. Das erklärt dann auch die »wilde Mischung« in Herkunft, Alter und Charakter der Funktionsträger.

Zwei Trends prägten das archivpolitische Klima seit 1965: Zum einen setzte mit der Berufung von Walter Hochmuth zum neuen Leiter der StAV eine vorsichtige Annäherung zwischen Funktionärsschicht und Expertentum ein. Hochmuth verfügte ebenso wie sein Nachfolger Gerhard Exner nun immerhin über verwaltungstechnische Grundkenntnisse, was zu mehr Verständnis für archivische Belange führte und die Kommunikation verbesserte. Zudem vollzog sich nach der Pensionierung Walter Hochmuths im Jahr 1968 eine generationelle Angleichung der führenden Protagonisten von DZA, StAV und MdI. Diese waren um 1920 geborene Mittvierziger und Angehörige der »Aufbaugeneration«, die über gewisse gemeinsame politische und Sozialisationserfahrungen verfügten. Des Weiteren erfolgte eine sicherheitspolitische Hochstufung des Archivwesens, was sich personalpolitisch in der Bewerberauswahl für die zu besetzenden Posten widerspiegelte. So waren erstens die Arbeitsbiografien der Amtsinhaber von nun an konsequent militärisch geprägt. Zweitens wurde das MfS zur engen Begleitinstitution, was schließlich in Übernahmen der obersten Archivposten durch GI bzw. IM gipfelte.

Als mit Walter Hochmuth im Frühjahr 1964 ein SED-Funktionär erst stellvertretender Leiter des DZA wurde, dann 1965 an die Spitze der StAV gelangte, trat ein Mann in die Welt der Archivare, dessen bewegtes »Kämpferleben« bis 1945 zunächst viele biografische Merkmale und Stationen der altkommunistischen Generation aufwies, wie sie typisch waren für maßgebliche Vertreter im MdI, ZK und Politbüro – und auch für seinen Vorgänger Karl Schirdewan: Kommunistischer Jugendverband, KPD-Stadtverordnetenmandat, steckbriefliche Verfolgung und illegale Parteiarbeit nach 1933, Emigration in Dänemark, Holland und Belgien, Internierung in Südfrankreich und Zuchthaus in Brandenburg.[186] Doch im Unterschied zu Schirdewan brachte der 1904 geborene Hochmuth umfassende Verwaltungskenntnisse, diplomatische Fähigkeiten und eine gewisse Weltläufigkeit durch seine Tätigkeit im Auswärtigen Dienst der DDR mit. 1962 war er zum Generalkonsul der Handelsvertretung im Irak ernannt worden, allerdings hatte eine schwere chronische Krankheit seinen dortigen Karriereweg beendet.[187] Als neues Einsatzgebiet wurde daraufhin

186 BArch, MfS, BV Potsdam, AIM, Nr. 460/84: Bericht über Walter Hochmuth, 25.1.1947, f. 30-32, sowie: Abteilung XII/Zentralarchiv: Auskunftsbericht zu Walter Hochmuth, 25.10.1968, f. 91-92.

187 Der am 14. Februar 1904 in Reichenbach/Vogtland geborene Sohn eines Oberzugführers bei der Deutschen Reichsbahn hatte nach der Schulreife eine kaufmännische Ausbildung absolviert und danach zehn Jahre im Tuchgewerbe in Düsseldorf, Köln und Hamburg gearbeitet. Nach dem Ende des Krieges übernahm er mittlere

das Archivwesen bestimmt, wofür dem 60-Jährigen 1964 eigens eine neue Planstelle als stellvertretender Leiter des DZA eingerichtet wurde, und schon im Folgejahr wechselte Hochmuth dann auf den Platz des abgesetzten Karl Schirdewan.

Mit diesen Entscheidungen wurde erneut ein Nicht-Fachmann und »ausrangierter« Funktionär an die Spitze der Archivverwaltung gestellt. Allerdings stand diesmal mehr Kalkül dahinter als bei vorherigen Personalbeschlüssen. So wurde der als umgänglich geltende Hochmuth ganz bewusst als vermittelnde Persönlichkeit zwischen DZA und StAV platziert. Als hochdekorierter Genosse[188] stand er im Ruf, ein besonnen auftretender und zugleich redegewandter und mit diplomatischem Leitungsgeschick ausgestatteter Kader zu sein, der zwar stets für die Belange der SED eintrat, dabei jedoch kein Eifertum praktizierte.[189] Überdies verfügte er, wie übrigens seine Ehefrau

Leitungsposten und wurde Kaderleiter in der Zentralverwaltung der Deutschen Post (Mai 1945 – Februar 1949), Prokurist bei der DHG-DHZ »Innere Reserven« (März 1949 – Juni 1950), stellvertretender und dann kommissarischer Leiter des Verwaltungsamtes der Regierung in Ost-Berlin (Juni 1950 – November 1955). In dieser Zeit qualifizierte er sich weiter mit einem Fernstudium in der Fachrichtung Staatliche Verwaltung, das er 1955 an der Potsdamer Akademie für Staats- und Rechtswissenschaften mit dem Staatsexamen abschloss. Dann jedoch kam der unerwartete Wechsel, nachdem ihm der stellvertretende Außenminister Gerhard Weiß anbot, in den Auswärtigen Dienst einzutreten. Er wurde stellvertretender Leiter der Handelsvertretung der Kammer für Außenhandel in Indonesien (Ende 1955 – Dezember 1957) und schließlich Leiter der Handelsvertretung im Irak (März 1959 – Februar 1963), wo man ihn 1962 zum Generalkonsul ernannte. BArch, MfS, BV Potsdam, AIM, Nr. 460/84: Kurzbiographie Hochmuth, Walter, o. D. (wahrscheinlich 1966/67), f. 35-37.- BArch, MfS, BV Potsdam, AIM, Nr. 460/84: Personalbogen Walter Hochmuth, 23.2.1959 (Kopie), f. 26-29.- BArch, MfS, BV Potsdam, AIM, Nr. 460/84: Abteilung VII/3: Vorschlag zur Werbung eines IMK (KW), 25.6.1969, f. 104-111.- BArch, MfS, BV Potsdam, AIM, Nr. 460/84: Walter Hochmuth: Nachtrag zu meinem Lebenslauf, 22.7.1957 (Kopie), f. 145.- BArch, MfS, BV Potsdam, AIM, Nr. 460/84: Schwab (MfAA): Beurteilung des Genossen Walter Hochmuth, o. D. (wahrscheinlich 1964), f. 47-48.- BArch, MfS, BV Potsdam, AIM, Nr. 460/84: Schwab (MfAA) an den Leiter des Büros des Ministerrates, Dr. Rudi Rost: Vorschlag zur Auszeichnung von Walter Hochmuth mit dem Orden »Banner der Arbeit«, 13.1.1964, f. 49-52.

188 Bis dahin geehrt mit der Medaille für ausgezeichnete Leistungen (1951), der Medaille Kämpfer gegen den Faschismus (1958), dem Vaterländischen Verdienstorden in Silber (1960) und dem Orden Banner der Arbeit (1964). BArch, MfS, BV Potsdam, AIM, Nr. 460/84: Kurzbiographie Hochmuth, Walter, o. D. (wahrscheinlich 1966/67), f. 35-37.

189 Z. B.: BArch, MfS, BV Potsdam, AIM, Nr. 460/84: Erich Dornbusch: Beurteilung Walter Hochmuth, Prokurist der DHG, 18.2.1950 (Abschrift), f. 38.- BArch, MfS, BV Potsdam, AIM, Nr. 460/84: Arthur Pieck/Chef der Verwaltung der Regierung der DDR: Charakteristik des Genossen Walter Hochmuth, 27.5.1955 (Kopie), f. 43-44.- BArch, MfS, BV Potsdam, AIM, Nr. 460/84: Abteilung VII/1: Einschätzung über den Gen. Walter Hochmuth, geb. 14.2.1904 in Reichenbach, 17.5.1965, f. 53-54.

auch,[190] über einen gewissen bildungsbürgerlichen Habitus.[191] Unter diesen Voraussetzungen erhofften die Verantwortlichen nach dem schroffen Parteivollstrecker-Stil Schirdewans einen kommunikativen Neuanfang mit den Archivaren. Dass Hochmuth dabei problemlos mit der Stasi kooperierte und sich sogar als IMK »Ernst« verpflichtete, entsprach ganz der Linie von SED und Sicherheitsapparat.[192] Hochmuths Stellenbeschaffung im DZA ermöglichte es den Personalstrategen überdies, den unbequemen, streitbaren Gerhart Enders im März 1964 von seiner bisherigen Funktion als Stellvertreter von Helmut Lötzke auf elegante Weise zu entbinden.

Das Kalkül ging auf, auch wenn es eine Weile brauchte, bis Hochmuth von den Archivaren nicht mehr nur als krankheitsanfällige Übergangslösung akzeptiert wurde. Je länger Hochmuth im Amt war, desto mehr entwickelte er sich zum Anwalt des wissenschaftlichen Personals und fachbezogener Belange;[193] zur Irritation des MfS baute er sogar eine persönliche Beziehung zum degradierten Enders auf.[194] Bis zu seinem Ausscheiden im Jahr 1968 führte dies zu einer atmosphärischen Verbesserung zwischen DZA und StAV. Als Leiter

190 Seine Frau arbeitete im Außenministerium und begleitete ihren Mann als Kulturattaché der DDR-Handelsvertretungen in Syrien und im Irak. Während Hochmuths Amtszeit im Archivwesen engagierte sie sich unter anderem im Komitee für Deutsch-Französische Freundschaft. Biografische Angaben nach: BArch, MfS, BV Potsdam, AIM, Nr. 460/84: Lebenslauf Renate Hochmuth, o. D. (Abschrift, 1950er Jahre), f. 142-143.- BArch, MfS, BV Potsdam, AIM, Nr. 460/84: Abteilung VII/3: Vorschlag zur Werbung eines IMK (KW), 25.6.1969, f. 104-111.- BArch, MfS, BV Potsdam, AIM, Nr. 460/84: Fragebogen für Mitglieder und Kandidaten der SED für Renate Hochmuth, 16.7.1951, f. 63-70.

191 BArch, MfS, BV Potsdam, AIM, Nr. 460/84: Beurteilung der Genossen Walter und Renate Hochmuth, wohnhaft in Woltersdorf durch GI »Müller«, 8.9.1953 (Abschrift), f. 40.

192 1969 schlug das MfS die Einrichtung einer konspirativen Wohnung in Hochmuths Potsdamer Einfamilienhaus vor und leitete einen IMK-Vorgang ein. Hochmuth unterschrieb eine Verpflichtungserklärung und berichtete als IMK »Ernst« über Ereignisse und Stimmungslagen in seinem Lebensumfeld und über Kollegen und Archivare. BArch, MfS, BV Potsdam, AIM, Nr. 460/84: Abteilung VII/3: Bericht über die erfolgte Verpflichtung des IMK (KW) »Ernst«, 26.6.1969, f. 24-25.- BArch, MfS, BV Potsdam, AIM, Nr. 460/84: Verpflichtungsschreiben Walter Hochmuth, 25.6.1969, f. 10.- BArch, MfS, BV Potsdam, AIM, Nr. 460/84: Tonbandabschrift der Quelle »Ernst«: Einschätzung Friedrich Beck, Direktor des Staatsarchivs Potsdam, 19.3.1971, f. 189-190.- BArch, MfS, BV Potsdam, AIM, Nr. 460/84: Abteilung VII/1: Vorschlag zur Auszeichnung der IMK »Ernst« aus Anlass des XXII. Jahrestages des MfS mit einer Sachwertprämie in Höhe von 200,- Mark, 21.10.1971.- BArch, MfS, BV Potsdam, AIM, Nr. 460/84: Abteilung VII: Abschlußbericht zur IMK/KW »Ernst«, 29.2.1984.

193 Der »Klimawechsel« gelang aber nicht gleich sofort. Erst nachdem DZA-Direktor Lötzke längere Zeit erkrankte und Hochmuth dessen Aufgaben übernehmen musste, besserte sich das gegenseitige Verhältnis. BArch, MfS, BV Potsdam, AIM, Nr. 460/84: Abteilung VII/1: Einschätzung über den Gen. Walter Hochmuth, geb. 14.2.1904 in Reichenbach, 17.5.1965, f. 53-54.

194 Ebd.

der Archivverwaltung sind seine Amtsjahre vor allem mit den politischen Kampagnen des Dokumentationszentrums verbunden, die er nach Kräften unterstützte.

Nachdem Hochmuth aus gesundheitlichen Gründen dringend um Ablösung gebeten hatte, folgte im Frühjahr 1968 mit Gerhard Exner ein Militär und Polizeioffizier auf dem in »Direktor« umbenannten StAV-Leiterposten.[195] Sein hoher militärischer Rang figurierte eine Wiederaufnahme der militärischen Tradition auf Leitungsebene, wie sie einst durch Otto Korfes verkörpert worden war und von nun an bis 1989 beibehalten wurde. Mit seiner sechsjährigen Dienstzeit bei der Wehrmacht und anschließender Internierung verfügte der 1919 geborene und in einer Bauernfamilie aufgewachsene Exner überdies über eine militärische Vergangenheit, die der einiger Archivare glich, die unter Korfes ins DDR-Archivwesen gelangt waren.[196] Exner galt als zielstrebig, überdurchschnittlich begabt und aufstiegsambitioniert. Seine spätere Karriere bis zum Generalmajor in der DDR verlief außergewöhnlich schnell.[197] Ob es dann 1967 tatsächlich zu einem Karriereknick kam, wie es Schreyer mit Blick auf Laufbahnperspektiven im Innenministerium und die Versetzung Exners

195 Mit Amtsantritt von Exner wurde bekanntgegeben, dass eine Umbenennung in »Direktor« erfolgt sei, was von den Mitarbeitern wohlwollend aufgenommen und in Anspielung auf vergangene Bezeichnungen mit der Bemerkung quittiert wurde, dass »daraus [vielleicht] noch einmal ein Generaldirektor der StAV« werde. BArch, MfS, AIM, Nr. 5015/70 A/2: HA VII/1/A: Vermerk GI »Fred Wandel«, 16.8.1968, f. 49.

196 Exner besuchte nach der Schulzeit die Berufsschule für Landwirtschaft von 1934 bis 1937 und führte dann bis 1939 den elterlichen Betrieb. 1939 wurde er in das Reserve-Infanterieregiment 318 eingezogen und für die Wehrmacht in Polen, der Sowjetunion und Frankreich eingesetzt. 1941 verpflichtete er sich sogar zu einer 12-jährigen Dienstzeit, womit er es bis 1945 zum Feldwebel brachte. Er erhielt das EK II, das Infanteriesturmabzeichen sowie die Ostmedaille KVK II. Klasse. In den letzten Kriegsjahren war er vor allem als Ausbilder eingesetzt – ein Einsatzbereich, der ihm wahrscheinlich das Leben rettete. Nach Kriegsende geriet er zunächst in amerikanische Kriegsgefangenschaft und war in den Lagern Eisleben, Hersfeld und Frankenberg interniert. Biografische Angaben nach: BArch, MfS, AIM, Nr. 2767/58, Bd. II: Lebenslauf und Auszüge aus der Personalakte, 19. und 20.2.1951, f. 8-10.

197 In seiner Jugend Mitglied der HJ, trat Exner im Oktober 1945 nicht der KPD, sondern zunächst der SPD bei. Nach der Zwangsvereinigung blieb er in der SED und bekannte sich stets zur Politik der Partei- und Staatsführung. Seit September 1945 bei der Polizeidirektion Altenburg angestellt, brachte er es innerhalb weniger Jahre vom Wachtmeister zum Kommissar und Leiter des Polizeiamtes Kahla/Saale (1947), nach Besuch der Volkspolizei-Schule in Kochstedt zum VP-Kommandeur (1950), woraufhin er zum stellvertretenden Abteilungsleiter der Ostberliner Hauptabteilung S bei der HVDVP ernannt wurde. Von 1960 bis 1964 »bewährte« er sich als Leiter der Kontrollgruppe des Nationalen Verteidigungsrates sowie im Anschluss als Leiter der Verwaltung Kader im MdI. BArch, MfS, AIM, Nr. 2767/58, Bd. II: Auszüge aus der Personalakte, 19.2.1951, f. 9-10.- Archivmitteilungen 18 (1968) 5, S. 216.- Eberhard Schetelich, In memoriam Dr. Gerhard Exner, in: Archivmitteilungen 39 (1989) 3, S. 65-66.

in die Historische Abteilung des MdI formulierte,[198] muss offen bleiben, denn es ist auch denkbar, dass Exner ganz bewusst für den Leiterposten im Archivwesen interessiert wurde. Der 47-Jährige galt als Mann mit großem Organisationstalent sowie didaktischen und Personalführungsqualitäten. Zudem bediente er mit Studium und anschließender Promotion formal bestens die wissenschaftliche Außenseite dieses Postens,[199] und auch sein Verhältnis zum MfS, dem er zwischen 1951 und 1958 als GI »Gustav« auskunftsbereit über seine Umgebung berichtet hatte, war stets ein gutes.[200] Seine insgesamt vierzehnjährige Amtszeit war dann auch geprägt vom fortgesetzten sozialistischen Umbau der Staatsarchive und des DZA sowie von einer umfassenden Zentralisierung und Kompetenzverschiebung zugunsten der StAV. Mit der Einsetzung des vormaligen Leiters der MfS-Abteilung XII (Archiv und Auskünfte), Roland Leipold, als Exners Nachfolger am 1. Februar 1983 erreichte der Zugriff der Stasi dann noch einmal eine gesteigerte Qualität: Als Offizier im besonderen Einsatz (OibE) wurde Leipold direkt ins »Einsatzobjekt Staatliche Archivverwaltung des MdI« abgeordnet.[201]

Parallel zur Entwicklung in der Archivverwaltung schritt auch im übergeordneten Ministerium des Innern die geheimdienstliche Überwachung und Steuerung des Archivbereichs voran. Dabei stellte die Berufung des 59-jährigen Generalmajors Heinz Huth zum stellvertretenden Innenminister und Leiter der zivilen Bereiche im MdI im Jahr 1966 eine bedeutsame Personalentscheidung dar, da mit ihm ein (fachfremder) Offizier den Posten besetzte, der seit langem auch der Stasi diente.[202] Nach Zuordnung des MfS erstreckte sich der

198 Schreyer, Das staatliche Archivwesen der DDR, S. 149.

199 Von 1955 bis 1959 absolvierte er ein Fernstudium an der Akademie für Staats- und Rechtswissenschaften in Potsdam-Babelsberg, eine akademische Ausbildung, die er 1966 mit der Promotion zum Dr. jur. abschloss.

200 Vgl. BArch, MfS, AIM, Nr. 2767/58, Bd. I und II.- BArch, MfS, AIM, Nr. 2767/58, Bd. II: Abt. VII/3: Abschlußbericht zur Personalakte GI »Gustav«, 8.7.1958, f. 38 f.- BArch, MfS, AIM, Nr. 2767/58, Bd. II: Beschluß über das Abbrechen der Verbindung, 8.7.1958, f. 40.- Knapp 30 Jahre später klopfte der Geheimdienst allerdings erneut an der Tür und überzeugte den nunmehrigen Pensionär, unter dem Decknamen »Gustav« über die Historikergesellschaft und weitere Geschichtsgremien zu berichten, ein freiwilliges Engagement, das bis zu seinem Tod am 26. März 1989 anhielt. Dazu allgemein die Akte: BArch, MfS, AIM, Nr. 4612/89, Bd. I/1.- Ebd.: Hauptverwaltung A/Abt. VI/3: Personalien »Gustav«, f. 77.

201 Ralf Blum und Philipp Springer haben kenntnisreich Aufstieg und Fall des vermeintlich »Unfehlbaren« analysiert, dessen Vita erneut den Ruf der StAV als »Entsorgungsstätte« bzw. »Heldenfriedhof des MdI« für geschasste Systemträger bestätigte. Ralf Blum/Philipp Springer, Aufstieg und Fall eines »Unfehlbaren«. Der Leiter Oberst Roland Leipold und die Nachkriegsgeneration im MfS, in: Jedlitschka/Springer (Hg.), Das Gedächtnis der Staatssicherheit, S. 307-334.- Schreyer, Das staatliche Archivwesen, S. 149.

202 Mit Herbert Grünstein, der 1957 als Stellvertreter des Ministers des Innern kurzzeitig für das Archivwesen zuständig war, hatte ebenfalls bereits ein IM für das MfS berichtet. Zu Grünstein auch: Bösch/Wirsching (Hg.), Hüter der Ordnung, S. 191 ff.,

Auskunftsbereich von Huth alias GI »Fred Wandel« auf folgende Themen: Situation in der MdI-Leitung, interne Leitungs- und Zukunftsentscheidungen, Kaderfragen, innere Abwehrmaßnahmen in den zivilen Bereichen, darunter der StAV, Wahrung der MfS-Interessen im Dokumentationszentrum, allen voran die zügige Bearbeitung von Diensthilfeersuchen und Forschungsaufträgen für das MfS, äußere Abwehr in den zivilen Bereichen.[203] Wie sich die »Zusammenarbeit« mit Huth konkret gestaltete, zeigen die folgenden beiden Beispiele aus dem Jahr 1968: So hatte das ZK der SED am 26. Juni 1968 den Beschluss gefasst, gegen die in der Bundesrepublik drohende »Verjährung« vorzugehen und mit Hilfe von 100 Mitarbeitern aus StAV-Archiven eine Dokumentation über 400 bis 450 »der am schwersten belasteten ehemaligen Nazi- und Kriegsverbrecher, die heute führende Spitzenpositionen in Westdeutschland bekleiden«, zu erstellen. Der Beschluss war als VS-Sache kategorisiert worden, was Huth jedoch nicht daran hinderte, das Papier ungefragt der HA VII in der Ost-Berliner MfS-Zentrale vorzulegen, verbunden mit dem Angebot, das Dokument jederzeit einsehen zu können.[204] Wenige Wochen später verlangte das MfS »im Interesse der Sicherheit der DDR eine vollständige Sperrung« bestimmter Archivbestände vom Auswärtigen Amt sowie vom Reichsministerium für

245 ff., 667 ff.- Huth wurde am 6. August 1917 in Leipzig geboren und wuchs als Sohn eines Wächters in einfachen Verhältnissen auf. Nach der Volksschule durchlief er eine Lehre als Steinsetzer. 1938 wurde er nach Absolvieren des Reichsarbeitsdienstes in ein Pionier-Bataillon der Wehrmacht eingezogen. Hier diente er sich während des Krieges zum Schirr-, dann zum Oberschirrmeister hoch. Im März 1945 geriet er in amerikanische Gefangenschaft und wurde im Juni entlassen. Kurze Zeit darauf trat er der KPD und der Volkspolizei bei. Huth wurde am 28. Dezember 1955 nach mehreren Wochen Vorbereitung angeworben, drei Jahre später zum »Hauptinformator«, also GHI, umgruppiert, eine Funktion, mit der er zeitweise eine Offiziersgruppe von bis zu acht GI anleitete. Zum 1. August 1964 wurde Huth mit dem Rang eines Obersten der NVA im Verteidigungsministerium zum Leiter des Sekretariats des DDR-Innenministers berufen. Damit wurde Huths Zusammenarbeit mit dem MfS zunächst ausgesetzt, jedoch schon Ende 1965 wieder aufgenommen, nachdem er innerhalb des MdI auf eine neue Funktion berufen wurde. BArch, MfS, AIM, Nr. 5015/70 P/1: Lebenslauf Heinz Huth (Abschrift), 22.11.1948, f. 14.- Weitere biografische Angaben: BArch, MfS, AIM, Nr. 5015/70 P/1, f. 15-24, sowie: HA I/1: Vorschlag zur Anwerbung eines GI, 30.11.1955, f. 29-32.- BArch, MfS, AIM, Nr. 5015/70 A/2: Verpflichtungserklärung Heinz Huth, 28.12.1955, f. 33.- BArch, MfS, AIM, Nr. 5015/70 P/1: HA I/1: Beschluß über die Umgruppierung des GI »Fred Wandel« zum Hauptinformator, 29.12.1957, f. 68.- BArch, MfS, AIM, Nr. 5015/70 P/1: Bericht über den Oberst der NVA, Heinz Huth, 30.5.1964, f. 177.- BArch, MfS, AIM, Nr. 5015/70 P/1: HA I/1: Beschluß für das Einstellen des IM-Vorgangs, 11.8.1964, f. 147 f.- BArch, MfS, AIM, Nr. 5015/70 P/1: HA I/1: Beschluß zum Anlegen des IM-Vorgangs, 8.12.1965, f. 151.

203 BArch, MfS, AIM, Nr. 5015/70 P/1: HA VII/1: Abschlußeinschätzung über den IM »Fred Wandel«, 8.6.1970, f. 190 f.

204 BArch, MfS, AIM, Nr. 5015/70 A/2: HA VII/1/A: Vermerk GI »Fred Wandel«, 16.8.1968, f. 47.

Wissenschaft, Erziehung und Volksbildung im DZA »zu veranlassen«.[205] Daraufhin sorgte GI »Fred Wandel« persönlich für die Umsetzung des Auftrags im Potsdamer Zentralarchiv.[206]

Auch Huths Nachfolger Ernst Marterer, der am 6. April 1970 auf Anweisung der Abteilung Sicherheit im ZK der SED zum Generalmajor und Stellvertreter des Ministers des Innern befördert wurde, hatte eine Stasi-Vergangenheit. 1953 war das MfS an den damals 32-jährigen Polit-Offizier der Volkspolizei herangetreten und hatte ihn als GI mit dem Decknamen »Robert« angeworben. Vier Jahre später wurde er zum Geheimen Hauptinformator (GHI) umgruppiert. Als er im November 1960 zur Sicherheitsabteilung des ZK der SED abkommandiert wurde, um die Zeitschrift »Der Kampfruf« herauszugeben, musste das MfS die Zusammenarbeit zwar einstellen.[207] Doch als Marterer 1970 auf den stellvertretenden Ministerposten rückte, reaktivierte die Stasi die Zusammenarbeit und den Austausch, die sich nun allerdings auf offizieller Ebene vollzogen. Das Ausmaß von Informationsfluss und Einrede durch den Geheimdienst knüpfte dabei an die frühere Intensität an.[208]

205 BArch, MfS, AIM, Nr. 5015/70 A/2: HA VII/1/A: Sperrung von Beständen aus dem DZA Potsdam, 23.7.1968, f. 46.

206 BArch, MfS, AIM, Nr. 5015/70 A/2: HA VII/1/A: Vermerk GI »Fred Wandel«, 16.8.1968, f. 49 f.

207 Huth wurde am 12. Januar 1921 in Münchhof auf dem Gebiet der Tschechoslowakei geboren. Am Zweiten Weltkrieg nahm er in einem Artillerie-Regiment der Wehrmacht die volle Zeit teil und kehrte aus sowjetischer Kriegsgefangenschaft erst 1949 in die DDR zurück. Seine Familie und Verwandten wurden nach 1945 ausgesiedelt und lebten in Bayern. Von dort holte Marterer seine Ehefrau und Kinder in die DDR. Er war bis 1938 SPD-Mitglied und hatte sich sich als hauptamtlicher Sekretär der sozialdemokratischen Jugend engagiert hatte. 1949 trat Marterer, der in der UdSSR in einem antifaschistischen Lagerkomitee aktiv war und die Antifa-Zentralschule Taliga besucht hatte, in die Dienste der Volkspolizei sowie in die SED ein. In der Polizei wirkte er vor allem als Lehrer bzw. Politoffizier und arbeitete seit 1956 in der Redaktion der VP-Zeitschrift mit. BArch, MfS, GH, Nr. 123/86, Bd. 1: HA VII/1/a: Kurzbiographie Ernst Marterer, o. D. (1970), f. 29-31.- BArch, MfS, GH, Nr. 123/86, Bd. 1: HA VII/1/a: Auskunftsbericht, 31.10.1960, f. 32-38.- BArch, MfS, GH, Nr. 123/86, Bd. 1: HA VII/1/a: Bericht über Ernst Marterer, 14.10.1960, f. 45.- BArch, MfS, GH, Nr. 123/86, Bd. 2: HA VII/1: Einschätzung über den Nomenklaturkader des NVR Ernst Marterer, 30.6.1975, f. 13-20.- Biografische Angaben auch in: BArch, MfS, AP, Nr. 72079/92, und BArch, MfS, AIM, Nr. 794/61 P. Zahlreiche GI-Berichte in: BArch, MfS, AIM, Nr. 794/61 A, Bd. 1 und 2.

208 So schätzte das MfS 1975 ein: »Seit seinem Einsatz als Stellvertreter des Ministers gibt es mit dem Gen. M. eine gute offizielle Zusammenarbeit. Gen. M. nimmt im Rahmen des operativen Zusammenwirkens jeden Hinweis des MfS dankbar entgegen. Insbesondere Einzelwünsche und Probleme, die wenig Aufwand erfordern und kurzfristig lösbar sind, werden von ihm schnell realisiert.« BArch, MfS, GH, Nr. 123/86, Bd. 2: HA VII/1: Einschätzung über den Nomenklaturkader des NVR Ernst Marterer, 30.6.1975, f. 18.- Gleichwohl blieb Marterer, der zum 1. März 1983 aus dem Dienst schied, im Hinblick auf »Schwächen und Mängel seiner Führungs- und Leitungstätigkeit und sein Verhalten im System des Geheimhaltungsschutzes« selbst beständig im Fokus der Observation. BArch, MfS, GH, Nr. 123/86, Bd. 2:

Kontrolle und Übernahme von Schnittstellen im DZA

»Das Deutsche Zentralarchiv ist das wichtigste Archiv der DDR. Aus den Beständen dieses Archivs wurde die faschistische Vergangenheit einer Reihe von prominenten Persönlichkeiten der Bundesrepublik enthüllt. [...] Das Archiv wird ständig durch westdeutsche, ausländische und inländische Benutzer in Anspruch genommen. Es ist notwendig, unter den wissenschaftlichen Mitarbeitern eine inoffizielle Basis zu schaffen, um operativ an der Lösung und Überwachung von Schwerpunkten arbeiten zu können.«[209] Als Mitte der 1960er Jahre Führungsoffiziere des MfS die »Zweckmäßigkeit« von GI-Anwerbungen begründeten, befanden sich StAV und DZA inmitten einer personellen Umbruch- und geheimdienstlichen Durchbruchphase. Mehr denn je drängte das MfS im Kontext des Dokumentationszentrums und seiner Aktivitäten auf Kontrolle und Parteilichkeit des Archivwesens. Dazu wurden die Bemühungen verstärkt, nun langfristig Schlüsselfunktionen zu besetzen.

Eine der wichtigsten Anwerbungen der 1960er Jahre gelang dabei mit GI »Joachim« alias Kurt Metschies, auf dessen umfangreiche Informationsweitergabe zuerst Ralf Blum aufmerksam gemacht hat.[210] Zunächst als Mitarbeiter, seit 1971/72 bzw. 1975 als Leiter der Historischen Abteilung I bzw. E (Erschließung Kapitalismus) besetzte er eine zentrale fachliche und binnenorganisatorische Stelle, die zwischen Mitarbeiter- und Leitungsebene angesiedelt war und in der Folge besonders viele Personen in den Blick nehmen konnte. Sein Auftrag lautete dann Anfang der 1980er Jahre: »Garantierung der inneren Sicherheit«, »Aufklärung und Absicherung von Personen«, »konsequente Durchsetzung staatlicher Anweisungen und Verordnungen wie z. B. der GHO«.[211] Die dreizehn Aktenbände mit jeweils ca. 300 Blatt wurden in 22 Jahren Zusammenarbeit mit seinen Berichten gefüllt, rechnete eine interne Einschätzung der Abteilung VII in der Potsdamer Bezirksverwaltung des MfS vom August 1988 vor; dabei seien seine »Einsatzbereitschaft«, »Zuverlässigkeit« und »Pünktlichkeit« »makellos« und das »Informationsaufkommen« außerordentlich hoch gewesen, resümierte der zuständige Hauptmann.[212]

Mit dem Leiter des Benutzerdienstes konnte das MfS im Mai 1966 einen weiteren GI an einer wichtigen Behördenschnittstelle als Informanten gewinnen. Der 1941 geborene GI »Werner« wurde speziell mit der Beobachtung von westlichen Besuchern sowie allgemeinen Lageberichten aus dem DZA beauf-

HA VII/1: Einschätzung über den Nomenklaturkader des NVR Ernst Marterer, 30.6.1975, f. 19.

209 BArch, MfS, BV Potsdam, Abt. VII, Nr. 13, Teil I/1: Abt. VII/1: Vorschlag zur Werbung eines GI, 13.10.1965, f. 67.

210 Blum, Wie die Stasi ins Archiv kam.- Jüngst auch: Eckert, Archivare als Geheimpolizisten, S. 101 ff.

211 BArch, MfS, BV Potsdam, Abt. VII, Nr. 13, Teil I/1: Abt. VII/1: Einsatz- und Entwicklungskonzeption »Joachim«, 11.2.1981, f. 119 f.

212 BArch, MfS, BV Potsdam, Abt. VII, Nr. 13, Teil I/2: Auskunftsbericht zur Sicherheitsüberprüfung IMS »Joachim«, 30.8.1988, f. 297.

tragt. »Zur operativen Kontrolle der Benutzer aus Westdeutschland und dem kap. Ausland macht sich die Schaffung einer inoffiziellen Quelle in diesem Bereich notwendig«, begründete Leutnant Lässig von der Abteilung VII der MfS-Bezirksverwaltung Potsdam die Anwerbung und Platzierung des GI-Kandidaten.[213] Da er nicht der SED angehörte, erhoffte sich der Geheimdienst hier besondere Erkenntnisse über Personen, die ihm vielleicht eher vertrauten als bekannten Parteimitgliedern.

Die Personalien Metschies und GI »Werner« verband miteinander, dass sie sehr gute berufliche Voraussetzungen und Leistungen mitbrachten, gesellschaftlich engagiert waren und loyal gegenüber der DDR eingestellt waren, jedoch weder freiwillig in die SED eintreten noch aus freien Stücken für das MfS arbeiten wollten. Der am 9. April 1936 geborene Metschies hatte sein Studium der Geschichte, Germanistik sowie Archivwissenschaft an der Ost-Berliner Humboldt-Universität mit drei Diplomen abgeschlossen und begann 1962 als 26-Jähriger seinen Dienst als wissenschaftlicher Archivar im DZA.[214] Ein steiler beruflicher Aufstieg schien in Kaderkreisen eine beschlossene Sache. Bereits mit 36 Jahren wurde ihm die Leitung der Historischen Abteilung übertragen, einige Jahre darauf die Abteilung Erschließung (einschließlich des dortigen Arbeitsbereichs Kapitalismus), die wohl gewichtigste Abteilung im Potsdamer Zentralarchiv.[215] Die 1967 an ihn herangetragene Mitgliedschaft in der SED hatte er allerdings mit der Begründung zurückgewiesen, er stehe zur DDR und Politik der SED, könne (und wolle) jedoch den vollen Anforderungen der Parteidisziplin nicht genügen.[216] Metschies gehörte damit lange Zeit zur Riege der parteilosen Archivexperten, deren Zahl und Präsenz wiederum der Be-

213 BArch, MfS, BV Pdm, AIM, Nr. 673/74, Bd. I: Abt. VII/1: Vorschlag zur Werbung eines GI, 13.5.1966.

214 Als Mitglied in der Pionierorganisation, der FDJ (Gruppenleitungsfunktionen in Schule und Universität), der DSF (deren Grundorganisation am DZA er zeitweilig leitete) und dem FDGB (BGL-Vorsitzender von 1974 bis 1984) gehörte er den gängigen Massenorganisationen an und galt als »gesellschaftlich engagiert«. Seit 1962 gehörte er auch der Historikergesellschaft an. BArch, MfS, BV Potsdam, Abt. VII, Nr. 13, Teil I/1: Abt. VII/1: Vorschlag zur Werbung eines GI, 13.10.1965, f. 63 f.- BArch, MfS, BV Potsdam, Abt. VII, Nr. 13, Teil I/2: Abschlußbericht zur Sicherheitsüberprüfung IMS »Joachim«, 10.6.1985, f. 99-101.

215 BArch, MfS, BV Potsdam, Abt. VII, Nr. 13, Teil I/1: Abt. VII/1: Vorschlag zur Werbung eines GI, 13.10.1965, f. 63 f.

216 BArch, MfS, BV Potsdam, Abt. VII, Nr. 13, Teil I/1: Abt. VII/1: Bericht über das geführte Werbungsgespräch mit dem Kandidaten Metschies, Kurt, 1.11.1965, f. 70-72.- BArch, MfS, BV Potsdam, Abt. VII, Nr. 13, Teil I/1: Abt. VII/1: Bericht über das geführte Werbungsgespräch mit dem Kandidaten Metschies, 4.12.1965, f. 73-76.- BArch, MfS, BV Potsdam, Abt. VII, Nr. 13, Teil I/1: Einschätzung der politisch-ideologischen Qualifikation des Kurt Metschies durch »Richard« (Abschrift), 20.7.1967, f. 98.- BArch, MfS, BV Potsdam, Abt. VII, Nr. 13, Teil I/2: Auskunftsbericht zur Sicherheitsüberprüfung IMS »Joachim«, 30.8.1988, f. 297.- Noch im Frühjahr 1971 hatte er in einem Kadergespräch zur Frage einer Mitgliedschaft erklärt, dass die SED innerhalb des Archivs schwach sei und wenig konsequent Beschlüsse um-

triebsparteiorganisation und StAV-Leitung ein Dorn im Auge war. Insofern lag der Geheimdienst mit seiner Anwerbe-Intention richtig: »Soweit festgestellt werden konnte, genießt er das Vertrauen anderer Wissenschaftler des DZA, die eine undurchsichtige Rolle spielen und in deren Kreis einzudringen bislang nicht möglich war.«[217] Erst 1975, als die Übernahme der Leiterstelle der neuen Abteilung Erschließung anstand, trat er der SED bei.

GI »Werner« wiederum hatte von 1959 bis 1961 die Fachschule für Archivwesen absolviert und war dann zur Abteilung S des DZA gestoßen. Einige Jahre wirkte er als FDJ-Sekretär im DZA, dem FDGB trat er 1962 bei.[218] Als Gerhart Enders ihn auf eine SED-Mitgliedschaft ansprach, hatte er mit der Begründung abgelehnt, dass das Christentum, zu dem er sich bekenne, weltanschaulich nicht mit dem Marxismus vereinbar sei. Der Eintritt in die SED sei allerdings eine weltanschauliche Entscheidung, auf die ein Kirchenaustritt folgen müsse – ein Schritt, der jedoch für ihn nicht infrage käme.[219] Das MfS konnte ihn erst durch fortgesetzte Bearbeitung und Überzeugungsarbeit zur IM-Tätigkeit bewegen, wobei die Zusammenarbeit zunächst nur per Handschlag und nicht schriftlich fixiert werden konnte.[220]

Die Durchsetzung von Schlüsselpositionen betraf auch die DZA-Außenstellen, wobei in Dienststellen wie Coswig seit ihrer Gründung eine quasi ungebrochene Stasi-Kontinuität auf der Leitungsebene herrschte. So vermerkte die zuständige MfS-Kreisdienststelle Roßlau im Juni 1970 dann auch befriedigt, dass der dortige Archivleiter bislang »alle Neueinstellungen mit dem MfS abgesprochen« und »von Anbeginn seiner Tätigkeit [1968] sich ganz konsequent für die Einhaltung der Ordnung und Sicherheit in seiner Dienststelle eingesetzt« habe.[221]

Mit IMS »Christian« als Leiter der StAV-Kontrollgruppe gelang es dem MfS 1978, einen im DZA ausgebildeten IM an einer strategisch bedeutsamen Stelle in der Archivverwaltung zu positionieren – die Bestätigung seiner Er-

setze. BArch, MfS, BV Potsdam, Abt. VII, Nr. 13, Teil I/1: Abt. VII/1: Bericht GMS Schützle, 19.5.1972, f. 108.

217 BArch, MfS, BV Potsdam, Abt. VII, Nr. 13, Teil I/1: Abt. VII/1: Bericht über das geführte Werbungsgespräch mit dem Kandidaten Metschies, 4.12.1965, f. 76.

218 BArch, MfS, BV Pdm, AIM, Nr. 673/74, Bd. I: Abt. VII: Vorschlag zur Werbung eines GI, 13.5.1966.

219 BArch, MfS, BV Pdm, AIM, Nr. 673/74, Bd. I: Koll. R., politische Qualifikation (Abschrift), 24.5.1967.

220 BArch, MfS, BV Pdm, AIM, Nr. 673/74, Bd. I: Abt. VII/1: Bericht über ein geführtes Kontaktgespräch mit dem GI-Kandidaten Ulrich R., 7.4.1966.- BArch, MfS, BV Pdm, AIM, Nr. 673/74, Bd. I: Abt. VII/1: Einschätzung des GI »Werner«, 27.6.1968.- Eine schriftliche Verpflichtung wurde ihm erst nach einiger Zeit abgerungen. BArch, MfS, BV Pdm, AIM, Nr. 673/74, Bd. I: Verpflichtungserklärung, 31.5.1966.

221 BArch, BV Halle, KD Roslau, VIII, Nr. 2422/83: Abt. VIII: Information, 7.11.1979, f. 19.

nennung erfolgte ebenfalls »durch Einsatz [eines] IM in Schlüsselposition«.[222] »Christian«, der im Zweiten Weltkrieg an der Ost- und Westfront gekämpft hatte und in britischer Kriegsgefangenschaft war, war wie Metschies und GI »Werner« ebenfalls ein »Aufsteiger«, der jedoch von Beginn an für die SED aktiv war.[223] Sein Aufgabenfeld bestand in der Beschaffung von Informationen zu Personen und Missständen sowie in der Durchsetzung von Ordnung und Sicherheit. Für mehr als zehn Jahre berichtete IMS »Christian« im Folgenden freiwillig und kontinuierlich über eine außerordentlich große Anzahl an Mitarbeitern des ZStA sowie der StAV und ihren Einrichtungen allgemein.

Dichte Überwachung als Normalität

War das MfS nach dem Mauerbau zunächst mehr und mehr in die Kontrolle bzw. zum »Gegenlesen« konzeptioneller Ausrichtungen und Beschlüsse zum Archivwesen einbezogen, waren seine Abteilungen dann spätestens seit den 1970er Jahren direkt an der Ausarbeitung von Verordnungen und Richtlinien beteiligt. Das konnte sich bis in einzelne Formulierungen, Ergänzungen und Streichungen niederschlagen. Dass das MfS quasi am (wenn auch nicht einzigen) Entscheidungshebel saß, kam in seiner Zustimmungspflichtigkeit gegenüber Anordnungen und Vorschriften zum Ausdruck. So prüften beispielsweise Anfang der 1970er Jahre verschiedene Ost-Berliner Abteilungen auf Bitte des Ministers des Innern die »Zweite Verordnung über das staatliche Archivwesen« sowie die vierte und fünfte Durchführungsbestimmung zur Verordnung über das staatliche Archivwesen, die sich mit Organisations- und Leitungsfragen sowie Regelungen von Schriftgutübergabe, Wertermittlung und Kassation

222 BArch, MfS, AIM, Nr. 6411/87 I:II, Bd. 1: HA VII: Treffbericht IMS »Christian«, 16.8.1978.- Seine Verpflichtung zwei Jahre zuvor war mit der Begründung erfolgt: »In Hinblick auf die vor uns stehende Aufgabe, ab 1977 hauptverantwortlich für das gesamte Archivwesen in der DDR zu wirken, macht es sich erforderlich, in der Kontrollgruppe der Staatlichen Archivverwaltung einen Inoffiziellen Mitarbeiter zu werben. Der Kandidat hat als Mitarbeiter der Kontrollgruppe Zutritt zu jedem Archiv der StAV und [zu] den Bezirks-, Kreis- und Betriebsarchiven.« BArch, MfS, AIM, Nr. 6411/87 I:I, Bd. 1: HA VII: Vorschlag zur Verpflichtung eines IM, 9.7.1976.

223 H. B. war erst stellvertretender, dann erster Parteisekretär der BPO im Staatsarchiv Brandenburg und Sekretär der DSF-Grundorganisation. Im Deutschen Zentralarchiv war H. B. zunächst nur von Februar 1950 bis Ende November 1951, wo er seine Ausbildung zum Diplomarchivar abschloss. Dann wechselte er für zehn Jahre ins Landeshaupt-/Staatsarchiv Brandenburg, bevor er dann zum 2. Januar 1961 in die StAV versetzt wurde. In der StAV war er in leitender Funktion für die sozialistischen Wirtschaftsarchive sowie für die Verwaltungsarchive des Ministeriums für Außenhandel und innerdeutschen Handel zuständig. Seine Leistungen galten immer als mindestens gut; H. B. erhielt 1959 und 1965 die Medaille für ausgezeichnete Leistungen, 1969 und 1973 die Auszeichnung Aktivist der sozialistischen Arbeit sowie Kollektiv der sozialistischen Arbeit. Ende 1968 vollendete er ein Teilstudium am IfA an der HU Berlin. BArch, MfS, AIM, Nr. 6411/87 I:I, Bd. 1: Ermittlungsbericht zu H. B., 5.11.1975.

befassten.[224] Im Ergebnis monierte das MfS, dass die in Stellungnahmen und Konsultationen zuvor von der Zentralen Arbeitsgruppe Geheimnisschutz geforderten Änderungen in keiner Weise Eingang in die Entwürfe gefunden hätten.[225] Es entspann sich eine nahezu zweijährige Kommunikation, die schließlich in die gewünschten Änderungen mündete. Die Anordnung zum Schutz von Staatsgeheimnissen (Anlage 6, §4, Absatz 4) legte fest: »Für die Archivierung von Verschlußsachen in Archiven, die der Staatlichen Archivverwaltung unterstehen, gelten Sonderregelungen. Diese müssen mit dem sachlich zuständigen Organ im MfS abgestimmt sein.«[226] Deutlich wird, dass die Maßstäbe von Geheimhaltung und Geheimnisschutz, die letztlich für das DDR-Archivwesen angelegt wurden, nicht primär archivarischen Erfordernissen und Bedürfnissen, sondern geheimdienstlichen Normen und Vorstellungen entsprachen. Insofern war die archivische Arkanpraxis unzweideutig sicherheitspolitisch modelliert. So forderte die ZAG Geheimnisschutz 1975 die Ausarbeitung von separaten Sonderreglungen zur Archivierung von Staats- und Dienstgeheimnissen, die ihrerseits jedoch keinen Eingang in die allgemeinen, zur Veröffentlichung freigegebenen Verordnungen finden durften.[227]

Mit der Leitung des DZA/ZStA etablierte sich ebenfalls spätestens seit den 1970er Jahren ein regelmäßiger enger Austausch. Dabei wurde dem MfS über die allgemeine Entwicklung oder besondere Vorgänge im Archiv berichtet. Bisweilen wurde der Geheimdienst von leitender Archivseite auch auf neue Archivbestände hingewiesen, von denen angenommen wurde, dass sie die Stasi interessieren könnten.[228] Das MfS belohnte umgekehrt regelmäßig seine Zuträger und Kooperationspartner, indem es als generöse Partnerinstitution auftrat und Archivare oder Archivkollektive mit Dankesgeschenken bedachte.[229]

224 Dazu insgesamt die Akte: BArch, MfS, ZAGG, Nr. 638.

225 BArch, MfS, ZAGG, Nr. 638: MfS/ZAG Geheimnisschutz: Stellungnahme zu den überarbeiteten Entwürfen zu ergänzenden Rechtsvorschriften auf dem Gebiet des staatlichen Archivwesens, 13.9.1973, f. 25-28.

226 Zitiert aus: Ebd., f. 26.

227 BArch, MfS, ZAGG, Nr. 638: MfS/ZAG Geheimnisschutz, Leiter: Schreiben vom 25.6.1975, f. 29f.

228 Zum Beispiel: BArch, MfS, HA IX, Nr. 21585: Hauptabteilung IX/11: Vermerk zur Absprache mit dem Direktor des ZStA Potsdam, Genossin Brachmann-Teubner, am 5.11.1986, 6.11.1986, f. 14.

229 So erhielten beispielsweise 1986 aus Anlass der 40-jährigen Gründung des DZA/ZStA achtzehn Mitarbeiterinnen und Mitarbeiter des Archivs Sachgeschenke in Form von Kaffeeservices, Sammeltassen und Bildbänden, verbunden mit einem gesonderten Empfang, auf dem die Kooperation und »bewährte kameradschaftliche Zusammenarbeit« mit dem MfS gelobt und anerkannt wurde. Auffällig war an diesem Meeting, dass es neben leitenden Archivarinnen und Archivaren vor allem Mitarbeiter aus den Bereichen Magazin und Benutzerdienst waren, die beschenkt wurden. BArch, MfS, HA IX, Nr. 21585: Hauptabteilung IX/11: Information, 18.6.1986, f. 20f., 23-36.- Es konnten aber auch einzelne Vorgänge sein, die das MfS zum Anlass nahm. So bekamen 1987 die Leiter bzw. Leiterinnen der StAV, des ZStA und der ZStA-Außenstelle Coswig Geldprämien zugesprochen, mit denen sich

Die intensive Überwachung und Durchsetzung der Archivbelegschaft verdichtete sich bis zum Ende der DDR kontinuierlich,[230] auch wenn dies keine Besonderheit des ZStA darstellte, sondern das DDR-Archivwesen und dessen Ausbildungsstätten insgesamt betraf.[231] Zumindest zu erwähnen ist im Zusammenhang mit dem Potsdamer Zentralarchiv der langjährige Führungs-IM »Martin«, der in den 1960er Jahren zunächst als hauptamtlicher Mitarbeiter des MfS arbeitete, dann mit neuer Legendierung beim VEB Kombinat Geodäsie und Kartographie in Potsdam angestellt wurde, wo er – insgeheim weiterhin vom Geheimdienst hauptamtlich bezahlt – ein weites Netz an Informanten aus dem Potsdamer Archivwesen aufbaute und betreute. Philipp Springer deutete dies in seinem Fallbeispiel IM »Sonja« an, einer 1973 angeworbenen Archivarin, die nach einer Ausbildung zur Archivassistentin und einem anschließenden Studium der Archivwissenschaft seit 1972 im ZStA arbeitete und über Kollegen, Vorgesetzte und Archivbesucher sowie über ehemalige Kommilitonen berichtete, die seit den Vorfällen an der HU Berlin 1971/72 unter besonderer Beobachtung des MfS standen.[232] Weitere Beispiele sind IMS »Helfer«, der von 1965 bis 1974 die Archivverwaltung im ZStA leitete, IMS »Carola«, die am Ende in der dortigen Benutzerberatung angestellt war,[233] oder IMS »Aljechin«, der 1997 als inzwischen übernommener Mitarbeiter des Bundesarchivs enttarnt wurde und später seine Erfahrungen publizistisch verarbeitete.[234]

Die Überwachung der Archivbenutzer, die Zugangskontrolle zu den Archivbeständen und die Überprüfung von Westkontakten bildeten durchweg

das MfS speziell für die Unterstützung bei der offenbar erfolgreichen archivischen Beweismittelsuche im eingeleiteten Ermittlungsvorgang gegen den ehemaligen Gestapo-Mitarbeiter, SS-Obersturmführer Henry Schmidt, erkenntlich zeigte. BArch, MfS, HA IX, Nr. 21585: Hauptabteilung IX/11: Vorschlag zur Auszeichnung von Mitarbeitern des staatlichen Archivwesens der DDR, 25.9.1987, f. 10.

230 Dazu auch die Fallbeispiele in: Eckert, Archivare als Geheimpolizisten, S. 61-164.

231 Dabei spielten die zugemessene (archiv)politische Bedeutung des jeweiligen Archivbestandes und das öffentliche Interesse an seiner Einsichtnahme eine gewichtige Rolle. Insofern war die IM-Dichte nicht überall so hoch wie im 1973/74 errichteten Archivdepot Dornburg, wo zwischen 1974 und 1981 fünf Inoffizielle Mitarbeiter angeworben bzw. eingesetzt wurden, was etwa die Hälfte des dortigen Mitarbeiterstamms ausmachte. BArch, MfS, Abt. XII, Nr. 9: Abt. XII: Zusammenfassende Einschätzung über die Überprüfung der Gewährleistung der Konspiration, Geheimhaltung sowie der inneren Sicherheit in der Arbeit mit den im konspirativen Objekt »Elbe« der Abteilung XII eingesetzten hauptamtlichen IM des Zentralarchivs, 20.7.1984, f. 146-157.- Zur Fachschule für Archivwesen in den 1980er Jahren z. B.: BArch, MfS, HA VII, Nr. 2108: Sondertreffplan, Ref. 2, MA: Malsch, Zeitraum: 23.4.-8.5.1984 bzw. 28.5.-12.6.1984, f. 33-35.- BArch, MfS, HA VII, Nr. 2108: Fachschule StAV / Personen mit op. Bedeutsamen Anhaltspunkten, o. D. (1984/Mitte der 1980er Jahre), f. 1-2, f. 4-5.

232 Karsten Jedlitschka/Jens Niederhut/Philipp Springer, Verschluss-Sachen. Dokumente, Fotos und Objekte aus dem Archiv der Staatssicherheit, Berlin 2017, S. 101-104.

233 Jedlitschka/Niederhut/Springer, Verschluss-Sachen, S. 104.

234 Matthias Wagner, Das Stasi-Syndrom, Berlin 2001.

Schwerpunkte der Observationsanstrengungen.[235] Diese richteten sich dabei auch gegen Mitarbeiter, die als politisch zuverlässig eingestuft waren, darunter Abteilungsleiter, Geheimnisträger und sogar IM. So war beispielsweise IMS »Joachim« trotz seiner eigenen Sicherheitsversessenheit selbst ein Kandidat für regelmäßige Sicherheitsüberprüfungen. Deren Informationsgehalt speiste sich aus den Erkundungen, die andere IM im Archiv über »Joachim« einholten wie zum Beispiel in den 1980er Jahren die IMS »Sonja«, »Mona Lisa«, »Grenzer«, »Werner«, »Aljechin«, »Günter« oder »Carola«.[236] Ähnlich erging es auch IM »Werner«, der als Leiter des Benutzerdienstes immer weniger gewillt war, Informationen über Archivangestellte zu beschaffen oder in seiner Freizeit Stasi-Dienste zu erfüllen, woraufhin ihn das MfS 1973 als IM abschrieb, seine Versetzung im Archiv veranlasste und ständige Überwachung anordnete.[237]

Verdrängung unbequemer Experten und reglementierte Hochschulausbildung

Aderlass am DZA um 1970

Unter der Ägide von Helmut Lötzke trat frühzeitig eine Gruppe von wissenschaftlichen Nachwuchskräften im DZA in Erscheinung, die als leidenschaftliche Archivare auf ein Expertentum beharrten, das weitgehend ohne parteiideologische Fundamentierung und SED-Mitgliedschaft auskommen kann. Ihr gehörten unter anderem Hans-Stephan Brather, Gerhard Schmid und Hermann Schreyer an, die als 1928 bzw. 1933 Geborene die Aufbaugeneration sowohl der DDR als auch des DZA verkörperten. In ihrer Haltung gegenüber der DDR durchaus konform, führte ihr Insistieren auf eigenständige, rein fachlich generierte Pfade und Logiken der Profession allerdings zu unvermeidlichen Spannungen und Konflikten, die schließlich zu einer personellen Zäsur am DZA führte.

235 Beispielsweise für 1988 dahingehende Fälle in: BArch, MfS, HA VII, Nr. 3: Einleitungsbericht zur operativen Personenkontrolle »Benutzer«, 28.7.1988.- BArch, MfS, HA VII, Nr. 3: Einleitungsbericht zur operativen Personenkontrolle »Benutzer«, 28.7.1988.- BArch, MfS, HA VII, Nr. 3: Abteilung VII: Einleitungsbericht zur operativen Personenkontrolle »Post« zur Zivilangestellten des MdI, Mitarbeiterin im Zentralen Staatsarchiv Potsdam, 9.3.1988.

236 Dabei erhielt zwar »Joachim« positive Prüfergebnisse, jedoch wurde Belastungsmaterial zusammengetragen wie vermeintlich verschwiegene Kontakte zu übergesiedelten Verwandten im Westen, was wiederum eine Anordnung zur noch dichteren Überwachung nach sich zog. BArch, MfS, BV Potsdam, Abt. VII, Nr. 13, Teil I/2: Abschlußbericht zur Sicherheitsüberprüfung IMS »Joachim«, 10.6.1985, f. 99-108.- BArch, MfS, BV Potsdam, Abt. VII, Nr. 13, Teil I/2: Auskunftsbericht zur Sicherheitsüberprüfung IMS »Joachim«, 30.8.1988, f. 297-299.

237 BArch, MfS, BV Pdm, AIM, Nr. 673/74, Bd. I: Abt. VII/3: Abschlußbericht zum IMS-Vorgang »Werner«, 21.9.1973.

Alle drei Archivare zeichnete eine Reihe von Gemeinsamkeiten aus.[238] Sie hatten an der Friedrich-Schiller- Universität Jena mit sehr guten Abschlüssen ein Studium der Geschichte und jeweils zusätzlich der Kunst- und Kirchengeschichte (1947-1951 Brather), Kirchengeschichte und Germanistik (1947-1951 Schmid) sowie der Landesgeschichte und historischen Hilfswissenschaften (1952-1956 Schreyer) absolviert, weshalb sie als Teil der »Jenaer Gruppe« im DZA angesehen wurden. Brather und Schmid, die beide das Kriegsende als Luftwaffenhelfer er- und überlebt hatten, promovierten sogleich nach dem Studium zu den frühneuzeitlichen Themen. Zugleich absolvierten beide im Zeitraum 1951 bis 1953 die postuniversitäre Spezialausbildung am IfA in Potsdam. Mit diesem akademischen Rüstzeug stiegen sie noch im Herbst 1953 als wissenschaftliche Archivare in das DZA ein. Der fünf Jahre jüngere Schreyer hatte nach seinem Studium zunächst eine Ausbildung als Diplomarchivar am IfA gemacht und trat als Assistent zum 1. Januar 1958 in das DZA ein. Hier wurde er wiederum dem Arbeitsgebiet von Schmid zugeteilt, der somit quasi sein Vorgesetzter wurde.[239] Drei Jahre später zog Schreyer nach und promovierte an der Humboldt-Universität zu Berlin zu einem zeitgeschichtlichen Thema. Brather arbeitete zunächst als Referent, dann seit 1961 als stellvertretender Leiter der Abteilung I (Zentraler Staatsapparat des ehemaligen Deutschen Reichs), zudem übernahm er die Leitung der Fachbibliothek.[240] Gerhard Schmid wurde hingegen als verantwortlicher Referent für das nichtstaatliche Archivgut aus den Erwerbungen des ehemaligen Reichsarchivs eingesetzt.[241] Schreyer war anfänglich vor allem für die Referate B 4 (Nachlässe und Samm-

238 Biografische Angaben der drei Archivare im nachfolgenden nach: BArch, MfS, AOPK, Nr. 19864/80: DAW-Personalbogen Hans-Stephan Brather (Kopie), 5.5.1971.- BArch, MfS, AOPK, Nr. 19864/80: Lebenslauf Hans-Stephan Brather, 5.8.1971.- BArch, MfS, AP, Nr. 48733/92: Personalkarte Hans-Stephan Brather, 15.11.1978.- BArch, MfS, AOPK, Nr. 19864/80: Lebenslauf Hans-Stephan Brather, 5.8.1971.- Hermann Schreyer, Gerhard Schmid zum 80. Geburtstag, in: Archive in Thüringen. Mitteilungsblatt 2008, S. 32-33.- Gerhard Schmid, Archivar von Profession. Wortmeldungen aus fünfzig Berufsjahren, hrsg. von Friedrich Beck, Berlin 2008.- Friedrich Beck, Nachruf Gerhard Schmid, in: Der Archivar 66 (2013) 2, S. 258.- BArch, MfS, BVfS Pdm., Vorl. AIM, Nr. 600/66 Teil P/1: Personalbogen Hermann Schreyer (Kopie), 15.2.1956, f. 13-17.- BArch, MfS, BVfS Pdm., Vorl. AIM, Nr. 600/66 Teil P/1: Lebenslauf Hermann Schreyer (Kopie), 15.2.1956, f. 19-20.- BArch, MfS, BVfS Pdm., Vorl. AIM, Nr. 600/66 Teil P/1: Kurzbiographie (Kopie), o. D. (1963), f. 30 f.- Rauschenbach, Einheitliche Ordnungs- und Verzeichnungsgrundsätze in der DDR, S. 20 f.

239 BArch, MfS, BVfS Pdm., Vorl. AIM, Nr. 600/66 Teil P/1: Kurzbiographie (Kopie), o. D. (1963), f. 30 f.

240 Innerhalb der Abteilung war Brather für das Referat A1 (Parlamente, Staatsoberhaupt, Reichskanzlei und Kultus) zuständig, wo er umfangreiche Ordnungs- und Erschließungsarbeiten durchführte. Noch in seiner Zeit am DZA absolvierte Brather überdies ein Fernstudium am Institut für Bibliothekswissenschaft an der HU Berlin, das er 1967 abschloss.

241 Beck, Gerhard Schmid †, S. 258.

lungen), IV West (Bestände der Archive Bremen, Hamburg, Lübeck und Mainz) sowie für den Benutzer- und Magazindienst tätig.[242] Für ihr Schaffen erhielten alle drei sowohl in den 1960er Jahren als auch danach glänzende Beurteilungen und zahlreiche Auszeichnungen, Medaillen und Anerkennungen.[243] Dass ihnen überdies Anfang der 1960er Jahre steile Karrierewege vorhergesagt wurden, lag zudem an den umfangreichen Lehr- und Publikationsaktivitäten. Gerhard Schmid übernahm nach Heinrich Otto Meisners Berufung auf eine Professur an der Humboldt-Universität Vorlesungen und Übungen als Lehrbeauftragter am Potsdamer Institut. Als Honorardozent (seit 1978) und späterer Honorarprofessor für Archivwissenschaft und Historische Hilfswissenschaften der Neuzeit (seit 1985) setzte er diese Aktivitäten am Ost-Berliner Lehrstuhl für Archivwissenschaft fort.[244] Brather unterrichtete seit 1953 am Potsdamer IfA.[245] Archivwissenschaftlich widmete er sich in seiner DZA-Zeit vor allem methodischen und technischen Aspekten von Ordnungsfragen – hierzu zählte seine Mitarbeit an den Ordnungs- und Verzeichnungsgrundsätzen von 1964; zudem trat er mit der Bibliographie und Bestandsübersicht der Nürnberger Prozessakten 1969 in Erscheinung.[246] Auf ihn als eine »der wichtigsten Stützen

242 BArch, MfS, BVfS Pdm., Vorl. AIM, Nr. 600/66 Teil P/1: Ausführliche Beschreibung der Leistungen im Sinne der Erfüllung der Bedingungen zur Verleihung der Medaille »Für ausgezeichnete Leistungen«, o. D. (1962), f. 35-37.

243 Brather erhielt 1965 die Medaille für ausgezeichnete Leistungen, 1969 die Auszeichnung als Aktivist der sozialistischen Arbeit sowie – in seiner Zeit nach dem DZA – 1974, 1975 und 1977 die Auszeichnung als Kollektiv der sozialistischen Arbeit und 1979 das Banner der Arbeit Stufe II (Kollektiv). BArch, MfS, AP, Nr. 48733/92: Personalkarte Hans-Stephan Brather, 15.11.1978.- Schreyers Jahresbeurteilungen bewerteten seine Tätig- und Fähigkeiten stets mit sehr guten Noten. Er wurde im Mai 1962 für ausgezeichnete Arbeitsleistungen im DZA mit einer Medaille geehrt, ein Jahr später erhielt er bereits eine Gehaltserhöhung. Vgl. Jahresbeurteilungen 1958, 1959, 1960 sowie Begründung für die Verleihung der »Medaille für ausgezeichnete Leistungen« 1962, in: BArch, MfS, BVfS Pdm., Vorl. AIM, Nr. 600/66 Teil P/1, f. 23, 27, 33 f., 35-37, sowie: Schreiben vom StAV-Hauptreferat Kader und Ausbildung an Hermann Schreyer (Kopie), 11.5.1963, f. 32.

244 Schmids Publikationsliste, die er 1976 für den Erhalt der *Facultas docendi* an der HU Berlin einreichte, enthielt sechs Bücher, Manuskripte und Lehrbriefe, 27 Artikel sowie sieben Tagungsberichte und Rezensionen. Hinzu kamen Betreuungen von Abschluss- und Diplomarbeiten. HU UA, Sektion Geschichte, Facultas docendi, Akte Dr. Gerhard Schmid vom 24.10.1977: Dr. Gerhard Schmid: Verzeichnis der wissenschaftlichen Veröffentlichungen, o. D. (1976).

245 Brathers Veröffentlichungsliste umfasste für den Zeitraum 1956 bis 1969 achtzehn Publikationen, hinzu kamen acht weitere unveröffentlichte Schriften wie Qualifikationsarbeiten oder Expertisen. BArch, MfS, AOPK, Nr. 19864/80: Liste der Veröffentlichungen und unveröffentlichten Arbeiten von Dr. Hans-Stephan Brather, o. D. (1969).

246 Hans-Stephan Brather, Registraturgut – Archivgut – Sammlungsgut. Beiträge zu einer Diskussion, in: Archivmitteilungen 12 (1962) 5, S. 158-167.- Ders., Zur Verwendung von Lochkarten in der Archivpraxis, in: Archivmitteilungen 12 (1962) 1, S. 20-22.- Ders. u. a., Ordnungs- und Verzeichnungsgrundsätze für die staatlichen

des Deutschen Zentralarchivs« setzte Archivdirektor Lötzke besonders große Hoffnungen.[247]

Im Unterschied zur fachlichen Qualität betrachteten SED-Funktionäre die politische »Zuverlässigkeit« der drei als eher ungeklärt. Denn diese legten zwar eine grundsätzliche Zustimmung zur DDR und zum Sozialismus sowie die Bereitschaft an den Tag, sich formal und materiell »gesellschaftlich« zu engagieren (alle drei gehörten der FDJ, dem FDGB, der DSF und der GST an).[248] Jedoch verweigerten sich die Archivare konsequent der ihnen angetragenen Mitgliedschaft in der SED. Schreyer begründete dies mit seinem familiär vorgeprägten Bekenntnis zum Christentum, an dem er bis zum Ende der DDR festhalten sollte;[249] bei Brather, der von 1949 bis 1953 zunächst der NDPD angehört hatte,[250] war es die Abneigung gegen ideologischen Dogmatismus, Parteidisziplin und unmoralischen Karrierismus innerhalb des DZA.[251] In der

Archive der DDR, 1964.- Ders./Gerhart Enders/Helmut Lötzke/Gerhard Schmid, Begründungen und Erläuterungen zu den Ordnungs- und Verzeichnungsgrundsätzen, in: Archivmitteilungen 16 (1966) 4, S. 125-135.- Ders., Die Nürnberger Prozeßakten als Geschichtsquelle. Eine Bibliographie, in: Jahrbuch für Wirtschaftsgeschichte 10 (1969) 2, S. 391-416.

247 BArch, MfS, AOPK, Nr. 19864/80: DZA Potsdam (Lötzke): Bericht über das Entwicklungsgespräch mit Kollegen Dr. Hans-Stephan Brather, 20.12.1962.

248 In der GST war nur Schreyer Mitglied.- Brather war überdies von 1957 bis 1965 Mitglied des Bezirksvorstandes Potsdam der Gewerkschaft Wissenschaft, von 1953 bis 1959 BGL-Vorsitzender, zwischen 1968 und 1971 Vorsitzender der Konfliktkommission im DZA. Schreyer wirkte als stellvertretender Vorsitzender der BGL. BArch, MfS, BVfS Pdm., Vorl. AIM, Nr. 600/66 Teil P/1: Lebenslauf Hermann Schreyer (Kopie), 15.2.1956, f. 19-20.- BArch, MfS, AOPK, Nr. 19864/80: DZA Potsdam: Aktenvermerk über das Kadergespräch mit Koll. Dr. Brather am 14. Juli 1967.

249 Bereits sein Vater war Jugendsekretär im christlichen Verein junger Männer, sodass eine familiäre Vorprägung in dieser Frage durchaus gegeben war, auch wenn seine Eltern bereits 1938 bzw. 1947 verstarben. BArch, MfS, BVfS Pdm., Vorl. AIM, Nr. 600/66 Teil P/1: Lebenslauf Hermann Schreyer (Kopie), 15.2.1956, f. 19-20.

250 Warum er aus der NDPD austrat, ist unklar. In einer Mutmaßung Lötzkes heißt es dazu lediglich, eine »unzureichende Arbeit in seiner Partei« sowie das »Vorherrschen des kleinbürgerlichen Elements« hätten ihn zum Austritt bewogen. BArch, MfS, AOPK, Nr. 19864/80: DZA Potsdam (Lötzke): Beurteilung des Kollegen Dr. Brather auf Grund des Entwicklungsgespräches vom 30.6.1954.

251 Auf Nachfrage von Archivdirektor Lötzke während eines Kadergesprächs 1967 begründete er seine Haltung zweifach: Er stehe erstens ideologisch zwar »auf dem Boden des Marxismus«, sei jedoch nicht in der Lage, bei Nichtübereinstimmung in bestimmten Positionen sich der Parteidisziplin zu fügen. Es gebe nicht immer »genügende ideologische Beweglichkeit hinsichtlich moderner wissenschaftlicher Entwicklungen … wie Kybernetik, Genetik, Soziologie und Psychologie«. Zweitens wolle er sich vor dem Hintergrund, dass einige wissenschaftliche Archivare nach ihrem Parteieintritt beruflich plötzlich rasch aufgestiegen seien, nicht Karrierismus und strategisch motivierte Nachfolgeambitionen auf die Stellvertreterstelle von Gerhart Enders vorwerfen lassen. BArch, MfS, AOPK, Nr. 19864/80: DZA Potsdam: Aktenvermerk über das Kadergespräch mit Koll. Dr. Brather am 14. Juli 1967.- Ungeachtet dessen bekannte sich Brather zur sozialistischen Gesellschaft, was

Direktion wurde die Distanz zur SED mit Bedauern akzeptiert, da allen Beteiligten bewusst war, dass damit der Weg in höchste Positionen verbaut war. Unabhängig davon demonstrierten ihre Haltungen sowohl ihren Kollegen als auch der Nachwelt, dass es im DZA möglich war, seinen Überzeugungen treu zu bleiben und dem Anpassungsdruck standzuhalten. Das beeinträchtigte zwar Aufstiegschancen, hatte jedoch keinen beruflichen Abstieg zur Folge. Das traf auch für die Versuche des MfS zu, Archivare für ihre Dienste anzuwerben – alle drei DZA-Archivare verweigerten eine GI- bzw. IM-Tätigkeit.[252]

Seit der zweiten Hälfte der 1960er Jahre geriet das DZA mehr und mehr in den Fokus von StAV und MfS. So wurde im Zuge einer Bildungskonferenz im April 1968 das Institut für Archivwissenschaft durch die StAV ins Visier genommen; die Studenten wurden beschuldigt, sie wollten sich als künftige Staatsangestellte bzw. -funktionäre in ein unpolitisches Tätigkeitsfeld zurückziehen. Dabei richtete sich der Vorwurf in erster Linie gegen den Lehrplan und die bildungspolitische Leitung des IfA. Lehrkräfte wie Lötzke und Enders oder auch Schmid und Brather würden zu viel fachbezogenen Lehrstoff vermitteln und die politisch-ideologische Erziehung vernachlässigen. Erstmals wurde unter dem Vorwand des pädagogischen Versagens dabei auch die Personalunion von DZA- und IfA-Leitung infrage gestellt. Daraufhin wehrten sich Schmid und Brather mit einem Schreiben vom 29. April 1968, das an die SED-Parteileitung im DZA ging.[253] Nur aufgrund des Personalwechsels an der StAV-Spitze von Hochmuth zu Exner versandete die Angelegenheit.

Doch der archivpolitische Druck auf die wissenschaftlichen Archivare baute sich bald wieder neu auf. Als im März 1969 Wahlen zur Betriebsparteileitung stattfanden, nahm dies der parteilose Gerhard Schmid zum Anlass, in einem

maßgeblich mit familiären Repressionserfahrungen in der NS-Zeit zusammenhing. Der 1945 gestorbener Vater war 1944/45 trotz NSDAP-Mitgliedschaft von seinem Posten als Oberstudiendirektor zwangspensioniert worden, weil sich der Sohn geweigert hatte, bei der Wehrmacht eine Offizierslaufbahn einzuschlagen. Darüber hinaus war ein Teil der Familie seiner Mutter jüdisch. Durch nazistische Verfolgung kamen vierzehn dieser Angehörigen ums Leben. Diese Erfahrungen prägten eine strikt antifaschistische Einstellung bei Brather. BArch, MfS, AOPK, Nr. 19864/80: DZA Potsdam (Lötzke): Beurteilung des Kollegen Dr. Brather auf Grund des Entwicklungsgespräches vom 30.6.1954.- BArch, MfS, AP, Nr. 48733/92: Personalkarte Hans-Stephan Brather, 15.11.1978.

252 BArch, MfS, BVfS Pdm., Vorl. AIM, Nr. 600/66 Teil P/1: Abteilung VII/1: Bericht über die Verbindungsaufnahme zum Kandidaten, 5.4.1965, f. 51.- BArch, MfS, BVfS Pdm., Vorl. AIM, Nr. 600/66 Teil P/1: Abteilung VII/1: Schlussbericht, 6.5.1966, f. 54.- BArch, MfS, BVfS Pdm., Vorl. AIM, Nr. 600/66 Teil P/1: Abteilung VII/1: Beschluss für das Einstellen des IM-Vorlaufs, 10.5.1966, f. 55.- BArch, MfS, AP, Nr. 48733/92: HA XVIII/5/06: Bestätigungsbogen, 13.2.1979, 16.7.1980 und 6.2.1981.- BArch, MfS, AOPK, Nr. 19864/80: BV Berlin, DE XV: Abverfügung zur Archivierung der Akte über Hans-Stephan Brather, 22.5.1980.

253 Schreyer, Das staatliche Archivwesen der DDR, S. 188 f. Schreyer legte darin seinen Ausführungen persönliche Unterlagen von Schmid zugrunde, die dieser ihm zur Einsicht gab.

Wandzeitungsbeitrag mehr »sozialistische Demokratie« in der Wissenschaftsorganisation zu fordern. Wissenschaftliche Arbeit sei nicht allein durch »Entscheidungen von oben« zu steuern und die Durchsetzung von Beschlüssen kein »Wert an sich«, wandte sich Schmid gegen den autoritären Leitungsstil der StAV.[254] Daraufhin sollte noch im gleichen Jahr ein Exempel statuiert werden, dessen Opfer Gerhart Enders wurde, den StAV und MfS als renitenten Mittelpunkt im DZA ausgemacht hatten. Zum Anlass wurde eine relativ unbedeutende Angelegenheit genommen, die zu einem dramatischen Vorfall hochstilisiert wurde. Enders wurde von der StAV-Leitung »profaschistische Propaganda« vorgeworfen, nachdem er im Rahmen einer internen Weiterbildungsveranstaltung für Archivare Auszüge aus der Hitler-Biografie des westdeutschen Historikers und IfZ-Mitarbeiters Helmut Heibers von 1960 vorgetragen hatte.[255] Obwohl die Anschuldigungen abstruser Natur und ihre politische Konstruiertheit offensichtlich waren, ließ der Druck unter dem neuen StAV-Leiter Exner nicht nach, der hier die Möglichkeit sah, sich archivpolitisch zu profilieren. Zudem lag die Niederschlagung des Prager Frühlings erst kurze Zeit zurück, und die Leiter staatlicher Einrichtungen waren landesweit angehalten, ihre Behörden zu kontrollieren. Mit Enders schien ein Opfer gefunden, mit dem sich Vollzug melden ließ. Der erst 45-Jährige, der zum Zeitpunkt des »Vorfalls« an einer fortschreitenden akuten Lungenkrankheit litt, gab nach massivem Druck von außen schließlich seinen Abwehrkampf auf und beantragte erzwungenermaßen seine Invalidisierung. Schon im Mai 1970 wurde er aus dem DZA verabschiedet – und an seine Stelle der IMS »Joachim« eingesetzt.[256] Als Enders dann zwei Jahre später verstarb, wog sein Verlust doppelt schwer: Mit ihm hatte ein fachlich hochversierter Experte und ein geselliger Kollegenfreund die Archivarsgemeinschaft verlassen. Die öffentliche Anerkennung des verstorbenen Autors der »Archivverwaltungslehre« fiel nur leise aus. Immerhin war es Direktor Lötzke, der einen kurzen Nachruf verfasste.[257] Erst nach 1989 sowie mit Erscheinen des Nachdrucks der dritten Auflage

254 Ebd.

255 Ebd., S. 189 f.- Enders hatte die Anwesenden ausdrücklich um Stillschweigen gebeten. Doch bereits beim anschließenden Mittagessen wurde das Gehörte unter SED-Mitgliedern weitergetragen, sodass der Vorgang rasch seine Runde durch das DZA bis an die StAV-Spitze machte. Das MfS wurde aus dem DZA-Mitarbeiterbereich durch IMK »Peter« informiert und setzte zur weiteren Bearbeitung IM »Werner« ein. BArch, MfS, BV Pdm, AIM, Nr. 673/74, Bd. I: Abt. VII/1: Information, 12.5.1969.

256 Seinen Rückzug hat später der passionierte Archivar Enders stets als ein Stück persönliches Versagen interpretiert, ein im Stich lassen seiner befreundeten Kollegen. Lieselotte Enders, Vorwort, in: Gerhart Enders, Archivverwaltungslehre. Nachdruck der 3. Auflage, hrsg. von Eckart Henning und Gerald Wiemers, Leipzig 2004, S. XIV.

257 Helmut Lötzke, Nachruf Gerhart Enders, in: Archivmitteilungen 22 (1972) 3, S. 120.

seines Grundlagenwerks im Jahr 2004 erfuhr Enders eine Rehabilitierung und archivfachliche Wiederentdeckung.[258]

Doch Enders war nicht der einzige Experte, der das DZA verließ. Während Enders das Opfer einer offenen Verleumdungskampagne wurde, zog sich Schmid nach seiner StAV-Kritik zurück und bewarb sich erfolgreich beim Weimarer Goethe-Schiller-Archiv, an das er 1970 zusammen mit seiner Frau wechselte. Später wurde Schmid stellvertretender, seit 1991 leitender Direktor dieser renommierten Institution. Auch Hans-Stephan Brather zog Konsequenzen und wechselte im April 1971 an die Akademie der Wissenschaften in Ost-Berlin, wo er am Zentralinstitut für Geschichte stellvertretender Leiter der Abteilung Information und Dokumentation wurde.[259] Mit diesen Weggängen verließen nicht nur hochqualifizierte Archivare, sondern auch anerkannte Wissenschaftler und Dozenten das DZA. Das Zentralarchiv büßte in der Folge seinen Rang als archivwissenschaftlicher Impulsgeber und Debattenmotor ein. Zwar steuerten auch künftig DZA-Mitarbeiter Fachbeiträge bei, doch beschäftigten sich etliche von ihnen vorrangig mit ideologischen und archivpolitischen Problemstellungen.[260] Zusätzlich verstärkt wurde der Bedeutungsverlust durch die DZA-Direktor Helmut Lötzke auferlegte Verpflichtung, seine Leiterposten in der Potsdamer Fachhochschule und im Ost-Berliner IfA aufzugeben: Damit endete die traditionell enge Verbindung von Zentralarchiv und Ausbildung.

Helmut Lötzkes Weg zum ideologiekonformen Theoretiker

»›Direktor‹ war eine international anerkannte Persönlichkeit auf dem Gebiet der Archiv- und Geschichtswissenschaften. Als Mitglied der SED hatte er keinen gefestigten sozialistischen Standpunkt. Er war als bürgerlicher Wissenschaftler einzuschätzen, der gegenüber der DDR eine loyale Haltung hatte.«[261] Mit die-

258 Gerhart Enders, Archivverwaltungslehre. Nachdruck der 3. Auflage, hrsg. von Eckart Henning und Gerald Wiemers, Leipzig 2004. Seine Frau hatte Anfang 1990 beim damaligen Leiter der StAV eine rehabilitierende Stellungnahme verlangt, die Dr. Günter Herzog, DDR-Jurist bzw. stellvertretender Leiter einer Volkspolizeischule und seit dem 1. Januar 1990 bis zum Ende der DDR der letzte StAV-Leiter, rasch ausstellte und die von Hermann Schreyer in den »Archivmitteilungen« kommentiert publiziert wurde. Darin erklärte Herzog: »Ihr Gatte ist 1970 aufgrund einer politischen Entscheidung diskriminiert worden. Auf ihn wurde ein starker Druck ausgeübt, um ihn zu veranlassen, einem arbeitsrechtlichen Verfahren durch Antrag auf Invalidisierung zuvorzukommen. Namens der Staatlichen Archivverwaltung erkläre ich Ihnen und Ihrer Familie, daß die Diskriminierung Ihres Gatten mit dem Vorwurf profaschistischer Propaganda von Anfang an politisch und wissenschaftlich unhaltbar war.« Zitiert aus: Hermann Schreyer, Rehabilitierung von Gerhart Enders, in: Archivmitteilungen 40 (1990) 5, S. 199.

259 Schreyer, Das staatliche Archivwesen der DDR, S. 189 ff.- Rauschenbach, Einheitliche Ordnungs- und Verzeichnungsgrundsätze in der DDR., S. 21.

260 Schreyer, Das staatliche Archivwesen der DDR, S. 173 ff.

261 BArch, MfS, HA XX, Nr. 4241: MfS / Abt. VII: Abschlussbericht zur OPK »Direktor«, 15.2.1985, f. 230.

ser Charakterisierung schloss der DDR-Geheimdienst im Februar 1985 seinen OPK-Abschlussbericht über den im Dezember zuvor, wenige Tage nach seinem Eintritt in den Ruhestand verstorbenen DZA-Direktor Helmut Lötzke, der in Potsdam eine ganze Ära geprägt hatte und in dessen Arbeitsbiografie und Fachpersönlichkeit die Verpflichtung auf das traditionelle Expertentum und die ideologiebasierte Parteilinie gleichermaßen zum Tragen kam – wenn auch mit zeitlich unterschiedlicher Gewichtung. Gerade in der Endphase seines Lebens galt Lötzke als Wissenschaftlerarchivar, der sich lieber um fachliche Belange kümmerte als um Kader-, Sicherheits- oder Verwaltungsangelegenheiten.[262] Bereits 1976 enthielt seine Publikationsliste, die er für die Erteilung der *Facultas docendi* an der HU Berlin einreichte, 125 Titel.[263]

In den 32 Jahren seiner Amtsführung verschoben sich inhaltliche Schwerpunkte, archivpolitische Gewichtung und individuelles Renommee merklich. Hierbei lassen sich die 1950er und frühen 1960er Jahre durchaus von der Zeit danach unterscheiden. Die erste Phase, die Lötzkes allgemein guten Ruf im In- und Ausland begründete, war vor allem gekennzeichnet vom Aufbau des DZA und der Archivschule, der Ausarbeitung von archivwissenschaftlichen und -praktischen Grundlagen des ostdeutschen Archivwesens sowie von Gremienarbeit und internationalen Repräsentationsaufgaben. Lötzke bewältigte souverän derartige Auftritte, wenn er als junger und wenig erfahrener Delegationsleiter die DDR bei internationalen Kongressen oder beim Internationalen Archivrat vertrat. Sein Engagement als Wissenschaftsorganisator war beeindruckend: Mitglied der Regierungskommissionen, die 1955 und 1957 in Moskau die Rückführung von Archivbeständen vereinbarten; von 1955 bis 1971 Mitglied der Historikerkommission DDR-ČSSR; Mitglied des wissenschaftlichen Beirats für Bibliothekswissenschaft beim Staatssekretariat für das Hoch- und Fachschulwesen; Redaktionsmitglied der AdW-Zeitschrift »Dokumentation« sowie der Quellen-Publikationsreihe »Archivalische Forschungen zur Geschichte der deutschen Arbeiterbewegung« unter Leitung von Prof. Leo Stern; Herausgeber und Redakteur der 1957 bzw. 1963 gegründeten eigenen Schriftenreihen von

262 BArch, MfS, HA VII, Nr. 3: Abteilung VII: Zwischeneinschätzung zur OPK »Direktor«, 29.3.1983.- Dazu auch die zahlreichen Kaderbeurteilungen in: BArch, DO 1/31250.

263 Dazu zählten sieben Titel, die eine Herausgebertätigkeit anzeigten, sowie 43 archivwissenschaftliche Artikel, 21 Beiträge zur historischen Quellenkunde und zu den Historischen Hilfswissenschaften, acht Artikel zur archivarischen Ausbildung in der DDR und 46 Rezensionen und Tagungsberichte. Darunter befanden sich neben einigen internen Referatstexten und konzeptionellen Entwürfen zahlreiche Titel, die er mit Ko-Autoren verfasste bzw. mit weiteren Kollegen und Redakteuren herausgab und die, das darf angemerkt werden, oftmals nicht über wenige Spalten oder Seiten hinausgingen. Doch ebenso gehörte das damals neu erschienene »Lexikon Archivwesen der DDR« dazu, für das er als Mitglied des Redaktionsteams nach eigenen Angaben rund 60 Stichworte bearbeitete. HU UA, Sektion Geschichte, Facultas docendi, Akte Dr. Helmut Lötzke vom 13.9.1977: Helmut Lötzke: Publikationsliste, Stand vom 1.9.1976.

DZA und IfA; Mitglied der Sektion Geschichte in der Gesellschaft für kulturelle Verbindungen mit dem Ausland; Mitglied des wissenschaftlichen Beirats bei der Staatlichen Archivverwaltung; Mitglied des Präsidiums der Deutschen Historikergesellschaft von 1958 bis 1968; Mitglied der Sektion Geschichte bei der Deutschen Akademie der Wissenschaften und des Nationalrates der Historiker der DDR; Mitglied im Rat der Sektion Geschichte an der HU Berlin von 1969 bis 1972.[264] Bereits mit 39 Jahren erhielt Lötzke anlässlich des 10. Jahrestags der Gründung der DDR für seine Leistungen die Verdienstmedaille der DDR verliehen, zum 25. Jahrestag 1964 die Verdienstmedaille des MdI in Silber. Nicht zufällig wurde er 1959 von der Abteilung Wissenschaft beim ZK der SED mit der Leitung einer Grundsatzkommission beauftragt, die Leitlinien für die Zukunft des gesamten DDR-Archivwesens erarbeiten sollte, ein Vorhaben, dass drei Jahre später mit der Vorlage der »Grundsätze zur weiteren sozialistischen Entwicklung des Archivwesens der DDR« erfolgreich abgeschlossen wurde.[265]

Die zweite Phase seiner Arbeitsbiografie seit Ende der 1960er Jahre war geprägt durch eine allmähliche Beschneidung seiner Verantwortlichkeiten und internationalen Auftrittsmöglichkeiten sowie durch Lötzkes Anstrengungen, konzeptionelle Bausteine und theoretische Überlegungen für eine marxistisch-leninistische Archivlehre bzw. Archivwissenschaft zu verfassen. Insbesondere seit Anfang der 1970er Jahre erschienen dazu regelmäßig Kurzartikel und Aufsätze.[266] Prüft man die Gesamtheit seiner Schriften, ist allerdings bereits seit 1966/67 eine verstärkte Auseinandersetzung mit ideologischen Fragen zu erkennen. So legte er erste Überlegungen zu methodologischen Problemen der marxistischen Archivwissenschaft in Heft 17 der »Archivmitteilungen« dar und wirkte als Forschungsgruppenleiter und Bearbeiter eines Teilabschnitts des Papiers »Grundfragen der marxistischen Archivwissenschaft in der DDR«, das 1969 von der StAV als interne Studie herausgeben wurde.[267] Ebenfalls

264 HU UA, Sektion Geschichte, Facultas docendi, Akte Dr. Helmut Lötzke vom 13.9.1977: Lebenslauf Helmut Lötzke, 1.9.1976.

265 Grundsätze zur weiteren sozialistischen Entwicklung des Archivwesens der DDR, hrsg. von der Staatlichen Archivverwaltung der DDR, Potsdam 1962.

266 Darunter: Helmut Lötzke, zur Aufgabenstellung der marxistisch-leninistischen Archivwissenschaft in der DDR, in: Archivmitteilungen 20 (1970) 2, S. 56-60.- Ders., Die marxistisch-leninistische Archivwissenschaft in der DDR, in: Taschenbuch des Archivwesens der DDR, Berlin (Ost) 1971.- Ders., Theoretische Grundlagen der marxistisch-leninistischen Archivwissenschaft in der DDR, hrsg. von der Staatlichen Archivverwaltung der DDR, Potsdam 1971.- Ders., Probleme der marxistisch-leninistischen Archivwissenschaft nach dem VIII. Parteitag der SED, in: Archivmitteilungen 22 (1972) 4, S. 127-133.- Ders., Zur Entwicklung der marxistisch-leninistischen Archivwissenschaft in der DDR, in: Reiner Groß/Manfred Kobuch (Hg.), Beiträge zur Archivwissenschaft und Geschichtsforschung, Weimar 1977, S. 17-34.

267 Helmut Lötzke, Methodologischen Problemen der marxistischen Archivwissenschaft, in: Archivmitteilungen 17 (1967) 6, S. 216-222.- Ders., Grundfragen der marxistischen Archivwissenschaft in der DDR. Abschnitt I, hrsg. als Manuskript von der Staatlichen Archivverwaltung der DDR, Potsdam 1969.

schon 1967 war ihm die Leitung einer Forschergruppe zur Methodologie der Archivwissenschaft übertragen worden, die ihren Gegenstand aus marxistisch-leninistischer Perspektive neu zu theoretisieren und zu konzipieren suchte. Nach mehrjähriger Tätigkeit entstand so unter Lötzkes Aufsicht ein Grundlagenwerk, das den Paradigmenwechsel hin zu einem systemspezifischen Archivwesen begründete.[268]

Über die Motive, die ihn, der zwar grundsätzlich auf Parteilinie lag, gleichwohl aber als Archivexperte ohne ideologische Scheuklappen und mit Interesse für westliche Entwicklungen galt, veranlasst hatten, sich als explizit marxistisch-leninistischer Archivtheoretiker profilieren zu wollen, lässt sich nur mutmaßen. Nicht zu übersehen ist, dass seine Beschäftigung mit den verstärkten Bemühungen in der DDR-Geschichtswissenschaft korrespondierte, sich theoriegeleitet von der westdeutschen Historiografie und ihren Vertretern abzugrenzen. Abgesehen von einem intrinsischen Interesse ist denkbar, dass er sich und »sein« Archiv auf diesem Wege zu immunisieren suchte gegenüber erstens Angriffen aus der StAV, die dem DZA-Kollektiv wiederholt ideologische Schwächen vorwarfen, und zweitens gegenüber der Forderung aus dem SED-Flügel innerhalb des Archivs, ein »sozialistisches« Archivwesen nun endlich auch programmatisch zu begründen. Der Trend zur ideologischen Selbstmobilisierung kam dann auch in den Themen zum Ausdruck, die Lötzke für das Kolloquium anlässlich seines Berufungsverfahrens am 6. April 1977 an der Humboldt-Universität vorschlug: »Probleme der Auseinandersetzung mit der bürgerlichen Archivlehre, speziell der BRD«, »Methodologische Probleme der marxistisch-leninistischen Archivwissenschaft« und »Aufgaben der marxistischen historischen Quellenkunde«. Die Kommission entschied sich für das erste Vortragsthema. Brachmann, der die Veranstaltung zugleich protokollierte, notierte eine »parteiliche Einschätzung« des Forschungsstandes durch »Genosse Dr. Lötzke« und eine umfängliche Auseinandersetzung des Vortragenden mit Auffassungen »führender« westdeutscher Archivare wie die des damaligen Präsidenten des Bundesarchivs.[269] Die vierzehnköpfige Fragerunde[270] verblieb auf dem ideologischen Feld, was einmal mehr die steigende Bedeutung des Marxismus-Leninismus im damaligen Fachdiskurs exemplifiziert. Gefragt wurde nach praktischen Beispielen »für den Zusam-

268 Theoretische Grundlagen der marxistisch-leninistischen Archivwissenschaft in der DDR, hrsg. von der Staatlichen Archivverwaltung der DDR, Potsdam 1971.

269 HU UA, Sektion Geschichte, Facultas docendi, Akte Dr. Helmut Lötzke vom 13.9.1977: Protokoll des Vortrags bzw. der Diskussion zum Thema »Probleme der Auseinandersetzung mit der bürgerlichen Archivlehre« – Referent Dr. Helmut Lötzke – Erwerb der Facultas docendi, o. D. (6.4.1977).

270 Ihr gehörten unter anderem an: Sektionsdirektor Kurt Pätzold, Bereichsleiter Botho Brachmann sowie dessen Mitarbeiter Schultze, Reinhard Kluge und Jürgen Rickmers von der StAV, Honorarprofessor Friedrich Beck vom Potsdamer Staatsarchiv sowie die ehemaligen DZA-Mitarbeiter Hans-Stephan Brather und Gerhard Schmid von der Akademie der Wissenschaften bzw. vom Weimarer Goethe-Schiller-Archiv.

menhang von Politik und Wissenschaft in der bürgerlichen Archivpraxis« und für die »Auseinandersetzung mit der bürgerlichen Ideologie in unserer Geschichts- und Archivwissenschaft«, nach der Traditionslinie von preußischer Archivverwaltung über das Reichsarchiv bis zum Bundesarchiv und deren Darstellung »unter dem Aspekt der Einheit von Politik und Ideologie in der marxistischen Geschichtsschreibung« oder nach den Möglichkeiten, die »ideologische Auseinandersetzung« in der archivarischen Aus- und Weiterbildung zu verankern.[271]

Die Gesamtbewertung der hier skizzierten Entwicklung von Helmut Lötzke fällt zwiespältig aus: Auch wenn sich der DZA-Leiter nie als Scharfmacher der Staatspartei produziert hatte und bis zum Schluss eher dem »bürgerlichen« Expertentum zugerechnet wurde, leistete er als prominenter Archivdirektor mit seinen theoretisch-ideologischen Arbeiten einen substanziellen Beitrag zur Politisierung und Ideologisierung des ostdeutschen Archivwesens. Damit machte er sich unter DDR-Kollegen einen Namen. Im Westen hingegen führte dies dazu, dass das Interesse an seinem wissenschaftlichen Schaffen nachließ und er deutlich weniger wahrgenommen wurde als noch in den Jahren bis zum Mauerbau.

Ideologisierung der Archivarsausbildung und Disziplinierung der Abweichler

»Aus der jahrelangen Kenntnis des konkreten Unterrichtsablaufs kann der Verfasser feststellen, daß es stets in der Verantwortung des Lehrenden lag, welche Beispiele er als typisch in den Lehrveranstaltungen demonstrierte. Das schließt nicht aus, daß bei der Vermittlung im Detail zu enge Positionen bezogen wurden, die ein dogmatisches Geschichtsverständnis unterstützten oder in der Prüfung abverlangten. […] Bei der archivarischen Ausbildung dominierte die wissenschaftliche Offenheit, die Bereitschaft zur Diskussion und zur Integration neuer Erkenntnisse.«[272] Es war mit Botho Brachmann der Inhaber des einzigen Universitätslehrstuhls für Archivwissenschaft in Deutschland, der hier 1993 rückblickend die Spielräume beschrieb, die aus seiner Sicht in der Archivarsausbildung an der Humboldt-Universität bestanden. Doch die Grenzen waren letztlich eng gezogen, wie auch Brachmann eingestand: Im Laufe der Jahrzehnte habe sich ein Gegensatz zwischen Institut, Fachhochschule sowie DZA auf der einen Seite und StAV auf der anderen entwickelt, wobei letztere beständig bemüht gewesen sei, das Ausbildungsgeschehen inhaltlich und politisch zu dominieren. Insbesondere seit 1963 sei die StAV-Leitung häufig »in-

271 HU UA, Sektion Geschichte, Facultas docendi, Akte Dr. Helmut Lötzke vom 13.9.1977: Protokoll des Vortrags bzw. der Diskussion zum Thema »Probleme der Auseinandersetzung mit der bürgerlichen Archivlehre« – Referent Dr. Helmut Lötzke – Erwerb der Facultas docendi, o. D. (6.4.1977).

272 Brachmann, Die Ausbildung wissenschaftlicher Archivare in Potsdam und Berlin, S. 430f.

quisitorisch«, »zensorenhaft« und »dünkelhaft« aufgetreten.[273] Damit umriss Brachmann als Zeitzeuge und Beteiligter den ständig wachsenden ideologischen Druck, der auf die Gestaltung und Vermittlung von Lehrinhalten ausgeübt wurde und dem auch die Lehrkräfte vielfach erlagen. Zugleich markiert er aber auch das Zeitfenster bis zum Mauerbau, in dem das vermeintliche »Orchideenfach« und seine Vertreter weitgehend außerhalb einer bildungspolitischen Kontrolle agierten.

Der Fokus der Ausbildung lag damals unzweideutig auf den fachlichen Aspekten. Wie weit dies praktiziert wurde, zeigt exemplarisch eine für die Studierenden angefertigte Ausarbeitung von Hans-Stephan Brather über das archivarische Berufsbild aus dem Jahr 1960, in der nicht ein einziges Mal die Worte »Sozialismus« oder »sozialistisch« genannt wurden.[274] Zum Unterrichtsstoff gehörten Klassiker der preußischen Archivschule sowie in dieser Tradition stehende Publikationen von Willy Flach, Heinrich Otto Meisner oder Adolf Brenneke/Wolfgang Leesch.[275] Die fachliche Stoffvermittlung wie auch die Ausbildungsbedingungen galten im osteuropäischen Vergleich als modern und fortschrittlich.[276]

Ein Charakteristikum bildete die frühzeitige, vertraglich fixierte »Absolventenvermittlung«, bei der eine Absolventenlenkungskommission des MdI die Bewerbungen und die landesweite Arbeitsplatzverteilung steuerte. Eine Zusage war in der Regel mit einer mehrjährigen Arbeitsplatzbindung gekoppelt. So verpflichtete sich beispielsweise Hermann Schreyer, der sich 1957/58 erfolgreich auf eine Stelle im DZA beworben hatte, mindestens drei Jahre im Potsdamer Zentralarchiv zu bleiben.[277] Viele Hochschularchivare qualifizierten sich in dieser Zeit weiter und wurden Leiter von Archiven und archivarischen Kollektiven; aber auch Fachschularchivare wurden als dringend benötigte Fachkräfte an die Spitze von Kreis-, Stadt-, Betriebs- oder Verwaltungsarchiven gestellt.[278]

273 Ebd.

274 HU UA, Philosophische Fakultät 1945-1990, Nr. 63: Institut für Archivwissenschaft der der HU Berlin: Der Beruf des wissenschaftlichen Archivars (Diplomarchivar), 1.6.1960.

275 Christine Gohsmann, Gut vorbereitet für die (Archiv-)Praxis? Struktur und Inhalte des Studiums zum/zur Diplom-Archivar/in (FH) in Potsdam vor und nach 1990, in: Irmgard Christa Becker/Volker Hirsch/Annegret Wenz-Haubfleisch (Hg.), Neue Strukturen – bewährte Methoden? Was bleibt vom Archivwesen der DDR. Beiträge zum 15. Archivwissenschaftlichen Kolloquium der Archivschule Marburg, Marburg 2011, S. 195-217, hier S. 200.

276 Vgl. auch: William J. Orr, Archival Training in Europe, in: The American Archivist 44 (1981) 1, S. 27-39, hier S. 34 f.

277 BArch, MfS, BVfS Pdm., Vorl. AIM, Nr. 600/66 Teil P/1: Beschluss der Absolventenlenkungskommission (Kopie), 29.11.1957, f. 21.

278 Botho Brachmann, Die Hochschulausbildung der Archivare der Deutschen Demokratischen Republik, in: Archivmitteilungen 25 (1975) 1, S. 21-26.- Lexikon Archivwesen der DDR, hrsg. von der Staatlichen Archivverwaltung des Ministeriums des Innern der DDR, Berlin (Ost) 1976, S. 124-126, 148-149.

Doch beginnend in den 1960er Jahren und dann vor allem in den 1970er Jahren wandelte sich der Charakter von der politikfernen Nische zur sozialistischen Ausbildungsstätte, in der die Erziehung der Archivare zu »sozialistischen Persönlichkeiten« mehr und mehr in den Mittelpunkt rückte.[279] Die Archivschulen erfuhren eine schrittweise anwachsende ideologische und geheimdienstliche Durchdringung und Umformung. Über FDJ-Gruppen wurde auch außerhalb der Lehre mobilisiert und politisch-ideologische Erziehung betrieben.[280] So enthielt dann auch das Statut der Potsdamer Fachschule von 1975 in Paragraf 2 Absatz 3 den dahingehenden Passus: »Die Fachschule hat die Aufgabe, Archivare auszubilden, sie zu sozialistischen Persönlichkeiten zu erziehen, die einen festen Klassenstandpunkt besitzen, eng mit der Arbeiterklasse und ihrer marxistisch-leninistischen Partei verbunden sind, in sozialistischer Gemeinschaftsarbeit an der Erfüllung der volkswirtschaftlichen Zielsetzungen aktiv und schöpferisch mitwirken, die Aufgaben der sozialistischen Wehrerziehung erfüllen und zur Verteidigung der DDR bereit sind.«[281] Das rein fachlich ausgerichtete Lernziel der FfA-Absolventen[282] verschob sich zugunsten eines »Erziehungs- und Ausbildungsziels«, das im 1974 verabschiedeten Studienplan für die Fachrichtung Archivwesen gleichermaßen propagandistisch wie ideologisch unmissverständlich festgehalten wurde: »Die Studenten werden zu sozialistischen Persönlichkeiten erzogen, die eine hohe marxistisch-leninistische Bildung und einen festen Klassenstandpunkt besitzen und über ein solides archivwissenschaftliches, geschichtswissenschaftliches

279 Reinhard Kluge, Zum System der sozialistischen Bildung und Erziehung im Archivwesen der Deutschen Demokratischen Republik, in: Archivmitteilungen 19 (1969) 3, S. 88-93.

280 Das vollzog sich schrittweise. In der Potsdamer Fachschule hatte die FDJ 1962 die erforderliche Größe und Bedeutung, um eine eigene Grundorganisation zu bilden. Diese erhielt im Jahr 1971 den »Ehrennamen« Franz Mehring, nachdem sie sich unter Anleitung von Direktor Waldemar Schupp intensiv mit der historischen Aufarbeitung und Traditionspflege befasst hatte und dies auch nach außen hin darstellte. 1967 folgten die SED und der FDGB mit jeweils einer eigenen Grundorganisation, 1968 die Gesellschaft für Deutsch-Sowjetische Freundschaft. Seit 1970 fanden regelmäßig FDJ-Studententage mit eigenen Studentenkonferenzen und Schulleistungsschauen statt, auf denen Referate gehalten und Forschungsergebnisse präsentiert wurden. Seit 1973 wirkten FfA-Studentenbrigaden an Arbeitseinsätzen in sogenannten Studentensommern mit. Darüber hinaus beteiligte sich die FDJ-Grundorganisation an überregionalen Großereignissen wie den Weltfestspielen der Jugend und Studenten 1973 oder beim Nationalen Jugendfestival 1979. BArch, DO 7/76: Chronik der Fachhochschule für Archivwesen 1955 bis 1985, S. 12, 17, 21, 23, 32.- Ausführliche Quellenbelege in: BArch, DO 7/197, 209 220, 221, 223, 231, 256, 258.

281 BArch, DO 7/26: Statut der Fachschule für Archivwesen (1975).- Das Statut wurde durch den Minister des Innern und Chef der Deutschen Volkspolizei Generaloberst Dickel am 31.7.1975 bestätigt und im GBl. I, S. 613 veröffentlicht.

282 Zur Entwicklung der Lerninhalte an der FfA im Detail auch: Gohsmann, Gut vorbereitet für die (Archiv-)Praxis?

und ökonomisches Wissen verfügen, die vom sozialistischen Patriotismus und proletarischen Internationalismus erfüllt sind, die fähig und bereit sind, die Deutsche Demokratische Republik und die sozialistische Staatengemeinschaft zu schützen und sich mit allen Erscheinungsformen der bürgerlichen Ideologie selbständig auseinanderzusetzen.«[283]

Diese Orientierung wurde auch auf das konkrete Programm umgemünzt. So zählte nun zu den erklärten Schwerpunkten der insgesamt 3240 Stunden umfassenden Fachausbildung auch das sogenannte Grundlagenwissen, das unter anderem folgende Fächer enthielt: Grundlagen des Marxismus-Leninismus, Körpererziehung, Russisch, sozialistische Arbeitswissenschaften, sozialistische Betriebswirtschaft und sozialistisches Recht.[284] Das Gros der Unterrichtsstunden entfiel neben Archivwissenschaft (970 Stunden) auf Geschichte (472), Grundlagen des Marxismus-Leninismus (308), Aktenkunde des Staates und der Wirtschaft (256) und Geschichte der politischen Organisation der Gesellschaft (202).[285] Die gleiche Entwicklung durchlief auch der Studiengang Archivwissenschaft an der HU Berlin. Der spätere Studienplan von 1984 beispielsweise reservierte für das fünfjährige Direktstudium ein Zeitbudget von rund drei Fünfteln aller 3445 Unterrichtsstunden für das Grundlagenstudium, wohingegen für die fachspezifischen Fächer nur zwei Fünftel vorgesehen waren. Zusammengenommen standen 450 Stunden Politische Ökonomie, Wissenschaftlicher Kommunismus und Dialektischer und Historischer Marxismus 300 Stunden Archivwissenschaft gegenüber, wobei letztere nur 30 Stunden mehr umfasste als Sport.[286]

283 Ministerrat der DDR / Ministerium des Innern: Studienplan für die Fachrichtung Archivwesen, Berlin (Ost) 1974, S. 5.

284 Das Grundlagenstudium setzte sich insgesamt aus folgenden Fächern zusammen: Grundlagen des Marxismus-Leninismus, Körpererziehung, Russisch, Englisch, Deutsch, Kulturtheorie/Ästhetik, sozialistische Arbeitswissenschaften, sozialistische Betriebswirtschaft, elektronische Datenverarbeitung, Information/Dokumentation/Standardisierung sowie sozialistisches Recht. Die darauf aufbauenden fachspezifischen Lehrgebiete waren dann: Archivwissenschaft, Schriftgutverwaltung, Geschichte, Geschichte der politischen Organisation der Gesellschaft, Schriftkunde, Aktenkunde des Staates und der Wirtschaft sowie Maschineschreiben. Ebd., S. 6-16.

285 Ebd., S. 17.

286 Im unter der Leitung von Botho Brachmann erarbeiteten Studienplan hieß es unter anderem zum »Ausbildungs- und Erziehungsziel«: »Die speziellen Ziele der Erziehung und Ausbildung des Diplomarchivars ergeben sich aus seinen Aufgaben für die Sicherung, Bewertung und Erschließung wichtiger Staatsdokumente und ihrer Auswertung im Interesse der Partei der Arbeiterklasse, des sozialistischen Staates, der Wirtschaft und Wissenschaft. Die Studenten … erwerben politische Überzeugungen und wissenschaftliche Kenntnisse, die sie in die Lage versetzen, … die Friedensstrategie der Sozialistischen Einheitspartei Deutschlands aktiv umzusetzen … Erkenntnisse der marxistisch-leninistischen Geschichts- und Archivwissenschaft zu propagieren, sich mit der bürgerlichen Geschichtsideologie parteilich auseinanderzusetzen. Die sozialistische Wehrerziehung und die Aneignung militärischer Kenntnisse und Fertigkeiten sind untrennbar in den gesamten Studienprozeß ein-

Anspruch und Ziel war es, »sozialistische Archivare« auszubilden und damit eine neue archivarische Eigenart zu formen. So hieß es dann auch in einem Lehrbuch der 1980er Jahre: »Mit dem Archivwesen der DDR entwickelte sich auch ein neuer Typ des Archivars als Funktionär der Arbeiter-und-Bauern-Macht. Der sozialistische Archivar trägt durch die Bewertung und Sicherung, die Erschließung und Auswertung archivarischer Informationen zur Formung eines Geschichtsbildes vom Standpunkt der Arbeiterklasse, zur Entwicklung eines sozialistischen Geschichtsbewußtseins und zur Auseinandersetzung mit der bürgerlichen Ideologie bei. Er ist an der Schaffung und Nutzung der dokumentarischen Basis für politische, rechtliche, ökonomische und weitere Aufgaben beteiligt.«[287] Freiwillige Indienstnahme und verinnerlichte Parteilichkeit gehörten demnach zu den propagierten Tugenden des neuen Archivars.

Die Gewichtung zugunsten politisch-ideologischer Erziehung kam nicht von ungefähr, sondern war auch das maßgebliche Resultat eines Vorfalls in der Sektion Geschichte der Humboldt-Universität zu Berlin 1971/72, der sich zu einem regelrechten Institutsskandal ausweitete und zu einer Zäsur sowohl für Studenten der Geschichte als auch der Archivwissenschaft wurde. Wie nachhaltig dieser Einschnitt wirkte, wurde knapp 20 Jahre später, am 10. November 1990, deutlich, als die Sektion Geschichte eine öffentliche Aussprache über die Vorfälle und Ereignisse der Jahre 1957-59, 1968 und 1971/72 veranstaltete, die seinerzeit zu einer ganzen Reihe von politisch motivierten Rausschmissen und Relegationen sowie zu Gefängnisurteilen und Disziplinarstrafen unter den Studenten geführt hatten.[288] Moderator Laurenz Demps, 1971 wissenschaftlicher Sekretär und inzwischen längst selbst Professor der Sektion, bat eingangs nicht von ungefähr darum, die Veranstaltung nicht ausschließlich in ein Tribunal zu verwandeln, denn unter den hunderten Teilnehmern befanden sich zahlreiche ehemals Betroffene und Opfer. Diese meldeten sich während der fast siebenstündigen Veranstaltung zu Wort und forderten lebhaft Rechenschaft vom Lehrkörper ein.[289] Das Besondere aus archivgeschichtlicher Sicht bestand darin, dass sich im

zuordnen.« Ministerrat der DDR / Ministerium für Hoch- und Fachschulwesen: Studienplan für die Fachrichtung Archivwissenschaft in der Grundstudienrichtung Geschichtswissenschaften, Berlin (Ost) 1984, S. 5, S. 16 f.

287 Autorenkollektiv unter Leitung von Botho Brachmann, Archivwesen der Deutschen Demokratischen Republik. Theorie und Praxis, Berlin (Ost) 1984, S. 19.

288 Dazu unter anderem: Carlo Jordan, Kaderschmiede Humboldt-Universität zu Berlin. Aufbegehren, Säuberungen und Militarisierungen 1945-1990, Berlin 2001, S. 65 ff., 85 ff., 162 ff.- Ilko-Sascha Kowalczuk, Die Humboldt-Universität und das Ministerium für Staatssicherheit, in: Konrad H. Jarausch/Matthias Middell/Annette Vogt, Sozialistisches Experiment und Erneuerung in der Demokratie – die Humboldt-Universität zu Berlin 1945-2000, Berlin 2012, S. 437-553, hier S. 527 ff.

289 Dass nun knapp zwanzig Jahre später öffentlich darüber geredet wurde, war keineswegs das Ergebnis einer freiwilligen Aufarbeitungsinitiative aus eigenem Haus, sondern das Resultat äußeren Drucks. So hatte die ehemals verurteilte Ex-Studentin Mechthild Günther ebenso wie weitere Betroffene inmitten der Umbruchzeit in einem Brief an die Sektion eine öffentliche Aufklärung und Diskussion verlangt.

Auditorium auch frühere Studenten der Archivwissenschaften befanden, die sich vor allem Aufklärung über die Maßregelungen von 1971/72 erhofften, die allein in der Sektion mindestens vier Gerichtsverfahren, siebzehn Disziplinarverfahren gegen Studierende und einen Dozenten sowie zwölf SED-Parteiverfahren gegen jeweils sechs Studierende und Lehrende umfassten.[290]

Äußerer Anlass für den Skandal war die Festnahme eines Geschichtsstudenten wegen des Verdachts auf Republikflucht, westliche Geheimdienstkontakte sowie staatsfeindliche Hetze und die anschließende Auswertung seiner Vernehmung im Jahr 1971.[291] In den Verhören belastete der massiv unter Druck gesetzte Student, dessen Fluchtabsichten das MfS mithilfe von abgefangenen Briefen zu beweisen suchte, Studierende aus seinem Umkreis, sich 1968 und danach oppositionell betätigt zu haben sowie halböffentlich regimekritische Auffassungen zu vertreten. Zudem fand das MfS heraus, dass unter den Studierenden in der Sektion Bücher und Schriften mit reformsozialistischem, oppositionellem oder auch SED-kritischem Inhalt von Autoren wie Biermann, Havemann oder Bloch sowie westdeutschen Philosophen und Schriftstellern wie Habermas, Adorno oder Grass kursierten, die in der DDR auf der schwarzen Liste standen. Darauf-

Der Rektor hatte daraufhin eine Rehabilitierungskommission eingesetzt, die Rehabilitationsschreiben verfasste und Entschuldigungen verschickte, sowie Mitte Oktober 1990 hinter mehr oder weniger verschlossenen Türen ein unauffällig terminiertes Aufarbeitungsgespräch organisiert. Damit glaubten die Institutsverantwortlichen ihre Schuldigkeit getan zu haben. Doch durch Zufall gelangte ein Bericht über das Treffen in die »taz«, aus dem der Leser am 17. Oktober 1990 von einem selbstbewussten, wenig reuevollen und selbstkritischen Auftritt von Kurt Pätzold erfuhr, der bei den Vorfällen von 1968 und 1971/72 eine wichtige Rolle als Scharfmacher und Ankläger gespielt hatte. Dieser Beitrag provozierte nach Erscheinen öffentliche Reaktionen, die unter anderem in die Veranstaltung vom 10. November mündeten. taz vom 17.10., 7.11. und 14.11.1990.- Der Tagesspiegel vom 13.11.1990.

290 In diesem Kontext erfolgte auch die einjährige »Beurlaubung« des damaligen Geschichtsstudenten und späteren bekannten DDR-Historikers Stefan Wolle, der zuvor von der Sektionsleitung als »Sprachrohr unrichtiger Auffassungen, von denen auch andere Studenten nicht unberührt blieben«, identifiziert wurde. HU UA, HU UA, Philosophische Fakultät, Sektion Geschichte, Kaderarbeit 1970-1975, Nr. 2737: Zur Einschätzung der politisch-ideologischen Situation unter den Studenten (Stand: Februar 1972) – Vorlage zur Sitzung der Parteileitung am 14.2.1972, o. D.

291 Zur Chronologie der Ereignisse im Folgenden: Kreuz zeigen. Das Institut für Geschichtswissenschaft arbeitet seine Vergangenheit auf. Teil III, in: Humboldt-Universität. Die Zeitung der Alma Mater Berolinensis 12/13 / 1990/91, S. 9 f.- Rainer Eckert/Stefan Wolle/Mechthild Günther, »Klassengegner gelungen einzudringen …«. Fallstudie zur Anatomie politischer Verfolgungskampagnen am Beispiel der Sektion Geschichte der Humboldt-Universität zu Berlin in den Jahren 1968 bis 1972, in: Jahrbuch für historische Kommunismusforschung 1993, Berlin 1993, S. 197-207.- Alexander Thomas, Materialistischer Historismus? Geschichtswissenschaft an der Berliner Humboldt-Universität nach 1945, Berlin 2018, S. 270-274. [https:edoc.hu-berlin.de].- Dazu auch die Akteurs- bzw. Zeitzeugen-Sicht von Botho Brachmann: Ders., Die Ausbildung wissenschaftlicher Archivare in Potsdam und Berlin, S. 422-428.

hin weitete der Geheimdienst seine Untersuchungen aus, in deren Folge mehr als ein Dutzend Studenten verhört wurden. Eine Studentin der Archivwissenschaft und Geschichte im 5. Studienjahr erhielt im September 1971 zunächst eine Vorladung der Stasi, auf die dann am 4. November 1971 ihre Verhaftung folgte. Am 11. Januar 1972 wurden eine Studentin der Geschichte und Informations- und Bibliothekswissenschaften und ein Forschungsstudent festgenommen; ihnen folgten zwei weitere Studenten der Informations- und Bibliothekswissenschaften. Schnell richtete sich der Fokus der polizeilichen und geheimdienstlichen Verdächtigungen, Untersuchungen und Maßnahmen insgesamt gegen die Fachbereiche Archivwissenschaft und Informations- und Bibliothekswissenschaften. Parallel dazu wurde die Leitung der Sektion Geschichte von den Sicherheitsorganen in Kenntnis gesetzt, dass es in ihrem Bereich zu einer »Konzentration feindlicher bzw. negativer Kräfte« gekommen sei, in deren Zuge mindestens fünfzehn Studenten des 5. Studienjahres antisozialistische Haltungen entwickelt und »staatsfeindliche Hetze« betrieben hätten.[292]

In der Leitung wie im Lehrkörper insgesamt löste diese Nachricht Schockwellen und Entsetzen aus, hatten doch die meisten Geschichtswissenschaftler und die, die es werden wollten, den Ruf, besonders linientreu zu sein. Der sich zum Inquisitor aufspielende SED-Parteisekretär der HU, Peter Pankau, sprach sogar vom »ernstesten Vorfall in der Geschichtswissenschaft der Republik überhaupt«[293] und drohte noch am 29. März 1972 in der Parteimitgliederversammlung: »Niemand möge glauben, dass diese Tätigkeit mit der Aufdeckung durch unsere Staatsorgane, mit Relegierungen, Exmatrikulationen, Ausschluß bzw. Streichung aus der FDJ, mit staatlichen Disziplinarmaßnahmen und parteierzieherischen Konsequenzen erledigt ist.«[294]

Angst um die Folgewirkungen ergriff die 59-köpfige, mit einem Durchschnittsalter von 40 Jahren vergleichsweise junge Professorenschaft und ihre Mitarbeiter, die sich nun in die Verantwortung genommen sahen.[295] Laut Überlieferung des späteren Institutsdirektors Adolf Rüger aus dem Jahr 1990 sollen seinerzeit Äußerungen von Funktionären des ZK und des Ministeriums für Hoch- und Fachschulwesen kursiert sein, die eine Schließung der ganzen Sektion ins Auge fassten.[296] Daher setzte damals ein Mechanismus gegenseitiger Beschuldigung, »Aufarbeitung« und Verurteilung ein, der stalinistische Züge trug. Die Anschuldigungen bewegten sich zwischen Mitwissertum, Propaganda und Aktivitäten gegen den Staat und den Sozialismus. Eine rasch eingesetzte Untersuchungskommission startete umfangreiche Befragungen und erarbeitete eine

292 Thomas, Materialistischer Historismus?, S. 271 f.

293 Kreuz zeigen, S. 9.

294 Zitiert aus: Ebd., S. 7.

295 HU UA, Philosophische Fakultät, Sektion Geschichte, Kaderarbeit 1970-1975, Nr. 2737: Joachim Streisand: Erfahrungen bei der Auswertung des VIII. Parteitages der SED für Forschung und Lehre in der Sektion Geschichte der Humboldt-Universität zu Berlin, 26.1.1972.

296 Kreuz zeigen, S. 9.

Dokumentation, deren Informationsgehalt sich teilweise aus spekulativen und denunziatorischen Äußerungen speiste, wofür die Kommission offenbar nicht wenige Bei- und Zuträger unter Studierenden und Lehrenden fand.[297]

In Anbetracht der außerordentlichen Lage wurde am 17. Mai 1972 eine Vollversammlung der Sektion Geschichte einberufen, um abzurechnen.[298] Der seit 1969 amtierende Sektionsleiter, Prof. Dr. Joachim Streisand, ließ es sich nicht nehmen, das Grundsatzreferat zu halten, das zu einem Fundamentalangriff auf den Bereich Archivwissenschaft wurde.[299] »Dem imperialistischen Klassengegner ist ein außerordentlich ernster ideologischer Einbruch gelungen und es ist für uns besonders beschämend, dass diese Tatsache nicht von uns selbst aufgedeckt wurde, obgleich dies bei einer besseren ideologisch-erzieherischen Arbeit möglich gewesen wäre«, eröffnete Streisand die Anklage gegen die Archivare.[300] Der gesamte Bereich sei erstens quantitativ und qualitativ ungenügend besetzt, zweitens sei die Leitungsarbeit unterschätzt und drittens die Archiv- und Geschichtswissenschaft unzulässig voneinander getrennt worden.[301] Des Weiteren kritisiert wurden viertens der vierzehntägige Rhythmus der Veranstaltungen, mit dem die Rücksichtnahme auf auswärtige Gastdozenten höher gestellt werde als die »Erfordernisse des Studienprozesses«, fünftens die unkonkrete Beschreibung der Erziehungsmaßnahmen bzw. die abstrakte Fehleranalyse Brachmanns in dessen zurückliegender Studienjahresanalyse 1970/71,[302] sechstens die angeblich unattraktive Vermittlung von Unterrichtsstoff (hier führte Streisand insbesondere die Lehrveranstaltungen von Lötzke an, die als trocken, voller Wiederholungen und als mit »sinnlosen Hausaufgaben belastet« gelten würden), siebtens die fehlende Berücksichtigung sowjetischer Erfahrungen und Erkenntnisse sowie achtens die fehlende Verbindung zur späteren Archivpraxis. Streisand forderte daher, das Immatrikulationsverfahren für Direktstudenten der Archivwissenschaft zu ändern, die Tätigkeit des Lehrkörpers zu überprüfen und ein Jahr obligatorische Archivpraxis als Studienvoraussetzung einzuführen.[303]

297 Eckert/Wolle/Günther, »Klassengegner gelungen einzudringen …«.

298 Die Gesamtzahl der Direktstudenten in der Sektion betrug rund 300. HU UA, Philosophische Fakultät, Sektion Geschichte, Kaderarbeit 1970-1975, Nr. 2737: Joachim Streisand: Erfahrungen bei der Auswertung des VIII. Parteitages der SED für Forschung und Lehre in der Sektion Geschichte der Humboldt-Universität zu Berlin, 26.1.1972.

299 HU UA, Sektion Geschichte 1968-1976, Nr. 2740: Joachim Streisand: Referat auf der Vollversammlung der Sektion Geschichte der Humboldt-Universität zu Berlin am 17. Mai 1972 (Entwurf), 5.5.1972.

300 Ebd., S. 6.

301 Ebd., S. 19.

302 Die kritisierte Studienjahresanalyse 1970/71 von Brachmann ist einzusehen in: HU UA, Sektion Geschichte 1969-1975, Nr. 2851: Bereich Archivwissenschaft an die Sektion Geschichte: Studienjahresanalyse 1970/71, 18.8.1971.

303 HU UA, Sektion Geschichte 1968-1976, Nr. 2740: Joachim Streisand: Referat auf der Vollversammlung der Sektion Geschichte der Humboldt-Universität zu Berlin am 17. Mai 1972 (Entwurf), 5.5.1972, S. 20f.

Doch Streisand beließ es nicht bei Ausbildungsfragen, sondern ging auf die seiner Meinung nach grundsätzlich problematische »Stellung der Archivwissenschaft im System der marxistisch-leninistischen Geschichtswissenschaft« ein. Dabei wandte sich der Sektionsleiter explizit gegen Darlegungen von Helmut Lötzke im »Taschenbuch Archivwesen« von 1971 und in den »Theoretischen Grundlagen der marxistisch-leninistischen Archivwissenschaft in der DDR« aus dem gleichen Jahr. Darin hatte Lötzke die Archivwissenschaft den Informationswissenschaften zugeordnet, wohingegen Streisand erstere als eine »historische Disziplin« mit einem »informationswissenschaftlichen Aspekt« deutete. Er forderte Lötzke auf, diese Meinungsverschiedenheit nicht weiter zu ignorieren, sondern öffentlich auszutragen, um das bisherige Berufsbild des Archivars »zu präzisieren«.[304] Mit der Vielzahl seiner Forderungen zielte der Sektionsleiter auf eine umfassende marxistisch-leninistische Ideologisierung des Berufsstandes sowie auf eine strenge Personalauswahl ab, die bereits im Zulassungsverfahren zu Ausbildung und Studium ihren Anfang nehmen sollte.

Zwischenfall und Referat bedeuteten ein mittleres Erdbeben und einen Frontalangriff auf das bisherige Wirken all derjenigen, die sich vor allem den fachlichen Maßstäben von Expertentum verpflichtet sahen. Um den Schaden zu begrenzen, mussten die leitenden Archivwissenschaftler um Brachmann und Lötzke umgehend reagieren und Kritik- und Reformfähigkeit an den Tag legen. Das bedeutete auch, Streisands Forderungen weitgehend entgegenzukommen. Davon zeugt ein Bericht vom September 1972, in dem Brachmann erste Maßnahmen und Veränderungen dokumentierte. Der servile Duktus kündete von der »ideologisch-erzieherischen« Überformung, die den archivwissenschaftlichen Fach- und Bildungsdiskurs künftig bestimmen sollte.[305] Die Ausführungen gelobten, die »marxistisch-leninistische Archivwissenschaft« in Zukunft als »historische Disziplin« auszurichten und die »marxistisch-leninistischen Erziehungsziele« mit den anderen Fachbereichen der Sektion und der

304 Ebd., S. 15 f.

305 Brachmann breitete zu Beginn seines Berichts noch einmal die »Hauptmängel« aus: »ungenügende erzieherische Wirksamkeit der Lehrveranstaltungen«, »nicht ausreichende Vorbildwirkung der Hochschullehrer«, die Unfähigkeit der Studierenden, politische Einschätzungen »konkret, differenziert, exakt und nüchtern« zu geben, »Überschätzung der vorliegenden Lehrkonzeption in ihrer spontanen Wirkung«. Alle Hochschullehrer hätten, so Brachmann, die Kritik »als in jeder Hinsicht berechtigt« angenommen und verstanden. Unter dem Abschnitt »Welche Fortschritte sind erkennbar?« erklärte er, dass die »theoretisch-ideologische Durchdringung« und die »Einheit von Parteilichkeit und Wissenschaftlichkeit«, die künftig die Lehrkonzeptionen bestimmen würden, noch »konkreter und präziser« herausgearbeitet worden seien. Ausbildungs- und Erziehungsziel sei die »Festigung und Weiterentwicklung des sozialistischen Klassenstandpunktes der Studenten«, wozu wiederum lehrende Genossen wie Lötzke, Brachmann und Dr. Unger (Direktor des Staatsarchivs Leipzig) ihr »sozialistisches Engagement« noch »differenzierter und abrechenbarer« konzipiert hätten. HU UA, Sektion Geschichte 1969-1975, Nr. 2851: Bereich Archivwissenschaft: Anmerkungen zur Veränderung der Arbeit im Bereich Archivwissenschaft (Vorlage), 18.9.1972.

Sektion Marxismus-Leninismus abzustimmen. Aufgabe des Erziehungsprozesses sei die gezielte Bewusstseinsvermittlung, dass ein Archivar als »Beauftragter der Arbeiterklasse« zu wirken habe.[306]

Doch damit nicht genug. Brachmann versprach, ein engmaschiges Netz von gegenseitigen Kontroll- und Überwachungsmaßnahmen zu errichten, das sowohl Studierende als auch Lehrende einbezog. Er verpflichtete sich, durch persönliche Gespräche sowie durch Teilnahme an aktuell-politischen Seminaren und FDJ-Mitgliederversammlungen umfangreiche Informationen über jeden einzelnen Studenten zu sammeln. In den Arbeitsberatungen des Fachbereichs sollten zudem im Abstand von vier bis sechs Wochen Beurteilungen von jeweils drei bis vier Studenten zusammengetragen und analysiert werden. Zugleich hatten nun auch die Lehrbeauftragten regelmäßig Bericht über ihre »erzieherischen Fortschritte« zu erstatten. Dies richtete sich explizit an Helmut Lötzke und Hans-Stephan Brather vom DZA, aber ebenso an Friedrich Beck oder Gerhard Schmid aus anderen Archiven. Die StAV verpflichtete sich, nur noch »erfahrene Genossen« als Lehrkräfte zu entsenden.[307] Es gehörte zur Struktur des Verfahrens, dass in der Kommission, die sich mit den Studierenden befasste, mit Brachmann und einem weiteren Dozenten gleichzeitig zwei Beschuldigte vertreten waren, die damit die Gelegenheit erhielten, Loyalitäts- und Parteilichkeitsbeweise zu erbringen.[308] Ohnehin fiel für den Verlauf der »Aufklärung« auf, dass je nach Situation und Zeitpunkt der Status von Kläger und Angeklagtem, Täter und Opfer wechselte. Sektionsleiter Streisand, der in der universitären Halböffentlichkeit neben Parteisekretär Peter Pankau als Chefankläger auftrat und seit 1958 offenbar selbst als IM für das MfS berichtete,[309] musste sich vor Pankau verantworten und erhielt ebenfalls ein Parteiverfahren.[310]

Im Ergebnis der mehrmonatigen Aufarbeitung und Auswertung der Ereignisse wurden zwei Studenten relegiert und anschließend zu mehrjährigen Haftstrafen verurteilt, zwei weitere für zwei Jahre, einer für ein Jahr vom Studium ausgeschlossen, ein nächster erhielt einen strengen, ein weiterer einen einfachen Verweis. Die von der Disziplinarkommission verhängten Strafen korrespondierten nach Recherchen von Rainer Eckert, Stefan Wolle und Mechthild Günther nahezu eins zu eins mit den »Empfehlungen« der

306 Ebd.

307 Ebd.

308 Eckert/Wolle/Günther, »Klassengegner gelungen einzudringen …«, S. 206.

309 Zu Streisand und dessen Tätigkeit für das MfS: Thomas, Materialistischer Historismus?, S. 255-280.- Hinweis auf Streisand als IM »Montag« u. a. auch in: Matthew Stibbe, Flüchtige Allianzen. Der Erste Weltkrieg als Erwartungshorizont und Explanandum, in: Franka Maubach/Christina Morina (Hg.), Das 20. Jahrhundert erzählen. Zeiterfahrung und Zeiterforschung im geteilten Deutschland, Göttingen 2016, S. 32-85, hier S. 60, FN 103.

310 Eckert/Wolle/Günther, »Klassengegner gelungen einzudringen …«, S. 205 f.

Stasi.[311] Doch es traf auch die höhere Ebene: Der stellvertretende Direktor für Erziehung und Ausbildung, Eberhard Trzcionka, erhielt von Streisand einen Verweis.[312] Brachmann, der sich in den Augen Streisands in dieser Affäre nicht ausreichend ideologisch positioniert hatte,[313] musste sich vor einer Parteikommission rechtfertigen. Diese führte auch mit zahlreichen weiteren Lehrkräften Disziplinargespräche.[314] Außerdem wurde der Lehrbetrieb des Studienganges vorübergehend stillgelegt: Von 1972 bis 1977 wurde die Immatrikulation von Direktstudenten vollständig ausgesetzt. Damit entstand ein Leerlauf von sechs Jahren.[315] Danach wehte sowohl in der Sektion als auch im Bereich Archivwissenschaft ein anderer, noch strengerer ideologischer Wind.

311 Ebd., S. 206.- Der zu mehrjähriger Haft verurteilte Geschichtsstudent Schulz wurde schon Ende 1972 wieder entlassen und in die Universitätsbibliothek versetzt, zwei Jahre später zum Fernstudium zugelassen, dann im Ost-Berliner Museum für deutsche Geschichte angestellt und schließlich sogar unter Betreuung von Ingo Materna noch promoviert. Der Preis, den er für die Fortsetzung seines eingeschlagenen Weges zahlte, waren jahrelange Informantendienste für das MfS. Auch Erika Wohlers, die im September 1972 wegen »staatsfeindlicher Hetze« zu einer Freiheitsstrafe von zwei Jahren und acht Monaten verurteilt worden war, kam im Rahmen einer Amnestie im Dezember 1972 frei. Doch ihre lebenslange Relegation wurde im Unterschied zu Schulz aufrechterhalten. Ebd., S. 207.

312 Trzcionka übte daraufhin freiwillig Selbstkritik – und überstand die Vorgänge weitgehend unbeschadet.

313 Positive Beispiele seiner Sektion sah Streisand unter anderem in Prof. Hoffmann, Prof. Müller-Mertens, Stulz und Töpfer, den Dozenten Bleiber, Engel, Kaselitz, Pätzold und Schützler sowie Peter Pankau und zwei weiteren Aspiranten. HU UA, Sektion Geschichte 1968-1976, Nr. 2740: Joachim Streisand: Referat auf der Vollversammlung der Sektion Geschichte der Humboldt-Universität zu Berlin am 17. Mai 1972 (Entwurf), 5.5.1972, S. 9 f.

314 Allerdings wurde am Ende von den SED-Mitgliedern aller Statusgruppen niemand von der Universität entfernt oder dauerhaft beruflich be- oder verhindert; manche Parteistrafe wurde durch freiwillige Selbstverpflichtung zur »Bewährung in der Produktion« abgewandelt. Spekulativ, aber vorstellbar ist der Umstand, dass sich mit der Tochter von Werner Lamberz auch eine Person unter den Studierenden befand, deren Status als SED-Mitglied und Tochter eines hochrangigen Funktionärs dazu beitrug, dass die Strafen zumindest unter den Parteimitgliedern vergleichsweise milde ausfielen.

315 Zur politischen Bestrafung kamen ökonomische Sparmaßnahmen hinzu. Die StAV hatte gegenüber der Universität plötzlich einen geringeren Absolventenbedarf angemeldet, eine Berechnung, die Brachmann zufolge mit Absicht zu niedrig kalkuliert worden war, womit sich die Archivverwaltung gegen den »eigenen« Studiengang stellte. So passte sich der Immatrikulationsstopp in die landesweit angeordnete Verringerung von Studienplätzen ein, die zum einen aus korrigierten bzw. neu errechneten Bedarfsprognosen seitens des Ministeriums für das Hoch- und Fachschulwesen herrührte, zum anderen aus Einsparforderungen an die Universitäten. Brachmann, Die Ausbildung der wissenschaftlichen Archivare in Potsdam und Berlin, S. 426 f. Tobias Schulz, »Sozialistische Wissenschaft«. Die Berliner Humboldt-Universität (1960-1975), Köln/Weimar/Wien 2010, S. 178 ff.

Einmal mehr zeigte sich, wie die Mechanismen der (Selbst-)Disziplinierung wirkten und wie mithilfe herrschaftssichernder Repressionspraktiken Menschen manipuliert und korrumpiert werden konnten. Die Vorfälle und Strafmaßnahmen von 1971/72 wurden zum überlieferten Negativbeispiel und zur Drohkulisse sowohl für die Lehrkräfte als auch für die werdenden Archivare.

Zwischenresümee

Die frühen Aufbaujahre des DZA verliefen nicht »im Fluss«, sondern waren von strukturellen und personellen Wendungen, Provisorien und Abgängen gekennzeichnet. Dabei blieb nicht ohne Wirkung, dass die Gründung der DDR erst drei Jahre nach der Umgründung des Archivs erfolgte, also das zentrale Staatsarchiv schon weit vor der eigentlichen Staatsgründung existierte. Personalpolitisch war noch in den 1940er Jahren ein von sowjetischer Seite angeordneter Ausleseprozess erfolgt, der zunächst auf die vollständige Trennung von NS-belasteten Mitarbeitern abzielte. Im anschließenden Neubesetzungsverfahren wurde von dieser rigiden Vorgehensweise Abstand genommen. Sowohl einzelne frühere Mitarbeiter aus dem Reichs- und Heeresarchiv als auch ehemalige Mitglieder der NSDAP wurden wieder eingestellt. Dabei handelte es sich jedoch erstens um keine hochrangigen Funktionsträger des NS-Regimes, und zweitens blieb ihre Anzahl im Verhältnis zur rasch anwachsenden Mitarbeiterzahl eher gering. Dass mit Walter Nissen als Merseburger Außenstellenleiter und Gerhart Enders als stellvertretendem DZA-Leiter dennoch zwei ehemalige Pg. in höherer Stellung beschäftigt wurden, verweist in erster Linie auf den damaligen Fachkräftebedarf in der SBZ/DDR. Die Einstellung ehemals im Berlin-Dahlemer IfA ausgebildeter Archivare sowie früherer Mitarbeiter vom Brauhausberg stellte ein personell-fachliches Erbe dar, so wie die Übernahme der archivalischen Hinterlassenschaft des Reichs- und Heeresarchivs ein – noch bedeutsameres – materielles Erbe war. Beides sorgte für den transformatorischen Charakter der Umbildung vom Reichs- zum Deutschen Zentralarchiv.

Gleichwohl versuchte das MdI eine parteiliche Personalpolitik zu betreiben, wenn mit aller Kraft die Übergabe der Leitungsfunktion an das junge, noch wenig erfahrene SED-Mitglied Helmut Lötzke forciert und die parteilose, jedoch erfahrene Archivarin Lotte Knabe von der Spitze des Archivs verdrängt wurde. Insgesamt gelang es der SED aber nur schwerlich, im DZA Fuß zu fassen und Archiv und Beschäftigte in gewünschter Menge und Form »auf Linie« zu bringen. Gerade im Umfeld einer Gruppe von NDPD-Mitgliedern (und teilweise ehemaligen NSDAP-Mitgliedern) sowie jungen Archivschul-Absolventen bildete sich ein informeller Kreis von Fachkräften, der dem SED-Regime zwar nicht oppositionell, jedoch distanziert-abwartend begegnete und nur wenig an einer Ideologisierung der Archivarbeit interessiert war.

Dass nach 1945 auf dem Boden der sowjetischen Besatzungszone Kalter Krieg und Systemkonkurrenz herrschten und eine zweite deutsche Diktatur errichtet wurde, kam besonders spürbar in den deutsch-deutschen Kontakten und Begegnungen zum Tragen. Die erzwungene Abgrenzung und schließlich Abschottung von den westdeutschen Kollegen prägten den Erfahrungshorizont ostdeutscher Archivare. Politische Bedrängung, Unzufriedenheit mit dem Diktaturcharakter der gesellschaftlichen Verhältnisse in der DDR sowie eingeschränkte berufliche Entfaltungsmöglichkeiten gehörten dann auch zu den Motiven, die eine Reihe von Archivaren aus dem DZA und anderer Archive zu Flucht und Ausreise in den Westen veranlassten. Die individuellen Entscheidungen zum Weggang führten in der Konsequenz sowohl zu einem Aderlass an Fachkräften als auch zu einer verstärkten Beobachtung und Kontrolle des DZA und seiner vermeintlich politisch »ungefestigten«, »bürgerlichen« Experten durch die SED und das MfS.

Mit der Übernahme der Leitung der Staatlichen Archivverwaltung der DDR durch den im Politbüro kaltgestellten, der »bürgerlichen Archivarszunft« gegenüber allerdings feindlich eingestellten SED-Spitzenfunktionär Karl Schirdewan setzte ein Zentralisierungsschub im Archivwesen ein, der erhebliche Konsequenzen für die Stellung und Arbeit des DZA nach sich zog. Bisherige Entscheidungskompetenzen verschoben sich ebenso zugunsten der StAV wie die Repräsentation des Zentralarchivs nach außen. Seit der zweiten Hälfte der 1960er Jahre wurden strukturelle und personalpolitische Änderungen vorangetrieben, die auf eine Stärkung des SED-Anteils auf der Leitungsebene abzielten. Zugleich wurden Fachkräfte, die nicht als partei- und staatskonforme Archivare galten, unter Beobachtung genommen und in Amt und Einfluss beschränkt. Das führte schließlich um 1970 zum Weggang einer Reihe renommierter Experten vom DZA. Flankiert wurde dies durch die Politisierung, Überwachung und Umstrukturierung von Ausbildung, Lehrkörper und Studierenden. Sowohl die Lehrinhalte als auch das konkrete Unterrichtsgeschehen erfuhren eine sprunghafte Ideologisierung. Zudem wurden Dozenten und Auszubildende verstärkt auf ihre politisch-ideologische Eignung hin überprüft und anhand einer exemplarischen Reglementierung und Bestrafung Anfang der 1970er Jahre an der Humboldt-Universität zu Berlin auf Gefolgschaft sowie auf das Ideal des sozialistischen Archivars normiert.

Darüber hinaus begann der DDR-Geheimdienst, sich massiv für das Archivwesen im Allgemeinen und das DZA im Besonderen zu interessieren. Die Stasi forcierte eine umfangreiche Durchsetzung und beispiellose Lenkung des Zentralarchivs, was mit erheblichen Eingriffen in dessen Tektonik und innere Ordnung einherging: etwa die verfügte Sperrung von ganzen Beständen, die direkte Kontrolle und Einflussnahme mit Veto-Recht auf Benutzer- und Geheimhaltungsordnungen, die Verletzung des Provenienzprinzips durch Archivgutübernahmen in das »NS-Archiv« des MfS oder die binnenbehördliche Umgestaltung von Abteilungsstrukturen, die es ermöglichte, zuverlässige Genossen an gewünschte Positionen zu befördern. Des Weiteren wurde unter dem Vorwand des Geheimnisschutzes neben einem Verhaltenskodex ein ausgeklügeltes Zutritts- und Zuständigkeitssystem installiert, das selbst den DZA-Archivaren nur den Zugang zu ausgewählten Beständen ermöglichte. Die temporäre Blockade, Verschiebung bzw. Indienstnahme von Archiv und Archivgut aus politischen Beweggründen gehörten aber auch jenseits des MfS zur Alltagsgeschichte des DZA. Als ertragreicher Ort der Materialrecherche spielte es in allen groß angelegten Kampagnen und Aufklärungsaktivitäten der DDR gegen NS-belastete Eliten in der Bundesrepublik eine zentrale Zulieferrolle. So wurde das Dokumentationszentrum der Staatlichen Archivverwaltung, das in den Archiven Informationen und Dokumente zur NS-Vergangenheit westdeutscher Politiker und Persönlichkeiten sammeln sollte, mit besonderen Zugriffsrechten ausgestattet. Das hatte zur Folge, dass zeitweise – zum Teil sogar über viele Jahre – große Aktenmengen aus dem offiziellen Bestand des DZA »ausgeliehen« oder keinem anderen Benutzer vorgelegt wurden.

Im Ergebnis der Entwicklungen durchlebte das DZA in dieser zweiten Phase seiner Geschichte eine außerordentliche politische Durchdringung, Überformung und Arkanisierung seines Archivbetriebs. Während sich die Situation damit von der in den 1950er Jahren unterschied, drängt sich manche Parallele zur Lage im Reichsarchiv zwischen 1933 und 1945 auf.

III.

Ansicht vom Sitz des Bundesarchivs in Koblenz Anfang der 1960er Jahre

Georg Winter
(1895-1961)

Karl G. Bruchmann
(1902-1967)

Wolfgang A. Mommsen
(1907-1986)

Das Bundesarchiv Koblenz und der Neuanfang der Alten

»Die Archivgründung wird in der Geschichte des Archivwesens wohl immer merkwürdig bleiben, denn an echtem Archivgut war zunächst nichts und in der Frühzeit nicht viel von historischem Rang vorhanden.«[1] Mit diesen Worten leiteten die Archivare Friedrich Facius, Hans Booms und Heinz Boberach ausgerechnet die erste Beständeübersicht des Bundesarchivs aus dem Jahr 1961 ein und verwiesen damit auf dessen gleichermaßen prekäre wie außergewöhnliche Anfangssituation als nationales Zentralarchiv ohne Akten. Doch mit dieser Zuschreibung waren längst nicht alle Eigenheiten der bis in die 1960er Jahre andauernden Aufbauphase eingefangen, die durch mehrere asymmetrisch verlaufende Entwicklungen gekennzeichnet war. Dazu gehörten erstens die stetige Erweiterung von Aufgaben und Zuständigkeiten sowie die rasche binnenstrukturelle Ausdehnung des Archivs. Zweitens war es eine Phase des langwierigen, letztlich aber erfolgreichen Ringens um allgemeine administrative und verwaltungsrechtliche Akzeptanz im Konzert der neuen Ministerien und Bundesbehörden. Drittens und geschichtspolitisch besonders beachtenswert entwickelte sich die Einrichtung aufgrund der spezifischen personalpolitischen Aufstellung durch Gründungsdirektor Georg Winter zu einer Wirkungsstätte für Archivare preußischer Archivtradition, die vor 1945 mehrheitlich Mitläufer, Unterstützer oder sogar überzeugte Anhänger des NS-Regimes waren. Insofern beschreiben dieses und das nachfolgende Kapitel die Gründungsgeschichte des Bundesarchivs als einen an die Zeit vor 1945 bzw. vor 1933 anknüpfenden Entwicklungs- und Transformationsprozess, der in seiner Fixierung auf die Vergangenheit und in der Übernahme gewohnter Sehweisen traditional-orthodox ausgerichtet war.

Gesellschaftspolitisch überwölbt wurde dieser Zeitraum durch die von West-Bindung, Wirtschaftsaufschwung und Wertkonservatismus geprägte Adenauer-Ära, in der Verwaltung und Beamtentum wichtige Garanten für die Konsolidierung der jungen, CDU-geführten Bundesrepublik darstellten. Sicherheitsdenken und Restaurationswillen und damit auch althergebrachter Antizentralismus wurden beim Wiederaufbau des westdeutschen Archivwesens zum zentralen Movens. So schloss im Westen kein anderes Ereignis die archivgeschichtliche Nachkriegszeit so prägnant ab wie die »Konferenz der Leiter der Archivverwaltungen des Bundes und der Länder«, zu der das Hessische Ministerium für Unterricht und Kultur am Jahresende 1952 eingeladen hatte.[2] Das Zusammentreffen manifestierte die Wiederherstellung des föderalzersplitterten Charakters des Archivwesens, was all diejenigen enttäuschte, die

1 Friedrich Facius/Hans Booms/Heinz Boberach, Das Bundesarchiv und seine Bestände, Boppard a. R. 1961, S. 3

2 Kahlenberg, Deutsche Archive in Ost und West, S. 85.

gehofft hatten, nach 1945 endlich so notwendig wie sinnvoll erscheinende Zentralisierungsmaßnahmen in die Wege leiten zu können. Schließlich war nach den Erfahrungen des Nationalsozialismus und des Zweiten Weltkriegs erneut eine Diskussion um die allgemeinverbindliche Einführung von einheitlichen Archivschutz- bzw. nationalen Gesetzesregelungen im (west)deutschen Archivwesen entfacht worden, die inhaltlich an Überlegungen aus den 1920er Jahren anknüpfte, die damals von Potsdamer Reichsarchivaren mit ausgearbeitet worden waren. Doch abermals blieben die Aussprachen ergebnislos, wie die Reaktionen auf ein geplantes Archivalienschutzgesetz zeigten. Georg Winter, der vom Deutschen Archivausschuss mit der Ausarbeitung eines ersten Entwurfs beauftragt worden war, schlug auf dem Wiesbadener Archivtag am 31. Mai 1949 unter anderem eine Abgabepflicht der Verwaltungsbehörden an die Staatsarchive, die ausschließliche Entscheidungsgewalt für Archivare hinsichtlich der festzustellenden Archivwürdigkeit von Registraturgut sowie das Verbot von Aktenkassation ohne Wissen von Archivfachleuten vor.[3] In der Praxis hätte dies eine stärkere Kontroll- und Aufsichtsbefugnis staatlicher Archive über die anderen Archive bedeutet – eine Kompetenz, die bereits in der Vorkriegszeit eingefordert worden war. Dagegen formierte sich allerdings eine Phalanx von Vertretern nichtstaatlicher Archive, insbesondere aus den Wirtschafts- und Adelsarchiven, die eine Beschneidung ihrer Privat- und Verfügungsrechte fürchteten und »zu viel Staat« ablehnten – zweifellos auch ein Reflex auf die Erfahrungen aus der Zeit von 1933 bis 1945. Damit versandete die Gesetzesinitiative.[4] Die Ebene der Bundesländer stellte erneut den verwaltungsmäßigen Überbau im Archivwesen dar. Der strukturell und in der Mentalität verankerte Regionalismus und Konservatismus erwiesen sich als zu stark, was auch darin begründet lag, dass die traditionellen Tätigkeitsfelder der Archivare vor allem die lokale Institutionenlandschaft sowie die Landesgeschichte waren.

Dass sich die Reorganisation bzw. Restauration des deutschen Archivwesens vergleichsweise reibungslos vollzog, wurde frühzeitig auf den bereits erreichten Wissens- und Erkenntnisstand, das Nachwirken der als modellhaft angenommenen Preußischen Archivverwaltung sowie den Korpsgeist der führenden bzw. leitenden Archivare zurückgeführt.[5] Diese Trias sorgte für einen gewissen Konsens von Vorstellungen, Standards und Werten. Zugleich fehlte es an Interventionen und Innovationen von außen. Weder Historiker und Politologen noch deren Verbände artikulierten Reformwünsche gegenüber den Archiven. Übernommene Aktensperrfristen und Benutzerordnungen, die

3 Georg Winter, Referat und Vorschläge, in: Der Archivar 3 (1950), Sp. 1-9.- Helmut Dahm, Entwicklung und Aufgaben berufsständischer Zusammenarbeit der Archivare in Deutschland. Aus der Geschichte und Vorgeschichte des »Vereins deutscher Archivare«, in: Scrinium. Zeitschrift des Verbandes österreichischer Archivare 2/1970, S. 7-24.

4 Kahlenberg, Deutsche Archive in Ost und West, S. 46 ff.

5 Georg Wilhelm Sante, Archive und Verwaltung – historische Provenienz und Probleme der Gegenwart, in Der Archivar 10 (1957), Sp. 7-16, hier Sp. 13.

Erschließung zeitgeschichtlicher Quellenbestände oder auch herrschende Bewertungskriterien und -prinzipien wurden nicht auf den Prüfstand gestellt, mithin keine Änderungen eingeklagt. Stattdessen gaben sich die Experten unter den Archivbenutzern mit der Wiederherstellung früherer Verhältnisse zufrieden. Im Ergebnis ging das westdeutsche Archivwesen zügig und nahezu ungebrochen wieder in den Vorkriegsmodus über.[6] Mit der oben genannten Leiter-Konferenz 1952 löste sich am Ende auch der Deutsche Archivausschuß auf, der sich nach Kriegsende die Wiederherstellung von Archivstrukturen zur Aufgabe gemacht hatte.

Die Gründung des Bundesarchivs zwischen Zufall und Plan

Zerklüftete Lebensläufe und politische Entlastung in der Nachkriegszeit

Für die Westzonen ist bereits verschiedentlich konstatiert worden, dass nahezu alle überlebenden Archivare wieder ins Berufsleben einstiegen und sich unter ihnen auch die Archivare mit erheblichen NS-Belastungsmomenten befanden.[7] Deren Weitermachen wird dabei auf beinahe einhundert Prozent geschätzt, wenngleich diese Annahme auf der Hochrechnung von Einzelfällen beruht und nicht auf eine empirische Erhebung zurückgeht, die schlichtweg noch fehlt. Mit Ernst Zipfel liegt letztlich nur ein prominentes Beispiel für einen belasteten Spitzenbeamten vor, der nach 1945 im staatlichen Archivwesen nicht mehr Fuß fassen konnte bzw. dessen Wiedereinstellung bewusst unterbunden wurde.

Doch der erste Anschein unbeschadeten Davonkommens einer ganzen Expertengruppe trügt. Die Spanne der Konsequenzen und Beeinträchtigungen unter den Archivaren reichte von folgenloser Weiterbeschäftigung (Bernhard Vollmer und Ludwig Dehio) über längere Internierung (Georg Wilhelm Sante und Helmuth Rogge) bis hin zu mehrjähriger Haft (Georg Schnath und Martin Granzin). Die Aktivitäten der sogenannten Kollegenhilfe des Vereins Deutscher Archivare, ein Spendenfonds preußischer Staatsarchivare für mittellose bzw. in Not geratene Kollegen und ihre Familienangehörigen in den 1950er Jahren, zeugen von den Problemen, mit denen viele Archivare konfrontiert waren.[8] In der Nahperspektive offenbarten sich zahlreiche biografische bzw. arbeitsbiografische Brüche, Umwege und jahrelange Unterbrechungen sowie soziale Notlagen und kriegsbedingte Internierungs- und Inhaftierungszeiten,

6 Kahlenberg, Deutsche Archive in Ost und West, S. 95.

7 Hier sind insbesondere die Untersuchungen von Astrid M. Eckert, Stefan Lehr und Tobias Winter hervorzuheben, auf die im Folgenden rekurriert wird: Eckert, Kampf um die Akten, S. 134-147.- Eckert, »Im Fegefeuer der Entbräunung«.- Lehr, Ein fast vergessener »Osteinsatz«, S. 309-323, 338-344.- Winter, Die deutsche Archivwissenschaft, S. 399-434.

8 Die Hilfsaktivitäten aus diesem Fonds, der seit 1954 auch ostdeutsche Kollegen unterstützte, sind dokumentiert in: BArch, B 198/795.

die das Kontinuitäts-Narrativ insofern relativieren, als es sich in vielen Fällen eben nicht um eine schlichte Fortsetzung alter Berufstätigkeiten an alter Stätte handelte.

Für das Bundesarchiv trifft dies in besonderer Weise zu, handelte es sich doch um eine institutionelle Neugründung, die erst sieben Jahre nach Kriegsende erfolgte. Hier besaßen die Einstellungen für die meisten Betroffenen den Status eines beruflichen Neustarts. Gleichwohl hatten auch die Vertreter der Gründergeneration zuvor Nachkriegserfahrungen gesammelt, die sich in der Erlebniswelt der Mehrheit bewegten und vor allem die arbeitsbiografische Wartezeit und Lücke als markantes Merkmal erscheinen lassen, wie der Werdegang des späteren leitenden Archivdirektors Wolfgang Müller zeigt: Der am 6. Oktober 1903 im ostpreußischen Domnau geborene Müller gehörte nach einem Geschichtsstudium in München, Berlin und Marburg mit anschließender Promotion seit dem Sommer 1936 dem Geheimen Staatsarchiv in Berlin an. Zuvor hatte er 1934/35 erfolgreich einen Lehrgang am IfA in Berlin-Dahlem absolviert. Er arbeitete sich dann vom wissenschaftlichen Hilfsarbeiter über den Archivassistenten bis zum Staatsarchivrat im Oktober 1939 hoch.[9] Müller war zum 1. August 1936 dem Reichsbund Deutscher Beamter, im April 1937 der NS-Volkswohlfahrt und schließlich zum 1. Mai 1937 der NSDAP beigetreten (später trat er noch in den Luftschutzbund ein).[10] Damit gehörte er unter formalen Gesichtspunkten nicht zu denjenigen, die sich frühzeitig über Mitgliedschaften in NS-Formationen als überzeugte Parteigänger exponiert hatten. Erst im Zuge seines Eintritts in das GStA unter Zipfels Leitung stellte er dahingehende Anträge. Im Jahr 1941 wurde er zur Luftwaffe eingezogen, wo er bis Kriegsende – dann im Range eines Feldwebels – diente. Er geriet in sowjetische Gefangenschaft, aus der er im Herbst 1945 wegen Krankheit entlassen wurde. Danach kam er für zwei Jahre in einer (West-)Berliner Buchhandlung unter, die jedoch im Zuge der Währungsumstellung 1948 Konkurs anmeldete. Nach einem mehrmonatigen Intermezzo als Filialleiter einer Raiffeisenkasse in der SBZ, währenddessen er offenbar ins Visier des kommunistischen Regimes geriet, zog er schließlich nach Hannover, wo er bis 1950 als Lektor des dortigen Gustav-Warneck-Verlages arbeitete. Erst danach wechselte er wieder ins Archivmetier: Staatsarchiv Hannover (1950), Archivberatungsstelle Westfalen in Münster (1952) und schließlich seit dem 15. August 1953 das Bundesarchiv in Koblenz.[11] Somit brauchte es knapp zehn Jahre, bis die kriegsbedingte Pause als Archivar ihr Ende fand. Eine arbeitsbiografische Kontinuität über den System-

9 Wolfgang Leesch, Die deutschen Archivare 1500-1945, Bd. 2. Biographisches Lexikon, S. 424 f.

10 GStA PK, I. HA Rep. 178B, Nr. 980: Auskunft W. Müller über bestehende oder beantragte Mitgliedschaften, 9.8.1939, f. 91.

11 Leesch, Die deutschen Archivare, S. 424 f.- Wolfgang A. Mommsen, Wolfgang Müller (Nachruf), in: Der Archivar 20 (1967), Sp. 95-97.

wechsel hinweg lag schlichtweg nicht vor bzw. diese begann erst in Koblenz, wo er bis zu seiner vorzeitigen Pensionierung im Herbst 1965 blieb.[12]

Ein weiteres prominentes Beispiel war der spätere stellvertretende Direktor des Bundesarchivs Wilhelm Rohr. Dieser war bis 1945 als Oberregierungsrat im Reichsinnenministerium Zipfels rechte Hand und wurde nach Kriegsende für zehn Monate in einem Darmstädter Gefangenenlager interniert. Mit Berufsverbot belegt, arbeitete er danach als Maurergehilfe in Berlin. Rohr war sich durchaus seines früheren belastenden Tuns bewusst und wagte erst im Herbst 1948, vor ein Spruchkammergericht zu treten.[13] Hierbei profitierte er von der zweiten Änderung des Gesetzes zur Befreiung von Nationalsozialismus und Militarismus vom 29. März 1948. Darin wurde eine Verkürzung des Verfahrens festgelegt, das vormals »Belastete« (Gruppe II) zu Mitläufern erklärte und das Berufsverbot auf »Hauptschuldige« begrenzte. Rohr, der nicht damit rechnete, ungestraft davonzukommen, und Winter gegenüber von einem »Fegefeuer der Entbräunung« sprach,[14] zögerte lange, bevor er den Entscheid riskierte. Am Ende zahlte sich sein Warten aus: Rohr wurde als Mitläufer eingestuft.[15] Damit erhielt er die rechtliche Unbedenklichkeitsbescheinigung ausgestellt, die die Einstellungen zunächst als Aushilfsarbeiter im Staatsarchiv Hannover und später dann als Leiter der Abteilung II im Bundesarchiv ermöglichte. Sie veranlasste ihn sogar, bei Otto Korfes die Stellenlage am DZA zu sondieren.[16]

Der spätere Präsident des Bundesarchivs Wolfgang A. Mommsen, der von der SMAD wegen seines »Osteinsatzes« als Kriegsverbrecher gesucht wurde, tauchte im Schloss Schillingsfürst unter, wo er mit Sortierungsarbeiten im Hausarchiv des Fürsten Hohenlohe seinen Lebensunterhalt bestritt.[17] Ein Jahr nach Kriegsende meldete sich Mommsen dann beim *Counter Intelligence Corps* und führte in dessen Auftrag aktenbezogene Ordnungs- und Übersetzungsarbeiten durch. Ebenso wie Rohr befand Mommsen noch Anfang 1948 die politische Situation für viel zu unsicher, um sich aktiv um eine Stelle in einem staatlichen Archiv zu bewerben. Mommsen war sich bewusst, dass sein archivischer Auslandseinsatz

12 Seit 1964 wurde Müller immer häufiger krank. Im Oktober des Folgejahres konnte er zwar noch seine Ernennung zum Archivdirektor feiern, jedoch nur wenige Wochen später erkrankte er so heftig, dass er den Dienst vorzeitig quittieren musste – und schließlich am 1. Juni 1966 in Koblenz verstarb.

13 Georg Winter gegenüber hatte Rohr Anfang 1948 eine ganze Reihe von belastenden Punkten aufgelistet, zu denen sich zu bekennen Winter jedoch eindringlich abriet. BArch, N 1333 (Nachlass Georg Winter)/31: Georg Winter an Wilhelm Rohr, 17.3.1948.

14 BArch, N 1333 (Nachlass Georg Winter)/31: Wilhelm Rohr an Georg Winter, 23.5.1948.

15 Zu Rohr: Eckert, »Im Fegefeuer der Entbräunung«, S. 431.- Winter, Die deutsche Archivwissenschaft, S. 402.- Zur Nachkriegszeit auch knapp: Walter Vogel, Wilhelm Rohr (Nachruf), in: Der Archivar 22 (1969), Sp. 352-357, hier 354.

16 Diverse Schreiben zwischen Rohr und Korfes 1948/49 in: BArch, N 1418 (Nachlass Wilhelm Rohr)/11.

17 Eckert, »Im Fegefeuer der Entbräunung«, S. 432.

strafrechtliche Relevanz besaß und die Gefahr einer Auslieferung an die Sowjets – trotz ausgebrochenen Kalten Kriegs – längst nicht gebannt war.

Glimpflicher erging es dem späteren ersten Direktor des Bundesarchivs Georg Winter. Dieser hatte sich 1945 in Berlin aufgehalten und vom entlassenen Erich Randt die Leitung des GStA übernommen. Obwohl er nicht der NSDAP oder anderen NS-Formationen angehört hatte, wurde er schon nach einem Monat wieder suspendiert, nachdem der Berliner Magistrat von Winters Einsatz für den ERR in der Ukraine erfahren hatte.[18] Nach mehreren vergeblichen Bewerbungsversuchen unternahm Winter etwas, das zahlreiche Beamte und Archivare vor und nach ihm taten: Er wechselte die Besatzungszone und zog im Sommer 1946 in die britische Zone, wo er noch im Herbst eine Archivratsstelle im Staatsarchiv Hannover erhielt.[19] Das Archiv, das mit Unterbrechungen von 1938 bis 1959 unter dem Direktorat von Georg Schnath stand, war in dieser Zeit ein Auffangbecken für gestrandete Archivare mit NS-Belastung. Das zeigt neben Winters Einstellung auch die zwischenzeitliche Aufnahme von Wilhelm Rohr, Helmuth Rogge und Erich Weise. Auch der wegen einer verschwiegenen NSDAP-Mitgliedschaft entlassene GStA-Leiter Ulrich Wendland kam hier unter. Für Winter blieb Hannover jedoch nur eine Zwischenetappe. Noch Ende 1946 nahm er das Angebot zur Leitung des Lüneburger Stadtarchivs an. Damit war für Winter die Zeit der Unsicherheit und beruflichen Haltlosigkeit mehr oder weniger vorüber. Lüneburg befand sich abseits der städtischen und archivischen Zentren, was für ihn zunächst ein vergleichsweise ruhiges Abwarten und Stillhalten ermöglichte.

Winter blieb aber dennoch ein gefragter Mann. Im vorrangig durch Briefwechsel gepflegten Netzwerk der Archivare avancierte er zu einem häufig kontaktierten Adressaten, wobei er sich insbesondere im Zusammenhang mit »Persilschein«-Ausstellungen zu einer Schlüsselfigur unter den Archivaren entwickelte.[20] Mit entsprechenden Gutachten für Wilhelm Rohr, Wolfgang Kohte und Karl Gustav Bruchmann formulierte er darunter maßgebliche Unbedenklichkeitserklärungen für spätere leitende Bundesarchivare.[21] Andere Empfänger waren solch bekannte Archivare wie Hermann Meinert, Werner Ohnesorge und Georg Schnath.[22] Zu den problematischsten Schreiben gehört im Nachhinein aber zweifellos das Attest für seinen ehemaligen Vorgesetzten Ernst Zipfel, das er, trotz anfänglicher Bedenken, im Juni 1946 ausstellte.[23]

18 GStA PK, I. HA Rep. 178 B, Nr. 3268: Allgemeiner Umlauf, 18.7.1945.

19 Winter, Die deutsche Archivwissenschaft, S. 403 f.

20 Ausführlich dazu: Ebd., S. 414-434.- Eckert, »Im Fegefeuer der Entbräunung«, S. 434 f.

21 BArch, N 1333 (Nachlass Georg Winter)/31: Georg Winter: Eidesstaatliche Erklärung für Wilhelm Rohr, 8.6.1948.- BArch, N 1333 (Nachlass Georg Winter)/30: Georg Winter: Eidesstaatliche Erklärung für Wilhelm Kohte, 1.6.1947.- NLA OS, Rep. 980, Nr. 4915: Georg Winter: Eidesstaatliche Erklärung für Karl G. Bruchmann, 26.5.1947.

22 Eckert, »Im Fegefeuer der Entbräunung«, S. 434, FN 37.

23 Winter, Die deutsche Archivwissenschaft, S. 422-425.

Damit gehörte Winter zu den wenigen, die auf Zipfels Anliegen eingingen. Andere Persönlichkeiten hingegen wie Albert Brackmann oder Rudolf Grieser hatten sich einer Entlastungserklärung für den nationalsozialistischen Ex-Funktionär verweigert.[24] Von Historikerseite ist bereits auf die besondere Semantik der »Scheine« mit ihren frappierenden Umdeutungen und Argumentationen verwiesen worden, mit der Winter Eintritte in NS-Formationen, ideologische Bekenntnisse, Antisemitismus oder Archivalienraub neutralisierte, verharmloste und gar abstritt: Aus Kohtes Mitgliedschaft bei der Reiter-SA wurde eine apolitische Passion für den Reitsport, aus Rohrs nationalsozialistischer Gesinnung ein schlichter sozialer Idealismus, der an der politischen Realität vorbeigegangen sei.[25] Dass Winter zudem auch Kulturgutraub-Vergehen »weißelte«, bezeugt der Persilschein für den Bibliothekar Josef Benzing, der als Mitarbeiter der »Landesverwaltung der Archive, Bibliotheken und Museen« im Reichskommissariat Ukraine und Leiter der Bibliothek der Akademie der Wissenschaften in Kiew von 1941 bis 1943 den Bücherraubzug der ERR in der Ukraine koordinierte.[26]

Dass eine Persönlichkeit wie Georg Winter trotz des Wissens um seine Rolle vor 1945 als anerkannter Entlastungszeuge fungieren konnte, erstaunt im Nachhinein. Doch als zeitgenössisches Phänomen bildete dies längst keinen Einzelfall. So betätigten sich neben Winter auch solch problematische Funktionsträger wie Albert Brackmann als gefragte »Persilschein«-Aussteller, mehr noch: Der frühere Bekenner zu Hitler und Antreiber einer nationalsozialistischen Mobilisierung der Archivare stilisierte sich zeitweise selbst erfolgreich als Opfer des NS-Regimes.

In diesem Umfeld durfte sich sogar Ernst Zipfel als Fürsprecher und Gutachter exponieren, wenngleich seine Bescheinigungen und Einschätzungen vor allem fachliche Aspekte beinhalteten. Dass solch ein Engagement zumindest in den westlichen Zonen umstandslos möglich und für die Betreffenden erfolgreich war, verweist auf dreierlei: erstens die argumentative Überzeugungskraft von scheinbar randständigen Expertenkulturen, die sich quasi vollständig auf die Bestimmungsfaktoren Fachkompetenz, Eigenlogik und Diktaturferne zurückziehen konnten, zweitens die damalige situative Unübersichtlichkeit und Löchrigkeit der Prüfverfahren sowie drittens den Zusammenhalt und das exkulpierende Selbstbewusstsein einer Berufsgruppe, die sich gegenseitig vor Verfolgung schützte.

Gründungsbeschluss und schwierige Besetzung des Direktorenpostens

Es war mit Bernhard Vollmer der zeitweise wohl einflussreichste westdeutsche Archivar, der der versammelten Kollegenschaft auf dem 28. bzw. ersten

24 Eckert, »Im Fegefeuer der Entbräunung«, S. 434-437.
25 Ebd., S. 435 f.- Winter, Die deutsche Archivwissenschaft, S. 417 ff.
26 Zu Benzing: Gutsul, Der Einsatzstab Reichsleiter Rosenberg, S. 45, 115, 158, 179, 185.

Archivtag nach Kriegsende am 31. Mai 1949 in Wiesbaden – also nur wenige Tage nach der offiziellen Gründung der Bundesrepublik – den Antrag auf »Errichtung eines Bundesarchivs beim Bundeskanzler« vorstellte.[27] Ein solches Archiv sollte nach Vollmers Vorstellung nicht nur archivieren, sondern auch wissenschaftliche Forschung betreiben, wie es im Reichsarchiv der Fall war. Der Arbeitsauftrag wurde zunächst eindeutig gefasst: Das Bundesarchiv war laut Kabinettsbeschluss der Bundesregierung vom 24. März 1950 »zur Sammlung, Ordnung und wissenschaftlichen Verwertung des bei der Bundesregierung und ihren Dienststellen anfallenden Archivguts bestimmt. Es hat auch zu bearbeiten das Material aus den Beständen des ehemaligen Reichsarchivs und des Preußischen Geheimen Staatsarchivs, die Materialien aus der Tätigkeit der ehemaligen deutschen Reichsbehörden und der deutschen Wehrmacht, der zonalen und bizonalen Verwaltungen des früheren Vereinigten Wirtschaftsgebietes und der französischen Besatzungszone. Zu seiner Aufgabe gehört auch die Betreuung der beschlagnahmten und wieder zurückgeführten Akten sowie anderer Akten aus Bundes- und früherer Reichszuständigkeit nach der Bestimmung des Ministers des Innern«.[28]

Nach den Handakten Georg Winters, aber auch anderer Akten zu urteilen, war es ebenfalls Bernhard Vollmer, der bereits sehr konkrete Vorstellungen vom organisatorischen Aufbau eines künftigen Zentral- bzw. Bundesarchivs und seiner künftigen Besetzung entwickelt hatte. So führt ein Stellenvorschlag vom Januar 1950 Georg Sante als Leiter, Helmuth Rogge, Helmuth Greiner und Wilhelm Rohr als Oberarchivräte, Wolfgang A. Mommsen, Eberhard von Vietsch und Helmuth Croon als Archivräte auf.[29] Eine Strukturskizze aus dem Jahr 1951 weist zudem bereits drei Abteilungen aus, wie sie später für den Koblenzer Standort umgesetzt wurden, allerdings in veränderter Beständeordnung.[30] Insofern ist auch Vollmer zweifellos zu den geistigen Gründungsvätern des Bundesarchivs zu zählen.[31] Dabei bestand zugleich kein Zweifel, dass sich die Archivgründer von Beginn an als Erben und Nachfolger von Reichsarchiv und GStA begriffen, wie der neue Behördenleiter dazu 1952 im Bulletin des Presse- und Informationsamtes der Bundesregierung ausführte: »Das Bundesarchiv ist mit diesem Aufgabenkreis in der Bundesrepublik an die Stelle getre-

27 Winter, Die deutsche Archivwissenschaft, S. 452.

28 BArch, B 198/544: Beschluss der Bundesregierung vom 24. März 1950. Abschrift aus dem Kurzprotokoll über die 52. Kabinettssitzung der Bundesregierung.

29 BArch, PERS 101/70758: Deutscher Archivausschuss/Der Vorsitzende: Besetzung des Bundesarchivs, 11.1.1950.- Zu Georg Santes Rolle beim »Archivschutz« im besetzten Belgien: Els Herrebout, Georg Sante und der deutsche Archivschutz in Belgien während des Zweiten Weltkrieges, in: Kretzschmar (Red.), Das deutsche Archivwesen, S. 208-216.

30 BArch, B 198/10012, Bd. 1: Dr. Vollmers Organisationsaufbau 1951, o. D.

31 So auch der Akzent bei: Winter, Die deutsche Archivwissenschaft, S. 456.

ten, die früher die beiden großen Zentralarchive des Reiches und des Staates Preußen einnahmen.«[32]

Der Entwurf für die Beantragung eines Bundesarchivs vom 23. Juni 1949 hielt fest, dass archivarische und wissenschaftliche Qualitäten der Bewerber als einzig entscheidende Einstellungskriterien zu gelten hätten, um Ansehen und Kompetenz des zukünftigen Zentralarchivs zu sichern.[33] Das bedeutete, dass politische Belastungsmomente der Vergangenheit keinen Einfluss auf die Auswahl der künftigen Bundesarchivare haben sollten. In der Folge machte sich sogar kurzzeitig Ernst Zipfel Hoffnungen auf den Direktoren-Posten, obwohl das Papier ihn davon ausgeschlossen hatte – allerdings in erster Linie aufgrund seiner fehlenden Ausbildung als Historiker und nicht wegen seiner Vergangenheit als oberster NS-Archivfunktionär. Dass Vollmer, der immerhin zu den Archivaren gehörte, die zwischen 1933 und 1945 zwar im System, jedoch ohne ideologischen Eifer für das Regime gearbeitet hatten,[34] eine solche Ausblendung tatsächlich ernst meinte, war an der Personalie des Ex-Reichsarchivars und überzeugten NSDAP- und SS-Mitglieds Helmuth Rogge abzulesen, dem er im Sommer 1949 mitteilte, zum engeren Auswahlkreis für die Besetzung des geplanten Bundesarchivs zu gehören.[35] Diese Vorgänge illustrieren die damalige Atmosphäre von Amnesie und Verdrängung, in der die Gemeinschaft der Archivare einen unpolitischen Expertenstatus selbstgewiss nach innen und nach außen reklamierte.

Es ist bereits mehrfach und kenntnisreich der Weg Georg Winters vom Stadtarchiv Lüneburg an die Spitze des Bundesarchivs beschrieben worden, der keineswegs ein geradliniger und konfliktfreier war.[36] Aus personalpolitischer Perspektive bleibt wichtig festzuhalten, dass er zunächst nicht zur ersten Wahl gehörte und – insbesondere nach der Absage von Ernst Posner[37] – eher zu den Übriggebliebenen unter den Kandidaten zählte. Dabei ist es im Zusammenhang mit Posner nicht verfehlt, einer gewissen historischen Kontingenz das Wort

32 Georg Winter, Das Bundesarchiv, in: Bulletin des Presse- und Informationsamtes der Bundesregierung Nr. 91 vom 16.7.1952, S. 907-908, hier S. 907.

33 Winter, Die deutsche Archivwissenschaft, S. 454 f.

34 Gerhard Menk/Sierk EM. Plantinga, »Die Ehre der deutschen Staatsarchivare und Historiker zu wahren.« Bernhard Vollmer und seine Tätigkeit in den Niederlanden, in: Kretzschmar (Red.), Das deutsche Archivwesen, S. 217-271.

35 BArch, PERS 101/70758: Auszugsweise Abschrift eines Schreibens des Vorsitzenden des Deutschen Archivausschusses in Düsseldorf vom 9.7.1949 betreffend Errichtung des Bundesarchivs und Vermerk (Abschrift), 13.1.1950.- Winter, Die deutsche Archivwissenschaft, S. 455.

36 Hans Booms, Georg Winters Weg zum Gründungsdirektor des Bundesarchivs. Hoffnungen und Enttäuschungen des früheren preußischen Staatsarchivdirektors, in: Klaus Oldenhage/Hermann Schreyer/Wolfram Werner (Hg.), Archiv und Geschichte. Festschrift für Friedrich P. Kahlenberg, Düsseldorf 2000, S. 240-263.

37 Angelika Menne-Haritz, Ernst Posner – Professionalität und Emigration, in: Sven Kriese (Hg.), Archivarbeit im und für den Nationalsozialismus. Die preußischen Staatsarchive vor und nach dem Machtwechsel von 1933, Berlin 2015, S. 111-141, hier S. 132-134.

zu reden. So spielte der in die USA emigrierte GStA-Archivar als Insider und Kenner der Archivszene eine erhebliche Rolle bei der Evaluierung der deutschen Archivare sowohl vor als auch nach 1945.[38] Trotz seiner räumlichen Distanz beurteilte er Persönlichkeiten wie Rohr, Diestelkamp, Winter oder Kohte, die später im Dienste des Bundesarchivs standen, in ihrer politisch-ideologischen Nähe zum NS-Regime erstaunlich präzise, wobei er von den Genannten gerade Rohr und Kohte als besonders belastet einstufte.[39] Dass das Bundesarchiv unter seiner Ägide personell erkennbar anders aufgestellt worden wäre, als es dann Winter tat, darf mit großer Sicherheit angenommen werden. Mit Blick auf das Personal des Potsdamer Reichsarchivs als Vorgängerinstitution muss in diesem Zusammenhang Heinrich Otto Meisner genannt werden. Auch er zählte zwischendurch als hochgeschätzter Experte zum aussichtsreichen engeren Kandidatenkreis, wurde dann jedoch aufgrund seiner NSDAP-Mitgliedschaft und seiner laufenden Tätigkeit für die »Sowjets« wieder aussortiert.[40]

Laut den Aufzeichnungen, die Georg Winter im Juli 1952 »für eine künftige Geschichte des Bundesarchivs« festhielt, erhielt er erstmals schriftlich am 13. Juli 1950 und persönlich drei Tage später bei einem Treffen mit dem Leiter der Abteilung III im BMI, Erich Wende, das Angebot, die Leitung des zukünftigen Bundesarchivs zu übernehmen.[41] Daraufhin verhandelte Winter vom 9. bis 11. Oktober in Bonn mit Ministerialrat Sklode von Perbandt über Standorte und potenzielle Mitarbeiter. Der Leiter der Personalabteilung baute allerdings zunächst hohe personalpolitische Hürden auf: Er bestand auf ein Einstellungsverbot für ehemalige NSDAP-Mitglieder.[42] Die Zusammenkünfte mit Staatssekretär Ritter von Lex und Innenminister Gustav Heinemann bestätigten diese Linie, denn Heinemann, der zuvor beim Kanzler sein Rücktrittsgesuch auch wegen des mangelnden Entnazifizierungswillens der Bundesregierung eingereicht hatte, pochte ebenso auf ein Archiv ohne ehemalige Parteigenossen.[43] Als darüber hinaus im Herbst des Jahres noch Vorwürfe gegen Winter wegen seiner NS-Vergangenheit erhoben wurden, wurde die Situation so verfahren, dass dieser von der Leitungsaufgabe zurücktrat; und auch im BMI galt die »Kandidatur Winter« Anfang 1951 als »endgültig erledigt«.[44]

38 Zu Posner allgemein: Dagmar Gieseke u.a., Ernst Posner 1892-1980. Archivar in Deutschland und Amerika. Eine biographische Skizze, Potsdam 1997.- Menne-Haritz, Ernst Posner, in: Kriese (Hg.), Archivarbeit im und für den Nationalsozialismus, S. 111-141.

39 Eckert, Kampf um die Akten, S. 128 ff.

40 Inwiefern Meisner darüber Kenntnis hatte, ist nicht eindeutig überliefert; in jedem Fall überschnitten sich derartige Überlegungen mit seiner anlaufenden wissenschaftlichen Tätigkeit beim IfA Potsdam. Winter, Die deutsche Archivwissenschaft, S. 454.

41 BArch, B 198/10012, Bd. 1: Georg Winter, Aufzeichnungen, 4.7.1952.

42 BArch, N 1333 (Nachlass Georg Winter)/87: Georg Winter an Bernhard Vollmer, 17.10.1950.

43 BArch, N 1333 (Nachlass Georg Winter)/87: Staatssekretär Dr. Wende an Georg Winter, 27.9.1950.

44 BArch, B 106/21197: MR Perbandt an Staatssekretär Dr. Wende, 5.1.1951.

Doch es bestand Handlungsdruck, denn von verschiedenen Seiten wie etwa der Akademie der Wissenschaften zu Göttingen wurde von der Politik öffentlich die zügige Errichtung des Bundesarchivs gefordert.[45] Im Ergebnis wurde das Direktorenamt öffentlich ausgeschrieben, was für einen solchen Posten einen neuartigen Vorgang für das BMI darstellte.[46] Auf die Stelle bewarben sich zahlreiche ältere und jüngere Archivare von unterschiedlichem Renommee und verschiedener Herkunft, wie Wilhelm Sante, Adolf Diestelkamp und Wolfgang A. Mommsen (die beide später Winters Mitarbeiter im Bundesarchiv wurden) oder auch Bernhard Poll und Hermann Pantlen, die früher dem Reichs- bzw. Heeresarchiv angehört hatten. Doch wie zuvor schon bei Winter verhinderten zurückliegende Mitgliedschaften in NS-Formationen, allen voran der NSDAP, sowie archivpolitisch belastende Aktivitäten vor 1945 die Einstellung der fachlich infrage kommenden Kandidaten.

Um diese Sackgasse zu verlassen, wurden noch einmal alle Kandidaten geprüft – und die Arbeitsbiografie von Georg Winter neu bewertet. Dessen Ukraine-Zeit wurde im Vergleich mit anderen Kandidaten und durch die sich wandelnde öffentliche Diskussion zu diesem Thema nun deutlich weniger belastend eingestuft als zuvor, sodass die Wahl erneut auf Winter fiel. Dass er damit aber nicht als völlig »reingewaschen« galt, wurde bei seiner Vorstellung beim neuen Bundesinnenminister Robert Lehr deutlich. So fragte Lehr eindrücklich bei Winter nach, ob seine frühere Tätigkeit im besetzten Ausland für »Schwierigkeiten auf ausländischer Seite« sorgen könne, woraufhin dieser ihm antwortete, dass er mit Beschuldigungen von russischer Seite rechnen würde, die jedoch »selbstverständlich völlig unberechtigt wären«.[47] Diese Auskunft schien Lehr zu beruhigen, sodass Winter per BMI-Erlass vom 23. Februar 1952 zu einer dreimonatigen Probezeit nach Bonn abgeordnet wurde, wo er sich, wie er notierte, »am Freitag, den 21. März vormittags 9 Uhr zum Dienst meldete«.[48]

Unabhängig davon stand für Winter selbst keinesfalls von Anfang an fest, dass er dieses Amt übernehmen wollte. So zögerte er durchaus längere Zeit, ob er den sicheren und überschaubaren Posten eines Stadtarchivdirektors von Lüneburg gegen die Leitung einer Archiv-Neugründung eintauschen sollte, die voller Ungewissheiten, Sachprobleme und Kraftanstrengungen steckte und

45 BArch, N 1709 (Nachlass Adolf Diestelkamp)/1: Denkschrift der Akademie der Wissenschaften zu Göttingen an den Bundespräsidenten, 23.11.1951, sowie der dahingehende Schriftwechsel zwischen Adolf Diestelkamp und Prof. Dr. Walther Hubatsch in: ebd.

46 Gemeinsames Ministerialblatt Nr. 2/1951 vom 1.2.1951, S. 11.- So waren laut Staatssekretär Erich Wende offenbar bislang keine staatlichen Beamtenpositionen mit rein wissenschaftlicher Aufgabenstellung tatsächlich öffentlich ausgeschrieben worden. BArch, B 106/21197: Staatssekretär Dr. Wende an MR Perbandt, 11.11.1950.

47 BArch, N 1333 (Nachlass Georg Winter)/87: Georg Winter an Dr. Clemm, 3.2.1952.- BArch, B 198/10012, Bd. 1: Georg Winter, Aufzeichnungen, 4.7.1952.

48 BArch, B 198/10012, Bd. 1: Georg Winter, Aufzeichnungen, 4.7.1952.

mit dem Risiko des Scheitern verbunden war.[49] Darüber hinaus war er bereits Anfang 1944 aus gesundheitlichen Gründen zusammengebrochen und für ein halbes Jahr als arbeitsunfähig registriert. Insofern war es personalpolitisch auch aus dieser Perspektive nicht zwangsläufig, dass der ehemalige Referent Zipfels sieben Jahre nach Kriegsende zum Direktor des neuen Bundesarchivs bestellt wurde.

Vom unterforderten zum überlasteten Archiv

Behördenaufbau am ungewollten Ort

Das Bundesarchiv begann im Juni 1952 seine Arbeit mit sechs wissenschaftlichen Referenten und fünf Sachbearbeitern.[50] Erster Sitz der Behörde war das Gebäude des ehemaligen preußischen Regierungspräsidenten unmittelbar am Rheinufer in Koblenz, eine Standortentscheidung, über die Winter, 60 Kilometer von Bonn und den Bundesministerien entfernt, alles andere als glücklich war. Doch weder in der Orts- noch in der Gebäudefrage, die seit den ersten Gesprächen 1950 Dauerthema waren und für die – auch schon von Vollmer – unterschiedlichste Varianten durchdiskutiert wurden, konnte sich Winter durchsetzen. Dass diese Problematik im BMI von Beginn an ohne nachhaltigen Plan im Raum stand, zeigten bereits die ersten Diensttage Winters in Bonn, wo er bis zum 22. April 1952 in verschiedenen Dienstzimmern des Innenministeriums rotierte und nur solche Arbeitsplätze belegen durfte, die durch Urlaub der Inhaber vorübergehend freistanden. Erst am 23. April, erinnerte er sich später, erhielt das Bundesarchiv dann zwei Zimmer im Gebäude der Bundeszentrale für Heimatdienst in Bad Godesberg in der Heerstraße 85.[51] Hinsichtlich der bereits andernorts dargestellten Raum- und Ortsdiskussionen ist festzuhalten, dass Koblenz wegen der Lage und der fehlenden Magazingröße in keinem Fall der erwünschte Standort Winters war und er selbst noch 1957, als Köln ins Gespräch gebracht wurde, fest mit einem Umzug rechnete.[52]

Dass Winters Neigung und jene der meisten anderen Bundesarchiv-Mitarbeiter, nach Koblenz zu ziehen, so gering war, hing vor allem daran, dass die Stadt in den 1950er Jahren (und auch noch danach) als ein wenig attraktiver Ort galt, der erhebliche Kriegsschäden zu bewältigen hatte, voller struktureller Probleme steckte und sich inmitten eines nicht absehbaren städtischen Umbruchs befand. In der Zeit des Nationalsozialismus hatte Koblenz als

49 Dazu auch seine Abwägungen gegenüber diversen Kollegen in Briefen, z. B. BArch, N 1333 (Nachlass Georg Winter)/87: Georg Winter an Helmuth Rogge, 26.8.1950.

50 BArch, N 1333 (Nachlass Georg Winter)/87: Personalbestand des Bundesarchivs am 16. Juni 1952.

51 BArch, B 198/10012, Bd. 1: Georg Winter, Aufzeichnungen, 4.7.1952.

52 Heinz Boberach, Bundesarchiv und Bundeshauptstadt, in: Manfred von Rey/Norbert Schloßmacher (Hg.), Bonn und das Rheinland. Beiträge zur Geschichte und Kultur einer Region, Bonn 1992, S. 649-662, hier insbesondere S. 658 f.

Gauhauptstadt eine herausgehobene Rolle in der Region gespielt.[53] Maßgeblich verantwortlich dafür war das nationalsozialistische Engagement Gustav Simons gewesen, der seit seiner Einsetzung als NSDAP-Bezirksführer für Trier-Birkenfeld und Koblenz die Bildung eines eigenen Gaus Koblenz-Trier betrieben hatte.[54] Unter seiner Führung gelang es der NSDAP bereits 1929, in den Stadtrat von Koblenz einzuziehen. In der Folge entwickelte sich die Stadt zu einer »braunen Bastion« mit hohen Mitgliederzahlen von NSDAP, SA und SS. Besuche der NS-Spitze, darunter 1933 Heinrich Himmler und Ernst Röhm oder 1934 Adolf Hitler auf der »Saartreuekundgebung«, werteten die Stadt als regionales Machtzentrum auf.[55] In seiner Funktion als Gauhauptstadt beherbergte es zahlreiche Institutionen des Herrschaftsapparates, angefangen von der NSDAP-Gau- und Kreisleitung, der DAF-Gauwaltung und dem Amt für Volkswohlfahrt über das Parteiorgan »Nationalblatt«, die Hermann-Göring-Kampfbahn und die Thingstätte bis zum Landgericht Koblenz, der Gestapo-Zentrale und dem Polizeipräsidium.

Der Bruch kam in den letzten Kriegsjahren. 1944 und 1945 erlebte Koblenz eine Reihe von schwersten Luftangriffen und Bombardements durch westalliierte Fliegerstaffeln. Der folgenreichste Angriff ereignete sich am 6. November 1944 und zerstörte die Innenstadt nahezu komplett. Nur gut sechs Prozent aller Koblenzer Wohnhäuser überstanden den Krieg unbeschädigt.[56] Doch die massiven Zerstörungen waren auch eine Folge des fast dreiwöchigen Bodenkampfes, der zwischen deutschen und vorrückenden amerikanischen Truppen tobte. Versorgungsleitungen, Straßenverbindungen, Eisenbahnwege oder Hafenanlagen wurden dabei ebenso verwüstet wie die Brücken über Rhein und Mosel, die die zurückweichende Wehrmacht restlos sprengte. Im Verlauf des März 1945 wurde Koblenz dann schließlich Stadtteil für Stadtteil von der US-Armee eingenommen.[57] Die Bilanz war desaströs: Von der einstigen Gauhauptstadt blieb ein einziger Trümmerberg übrig: 98 Prozent der Innenstadt und 60 Prozent der Vororte galten als zerstört. Zehntausende Einwohner, die

53 Peter Bucher, Koblenz während der nationalsozialistischen Zeit, in: Jahrbuch für westdeutsche Landesgeschichte 11 (1985), S. 211-245.- Petra Weiß, Die Stadtverwaltung Koblenz im Nationalsozialismus, Hagen 2011. FernUniversität in Hagen [https://ub-deposit.fernuni-hagen.de/receive/mir_mods_00000163 (letzter Zugriff am 15.01.2022)].

54 Albrecht Tyrell, Führergedanke und Gauleiterwechsel. Die Teilung des Gaues Rheinland der NSDAP 1931, in: Rheinische Vierteljahrsblätter 39 (1975), S. 237-271.

55 Peter Brommer, Etablierung nationalsozialistischer Macht. Koblenz und der Mittelrhein im Jahr 1935, in: Jahrbuch für westdeutsche Landesgeschichte 25 (1999), S. 513-550.

56 Dazu: Helmut Schnatz, Der Luftkrieg im Raum Koblenz 1944/45. Eine Darstellung seines Verlaufs, seiner Auswirkungen und Hintergründe, Boppard a. R. 1981.

57 Hans-Joachim Mack, Die Kämpfe im Rhein-Mosel-Gebiet und um Koblenz im März 1945, Koblenz 1990.- Ders., Das Kriegsende in Rheinland-Pfalz. Kämpfe und Besetzung 1945, Mainz 2001.

die Stadt im Krieg verlassen hatten, strömten zurück.[58] Lebten 1945 19 000 Einwohner in der Stadt, waren es Ende 1946 54 000, 1950 66 000 und schließlich 1961 99 000, von denen gerade in der Anfangszeit auch viele aus der SBZ/DDR sowie aus Osteuropa vertriebene und geflohene Menschen waren.[59] Darüber hinaus lebten bis zu ihrem Abzug 1957/58 bis zu 50 000 Militärs und Zivilisten der französischen Besatzungstruppen in der Garnisonstadt, die zudem als »Tor zur Fremdenlegion« galt und entsprechende Freiwillige mit oftmals stark belasteter NS-Vergangenheit anzog.[60]

Unabhängig davon blieb auch der regionalpolitische Status von Koblenz lange Zeit ungeklärt. Laut den Beschlüssen der Potsdamer Konferenz vom Sommer 1945 hatte das französische Militär die Besatzungsmacht übernommen. Ein Jahr später wurden die Gründung eines »rhein-pfälzischen Landes« beschlossen, eine Landesverfassung ausgearbeitet und Mainz zur neuen Landeshauptstadt bestimmt. Diese hatte jedoch wegen Kriegsschäden und Zerstörungen nicht ausreichend Verwaltungsgebäude zur Verfügung, sodass zunächst Koblenz zum neuen Sitz von Landesregierung und Landtag ausgerufen wurde. Ebenso wurden hier die ersten beiden Ministerpräsidenten von Rheinland-Pfalz, Wilhelm Boden und Peter Altmeier, gewählt. Mit den Beschlüssen der sogenannten Rittersturz-Konferenz im Juli 1948, auf der die Entscheidung für den Zusammenschluss der drei westlichen Besatzungszonen und die Loslösung von der SBZ getroffen wurde, wurden die Voraussetzungen für die spätere Gründung der Bundesrepublik Deutschland geschaffen und Koblenz überregional bekannt. Bezeichnenderweise wurde das Denkmal am Deutschen Eck 1953 durch Bundespräsident Theodor Heuss zum »Mahnmal der deutschen Einheit« umgewidmet; anstatt des früheren Reiterstandbildes Kaiser Wilhelms I. war dort nun die Bundesflagge zu sehen.

1949/50 wurde die Landeshauptstadt-Frage virulent, und beide Städte trugen einen öffentlichen Kampf aus, den am Ende Mainz für sich entscheiden konnte – noch im Mai 1950 beschloss der Landtag die Verlegung von Parlament und Landesregierung. Dennoch verblieben in Koblenz etliche Landesbehörden, das Landeshauptarchiv Koblenz sowie mehrere Gerichte, darunter der Verfassungsgerichtshof Rheinland-Pfalz und das Oberlandesgericht. Darüber hinaus wurden zur Kompensation 1952 neben dem Bundesarchiv auch die Bundesanstalt für Gewässerkunde sowie weitere Behörden insbesondere im militärischen Bereich in Koblenz angesiedelt. Im Ergebnis entstand in den 1950er Jahren ein Mix aus verschiedenen in- und ausländischen Verwaltungseinrichtungen, deren Beschäftige einen divers zusammengesetzten, polyglotten

58 Peter Brommer, Der Regierungsbezirk Koblenz in den geheimen Lageberichten von 1945 bis 1948, in: Jahrbuch für westdeutsche Landesgeschichte 8 (1982), S. 199-225.

59 Heinz Boberach, Nationalsozialistische Diktatur, Nachkriegszeit und Gegenwart, in: Ingrid Bátori (Red.), Geschichte der Stadt Koblenz, Stuttgart 1993, S. 170-223, hier S. 195, 205.

60 Hans Bellinghausen (Hg.), 2000 Jahre Koblenz. Geschichte der Stadt an Rhein und Mosel, Boppard a. R. 1971, S. 347

Beamten- und Angestelltenkorpus aus vielen Teilen des Landes und der Welt bildeten.

Kommunalpolitisch lag die Stadt in den 1950er Jahren und danach in der Hand von CDU-Oberbürgermeistern, deren Hauptthemen die Klärung der Wohnungsnot, die Ansiedlung von Industriearbeitsplätzen sowie die Aufwertung zu einem regionalen Kultur- und Tourismusmagneten waren.[61] Das war trotz malerischer Umgebung keinesfalls einfach: Koblenz war zwar umgeben von der attraktiven Rhein-Mosellandschaft, doch das alltägliche Straßenbild wurde vor allem durch französische Militärs geprägt. Ab 1957 zogen zudem wieder deutsche Soldaten in die städtischen Kasernen ein und verwandelten die Stadt, die zu dieser Zeit neben Paul von Hindenburg auch Adolf Hitler und Reichsarbeitsführer Konstantin Hierl noch zu ihren Ehrenbürgern zählte, zu einer der größten Garnisonstädte der Bundeswehr im Kalten Krieg. Zudem blieb die Großstadt, die 1962 die 100 000-Einwohnermarke überschritt, bis weit in die 1960er Jahre hinein eine gewaltige Baustelle, die nur langsam fertig wurde. Unter der Ägide von Oberbürgermeister Willi Werner Macke (CDU) erlebten die Angestellten des Bundesarchivs in der ersten Hälfte der 1960er Jahre aber immerhin die Inbetriebnahme der umgebauten Horchheimer Eisenbahnbrücke und die Eröffnung des Bundesarchivs am Wöllershof (beides 1961), die Einweihung der Rhein-Mosel-Halle (1962), den Baubeginn des Wohngebiets auf der Horchheimer Höhe (1963), die Moselkanalisierung und Freigabe der Staustufe Koblenz (1964), den Bau des Rheinhafens Koblenz und die Wohnungsbebauung des ehemaligen Flugfeldes auf der Karthause (beides 1965) sowie den Bau des Stadtbades (1966). Prominentenbesuche etwa der britischen Königin Elisabeth II. 1965 oder Zarah Leanders im Folgejahr sorgten für zusätzliche Bekanntheit der Stadt.

Doch auch geschichtspolitisch geriet Koblenz in die Öffentlichkeit: Im Oktober 1962 begann der Koblenzer Kriegsverbrecherprozess gegen den Hauptangeklagten Georg Heuser und zehn weitere Angeklagte. Heuser war im Zweiten Weltkrieg SS-Obersturmführer und Leiter der Abteilung IV beim Kommandeur der Sicherheitspolizei und des SD in Minsk und in den 1950er Jahren zum Leiter des Landeskriminalamts Rheinland-Pfalz in Koblenz aufgestiegen. In dem Prozess, der große politische und mediale Aufregung auslöste, wurde Heuser 1963 schuldig gesprochen, an der Ermordung von über 11 000 Menschen beteiligt gewesen zu sein; er und die anderen Angeklagten erhielten hohe Haftstrafen.[62]

61 Vgl. Boberach, Nationalsozialistische Diktatur, Nachkriegszeit und Gegenwart, S. 205-214.- Bellinghausen (Hg.), 2000 Jahre Koblenz, S. 344-365.

62 Jürgen Matthäus, Georg Heuser – Routinier des sicherheitspolizeilichen Osteinsatzes, in: Klaus-Michael Mallmann/Gerhard Paul (Hg.), Karrieren der Gewalt. Nationalsozialistische Täterbiographien, Darmstadt 2004, S. 115-125.- Landgericht Koblenz, 21. Mai 1963, in: Justiz und NS-Verbrechen. Sammlung deutscher Strafurteile wegen nationalsozialistischer Tötungsverbrechen 1945-1966, Bd. XIX, bearbeitet von Irene Sagel-Grande, H. H. Fuchs, C. F. Rüter. Amsterdam 1978, Nr. 552, S. 159-317.

Als die Standortwahl für das Bundesarchiv auf Koblenz fiel, war diese städtische Gesamtentwicklung allerdings noch nicht abzusehen und Provisorien, Mangel und Unbestimmtheit prägten den Alltag. Daher setzte Georg Winter durch, dass im Beschlusstext zur Errichtung des Archivs formuliert wurde, dass ein Archivneubau in Bonn »in absehbarer Zeit unumgänglich« sei. Der neue Behördenchef erhielt zum Trost einen VW-Bus, einen Fernschreiber sowie einen Direktanschluss an das Bonner Telefonnetz, um mit den Ministerien zu verkehren.[63] Im neuen Koblenzer Gebäude, in dem dem Bundesarchiv 50 Räume im Erdgeschoss und 30 im ersten Stock zur Verfügung standen, waren des Weiteren die Zentralabteilung des Bundesgesundheitsamtes, die Passkontrolldirektion, das Technische Hilfswerk und die Bundesstelle für die Unterbringung von verdrängten Beamten nach Artikel 131 des Grundgesetzes untergebracht. Dem Archiv standen 1954 zunächst insgesamt 642 m^2 Bürofläche und 720 m^2 Magazinfläche zur Verfügung.[64]

Auffällig ist, dass im Gegensatz zur äußerst kleinen Anfangsmannschaft bereits eine ausgefächerte Abteilungs- und Referatsstruktur vorlag. Die Grundgliederung des Bundesarchivs, die auch in den 1960er Jahren fortgeführt wurde, bestand, neben Abteilung I als Hauptabteilung, in der Unterteilung in staatliches Schriftgut (Abteilung II) und nichtstaatliches bzw. nichtschriftliches Archivgut (Abteilung III). Die drei Abteilungen waren wiederum in vier, fünfzehn bzw. zehn Referate strukturiert. Angesichts der anfänglich geringen Beschäftigtenzahl konnten die Referate nur durch zahlreiche Mehrfachbesetzungen personell zugeordnet werden – oder sie blieben vorerst schlicht unbesetzt, wie aus nachfolgendem Geschäftsplan vom 1. Februar 1953 hervorgeht:

63 Boberach, Bundesarchiv und Bundeshauptstadt, S. 657.

64 BArch, B 198/660.

Geschäftsverteilungsplan des Bundesarchivs vom 1. Februar 1953[65]

Direktor	**Georg Winter**
Stellvertretender Direktor	**Adolf Diestelkamp**
Verwaltungsabteilung	**Wilhelm Enck**
Hauptabteilung I	**Georg Winter**
Referat 1: Organisationsfragen des Bundesarchivs; auswärtige Abteilungen (Frankfurt, Berlin) – Referent: nicht besetzt (z.Zt. Diestelkamp, Rohr) Referat 2: Allgemeine Archiv-, Wissenschafts- und Publikationsangelegenheiten; Ausbildung – Ref.: nicht besetzt (z.Zt. Diestelkamp) Referat 3: NSDAP; Nürnberger Prozesse; verbotene Parteien – Ref.: Mommsen Referat 4: Besetzte Gebiete von 1939/45 – Ref.: nicht besetzt (z.Zt.: Abteilungsleiter)	
Abteilung II: staatliches Archivgut	**Wilhelm Rohr**
Referat 1: Allgemeine Angelegenheiten des staatlichen Behördenwesens (Bund, Reich, Preußen) und des staatlichen Archiv- und Schriftguts (Geschäftsordnungen, Aktenpläne, Aktenaussonderung) – Referent: Abteilungsleiter Referat 2: Oberste Organe der Staatsführung und Gesetzgebung; Bundesrechnungshof – Ref.: Vogel Referat 3: Auswärtiges – Ref .: Mommsen Referat 4: Inneres – Ref.: nicht besetzt (z.Zt. Abteilungsleiter), Koref.: Kohte ⇛ insgesamt 15 Referate[66]	
Abteilung III: nichtstaatliches bzw. -schriftliches Archivgut	**Adolf Diestelkamp**
Referat 1: Nichtstaatliches Archiv- und Schriftgut; Archivpflege – Referent: nicht besetzt (z.Zt.: Kohte) Referat 2: Nachlässe; Ankauf von Archivalien; Deposita – Ref.: Mommsen Referat 3: Zeitgeschichtliche Sammlungen – Ref.: Kohte Referat 4: Foto-, Film- und Tonarchiv; Bildstelle – Ref.: Kohte ⇛ insgesamt 10 Referate[67]	

65 BArch, B198/Geschäftsverteilungsplan 1953 (02).

66 Weitere Referate der Abteilung II und ihre Besetzung: Referat 5: Justiz – Ref.: nicht besetzt (z.Zt. Abteilungsleiter); Referat 6: Finanzen, Marshallplan – Ref.: nicht besetzt (z.Zt.: Diestelkamp); Referat 7: Wirtschaft einschließlich Vierjahresplan, Rüstung und Kriegsproduktion – Ref.: Facius; Referat 8: Ernährung und Landwirtschaft – Ref.: Vogel; Referat 9: Soziales (Arbeit; Wohnungsbau) – Ref.: Vogel; Referat 10: Post und Verkehr – Ref.: nicht besetzt (z.Zt.: Vogel); Referat 11: Kultus und Unterricht einschließlich Reichspropagandaministerium – Ref.: Facius; Referat 12: Bundesministerien für Vertriebene und für gesamtdeutsche Fragen – Ref.: Diestelkamp; Referat 13: Zonale und bizonale Verwaltungen – Ref.: Vogel; Referat 14: Rückgabeverhandlungen mit den Alliierten – Ref.: Abteilungsleiter; Referat 15: Schriftgutaustausch in Abwicklungssachen – Ref.: Facius.

67 Weitere Referate der Abteilung III und ihre Besetzung: Referat 5: Kartenarchiv – Ref .: Kohte; Referat 5a: Mappen-, Fahnen- und Siegelwesen – Ref.: Abteilungsleiter; Referat 6: Archiv- und Schriftgut des deutschen Ostens – Ref.: Abteilungsleiter;

Bereits ein Jahr nach Gründung weitete sich der Zuständigkeitsbereich des Archivs sowohl institutionell als auch räumlich aus. Im Juli 1953 wurde die vormalige Reichsarchivzweigstelle Frankfurt/Main übernommen, die bis dato von der Stadt Frankfurt treuhänderisch verwaltet worden war. Hier lagerte Archivgut des alten Reiches vor 1806, des Deutschen Bundes 1815-1866 sowie der Nationalversammlung und der Reichsministerien von 1848/49. Diese Übernahme war insofern von tektonischer Bedeutung, als dem Zentralarchiv damit quasi ein »historischer Sockel«[68] unterlegt wurde. Ein Jahr später wurde das Bundesarchiv mit der Leitung der Archivsammlung der Vertriebenen betraut. Hinzu kamen seit Ende November die Fachaufsicht über das Berliner Hauptstaatsarchiv (ehemaliges GStA) sowie seit dem 21. Dezember 1954 das Personenstandsarchiv II des Landes Nordrhein-Westfalen als Abteilung Aachen-Kornelimünster – Zentralnachweisstelle (ZNS). Letzteres archivierte Personal- und Versorgungsunterlagen (einschließlich Kriegsgerichtsakten) der Wehrmacht sowie der Waffen-SS und des Reichsarbeitsdienstes (mit Ausnahme der Marine-Unterlagen).[69] Zum 1. Januar 1963 wurde die fachliche Unterstellung des Berliner Hauptarchivs allerdings wieder rückgängig gemacht bzw. dieses als nunmehr Preußisches Geheimes Staatsarchiv der 1957 gegründeten Stiftung Preußischer Kulturbesitz übergeben. Dieser Trennungsakt, der im Gründungsgesetz der Stiftung von Beginn an enthalten war, bedeutete mehr als nur eine organisatorische Loslösung. Mit dem Wegfall des GStA und seiner Bestände wurde mit dem archivalischen Verständnis der – ganz in der preußischen Archivtradition stehenden und mit einer borusso-zentrierten Geschichtssicht ausgestatteten – Gründergeneration der Bundesarchivare gebrochen, für die das Archivgut der preußischen Zentralbehörden im Zusammenspiel mit den Reichsprovenienzen die quasi »natürliche Basis« des Bundesarchivs darstellte.[70] Gleichwohl wurde in der Folgezeit eine Kooperationsvereinbarung zwischen beiden Institutionen geschlossen sowie im Sinne einer »Flurbereinigung« ein Archivalienaustausch durchgeführt.[71]

Referat 7: Bibliothek – Ref.: Mommsen, Korref.: Facius; Referat 8: Dokumentation; Magazin; Benutzersaal; Buchbinderwerkstatt – Ref.: nicht besetzt (z.Zt.: Facius); Referat 9: Abwicklungssachen (mit Abteilung Kornelimünster) – Ref.: nicht besetzt (z.Zt.: Abteilungsleiter), Korref.: Rohr; Referat 10: Wehrmacht – Ref.: Rohr.

68 Hans Booms, Das Bundesarchiv. Ein Zentralarchiv 25 Jahre nach der Gründung, in: Heinz Boberach/Hans Booms (Hg.), Aus der Arbeit des Bundesarchivs. Beiträge zum Archivwesen, zur Quellenkunde und Zeitgeschichte, Boppard a.R. 1977, S. 11-49, hier S. 13,

69 BArch, B 106/34719: Bundesarchiv/Georg Winter an den Bundesminister des Innern: Denkschrift über die Errichtung eines Zentralen Nachweisamtes als Abteilung des Bundesarchivs in Kornelimünster (Berichterstatter OAR Dr. Diestelkamp), 30.7.1953.- BArch, B 106/34719: Bundesarchiv/Georg Winter an den Bundesminister des Innern: Überstellung des Personenstandsarchivs II Kornelimünster in die Zuständigkeit des Bundesministeriums des Innern, 21.5.1954.

70 Booms, Das Bundesarchiv. S. 15.

71 Ebd., S. 15f.

Ebenfalls 1954 fand eine weitere organisationstechnische Aufstockung statt, die letztlich einer Annäherung an Reichsarchiv-Verhältnisse gleichkam: Durch Beschluss des Bundeskabinetts vom 23. Juni wurde eine Vereinbarung geschlossen, beim Bundesarchiv ein Militärarchiv zu errichten, dessen Aufgabe die Sammlung, Bearbeitung und Betreuung militärischen Archivguts war, und zwar sowohl vergangener Archivbestände als auch zeitgenössischer.[72] Die meisten erhaltenen militärischen Unterlagen deutscher Herkunft wurden nach 1945 von den Siegermächten zunächst ins Ausland verbracht. Die Rückgaben wurden über die Bundeswehr abgewickelt und gingen nur langsam vonstatten. Zu diesem Zweck wurde eine Dokumentensammelstelle im Militärgeschichtlichen Forschungsamt eingerichtet, das ab 1958 in Freiburg ansässig war. Mit dem Ziel, die militärische Überlieferung an einem Ort zu konzentrieren, verlegte das Bundesarchiv seine Abteilung Militärarchiv dann im Jahr 1968 von Koblenz nach Freiburg.

Dass es in der frühen Phase des Archivs erst einmal vor allem darum ging, sich als Institution aufzubauen, und weniger darum, als Dienstleistungsbehörde für Benutzer von außen zu arbeiten, wird in der Konzeption des Lesesaals von 1952 deutlich, die für diesen eine eher spartanische Ausstattung vorsah und offenbar kaum Besucher einplante. So wurde von den anwesenden Winter, Diestelkamp, Kohte, Facius, Mommsen und Vogel beschlossen: »Es sollen keine großen Tische dafür angeschafft werden, sondern einfache Bürotische mit grünen Linoleum überzogen mit Randleiste, Schublade und Vertiefung für das Tintenfass. 3 Reihen zu 3 Tischen = 9 Besucherplätze. Dazu ein Schreibtisch für den aufsichtführenden Archivinspektor, je ein Regal rechts und links von seinem Arbeitsplatz für die Präsenzbücherei. Die rückwärtige Wand soll mit einer Weltkarte … ausgestattet werden, die übrigen Wände mit Ausnahme der Fensterseite sollen mit dem Wappen der deutschen Bundesländer ausgemalt werden …, darüber der Bundesadler. Die Kleiderablage für Benutzer soll im ausgesparten Raum der nun zugemauerten Tür untergebracht werden. Zur Aufbewahrung der Archivalien werden zwei Stahl-Schränke, die im angrenzenden Zimmer des Archivinspektors Platz finden, in Aussicht genommen.«[73] Die überschaubare Zahl von 40 Besuchern mit insgesamt 125 Nutzertagen am Standort Koblenz im Jahr 1956 bestätigt den Eindruck, dass zu dieser Zeit Archivbenutzungen noch die Ausnahme waren und Benutzer eine wenig eingeplante Größe im Archivbetrieb darstellten.[74]

Als im Frühjahr 1957 Heinz Boberach seinen halbjährigen Vorbereitungsdienst im Koblenzer Bundesarchiv antrat, war die Belegschaft bereits um mehr als das Siebenfache der Anfangstage angewachsen – und immer diverser gemischt. Die Personalexpansion hatte Abteilungen ausgedehnt und Kräfte-

72 Erich Murawski, Das Bundesarchiv-Militärarchiv, in: Der Archivar 13 (1960), Sp. 187-198.

73 BArch, B 198/533: Bundesarchiv: Niederschrift über die Dienstbesprechung am 12. September 1952, 13.9.1952.

74 BArch, B 198/3084: Jahresberichte der Abteilungen und Referate des Bundesarchivs (außer auswärtige Abteilungen) für 1964 / Rudolf Schatz, Jahresbericht 1964, 13.1.1965.

verhältnisse, Zuständigkeiten und Arbeitsklima verändert. Die Besetzung der leitenden Funktionen hingegen war vorerst nahezu unverändert geblieben und trug die gleichen Namen wie vier, fünf Jahre zuvor: Georg Winter als Direktor sowie Wilhelm Rohr als Abteilungsleiter und Stellvertreter. Daneben wirkten die Oberarchivräte Wolfgang Müller und Erich Murawski sowie die Archivräte Wolfgang A. Mommsen und Wolfgang Kohte als Abteilungsleiter. Leiter der Außenstelle Frankfurt war Oberarchivrat Walther Latzke, die Abteilung Zentralnachweisstelle Aachen-Kornelimünster führte Rudolf Absolon. Zum höheren Mitarbeiterkreis gehörten ferner die Archivräte Walter Vogel, Friedrich Facius, Eberhard von Vietsch, Georg Tessin und der Archivassessor Wolfgang Klötzer sowie die Angestellten Herbert Dienwiebel, Hans-Joachim Neufeldt, Werner Gley, Heinz Kraft, Hans von Spaeth-Meyken, Heinz Buttkus, Johann Wünscht. Den Nachwuchs, so erinnerte Boberach, bildeten die Archivassessoren Hans Booms, Gerhard Granier und Alfred Wagner.[75]

Das personelle, strukturelle und substantielle Wachstum, das das Archiv durchlebte, war von Beginn an rasant. Das verdeutlicht eindrucksvoll die Entwicklung von Budget und Personal bis 1965.

Entwicklung des Bundesarchivhaushalts und Personalbestandes 1952-1965[76]

Jahr	Haushalt in DM (Soll)	Personalsollbestand (+Zeitangestellte)[77]	Davon Archivdienst- und Archivverwaltungsbeamte
1952	462 300	41 (16.6.1952: 11)	22 (16.6.1952: 7)
1953	948 323	92	33
1954	1 134 887	125 (+3)	34
1955	1 364 455	123 (+4)	24
1956	1 732 604	124 (+9)	24
1957	2 332 005	141 (+14)	26
1958	2 643 530	179 (+14)	30
1959	2 604 182	187 (+12)	31
1960	2 278 500	190 (+13)	31
1961	3 465 176	200 (+15)	33
1962	3 408 500	208 (+22)	33
1963	3 043 400	218 (+25)	33
1964	3 623 400	238 (+23)	35
1965	3 506 600	241 (+24)	35

75 Heinz Boberach, Archivar zwischen Akten und Aktualität, S. 14-16. Bis auf Erich Murawski wurden hier keine weiteren Mitarbeiteres Militärarchivs aufgeführt.

76 BArch, B 198/362: Bundesarchiv: Statistiken (Stand: 1.1.1965), 18.2.1965.- BArch, B 198/362: Entwicklung des Personalsollbestandes des Bundesarchivs Hauptstelle und Außenstellen, o. D. [1965].

77 Gemeint sind Zeitangestellte mit Vergütungen aus Sachtiteln oder Einzelzuwendungen von DFG, BMI etc.

Angesichts der permanent ansteigenden Zahlenwerte kann daher für das Bundesarchiv von einer »Behörde in Bewegung« gesprochen werden, zumal sich der Trend über die Jahrzehnte fortsetzte: Georg Winter nahm seinen Dienst mit elf Angestellten auf, 1977 betreute die Archivverwaltung 342 Bedienstete.[78] Der Etat, mit dem die Bundesregierung das Bundesarchiv bei seiner Gründung ausgestattet hatte, betrug 632 900 DM, 25 Jahre später waren es bereits rund 14,7 Millionen DM.[79] Gleichwohl vollzogen sich die Erhöhungen nicht immer planvoll. Aus haushälterischer Sicht waren gerade für die ersten Jahre die Diskontinuität des jährlichen Mittelzuflusses sowie das disproportionale Auseinandergehen von Personalzuwachs und Mittelaufwuchs konstitutiv.

In seiner räumlichen und personellen Konsolidierungsphase Mitte der 1960er Jahre setzte sich das Bundesarchiv zusammen aus der Abteilung I (Hauptabteilung), Abteilung II (staatliches Schriftgut), Abteilung III (nichtstaatliches bzw. nichtschriftliches Archivgut) sowie dem Militärarchiv. In diesen vier Gliederungen arbeiten 1964 insgesamt 20 Referate (1965 dann 21 Referate) einschließlich des Militärarchivs, der Außenstelle in Frankfurt/Main sowie der beiden Filmreferate. Daneben standen unter Verantwortung des Zentralarchivs die Außenstelle Kornelimünster mit fünf Sachgebieten und die Ostdokumentation. Die Verwaltung des gesamten Archivs war ihrerseits in fünf Sachgebiete unterteilt.[80] Die Fläche des neu bezogenen Koblenzer Hauptsitzes Am Wöllershof 12 umfasste rund 6000 m², davon machten 2281 m² Magazinflächen aus; weitere Büro- und Werkräume im Ausmaß von 1600 m² befanden sich auf der nahegelegenen Festung Ehrenbreitstein.[81]

Problematische Archivgutbeschaffung und plötzliche Aktenschwemme

Zu Recht ist wiederholt darauf hingewiesen worden, dass die Startsituation aus archivarischer Perspektive zunächst einen scheinbar paradoxen Anstrich besaß, da das Kerngeschäft der Ordnungs- und Erschließungsarbeit aufgrund des archivalischen Vakuums entfiel: »Niemand wußte zu dieser Zeit [1952] genau, wo denn diese Bestände geblieben waren, welches Schicksal sie erlitten, wie sie dem Bundesarchiv gar zugeführt werden könnten.«[82] Das künftig zu bestellende Feld erwies sich als Trümmerfeld, dessen Ausmaße und Schadensbilanz auch Jahre nach Kriegsschluss kaum zu bemessen schienen. »Das Archivgut des deutschen Reiches und Preußens sowie das Schriftgut ihrer Behörden und Dienststellen, ebenso die schriftliche Hinterlassenschaft der nationalsozialis-

78 Ebd., S. 18.

79 Ebd.

80 BArch, B 198/362: Statistische Angaben – Bundesarchiv, 14.5.1964.- BArch, B 198/362: Bundesarchiv: Statistiken (Stand: 1.1.1965), 18.2.1965.

81 BArch, B 198/362: Statistische Angaben – Bundesarchiv, 14.5.1964.- Karl G. Bruchmann, Das Bundesarchiv in neuen Räumen. Das Hochhaus Am Wöllershof 12, in: Der Archivar 14 (1961), Sp. 317-322.

82 Booms, Das Bundesarchiv, S. 20.

tischen Staatspartei, all dies war im Kriege ostwärts oder westwärts ausgelagert worden, war zum Teil zerbombt, verbrannt, auf Geheiß der Parteifunktionäre zerstört worden, war von den Alliierten des Zweiten Weltkrieges erbeutet, für die Verfolgung von NS-Verbrechen eilends ausgewertet, fortgeführt, mikroverfilmt und zu kleineren Teilen an interessierte Institutionen verschenkt worden«, beschrieb Booms eindrücklich die Situation.[83]

Im Ergebnis dieser Ausgangslage bestand die Hauptaufgabe der Bundesarchivare in den 1950er Jahren darin, den verstreuten und verlustig gegangenen Beständen nachzuspüren, Überbleibsel zentraler Registraturen mehr oder weniger weltweit auszukundschaften, zu erfassen und zu dokumentieren bzw. versprengte Überlieferungsbruchstücke nachzuweisen, Bestände zu sichern, zu bergen oder zu erwerben. Dass der erste Archivdirektor für eine derartige Detektiv- und Rekonstruktionsarbeit bezüglich alten Archivguts und vormaliger Bestandsstrukturen mit Bedacht und Vorliebe auf Personal zurückgriff, das enge fachliche Bezüge zum archivalischen Gegenstand vor 1945 aufwies, verwundert vor diesem Hintergrund kaum. Das Resultat dieser mühseligen, gleichwohl erfolgreichen Arbeit legte das Koblenzer Zentralarchiv erstmals 1961 mit seiner Beständeübersicht vor.[84]

Dieser Vorgang wurde flankiert vom Ringen um Aktenrückgabe. Astrid M. Eckert wies auf die hohe symbolische Bedeutung hin, die der Frage der Rückgabe bzw. des Besitzes der von den Alliierten beschlagnahmten Akten im Laufe des (außen)politischen Erstarkens des bundesdeutschen Staates, seiner Institutionen und Eliten beigemessen wurde.[85] Die langwierigen und komplizierten Verhandlungen zwischen der Bundesrepublik und den Alliierten entwickelten sich Stück für Stück zu einem nationalen Prestigeprojekt, das die wachsende Emanzipation der Bundesregierung von den Besatzungsmächten bzw. das Ende der Besatzungszeit und die neue Souveränität versinnbildlichen sollte. Dieser Symbolcharakter sollte sich insbesondere in der Rückgabe der Akten des Auswärtigen Amtes manifestieren. Für die Regierung Adenauer bildete der »Kampf um die Akten« einen Baustein im Ringen um staatliche Souveränität, für amerikanische Regierungsstellen wiederum stellte die Aktenrückgabe ein Pfand für die Westbindung der Bundesrepublik dar. Insofern deckte sich hier die gegenseitige Motivlage. Britische Historiker und Ministerialbeamte befürchteten hingegen, eine schnelle Aktenrückgabe könne als Materiallieferung für eine nationalistische, apologetische Geschichtsschreibung dienen, wie sie nach dem Ersten Weltkrieg entstanden war und zeitgenössisch in der Person des konservativen Historikers und Vorsitzenden des Deutschen Historikerverbandes Gerhard Ritter einen prominenten Vertreter zu haben schien.[86]

83 Ebd.

84 Friedrich Facius/Hans Booms/Heinz Boberach, Das Bundesarchiv und seine Bestände, Boppard a. R. 1961.

85 Eckert, Kampf um die Akten, S. 457 ff.

86 Ebd., Kap. III und IV, S. 204 ff., 260 ff.

Insofern spielte die Frage nach der historiografischen Deutungsmacht eine hervorgehobene Rolle.

Neben den Historikern entwickelten sich die deutschen Archivare zur bedeutendsten Lobbygruppe im »Kampf um die Akten«. Hierbei spielte Bundesarchivdirektor Georg Winter eine exponierte, aber auch ambivalente Rolle. 1955 beispielsweise brandmarkte er trotz des Wissens um die West- und Osteinsätze der deutschen Archive im Zweiten Weltkrieg und der eigenen Aktivitäten im Sonderstab Archive beim ERR die alliierten »Aktenentführungen« als »kulturwidriges Vorgehen«. Winters bisweilen scharfer Ton in dieser Frage erklärte sich zum einen aus dem simplen Umstand, dass er auch mehrere Jahre nach Gründung des Bundesarchivs ein Archivleiter mit halbleeren Magazinen war, an dem der Aktenrücklauf bislang weitgehend vorbeilief. Zum anderen wurde vonseiten des Auswärtigen Amtes alles unternommen, um ihn von den Verhandlungen fernzuhalten und die Aktenrückgabe in Eigenregie und vor allem in Richtung Politisches Archiv des Auswärtigen Amtes durchzusetzen. Dabei argumentierte Winter immer wieder mit der im Kabinettsbeschluss vom 24. März 1950 niedergelegten Gründungscharta des Bundesarchivs, die die Betreuung der beschlagnahmten und wieder zurückgeführten Akten vorsah.[87] Hier manifestierte sich die dauerhaft schwelende Konkurrenz zwischen Bundesarchiv und Auswärtigem Amt. Seit der Gründung des Bundesarchivs strebten die Koblenzer Archivare danach, die diplomatischen Akten bestenfalls bis 1945, mindestens jedoch bis 1918 in ihren Verantwortungsbereich zu überführen. Als ausgesprochenes Zentralarchiv beanspruchte das Bundesarchiv eine solche Zuständigkeit gegenüber einem »Ressortarchiv«, verbunden mit dem Hinweis, dass die Weltkriege und der jüngste Systemwechsel das Schriftgut des Auswärtigen Amtes in Archivgut verwandelt hätten. Im Auswärtigen Amt wehrte man sich dagegen und gab vor, sämtliche Akten fürs tägliche Amtsgeschäft zu benötigen.[88] Die Auseinandersetzung ging so weit, dass das BMI im September 1957 einen Artikel in der FAZ lancierte, dessen Verfasser dem Auswärtigen Amt »Ressortegoismus« unterstellte.[89] Darüber hinaus meldete auch die Dokumentenzentrale des Verteidigungsministeriums Ansprüche auf militärisches Schriftgut an, das nach Westdeutschland zurückging.[90]

Doch jenseits dieser Entwicklungen und Konflikte führte die Behandlung der Rückgabe-Problematik zu einem Wendepunkt in der Institutionengeschichte des Bundesarchivs. Nachdem 1956 die Verhandlungen mit den Alliierten erste Erfolge zeitigten, konkrete Rückgabe-Vereinbarungen geschlossen

87 Ebd., S. 339.- Vgl. auch: Karl G. Bruchmann, Das Bundesarchiv in Koblenz. Entstehung, Organisation, Aufgaben, in: GWU 15 (1964), S. 83-98, hier S. 84.

88 Eckert, Kampf um die Akten, S. 335-339.

89 Dass dabei gleich auch Winters Forderung nach Übernahme des Berlin Document Center öffentlich positioniert wurde, sorgte dafür, dass sich Außenminister Heinrich Brentano bei Innenminister Gerhard Schröder beschwerte und Winters Absetzung forderte. Ebd., S. 338 f.

90 Ebd., S. 339 f.

wurden und seit 1958 mit den zuvor mikroverfilmten Reichskanzleiakten enorme Aktenzuflüsse einsetzten, brach Anfang der 1960er Jahre endlich der Archivgut-Damm. Aus einem »Zuwenig« wurde organisationstechnisch schlagartig ein »Zuviel« an Akten, insbesondere nach den massenhaften Schiffs- und Zugladungen 1962 und 1963, die in Deutschland bzw. in Koblenz eintrafen.

Umfang der Schriftgutbestände[91]

Jahr (Stand jeweils zum 1.1.)	Regaleinheiten	Lfd. Meter
1957	334	1670
1961	843	4215
1963	1134	5650
1964	1255	6275
1965	1358	6790

Zeitgeschichtliche Sammlung des Bundesarchivs[92]

Jahr	Regaleinheiten	Lfd. Meter
1961	18	90
1962	45	225
1964	78	390

Statistik des Filmreferats[93]

Jahr	Zugang Filmrollen	Bestand an Filmrollen	Benutzerfälle	Gesichtete Filme
1960	706	7469	34	-
1961	2752	10 500	62	-
1962	2796	12 500	102	1202
1963	3135	16 900	150	1551
1964	3264	20 300	259	2416

Dass der Bestandsanstieg auch vermeintliche Nebenbereiche des Archivs betraf, verdeutlichen die Plakatsammlung und der Bereich Karten und Pläne. Demnach wuchs der Umfang der Plakatsammlung nach den alliierten Rück-

91 BArch, B 198/362: Bundesarchiv: Statistiken (Stand: 1.1.1965), 18.2.1965.

92 Ebd.

93 BArch, B 198/3084: Jahresberichte der Abteilungen und Referate des Bundesarchivs (außer auswärtige Abteilungen) für 1964 / Hans Barkhausen, Jahresbericht 1964, 10.1.1965.

gaben von 6030 Stück im Jahr 1962 auf 16 000 Stück 1964, bei Karten und Plänen von 16 000 im Jahr 1961 auf 28 000 Stück drei Jahre später.[94] 1964 verfügte das Bundesarchiv kaum mehr über Raumreserven in seinem Magazin: »Bis zur Errichtung des beantragten Magazin-Anbaus wird es [das Bundesarchiv] sich … mit allerlei Notbehelfen und Aushilfen begnügen müssen: Einrichtung des Tiefkellers als Behelfsmagazin, Anmietung des »Ravelin« auf der Festung Ehrenbreitenstein …«, räsonierte dazu Rudolf Schatz als Magazinverantwortlicher.[95]

Als problematisch erwies sich weniger die schiere Menge der Akten, als vielmehr die mit der Rückgabe eingegangene Verpflichtung gegenüber den amerikanischen und britischen Alliierten, die Bestände umgehend der nationalen und internationalen wissenschaftlichen Forschung zur Verfügung zu stellen. In der Konsequenz fehlte die Zeit, um die vorliegenden, vielfach durcheinandergeratenen Bestände nach den alten archivfachlichen Maßstäben und Normen systematisch zu ordnen und zu erschließen, sodass »rasch hergestellte Benutzungsprovisorien« errichtet werden mussten.[96] Gleichzeitig zu diesem »in der Archivgeschichte womöglich nie zuvor angetroffene[n] archivalische[n] Chaos« sah sich das Bundesarchiv nun mit einem ungekannten Ansturm von Benutzern unterschiedlichster Herkunft und Motivation konfrontiert, die in erster Linie die neuen NS-Akten anforderten: »Von heute auf morgen meldete sich in den Benutzungsräumen des Bundesarchivs eine große Zahl von Staatsanwälten an, die der Akten zur Strafverfolgung von NS-Gewaltverbrechen bedurften; die deutsche Justiz wollte und konnte jetzt endlich dem internationalen Vorwurf begegnen, sie lasse NS-Verbrechen ungesühnt. Plötzlich drängte an die eben zurückgewonnenen Akten in hellen Scharen die deutsche Forschung heran, die endlich den im Ausland gehegten Verdacht entkräften wollte, die deutschen Historiker drückten sich vor der ›Bewältigung der eigenen Vergangenheit‹«, beschrieb Booms fünfzehn Jahre später den Ansturm auf das Bundesarchiv.[97]

Umfang der Posteingänge im Bundesarchiv 1957-1964[98]

Jahr	Koblenz	Kornelimünster	Frankfurt/Main
1957	22 053	128 075	822
1961	31 395	169 640	759
1963	36 781	189 079	810
1964	40 642	175 568	735

94 BArch, B 198/362: Statistische Angaben – Bundesarchiv, 14.5.1964.

95 BArch, B 198/3084: Jahresberichte der Abteilungen und Referate des Bundesarchivs (außer auswärtige Abteilungen) für 1964 / Rudolf Schatz, Jahresbericht 1964, 13.1.1965.

96 Booms, Das Bundesarchiv, S. 22.

97 Booms, Das Bundesarchiv, S. 22.

98 BArch, B 198/362: Bundesarchiv: Statistiken (Stand: 1.1.1965), 18.2.1965.

Allein 1964 hatte sich die Zahl der Benutzer gegenüber dem Vorjahr um rund 14 Prozent, die Zahl der Benutzungsanträge um 114 Prozent und die der vorgelegten Bände mit rund 68 000 um 208 Prozent erhöht. Insbesondere in den Monaten April, Mai sowie August bis September erwies sich die Situation im Benutzersaal für die Aufsicht führenden Kräfte als »bis zum äußersten angespannt«.[99] Vonseiten der Archivare und Benutzer wurde angesichts dessen darum gebeten, die regulären Öffnungszeiten zu verlängern und den Benutzersaal an Samstagen sowie bis in die Abendstunden zu öffnen. Doch dafür fehlte die notwendige dritte Planstelle für den Benutzerbereich.[100]

Überlastungskrise

Für Booms gehörte zu den dramatischen Folgewirkungen der schlagartigen Rückgabe der Akten und der Zugänglichkeitsverpflichtung, dass ein *circulus vitiosus* entstand, mit dem das Bundesarchiv auch in der zweiten Hälfte der 1970er Jahre noch zu kämpfen hatte: Durch die geforderte sofortige Bereitstellung wurden die Bestände nur improvisiert erschlossen bzw. es entstand im Kontext des exponentiellen Anstiegs von zu bearbeitenden Anfragen und Benutzeranträgen ein Erschließungsrückstand. Beides führte jeweils auf seine Weise zu deutlich längeren Recherchezeiten, Zeit, die ihrerseits aber fehlte, um eben jene Rückstände abzuarbeiten.[101] Da das Personal aus Haushaltsgründen nicht proportional zum Aufgabenanstieg wuchs, geriet der Erschließungsrückstand zur Dauererscheinung, zumal nun immer größere Aktenmengen aus den neuen Bundesbehörden aufzubereiten waren.

Was der Anfragen- und Benutzeransturm für den Arbeitsalltag praktisch bedeuten konnte, machte die Leiterin des Referatsbereichs I/3 Archivtechnik und Magazinverwaltung, die Archivamtmännin Elisabeth Kinder, für den Jahresbericht 1968 deutlich, wenn sie darauf hinwies, dass im Sinne der Arbeitsleistung jede Aushebung zugleich auch ein anschließendes Reponieren mit sich bringe. Dementsprechend rechnete sie für die 40 150 Aushebungen im Berichtsjahr insgesamt 80 300 Arbeitsvorgänge vor, die ihre Referatsmitarbeiter allein mit dieser Aufgabe zu bewältigen hatten.[102]

99 BArch, B 198/3084: Jahresberichte der Abteilungen und Referate des Bundesarchivs (außer auswärtige Abteilungen) für 1964 / Rudolf Schatz, Jahresbericht 1964, 13.1.1965.

100 Ebd.

101 Booms, Das Bundesarchiv, S. 23.

102 BArch, B 198/3088: Elisabeth Kinder (Bundesarchiv): Tätigkeitsbericht für das Berichtsjahr 1968, 22.1.1969.

Anzahl der Aushebungen des Referatsbereichs Archivtechnik und Magazinverwaltung im Bundesarchiv[103]

Jahr	Bände
1964	34 508
1965	37 383
1966	35 275
1967	39 629
1968	40 150

Wie sehr der Dauerdruck jener Zeit aber auch die oberste Leitungsriege beanspruchte und frühzeitig verschliss, lassen die Briefnachrichten Wolfgang A. Mommsens erahnen, die dieser 1959/60 an Heinrich Otto Meisner in Potsdam übermittelte. So schrieb er im Oktober 1959: »Herr Rohr, dessen Gesundheit unverwüstlich schien, hat einige Zeit aussetzen müssen und soll sich auch für die Folgezeit sehr schonen. Herr Winter ist im Krankenhaus, um einmal gründlich untersucht und ›repariert‹ zu werden.«[104] Ein Jahr später war gewiss, dass beide gesundheitlich nicht mehr auf die Beine kommen würden und in Pension gingen. »Ich hoffe, dass sein [Rohrs] zeitweise recht hoher Blutdruck jetzt herunter ist, aber ich wage nicht so recht, ihn danach zu fragen. Mit unserem verehrten Chef aber geht es auf und ab. Er ist gelegentlich ganz munter, aber die alte Energie ist dahin, und er hat auch immer wieder ziemlich heftige [Herz-]Beschwerden.«[105]

Doch nicht nur Winter und sein Stellvertreter litten unter der Arbeitsbelastung, sondern auch Mommsen selbst, der monatelang als Interimsleiter eingesetzt wurde. Dem Dauerstress fiel im Leben nahezu alles außerhalb der Archivmauern zum Opfer, wie Mommsen im November 1960 an Meisner schrieb: »[…] zur Zeit stecke ich tiefer in Arbeit als jemals. Dass Herr Winter und Herr Rohr ziemlich gleichzeitig in Pension gingen, werden Sie wissen. Dass die Belastung für mich dadurch stärker werden musste, war selbstverständlich. Vor etwa 5 Wochen ist dann auch Herr [Wolfgang] Müller zusammengeklappt, der einfach nicht mehr konnte und sich jetzt zur Kur befindet. So leite ich jetzt die große Behörde, so ziemlich ohne jede Vorbereitung, und Sie werden sich denken können, was nun alles an fremden Dingen auf mich einstürzt, vor allem auch aus dem weiten Feld der Personalia, des Haushalts usw. So sitze ich eigentlich von früh bis spät am Schreibtisch, zur Empörung meiner Kinder zu Hause, um die Arbeit so halbwegs zu bewältigen. Dazu kommt noch, dass ich gerade beim Hausbau bin, eine Angelegenheit, die so mancherlei Fragen und

103 Ebd.
104 ABBAW, NL H. O. Meisner, Nr. 105: Dr. Wolfgang A. Mommsen an H. O. Meisner, 13.10.1959.
105 ABBAW, NL H. O. Meisner, Nr. 105: Dr. Wolfgang A. Mommsen an H. O. Meisner, 6.11.1960.

leider auch viel Arbeit und viele Gänge erfordert, so dass ich manchmal kaum noch weiß, wo mir der Kopf steht. Sind Sie mir unter diesen Umständen böse, wenn ich Ihnen erst heute für die beiden Beiträge herzlich danke?«[106] Auch andere leitende Mitarbeiter schätzten die personelle Situation des Bundesarchivs gemessen an seinen Aufgaben und Zielen zu Beginn der 1960er Jahre als hoch bedenklich ein. Abteilungsleiter Wolfgang Kohte sah sich sogar zu einer Mahnschrift mit dem selbstredenden Titel »Fragen, Nöte und Wünsche des Bundesarchivs an der Jahreswende 1960-61« veranlasst, die letztlich wie eine lange Mängelliste ausfiel und vor allem Fluktuation und disproportionale Arbeitsbelastung monierte: »Nach dem Stand seit dem 1. Juli 1959 gibt es 29 Referate (und zwei selbständige Fachgebiete), in denen im Sommer 1959 24 Beamte und Angestellte tätig waren, im Herbst 1960 dagegen nur 17, ab Januar 1961 wiederum 20. Die 7 Abteilungen (einschließlich Frankfurt) waren im Sommer 1959 sämtlich besetzt, im Herbst 1960 nur mehr 4, ab Ende Januar 1961 voraussichtlich 6.«[107] In der Tat: Alle Abteilungsleiter sowie der Direktor selbst führten zu dieser Zeit ein oder mehrere Referate. Der Soll-Bedarf, den Kohte anmeldete, belief sich daher auf 7 Abteilungsleiter, 20 Referenten und mindestens 20 Sachbearbeiter (ohne Verwaltung und Ostdokumentation). Der Ist-Zustand hingegen betrug zwar 7 Abteilungsleiter, jedoch nur 11 Referenten und 14 Sachbearbeiter.[108]

Vier Jahre später war die Sachlage kaum eine andere. »Ich habe größte Sorgen über die personelle Besetzung des Bundesarchivs in fünf Jahren«, erklärte der Leiter der Abteilung I angesichts der abzusehenden Pensionierung von Bruchmann und weiteren älteren Mitarbeitern, »wir stehen vor der Situation, dass Referenten des Bundesarchivs von anderen Archiven mit Erfolg abgeworben werden.«[109] Bei prognostiziertem Bedarf von mindestens drei Referendaren für 1965 und weiteren drei für das Folgejahr war es trotz »sehr intensiver Bemühungen« lediglich gelungen, einen angehenden Referendar für das Bundesarchiv zu gewinnen.[110] Wolfgang Müller beklagte ebenfalls Personalsorgen in seiner Abteilung II, die vor allem die Schreibkräfte betrafen, sowie einen daraus hervorgehenden »hektischen Betrieb« voller Provisorien in Verzeichnung und Erschließung.[111] Bruchmann blieb neben permanenten

106 Ebd.

107 BArch, B 198/10013: Wolfgang Kohte: Fragen, Nöte und Wünsche des Bundesarchivs an der Jahreswende 1960-61, o. D. [Anfang 1961].

108 Ebd.

109 BArch, B 198/3084: Jahresberichte der Abteilungen und Referate des Bundesarchivs (außer auswärtige Abteilungen) für 1964 / Abteilungsleiter I, Jahresbericht 1964, 19.2.1965.

110 Ebd.

111 »[...] die Massenhaftigkeit der noch zu ordnenden Bestände in fast jedem Referat, verbunden mit dem Drängen der wissenschaftlichen Forschung und von Amtsstellen (vor allem Ermittlungsbehörden in Zusammenhang mit den NS-Gewaltverbrechen-Prozessen) nach Zugang zu bestimmten Beständen [...] verursachen einen hektischen Betrieb, was sich hindernd auf eine Planmäßigkeit der Arbeit auswirkt.

Personalforderungen nichts anderes übrig, als beständig um bessere Besoldungen und Aufstiegsmöglichkeiten zu streiten. Gerade letztere galten aber Anfang der 1960er Jahre für höhere Beamte in den Landesarchivverwaltungen als deutlich günstiger.[112] Die Verhandlungserfolge, die Bruchmann durchaus erzielen konnte, kamen immer erst verzögert zur Geltung, wie er 1965 an seinen Bekannten, Ministerialrat Wilhelm Classen, schrieb: »Es ist ein seltsames Geschick der Archivare, dass sie immer im Schatten der Entwicklung stehen. Die sogenannte Nachschiebeliste 1965 des Bundeshaushaltes hat uns endlich auch stellenmäßig Archivdirektoren beschert. Aber leider derer nur drei, während bei drei Abteilungen zuzüglich Militärarchiv es natürlich derer vier hätten sein müssen. Immerhin, es ist ein kleiner Fortschritt, um den jahrelang gekämpft worden ist. Vielleicht wird auf diese Weise auch der Dienst im Bund attraktiver.«[113] Insofern steht die kritische Bemerkung Hans Booms, »das Zentralproblem des Bundesarchivs« in den 1960er und 1970er Jahren habe in der fehlenden »adäquaten Personalverstärkung« bestanden bzw. sei »der nie den Aufgaben proportional entsprechende Zugang an Fachpersonal« gewesen, durchaus im Einklang mit den Aussagen privater und dienstlicher Quellen.[114]

In der Politik schien dies immerhin bereits frühzeitig registriert worden zu sein, wie Bundesinnenminister Gerhard Schröder 1961 anlässlich der Übernahme des neuen Dienstgebäudes erkennen ließ: »Noch nicht zur vollen Zufriedenheit gelöst ist das Personalproblem. Und deshalb wiederhole ich, [...] daß ich das Bundesarchiv als eine Behörde betrachte, die in ihrem Aufbau noch nicht abgeschlossen ist.«[115] Dennoch konnten Ministerium und Behörde aufgrund des meist verwaltungsbedingten Nachhinkens der Personalkalkulation hinter den sich ständig neu auftürmenden Arbeitslasten das Defizit lange Zeit nicht befriedigend beheben.

Jenseits dieser Unwucht trugen freilich sowohl der Aktenzufluss als auch der Beschäftigtenaufwuchs in erheblichem Maße dazu bei, das Bundesarchiv in seiner gesellschaftlichen Bedeutsamkeit und in seinen archivischen Strukturen zu konsolidieren. Die Benutzerzahlen verzehnfachten sich zwischen 1956 und

Provisorische Verzeichnungen und Erschließungen sind also immer noch an der Tagesordnung und sind einfach unvermeidbar, sosehr ich prinzipieller Gegner aller Provisoria bin«, umschrieb Wolfgang Müller die Situation Mitte der 1960er Jahre. BArch, B 198/3084: Jahresberichte der Abteilungen und Referate des Bundesarchivs (außer auswärtige Abteilungen) für 1964 / Abteilungsleiter II, Jahresbericht 1964, 20.1.1965.

112 Vgl. BArch, B 198/10013: Der Direktor des Bundesarchivs an den Bundesminister des Innern, 12.2.1962.

113 Stadtarchiv Goslar: Zg. 79/99, NL Bruchmann, Nr. 4: Karl Gustav Bruchmann an Ministerialrat Dr. Wilhelm Classen, 21.7.1965.

114 Booms, Das Bundesarchiv, S. 42.

115 Aufgaben und Bedeutung des Bundesarchivs. Übernahme des neuen Dienstgebäudes – Neuer Abschnitt der Wirksamkeit. Rede des Bundesministers des Innern, Gerhard Schröder am 4.5.1961 in Koblenz, in: Bulletin des Presse- und Informationsamtes der Bundesregierung Nr. 84 vom 5.5.1961, S. 801.

1971 durch das steigende wissenschaftliche Interesse, den Zuwachs an aufgearbeiteten Aktenbeständen und die verbesserten Arbeitsbedingungen im Lesesaal des neuen Archivgebäudes. Insbesondere der Anstieg an Benutzertagen von 1963 zu 1964 verweist auf das Mehr an zeitgeschichtlichen Akten, das nach der alliierten Rückgabe den einzelnen Forschern nun zur Verfügung stand.

Benutzerstatistik für den Standort Koblenz 1956-1971[116]

Jahr	Benutzer	Benutzertage
1956	40	125
1957	47	132
1958	58	356
1959	70	296
1960	109	470
1961	143	877
1962	176	1301
1963	259	1364
1964	297	2923
1965	363	3569
1966	360	3906
1968	334	4353
1970	446	5319
1971	468	5506

Eine substanzielle Bekräftigung seiner öffentlichen Rolle erfuhr das Bundesarchiv dabei auch durch die wachsende Indienstnahme seiner Bestände durch Fernsehanstalten. Von den 235 westdeutschen Benutzungen des Filmarchivs im Jahr 1964 entfielen 43 auf das ZDF, 31 auf den WDR, 16 auf den BR, 10 auf den NDR und 8 auf den SFB. Insgesamt zehn westdeutsche Fernsehanstalten nutzten das Archiv, hinzu kamen weitere ausländische Sender wie BBC London und CBS New York.[117] Dabei folgten die inhaltlichen Schwerpunkte einer gewissen erinnerungskulturellen Logik, die sich vor allem an den Jubiläen orientierte. Im Jahr 1964 wurden daher etliche Fernsehproduktionen rund um den Beginn des Ersten und Zweiten Weltkriegs konzipiert. Einen weiteren

116 Angaben zusammengestellt aus: BArch, B 198/3084: Jahresberichte der Abteilungen und Referate des Bundesarchivs (außer auswärtige Abteilungen) für 1964 / Rudolf Schatz, Jahresbericht 1964, 13.1.1965.- Sowie aus den Jahresberichten in: BArch, B 198/3088, 3090, 3091.

117 BArch, B 198/3084: Jahresberichte der Abteilungen und Referate des Bundesarchivs (außer auswärtige Abteilungen) für 1964 / Friedrich Homann (Filmreferat), Jahresbericht 1964, 18.1.1965.

Grund für das verstärkte Interesse sah Abteilungsleiter Kohte in dem 1964 einsetzenden Bemühen der dritten Fernsehprogramme, sogenanntes Bildungsfernsehen auszustrahlen. Dies, prognostizierte Kohte, werde künftig zu einem signifikanten »Zunehmen der Beanspruchung des Filmreferats« führen.[118]

Filmarchiv-Benutzungen durch Fernseh- und Filmproduktionen[119]

	1961	1962	1963	1964	1965	1966
Fernsehanstalten	25	58	93	129	117	83
Freie Produktionen	19	26	44	82	62	66
Ausländische Fernsehanstalten und Produktionen	2	8	10	24	32	26

Bedeutende Fernsehproduktionen mit Filmmaterial aus dem Bundesarchiv 1964[120]

Fernsehanstalt	**(Arbeits)Titel der Produktion**
ZDF	»Kaiser Wilhelm II.«
ZDF	»Weimarer Republik«
ZDF	»Der Fall Nebe«
Bayrischer Rundfunk	»Hitlers Jugend«
Bayrischer Rundfunk	»Tucholsky«
Westdeutscher Rundfunk	»1. Weltkrieg 1914-1918«
BBC London	»The Great War 1914-1918«
CBS New York	»World War I«

Gleichwohl war der Medienumgang angesichts der von DDR-Seite und westlichen Medien lancierten Vorwürfe gegen NS-belastete Bonner Spitzenbeamte in dieser Zeit stets auch von Vorsicht und Argwohn geprägt, und es bedurfte immer der Rückversicherung beim BMI, was gezeigt und wer interviewt werden durfte.[121]

118 BArch, B 198/3084: Jahresberichte der Abteilungen und Referate des Bundesarchivs (außer auswärtige Abteilungen) für 1964 / Abteilungsleiter III (Wolfgang Kohte), Jahresbericht 1964, 1.2.1965.

119 BArch, B 198/362: Statistiken des Bundesarchivs (Stand: 1.2.1967), o. D.

120 BArch, B 198/3084: Jahresberichte der Abteilungen und Referate des Bundesarchivs (außer auswärtige Abteilungen) für 1964 / Friedrich Homann (Filmreferat), Jahresbericht 1964, 18.1.1965.

121 BArch, B 198/3084: Jahresberichte der Abteilungen und Referate des Bundesarchivs (außer auswärtige Abteilungen) für 1964 / Hans Barkhausen (Filmreferat), Jahresbericht 1964, 18.1.1965.

Neuanfang der Alten: Personaltableau im Spannungsfeld von NS-Belastung und Fachkompetenz

Problematische Personalrekrutierung für die Leitungsebene

Für die frühe Personalauswahl im Bundesarchiv stellte Georg Winter die Schlüsselfigur dar. Es gehörte zu seinen ersten Aufgaben, eine leistungsfähige »Mannschaft« für die neue Behörde zusammenzustellen. Doch die künftige Personalausrichtung entwickelte sich anfänglich nicht, wie von Winter gewünscht, auf der Grundlage eines stillen Arrangements hinter den Kulissen. So hatte vor allem der Bundestagsabgeordnete und 1933 aus dem Reichsarchiv entfernte Ludwig Bergsträsser seit Herbst 1949 immer wieder die Zustände und personalpolitischen Kontinuitäten im westdeutschen Archivwesen thematisiert und kritisiert. Bereits mehrfach sind in diesem Zusammenhang Intervention und Diktum Bergsträssers dargelegt worden, wonach in einem künftigen Bundesarchiv weder auf der Direktoren- noch auf der Abteilungsleiterebene ein ehemaliges NSDAP-Mitglied zu besetzen sei.[122] Bergsträsser ging es dabei nicht allein um ein grundsätzlich formal unbelastetes Personaltableau. Vielmehr erhoffte er sich dadurch eine Versicherung gegen eventuelle Aktenvernichtung und archivalische Zugangsbeschränkungen von Archivgut mit belastendem Inhalt. Dieses Argument leuchtete zunächst auch Bundesinnenminister Gustav Heinemann ein, der sich Bergsträssers Forderung nach unbelastetem Archivarpersonal anschloss und Winters Einwände bzw. Bürgschaften für ehemalige Pg.-Kollegen zurückwies.[123] Im Ergebnis hatten Bergsträssers Interventionen ein Stocken der Personalplanungen zur Folge, da es aus Sicht Winters kaum einen unbelasteten Archivar mit der notwendigen Expertise gab, der für das Bundesarchiv zur Verfügung stand. Darüber hinaus wurde auch Winters Kandidatur noch einmal auf den Prüfstand gestellt.

Waren diese Einwürfe zunächst nervenaufreibend für die Betroffenen, so veränderte sich im Laufe der daraus resultierenden Zeitverzögerung der rechtliche und politische Rahmen für die künftige Personalsuche. Mit der Bundesamnestie Ende Dezember 1949 und dem sogenannten 131er-Gesetz vom Mai 1951 machte sich mehr und mehr eine Schlussstrich-Mentalität breit, die nicht nur von Parteien und der Bevölkerung getragen wurde, sondern auch von weiten Teilen der neuen Beamtenschaft im BMI.[124] Das sogenannte 131er-Gesetz besagte, dass alle öffentlich Bediensteten, die beim Entnazifizierungsverfahren nicht als »Hauptschuldige« oder »Belastete« eingestuft worden waren, wiedereingestellt werden und die ihnen zustehenden Amtsbezeichnungen mit

122 Eckert, Kampf um die Akten, S. 152

123 Winter, Die deutsche Archivwissenschaft, S. 455 f.

124 Dazu: Görtemaker/Safferling, Die Akte Rosenburg, 154-172.- Dominik Rigoll, »Ein Sieg der Ehemaligen«: Beamtenrechtliche Weichenstellungen für »45er« und »131er«, in: Bösch/Wirsching (Hg.), Hüter der Ordnung, S. 413-441.

dem Zusatz »zur Wiederverwendung« weiterführen durften. Es grenzte den anspruchsberechtigten Personenkreis ab und regelte die Wiedereingliederung der »verdrängten Angehörigen des öffentlichen Dienstes und Angehörigen aufgelöster Dienststellen« in andere Bereiche der öffentlichen Verwaltung einschließlich Ruhestandsbezüge. Die Verwaltungsinstitutionen selbst wurden verpflichtet, mindestens zwanzig Prozent der Planstellen mit Betroffenen zu besetzen – im Bundesarchiv gehörten beispielsweise Walther Latzke und Herbert Dienwiebel zu den auf dieser Grundlage Eingestellten, den sogenannten 131ern.[125] In der Folge verblieb Georg Winter seit Frühjahr/Sommer 1951 erstens als – aus ministerieller Perspektive – einziger infrage kommender Kandidat und designierter Direktor des Bundesarchivs platziert. Zweitens hatte er es nun mit weniger Einschränkungen und Vorbehalten von außen zu tun, um seinen Bewerberkreis zu definieren – mehr noch: ihm standen für sein Personaltableau nun nahezu alle Optionen offen.

Dennoch gestaltete sich die Personalfindung nicht als Selbstläufer. Winter legte Kandidatenlisten an, aber das Ergebnis der Sondierung war selten vorauszusehen. Insbesondere unter den erfahrenen Archivexperten, die bereits wieder in Anstellung waren, herrschte vielfach Skepsis gegenüber dem Bundesarchiv und seinem künftigen Standort Koblenz vor: fehlende Archivstruktur und Akten, (noch) nicht vorhandenes institutionelles Renommee, zu erwartende Arbeitsbelastung, Umzug in eine zerstörte Stadt mit Wohnraummangel, mittlere Bezahlung etc. Die Liste der Vorbehalte, die es zu überwinden galt, war lang. Zu seinen ersten Wunschkandidaten gehörten 1950 erklärtermaßen Heinrich Otto Meisner, Helmuth Rogge und Wilhelm Rohr und damit zwei Reichsarchivare bzw. ein GStA-Archivar, die über reichlich Erfahrung mit behördlichem Archivgut verfügten.[126] Doch alle drei galten zu diesem Zeitpunkt noch als diskreditiert, sei es durch ihr Mitmachen vor 1945 oder das Engagement in der SBZ wie bei Meisner. Winter zog via Briefwechsel personelle Erkundungen in alle Richtungen ein, wobei er mehr oder weniger jeden über jeden befragte. So holte er beispielsweise bei verschiedenen Personen Einschätzungen über den ehemals überzeugten Nationalsozialisten und SS-Mann Helmuth Rogge ein, den er als Spezialisten für Nachlasssammlungen ans Bundesarchiv holen wollte, fragte zugleich aber auch Rogge über andere Archivare aus.[127] Deutlich wird in dieser Kommunikation, dass sich Winter über die Belastungsproblematik und deren personalpolitische Bedeutung völlig im Klaren war. So inquirierte er verschiedene Adressaten im Zusammenhang mit einem zurückliegenden denunziatorischen Verhalten Rogges im Umfeld des 20. Juli 1944, ob Mitwisser oder betroffene Archivare gegen Rogge vorgehen würden, falls Winter den früheren Potsdamer Reichsarchivar einstellen würde. Auch wenn

125 BArch, B 198/10012, Bd. 1: Vermerk über die Besprechung im Bundesministerium des Innern am 26.11.1957, 30.11.1957.

126 BArch, N 1333 (Nachlass Georg Winter)/87: Georg Winter an Oberstaatsarchivrat Grieser, 7.9.1950.

127 Diverse Briefe in: BArch, N 1333 (Nachlass Georg Winter)/87.

diese verneinten, erhielt er mehrfach die Empfehlung, das entstehende Bundesarchiv nicht mit solch einer brisanten Personalie zu gefährden – ein Rat, den Winter allerdings nur widerstrebend befolgte.[128] Denn insgesamt legte er eine Haltung an den Tag, die auf Vergessen und Vergebung sowie die Möglichkeit einer zweiten Chance abzielte – eine Schlussstrichmentalität: »Aber es ist ja die Frage, ob man nach so langer Zeit Vergangenes nicht ruhen lassen soll«, schrieb er dazu 1950 seinem Gießener Kollegen Friedrich Matthaesius. »Es sind viele Fehler gemacht [worden]; wollen wir keinen Schlußpunkt setzen, zumal wenn man vielleicht voraussetzen darf, daß die meisten doch durch das Ergebnis des Zusammenbruchs innerliche Wandlungen durchgemacht haben? Und wenn man dann sich, etwa bei der Betrachtung des Entnazifizierungswesens, sagen muß: entscheidend bleibt doch das, was Gott sagen und richten wird. Was sich heute in der großen Politik zusammenbraut, scheint mir alles Vergangene unwesentlich zu machen.«[129] Dass diese »Reflexion« allerdings auch von einem guten Stück Pragmatismus geleitet wurde, liegt auf der Hand, denn der designierte Direktor des Bundesarchivs stand vor der Aufgabe, möglichst rasch seinen Expertenbedarf zu decken.

Von Beginn an stand Winter mit dem Leiter der übergeordneten Kulturabteilung im BMI, Erich Wende, in regem Austausch. Wende, von Haus aus ein Jurist, der 1933 als Nicht-Pg. aus dem Preußischen Kultusministerium entlassen worden war, arbeitete 1945 zunächst für die sowjetische Besatzungsmacht. 1947 wechselte er als Staatssekretär in das niedersächsische Kultusministerium, bevor er dann ins BMI gerufen wurde und dort bis 1953 tätig war.[130] Mit ihm erörterte Winter Struktur- und Standortfragen sowie Personalia.[131] So hatte Wende etliche fachliche und charakterliche Einschätzungen angefordert, die Winter dazu nutzte, einige seiner NS-belasteten Favoriten wie Rohr und Mommsen im bekannten Persilschein-Modus zu entlasten: Während Rohr seit 1935 unter seiner NSDAP-Mitgliedschaft zunehmend »innerlich« gelitten habe, so Winter an Wende im Juli 1950, sei Mommsen durchdrungen von den liberalen Traditionen seines Großvaters und seine Parteimitgliedschaft daher unerheblich.[132] Die erste Zusammenkunft mit Erich Wende zur Abstimmung des künftigen Personals fand dann am 10. April 1952 statt. Auch hier war es Winter, der zunächst eine Vorschlagsliste vorlegte, auf die das BMI anschlie-

128 BArch, N 1333 (Nachlass Georg Winter)/87: Friedrich Matthaesius an Georg Winter, 5.9.1950.

129 BArch, N 1333 (Nachlass Georg Winter)/87: Georg Winter an Friedrich Matthaesius, 3.9.1950.

130 Zur Biografie Wendes: Stefanie Palm/Irina Stange, Vergangenheiten und Prägungen des Personals des Bundesinnenministeriums, in: Bösch/Wirsching (Hg.), Hüter der Ordnung, S. 122-181, hier S. 131 ff.- Vgl. auch BArch, N 1679 (Nachlass Erich Wende)/1: Staatssekretär Dr. Dr. h. c. Erich Wende: Autobiographischer Bericht, 14.11.1954.

131 Vgl. die dahingehenden Briefwechsel im Nachlass Georg Winter (BArch, N 1333/87).

132 Winter, Die deutsche Archivwissenschaft, S. 456 f.

ßend reagierte. Eine frühere informelle Aufstellung von rund 25-30 infrage kommenden Archivarinnen und Archivaren – unter ihnen mit Lisa Kaiser und Hertha Mittelberger auch zwei Frauen –, lässt anhand der dazugehörigen Notizen erkennen, dass Winter mit besonderem Interesse diejenigen vermerkt hatte, die bislang beruflichen Umgang mit neuzeitlichen Quellen hatten. Dieses fachliche Kriterium war es dann auch, das alle Kandidaten der ersten Stunde auszeichnete – mithin auch jene, die später tatsächlich leitende Funktionen im Bundesarchiv übernahmen.[133]

Insgesamt kamen von Wende nur wenige Einreden und Bedenken, auch wenn er in seinen Amtsjahren für den Aufbau liberal-demokratischer Strukturen und Gesinnungen eintrat und NS-Vergangenheiten prinzipiell kritisch betrachtete. Wendes Zurückhaltung mag darauf zurückzuführen sein, dass er sich fachfremd fühlte und für ihn persönlich der in seinem Ressort liegende Aufbau des Bundesarchivs keinen allzu hohen Stellenwert besaß. In seinen später verfassten Arbeitsmemoiren füllten bezeichnenderweise die zahlreichen kulturpolitischen Auseinandersetzungen und Aktivitäten viele Seiten, darunter auch sein Einsatz für den Erhalt der institutionellen »Ostforschung«, wohingegen das Bundesarchiv nur an einer einzigen Stelle überhaupt erwähnt wird.[134]

Allerdings war es nicht so, dass auf Ministeriumsseite alles automatisch durchgewunken wurde, was Winter an Personen vorschlug, sondern es konnte sich bisweilen zur Verhandlungssache bzw. zum Personalpoker entwickeln. Während ihm »die Einberufung der Herren Diestelkamp, Rohr und Mommsen zugestanden« wurde,[135] verzichtete er auf den umstrittenen, weil stark NS-belasteten Rogge, den er als Kandidaten zunächst noch mit aller Kraft durchzubringen versucht hatte.[136] Mit dieser Entscheidung schuf er sich Verhandlungsspielräume, um graduell weniger belastete Archivare wie Rohr und Mommsen durchzusetzen. Es finden sich in den Akten aber auch direkt vorgebrachte Vorbehalte aus dem BMI gegen Winters Personalvorschläge. So hatten sich auf die 1954 anstehende Nachfolge von Karl Demeter als Leiter der Frankfurter Außenstelle mehrere Archivare beworben, die Winter auf den ehemaligen Potsdamer Heeresarchivar und 1953 in den Westen geflohenen DZA-Archivar Georg Strutz, den deutlich jüngeren Dr. Querfurt und Walther Latzke eingrenzte. Mit der Begründung, der 60-jährige Strutz sei zu alt und

133 BArch, B 198/10012, Bd. 1: Handschriftliche Aufstellung von potenziellen Mitarbeitern des Bundesarchivs von Georg Winter, o. D. (wahrscheinlich 1951).

134 In diesem Zusammenhang schätzte er Georg Winter als einen befähigten Organisator ein. BArch, N 1679 (Nachlass Erich Wende)/1: Staatssekretär Dr. Dr. h. c. Erich Wende: Autobiographischer Bericht, 14.11.1954.

135 BArch, B 198/10012, Bd. 1: Georg Winter, Aufzeichnungen, 4.7.1952.

136 Bemerkenswert ist dabei, dass es Winter selbst war, der Rogge 1950 für eine Mitarbeit im Bundesarchiv zu begeistern suchte, während dieser umgekehrt ablehnte, um keine politischen Schwierigkeiten ins neue Archiv zu bringen, die sich an seiner Person und Vergangenheit entzünden konnten. Vgl. die Briefwechsel zwischen Winter und Rogge vom 24.8., 16.8., 30.8., 6.9., 10.9., 15.9.1950, in: BArch, N 1333 (Nachlass Georg Winter)/87.

der 38-jährige Querfurt zu unerfahren für die Position, schlug Winter den NS-belasteten Latzke vor.[137] Doch im zuständigen Personalreferat des Innenministeriums vermochte die Absage von Querfurt nicht zu überzeugen, weil man eine stärkere generationelle Mischung wünschte (da Querfurt ebenfalls der NSDAP und der SA angehört hatte, spielten diesbezügliche Mitgliedschaften offenbar keine Rolle). Ohne sich mit Winter abzustimmen, wurde Querfurt zum Bewerbungsgespräch eingeladen, wogegen allerdings Winter schärfstens protestierte.[138] Er malte ein katastrophisches Szenario bzw. vorverurteilte Querfurt als überfordert.[139] Dies verfehlte in Bonn seine Wirkung nicht, sodass man den eingeladenen Bewerber durchfallen ließ und die Stelle an Latzke vergab. Indem dessen Anstellung mit einer Probezeit versehen wurde, glaubte man im Ministerium, das Gesicht gewahrt zu haben.[140]

Aber nicht nur die politische Vergangenheit, sondern auch die insbesondere von der BMI-Personalabteilung geforderte konfessionelle Parität im höheren Beamtenbereich stellte ein Problem dar, mit dem der neue Direktor umzugehen hatte. Es hatten sich offenbar keine katholischen Archivare beworben, sodass das BMI auf den früheren Breslauer Archivar Horst-Oskar Swientek zuging, um ihn auf der zweiten Oberarchivratsstelle zu platzieren. Doch Swientek hatte inzwischen die Leitung des Dortmunder Stadtarchivs übernommen und lehnte ebenso ab wie der im Anschluss angefragte Franz Herberhold aus Sigmaringen.[141] Insofern blieb die Stelle zunächst unbesetzt, bevor sie dann später auf Wunsch Winters an Wilhelm Rohr ging. Im Fragehorizont möglicher Personalkontinuitäten bedeutet dies, dass zu diesem frühen Zeitpunkt weder geplant noch abzusehen war, dass Rohr als ehemaliger Vertrauter Zipfels nun auch die rechte Hand Winters werden würde.

Des Weiteren geschah es auch, dass einzelne Stellen, in erster Linie im Verwaltungsbereich, durch die Personalabteilung des BMI vergeben wurden. Dies gilt beispielsweise für die Einstellung der Vorzimmerdame im Sekretariat und des Verwaltungsleiters Wilhelm Enck, die jeweils am 22. April und 12. Mai 1952 ihren Dienst antraten.[142] Insofern war Winters Einfluss auf die Stellenbesetzungen im Bundesarchiv zwar immens, seine Einstellungspolitik jedoch kein Selbstläufer. Seine stärkste »Waffe« war die rein fachlich begründete Recht-

137 BArch, B 106/21197: Georg Winter (Bundesarchiv) an den Minister des Innern, 25.11.1953.

138 BArch, B 106/21197: BMI: Referat Z 2 an MR Wodtke, 2.12.1953.

139 BArch, B 106/21197: Georg Winter (Bundesarchiv) an MR Wodke, 12.12.1953.

140 BArch, B 106/21197: MR Wodkte an das Bundesarchiv Koblenz: Zustimmung zur Einstellung des Oberarchivrats a. D. Dr. Walther Latzke, 14.1.1954.

141 BArch, B 198/10012, Bd. 1: Georg Winter, Aufzeichnungen, 4.7.1952.

142 Ebd. Zu Encks Wirken vor und nach 1945 auch: Aus der Wittlicher Historie: Am Ende ein »Mitläufer« – Die Geschichte von Wilhelm Enck, in: Volksfreund vom 3.4.2020 [https://www.volksfreund.de/region/mosel-wittlich-hunsrueck/am-ende-ein-mitlaeufer-wilhelm-enck_aid-49908039 (letzter Zugriff am 15.01.2022)].

fertigung. Durch sie konnte er sich mangels Experten-Widerspruchs aus dem Ministerium meistens mit seinen Personalvorschlägen durchsetzen.

Betrachtet man die berufene Gruppe leitender Bundesarchivare der ersten Stunde, kristallisiert sich ein Rekrutierungsraster bzw. arbeitsbiografisches Profil heraus, in dem vier Aspekte besonders häufig anzutreffen waren: erstens die Verknüpfung von Geschichtsstudium, Promotion und Archivarsausbildung, zweitens die institutionelle und personenbezogene Lern-, Betreuungs- und Arbeitserfahrung im IfA, im GStA und in der PUSTE unter Albert Brackmann, Ernst Zipfel und Georg Winter, drittens die Erlebnisse archivarischer Ost- und Westeinsätze im besetzten Ausland während des Zweiten Weltkriegs sowie viertens das Vorhandensein individueller Spezialkompetenzen wie Sprach- oder Kartografie-Kenntnisse. Für Winter, der sich stets dem Expertentum verpflichtet fühlte, stellte die fachliche Eignung das erste und wichtigste Kriterium für die Kandidatenauswahl dar. Lag diese in seinen Augen vor, gaben dann häufig die Bekanntschaft aus früheren Zeiten sowie gemeinsame Erfahrungen aus der Zeit vor 1945 den weiteren Ausschlag. Dabei nahm Winter als Nicht-Pg. keinerlei Anstoß an früherem Engagement für das NS-Regime bzw. entschied sich bei Bewerbern mit ähnlicher Qualifikation nahezu nie für den weniger Belasteten. In der Summe blendete Winter kontinuierlich das politische Bekenntnis zur NS-Diktatur gegenüber der fachlichen Expertise aus. Preußische Archivtradition verband sich so mit ehemaliger NS-Systemträgerschaft zu einer Melange, wie sie ebenfalls für viele andere Archive Westdeutschlands identifiziert wurde.[143] Dass Winter, der mehrere »Persilscheine« für Bundesarchivare ausgestellt hatte, seine Personalentscheidungen zugunsten belasteter Kollegen deshalb traf, um sich mit loyalen Mitarbeitern zu umgeben, die widerspruchsarm seine Vorstellungen und Anweisungen exekutierten, lässt sich nicht nachweisen – ausgeschlossen werden kann es aber nicht.

Die Geschichte von formalen und materialen NS-Belastungen im Bundesarchiv wurde durch eine Reihe von Protagonisten getragen. Dazu zählten die Direktoren Georg Winter und Karl Bruchmann sowie der Präsident Wolfgang A. Mommsen und auf Abteilungsebene die leitenden Beamten Walther Latzke, Georg Tessin, Adolf Diestelkamp, Wolfgang Kohte und Erich Murawski, die unter archivgeschichtlichen Kriterien als erkennbar belastet gelten müssen. Was die Ebene der Abteilungsleiter anbetrifft, bestand von 1952 bis 1965 eine durchweg 100-prozentige Rate von Beamten, die formale und/oder materiale Belastungsmomente aufwiesen. Von den ersten archivfachlichen Mitarbeitern, die im Geschäftsverteilungsplan vom 1. Februar 1953 aufgeführt waren, gehörten bis auf Winter alle mindestens der NSDAP an. 1959 waren neben dem Posten des Archivdirektors (Winter) und seines Stellvertreters (Rohr) noch immer sämtliche der acht Abteilungsleiterposten mit formal und material be-

143 Astrid M. Eckert, Zur Einführung: Archive und Archivare im Nationalsozialismus, in: Kretzschmar (Red.), Das deutsche Archivwesen, S. 11-19.- Winter, Die deutsche Archivwissenschaft.

lasteten Personen besetzt. Von den 29 Referaten der Abteilungen standen 1959 numerisch mindestens 17 unter Leitung von belasteten Beamten (60 Prozent), wobei sich die hohe Quote allerdings auch aus der hohen Rate an Doppel- oder Mehrfachfunktionen einzelner Abteilungsleiter ergab.

NS-Belastung auf der Leitungsebene des Bundesarchivs 1959[144]

Position	**Name**	**NS-Belastungsmomente**
Direktor Zentralabteilung I	Georg Winter	»Archivschutz«
Stellvertretender Direktor Abteilung II	Wilhelm Rohr	NSDAP
Abteilung III	Wolfgang Müller	NSDAP
Abteilung IV	Wolfgang A. Mommsen	NSDAP, »Archivschutz«, SA
Film-, Bild- und Tonarchiv	Wolfgang Kohte	NSDAP, PUSTE, SA
Militärarchiv	Erich Murawski	Propaganda-Offizier der Wehrmacht
Abteilung Frankfurt/Main	Walther Latzke	NSDAP, »Archivschutz«, SA
Abteilung ZNS Kornelimünster	Rudolf Absolon	Offizier der Wehrmacht

Ab Mitte der 1960er Jahre setzte *peu à peu* ein Generationenwechsel ein, der jedoch noch nicht die Behördenspitze erfasste. So folgte auf Bruchmann Wolfgang A. Mommsen mit seinen aus Mitgliedschaften in NS-Formationen und der Teilnahme am archivarischen »Osteinsatz« bestehenden Belastungsmomenten.[145] Danach rückte mit Hans Booms ein Archivar auf den Präsidentenposten, der mit dem Eintritt in die NSDAP als 18-Jähriger im September 1942 und dem freiwilligen Eintritt in die Kriegsmarine der Wehrmacht in seinen jungen Jahren ebenfalls ein offen regimekonformes Engagement an den Tag gelegt hatte.[146] Booms, der zur ersten Generation gut ausgebildeter Nachwuchskräfte am Archiv gehörte und selbst unter den Gründervätern gelernt hatte,[147] amtierte bis 1989.

144 BArch, B198/Organisationsplan des Bundesarchivs vom 1. Juli 1959.

145 Siehe dazu auch den Abschnitt »›Archivschutz‹-Einsätze als Loyalitätsbeglaubigung und Bürde«.

146 BArch, R 9361-IX Kartei / 3840241.- Rainer Blasius, Hans Booms und das Bundesarchiv, in: Mitteilungen aus dem Bundesarchiv 21 (2013) 1, S. 6-23, hier S. 6.

147 Der Organisationsplan von 1959 weist ihn in Doppelfunktion als Referatsleiter in Abteilung IV und im Film-, Bild- und Tonarchiv unter der jeweiligen Abteilungsleitung von Mommsen und Kohte aus. BArch, B198/Organisationsplan des Bundesarchivs vom 1. Juli 1959.

Belastete »Ostexperten«, akademische Mitläufer – und unbelastete Ausnahmen

Georg Winters personalpolitische Ausblendung von nationalsozialistischer Parteigängerschaft war umfassend und galt auch für augenfälliges Engagement wie das von Walther Latzke oder Wolfgang Kohte. »Herrn Latzke möchte ich gern an das Bundesarchiv holen und hoffe, dass es mir Anfang des nächsten Jahres gelingen möge«, schrieb er im November 1953 mit Blick auf die Leiterstelle der Frankfurter Zweigstelle des Bundesarchivs an Adalbert Holtz im BMI.[148] Kenntnisreich hat bereits Stefan Lehr anhand von »volkspolitischen« Denkschriften und archivischen Initiativen Latzkes tiefe ideologische Verbundenheit mit den wissenschaftlichen Versatzstücken der nationalsozialistischen Weltanschauung herausgearbeitet, die den österreichischen Archivar und zwischenzeitlichen Leiter des Reichsarchivs Troppau zu einem intellektuellen Antreiber und überzeugten Praktiker der NS-Archivpolitik in den besetzten Ländern Osteuropas machte.[149] Dabei hatte der gebürtige Österreicher Latzke, der seit Dezember 1931 Mitglied der NSDAP war, auch vor Denunziationen und Vorschlägen zur Entlassung polnischer Kollegen nicht zurückgeschreckt. Der Gauleiter des Reichsgaus Sudetenland lobte in einer internen Einschätzung explizit Latzkes Leistungen als allseits »einsatzbereiter Kämpfer«, der sich als Blockwart, Beisitzer der Abstammungsforschungsstelle, Obmann-Stellvertreter des NSBO und SA-Mitglied ebenso hervorgetan habe wie als Staatsarchivar mit enormen Eigeninitiativen zum Anlegen eines Judaica-Archivs in Wien. Als sein ehemaliger RKU-Vorgesetzter kannte Winter natürlich dessen Arbeitsbiografie und parteipolitisches Engagement als »Alter Kämpfer«. Und er wusste auch, dass die Generaldirektion der Österreichischen Staatsarchive Latzkes vorherige Bewerbung um Wiedereinstellung in den österreichischen Archivdienst – unter anderem wegen seiner Beteiligung an antisemitischen Ausstellungen, seinen Bemühungen um Überstellung Wiener Reichskleinodien an den »Führer« und grundsätzlicher Bedenken hinsichtlich seiner demokratischen Grundeinstellung – abgelehnt und ihn 1948 in den dauerhaften Ruhestand versetzt hatte. Winter, der Latzkes Einstellung fachlich mit dessen Kenntnis neuzeitlicher Quellen begründete, gab sich mit einer eidesstaatlichen Erklärung zufrieden, in der der österreichische Archivar erklärte, in die NSDAP wegen ihrer Forderung nach Zusammenschluss aller Deutscher in einem großdeutschen Reich eingetreten zu sein.[150] Latzke wurde 1954 als Oberarchivrat eingestellt und leitete die Frankfurter Filiale bis 1968. Er folgte damit auf Karl Demeter, der – ebenfalls NSDAP-Mitglied – die Stelle seit 1933 geleitet hatte und 1954 in den Ruhestand gegangen war.

148 BArch, B 198/2: Georg Winter an Adalbert Holtz, 25.11.1953.

149 Zur Person Latzkes hier und im Folgenden: Lehr, Ein fast vergessener »Osteinsatz«, S. 70-75.

150 Ebd., S. 342 f.

Auch Heinz Buttkus wies neben der fachlichen Eignung die »Archivschutz«-Erfahrung aus der Zeit vor 1945 auf. Buttkus gehörte wie Winter zum Kreis derjenigen Archivare, die in Osteuropa, speziell in Polen eingesetzt worden waren, ohne jedoch der NSDAP anzugehören.[151] Nach 1945 zählte Buttkus zu denjenigen Archivaren, die wie Hans-Joachim Neufeldt, Rudolf Schatz und Elisabeth Kinder aus der DDR ans Bundesarchiv gekommen waren. Buttkus hatte den Besuch des Augsburger Archivtags im Mai 1956 genutzt, um trotz eines privilegierten Einzelvertrags, den er als stellvertretender Direktor und Leiter der Kartenabteilung im Staatsarchiv Magdeburg mit dem Ministerium des Innern der DDR abgeschlossen hatte, aus politischen Gründen, wie der Lebenslauf vermerkt, in die Bundesrepublik zu fliehen.[152] Hier nahm er noch im gleichen Jahr eine Mitarbeitertätigkeit bei der »Ostdokumentation« auf. Somit wirkte ein weiterer Protagonist des archivarischen »Osteinsatzes« während des Zweiten Weltkriegs und Kenner der polnischen und ukrainischen Archivsituation im ersten Großprojekt des Bundesarchivs mit. (1958 wechselte Buttkus dann allerdings an das Politische Archiv des Auswärtigen Amtes.)

Ein weniger bekanntes Beispiel bietet die Arbeitsbiografie des 1907 geborenen Wolfgang Kohte. Durch die einflussreiche Tätigkeit seines Vaters – als Regierungsbaurat, aktives Mitglied der Historischen Gesellschaft für die Provinz Posen, Fachmann für Denkmäler der bildenden Kunst beim Generalgouverneur in Warschau während des Ersten Weltkrieges sowie als Mitbegründer der Vereinigung der reichsdeutschen Mitglieder der Historischen Gesellschaft – kam Wolfgang Kohte bereits von frühester Jugend an mit den Problemen deutsch-polnischer Beziehungen und deutschen Wirkens in Polen in Berührung.[153] Nicht zufällig promovierte er daher auch nach dem Geschichtsstudium über die »Deutsche Bewegung und Preußische Politik im Posener Land 1848/49«. Nach der Teilnahme am ersten Kurs des IfA 1930/31 und einem Praktikum im Danziger Staatsarchiv wurde er im GStA eingestellt. 1934 wurde er hier zum Archivassistenten, 1937 zum Staatsarchivrat befördert. Im selben Jahr wurde er für die PUSTE abgestellt, wo er zur Wirtschafts- und Verwaltungsgeschichte der Provinz Posen in der Reichsgründungszeit forschen sollte. Es war Albert Brackmann, der die Karriere Kohtes in diese Richtung gelenkt und gefördert hat, denn mit seinem Polen- bzw. Osteuropaschwerpunkt entsprach er genau dessen Vorstellungen vom IfA-Nachwuchs. Kohte war Mitglied im NSV und im NSRB; am 10. April 1933 trat er der SA-Reiterstaffel bei, zum 1. August 1937 der NSDAP. 1942 wurde er zum Oberscharführer bei der SA-Reiterstaffel ernannt, ansonsten übte er aber keine weiteren höheren

151 Lehr, Ein fast vergessener »Osteinsatz«, S. 107 ff.

152 GStA PK, VI. HA, NL Buttkus, Karton 30: Lebenslauf Heinz Buttkus, o. D.- BArch, DO 1/33105: Personalakte Heinz Buttkus.

153 Vgl. Gotthold Rhode, Nachruf Wolfgang Kohte (1907-1984), in: Zeitschrift für Ostforschung 34 (1985), S. 407-410, hier S. 408.- Nachfolgende Angaben aus diversen Lebensläufen und biografischen Darstellungen in: BArch, PERS 101/38195.

Funktionen aus.[154] Bis 1943 wirkte Kohte als stellvertretender Geschäftsführer und Referent der PUSTE. Danach ließ er sich an die Frankfurter Dependance versetzen, um dort – ebenfalls als stellvertretender Geschäftsführer – für die »Westforschung« zu arbeiten. Hier verblieb er bis zum Kriegsende.

Das Entnazifizierungsverfahren, das Kohte in Münster durchlief, endete mit der Einstufung als Mitläufer ohne berufliche Einschränkung.[155] In den Jahren 1949 und 1950 strengte er die Wiederaufnahme des Verfahrens an, was ihm schließlich die befreiende Einstufung als »entlastet« einbrachte.[156] 1952 erhielt er einen »Unterbringungsschein« für »verdrängte und andere entbehrlich gewordene Beamte«.[157] Nach einer längeren Phase der Arbeitslosigkeit erhielt er 1947 das Angebot, erst für den Bentheimer Grenzlandausschuss, dann für das Provinzialinstitut für westfälische Landes- und Volkskunde Gutachten und Expertisen zur »Abwehr der niederländischen Gebietsforderungen« sowie zur »Beobachtung der gegenwärtigen Entwicklung der Benelux-Staaten« zu verfassen.[158] Damit bewegte er sich erneut in Kontexten, mit denen er auch an der PUSTE zu tun gehabt hatte. Bezeichnenderweise wurde das Institut 1951 von Franz Petri übernommen, der heute als ein wichtiger wissenschaftlicher Vertreter der nationalsozialistischen »Westforschung« sowie Raum- und Bevölkerungspolitik gilt.[159] Kohte blieb als wissenschaftlicher Assistent am Institut, bis er am 1. September 1952 ans Bundesarchiv wechselte.

154 Bestätigt auch noch einmal in den biografischen Angaben, die Mommsen an den Bundesinnenminister weiterleitete, um Kohte für das Bundesverdienstkreuz vorzuschlagen. BArch, PERS 101/38195: Wolfgang A. Mommsen an den Bundesminister des Innern, 31.7.1972.

155 BArch, PERS 101/38195: Festsetzung und Erläuterung des Besoldungsdienstalters für Wolfgang Kohte, 10.3.1953.

156 BArch, PERS 101/38195: Clearance Certificate (beglaubigte Abschrift), 18.12.1949.- BArch, PERS 101/38195: Beschluss in der Entnazifizierungssache des Staatsarchivrats Dr. Wolfgang Kohte, 18.11.1950.

157 Im April 1951 hatte er sich zunächst in der Münsteraner Vormerkstelle für »verdrängte und andere entbehrlich gewordene Beamte« registrieren lassen und bekam Anfang 1952 den entsprechenden »Unterbringungsschein« von der dem Innenministerium des Landes Nordrhein-Westfalen unterstellten Landesausgleichsstelle für Angehörige des Personenkreises gemäß Artikel 131 des Grundgesetzes, gemäß dem Bundesgesetz zur Regelung der Rechtsverhältnisse der unter Art. 131 fallenden Personen vom 11. Mai 1951. BArch, PERS 101/38195: Antrag auf Aufnahme in die Vormerkliste für verdrängte und andere entbehrlich gewordene Beamte, 9.4.1951.- BArch, PERS 101/38195: Unterbringungsschein für Dr. phil. Wolfgang Kohte, 5.1.1952.

158 BArch, PERS 101/38195: Schreiben des Provinzialinstituts für westfälische Landes- und Volkskunde an die Verwaltung des Provinzialverbandes, 1.2.1950.

159 Als Kulturreferent wirkte Petri seit 1940 im Range eines Kriegsverwaltungsrates bei der deutschen Militärverwaltung im besetzten Belgien und Nordfrankreich, dann wurde er 1942 ordentlicher Professor für niederländische Geschichte an der Universität Köln. Nach 1945 von der britischen Militärregierung aus dem öffentlichen Dienst entlassen, interniert und im Entnazifizierungsverfahren – zunächst – als Mitläufer (später als voll entlastet) eingestuft, fasste er schon bald wieder Fuß in der westfälischen Wissenschaftslandschaft. Karl Ditt, Die Kulturraumforschung

Kohte war ein Wunschkandidat von Georg Winter. Neben den archivarischen Fähigkeiten schätzte er vor allem Kohtes Kenntnis zahlreicher moderner Sprachen, darunter Französisch, Niederländisch, Polnisch und Englisch auf höchstem und hohem Niveau sowie Russisch, Tschechisch, Spanisch und Italienisch im schriftlichen Umgang.[160] Trotzdem war seine Einstellung keineswegs eine sichere Angelegenheit. Kohte betrachtete sich selbst als Sozialfall, da er zusammen mit seiner im ostdeutschen Gotha lebenden Ehefrau sechs Kinder im Alter von ein bis dreizehn Jahren zu versorgen hatte. Aus diesem Grund wollte er nur in »sichere Verhältnisse« wechseln. Insofern machte er seine Zusage von einer entsprechenden Gehaltsdotierung abhängig, die es ermöglichen sollte, im kriegszerstörten Koblenz eine Wohnung zu finden. Daraufhin setzte Winter im BMI die Ernennung Kohtes zum Archivrat durch, die die Voraussetzung für die gewünschte Entgeltstufe bildete.[161]

Sein Spezialgebiet als Leiter der Abteilung III und international anerkannter Experte wurde die Überlieferung von nicht-schriftlichen Quellen, allen voran Film, Foto und Ton.[162] Darüber hinaus betreute er das sogenannte Ostarchiv im Bundesarchiv und fungierte seit 1955 als zweiter Vorsitzender der »Historisch-Landeskundlichen Kommission für Posen und das Deutschtum in Polen« während der Leitungsjahre unter den beiden Ostsiedlungs- und Deutschtumsforschern Walter Kuhn und Gotthold Rohde.[163] Dem Johann Gottfried Herder-Forschungsrat gehörte Wolfgang Kohte seit 1962 als korrespondierendes Mitglied, seit 1970 als ordentliches Mitglied und schließlich als Mitglied des Kuratoriums an.[164] Dieses Engagement bildete in Kombination mit der zeitweiligen archivarischen Betreuung der Dokumentation der Ver-

zwischen Wissenschaft und Politik. Das Beispiel Franz Petri (1903-1993), in: Westfälische Forschungen 46 (1996), S. 73-176.- Peter Schöttler, Von der rheinischen Landesgeschichte zur nazistischen Volksgeschichte – oder die »unhörbare Stimme des Blutes«, in: Winfried Schulze/Otto Gerhard Oexle (Hg.), Historiker im Nationalsozialismus, Frankfurt a. M. 1999, S. 89-113.- Hans Derks, German Westforschung, 1918 to the Present: The Case of Franz Petri, 1903-1993, in: Ingo Haar/Michael Fahlbusch (Hg.), German Scholars and Ethnic Cleansing 1920-1945, New York u. a. 2005, S. 175-200.

160 BArch, PERS 101/38195: Fragebogen des Bundesarchivs zu Sprachkenntnissen/Wolfgang Kohte, 23.10.1969.

161 BArch, PERS 101/38195: Bundesminister des Innern an Wolfgang Kohte, 3.3.1953.

162 In dieser Funktion arbeitete er seit 1966 auch im Mikrofilm-Ausschuss des Internationalen Archivrats mit. BArch, PERS 101/38195: Bundesminister des Innern an Wolfgang Kohte, 30.12.1968.

163 BArch, PERS 101/38195: Karl G. Bruchmann: Beurteilung Wolfgang Kohte für den Zeitraum 1961-1965, 11.8.1965.- Michael Burleigh. Germany Turns Eastwards. A Study of Ostforschung in the Third Reich, Cambridge u. a. 1988.- Eike Eckert, Zwischen Ostforschung und Osteuropahistorie. Zur Biographie des Historikers Gotthold Rhode, Osnabrück 2012.

164 Rhode, Nachruf Wolfgang Kohte, S. 409.

treibung eine inhaltliche Brücke zu seiner Tätigkeit an der Berliner PUSTE.[165] In seiner weiteren Berufslaufbahn arbeitete sich Kohte zum Oberarchivrat (1961), Archivdirektor (1965) und schließlich zum leitenden Archivdirektor (1969) an die obere Spitze im Bundesarchiv hoch, eine Funktion, die er bis zu seinem Ausscheiden im Oktober 1972 bekleidete.[166] Ausgezeichnet mit dem Bundesverdienstkreuz erster Klasse war er am Ende der dienstälteste Archivar im Haus, der den Präsidenten des Bundesarchivs in Abwesenheit vertrat.[167] Vor diesem Hintergrund verkörperte Kohte die gleichermaßen unauffällige wie erfolgreiche Integration ehemaliger wissenschaftlicher Systemträger des Nationalsozialismus in die bundesrepublikanische Archiv- bzw. Behördenlandschaft.

Im gleichen Jahr wie Kohte schied im Übrigen auch sein langjähriger Referent der Filmabteilung, Hans Barkhausen, aus, der 1958 zum Bundesarchiv Koblenz gekommen war und ebenfalls Belastungsmomente aus der NS-Zeit mitbrachte. So hatte der 1906 in München Geborene als junger Mann 1923 am dortigen Hitler-Putsch teilgenommen, was ihm eine kurzzeitige Haftzeit eingebracht hatte. In dieser Zeit gehörte er der NSDAP und der SA an.[168] Nach einer kaufmännischen Ausbildung, dem Umzug nach Berlin 1928 und einer Anstellung bei der Ufa-Theaterbetriebsgemeinschaft erneuerte er im März 1933 seine NSDAP-Mitgliedschaft, nachdem er sieben Jahre zuvor ausgetreten war, und wurde im Folgejahr Filmreferent beim Chef des Ausbildungswesens der NSDAP. Im April 1935 wechselte er dann ins Reichsministerium für Volksaufklärung und Propaganda und wirkte unter anderem als Filmreferent beim Propagandaausschuss für die Olympischen Spiele 1936 mit. Zugleich sichtete und katalogisierte er offiziell verbotene Filme. Von 1938 bis zu seiner Einberufung zur Wehrmacht im November 1943 arbeitete er als Referent und Abteilungsleiter im Reichsfilmarchiv. Zu seinen neuen Hauptaufgaben im Bundesarchiv gehörte auch die Sichtung und Rückführung tausender von den USA nach 1945 beschlagnahmter Filme, die ab 1964 in die Bundesrepublik

165 Der publizistische Ausstoß blieb mangels Zeit allerdings gering. Er erarbeitete einen knappen Abriss zur Geschichte des Posener Landes in Band II des »Ploetz«, wirkte mit an der Neuausgabe des »Dahlmann-Waitz« für das Posener Land und verfasste kleinere Beiträge zum Thema. Wolfgang Kohte, Die Warschauer Architekten in der Sachsenzeit im Licht neuer Forschungen, in: Zeitschrift für Ostforschung 17 (1968), S. 553-559.- Ders., Kunstgeschichtliche Grundlagenforschung im heutigen Polen und ihre Vorläufer, in: Zeitschrift für Ostforschung 22 (1973), S. 497-514.- Ders., »Kunst in Polen« im Zürcher Kunsthaus, in: Zeitschrift für Ostforschung 24 (1975), S. 149-154.

166 BArch, PERS 101/38195: Bundesminister des Innern an Wolfgang Kohte, 8.6.1961.- BArch, PERS 101/38195: Bundesminister des Innern an Wolfgang Kohte, 7.10.1969.

167 BArch, PERS 101/38195: Urkunde zum Verdienstkreuz 1. Klasse des Verdienstordens der Bundesrepublik Deutschland (Vorlage), 6.10.1972.

168 Friedrich P. Kahlenberg, Hans Barkhausen: ein Nachruf, in: Mitteilungen aus dem Bundesarchiv, Heft 1/2000, S. 26-30.- Ders., Hans Barkhausen (1906-1999), in: Der Archivar 53 (2000) 3, S. 270-272.- Hans Barkhausen: »Er bezeichnete sich selbst als Trommler«, in: Wieland Giebel (Hg.), Ich traf Hitler: Die Interviews von Karl Höffkes mit Zeitzeugen, Berlin 2020.

überführt werden durften.[169] Später machte sich Barkhausen auch als Publizist zu Filmmedien-Themen einen Namen[170] und erhielt für seine Lebensleistung das Filmband in Gold.

Das frühe Bundesarchiv war aber nicht nur ein Auffangbecken für belastete und minderbelastete Archivare, sondern auch für Akademiker, deren Karrieren aufgrund ihrer Tätigkeit vor 1945 abgebrochen waren. Derlei Stellenbesetzungen vollzogen sich meist in der zweiten Reihe des Personaltableaus. Beispielgebend dafür stehen die Arbeitsbiografien des Referenten Helmuth Albrecht Croon und seines Nachfolgers Werner Gley. Der 1906 geborene Croon hatte nach einem Geschichtsstudium beim renommierten Verfassungs- und Verwaltungshistoriker Fritz Hartung promoviert und danach ein Projekt für die Historische Kommission für die Provinz Brandenburg und die Reichshauptstadt Berlin begonnen, das jedoch 1932 aus finanziellen Gründen eingestellt wurde. Arbeitslosigkeit und materielle Not führten Croon im Sommer 1933 zum Freiwilligen Arbeitsdienst, später Reichsarbeitsdienst (RAD) in Lingen und Aachen. Hier arbeitete er sich vom Sachbearbeiter über den Oberstfeldmeister für Sonderaufgaben bis zum Arbeitsführer hoch, nachdem ihm 1944 die Leitung der RAD-Archive übertragen wurde. In dieser Eigenschaft organisierte Croon selbstständig die Archivierung des Registratur- bzw. Schriftgutes, was ihn zum Archivspezialisten für diese Reichsbehörde und seine Vorgängereinrichtung machte.[171] Aufgrund seiner Funktion und seines Ranges wurde der 39-jährige Archivleiter 1945 von den Alliierten als Belasteter für achtzehn Monate inhaftiert. Es dauerte bis Anfang 1950, bis er nach Hilfsarbeitertätigkeiten wieder als wissenschaftlicher Angestellter in der Dortmunder Sozialforschungsstelle der Universität Münster auf ein vertrautes berufliches Gleis gelangte.[172] Hier entfaltete er unter Anwendung innovativer Methoden und interdisziplinärer Ansätze eine rege Forschungsproduktivität auf dem regionalhistorischen Feld der rheinisch-westfälischen Wirtschafts-, Verfassungs- und Verwaltungsgeschichte.[173] 1956 wechselte der dynamische Wissenschaftler ans Bundesarchiv, das eine Referentenstelle ausgeschrieben hatte. Die Schnittmenge seiner

169 Hans Barkhausen, Zur Geschichte des ehemaligen Reichsfilmarchivs. Gründung - Aufbau – Arbeitsweise, in: Der Archivar, 13 (1960) 1, S. 2-13.- Ders., Deutsche Filme in den USA. Rückführung im Austausch, in: Der Archivar 19 (1966) 3, Sp. 259-264.

170 Hans Barkhausen, Filmpropaganda für Deutschland im Ersten und Zweiten Weltkrieg, Hildesheim/Zürich/New York 1982.

171 Biografische Angaben bei Gustav Seebold, Helmuth Albrecht Croon [Nachruf], in: Der Archivar 47 (1994), S. 655.- Dissertationsschrift: Helmuth Croon, Stände und Steuern in Jülich-Berg im 7. u. vornehmlich im 18. Jahrhundert, Bonn 1929.- Helmuth Croon, Aktenhaltung und Archivgutpflege im Reichsarbeitsdienst, in: Der Archivar 3 (1950) 4, 153-177.

172 Ulrike Kändler, Entdeckung des Urbanen. Die Sozialforschungsstelle Dortmund und die soziologische Stadtforschung in Deutschland, 1930 bis 1960, Bielefeld 2016, S. 167.

173 Zum Beispiel: Helmuth Croon/Kurt Utermann, Zeche und Gemeinde. Untersuchungen über den Strukturwandel einer Zechengemeinde im nördlichen Ruhrge-

Kenntnisse aus Verwaltungs- und Landesgeschichte sowie früherer Archivtätigkeit hatten den entscheidenden Ausschlag für die Einstellung gegeben. Croon war fortan zuständig für die Referate 2 (»Soziales«) und 4 (»Post und Verkehr«) in Abteilung III sowie für das Referat 4 (»Publizistische Quellen und andere zeitgeschichtliche Sammlungen«) in Abteilung IV.[174] Im Archiv hinterließ er allerdings nur wenige Spuren, da er schon zum Jahresende die Leitung des Stadtarchivs Bochum übernahm. Hier sollte er sich bald als bedeutender Regionalhistoriker etablieren.[175]

Nach dem Weggang Croons ging im November 1956 die frei werdende Referentenstelle an den 1902 geborenen Werner Gley, ebenfalls ein promovierter Wissenschaftler mit Belastungsmomenten.[176] Gley gehörte mehreren NS-Formationen an: 1933 trat er der NSDAP bei, war seit 1938 Mitglied des NS-Dozentenbundes sowie des RLB, des RKB und der NSV. Außerdem war er 1935/36 als Blockleiter eingeteilt. Zur formalen Belastung hinzu kam seine damalige wissenschaftliche Beschäftigung mit Fragen politischer Geographie im »Dritten Reich«, die als eine der Legitimationswissenschaften des Nationalsozialismus gilt.[177] Er wird in diesem Zusammenhang zu einem ihrer Vertreter an der Frankfurter Goethe-Universität gerechnet, wobei sich seine tendenziösen Interpretationslinien durchaus im Zeitgeist und Deutungskanon jener Jahre bewegten und hier eine mittlere Position einnahmen.[178] So war

biet, Tübingen 1958.- Helmuth Croon, Bürgertum und Verwaltung in den Städten des Ruhrgebiets im 19. Jahrhundert, München 1964.

174 BArch, B 198/Organisations- und Geschäftsverteilungsplan des Bundesarchivs, 1.7.1965.

175 Er strukturierte das Bochumer Stadtarchiv neu, publizierte größere und kleinere regionalhistorische Studien, wurde 1960 bzw. 1963 Mitglied der Internationalen Kommission zur Geschichte der Stände und Parlamente sowie der Historischen Kommission von Westfalen, unterrichtete Verwaltungs- und Verfassungsgeschichte an der neu gegründeten Ruhr-Universität Bochum, erhielt 1971 eine Honorarprofessur – und bekam 1976 schließlich das Bundesverdienstkreuz verliehen. Seebold, Helmuth Albrecht Croon.

176 Alle biografischen Angaben nach: BArch, PERS 101/44769

177 F.-R. Hausmann, Die Geisteswissenschaft im »Dritten Reich«, Frankfurt a.M. 2011.- H.-A. Heinrich, Politische Affinität zwischen geographischer Forschung und dem Faschismus im Spiegel der Fachzeitschriften. Ein Beitrag zur Geschichte der Geographie in Deutschland von 1920 bis 1945, Gießen 1991.- U. Wardenga, Geographie im Dritten Reich. Ergebnisse der jüngeren Forschung, in: Jahrbuch / Marburger Geographische Gesellschaft, 1995 (1996), S. 233-238.

178 In seiner von Albert Brackmann mit »summa cum laude« bewerteten Dissertation, die 1926 unter dem Titel »Die Besiedelung der Mittelmark von der slawischen Einwanderung bis 1624: eine historisch-geographische Untersuchung« erschien, bediente der Autor die typische antislawische Ideologie vom kulturlosen Slawenvolk: »Anstelle der hochentwickelten germanischen Kultur, die die Semnonen als ein Volk mit Sinn für Formengebung und Schönheit geschaffen hatten, trat in slawischer Zeit ein Zustand der Unkultur ein, wie wir ihn uns primitiver kaum denken können. Die Slawen passten sich der rauen Natur des Landes an, ohne ernsthaftere Versuche zu machen, die dürftigen Lebensbedingungen durch harte

Gley nach einem Studium der Geschichte und Geographie wissenschaftlicher Mitarbeiter des bekannten Geographen und Kartographen Walter Behrmann, Professor an der Universität Frankfurt/Main und Spezialist für den kolonialen Raum, geworden, dessen wissenschaftliche Arbeiten – durchaus typisch für damalige Gelehrtendiskurse zum Thema – immer wieder kolonialpropagandistische Einlassungen enthielten.[179]

An der Frankfurter Universität qualifizierte sich Gley erst zum Privatdozenten für Geographie (1930-1936), dann zum Lehrbeauftragten für Wirtschaftsgeographie und seit 1938 zum außerordentlichen und dann außerplanmäßigen Professor. Zu seinen bekanntesten Werken dieser Zeit gehörte seine Studie über den Wirtschafts- und Verkehrsraum Belgisch-Kongo.[180] Mit der Einberufung zur Wehrmacht 1941 endete die universitäre Karriere. Er wurde ins Heereskartenwesen versetzt und war in der Heeresplankammer in Berlin-Dahlem und Saalfeld stationiert, wo er sich zum Unteroffizier hochdiente. Kurz vor Kriegsende wurde er an die oberitalienische Front versetzt, die er unversehrt überlebte. Der Krieg endete für ihn mit der mehrmonatigen Internierung, der Entlassung aus der Universität sowie dem vollständigen Verlust von Wohnung und Besitz. Die Frankfurter Spruchkammer erklärte ihn in ihrem Urteil vom 24. Juni 1948 zum »Mitläufer« (Gruppe IV).[181] In den folgenden Jahren gelang es Gley nicht, beruflich neu Fuß zu fassen. Nach Pflichttätigkeiten in einer Baubrigade zur Enttrümmerung trat er 1946 als wissenschaftlicher Mitarbeiter zunächst in den Dienst von Flemmings Kartographischem Institut Hamburg, dann 1947 in Ravensteins Geographische Anstalt in Frankfurt/Main, die ihn jedoch aus wirtschaftlichen Gründen entlassen musste. Eine Bewerbung an der Universität Frankfurt/Main für eine Lehrtätigkeit scheiterte 1949; es folgten Pausen und Übergangsbeschäftigungen.[182] 1956 wandte sich Gley verzweifelt mit einem Stellengesuch an Georg Winter vom Bundesarchiv und appellierte dafür in einem Hilfeschreiben an die Solidarität des »Bundesbruders«, denn

Arbeit zu verbessern«, heißt es darin unter anderem. Werner Gley, Die Besiedelung der Mittelmark von der slawischen Einwanderung bis 1624, Stuttgart 1926, S. 91.

179 Carsten Gräbel, Die Erforschung der Kolonien: Expeditionen und koloniale Wissenskultur deutscher Geographen 1884-1919, Bielefeld 2015, S. 61 f., 117.

180 Werner Gley, Belgisch-Kongo als Wirtschafts- und Verkehrsraum, Würzburg 1941.

181 »Eine Belastungsvermutung erwächst aus DII/2/1 und DII/2/4 nach Teil A der Anlage des Gesetzes. […] Der Betroffene glaubt in die Gruppe V der Entlasteten eingereiht werden zu können. Es besteht nicht der geringste Zweifel, dass er die Voraussetzungen des Artikels 13 in keiner Weise erfüllt. Die aktive Tat, die sich gegen den Nationalsozialismus richtet mit dem Ziel seiner Zerstörung, ist nirgends feststellbar.«, hieß es in der Urteilsbegründung nach Auflistung der Mitgliedschaften Gleys. BArch, PERS 101/44769: Urteil der Spruchkammer Frankfurt/Main (Abschrift), 24.6.1948.

182 Da alte Weggefährten an der Universität inzwischen gestorben waren, sah sich Gley ohne weitere Protektion und damit chancenlos im Rennen um freiwerdende Stellen. Seine Bewerbungsunterlagen hatte er kommentarlos zurückerhalten. BArch, PERS 101/44769: Brief Werner Gley an Georg Winter, 1.7.1956.

Winter und er hatten der gleichen Studentenverbindung angehört.[183] Mit Erfolg: Gley wurde zunächst als Referent für Referat 4 B »Inneres (Statistik, Raumforschung usw.) der Abteilung II sowie für Referat 3 »Karten und Pläne, Bildgut (Archivierung von historischen Dokumentarfotografien)« der Abteilung III eingestellt. Hier entwickelte er sich bis zu seinem Laufbahnende 1969 zu einem profilierten Spezialisten für Karten und Pläne. Auch im Falle Gleys handelte es sich um die Integration eines ehemals NS-nahen Wissenschaftlers in das Bundesarchiv, wo er einen weitgehend unpolitischen Expertenstatus pflegen konnte.

Doch es gab in der Frühphase auch illustre Ausnahmen. Eine davon war der am 4. April 1912 in Rehoboth in Deutsch-Südwestafrika geborene Eberhard von Vietsch. Sein Vater Wilhelm von Vietsch war Kaiserlicher Bezirksamtmann, Geheimer Regierungsrat und schließlich Universitätskurator, seine Mutter eine Adlige aus dem Geschlecht der von Pommer Esche. Die familiäre Atmosphäre war durch die Auslandsaufenthalte und Umzüge von Weltgewandtheit und Bildung geprägt. Die Familie zog 1914 nach Berlin und dann, nach einem kurzen Aufenthalt in der Schweiz, 1924 nach Breslau. Im Jahr 1926, von Vietsch war gerade vierzehn Jahre alt, verstarb sein Vater.[184] Er studierte mittelalterliche und neuere Geschichte sowie romanische Sprachen, Philosophie und Volkswirtschaft und promovierte 1936 an der Universität Leipzig bei Erich Brandenburg und Hermann Heimpel mit einer Arbeit über die politische Bedeutung des Reichskanzleramtes für den Reichsausbau zwischen 1867 und 1880. Im Anschluss daran absolvierte er 1936/37 eine Archivarsausbildung im IfA in Berlin-Dahlem und ein Volontariat am Potsdamer Reichsarchiv.[185] Mit diesen Ausbildungsstationen bewegte er sich in für Archivare seiner Generation gängigen Bahnen, nicht jedoch mit seiner individuellen Distanz gegenüber dem NS-Regime. Von Vietsch trat lediglich dem NSV, nicht aber der NSDAP oder SA bzw. SS bei. Nach seinem Volontariat am Reichsarchiv sagte er sich bewusst von dem unter Ernst Zipfel nazifizierten Archiv los und wurde freier Wissenschaftler.[186] Neben seinem Interesse an einer akademischen Laufbahn ermöglichte es ihm dieser Schritt, sich vor ungewollter politischer Vereinnahmung zu schützen. Von 1938 bis 1941 arbeitete er so an seiner Monografie »Das europäische Gleichgewicht«, die 1942 im Verlag Koehler &

183 Ebd.

184 Walter Vogel, Nachruf auf Eberhard von Vietsch, in: Der Archivar 37 (1984), Sp. 304-306, hier Sp. 304.

185 Erich von Vietsch: Die politische Bedeutung des Reichskanzleramts für den inneren Ausbau des Reiches von 1867-1880, Leipzig 1936.- BArch, PERS 101/38196: Zeugnis des Philoosophischen Instituts der Universität Leipzig, 22.2.1936.- BArch, PERS 101/38196: Zeugnis Institut für Archivwissenschaft und geschichtswissenschaftliche Fortbildung in Berlin-Dahlem, 25.11.1937.

186 »Da für mich unter dem Nationalsozialismus der Staatsdienst nichts Verlockendes haben konnte, beschloß ich, mich freier wissenschaftlicher Tätigkeit zu widmen«, notierte er dazu in seinem Lebenslauf von 1953. BArch, PERS 101/38196.

Amelang erschien, danach 1945 als wissenschaftlicher Mitarbeiter für Egmont Zechlin am Auslandswissenschaftlichen Institut der Universität Berlin.[187]

Das Kriegsende bedeutete für Eberhard von Vietsch erneut weitere sieben Jahre Arbeit als freier Wissenschaftler, bevor er dann 1952 Verlagsmitarbeiter bei Brockhaus wurde.[188] In dieser Phase verfasste er seine viel beachtete Studie »Die Tradition der großen Mächte«, die ursprünglich als Habilitationsschrift konzipiert war, ohne jedoch unter NS-Bedingungen eine Chance auf Annahme zu besitzen, und schließlich 1950 in der Stuttgarter Union Verlagsgesellschaft erschien.[189] Mit der Gründung des Bundesarchivs sah er dann die Chance zum beruflichen Wechsel. Winter hatte von Vietsch bereits von Beginn an auf dem »Zettel«, wobei er dessen Nicht-Mitgliedschaft in der NSDAP stets besonders markiert hatte[190] – vorstellbar ist, dass er die Anstellung aus strategischen Gründen forcierte, um in seinem Personaltableau die Belastungen seiner anderen Wunschkandidaten zu kompensieren. Von Vietsch wurde zum 1. August 1953 zunächst als Angestellter bzw. Hilfsreferent auf Probe im Bundesarchiv angestellt, dann im November 1953 entfristet,[191] im Juli 1955 zum Archivrat ernannt, im Jahr darauf zum Beamten auf Lebenszeit.[192] Im Bundesarchiv wurde er mit dem Nachlassreferat sowie der Betreuung der wissenschaftlichen Arbeiten und der Leitung der Bibliothek betraut.[193]

187 Hier wirkte er an der »Maritimen Weltgeschichte« mit, ein Projekt, das wegen Auslagerungen und Bombenschäden vorerst nicht zu Ende geführt werden konnte und erst 1947, als Zechlin eine Anstellung am Historischen Seminar bzw. am Institut für Überseegeschichte der Universität Hamburg gefunden hatte, publiziert wurde. Egmont Zechlin, Maritime Weltgeschichte: Altertum und Mittelalter, Hamburg 1947.

188 BArch, PERS 101/38196: Tabellarischer Lebenslauf Eberhard von Vietsch, 2.11.1954.

189 Das eher in der Tradition nationalstaatlicher Außenpolitikgeschichte geschriebene Werk fand unter Fachleuten positive Resonanz und wurde unter anderem 1950 in der »Zeit« als politisches Buch der Woche besprochen. Auch in jüngeren Studien wie der von Klaus Hildebrand über »Die Pax Britannica und Preußen 1865/66-1869/70« wird seine Arbeit noch zitiert. Klaus Hildebrand, No Intervention. Die Pax Britannica und Preußen 1865/66-1869/70. Eine Untersuchung zur englischen Weltpolitik im 19. Jahrhundert, München 1997, S. 11, FN 18.- Hartwig Bülck u. a., Föderalismus als nationales und internationales Ordnungsprinzip. Die öffentliche Sache. Aussprache zu den Berichten in den Verhandlungen der Tagung der Deutschen Staatsrechtslehrer zu Münster (Westfalen) vom 3. bis 6. Oktober 1962, Berlin 1964, S. 24 FN 63.- Kristina Spohr Readman, Germany and the Baltic Problem After the Cold War. The Development of a New Ostpolitik, 1989-2000, London 2004, S. 68 FN 10.

190 BArch, B 198/10012, Bd. 1: Handschriftliche Aufstellung von potenziellen Mitarbeitern des Bundesarchivs von Georg Winter, o. D. (wahrscheinlich 1951).

191 BArch, PERS 101/38196: Schreiben Bundesarchiv an das BMI, 24.7.1954.

192 BArch, PERS 101/38196: Schreiben Bundesarchiv an das BMI, 24.7.1954.- BArch, PERS 101/38196: Schreiben BMI an Eberhard von Vietsch, 4.7.1955 sowie 18.8.1956.

193 Dabei, so Bundesarchivar Walter Vogel, hätte sich von Vietsch vor allem für die Nachlässe solcher Persönlichkeiten interessiert, die auch im kulturellen und geisteswissenschaftlichen Leben verankert waren. NS-Größen hätte er hingegen »igno-

Von Vietsch gehörte zugleich aber zu den wenigen Mitarbeitern, die historisch publizierten und somit den geschichtswissenschaftlichen Forschungszweig des Bundesarchivs repräsentierten. Dabei wählte er bevorzugt biografische Zugriffe auf die gewählten Stoffe, die in der Regel zeitgeschichtliche Fragestellungen behandelten.[194] 1961 erschien etwa seine hochgelobte Biografie »Wilhelm Solf – Botschafter zwischen Zeiten«, die auf der Basis von Bundesarchivquellen bzw. hier insbesondere von Nachlass-Akten verfasst wurde, die von Vietsch selbst erschlossen hatte.[195] Einige Jahre später gab er zusammen mit Wolfgang Kohte eine Überblickdarstellung zum Bundesarchiv heraus.[196] Unter den Kollegen galt er als eigenwillige Persönlichkeit, die sich nicht nur dem NS-Regime, sondern auch so mancher Beamtenpflicht und Behördenroutine verweigerte.[197] Gesundheitlich litt er an einer starken Schwerhörigkeit, die am Ende in Taubheit mündete. Ungeachtet dieser Beeinträchtigung, die er durch seine Fähigkeit des Lippenlesens auszugleichen suchte, galt von Vietsch als geistreicher, an moderner Kunst interessierter Archivar, der »stilvolle Geselligkeit« mochte und Bonmots zum Besten gab.[198] In den 1960er Jahren verschlechterte sich sein Gesundheitszustand, sodass er 1966 in den vorzeitigen Ruhestand versetzt wurde.[199] Mit ihm schied ein Archivar aus, der zum einen

riert«. Walter Vogel, Nachruf auf Eberhard von Vietsch, in: Der Archivar 37 (1984), Sp. 304-306, hier Sp. 305.

194 Eberhard von Vietsch, Arnold Rechberg und das Problem der politischen West-Orientierung Deutschlands nach dem 1. Weltkrieg, Koblenz 1958.- Paul von Wolff Metternich/Wilhelm Solf/Eberhard von Vietsch, Gegen die Unvernunft. Der Briefwechsel zwischen Paul Graf Wolff Metternich und Wilhelm Solf 1915-1918; mit zwei Briefen Albert Ballins, Bremen 1964.- Eberhard von Vietsch, Bethmann Hollweg, Boldt Verlag 1970.- Eberhard von Vietsch, Nachlass Max Bauer, Koblenz 1970.

195 Von Fachkreisen und seitens des BMI wurde die Studie mit großer Anerkennung bedacht. So wandten sich aus dem BMI sogar Staatssekretär Anders, Ministerialdirektor Hagelmann und die Ministerialräte Wiedemann und Scheidemann mit Lob an den Präsidenten des Bundesarchivs bzw. an von Vietsch. BArch, PERS 101/38196: Schreiben MR Dr. Wiedemann (BMI) an Bundesarchivdirektor Dr. Bruchmann, 9.11.1961.

196 Eberhard von Vietsch/Wolfgang Kohte, Das Bundesarchiv: Entwicklung und Aufgaben, Verlag: H. Boldt, Boppard a. R. 1966.

197 So lehnte er beispielsweise die Pflichtversicherung für Angestellte ab und ließ sich eine dahingehende Befreiung ausstellen, was insbesondere für seine spätere kurzzeitige Neuanstellung für die Bearbeitung des Nachlasses Heuss ein Verwaltungsproblem darstellte. BArch, PERS 101/44862: Schreiben von Eberhard von Vietsch an Herrn Becker (Bundesarchiv), 9. und 23.8.1975.- BArch, PERS 101/44862: Schreiben von Herrn Becker (Bundesarchiv) an Eberhard von Vietsch, 19.8.1975.

198 Walter Vogel, Nachruf auf Eberhard von Vietsch, in: Der Archivar 37 (1984), Sp. 304-306, hier Sp. 306.

199 BArch, PERS 101/38196: Einschreiben Bundesarchiv an das BMI, 6.9.1965. Knapp zehn Jahre später wurde er noch einmal als »Aushilfsarbeiter« für sechs Monate beim Bundesarchiv »reaktiviert«, um den Nachlass von Bundespräsident Theodor Heuss zu ordnen bzw. zu verzeichnen. Da sich von Vietsch in seiner vergangenen Berufszeit mit der Akquise und Bearbeitung von Nachlässen befasst hatte, galt er

die lange preußische Archivtradition sowie den Typus des Historikerarchivars verkörpert hatte. Zum anderen gehörte er zur kleinen Gruppe von Archivbeamten, die sich individuell und bewusst dem Zugriff der NS-Diktatur entzogen hatten.

Ehemalige Systemträger an der Spitze von Militärarchiv, Ostdokumentation und ZNS

Ein eigenes personalpolitisches Kapitel bildete das Militärarchiv. Seine Besetzung wurde zunächst maßgeblich vom Verteidigungsministerium bestimmt. Als es 1954/55 an das Bundesarchiv angegliedert wurde, standen an seiner Spitze mit Erich Murawski und Georg Tessin ehemalige Wehrmachtsoffiziere mit einschlägiger NS-Vergangenheit. Erich Murawski (1894-1970) ging 1934 als Offizier zur Wehrmacht, wo er bis 1945 unter anderem als Presseoffizier diente.[200] Während des Zweiten Weltkriegs leitete er das Referat IIc (Radio, Wehrmachtpropagandaoffiziere) der Gruppe II (Inlandpropaganda und Truppenbetreuung) innerhalb der Abteilung für Wehrmachtpropaganda des Oberkommandos der Wehrmacht. Er hatte im April 1939 Pläne zur Einbeziehung der Propagandaoffiziere in die Propagandatruppe vorbereitet, die am 11. Mai 1939 als Richtlinien für Propagandaoffiziere Geltung erlangten und auch Anweisungen für eine Intensivierung der militärischen Komponente in der lokalen politischen Propaganda enthielten. Murawski, der bis zum Oberstleutnant aufstieg, gilt als eine der Schlüsselpersonen in der Einrichtung und operativen Durchführung der Wehrmachtpropaganda, für die er, in Zusammenarbeit mit der Gestapo und dem Reichssicherheitshauptamt, auch jüdisches Eigentum zur Finanzierung verwendete.[201] 1940 erschien sein später verbotenes Werk »Der Durchbruch im Westen. Chronik des holländischen, belgischen und französischen Zusammenbruchs«. Im Frühjahr 1945 geriet Murawski in sowjetische Kriegsgefangenschaft und wurde, nachdem sein besonderer Einsatz offenkundig wurde, 1949 zu 25 Jahren Zwangsarbeit in der UdSSR verurteilt. Erst 1953 kehrte er als Spätheimkehrer in die Bundesrepublik zurück.[202] Von 1955 bis 1960 baute er die Abteilung Militärarchiv des Bundesarchivs auf.[203]

als geeignete Person, um die zunächst als komplex und schwierig eingeschätzte Nachlasserschließung zu bewältigen. Diverse Einstellungsunterlagen in: BArch, PERS 101/44862.

200 Umfassend zu Murawskis Aktivitäten beim Militär: Daniel Uziel, The Propaganda Warriors. The Wehrmacht and the Consolidation of the German Home Front, Oxford u.a. 2008.

201 Ebd., S. 387.

202 Ebd., S. 387 f.

203 Zu den biografischen Stationen ausführlich: Hans Jürgen Eggers, Erich Murawski 75 Jahre, in: Baltische Studien, Bd. 55 N.F., 1969, S. 127 f.- Georg Tessin, Erich Murawski 12.8.1894-11.10.1970, in: Baltische Studien, Bd. 57 N.F., 1971, S. 99-100.- Friedrich-Christian Stahl, Erich Murawsky [Nachruf], in: Der Archivar 26 (1973), Sp. 139-142.

1962 erschien in der Schriftenreihe des Bundesarchivs sein Werk »Der deutsche Wehrmachtbericht 1939-1945. Ein Beitrag zur Untersuchung der geistigen Kriegführung«, das – allerdings erst Jahrzehnte später – durch seine unkritische Herangehensweise und selektive Betrachtungsweise auffiel.[204]

Auch Murawskis Mitarbeiter Georg Tessin (1899-1985) wies handfeste Belastungsmomente auf, wie Matthias Manke eindrucksvoll darlegen konnte. Im Unterschied zu seinem Vorgesetzten war Tessins Arbeitsbiografie allerdings stark gebrochen: Nach seinem Studium der Geschichte, Geographie und Volkswirtschaftslehre mit anschließender Promotion wirkte er seit 1923 insgesamt fünfzehn Jahre in der freien Wirtschaft, siebzehn Jahre als Archivar und verbrachte neun Jahre beim Militär bzw. in Kriegsgefangenschaft.[205] Der Weg des zunächst in der Schifffahrtsbranche Angestellten ins Archiv verlief über den späteren leitenden Mitarbeiter des Bundesarchivs, Adolf Diestelkamp, der ihn auf das neu gegründete IfA in Berlin-Dahlem aufmerksam gemacht hatte, woraufhin sich Tessin in den zweiten IfA-Kurs 1932 einschrieb. Nach erfolgreichem Abschluss ging er im Folgejahr an das Geheime und Hauptarchiv Schwerin.

Tessin, der sich 1917 als Kriegsfreiwilliger gemeldet hatte und politisch stark konservativ eingestellt war, sympathisierte bald mit den Nationalsozialisten und trat 1932 der SA und NSDAP bei. Seine Überzeugung fand Eingang in seine Tätigkeit am Archiv. Hier arbeitete er bevorzugt zur mecklenburgischen Militärgeschichte und regionalen Bauernforschung, wobei ihm sein antislawischer NS-Gesinnungshorizont den Ruf eines »Haus- und Hofhistorikers« des dortigen NSDAP-Gauleiters Friedrich Hildebrandt einbrachte. 1939 wurde er zur Wehrmacht einberufen. Die Kriegszeit überstand er unversehrt in Norddeutschland, wo er sich bei einem Luftnachrichten-Regiment bis zum Hauptmann hochdiente. Nach kurzer englischer Kriegsgefangenschaft und fristloser Kündigung im Archiv, wurde er im Spätsommer 1945 allerdings im NKWD-Lager in Neubrandenburg-Fünfeichen interniert, das er erst 1948 wieder verließ. Inhaftierung, Dienstentlassung und Beschlagnahme bzw. Enteignung des

204 Uziel, The Propaganda Warriors, S. 388.- In seinem Vorwort erklärte Bundesarchivdirektor Karl Bruchmann, es handle sich hierbei in erster Linie um die Auswertung der Dokumentation des ehemaligen Chefs der Abteilung für Wehrmachtpropaganda im OKW, Hasso von Wedel. Karl G. Bruchmann, Vorwort, in: Erich Murawski, Der deutsche Wehrmachtbericht 1939-1945. Ein Beitrag zur Untersuchung der geistigen Kriegführung, Boppard a. R. 1962, S. V.

205 Die nachfolgenden Ausführungen zu Tessin basieren maßgeblich auf: Matthias Manke, Vom Hofhistoriker des Gauleiters zum Militärarchivrat im Bundesarchiv. Der Archivar Georg Tessin im Staatsarchiv Schwerin und im Bundesarchiv Koblenz, in: Kretzschmar (Red.), Das deutsche Archivwesen, S. 281-312. Einzelne biografische Angaben, insbesondere auch zur Zeit bis 1932, stichwortartig auch bei: Brün Meyer, Georg Tessin gestorben (Nachruf), in: Der Archivar 39 (1986) 3, Sp. 403-406.- Das Thema seiner Dissertation lautete: »Die Geschichte des mecklenburgischen Militärwesens 1648-1718«, die Schrift wurde 1966 unter dem Titel »Mecklenburgisches Militär in Türken- und Franzosenkriegen« im Böhlau-Verlag publiziert.

Familienbesitzes nach Kriegsende standen in direktem Zusammenhang mit seinem Engagement für das NS-Regime.[206] In der Folge siedelte Tessin in den Westen über, wo er am 29. November 1948 von der Spruchkammer Lübeck eine Einstufung als »Mitläufer« ausgestellt bekam, die den Eintritt ins Berufsleben ermöglichte.[207]

Es war dann Georg Winter selbst, der Tessin 1954 für eine Archivratstelle im Militärarchiv anfragte und sich im BMI nachdrücklich für seine Einstellung einsetzte. Dabei spielte er die NS-Belastung in seiner Beurteilung herunter und verbürgte sich persönlich für Tessins politische Zuverlässigkeit.[208] Im Militärarchiv arbeitete Tessin anschließend von 1955 bis 1964 als Referent mit zwischenzeitlichen Vertretungsaufgaben für den Leiter Erich Murawski. War somit auch ein beruflicher Neuanfang geglückt, blieb er in seinen Ansichten dennoch vielfach altem Gedankengut verpflichtet. Als Mitautor der 1957 erschienenen Studie des Bundesarchivs »Zur Geschichte der Ordnungspolizei 1936-1945« unterschlug er in seinem Buchabschnitt trotz verfügbarer Quellen die Beteiligung der Ordnungspolizei an der Ermordung von Tausenden Juden.[209] Darüber hinaus fiel er angeblich immer wieder durch verbale Entgleisungen auf. So überlieferte Bundesarchivar Heinz Boberach, dass Tessin »beschönigende Äußerungen« über die NS-Zeit, Zweifel am Holocaust sowie Drohungen im Sinne von: »Wenn wir erst wieder an der Macht sind …« geäußert habe.[210]

Nach Murawskis Ausscheiden folgte Hermann Teske (1902-1983) auf den Leitungsposten des Militärarchivs. Teske beschritt seit seinem Eintritt in die Reichswehr 1922 kontinuierlich eine Offizierslaufbahn. Diese führte ihn im Zweiten Weltkrieg als Erster Generalstabsoffizier zur 12. Infanterie-Division, dann 1942 als Oberst und General des Transportwesens zur Heeresgruppe Mitte. 1944 führte Teske, der unter anderem mit dem Eisernen Kreuz I. Klasse und dem Deutschen Kreuz in Gold ausgezeichnet wurde, Kampftruppen und wurde schwer verletzt. In den 1930er Jahren publizierte er neben seiner Offizierstätigkeit eine Reihe von militärisch-propagandistischen Schriften wie beispielsweise »Wehrhaft durch Körpererziehung« (1933), »Vormilitärische

206 Manke, Vom Hofhistoriker des Gauleiters, S. 306.

207 Ebd., S. 308.

208 Ebd., S. 307 f.

209 Peter Longerich, Holocaust. The Nazi Persecution and Murder of the Jews, Oxford 2010, S. 496, FN 37.- Bundesarchiv-Direktor Georg Winter führte im Vorwort lobend aus, Adolf von Bomhard, als Generalleutnant der Polizei selbst an den Massakern beteiligt, habe maßgebliche Hilfe bei der Erarbeitung der Studie geleistet. Später erklärte Bundesarchivar Heinz Boberach, von Bomhard habe als Berater Tessins gewirkt und die Erwähnung der Verbrechen verhindert. Georg Winter, Vorwort, in: Hans-Joachim Neufeldt/Jürgen Huck/Georg Tessin, Zur Geschichte der Ordnungspolizei 1936-1945, Koblenz 1957, S. III-VI, hier S. VI.- Boberach, Archivar zwischen Akten und Aktualität, S. 97 f.

210 Ebd., S. 17.- Podiumsdiskussion. Archive und Archivare im Nationalsozialismus, in: Kretzschmar (Red.), Das deutsche Archivwesen, S. 486-513, hier S. 492.

Schulerziehung« (1936) oder »Wir marschierten für Großdeutschland. Erlebtes und Erlauschtes aus dem großen Jahre 1938« (1939).[211]

Nach seiner amerikanischen Kriegsgefangenschaft produzierte er sich als Militärpublizist. Von 1957 bis 1960 leitete er die Zeitschrift »Wehrkunde«. 1960 wurde er schließlich im Rang eines Oberarchivrats zum Leiter des Militärarchivs beim Bundesarchiv berufen, eine Funktion, die er bis 1965 ausfüllte. Zwischendurch veröffentlichte er im Kurt Vowinckel Verlag, der dem rechten Verlagsspektrum zugeordnet wurde. Gleichwohl war es aber auch derselbe Teske, der im März 1963 Bundesarchivdirektor Bruchmann kritisch auf den hoch belastenden NS-Lebenslauf von Gustav Krukenberg – Offizier, Reichsrundfunkkommissar und Abteilungsleiter im Propagandaministerium, NSDAP- und SS-Mitglied, hoch dekorierter Generalmajor der Waffen-SS und Führer der französischen SS-Freiwilligen-Sturmbrigade – aufmerksam machte, der als Gastredner und Vertreter des Stifterverbandes der deutschen Wirtschaft zur öffentlichen Vortragsreihe des Bundesarchivs nach Koblenz eingeladen worden war. An Krukenbergs Vortrag sollte sich nach dem Willen Bruchmanns ein geselliger Abend anschließen. Da Teske darin einen Imageschaden für das Bundesarchiv sah, teilte er Bruchmann sein Fernbleiben mit.[212]

Auch in der besonderen Abteilung (später Referat) »Ostdokumentation« übernahm mit Hans von Spaeth-Meyken 1954 ein Mann mit militärischer Vergangenheit die Leitungsspitze. Der 1893 in Groß Droosden/Kreis Labiau geborene Sohn eines Landwirts hatte sich als Jura-Student 1914 freiwillig zum Militärdienst im Ersten Weltkrieg gemeldet, den er nach einer Verwundung als Leiter der Hoch- und Binnenseefischerei Kurland bzw. Leiter der Requisition im Grad eines Oberleutnants überlebte.[213] Nach dem Kriegsende begann er eine landwirtschaftliche Lehre, studierte drei Semester Landwirtschaft an der Universität Königsberg und übernahm 1922 das Gut Meyken sowie vierzehn Jahre später das Gut Groß Droosden. Nach der Machtübernahme der Nationalsozialisten trat er dem Reichsnährstand bei, wurde jedoch kein Mitglied der NSDAP, SA oder SS. Mit Ausbruch des Zweiten Weltkriegs wurde von Spaeth-Meyken erneut einberufen und nahm als Rittmeister und Schwadronschef der Radfahr-Abteilung 1 am Zweiten Weltkrieg in Polen teil. Vom 1. Januar 1940 bis zum 30. September 1944 war er dann beim Stellvertretenden Generalkommando I in Königsberg stationiert, wo er als landwirtschaftlicher Berater des Befehlshabers fungierte. In dieser Eigenschaft wurde er im Februar 1942 zum Major der Reserve befördert. Als die militärische Niederlage des Deutschen Reiches unabwendbar erschien, floh er mit seiner Frau und seinen sechs Kindern im Januar 1945 von Ostpreußen in den Westen. Die Dokumen-

211 Hermann Teske, Wehrhaft durch Körpererziehung, Stuttgart 1933.- Ders., Vormilitärische Schulerziehung, Langensalza 1936.- Ders., Wir marschierten für Grossdeutschland. Erlebtes und Erlauschtes aus dem großen Jahre 1938, Berlin 1939.

212 BArch, B 198/10013: Hermann Teske an Karl G. Bruchmann, 10.3.1963.

213 Biografische Angaben nach: BArch, PERS 101/44772: Personalfragebogen und Lebenslauf / Hans von Spaeth-Meyken, o. D. [1954].

tation und Aufarbeitung von Flucht und Vertreibung wurde danach zu seinem Lebensthema. Dafür engagierte er sich von 1947 bis 1949 im Nenndorfer Arbeitskreis, 1950 dann im Deutschen Büro für Friedensfragen in Stuttgart, wo er maßgeblich an der Planung und Konzeption der »Ostdokumentation« mitwirkte, die ab 1951 vom BMV getragen wurde.[214] Nach der Entscheidung, die Dokumentation im Bundesarchiv zu verankern, wurde Hans von Spaeth-Meyken im Sommer 1954 dessen Mitarbeiter und bekam die Leitung der »Ostdokumentation« übertragen. Damit wurde ein prominenter Vertreter der ostpreußischen Vertriebenen und deren Landsmannschaft im Bundesarchiv beschäftigt, dessen Qualifikation sich in erster Linie aus seiner Vorarbeit für die Dokumentation des Vertreibungsgeschehens nach 1945 und nicht aus archivarischen oder wissenschaftlichen Fähigkeiten ergab.

Mit Johannes Hopf rückte dagegen ab 1965 eine Persönlichkeit an die Spitze der »Ostdokumentation«, deren Profil neben der ostpreußischen Herkunft eine wissenschaftlich-philologische Ausbildung und vielseitige Kenntnisse und Erfahrungen im Archivwesen, in der Genealogie, in Verwaltung sowie in Bevölkerungsfragen aufwies.[215] Geboren 1909 in Wilna/Litauen, verbrachte er Kindheit und Jugend in Danzig, bevor er dann Geschichte, französische und englische Philologie studierte und über »Danzig in der Vorgeschichte zur Zweiten Teilung Polens« 1935 promovierte. Zwischen 1934 und 1936 war er Mitarbeiter für Forschungsfragen beim Staatsarchiv Danzig, wechselte dann an die Zentralstelle für deutsche Personen- und Familiengeschichte Leipzig und trat schließlich 1937 in das Deutsche Auslandsinstitut als Referent bzw. wissenschaftlicher Assistent ein. Hier war er, mit Schwerpunkt Polen und Freie Stadt Danzig, für wissenschaftliche Zuarbeiten und Übersetzungstätigkeiten sowie Pressearbeit zuständig. 1934 bzw. 1937 wurde er Mitglied der SA und NSDAP und legte damit ein Bekenntnis zum nationalsozialistischen Regime ab. Während des Zweiten Weltkriegs setzte er seine Kenntnisse vor allem zur Lösung administrativer Aufgaben ein: Er wurde als Wehrmacht-Sonderführer (Dolmetscher für Polnisch) eingezogen, dann von der Front zur Archivverwaltung nach Warschau abgeordnet und schließlich als Leiter des Referats »Deutsche Volksgruppe« bei der Abteilung Bevölkerungswesen und Fürsorge in der Regierung des Generalgouvernements eingesetzt, wo er unter anderem die Einbürgerungsaktion der deutschen »Volksgenossen« auf dem Gebiet des Gouvernements betreute. Bei Kriegsende geriet er in amerikanische Gefangenschaft und blieb bis 1946 in Gießen interniert.[216] Das Entnazifizierungsverfah-

214 Siehe dazu auch seine Machbarkeitsstudien und Denkschriften aus der Zeit 1952-1954 in: BArch, N 1709 (Nachlass Adolf Diestelkamp)/4, sowie: Mathias Beer, Im Spannungsfeld von Politik und Zeitgeschichte. Das Großforschungsprojekt »Dokumentation der Vertreibung der Deutschen aus Ost-Mitteleuropa«, in: Vierteljahrshefte für Zeitgeschichte 46 (1998) 3, S. 345-389, hier S. 359 ff.

215 Biografische Angaben nach: BArch, PERS 101/44770: Personalfragebogen und Lebenslauf / Dr. Johannes Hopf, o. D. [1957].

216 BArch, PERS 101/44770: Certificate of Discharge / Entlassungsschein, o. D. [1946].

ren überstand Hopf problemlos, die Spruchkammer in Ahrensburg (Holstein) befand ihn 1948 für »entlastet«.[217]

Nach Kriegsende schlug sich Hopf fast zehn Jahre lang mit Übersetzungsarbeiten durch, arbeitete in der Versicherungsabteilung im Arbeitsamt Bad Oldesloe und dolmetschte für die amerikanische Besatzungsdienststelle. 1954 wechselte er dann als Sachbearbeiter in die Bundesgeschäftsstelle der Landsmannschaft Ostpreußen.[218] All diese Qualifikationen, Arbeitserfahrungen und Sprachkenntnisse (Polnisch, Russisch, Französisch und Englisch) begeisterten im Bundesarchiv, als sich Hopf drei Jahre später für die ausgeschriebene Stelle als Hilfsreferent bei der »Ostdokumentation« bewarb. Dafür verzichteten sowohl der Direktor des Bundesarchivs als auch die Personalabteilung auf eine nähere Überprüfung der NS-Zeit Hopfs. Ausgestattet mit einem exzellenten Arbeitszeugnis durch seinen früheren Abteilungsleiter in Polen Lothar Weirauch,[219] und einem Empfehlungs- bzw. Unbedenklichkeitsschreiben durch Winter wurde seine Einstellung zum 1. Januar 1958 vom BMI durchgewunken.[220] Seine Vorgesetzten im Bundesarchiv schätzten Hopfs Arbeitsleistungen schon nach kurzer Zeit, und so stieg er innerhalb weniger Jahre zum Leiter der Ostdokumentation auf, eine Funktion, die er von 1965 bis 1974 innehatte.[221]

Dass militärische Vergangenheiten arbeitsbiografisch auch andere Abteilungsspitzen einfärbten, wird am Beispiel des ZNS Aachen-Kornelimünster und seines langjährigen Leiters Rudolf Absolon sichtbar, dessen Tätigkeit insbesondere seit den 1960er Jahren hohe Anerkennung erfuhr. Der 1918 Dortmund geborene Absolon trat 1937 im Anschluss an ein Jahr im Reichsarbeitsdienst in den Militärdienst ein, wo er es während der folgenden acht Jahre zum

217 BArch, PERS 101/44770: Personalfragebogen und Lebenslauf / Dr. Johannes Hopf, o. D. [1957].

218 Ebd.

219 Henry Leide hat Weirauch als NS-belasteter Funktionär, FDP-Politiker, Referent im Verteidigungsministerium, Leiter der Zentralabteilung im Ministerium für Gesamtdeutsche Fragen und MfS-Spion in seinen vielen Facetten aufschlussreich als »Schreibtischtäter« beschrieben. Henry Leide, NS-Verbrecher und Staatssicherheit. Die geheime Vergangenheitspolitik der DDR, Göttingen 2005, S. 284 ff.

220 BArch, PERS 101/44770: Bescheinigung von Ministerialrat Lothar Weirauch für Johannes Hopf (Abschrift), 18.10.1957.- BArch, PERS 101/44770: Schreiben vom Bundesarchiv an das BMI: Einstellung des Hilfsreferenten Dr. Johannes Hopf für Zwecke der Ostdokumentation, 5.11.1957.- BArch, PERS 101/44770: Schreiben vom BMI an das Bundesarchiv: Einstellung eines Hilfsreferenten für Zwecke der Ostdokumentation, 7.11.1957.

221 Eine interne Beurteilung aus der Feder von Wolfgang Kohte aus dem Jahr 1969 beurteilte ihn hochzufrieden: »Dr. Hopf ist vor allem [ein] nüchterner, genau und kritisch arbeitender Wissenschaftler. Sein Pflichtbewusstsein und die Verbundenheit mit seinen dienstlichen Aufgaben qualifizieren ihn bestens für den öffentlichen Dienst. Geistige Wendigkeit und Neigung, aus kritischer Überlegung neue Initiativen zu entwickeln, lassen ihn gerade für die Leitung eines größeren Aufgabengebietes gut geeignet erscheinen.« BArch, PERS 101/44770: Dienstliche Beurteilung für Dr. Johannes Hopf, 24.6.1969.

Oberfeldwebel im Pionierbataillon 21 brachte.[222] Folgt man den späteren biografischen Einlassungen des späteren BMI-Ministerialdirektors Sieghardt von Köckritz, hatte er zunächst am Polenfeldzug, dann am Einmarsch in Frankreich und in Russland teilgenommen. Dreimal wurde der mit dem Verdienstkreuz mit Schwertern ausgezeichnete Soldat verwundet und einmal verschüttet. Seit 1942 diente er als Personalsachbearbeiter seines Bataillons, was ihn mit dem Personal- und Wehrrecht bekannt machte und die Wissensbasis für seine spätere Aufgabe im Bundesarchiv bildete.[223] 1945 geriet er erst in schwedische, dann in britische Gefangenschaft. Doch trotz seiner Militärlaufbahn und der belobigenden Militärzeugnisse, die militärische Primärtugenden und Regimeträgerschaft verrieten, wurde Absolon nach 1945 als entlastet eingestuft, wozu zweifellos auch seine fehlende NSDAP-Mitgliedschaft beitrug.[224]

Nach dem Krieg arbeitete er im Zentralarchiv des Hauptversorgungsamtes Westfalen in Dortmund. Die Einrichtung war nach Kriegsende für die Erfassung und Auswertung des überlieferten Personalschriftgutes der Wehrmacht zuständig; später ging daraus das Personenstandsarchiv II des Landes Nordrhein-Westfalen hervor.[225] Als arbeitsbiografische Besonderheit darf gelten, dass Absolons umtriebiger Vater der Begründer und erste Leiter dieses »Zentralarchivs« war, als er sofort nach dem Krieg begann, bei Wehrmeldeämtern, Ersatzstellen und ähnlichen Einrichtungen nach Schriftgut nachzuforschen, mit dem Dienstzeiten von Wehrmachtsangehörigen nachgewiesen werden konnten, die eine spätere Geltendmachung von Versorgungs- und Rentenansprüchen ermöglichten. 1952 übernahm sein Sohn die Funktion des Stellvertreters, zwei Jahre später die Leitung. Diesen Posten behielt er für die nächsten 28 Jahre – auch als das Archiv in das Bundesarchiv überführt wurde und von Ende 1954 an als Zentralnachweisstelle des Bundesarchivs firmierte.[226] Hier erarbeitete er sich rasch Ansehen und Hochachtung.[227] Wolfgang A. Mommsen lobte

222 Biografische Angaben zusammengetragen aus mehreren Lebensläufen Absolons, in: BArch, PERS 101/48381.

223 BArch, PERS 101/48381: Dr. Sieghardt von Köckritz (BMI): Laudatio für Rudolf Absolon (Redemanuskript), 31.3.1983.

224 »Seine dienstlichen Leistungen lagen nicht nur erheblich über dem Durchschnitt, sondern fielen durch klare Schriftsätze, geordnete Terminwahrung, Erkenntnis des Wesentlichen und tadellose Form auf. Herr Absolon war in den stürmischen Zeiten des stets im Frontdienst stehenden Bataillons eine wesentliche Stütze des Stabes und Kommandeurs«, heißt es darin über seine Qualitäten. »Herr Absolon kann demnach für Stellungen, die Sauberkeit des Charakters, Vertrauen, rasche Auffassungsgabe und selbständiges Denken erfordern, in jeder Hinsicht empfohlen werden«. BArch, PERS 101/48381: Zeugnis Rudolf Absolon (Abschrift), 24.2.1950.- BArch, PERS 101/48381: Entlastungszeugnis (Abschrift), 3.2.1948.

225 Rudolf Absolon, Das Personenstandsregister II in Kornelimünster, in: Der Archivar 7 (1954), Sp. 75-86.

226 Angaben nach diversen Lebensläufen in: BArch, PERS 101/48381.

227 Zu den Aufgaben der Zentralnachweisstelle: Rudolf Absolon, Der Beitrag des Bundesarchivs zur Auslegung von Wehr- und militärischem Dienstrecht aus der Zeit vor 1945, in: Boberach/Booms (Hg.), Aus der Arbeit des Bundesarchivs, S. 227-

im Zuge einer Evaluation 1964 den Hauptreferenten, der es verstehe, sowohl seine 50 Mitarbeiter zu führen als auch die jährlich rund 150 000 Anfragen abzuarbeiten.[228] Hinzu kam, dass Absolon neben den zahlreichen wehrrechtlichen Gutachten bzw. Beiträgen in der Reihe »Sammlung wehrrechtlicher Gutachten und Vorschriften« umfangreich publizierte, darunter die 460 Seiten starke Monografie »Wehrgesetz und Wehrdienst 1935-1945« sowie die auf sieben Bände konzipierte Reihe »Die Wehrmacht im Dritten Reich«, die seit 1969 in der Schriftenreihe des Bundesarchivs erschien.[229]

Vor diesem Hintergrund erhielt er 1976 das »Große Ehrenzeichen für Verdienst um die Republik Österreich«, 1980 ein ausdrückliches Anerkennungsschreiben des Bundesinnenministers und 1981 schließlich das Bundesverdienstkreuz 1. Klasse verliehen.[230] Der Versuch des Bundesarchivs, eine Verleihung der Ehrendoktorwürde an der RWTH Aachen oder der Universität Köln zu erreichen, scheiterte allerdings 1981 an akademischen Vorbehalten.[231] Während seitens des Bundesarchivs durchweg hohe Zufriedenheit angezeigt wurde, sorgten manche ZNS-Entscheide gerade gegen Ende seiner Laufbahn für öffentliche Kritik. So berichtete beispielsweise »Der Spiegel« 1979 über das Schicksal von 200 invaliden Fähnrichen der Wehrmacht, die seit 20 Jahren vergeblich um Versorgungsansprüche kämpften, wobei die Zeitschrift dafür namentlich auch den »ehemalige[n] Pionierfeldwebel Rudolf Absolon« verantwortlich machte.[232]

Anpassung als Amtstugend: Karl G. Bruchmann und seine problematische Vergangenheit

Für kaum eine andere Generation war der Wechsel politischer Systeme so biografieprägend wie für die um 1900 geborenen Deutschen. Auf 16 Jahre Kaiserreich, 15 Jahre Weimarer Republik, 12 Jahre nationalsozialistische Diktatur, 18 Jahre Bundesrepublik Deutschland sowie – dazwischen – zahlreiche Jahre Weltkrieg konnte der zweite Direktor des Bundesarchivs Karl Gustav Bruchmann am Ende seines Lebens zurückblicken. Dabei beeindruckt sein scheinbar

240.- Edgar Büttner, Personenbezogene Unterlagen militärischer Provenienz im Bundesarchiv, in: Der Archivar 59 (2006) 2, S. 143-146.

228 Erhebliches Organisationstalent, enormer Fleiß und aufgabenbezogener Sachverstand sowie vor allem »akribische Genauigkeit« waren die Talente, die man in Koblenz an ihm schätzte. BArch, PERS 101/48381: Wolfgang A. Mommsen (Bundesarchiv): Zeugnis für Rudolf Absolon, 15.7.1964.

229 BArch, PERS 101/48382: Schreiben des Präsidenten des Bundesarchivs, Dr. Hans Booms, an Prof. Dr. Hillgruber, 19.4.1982.

230 Vgl. mehrere Lebensläufe in: BArch, PERS 101/48381.

231 BArch, PERS 101/48382: Schreiben des Bundesarchivs (Boberach) an Prof. Dr. Klaus Schwabe (RWTH), 14.3.1981.- BArch, PERS 101/48382: Schreiben des Präsidenten des Bundesarchivs, Dr. Hans Booms, an Prof. Dr. Hillgruber, 19.4.1982.- BArch, PERS 101/48382: Notiz des Telefongesprächs von Boberach (Bundesarchiv) mit Prof. Dr. Andreas Hillgruber, o. D. (wahrscheinlich 15.6.1982).

232 RECHT: In den Garben, in: Der Spiegel vom 3.9.1979, S. 105.

ungebrochenes »Anschmiegen« an verschiedene Systeme gleichermaßen, wie es irritiert. Wie viele Archivare sah auch er sich einem ambivalenten Spannungsfeld ausgesetzt: Während sich im Nationalsozialismus einmalige Entfaltungs- und Karrierechancen boten, wurde ihm abverlangt, sich politisch zu positionieren. Die daraus resultierende, teilweise verhängnisvolle Verknüpfung von Fachlichem und Politischem wurde zur (arbeits-)biografischen Bewährungsprobe. Engagiert hatte er vor und nach 1945 sowohl an imperialistischen Praktiken des deutschen Archivwesens als auch an dessen Professionalisierung und Demokratisierung mitgewirkt. Damit gehört Bruchmann zu jenem Kreis von Beamten, der über geschichtliche Umbrüche und Zäsuren hinweg personelle Kontinuität verkörpert und zugleich Träger des jeweils Neuen war – ein Befund, der besondere Beachtung verdient.

Bruchmann wurde am 2. Oktober 1902 in Breslau geboren.[233] Die Familie war ein bürgerlicher Bildungshaushalt, stark geprägt vom Wesen und Wirken des Vaters Karl Friedrich, eines promovierten Altphilologen und Gymnasiallehrers am König-Wilhelm-Gymnasium, der eigene geschichtswissenschaftliche Ambitionen hegte. Sein überraschender Tod im Frühjahr 1919 traf den jungen Gymnasiasten schwer, der nun als Halbwaise aufwuchs. Zwei Jahre später nahm Bruchmann in Breslau ein Geschichtsstudium auf, das er in Marburg fortsetzte, wo er sich als Korporationsstudent der »Hasso-Borussia Marburg« dem Studienkreis um Edmund Stengel anschloss, einem der bedeutendsten deutschen Diplomatiker seiner Zeit, der sich später politisch aber auch in die Gefolgschaft des Nationalsozialismus begab.[234] 1927 wurde Bruchmann dann auch bei Stengel mit einer Arbeit über die Territorialgeschichte des Kreises Eschwege promoviert, zwei Jahre später folgte das philologische Staatsexamen.[235] Nach einer kurzen Assistenzzeit am Marburger Institut für Landesgeschichte entschied sich Bruchmann 1930 für eine Archivarslaufbahn und bewarb sich erfolgreich für den ersten Kurs im von Albert Brackmann neu

233 Lebens- und arbeitsbiografische Basisdaten bieten: Hans Booms, Nachruf Karl Gustav Bruchmann, in: Archivalische Zeitschrift 64 (1968), S. 173-179.- Wolfgang A. Mommsen, Karl Gustav Bruchmann zum Gedenken, in: Der Archivar Heft 24 (1971) 4, Sp. 346-358.- Wolfgang Leesch, Karl Gustav Bruchmann, in: Ders., Die deutschen Archivare 1500-1945, Bd. 2: Biographisches Lexikon. München u.a. 1992, S. 84.

234 Zu Stengel: Klaus Schäfer, Aus den Papieren eines sparsamen Professors. Edmund Ernst Stengel (1879-1968) zum 125. Geburtstag, in: Zeitschrift des Vereins für Hessische Geschichte und Landeskunde 109 (2004), S. 323-344.- Ulrich Reuling, Mittelalterforschung und Landesgeschichte auf neuen Wegen. Der Historiker E. Stengel als Wissenschaftler und Wissenschaftsorganisator in den zwanziger Jahren, in: Günter Hollenberg/Aloys Schwersmann (Hg.), Die Philipps-Universität Marburg zwischen Kaiserreich und Nationalsozialismus, Kassel 2006, S. 143-164.- Markus Wesche, Stengel, Edmund Ernst, in: Neue Deutsche Biographie, Bd. 25, Berlin 2013, S. 245-247.

235 Karl. G. Bruchmann, Der Kreis Eschwege. Territorialgeschichte der Landschaft an der mittleren Werra, Marburg 1931.

gegründeten »Institut für Archivwissenschaft und geschichtswissenschaftliche Fortbildung«.[236] Hier lernte er auch den Geschäftsführer des Instituts und späteren ersten Direktor des Bundesarchivs, Georg Winter, kennen, mit dem er zeitlebens beruflich und freundschaftlich in Verbindung stand.

Nach abgeschlossener Ausbildung kehrte Bruchmann im Herbst 1931 nach Breslau zurück und trat in den Dienst des dortigen Staatsarchivs ein. Der Breslauer Archivdirektor Wilhelm Dersch ermutigte seinen neuen Mitarbeiter, neben der Archivarbeit auch landesgeschichtliche Forschungen zu betreiben.[237] Davon angespornt, etablierte sich Bruchmann zu einem Spezialisten für Heimatforschung und deren Quellenbestände und entfaltete in den folgenden Jahren insbesondere für die Zeitschrift des Vereins für Geschichte Schlesiens und für die Schlesischen Geschichtsblätter eine enorme Publikationstätigkeit.[238] Darüber hinaus engagierte er sich in zahlreichen Funktionen: als Beisitzer im »Verein für Geschichte Schlesiens«, als Geschäftsführer der »Historischen Kommission für Schlesien«, als Mitglied der »Oberlausitzischen Gesellschaft der Wissenschaften zu Görlitz«.[239]

1935 übernahm mit Erich Randt ein Archivar den Direktorenposten des Breslauer Staatsarchivs, der sich neben seinen umtriebigen Aktivitäten in zahlreichen Gremien und Kommissionen auch eindeutig zum Nationalsozialismus bekannte. Nach Beginn des Zweiten Weltkriegs stand er bis 1944 dem gesamten Archivwesen im besetzten »Generalgouvernement« vor.[240] Davon abgesehen lief seit 1933 die Nazifizierung von Gesellschaft und Archivwesen in Breslau bereits auf Hochtouren, und die einst sozialdemokratisch geführte Stadt wurde als Sitz eines Parteigaus zu einem nationalsozialistischen Bollwerk, in deren Umgebung eines der ersten Konzentrationslager im Deutschen Reich errichtet wurde.[241]

Über Bruchmanns damalige politische Gesinnung gibt es nur wenige gesicherte Informationen. Er gehörte zur »Kriegsjugendgeneration« der zwischen 1900 und 1912 Geborenen, die den Ersten Weltkrieg zwar als Jugendliche

236 HU UA, Institut für Archivwissenschaft 1929-1944. Photokopierte Quellensammlung des DZA Merseburg: Bericht über die wissenschaftliche Tätigkeit des Instituts für Archivwissenschaft und geschichtswissenschaftliche Fortbildung während des Studienjahres 1930/31. Teil III: Chronik des Instituts, 15.4.1931.

237 Mommsen, Karl G. Bruchmann zum Gedenken, Sp. 348.

238 Seine Veröffentlichungen, sei es als Artikel, Miszelle oder Bericht, thematisierten vor allem mittelalterliche Urkunden, Regesten, Korrespondenzen, Genealogisches sowie Informationen zu Adelsarchiven. Er erstellte nicht nur einen Leitfaden durch die Quellen des Breslauer Staatsarchivs, sondern entdeckte auch die Schöffenbücher als bedeutende landesgeschichtliche Quelle.

239 Vgl. das Schriftenverzeichnis von Bruchmann, in: Der Archivar 24 (1971) 4, Sp. 354-358.

240 Lehr, Ein fast vergessener »Osteinsatz«, S. 107 ff.

241 Andrea Rudorff, Breslau-Dürrgoy, in: Wolfgang Benz/Barbara Distel (Hg.), Der Ort des Terrors. Geschichte der nationalsozialistischen Konzentrationslager, Bd. 2: Frühe Lager, Dachau, Emslandlager, München 2005, S. 83-86.

erlebt, nicht jedoch aktiv daran teilgenommen hatten. Im Gegensatz zu vielen anderen führten bei Bruchmann die »verpasste Chance zur Frontbewährung«, wie es Historiker und Soziologen beschreiben, und das Erleben der schwierigen Anfangsjahre der Weimarer Republik nicht zu einer ideologischen Radikalisierung. Soweit bekannt, gehörte er vor 1933 keiner Partei an, auch nicht der NSDAP. Als Bruchmann später vom Entnazifizierungsausschuss nach seinem Kreuz bei den Novemberwahlen 1932 befragt wurde, gab er an, für die nationalliberale Deutsche Volkspartei (DVP) gestimmt zu haben beziehungsweise im März 1933 sogar in sie eingetreten zu sein.[242] Als die DVP wie andere Parteien und Organisationen auch von den Nationalsozialisten aufgelöst wurde, protestierte Bruchmann nicht. Stattdessen leitete er aus der »braunen Revolution« berufliche Aufstiegsmöglichkeiten ab und passte sich der neuen Umgebung und den vermeintlichen Erfordernissen rasch an. Dazu gehörte auch der Beitritt zu verschiedenen nationalsozialistischen Formationen wie der SA (1933), dem Reichsbund der deutschen Beamten (1933), der Nationalsozialistischen Volkswohlfahrt (1933/34), dem Reichsluftschutzbund (1933/34), dem Nationalsozialistischen Altherrenbund der Deutschen Studenten (1935) und schließlich der NSDAP (1937) nach Aufhebung der Mitgliedersperre. Bereits 1932 war er dem Reichsbund der höheren Beamten beigetreten, wenige Wochen vor der SA dem Breslauer »Stahlhelm«.[243]

Nach dem Angriff auf Polen planten sowohl der oberste Archivfunktionär des »Dritten Reiches«, Ernst Zipfel, als auch Erich Randt mit Bruchmann. Dieser sollte die Nachfolge von Randt im Generalgouvernement antreten.[244] Der Auftrag lautete, die »Germanisierung« des dortigen Archivwesens voranzutreiben. Aufgrund seiner energischen Art, aber auch seiner national gesinnten Auffassung in Fragen der Zugehörigkeit und Kassation polnischer Akten, hielten ihn beide für besonders geeignet. Zudem hatte sich Bruchmann bereit erklärt, ehrenamtlich das NSDAP-Gauarchiv für Oberschlesien zu leiten. Im November 1939 erfolgte die Ernennung zum Beauftragten des Staatsarchivs Breslau für den Regierungsbezirk Kattowitz, im Juli 1941, als infolge der Provinzteilung am 1. April 1941 aus der Kattowitzer Archivabteilung ein eigenes Staatsarchiv wurde, zum Direktor des nunmehrigen Staatsarchivs Kattowitz.[245]

Der junge Archivleiter zeigte sich bereit, für »die Sache« auch an die fachlichen und berufsethischen Grenzen zu gehen. 1940/41 bezog er in der sogenannten Archivalienauseinandersetzung Position. Es ging um die per Beschluss verfügte Trennung von Archivalien zwischen dem Generalgouvernement und den nun zum Deutschen Reich gehörenden, eingegliederten Ostgebieten. Sämtliches Archivgut im Generalgouvernement, das die eingegliederten Ge-

242 NLA OS, Rep. 980, Nr. 4915: Military Government of Germany: Fragebogen Karl G. Bruchmann, 21.1.1948.

243 Ebd.

244 Lehr, Ein fast vergessener »Osteinsatz«, S. 248.

245 NLA OS, Rep. 980, Nr. 4915: Military Government of Germany: Fragebogen Karl G. Bruchmann, 21.1.1948.

biete betraf, sollte in Kattowitzer, Posener, Königsberger und Danziger Archive verbracht werden. Je nach »deutschem Zweck und Nutzen« wurde dabei wechselnd das archivische Pertinenz- oder Provenienzprinzip angewandt – aus fachlicher Perspektive ein umstrittenes, unzulässiges Verfahren. Die betroffenen polnischen Archivare mussten sich fügen. Einspruch kam vereinzelt von deutscher Seite – allerdings nicht von Bruchmann. Der misstraute den polnischen Kollegen, die die seiner Meinung nach für Polen belastenden und für »das Deutschtum« bedeutsamen Akten – gemeint waren vor allem Ministerialakten aus der Zwischenkriegszeit – beseitigen könnten. Bruchmann schlug im Januar 1941 vor, die politisch wichtigen Akten aus Warschau abzutransportieren. Ein solches Vorgehen sei zwar gegen die archivischen Grundsätze, so Bruchmann, doch seien die »politischen und völkischen Belange« in diesem Fall wichtiger. So würden die Akten die »Hohlheit und Wertlosigkeit dieses kurzlebigen Gebildes« – gemeint war der 1918 neu errichtete polnische Staat – für die Nachwelt dokumentieren.[246] Auch 1942 forderte er die gesonderte Abgabe von Archivalien an sein Kattowitzer Archiv. Es waren Akten aus dem polnischen Kronarchiv, die er für die »politische Aufgabe der Rückdeutschung« als besonders bedeutsam einschätzte. Unterstützt von Randt, der im gesamten Generalgouvernement konsequent auf Verbringung drängte, stellte sich Bruchmann ein weiteres Mal gegen das gültige Provenienzprinzip. Später behaupteten Randt und Bruchmann, sie seien nach international anerkannten Grundsätzen vorgegangen. Doch sowohl Pläne als auch Praxis stellten einen Verstoß dar, wie der Historiker Stefan Lehr nachwies. Bruchmann hatte sich einseitig von deutschen Interessen leiten lassen. Dass auch Zurückhaltung oder Widerspruch möglich gewesen wäre, ist durch das Verhalten einzelner Kollegen überliefert.[247] Ebenso zwiespältig verliefen archivalische Rettungsversuche. Als offenkundig wurde, dass im Zuge der deutschen Besatzungspolitik zahlreichen Aktenbeständen aus polnischen Archiven die Kassation und Vernichtung drohte, bemühte sich Bruchmann um Sammlung und Sicherung. Doch die schlechten Unterbringungsmöglichkeiten, die vorrückende Front und seine Einberufung in die Wehrmacht verhinderten den Abtransport, sodass viele der angehäuften Akten- und Dokumentenberge zerstört wurden – für den Archivar Bruchmann zweifellos ein persönliches Desaster.[248]

Im März 1943 endete sein bisheriges Tun abrupt: Als Feldwebel der Reserve wurde er zur 281. Infanteriedivision der Heeresgruppe Nord eingezogen. Auch hier erfüllte Bruchmann seinen Dienst mit Eifer. Seinen militärischen Rang hatte er früher bei Freiwilligenübungen der Wehrmacht erworben. Eingesetzt in Weißrussland und der früheren Tschechoslowakei, wurde er 1944 zum Leut-

246 Zu dieser Auseinandersetzung und Bruchmanns Position: Lehr, Ein fast vergessener »Osteinsatz«, S. 127-129, 136 f. Die Zitierungen sind S. 128 entnommen und entstammen einem Schreiben Bruchmanns an Zipfel vom 17.1.1941.

247 Ebd., S. 136-138.

248 Booms, Nachruf Karl Gustav Bruchmann, S. 176.

nant der Reserve befördert und erhielt das Eiserne Kreuz I. und II. Klasse.[249] Während der Kampfhandlungen hatte Bruchmann weitgehend Glück und überlebte (zweimal) verwundet im Lazarett Marienbad im »Reichsprotektorat Böhmen und Mähren«. Dort geriet er Anfang Mai 1945 in amerikanische Kriegsgefangenschaft; dass er somit nicht in die Hände der Roten Armee gefallen war, beschrieb er Reinhard Gehlen gegenüber später als Glücksfall.[250] Nachdem seine vormalige Funktion als Leiter des oberschlesischen NSDAP-Gauarchivs bekannt wurde, fiel er unter die Bestimmungen des *automatic arrest* und wurde ins Internierungslager Regensburg gebracht. Ein Jahr später, im Juli 1946, wurde er der britischen Zivilinternierung übergeben, die ihn in das »No. 2 Civil Internment Camp« in Sandbostel einwies.[251]

Wie andere auch, suchte Bruchmann in dieser Zeit nach Fürsprechern, die ihn vom Vorwurf der nationalsozialistischen Gefolgschaft entlasteten. Die Liste der eidesstaatlichen Erklärungen und Entlastungsschreiben, die er im Verlauf der nächsten Jahre vorlegen konnte, war mit rund 30 Personen lang, und die Absender hatten Klang und Namen – und waren bisweilen selbst mit dem Regime verstrickt wie Albert Brackmann, Ernst Zipfel, Georg Winter, Erich Randt und Joachim Lachmann.[252] Doch völlig entlasten konnten ihn die Schreiben nicht. Am 28. August 1947 wurde Bruchmann entlassen, vorläufig eingestuft als Mitläufer in der Kategorie IV.[253] Doch um beruflich neu einsteigen zu können, benötigte er ein weiteres Entnazifizierungsverfahren, das ihn vollends entlastete. Erneut reichte er daher im Sommer 1948 seine Formulare, Erklärungen und Entlastungsschreiben ein.[254] Den Osnabrücker Ankläger überzeugten die vorgebrachten Unschuldsargumente nach wie vor nicht. Er plädierte weiter für »Mitläufer«.[255] Aber die Mitglieder des Spruchausschusses sahen dies anders. Sie beurteilten Bruchmann in der mündlichen Verhandlung im Sitzungssaal des Osnabrücker Regierungsgebäudes am 5. Oktober 1948 als »unbelastet« (rechtskräftig ab 9. November 1948).[256] Somit war der Weg frei

249 Mommsen, Karl Gustav Bruchmann zum Gedenken, Sp. 350.

250 Stadtarchiv Goslar: Zg. 79/99, NL Bruchmann, Nr. 8: Karl Gustav Bruchmann an Reinhard Gehlen, 9.12.1962.

251 Werner Borgsen/Klaus Volland, Stalag X B Sandbostel. Zur Geschichte eines Kriegsgefangenen- und KZ-Auffanglagers in Norddeutschland 1939-1945, Bremen 1991.

252 Vgl. entsprechende Schreiben: NLA OS, Rep. 980, Nr. 4915.

253 Bei der örtlichen Polizei, so die Entlassungsauflage, hatte er sich einmal monatlich zu melden; Deutschland durfte er nur mit Genehmigung des Oberbefehlshabers der britischen Zone verlassen. NLA OS, Rep. 980, Nr. 4915: Polizeibezirk Osnabrück: Angaben über einen Entlassenen (Dr. Bruchmann), 30.9.1948.

254 NLA OS, Rep. 980, Nr. 4915: Karl G. Bruchmann an den Vorsitzenden des Entnazifizierungs-Ausschusses bei der Regierung Osnabrück, 21.1.1948.

255 NLA OS, Rep. 980, Nr. 4915: Der öffentliche Kläger bei dem Entnazifizierungs-Hauptausschuss für besondere Berufsgruppen Osnabrück an den Entnazifizierungs-Hauptausschuss, 2.9.1948.

256 NLA OS, Rep. 980, Nr. 4915: Entnazifizierungs-Hauptausschuss für besondere Berufsgruppen Osnabrück: Entnazifizierungs-Entscheidung im mündlichen Verfahren gegen Karl G. Bruchmann, 5.10.1948.

für eine Karriere in Westdeutschland. Sieht man von privaten Gesprächen ab, so hat Bruchmann weder seine Rolle noch die seines Berufsstandes in der Zeit des Nationalsozialismus öffentlich thematisiert. Belastende Momente der Vergangenheit wurden zwar nicht verleugnet, jedoch ausgeblendet; Fragen von Schuld und Verantwortung blieben aus.[257]

Nach der Kriegs- und Internierungszeit war Bruchmann zunächst froh, eine Beschäftigung als Hilfskraft beim Staatsarchiv Osnabrück gefunden zu haben. Schon bald suchte er jedoch eine größere Herausforderung. Die bot sich mit der im Frühjahr 1948 ausgeschriebenen Stelle als Leiter des Stadtarchivs Goslar. In einem längeren Verfahren setzte er sich gegen vierzig Mitbewerber durch. Die vorherige »Entlastung« im Entnazifizierungsverfahren galt als Voraussetzung, um den Posten zu bekommen. Damit stand Bruchmann wieder an der Spitze eines Archivs, was im Fall von Goslar auch die Leitung der Stadtbibliothek und des Städtischen Museums einschloss.[258] Goslar mit seinem großen Anteil von geflüchteten Schlesiern in der Stadt und im Umfeld bot dabei für Bruchmann einen willkommenen öffentlichen Resonanzraum zur Beschwö-

257 Insofern erschien es damals kaum erstaunlich, dass sich Bruchmann im März 1962 als Direktor des Bundesarchivs fast naiv an den Generaldirektor der polnischen Staatsarchive, Henryk Altmann, mit der Anfrage wandte, ob dieser nicht Recherchen über Bruchmanns in Polen verbliebene Privatbibliothek anstellen könne – Bruchmann hatte im Zuge der Luftschutzmaßnahmen zahlreiche Pakete ins Schloß Schreibersdorf ausgelagert –, die wertvolle Buchausgaben mit Schlesienbezug enthalten habe und die er doch nun nicht mehr ersetzen könne. Im Falle eines Auffindens bat Bruchmann um Rückgabe, »da es sich um mein privates Eigentum handelt«, wie er Altmann begründete. Dessen knappe Antwort fiel zwar negativ aus. Gleichwohl fällt auf, dass der Ton zwischen beiden Direktoren trotz der Vergangenheit auffällig kollegial-freundlich, ja nahezu herzlich ausfiel, als Bruchmann in seinem Dankesschreiben explizit ausführte, wie sehr er sich auf das gemeinsame Treffen bei der »Table ronde des Archives« in Madrid freue. Stadtarchiv Goslar: Zg. 79/99, NL Bruchmann, Nr. 1: Karl Gustav Bruchmann an Henryk Altmann, 19.3.1962.- Stadtarchiv Goslar: Zg. 79/99, NL Bruchmann, Nr. 1: Henryk Altmann an Karl Gustav Bruchmann, 28.4.1962.- Stadtarchiv Goslar: Zg. 79/99, NL Bruchmann, Nr. 1: Karl Gustav Bruchmann an Henryk Altmann, 3.5.1962.

258 Einen besonderen Kontakt entwickelte Bruchmann in dieser Zeit zu Alexander Grundner-Culemann, der von 1952 bis 1958 das Amt des Bürgermeisters bekleidete. Grundner-Culemann war als langjähriger Leiter des Stadtforstamtes nicht nur der näheren Harz-Umgebung Goslars verbunden, sondern interessierte sich auch für Heimatgeschichte. Beide begegneten sich regelmäßig im ansässigen Geschichts-, Heimatschutz- und Museumsverein und waren als passionierte Redner gern gebucht. Ihr gemeinsamer Auftritt auf der Gedenkfeier zum 900. Todestag des salischen Kaisers Heinrich III. am 5. Oktober 1956 in der Goslarer Kaiserpfalz hinterließ bei vielen Anwesenden einen bleibenden Eindruck. Karl G. Bruchmann, Kaiser Heinrich III. und Goslar. Vortrag anläßlich der Gedenkfeier zur 900. Wiederkehr des Todestages Kaiser Heinrichs III. am 5.10.1956 in der Kaiserpfalz zu Goslar, Goslar 1956.- Ders., Kaiser Heinrich III. und Papst Viktor II. 1056 in Goslar. Ein glänzender Höhepunkt Goslarer Geschichte, in: Goslarer Bergkalender 306 (1956), S. 29-32.

rung von Wert und notwendiger Erinnerung und Pflege der deutschen Kultur im Osten. Der hier angeschlagene Duktus bei öffentlichen Veranstaltungen schlug Brücken zu alten antislawischen geopolitischen Ressentiments, wie sie auch in den Vertriebenenverbänden gepflegt wurden.[259] Folgerichtig engagierte sich Bruchmann als gebürtiger Breslauer in der Landsmannschaft Schlesien; sogar in seiner späteren Funktion als Bundesarchivdirektor agierte er mindestens zweieinhalb Jahre als zweiter Vorsitzender der Kreisgruppe Koblenz dieses Vertriebenenverbands. In Goslar bezog er sämtliche Druckwerke der Landsmannschaft über seine Dienststelle bzw. abonnierte Heimatvertriebenen-Blätter wie »Unser Oberschlesien« oder »Kattowitzer Zeitung«.[260] Darüber hinaus war Bruchmann Mitglied der Historischen Kommission für Niedersachsen sowie Vertrauensmann der Stadtarchivare im Land Niedersachsen, beides Funktionen, die 1961 nach seinem Dienstantritt beim Bundesarchiv allerdings satzungsgemäß erloschen.

Bruchmann unterhielt, wie sein Nachlass eindrucksvoll ausweist, sowohl in Goslar als auch später in Koblenz einen regen Briefverkehr mit Archivaren aus West- und Ostdeutschland, Politikern, Historikern, regionalen und städtischen Honoratioren, Vereinsvorständen sowie Spitzenbeamten wie Reinhard Gehlen. Er kann zweifellos als ein Kommunikator und Netzwerker betrachtet werden. Zum Postverkehr gerade in der Nachkriegszeit gehörten dabei auch Stellenanfragen, Unterstützerschreiben, Grußkarten sowie Hilfe für Angehörige im Sterbefall von Kollegen – sie zeugen von einem vorhandenen sozialen Verantwortungs- und Fürsorgebewusstsein, das Bruchmann auch im Dienst auszeichnete.[261] Darüber hinaus organisierte er Treffen ehemaliger Breslauer Staatsarchivare (unter ihnen prominente Archivare wie Lachmann, Dienwiebel, Goetting, Randt und Swientek), die zum einen der Erinnerung und Nos-

259 So erklärte Bruchmann beispielsweise anlässlich der feierlichen Eröffnung der Ausstellung »Deutsche Heimat im Osten« in Kaiserpfalz am 7. August 1954: »Darüber hinaus wird Ihnen aus dem dargebotenen Material vor Augen geführt, was dieses Deutschtum in den rund 750 Jahren friedlichen Aufbaus für unser gesamtes deutsches Volk und Vaterland in zähester Arbeit erschaffen hat, bedrängt von den mitunter schwierigen klimatischen Verhältnissen oder gezwungen durch die streckenweise kargen Sandböden, bedroht aber auch als Grenzland von neidischen Nachbarn. [...] Es gilt, dieses unendlich wertvolle geistige Erbe nicht zu verschleudern oder auch nur zu vernachlässigen, sondern stets zu pflegen und hochzuhalten zum Nutzen unseres deutschen Volkes. [...] Möge auch unsere jetzige Ausstellung ihren Teil dazu beitragen, diese heilige Flamme innerer Verpflichtung und Verbundenheit niemals erlöschen zu lassen.« Stadtarchiv Goslar: Zg. 79/99, NL Bruchmann, Nr. 64: Karl Gustav Bruchmann: Redemanuskript zur Feierstunde anlässlich der Eröffnung der Ausstellung »Deutsche Heimat im Osten«, o. D. [1954].

260 Vgl. Stadtarchiv Goslar: Zg. 79/99, NL Bruchmann, Nr. 29.

261 Vgl. zum Beispiel dahingehende Briefwechsel in: Stadtarchiv Goslar: Zg. 79/99, NL Bruchmann, Nr. 4 bis Nr. 27.

talgie, zum anderen auch dem fachlichen Zusammenhalt von archivarischen »Schlesien-Kennern« sowie der gegenseitigen Unterstützung dienten.[262]

Der lebensweltliche Neuanfang des heimatlos gewordenen Schlesiers, die Überschaubarkeit der Stadt, der handhabbare Aufgabenrahmen, die Zeit für umfangreiche Publikationsaktivitäten sowie sein lokales Ansehen – er war in seiner Funktion am Ende sogar Stadtrat – sorgten dafür, dass sich Bruchmann in Goslar ausgesprochen wohl fühlte. Nicht von ungefähr verfügte er später, dass sein Nachlass in Goslar archiviert werden sollte. Umso mehr wurde von den Goslarern bedauert, dass sich Bruchmann im Herbst 1960 entschied, das plötzliche Angebot zur Leitung des Koblenzer Bundesarchivs anzunehmen und vom Harz ins Rheinland-Pfälzische zu gehen.

Dass der scheidende Direktor des Bundesarchivs, Georg Winter, Bruchmann als seinen Nachfolger vorschlug, hat manchen überrascht. Doch zufällig erfolgte die Wahl nicht. Winter kannte den strebsamen Archivar seit den gemeinsamen Tagen in Berlin-Dahlem und hatte dessen Karriere stetig verfolgt. Er schätzte den zupackenden und vitalen Beamten, der sich ein hohes Fachwissen erworben hatte und über ausgewiesene Führungsqualitäten verfügte – und schon frühzeitig legte sich Winter daher offenbar auf seine Nachfolge fest, wie ein Glückwunschschreiben von Papritz an Bruchmann 1961 verrät: »Vor Jahren, kurz nach dem Tode von Diestelkamp [1954], hatte ich einmal mit Herrn Winter eine längere Aussprache über seine Nachfolge. Damals nannte er zum ersten Mal Ihren Namen, und nachdem ich mit ihm eine Liste der Kollegen durchgemustert hatte, war es eindeutig klar, dass er mit Sorgfalt den am besten geeigneten herausgesucht hatte.«[263] Zum einen tritt damit erneut Winters starke Regieführung in der Personalbesetzung zum Vorschein, zum anderen ein Moment der Kontinuitätspflege in Haltung und Denkweise, denn Winter erkannte in dem Schlesier einen beruflichen »Seelenverwandten«. Auch Bruchmann sah sein Wesen und Handeln in den »Tugenden des Preußentums« verwurzelt. Zeitlebens suchte er am eigenen Beispiel das Ethos des preußischen Beamten vorzuleben und an seine Mitarbeiter weiterzugeben. Es sind Eigenschaften wie Pflichtbewusstsein, Fleiß, Bescheidenheit, Selbstdisziplin, Loyalität und Folgsamkeit, auf die man stößt, wenn unter Zeitgenossen von

262 Breslauer Staatsarchivar-Treffen, in: Schlesische Rundschau vom 5.11.1958, S. 12.- Stadtarchiv Goslar: Zg. 79/99, NL Bruchmann, Nr. 1: Karl Gustav Bruchmann an die ehemaligen Mitarbeiter und Mitarbeiterinnen des Staatsarchivs Breslau, 22.5.1958, 27.6.1958 und 13.10.1958.- Stadtarchiv Goslar: Zg. 79/99, NL Bruchmann, Nr. 1: Karl Gustav Bruchmann an die ehemaligen Mitarbeiter und Mitarbeiterinnen des Staatsarchivs Breslau, 13.8.1959.- Stadtarchiv Goslar: Zg. 79/99, NL Bruchmann, Nr. 1: Karl Gustav Bruchmann an die ehemaligen Mitarbeiter und Mitarbeiterinnen des Staatsarchivs Breslau und deren Angehörige, Dezember 1959.- Breslauer Staatsarchivar-Treffen, in: Schlesische Rundschau vom 5.11.1958, S. 12.

263 Stadtarchiv Goslar: Zg. 79/99, NL Bruchmann, Nr. 28: Johannes Papritz an Karl Gustav Bruchmann, 1.2.1961.

Bruchmann die Rede war.[264] Lebende Vorbilder waren ihm zum einen sein Vater, durch den frühzeitig sein Interesse an Geschichte geweckt worden war und der am 29. April 1919 infolge seiner strengen Erfüllung preußisch-beamtischer Pflicht auch am eigenen Leib an völliger Entkräftung gestorben war.[265] Private Zurückhaltung in eigener Person zählte auch in diesem spezifischen Verhaltenskodex. Ebenso wie sein Vater widerstrebte es ihm – auch später bei fortgeschrittener Krankheit –, innere Befindlichkeiten und eigene Angelegenheiten nach außen zu kehren. In der Folge drang auch nur wenig über sein Privatleben an die Öffentlichkeit.[266]

Andere Vorbilder waren Albert Brackmann, Georg Winter und Erich Randt sowie auch Ernst Zipfel, dem er sich zeitlebens loyal verpflichtet fühlte und mit dem er bis zum Tod in der Anrede »Herr Generaldirektor« korrespondierte. Dazu mag passen, dass es zu Bruchmanns ersten Amtshandlungen gehörte, aus Anlass des 70. Geburtstags Zipfels ein den preußischen Archivgeist glorifizierendes und zugleich die Archivarszunft entlastendes Glückwunschschreiben an diesen zu verfassen. Die Zeilen, die in der Dienstbesprechung im März 1961 auch den Archivaren des Bundesarchivs vorgetragen wurden und keinen Widerspruch hervorriefen, reihten noch einmal nahezu klischeehaft die Argumente eines apolitischen, schuldfreien, gleichwohl rechtschaffenen Fachhandelns in der NS-Zeit auf. Darüber hinaus stellte Bruchmann darin eine erstaunliche Kontinuitätslinie vom früheren »Archivschutz« zu den zeitgenössischen Rekonstruktionsbemühungen des Bundesarchivs her: »Sie haben in den letzten Jahren vor dem Kriege und vor allem während des Krieges in hervorragender Weise die Belange der preußischen wie der Reichs-Archivverwaltung vertreten und als Kommissar für den Archivschutz im Reichsgebiet sowohl wie in den besetzten Gebieten als höchste Spitze der gesamten deutschen Archivverwaltung eine höchst segensreiche Tätigkeit entwickelt«, feierte er den Jubilar und fuhr fort: »Wenn trotz der großen Zerstörungen, die viele Städte und mit ihnen die Archive betroffen haben, die Verluste an Archivalien während des Krieges sich in einem erträglichen Rahmen gehalten haben, so

264 Mommsen, Karl Gustav Bruchmann zum Gedenken, Sp. 346f.- Hans Booms, Karl Gustav Bruchmann, 1902-1967 [Nachruf], in: Archivalische Zeitschrift 64 (1968), S. 173-179, hier S. 173.

265 »Er [der Vater] hatte sich absolut genau an die damaligen Ernährungsvorschriften gehalten, und wir wissen ja aus eigener Erfahrung gut, dass man davon nicht leben konnte. Als Beamter, als Vorsitzender der Ortsgruppe der Vaterlandspartei, als ehrenamtlicher Leiter der Goldankaufstelle usw. fühlte er sich verpflichtet, sich unbedingt an die Vorschriften zu halten. Es bedeutete sein Ende. Vielleicht ist es aber für ihn selbst gar nicht das Schlimmste gewesen; denn so brauchte er nicht das weitere Schicksal Deutschlands mitzuerleben, das ihn sicherlich zutiefst bedrückt hätte«, kommentierte Bruchmann später dieses prägende Ereignis. Stadtarchiv Goslar: Zg. 79/99, NL Bruchmann, Nr. 8: Karl Gustav Bruchmann an Reinhard Gehlen, 9.12.1962.

266 Vgl. ansonsten die familiären Korrespondenzen in: Stadtarchiv Goslar: Zg. 79/99, NL Bruchmann, Nr. 36 und 37.

ist das nicht zuletzt Ihr Verdienst, indem Sie überall für die entsprechenden Sicherungsmaßnahmen, auch im besetzten Gebiet, gesorgt haben. [...] Das Bundesarchiv bemüht sich, alles Archivgut des Reiches, das noch greifbar ist, zusammenzutragen und zu einem neuen organischen Ganzen zusammenzufügen, das weitgehend die Fortsetzung der Funktion des einstigen Reichsarchivs zum Inhalt hat. Aus diesem Grunde fühlen wir uns Ihnen als dem letzten Direktor des Reichsarchivs auch besonders verbunden.«[267]

In der Person Bruchmanns war diese Betrachtungsweise quasi bis 1967 auf dem Direktorenposten des Bundesarchivs verankert. Zugleich spiegelte sie ein grundsätzliches epochenüberschreitendes Identitätsbedürfnis wider, das sich für ihn und sein Umfeld in der erfahrungsgemeinschaftlichen Solidarbande von gemeinsamer Sozialisation, Arbeitszeit oder Mitgliedschaft ausdrückte. Dies zeigt auch der Briefwechsel mit BND-Chef Reinhard Gehlen, der ebenso wie Bruchmann das König-Wilhelm-Gymnasium in Breslau besucht hatte.[268] Diese Haltung setzte sich auf der Ebene korpsgebundener Treue und Kontinuität fort. So gehörte er nicht nur dem Traditionsverband der 281. Infanteriedivision der Heeresgruppe Nord an und organisierte ein Treffen in Goslar,[269] sondern blieb sein Leben lang nahezu schwärmerisch seinen Studentenkorporationen verbunden.[270] Bruchmann konnte mit aufkommenden Forderungen nach einem politischen, kulturellen und moralischen Wertewandel, wie sie nach den Bundestagswahlen von 1961 und der nunmehr ablaufenden Ära Adenauer erhoben wurden, nur wenig anfangen. Politisch und lebensweltlich blieb er sich und seiner Generation verhaftet. Das hinderte ihn aber nicht, einen anderen Umgangsstil als Georg Winter zu pflegen. Kollegen charakterisierten ihn als einen freundlichen, toleranten Vorgesetzten, dem eine gute Arbeitsatmosphäre am Herzen lag und dem es immer wieder gelang, sein Umfeld zu motivieren und an sich zu binden.[271] Er besaß den Ruf, Sinn für Humor und launige Worte zu haben. Das sorgte nicht nur für beschwingte Unterhaltung in geselligen Runden oder bei offiziösen Feierlichkeiten, sondern lockerte auch so manch angespannte Gesprächssituation auf. Damit unterschied er sich von seinem Vorgänger, der eher als trockener, wenig kommunikativer Alleinentscheider galt.

267 Stadtarchiv Goslar: Zg. 79/99, NL Bruchmann, Nr. 28: Karl Gustav Bruchmann an Ernst Zipfel, 21.3.1961.

268 Stadtarchiv Goslar: Zg. 79/99, NL Bruchmann, Nr. 8: Reinhard Gehlen an Karl Gustav Bruchmann, 8.11.1962.- Stadtarchiv Goslar: Zg. 79/99, NL Bruchmann, Nr. 8: Karl Gustav Bruchmann an Reinhard Gehlen, 9.12.1962.

269 Stadtarchiv Goslar: Zg. 79/99, NL Bruchmann, Nr. 69 und 70.

270 Vgl. die dahingehenden Schriftwechsel in: Stadtarchiv Goslar: Zg. 79/99, NL Bruchmann, Nr. 40, 41, 42, 43 und 44. 1949 heiratete Bruchmann ein zweites Mal »die Tochter eines Bundesbruders«, wie er Gehlen schrieb, deren Mann im Krieg gefallen war und die drei Töchter in die Verbindung brachte. Stadtarchiv Goslar: Zg. 79/99, NL Bruchmann, Nr. 8: Reinhard Gehlen an Karl Gustav Bruchmann, 8.11.1962.

271 Booms, Karl Gustav Bruchmann, S. 173, 179.

Zum Zeitpunkt seines Amtsantritts hatte sich das Bundesarchiv bereits zu einem veritablen Zentralarchiv entwickelt, deren Aktenmassen neue Räumlichkeiten erforderten, sodass ein Umzug innerhalb von Koblenz anstand. Daher gehörte es Anfang Mai 1961 zu den ersten Amtshandlungen Bruchmanns, in Anwesenheit von Bundesinnenminister Gerhard Schröder das neu angemietete Hochhaus »Am Wöllershof 12« einzuweihen, ein modernes Bürogebäude,[272] mit dem sich Bruchmann erst anfreunden musste (»dieses elfstöckige Hochhaus [ist] jedenfalls leider nicht zu übersehen«), wie er Ernst Posner schrieb.[273] Seine gut sechsjährige Amtszeit als Direktor des Bundesarchivs fiel in eine Zeit, in der das Zentralarchiv erheblich an verwaltungstechnischer und wissenschaftlicher Bedeutung gewann und auch als Behörde signifikant wuchs. Zu den wichtigsten organisatorisch-methodischen Entscheidungen der Ära Bruchmann gehört die Einrichtung eines »Zwischenarchivs«, das am 1. Februar 1965 in Bad-Godesberg seine Arbeit aufnahm.[274]

Wie so oft in Bruchmanns Leben blieb es nicht bei einer Funktion. Nur wenige Monate nach Amtsantritt in Koblenz nahm er auf dem 39. Archivtag in Regensburg 1961 die Wahl zum Vorsitzenden des »Vereins deutscher Archivare« an.[275] Er, der als ausgezeichneter und redegewandter Moderator galt, trat die Nachfolge von Georg Sante an, der in den Ruhestand gegangen war. Der Regensburger Archivtag war politisch überschattet vom Mauerbau.[276] Bruchmann stand danach einer explizit bundesdeutschen Archivarvereinigung vor, deren ohnehin längst fragil gewordener deutsch-deutscher Wirkungskontext endgültig erlosch. Isolation und Abschmelzen bedeutete dies aber nicht. Im Gegenteil, mehr und mehr folgten Archivare westlicher Länder den Einladungen zu den Archivtagen. Darüber hinaus mühte sich Bruchmann, den bislang exklusiven Verein für Angehörige des gehobenen Archivdienstes und Mitarbeiter aus dem Bibliotheks-, Museums- und Dokumentationswesen zu öffnen.[277] Ganz im Geist etablierter *Tables rondes des Archives* wurden Austausch- und Kooperationsforen initiiert, und Bruchmann regte 1962 an, sich

272 Bruchmann, Das Bundesarchiv in neuen Räumen.

273 Stadtarchiv Goslar: Zg. 79/99, NL Bruchmann, Nr. 19: Karl Gustav Bruchmann an Ernst Posner, 8.2.1962.

274 Friedrich P. Kahlenberg, Das Zwischenarchiv des Bundesarchivs. Institution zwischen Behörde und Archiv, in: Archivalische Zeitschrift 64 (1968) S. 27-40.- Irmtraut Eder-Stein/Gerhard Johann, Das Bundesarchiv-Zwischenarchiv. Aufgaben, Funktionen und Unterbringung, in: Der Archivar 32 (1979), Sp. 291-300.

275 Tagungsbericht zum 39. Archivtag in Regensburg 1961 von Helmut Dahm in: Der Archivar 15 (1962) 1, Sp. 5-16.

276 Ebd.

277 Dies waren nicht die einzigen Neuerungen. Ebenfalls 1961 wurde festgelegt, den Archivtag künftig in sieben Fachgruppen zu gliedern. Damit sollten Expertendiskussionen und themenspezifische Vernetzungen intensiviert werden. An anderer Stelle wiederum intervenierte Bruchmann im Namen seiner Berufsvereinigung erfolgreich beim Bundesinnenministerium, die Eingangsstufe für Archivare des höheren Dienstes anzuheben. Ebd.

auch international in Gremien und Zusammenkünften zu engagieren.[278] All das brachte ihm kollegiale Anerkennung sowie Aufmerksamkeit in Presse und Politik ein – sogar Bundeskanzler schickten von nun an regelmäßig Grußworte an den Archivtag. Nahezu einstimmig wurde Bruchmann daher im September 1964 zum Vorsitzenden wiedergewählt.[279]

Als Bruchmann im Frühjahr 1967 nach längerer Krankheit starb, war die öffentliche Anteilnahme zunächst groß, die bleibende Erinnerung an sein Leben und Wirken in der archivarischen Nachwelt hingegen jedoch auffällig kurz.[280] Er wurde nicht zu den fachlichen Titanen der Archivistik gerechnet und galt als weniger charismatisch als andere aus der ersten Garde des Bundesarchivs. Hier war es vor allem Georg Winter, der allmählich zum Übervater und zur historischen Leuchtfigur des Zentralarchivs avancierte.

Wiedereintritt in die internationale Community und deutsche Doppelrepräsentanz

»Die Aufnahme der deutschen Archivare vollzog sich in verbindlichsten Formen […] Laut vertraulicher Mitteilung meines dem Vorstand des Internationalen Archiv-Rates angehörenden Gewährsmannes wurde jedoch die Aufnahme der deutschen Archivare [in den Archivrat] bedauerlicherweise noch vertagt«, berichtete Bernhard Vollmer Anfang September 1950 an die Abteilung III des Bundesinnenministeriums nach seiner Teilnahme am I. Internationalen Archivkongress sowie am sich anschließenden II. Internationaler Historikerkongress in Paris zwischen dem 23. und 26. August bzw. 28. August und 3. September 1950.[281] Dennoch war der Vorsitzende des Deutschen Archivausschusses weitgehend zufrieden aus der französischen Hauptstadt zurückgekehrt, war es ihm und seinen mitreisenden Direktorenkollegen Hermann Meinert (Stadtarchiv Frankfurt/Main), Rudolf Grieser (Staatsarchiv Hannover), Georg Sante (Staatsarchiv Wiesbaden) und Wilhelm Winkler (Bayrische Staatsarchive) doch gelungen, auf einer prestigereichen öffentlichen Bühne mit wichtigen Archivspitzen des westlichen Auslands – sowohl als Kollegen als auch als Archivvertreter Westdeutschlands – in einvernehmliche Gespräche zu kommen. Zwar führte das Kongressverzeichnis die fünf Deutschen offiziell nicht als Vertreter ihres Landes, sondern als »adhérents individuels«, da sie von den Veranstaltern persönlich ausgesucht und eingeladen worden waren. Aber die Atmosphäre und der gegenseitige Austausch gestalteten sich fünf Jahre nach Kriegsende überraschend aufgeschlossen und kollegial. Grundlage der

278 Vgl. Tagungsbericht zum 40. Archivtag in Mannheim von Karl G. Bruchmann in: Der Archivar 16 (1963) 1, Sp. 1-8.

279 Der Archivar 18 (1965) 1, Sp. 9.

280 Mommsen, Karl Gustav Bruchmann zum Gedenken, Sp. 345.

281 BArch B 106/34705: Bericht Bernhard Vollmer: I. Internationaler Archivkongreß und II. Internationaler Historikerkongreß in Paris, 4.9.1950.

Zusammenkunft war die bereits 1947 vom Washingtoner Nationalarchiv an den Deutschen Archivausschuss eingegangene Aufforderung, sich an der Arbeit des *Conseil International des Archives* bzw. *International Council on Archives* der Unesco (CIA bzw. ICA) zu beteiligen.[282]

Dass der westdeutsche Eintritt in die internationale Archivgemeinschaft wie geschildert relativ unkompliziert vonstattengehen konnte, hing wesentlich damit zusammen, dass es sich beim CIA/ICA um eine neu gegründete Organisation handelte, die selbst keine Vorgeschichte mit eventuellen Verwerfungen aus der Zeit bis 1945 aufwies. Ihre Gründung 1946 war vor allem eine Reaktion auf die Archivgutzerstörungen während der beiden Weltkriege.[283] Strukturell bildete der CIA/ICA ein Gemisch aus Institutionen- und Personenverband, der sich zu Beginn aus 17 Mitgliedern zusammensetzte und im Laufe der nächsten Jahrzehnte auf 850 Mitglieder aus 140 Ländern im Jahr 1988 anwuchs.[284] Oberstes Organ des CIA/ICA war die Generalversammlung, die während der Archivkongresse alle vier Jahre zusammenkam und ihren Präsidenten wählte. In der Regel handelte es sich dabei um den Leiter der Archivverwaltung desjenigen Landes, das den Kongress ausrichtete. Gewählt wurden ebenfalls die beiden Stellvertreter und das vierzehnköpfige Exekutivkomitee, dessen Mitglieder aus jeweils unterschiedlichen Ländern kommen mussten. Die vom CIA/ICA ausgerichteten Internationalen Archivkongresse stellten, ähnlich anderen Fachgesellschaften, zunächst die zentrale gemeinsame Aktivität der Gemeinschaft dar. Die konkrete Facharbeit des CIA/ICA erfolgte wiederum

282 BArch, B 198/10012: The National Archives (Solon J. Buck) an Johannes Bauermann (Staatsarchiv Münster, 15.8.1947.

283 BArch, B 198/10012: National Archives of the United States: A proposed Archives Program for the United Nations educational, scientific and cultural Organization, September 1946.- Zwischen dem Vorschlag zur Gründung eines Internationalen Archivrats auf der Unesco-Generalversammlung in Paris 1946 und der Annahme seiner Statuten auf dem ersten Internationalen Archivkongress, an dem Vollmer teilgenommen hatte, lagen vier Jahre. Die Konstituierung erfolgte zunächst durch Archivvertreter aus acht Ländern im Pariser Hauptquartier der UN-Organisation 1948. Leopold Auer, Das Archivprogramm der Unesco, in: Scrinium 21 (1979), S. 26-33, hier S. 26.- Aufgrund der inhaltlich und finanziell tragenden Rolle der Unesco wurde daher auch viele Jahre lang vom »Archivprogramm der Unesco« gesprochen. Oliver W. Holmes, Toward an International Archives Program and Council 1945-1950, in: The American Archivist 39 (1976) 3, S. 287-299, hier S. 292 ff.- Frank B. Evans, Unesco and Archivs Development, in: Unesco Journal of Information Science, Librarianship and Archives Administration 9 (1982), S. 159-176.

284 Der Mitgliederbestand setzte sich aus Vertretern nationaler Archivverwaltungen (Kategorie A), archivarischen Berufsverbänden (Kategorie B), Archiv- und vergleichbaren Institutionen (Kategorie C) sowie ordentlichen Mitgliedern (Kategorie D) und Ehrenmitgliedern (Kategorie E) zusammen. Stimmberechtigt waren in der Generalversammlung die Nationalvertreter der Kategorien A und B. Angehörige der Kategorie C durften einen gemeinsamen Wortführer für einen Redebeitrag entsenden, alle anderen Mitgliedern benötigten dafür das Placet des Ratspräsidenten. Leopold Auer, Struktur und Aufgaben des internationalen Archivrats, in: Scrinium 40 (1989), S. 433-441, hier S. 433 f.

in diversen Komitees und Arbeitsgruppen, wie dem von 1956 bis 1964 bestehenden Komitee für Archivterminologie, dem der Potsdamer Heinrich Otto Meisner angehörte.[285] Mit den 1953 von Charles Braibant begründeten *Tables Rondes des Archives* wurde ein weiteres, allerdings kleineres Austauschforum des CIA/ICA für ausgewählte Spitzenvertreter der Zunft ins Leben gerufen.[286] Sowohl die Archivtage als auch die Runden Tische boten für die deutschen Archivare einerseits eine Plattform, um sich nach der NS-Diktatur wieder in die internationale Fachgemeinschaft zu integrieren. Andererseits entwickelten sie sich aufgrund der deutschen Teilung zu Schau- und Kampfplätzen der beiden konkurrierenden deutschen Staaten und Systeme.

Bundesdeutsches Taktieren und ostdeutsche Konkurrenz

In der Bundesrepublik unterlagen kulturelle und wissenschaftliche Auslandsaktivitäten den Prinzipien des Föderalismus und Trägerpluralismus.[287] In der Folge fehlte eine zentrale Instanz, die im Kontext von Systemkonkurrenz und »Hallstein-Doktrin« verbindliche Leitlinien für ein einheitliches Auftreten in Inhalt, Sprache und Form festlegte und ihre Befolgung kontrollierte. Zwar behielt sich das Auswärtige Amt eine führende Rolle vor, doch in der Praxis wurde das »richtige Verhalten« zunächst mit der vorgesetzten Dienststelle abgestimmt, die sich wiederum mit Stellen anderer Ministerien zu koordinieren suchte. Dies erzeugte immer wieder Konflikte oder eröffnete Verhaltensspielräume.

Auch Bernhard Vollmer suchte im Vorfeld seines Paris-Besuchs 1950 Vorsorge zu treffen, indem er BMI-Staatssekretär Erich Wende am 7. Juli 1950 zum einen versicherte, dass die anreisenden westdeutschen Archivare in Paris (archiv)politisch vorsichtig vorzugehen beabsichtigten. Zum anderen bat er aber auch um konkrete Verhaltens- und Meinungsrichtlinien.[288] Dabei ging es Vollmer vor allem um das brisante Thema der Akten-Rückgabe aus alliierter Verwahrung, zu dem sich der 28. Deutsche Archivtag in Wiesbaden 1949 mit einer gemeinsamen Entschließung positioniert hatte, die er in Paris zur Sprache bringen wollte. Dementsprechend wandte er sich am 7. August mit einer Anfrage an die BMI-Dienststelle für Auswärtige Angelegenheiten. Er wollte wissen, ob die Wiesbadener Entschließung mit dem Passus: »Beim Friedensvertrag sind bei der deutschen Bevölkerung und bei der deutschen Verwaltung

285 Ihre Zahl stieg bis Ende der 1980er Jahre auf fünfzehn an. Eckart G. Franz, Der Internationale Archivrat: Vergangenheit, Gegenwart, Zukunft, in: Archivum 29 (1982), S. S. 159 ff.

286 Ebd., S. 163 ff.

287 Karl-Sebastian Schulte, Auswärtige Kulturpolitik im politischen System der Bundesrepublik Deutschland. Konzeptionsgehalt, Organisationsprinzipien und Strukturneuralgien eines atypischen Politikfeldes am Ende der 13. Legislaturperiode, Berlin 2000, S. 43.

288 BArch B 106/34705: Anfrage Vollmers an Staatssekretär Dr. Wende (BMI), 7.7.1950.

erwachsene Archivalien in Deutschland zu belassen bzw. an Deutschland zurückzugeben. Bei der Regelung dieser Fragen sind die vom Internationalen Archivrat aufgestellten Grundsätze zu beachten, im besonderen Archivare hinzuziehen« als »grundsätzliche Stellungnahme« des Deutschen Archivausschusses überreicht werden könne oder ob die Bundesregierung selbst beabsichtige, diese weiterzuleiten.[289]

Im BMI reichte man das Problem an das Bundeskanzleramt weiter, wo die Anfrage aber ruhte. Erst in letzter Sekunde wurde Vollmer telefonisch informiert, dass sich die Bundesregierung die Erklärung nicht zu eigen machen wolle.[290] Dennoch nutzte Vollmer nun die Gelegenheit der ersten Begegnungen, um in der Frage der deutschen Rückgabeforderungen »Fühlung aufzunehmen« mit den Archivrat-Mitgliedern Großbritanniens und der USA, der Schweiz, der Niederlande, Dänemarks und Schwedens sowie mit dem CIA/ICA-Vorsitzenden Saraman, seinem designierten Nachfolger Charles Braibant und Marcel Baudot, dem Generalinspektor der französischen Archive. Indem er die baldige Rückgabe der Bibliotheken der Berlin-Dahlemer Publikationsstelle und des Auswärtigen Amtes, der Nachlasssammlung des Geheimen Staatsarchivs Berlin sowie der »älteren, bereits historischen Akten« aus dem Archiv des Auswärtigen Amtes vorschlug, die nicht für die geplanten Publikationen der Alliierten von Bedeutung seien, wurde Vollmer am Ende doch sehr konkret.[291]

Obwohl er in den Gesprächen auf Verständnis bei seinen Gegenübern gestoßen war, wie Vollmer erfreut nach Bonn übermittelte, reagierte man im Bundeskanzleramt auf derlei eigen-initiative Aktivitäten zurückhaltend bis ablehnend. Gegenüber BMI-Oberregierungsrat Ernst Schaar bekräftigte Rudolf Salat noch einmal, dass man im Kanzleramt die Wiesbadener Entschließung als »private Kundgebung« betrachte, nicht jedoch als Position und Stellungnahme der Bundesregierung. Vollmers Idee, diese Entschließung dem Internationalen Archivrat zu überreichen, ohne dass deutsche Archivare in den Rat aufgenommen seien, lehne man daher nach wie vor ab.[292] Insofern geriet – ein Jahr nach der Gründung der Bundesrepublik – die offene Frage von Status und Anerkennung zum außenpolitischen Argument.

In der Ära von Georg Winter als Direktor des Bundesarchivs und danach wurde dann die deutsche Doppelrepräsentanz zum bestimmenden Thema taktierenden Erwägens und Abstimmens, wie die Kommunikation rund um den III. Internationalen Archivtag in Florenz vom 25. bis 29. September 1956 beispielhaft aufzeigt. Vor dem Hintergrund der im Jahr zuvor verkündeten »Hallstein-Doktrin« hatten sich sowohl Winter als auch Wilhelm Winkler von den Staatlichen Archiven Bayerns bereits Monate zuvor beim BMI bzw.

289 BArch B 106/34705: Anfrage Vollmers an die Dienststelle für auswärtige Angelegenheiten des BMI, 7.8.1950.
290 BArch B 106/34705: Rudolf Salat (Bundeskanzleramt) an ORR Dr. Schaar, 5.9.1950.
291 BArch B 106/34705: Bericht Bernhard Vollmer: I. Internationaler Archivkongreß und II. Internationaler Historikerkongreß in Paris, 4.9.1950.
292 BArch B 106/34705: Rudolf Salat (Bundeskanzleramt) an ORR Dr. Schaar, 5.9.1950.

beim Auswärtigen Amt über politisch korrektes Auftreten auf dem Kongress erkundigt. Dabei war es vor allem Winkler, der die konkurrierende Präsenz ostdeutscher Archivare befürchtete. Letztere könnten, so Winkler, das Problem der Aktenrückgabe ansprechen und damit die Initiative in dieser Frage an sich ziehen. Daraufhin entspann sich ein reger Schriftverkehr zwischen den Ministerien und Archiven, in dem Winklers Annahmen abgewogen und eine gemeinsame offizielle Haltung abgestimmt wurde.[293]

Dass in Florenz die DDR-Archive vergleichsweise stark vertreten waren, bestätigte zunächst Winklers Befürchtungen. Doch auch die Bundesrepublik war überdurchschnittlich präsent: So waren unter der Leitung von Winter und Winkler 29 Archivare aus dem Westen angereist; aus der DDR kamen 17. Damit bildeten die Vertreter beider deutscher Staaten zusammengenommen die drittgrößte Gruppe unter den rund 600 Kongressteilnehmern 1956.[294] Winkler selbst wurde im Verlauf des Kongresses zum Mitglied der Leitung des Archivrats gewählt, was nach außen einmal mehr Vorsprung und Stärke der bundesdeutschen Seite im CIA/ICA demonstrierte. Seine anfängliche Besorgnis, dass DDR-Archivare die Rückgabe deutscher Archivalien aktiv thematisieren und dabei die bundesdeutschen Kollegen als passive Protagonisten in den Hintergrund geraten könnten, erwies sich als unbegründet. Entsprechende Vorstöße wurden von DDR-Seite auch nicht ansatzweise unternommen. Mehr noch: Laut Winters Einschätzung war deren Auftreten in Florenz eher unscheinbar, sodass dazu keine »besondere Bemerkung zu machen« sei.[295] Dazu mochte auch der provisorische Status beigetragen haben, über den die ostdeutschen Gäste verfügten: Ähnlich den westdeutschen Kollegen im Jahr 1950 waren sie als offizielle Nicht-Mitglieder des CIA/ICA nur »persönlich Eingeladene«.[296] Doch das sollte sich nun zum Ärger des Auswärtigen Amtes ändern.

Insgesamt sechs ostdeutsche Archiveinrichtungen wurden am Ende des Kongresses trotz fehlender Anerkennung der DDR und »Hallstein-Doktrin« als Mitglieder in den Internationalen Archivrat aufgenommen. Auf Anfrage des Auswärtigen Amtes, wie es dazu kommen konnte, wusste Georg Winter lediglich zu berichten, dass die vom Exekutivkomitee bestätigte Aufnahme ohne westdeutsche Kenntnis erfolgt sei, da Winklers Mitgliedschaft im Exekutivrat

293 BArch B 106/34705: Schreiben Winkler (Staatliche Archive Bayerns) an Georg Winter (Bundesarchiv), 2.8.1956.- BArch B 106/34705: Rundschreiben Nr. 77 vom VdA an die Vorstandsmitglieder des VdA, 3.8.1956.- BArch B 106/34705: Schreiben von Georg Winter (Bundesarchiv) ans BMI, 7.8.1956.- BArch B 106/34705: Schreiben BMI ans AA, 24.8.1956.- BArch B 106/34705: Schnellbrief des AA ans BMI, 10.9.1956.

294 Die größten Delegationen mit jeweils 140 Personen kamen aus Frankreich und Italien. BArch B 106/34705: Bericht von Georg Winter über den 3. Internationalen Archivkongreß in Florenz, 18.10.1956.- Schreyer, Das staatliche Archivwesen der DDR, S. 41.

295 BArch B 106/34705: Bericht von Georg Winter über den 3. Internationalen Archivkongreß in Florenz, 18.10.1956.

296 Ebd.

erst mit Abhalten des Kongresses bestätigt worden war.[297] Winklers Ansinnen hingegen, im Bedarfsfall künftig auch die Belange der DDR-Archivare im Exekutivrat zu vertreten, wurde im Auswärtigen Amt begrüßt, da so der deklarierte Alleinvertretungsanspruch gewahrt bleiben könnte. Eine Bildung von gesamtdeutschen Delegationen lehnte man wiederum ab, außer die Bundesdeutschen seien in der Mehrheit bzw. würden den Sprecher stellen. Dies sei effektiv, um die Bildung einer eigenen ostdeutschen Archivars-Delegation zu verhindern, wobei man im Auswärtigen Amt beispielgebend auf die Internationale Organisation für das gesetzliche Messwesen verwies, der eine fünfköpfige gesamtdeutsche Delegation angehörte, ohne dass die beiden DDR-Vertreter stimmberechtigt waren.[298]

Für die DDR-Seite erwies sich Florenz als Erfolg auf ganzer Linie: Den Aufnahmeanträgen der Staatsarchive Dresden, Magdeburg, Potsdam, Schwerin und Weimar sowie des DZA Potsdam hatte die Generalversammlung des CIA/ICA stattgegeben und diese als (institutionelle) Mitglieder in ihre Reihen (Kategorie C) aufgenommen.[299] Im Kontext laufender kulturpolitischer Bemühungen um Präsenz im Westen, zu denen im November/Dezember des gleichen Jahrs auch der vielbeachtete gemeinsame Auftritt der gesamtdeutschen Mannschaft bei den Olympischen Sommerspielen in Melbourne gehörte, verbuchte die SED den Beitritt als außenpolitischen Sieg und weiteren Meilenstein auf dem Weg zur internationalen Anerkennung. Drei Jahre später wurde mit der Aufnahme der Staatlichen Archivverwaltung als Mitglied der Kategorie A die Position der DDR im CIA/ICA noch einmal aufgewertet. Damit wurde im Internationalen Archivrat zumindest auf formaler Ebene deutsch-deutsche Gleichstellung praktiziert. Aus Sicht des DZA bedeutete dieser Vorgang in jener Zeit eine internationale Aufwertung des Archivstandortes Potsdam und ein repräsentatives Aufschließen des Zentralarchivs auf das Bundesarchiv.

Bemerkenswert ist, dass in den 1950er Jahren weder NS-Belastungen und die zurückliegenden Einsätze deutscher Archivare im besetzten Ausland noch die Frage bzw. die deutsche Forderung nach Rückgabe von Archivgut gewichtige Faktoren bildeten, die sich innerhalb des CIA/ICA zu andauernden Knackpunkten oder Störmomenten entwickelten. Vermutlich wurde durch die Externalisierung dieser Problematik auf die politische Ebene und den konsensualen Rückzug auf das Narrativ des unpolitischen, zwischen 1933 und 1945 missbrauchten Expertentums die »Schuldfrage« entpersonalisiert und damit letztlich aus dem Binnendiskurs verbannt. Immerhin, das schien Strafe genug,

297 BArch, B 106/34705: Schreiben vom AA an den BMI-Minister, 12.11.1956.- BArch, B 106/34705: Schreiben von Georg Winter (Bundesarchiv) an den BMI-Minister, 18.12.1956.

298 BArch, B 106/34705: Schreiben von Georg Winter (Bundesarchiv) an den BMI-Minister, 18.12.1956.- BArch, B 106/34705: Schreiben von Dr. Horst (AA) an den BMI-Minister, 16.3.1957.

299 Schreyer, Das staatliche Archivwesen der DDR, S. 150.

waren anfänglich deutsche Archivare nicht in Leitungspositionen des Rats gewählt worden.

Inwiefern der Antikommunismus als Integrationsideologie zumindest unter den westlichen Archivaren verbindend und vergangenheitsüberwindend gewirkt hat, kann lediglich angenommen werden. Dass dieser jedoch auch nicht überschätzt werden sollte, dafür spricht der allgemeine völkerverständigende, sich gegen jegliche politische Instrumentalisierung wehrende Impetus der ersten Zusammenkünfte, der eher dem apolitischen Expertentum huldigte. Die Delegierten diskutierten miteinander lieber als Archivspezialisten denn als Archivpolitiker. Hinzu kam, dass die internationale Archivarsvereinigung als Neugründung keine Aufarbeitung interner »Altlasten« zu benötigen schien. Dass die vergangene NS-Zeit zwar verdrängt werden konnte, nicht jedoch der laufende Kalte Krieg, untergrub allerdings diese konfliktvermeidende Haltung.

Der IV. Internationale Archivtag in Stockholm vom 17. bis 20. August 1960 fiel in deutsch-deutscher Perspektive durch einen Teilnehmerrekord ostdeutscher Archivare sowie eine prominente Absenz auf: So reisten insgesamt 33 Personen aus der DDR an – das DZA wurde durch Direktor Lötzke vertreten –, gleichzeitig fehlte jedoch StAV-Leiter Karl Schirdewan. Dem Ex-Politbüromitglied war die Teilnahme von DDR-Seite offiziell verwehrt worden.[300] Für Schirdewan kam dies einer schweren öffentlichen Demütigung gleich, die ihn sowohl nach innen als auch in der internationalen Archivarsgemeinschaft desavouierte. Grund der Ablehnung war vor allem, dass Ulbricht Schirdewan als schwer kalkulierbare Risikoperson von der westlichen Öffentlichkeit und deren Fragen über seine Entmachtung im Politbüro fernhalten wollte. Davon abgesehen war die DDR – sehr zum Erstaunen und Missfallen des Auswärtigen Amts[301] – von nun an mit sieben Vertretern bzw. Einrichtungen im CIA/ICA präsent. Diese außergewöhnliche Stärke sollte die DDR-Archivare fortan zur Selbstdarstellung und Mitarbeit in der Fachorganisation motivieren, da es insbesondere nach dem Mauerbau zu internationalen Blockadehaltungen kam. Dies galt umso mehr, als gerade der Stockholmer Archivtag in aller Klarheit auch das Leid der deutschen Teilung öffentlich machte: Obwohl Fachfragen das Kongressgeschehen in der schwedischen Hauptstadt bestimmten, schlug mit der Flucht des Weimarer Archivars Wolfgang Huschke in den Westen letztlich das Politische durch. Nach Hans Patze (1956) und Willy Flach (1957) hatte damit erneut ein bekannter Archivar aus Thüringen das Land verlassen.[302]

300 Ebd., S. 88.

301 BArch, B 106/34705: Schreiben von Heinz Lieberich an das AA, 20.6.1967.

302 Friedrich Facius, Willy Flach, in: Der Archivar 12 (1959) 3, Sp. 243-251.- Hans Patze, Willy Flach zum Gedächtnis, in: Jahrbuch für die Geschichte Mittel und Ostdeutschlands 8 (1959), S. 349-363.- Zu Flach auch: Udo Grashoff, »In einem Anfall von Depression …«. Selbsttötungen in der DDR, Berlin 2006, S. 204-210.- Klaus Neitmann, Landesgeschichtsforschung im Zeichen der Teilung Deutschlands. Walter Schlesinger und Hans Patze, in: ders., Land und Landeshistoriographie. Beiträge zur Geschichte der brandenburgisch-preußischen und deutschen Landesgeschichts-

Dass internationale Archivbeziehungen für die DDR den Charakter diplomatischer Ersatzhandlungen annahmen, war vielen Kongressteilnehmern durchaus bewusst. Doch ebenso offensichtlich war, dass die Mehrzahl der ausländischen Kollegen in den 1950er wie auch in den 1960er Jahren die (außen) politische Dimension der deutschen Teilung auszublenden suchte. Sie stand im Gegensatz zu den universalen Werten der *community*, denen sich die meisten Archivare verpflichtet fühlten.

Animositäten und Konflikte

Unter der Überschrift »Zonen-Archivare unerwünscht« vermeldete die FAZ am 2. Mai 1966, dass dem DZA-Direktor Lötzke und StAV-Leiter Hochmuth vom West-Berliner »Allied Travel Office« die Reisepapiere nach Washington verweigert worden waren, nachdem der CIA/ICA Helmut Lötzke und Horst Schlechte (Staatsarchiv Dresden) dorthin zum Archivkongress eingeladen hatte. Daraufhin ließ die DDR durch den tschechoslowakischen Vertreter eine Protesterklärung verlesen, ein Vorgang, der sich so bereits 1964 in Brüssel abgespielt hatte, damals vorgetragen durch einen sowjetischen Delegierten. Dieser hatte überdies gefordert, künftig internationale Archivveranstaltungen nur noch in solchen Ländern durchzuführen, die einen freien Reisezugang ermöglichten. In den Augen Heinz Lieberichs, Generaldirektor der staatlichen Archive Bayerns und Vertreter der Bundesrepublik im CIA/ICA, war es ein »Glücksfall«, dass es 1966 dem Rats-Präsidenten gelungen sei, die »Demarche der Ostzone« im engen Redaktionskomitee zu belassen und nicht in die gesamte Generalversammlung zu geben, in der viele afrikanische und asiatische Delegierte hätten mitdiskutieren können – eine Konstellation mit »unabsehbaren Folgen«, wie der bayerische Generaldirektor befand.[303] Der Direktor des Washingtoner Nationalarchivs hatte hier gegenüber den sowjetischen Vertretern feierlich erklärt, seine Behörde habe äußerste Anstrengungen unternommen, eine Bewilligung der Visa herbeizuführen. Daraufhin verzichteten letztere auf weitere Erklärungen, und das DDR-Schreiben gelangte nicht in die große Versammlungsrunde.[304]

Doch damit war die Angelegenheit noch nicht erledigt. Denn die Verweigerung der Einreisevisa für die DDR-Archivare beschäftigte auch die *American Historical Association* bzw. schlug dort Wellen. So ließ sie nach ihrer Sitzung am Jahresende 1966 in der folgenden Ausgabe der *American Historical Review* ihr Bedauern und Befremden über die Versagung der Reisedokumente verlautbaren. In der Erklärung zeigte man kein Verständnis für das abschlägige Verfahren gegenüber den ordentlichen und langjährigen CIA/ICA-Mitgliedern

forschung, hrsg. von Hans-Christof Kraus und Uwe Schaper, Berlin/Boston 2015, S. 357-483.

303 BArch, B 106/34705: Schreiben von Heinz Lieberich an den Bundesminister für Gesamtdeutsche Fragen, 22.2.1967.

304 Ebd.

von DZA und StAV, was nun, wie betont wurde, die Schließung ostdeutscher Archive für US-amerikanische Besucher zur Folge habe. »The Council of the American Historical Association [AHA] deplores this serious breach of the canons of international hospitality. It urges that in the future the Departement of State endeavor to further scholarly interchange between the United States and East Germany«, schloss die Stellungnahme des AHA-Rates.[305] Für den Präsidenten des Bundesarchivs war diese Reaktion, von der er allerdings erst einige Monate später Kenntnis erhielt und in der die Verfasser, wie Mommsen anmerkte, bemerkenswerterweise die Bezeichnung »German Democratic Republic« verwendeten, vor allem mit Blick auf die Vorbereitung des anstehenden Madrider Archivtages 1968 von Belang, sodass er noch einmal das BMI gesondert darüber informierte.[306]

Wie bereits in den Jahren zuvor hegten die Mitglieder des CIA/ICA auch nach dem Mauerbau nur wenige Ambitionen, den deutsch-deutschen Konflikt auf internationaler Bühne mit all seinen kleinkriegerischen Regeln und Facetten auszuleben. Dass sich der CIA/ICA tatsächlich als ein fachliches Expertengremium und nicht als politische Organisation definierte, kam auch in der Haltung des belgischen Ratsvorsitzenden, Generalarchivar Etienne Sabbe, zum Ausdruck, der sich 1964 trotz wiederholter Aufforderung weigerte, an den Direktor des Bundesarchivs, Karl Bruchmann, Abschriften des Briefwechsels zwischen CIA/ICA und DDR weiterzuleiten. Dem Anliegen war zuvor der Internationale Archivkongress in Brüssel 1964 vorausgegangen, an dem aufgrund verweigerter Reisevisa keine Archivare aus der DDR teilgenommen hatten.[307] Dass Bruchmann in seiner dahingehenden Information ans BMI nach wie vor selbstverständlich von den »Archivaren der sowjetisch besetzten Zone« schrieb, zeugt von der Verinnerlichung der Nicht-Anerkennungspolitik bis in die Sprachregelungen der internen Beamtenkommunikation – an die sich jedoch die internationale Archivargemeinschaft in Protokollfragen kaum zu halten gedachte. So fielen sowohl die Reihenfolge als auch die jeweilige Staatenbezeichnung bei den offiziellen Gästelisten des *Table ronde* beständig unterschiedlich aus, wie nachfolgende Auflistung ausschnitthaft zeigt:[308]

- VI. Table ronde in Warschau 16.-20. Mai 1961: »Allemagne / République démocratique« gefolgt von »Allemagne / République fédérale«.
- VII. Table ronde in Madrid 28.-31. Mai 1962: »Alemania Federal« gefolgt von »Alemania Oriental«.
- VIII. Table ronde in Budapest 1963: »R. D.Allemande« gefolgt von »R. F. Allemande«

305 The American Historical Review, Vol. LXXII, 3 / April 1967, S. 1193.

306 BArch, B 106/34705: Schreiben von Wolfgang A. Mommsen (Bundesarchiv) an den Bundesminister des Inneren, 5.10.1967.

307 BArch, B 106/34705: Information von Karl Gustav Bruchmann (Bundesarchiv) ans BMI, 10.12.1964.

308 BArch, B 106/34705: Schreiben von Heinz Lieberich an das AA, 20.6.1967.

- IX. Table ronde in London 20.-23. April 1965: Alle deutschen Teilnehmer wurden gemeinsam unter »Germany« gelistet, wobei zuerst die westdeutschen Gäste genannt wurden.
- X. Table ronde in Kopenhagen 9.-11. Mai 1967: Unter der Rubrik »Délégations nationales« wurde zunächst »Allemagne, République Démocratique d'«, dann »Allemagne, République Fédérale d'« aufgeführt.

Dass man in der CIA/ICA-Spitze auch nach der Verkündung der »Ulbricht-Doktrin« Anfang 1967 weiterhin wenig Lust verspürte, sich an den deutsch-deutschen Konkurrenzkämpfen zu beteiligen, stattdessen vielmehr die eigene Fachgesellschaft in ihrer Funktion als Brückenbauer im Kalten Krieg verstand, spiegelt auch die Kommunikation rund um die Einladung west- und ostdeutscher Archivare zum VI. Internationalen Archivtag vom 3.-7. September 1968 in Madrid wider. Gewillt, die Teilnahme der Fachschaft aus beiden deutschen Staaten zu ermöglichen, wurde frühzeitig das spanische Außenministerium eingeschaltet, das keinerlei Bedenken vortrug, osteuropäischen Archivaren Visa auszustellen. Das galt prinzipiell auch für die DDR. Gleichwohl wurde der CIA/ICA aufgefordert, eventuelle Komplikationen im Vorfeld auszuräumen. Daraufhin trug CIA/ICA-Präsident Etienne Sabbe dem bundesdeutschen Vertreter im Exekutivbüro, Heinz Lieberich, auf, intern die Lage so weit zu klären, dass es während des Archivtages zu keinen deutschlandpolitischen Konflikten käme.[309]

Inwieweit es im Namen des beschworenen brüderlichen Geistes der Archivare möglich war, außenpolitische Prinzipien der Bundesregierung zu übergehen, und welches »Verhalten« vor Ort das richtige sei, darüber entspann sich in den folgenden Wochen zwischen verschiedenen Bundesbehörden – wieder einmal – eine rege Diskussion. Hierbei war es vor allem das Auswärtige Amt, das, offensichtlich erstmals in dieser Frage konsultiert, einen Richtlinien- und Praxisabgleich vornahm und sich sichtlich bemühte, klare Linien zu ziehen. Dafür ließ sich das Amt von Lieberich die Entwicklung bzw. den jeweiligen Stand der letzten Jahre hinsichtlich Mitgliedschaften, Kongressteilnahmen und Länderbezeichnungen zusammentragen, der einen sehr unterschiedlichen Gebrauch offenlegte und die AA-Referenten negativ aufhorchen ließ – ebenso wie Lieberichs Haltung. Denn dieser hatte sich aus Sicht des Amtes auf die Seite Sabbes geschlagen, wenn er »im Namen der deutsche Archive und Archivare« forderte, dass von behördlicher bzw. diplomatischer Stelle alles vermieden werden solle, was den Eindruck erwecke, die bundesdeutsche Seite behindere direkt oder indirekt die Teilnahme der »ostdeutschen Kollegen«.[310] Lieberich bezog eine unverkennbar fachbezogene Position, wenn er gegenüber Bonn auf den zeithistorischen Kontext der internationalen Gremienarbeit verwies: »Die auf den internationalen Archivveranstaltungen fast schon mit

309 BArch, B 106/34705: Schreiben von Etienne Sabbe an Heinz Lieberich, 18.2.1967.

310 BArch, B 106/34705: Schreiben von Heinz Lieberich an den Bundesminister für Gesamtdeutsche Fragen, 22.2.1967.

Regelmäßigkeit zu Tage tretenden innerdeutschen Schwierigkeiten«, führte Lieberich aus, »drohen nachgerade ein Unlustgefühl gegen alles Deutsche überhaupt auszulösen und schließen die Gefahr ein, daß die Bundesrepublik ihre Position im Rahmen des CIA/ICA verschlechtert ... Nachdem es viele Jahre mühsamer Kleinarbeit bedurfte, bis es den deutschen Archivaren wieder möglich war, als vollständiges Mitglied in den Kreis der internationalen Fachwelt aufgenommen zu werden, wäre es äußerst bedauerlich, wenn dieser Erfolg wieder in Frage gestellt würde.«[311] Im Auswärtigen Amt hatte man gegenüber Lieberichs Linie »erhebliche Bedenken«.[312] Schließlich sei es doch die bisher gängige Praxis – nämlich dass »die Teilnehmer aus der SBZ sich als nationale Delegation gerierten« –, die unter den ausländischen Archivarskollegen Unwillen hervorrufen müsse und nicht die »selbstverständliche Abwehr solchen statutenwidrigen Verhaltens der SBZ-Vertreter«, führte man in einer ersten Reaktion an Lieberich aus.[313]

Um die von Lieberich aufgeworfenen Grundsatzfragen im Umgang mit den DDR-Kollegen im Hinblick auf Madrid 1968 zu klären, lud Regierungsdirektorin Frau Dr. Lugge vom BMI Vertreter des Auswärtigen Amtes, des Bundesministeriums für Gesamtdeutsche Fragen sowie den Präsidenten des Bundesarchivs, Wolfgang A. Mommsen, zu einer gemeinsamen Besprechung. Die Anwesenden kamen überein, dass eine Teilnahme von »Archivaren aus der SBZ« zu begrüßen bzw. jede Anstrengung zur Unterbindung derselben zu unterlassen sei. Gleichwohl erwarte man, dass von »NGOs« der bundesdeutsche Rechtsstandpunkt geachtet werde. Das bedeute, dass die Visa-Erteilung oder auch die Listung von Herkunftsländern in der damit verbundenen bisherigen Weise zu erfolgen habe. Im Fall des CIA/ICA verwiesen die Anwesenden überdies auf den Status der darin vertretenen Institutionen, nämlich staatliche Archive, der eine besondere Sensibilisierung für die Belange der Bundesrepublik erwarten lasse.[314] Der Präsident des Bundesarchivs wurde schließlich ebenfalls beauftragt, bei CIA/ICA-Präsident Sabbe verlauten zu lassen, dass die Bundesregierung die Durchführung des *Table ronde* 1972 in der Bundesrepublik erwäge.

Im Ergebnis der bundesdeutschen Übereinkunft wurde ein vom Auswärtigen Amt redigierter und ins Französische übersetzter Brief von Lieberich an Sabbe bzw. das Exekutivkomitee des CIA/ICA verfasst, der dort wiederum verlesen, allerdings für Lieberich »unbefriedigend« diskutiert wurde, da am Ende keine klare Regelung gefunden wurde. Sabbe hatte, unterstützt vom CIA/ICA-Sekretär, erklärt, man sei keine politische Organisation und wolle demzufolge alle politischen Auseinandersetzungen beiseitelassen, womit für alle anderen Exekutivmitglieder die Angelegenheit beendet gewesen sei, so Lieberich in

311 Ebd.
312 BArch, B 106/34705: Schreiben von Puttkamer (AA) ans BMI, 24.4.1967.
313 BArch, B 106/34705: Schreiben von Puttkamer (AA) an Heinz Lieberich, 9.5.1967.
314 BArch, B 106/34705: Vermerk über die Besprechung im BMI vom 13.7.1967, o.D.

seinem Bericht ans Auswärtige Amt. Im Protokoll fanden sich lediglich ausweichende Formulierungen, so war vom Nicht-Regierungs- und apolitischen Charakter des Rates die Rede, Bezeichnungen wie »nationale Delegationen« hätten lediglich organisatorische Motive und implizierten keine juristischen oder diplomatischen Aussagen, und überhaupt sei die deutsch-deutsche Frage ein politisches Problem, deren Diskussion die Kompetenzen des Rates überfordern würde.[315] Vor diesem Hintergrund zeigte sich Lieberich ratlos, wie man die vom Auswärtigen Amt gewünschte Verhinderung einer Stimmabgabe der DDR bei den Wahlen zum neuen Exekutivkomitee bewerkstelligen solle.[316]

Unter den Archivreferenten der Bundesrepublik, die er auf ihrer Konferenz am 9. Oktober 1967 mit der deutsch-deutschen Problemlage im CIA/ICA konfrontierte, wurden die strategischen Erfolgsaussichten einer harten Linie des Auswärtigen Amtes ebenfalls bezweifelt. Hier fürchtete man, dass das »Beharren auf einen starren Rechtsstandpunkt« am Ende die Sympathien für die DDR nur erhöhe, da in der wissenschaftlichen Welt der Historiker und Archivare die bundesdeutsche Standpunktauslegung und deren Überwachungspraxis kaum Unterstützung fänden.[317] Um gleichwohl bei künftigen Entscheidungen im CIA/ICA der Bundesrepublik und dem Deutschen mehr Gewicht zu verleihen, wurde die Idee geboren, Deutsch als eine der Konferenz- und Verhandlungssprachen einzuführen. Eine entsprechend notwendige Simultanübersetzung war teuer, doch schien dies (archiv)politisch gerechtfertigt zu sein. Das Auswärtige Amt sah sich als angesprochener Financier mit erheblichen Kosten konfrontiert, doch erkannte es im Sinne der eigenen deutschlandpolitischen Argumentation eine Verpflichtung zur Übernahme an, sodass Deutsch Teil der offiziellen Sprachfamilie unter den Archivaren wurde.[318]

Insgesamt stellte sich das deutsch-deutsche Aufeinandertreffen – das erste nach dem Mauerbau – im Madrider Konferenzalltag 1968 deutlich unspektakulärer dar, als von bundesdeutscher Seite angenommen, auch wenn später von DDR-Seite politische Kommentare erfolgten.[319] »Methoden der Archivwissenschaft« stellte eines der drei Hauptthemen dar; die Leitung des entsprechenden Panels war Wolfgang A. Mommsen übertragen worden. Walter Hochmuth, zum Zeitpunkt der Planung noch StAV-Leiter, hatte man hingegen für die Leitung der Sonderkommission Wirtschaftsarchive vorgesehen. Die tatsächlich

315 BArch, B 106/34705: Französische Übersetzung des Schreibens von Heinz Lieberich an Etienne Sabbe (CIA), 25.8.1967.- BArch, B 106/34705: Heinz Lieberich ans AA, 9.1.1968.

316 BArch, B 106/34705: Heinz Lieberich ans AA, 9.1.1968.

317 BArch, B 106/34705: Heinz Lieberich ans AA: Auszug aus der Niederschrift der Verhandlungen der 24. Konferenz der Archivreferenten bzw. Leiter der Archivverwaltungen des Bundes und der Länder in Freiburg i.Br., 12.1.1968.

318 BArch, B 106/34705: Schreiben von Wolfgang A. Mommsen (Bundesarchiv) an den Bundesminister des Inneren, 21.3.1968.

319 Meta Kohnke, Das Archivwesen als Bestandteil der souveränen sozialistischen DDR. Zurückweisung westdeutscher Alleinvertretungsansprüche, in: Archivmitteilungen 18 (1968) 4, S. 153-157.

angereisten DDR-Teilnehmer Gerhard Exner, Reinhard Kluge (beide StAV), Horst Schlechte (StA Dresden), Franz Höppner (StA Schwerin) und Heinz Voßke (ZPA) hätten sich, so Lieberich, »korrekt« und »verbindlich« im Umgang gezeigt und keinerlei »Komplikationen« herbeigeführt.[320]

Dass es aber durchaus ideologisch bedingte Friktionen hätte geben können, zeigt die Zusammensetzung der ostdeutschen Delegation. Sie bestand nicht aus den Repräsentanten der sieben Mitgliedseinrichtungen, sondern aus fünf ausgewählten und mit aufwendig erarbeiteten Verhaltensdirektiven versehenen SED-Genossen, die lediglich drei Institutionen *in persona* vertraten und mit dem Leiter des Zentralen Parteiarchivs Voßke sogar einen Archivfunktionär unter sich wussten, dessen Einrichtung weder der StAV unterstand noch Mitglied des CIA/ICA war.[321] Die Delegation war zuvor mit der Abteilung Sicherheit des ZK der SED abgestimmt worden; die Reiseerlaubnis für Exner erhielt sogar die separate Zustimmung Erich Honeckers. Dass Voßke als Leiter des Zentralen Parteiarchivs der SED (ZPA) mitreiste, ging auf den ausdrücklichen Vorschlag des ZK zurück. CIA/ICA-Mitglied Lötzke, für dessen Teilnahme sich wiederholt StAV-Stellvertreter Kluge eingesetzt hatte, durfte hingegen wegen politischer Vorbehalte seitens des ZK nicht mitreisen, wie GI »Fred Wandel« alias Heinz Huth dem MfS übermittelte.[322]

In Madrid führte Kluge in Vertretung des inzwischen pensionierten Hochmuth das Nebenpanel zu den Wirtschaftsarchiven sachlich und souverän, Horst Schlechte lieferte einen kurzen Diskussionsbeitrag zum zweiten Hauptpanel »Methoden der Archivwissenschaft« unter Leitung von Mommsen.[323] Ansonsten blieb die Anwesenheit ostdeutscher Archivare eher unscheinbar, wie sich Lieberich freute bzw. wie auch der Konferenzbericht von Mommsen auswies. Hätte nicht am Ende der Generalinspektor der französischen Archive, Marcel Baudot, in seinem Abschlussresümee noch einmal explizit die positive Mitarbeit der DDR-Kollegen am Kongress hervorgehoben, wäre die Veranstaltung aus Bonner Sicht deutschlandpolitisch nahezu perfekt verlaufen.[324]

Hauptthema in Madrid bildete die Frage der fortgesetzten Liberalisierung des Archivzugangs, für die sich formal alle Teilnehmer aussprachen. Immer wieder wurde die Notwendigkeit erörtert, die Sperrfristen herabzusenken und den Mikrofilmaustausch zu fördern. Vor allem England, Dänemark und Israel waren dem liberalisierenden Beispiel der USA gefolgt. Zugleich machte Mommsen hier eine deutliche Differenz zwischen Absichtserklärung und Re-

320 BArch, B 106/34705: Bericht von Heinz Lieberich an das BMI über den Internationalen Archivtag in Madrid 3.-7.9.1968, 10.9.1968.

321 Schreyer, Das staatliche Archivwesen der DDR, S. 150-152.

322 BArch, MfS, AIM, Nr. 5015/70 A/2: HA VII/1/A: Vermerk GI »Fred Wandel«, 16.8.1968, f. 48 f.

323 Horst Schlechte, VI. Internationaler Archivkongress in Madrid, in: Archivmitteilungen 18 (1968) 6, S. 243-249.

324 BArch, B 106/34705: Bericht von Heinz Lieberich an das BMI über den Internationalen Archivtag in Madrid 3.-7.9.1968, 10.9.1968.

alität aus. In Westeuropa seien es insbesondere die romanischen Länder, die einen freieren Zugang nach wie vor kaum entwickeln würden. Die Ostblockländer wiederum warben damit, dass Ausländer ihre Archive ebenso nutzen könnten wie Inländer, wobei den meisten Zuhörern die Fadenscheinigkeit der Erklärungen in Ohr und Auge sprang, war doch der Zugang für Besucher aus dem »kapitalistischen« oder »imperialistischen Westen« mehr als begrenzt.[325] »Internationale Höflichkeit verbot natürlich, daß jemand den Finger auf diese Wunde legte«, erläuterte dazu Mommsen, »aber als der israelische Staatsarchivar Dr. Bein (aus der preußischen Archivverwaltung hervorgegangen) erklärte, daß der schönen Worte nun genug gewechselt seien und man auch praktische Liberalisierung sehen wolle, fand er großen Beifall.«[326] Bereits Bundesarchivar Wolfgang Kohte hatte zuvor auf diese Notwendigkeit hingewiesen und ebenfalls Zustimmung geerntet.

Auf dem Archivtag wurde, mit starker Unterstützung von Vorgänger Lieberich, Wolfgang A. Mommsen in den Exekutivrat des CIA/ICA berufen, eine Funktion, die er über seine Pensionierung hinaus bis 1976 ausübte. Lieberich bewertete seine Wahl »trotz der prekären außenpolitischen Situation ... als großen diplomatischen Erfolg«. Immerhin war bis auf die Bundesrepublik die bisherige siebenköpfige Länderzusammensetzung komplett ausgetauscht worden.[327] Zugleich arbeitete Mommsen am regelmäßig zusammenkommenden *Table ronde* mit, sodass das Bundesarchiv hier ebenfalls prominent vertreten war. In der Unesco vertrat überdies der auf Zeit beurlaubte Oberarchivrat Alfred Wagner vom Bundesarchiv die Bundesrepublik, sodass Mommsen nicht ganz zu Unrecht formulierte: »Wenn der ausländische Archivar an deutsche Archive denkt, denkt er meist an das Bundesarchiv«.[328] Das Exekutivkomitee wurde per Satzungsänderung von sieben[329] auf zehn Mitgliedsländer erhöht (Spanien, Sowjetunion, Venezuela, Ghana, Israel, Indien, Jugoslawien, Frankreich, Dänemark, England, USA, Ungarn sowie die Bundesrepublik). Zum neuen CIA/ICA-Präsidenten wurde Luis Sánchez Belda, Generaldirektor der Archive und Bibliotheken in Spanien, gewählt. Die Vizepräsidentenfunktion ging an Ghenadij Alexandrovich Belov, Generaldirektor der Staatlichen Archive der UdSSR, und Mario Briceno Ferozo, Generaldirektor des Nationalarchivs in Venezuela.[330] Auf dem Madrider Archivkongress wurde zudem der

325 Für die DDR-Perspektive der Tagungsbericht in: Archivmitteilungen 18 (1968) 6, S. 243-249.

326 BArch, B 106/34705: Bericht von Wolfgang A. Mommsen über den Internationalen Archivtag in Madrid vom 3.-7.9.1968, 6.12.1968.

327 BArch, B 106/34705: Bericht von Heinz Lieberich an das BMI über den Internationalen Archivtag in Madrid 3.-7.9.1968, 10.9.1968.

328 BArch, B 106/34705: Bericht von Wolfgang A. Mommsen über den Internationalen Archivtag in Madrid vom 3.-7.9.1968, 6.12.1968.

329 Belgien, Kanada, Italien, Mexiko, Polen, Schweiz und Bundesrepublik.

330 BArch, B 106/34705: Bericht von Heinz Lieberich an das BMI über den Internationalen Archivtag in Madrid 3.-7.9.1968, 10.9.1968.

während der NS-Zeit aus Deutschland in die USA vertriebene Archivar Ernst Posner zum Ehrenmitglied des Internationalen Archivrates gewählt. Wie man von deutscher Seite den Beschluss aufnahm, ist nicht weiter nachvollziehbar.[331] Da die nächsten *Table ronde* für 1969 und 1970 bereits an Rumänien und Israel vergeben wurden, kam die Bundesrepublik dafür erst 1971 in Betracht. Auch der Internationale Archivtag wurde für 1972 bereits an die Sowjetunion vergeben, sodass sich erst wieder für 1976 ein dahingehendes Zeitfenster öffnete.

Im Anschluss an Madrid trat Mommsen als Präsident des Bundesarchivs noch einmal in eigener Sache an das BMI heran. Wenn das Bundesarchiv das im Ausland bekannteste deutsche Archiv sei, müsse sich dessen Bedeutung künftig auch in der Zahl der Delegierten und in der Höhe der Reisemittel niederschlagen, appellierte er.[332] In der Tat: Während die Bundesländer Nordrhein-Westfalen, Bayern und Niedersachsen allein mit jeweils sieben Archivaren vertreten war, reiste das Bundesarchiv lediglich mit drei Vertretern an (Mommsen, Kohte, Meyer), wobei Oberarchivinspektor Meyer sogar alle Kosten selbst übernommen hatte.[333] Dass (außen)kulturpolitische Bedeutung und Gewicht nicht nur in der Ämterqualität, sondern auch der Quantität der Anwesenden zum Ausdruck kam, war an der französischen Teilnehmerzahl ablesbar. So waren Frankreichs Archive mit insgesamt 114 Archivaren vor Ort, was rund ein Fünftel aller Teilnehmer ausmachte.[334]

Dass die Gespräche und Debatten rund um den Madrider Archivtag die Konflikte und Animositäten unter den Ost- und Westdeutschen nicht lösten, sondern lediglich fortschrieben, zeigte sich vier Jahre später. So wurde beim Internationalen Archivtag 1972 in Moskau die Auflistung der Tagungsmitglieder aus der Bundesrepublik, DDR und Westberlin im Sinne der Drei-Staaten-Theorie jeweils einzeln und nicht, wie von bundesdeutscher Seite gewünscht, zusammenhängend vorgenommen. Angesichts des Tagungsortes und der ostpolitischen Großwetterlage, die von gegenseitiger Annäherung geprägt war, ließ die westdeutsche Botschaft diesen *Fauxpas* unkommentiert. Die Diskussion »unpolitischer Facharchivfragen« sei durch politische Einlassungen der Ostblockstaaten beständig aufgeheizt gewesen, erläuterte dazu Mommsen, sodass sowohl er als auch die Botschaft in Absprache auf dahingehende Kommentare und Proteste verzichtet hätten.[335] Das Risiko, einen Eklat inmitten der ostpolitischen Annäherungen zu provozieren, war zu hoch. Zudem war der

331 BArch, B 106/34705: Bericht von Wolfgang A. Mommsen über den Internationalen Archivtag in Madrid vom 3.-7.9.1968, 6.12.1968.

332 Ebd.

333 Ebd.

334 Aber auch Spanien reiste mit 89, Italien mit 41 und England mit 38 Archivaren an. Aus der Bundesrepublik nahmen rund 40 Archivare teil. BArch, B 106/34705: Bericht von Wolfgang A. Mommsen über den Internationalen Archivtag in Madrid vom 3.-7.9.1968, 6.12.1968.

335 BArch, B 106/34705: Bericht von Wolfgang A. Mommsen über den Internationalen Archivtag in Moskau vom 21.-26.8.1972, 12.9.1972.

sowjetische Vertreter und Leiter der Hauptarchivverwaltung beim Ministerrat der UdSSR, F.I. Dolgich, zum neuen Präsidenten des CIA/ICA gewählt worden. Seine Präsidentschaft mit einer Kraftprobe zu beginnen, schätzte Mommsen archivpolitisch als unklug ein. In der Bonner Heimat zeigte man sich hingegen unempfindlich gegenüber der Stimmungslage an der Moskva: Dr. Lugge vom BMI deutete die praktizierte Zurückhaltung als »in höchstem Maße völlig unverständlich« – und hakte gleich dahingehend beim Auswärtigen Amt nach.[336]

336 BArch, B 106/34705: Schreiben von Dr. Lugge (BMI) ans Auswärtige Amt, 18.9.1972.

Tradition und Aufarbeitung in der Diskussion

In der bundesdeutschen Gesellschaft der 1950er und 1960er Jahre war im Zeichen des Antitotalitarismus die Verurteilung und Distanzierung vom Nationalsozialismus verknüpft worden mit einer Politik der Amnestie, Wiedereingliederung und Integration von ehemaligen Mitläufern und Überzeugungstätern des NS-Regimes. In institutioneller Hinsicht betraf das deren Aufnahme in Ministerien und Behörden. Im Ergebnis dahingehender Personalpolitik entstanden Belegschaften, deren Mitarbeiter vielfach über ein erhebliches arbeitsbiografisches Gepäck, berufsethisches Erbe und fachliches Wissen aus der Zeit vor 1945 verfügten. Dies prägte die Arbeitsabläufe und Kommunikationsstrukturen und den Umgang mit der neuen politischen Ordnung. Die damit einhergehende Frage nach Brüchen, Kontinuitäten und Wandlungsprozessen stellte sich gerade auch für das Bundesarchiv als neu gegründetes Zentralarchiv und die dortigen Archivare.

Tradierte Hierarchien, vereinzelte Gesinnungskonflikte und vorsichtiger Mentalitätswandel

Preußische Beamtenmentalität zwischen Mosel und Rhein

Die Gründung des Bundesarchivs lag zum großen Teil in den Händen von Georg Winter, der mit beträchtlichen Entscheidungskompetenzen ausgestattet war. Daher ist es kaum verwunderlich, dass Kommunikation und Arbeitsklima der 1950er Jahre ganz im Zeichen der Persönlichkeit, Herkunft und Autorität Winters standen. »Der Sohn eines Amtsrates aus Neuruppin entsprach ziemlich den Vorstellungen eines Rheinländers von einem preußischen Beamten«, erinnerte Heinz Boberach die frühen Jahre. »Er wirkte humorlos und führte ein strenges Regiment; wer zu ihm zur Rücksprache bestellt wurde oder gar einen Anruf erhielt, rechnete zunächst einmal damit, etwas falsch gemacht zu haben.«[1] Davon waren auch die engsten Mitarbeiter nicht ausgeschlossen, selbst wenn sie in der Behördenhierarchie ganz oben standen wie Wilhelm Rohr: »Es war für den als Zuhörer bei einer Besprechung zugelassenen Anfänger peinlich, wenn Winter sagte: ›Also Rohr, schreib das mal auf!‹, und dieser dann gehorsam seine stenographischen Notizen machte. […] Seine auf Wissen und Erfahrung beruhende Autorität war freilich unbestritten.«[2] In den Anfangsjahren wurde vieles entweder von Winter allein entschieden oder erst im kleinen Kreis der ranghöchsten Archivare diskutiert und dann von Winter entschieden. Die Mitschriften der Dienstbesprechungen weisen für die 1950er Jahre nur wenig Diskussion und Austausch aus, selbst wenn mit dem

1 Boberach, Archivar zwischen Akten und Aktualität, S. 14.
2 Ebd., S. 14.

personellen Wachstum des Archivs die Zahl der Teilnehmer an den regelmäßigen Zusammenkünften, die *peu à peu* für alle wissenschaftlichen Archivare geöffnet wurden, wuchs.[3] Gewöhnlich wurden von einzelnen Mitarbeitern und Referaten Berichte vorgetragen; Winter wiederum erklärte und kommentierte – und trug regelmäßig Ermahnungen und Unterweisungen vor, die auf Ordnung, Fleiß, Genauigkeit und Disziplin im Arbeiten abzielten. Vermerke, die auf kommunikative oder arbeitskulturelle Konflikte hindeuten, fehlen nahezu vollständig in den überlieferten Protokollen.

Dass Winter häufig als anstrengender Behördenleiter mit Lenkungszwang wahrgenommen wurde, lassen die Bemerkungen erahnen, die ihren Weg sogar in ehrende Nachrufe gefunden haben. So formulierte etwa Bundesarchivar Wolfgang Müller: »Winter war nicht der Mann, seine Sache leicht zu nehmen, etwas laufen zu lassen; […] Traf er auf Widerstand oder Unverständnis, dann konnte er das als persönliche Kränkung empfinden, weil er darin einen Zweifel an der Ehrlichkeit seines Handelns und Wollens sah. […] Seinen Mitarbeitern war er kein bequemer Chef. Wenn er auch die höchsten Anforderungen an sich selbst stellte, so erwartete er doch ebenso von ihnen den vollen Einsatz der Person, Hingabe an die Aufgabe, Exaktheit der Arbeit bis in jede Kleinigkeit.«[4] Es dominierten – wie in der Zeit bis 1945 – das kommunikative Ein-Linien-Prinzip und der Weisungscharakter von Entscheidungen, was zwangsläufig fehlende Transparenz und Anerkennungskultur gegenüber den Mitarbeitern mit sich brachte.[5] Von einer verwaltungskulturellen Praxis des Aushandelns von Entscheidungen, wie es für das BMI – im Unterschied zum MdI – allgemein konstatiert wurde,[6] konnte zu diesem Zeitpunkt noch keine Rede sein.

Im personellen Gefüge unterhalb der Archivleitung wurde ebenfalls eine klare Hierarchie nach Rang, Erfahrung und Alter gelebt. So legten bezeichnenderweise Müller und Rohr gesteigerten Wert darauf, sich als »Herr Oberarchivrat« anreden zu lassen.[7] Gelebtes Rang- und Standesbewusstsein verlängerte sich dabei ganz selbstverständlich auch in den außerdienstlichen Umkreis, wenn Bundesarchivare gesellschaftlichen Umgang untereinander oder mit städtischen Kreisen pflegten. Wer hier jung und neu war, hatte sich, wie Heinz Boberach sich erinnerte, dem obligatorischen Ritual von Antrittsbesuch und Gegenbesuch zu unterziehen, wofür zunächst einmal Visitenkarten zu besorgen waren, die bei Absenz des zu Besuchenden zu hinterlegen waren. In der Regel erfolgte daraufhin eine Reaktion, sodass zwangsläufig Kontakte und Netzwerke entstanden, in denen beamtische Gepflogenheiten, Habitus und

3 Vgl. die Protokolle der Dienstbesprechungen in: BArch, B 198/533.

4 Wolfgang Müller, Georg Winter und das Bundesarchiv, in: Archivalische Zeitung 58 (1962), S. 129-137, hier S. 136.

5 Zu den Folgen: Althoff /Thielepape, Psychologie in der Verwaltung, S. 152 f., 169.

6 Frieder Günther/Lutz Maeke/Stefanie Palm/Maren Richter/Irina Stange, Kommunikation und Hierarchie. Die Verwaltungskulturen im BMI und MdI, in: Bösch/Wirsching (Hg.), Hüter der Ordnung, S. 307-354, hier S. 352.

7 Boberach, Archivar zwischen Akten und Aktualität, S. 16.

Denkwelt jenseits des Archivs fortlebten.[8] Davon zeugten regelmäßige Treffen mit Kollegen vom Staats- bzw. späteren Landeshauptarchiv Koblenz im Haus der Casino-Gesellschaft ebenso wie private Beziehungen bis zur Heirat zwischen ansässigen Archivarinnen und Archivaren.[9]

Die Übernahme und Pflege hierarchischer Prinzipien fußten auf der Verinnerlichung und dem Ausleben eines preußischen Beamtengeistes sowie der damit in Verbindung gebrachten Berufsethik – als gleichermaßen Topos wie arbeitsweltlicher Leitfaden. Diese kulturelle Kontinuität vollzog sich quasi im Resonanzraum des BMI und anderer neu entstandener Behörden, deren leitende Beamte wie auch meisten Mitarbeiter sich wieder ganz der bewahrenden Effizienz, der technisch-sachlichen Verwaltung und dem Kanon beamtischer Tugenden verschrieben fühlten, wie sie in Kombination mit der Fiktion unpolitischer Überparteilichkeit und einem betont konservativen Denken das Beamtentum vor 1933 geprägt hatten.[10]

Dass dieses Ideal in der NS-Zeit mehr als deutliche Schäden genommen hatte, wurde ausgeblendet. Dies lässt sich auch an Trauerreden oder Nachrufen unter Bundesarchivaren aus jener Zeit ablesen, die als archivarisches Diskursritual für den Schreiber und die Adressaten immer dazu dienten, sich der eigenen Herkunft berufsethisch und generationell positiv zu versichern, wie Ausführungen von Mommsen und Walter Vogel über ihre verstorbenen Kollegen Wilhelm Rohr (1898-1968) und Wolfgang Müller (1903-1966) zeigen.[11] Sowohl Rohr als auch Müller wurden demnach anerkennend als Kinder aus Beamtenhaushalten beschrieben, die frühzeitig mit der Gedankenwelt des preußischen Beamtentums und seinem Ethos konfrontiert bzw. damit sozialisiert worden seien (Müller war als Sohn eines Richters in Neuruppin aufgewachsen, einer vom Militär geprägten brandenburgischen Kleinstadt, in der Georg Winter geboren worden war): So seien sachliche Kühle und gefühlsmäßige Zurückhaltung, wie Mommsen zu Müller ausführte, in dessen familiärer Kindheit mehr geschätzt worden als Temperament und Extrovertiertheit. Im Verlauf seines Berufsweges wurde diese Prägung soweit ausgeformt, dass Müller ähnlich wie Winter zum personifizierten Abbild preußischer Archivtradition im Bundesarchiv wurde. Das brachte ihm Wertschätzung ein. Mommsen beschrieb Müller als »ruhig und sachlich, immer beherrscht von preußischer Pflichterfüllung im besten Sinne des Wortes und vom Streben nach Objekti-

8 Ebd., S. 14.

9 Ebd., S. 20.

10 Frieder Günther/Lutz Maeke, Unpolitischer Beamter versus »Berufsrevolutionär«. Traditionen, Ideen, Selbstverständnis, in: Bösch/Wirsching (Hg.), Hüter der Ordnung, S. 267-285, hier S. 267 ff.- Frank Bösch/Andreas Wirsching, Die deutschen Innenministerien nach dem Nationalsozialismus. Eine Bilanz, in: Bösch/Wirsching (Hg.), Hüter der Ordnung, S. 729-749, hier S. 743 f.

11 Walter Vogel, Wilhelm Rohr [Nachruf], in: Der Archivar 22 (1969) 4, Sp. 352-357. Wolfgang A. Mommsen, Wolfgang Müller [Nachruf], in: Der Archivar 20 (1967), Sp. 95-97. Nachfolgende Darlegungen beruhen auf beiden Nachrufen.

vität, im engeren Kreise auch einmal ironisch«, sowie als »aus dem Sittlichen heraus handelnden Menschen«. Das habe ihn nicht nur zu einem besonderen Vertrauten von Winter und Diestelkamp gemacht, sondern auch zu seinem Freund.[12] Beide seien sich einig darüber gewesen, so Mommsen, dass sittliches, verantwortungsbewusstes Verhalten im Leben wichtiger sei als Intellekt. »Wolfgang Müller war der Typ des unbewußt oder bewußt von kantischem Ethos geprägten preußischen klassischen Beamten, ein Typ, der Preußen groß gemacht hat und den es heute kaum noch gibt. [...] Niemals auch hat er egoistisch an sich gedacht; Richtschnur seines Handelns war immer die Sache. Seine Nüchternheit, verbunden mit äußerster Disziplin, Verantwortungsbewusstsein und großem Arbeitseifer, machten die Zusammenarbeit mit ihm so leicht und angenehm.«[13]

In ähnlichen Kategorien fabulierte auch Walter Vogel. Er beschrieb Rohr als einen der »pflichttreuesten Archivare der alten Schule«, der »in strenger Selbstzucht, die den Offizier niemals verleugnete«, um Lösungen gerungen habe.[14] Exaktheit, Detailwissen, Sorgfältigkeit, höchste Maßstäbe und kompromisslose Fehleranalyse waren demnach kennzeichnend für sein dienstliches Handeln – was ihm den Ruf einbrachte, ebenso wie Winter »kein bequemer Vorgesetzter« im Bundesarchiv gewesen zu sein –, doch genauso sein geduldiges Zurückstecken eigener Ambitionen.[15] So hatte Rohr in der Tat auf seinen Wunsch verzichtet, die Nachfolgeeinrichtung des GStA in (West-)Berlin zu leiten, und war stattdessen Winters Ruf gefolgt, der ihn unbedingt an seiner Seite in Koblenz haben wollte. Sowohl Rohr als auch Müller sahen sich gegenüber ihren Vorgesetzten stets der Loyalität verpflichtet. Ihr freiwilliger Eintritt in die Armee während des Ersten Weltkriegs wurde in diesem Sinne auch als Zeugnis der Pflichttreue und Zuverlässigkeit (gegenüber dem Reich) gewertet, allerdings im Falle Rohrs aufgrund seiner schweren Verwundung und englischen Gefangenschaft auch als seelisch-moralische Erschütterung. Die NS-Zeit hingegen blieb auf die rein fachliche Tätigkeit beschränkt, als hätte es weder das verbrecherische Hitler-Regime noch den imperialistischen Vernichtungskrieg gegeben. Stattdessen wurde die institutionelle Prägung in Form des GStA als allumfassendes Bindemittel beschworen. Da Müller über Jahre als Ausbildungsleiter im Bundesarchiv tätig war, muss davon ausgegangen werden, dass er mit seiner Person und Haltung auch den archivarischen Nachwuchs mitgeprägt hat. Ebenso wurde Rohr (wie Meisner und Winter) zu denjenigen Archivaren gezählt, die dem Archivarnachwuchs am stärksten zu einer »fachlichen und menschlichen Erziehung« verholfen hätten, da er nicht allein als Mentor gewirkt, sondern auch sein Berufsethos vermittelt habe.[16]

12 Mommsen, Wolfgang Müller, Sp. 96 f.

13 Ebd., Sp. 97.

14 Vogel, Wilhelm Rohr, Sp. 356.

15 Ebd.

16 Mommsen, Wolfgang Müller, Sp. 97.- Vogel, Wilhelm Rohr, Sp. 355.

Die hier aufgerufenen Narrative waren zugleich stets auch Bestandteil von bundesministeriellen Reden anlässlich der Amtseinführungen von Winter, Bruchmann oder Mommsen. Darin wurden Herkunft, Qualität und Eignung der Betreffenden herausgestellt und selektive Darstellungen konserviert.[17] In diesem Sinne wurde das Arbeitsklima im Bundesarchiv bis Ende der 1960er Jahre von einem tradierten Beamtenethos auf der Leitungsebene geprägt, der zu den angelaufenen gesamtgesellschaftlichen Wertewandel und den darauf bezogenen Diskussionen eher quer stand. Bald verabschiedeten sich aber immer mehr Vertreter der ersten Generation in den Ruhestand, sodass Anfang 1969 neben Mommsen nur noch Kohte und Vogel den Geist der »Alten« repräsentierten.[18]

Was den gepflegten patriarchalen Führungsstil auf der obersten Ebene anbetraf, zeichnete sich mit der Amtsübernahme von Karl G. Bruchmann 1961 bereits früher ein vorsichtiger Wandel ab. Unter seiner Amtsleitung wurden Kompetenzen nicht mehr rigide im Direktorensessel gebündelt, sondern Verantwortung und Information auf mehrere Schultern verteilt, wobei er sich bisweilen auch vertreten ließ – eine bis dahin unübliche Praxis: »Er war in vieler Hinsicht das Gegenteil von Winter und führte sein Amt mit viel Humor und leichter Hand«, beschrieb Boberach die Veränderung, »Hatte Winter sich fast alle Kontakte mit dem Bundesinnenministerium selbst vorbehalten, war Bruchmann bereit, auch zu wichtigen Besprechungen sogar einen jungen Beamten allein dorthin zu schicken.«[19] Winters Nachfolger trat eher als moderierender Typus in Erscheinung, der in Dienstbesprechungen zunächst gern die Versammelten zu Wort kommen ließ und sich ein Meinungsbild verschaffte, bevor er dann resümierende Überlegungen anstellte oder eine Entscheidung traf.[20] Unter seiner Ägide wuchs die Teilnehmerzahl der Referentenbesprechungen auf 25 und mehr Mitarbeiter. In diesem Umfeld entwickelten sich Ansätze einer ersten Diskussionskultur, in die sich verstärkt auch aufstrebende jüngere Kollegen einbrachten. Dabei wurden bisweilen auch kritische bzw. auf das eigene Haus und Tun bezogene Probleme wie die des Benutzerzugangs zu Archivalien verhandelt, was in den Auffassungen erhebliche Differenzen, mitunter generationell abgrenzbar, zutage fördern konnte.[21] Erkennbar wird, dass derlei offen geführte Aussprachen einschließlich des Aushaltens verschie-

17 Besonders deutlich auch noch 1967 bei der Amtseinführung Mommsens durch Staatssekretär Karl Gumbel: Auftrag und Bedeutung des Bundesarchivs. Quellenbasis aller wissenschaftlichen Forschungen in der Bundesrepublik. Amtseinführung des neuen Präsidenten Dr. Mommsen, in: Bulletin des Presse- und Informationsamtes der Bundesregierung Nr. 129 vom 10.11.1967, S. 1098-1100.

18 Vgl. BArch, B 198/542: Bundesarchiv: Dienstbesprechung vom 26.3.1969.

19 Boberach, Archivar zwischen Akten und Aktualität, S. 34.

20 Vgl. beispielsweise die Protokolle der Dienstbesprechungen in: BArch, B 198/534, 538, 539.

21 BArch, B 198/534: Bundesarchiv: Niederschrift der Referentenbesprechung am 21.6.1961, o. D.

dener Positionen sowohl auf der inhaltlichen Seite als auch hinsichtlich der binnenbehördlichen Mentalität einen Beitrag dazu leisteten, dass sich das Bundesarchiv vorsichtig von innen her demokratisierte. Nicht zuletzt wurden sogar Änderungen bestimmter konkreter Parameter, wie beispielsweise die Verlängerung der Öffnungszeiten des Lesesaals, infolge von Interventionen aus dem Mitarbeiterkreis vorgenommen, was am Ende die individuelle Identifikation mit der Institution verstärkte.[22]

Dass aber auch Bruchmann bis zum Schluss strikt daran festhielt, neben den inhaltlichen wichtige personalpolitische Geschicke persönlich zu entscheiden, wird in seinem späteren beruflichen »Testament« deutlich, einer mehrseitigen Niederschrift, die er im Juli 1965 und damit weit vor seiner Verabschiedung in den Ruhestand verfasst hatte. Darin hielt er, mit Behördenstempel versiegelt und tatsächlich als »Testament« deklariert, konkret und mit Namen die künftigen Stellenbesetzungen »seiner« Behörde einschließlich der Nachfolge fest – ein Personaltableau, das dann mit Mommsen an der Spitze bis ins Detail umgesetzt wurde.[23] Somit wirkte Bruchmanns Autorität als Amtsperson personalpolitisch über seine Lebenszeit hinaus weiter. Sowohl dieses Dokument als auch seine Verwirklichung nehmen sich im Rückblick als ein bizarrer Vorgang aus, der mit demokratisch orientierter Personalpolitik kaum etwas zu tun hatte.

Auf Bruchmann folgte Wolfgang A. Mommsen, den Boberach »zwar nicht frei von einem gewissen akademischen Dünkel« hielt, »der ihn unter anderem zwischen Akademikern erster und zweiter Generation, deren Väter schon studiert hatten, unterscheiden ließ«. Gleichwohl habe Mommsen als »aufgeschlossen für moderne Entwicklungen« gegolten, wenn er beispielsweise Ideen und Praxisvorschläge zur Einführung der elektronischen Datenverarbeitung im Bundesarchiv einführte.[24] Folgt man den Protokollen der Dienstbesprechungen, fuhr Mommsen im Stile seines Vorgängers fort und hielt am partizipativen Charakter von Dienstbesprechungen und Behördenkommunikation fest.[25] Mit seinem Amtsantritt erfolgte die Umbenennung vom Direktor zum Präsidenten des Bundesarchivs; die Abteilungsleiter wiederum erhielten den Dienstrang von (leitenden) Archivdirektoren. Bereits 1960 war unter Winter der vergebliche Versuch unternommen worden, beim BMI eine dahingehende Höherstellung einschließlich besserer Gehaltsklassen zu erreichen, um Bewerberanreize für den dringend benötigten Nachwuchs zu schaffen.[26] Mit

22 BArch, B 198/539: Bundesarchiv: Niederschrift der Referentenbesprechung vom 11.2.1966, 22.2.1966.

23 Stadtarchiv Goslar: Zg. 79/99, NL Bruchmann, Nr. 62: Archivisches Testament des Direktors des Bundesarchivs, Dr. Bruchmann: Gedanken über die Entwicklung des Bundesarchivs nach meinem Tode, 20.7.1965.

24 Boberach, Archivar zwischen Akten und Aktualität, S. 34.

25 Vgl. bspw. die Protokolle der Dienstbesprechungen in: BArch, B 198/542, 543.

26 BArch, B 106/21197: BMI: Überlegungen zur Nachfolge und Stellung des Amtes des Bundesarchivdirektors, o. D. [1960].

der nun erfolgten Struktur- und Namensänderung wurden die Behörde und Behördenspitze nach innen und nach außen aufgewertet. Zugleich trug man damit der wachsenden organisatorischen Ausdifferenzierung und steigenden Mitarbeiterzahl Rechnung.

Der Archivar als Vormund des Archivbenutzers? Rollenverständnisse in der Diskussion

Das traditionelle Hierarchiegefüge mit seinem patriarchalischen Gepräge hatte sich auch in den 1950er Jahren wie selbstverständlich in das Verhältnis zwischen Archivar und Archivbesucher hinein verlängert. Doch im Folgejahrzehnt mehrten sich die Stimmen inner- und außerhalb des Archivs, die die gewohnten Rollen zu hinterfragen begannen. So erhob sich im Juni 1961 während einer Dienstbesprechung die zunächst unverfänglich erscheinende Frage, wie mit Antragstellern umzugehen sei, die Akteneinsicht für ein thematisches Vorhaben beantragt hatten, das – in den Augen der Archivare – viel zu breit konzipiert worden sei.[27] Zu entscheiden galt es dabei, ob derartige Anträge künftig abzulehnen seien oder die Eingrenzung des Themas verlangt werden müsse. Den Hintergrund bildeten zum einen Befürchtungen, vermeintlich wertvolle Bestände unkontrolliert auszubreiten, zum anderen aber auch arbeitspraktische Erwägungen, die eine Reduzierung des vorzulegenden Materials bzw. der angeforderten Kopien beinhalteten. Diskutiert wurde dies konkret anhand der Forschungsprojekte von Henry A. Turner (»Verhältnis von Wirtschaft und Staat in der Weimarer Republik«), Lewis Herzmann (»Parteienpolitik und Parteiwesen in der Weimarer Republik«) und Erich Matthias (»Parteien und Verfassung im Weimarer Staat«). Mommsen erklärte mit Blick auf die angeforderten Quellen, dass im Falle Herzmanns »eindeutig die Absicht des ›Rosinenherauspickens‹« vorgelegen habe, sodass man hier eingeschritten sei und ihm erklärt habe, dass eine Benutzung in dieser Themenbreite nicht möglich sei.[28] Daraufhin hatte sich Herzmann bei der Kanadischen Botschaft beschwert, die wiederum beim Bundesarchiv nachhakte – mit Erfolg für den Forscher und zum Verdruss der Archivare. »Da Herzmann Jude war«, erläuterte Mommsen seinen Kollegen den Bewilligungsgrund, »hätte ein Bekanntwerden des Falles bei dem Widerstand einflussreicher jüdischer Kreise in den USA gegen eine Rückgabe von beschlagnahmten Akten an Deutschland damals unangenehme Folgen für die gerade angelaufenen Transporte aus Alexandria haben können.«[29] Immerhin erreichten die Bundesarchivare aber, dass sich Herzmann bei seinen Recherchen auf die Rechtsparteien konzentrierte.

27 BArch, B 198/534: Bundesarchiv: Niederschrift der Referentenbesprechung am 21.6.1961, o. D.

28 Ebd.

29 Ebd.

Doch es konnte eben auch das Gegenteil gelten. So erhielt der Freiburger Historiker Gerhard Ritter »unbedenklich« Quellenzugang für sein Projekt »Staatskunst und Kriegshandwerk«, obwohl sein Ausgangsthema extrem weit gefasst war. Als Argument für den Zugang benannte Mommsen das »Ansehen der Person« Ritter, womit er einmal mehr das voluntaristische Prinzip herauskehrte und zugleich einem elitären Archivzugang das Wort redete: »Unbedachte junge Leute, die sich erst noch die Sporen verdienen wollen, sollten nicht gleich die Genehmigung erhalten«, erklärte er kategorisch, »Seminararbeiten sollten möglichst nach dem Schrifttum zusammengestellt und nicht schon aus den Akten belegt werden.«[30]

Begründet wurde dieser Modus »vom Thron« des quasi allwissenden Archivbeamten: »Wir kosten den Bund viel Geld und haben daher die Pflicht, der Forschung zu dienen und aus unserer Kenntnis der Überlieferung und des gegenwärtigen Standes der Forschung heraus beratend einzugreifen, damit die einzelnen Arbeiten später einander möglichst ergänzen und sich nicht überschneiden, wesentliche Lücken lassen oder durch Überbetonung bestimmter Teilfragen einen verzerrten Eindruck von dem tatsächlichen geschichtlichen Vorgang vermitteln.«[31] Unverkennbar drang hier die Vorstellung vom Archivar als staatsbewusstem Archivalienhüter, kundigem Mentor und historisch bewandertem Sachverständigen durch, der seine Unterstützung von der eigenen Projektexpertise und nicht vom Dienstleistungsauftrag abhängig machte. Dieser Teil der Begründung wurde zwar später von Bruchmann aus dem Protokoll der Dienstbesprechung gestrichen, doch wirft er ein bezeichnendes Licht auf das berufliche Verständnis Mommsens, der später das Bundesarchiv von 1967 bis 1972 leitete.

Mommsen sprach aber nicht für alle. So warnte der jüngere Hans Booms, die Erteilung der Benutzergenehmigung »nach Maßgabe der Frage, wer da komme«, könne zu einem Willkürakt geraten, und Heinz Boberach wies darauf hin, dass eine rechtliche Handhabe zur Ablehnung eines Benutzerantrags nicht existiere. Auch die altgedienten Archivare Vogel und Müller warnten vor »Zensur« und erklärten, das Bundesarchiv könne zwar beraten, jedoch keine gezielte Themensteuerung betreiben. Die Möglichkeit der simplen Sperrung von Beständen, wenn das Bundesarchiv selbst eine Publikation zum Thema plane, so wie es in der Vergangenheit das GStA mit den Akten zur Geschichte der Stein-Hardenbergschen Reformen getan hatte, wurde von Vogel ebenfalls verneint.[32] Bruchmann, der sich wie so häufig in Diskussionen zunächst bedeckt hielt, resümierte als vage Richtschnur, dass eine allgemeine Beratung bei weit gefassten Themen angemessen sei. Was die vollständige Fotokopierung ganzer Bestände anbetreffe, würde dies international auch eher restriktiv gehandhabt. Eine Bestandssperrung aufgrund eigener Publikationen

30 Ebd.
31 Ebd.
32 Ebd.

sei nicht möglich, jedoch könne bei geplanten eigenen Quelleneditionen des Bundesarchivs der Zugang gegenüber anderen Einrichtungen oder Personen verweigert werden, wenn diese ebenfalls die Herausgabe eine Quellenbandes beabsichtigten. Die Behandlung von Benutzungsanträgen aus der DDR sei ohnehin »eine Sonderfrage«, so Bruchmann.[33]

Fünf Jahre später war das Archivregime für den Benutzer nur wenig liberaler geworden. Doch begann sich nun langsam öffentlicher Unmut über die verordnete Unmündigkeit und Abhängigkeit des Benutzers zu regen, die auch zu einer Debatte im Bundesarchiv führte. So entspann sich in der Dienstbesprechung vom Februar 1966 eine heftige Diskussion über das Verhältnis von Archivar und Benutzer respektive über den Stellenwert von Archivbesuchern und den Umgang mit ihnen. Anlass war ein mehrseitiger Brief eines Benutzers an Direktor Bruchmann, in dem der an einer Dissertation arbeitende Verfasser pointiert und äußerst kritisch seine bisherigen Erfahrungen in der Archivbenutzung niederschrieb. Darin beklagte er über mehrere Seiten die archivalische »Monopolstellung« der Archive, die den Benutzer in ein »starkes Abhängigkeitsverhältnis« gegenüber einem allmächtigen Archivar versetze, das von »Willkür« und vom »Zufall persönlicher Beziehung zum jeweiligen Aktenverwalter« geprägt sei und die Akteneinsicht zu einem »Gnadenakt für den bittenden Forscher« mache: Da dem Besucher vor allem die Heranziehung von Hilfsmitteln wie Findbüchern, Karteien oder Bestandsverzeichnissen verweigert werde, erlange er nie eine »vollständige Übersicht« und werde »in die Rolle des Fragers gedrängt«, der auf den Archivar und dessen Auskünfte angewiesen sei. Doch könne ein Archivar nicht sämtliche »Verästelungen« eines Themas überschauen, das der Antragsteller in einem Arbeitstitel zusammenfasse. Überdies sei es immer wieder vorgekommen, erklärte der Absender mit Blick auf seine Erfahrungen im Historischen Archiv Köln und dem dortigen Archivrat Stehkämper, dass bestimmte Bestände, an deren Auswertung Archivare selbst ein Interesse entwickelt haben, zurückgehalten oder nur unvollständig vorgelegt würden. Der gewöhnliche Benutzer sei als »entmündigter Untertan« gegenüber dieser Praxis »machtlos«, und die Historiker würden schweigen, um nicht beim nächsten Mal schlechter bedient zu werden. Insofern sei es eine »sachgerechte Forderung«, dem Benutzer künftig archivalische Hilfsmittel zur Verfügung zu stellen und die Benutzerordnung so zu ändern, dass »Missbräuche« vermieden würden. Es gehe nämlich auch um eine ökonomische Dimension: Schließlich orientierten sich die Öffnungszeiten der Archive an den Bedürfnissen der Beamten und nicht an denen der Benutzer. Dass auch das Bundesarchiv jeden Nachmittag um 16.30 Uhr schließe und auch am Samstag nicht geöffnet sei, verursache angesichts eines entsprechend längeren Aufenthaltes rund ein Drittel Mehrkosten, rechnete der Verfasser vor.[34]

33 Ebd.

34 BArch, B 198/539: Bundesarchiv: Schreiben »Probleme der Archivbenutzung – Erfahrungsbericht«, ohne Namen des Verf. [Herr W.] und Datum [Ende 1965].

Als diese Zeilen in der Dienstbesprechung zur Sprache kamen, lösten sie zunächst Empörung, dann Nachdenken aus. Archivrat Gerhard Granier bemängelte zwar die Vorverurteilung der Archivare und formale Fehleinschätzungen, räumte aber auch ungeregelte Verhältnisse ein: So müsse in der Tat das »›Ermessen‹ des Archivars« in Regeln gefasst sein; Generalklauseln wie »Die Benutzungserlaubnis kann jederzeit mit sofortiger Wirkung entzogen werden« sollten aus der Benutzerordnung gestrichen werden; ebenso sei die praxisferne Vorschrift aufzuheben, dass Benutzern keine Findbücher vorgelegt werden. Der Brief, so Granier trotz seiner Eingangskritik, solle »als Mahnung dienen« und auf die Notwendigkeit eines Archivnutzungsgesetzes aufmerksam machen, das bislang noch fehle.[35] Auch Archivrat Friedrich Kahlenberg plädierte dafür, die Kritik ernst zu nehmen, und forderte sogar, jeweils eine Kopie des Findbuches im Lesesaal zu hinterlassen und verlässliche Umgangsnormen zu etablieren. Dem schloss sich auch Boberach an, da dies am Ende dem Archivar helfe, Arbeitszeit einzusparen. Überdies könnten Listen sämtlicher Bestände des Hauses ausgelegt werden. Hier gab wiederum Mommsen zu bedenken, dass der Findbuch-Leser Einblicke bekomme, die nichts mit seinem Thema zu tun hätten, was auch Booms problematisch fand. Am Ende beauftragte Mommsen Granier, eine Hausordnung zu erarbeiten, die das Aufstellen von Findbüchern im Benutzersaal ermögliche. Es sprach durchaus für Bruchmanns offenen Stil, aber auch für eine *peu à peu* nach Transparenz und Öffnung strebende Mentalität vieler Bundesarchivare, dass dieser Brief am Ende nicht einfach beiseitegelegt, sondern gemeinsam und mit Blick auf mögliche Veränderungen diskutiert wurde. Granier verkündete am Ende, was nun die Richtlinie am Haus sei: »Benutzerbetreuung ist mit Vorrang vor anderen Dienstgeschäften zu erledigen«.[36]

Was die monierten Öffnungszeiten anbetraf, kam es erst Ende 1967 zu einer Änderung. Ab dem 1. Dezember wurde der Koblenzer Benutzersaal von Montag bis Freitag bis 18 Uhr sowie am Samstag von 8 bis 13 Uhr geöffnet – ein Beschluss, der allerdings zulasten der Verantwortlichen für den Saal bzw. der stellvertretenden Verantwortlichen im Magazindienst ging, die die Verlängerung quasi nebenbei zu bewältigen hatten.[37] Insgesamt lag damit eine wechselseitige Gemengelage aus Kritik und Reformbedarf von außen und Kritikfähigkeit und Reformbereitschaft von innen vor, die in kleinen Schritten für ein benutzerfreundlicheres Archivregime sorgte.

35 Sämtliche nachfolgende Meinungs-Wiedergaben aus: BArch, B 198/539: Bundesarchiv: Niederschrift der Referentenbesprechung vom 11.2.1966, 22.2.1966.

36 Sämtliche nachfolgende Meinungs-Wiedergaben aus: BArch, B 198/539: Bundesarchiv: Niederschrift der Referentenbesprechung vom 11.2.1966, 22.2.1966.

37 BArch, B 198/3088: Elisabeth Kinder (Bundesarchiv): Tätigkeitsbericht für das Berichtsjahr 1968, 22.1.1969.

Protest gegen idealisierten Kadavergehorsam

Im Jahr 1962 bewegte der sogenannte Leibbrand-Prozess nicht nur die bundesdeutsche Presse,[38] sondern auch das Bundesarchiv. Ausgangspunkt war ein Leserbrief des Leiters des Militärarchivs, Oberst d. R. Hermann Teske, in der FAZ vom 19. Oktober, in der er die Berichterstattung der Zeitung über den Prozess kritisierte und Kurt Leibbrands Verhalten im Zweiten Weltkrieg verteidigte. Dieser hatte in seiner damaligen Funktion als Oberleutnant Soldaten einer Eisenbahnpionier-Kompanie in Südfrankreich, die den Rückzug der deutschen Truppen durch Gleis- und Brückenarbeiten unterstützen sollten, den Befehl gegeben, in der Nacht zum 22. August 1944 mindestens 22 Italiener, sogenannte Hilfswillige, zu erschießen. Laut Leibbrands späterer Aussage hätten diese gedroht, zum französischen Widerstand überzulaufen, was er seinen Vorgesetzten gemeldet habe. Daraufhin sei an ihn der Befehl ergangen, die Italiener ohne Standgerichtsurteil zu erschießen. Fünfzehn Jahre später war es dann ein ehemaliger Kompagnieangehöriger, der den nunmehrigen Professor und renommierten Verkehrsplaner gerichtlich anzeigte. Im Sommer 1961 wurde Leibbrand verhaftet und angeklagt, jedoch am 2. Oktober 1962 mangels Beweisen zunächst wieder freigesprochen. Der Karlsruher Bundesgerichtshof hob den Richterspruch jedoch auf und ordnete eine gerichtliche Neubeurteilung an. Im Januar 1966 stand Leibbrand, nach einem gescheiterten Anlauf zwei Jahre zuvor, erneut vor Gericht. Trotz inzwischen erdrückender Beweislage wurde seine Tat allerdings nicht als Mord, sondern als Totschlag gewertet, das Verfahren zugleich aber wegen Verjährung eingestellt.[39]

Teske war im Vorfeld der ersten Urteilsverkündung als sachverständiger Zeuge über die Partisanensituation in Südfrankreich vernommen worden und schlug sich dabei unmissverständlich auf die Seite Leibbrands und seiner Verteidiger. Zum Streitpunkt unter den Archivaren geriet seine Haltung aber erst, als er sich am 16. Oktober 1962 mit seinem Beitrag »Befehl und Gehorsam« als Verteidiger unbedingter Befehlstreue positionierte und ebendiese als zu bewahrende soldatische Tugend für die entstehende Bundeswehr glorifizierte. Dem Verfahren wie auch der Presseberichterstattung warf er in diesem Zusammenhang eine ignorante Perspektive vor: »Bei dem gesamten Verfahren ist niemals ein alter und bewährter militärischer Grundsatz zur Sprache gekommen: ein jeder, der höchste Führer wie der jüngste Soldat, muss sich stets bewusst sein, dass Unterlassen und Versäumnis ihn schwerer belasten als Fehlgreifen in der Wahl der Mittel«, kommentierte Teske. »Die Berichterstattung stellt der

38 Kriegsverbrechen: Exekution – Leibbrands Hiwis, in: Der Spiegel vom 17. Januar 1962.

39 Es war nur Totschlag: Zum drittenmal stand Leibbrand vor seinen Anklägern, in: Die Zeit vom 25. Februar 1966.- Leibbrand: Weder noch, in: Der Spiegel vom 21.2.1966.- Jürg Schoch, Naziverbrecher als ETH-Professor: Leibbrands dunkles Geheimnis – Im Juli 1961 schlägt die Affäre um den deutschen Verkehrsexperten Kurt Leibbrand europaweit Wellen – ein Blick zurück, in: NZZ vom 18. Juli 2016.

Handlungsweise Leibbrands die eines anderen Eisenbahnpionier-Kompagniechefs gegenüber, der seine italienischen Hiwis unter Mitgabe eines Kraftwagens und entsprechender Verpflegung entließ. Es ist mit hoher Sicherheit anzunehmen, dass die französischen Marquis diese Leute einschließlich des willkommenen Kraftwagens freiwillig oder unfreiwillig vereinnahmt haben. Wer hat nun ›fehlgegriffen, in der Wahl der Mittel‹: der den italienischen Hiwis gegenüber humane Kompagniechef, der mit seiner an sich gut gemeinten Maßnahme mit hoher Wahrscheinlichkeit die französischen Partisanen verstärkt und deutsche Verluste verursacht hat – oder Leibbrand durch sein kriegsmäßig hartes Verfahren, das – in größerem Umfang gesehen – eigene Verluste ersparen sollte?«, endete der Militär seinen Rundumschlag.[40]

Dieses Bekenntnis zum Kadavergehorsam provozierte nicht nur heftige Reaktionen von außen – beispielsweise warf ein Leser in einem Leserbrief an die FAZ »dem Herrn Oberarchivrat« eine »pervertierte Gefechtsmoral« vor und führte militärische Dienst-Paragrafen gegen Teskes »Voreingenommenheit« an, die belegten, dass die Erschießung ein Unrechtsakt und verbrecherisch gewesen war,[41] andere bewerteten Teskes Aussagen als »gefährlich für die Bundeswehr«[42] und »Mißachtung der Lehren der Hitler-Zeit«.[43] Auch unter den Bundesarchivaren selbst gab es entschiedenen Widerspruch. So lancierten Eberhard von Vietsch und Alfred Wagner am 19. Oktober eine Replik in der FAZ, in der sie Teske vorwarfen, eine »totalitäre Weltanschauung« und inhumane Grundeinstellung zu vertreten. Dessen Leserbrief, so ihr Kommentar, »atmet noch den alten Geist willenloser mechanischer Befehlsbefolgung, der gerade in der Bundeswehr zugunsten einer sittlich verantwortungsbewussten Befehlsausführung, die sich verbrecherischen Anordnungen, wo irgend möglich, widersetzt, überwunden werden soll«.[44] Mit von Vietsch und Wagner meldeten sich zwei Archivare zu Wort, die jeweils der älteren Gründerriege und dem avancierten Nachwuchs des Bundesarchivs angehörten und damit quasi generationenübergreifend gegen militaristische Geisteshaltungen protestierten, die NS-Verbrechen zu rechtfertigen suchten. Vor dem Hintergrund der anlaufenden Verfahren gegen ehemalige Nazi-Größen in der Bundesrepublik fühlten sie sich insbesondere zum Reagieren verpflichtet, weil Teske seinen Leserbrief als Leiter des Militärarchivs im Bundesarchiv unterzeichnet hatte und somit die Gefahr einer Kollektivhaftung für das gesamte Archiv bestand. Deswegen unterzeichneten sie ihren Beitrag nun ebenfalls mit »Archivräte am Bundesarchiv«.

Dieser Schlagabtausch sorgte nicht nur innerhalb des Archivs für Aufsehen, sondern alarmierte auch das BMI in Person des Innenministers sowie des zuständigen Abteilungsleiters. Dieser hielt es für »unvertretbar, dass Angehörige

40 Briefe an die Herausgeber: Befehl und Gehorsam, in: FAZ vom 16.10.1962.
41 Briefe an die Herausgeber: Pervertierte Gefechtsmoral, in: FAZ vom 19.10.1962.
42 Briefe an die Herausgeber: Gefährlich für die Bundeswehr, in: FAZ vom 24.10.1962.
43 Briefe an die Herausgeber: Befehl ist Befehl?, in: FAZ vom 24.10.1962.
44 Briefe an die Herausgeber: Im alten Geist, in: FAZ vom 19.10.1962.

des Bundesarchivs Meinungsverschiedenheiten der vorliegenden Art in der Öffentlichkeit austragen«.[45] In der Folge geriet Archivdirektor Bruchmann ins ministerielle Visier; er sollte für das Verhalten seiner Mitarbeiter Rechenschaft ablegen. Doch dieser blockte zunächst mit Verweis auf das Recht zur freien Meinungsäußerung alle Nachfragen aus dem Ministerium ab. Alle drei Debattanten hatten den Archivdirektor im Vorfeld über ihre Publikationsabsicht informiert (wobei Bruchmann keine detaillierte Kenntnis vom Leserbrieftext des Militärarchivleiters hatte). Da er darin persönliche Statements sah, hatte Bruchmann die Erwähnung von Dienstgrad und Dienststellung genehmigt.[46] Seine Haltung vorher und danach konnte man in zwei Richtungen auslegen: Er reagierte erstens als liberaler Behördenleiter, der seinen Beamten keine außerdienstlichen Maulkörbe verpasste und einen gelockerten Umgang mit beamtischen Gefolgschaftsregeln pflegte, oder er demonstrierte zweitens einen mangelnden politischen Distanzierungswillen, indem er Teskes Äußerungen hinnahm und auf eine öffentliche Gegendarstellung als Vorgesetzter verzichtete. Es mag bezeichnend für das damalige politische Binnenklima sein, dass sich die innerministerielle Verständigung der Referate in der Abteilung III nahezu ausschließlich um die Frage drehte, ob es den Verfassern als titulierte Bundesarchivare und damit BMI-Mitarbeiter erlaubt sei, öffentliche Meinungsstreits auszutragen.[47] Eine inhaltliche Auflösung der »sachlichen Differenz« wurde hingegen als intern zu klärende Angelegenheit des Bundesarchivs bagatellisiert. Denn dass die »Differenz« erheblich war und blieb, deutete ein Schreiben von Teske im Vorfeld der Zusammenkunft an. So glaubte sich dieser zutiefst missverstanden und bekräftigte in einer »Erläuterung meines Leserbriefes« an den Bundesinnenminister noch einmal seine durchweg aus der Logik von Militär und Krieg heraus definierte Position: Er sei sich keines sprachlichen Fehlers bewusst; neben seinem Wissen von der »dubiosen Entstehung des Prozesses durch eine üble Denunziation« bewege ihn die »seit Jahren gehegte Besorgnis, dass der junge Soldat von heute bei der Ausführung schwieriger, nicht-›ordinärer‹ Befehle, die sich im Zeitalter der atomaren und koalierten

45 BArch, B 106/79648: BMI/Abteilungsleiter Z an Abt.-Leiter III: Handschriftlicher Kommentar zu den FAZ-Artikeln, 19.10.1962.

46 BArch, B 106/79648: Bundesarchiv/Dr. Bruchmann an den Bundesminister des Innern, 20.10.1962.

47 So lautete dann auch der erste Vorschlag aus dem Referat III/7, sowohl den Bundesarchivdirektor als auch die genannten Verfasser darüber zu belehren, »dass bei Äußerungen von Beamten in der Öffentlichkeit Zurückhaltung geboten ist und die Nennung von Beamtentiteln unterbleiben soll«. Dieser Aspekt verblieb auch im Mittelpunkt der Aussprache, zu der Bruchmann, Teske, von Vietsch und Wagner ins BMI zum Leiter der Abteilung III geladen wurden. Explizit wurden die Bundesarchivare an die Einhaltung der Hausordnung Nr. 8 aus dem Jahr 1959 erinnert, die eine öffentliche Zurückhaltung von Bundesbeamten verbindlich empfahl, woraufhin Bruchmann, offenbar in Unkenntnis der selbigen, den Wortlaut anforderte. BArch, B 106/79648: BMI/Ref. III/7 an den Minister des Innern, 22.10.1962.- BArch, B 106/79648: BMI/MR Dr. Scheidemann an den Abteilungsleiter III, 27.11.1962.

Kriegführung häufen werden, hinsichtlich seiner dann notwendigen blitzschnellen und automatischen Reaktion versagen würde«, umriss der Reserveoffizier seine Motivation.[48] Im Laufe der nächsten Wochen und Monate rissen die Schreiben und Anfragen nicht ab, in denen Zeitungsleser, Rechtsanwälte und Journalisten wissen wollten, wie repräsentativ Teskes Einlassungen zu verstehen seien, sodass sich das um Reputationsverlust besorgte Bundesarchiv schließlich gezwungen sah, in Einzelschreiben gesondert den privaten Charakter der Meinungsäußerung klarzustellen und die Angabe der Dienststelle als eine fälschliche Angabe auszuweisen.[49]

Teske selbst zeigte sich ungerührt von den Wellen, die sein Brief ausgelöst hatte, und brachte 1963 mit seiner Denkschrift »Die Stellung des Militärarchivs beim Bundesarchiv« das nächste Geschütz in Stellung. Darin kritisierte er die Marginalisierung seines Archivs als stiefmütterlich behandelter »Fremdkörper« sowie einzelne Punkte der allgemeinen Arbeit des Bundesarchivs. Außerdem forderte er eine organisatorische Aufwertung des Militärarchivs sowie die baldmögliche Verlegung nach Freiburg, wo auch das Militärgeschichtliche Forschungsamt angesiedelt war – Kritikpunkte, die Bruchmann gegenüber Teske und dem Innenminister zurückwies.[50] Insgesamt blieben die Beziehungen zwischen Teske und der Bundesarchivspitze auch in der Zukunft immer wieder von Spannungen und gegenseitigen Vorwürfen gekennzeichnet. Dabei ging es meist um vermeintliche Kompetenzüberschreitungen, fehlende Kommunikation und wechselseitige öffentliche Kritik, auf die beide Seiten stets hoch sensibel reagierten.[51]

Vergangenheitsaufarbeitung zwischen Kooperation und Konfrontation

Mit der Gründung 1949 hatte die Bundesrepublik als selbsterklärte Rechtsnachfolgerin des »Dritten Reiches« auch die Verantwortung für dessen Verbrechen übernommen und Aufarbeitung versprochen. Nach einer ersten, von den Alliierten bestimmten Phase strafrechtlicher Verfolgung zwischen 1945 und 1949 folgte jedoch ein Jahrzehnt, das gesellschaftsweit eher von Verharm-

48 BArch, B 106/79648: Hermann Teske: Erläuterung meines Leserbriefes an die FAZ vom 16.10.1962 und Stellungnahme zu den Zuschriften zu diesem, 19.11.1962.

49 BArch, B 106/79648: Dr. Bruchmann an den Bundesminister des Innern, 20.4.1963.

50 BArch, B 106/79648: Dr. Bruchmann an den Bundesminister des Innern: Denkschrift von Hermann Teske »Die Stellung des Militärarchivs beim Bundesarchiv« vom 21.10.1963, 7.1.1964.- BArch, B 198/10013: Hermann Teske: Denkschrift »Die Stellung des Militärarchivs beim Bundesarchiv«, 16.7.1963.- BArch, B 198/10013: Karl G. Bruchmann: Stellungnahme des Direktors des Bundesarchivs zu der Denkschrift des Oberarchivrats Teske über »Die Stellung des Militärarchivs beim Bundesarchiv«, 7.1.1964.

51 Vgl. diverse Korrespondenzen in: BArch, B 198/10013.

losung, Leugnung und Amnestie von NS-Tätern denn von breit angelegter, intensiver Aufarbeitung geprägt war, auch wenn mit dem Institut für Zeitgeschichte in München frühzeitig eine Institution gegründet worden war, die sich aus geschichtswissenschaftlicher Perspektive speziell der NS-Zeit widmete. Mehrere Jahre später wurde die »Zentrale Stelle der Landesjustizverwaltungen zur Aufklärung nationalsozialistischer Verbrechen« in Ludwigsburg ins Leben gerufen, die in strafrechtlicher Hinsicht die Aufarbeitung voranzubringen suchte. Aber erst mit dem Eichmann-Prozess in Jerusalem und dem Frankfurter Auschwitzprozess Anfang der 1960er Jahre geriet die Thematik in spürbare Bewegung. Dabei wurde nun auch das Bundesarchiv zu einem wichtigen Anlaufpunkt für dahingehende Recherchen.

Das Bundesarchiv als gefragte Auskunftsstelle

Die Dokumentation und Aufarbeitung der jüngsten Vergangenheit war ein Bereich, in dem das Bundesarchiv nicht nur als infrastrukturelle Einrichtung fungierte, sondern selbst als Akteur in Erscheinung trat. Im Sinne seines Auftrags entwickelte es sich von Beginn an zu einer gefragten Einrichtung, wenn es um Zuarbeiten für die juristische Auseinandersetzung mit der NS-Zeit und ihre gedenkpolitische Aufarbeitung ging. Dabei kristallisierte sich die dahingehende Frage nach dem Willen, der Intensität und der bestmöglichen Art und Weise der behördlichen Unterstützung rasch zu einem Diskussionspunkt heraus, der über Jahrzehnte anhielt. Wenig überraschend kritisierte insbesondere in den 1960er Jahren die DDR-Seite – darunter auch ostdeutsche Archivare – intern und öffentlich beständig, dass das Bundesarchiv bewusst nicht seine Möglichkeiten ausschöpfe, um belastende NS-Vergangenheiten bundesdeutscher Spitzenpolitiker und -eliten zu recherchieren und offenzulegen sowie um Strafverfolgungen archivalisch zu unterstützen. Auch aus anderen Ländern des kommunistischen Ostblocks wurden dergleichen Vorwürfe erhoben. Solche Anschuldigungen waren in abgeschwächter und weniger grundsätzlicher Form aber auch in Westdeutschland zu hören. Vielfach ging es dabei um den Verdacht, archivalische Zugänge zu brisanten personenbezogenen Vorgängen würden bewusst verzögert oder gar blockiert. Das Bundesarchiv wehrte sich gegen diese Beschuldigungen zum einen mit archivrechtlichen und -praktischen Begründungen und dahingehenden Tätigkeitsdarstellungen, die zumindest im Duktus häufig Rechtfertigungscharakter hatten. Zum anderen wurde es auch nicht müde, insbesondere die ostdeutschen »Braunbücher« ob ihrer dokumentarischen Fehlerhaftigkeit zu kritisieren. Die eigene nüchterne Sacharbeit wurde der geschichtspolitischen Instrumentalisierung von Archivarbeit in der DDR gegenübergestellt.

Zu den wichtigsten Tätigkeitsfeldern des Bundesarchivs im Bereich Aufarbeitung gehörten eigene Publikationsaktivitäten, Auskunftstätigkeit, Bestandssichtungen, Sachverständigenarbeit, Dokumentations- und Editionsprojekte sowie institutionelle Kooperationen mit dem IfZ und anderen Einrichtungen. Verstärkt in den öffentlichen Fokus geriet das Bundesarchiv, nachdem im Jahr

1958 die »Zentrale Stelle der Landesjustizverwaltungen zur Verfolgung nationalsozialistischer Verbrechen« in Ludwigsburg ihre Arbeit aufnahm. Zwischen Zentraler Stelle und Bundesarchiv entwickelte sich seit den 1960er Jahren ein reger Austausch, der aufseiten des Archivs vor allem in den Händen von Elisabeth Kinder, Hans Booms und Heinz Boberach lag, die für entsprechende Schriftgutbestände wie SS, innere Verwaltung oder Justiz zuständig waren.[52] Der für die Rückführungen von Archivgut zuständige Referent Alfred Wagner sichtete bei seinen Aufenthalten in den Ländern der Alliierten nicht nur allgemein deutsche Bestände, sondern wertete auch Archivmaterialien wie die in den National Archives aufbewahrten Akten des Reichssicherheitshauptamtes über Abgas-Spezialfahrzeuge zur Judenermordung aus, die Informationen zu NS-Verbrechen lieferten und deren Inhalte er seinerseits dann ausschnittweise den Staatsanwälten der Ludwigsburger Zentralstelle übermittelte. Im Jahr 1962 wurde Heinz Boberach zum leitenden Bearbeiter des eingerichteten Sachgebiets »Wiedergutmachung und Verfolgung unrechtmäßiger Handlungen gegenüber den Juden« ernannt, eine Tätigkeit, in deren Rahmen er allein im ersten Jahr 67 Auskünfte zu neuen Ermittlungsverfahren zu erteilen hatte.[53] »Besonders bei den großen Tatkomplexen wie Reichssicherheitshauptamt, Ermordung der Geisteskranken, Volksgerichtshof waren Vertreter der Anklagebehörden oft wochenlang im Benutzersaal zu beraten«, erinnerte Boberach die nun anfallende Arbeit vor Ort.[54] Mit über 1200 Anfragen von der Zentralen Stelle sowie von Staatsanwaltschaften und Gerichten aus Nordrhein-Westfalen und West- bzw. Ost-Berlin, die allein Elisabeth Kinder zu bearbeiten hatte, wird die Dimension dieser Auskunftstätigkeit deutlich.[55]

Immer wieder hatten Bundesarchivare im Zusammenhang mit eingeleiteten Ermittlungsverfahren oder laufenden Prozessen auch Echtheitszeugnisse von Dokumenten oder Bildquellen auszustellen, wobei sie dafür als Spezialisten vielfach von der Bundesregierung beauftragt wurden. Im Februar 1963 wurde beispielsweise im Bundesarchiv unter Anwesenheit von Prozessbeteiligten der sowjetische Film »Die Opfer klagen an« vorgeführt, in dem zum einen NS-Verbrechen in der Ukraine dokumentiert und zum anderen die Beteiligung hochrangiger Beamter – wie des Leiters des Landeskriminalamtes Rheinland-Pfalz oder eines Staatssekretärs im Bundesministerium für wirtschaftliche Zusammenarbeit – nachgewiesen werden sollten. Laut Boberach waren die

52 Vgl. auch Tätigkeitsbeschreibungen im Jahresbericht 1964 des Bundesarchivs. BArch, B 198/3084: Jahresberichte der Abteilungen und Referate des Bundesarchivs (außer auswärtige Abteilungen) für 1964 / Elisabeth Kinder und Heinz Boberach, Jahresberichte 1964, 14.1.1965 und 5.1.1965.

53 Heinz Boberach, Die Beteiligung des Bundesarchivs an der Verfolgung und Wiedergutmachung nationalsozialistischen Unrechts in den sechziger Jahren, in: Klaus Oldenhage/Hermann Schreyer/Wolfram Werner (Hg.), Archiv und Geschichte: Festschrift für Friedrich P. Kahlenberg, Düsseldorf 2000, S. 264-274, hier S. 266.

54 Ebd.

55 Ebd., S. 266, FN 8.

hier, aber auch später von sowjetischer Seite präsentierten bzw. vorgelegten Dokumente echt, sodass es nicht zuletzt auch aufgrund bundesarchivarischer Expertisen zu Verurteilungen kam.[56] Diese Arbeit war politisch hochbrisant, fiel sie doch in eine Zeit, in der die DDR, aber auch die Sowjetunion NS-Vergangenheiten bundesdeutscher Eliten propagandistisch ausschlachteten und zugleich die Diskussion um eine Verjährung der Strafverfolgung die bundesdeutsche Öffentlichkeit beschäftigte. Überdies traten frappierende Personalkontinuitäten stärker denn je auch westdeutschen Beobachtern vor Augen. Die Sendung »Panorama« thematisierte beispielsweise 1964 NS-Vergangenheit und Entlassung von Bundesvertriebenenminister Hans Krüger, der vor 1945 als Oberamtsrichter bzw. Beisitzer an einem westpreußischen Sondergericht brutale Urteile gefällt sowie an Todesurteilen mitgewirkt hatte, und konfrontierte das Bundesarchiv mit dem Vorwurf, Krüger nicht bereits zuvor durch eigene Aktenrecherche überführt zu haben. Boberach korrigierte dann in der Sendung die gängige Vorstellung, dass archivalische Recherchen über Einzelpersonen rasch, unkompliziert und erfolgreich vonstattengingen, und betonte die Komplexität der Sucharbeit.[57] Im Nebeneffekt sorgten solche Medienberichte dafür, dass das Bundesarchiv und seine Arbeit in der politischen Öffentlichkeit bekannter wurden.

Wiederholt avancierte das Bundesarchiv zum Ansprechpartner von Institutionen und Einrichtungen, aber auch von einzelnen Personen, wenn es darum ging, Ansprüche auf Rückerstattung oder Wiedergutmachung von Personen- und Vermögensschäden durch NS-Verfolgung sowohl zu formulieren als auch zu begründen. Doch hier konnte das Archiv, wie Boberach schreibt, nur selten helfen, da individuelle Schicksale bzw. Einzelfälle kaum in die Überlieferung von Zentralbehörden eingingen.[58] Grundsätzlich stellten Dokumente, die als konkretes Beweismittel für NS-Gewaltverbrechen dienen konnten, in den Bundesarchiv-Beständen »eine Ausnahme [dar], etwa die Unterlagen über die Ermordung russischer Kriegsgefangener im KL Groß-Rosen (Bestand NS 4)«.[59] Hingegen boten die Akten jedoch die Möglichkeit, kontextualisierende Zusammenhänge herzustellen und vor allem Zeugen ausfindig zu machen, die dann wiederum zu den Prozessen vorgeladen werden konnten, wie beispielhaft am Verfahren gegen Carl Zenner deutlich wird: »Aus an sich gewiß nicht archivwürdigen Kassenunterlagen einer SO-Kasse im Generalgouvernement ließ sich etwa belegen, wann ein Angeschuldigter Dienstreisen von Lublin nach Zarnase gemacht hatte, um sich an der Deportation der Juden und Vertreibung der Polen zu beteiligen. Schon für den 1961 vor dem Landgericht Koblenz geführten Prozeß gegen den SS- und Polizeiführer für Weißruthenien bzw. Weißrussland, SS-Brigadeführer Carl Zenner, und einen Sturmbannfüh-

56 Ebd., S. 270.
57 Ebd., S. 269.
58 Ebd., S. 272.
59 Ebd., S. 267.

rer des SD wegen Ermordung von mindestens 4000 Juden in Minsk konnte das Bundesarchiv so einen wesentlichen Beitrag leisten. Aus den in das Bundesarchiv gelangten Aktenresten des Hauptamtes Ordnungspolizei wurden Namen und westdeutsche Heimatdienststellen der nach Minsk als Zahlmeister oder Rechnungsführer abgeordneten Verwaltungsbeamten ermittelt und diese geladen, da sie sich nicht selbst belasten und daher die Aussage verweigern konnten.«[60]

Ein anderes Beispiel war das 1960/61 laufende Ermittlungsverfahren gegen den Posener SS- und Polizeiführer Wilhelm Koppe. So war der Untersuchungsrichter bei der Voruntersuchung auf Gerüchte gestoßen, dass Koppe maßgeblich dafür gesorgt hatte, dass Insassen einer Warschauer Heil- und Pflegeanstalt getötet wurden, um das Gebäude für die SS freizumachen. Doch entsprechende Zeugenaussagen fehlten. Erst nachdem aus den Sammlungen der Ostdokumentation der Bericht eines ehemaligen Bediensteten der Anstalt gefunden und ausgewertet wurde, der entsprechende Gerüchte belegte, konnte Koppe überführt und ein Strafverfahren gegen ihn eingeleitet werden.[61]

In diesem Zusammenhang war es insbesondere Heinz Boberach, der innerhalb des Bundesarchivs auf die Bedeutung dieser Recherchen bzw. einer entsprechenden Kooperation des Archivs mit den juristischen Organen drängte. So warf er 1961 intern die Frage auf, inwiefern ein Zurückhalten von Archivalien, die Staatsanwaltschaft oder Kriminalpolizei angefragt hatten, nicht sogar »den Tatbestand der Begünstigung gemäß §257 StGB« erfülle: »Eine Auflage, derartige Berichte nicht für die Zwecke der Strafverfolgung auswerten zu lassen, wäre nicht rechtens, da die Berichterstatter kein Zeugnisverweigerungsrecht nach der Stoppung in Anspruch nehmen können«, argumentierte Boberach in der Referentenbesprechung am 21. Juni 1961.[62]

Ein weiteres prominentes Projekt zur Aufarbeitung der NS-Verbrechen stellte das Gedenkbuch für die deutschen Opfer der nationalsozialistischen Judenverfolgungen dar. Ausgangspunkt war eine Initiative der Gedenkstätte Yad Vashem aus dem Jahr 1960, die sich in Kooperation mit dem Zentralrat der Juden in Deutschland an die Bundesregierung wandte, um die Namen der Ermordeten zu sammeln. Daraufhin wandte sich das BMI zum einen an die Länder und Kommunen mit dem Auftrag, Quellen zur jüdischen Bevölkerung zu verzeichnen. Zum anderen wurde das Bundesarchiv von der Bundesregierung

60 Ebd., S. 267. Zum beschriebenen Fall selbst: Heinz Boberach, Kein »ganz normaler Mann« – der Polizeipräsident und SS-Brigadeführer Carl Zenner, in: Zeitschrift des Aachener Geschichtsvereins, Bd. 102, Jg. 1999/2000, S. 473-490. Das Urteil in: Justiz und NS-Verbrechen. Sammlung deutscher Strafurteile wegen nationalsozialistischer Tötungsverbrechen 1945-1966. Bearb. im Seminarium voor Strafrecht en Strafrechtspieging Van Hamel der Universität von Amsterdam, Bd. XVII, Amsterdam 1977, S. 497-553.

61 BArch, B 198/534: Bundesarchiv: Niederschrift über die Dienstbesprechung am 21.6.1961, o. D.

62 Ebd.

mit den entsprechenden Recherchen bzw. deren Koordination beauftragt. Nach Einengung des Untersuchungsgegenstandes und jahrelangen Recherchen im In- und Ausland wurden die Teilergebnisse im Bundesarchiv Koblenz zusammengeführt und das Material in eine eigene Sammlung überführt. Das mehrstufige Vorhaben wurde 1986 mit der Übergabe des Gedenkbuches mit den Namen von 128 136 Todesopfern an die Gedenkstätte in Jerusalem abgeschlossen.[63]

Andere Dokumentations- und Aufarbeitungsprojekte erlangten ebenfalls eine große Öffentlichkeit, waren jedoch deutlich umstrittener, wie beispielsweise die Edition der Goebbels-Tagebücher, deren Herkunft lange Zeit im Dunkeln blieb und um deren Urheberrechte in verschiedenen Kontexten heftig gerungen wurde. Ihre Herausgabe und die Geschichte, die sich darum rankt, gehört zu den bekanntesten Kooperationsprojekten des Bundesarchivs.[64] Die bundesdeutsche Presse thematisierte mehrfach mit großem Interesse die Sichtung und Überführung von Kopien Anfang der 1970er Jahre und berichtete in dem Zusammenhang von umfangreichen Recherchen, die unter anderem auch im Ost-Berliner Dokumentationszentrum und Potsdamer Zentralarchiv stattgefunden hätten. Das MfS fand später jedoch heraus, dass letzteres erfunden worden sei.[65] Gleichwohl gelangte das Material von Ost nach West und wurde

63 Gedenkbuch. Opfer der Verfolgung der Juden unter der nationalsozialistischen Gewaltherrschaft in Deutschland 1933-1945. Bundesarchiv, Koblenz 1986.

64 Vgl. Bernd Sösemann, Inszenierungen für die Nachwelt. Editionswissenschaftliche und textkritische Untersuchungen zu Joseph Goebbels' Erinnerungen, diaristischen Notizen und täglichen Diktaten, in: Lothar Gall (Hg.), Neuerscheinungen zur Geschichte des 20. Jahrhunderts, München 1992, S. 1-45.- Hans Günther Hockerts, Die Edition der Goebbels-Tagebücher, in: Udo Wengst/Horst Möller (Hg.), Fünfzig Jahre Institut für Zeitgeschichte. Eine Bilanz, München 1999, S. 249-264.- Horst Möller, Die Tagebücher des Joseph Goebbels. Quelle, Überlieferung, Edition, in: Oldenhage u. a. (Hg.), Archiv und Geschichte, S. 673-683.- Bernd Sösemann, Propaganda – Macht – Geschichte. Eine Zwischenbilanz der Dokumentation der Niederschriften und Diktate von Joseph Goebbels, in: Das historisch-politische Buch 50 (2002) 2, S. 117-125.- Astrid M. Eckert/Stefan Martens, Glasplatten im märkischen Sand. Zur Überlieferungsgeschichte der Tageseinträge und Diktate von Joseph Goebbels, in: Vierteljahrshefte für Zeitgeschichte 52 (2004) 3, S. 479-526.- Bernd Sösemann, Alles nur Goebbels-Propaganda? Untersuchungen zur revidierten Ausgabe der sogenannten Goebbels-Tagebücher des Münchner Instituts für Zeitgeschichte, in: Jahrbuch für Kommunikationsgeschichte 10 (2008), S. 52-76.- Angela Hermann, Der Weg in den Krieg 1938/39. Quellenkritische Studien zu den Tagebüchern von Joseph Goebbels, München 2011.

65 Verlage: Knüller aus dem Dunkel, in: Der Spiegel vom 8.10.1973, S. 202-203.- Jochen Kummer, Der Kampf um die Goebbels-Tagebücher, in: Welt am Sonntag vom 4.10.1987.- Ralf Georg Reuth, Seltsame Lücken in den Goebbels-Aufzeichnungen. Was in den aus DDR-Archiven stammenden Texten fehlt, in: FAZ vom 2.11.1987.- BArch, MfS, Sekr. Neiber, Nr. 151: Goebbels-Tagebücher, 16.10.1987, f. 37-39.- Peter Maxwill, Steinreich dank Goebbels' Tagebüchern, in. Spiegel Online vom 10.1.2014 [https://www.spiegel.de/geschichte/fran-ois-genoud-und-joseph-goebbels-tagebuecher-a-953258.html (letzter Zugriff am 15.01.2022)].

1977 in einer ersten Ausgabe der Tagebücher veröffentlicht. 1980 erwarb dann das Bundesarchiv in Kooperation mit dem IfZ die Rechte, woraufhin sich allerdings ein langer Rechtsstreit entspann, der mit einem Vergleich und der Erlaubnis endete, Materialien für nicht-kommerzielle Zwecke auswerten zu dürfen.[66] In der Folge mussten vor allem das IfZ, aber auch das Bundesarchiv immer wieder Stellung zu scheinbar oder tatsächlich offenen urheberrechtlichen, finanziellen und inhaltlichen Fragen beziehen, nicht zuletzt deshalb, weil in das Projekt erhebliche öffentliche Gelder investiert worden waren, von denen auch ein Schweizer Bankier profitierte, der ehemals zweifelhafte Geschäfte mit NS-Größen gemacht hatte.[67]

Teil öffentlicher Aufarbeitung waren auch vereinzelte Ausstellungen, die die NS-Zeit bzw. den militärischen Widerstand gegen Hitler thematisierten und vor allem in der Amtszeit von Hans Booms gezeigt wurden. Dazu gehörten zum Beispiel »Deutschland 1945-1949. Kapitulation und Neubeginn« im Jahr 1970 oder »Der 20. Juli 1944« im Jahr 1974 und »Widerstand gegen den Nationalsozialismus. Der 20. Juli 1944« in der Erinnerungsstätte für die Freiheitsbewegungen in der deutschen Geschichte Schloß Rastatt im Jahr 1975.[68]

Von den eigenen Aktivitäten abgesehen, entwickelte sich das Bundesarchiv in den 1960er Jahren zum gefragten Archiv für die NS-Forschung. So setzte mit der Rückgabe der Akten aus westalliiertem Gewahrsam ein wahrer Boom an wissenschaftlichen Studien ein. Hintergrund war zum einen die Auflage der Westalliierten, die Bestände umgehend für die öffentliche Benutzung freizugeben, zum anderen die Vorverlegung der Aktensperrfrist auf das Jahr 1945. Die sonst gültige 30-jährige Sperrfrist war mit Einführung der neuen Benutzerordnung vom 11. September 1969 verkürzt worden, sodass der allgemeine Zugang zu Archivalien aus der NS-Zeit festgeschrieben war.[69] Die damit einhergehende sprunghafte Zunahme von Benutzerzahlen zu Forschungsgegenständen zwischen 1933 und 1945 führte zu einer thematischen Schwerpunktverschiebung. So belief sich im Zeitraum 1965 bis 1975 die Anzahl der wissenschaftlich-publizistischen Benutzungen für die Periode 1867-1918 auf 616, für die Weimarer Republik auf 835, für die Zeit des Nationalsozialismus

66 Zur Genese: Elke Fröhlich, Joseph Goebbels und sein Tagebuch. Zu den handschriftlichen Aufzeichnungen von 1924 bis 1941, in: Vierteljahrshefte für Zeitgeschichte 35 (1987) 4, S. 489-522.- Elke Fröhlich, Einleitung zur Gesamtedition, in: dies. (Hg.), Die Tagebücher von Joseph Goebbels, Teil III: Register mit Einleitung zur Gesamtedition (1923-1945), München 2008, S. 11-99.

67 Martin Broszat, Zur Edition der Goebbels-Tagebücher, in: Vierteljahrshefte für Zeitgeschichte 37 (1989) 1, S. 156-162.- Willi Winkler, Der Schattenmann. Von Goebbels zu Carlos: Das mysteriöse Leben des François Genoud, Berlin 2011.

68 Hans Dieter Fricke, Veröffentlichungen über das Bundesarchiv, seine Arbeit und seine Bestände 1952-1976, in: Boberach/Booms (Hg.), Aus der Arbeit des Bundesarchivs, S. 533-559, hier. S. 549 f.

69 Die neue Benutzungsordnung für das Bundesarchiv, in: Der Archivar 23 (1970), Sp. 67.

auf 1424 und die Zeit nach 1945 auf 163. Damit beschäftigten sich rund 45 Prozent aller Benutzungen mit NS-Themen.[70]

Wissenschaftlich-publizistische Benutzung des Bundesarchivs zu NS-Themen im Zeitraum 1965-1975[71]

Benutzungsanzahl	**Themenbereich**
Forschungen zum Nationalsozialismus – gesamt: 1424 (100 Prozent), davon:	
553 (38,8 Prozent)	Wehrwesen, Militär- bzw. Kriegsgeschichte
294 (20,6 Prozent)	Beziehungen zum Ausland
135 (9,5 Prozent)	Kirche, Kultur und Publizistik
123 (8,6 Prozent)	Verfolgung und Widerstand
110 (7,7 Prozent)	NSDAP
34 (2,4 Prozent)	Volkstum und Minderheiten
175 (12,3 Prozent)	Weitere Themen

Innerhalb des NS-Forschungsbereichs entfiel wiederum die Hälfte aller angefragten Archivrecherchen auf militärgeschichtliche und außenpolitische Themen.

Die »Ostdokumentation« als archiveigenes Großprojekt

»Es gibt keine Veröffentlichung oder Auseinandersetzung zu ›Flucht und Vertreibung‹ in der Bundesrepublik, die nicht einen Bezug zur ›Dokumentation der Vertreibung‹ hätte.«[72] Es war der Historiker Mathias Beer, der zu Recht die geschichtspolitische Bedeutung der »Ostdokumentation« hervorhob, eines Projekts, das wie kaum ein zweites Dokumentationsprojekt der Adenauer-Ära das Bundesarchiv in der Öffentlichkeit bekanntmachte: »Geradezu wie in einem Brennglas fokussiert, erscheinen die breit gefächerten Debatten zu ›Flucht und Vertreibung‹ in der Bundesrepublik in der wechselvollen Geschichte einer Publikation – der ›Dokumentation der Vertreibung der Deutschen aus Ost-Mitteleuropa‹.«[73] Zusammengestellt aus knapp zwei Dutzend

70 Angaben nach: Hans Schenk, Wissenschaftliche Benutzungen im Bundesarchiv, in: Boberach/Booms (Hg.), Aus der Arbeit des Bundesarchivs, S. 208-217.

71 Ebd.

72 Mathias Beer, Die Dokumentation der Vertreibung der Deutschen aus Ost-Mitteleuropa (1953-1962). Ein Seismograph bundesdeutscher Erinnerungskultur, in: Jörg-Dieter Gauger/Manfred Kittel (Hg.), Die Vertreibung der Deutschen aus dem Osten in der Erinnerungskultur. Eine Veröffentlichung der Konrad-Adenauer-Stiftung e. V. und des Instituts für Zeitgeschichte, Sankt Augustin 2004, S. 17-35, hier S. 18.

73 Ebd.

Selbstzeugnis-Sammlungen des Bundesarchivs, ist sie die umfangreichste Publikation zur deutschen Zwangsmigration nach 1945. Der darin beschriebene Zeit- und Erlebnisraum umfasst überwiegend die 1930er und 1940er Jahre. Inhaltlich geht es vielfach um Alltag und politische Verhältnisse, Kampfhandlungen und Kriegsbesetzung, Evakuierung und Flucht, Lagerarrest, Deportation und Ausweisung.[74]

Ausgangsimpuls für die Arbeit war ein Rechercheauftrag des Arbeitskreises Bad Nenndorf unter Leitung von Erich Obst zum Thema »Rekolonisierung der deutschen Ostgebiete«, der wiederum den Anstoß gab für die »Gemeindeseelenlistenaktion«, die ihrerseits der Vorläufer der »Gesamterhebung der Vertriebenen« wurde. Das Deutsche Büro für Friedensfragen wurde im August 1949 von der Konferenz der Ministerpräsidenten der drei Westzonen mit der Vorbereitung einer »Dokumentation über die Ausschreitungen gegen die Deutschen im Osten« beauftragt.[75] Nach Auflösung des Büros im September 1950 ging die Gesamtverantwortung der Dokumentation auf das Vertriebenenministerium über, das im Folgejahr größere Sammlungsaufträge an Forscher vergab, die wiederum im »Arbeitskreis Hamburg« zusammengefasst waren.[76] Dort wurden bis Mitte 1954, dem Ende seiner Tätigkeit, insgesamt 6143 Erlebnis- und 511 Intelligenzberichte sowie 12 558 Gemeindeschicksalsberichte gesammelt, die sich auf 12 080 Gemeinden im Reichsgebiet, 1528 Gemeinden des Reichsgaus Danzig/Westpreußen sowie auf Gemeinden im Wartheland und im übrigen Polen erstreckten, in denen sogenannte Volksdeutsche lebten.[77]

Für die Anbindung der Dokumentation an das Bundesarchiv spielte der Archivar Adolf Diestelkamp eine bedeutende Rolle.[78] Anfang 1951 war abzusehen, dass das Projekt – trotz wiederholter dahingehender Anläufe – vom Vertriebenenministerium nicht mehr über den 30. Juni hinaus finanziert werden würde, sodass ein rasches Ende bevorstand. Um dies zu verhindern, nahm Hans von Spaeth-Meyken Kontakt zu Diestelkamp auf, der zu dieser Zeit noch am Staatsarchiv Hannover tätig war und seinerseits im Herder-Forschungsrat beständig an die Förderung von nord- und ostdeutscher Forschung

74 Mathias Beer, Im Spannungsfeld von Politik und Zeitgeschichte. Das Großforschungsprojekt »Dokumentation der Vertreibung der Deutschen aus Ost-Mitteleuropa«, in: Vierteljahrshefte für Zeitgeschichte 46 (1998) 3, S. 345-389.- Ders., Die Ostdokumentation. Zur Genesis und Methodik der größten Sammlung biographischer Zeugnisse in der Bundesrepublik, in: Heinke M. Kalinke (Hg.): Brief, Erzählung, Tagebuch. Autobiographische Dokumente als Quellen zur Kultur und Geschichte der Deutschen in und aus dem östlichen Europa, Freiburg 2000, S. 23-50.

75 Heribert Piontkowitz, Anfänge westdeutscher Außenpolitik 1946-1949. Das Deutsche Büro für Friedensfragen, Stuttgart 1978.

76 BArch, B 198/3080: Die Ostdokumentation. Rückblick und Erkenntnisse – Jahresbericht 1960, S. 2.

77 Ebd., S. 4-11.

78 Vgl. auch die dahingehenden umfangreichen Korrespondenzen Diestelkamps, die hier im Folgenden nicht im Einzelnen aufgeführt werden, in: BArch, N 1709 (Nachlass Adolf Diestelkamp)/3 und 2.

erinnerte. Wie Mathias Beer betonte, fand Spaeth-Meyken in dem Archivar »einen ebenso entschiedenen wie erfahrenen und auch taktisch versierten Mitstreiter«.[79] Überdies kannten sie sich aus den Zeiten Diestelkamps als Archivdirektor in Stettin.

Diestelkamp war ein umtriebiger Mann mit zahlreichen Verbindungen aus der Zeit vor 1945. Diese setzte er nun ein, indem er sich der Unterstützung der Vereinigten Ostdeutschen Landsmannschaften versicherte und anschließend zunächst beim Bundesministerium für gesamtdeutsche Fragen (BMG), dann beim Auswärtigen Amt vorsprach. Inhaltliche Grundlage hierbei war eine Denkschrift zur Dokumentation der Vertreibung der Deutschen aus den Ostgebieten vom 22. Mai 1951, in der er in Vortragsform Sinn und Zweck des Projekts darlegte.[80] Sowohl inhaltlich als auch stilistisch offenbarten sich starke Kontinuitäten zu dahingehenden Konzepten aus der Vorkriegszeit. So verwies Diestelkamp auf die Erfahrungen und Sammlungsprojekte zu Flucht und Vertreibung, die am Reichsarchiv, aber auch an der Berliner Zentralstelle für Nachkriegsgeschichte (unter Leitung von Albert Brackmann) sowie an den Breslauer und Königsberger Landesstellen Schlesien bzw. Ostpreußen für Nachkriegsgeschichte durchgeführt wurden. Diestelkamps Ziel war der Aufbau einer Quellensammlung, die neben den dokumentierten Schicksalen auch beweiskräftige Argumente liefern konnte, um künftige Restitutionsansprüche gen Osten zu untermauern. So führte er die großen Gebietsverluste nach dem Ersten Weltkrieg östlich der Oder auch auf »deutsches Versagen und Versäumnis« zurück, den damaligen polnischen Publikationen etwas Ebenbürtiges oder Aussagekräftiges entgegenhalten zu können. Insofern, so Diestelkamp, müsse man in der Dokumentation »einen entscheidenden Faktor in unserem Kampfe um die Wiedergewinnung des deutschen Ostens« sehen.[81]

Im Auswärtigen Amt rannte er damit offene Türen ein. Gern bediente man sich hier einer solchen wissenschaftlichen Quellensammlung, um sie »für außenpolitische Zwecke nutzbar zu machen«.[82] Und auch das BMG signalisierte Unterstützung. Als Diestelkamp daraufhin ein interministerielles Treffen vorschlug, nahmen daran am 13. Juli 1951 neben dem Bundesvertriebenenministerium (BMVt), Auswärtigen Amt und BMG auch Vertreter des BMI teil.[83] Grundlage war auch hier seine Denkschrift. Wichtigstes Ergebnis der Zusammenkunft und der nachfolgenden Absprachen war der der Beschluss, die Dokumentation in Verantwortung des Bundesarchivs weiterzuführen, während das BMVt die Finanzierung übernehmen sollte.[84] Damit erhielt, wie

79 Beer, Im Spannungsfeld von Politik und Zeitgeschichte, S. 361.
80 BArch, N 1709 (Nachlass Adolf Diestelkamp)/2: Adolf Diestelkamp: Denkschrift »Zur Dokumentation der Vertreibung der Deutschen aus den Ostgebieten«, 22.5.1951.
81 Ebd.
82 Beer, Im Spannungsfeld von Politik und Zeitgeschichte, S. 363.
83 BArch, B 106/34717: Der Bundesminister für Vertriebene an den Bundesminister des Innern, 16.7.1951.
84 Beer, Im Spannungsfeld von Politik und Zeitgeschichte, S. 363 f.

Beer pointiert schreibt, die Dokumentation ihre »regierungsamtliche Weihe ... Es galt, das ›Unrecht von Potsdam‹ anzuprangern und mit Wort und Schrift für die Ostgebiete zu kämpfen«.[85] Auf Empfehlung von Georg Winter und Diestelkamp beschloss das BMVt, die Dokumentation als »Archivsammlung der Vertriebenen« (ASV) weiter zu fördern und in die Verantwortung des Bundesarchivs zu übergeben. Im Ergebnis setzte die ASV im Juli 1954 ihre Arbeit fort und erhöhte die Zahl der Berichte bis März 1956 auf 16 054 Gemeindeschicksalsberichte, 12 583 Gemeindeseelenberichte, 6655 Ortspläne und 857 Intelligenzberichte.[86]

Nachdem Diestelkamp 1955 überraschend starb, war es Oberarchivrat Wolfgang Müller, der vonseiten des Bundesarchivs das Projekt weiterführte. Auf der Basis einer erneuten Denkschrift von Müller vom 4. Januar 1956 kamen am 26. Januar Vertreter des BMF, BMVt, des Auswärtigen Amtes und des Bundesarchivs zusammen, um die Notwendigkeit einer solchen Ostdokumentation auf historisch-politischer Grundlage anzuerkennen und die konkreten Modalitäten ihrer Realisierung festzulegen.[87] Die Dauer des Projekts wurde zunächst auf sieben Jahre festgelegt, finanziert durch einen Pauschalbetrag von 840 000 DM, eine Summe, die am 27. Mai 1959 aufgrund der erheblichen, auch ausländischen Recherchetätigkeit auf 1,29 Millionen DM aufgestockt wurde.[88] Die Zahl der – nunmehr institutionell gesichert – gesammelten Berichte ging schnell in die Zehntausende.

85 Ebd., S. 364.

86 BArch, B 198/3080: Die Ostdokumentation. Rückblick und Erkenntnisse – Jahresbericht 1960, S. 6.

87 BArch, B 106/34717: OAR Dr. Müller: Denkschrift über eine Dokumentation des Zeitgeschehens in den östlichen Vertreibungsgebieten, 4.1.1956.- BArch, B 106/34717: Vermerk über die Besprechung vom 26. Januar 1956 zur Frage der Ostdokumentation, 4.2.1956.

88 BArch, B 106/34717: Bundesarchiv an den Bundesminister für Vertriebene, Flüchtlinge und Kriegsgeschädigte betr. Dokumentation der Vertreibung der Deutschen aus Ostmitteleuropa, 8.8.1956.- BArch, B 198/3080: Die Ostdokumentation. Rückblick und Erkenntnisse – Jahresbericht 1960, S. 1.

Sammlungsbestand der »Ostdokumentation« 1960[89]

Nummer	Thema	Anzahl
Ost-Dok.1	Fragebogenberichte zur Dokumentation der Vertreibung der Deutschen aus Ost-Mitteleuropa (Gemeindeschicksalsberichte)	17 842
Ost-Dok. 2	Erlebnisberichte zur Dokumentation der Vertreibung der Deutschen aus Ost-Mitteleuropa, Sudetenland und Südosteuropa (Personenschicksale)	8725
Ost-Dok 3	Gemeindeseelenlisten und Ortspläne; Unterlagen zum Status der deutschen Bevölkerung in den Vertreibungsgebieten vor dem 2. Weltkrieg	12 583 Seelenlisten und 6655 Ortspläne
Ost-Dok. 4	Gemeindebetriebslisten	7099
Ost-Dok. 5	Feststellungsbescheide der Lastenausgleichsbehörden über anerkannte Vertreibungs- und Ortsschäden deutscher Ostvertriebener	322 Gefache
Ost-Dok. 6	Personalunterlagen der deutschen Ostvertriebenen	88,5 Regaleinheiten
Ost-Dok. 7	Erlebnisberichte und Fragebogenberichte zum »Bromberger Blutsonntag« (Septembermorde 1939)	425 Erlebnisberichte und 4833 Fragebogenberichte
Ost-Dok. 8	Berichte von Persönlichkeiten des öffentlichen Lebens aus den östlichen Vertreibungsgebieten zum Zeitgeschehen von 1939 bis 1945 (Intelligenzberichte)	857
Ost-Dok. 10	Berichte über die Tätigkeit der Behörden, Körperschaften und Organisationen in den deutschen Ostgebieten vor und während des 2. Weltkrieges	335
Ost-Dok. 11	Berichte über die Vermögensobjekte der öffentlichen Hand und juristischer Personen in den deutschen Ostgebieten am Ende des 2. Weltkrieges	130

Die Dokumentation umfasste ganz am Ende mehr als 20 Themenbereiche, von denen »Ost-Dok. 2«, nämlich die »Erlebnisberichte zur Dokumentation der Vertreibung der Deutschen aus Ost-Mitteleuropa, Sudetenland und Südosteuropa (Personenschicksale)« wohl der umfänglichste und in der Öffentlichkeit am stärksten wahrgenommene war. Damit sind aber längst nicht alle Doku-

89 Ebd., S. 11-30.

mentationsbereiche aufgeführt, mit denen sich die Stelle beschäftigte.[90] Zum Zeitpunkt Anfang Januar 1961 ging ihr Leiter von rund 54 000 Dokumenten aus, die als Material vorlagen, jedoch noch nicht für die Forschung aufgearbeitet worden waren. Am Ende lagen fünf Bände (zum Teil mit Teilbänden), drei Beihefte und ein Ortsregister vor.[91] Sie erschienen zwischen 1953 und 1962, also inmitten der Regierungszeit Adenauers, der West- und Ostblockbildungen sowie der sich durch die Niederschlagung der Volksaufstände in der DDR und in Ungarn sowie die zweite Berlin-Krise, den Mauerbau und die Kuba-Krise zementierenden Teilung Europas entlang des Eisernen Vorhangs.

Öffentlichkeitswirksamkeit und Publikationsstärke schwankten erheblich. Die Auflagenhöhe umfasste jeweils 8-10 000 Exemplare. Doch mindestens die Hälfte der Büchermenge wurde wissenschaftlichen Einrichtungen und öffentlichen Institutionen im In- und Ausland kostenlos zur Verteilung übergeben. Das Bundesinnenministerium, das nach Auflösung des Bundesministeriums für Vertriebene, Flüchtlinge und Kriegsgeschädigte für das Projekt zuständig war, schätzte 1975 das allgemeine Interesse eher gering ein: »Es hat sich gezeigt, daß die ›Dokumentation der Vertreibung der Deutschen aus Ostmitteleuropa‹ aus den Jahren 1952 bis 1961 weitgehend unbekannt ist bzw. geblieben ist.« Noch 25 Jahre später lagerten im BMI Hunderte originalverpackte Exemplare im Bücherdepot.[92] Während die Verbreitung der Bände insgesamt unter den Erwartungen blieb, entwickelten einzelne Auskopplungen einen immensen Popularitätsgrad. So brachte der Biederstein Verlag 1961 unter dem Titel »Ostpreußisches Tagebuch« das dritte Beiheft der »Dokumentation der Vertreibung« heraus und erzielte damit einen Verkaufsschlager. Das Buch wurde innerhalb kürzester Zeit 200 000-mal verkauft und führte kurzzeitig auch die Bestsellerliste des deutschen Buchhandels an.[93]

Darüber hinaus erlangte eine weitere Publikation besondere Aufmerksamkeit. Auf Drängen der CDU/CSU verständigte man sich in der Großen Koalition, eine Dokumentation zu den an den Deutschen während der Phase

90 Siehe auch die umfangreichen Auflistungen und vorgenommenen Vermögensschätzungen über die verschiedenen Jahre in: BArch, B 106/34717.

91 Dokumentation der Vertreibung der Deutschen aus Ost-Mitteleuropa. In Verbindung mit Werner Conze, Adolf Diestelkamp, Rudolf Laun, Peter Rassow und Hans Rothfels, bearbeitet von Theodor Schieder. Hrsg. vom Bundesministerium für Vertriebene, Flüchtlinge und Kriegsgeschädigte. 5 Bde., 3 Beihefte, Ortsregister, Bonn 1953-1962.

92 Mathias Beer, Die Dokumentation der Vertreibung der Deutschen aus Ost-Mitteleuropa. Hintergründe – Entstehung – Ergebnis – Wirkung, in: Geschichte in Wissenschaft und Unterricht 50 (1999), S. 99-117.

93 Im Original hieß das Heft »Ein Bericht aus Ost- und Westpreußen 1945-1947. Aufzeichnungen von Hans Graf von Lehndorff«, doch nach Erwerb der Lizenz hatte der Verlag den Titel verkaufsfördernd geändert. Zwischen 1963 und 1965 erschienen englische, finnische, niederländische, italienische, französische und schwedische Ausgaben des Bandes, der 2005 bei Beck in der 21. Auflage und bei dtv in der 25. Auflage erhältlich war.

der Vertreibung begangenen Verbrechen in Auftrag zu geben. Unter dem Titel »Dokumentation der Vertreibungsverbrechen« gelangte das Vorhaben ins Fahrwasser parteipolitischer Debatten um Flucht und Vertreibung sowie um die aktuelle Ausrichtung der bundesdeutschen Ostpolitik. Ziel sollte es ebenfalls sein, auf Grundlage der Dokumentation gegebenenfalls juristische Argumente zu sammeln, um Verantwortliche zu überführen und strafrechtliche Ermittlungen einzuleiten. 1974 legte das Bundesarchiv einen entsprechenden Bericht vor, in dem vor allem Zeitzeugenberichte der Ostdokumentation und »Dokumentation der Vertreibung« ausgewertet wurden. Obwohl überraschende Ergebnisse ausblieben und sogar die Zahl der geschätzten Todesopfer nach unten korrigiert wurde, suchte die CDU/CSU daraus politisches Kapital zu schlagen, und skandalisierte die Ergebnisse gegen die sozialliberale Ostpolitik. Befeuert wurden die Angriffe durch einen Raubdruck des Berichts, der auch durch die Presse ging.[94] Ursprünglich war vereinbart worden, den Bericht nur für den internen Gebrauch anfertigen zu lassen.[95] Doch durch eine gezielte Indiskretion geriet er in die Hände eines der CDU/CSU nahestehenden Verlegers, der die Dokumentation 1975 unter dem reißerischen Titel »Verbrechen an Deutschen. Die Opfer im Osten. Endlich die Wahrheit, die Bonn verschweigt« veröffentlichte. Die öffentliche Resonanz darauf war zunächst mäßig. Erst nachdem vier Jahre später die Fernsehsendung »Report« auf Grundlage des Buchs einen längeren Bericht über die damaligen Ungerechtigkeiten und Verbrechen ausstrahlte, sorgte dies unter den Zuschauenden für erhebliches Aufsehen und bescherte dem Verlag eine zweite und dritte Auflage.[96]

Unter der CDU/CSU-geführten Regierung von Helmut Kohl dauerte es noch bis 1989, bis ein quasi offiziell legitimierter Bericht zusammen mit weiteren, vom Bundesarchiv erarbeiteten Texten in einer Publikation der »Kulturstiftung der deutschen Vertriebenen« erschien.[97] Als die Bände veröffentlicht wurden, erntete die Wissenschaftliche Kommission von den Landsmannschaften und Vertriebenenverbänden erhebliche Kritik. Grund dafür war ihre

94 Geheime Dokumentation enthüllt: 600 000 Deutsche ermordet, in: Die Welt vom 18./19.1.1975.- Bei Vertreibung kamen mehr als 600 000 Deutsche ums Leben, in: Westdeutsche Allgemeine vom 3.2.1975.- 600 000 Deutsche bei Vertreibung getötet, in: Süddeutsche Zeitung vom 4.2.1975.

95 BArch, B 106/79649: Bundesarchiv/Der Präsident an das Bundesministerium des Innern/SK II3, 16.12.1974.- BArch, B 106/79649: Betreff Dokumentation über Vertreibungsverbrechen, hier: Bekanntwerden von Teilen des innerdienstlichen Berichts des Bundesarchivs, 5.2.1975.

96 Mathias Beer, Verschlusssache, Raubdruck, autorisierte Fassung. Aspekte der politischen Auseinandersetzung mit Flucht und Vertreibung in der Bundesrepublik Deutschland (1949-1989), in: Jiri Pesek/Roman Holec/Christoph Cornelißen (Hg.), Krieg, Diktatur, Vertreibung. Erinnerungskulturen in Tschechien, der Slowakei und Deutschland nach 1945, Essen 2005, S. 369-401.

97 Vertreibung und Vertreibungsverbrechen 1945-1948. Bericht des Bundesarchivs vom 28. Mai 1974. Archivalien und ausgewählte Erlebnisberichte, herausgegeben von der Kulturstiftung der deutschen Vertriebenen, Bonn 1989.

Enttäuschung, nicht die Ergebnisse vorzufinden, die im Regierungsauftrag vorgezeichnet schienen. Stattdessen bekamen sie eine geschichtswissenschaftliche Betrachtung, die das Erlebte und Erzählte kontextualisierte, methodisch hinterfragte und einer quellenkritischen Beurteilung unterzog.[98] Das entsprach den Standards guter Wissenschaftlichkeit. Das Bundesarchiv hatte sich damit in einem Projekt engagiert, das sich von den politischen Instrumentalisierungsabsichten der Anfangsphase gänzlich lösen konnte und einen innovativen Beitrag zur historischen Aufarbeitung leistete.[99]

Grenzen der Aufarbeitung

Der Vorwurf, Aktenzugänge würden durch Archive und Archivmitarbeiter gezielt versperrt und damit die Aufarbeitung von Nazi-Vergangenheiten oder gar -Verbrechen verschleppt oder verhindert, gehörte spätestens seit den 1960er Jahren zu den regelmäßig wiederkehrenden Klagen, mit denen das Bundesarchiv und andere Archive umzugehen hatten. Die Vorhaltungen kamen aus dem Inland ebenso wie aus dem sozialistischen Ausland (hier insbesondere aus der DDR und Polen) und wurden bisweilen mit gleicher medialer Verve zurückgegeben. So heizte beispielsweise die FAZ mit der Schlagzeile »Ost-Berlin soll Akten herausgeben«, die im Juli 1965 die Forderung des damaligen Bundesjustizministers Weber nach Entsendung von Beamten ins DZA zur Verfolgung von NS-Kapitalverbrechen thematisierte, die gegenseitigen Auseinandersetzungen um Archivalienzugriffe an.[100] Derlei Beschuldigungen hatten manchmal mehr, manchmal weniger Substanz und waren in der Regel schwerlich konkret zu beweisen, sodass in diesem Feld viel Nebel und Platz für Spekulationen herrschten und noch immer herrschen. Zweifellos wurden jedoch Archivzugänge vor dem Hintergrund des Kalten Kriegs und der Defizite in der Aufarbeitung der NS-Diktatur auch im Westen unter politischen Gesichtspunkten entschieden, wovon auch das Bundesarchiv nicht ausgenommen war. Dies tritt unter anderem in dem schwierigen Kapitel der Beziehungen zu polnischen Benutzern zutage, die sich mit NS-Tätern im besetzten Polen befassten. Nachfolgende Ausführungen erzählen exemplarisch von persönlichem Misstrauen, archivpolitischem Taktieren und formalen Blockaden, die letztlich mitverantwortlich dafür waren, dass sich Verfolgung und Aufarbeitung von NS-Unrecht verzögerten.

Anfang November 1971, inmitten der laufenden ostpolitischen Annäherungsbemühungen der Regierung Brandt/Scheel, beklagte das Bundesjustiz-

98 Die Kommission konzipierte nicht nur eine eigene Methodik zum Sammeln von Erlebnisberichten, die sich von dem bis dahin praktizierten, allein auf Vertreibungsverbrechen beschränkten Vorgehen unterschied, sondern auch eigene Auswertungsprinzipien. Die Dokumentation der Vertreibung der Deutschen aus Ost-Mitteleuropa (1953-1962), S. 23 f.

99 Beer, Im Spannungsfeld von Politik und Zeitgeschichte, S. 346-353.

100 Ost-Berlin soll Akten herausgeben, in: FAZ vom 10.7.1965.

ministerium eine deutliche Klimaverschlechterung zu Polen im Hinblick auf die juristische Aufarbeitung von NS-Verbrechen: »Die Beziehungen zwischen der polnischen Hauptkommission [zur Aufklärung von Hitler-Verbrechen in Warschau] und der Zentralen Stelle zur Aufklärung nationalsozialistischer Verbrechen in Ludwigsburg haben in der letzten Zeit von polnischer Seite eine merkliche Abkühlung erfahren. Der Leiter der polnischen Hauptkommission, Czeslaw Pilichowski, hat in Gesprächen durchblicken lassen, dass dies unter anderem daran liege, dass ihm bei einem Besuch des Bundesarchivs nicht in dem von ihm gewünschten Umfang Zugang zu dessen Beständen gewährt worden sei. Darin sehe er eine Verletzung des Grundsatzes der Gegenseitigkeit, da die polnische Hauptkommission der Zentralen Stelle zehntausende von Urkunden für die Verfolgung von NS-Straftaten zur Verfügung gestellt habe«, übermittelte das Justizministerium an Innenminister Hans-Dietrich Genscher.[101] Wiederholt sei gegenüber verschiedenen Vertretern des Bundesministeriums, der Zentralen Stelle der Landesjustizverwaltungen in Ludwigsburg (ZStL), des Hessischen Generalstaatsanwalts und des Baden-Württembergischen Justizministeriums der Vorwurf erhoben worden, es werde kein adäquater Aktenzugang gewährt. Zwar seien die Vorwürfe nicht zu halten, gleichwohl bitte man das BMI um eine Stellungnahme, »a) unter welchen Voraussetzungen, b) in welchem Umfang« eine Einsichtnahme im Bundesarchiv möglich sei.[102]

Seit 1960 unterhielt die ZStL Kontakte zur Polnischen Hauptkommission zur Untersuchung von NS-Verbrechen beim Justizministerium in Warschau (HK), die sich zunächst unilateral entwickelten.[103] ZStL-Mitarbeiter konnten in den Räumen der Polnischen Militärkommission in West-Berlin ausgewählte kleinere Dokumentenbestände einsehen. Nach vorhergegangenen Kooperationsgesprächen in Warschau reisten 1965 und 1966 mehrere Arbeitsgruppen der ZStL in die polnische Hauptstadt sowie weitere Städte, um dort Archivmaterial zu sichten. In diesem Zusammenhang fertigte und übersandte die HK auf deutschen Wunsch hin per Mikrofilm zwischen 60-70 000 Bilder. 1966 war

101 BArch, B 106/79656: Der Bundesminister der Justiz an den Bundesminister des Innern, 10.11.1971.

102 Ebd.

103 Zur Geschichte der Zentralstelle unter anderem: Rüdiger Fleiter, Die Ludwigsburger Zentrale Stelle – eine Strafverfolgungsbehörde als Legitimationsinstrument? Gründung und Zuständigkeit 1958 bis 1965, in: Kritische Justiz 35 (2002), S. 253-272.- Andreas Kunz, NS-Gewaltverbrechen, Täter und Strafverfolgung. Die Unterlagen der Zentralen Stelle der Landesjustizverwaltungen in Ludwigsburg, in: Zeithistorische Forschungen Heft 4 (2007) 1-2, S. 233-245.- Annette Weinke, Eine Gesellschaft ermittelt gegen sich selbst. Die Geschichte der Zentralen Stelle in Ludwigsburg 1958-2008, Darmstadt 2008.- Kurt Schrimm/Joachim Riedel, 50 Jahre Zentrale Stelle in Ludwigsburg. Ein Erfahrungsbericht über die letzten zweieinhalb Jahrzehnte, in: Vierteljahrshefte für Zeitgeschichte 56 (2008) 4, S. 525-555.- Kerstin Hofmann, »Ein Versuch nur – immerhin ein Versuch«. Die Zentrale Stelle in Ludwigsburg unter der Leitung von Erwin Schüle und Adalbert Rückerl (1958-1984), Berlin 2018.

allerdings auch das Jahr, in dem der erste ZStL-Leiter Erwin Schüle zurücktrat, nachdem seine vormalige Mitgliedschaft in der SA und der NSDAP bekannt geworden war. Doch der schriftliche Austauschverkehr entwickelte sich weiter, die Zahl an Rechtshilfeersuchen nahm zu. Jeweils im Dezember 1967 und 1969 reiste nun umgekehrt eine polnische Delegation der HK in die Bundesrepublik. Dabei war die ZStL zwar das Hauptziel der Reise, doch ebenso wurden Institutionen wie das Bundesarchiv besucht. Auf westdeutscher Seite gerieten die polnischen HK-Aktivitäten etwa seit 1968 zunehmend zum Problem, da einzelne Kommissionsmitglieder versuchten, den Geschäftsweg über die ZStL zu umgehen und mit einzelnen Staatsanwaltschaften separat zu kommunizieren. Dies war durch die Annahme motiviert, so über die begrenzenden Richtlinien der ZStL hinaus mehr und umfangreichere Informationen beziehen zu können – was zwangsläufig zu Konflikten führte.

Nach dem zweiten HK-Besuch Ende 1969 kühlten die Kontakte zwischen HK und ZStL dann deutlich ab. Ludwigsburger Anschreiben und Rechtshilfeersuchen wurden nicht oder nur verspätet beantwortet. Die Gründe dafür lagen zum einen in den erwähnten auswärtigen Informationsbeschränkungen, denen die ZStA-Arbeit unterlag. Zum anderen hatte das BMI die ZStL beauftragt, von der HK ein Einschreiten gegen die wachsende Zahl von polnischen Presseangriffen auf die westdeutsche Justiz zu fordern. Schließlich waren in der ZStL-Publikation »NS-Prozesse« einige Äußerungen des HK-Leiters wiedergegeben und kritisch kommentiert worden. Trotz erheblicher Querelen in der Vorbereitung besserte sich das gegenseitige Klima schließlich wieder durch den Besuch einer bundesdeutschen Delegation im November 1972 – eine diplomatische Phase, die im Kontext des Botschafteraustauschs eher von Aufwind gekennzeichnet war.

Im Vorfeld des ersten Besuchs der polnischen Delegation hegte das Bundesarchiv (in berichterstattender Person von Heinz Boberach) keine Bedenken, HK-Mitglieder zu empfangen und sie über sie interessierende Dokumente zu informieren. Gleichwohl wurde das Besuchsprozedere aber so weit »abgesichert«, dass keine überraschenden Enthüllungen möglich wurden: »Grundsätzlich wird sichergestellt werden, dass die polnischen Besucher keine Findmittel zu sehen bekommen und auch keine Möglichkeit erhalten, etwa aus den ihnen zugänglichen Dokumenten Namen von Personen zu erfahren, gegen die bisher keine Vorwürfe wegen ihrer Beteiligung an der nationalsozialistischen Gewaltherrschaft erhoben worden sind und die daher etwa als Objekte für Erpressungsversuche in Betracht kommen könnten. Bei den Besuchen der Zentralen Stelle in Polen ist von polnischer Seite ebenso verfahren worden«, erläuterte Boberach seinen Plan, der in dieser Form vom BMI ans Bundesjustizministerium weitergegeben wurde.[104] Als die polnische

104 BArch, B 106/79656: Mommsen/Boberach (Bundesarchiv) an den Bundesminister des Innern, 28.9.1967.- BArch, B 106/79656: Bundesminister des Innern an den Bundesminister der Justiz, 9.10.1967.

Delegation mit Waclaw Bielawski, Stanislaw Kania und Jozef Frienske dann am 11. Dezember 1967 am Koblenzer Wöllershof eintraf, lautete die offizielle Formel inzwischen »Informationsbesuch«.[105] Im Kern verlief dann alles wie geplant. Auf die Fragen der Gäste nach Bestandseinsichtnahme durch HK-Mitglieder, Zugangsvermittlung zu anderen Archiven und dem Abrechnungsmodus bei Kopien- oder Filmbestellung reagierte Boberach diplomatisch: Eine Einsichtnahme aus wissenschaftlichem Interesse sei möglich, gehe es um Durchsicht zu Prozesszwecken, sei eine Genehmigung durch das Bundesjustizministerium vonnöten. Ansonsten könne das Bundesarchiv allgemeine archivalische Auskünfte erteilen, die Abrechnung erfolge auf dem Wege gegenseitiger Verrechnung. Etwas disharmonisch geriet die Stimmung lediglich, als den HK-Vertretern erstens ein Film über die Arbeit der ZStL gezeigt wurde, der auch kritische Bemerkungen zur HK enthielt, und zweitens als Boberach während der Archivführung dezidiert hervorhob, dass es umgekehrt bislang nicht möglich gewesen sei, sich in Polen über Umfang und Inhalt der dortigen Bestände zu informieren.[106] Davon abgesehen konnte Mommsen zufrieden ans BMI berichten, dass »ausschließlich solche Akten« vorgelegt worden seien, die in den USA vor der Rückgabe verfilmt worden waren oder zur Sammlung der Nürnberger Dokumente gehörten: »In keinem Fall war es den polnischen Besuchern möglich, selbst Einsichtnahme in bestimmte Akten zu wünschen oder Findmittel einzusehen«, erklärte der Präsident des Bundesarchivs, womit sie nicht anders behandelt worden seien »als deutsche Beamte in Polen, ohne dass dies selbst dem sie begleitenden Staatsanwalt [Bielawski] aufgefallen wäre«.[107]

Auf dieser »bewährten« Grundlage erfolgte zwei Jahre später der zweite Besuch der polnischen HK im Bundesarchiv mit dem Direktor der Kommission, Czeslaw Pilichowski, an der Spitze. Auch jetzt blieb die Akteneinsicht klar abgegrenzt: »Die Vorlage von Archivalien, die nicht zu den aus den USA zurückgeführten und dort verfilmten Beständen gehören, kommt nicht in Betracht«, so Mommsen Ende November 1969.[108] Doch im Gegensatz zu früher verhallte der Besuch nun nicht spurlos. Es war insbesondere HK-Chef Pilichowski, der nun bei vielen Gelegenheiten immer wieder beklagte, das Bundesarchiv verweigere zusammen mit anderen bundesdeutschen Einrichtungen die Herausgabe von Material an polnische Stellen oder gebe nur unzureichende Auskünfte. Und so musste sich plötzlich das Bundesarchiv gegenüber Genscher und dem Geschäftsführer der Arbeitsgemeinschaft der Evangelischen Jugend Deutschlands, Peter Burkhardt, rechtfertigen, der nach einem Treffen mit der HK während seines Polenbesuchs im April 1970 beim Innenminister

105 BArch, B 106/79656: Mommsen (Bundesarchiv) an den Bundesminister des Innern, 10.11.1967.

106 BArch, B 106/79656: Mommsen/Boberach (Bundesarchiv) an den Bundesminister des Innern, 21.2.1968.

107 Ebd.

108 BArch, B 106/79656: Mommsen (Bundesarchiv) an den Bundesminister des Innern, 27.11.1969.

um Erklärung bat, warum das Bundesarchiv Akten zur Aufklärung von NS-Verbrechen zurückhalte.[109] Pilichowski wiederholte seinen Vorwurf gegen das Bundesarchiv unter anderem auch im darauffolgenden Oktober gegenüber westdeutschen Staatsanwälten, die im Auftrag der Zentralstelle im Lande Nordrhein-Westfalen für die Bearbeitung von Nationalsozialistischen Massenverbrechen in Polen recherchierten. Diese wiederum informierten darüber ihren Leiter bzw. das Bundesjustizministerium, die sich im Februar 1971 erneut an Koblenz mit der Bitte um Erläuterung wandten.[110] Hier blockte Mommsen mit Verweis auf die (bereits genannten) jeweiligen Regularien für die wissenschaftliche und die juristische Akteneinsicht und -verwertung ab und betonte, dass im Bundesarchiv kein Benutzungsantrag zur Bearbeitung vorliege.[111] Insofern war Pilichowskis Klage auf den ersten Blick substanzarm. Doch in und zwischen den Zeilen an das Justizministerium offenbarte Mommsens Schreiben bedenkliche Positionen, die im Kern nach wie vor auf Verdrängung und Zugangshandel abzielten: So sei die Entscheidung von wissenschaftlichen Benutzeranträgen grundsätzlich abhängig zu machen vom umgekehrt gewährten polnischen Archivzugang für bundesdeutsche Wissenschaftler. Ebenso seien keine archivalischen Erhebungen von polnischer Seite im Bundesarchiv (und anderswo) zu genehmigen, solange kein bundesdeutscher Staatsanwalt umgekehrt das gleiche Recht zugesprochen erhalte. Schließlich sei eine Weitergabe von Reproduktionen von Bundesarchiv-Akten an die HK dann zu versagen, »wenn offensichtlich Unterlagen angefordert [werden], die Vorwürfe gegen Persönlichkeiten in der Bundesrepublik ermöglichen«, eine Aussage bzw. Formulierung Mommsens, die selbst im zuständigen BMI-Referat mit zwei Fragezeichen markiert wurde.[112]

Zwar war am 7. Dezember 1970 der Warschauer Vertrag zur Normalisierung der polnisch-westdeutschen Beziehungen unterzeichnet worden, doch es dauerte bis zum Mai bzw. September 1972, bis der Vertrag von bundesdeutscher Seite ratifiziert und mit der Errichtung von Botschaften offizielle diplomatische Beziehungen aufgenommen wurden. Diese Entwicklung wirkte sich positiv auf die archivpolitischen Beziehungen aus, wie die Dienstreise von Oberstaatsanwalt Rückerl, Staatsanwalt Broszat und Dolmetscher Enz von der ZStL vom 27. November bis 4. Dezember 1972 nach Polen zeigte. Nachdem Pilichowski noch am 2. Oktober in der Zeitung »Trybuna Ludu« in einem groß angelegten Artikel mit der programmatischen Schlagzeile »Unbestrafte Verbrechen« behauptet hatte, dass der HK kein Zutritt in bundesdeutsche Staatsarchive gewährt werde, um Dokumente über die Okkupation und NS-

109 BArch, B 106/79656: BMI / Lugge: Vermerk, 1.7.1970.

110 BArch, B 106/79656: Bundesminister der Justiz an das Bundesarchiv Koblenz, 25.2.1971.

111 BArch, B 106/79656: Bundesarchiv / Mommsen an den Bundesminister für Justiz (Abschrift), 26.3.1971.

112 Ebd.

Verbrechen zu sichten, wurde nun ein versöhnlicher Ton angeschlagen.[113] Zum einen konnte Rückerl in größerer Runde glaubhaft machen, dass das Bundesarchiv korrekt eingereichte wissenschaftliche Benutzeranträge genehmige – immerhin hatten bereits im Januar 1972 drei HK-Mitarbeiter im Bundesarchiv gearbeitet –, jedoch Räumlichkeiten, in denen Archivalien aufbewahrt werden, Besuchern verschlossen blieben, so wie es auch bundesdeutsche Staatsanwälte in polnischen Archiven erfahren hatten. Zum anderen hatte Pilichowski inzwischen durch die Justizminister von Hessen und Niedersachsen politische Unterstützung für geplante Einsichtnahmen im Bundes- und Militärarchiv zugesichert bekommen. Überdies ermöglichte die Aufnahme diplomatischer Beziehungen der HK nun, sich für Rechtshilfeersuchen offiziell an das Bundesjustizministerium zu wenden. Schließlich war es auch das Jahr, in dem Wolfgang A. Mommsen in den Ruhestand ging und Walter Vogel kommissarisch die Archivleitung übernahm.[114]

In den folgenden Jahren entwickelte sich – trotz oder ungeachtet weiter bestehender Spannungen und Vorwürfe – zwischen dem Bundesarchiv und der HK in Form von Mikroverfilmungen ein immer stärker werdender Dokumentenaustausch, der nun plötzlich nicht nur politisch, sondern auch haushälterisch verhandelt werden musste, da anfallende Reproduktionskosten bilateral verrechnet, nicht jedoch erstattet wurden und dem Bundesarchiv zunächst keine Sondermittel zustanden.[115] Dass die ganze Thematik weiterhin ein heißes Eisen blieb, ist angesichts der mehr und mehr zur Verfügung stehenden Aktenmenge kaum erstaunlich. Denn dies bedeutete für das Bundesarchiv, dass man sich stärker denn je um die vielfache und langwierige Absicherung »nach oben« kümmern musste. Als beispielsweise die Staatsanwaltschaft des Stuttgarter Landgerichts beim Bundesarchiv eine beglaubigte Kopie eines Blattes aus dem Anlageband 1 zum Kriegstagebuch des Befehlshabers rückwärtiges Heeresgebiet Süd anforderte, um sie an Pilichowskis HK zu übermitteln, musste sich Heinz Boberach dafür die Erlaubnis sowohl vom Bundesinnen- als auch vom Verteidigungsminister einholen. Das galt ungeachtet dessen, dass die Kopie den ehemaligen Bundesminister Theodor Oberländer gegenüber neu aufgekommenen Vorwürfen entlastete, am Massaker von Lemberg 1941 mitgewirkt zu haben.[116]

Ob und inwiefern das Bundesarchiv Aufarbeitung bewusst blockieren würde oder nicht, war ein öffentliches Thema, das sich aber nicht nur auf die

113 BArch, B 106/79656: Zentrale Stelle der Landesjustizverwaltungen / Leiter: Bericht über die in der Zeit vom 27.11. bis 4.12.1972 durchgeführte Dienstreise nach Polen, 29.12.1972.

114 BArch, B 106/79656: Bundesarchiv (Vogel) an die Militärmission der VR Polen in Berlin, 23.7.1973.

115 BArch, B 106/79656: Bundesminister für Justiz an den Bundesminister des Innern, 28.9.1973.

116 BArch, B 106/79656: Bundesarchiv (Heinz Boberach) an den Bundesminister des Innern, 5.9.1975.

jüngste Diktaturvergangenheit erstreckte, sondern auch auf die zeitgenössische westdeutsche Innenpolitik. Auch hier lag der Verdacht von Zensur, Vertuschen oder unzulässiger Geheimhaltung beständig in der Luft. Insbesondere investigativ arbeitende Journalisten nährten Zweifel am Transparenzwillen des Archivs. So entspann sich beispielsweise im Gefolge der 116. Sitzung des Deutschen Bundestags am 28. Juni 1967 eine Diskussion über den archivischen Zugang zum Schriftwechsel zwischen Theodor Heuss und Konrad Adenauer.[117] Dabei waren es vor allem FDP-Mitglieder, die auf Herausgabe drangen. Vor dem Hintergrund der Debatten um Notstandsgesetzgebungen erhofften sie sich Einsichten in Heuss' frühere Argumentation, so zeitgenössische Pressevermutungen,[118] mit der er Adenauers Bemühungen um eine Grundgesetzänderung zugunsten einer weiteren Amtszeit von Heuss als Bundespräsident abgelehnt habe, sowie Aufschlüsse über dessen gegenüber Adenauer schriftlich niedergelegtes Amtsverständnis, das sich nach Auffassung der Liberalen von dem des aktuellen Bundespräsidenten Lübke unterschied. Erwartet wurden aber auch kritische Äußerungen zur Wiederbewaffnung und zur frühen Personalpolitik, der Heuss teilweise ablehnend gegenüberstand. Zeitungen wie die »Bremer Nachrichten« – die dazu titelte: »Brisante Briefe im Bundesarchiv bewahrt. FDP möchte gegen das Staatsoberhaupt zu Felde ziehen« –, dramatisierten die Bundestagsbefragung zu einem Krimi mit explosivem Gehalt.[119] Der FDP-Abgeordnete William Borm hatte in der Befragung erklärt, dass Historikern der Zugang durch das BMI verweigert würde, was Stimmung und Erwartung anheizte.[120] Im Bundesarchiv bzw. der zuständigen BMI-Abteilung gab man sich ostentativ unaufgeregt: Historikern sei schon allein deshalb der Zugang nicht verweigert worden, weil kein dahingehender Benutzerantrag gestellt worden sei. Gleichwohl befänden sich zum einen die »Sachvorgänge« im Zwischenarchiv, zum anderen seien diese Akten des Bundeskanzleramtes geblieben.[121] Damit war, formal korrekt, der Briefwechsel *de facto* nicht zur Einsichtnahme freigegeben – und niemand musste unangenehme Fragen und Offenbarungen befürchten.

Dass aber weder im Bundeskanzleramt noch im Bundespräsidialamt jemand ernsthaft daran dachte, Interna eines solchen Briefwechsels der Öffentlichkeit preiszugeben, wurde vier Jahre später ersichtlich. So hatte unter Bezugnahme auf die Fragestunde im Bundestag ein Journalist der Frankfurter Rundschau

117 Deutscher Bundestag. 5. Wahlperiode – 116. Sitzung, Bonn, den 28.6.1967, S. 5757-5759.

118 Brisante Briefe im Bundesarchiv bewahrt. FDP möchte gegen das Staatsoberhaupt zu Felde ziehen, in: Bremer Nachrichten vom 29.6.1967.

119 Ebd.

120 BArch, B 106/34730: Chef des Bundeskanzleramtes an den Herrn Bundesminister des Innern, 6.7.1967.

121 BArch, B 106/34730: BMI / III 2: Reg.Dirn. Dr. Lugge an den Chef des Bundeskanzleramtes, 13.7.1967.

beim BMI bzw. beim Bundesarchiv die Sichtung der Briefe beantragt.[122] Doch die erforderliche Bewilligung durch das Bundeskanzleramt unterblieb: Eine Freigabe könne nicht erfolgen, da sich der Briefwechsel auf noch aktuelle Sachvorgänge und Personen des öffentlichen Lebens beziehe, wurde das Ansinnen freundlich, aber bestimmt abgelehnt.[123] Auch das Bundespräsidialamt versagte unter vagem Hinweis auf den noch ungeklärten Archivierungs-Status einen Zugang,[124] eine Antwort, die auch der FDP-Bundestagsabgeordnete Borm erhielt.[125] Ministerialrätin Lugge vom BMI präzisierte dann intern, dass der »politische Briefwechsel« der Geheimhaltung unterliege und sich dementsprechend in den Geheimregistraturen von Bundeskanzler- und Bundespräsidialamt befinde. Der im Zwischenarchiv alternde Schriftwechsel zu »bestimmten Sachfragen« sei Eigentum der jeweiligen Behörde, und für die wissenschaftliche Benutzung von Akten, die jünger als 30 Jahre sind, bedürfe es der expliziten Zustimmung des Ministers oder Staatssekretärs. Da der Journalist nicht in der Lage gewesen sei, »die ihn interessierenden Sachakten genauer anzugeben«, habe eine Freigabeprüfung nicht erfolgen können. »Ich schlage vor, die Angelegenheit als erledigt zu betrachten und von einer schriftlichen Wiederholung der bereits erteilten Antwort abzusehen«, beendete Lugge den Vorgang.[126] Eine solche Praxis bewegte sich im zeitgenössischen Regelkanon. Rückblickend zeigt sich darin unter anderem die Spannweite der archivischen Arkansphäre jener Zeit. Gerade in der Vogelperspektive treten die Unterschiede zur Gegenwart hervor, die sich in vielerlei Hinsicht durch erheblich mehr Transparenz und die Ermöglichung von Ausnahmegenehmigungen sowie raschem Quellenzugang auszeichnet.

Zwischenresümee

Die Errichtung des Bundesarchivs erfolgte im Vergleich zum DZA vergleichsweise spät. Als Neugründung und Archiv ohne Akten brauchte es zudem viele weitere Jahre, um sich in der bundesdeutschen Behördenlandschaft zu etablieren. Prägnant für die Anfangsphase war der hohe Anteil von Archivaren auf der Leitungsebene, die unter archivgeschichtlichen Gesichtspunkten Phasen und Momente von NS-Belastung aufwiesen. In diesem Sinne hatte das Bun-

122 BArch, B 106/34730: Frankfurter Rundschau (Volkmar Hoffmann) an den Bundesminister des Innern, 15.7.1971.

123 BArch, B 106/34730: Chef des Bundeskanzleramtes an die Frankfurter Rundschau (Volkmar Hoffmann), 29.7.1971.

124 BArch, B 106/34730: Bundespräsidialamt an die Frankfurter Rundschau (Volkmar Hoffmann), 30.7.1971.

125 BArch, B 106/34730: Chef des Bundeskanzleramtes an William Borm, 4.8.1971.

126 BArch, B 106/34730: BMI / SK II 3 (MRn Dr. Lugge) an den Herrn Bundesminister des Innern, 25.8.1971.

desarchiv mit einem deutlich größeren und länger andauernden Erbe aus der NS-Zeit umzugehen als das Potsdamer Pendant.

Gleichwohl zeigt die nähere Betrachtung, dass es eine epochenübergreifende Kontinuität im wörtlichen Sinne einer Fortdauer bzw. eines lückenlosen Zusammenhangs, womöglich sogar eines Masterplans zur Wiederinstallation belasteter Archivare nur bedingt gegeben hat. Stattdessen stellte sich die personalpolitische Situation der Nachkriegszeit vielfach als eine von Wechselhaftigkeit, Kontingenz und arbeitsbiografischer Diskontinuität geprägte Phase dar, in der die individuelle Diktaturbelastung im Personaltableau zeitversetzt in Erscheinung trat. Auch der Einstellungsprozess gestaltete sich keineswegs als Selbstläufer. Als künftiger Archivdirektor hatte Georg Winter komplexe Kandidatenlisten angelegt, doch das Ergebnis der Sondierung konnte selten vorausgesehen werden, da viele der angefragten erfahrenen Archivexperten, die bereits wieder in Westdeutschland in Anstellung waren, Vorbehalte und Zweifel gegenüber der neuen Behörde hatten. Gleichwohl kann nicht übersehen werden, dass sich Winter erstens über die jeweiligen individuellen Belastungsmomente der Archivare stets im Klaren war und zweitens im Auswahlverfahren nahezu immer gegen den Nicht-Pg. entschied bzw. für denjenigen, der einen höheren Belastungsgrad als der Alternativkandidat aufwies. Insofern hatte er maßgeblichen Anteil an der hohen Beschäftigtenrate belasteter Archivare.

Verbrechen- und Diktatur-verharmlosende Positionen waren im Bundesarchiv selten anzutreffen – am ehesten noch in vereinzelten Hauspublikationen, wo bisweilen unkritische Betrachtungsweisen, Quellenselektionen, Beschönigungen bzw. sogar bewusstes Verschweigen von Unrecht und Verbrechen im Nationalsozialismus anzutreffen waren, oder auch in militaristischen Zeitungs-Statements einzelner Archivare, gegen die allerdings Koblenzer Bundesarchivare öffentlich Stellung bezogen. Dagegen war aufseiten der alten Bundesarchivare ein Anknüpfen an konservativ-antikommunistische und russophobe Denkhorizonte zu beobachten. Diese traten praktisch meist dann zutage, wenn es um Archivnutzungen ostdeutscher oder osteuropäischer Personen sowie um die Deutung des sozialistischen Archivwesens ging. Solche Einstellungen kamen auch auf der internationalen Bühne zum Tragen, wo die Bundesrepublik wieder Fuß zu fassen suchte. So pochten ihre Vertreter – und mit ihnen das Bundesarchiv – auf den Zusammenkünften und Kongressen des Internationalen Archivrates regelmäßig auf den Alleinvertretungsanspruch ihres Landes, ohne dabei jedoch immer durchzudringen. Denn die Mehrzahl der ausländischen Kollegen versuchte in den 1950er wie auch in den 1960er Jahren, die (außen)politische Dimension der deutschen Teilung auszublenden. Diese stand im Gegensatz zu den universalen Werten der *Community*, denen sich die meisten Archivare verpflichtet fühlten – eine Haltung, die vonseiten des Auswärtigen Amtes schwerlich zu akzeptieren war.

In den 1950er Jahren und darüber hinaus lebten im Bundesarchiv der Geist, die Berufsmentalität und die Kommunikationskultur des preußisch-konservativen Archivbeamtentums weiter, deren Wurzeln weit in die Zeit vor 1945 und 1933 reichten. Insbesondere die Ära Georg Winter war geprägt von einem patriarchal-autoritären Führungsstil und der Pflege strenger Hierarchien. Dies deckte sich mit der Erfahrungswelt der frühen Leitungsriege im Archiv, die mehrheitlich durch das IfA, Ernst Zipfels behördliches Führerprinzip und die Kriegsjahre geformt worden war. Erst mit Beginn der 1960er Jahre kündigte sich im Archiv ein vorsichtiger, generationell bedingter Wandel an, der seine Impulse auch aus den gesellschaftspolitischen Diskussionen in der Bundesrepublik bezog, wo sozial- und liberaldemokratische Politiker und Intellektuelle »mehr Demokratie«, Werteliberalität und Kulturoffenheit einforderten. Im Bundesarchiv fand dies seinen Ausdruck in einer offeneren Kommunikations- und Leitungskultur, in der Infragestellung alter Arkanpraxen sowie in einem gewissen Modernisierungsschub. Damit begann sich die Behörde mehr und mehr auf einem anderen Pfad zu bewegen als das ostdeutsche Pendant in Potsdam.

Die Gründungsväter des Bundesarchivs waren antikommunistisch eingestellt. Damit befanden sie sich in Übereinstimmung mit einem gesellschaftsweit gepflegten Antikommunismus, der im politischen Leben der Bundesrepublik einen integrierenden und stabilisierenden Konsens von der SPD bis nach Rechtsaußen darstellte. Diese Haltung prägte auch den Umgang mit osteuropäischen Initiativen zur Vergangenheitsaufarbeitung. Zwar unterstützte das Bundesarchiv – nicht zuletzt verpflichtet durch alliierte Bestimmungen – Forschungsvorhaben, Dokumentationsprojekte und juristische Ersuchen zur NS-Zeit, wenn sie westdeutscher bzw. westlicher Herkunft waren. Doch suchten die Verantwortlichen des Archivs zumindest in den heißen Phasen des Kalten Kriegs entsprechende Anfragen aus den staatssozialistischen Ländern nur so weit zu bearbeiten, wie unbedingt nötig war.

IV.

Benutzersaal des Deutschen Zentralarchivs der DDR in der zweiten Hälfte der 1950er Jahre

Magazine des Reichsarchivs (1930) und der Zentralnachweisstelle des Bundesarchivs in Aachen-Kornelimünster (1957)

Archivzugänge und archivarische Herausforderungen in der Ordnungskonkurrenz

Infolge der Teilung Deutschlands nach 1945 waren deutsche Archivbestände nicht mehr für alle Deutsche frei zugänglich. Vor dem Hintergrund der Zweistaatlichkeit erhielten ost- und westdeutsche Nutzer im jeweils anderen Land den Ausländerstatus, und ihre Akteneinsicht wurde als ein Aspekt betrachtet, der Teil des internationalen Kultur- und Wissenschaftsaustauschs war. Die außerordentliche Systemrivalität und die jeweiligen historiografischen Deutungsansprüche führten dazu, dass Archivbesuche ein ums andere Mal zu einem umstrittenen Gegenstand deutsch-deutscher Politik gerieten.

Die Nutzung von Archiven durch Ausländer war naturgemäß Bestandteil internationaler Archivbeziehungen, für die jedoch sowohl vor als auch unmittelbar nach 1945 keine grenzübergreifenden Vereinbarungen existierten. Der Archivzugang wurde von den nationalen Archivadministratoren traditionell als innere Angelegenheit betrachtet, für die jedes Land und bisweilen sogar jedes Archiv seine eigenen Regeln aufstellten. In- und ausländische Benutzer wurden dabei grundsätzlich unterschiedlich behandelt. Darüber hinaus waren Reise- und Aufenthaltsgelder einschließlich Archivgebühren vergleichsweise hoch, sodass vielfach Mittel bei staatlichen Stellen eingeworben werden mussten, die dafür wiederum Mitsprache einforderten. Die Grundlage, auf der sowohl in der Bundesrepublik als auch in der DDR das Problem des Archivzugangs für ausländische Benutzer behandelt wurde, war zunächst der dahingehende alte Erlass des Reichs- und preußischen Innenministers vom 28. März 1938. Dieser sah vor, dass Ausländer ihre schriftlichen Anträge auf Akteneinsicht auf dem diplomatischen Weg einzureichen hatten. Ausnahmen von diesem Prozedere konnten gemacht werden, wenn es sich um einen »deutschstämmigen Forscher aus den abgetrennten Gebieten oder aus den deutschen Volkstumsgebieten« handelte oder wenn die Anfrage besonders eilig war und Bestände aus der Zeit vor 1867 betraf. Erschien der ausländische Nutzer unangemeldet oder nach Antragstellung persönlich im Archiv, war der jeweilige Archivleiter befugt, ihm Akten aus der Zeit vor 1867 vorzulegen. Voraussetzung dafür war allerdings, dass den betreffenden Akten »eine politische Bedeutung in keiner Weise zukommt und die Persönlichkeit des ausländischen Benutzers einen Mißbrauch ausschließt«.[1] Von der Benutzererlaubnis war umgehend der Innenminister zu informieren. Handelte es sich um Akten aus der Zeit nach 1867, so war grundsätzlich und in jedem Fall zunächst die Weisung des Ministers abzuwarten bzw. auf den diplomatischen Weg zu verweisen.[2] Nach dem Ende des Zweiten Weltkriegs bildete dieser Erlass den normativen und zunächst unhinterfragten

1 BArch, B 106/56330: Erlaß des Herrn Reichs- und Preußischen Ministers des Innern vom 28. März 1938 an die Landesregierungen (Abschrift), 28.3.1938.

2 Ebd.

Erfahrungshorizont für die Archivdirektoren und -funktionäre in beiden Teilen Deutschlands; Archivbesuche ausländischer Wissenschaftler mussten weiterhin über diplomatische Kanäle organisiert werden. Allerdings waren aufgrund von Zerstörung, Archivschließung und Besucherausfall dahingehende Entscheidungen zunächst nur selten zu treffen. Erst mit dem Beginn des Kalten Krieges, der deutschen Zweistaatlichkeit und der Besucheröffnung von Archiven trat ein neuerlicher Bedarf nach einheitlicher Regelung zutage.

Diese Obliegenheiten bargen im Zeitalter der weltanschaulichen Systemkonkurrenz erheblichen Konfliktstoff, denn es ging um den Zugang zu Wissensbeständen im jeweils anderen Staat, die das archivalische Fundament für historisch-ideologische Argumentationen und gesellschaftspolitische Legitimationsdiskurse bilden konnten. Das wirft die Frage auf, ob und wieviel Akteneinsicht die behördlichen und archivarischen Entscheidungsträger den tatsächlich oder potenziell »gegnerischen« Antragstellern überhaupt zu bewilligen bereit waren und welche Auswahl- und Kontrollmechanismen dafür etabliert wurden. Einsichten darüber ermöglichen wiederum Erkenntnisse dazu, inwieweit der traditionelle Arkanbereich des Archivwesens nach der Zeit der nationalsozialistischen Diktatur fortlebte und welche Phasen der Lockerung oder auch der Verschärfung durch veränderte politische Bedingungen in Ost und West auftraten.

Umstrittene Zugangslenkung in der Bundesrepublik

Föderale Selbstblockaden und deutsch-deutsche Lagesondierungen in den 1950er Jahren

Aufgrund ihrer politischen Einstellung und des allgemein postulierten Rechtsnachfolge-Anspruchs übernahmen die Archivreferenten und -direktoren in Westdeutschland den Erlass von 1938 sowie die bis 1945 gepflegte Umgangspraxis zunächst als selbstverständliche und verbindliche Vorlage für ihr eigenes Tun. Nach der Gründung der Bundesrepublik wurde allerdings bald deutlich, dass der Weg der Antragstellung, das Entscheidungsverfahren und die praktizierte Aktenherausgabe vor Ort je nach Bundesland und Archiv stark voneinander differierten. Mithin brachten der Föderalismus bzw. das traditionell bedingte Fehlen einheitlicher Bestimmungen erhebliche archivpolitische Nachteile mit sich. Einen Eindruck von den uneinheitlichen Umgangsformen gab die Situationsbeschreibung, die das Politische Archiv des Auswärtigen Amtes am 4. September 1953 verfasste. Darin urteilten die Autoren gleich zu Beginn: »Die vielfach sich widersprechenden Länderbestimmungen über die Benutzung deutscher Archive durch Ausländer können zu einer Schädigung des Ansehens der Bundesrepublik führen.«[3] Es wirke peinlich, wenn

3 BArch, B 106/56330: Stellungnahme des Politischen Archivs des Auswärtigen Amtes: Einheitliche Regelung der Behandlung von Anträgen ausländischer Staatsbürger auf Benutzung deutscher Archive, 4.9.1953.

»innerhalb ein- und desselben [Bundes-]Landes einzelne Archive bereitwillig die vom Auswärtigen Amt zu übermittelnde Genehmigung erteilen, andere hingegen zu der Mitteilung zwingen, der Antragsteller habe sich unmittelbar an das zuständige Archiv zu wenden«. In anderen Fällen würden diplomatische Vertretungen, die sich an Archive wenden, die Aufforderung erhalten, den diplomatischen Weg einzuschlagen.[4]

In der Tat war die Praxis sehr verschieden: In Bayern war es den Archiven grundsätzlich untersagt, ausländischen Antragstellern zu antworten, seien es Personen oder auch Institutionen. Alle dahingehenden Schreiben waren ans Staatsministerium für Unterricht und Kultus weiterzuleiten, das sich wiederum mit dem Auswärtigen Amt in Verbindung setzte bzw. beriet. In Hessen hingegen entschied der Staatsarchivdirektor in eigener Zuständigkeit; in Niedersachsen wurden die Anträge gemäß Verfügung des Ministerpräsidenten und Innenministers vom 4. August 1952 dem Ministerpräsidenten zur Entscheidung vorgelegt; in Nordrhein-Westfalen entschied ein Teil der Archivdirektoren eigenverantwortlich, ein anderer Teil holte dazu Auskünfte und Handlungsempfehlungen aus dem Politischen Archiv des Auswärtigen Amtes und dem Bundesarchiv ein.[5]

Im Zuge verschärfter Systemkonkurrenz verlangte diese Situation eine Klärung. Für das Auswärtige Amt was es ein Schreiben des Bayerischen Staatsministeriums für Unterricht und Kultus, das den Stein ins Rollen brachte. Darin fragte das Staatsministerium an, wie mit dem Fall der jugoslawischen Botschaft umzugehen sei, die sich wiederholt direkt an das Bundesarchiv bzw. an das Nürnberger Staatsarchiv mit der Bitte um Einsicht in die Nürnberger Prozessakten gewandt hatte.[6] Daraufhin bat das Auswärtige Amt das Bundesinnenministerium, sich auf der nächsten Archivreferentenkonferenz mit der Frage nach einheitlichen Regeln zu befassen sowie zu klären, ob, wie vor 1945 üblich, Benutzeranträge und -bescheide vom Auswärtigen Amt über das BMI geleitet oder direkt an die Länderregierungen versandt werden sollen.[7] Daraufhin wurde Georg Winter als Direktor des Bundesarchivs vom BMI beauftragt, unter Einbeziehung der Ländervertreter ein Antwortschreiben zu entwerfen, das im Sinne eines Grundsatzpapiers gemeinsame, verbindliche Richtlinien enthalten sollte – ein Auftrag, den dieser zunächst für unproblematisch und rasch umsetzbar hielt.[8] Basierend auf der Diskussion, die die Ministerial-

4 Ebd.

5 Ebd.

6 BArch, B 106/56330: Bayrisches Staatsministerium für Unterricht und Kultus an das Bundesministerium des Innern, 23.11.1953.

7 BArch, B 106/56330: Stellungnahme des Politischen Archivs des Auswärtigen Amtes: Einheitliche Regelung der Behandlung von Anträgen ausländischer Staatsbürger auf Benutzung deutscher Archive, 4.9.1953.

8 BArch, B 106/56330: Bundesministerium des Innern an das Bundesarchiv, 14.1.1954.- BArch, B 106/56330: Georg Winter (Bundesarchiv) an den Bundesminister des Innern, 3.2.1954.

Archivreferenten auf ihrem Treffen am 14. September 1953 in Bremen darüber führten, versandte Winter noch im Oktober ein vierseitiges Entwurfsschreiben, das einen aufschlussreichen Einblick in die archivarische Nachkriegszeit zwischen Kontinuität und vorsichtigem Wandel bietet.[9] Demnach war man sich in Bremen einig gewesen, dass zwar grundsätzlich der diplomatische Weg zu bestreiten sei, dennoch müsse es, wie bereits in der Vorkriegszeit und im Erlass von 1938 grundsätzlich angelegt, auch Raum für Ausnahmen geben. Schließlich, hielt Winter die Argumentation der Referenten fest, gelte der diplomatische Weg vor allem für »Großstaaten«, wohingegen im Falle von »anderen Fremdländern« die Entscheidung von den Archivverwaltungen gefällt werde. Überdies sei es in der Nachkriegszeit nun ein Gebot der Stunde, die kulturelle Zusammenarbeit zwischen Nationen auch in archivischer Hinsicht von früheren Hemmnissen zu befreien. International beispielgebend sei dafür das jüngste französisch-italienische Abkommen über den Archivalienleihverkehr, das einen diplomatischen Weg künftig erübrige. »Die deutschen Länderarchive müssen und wollen heute mehr denn je vorbildliches Entgegenkommen gegenüber Ausländern beweisen«, gab das Entwurfsschreiben die übereinstimmende Position wieder.[10]

Galt der Erlass von 1938 als weiterhin praktikable Referenzverordnung, wurde das dort abgebildete Stichjahr von 1867 als zeitliche Begrenzung für die Aktennutzung von Ausländern ohne vorherigen diplomatischen Entscheidungsweg allerdings als zu statisch und unspezifisch abgelehnt. Politische Aktualität oder Brisanz mit einem einzelnen Stichjahr zu verknüpfen, sei sinnwidrig, hielt Winter ungeachtet dessen, dass zugleich 1918 in allen Landesarchivverwaltungen als Benutzungsgrenze festgelegt war, fest. Überdies sei die alte Regelung nur für wenige Staatsarchive und deren Bestände von konkretem Belang, doch in der Praxis würde sie alle Archive einschließen und insbesondere solche, die landes- und regionalgeschichtliche Bestände verwalten.[11] Im Ergebnis schlug Winters Antwort-Entwurf sechs Richtlinien vor, deren wichtigste Punkte sich wie folgt zusammenfassen lassen:

Erstens: Der diplomatische Weg ist grundsätzlich einzuschlagen. Gleichwohl kann aus- und inländische Nutzung via Antrag gleichgestellt und von der betreffenden Archivverwaltung genehmigt werden, wenn der ausländische Antragsteller als »vertrauenswürdige Persönlichkeit« bekannt ist und das Forschungsthema als »unbedenklich« gilt und/oder eine besondere Eilbedürftigkeit vorliegt. In diesem Sinne darf auch mit gewünschten Auskünften sowie Anträgen auf Aktenversendung oder der Lieferung von Mikrofilmen bzw. Fotokopien verfahren werden. (Ziffer 1-3)

9 BArch, B 106/56330: Bundesminister des Innern an das Auswärtige Amt: Einheitliche Regelung der Behandlung von Anträgen ausländischer Staatsangehöriger auf Benutzung deutscher Archive (Entwurf), o. D. (Oktober 1953).

10 Ebd.

11 Ebd.

Zweitens: Voraussetzung für ein Abweichen vom diplomatischen Weg ist die praktizierte Reziprozität seitens des Auslands. Berühren Anträge oder Auskunftsersuchen Bundesinteressen, wird die Bundesregierung eingeschaltet und auf den diplomatischen Weg verwiesen. (Ziffer 4)

Drittens: Sämtliche ausländischen Anträge und Benutzungen, die »von wissenschaftlicher oder politischer Bedeutung« sind, werden vierteljährlich dem Bundesinnenministerium mitgeteilt. Gemeindearchive und Privatarchive werden vom Ministerium bzw. von den Länderverwaltungen angehalten, den Richtlinien gemäß zu agieren. (Ziffer 5 und 6)

In der Folge setzte ein reger Schriftverkehr zwischen Innenministerium und Länderverwaltungen ein in dem Bemühen, eine gemeinsame Haltung und Antwort gegenüber dem Auswärtigen Amt zu entwickeln. Vom Hamburger Senat kam weitgehende Zustimmung, allerdings erschien den dortigen Zuständigen wie auch den Bremer Kollegen die beibehaltene Fokussierung auf den diplomatischen Weg zu antiquiert-konservativ und vor allem zu umständlich: »Im Zeitalter internationaler Archivtage, der Liberalisierung des Handelsverkehrs und kulturellen Austausches erscheint das nicht tunlich«, ließ man dazu aus der Hansestadt wissen. Überdies könne man den staatlichen Archivleitungen in der Frage der politischen Beurteilung von Anträgen mehr Vertrauen schenken.[12] Der Kultusminister von Nordrhein-Westfalen wiederum bestand darauf, dass bei gleichzeitiger Kenntnisnahme von Empfehlungen aus dem Auswärtigen Amt oder Innenministerium die finale Erteilung und Versagung von Benutzerlaubnissen ausschließlich eine Länderangelegenheit sei. Mikrofilme oder Fotokopien ins Ausland zu verschicken, hielt er – ohne weitere Erläuterung – für ein äußerst bedenkliches Angebot, da so der Einfluss auf die Auswertung der »eigenen Akten« verloren gehe.[13] In Schleswig-Holstein verwies der Kultusminister auf das seiner Meinung nach bewährte deutsch-dänische Archivabkommen vom 15. Dezember 1933, mit dem die gegenseitige Nutzung des Landesarchivs sowie des Reichsarchivs in Kopenhagen und der Landesarchive in Viborg und Apenrade geregelt worden sei und dass das Jahr 1888 als Stichjahr für ausländische Benutzer festgelegt habe. Im Fall einer Neuregelung bat er nun darum festzulegen, dass ältere zwischenstaatliche Vereinbarungen beibehalten werden können. Zudem dürfe sich, wie im deutsch-dänischen Abkommen vorgesehen, der Rahmen der Anträge nicht nur auf wissenschaftliche Forschungen beschränken, sondern müsse auch familienge-

12 BArch, B 106/56330: Senat der Freien und Hansestadt Hamburg an den Bundesminister des Innern, 4.12.1953.

13 BArch, B 106/56330: Der Kultusminister des Landes Nordrhein-Westfalen an den Bundesminister des Innern, 12.12.1953. Im mitgesandten Auszug aus dem deutsch-dänischen Abkommen vom 15.12.1933 wurde zum Zeitpunkt seiner Unterzeichnung das Jahr 1864 als Grenzjahr für »rein wissenschaftliche Forschungen« festgelegt, bis zu dem die Archivleitungen selbständig eine Benutzererlaubnis erteilen konnten.

schichtliche Recherchen erlauben.[14] In der rheinland-pfälzischen Staatskanzlei war man mit Winters Entwurf einverstanden, ebenso in Baden-Württemberg, Niedersachsen und Bremen.[15] Das Bayerische Staatsministerium für Unterricht und Kultus, das bis April brauchte, um seine Einwände gegen Ziffer 5 und 6 zu erläutern, unterstrich die Zuständigkeit des Auswärtigen Amtes (und nicht des BMI) in der Frage der Erfassung, Auswertung und Kontrolle ausländischer Nutzer. Zugleich wurde darauf bestanden, dass die Kommunikation und Überprüfung der Richtlinien gegenüber den einzelnen Archiven eine ausgesprochene Angelegenheit der Länderministerien sei.[16]

Georg Winter, bei dem am Ende alle Rückmeldungen zusammenliefen, musste das ungeduldige Auswärtige Amt wiederholt mit einer Antwort vertrösten. Da sich dort weitere Fälle ansammelten, forderte es aber, eine baldige Entscheidung herbeizuführen.[17] Der Archivdirektor entwickelte daraufhin einen sieben Ziffern umfassenden Kompromissvorschlag, der sich mit der Erstfassung zwar in vielen Formulierungen deckte, jedoch nun unter anderem die Weiterexistenz bestehender Archivabkommen zusicherte, eine Entscheidungskompetenz der Länderarchivverwaltungen hervorhob und die Zuständigkeit der Landesbehörden bei der Durchsetzung der Richtlinien deutlich machte.[18]

Der neue Vorschlag wurde dann wiederum zum Gegenstand auf der 5. Archivreferentenkonferenz am 13./14. September 1954 in Goslar und in veränderter Form auch auf der 6. Archivreferentenkonferenz am 19. September 1955 in Augsburg – womit ein zeitlicher Sprung angedeutet ist, ohne dass sich die Sachlage wesentlich änderte. Denn weder in Goslar noch in Augsburg gelang es, alle Landesvertreter auf eine gemeinsame Version festzulegen. Im Ergebnis warf der in dieser Frage äußerst genervte Winter Anfang 1956 das Handtuch und empfahl dem Innenminister, die Angelegenheit mangels Erfolgsaussicht nicht länger fortzuführen.[19] Zum einen bestanden gravierende Meinungsunterschiede zwischen dem Bundesarchiv und dem Politischen Archiv des

14 BArch, B 106/56330: Der Kultusminister des Landes Schleswig-Holstein an den Bundesminister des Innern, 4.12.1953.

15 BArch, B 106/56330: Staatskanzlei Rheinland-Pfalz an den Bundesminister des Innern, 20.11.1953.- BArch, B 106/56330: Staatsministerium Baden-Württemberg an den Bundesminister des Innern, 2.11.1953.- BArch, B 106/56330: Der Senator für das Bildungswesen an den Bundesminister des Innern, 10.11.1953.- BArch, B 106/56330: Der Niedersächsische Ministerpräsident – Staatskanzlei an den Bundesminister des Innern, 20.11.1953.

16 BArch, B 106/56330: Bayrisches Staatsministerium für Unterricht und Kultus an das Bundesministerium des Innern, 1.4.1954.

17 Z. B. BArch, B 106/56330: Auswärtiges Amt – Politisches Archiv an den Bundesminister des Innern, 10.2.1954.

18 BArch, B 106/56330: Georg Winter (Bundesarchiv) an den Bundesminister des Innern, 3.5.1954.- BArch, B 106/56330: Bundesminister des Innern an das Auswärtige Amt: Einheitliche Regelung der Behandlung von Anträgen ausländischer Staatsangehöriger auf Benutzung deutscher Archive (Entwurf), o. D. (Mai 1954).

19 BArch, B 106/56330: Georg Winter (Bundesarchiv) an den Bundesminister des Innern, 5.1.1956.

Auswärtigen Amtes, zum anderen lehnte Bayern fortgesetzt das BMI als koordinierende Instanz ab. Ohnehin schienen die beständigen Einwendungen und Vorbehalte aus München bezüglich Sinn und Zweck einer einheitlichen Neuregelung ihre Wirkung zu entfalten. So kolportierte Winter an seinen Minister, der von den Ausführungen des bayerischen Ministerialreferenten beeindruckte Hamburger Archivvertreter, Erich von Lehe, hätte nach zwei Jahren Diskussion nun plötzlich erklärt, dass die dort seit 1935 geltende Benutzerordnung im Hinblick auf Ausländer völlig ausreichend und eine Modifizierung des Regulariums unnötig sei.[20]

Drei Jahre nach diesem Scheitern brachen erneut Diskussionen über den Archivzugang von Ausländern aus. Anlass war die Verpflichtung der Bundesregierung im Notenaustausch vom März 1956, die von den Westalliierten zurückgegebenen Akten jederzeit und umstandslos den Forschern aus dem In- und Ausland zur Verfügung zu stellen. Diese Regelung, die zunächst vor allem die diplomatischen Akten und das Politische Archiv des Auswärtigen Amtes, wenig später jedoch auch das Bundesarchiv betraf, war neu und einmalig. Es handelte sich um eine beispiellose Öffnung des archivischen Arkanbereichs und einen »internationalen Präzedenzfall« im Archivwesen.[21]

Doch wie nun die den Alliierten zugesicherte Zugangsfreiheit konkret auszusehen habe bzw. umzusetzen sei, darüber herrschte angesichts der zeitgeschichtlichen Brisanz der Dokumente große Verunsicherung. Einer der wenigen, die sich früh für die weitestmögliche Öffnung und Bereitstellung der zurückgegebenen Akten einsetzten, war der Leiter des Politischen Archivs des Auswärtigen Amtes, Johannes Ullrich.[22] Es sei nicht Sache der Archivverwaltungen, das Verhalten von Funktionären des NS-Systems zu verschleiern oder die Aufklärung von Tatbeständen zu verhindern, erklärte Ullrich mit Blick auf mögliche Enthüllungen zur jüngsten Geschichte; ein möglicher »Missbrauch« bei der Quellenauswertung läge nicht im Verantwortungsbereich eines Archivs.[23] Daher plädierte er in Richtung eigenes Archiv als auch Bundesarchiv für einen vorbehaltlosen Quellenzugang für alle Wissenschaftler einschließlich derjenigen aus der DDR und Polen. Ullrich ging davon aus, dass ein »großzügiges Entgegenkommen« ausländischen Benutzern gegenüber umgekehrt auch die Archivtüren für bundesdeutsche Forscher öffnen würde.[24]

Mit dieser vergleichsweise liberalen Auffassung stand Ullrich noch weitgehend allein da. Gerade was die Benutzeranträge aus dem »Ostblock« anbetraf, herrschten allerorts Vorsicht und Misstrauen. Die Probleme, mit denen die

20 Ebd.

21 Anglo-amerikanische Forscher monierten plötzlich eine nachteilige Schieflage beim einheimischen Aktenzugang, lagen doch die Sperrfristen für britische und amerikanische Diplomatie-Akten bei 50 bzw. 30 Jahren. Eckert, Kampf um die Akten, S. 429, 433

22 Ebd., S. 436-446.

23 Ebd., S. 437.

24 Ebd., S. 438.

westdeutschen Entscheidungsträger umzugehen hatten, waren divers. Eines der Hauptprobleme waren die wiederholten Versuche ostdeutscher Antragsteller, den offiziellen Weg zu umgehen. So erschien beispielsweise am 1. Dezember 1958 im Münchener Institut für Zeitgeschichte ohne Vorankündigung Wolfgang Schumann von der Friedrich-Schiller-Universität Jena und bat um ein Gespräch mit dem damaligen Direktor des IfZ, Paul Kluke. Darin ersuchte er ihn um Unterstützung bei der Beantragung von Archivalieneinsicht in bayerischen Archiven zum Thema Räterepublik 1919 in Bayern. Dass er Kluke direkt in München ansprechen solle, habe ihm Karl Schirdewan empfohlen, führte Schumann dabei aus.[25] Kluke verwies ihn zwar auf den offiziellen Dienstweg, dennoch beschäftigte den IfZ-Direktor noch eine andere Äußerung Schumanns. So hatte der junge Geschichtsdozent, der im Jahr zuvor in Jena über die Novemberrevolution 1918 in Oberschlesien promoviert hatte, ihm gegenüber erklärt, er handle mit Zustimmung von Karl Schirdewan. Dieser beabsichtige, führte Schumann aus, sich als neuer StAV-Leiter für mehr Reziprozität bei den Ost-West-Archivbesuchen einzusetzen.[26] »Die Frage von Prof. Kluke, ob die Absicht von Herrn Schirdewan dahingehend verstanden werden kann, dass eine Benutzung der Archive auf Gegenseitigkeit und ohne Rücksicht auf die Person des Benutzers vonseiten der Potsdamer Verwaltung gewünscht wie auch geboten sei, bejahte Herr Sch. ausdrücklich«, protokollierte dazu der dem Gespräch beiwohnende Helmut Heiber vom IfZ.[27] Um dies auch auf DDR-Seite voranzutreiben, versprach Schumann, »wohlwollenden Druck« ausüben zu wollen.[28]

Vor diesem Hintergrund wandte sich nun Paul Kluke an Ministerialrat Karl-Ulrich Hagelberg vom BMI mit der Bitte, via Meinungsaustausch eine gemeinsame Haltung aller westdeutschen Archivverwaltungen im Umgang mit schriftlichen und persönlichen Archivanfragen aus der DDR zu entwickeln. Dabei sprach er sich angesichts der Archivgutlage für Freizügigkeit aus. Denn: Ohne Zugang zu ostdeutschen Archiven, so Kluke, könne die neueste deutsche Geschichte auf Reichsebene nur lückenhaft erforscht werden, da die meisten westdeutschen Archive in zeitgeschichtlicher Perspektive bestenfalls lokale Bedeutung besäßen.[29] »Ostzonale Quellenpublikationen, die von jetzt an in zunehmendem Umfange aus diesen Aktenbeständen erwartet werden können, bedürfen einer fortwährenden Kontrolle durch unsere Historiker, damit das von Leo Stern und Genossen propagierte Geschichtsbild nicht schon aus den Quellen so gründlich verfälscht wird, daß es nur sehr schwer ohne

25 BArch, B 106/56331: Institut für Zeitgeschichte: Prof. Dr. Kluke an Ministerialrat Hagelberg (BMI), 5.12.1958.

26 Ebd.

27 BArch, B 106/56331: Institut für Zeitgeschichte: Aktenvermerk über das Gespräch am 1.12.1958 zwischen Dr. Schumann und Prof. Dr. Kluke, 2.12.1958.

28 Ebd.

29 BArch, B 106/56331: Institut für Zeitgeschichte: Prof. Dr. Kluke an Ministerialrat Hagelberg (BMI), 5.12.1958.

gleiche Aktenheranziehung widerlegt werden kann«, mahnte der IfZ-Direktor und forderte im Ergebnis, jedes Angebot anzunehmen, »selbst wenn in dem einen oder anderen Falle eine Benutzung der kommunistisch gelenkten Pseudohistorie förderlich sein sollte, würden doch insgesamt die wissenschaftlichen und politischen Vorteile auf unserer Seite liegen«.[30] Indem der freizügige Umgang als hinzunehmende Notwendigkeit anerkannt wurde, bekam die liberale Einstellung eines Johannes Ullrich plötzlich noch von anderer Seite Unterstützung. Klukes Brief bewirkte, dass das Thema auf die Tagesordnung der Archivreferentenkonferenz am 12. Februar 1959 in Wiesbaden gesetzt wurde. Passend dazu, allerdings ernüchternd für Kluke, erschien fünf Tage vorher im »Ost-West-Kurier« ein Beitrag unter dem Titel »Sowjetisierung deutscher Archive«, der die restriktive Zugangspolitik zu DDR-Archiven thematisierte. Darin berichtete der Verfasser am Beispiel der DZA-Zweigstelle Merseburg, dass sich der ohnehin schwierige Zugang seit den Bundestagswahlen im Herbst 1957 noch einmal dramatisch verschlechtert habe und von einer verhängten Aktensperre gegen westdeutsche Wissenschaftler auszugehen sei: »Im Jahr 1957 waren immerhin noch 43 Doktoranden und Professoren in Merseburg. 1958 waren es nur noch 6 Forscher. [...] Selbst den Wünschen des Bundespräsidenten verschloß man sich, der um Einsichtnahme des Nachlasses seines Schwiegervaters, des Professors Knapp, gebeten hatte. [...] Die Begründung ist in den meisten Fällen, daß die derzeitige politische Lage eine Benutzung nicht zuließe.«[31] Ähnliche Erfahrungen hatte auch Walther Hubatsch, Professor für Mittelalterliche und Neuere Geschichte an der Rheinischen Friedrich-Wilhelms-Universität Bonn, gemacht, der für die Neuauflage seiner Freiherr-von-Stein-Publikation Studenten ins Merseburger Archiv schicken wollte. Dies war ihm jedoch mit der Begründung versagt worden, seine Studenten könnten wegen ihrer unzureichenden Ausbildungsstufe nicht für einen Archivbesuch zugelassen werden.[32]

Diese Berichte und Einschätzungen bildeten den Hintergrund für die Aussprache auf der Archivreferentenkonferenz, die von verschiedenen Seiten übereinstimmende Erfahrungen zutage förderte. Demnach war es kein Einzelfall am Münchener IfZ, sondern ein sich wiederholendes Vorgehensmuster von DDR-Besuchern, unangemeldet in westdeutschen Archiven aufzutauchen und quasi vor Ort eine Einsichtnahme zu erwirken. Außerdem wurde deutlich, dass – im Gegensatz zu den westdeutschen Anträgen in der DDR – die ostdeutschen Benutzungsanträge in den Archivverwaltungen der einzelnen Bundesländer bislang nahezu sämtlich positiv beschieden worden waren, unabhängig von Thema und Status des Antragstellers.[33] Um dieser Unwucht

30 Ebd.

31 K.B., Sowjetisierung deutscher Archive, in: Ost-West-Kurier, 2. Februarausgabe, Nr. 7, S. 3.

32 BArch, B 106/56331: Bundesarchiv: Dr. Winter an den Bundesminister des Innern, 17.2.1959.

33 Ebd.

entgegenzuwirken, beschloss die Archivreferentenkonferenz drei Maßnahmen: erstens die gegenseitige Unterrichtung über die Archivbenutzungen »in und aus der SBZ«, zweitens die gegenseitige Information über Benutzeranträge von »Zonenangehörigen« im IfZ oder bei der Kommission für die Geschichte des Parlamentarismus und drittens die Sammlung von Erfahrungsberichten in ostdeutschen Archiven von Hochschullehrern, ihren Mitarbeitern und Studenten. Erneut wurde Georg Winter als Mitglied des Wissenschaftlichen Beirats des IfZ und der Kommission beauftragt, den Informationsfluss zu koordinieren.[34]

Im Sommer 1959 trafen die ersten Rückmeldungen aus den Länderarchivverwaltungen und einzelnen Institutionen über den Stand der gegenseitigen Archivbenutzung ein, die Georg Winter in seiner Aufstellung nach acht Bundesländern (ohne Hessen und Rheinland-Pfalz), Berlin sowie Bundesarchiv und DHI Rom ordnete. Die vorgelegten Zahlen bestätigten noch einmal eindrucksvoll die Schieflage zuungunsten der bundesdeutschen Antragsteller. Demnach hatte sich in der ersten Jahreshälfte 1959 bis auf einen Gerichtsreferendar aus Bremen, der im Juni 1959 im DZA Potsdam Akten zum Bremischen Testamentsrecht einsah, kein westdeutscher Nutzer in DDR-Archiven aufgehalten. Für die zurückliegenden Jahre 1957 und 1958 vermeldete Winter insgesamt zehn westdeutsche Antragsteller aus dem IfZ, der Max-Planck-Gesellschaft für Geschichte, der Universität Tübingen, dem DHI Rom, dem Museum Stadt Herford und dem Historischen Seminar der Universität Kiel, die sich vor allem an das DZA Potsdam und Merseburg sowie an das Landeshauptarchiv Dresden gewandt hatten. Von den neun Anträgen waren fünf positiv beschieden worden.[35] Umgekehrt erhielten allein in der ersten Jahreshälfte 1959 laut Aufstellung mindestens 32 Personen aus der DDR Zugang zu bundesdeutschen Archiven, wobei mit zwölf bzw. zehn Anträgen die meisten an bayerische und West-Berliner Archive gingen.[36]

Benutzungsentscheidung in BMI und Bundesarchiv zwischen Kontrollwillen und Freizügigkeit

Das Bundesarchiv entschied in dieser Zeit nicht nach strikten Kontingentregelungen, sondern setzte auf Einzelfallentscheidung und insgeheime Informations- bzw. Archivgutdosierung. Beispielhaft wird dies am Umgang mit dem Antrag des DDR-Historikers Wolfgang Ruge deutlich. So wandte sich der Duisburger Stadtarchivar Günter von Roden am 7. Juli 1959 mit der Anfrage an das Bundesministerium für gesamtdeutsche Fragen, ob Bedenken vorlägen,

34 Ebd.

35 Je ein Antrag hingegen wurde abgelehnt bzw. blieb unbeantwortet, einer befand sich noch in Bearbeitung, und ein Nutzungsantrag wurde nach Besuch nicht mehr verlängert. BArch, B 106/56331: Dr. Winter (Bundesarchiv): Benutzung westdeutscher Archive durch Antragsteller aus der SBZ, Benutzung der Archive der SBZ durch Westdeutsche, 20.7.1959.

36 Ebd.

Ruge die 70 Aktennummern vorzulegen, die im »Verzeichnis über die Akten aus der Zeit der Unruhen in Duisburg 1918-1924« enthalten waren.[37] Vorangegangen war ein Antrag der Deutschen Akademie der Wissenschaften zu Berlin, den der Direktor des Instituts für Geschichte an der Akademie, Karl Obermann, an das Stadtarchiv gestellt hatte.[38] Daraufhin bat das Bundesministerium via BMI beim Bundesarchiv um eine Handlungsempfehlung. Hier war es der junge Archivassessor Heinz Boberach, der in seinem Antwortschreiben – unterzeichnet vom Direktor des Bundesarchivs Georg Winter – den interessanten Spagat offenlegte, den wiederum das Bundesarchiv unternahm, um den freien Zugang zu gewährleisten und zugleich die Kontrolle zu behalten: Demnach würden Benutzeranträgen »von Angehörigen der SBZ« grundsätzlich Positivbescheide erteilt, »sofern nicht im Einzelfall Bedenken bestehen, daß die Benutzung gegen das unmittelbare Interesse der Bundesrepublik verstößt«.[39] Allerdings sei es zweckmäßig, so Boberach, »daß man nicht unnötig Material zur Verfügung stellt oder von seinem Vorhandensein Kenntnis gibt, das u. U. eine Auswertung in sehr unerwünschtem Sinne ermöglicht. Von der Vorlage von Repertorien, die im Bundesarchiv übrigens aus verständlichen Gründen keinem Benutzer zugänglich gemacht werden, sollte daher abgesehen werden, wenn insbesondere Aktenvorgänge aus neuerer Zeit in Frage kommen.«[40] Dies sei auch für eine Person wie Ruge angebracht, der ein dogmatisch-kommunistisch argumentierender Geschichtsschreiber sei und in dieser Perspektive Archivgut auswerte. Eine komplette Zugangssperre empfahl Boberach allerdings mit Blick auf das Duisburger Stadtarchiv nicht.[41]

Aber Boberach war längst nicht der einzige im Bundesarchiv, der archivpolitisch für eine individuelle Steuerung des Aktenzugangs plädierte. Als Anfang der 1960er Jahre im Auswärtigen Amt überlegt wurde, wie man polnischen Nutzern im Politischen Archiv des Auswärtigen Amtes Archivmaterial über NS-Belastungen vorenthalten könne, übermittelte Bundesarchivar Hans Buttkus »bewährte« Argumente, um die Zugangsgarantie zu umgehen. Eine solche Begründung lautete, dass sich entsprechende Aktenbestände vor ihrer Repertorisierung nicht in einem Ordnungszustand befänden, der bereits die öffentliche Nutzung zuließe. Als ein weiterer Grund bot sich demnach an, dass eine Herausgabe von Akten, mit denen zeitgleich ein anderer Forscher arbeite,

37 BArch, B 106/56331: Dr. von Roden (Stadtarchiv Duisburg) an das Bundesministerium für gesamtdeutsche Fragen, 7.7.1959.

38 BArch, B 106/56331: Prof. Dr. K. Obermann (Deutsche Akademie der Wissenschaften zu Berlin) an den Direktor der Städtischen Archive Duisburg (Abschrift), 24.6.1959.

39 BArch, B 106/56331: Dr. von Roden (Stadtarchiv Duisburg) an das Bundesministerium für gesamtdeutsche Fragen, 7.7.1959.

40 Ebd.

41 Als Belege für Kluges Sichtweise führte Boberach ideologiegesättigte Zitate aus Ruges Aufsätzen und Rezensionen über westdeutsche Publikationen an, darunter auch die Besprechung von Eberhard von Vietschs Studie »Arnold Rechberg und das Problem der politischen Westorientierung Deutschlands nach dem 1. Weltkrieg«, die in den »Schriften des Bundesarchivs« erschienen war. Ebd.

archiv-technisch nicht möglich sei bzw. diese Akten gegenüber einer weiteren Nutzung als gesperrt gälten. Derartige Argumente waren bereits unter Albert Brackmann als »Kniff … aus der Trickkiste der Preußischen Archivverwaltung« gegen polnische Historiker angewandt worden.[42] In der Politischen Abteilung sowie in der Ostabteilung des Auswärtigen Amtes waren solche Vorschläge willkommen, boten sie doch auch Argumentationshilfen gegen Archivleiter Ullrich, der gegenüber der Zensurpolitik der Referate kritisch eingestellt war.[43]

Der Mauerbau 1961 führte nicht nur beim Expertenaustausch, sondern auch in der Archivbenutzung zu einer Zäsur. Der gegenseitige Benutzerverkehr brach für längere Zeit zusammen, und erst 1963 nahm die Zahl der Antragsteller wieder langsam zu. Zugleich waren dies die Jahre, in denen in West und Ost das Interesse an den von den Alliierten zurückgegebenen Akten zur jüngsten Zeitgeschichte sprunghaft anwuchs. Damit rückte auch das Bundesarchiv als Ort von Forschung und Aufarbeitung stärker in den öffentlichen bzw. politischen Fokus. Am 12. Juli 1965 erließ der Bundesinnenminister hinsichtlich der »Besuche von Ausländern und Beschäftigung ausländischer Staatsangehöriger in deutschen Dienststellen« einen Erlass für alle BMI-Dienststellen. Darin wurde die umgehende Meldepflicht von ausländischen Besuchern festgelegt, die nicht Bürger von NATO-Staaten waren. Sollten die Berichte, die neben Personalangaben auch genaue Angaben über den Besuchszweck zu enthalten hatten, nicht spätestens eine Woche vor Besuchsbeginn vorliegen, sei das Bundesamt für Verfassungsschutz einzuschalten. Dies gelte in jedem Fall für unangemeldete Besucher aus dem »kommunistischen Machtbereich«.[44]

Derlei Regelungen galten auch für das Bundesarchiv, wo unter der Leitung von Karl G. Bruchmann mehr als jemals zuvor versucht worden war, den öffentlichen Service-Charakter der Einrichtung zu stärken. Vor diesem Hintergrund wundert es nicht, dass sich der Nachfolger von Georg Winter gegenüber einer restriktiven Benutzungsregelung, wie sie durch das BMI gefordert wurde, eher reserviert bis ablehnend zeigte. Nahezu alarmiert reagierte er auf die BMI-Erlasse vom 4. und 20. April sowie 6. Juni 1966, die seiner Meinung nach nicht nur die Kontrolle der wissenschaftlichen Projekte der »ostzonalen« Antragsteller vorsah, sondern auch eine mehr oder weniger begleitende sicherheitspolitische Überwachung der Archivbesucher. Dies überstrapaziere sowohl die Archive als auch den Archivbesuch im Einzelnen. »Ob ein Agent nun im Bundesarchiv arbeitet oder nicht, seine eventuelle Spitzeltätigkeit wird in fast allen Fällen außerhalb des Bundesarchivs liegen, und sie kann durch eine Versagung der Benutzung von Akten des Bundesarchivs auch nicht verhindert werden«, schrieb Bruchmann ganz pragmatisch nach Bonn.[45] Überdies wären die Kollateralschäden, die aus

42 Eckert, Kampf um die Akten, S. 451.

43 Ebd., S. 448ff.

44 BArch, B 106/56331: Bundesminister des Innern: Erlass an die zum Geschäftsbereich des Bundesministers des Innern gehörenden Dienststellen, 12.7.1965.

45 BArch, B 106/56331: Dr. Bruchmann (Bundesarchiv) an den Bundesminister des Innern, 17.8.1966.

solch einem Vorgehen bzw. solch einer Benutzerpolitik entstünden, weitaus höher einzuschätzen als der angestrebte Nutzen. Hierbei gab Bruchmann zu bedenken, dass sich die Situation für westdeutsche Nutzer in ostdeutschen Archiven seit der Aufhebung der inoffiziellen Sperre 1959/60 spürbar verbessert habe und die Zahl zugelassener westdeutscher Archivnutzer Mitte der 1960er Jahre etwa fünfmal so hoch sei wie umgekehrt. Provoziere man eine erneute ostdeutsche Sperr-Reaktion, mahnte Bruchmann, würde dies angesichts der »unendlich viel größeren« Aktenmenge zur Geschichte des Deutschen Reiches und Preußens »in der Zone« einen »Schaden für die bundesrepublikanische Forschung« anrichten, der »in Worten kaum auszudrücken« sei.[46]

Bruchmann erbat daher ein klärendes Gespräch im BMI, zu dem er Wolfgang A. Mommsen entsandte. In Anwesenheit der Unterabteilungsleiter III und VI A sowie der für Archive zuständigen Regierungsdirektorin Dr. Lugge erläuterte dieser dann am 18. August noch einmal Position und Befürchtung des Bundesarchivs, ohne jedoch einen grundsätzlichen Meinungswechsel herbeiführen zu können. Zwar ließ der Unterabteilungsleiter VI A wissen, man wolle keine Spionageabwehr betreiben, doch beharrte er darauf, die Bundesarchivbestände nicht gegenüber jenen Benutzern öffnen zu wollen, die deren Inhalte »zu unliebsamen Propagandazwecken gegen die Bundesrepublik« missbrauchen würden.[47] Im Ergebnis verblieb man dabei, auch künftig die finale Entscheidung über Benutzeranträge »aus der SBZ« im BMI zu fällen. Dem Bundesminister seien dafür zugleich die Themen vorzulegen, über die der Betreffende arbeite. Erst nach Vorliegen der BMI-Stellungnahme könne das Bundesarchiv den Antrag bescheiden. Immerhin versprach man jedoch gegenüber Mommsen, die Anträge »unter Berücksichtigung der vom Bundesarchiv vorgetragenen Gesichtspunkte … möglichst wohlwollend [zu] prüfen«.[48] Diesen Kontrollauftrag behielt das BMI auch in der Folgezeit bei. So wiederholte Lugge in einem Schreiben vom 10. Oktober 1969 an das Bundesarchiv noch einmal, dass die bisherige Praxis, vor Erteilung der Benutzungsgenehmigung an Personen »aus dem Ostblock und aus der SBZ« dem BMI zu berichten, beizubehalten sei und dass man sich eine finale Zustimmung grundsätzlich vorbehalte.[49]

Wie freizügig, also im Sinne der Antragsteller Bundesarchiv und BMI bisweilen entschieden, illustriert das Beispiel von Reimund Schnabel, der 1966 Akten zur NS-Rundfunkpropaganda im Ausland während des Zweiten Weltkrieges einsehen wollte. Schnabel, der vor 1945 als KZ-Häftling inhaftiert war und nun der Ost-CDU angehörte, war ein Publizist, der sich ganz im Sinne der SED-Propaganda mit nationalsozialistischen Verstrickungen und Verbrechen von Eliten beschäftigte und in hohen Auflagen in Verlagen wie dem

46 Ebd.

47 BArch, B 106/56331: Bundesminister des Innern: Vermerk über das Gespräch am 18.8.1966 über die Benutzung von Archivalien des Bundesarchivs durch Angehörige der SBZ, 25.8.1966.

48 Ebd.

49 BArch, B 106/56331: Dr. Lugge (BMI) an das Bundesarchiv, 10.10.1969.

Wiener Europa-Verlag veröffentlichte. In diesem Kontext bestand auch eine enge Verbindung zu Albert Norden und seiner Dokumentationsstelle. In zwei Schreiben informierte das Bundesarchiv das BMI über das, was es über Schnabel wusste – was nicht viel war –, und gab eine Unbedenklichkeitserklärung für dessen geplanten Archivbesuch. Vorgelegt werden sollten Aktenbände der Reichsrundfunkgesellschaft sowie Akten des Reichsfinanzministeriums, allerdings nur insoweit, »als sie keine Personalinformationen bringen«.[50]

An das Bundesarchiv übermittelte Archivbenutzungen ostdeutscher Besucher in westdeutschen Archiven 1966-1970[51]

Jahr	In den Bundesländern	In West-Berlin	Im Bundesarchiv
4. Quartal 1966	17	5	-
1. Quartal 1967	3	2	-
2. Quartal 1967	4	1	-
3. Quartal 1967	6	2	-
4. Quartal 1967	6	5	1
1. Quartal 1968	9	2	1
2. Quartal 1968	6	1	1
3. Quartal 1968	3	-	-
4. Quartal 1968	-	1	2
1. Quartal 1969	1	4	-
2. Quartal 1969	1	3	-
3. Quartal 1969	5	-	-
4. Quartal 1969	5	6	2
1. Quartal 1970	4	2	1

Insgesamt handelte es sich in den 1960er Jahren allerdings nur um eine überschaubare Anzahl von Anträgen und tatsächlichen Archivnutzern aus der DDR, wie die obige Tabelle zeigt. Wenn beispielsweise von den insgesamt acht angezeigten Archivnutzungen ostdeutscher Besucher im 2. Quartal 1968 allein vier auf Hermann von Berg entfielen, der als Aspirant am Institut für Gesellschaftswissenschaften beim ZK der SED zum Thema »Die Arbeiterver-

50 BArch, B 106/56331: Bundesarchiv an den Bundesminister des Innern, 10.8.1966 und 16.9.1966.

51 Zahlenangaben nach BArch, B 106/56331: Bundesarchiv: Persönliche Benutzungen westdeutscher Archive durch Bewohner der sowjetischen Besatzungszone im Zeitraum 4. Quartal 1966 bis 1. Quartal 1970, o. D.

brüderung in der Revolution 1848/49« forschte, wird die niedrige Zahl von Benutzerfällen noch deutlicher.[52]

Auch in Zeiten der ostpolitischen Annäherung durch die Regierung Willy Brandts prägte weiterhin die schwierige deutsch-deutsche Konkurrenzsituation den spezifischen Umgang mit DDR-Besuchern vor Ort. Der Kalte Krieg verschwand nicht vollständig, auch wenn sich die zwischenmenschliche Tonlage verbessert hatte. Archivbesuche wurden jetzt mehr und mehr zur Tauschbörse, wie Berichte ostdeutscher Archivnutzer über ihre Archivreisen nach Westdeutschland zeigen. Ein Beispiel ist der damalige Archivbesuch des früheren Dresdner Oberbürgermeisters und Bezirksratsvorsitzenden Walter Weidauer im Bundesarchiv. Dieser hatte eine Reise- und Besuchserlaubnis für den Zeitraum vom 6. bis 9. Juli 1970 im Koblenzer Bundesarchiv, wo er zur Geschichte Dresdens im Nationalsozialismus recherchieren wollte. Vor Ort betreut wurde er von Oberarchivrat Heinz Boberach, dem inzwischen die Betreuung von Nutzern aus dem sozialistischen Ausland oblag. In diesem Zusammenhang ergab sich nicht nur ein freundlicher Kontakt mit den zuständigen Archivmitarbeitern Wolfram Werner, Hans Schenk und Elisabeth Kinder, sondern es kam auch zu persönlichen Begegnungen zwischen Weidauer, der mit seiner Frau vor Ort war, und Boberach, der die Gäste sogar zu einer privaten Autorundfahrt durch das Moseltal einlud. Zu Beginn des Archivbesuchs schlug allerdings erst einmal das deutsch-deutsche Spannungsverhältnis durch. Boberach konfrontierte seinen Gast bei laufendem Tonbandgerät im Büro mit einem anonym gehaltenen Auszug eines ablehnenden Antwortbriefes an einen bundesdeutschen Nutzer vom Juni 1970 und stellte die Gretchenfrage, ob die Nutzung von DDR-Archiven für westdeutsche Besucher vom Ausgang aktueller deutsch-deutscher Verhandlungen auf Regierungsebene abhänge bzw. momentan grundsätzlich abgelehnt werde. Nachdem Weidauer erklärte, keine Kenntnis davon zu haben, und die geschilderte Ablehnung als einen wohl noch zu prüfenden Einzelfall darstellte, entspannte sich die Situation sofort, und es blieb überdies das einzige Mal, dass Boberachs Büro zum Ort der Unterhaltung wurde.[53]

Während des Archivbesuchs selbst kam sogar eine gewisse Vorzugsbehandlung zum Vorschein, wie aus dem Reisebericht wohlwollend hervorgeht: »Unsere Anforderungen von Akten … wurden schnellstens erledigt. In der Regel waren sie nach einer halben Stunde da. Bei einer Unterhaltung des aufsichtsführenden Beamten Bötsch im Lesesaal mit einem andere Beamten … sagte Bötsch wörtlich: ›Bei Herrn Weidauer sind alle Bestimmungen über Fristen außer Kraft gesetzt, er bekommt alle Akten sofort.‹ Der Beamte aus der Abteilung Reichskanzlei hatte sich geweigert, die Akten herauszugeben und

52 BArch, B 106/56331: Bundesarchiv an das Bundesministerium des Innern: Persönliche Benutzungen westdeutscher Archive durch Bewohner der sowjetischen Besatzungszone – 2. Quartal 1968, 29.7.1968.

53 BArch, MfS, HA IX/II, SV 2/74, Teil 1: Walter Weidauer: Notizen über unseren Besuch im Bundesarchiv Koblenz in der Zeit vom 6. bis 9. Juli 1970, o. D. (Kopie).

auf die Zwei-Tage-Frist verwiesen. [...] Im Gegensatz zu den anderen Personen im Arbeitssaal, die teilweise Mikrofilme benutzten, bekamen wir alles im Original.«[54] Gleichwohl gab es auch Tabus. So verweigerte Boberach auf Nachfrage »selbstverständlich« die Herausgabe von jeglichen Akten über Persönlichkeiten der Bundesrepublik. In diesem Zusammenhang ging Weidauer davon aus, das bei Vorhandensein von Schriftstücken zu »Bonner Persönlichkeiten« in den angeforderten Akten diese daraus entfernt und quasi über Nacht neue Aktenstücke angefertigt wurden: »Neue Aktendeckel, neues Siegel, Aktenzeichen mit Bleistift usw., das gab uns Aufschluss über das Geschehene«, begründete der ehemalige Oberbürgermeister seine Einschätzung.[55]

Ein anderes späteres Beispiel demonstriert anhand von Erfahrungsberichten die Regularien, die im Bundesarchiv-Militärarchiv in Freiburg herrschten. Hier weilte IM »Olaf« zu Archivrecherchen in den Jahren 1975, 1977 und 1978.[56] Wie in der DDR auch, wurden von der Archivleitung im Vorfeld genaue Angaben über den jeweiligen ostdeutschen Benutzer eingeholt. In den Benutzergesprächen ließ man dieses Vorwissen durchblicken und fragte gezielt, wozu man genau welche Akten inhaltlich einsehen bzw. später verwenden wolle.[57] Die Benutzung von Findbüchern und Aktenmaterialien unterlag peniblen Regeln, für jede Aktenausleihe wurde die präzise Angabe von Zweck und Grund der Nutzung verlangt. Die Anzahl der möglichen Kopien war begrenzt. So erhielt IM »Olaf« bei seinem ersten Aufenthalt 200 Kopien, bei seinem zweiten Besuch eine deutlich höhere Zahl und nach seinem dritten Archivbesuch erneut nur 200 Kopien, was als Maximalvolumen für DDR-Nutzer ausgegeben wurde. Größere Mengen wurden davon abhängig gemacht, wie viele Kopien westdeutsche Nutzer wiederum in DDR-Archiven erhielten.[58]

Dies verweist wiederum auf die seit Jahren gehandhabte Praxis, Ost-West-Begegnungen als Tauschbörse zu nutzen bzw. Archivzugänge als Tauschware einzusetzen. Das konnte die Zulassung von Anträgen zur Akteneinsicht betreffen oder auch den Materialaustausch in Form von Kopien, wie nachfolgende Beispiele zeigen: Im Februar 1966 stellte das Institut für Marxismus-Leninismus beim ZK der SED / Abteilung Zentrales Parteiarchiv beim Münchener Hauptstaatsarchiv den Antrag auf Akteneinsichtnahme zur Geschichte der Novemberrevolution 1918 und der Bayerischen Räterepublik 1919. Dabei soll-

54 Ebd.

55 Ebd.

56 BArch, MfS, HA HVIII, Nr. 20027: Bericht Treff am 26.4.1978 mit »Olaf«, 8.5.1978, f. 2-12.- Die Bearbeitung eines Erstantrags dauerte zwischen neun und zwölf Monaten, Nachfolgeanträge hingegen drei Monate. Die Antragstellung erfolgte zu diesem Zeitpunkt beim Bundesarchiv direkt, das dann im Umlaufverfahren die Benutzergenehmigung vom Bundesinnen- und vom Bundesverteidigungsministerium einholte und dem Antragsteller die Bewilligung oder Ablehnung mitteilte. Ebd., f. 2.

57 Ebd., f. 3.

58 Ebd., f. 5.

ten bei Bedarf auch Mikrofilmaufnahmen angefertigt werden.[59] Das Archiv wandte sich daraufhin kompetenzrechtlich überfordert an das Bayerische Staatsministerium für Unterricht und Kultur, das wiederum das Bundesministerium für Gesamtdeutsche Fragen verständigte und um Stellungnahme bat. Hier hatte man zwar keinen Zweifel über den Charakter des Instituts und der zu erwartenden Publikation, witterte jedoch die Möglichkeit, im Gegenzug einen bundesdeutschen Archivaufenthalt im DZA auszuhandeln.[60] Das BMI stimmte unter der Bedingung eines noch auszumachenden Gegenbesuchs zu, was dem bayerischen Staatsministerium seinerseits durch das Bundesministerium für Gesamtdeutsche Fragen so kommuniziert wurde.[61] Gesamtdeutsche Kontakte im Archivwesen, kam man hier zu dem erstaunlichen Schluss, gehörten zu »jenen Fachverbindungen, die unter den Gesichtspunkten der deutschen Wiedervereinigung aufrechterhalten und intensiviert werden sollten«.[62] Zwar hege man deutliche Vorbehalte gegen das Institut, doch sollten diese in Kauf genommen werden, wenn eine Lockerung der Archivnutzung auf ostdeutscher Seite in Aussicht stünde.[63] Zu diesem Zeitpunkt waren bereits vier Monate seit der Anfrage vergangen. Bis zur tatsächlichen Antwort seitens des angefragten Archivs sollten noch einmal mehrere Wochen vergehen. 1967 gestattete das BMI den Besuch der Mitarbeiter des SED-Parteiarchivs Günter Uebel und Robert Schober im Staatsarchiv München erst, nachdem die StAV eine vom IfZ beantragte Archivbenutzung zur NS-Wissenschaftspolitik genehmigte.[64] Auch im Freiburger Militärarchiv wurde die Bewilligungsquote an die Zahl der Zustimmungen für westdeutsche Nutzer in DDR-Archiven gekoppelt.[65]

Wurde der paritätische Grundsatz in dem auf ausgeglichenes Geben und Nehmen basierenden Tauschhandel gestört, wirkte sich das sofort auf die Bewilligungsquote aus. So wurden im ersten Quartal 1970 die Anträge von zwei tschechoslowakischen Historikern abgelehnt, die Akten zu den deutsch-tschechischen Beziehungen in den 1930er Jahren einsehen wollten. Grund war

59 BArch, B 106/56331: Institut für Marxismus-Leninismus beim ZK der SED / Abteilung Zentrales Parteiarchiv: Anfrage Dr. Vocke an das Hauptstaatsarchiv München, 23.2.1966.

60 BArch, B 106/56331: Bayrisches Staatsministerium für Unterricht und Kultur: Dr. Theobald an das Bundesministerium für Gesamtdeutsche Fragen, 25.3.1966.

61 BArch, B 106/56331: Bundesministerium des Innern an das Bundesministerium für Gesamtdeutsche Fragen, 1.6.1966.

62 BArch, B 106/56331: Bundesministerium für Gesamtdeutsche Fragen an das Bayrische Staatsministerium für Unterricht und Kultur, 16.6.1966.

63 Ebd.

64 BArch, B 106/56331: Bundesarchiv an das Bundesministerium des Innern: Persönliche Benutzungen westdeutscher Archive durch Bewohner der sowjetischen Besatzungszone – 2. Quartal 1967, 28.8.1967.

65 So wurde beispielsweise dem bereits Jahre zuvor gestellten Antrag des ostdeutschen Militärhistorikers Baldur Kaulisch von der Akademie der Wissenschaften erst dann stattgegeben, als der Leiter des Militärarchivs, Friedrich-Christian Stahl, im Frühjahr 1978 Bestände des Potsdamer Militärarchivs einsehen durfte. BArch, MfS, HA HVIII, Nr. 20027: Bericht Treff am 26.4.1978 mit »Olaf«, 8.5.1978, f. 2.

die verweigerte Akteneinsicht für einen bundesdeutschen Wissenschaftler im Zentralen Staatsarchiv Prag, der Bestände zur nationalsozialistischen Besatzungszeit im Protektorat Böhmen und Mähren auswerten wollte.[66]

Ein Beispiel für Materialtausch bot der bereits beschriebene Archivbesuch Walter Weidauers im Bundesarchiv, der nach Einsichtnahme 180 Blatt Kopien bestellt hatte. Als Gegenleistung gab das Bundesarchiv daraufhin 50 Blatt Kopien aus dem Dresdner SED-Bezirksparteiarchiv sowie 150 Blatt Kopien aus der Historischen Abteilung des DZA Merseburg in Auftrag:[67] »Dr. Boberach ist an der Akte Sierks usw. (Lindemann), liegt im Parteiarchiv, stark interessiert. Er würde dafür die Justizberichte oder Gestapoberichte eintauschen«, übermittelte dazu Weidauer.[68] Derlei Kopientausch war aufgrund einer Absprache zwischen ZK und StAV als möglich festgelegt und durch den zuständigen stellvertretenden MdI-Minister Ernst Marterer genehmigt worden. In Weidauers Fall lag überdies die Erlaubnis von Ernst Diehl, stellvertretender Direktor des Instituts für Marxismus-Leninismus (IML) und Mitglied des ZK der SED, vor. Allerdings konnten zwischen Einsichtnahme vor Ort, Kopierantrag, Fertigstellung und Aushändigung schon mal Jahre vergehen. So erfolgte auch im vorliegenden Fall die Übergabe der Kopien aus den DDR-Archiven erst im November 1973, umgekehrt konnten die von Weidauer beantragten Kopien erst im März 1974 entgegengenommen werden. Bevor Wolfgang Schumann, inzwischen Professor und Leiter der Abteilung 1917-1945 im Zentralinstitut für Geschichte bei der Akademie der Wissenschaften der DDR, als beauftragter Übermittler die ostdeutschen Akten an Koblenz allerdings übergab, hatten sie im Einzelnen eine Prüfung von Fritz Wendt, Abteilungsleiter für Auswertung und Publikation in der StAV, sowie von MfS-Abteilungen in Potsdam und Ost-Berlin durchlaufen.[69]

Insgesamt handelte es sich bei diesen Vorgängen im Bundesarchiv aber nicht um ein Massenphänomen, sondern um Einzelfälle, da die Zahl ostdeutscher Antragsteller in Koblenz oder Freiburg durchweg gering blieb. Zwar war in den 1970er Jahren allgemein ein leichtes Ansteigen der entsprechenden Benutzerzahlen zu verzeichnen. Doch im Unterschied zur stetig wachsenden Zahl von westdeutschen Antragstellern und Besuchern im DZA und in anderen DDR-

66 BArch, B 106/56331: Dr. Mommsen (Bundesarchiv) an Dr. Lugge (BMI): Persönliche Benutzungen westdeutscher Archive durch Staatsangehörige von Ostblockstaaten, 12.5.1970.

67 BArch, MfS, HA IX/II, SV 2/74, Teil 1: Hauptabteilung VII/Leiter an 1. Stellv. des Ministers, Generalleutnant Beater: Information zur Reise des ehemaligen Oberbürgermeisters von Dresden, Genosse Weidauer, zum Bundesarchiv Koblenz, 8.4.1974.

68 BArch, MfS, HA IX/II, SV 2/74, Teil 1: Walter Weidauer: Notizen über unseren Besuch im Bundesarchiv Koblenz in der Zeit vom 6. bis 9. Juli 1970, o. D. (Kopie).

69 Sowohl Schumann als auch Wendt wirkten überdies als IM der Abteilung VII der BV Potsdam bzw. der HVA Abteilung II für das MfS, was erklärt, dass das MfS über jeden Schritt in diesem Vorgang informiert war. BArch, MfS, HA IX/II, SV 2/74, Teil 1: Zur Absicherung der Archivbestände der DDR über die Zeit von 1933-1945, 2.5.1974.

Staatsarchiven konnte man das Mehr an DDR-Besuchern im Bundesarchiv an einer Hand abzählen, wie die folgende Stichprobe von 1974/75 erkennen lässt:

DDR-Besucher in bundesdeutschen Archiven 1974/75[70]

	1974		**(1.1.-31.7.) 1975**	
	Benutzungen	Personen	Benutzungen	Personen
Bundesarchiv Koblenz	8	8	6	6
Politisches Archiv des Auswärtigen Amtes	3	3	2	1
Übrige Staatsarchive	21	13	14	8
Andere Archive	12	Bei anderen Archiven erfasst	13	4
Gesamt	44	24	35	19

Ungewollter Westbesuch: Der DDR-Archivzugang als politisches Nadelöhr

Etablierung und Übersteuerung des ostdeutschen Kontrollsystems

In einem Schreiben vom 21. Oktober 1957 beklagte sich Albert Norden beim ZK-Sekretär für Wissenschaft, Volksbildung und Kultur, Kurt Hager, dass aufgrund der bislang großzügigen Benutzererlaubnis-Vergabe durch die StAV »reaktionäre westdeutsche Kreise ungehindert Zutritt zu unseren Archiven« hätten und »amerikanische Institute in Westdeutschland deutsche Studenten anheuern [würden] zur Ausplünderung unserer Archive«. Norden, der als ZK-Sekretär zugleich die Agitationskommission und den Ausschuss für Deutsche Einheit leitete, forderte, »dass hier schleunigst eine genaue Ordnung erlassen wird, die dem bisherigen Zustand ein Ende macht«.[71] Bereits eine Woche

70 Zahlen entsprechend einer Anfrage der StAV beim Institut für Marxismus-Leninismus, der Akademie der Wissenschaften sowie dem Ministerium für Hoch- und Fachschulwesen über den Zeitraum 1974 und die ersten sieben Monate 1975. Ein Besucher konnte dabei bisweilen auch mehrere Benutzungen durchführen. BArch, MfS, HA VII, Nr. 78: Schreiben Ernst Marterer (MdI) an den Stellvertreter des Ministers für Auswärtige Angelegenheiten, o. D. (August/September 1975), f. 281.

71 Zit. nach: Petra Rauschenbach, Zugang zu Archivgut in der DDR – Norm und Praxis, in: Irmgard Christa Becker/Volker Hirsch/Annegret Wenz-Haubfleisch (Hg.), Neue Strukturen – bewährte Methoden? Was bleibt vom Archivwesen der DDR. Beiträge zum 15. Archivwissenschaftlichen Kolloquium der Archivschule Marburg, Marburg 2011, S. 333-367, hier S. 336.

später wies der durch Hager informierte, für das Archivwesen zuständige stellvertretende Minister des Innern, Herbert Grünstein, den kommissarischen Leiter der StAV, Karl Höhnel, in einem umfassenden Maßnahmenkatalog an, den Archivzugang für bundesdeutsche Antragsteller sofort drastisch einzuschränken: »Anträge auf Benutzergenehmigungen von Bürgern der Deutschen Bundesrepublik und Westberlins sind weitestgehend von der Staatlichen Archivverwaltung abzulehnen. [...] Die Auskunftserteilung an westdeutsche und Westberliner Dienststellen sowie an westdeutsche und Westberliner Privatpersonen ist ab sofort bis auf weiteres einzustellen«, hieß es in Punkt 1 und 2 der Anordnung vom 28. Oktober 1957.[72] Antragsteller »aus dem kapitalistischen Ausland« seien konsequent an das MfAA zu verweisen. Des Weiteren wurden die Direktoren der staatlichen Archive angemahnt, die Benutzerordnung exakt einzuhalten und keine anderen Archivalien vorzulegen als die zuvor genehmigten. Sämtliche vorliegenden Anträge auf Akteneinsicht und Versendung von Archivalien oder Fotokopien aus bzw. nach dem Westen, die die StAV zu genehmigen beabsichtigte, waren Grünstein zur Entscheidung vorzulegen.[73]

Hintergrund für Grünsteins Intervention waren zum einen vermeintliche Nachlässigkeiten und Verstöße gegen die Benutzerordnung, die durch externe Kontrollen bei den StAV-Archiven angeblich ans Tageslicht gekommen waren, darunter Archivbesuche von Bundesdeutschen ohne genehmigten Antrag und im DZA gebotene Gelegenheiten für Westdeutsche, unzugängliche Materialien einzusehen und daraus zu notieren. Zum anderen problematisierte Norden die Nutzung von DDR-Archiven für westliche Publikationen mit »hetzerischem Inhalt« gegen die SED-Herrschaft und den Sozialismus als grundsätzliche Gefahr, die es abzustellen gelte. In der Folge brach der ohnehin schmale Besucherverkehr mit westdeutschen Benutzern erst einmal zusammen. Dabei war es jedoch keinesfalls so, wie der Bericht suggerierte, dass der Zugang zuvor ein offener oder ungeregelter war. Sowohl die Verordnung über das Archivwesen vom 13. Juli 1950 und deren erste Anordnung zur Durchführung als auch die Benutzungsordnung für die staatlichen Archive vom 20. Oktober des Folgejahres legten fest, dass Ausländer einen schriftlichen Benutzungsantrag vorzulegen und »auf diplomatischem Wege« einzureichen hatten und es für die Nutzung von Archivalien der endgültigen Zustimmung des MdI bedurfte.[74] So war die damalige Hauptabteilung Archivwesen mit einer umfassenden Weisungsbefugnis ausgestattet, die sämtliche Fragen von Auswertung und Benutzung von Archivgut für wissenschaftliche, politische, gesellschaftliche oder private

72 Zit. nach: ebd., S. 337.

73 Ebd., S. 337 f.

74 Verordnung der Regierung der DDR über das Archivwesen in der DDR vom 13.7.1950, Gesetzblatt der Deutschen Demokratischen Republik Nr. 78 vom 20.7.1950 S. 661.- Erste Durchführungsanordnung des Ministeriums des Innern vom 13.7.1950, Gesetzblatt der Deutschen Demokratischen Republik Nr. 92 vom 22.8.1950, S. 836-837.- Benutzungsordnung für die staatlichen Archive der Deutschen Demokratischen Republik vom 20. Oktober 1951, in: Archivmitteilungen 1 (1951) 3, S. 41-42.

Zwecke anbetraf. Die direkte Kommunikation mit dem potenziellen Benutzer erfolgte in der Regel durch den jeweiligen Archivleiter, der die Erlaubnis auf Grundlage des schriftlichen Antrags erteilte. Der Fluss der Archivalien wurde überdies von Beginn an durch zahlreiche Bestandsregelungen gesteuert, für deren Benutzung durch In- und Ausländer es Sondergenehmigungen durch das MdI bedurfte. Das betraf Archivalien der Zentralbehörden des ehemaligen Deutschen Reiches und Preußens aus der Zeit seit 1867, Archivalien der Zeit nach dem 9. November 1918 sowie solche, die für dienstliche Zwecke benötigt wurden oder für deren Nutzung spezielle Verträge ausgehandelt worden waren. Zudem gab es einen weit auslegbaren »Gummiparagrafen«, der das Einholen einer vorherigen Genehmigung vorschrieb, wenn auf »die innere oder äußere Sicherheit der DDR, auf das Interesse lebender Personen und auf den Ordnungszustand der Archivalien [Rücksicht zu nehmen ist], oder wenn eine missbräuchliche Benutzung zu befürchten [sei]«.[75] Gerade dieser Passus bot letztlich die Möglichkeit, jeden Antrag »rechtmäßig« abzulehnen.

Bei den Anträgen auf Akteneinsichtnahme handelte es sich kurz nach Gründung der DDR noch um sehr vereinzelte Fälle, die aufgrund ihrer Seltenheit dann auch von Otto Korfes allein beschieden wurden, wobei die finale Unterschrift von MdI-Staatssekretär Hans Warnke dennoch stets erforderlich war. Von Beginn an bedurfte es der schriftlichen Klärung, inwiefern der Archivbesuch politischen Schaden oder Nutzen nach sich ziehen könne – Korfes Antwort auf diese Frage entschied über Ablehnung oder Bewilligung durch Warnke. Anfang 1951 beantragte Horst Oehlmann, ein Schüler des Historikers Gerhard Ritter von der Universität Freiburg, der zu »Caprivi und die öffentliche Meinung« promovierte, erfolgreich die Auswertung Potsdamer und Merseburger Akten des Zentralarchivs. Grundlage für das positive Votum Warnkes war zum einen die Versicherung Korfes', dass Ritter, der im Herbst 1950 persönlich bei ihm vorgesprochen hatte, als NS-Opfer und VVN-Mitglied der »DDR gegenüber loyal« sei und niemanden ins Archiv entsenden würde, dem er »nicht trauen [würde]«.[76] Zum anderen legte der Archivleiter dar, dass sich das Thema, ganz in Deutungsperspektive der DDR-Seite, mit dem Sturz Caprivis durch Schwerindustrielle und Großgrundbesitzer befasse, die sich ihrerseits mit allen Mitteln gegen dessen Sozialreformen zur Verbesserung der Lage der Industrie- und Landarbeiter gewehrt hätten. »Es kann uns … Recht sein, wenn ein weiterer Beitrag zur Entlarvung der feudalen Reaktion auch in Westdeutschland geleistet wird«, argumentierte Korfes politisch-ideologisch gegenüber Warnke.[77]

Im Januar und August 1953 wurde durch Verordnung die zentrale Position des MfAA gestärkt und die Verquickung von StAV und Außenministerium

75 Benutzungsordnung für die staatlichen Archive der Deutschen Demokratischen Republik vom 20. Oktober 1951, in: Archivmitteilungen 1 (1951) 3, S. 41-42.

76 BArch, MfS, AP, Nr. 11365/64: Dr. Korfes: Einreise Horst Oehlmann (Abschrift), 6.6.1951, f. 80.

77 Ebd.

bei der Bearbeitung auswärtiger Anträge weiter zementiert. Jeder Verkehr zwischen Staatsarchiven und ausländischen Archiven oder Institutionen hatte von nun an über die StAV und das MfAA zu erfolgen, was auch archivalische Anfragen oder persönliche Vorsprachen betrafen.[78] Dass die Fachkompetenz der StAV zugeordnet wurde, jedoch das Außenministerium letztlich immer Absender oder Adressat von Vorgängen mit dem Ausland war und als solches im Einzelfall ein politisches Vetorecht ausüben konnte, verweist zum einen auf ein Fortleben des traditionellen »diplomatischen Weges« in allen, das Ausland anbetreffenden Angelegenheiten, wie es bereits vor 1933 und 1945 der Fall war. Zum anderen sind im nahezu krampfhaften Beharren auf dem außenministeriellen Dienstweg das Dilemma fehlender internationaler Anerkennung und das daraus resultierende Kompensationsverhalten unverkennbar. Zugleich existierten externe bestandsinhaltliche Kompetenzzuschreibungen, wenn beispielsweise sämtliche Benutzungsanträge auf Einsichtnahme von Akten zur Außenpolitik bzw. zum Auswärtigen Amt von einem MfAA-Mitarbeiter abgezeichnet werden mussten. Diese Regelung wurde 1971 zumindest für Bürger der DDR und der sozialistischen Staaten aufgehoben – sie galt aber weiterhin für alle anderen. Von 1959 bis zum Mauerbau 1961 lockerten sich dann kurzzeitig die Zugangsbeschränkungen für westdeutsche Archivbesucher in der DDR, um dann im Folgejahr auf ein Minimum zu fallen.[79]

Erst mit der Aufhebung der Reisesanktionen und dem vorsichtigen Wiederanlaufen des Wissenschaftleraustauschs ab 1963/64 nahm die Zahl der bundesdeutschen Antragsteller erneut zu, und zwar in einer bislang noch nicht dagewesenen Höhe. In der Folge wurde das gesamte Antrags- und Entscheidungsverfahren durch SED, MfS und MdI bald auf den Prüfstand gestellt. Die anlaufenden Kampagnen der SED gegen tatsächliche und vermeintliche NS-Belastungen westdeutscher Politiker und Eliten und der damit verbundene Aufbau des Dokumentationszentrums heizten hierbei das archivpolitische Klima auf.

78 Rauschenbach, Zugang zu Archivgut in der DDR, S. 347 f.

79 Ebd.- BArch, DO 1, Nr. 21292: Benutzer aus Westdeutschland und Westberlin/Genehmigungen und Ablehnungen 1959, 1960, 1961 und 1962.

Bewilligte und abgelehnte Benutzeranträge aus der Bundesrepublik sowie aus dem weiteren Nichtsozialistischen Wirtschaftsgebiet (NSW) 1964-1970[80]

Jahr	Westdeutschland und West-Berlin			Nichtsozialistisches Wirtschaftsgebiet		
	Gesamt	Genehmigt	Abgelehnt	Gesamt	Genehmigt	Abgelehnt
1964	97	56	41	46	42	4
1965	112	89	23	65	59	6
1966	119	94	25	75	56	19
1967	122	78	44	60	50	10
1968	109	63	46	70	24	46
1970	288	191	97	-	-	-

Nun geriet die Archivnutzung durch westliche Besucher in den Fokus der ZK-Abteilung für Sicherheitsfragen. Diese beanstandete im Mai 1966, dass durch die StAV weder stets die richtige politische und fachliche Entscheidung im Antragsgenehmigungsverfahren garantiert sei, noch die Betreuung westlicher Nutzer immer den politischen Erfordernissen entspreche.[81] Hinter der Kritik verbarg sich der Glaube, dass »der Gegner in die Archive der DDR eindringen will bzw. bereits eingedrungen ist«,[82] verbunden mit der konkreten Forderung, dass bestimmte Archivbestände exklusiv DDR-Forschern vorzubehalten seien, um so mittels Konkurrenzausschaltung Themen zu besetzen und historiografische Deutungshoheiten zu erlangen. Die bisherige Praxis, so die Abteilungsreferenten, sichere nicht, »dass wichtiges politisches Quellenmaterial in erster Linie von unseren Historikern ausgewertet wird und wenn notwendig, den Besuchern aus westlichem Ausland nicht zugänglich [gemacht

80 Tabelle zusammengestellt anhand der von Petra Rauschenbach ermittelten Zahlen: ebd., S. 362, sowie der Zahlen in: BArch, DO 1/21052: StAV/Der Leiter an den Stellvertreter des Ministers/Gen. Generalmajor Huth: Bericht über die Benutzung der Staatsarchive der DDR durch Bürger nichtsozialistischer Länder in den Jahren 1964, 1965 und I. Quartal 1966, 3.6.1966.- BArch, DO 1/33460: Staatliche Archivverwaltung: 1967 eingegangene Benutzungsanträge aus Westdeutschland und dem nichtsozialistischen Ausland, o. D. (1968). Hierbei sind allerdings untereinander kleinere Abweichungen zu verzeichnen, deren Ursache nicht ermittelt werden konnte. So liegt beispielsweise für 1964 in den Akten auch die Angabe von insgesamt 99 Anträgen aus Westdeutschland und West-Berlin mit 43 Ablehnungen vor. Ebenso stößt man für 1965 auf die Zahl von 114 Anträgen aus Westdeutschland und West-Berlin insgesamt, von denen 85 genehmigt und 29 abgelehnt worden seien.

81 BArch, DO 1/21052: Abt. Sicherheitsfragen beim ZK der SED an den Stellvertreter des Ministers des Innern (Huth): Vorschläge zur Arbeit der Staatlichen Archivverwaltung, 12.5.1966.

82 BArch, DO 1/21052: Niederschrift über eine Beratung zur Bildung einer Konsultativgruppe bei der Staatlichen Archivverwaltung am 11.10. beim Stellvertreter des Ministers, Gen. Generalmajor Huth, 11.10.1966.

wird]«.[83] Im Ergebnis wurde im Oktober des gleichen Jahres eine Konsultativgruppe zur Begutachtung westlicher Archivbenutzungsanträge gebildet, der neben StAV-Mitarbeitern unter anderem Vertreter folgender Einrichtungen angehörten:[84]

- Institut für Marxismus-Leninismus beim ZK der SED
- Zentrales Parteiarchiv beim IML
- Institut für Gesellschaftswissenschaft beim ZK der SED
- Parteihochschule der SED »Karl Marx«
- Deutsche Historikergesellschaft
- Institut für Geschichte der Deutschen Akademie der Wissenschaften
- Dokumentationszentrum der StAV
- Ministerium für Hoch- und Fachschulwesen
- Redaktion der Zeitschrift für Geschichtswissenschaft

Der Konsultativgruppenleitung stand zwar der Leiter der StAV, Walter Hochmuth, vor, allerdings gehörten ihr keine weiteren Vertreter des DZA oder anderer Staatsarchive an, auch wenn sie umfangreiche Auskünfte und Zuarbeiten für die Bewertungen zu leisten hatten. Die Gruppe, die ihre Arbeit am 30. November 1966 aufnahm, kam in der Folge alle sechs bis acht Wochen zusammen, um anhand einer jeweils rund 20 Anträge umfassenden Liste über Zulassung oder Ablehnung zu entscheiden. Die Quote der Genehmigungen lag etwa bei 50 Prozent, wie Petra Rauschenbach auswertete.[85] Doch schon bald erwiesen sich sowohl die Organisation und Abstimmung der Zusammenkünfte als auch die gutachterliche Vorbereitung und Entscheidungsfindung als zu aufwendig, da es die Verantwortlichen neben dem »Binnenmanagement« auch mit einer ständig steigenden Anzahl von auswärtigen Anträgen zu tun hatten.[86] Und so wurde die Konsultativgruppe drei Jahre nach ihrer Gründung wieder aufgelöst und stattdessen per Vereinbarung vom 13. Januar 1970 die Kooperation mit

83 BArch, DO 1/21052: Abt. Sicherheitsfragen beim ZK der SED an den Stellvertreter des Ministers des Innern (Huth): Vorschläge zur Arbeit der Staatlichen Archivverwaltung, 12.5.1966.

84 BArch, DO 1/21052: MdI/StAV: Aufgaben und Organisation der Konsultativgruppe bei der Staatlichen Archivverwaltung, 4.7.1966.- BArch, DO 1/21052: Niederschrift über eine Beratung zur Bildung einer Konsultativgruppe bei der Staatlichen Archivverwaltung am 11.10. beim Stellvertreter des Ministers, Gen. Generalamjor Huth, 11.10.1966.

85 Rauschenbach, Zugang zu Archivgut in der DDR, S. 345 f.

86 Bei der Sitzung der Konsultativgruppe am 26.1.1968 fehlten bspw. vier von zehn Teilnehmern aus terminlichen Gründen. BArch, DO 1/21052: Protokollnotizen über die Beratung der Konsultativgruppe am 26.1.1968 in Berlin, Institut für Gesellschaftswissenschaften, o. D.- Weitere Sitzungsprotokolle der Konsultativgruppe mit entsprechenden Abwesenheitsmeldungen für den Zeitraum 1966-1969 in: BArch, DO 1/33460.

dem Zentralen Parteiarchiv beschlossen, an das von nun an alle ausländischen Anträge zur Stellungnahme geschickt wurden.[87]

Die Gründung der Konsultativgruppe war flankiert worden durch eine Reihe von Verordnungen, die das Entscheidungsverfahren präzisieren und insbesondere der Ablehnungspraxis eine juristische Grundlage geben sollten. Dazu gehörte die Verordnung über das staatliche Archivwesen vom 17. Juni 1965 und die acht Tage später verabschiedete zweite Durchführungsbestimmung zur Verordnung über das staatliche Archivwesen / Benutzerordnung. Sie bestätigten, dass eine dahingehende Erlaubnis (oder Ablehnung) wie bisher vom StAV-Leiter zu erteilen war.[88] Zugleich wurden Ablehnungsgründe vorformuliert wie diese: wenn es die Sicherung staatlicher Interessen erfordere; wenn das gewünschte Archivmaterial für staatliche Aufgaben benötigt werde; wenn der materielle Zustand eine Nutzung ausschließt; wenn das Archivgut mit einem Depositalvertrag versehen sei (Paragraf 5). Im Unterschied zur aufgelösten Konsultativgruppe wurden diese inhaltlichen Bestimmungen elf Jahre später in der gleichnamigen Verordnung bzw. zweiten Durchführungsbestimmung vom 11. bzw. 19. März 1976 bestätigt. Die bisherigen Ablehnungsgründe wurden aber um folgende Punkte erweitert: wenn die Ermittlung und Herbeischaffung des Archivgutes einen ungerechtfertigten Aufwand erfordere; wenn zum Thema bereits ausreichende archivalische und andere Quellen publiziert worden seien; wenn gesellschaftlich vorrangige Forschungsvorhaben zu sichern seien; wenn es die Sicherung nicht nur staatlicher, sondern auch gesellschaftlicher und persönlicher Interessen erfordere (Paragraf 7).[89]

Die zentrale Kontrollposition der StAV in der auswärtigen Archiv-Kommunikation war im Juli 1968 mit der MdI-Anweisung Nr. 040/68 gestärkt worden. Ebenso wurden damit weitere Kriterien zur Abschottung und Verweigerung rechtskräftig.[90] Die von Innenminister Friedrich Dickel unterzeichnete Verfügung über den Amtshilfeverkehr der StAV und der Staatsarchive mit entsprechenden Dienststellen und Archiven in Ländern, mit denen die DDR keine diplomatischen oder konsularischen Beziehungen unterhielt, enthielt dabei fast keinen Passus, keinen Fall mehr, bei dem der Archivleiter die alleinige Entscheidungsgewalt besaß. Zudem konnte jede Art von Anschreiben oder Amtshilfeersuchen aus politischen Gründen abgelehnt werden, denn die

87 Rauschenbach, Zugang zu Archivgut in der DDR, S. 346.

88 Verordnung über das staatliche Archivwesen vom 17. Juni 1965, in: Gesetzblatt der DDR (1965), Teil 2 Nr. 75 II S. 567 ff.

89 Verordnung vom 11. März 1976 über das staatliche Archivwesen, in: Gesetzblatt der DDR (1976), Teil 1, Nr. 10, S. 165 ff.

90 BArch, MfS, HA IX, Nr. 590: Ministerrat der DDR: Anweisung Nr. 040/68 des Ministers des Innern und Chefs der Deutschen Volkspolizei über den Amtshilfeverkehr der Staatlichen Archivverwaltung und Staatsarchive mit Dienststellen der Staaten, mit denen die DDR keine diplomatischen Beziehungen oder konsularischen Beziehungen unterhält, sowie über den Verkehr mit Bürgern dieser Staaten vom 12.7.1968 (Kopie), f. 301-308.

gesetzten Eckpunkte zur Gewährung (bzw. Ablehnung) von Amtshilfe waren denkbar weit gefasst. Dahingehende Ersuchen mussten nicht nur »ausreichend begründet sein«, sondern durften auch nicht den Regeln des Völkerrechts zuwiderlaufen und die Souveränitäts- und Hoheitsrechte der DDR verletzen, den inneren Rechtsgrundsätzen der DDR widersprechen und die politischen und ökonomischen Interessen der DDR schädigen sowie Nachtteile für in die DDR übergesiedelte Bürger nach sich ziehen (Abschnitt I Ziffer 2). Ersuchen, aus denen die Anerkennung West-Berlins als selbständige politische Einheit hervorging, durften grundsätzlich nicht von Staatsarchiven bearbeitet werden und waren gleich an die StAV zu senden (Abschnitt I Ziffer 3). Amtshilfeersuchen von geflüchteten ehemaligen DDR-Bürgern ohne Ausreisegenehmigung wurden prinzipiell zwar angenommen. Allerdings entfiel die Bearbeitung, wenn gegen diese Personen strafrechtlich ermittelt wurde, sie »revanchistische Ziele und die Alleinvertretungsanmaßung der Bonner Regierung« unterstützten oder Vermögensfragen von Geflüchteten thematisiert wurden. Vermögensrechtliche Auskünfte bezüglich der Zeit vor 1945 durften ebenfalls nicht erteilt werden (Abschnitt I Ziffer 4). Stellten Institutionen oder Dienststellen derartige Amtshilfeersuchen, wurden diese grundsätzlich von der StAV bearbeitet (das galt ebenso im umgekehrten Fall, wenn von DDR-Archiven um Amtshilfe gebeten wurde) (Abschnitt III). Im Fall von Anfragen einzelner Bürger aus den betreffenden Staaten, durften die Staatsarchive entsprechende Antwortschreiben verfassen. Diese waren aber der StAV vorzulegen, die dann nach Durchsicht und Prüfung über die Versendung entschied (Abschnitt IV). Dies betraf ebenso genealogische, patentrechtliche und Archivbestandsauskünfte sowie Anfragen von »Monopolunternehmen«, Organisationen oder Vereinen. Hatten die Amtshilfeersuchen »Kriegs- und Naziverbrechen« zum Inhalt, waren diese über die StAV an den Generalstaatsanwalt der DDR zu senden – ohne eine entsprechende Abgabenachricht an die Absender zu erteilen (Abschnitt III).

Im Ergebnis dieser Regelungen, die im Übrigen auch für Kreis- und Stadtarchive galten[91] und 1976 mit der Anweisung 093/76 noch einmal speziell mit

91 BArch, MfS, HA IX, Nr. 590: Ministerium des Innern der DDR: Anweisung Nr. 092/70 des Ministers des Innern und Chefs der Deutschen Volkspolizei über den Amtshilfeverkehr der Kreis- und Stadtarchive sowie der Verwaltungsarchive der örtlichen staatlichen Organe mit Dienststellen der Staaten, mit denen die DDR keine diplomatischen Beziehungen oder konsularischen Beziehungen unterhält, sowie über den Verkehr mit Bürgern dieser Staaten vom 3.9.1970 (Kopie), f. 262-268, sowie: Ministerium des Innern der DDR: Anweisung Nr. 094/76 des Ministers des Innern und Chefs der Deutschen Volkspolizei über den Verkehr der Kreis- und Stadtarchive sowie der Verwaltungsarchive der örtlichen staatlichen Organe der DDR mit Behörden der BRD und deren Einrichtungen sowie des Senats von Westberlin und für die Behandlung von Anliegen aus der BRD und aus Westberlin vom 10.9.1976 (Kopie), f. 141-155.

Blick auf die Bundesrepublik präzisiert und ausgebaut wurden,[92] lag eine mehr oder weniger vollständige Entmündigung der Archive einschließlich des DZA zugunsten der StAV vor. Sämtliche grenzüberschreitende Kommunikation befand sich nun in ihrem Verantwortungsbereich und unter ihrer Kontrolle. Doch zugleich existierten mit der MdI-Spitze sowie zwei maßgeblichen Ministerien, dem MfAA und dem MfS, mehrere höhere institutionelle Entscheidungsebenen, denen sich die StAV unterzuordnen hatte.[93]

Zusätzlich zu den äußeren Regularien trat das Archivregime vor Ort hinzu. So war der genehmigte Archivbesuch eines ausländischen Besuchers im DZA grundsätzlich durch eine Reihe von Auflagen und Beschränkungen gekennzeichnet. Dazu gehörte unter anderem, dass der zuständige Betreuer mit dem Gast zu Beginn, zwischendurch und am Schluss detaillierte Gespräche über Ziel und Zweck der Akteneinsicht und den Fortgang der Recherche zu führen hatte; gegenüber der Archivleitung und der StAV bestand eine ständige mündliche und schriftliche Berichtspflicht. Dem besuchenden Wissenschaftler wurden keine Findmittel vorgelegt, sondern nur nach interner Vorklärung seitens verschiedener Instanzen durch den Archivar ausgewählte Akten. Die Anzahl der bestellbaren bzw. einzusehenden Akten pro Tag war stark limitiert, spontane Nachbestellungen waren nicht möglich. Ebenso konnte nur eine geringe Zahl von Kopien, die in der Regel meist schon veröffentlicht worden waren, bestellt werden; die Anfertigung von Kopien bedurfte einer Genehmigung von der StAV oder bisweilen sogar vom zuständigen stellvertretenden Minister des Innern.

Ungewollte Öffnungen und willentliche Sperren zu Beginn der 1970er Jahre

Aus Sicht der StAV trug das »Problem« steigender Antragszahlen aus dem Westen jedoch ambivalente Züge, weshalb eine radikale Abschottung keine durchsetzbare Lösung darstellte. Schließlich rührte die Erhöhung wesentlich aus öffentlichen Diskussionen innerhalb des Internationalen Archivrats her, die eine Öffnung von Archiven bzw. eine Liberalisierung von Archivregimen thematisiert hatten. Insbesondere auf dem VI. Internationalen Archivkongress in Madrid 1968 war diese Frage erörtert worden. Hierbei hatte sich die DDR als

92 BArch, MfS, HA IX, Nr. 590: Ministerium des Innern der DDR: Anweisung Nr. 093/76 des Ministers des Innern und Chefs der Deutschen Volkspolizei über den Verkehr der Staatlichen Archivverwaltung sowie ihrer Dienststellen und Einrichtungen mit Behörden der BRD und deren Einrichtungen sowie des Senats von Westberlin und für die Behandlung von Anliegen aus der BRD und Westberlin vom 10.9.1976 (Kopie), f. 158-172.

93 Erst mit Abschluss des deutsch-deutschen Kulturabkommens 1986 lockerte sich der formale »Dienstweg« bzw. die StAV wurde in der Entscheidungshierarchie aufgewertet: Von nun an war sie es bzw. ihr Leiter, der – in Abstimmung mit dem MfS und MfAA – bei allen Anfragen bundesdeutscher Behörden der erste Ansprechpartner und Antwortende war. BArch, MfS, HA IX, Nr. 590: Ministerium des Innern der DDR: Grundsatzentscheidung zu den Anweisungen Nr. 093/76 und Nr. 094/76 des Ministers des Innern und Chefs der Deutschen Volkspolizei vom 3.7.1986, f. 156.

modernes Land mit einem zugänglichen Archivwesen präsentiert. Im Ergebnis war eine unmittelbare Steigerung ausländischer Antragszahlen zu verzeichnen gewesen, mit dem die StAV im Sinne ihrer Glaubwürdigkeit umzugehen hatte, was ein Mindestmaß an Bewilligungen erforderlich machte.[94] Weitere Schübe vollzogen sich dann nach dem Machtwechsel von Walter Ulbricht zu Erich Honecker, der Unterzeichnung des deutsch-deutschen Grundlagenvertrags und der nachfolgenden diplomatischen Anerkennungswelle sowie durch das Mitwirken der DDR am KSZE-Prozess. Gerade die Unterzeichnung der Schlussakte von Helsinki 1975 durch die DDR-Regierung bedeutete die Annahme des sogenannten Korb III, der einen verstärkten Informationsaustausch zwischen Ost und West vorsah.

Für das staatliche Archivwesen hatte dies mehrfache Konsequenzen. Zum einen sah sich die Leitungsebene mehr denn je angehalten, »politisch und fachlich-wissenschaftlich qualifizierte Kader« auszubilden und einzusetzen, die vor Ort westliche Archivbenutzer zu betreuen hatten. Zum anderen erkannte man das Erfordernis einer besseren Koordinierung sowie verstärkter Anstrengungen zur »in den letzten Jahren eingeschränkten Erarbeitung und Veröffentlichung von Bestandsübersichten und Inventaren …, um der Forderung nach Bereitstellung offener Archivmaterialien mehr Rechnung zu tragen«.[95]

Benutzeranträge aus der Bundesrepublik und aus West-Berlin, die zwischen 1972 und 1975 bei der StAV eingegangen waren[96]

Jahr	Anträge aus der Bundesrepublik	Davon genehmigt / abgelehnt	Anträge aus West-Berlin	Davon genehmigt / abgelehnt
1972	122	62 / 60	3	2 / 1
1973	215	116 / 99	7	4 / 3
1974	241	154 / 87	7	4 / 3
1975 (1.1.-31.7.)	179	121 / 58	14	7 / 7

Vor dem Hintergrund des politisch-ideologischen Postulats, dass der Krieg der Ideologien unverändert weitergehe, bedeuteten die vorsichtigen Öffnungen für die ostdeutschen Verantwortlichen, die Kontrollmaßnahmen gleichermaßen intensivieren und verschärfen zu müssen. Dass eine strenge Quotierung beibehalten wurde, zeigte bereits die Vereinbarung zwischen ZPA und StAV

94 BArch, DO 1/33460: Zusammenkunft der Konsultativgruppe, 15.3.1968.

95 BArch, MfS, HA VII, Nr. 78: Auszug aus dem Schlußdokument des Madrider Treffens – Konsequenzen und Schlussfolgerungen für die staatlichen Archive, 29.7.1983, f. 199 f.

96 BArch, MfS, HA VII, Nr. 78: Ernst Marterer, Stellvertreter des Ministers des Innern, an Kurt Nier, Stellvertreter des Ministers für Auswärtige Angelegenheiten: Auskunft über Benutzergenehmigungen und Antragsbearbeitungen gegenüber Antragstellern aus der BRD und Westberlins, o. D. (August/September 1975), f. 261 f.

vom 6. Juli 1973, die »entsprechende Maßnahmen« festlegte, um der »ständig wachsenden Zahl von Benutzungsanträgen« zu begegnen: »Mindestens 50 % der Anträge müssen abgelehnt werden, um zu verhindern, dass die Mehrheit der Benutzer der Archive der DDR aus dem kapitalistischen Ausland kommt. Das ZPA begutachtet die Anträge nur nach dem Thema und evtl. der Person, aber nicht nach der Zahl. Themen für die Zeit bis 1918 können in der Regel großzügig behandelt werden. Themen für die Zeit der Weimarer Republik sind ernsthafter zu prüfen, besonders zur Geschichte der Arbeiterbewegung werden [diese] in der Regel abgelehnt. Abgelehnt werden in der Regel Themen für die Zeit ab 1933. Wird die Benutzungsgenehmigung für einen Forscher von uns besonders gewünscht, so ist dies extra zu vermerken.«[97] Zugleich wurden die Kompetenzen der StAV bestärkt, indem noch einmal festgehalten wurde, dass es die Archivverwaltung sei, die »in allen Fällen« über Ablehnungen »nach ihrem Ermessen« entscheide.[98]

Bald war es nicht mehr das ZPA, sondern das Institut für Marxismus-Leninismus, das zusammen mit dem Ministerium für Auswärtige Angelegenheiten zum Hauptpartner der StAV wurde, wenn es um die Erteilung der Benutzungsgenehmigung an westliche Personen ging.[99] Der Prüfvorgang hier durchlief fünf Schritte. Zunächst fand eine umfängliche allgemeine Durchleuchtung und Examinierung des Antrags statt, die folgende Gesichtspunkte enthielt: Inhalt und Zielstellung des Themas, Prüfung der infrage kommenden Akten, Überprüfung der wissenschaftlichen, politischen und gesellschaftlichen Stellung und Haltung des Antragstellers und Betreuers, Erarbeitung des politischen Charakters der auftraggebenden Institution sowie Einschätzung des allgemeinen Forschungszwecks. Danach wurden Stellungnahmen des IML als Leitinstitut der DDR-Geschichtswissenschaft sowie in besonderen Fällen weiterer Facheinrichtungen eingeholt. Nach deren Eingang wurden alle Überprüfungsergebnisse ausgewertet und für jeden Antrag ein Entscheidungsvorschlag vorbereitet, der aber nicht in Form einer schriftlichen Vorlage erfolgte. Schließlich wurde dieser Vorschlag mündlich beim StAV-Direktor vorgetragen und begründet. Zum Schluss wurde die Entscheidung dem Antragsteller schriftlich übermittelt, wobei dafür nicht die Formular-, sondern die Briefform vorgesehen war. Das Antwortschreiben enthielt meist keine Begründung, nur in bestimmten Fällen wurde auf deplorable Archivalienzustände verwiesen, die eine Benutzung auf »unbestimmte Zeit« verhindern würden.[100]

97 Zitiert aus: Rauschenbach, Zugang zu Archivgut in der DDR, S. 347.

98 Ebd.

99 BArch, MfS, HA VII, Nr. 78: Hauptabteilung VII/Leiter an den Minister für Staatssicherheit, Generaloberst Mielke, 19.11.1973, f. 216 f.

100 BArch, MfS, HA VII, Nr. 78: Ernst Marterer, Stellvertreter des Ministers des Innern, an Kurt Nier, Stellvertreter des Ministers für Auswärtige Angelegenheiten: Auskunft über Benutzergenehmigungen und Antragsbearbeitungen gegenüber Antragstellern aus der BRD und Westberlins, o. D. (August/September 1975), f. 264-266.

Was das konkret für die damalige Genehmigungspraxis bedeutete, lässt sich treffend am Beispiel der US-amerikanischen Anträge illustrieren, die zwischen dem 1. Januar 1972 und dem 15. November 1973 bei der StAV eingingen und mehrheitlich Archivbesuche des DZA betrafen. Im genannten Zeitraum stellten insgesamt 75 Wissenschaftler aus den USA für ihr jeweiliges Thema 87 Benutzeranträge auf Archivrecherchen in der DDR. Davon wurden 53 Anträge abgelehnt und 34 genehmigt (1972: 15, 1973: 19). Das entsprach einem Verhältnis von 61 zu 39 Prozent.[101] Von den 75 Antragstellern gingen umgerechnet also etwa 45 leer aus und wurden nicht zugelassen. Häufigste Ablehnungsgründe waren: Nichtzustimmung durch das Außenministerium aufgrund »nichtgeregelter Beziehungen« zwischen beiden Ländern sowie diskriminierender Regierungshaltungen wie Nichtanerkennung von DDR-Pässen, Sperrbestände (z. B. Reichskolonialämter Kamerun und Togo, Reichskirchen, polnische Minderheit in Preußen, Banken des Dritten Reichs, deutsch-rumänische Beziehungen bis 1945, deutsch-chinesische Beziehungen im Zweiten Weltkrieg), politisch brisantes Thema bzw. eigene laufende Forschungsvorhaben zum beantragten Thema.[102]

Betrachtet man nun die Voten der eingeholten Stellungnahmen vom MfAA und vom IML für 1972/73, offenbart sich ein verblüffendes Ungleichgewicht bei der politischen Wertung und Entscheidungsfindung. Als gemeinsame Prüfkriterien galten der »Schutz der Interessen der DDR oder dritter Staaten, Probleme der Geheimhaltung«, »Inhalt und politische Bedeutung des jeweiligen Archivbestandes (Sperrbestand)«, »Stellung des Staates (USA) zur DDR und Verhalten der Behörden der USA gegenüber den Staatsbürgern der DDR« sowie »Inhalt der Forschungsthemen bzw. bereits laufende Forschungsarbeiten zum beantragten Forschungsthema, diesbezügliche Interessen der DDR«.[103] Im Ergebnis lagen insgesamt 60 ablehnende Gutachten bzw. Urteile zu den 75 antragstellenden Personen allein durch das MfAA vor (80 Prozent). Seitens des IML hingegen waren es lediglich 22 (30 Prozent). Zwar deckten sich in der (knappen) Mehrheit die jeweils gegebenen Voten von beiden Institutionen, dennoch wichen immerhin in 34 Personenfällen die Meinungen voneinander ab (45 Prozent). Nur in einem Fall plädierte das MfAA für »JA«, das IML hinge-

101 BArch, MfS, HA VII, Nr. 78: Auflistung der Antragsteller aus den USA auf Benutzung von DDR-Archiven für den Zeitraum 1972 und 1.1.-15.11.1973 und der getroffenen Benutzungsentscheidung, o. D. (November 1973), f. 219-223.

102 BArch, MfS, HA VII, Nr. 78: Auflistung der Antragsteller aus den USA auf Benutzung von DDR-Archiven für den Zeitraum 1972 und 1.1.-15.11.1973 und Grund der Ablehnung, o. D. (November 1973), f. 224-226, sowie: Hauptabteilung VII (Leiter) an den Minister für Staatssicherheit, Generaloberst Mielke: Brief des Prof. W. Hallgarten (USA) an den 1. Sekretär des ZK der SED, Gen. E. Honecker, mit dem Ersuchen, amerikanischen Wissenschaftlern im größeren Umfang die Benutzung der Archive der DDR zu genehmigen, 19.11.1973, f. 216-218.

103 BArch, MfS, HA VII, Nr. 78: Hauptabteilung VII/Leiter an den Minister für Staatssicherheit, Generaloberst Mielke, 19.11.1973, f. 216 f.

gen für »NEIN«. In allen anderen Fällen war es umgekehrt.[104] Aufschlussreich ist die finale Entscheidung, die in solchen Fällen von Dissens getroffen wurde: Insgesamt 11 von 34 betroffenen Wissenschaftlern erhielten eine Genehmigung (33 Prozent). Dagegen wurde 18 Antragstellern die Benutzung verweigert (55 Prozent). Fünf Personen, die sowohl für 1972 als auch 1973 beantragt hatten, erhielten für das erste Jahr eine Ablehnung, für das Folgejahr aber die Zustimmung.[105] Bedeutsam für die Betrachtung des Verfahrens ist ebenfalls, dass das MfS von den 34 genehmigten Anträgen (1972: 15, 1973: 19) zehn als solche definierte, auf die die Abteilung IX der HVA ein besonderes Augenmerk richten müsse.[106] Das hieß, dass nicht nur die betroffenen Antragsteller unter besonderer Beobachtung standen, sondern auch, dass Geheimdienstmitarbeiter das Archivmaterial vorselektierten: »Die jeweils bereitgestellten Teilbestände wurden vor der Benutzung gesichtet. Geheimzuhaltende Bestände oder Dokumente wurden entfernt bzw. der jeweilige Teilbestand wurde nicht ausgehändigt.«[107] Hier kam die immer stärker um sich greifende Praxis des MfS zum Vorschein, direkt und inhaltlich in die Antragsbearbeitung für ausländische Benutzer zu intervenieren. Die kritische Personenüberprüfung im Vorfeld wurde mit Hilfe geheimdienstlicher Methoden und Informationen intensiviert und erweitert. Damit wurde das MfS auf dem Gebiet der Zugangslenkung spätestens ab Ende der 1970er Jahre zum mitentscheidenden Faktor.

Insgesamt waren die Entscheidungsgründe der an der Prüfung beteiligten Institutionen, also in der Regel StAV, IML und MfAA, sehr vielfältig und im Vorfeld schwer auszurechnen: gesperrte, beschädigte oder unerschlossene Aktenbestände, Geheimhaltung und Sicherheitsbedenken, eigene Forschungsvorhaben zum Thema sowie thematische Alleinstellungsansprüche, politisch missliebige oder verdächtige Antragsteller, Betreuer oder Einrichtungen, staats- bzw. systemfeindliche Forschungsziele, außenpolitische Konflikte etc. In vielen Fällen waren es politische Motive, wie nachfolgende Beispiele bundesdeutscher Antragsteller aus dem Jahr 1975 demonstrieren: So wurde der Antrag des Studienrats Helge bei der Wieden aus Bückeburg zum Thema »Territoriale Entwicklung Mecklenburgs im 19. und 20. Jahrhundert« abgelehnt, weil Wieden 1953 an der Universität Rostock studiert hatte, einige Jahre später in den Westen geflüchtet war und in den »Baltischen Studien« publiziert hatte, die als »revanchistische« Zeitschrift eingeordnet wurden. Daraus leiteten die Gutachter ab, dass auch die entstehenden Forschungsergebnisse in »revanchistischen Publikationsorganen« veröffentlicht werden würden.[108] Reiner Pommerin aus

104 BArch, MfS, HA VII, Nr. 78: Auflistung der Antragsteller aus den USA auf Benutzung von DDR-Archiven für den Zeitraum 1972 und 1.1.-15.11.1973 und der getroffenen Benutzungsentscheidung, o. D. (November 1973), f. 219-223.

105 Ebd.

106 Ebd.

107 Ebd., f. 217.

108 BArch, MfS, HA VII, Nr. 78: Ernst Marterer, Stellvertreter des Ministers des Innern, an Kurt Nier, Stellvertreter des Ministers für Auswärtige Angelegenheiten: Auskunft

Bonn forschte zu »Die deutsche Politik gegenüber Lateinamerika von 1939 bis 1942«. Sein Antrag wurde zum einen abgelehnt, weil die betreffenden Akten zu den gesperrten Beständen der Zeit 1933-1945 gehörten. Zum anderen war sein Betreuer Andreas Hillgruber, der den Gutachtern als »einer der führenden reaktionären Historiker der BRD« für die NS-Zeit mit einer »antikommunistischen Grundhaltung« galt.[109]

Anzahl der Benutzungsanträge von Bürgern der Bundesrepublik und West-Berlins, die im Zeitraum vom 1. Januar bis 31. Juli 1975 bei der StAV eingegangen waren[110]

	Anträge aus der Bundesrepublik	**Davon genehmigt / abgelehnt**	**Anträge aus West-Berlin**	**Davon genehmigt / abgelehnt**
Zentrales Staatsarchiv Historische Abteilung I	55	24 / 31	2	0 / 2
Zentrales Staatsarchiv Historische Abteilung II	50	34 / 16	8	6 / 2
Andere Staatsarchive	74	63 / 11	4	1 / 3
Gesamt	179 (125 Benutzer)[111]	121 (78 Benutzer) / 58 (47 Benutzer)	14 (12 Benutzer)	7 (6 Benutzer) / 7 (6 Benutzer)

Der Antrag von Carsten Nicolaisen, akademischer Rat am Kirchengeschichtlichen Seminar der Universität München und Leiter der evangelischen Arbeitsgemeinschaft für kirchliche Zeitgeschichte, auf Akteneinsicht für die geplante »Dokumentation über die Kirchenpolitik des ›Dritten Reichs‹« wurde abgelehnt, da die dahingehenden Bestände gesperrt seien und das Forschungsprojekt »den politischen Zielen reaktionärer kirchlicher Kräfte« diene.[112] Der Herausgeber der »Harz-Zeitschrift« des Harzvereins für Geschichte und Altertumskunde, Karl-Wolfgang Sanders, der für eine »Brockenbibliographie« recherchierte, erhielt eine Absage, da betreffende Archivalien die deutsch-

über Benutzergenehmigungen und Antragsbearbeitungen gegenüber Antragstellern aus der BRD und Westberlins, o. D. (August/September 1975), f. 262.

109 Ebd., f. 262 f.

110 Ebd., f. 261.

111 Die Anzahl der Anträge ist nicht deckungsgleich mit der Anzahl der Personen. Ein Antragsteller, der beispielsweise für sein Thema sowohl im ZStA als auch in einem anderen Staatsarchiv Akten einsehen wollte, tauchte in der internen Statistik zweimal auf.

112 BArch, MfS, HA VII, Nr. 78: Ernst Marterer, Stellvertreter des Ministers des Innern, an Kurt Nier, Stellvertreter des Ministers für Auswärtige Angelegenheiten: Auskunft über Benutzergenehmigungen und Antragsbearbeitungen gegenüber Antragstellern aus der BRD und Westberlins, o. D. (August/September 1975), f. 263.

deutsche Grenze thematisieren würden und die Forschung für den als »gesamtdeutsch orientierten« Harzverein »revanchistische Ziele« verfolge.[113]

Interne Aufstellung von Ablehnungsgründen für Anträge aus der Bundesrepublik und aus West-Berlin, die zwischen dem 1. Januar und 31. Juli 1975 gestellt wurden[114]

Ablehnungsgrund	**Bundesrepublik**	**West-Berlin**
»Problematik des Themas«	25	1
»außenpolitische Gründe«	3	-
»politische Haltung der Betreuer«	6	2
»politische Haltung des Antragstellers«	5	-
»verschiedene politische Gründe vom Thema her«	6	-
»keine entsprechenden Archivalien vorhanden«	4	-
»revanchistische und antikommunistische Einrichtungen«	-	1
»Vermögens- bzw. Eigentumsangelegenheiten«	1	1

Dirk Hansen, der über »Die deutsche Mittelafrika-Konzeption 1889-1945 und kolonialpolitische und wirtschaftliche Interessen der Hansestädte in Mittelafrika 1884-1933« forschte, erhielt keinen Zugang, da die erbetenen Archivalien ethnographische Probleme bzw. Stammesgrenzen von jungen afrikanischen Nationalstaaten thematisierten. Zudem wurde Hansen von Günter Moltmann betreut, dem aufgrund mehrfacher längerer Aufenthalte in den USA eine »starke USA-Bindung« zugeschrieben wurde.[115] Ernst Hornig wiederum scheiterte als ehemaliger DDR-Bürger, Antragsteller für gesperrte Bestände sowie Forscher, dessen Arbeiten der »Politik kirchlicher revanchistischer Kreise« nütze. Er wollte Akten und Dokumente zum Thema »Kirchenkampf der evangelischen Kirche von Schlesien 1933-1945« sichten.[116]

Mit Ausnahme von Sanders' Vorhaben hatten sich die Gutachten des IML in allen genannten Fällen für eine Ablehnung ausgesprochen. Dies traf auch auf den Antrag von Hans-Jürgen Schröder vom Institut für Europäische Geschichte der Universität Mainz zu. Schröder arbeitete an einer Habilitation zur »Wirtschaftspolitik als Instrument der deutschen Außen- und Revisionspolitik 1918 bis 1933«. Sein Betreuer Erich Angermann, der einen Lehrstuhl für

113 Ebd.
114 Ihre Gesamtanzahl stimmt nicht vollständig mit der weiter oben genannten Gesamtzahl der Benutzeranträge aus der Bundesrepublik und aus West-Berlin für den Zeitraum 1.1.-31.7.1975 überein. Der oben auch öfter genannte Grund »gesperrter Bestände« taucht zudem hier nicht auf. Ebd., f. 262.
115 Ebd., f. 263.
116 Ebd.

Anglo-Amerikanische Geschichte am Historischen Seminar der Universität Köln innehatte, fiel den Gutachtern durch die Verbreitung von »zahlreiche[n] antisowjetische[n] Klischeevorstellungen« in seinem Buch über die Geschichte der USA auf sowie durch seine Aktivitäten als Schriftführer des VHD und Mitunterzeichner des »Aufrufs der reaktionären ›Notgemeinschaft für eine Freie Universität Westberlin‹«.[117] Doch im Unterschied zu den anderen Entscheiden schlug die Ablehnung diesmal ungeahnte Wellen, da die Ständige Vertretung der Bundesrepublik in Ost-Berlin sich des Falles annahm und beim MfAA über andauernde archivpolitische Restriktionen und Behinderungen bundesdeutscher Wissenschaftler beschwerte – ohne allerdings eine Wende herbeiführen zu können.[118] Dazu hatte die »rechtliche Grundlage« der Ablehnungen inzwischen zu viele Ankerpunkte: die Verordnung über das staatliche Archivwesen vom 17. Juni 1965, die zweite Durchführungsbestimmung zur Verordnung über das staatliche Archivwesen – Benutzungsordnung – vom 25. Juni 1965, die »sinngemäße Anwendung« der Anweisungen 038/68 und 039/68 des Ministers des Innern und Chefs der Deutschen Volkspolizei über den Amtshilfeverkehr der Staatlichen Archivverwaltung und Staatsarchive mit Dienststellen der westdeutschen Bundesrepublik sowie über den Verkehr mit Bürgern, die ihren Wohnsitz in der westdeutschen Bundesrepublik haben vom 12. Juli 1968 sowie die vorläufige Anweisung 03/74 des Direktors der Staatlichen Archivverwaltung über die Sicherung von Beständen mit einschränkenden Benutzungsbestimmungen.[119]

Dennoch ereigneten sich bisweilen überraschende Wendungen und Entwicklungen. So gelangte 1973 das Problem verwehrter Archivbenutzungen plötzlich auf dem Tisch von Erich Honecker. Auslöser war ein Schreiben des Geschichtsprofessors George W. F. Hallgarten von der Washingtoner Georgetown University an Honecker vom 1. November 1973, in dem dieser sich als Mitglied eines akademischen Ausschusses zur Förderung der Beziehungen mit der Geschichtswissenschaft der DDR vorstellte und darüber Klage führte, dass so vielen US-Wissenschaftlern der Archivbesuch verwehrt worden sei.[120] Dem

117 BArch, MfS, HA VII, Nr. 78: Wendt / Abteilungsleiter Auswertung der StAV an die Abteilung Speicherung und Recherche des MfAA: Ablehnung eines Antrags auf Benutzererlaubnis für Dr. Hans-Jürgen Schröder, 1.8.1975, f. 260.

118 BArch, MfS, HA VII, Nr. 78: Auszug aus einem Vermerk über ein Gespräch des Gen. Schindler, stellv. Leiter der Abteilung BRD, mit dem stellv. Leiter der Pol. Abteilung der Ständigen Vertretung der BRD in der DDR, Lehmann, am 10.10.1975, f. 252, sowie: Wendt / Abteilungsleiter StAV an die Abteilung Speicherung und Recherche des MfAA: Ablehnung eines Antrags auf Benutzererlaubnis für Dr. Hans-Jürgen Schröder, 1.8.1975, f. 260.

119 BArch, MfS, HA VII, Nr. 78: Ernst Marterer, Stellvertreter des Ministers des Innern, an Kurt Nier, Stellvertreter des Ministers für Auswärtige Angelegenheiten: Auskunft über Benutzergenehmigungen und Antragsbearbeitungen gegenüber Antragstellern aus der BRD und Westberlins, o. D. (August/September 1975), f. 264.

120 BArch, MfS, HA VII, Nr. 78: Schreiben von George W. F. Hallgarten an Erich Honecker, 1. November 1973 (Kopie), f. 244.

Brief war als Anlage eine Aufstellung beigefügt, die den Umgang mit dreizehn amerikanischen Antragstellern dokumentierte.[121] Fünf Zusagen,[122] fünf Ablehnungen[123] und drei noch nicht entschiedene Fälle waren darin aufgeführt. Demnach waren in den zurückliegenden Jahren mehrere Projekte mehrfach beantragt und abgelehnt worden, manche Anträge waren schließlich nach wiederholter Ablehnung zugelassen worden. Neben Ablehnungsgründen wie »U.S.-Position gegenüber der Zulassung von DDR-Wissenschaftlern« erfuhr Honecker von Einreisesperren für Ausländer während der Internationalen Weltjugendfestspiele oder von angeblich ausgebuchten Hotels in Merseburg, die einen Archivbesuch verhindert hätten.[124] Doch vor allem waren immer wieder Ablehnungen ohne Angabe von Gründen erfolgt oder Anfragen schlicht unbeantwortet geblieben.

Dass sich Hallgarten direkt an Honecker wandte, hatte eine Vorgeschichte, in der der Generalsekretär des ZK der SED bereits einmal die Rolle des Türöffners gespielt hatte. So hatte der US-Historiker in einem früheren Brief vom 27. Mai 1972 bei Honecker persönlich um Unterstützung für sein Buchprojekt über die Verbindung von deutscher Industrie und Politik im 20. Jahrhundert und dahingehende Recherchen seines westdeutschen Mitarbeiters Joachim Radkau gebeten, die ihm wiederum Honecker in seinem Antwortschreiben vom 12. Juni 1972 ohne größere Vorprüfung zugesichert hatte. Da damit zum einen der reguläre Amtsweg umgangen wurde und Hallgarten/Radkau zum anderen nahezu ausschließlich Sperrbestände des DZA aus der Zeit von 1933-1945 einsehen wollten, entspannen sich in den nachfolgenden Monaten aufgeregte Briefwechsel, in die der Direktor des Zentralinstituts für Geschichte der AdW, Horst Bartel, der stellvertretende MdI-Minister Ernst Marterer sowie StAV-Leiter Gerhard Exner involviert waren. Dabei erwies sich Exner als völlig überfordert – immerhin verboten mehrere Ministerratsverordnungen eine solche Einsichtnahme –, sodass sich am Ende das MfS einschaltete und eine Prüfung auf Ausnahmeregelung durch das Amt für Rechtsschutz beim Minis-

121 BArch, MfS, HA VII, Nr. 78: Amerikanische Wissenschaftler und DDR-Archive 1972-1973 (Stand 15.10.1973). Anlage zum Schreiben von George W. F. Hallgarten an Erich Honecker, 1. November 1973 (Kopie), f. 235-237.

122 Ann Beck: Deutsch-britische Kolonialverwaltung in Tanganyika 1890-1930, J. David Fralsy: Internationale Politik während der Kanzlerzeit von Hohenlohe (1894-1900), Thomas A. Knapp: Joseph Wirth, Raymond E. Lindgren: Die Jugenderziehung Friedrich II. als einen aufgeklärten Despoten, Karl A. Schleunes: Erziehungspolitik Bayerns, Badens und Preußens 1884-1914.

123 Ralph A. Austen: Deutsche Herrschaft in Kamerun, Richard Blanke: Preußisch-polnische Politik 1871-1900, Robert Grathwol: Deutschnationale Volkspartei 1924-1928, Marlon W. Gray: Preußische Reform 1807-1819, Isabell Hull: Wilhelm II, Ernst Wolff: Deutsche Konsulate in chinesischen Vertragshäfen 1940-1945.

124 BArch, MfS, HA VII, Nr. 78: Amerikanische Wissenschaftler und DDR-Archive 1972-1973 (Stand 15.10.1973). Anlage zum Schreiben von George W. F. Hallgarten an Erich Honecker, 1. November 1973 (Kopie), f. 235 f.

terrat samt geheimdienstlicher Durchleuchtung von Radkau forderte.[125] Im Ergebnis wurde damals eine Sondergenehmigung für ausgewählte Teilbestände erteilt, sodass Hallgarten Honecker die Fertigstellung des Buches »Deutsche Industrie und Politik von Bismarck bis zur Gegenwart« als Erfolgsgeschichte archivpolitischer Zusammenarbeit präsentierte, an die es anzuknüpfen gelte.[126]

Vor diesem Hintergrund reichte Honecker Hallgartens neuerlichen Brief »zur sofortigen Prüfung« an sein Sekretariat, woraufhin erneut eine hektische Be- und Aufarbeitung durch den beauftragten Ernst Marterer und die StAV einsetzte. Nun kam man nach erneuter Überprüfung von 41 Ablehnungen zu dem Ergebnis, dass zehn Genehmigungen zumindest »für ausgewählte Teilbestände« doch erteilt werden könnten. Voraussetzung dafür sei eine »nochmalige gewissenhafte Sichtung der Dokumente« vor ihrer Bereitstellung, merkte allerdings Oberst Büchner von der Hauptabteilung VII gegenüber Erich Mielke an.[127] Alle zehn Akteneinsichten waren im DZA angesiedelt, davon acht in Merseburg und zwei in Potsdam;[128] die Mehrzahl der Themen behandelte preußische Geschichte mit den Schwerpunkten politische, Organisations- und Biografiegeschichte – eine zeitgenössische politische Brisanz geht zumindest aus den (Arbeits)Titeln der Vorhaben kaum hervor.[129] Doch aus Sicht des MfS war es ein heikles Nachjustieren. Daher forderte man dringend »sicherzustel-

125 BArch, MfS, HA VII, Nr. 78: Hauptabteilung VII (Leiter) an den 1. Stellvertreter des Ministers für Staatssicherheit, Generalleutnant Beater, 24.11.1972, f. 246f.

126 BArch, MfS, HA VII, Nr. 78: Schreiben von George W. F. Hallgarten an Erich Honecker, 1. November 1973 (Kopie), f. 244.

127 BArch, MfS, HA VII, Nr. 78: Hauptabteilung VII (Leiter) an den Minister für Staatssicherheit, Generaloberst Mielke: Brief des Prof. W. Hallgarten (USA) an den 1. Sekretär des ZK der SED, Gen. E. Honecker, mit dem Ersuchen, amerikanischen Wissenschaftlern im größeren Umfang die Benutzung der Archive der DDR zu genehmigen, 19.11.1973, f. 218.

128 BArch, MfS, HA VII, Nr. 78: Hauptabteilung VII (Leiter) an Oberst Carlson: Forschungsvorhaben von USA-Wissenschaftlern in den Staatsarchiven der DDR, 22.11.1973, f. 227-231.

129 Douglas Hale: Soziale und ökonomische Hintergründe der liberaldemokratischen Bewegung von 1830, Wolfram Haller: Kritische Studie über Hans Viktor von Unruhs Bedeutung für den preußischen Liberalismus, Dr. Marion Gray: Stein-Hardenbergische Reformära in Preußen, Prof. Paul Forman: Gründung, Organisation und Wirkung der Helmholtz-Gesellschaft von 1920 bis 1937, Dr. John Flynn: Die Reichstagsführerschaft der Nationalliberalen Partei im zweiten Reich, Bettina Beer: August von Haxthausen (1792-1866), Thomas Schoonover: Die Beziehungen zwischen Mittelamerika und den Vereinigten Staaten von 1840 bis 1885 und die Rivalität zwischen Nordamerika und den europäischen Staaten in Bezug auf den Einfluß auf die Macht und die europäische Reaktion auf das steigende nordamerikanische Eindringen in Mittelamerika, Deborah Schneider: Romantische Komödie in Deutschland mit besonderer Berücksichtigung der zeitgenössischen Theatergeschichte (Verhältnis Tieck zu Iffland), Warren Morris, Die politische Laufbahn von Joseph Maria von Radowitz, Isabell Hull: Die kaiserliche Umgebung 1888-1918.

len, dass in allen genannten Fällen durch Sachkundige geprüft wird, inwieweit Folgeschäden ausgeschaltet [sind] bzw. diesen vorgebeugt werden muß«.[130]

Solche Episoden und Wendungen blieben jedoch letztlich die Ausnahme. Insgesamt dauerte es noch viele Jahre, bis sich die DDR-Führung durchrang, mehr ausländischen Besuchern den Zutritt zu ihren Staatsarchiven zu gewähren. Das betraf auch den Umgang mit US-amerikanischen Antragstellern, für den sich die diplomatische Anerkennung der DDR durch die USA, der Abschluss von Vereinbarungen zwischen dem Ministerium für Hoch- und Fachschulwesen und dem International Research and Exchange Board (IREX) sowie der United States Information Agency (Fulbright-Programm) als entscheidende Weichenstellungen erweisen sollten.[131]

Das Massenakten-Problem in der Expertendiskussion und der Primat des Fachlichen

Das Wirken deutscher Archivare in den politischen Systemen des 20. Jahrhunderts war eingebettet in einen extensiven Ausdehnungs- und Wandlungsprozess des Archivwesens,[132] der in der »Wende von einem verwaltungspraktischen zu einem bürotechnischen Organisationsdispositiv«[133] seinen Ausgang genommen hatte. Er zeichnete sich durch einen einzigartigen qualitativen und quantitativen Zuwachs an Verwaltungshandeln und Verschriftlichung (Massenakten), an Verrechtlichung und Metareflexion sowie an Professionalisierung und Technisierung aus. Wie damit umzugehen sei, welche Konsequenzen daraus für die Archivarbeit erwachsen würden, darüber entwickelte sich insbesondere seit den 1930er Jahren eine rege Fachdiskussion, die weitgehend ohne ideologische Implikationen auskam. Als Expertendiskurs stellt dies ein Beispiel für die Möglichkeiten gelebter Fachautonomie abseits der Politik dar.

130 BArch, MfS, HA VII, Nr. 78: Hauptabteilung VII (Leiter) an Oberst Carlson: Forschungsvorhaben von USA-Wissenschaftlern in den Staatsarchiven der DDR, 22.11.1973, f. 227-231.

131 Im Ergebnis besuchten im Zeitraum von 1980 bis 1988 insgesamt immerhin 297 Forscher allein aus den USA die staatlichen Archive der DDR. BArch, MfS, HA VII, Nr. 78: MdI/StAV (Leiter): Einschätzung des Standes der Archivbenutzungen durch USA-Forscher, o. D. (1989), f. 98.

132 Michel Duchein, The History of European Archives and the Development of the Archival Profession in Europe, in: The American Archivist Vol. 55, No. 1, Special International Issue (Winter, 1992), S. 14-25.- Joan M. Schwartz/Terry Cook, Archives, Records, and Power. The Making of Modern Memory, in: Archival Science 2 (2002) 1-2, S. 1-19. Dietmar Schenk, »Aufheben, was nicht vergessen werden darf«. Archive vom alten Europa bis zur digitalen Welt, Stuttgart 2013.

133 Cornelia Vismann, Akten. Medientechnik und Recht, 3. Aufl., Frankfurt a. M. 2011, S. 267.

Aktenflut und Büroreform

Mitte der 1960er Jahre hatte der Kölner Stadtarchivar Hugo Stehkämper in einem aufsehenerregenden Aufsatz faktenreich dargestellt, wie durch die zahlreichen städtischen Ämter und Einrichtungen in seiner Stadt Massenakten produziert wurden und vor welchen permanenten Herausforderungen Archivare im Umgang mit ebendiesen standen. Dabei kam Stehkämper allein auf rund 880 000 Akten, die zum Teil noch seit 1945 auf ihre Vernichtung warteten, sowie auf jährlich weitere rund 260 000 Akten, die zur Kassation freigegeben waren. Dass solch ein Papierberg kaum systematisch abzuarbeiten war bzw. sich das Akten-Hamsterrad immer nur schneller drehen würde, leuchtete selbst jedem Laien ein. Der Druck, ein angemessenes Bewertungssystem zu entwickeln, wuchs ebenso kontinuierlich, zumal in dieser Zeit auch unter den Archivaren das Bewusstsein für den alltagsgeschichtlichen Wert von Archivalien zunahm.[134] Was hier aus der Perspektive eines traditionellen, wenn auch vergleichsweise kleinen Archivs geschildert wurde, offenbarte ein Phänomen, mit dem die großen deutschen Zentralarchive seit Jahrzehnten zu kämpfen hatten. Für die drei hier untersuchten Archive waren es drei Ursachen, die für das Massenakten-Problem verantwortlich waren: erstens die allgemeine Zunahme von Verwaltungshandeln und seine Verschriftlichung seit dem letzten Drittel des 19. Jahrhunderts, zweitens die wachsende Verregelung bürokratischer Vorgänge in Verbindung mit innovativer Verwaltungstechnik nach 1900 und drittens die kriegs- und systembedingten Bestands- und Aufgabenveränderungen seit 1918 bzw. 1945.[135]

Mit dem Ersten Weltkrieg und der damit verbundenen Ausweitung des Verwaltungsaufwands wuchs die Masse der produzierten Akten sprungartig

134 Hugo Stehkämper, Die massenhaft gleichförmigen Einzelsachakten in einer heutigen Großstadtverwaltung, dargestellt am Beispiel Kölns, in: Archivalische Zeitschrift 61 (1965), S. 97-127.

135 Gänzlich neu war das Massenakten-Phänomen aber nicht: Bereits seit 1870/71 hatten staatliche Verwaltungsvorgänge einen enormen Schub erfahren. Stichworte für ihre Zunahme waren hier unter anderem die Reichsgründung, das Wirtschafts- und Bevölkerungswachstum, der Parlamentarismus und seine Folgen sowie die Entstehung einer staatlichen Wirtschafts- und Sozialpolitik. Eine eigene Dynamik entfalteten wiederum technische Neuerungen und ihre Folgen. So drangen Vervielfältigungsmechanismen und -apparate auf den Markt bzw. in die Verwaltung, die die Aktenmenge schlichtweg vervielfachen konnten. Die Einführung der Schreibmaschine und die Herstellung von Durchschlägen der Original-Reinschrift setzten sich schnell durch. Mit ihrer massenhaften Einführung im Büroalltag wurden Schreibmaschinen zu den eigentlichen »Trägern der Reform« Die Weiterleitung von Durchschlägen erfuhr einen deutlich höheren Gebrauch als die vormalige Weitergabe von Abschriften. Damit wurden diese Teil der Registratur, verfügten jedoch über eine deutliche schlechtere Materialqualität mit sinkender Haltbarkeit. Mit der Einführung des Schnellhefters entfiel dann die althergebrachte, aufwendiger zu handhabende Fadenbindung. Enders, Archivverwaltungslehre, S. 55.- Vismann, Akten, S. 272.

an. Für die Lagerung und Bearbeitung dieses neuartigen Aktenberges standen weder ausreichend Personal noch Technik zur Verfügung. Die Registraturabteilungen in den Verwaltungsinstitutionen zeigten sich dauerhaft überfordert. Im Ergebnis, so Friedrich Kahlenberg, entstand zum einen ein »relativer Niedergang in der Qualität der Aktenführung«, zum anderen ein ungewohnt frühzeitiger »echter Abgabedruck in der Verwaltung«.[136] Noch dazu musste die steigende Verwaltungsarbeit mit einem kriegsbedingt verkleinerten Beamtenapparat bewältigt werden. In den Registraturen wurden nun auch Berufsanfänger und Aushilfskräfte beschäftigt.

Die Probleme wuchsen ins Vielfache: Die Papiermenge und -qualität – letztere nahm seit Ende des 19. Jahrhunderts ohnehin stetig abnahm – sanken in Kriegszeiten noch spürbarer; Registraturpläne wurden ebenso wie die Aktengliederung ungenauer bzw. immer seltener aktualisiert; Repertorien wurden infolge beständiger Änderungen immer weniger angefertigt; alphabetische Hilfsmittel verloren an Präzision und Vollständigkeit; der Überblick über die vermehrten Teilregistraturen ging zunehmend verloren. Selbst die zuvor streng geregelten Formate büßten ihre Verbindlichkeit ein. Anstelle von DIN-A4-Papier traten DIN-A5- oder DIN-A6-Größen. Schlechte Farbband- und Stiftqualitäten schränkten die Haltbarkeit der Papierakten ein.[137] Zugleich erwuchs aus der Ausnahmesituation des Kriegs eine große Zahl an Einzelakten, deren Wertigkeit und Aufbewahrungswürdigkeit von vornherein als gering eingestuft wurde. Im Ergebnis wurde eine große Anzahl von Aktenvorgängen nach ihrer Erledigung abgelegt, ohne dass ein erneuter Zugriff zu erwarten war – mit dem baldigen Ziel, sie loszuwerden. Das »Motiv der Entlastung« leitete in dieser Zeit mehr und mehr den Umgang mit Verwaltungsschriftgut, das für laufende Verwaltungsvorgänge nicht mehr benötigt wurde.[138]

Die ersten Ideen, Vorgaben und Anweisungen, die bei den Verwaltungsreformanläufen 1910 und 1919 entwickelt wurden, wurden zunächst nur langsam und in kleinen Schritten umgesetzt. Doch ging ein Großteil der Regelungen immerhin in die »Gemeinsame Geschäftsordnung für die Verwaltung« von 1927 und die »Gemeinsame Geschäftsordnung der höheren Reichsbehörden« von 1928 ein. Damit zog ein neuer Stil ein, der zugleich das Ende der von Bismarck geprägten, 1912 gebündelten und herausgegebenen Reichsverwaltungsgrundlagen einläutete. Beide Ordnungen galten für die folgenden Jahrzehnte auch im Nationalsozialismus und in der Bundesrepublik; die Geschäftsordnung von 1927 wurde lediglich 1958 überarbeitet bzw. nach Umstellung auf elektronische Bürosysteme Mitte der 1990er Jahre angepasst.[139] Der »kriegsbedingte Überlieferungsbruch des *tacit knowledge* der Verwaltung«[140] hatte einen

136 Kahlenberg, Deutsche Archive in Ost und West, S. 99.
137 Enders, Archivverwaltungslehre, S. 54.
138 Kahlenberg, Deutsche Archive in Ost und West, S. 99.
139 Vismann, Akten, S. 318 FN 5.
140 Ebd., S. 268.

Transparenzprozess eingeleitet, der sich programmatisch mit den demokratischen Zielen der Weimarer Republik deckte.

Zwei Nebenaspekte begleiteten diese Entwicklung: Zum einen wandelte sich der Geschlechteranteil in den Verwaltungsberufen grundlegend, und stenografisch ausgebildete Frauen besetzten die Büros. Damit traten vermehrt auch Frauen in das Reichsarchiv bzw. in die Archive allgemein ein, wenngleich die Öffnung eine restriktiv gehandhabte blieb: So hatten Frauen zwar seit Ende des 19. Jahrhunderts formal Zugang zum Staatsdienst, doch war die Anstellung an die Ehelosigkeit gebunden, eine Regel, die auch dann nicht abgeschafft wurde, als die Zahl von weiblichen Bürokräften erheblich anstieg.[141] Zum anderen bildete sich ein ungeahnter Konnex zwischen Krieg und Bürokratie. Grundlage dafür waren veränderte Vorstellungen einer administrativ bzw. bürokratisch organisierten Militär- und Kriegsführung, wie sie beispielsweise Generalfeldmarschall von Schlieffen vorschwebte. Demnach agierte der moderne Führungsoffizier nicht mehr im Unterstand, sondern in einer bequemen Schreibstube, ausgerüstet mit Draht- und Funktelegraph sowie Fernsprech- und Signalapparaten. Der Schlachtverlauf, so die Vision, entscheide sich nun im Büro. Diese Mentalität sorgte für größere Akzeptanz der Büroreform-Neuerungen in den 1920er Jahren. Dies ist insofern relevant, weil im späteren Reichsarchiv zahlreiche Offiziere ihren Dienst taten.

Die im Zuge der Diskussionen um die Verwaltungs- und Büroreform immer wieder aufkommenden Forderungen nach Vereinfachung wurden nach 1933 von nationalsozialistischer Seite aufgenommen und propagandistisch großgeschrieben. In der Praxis bezog sich diese Rhetorik allerdings weniger auf die neuen Bürotechniken als vielmehr auf die Aushöhlung rechtsstaatlicher Verfahrensweisen und die Umgehung administrativer Wege. Der Gesamttrend konkreter Büropraxis in der NS-Zeit war, wie Cornelia Vismann herausstellt, partiell sogar ein rückschrittlicher: Die Reduzierung des Aktenbergs als Reformanliegen wurde konterkariert durch die eingeforderten Familien-, Sippen- und Heimat(nach)forschungen und die damit einhergehende Aufnahme von reponierten Altakten (vor allem Kirchenregister) in die laufende Verwaltung, nachdem der Abstammungsnachweis zu einer Einstellungsvoraussetzung für zahlreiche Partei- und Verwaltungsämter wurde. Vismann spricht vor diesem Hintergrund auch von einer »Herrschaft der Altakten, genauer: mit dem darin gespeicherten Wissen über die Bevölkerung«.[142]

Ein Spezifikum von Reichs-, Bundes- und Deutschem Zentralarchiv war die quasi Ad-hoc-Konfrontation mit Aktenmassen, die aus ihrer jeweiligen Neugründung und ihrer zentralbehördlichen Bestimmung resultierte: In den ersten Gründungsjahren bis 1923 trafen rund 2 Millionen Akten im Potsdamer Reichsarchiv ein (in der Bayerischen Archivverwaltung waren es im gleichen

141 Ebd., S. 273 f.
142 Ebd., S. 271.

Zeitraum 40 000).[143] Allein zwischen dem 1. Januar 1920 und dem 30. Juni 1922 kamen 117 Wagen, 2781 Kisten und 10 961 Pakete mit Akten in Potsdam an, die fast nur militärischen Registraturbildnern zuzuordnen waren. Deren Zahl belief sich 1923 auf 4500, tausend mehr als drei Jahre zuvor.[144]

Die Zustände und Probleme, mit denen die Potsdamer Reichsarchivare der Archivabteilung zu kämpfen hatten, waren gewaltig und übertrafen bei weitem die der anderen Archive: heterogene Schriftgutherkunft, vielfach ungeklärte oder auch nicht vorhandene Archivwürdigkeit, fehlende oder verloren gegangene Ordnung des eingehenden Archivgutes, Massenhaftigkeit der zu übernehmenden Akten. Auch zehn Jahre nach Kriegsende blieb die Situation angespannt.[145] Zwar war der Großteil der Gremien, Gesellschaften und Institutionen, für deren Akten das Reichsarchiv jetzt zuständig war, inzwischen aufgelöst, doch etliche Geschäftsvorgänge liefen weiter, sodass Ernst Müsebeck noch 1931 seinem Archiv kritisch den Charakter einer »Verwaltungsbehörde für die Gegenwart« zusprach.[146]

143 Martina Düntzer, Ernst Zipfel und die archivfachliche Diskussion der zwanziger und dreißiger Jahre zur Frage der Bewertung, Fachhochschule Potsdam 2005, S. 23.

144 Herrmann, Das Reichsarchiv (1919-1945), S. 69.- Die gebräuchliche Maßeinheit für Aktenmengen vor 1945 lautete in der Regel Quadratmeter oder Paket, wobei ein Quadratmeter etwa 27 Paketen entsprach. Die später durchgesetzte Maßeinheit Laufender Meter ergab sich wiederum aus einem Meter Breite sowie 30 Zentimetern Höhe und umfasste folglich ein Drittel eines Quadratmeters bzw. 9 Pakete. Auf dieser Grundlage ermittelte Ulrich Kober für das GStA folgendes Wachstum: Der Altbestand von 6835 Quadratmetern im Jahr 1936 stieg um 2301 auf 9136 Quadratmeter im Jahr 1945. Der Zuwachs entsprach 25 Prozent des Gesamtbestandes bzw. 34 Prozent des Altbestandes. Ulrich Kober, Bewertung und Übernahme von Archivgut durch das Geheime Staatsarchiv in der Zeit des Nationalsozialismus, in: Kriese (Hg.), Archivarbeit im und für den Nationalsozialismus, S. 307-333, hier S. 328.

145 So berichtete Archivleiter Ernst Müsebeck 1929 seinen Kollegen zahlengesättigt über die Aktenflut: »Die Akten der Obersten Heeresleitung umfassen nach der Kassation, die selbstverständlich sehr geringfügig war, rund 35 000 Aktenbände. Die Friedenskommission hat bis jetzt 30 000 Akten abgeliefert. Die besetzten Gebiete des Westens umfassen rund 120 000 Aktenstücke. Von beiden Beständen ist nichts kassationsreif. Von bedeutsamen Kriegsgesellschaften umfasst die Reichsgetreidestelle 60 000, die Kriegsmetall-A.-G. 30 000 Akten, die allerdings wohl auf 1/4 reduziert werden können; aber auch so bleiben immer noch 15 000 bzw. 7500 Akten zu verwalten. Die höchste Ablieferungszahl erreichte beim Reichsarchiv bisher das Reichsentschädigungsamt mit 352 000 Bänden, und dabei befindet sich etwas unter der Hälfte noch im Geschäftsgange. Von diesen Beständen kann in absehbarer Zeit aus fiskalischen und rechtlichen Gründen wegen etwaiger Geltendmachung von Ansprüchen an das Reich nichts kassiert werden; wissenschaftlichen Wert hat nur ein Bruchteil der Akten«. Ernst Müsebeck, Der Einfluß des Weltkriegs auf die archivalische Methode, in: Archivalische Zeitschrift 38 (1929) S. 135-150, hier S. 137.

146 Ernst Müsebeck, Grundsätzliches zur Kassation moderner Archivbestände, in: Archivstudien. Zum siebzigsten Geburtstag von Woldemar Lippert, hrsg. von Hans Beschorner, Wilhelm von Baensch, Bertha von Baensch, Dresden 1931. S. 160-165, hier S. 161.- Vgl. auch: Ders., Grundsätzliches zur Aufbewahrung und Kassation von Akten wirtschaftlicher und verkehrstechnischer Registraturen im Reichsarchiv und

Im DZA wiederum explodierte Ende der 1950er Jahre der Archivgutbestand schlagartig, nachdem die zuvor beschlagnahmten und abtransportierten Aktenmassen aus der Sowjetunion bzw. aus sowjetischer Kontrolle eintrafen und per Gesetz vom 11. Februar 1958 acht Industrieministerien aufgelöst wurden, deren Überlieferung nach Potsdam ging. Vor diesem historischen Hintergrund war es kein Zufall, dass sich sowohl vor als auch nach 1945 immer wieder Potsdamer Zentralarchivare in die Debatte um die angemessene Bewertung und Kassation einschalteten bzw. die dahingehende Fachdiskussion anschoben.

Zeitgenössische Krisenwahrnehmungen

Für passionierte Archivare kam diese Entwicklung einem unaufhaltsamen Niedergang gleich. Auf dem Gothaer Archivtag 1937 entwarf der GStA-Archivar und spätere stellvertretende Direktor des Bundesarchivs Wilhelm Rohr ein krisengezeichnetes Bild zunehmender Auflösung, Zersplitterung und Unordnung seit Beginn des 20. Jahrhunderts, eine Entwicklung, die seit dem Ersten Weltkrieg einen nahezu »reißenden Verlauf« genommen habe: »Die Zahl der Registraturen wächst alljährlich, nach dem Kriege fast allmonatlich. Die alten, einem größeren Sachgebiet und mehreren Dezernenten zugleich dienenden Aktenkammern werden auseinandergezogen; viele kleine, auf ein Einzeldezernat zugeschnittene, gewöhnlich von dem Expedienten mitverwaltete Registraturen entstehen. Die älteren Akten gehen in dem Getriebe unter oder bleiben irgendwo vergessen liegen. Der Krieg verschlimmert alles noch durch den Mangel an gutem Personal.«[147] Nahezu im Stil und Fahrwasser von verbreiteter Zivilisationskritik und Kulturpessimismus konstatierte Rohr, der im preußischen Registraturstil zu Beginn des 19. Jahrhunderts das Vorbild für eine geordnete Aktenführung sah,[148] das Bild »eines Verfalls«, einer »Entartung der Registratureinrichtungen alten Stils«,[149] die sich bis ins Blattformat erstrecken würde: »Die alte strenge Gleichmäßigkeit des Folioformats in den Akten weicht einer Willkür der Blattgrößen, die die Aktenstücke unharmonisch und unhandlich macht. Die bereits im 19. Jahrhundert überhandnehmende Vervielfältigung von Schriftstücken, erst recht dann die Verwendung der Schreibmaschine, die immer stärkere Durchsetzung mit Formularen, Umdru-

in den Landesarchiven, in: Korrespondenzblatt des Gesamtvereins der deutschen Geschichts- und Altertumsvereine 80 (1932), Sp. 157-169.

147 Wilhelm Rohr, Das Aktenwesen der Preußischen Regierungen, in: Archivalische Zeitschrift 45 (1939) S. 52-63, hier S. 54.

148 Diese »klassische Epoche« zeichne sich aus durch »dauerhaften Schreibstoff, schöne Schrift, konsequente Behandlung aller Formalien, genaue Tagebuchführung, gediegene Repertorien, vortreffliche alphabetische Hilfsmittel zum Erschließen des Akteninhalts, solide geheftete Aktenstücke, gute Verwahrung und strenge Kontrolle des nicht laufend benötigten Schriftguts, umfassende, wohldurchdachte und -gegliederte Registraturpläne«. Ebd., S. 52f.

149 Ebd., S. 54.

cken, Drucken aller Art rauben dem Akteninhalt den Wert der Einmaligkeit, der ihm früher anhaftete.«[150] Am Ende dieses Niedergangs stand für Rohr der Archivbeamte, der Registrator, dessen Ansehen und Image ebenfalls verfielen. Nicht nur innerhalb der Beamtenschaft belächele oder verachte man die »Aktenbändiger« oder »Aktentiger«, sondern auch in der Öffentlichkeit, wo in Witzen und Karikaturen immer wieder »hässlich aussehende, staubige Aktenstücke der alten gehefteten Art ... als das Kennzeichen engstirnigen, zurückgebliebenen Bürokratentums« präsentiert würden.[151]

Dass dieses fachlich begründete Wehleiden kein Einzelfall, sondern Teil eines anhaltenden Klagekanons traditionalistischer Spitzenarchivare war, illustrieren Georg Winters Ausführungen Ende der 1950er Jahre, in denen er beklagte, dass »Akten zur Massenware« verkommen seien: »Wo sind selbst in den gehaltvolleren Akten die Memoranden und die breiten ideologischen Darlegungen der leitenden Beamten über die Motive ihrer Maßnahmen, diese Schriftsätze, die das Bild der handelnden Personen so deutlich aus den Akten des 19. Jahrhunderts vor dem Historiker aufsteigen ließen? Wie ausgehöhlt wirken die auf knappste Mitteilungen oder Gedächtnisstütze abgestellten maschinenschriftlichen Vorgänge [...] Das Telefon, ›der große Räuber der Geschichte‹, hat weitgehend das Innerste der Akten verarmen lassen.«[152]

Sowohl Rohr als auch Winter positionierten sich zwar als klageführende Nostalgiker, nicht jedoch als prinzipielle Reformgegner. Ihnen kam es vielmehr darauf an, sowohl ein Bewusstsein in den Behörden zu erzeugen als auch verbindliche Richtlinien zu verabschieden, die den Archivierungsmethoden entgegenkamen.[153] Vor diesem Hintergrund begrüßte Rohr dann auch das grundsätzliche Reformbestreben sowie die »Geschäftsvereinfachungen in der Preußischen Allgemeinen Verwaltung«, die Ministerialrat Wilhelm Triebel 1931 in einer Broschüre zusammenfasste und die bereits in vielen preußischen Behörden angewandt wurden.[154] Für die Archivare bedeutete das laut Rohr vor allem, sowohl die Behördenbeamten über die Anliegen und Erfordernisse des Archivwesens aufzuklären als auch umgekehrt die aktuelle Behördenentwicklung aufmerksam zu verfolgen – und gegebenenfalls zu intervenieren und zu korrigieren.[155] Dies sah zwanzig Jahre später Georg Winter genauso, wenn er auf die unverändert problematische Lage und das Fehlen einer gesetzlichen Re-

150 Ebd., S. 54f.

151 Ebd., S. 55.

152 Georg Winter, Bewertung und Aussonderung von Schriftgut des 20. Jahrhunderts, in: Comité des Mélanges Braibant (Hg.), Mélanges offerts par ses confrères étrangers à Charles Braibant, Directeur général des Archives de France, Président d'honneur du Conseil International des Archives, Brüssel 1959, S. 542-551, hier S. 545.

153 Rohr, Das Aktenwesen der Preußischen Regierungen, S. 56.

154 Ebd., S. 56f.

155 Ebd., S. 58f.

gelung für das Schriftgut- und Archivwesen verwies und zugleich eine aktivere Rolle der Archive im Verwaltungsgeschehen beschwor.[156]

Lösungsdiskurse zwischen archivarischem Pragmatismus und ideologischem Anspruch

Für Adolf Brenneke waren die Kassation von Akten und damit die Umwandlung einer zusammenhängenden Registratur in einen »Archivkörper« die wohl »verantwortungsvollste und schwierigste Aufgabe«, die sich dem Archivar stellte.[157] Dieser stand dabei aber auf unsicherem Grund. Denn bis weit ins 20. Jahrhundert hinein oblag die – in der Regel aus Platzgründen vorgenommene – Aussonderung von entbehrlich eingestuftem Schriftgut aus den Registraturen der Verwaltungsbehörden und der Regierung dem gesetz- und regellosen Urteil und Ermessen bzw. »Fingerspitzengefühl« der dafür zuständigen Verwaltungsbeamten.[158] Obwohl sich die deutschen Archivare seit dem 19. Jahrhundert mehr und mehr mit der Bewertung und der damit verbundenen Auslese auseinanderzusetzen begonnen hatten,[159] nahm eine

156 Georg Winter: »Ich selbst habe auf dem Deutschen Archivtag 1955 ausgeführt, dass die ständige Einwirkung des modernen Archivars auf das Akten- und Registraturwesen notwendig ist. In Westdeutschland liegt die oberste Lenkung des behördlichen Schriftgutwesens in der Hand eines ›Bundesbeauftragten für Wirtschaftlichkeit in der Verwaltung‹, der dem Bundesrechnungshof eingegliedert ist. Mit ihm steht das Bundesarchiv in engem Kontakt.« Winter, Bewertung und Aussonderung von Schriftgut, S. 548.

157 Für Brenneke bildete das zeitgenössische moderne Archiv eine Synthese aus den gegensätzlichen Typen des Behörden- und des Auslesearchivs, die jeweils für die Geschlossenheit einer Registratur und für die Aktenauslese via Wertprinzip stehen. Adolf Brenneke, Archivkunde. Ein Beitrag zur Theorie und Geschichte des europäischen Archivwesens. Bearbeitet nach Vorlesungsmitschriften und Nachlaßpapieren durch Wolfgang Leesch, Leipzig 1953, S. 38.

158 »Ihr Verhalten war ausgesprochen empirisch, man verließ sich auf den aus langer Tradition und eigener beruflicher Erfahrung gewonnenen historischen Takt, das bekannte ›Fingerspitzengefühl‹«, beschrieb Wilhelm Rohr die »Methode«. Rohr, Das Aktenwesen der Preußischen Regierungen, S. 62.

159 Um 1900 nahm das Nachdenken darüber dann systematische Züge an, wobei in diesem Zusammenhang meist Überlegungen von Georg Hille als Startpunkt vermerkt werden. Hille warf das Problem des leitenden Kriteriums der Bewertung auf: Inhalt oder formal-funktionaler Aspekt, eine Grundfrage, die er ganz im Zeitgeist des Historismus bzw. im Selbstverständnis des Historikerarchivars zugunsten inhaltlicher Gesichtspunkte beantwortete. Georg Hille, Die Grundsätze bei Aktenkassation, Korrespondenzblatt des Gesamtvereins der deutschen Geschichts- und Altertumsvereine 49 (1901): col. 26 ff.- Vgl. insgesamt dazu: Bodo Uhl, Der Wandel in der archivischen Bewertungsdiskussion, in: Der Archivar 43 (1990) Sp. 529-538.- Ders., Die Geschichte der Bewertungsdiskussion, in: Andrea Wettmann (Hg.), Bilanz und Perspektiven archivischer Bewertung, Veröffentlichungen der Archivschule Marburg 21, Marburg 1994. S. 11-36.- Nils Brübach, Bewertung im Archiv, in: Fontes Artis Musicae 43 (1996) 3, S. 259-270. Die Zahl der Fachbeiträge zu diesem

dahingehende tatsächliche Fachdiskussion erst mit Ende des Ersten Weltkriegs und der Gründung des Reichsarchivs an Fahrt auf. Hier engagierten sich in den 1920er und 1930er Jahren vor allem Ernst Müsebeck und Ernst Zipfel in der Bewertungsdebatte und Ausarbeitung von Bewertungshilfsmitteln.[160] Beide stimmten darin überein, dass es feste Abgabeintervalle geben müsse, höchstens zwischen 10 bis 30 Prozent der eintreffenden (Massen)Akten zu übernehmen seien und zwischen Archiv und jeweiliger Registraturstelle eine enge Kooperation bzw. Abstimmung hergestellt werden müsse.

Die Überlegungen, die im Weiteren dann seit der zweiten Hälfte der 1930er Jahre angestellt wurden, setzten sich vor allem zum Ziel, den Kassationsvorgang zu objektivieren. Hierbei war es vonseiten des Reichsarchivs insbesondere Heinrich Otto Meisner, der die Kassationspraxis nicht mehr als eine Frage der Intuition, sondern als eine Aufgabe des Verstandes zu operationalisieren suchte.[161] Meisner plädierte – hier im Einklang mit Ernst Zipfel – für die Provenienz als Bewertungsgrundlage sowie dafür, dass in der Überlieferung immer das »Bild des Wirkens einer Behörde klar erkennbar« sein müsse. Das »Neue« und »Zukunftsweisende« dieses Ansatzes bestand, so Nils Brühbach, in der Verschmelzung von funktionalen Aspekten mit dem Provenienzgedanken.[162] Meisners konzeptioneller Ansatz, den er in Grundzügen auf dem Archivtag in Gotha 1937 vorgetragen hatte,[163] formte sich aus den Diskussionen, die im Zuge der »Zergliederung« des Reichsarchivs und seiner Bestände aufkamen, sowie aus den Erfahrungen der 1936 in der Preußischen Archivverwaltung gebildeten, sogenannten Kassationskommission, der er zusammen mit Wilhelm Rohr und Herrmann Meinert vom GStA (der später von Hans Frederichs abgelöst wurde) angehörte. Zu ihren Ergebnissen zählte die von Georg Winter initiierte Publikation von sogenannten »Motivberichten« im damaligen »Mitteilungsblatt der Preußischen Archivverwaltung«, das Brackmann 1936 begründet hatte und das Zipfel zum »Führungsinstrument zur schrittweisen Vereinheitlichung des Archivwesens im Reich« ausbaute.[164] Die Berichte ver-

Thema ist hoch und kann hier nur mit Verweis auf folgende Bibliografie angedeutet werden: Jürgen Treffeisen, Archivische Überlieferungsbildung bei konventionellen Unterlagen im deutschsprachigen Raum – eine Auswahlbibliographie, in: Historical Social Research 29 (2004) 4, S. 227-265.

160 Bereits 1926 veröffentlichte Zipfel erste dahingehende Bewertungsrichtlinien für die Akten der Kriegsgesellschaften. Ernst Zipfel, Die Akten der Kriegsgesellschaften im Reichsarchiv, ihre Aufbewahrungssichtung und Nutzbarmachung, in: Archivalische Zeitschrift 36 (1926), S. 44-67.- Müsebeck, Grundsätzliches zur Kassation moderner Aktenbestände.

161 Heinrich Otto Meisner, Schutz und Pflege des staatlichen Archivgutes unter besonderer Berücksichtigung des Kassationproblems, in: Archivalische Zeitschrift 45 (1939), S. 34-51.

162 Brübach, Bewertung im Archiv, S. 263.

163 Meisner, Schutz und Pflege des staatlichen Archivgutes.

164 Musial, Staatsarchive im Dritten Reich, S. 42 f.- Weiser, Geschichte der preußischen Archivverwaltung, S. 150 f.

sammelten am konkreten Beispiel und aus der Archivpraxis heraus Kassationsprinzipien, die im Umgang mit Schriftgut bei ganzen Gruppen gleichartiger Behörden oder in einem Ressort angewandt worden waren. Diese Erfahrungsberichte bildeten wiederum einen Wissensstock, aus dem der betreffende Archivar sich bedienen und seine Schlussfolgerungen ziehen konnte. Ziel war es, gewissermaßen Musterbewertungen zu erstellen, die als handlungsleitendes Modell dienten.[165]

Was im Kern des Fachaustausches, der bis 1942/43 rege geführt wurde, hervorscheint, ist neben der Modernität in Idee, Herangehensweise und Verständigung die weitgehende Ausblendung von politisch-ideologisch geleiteter Argumentation. Die in der Problematik verhandelte Fragestellung nach Exklusion und Zerstörung blieb eine rein fachtechnische Angelegenheit, zu deren Klärung weder rassistisches Gedankengut noch NS-typische Sinnhorizonte bemüht wurden. Mit der Lossagung vom »Fingerspitzengefühl« und von historischer Inhalts-Determinierung verstärkte sich in der theoretischen Diskussion die verwaltungsbezogene, technokratische Perspektive und damit der Trend zu Praxisnähe und Entideologisierung.[166] Vor diesem Hintergrund kam Ulrich Kober mit Blick auf das GStA zwischen 1933 und 1945 zu dem Ergebnis, dass es weder eine »spezifisch NS-konforme Bewertungspraxis« gab, noch Anstrengungen zur theoretischen Etablierung einer solchen unternommen wurden.[167] Sieht man einmal von einer verstärkten Sensibilisierung und Aufwertung des Archivgutschutzes ab, wie sie Robert Kretzschmar als charakteristisch für die gesamte NS-Überlieferungsbildung befand,[168] finden sich fürs Reichsarchiv

165 Die anlaufende Verständigung, die durchaus eine künftige Regulierung beabsichtigte, geriet jedoch mit Kriegsbeginn aus dem Rhythmus und schließlich in Vergessenheit, bis Georg Winter in den 1950er Jahren forderte, den alten Gesprächsfaden wieder aufzunehmen. Die Arbeiten an den geplanten Richtlinien und Grundsätzen konnten nicht zuletzt aufgrund der Arbeitsüberlastung nicht zum Abschluss gebracht werden. Mit Verfügung vom 25.10 1940 wurde die Kommission aufgelöst und die Bearbeitung der Kassationsfragen ausschließlich in das Staatsministerium verlegt.

166 Hermann Meinert, Die Aktenwertung. Versuch einer methodologischen Zusammenfassung, in: Mitteilungsblatt der Preußischen Archivverwaltung 1939, Nr. 5, S. 103-110.

167 Charakteristisch für diese Zeit sei hingegen vielmehr die Transformation des GStA von einem klassischen historischen zu einem modernen »›Behördenbetreuungsarchiv‹«, wie es das Reichsarchiv darstellte. Basis dafür waren eine inhaltliche Verlagerung hin zur neueren bzw. jüngsten Geschichte und ein sprunghafter Mengenzuwachs an Archivgut. Kober, Bewertung und Übernahme von Archivgut, S. 315.

168 Robert Kretzschmar, Überlieferungsbildung im Nationalsozialismus und in der unmittelbaren Nachkriegszeit, in: Ders. (Red.), Archivwesen im Nationalsozialismus, S. 34-44.- An anderer Stelle wies Kretzschmar allerdings durchaus auf das Vorhandensein einer spezifisch nationalsozialistischen Überlieferungs-»Handschrift« bei der Bewertung, Erschließung und Kassation hin. Ders., Kassationsgrundsätze allgemeiner und besonderer Art. Zur Bewertungsdiskussion der preußischen Archivverwaltung 1936 bis 1945, in: Bernd Kasten/Matthias Manke/Johann Peter Wurm

bislang ebenfalls kaum Hinweise, die eine Bewertungspraxis nach spezifischen NS-Kriterien erkennen lassen. Bereits die sich stetig verändernden Bedingungen und Anforderungen an das Archiv – anwachsende Ahnenforschung und damit verbundener Nutzeranstieg, Bewältigung von Massenakten-Abgaben im Zuge von Verwaltungsumstellungen, personelle Weggänge im Zuge des Kriegsgeschehens – verhinderten eine dahingehende Entwicklung. Zwar vollzog sich durch die gezielte Einstellung von jüngeren regimenahen IfA-Absolventen ein politischer Stimmungswechsel, der die Befürworter einer NS-Bewertungslehre im Prinzip gestärkt hätte. Doch die Dynamik der Kriegsereignisse und der daraus hervorgehende Stillstand der Archive standen einer möglichen Erprobung solcher ideologischer Bewertungskriterien im Wege.[169]

In der Bundesrepublik war es der 47. Deutsche Archivtag in Koblenz 1957, der sich erneut dezidiert mit der Massenhaftigkeit des Schriftgutes im Verwaltungsbereich beschäftigte. Als Referent exponierte sich neben Hermann Meinert und Georg Sante auch Wilhelm Rohr vom Bundesarchiv. Alle drei Archivare knüpften ihre Ausführungen an Überlegungen und Krisenwahrnehmungen aus den 1930er Jahren und davor an.[170] Auffällig in der jeweiligen Bestandsaufnahme war zunächst der erneute einhellige Konsens darüber, dass bei gleichzeitiger Schriftgutzunahme eine quasi überdurchschnittliche »inhaltliche Entleerung der Akten«[171] zu verzeichnen, also die Archivwürdigkeit vieler Akten nicht gegeben sei. Ausgehend davon, dass es sich um einen irreversiblen Vorgang und kein temporäres Phänomen handle, verlangten sie eine radikale Reaktion der (überforderten) Archive: Erstens wurde für bestimmte Schriftgutbestände von Verwaltungsbereichen und Institutionen ein grundsätzlicher Übernahmeverzicht vorgeschlagen, was in der Konsequenz eine (willkürliche) Zuordnung in wichtige und unwichtige Behörden zur Folge haben musste. Zweitens plädierten sie für eine Konzentration auf die Überlieferung von maßgeblichen, strukturbildenden Einrichtungen sowie von ausgewählten »Eliteregistraturen«. Nach Sante, der den Auslese-Gedanken am weitesten trieb, bestand nur die Möglichkeit, entweder der »Hypertrophie der Behörden mit einer Hypertrophie der Archive« entgegenzutreten oder bereits am Anfang der Kette, also bei den Behörden, anzusetzen und hier den Schriftgutzufluss

(Hg.), Leder ist Brot. Beiträge zur norddeutschen Landes- und Archivgeschichte. Festschrift für Andreas Röpcke, Schwerin 2011, S. 383-399.

169 Ulrich Kober bezweifelte allerdings generell, dass es – im Passepartout der NS-Ideologie – anhand eines definierten Kriterien- und Prinzipienkatalogs zu einer archivisch und archivalisch schlüssigen Umsetzung solch einer neuen Praxis gekommen wäre. Kober, Bewertung und Übernahme von Archivgut, S. 322.

170 Vgl. Georg Wilhelm Sante, Archive und Verwaltung – historische Provenienz und Probleme der Gegenwart, in: Der Archivar 10 (1957), S. 7-16.; Wilhelm Rohr, Zur Problematik des modernen Aktenwesens, in: Archivalische Zeitschrift 54 (1958), S. 74-89, hier S. 74.

171 Kahlenberg, Deutsche Archive in Ost und West, S. 102.

zu stoppen.[172] Aus alltagspraktischer Perspektive der Archivare mochte dieser Standpunkt nachvollziehbar erscheinen. Gleichwohl war er kaum visionär, sondern fußte weiterhin auf der Vorstellung vom Archiv als Arkansphäre, die auf den undemokratischen Prinzipien von Abschottung, Abwehr und Elitarismus beruht. Man liegt daher sicherlich nicht falsch, in diesen Positionen eine epochenüberschreitende Kontinuität eines preußisch-vordemokratischen Verständnisses auszumachen, die vor allem generationell begründet war.

Impulse gaben die Darlegungen jedoch in eine andere Richtung: Alle drei genannten Archivare sprachen sich für das Prinzip der sogenannten positiven Wertauslese und für eine möglichst frühe Bewertung bereits in der Phase der Registraturbildung in den Behörden aus. Eine solche Vorsortierung bedeutete eine stärkere Übernahme von Verantwortung seitens der Behörden bzw. eine Aufwertung der vor-archivischen Tätigkeit in diesem Prozess. Für die Archivare hieß das, aus ihren Archiven »herauszutreten« und sich gegenüber den behördlichen Schriftgutverwaltungen mit ihren Wünschen und Forderungen stärker einzubringen. In dieser Erkenntnis bestand dann auch für Friedrich Kahlenberg die Bedeutung des Koblenzer Archivtags »als Zeitpunkt des Umbruchs von einem eher traditionellen zu einem eher aktiven Verständnis der Archivare«.[173] Allerdings war auch klar, dass die Diskussionsbeiträge im Angesicht der föderalen Strukturen und der fehlenden Gesetzgebung zunächst einmal nur dazu beitrugen, das Problembewusstsein zu stärken, nicht jedoch eine verbindliche Handreichung für die Archivpraxis zu formulieren. Im Falle des Bundesarchivs, das in Koblenz mit Rohr und Winter unter den Diskutanten prominent vertreten war, stellte sich das Massenaktenproblem zunächst noch als eine Knacknuss eher theoretischer Art dar, denn die eigene Bestandssituation erwies sich 1957 noch als überschaubar: Von den neu gegründeten Bundesbehörden und -ministerien gelangten bislang keine nennenswerten Aktenmengen nach Koblenz; ebenso stand die konkrete Rückgabe des von den Alliierten beschlagnahmten Archivguts noch aus.

Dies änderte sich in den 1960er Jahren. Nun wurde der Aktenzufluss der neuen Bundesbehörden vermehrt zum Thema, für das nicht allein theoretische, sondern ganz praktische Lösungsvorschläge erwartet wurden. Genau an dieser Stelle setzte das Bundesarchiv mit der Gründung des sogenannten Zwischenarchivs in Bad Godesberg im Jahr 1965 einen viel beachteten Akzent. Dabei handelte es sich im Sinne eines treuhänderischen Dienstleistungsangebots um eine archivische Institution, die die betreffenden Behörden noch während der festgelegten Aufbewahrungsfristen von der Verwaltung ihrer Altakten entlastete und unter archivgerechten Bedingungen Aufgaben der Altregistratur übernahm. Den abgebenden Stellen war es jederzeit möglich, auf ihre Akten zurückzugreifen, und eine Nutzung durch Dritte durfte nur nach

172 Georg Wilhelm Sante, Archive und Verwaltung – historische Provenienz und. Probleme der Gegenwart, in: Der Archivar 10 (1957), Sp. 7-16.

173 Kahlenberg, Deutsche Archive in Ost und West, S. 103.

Genehmigung der Entstehungsstelle erfolgen. Zugleich unterblieb noch eine reguläre Archivierung, was Rudolf Schatz veranlasste, von einem »Niemandsland zwischen Behörde und Archiv« zu sprechen.[174] Auf den ursprünglich aus dem Potsdamer DZA kommenden Archivar, der im Bundesarchiv auch für das Registraturwesen der obersten und oberen Bundesbehörden zuständig war, ging die Konzeption Anfang der 1960er Jahre zurück. Das Verfahren wurde in enger Abstimmung mit dem BMI und dem Bundesbeauftragten für Wirtschaftlichkeit in der Verwaltung entwickelt und im Ausschuss für Organisationsfragen beraten, der die Einrichtung eines Zwischenarchivs am 2. März 1962 empfahl.[175] Danach dauerte es noch einmal drei Jahre, bis die Umsetzung erfolgte, und noch einmal drei weitere Jahre, bis für das Bundesverteidigungsministerium auch am Standort Freiburg solch ein Zwischenarchiv eingerichtet wurde.[176]

Das Zwischenarchiv wurde im Sinne eines verwaltungstechnischen Kunstgriffs als nahezu revolutionäre Maßnahme betrachtet, um Herr über die behördlichen Massenakten zu werden und zugleich das Bundesarchiv als Endarchiv zu entlasten. Doch im Ansatz der Maßnahme verbarg sich neben der quantitativen Bewältigung eine zweite grundsätzliche Problematik, nämlich die damalige mangelhafte Abgabemoral der Institutionen, die von Archivaren wie Rudolf Schatz eher mit Verzweiflung wahrgenommen wurde. So warnte er angesichts der bislang fehlenden Bereitschaft von Verwaltungsbehörden, die Archivierung ihres Schriftgutes als ernsthafte Vorgabe zu betrachten, zunächst auch vor zu viel Euphorie. Seine Einschätzung wirft ein bezeichnendes Licht auf die damalige »Mentalität« – und den nach wie vor begrenzten Stellenwert des Bundesarchivs.[177] Um das Zwischenarchiv dennoch in Funktion zu bringen, hielt er »Zugeständnisse« für notwendig wie beispielsweise die widerspruchlose Hinnahme, »dass die Behörden ihre Akten in einem desolaten

174 Rudolf Schatz, Niemandsland zwischen Behörden und Archiven (England – Frankreich – Deutschland), in: Archivalische Zeitschrift 62 (1966), S. 66-86.

175 Anette Meiburg, Die Zwischenarchive des Bundesarchivs. Ein Gewinn für Verwaltung und Archiv, in: Forum. Das Fachmagazin des Bundesarchivs, Heft August 2015, S. 21-25.

176 Henry Böhm, »Das Dritte im Bunde«. Aus der Arbeit des Militärischen Zwischenarchivs des Bundesarchivs, in: Forum. Das Fachmagazin des Bundesarchivs, Heft August 2015, S. 36-41.

177 So monierte Schatz, dass im Gegensatz zu anderen ausländischen Archivverwaltungen, die, wie in den USA, England oder der Sowjetunion, mit Zwischendepots arbeiteten, das Bundesarchiv mit »keinerlei Autorität ausgestattet [sei], die es ihm ermöglichen würde, die Behörden zu einer Abgabe ihrer Altakten zu zwingen oder gar ihr Aktenwesen zu reformieren. […] Und in den einzelnen Ministerien findet sich kaum ein kompetenter Berater (etwa Staatssekretär), der sich bereitfände, innerhalb seines Zuständigkeitsbereiches durchgreifende Anordnungen für Verbesserungen zu treffen oder auch nur die Notwendigkeit solcher Maßnahmen einzusehen.« BArch, B 198/3084: Jahresberichte der Abteilungen und Referate des Bundesarchivs (außer auswärtige Abteilungen) für 1964 / Rudolf Schatz, Jahresbericht 1964, 13.1.1965.

Zustand abgeben«.[178] Später, als sich das Zwischenarchiv als Erfolgsgeschichte durchgesetzt hatte, wurden derlei anfängliche Bedenken nicht mehr erinnert.

Es war mit Hans Booms dann ein Bundesarchivar, der ausgerechnet nicht die »Berlin-Dahlemer Schule« durchlaufen hatte, der Anfang der 1970er Jahre wieder stärker die inhaltliche Seite im Bewertungsprozess zu betonen suchte. Booms ging, übrigens ganz im Rekurs auf den wissenschaftlichen und politischen Zeitgeist der Ära Willy Brandt, von einer strukturellen Neuformierung der Gesellschaft aus. Demnach würde erstens »der Staat« gegenüber »der Gesellschaft« zurücktreten und zweitens der allgemeine Informationsaustausch eine entscheidende Antriebsfeder für gesellschaftliche Prozesse werden.[179] Dieser quasi Vergesellschaftungsprozess produziere vor allem Informationsströme, die als solche auch wahrgenommen würden. In der Folge entstünden ganz unterschiedliche Überlieferungskomplexe, die ihrerseits die Vielschichtigkeit historischer Erscheinungen und ihrer Wahrnehmung archivalisch spiegelten. Die Bewertung von Schriftgutkomplexen solle sich an der gesellschaftlichen Bedeutung historischer Begebenheiten orientieren. Um diese Komplexität abzubilden, sei es erstens notwendig anzuerkennen, dass Gesellschaftsordnung und Überlieferungsbildung miteinander verwoben sind. Zweitens müsse sich die Bewertung von formalen (Kassations-)Prinzipien verabschieden und stattdessen eine positive Wertauslese betreiben, die im Dienste inhaltlich begründeter Informationskomplexe steht. Ein entsprechender Ordnungsvorgang sei anhand historischer Methoden und sozialwissenschaftlicher Verfahren zu formen, stetig zu aktualisieren und im Austausch mit diversen Fachleuten regelmäßig zu evaluieren. Um sich dafür Maßstäbe zu erarbeiten, schlug Booms die Erstellung von »Dokumentationsplänen« als Bewertungshilfsmittel vor.

Booms Überlegungen fanden große Resonanz in der DDR, wo sein Ansatz mehr oder weniger als partielle Übernahme und Fruchtbarmachung ostdeutscher Diskussionen und Grundsätze (um)gedeutet wurde, sowie in der angelsächsischen Diskussion. Aufsehenerregend, so Brühbach, war aus bundesdeutscher Sicht der Vorschlag eines konzeptionellen Paradigmenwechsels von dem, »wie« eine Behörde arbeitete, zu dem, »was« eine Organisation tat – und damit eine gewisse, wenn auch anders hergeleitete Nähe zu marxistisch-leninistischen bzw. historisch-materialistischen Ansätzen von DDR-Archivaren.[180] In der Praxis jedoch blieben auch Booms Überlegungen ohne Anwendung. Eine konsistente und konsensuelle Erarbeitung eines »Dokumentationsplans«, der möglichst viele gesellschaftlichen Facetten berücksichtige, wurde als ebenso illusorisch abgetan wie bestritten wurde, dass Experten in ihrem Individua-

178 Ebd.

179 Hans Booms, Gesellschaftsordnung und Überlieferungsbildung: Zur Problematik archivischer Quellenbewertung, in: Archivalische Zeitung 68 (1972), S. 3-40.

180 Brübach, Bewertung im Archiv, S. 264.

lismus und ihrer verengten Perspektive sich auf einen solchen Plan dauerhaft einigen könnten.[181]

In der DDR suchte man sich zunächst grundsätzlich von den westdeutschen Überlegungen und Debatten rhetorisch abzusetzen, indem »Parteilichkeit« und ideologische Konformität zur wissenschaftlichen Grundlage des sozialistischen Archivwesens erhoben wurden. Insbesondere seit Ende der 1970er Jahre verlief die Argumentation verstärkt in diese Richtung. Doch in der Praxis offenbarte sich auch hier eine deutliche Differenz zum theoretischen Überbau. Im Auftrag des MdI beschäftigte sich seit 1962 die »Forschergruppe Wertermittlung und Kassation«, der unter anderem die DZA-Mitarbeiter Hans-Stephan Brather, Gerhart Enders, Helmut Lötzke und Gerhard Schmid angehörten, mit der Erarbeitung von Kassationsrichtlinien, um die Schaffung von »von Ballast befreite[n] aussagekräftige[n] Bestände[n]« zu ermöglichen. Im Ergebnis ihrer Arbeit wurden bereits 1964 die verbindlichen »Ordnungs- und Verzeichnungsgrundsätze« für die staatlichen Archive erlassen sowie 1965 die »Grundsätze der Wertermittlung für die Aufbewahrung und Kassation von Schriftgut der sozialistischen Epoche«.[182] Allerdings hatte man im DZA bereits 1954 Grundsätze zur Vereinheitlichung eingeführt.[183] Im Gegensatz zu den 1962 verabschiedeten »Grundsätzen zur weiteren sozialistischen Entwicklung des staatlichen Archivwesens der DDR«[184] handelte es sich hier um

181 Vgl. dazu auch die Diskussionszusammenfassung in: Josef Henke, Quellenschicksale und Bewertungsfragen. Archivische Probleme bei der Überlieferungsbildung zur Verfolgung der Sinti und Roma im Dritten Reich, in: Vierteljahrshefte für Zeitgeschichte 41 (1993) 1, S. 61-77, hier S. 62 FN 3.

182 Staatliche Archivverwaltung im Ministerium des Innern der Deutschen Demokratischen Republik (Hg.), Ordnungs- und Verzeichnungsgrundsätze für die staatlichen Archive der Deutschen Demokratischen Republik, Berlin (Ost) 1964.- Vgl. Staatliche Archivverwaltung im Ministerium des Innern der Deutschen Demokratischen Republik (Hg.), Grundsätze der Wertermittlung für die Aufbewahrung und Kassation von Schriftgut der sozialistischen Epoche in der Deutschen Demokratischen Republik, Berlin (Ost) 1965.- Vgl. auch: Helmut Lötzke, Einheitliche Ordnungs- und Verzeichnungsgrundsätze für die staatlichen Archive der DDR, in: Archivmitteilungen 15 (1965) 1, S. 8-13.- Hans-Stephan Brather/Gerhart Enders/Helmut Lötzke/Gerhard Schmid, Begründungen und Erläuterungen zu den Ordnungs- und Verzeichnungsgrundsätzen, in: Archivmitteilungen 16 (1966) 4, S. 125-135.- Zur Genese: Ilka Hebig, Zur Entstehungsgeschichte der Ordnungs- und Verzeichnungsgrundsätze der DDR (OVG), in: Angelika Menne-Haritz (Hg.), Archivische Erschließung – Methodische Aspekte einer Fachkompetenz, Marburg 1999. S. 181-196.

183 Gisela Haker Erschließung in staatlichen Archiven der DDR: Regeln, Ergebnisse und Nachhall, in: Irmgard Christa Becker/Volker Hirsch/Annegret Wenz-Haubfleisch (Hg.), Neue Strukturen – bewährte Methoden? Was bleibt vom Archivwesen der DDR. Beiträge zum 15. Archivwissenschaftlichen Kolloquium der Archivschule Marburg, Marburg 2011, S. 317-332, hier S. 319.

184 Staatliche Archivverwaltung im Ministerium des Innern der DDR (Hg.), Grundsätze zur weiteren sozialistischen Entwicklung des staatlichen Archivwesens der Deutschen Demokratischen Republik, Berlin (Ost) 1962.

ganz archivpraktische Bestimmungen. Sie befassten sich mit archivischen Zuständigkeiten, der Gesamtbestandsgliederung eines Archivs, der Bildung, Abgrenzung, inneren Ordnung und Verzeichnung von Beständen, Regeln und Arbeitsschritten für die Erschließung und ähnlichem. Politisch-ideologische Bezüge waren geringfügig und bestanden vor allem in der sozio-ökonomischen Bestandsabgrenzung, die mit den Gesellschaftsformationen »Feudalismus«, »Kapitalismus« und »Sozialismus« vorgegeben wurde.[185] Insofern blieb auch hier die ideologische Komponente auf ein Minimum begrenzt. Dies steht durchaus exemplarisch für die lang anhaltende Diskrepanz zwischen theoretischem Anspruch und Archivpraxis, denn die meisten Ausarbeitungen und Bekenntnisse verblieben in der Konzeptions- und Willensbekundungsphase.

Dies betraf auch die als technische Revolution erachteten Überlegungen und Konzepte der Kybernetik, die Mitte der 1960er Jahre durch Botho Brachmann in die Diskussion eingeführt wurden. Dabei erhoffte sich Brachmann, mittels Technikverheißungen wie dem Lochband-Verfahren einen neuen, effizienten Zugriff zur besseren Beherrschung der Massenakten zu erhalten. Doch das, was theoretisch auf Optimierung und Fortschritt abzielte, hatte in der Arbeitspraxis seine engen Grenzen. So ermöglichte das Verfahren zwar, zügiger als bisher zu prüfen, ob Archivalien zu bestimmten Fragestellungen vorhanden waren. Doch einen Mehrwert für die inhaltliche Arbeit vermochte Brachmann nach längerer Abwägung nicht zu erkennen. Insofern nahm sein Beitrag in den »Archivmitteilungen« zwar die aktuelle, von Walter Ulbricht initiierte Debatte um mehr Effizienz auf, indem er auf die EDV-Vorteile im Allgemeinen verwies. Doch der Fachleser erfuhr am Ende mehr von Schwierigkeiten und »Herausforderungen« als von einem tatsächlichen Gewinn und Fortschritt.[186]

Bemühungen, das DDR-Archivwesen und dessen Methoden sozialistisch zu begründen, setzten insbesondere seit Mitte der 1960er Jahre ein, die Schaffung eines archivwissenschaftlichen, marxistisch-leninistischen Überbaus im Folgejahrzehnt. Die ideologische Positionierung erfolgte zunächst vor allem durch Abgrenzung zur Bundesrepublik: Deren »kapitalistisch-imperialistische Archive«[187] würden als »Instrument der Herrschenden« fungieren. Zugleich würde die »bürgerliche Wertelehre kapitalistisch-imperialistischer Archive« die Bewertungsmaßstäbe der »herrschenden Klasse« fortschreiben.[188] Während sich westdeutsche Archivare den »Klasseninteressen der Bourgeoisie«

185 Schreyer, Das staatliche Archivwesen, S. 99 ff.

186 Botho Brachmann, Traditionelle und moderne Informationsüberlieferung. Betrachtung für das staatliche Archivwesen, in: Archivmitteilungen 16 (1966) 2, S. 58-67.

187 Günter Müller, Zum Klassencharakter des Archivwesens der BRD, in: Archivmitteilungen 24 (1974) 4, S. 126-131, hier S. 127.

188 Staatliche Archivverwaltung des Ministeriums des Inneren der DDR (Hg.), Lexikon Archivwesen der DDR, Berlin (Ost) 1976, S. 94 f.- Vgl. Hans-Joachim Schreckenbach, Einige Bemerkungen zur bürgerlichen Wertelehre, in: Archivmitteilungen 27 (1977) 4, S. 130-132.- In ähnliche Richtung auch: Ders., Stand der Informationsbewertung in den kapitalistischen Ländern, in: Archivmitteilungen 19 (1969) 5, S. 179-182.

verschrieben hätten, würden Archivare in der DDR, so war später in dem von Botho Brachmann angeleiteten Lehrbuch zu lesen, »parteilich« agieren und »politische Wertungen« treffen.[189] Schließlich seien es die »gesellschaftlich ideologische[n] Voraussetzungen«, die die Kassations-bezogenen Wertmaßstäbe bestimmten.[190] Derlei ideologische Gewissheit, so die Vorstellung, sollte dann auch ihren Niederschlag in der Bestandsbildung finden, wenn sich sozialistische Archivare beispielsweise auf das Archivgut »gesellschaftliche[r] Umwälzungen« fokussieren würden.[191] Ideologisch motivierte Kassationen in größerem Umfang sind seitens des DZA jedoch bislang nicht bekannt. Dies betraf auch die Bestände-Ordnung: So wurde das Provenienzprinzip zunächst als Ausdruck der Interessen »bürgerlicher Historiker« gegeißelt, denn es bilde die Perspektive der regierenden Institutionen und Mächte ab, nicht jedoch »unterdrückte Klassen und Schichten«.[192] Im sowjetischen Fahrwasser wurden Denkanstöße ventiliert, den staatlichen Archivfonds nach »Klassen oder Problemen des Klassenkampfs« umzustrukturieren.[193] Doch Mitte der 1970er Jahre wurden derlei Überlegungen wegen praktischer Unumsetzbarkeit wieder aufgegeben – die Herkunft der Akten, hieß es aus der Feder von DZA-Leiter Helmut Lötzke, sei für die Forschung eine unverzichtbare Information. Das Provenienzprinzip wurde offiziell beibehalten.[194]

189 Botho Brachmann, Archivwesen der Deutschen Demokratischen Republik. Theorie und Praxis, Berlin (Ost) 1984, S. 128.- Vgl. Elisabeth Brachmann-Teubner u. a., Zentrales Staatsarchiv 1949-1974, in: Archivmittelungen 24 (1974) 5, S. 169-174, hier S. 169.

190 Schreckenbach, Einige Bemerkungen zur bürgerlichen Wertelehre, S. 132.

191 Staatliche Archivverwaltung (Hg.), Grundsätze der Wertermittlung für die Aufbewahrung und Kassation der sozialistischen Epoche in der DDR, Potsdam 1965, S. 43 f.- Gemeint waren unter anderem Umbrüche wie die »Epoche der antifaschistisch-demokratischen Umwälzungen«, die »Periode des Aufbaus der Grundlagen des Sozialismus« oder die »Geschichte der Arbeiterbewegung«. Botho Brachmann, Archivwesen der Deutschen Demokratischen Republik. Theorie und Praxis, Berlin (Ost) 1984, S. 374.

192 Die Kritik richtete sich unter anderem gegen »bürgerliche« Archivare wie Adolf Brenneke und Berent Schwineköper und deren Schriften. Adolf Brenneke, Archivkunde, Leipzig 1953 oder Berent Schwineköper, Zur Geschichte des Provenienzprinzips, in: Forschungen aus mitteldeutschen Archiven, Berlin 1953 (Ost), S. 48-55.

193 Helmut Lötzke/Manfred Unger, Das Provenienzprinzip als wissenschaftlicher Grundsatz der Bestandsbildung, Teil 2, in: Archivmitteilungen 26 (1976) 3, S. 82-89, hier 84.

194 Staatliche Archivverwaltung (Hg.), Ordnungs- und Verzeichnungsgrundsätze, S. 26 ff., 57 ff.- Helmut Lötzke, Moderne Ordnungsmethoden für das zeitgenössische Schriftgut, in: Archivum 14 (1968), S. 86 ff. Ders. u. a., Begründungen und Erläuterungen zu den Ordnungs- und Verzeichnungsgrundsätzen, in: Archivmitteilungen 16 (1966) 4, S. 126 ff.- Lötzke/Unger, Das Provenienzprinzip.

Berufsbildwechsel: Vom Historikerarchivar zum Aktenverwalter

Das Aufkommen von Massenakten und das Erfordernis ihrer Bewältigung trugen zur Veränderung des Aufgabenbereichs und Berufsbildes von Archivaren bei. Dies betraf insbesondere die Mitarbeiter der großen Archive, die erhebliche Aktenmengen zu erschließen und umfangreiche Bestände zu verwalten hatten, allen voran in den deutschen Zentralarchiven. Hier musste man sich angesichts der einströmenden Massenakten schon frühzeitig von der Idealvorstellung lösen, wonach der einzelne Archivar eine nahezu vollständige Kenntnis über das Archivgut seiner Einrichtung besitzt. Stattdessen spezialisierten sich die Mitarbeiter nun rasch auf bestimmte Bestandsgruppen oder einzelne Aufgabenfelder, eine Arbeits- und Wissensteilung, an deren Unumkehrbarkeit sich Archivleiter wie Ernst Müsebeck vom Reichsarchiv allerdings nur mit Mühe gewöhnen konnten.[195] Ausdifferenzierung des Expertentums und Zunahme von Verwaltungsarbeit waren die Folge.

Insgesamt handelte sich dabei allerdings um einen ungleichzeitig verlaufenden Prozess und es brauchte Zeit, bis dieser Wandel tatsächlich wahr- und angenommen wurde. So erklärte der langjährige Schatzmeister und Vorsitzende des Vereins deutscher Archivare, Georg Sante, noch Mitte der 1950er Jahre: »Der Archivar rechnet zum genus Historiker und stellt unter ihnen die species dar, deren Eigenart es ist, sich in möglichste Nähe der geschichtlichen Quellen zu halten.«[196] Damit hielt Sante an einem archivarischen Berufsbild fest, das aus dem 19. Jahrhundert stammte und das den Archivar der Sparte der Historiker zuordnete, eine Ansicht, die viele seiner Kollegen teilten. Diese Auffassung hatte ihren Ursprung in der Entwicklung im 19. Jahrhundert. Damals erfuhren viele Archive im Zuge des Historismus und einer (preußisch geführten) Nationalgeschichte einen geschichtspolitischen Bedeutungsgewinn und eine Neuausrichtung. Sie öffneten sich nicht nur einer breiteren geschichtswissenschaftlichen Forschung, sondern immer häufiger übernahmen Historiker auch den Posten des Archivars, um als Geschichtsexperten Quellen für ebenjene Nationalgeschichtsschreibung zu erschließen und nationalgeschichtliche Quellensammlungen zu edieren. Archive als geschichtspolitische Dienstleis-

195 Ernüchtert formulierte Ernst Müsebeck dazu: »Als mir im Dezember 1920 die Leitung der Archivabteilung des Reichsarchivs übertragen wurde, sprach ich es auf einer unserer ersten Monatsbesprechungen als Grundsatz aus, daß jeder wissenschaftliche Beamte des Archivs den ganzen Bestand beherrschen und ferner die Einteilung in Referate, die jedem ein abgemessenes Arbeitsgebiet zuwies, ein vorübergehender Zustand sein müsse; er werde aufhören, sobald nur erst die anders nicht zu bewältigende Zahl der Anfragen und Recherchen nachgelassen habe. […] Die Zahl der Anfragen und Recherchen ist seitdem um etwa ein Drittel zurückgegangen, aber eine Änderung des Zustandes erweist sich als unmöglich, nicht nur für absehbare Zeit, sondern wie ich heute weiß, für immer.« Müsebeck, Der Einfluß des Weltkriegs auf die archivalische Methode, S. 137.

196 Georg Wilhelm Sante: Archive und Verwaltung – historische Provenienz und Probleme der Gegenwart. In: Der Archivar 10 (1957) Sp. 7-16, hier Sp. 7.

tungseinrichtungen für Staat und Nation – diese Funktionszuschreibung war insbesondere seit der Reichsgründung 1871 und der Einsetzung von sogenannten Reichsgründungshistorikern durch Bismarck anzutreffen und spiegelte sich auch in den Besetzungen der preußischen Archivverwaltungsspitze seit der Ernennung von Maximilian Dunckers zum Generaldirektor 1867 wider.[197]

Neben dieser politisch motivierten Indienstnahme erlebte das Archivische als Komplex von Archiv, Archivierung, Archivauswertung und Archivpersonal im 19. Jahrhundert eine bislang ungekannte Aufmerksamkeit und vergleichsweise Würdigung, sodass die Institution Archiv zu einer öffentlichen Geschichtsinstanz in der Gesellschaft aufstieg.[198] Zugleich wurde das städtische Bildungsbürgertum mit der Zunahme von ausgebildeten Historikern unter den Archivaren gestärkt.[199] In der Person und im Engagement des regsamen Historikerarchivars verschmolzen Geschichts- und Archivkulturen bzw. gingen Wissenschaft, Kultur und Bildung eine enge personalisierte Verbindung ein. Archivare publizierten zur Lokal- und Landesgeschichte, gründeten oder leiteten Geschichtsvereine, organisierten Ausstellungen oder hielten Vorträge.[200] Dies sorgte mit dafür, dass die Zahl der Mitglieder in Geschichtsvereinen ebenso spürbar anwuchs wie das gesellschaftliche Verständnis für Archive, Sammlungen und Quellenerschließung vor Ort. Verwaltungsorganisatorisch resultierte aus dieser Entwicklung die durchaus typische Kombination von Verantwortlichkeiten, wenn ein Leiter gleichzeitig für das städtische Museum,

197 Wolfgang Neugebauer, Die preußischen Staatshistoriographen des 19. und 20. Jahrhunderts, in: Ders. (Hg.), Das Thema »Preußen« in Wissenschaft und Wissenschaftspolitik des 19. und 20. Jahrhunderts, Berlin 2006, S. 17-60, hier S. 49.- Weiser, Geschichte der preußischen Archivverwaltung.

198 Vgl. insgesamt auch: Gerhard Zimmermann, Hardenbergs Versuch einer Reform der preußischen Archivverwaltung und deren weitere Entwicklung bis 1933, in: Jahrbuch der Stiftung Preußischer Kulturbesitz 1966, Köln/Berlin 1967, S. 69-87.- Jürgen Kloosterhuis, Edition – Integration – Legitimation. Politische Implikationen der archivischen Entwicklung in Preußen, 1803 bis 1924, in: Wolfgang Neugebauer (Hg.), Das Thema »Preußen« in Wissenschaft und Wissenschaftspolitik des 19. und 20. Jahrhunderts, Berlin 2006, S. 83-113.- Mario Wimmer macht über die wissenschaftspolitischen Implikationen hinaus ein enges Wechselverhältnis zwischen historiografischer Idee und archivischer Praxis aus, indem er feststellte, dass sich das Geschichtsdenken der Archivare konkret in der Vorstellung der Gestalt eines ›Archivkörpers‹ materialisiert habe. Mario Wimmer, Archivkörper. Eine Geschichte historischer Einbildungskraft, Göttingen 2012, S. 34.

199 Schenk, »Aufheben, was nicht vergessen werden darf«, S. 112 f.- Vgl. auch Frank M. Bischoff, Professionalisierung des Archivars. Anforderungen und Bildungswege vom Ancien Régime bis zur Gegenwart, in: Sächsisches Staatsarchiv (Hg.), Archivische Facharbeit in historischer Perspektive, Dresden 2010, S. 47-54.

200 Zum Zusammenhang von Archiv, archivarischem Engagement und dem Wirken von Geschichtsvereinen: Christian Hoffmann, Staatliche Archive, historische Vereine und Archivnutzung im 19. Jahrhundert. Das Beispiel Hannover, in: Sächsisches Staatsarchiv (Hg.), Archivische Facharbeit in historischer Perspektive, Dresden 2010, S. 113-128.- Beate Berger, Stadtarchiv und Geschichtsverein Leipzig, in: Archivar 4/2012, S. 372-379.

Stadtarchiv sowie die ansässige Bibliothek zuständig war. Im Ergebnis fanden vielerorts umtriebige Archivare Eingang in örtliche Honoratiorenkreise und erlangten lokale Berühmtheit.[201]

Das blieb auch für die bundesrepublikanischen Verhältnisse charakteristisch. Als Mitglieder oder gar Gründungsväter zahlreicher Gremien und Kommissionen initiierten und förderten Archivare zahllose Editionsprojekte und Forschungsvorhaben, sodass Hermann Heimpel, Direktor des Göttinger Max-Planck-Instituts für Geschichte und Spezialist für mittelalterliche Geschichte, 1959 die landesgeschichtliche Forschung als »Kombination« aus dem Tun von Archiven auf der einen und dem von Instituten und Kommissionen auf der anderen Seite beschrieb.[202] Von den ca. 380 existierenden regional- und lokalgeschichtlichen Zeitschriften und Blättern in Westdeutschland Mitte der 1960er Jahre ging ein Großteil auf das Engagement von Archivaren zurück, sei es in der Funktion als Herausgeber, Redakteur oder auch als Autor.[203] Die Impulse zur Wiedererrichtung landesgeschichtlicher Institutionen kamen vielfach aus den Landesarchivverwaltungen, die darin einen Transmitter für ihre wissenschaftlichen Ambitionen und Veröffentlichungen sahen. Im Angesicht der beschriebenen Attraktivität solcher Archivstellen wundert es nicht, dass Karl Gustav Bruchmann eine Weile zögerte, bevor er sich entschied, vom Goslarer Stadtarchiv an die Spitze des Bundesarchivs zu wechseln.

Doch langfristig verlor der Typus Historikerarchivar seine dominante Stellung. Dies hing mit einem generellen Berufsbildwandel zusammen, der neue Schwerpunkte in Technik- und Verwaltungsfragen setzte und gerade in den großen deutschen Zentralarchiven vorangetrieben wurde. Bereits die Besetzungen der Direktorenposten in Reichs-, Bundes- und Deutschem Zentralarchiv machten das frühzeitig deutlich.[204] Emblematisch wurde dieser Umschwung mit dem Wechsel von Albert Brackmann zu Ernst Zipfel Mitte der 1930er Jahre. Während sich Zipfel allerdings selbst noch als Ausnahme auf dem Archivleiterposten empfand und in seiner kommissarischen Zeit eine anerkannte wissenschaftliche Persönlichkeit mit starkem Geschichtsbezug als künftigen Brackmann-Nachfolger empfahl, wandelte sich das Selbstverständnis nach 1945 zumindest mit Blick auf das Bundesarchiv anhand der konkreten Ar-

201 Siehe mit Blick auf Marburg: Gerhard Menk, Gustav Könnecke (1845-1920). Ein Leben für das Archivwesen und die Kulturgeschichte, Marburg 2004.- Gerhard Hetzer, Das Schaufenster der Schatzkammer. Anmerkungen zur Geschichte archivischer Öffentlichkeitsarbeit, in: Archivalische Mitteilungen 88 (2006), S. 354-372.

202 Hermann Heimpel, Über Organisationsformen der historischen Forschung in Deutschland, in: Historische Zeitung 189 (1959), S. 139-222, hier S. 218.- Vgl. auch: Karl Puchner, Organisatorische Fragen der Zusammenarbeit von Archivverwaltungen und landesgeschichtlichen Kommissionen, in: Der Archivar 20 (1967), Sp. 45-46.

203 Kahlenberg, Deutsche Archive in Ost und West, S. 94.

204 Ottnad, Das Berufsbild des Archivars.- Helmut Dahm, 50 Deutsche Archivtage und ihre Bedeutung für das Berufsbild des deutschen Archivars, in: Der Archivar 29 (1976), Sp. 5-18.

beitsaufgaben. Die bestanden zunächst in verwaltungsmäßiger Organisationstätigkeit, denn es galt erstens, eine tragfähige Struktur für das zentrale Behördenarchiv eines neuen Staates zu entwickeln, zweitens einen fähigen Personalstamm aufzubauen, drittens ehemals beschlagnahmte und neue Archivbestände nach Koblenz zu holen und viertens die Massenakten zu bewältigen. In diesem Kontext blieb, jenseits von institutionellen Selbstdarstellungen und Bestandsübersichten, kaum Zeit für historische oder archivwissenschaftliche Forschungen. Ausnahmen bildeten hier die frühen Arbeiten, die von Angehörigen des Militärarchivs verfasst wurden. Als sich das Bundesarchiv strukturell etabliert hatte, setzte eine intensive Auseinandersetzung mit der technischen Bewältigung von Massenakten ein. Hierzu wurden mit dem Aufbau eines Zwischenarchivs für die Aufnahme ministeriellen Schriftguts der obersten Bundesbehörden 1965 in Bad Godesberg (seit 1971 in Sankt Augustin-Hangelar) sowie mit der Einführung von EDV-Technik moderne Methoden eingeführt. Dies brachte einen Berufsprofilwandel mit sich, der auch in der Öffentlichkeit wahrgenommen wurde: »Der graubärtige Archivartyp mit Ärmelschonern gehört der Vergangenheit an. Der Archivar von heute gleicht einem Manager. Die Elektronische Datenverarbeitung ist, auch für diesen Fall, zu einer unentbehrlichen Helferin geworden«, hieß es in einem Zeitungsbeitrag. »Das Bundesarchiv nimmt als Zentralarchiv die Papierflut auf, die in den Bonner Ministerien produziert wird. Die Aktenmassen sind nur mit EDV-Einsatz zu bewältigen.«[205] Aus dem Historiker-Archivar wurde der vor allem verwaltende »Hüter der Geschichte«.[206] Erst später traten einzelne Bundesarchivare wieder verstärkt mit eigenen historischen Arbeiten in Erscheinung, wie beispielsweise Heinz Boberach, der 1984/85 die mehrbändigen »Meldungen aus dem Reich« publizierte und damit ein großes Publikum erreichte.[207]

In der DDR schätzte man die Koblenzer Ausrichtung als widersprüchlich ein. Die Anstrengungen des Bundesarchivs, ein eigenes wissenschaftliches Profil im Rang einer Forschungsinstitution zu entwickeln, wertete die StAV als Resultat eines antiquierten Selbstverständnisses, wonach Archive und Archivare geschichtswissenschaftlich zu forschen und zu publizieren hätten. Wenn in diesem Zusammenhang in Archivarskreisen Zeitmangel beklagt werde, sei dies – im Gegensatz zur Situation in der DDR – als »Ausfluß einer veralteten

205 Horst Mühleisen, Der unterirdische Himmel. Ein Streifzug durch das Koblenzer Bundesarchiv: Der wahre Hüter der Geschichte kann kein historisches Museum sein, in: Rheinischer Merkur. Christ und Welt vom 16.10.1987, S. 17.

206 Ebd.

207 Heinz Boberach, Meldungen aus dem Reich. Die geheimen Lageberichte des Sicherheitsdienstes der SS 1938-1945, 17 Bde. und 1 Registerbd., Herrsching 1984/85. Boberach hatte Ende der 1950er Jahre mit einer verfassungsgeschichtlichen Arbeit promoviert, wie ohnehin die Promotionsthemen von Bundesarchivaren vielfach einen historischen Zuschnitt hatten. Heinz Boberach, Wahlrechtsfragen im Vormärz. Die Wahlrechtsanschauung im Rheinland 1815-1849 und die Entstehung des Dreiklassenwahlrechts, Düsseldorf 1959.

Vorstellung von den Aufgaben des Archivwissenschaftlers« zu begreifen, urteilte man in Potsdam in einem internen Bericht.[208] Die Vorschläge zur Klassifizierung der Registraturbildner oder die Errichtung eines Zwischenarchivs hingegen taxierte man als innovativ und fortschrittlich. Auch strukturell und informationstechnisch sah man das Bundesarchiv im westdeutschen Archivwesen vorn, sodass sich die Verfasser der Würdigung des neu ernannten Präsidenten des Bundesarchivs, Wolfgang A. Mommsen, anschlossen, es handle sich beim Bundesarchiv um das modernste Archiv der Bundesrepublik.[209]

Zwischenresümee

Die Möglichkeiten zu einem Besuch im DZA oder im Bundesarchiv wie auch das Interesse daran waren unmittelbar nach dem Ende des Zweiten Weltkriegs bzw. in den 1950er Jahren einstweilen gering. Das lag an fehlender Infrastruktur vor Ort ebenso wie am Fehlen von zugänglichen Akten in beiden Archiven, dessen Gründe bereits in den vorherigen Kapiteln ausgeführt wurden. Beide Mankos lagen zunächst in den Zerstörungen sowie den kriegsbedingten Auslagerungen und Beschlagnahmungen infolge der NS-Diktatur und des Zweiten Weltkriegs begründet, sodass entsprechende Räumlichkeiten und Archivbestände erst noch aufgebaut werden mussten.

Sowohl was die Zugangsbedingungen als auch die Benutzerordnung anbetraf, orientierten sich beide Archive vorerst an den Regelungen und Gepflogenheiten aus der Zeit vor 1945 am Reichsarchiv und anderswo. Das bedeutete, dass der Zugang zu Archiv und Archivalien streng zeitlich und thematisch reglementiert und von den Archivaren bzw. dem Nutzerdienst vor Ort maßgeblich gesteuert wurde. Besucher wiederum erhielten an Akten zu einem Thema stets nur das, was der Archivar heraussuchte bzw. was ihnen vom Besucherdienst vorgelegt wurde. Eine vollständige Übersicht über Bestände und deren Inhalt wurde ihnen vorenthalten – im Bundesarchiv sollte sich dieses Vorgehen später allerdings ändern. Die Einhaltung von Geheimnisschutz und Sperrfristen wurde rigide gehandhabt. Die Arkanpraxis war nicht grundsätzlich neu, sondern bedeutete die selbstverständliche Fortsetzung früherer Umgangsweisen, die auch Teil zeitgenössischer Auffassungen der Archivare waren. Ein entscheidender Unterschied zur Vergangenheit und zum DZA ergab sich beim Bundesarchiv durch dessen Verpflichtung, Akten zur NS-Zeit für die Forschung freizugeben, womit die bislang gültige Sperrfristregelung aufgehoben wurde.

Der Kalte Krieg – und der damit einhergehende ideologische und Propagandakrieg – führte zu einer gegenseitigen Abschottungs- und Verweigerungs-

208 BArch, DO 6/1063: Übersicht über das Archivwesen in Westdeutschland und Westberlin, 11.4.1968.

209 Ebd.

politik, womit Benutzer und Benutzeranträge zum Spielball archivpolitischer Strategie und Willkür wurden. Das traf erst recht auf ausländische bzw. ost- und westdeutsche Benutzer im jeweils anderen Teil Deutschlands zu. Hier unterlagen das Genehmigungsverfahren ebenso wie die Kontrolle und Vorauswahl noch einmal erheblich verschärften Bedingungen. Sowohl das Bundesarchiv bzw. BMI als auch das DZA bzw. eine staatliche Kommission überprüften und entschieden dabei jeden Antrag auch nach (archiv)politischen Kriterien, die außerhalb der Archivordnung lagen. Allerdings war die Überwachungs- und Kontrollmanie besonders stark auf DDR-Seite ausgeprägt, wo das Prüfverfahren extrem umfänglich und das Spektrum an Ablehnungsgründen und -motiven quasi unerschöpflich waren, sodass die Zulassung eines Antrags eher einem Glücksfall nahekam. Erst mit Beginn der Ära Erich Honecker und der deutsch-deutschen Annäherung Anfang der 1970er Jahre nahm die Zahl der Zulassungen für westliche Besucher spürbar zu. Wissens- bzw. wissenschaftsgeschichtlich ist vor diesem Hintergrund die Annahme plausibel, dass die dargestellte Situation in Ost und West nicht folgenlos geblieben sein kann für die damalige Arbeit von Historikerinnen und Historikern zu Zeiten von Systemkonkurrenz und Kaltem Krieg. Das betrifft Forschungsstände und Themenstellungen ebenso wie Thesenbildungen und Geschichtskontroversen. Doch um hier die Konsequenzen empirisch abschätzen zu können, bedarf es weiterer Forschungen.

In beiden deutschen Diktaturen existierten prominente Themenstränge, in denen der Expertendiskurs seine primäre Fachausrichtung beibehielt und ideologie-gelenkte Sichtweisen und Argumente weitgehend außen vor blieben. Dazu gehörten erstaunlicherweise auch die Debatten um die Bewertung und Auslese von Schriftgut sowie um den damit einhergehenden Umgang mit Massenakten. Führende Vertreter des Reichsarchivs wie auch des DZA leisteten hier insbesondere in den 1930er und 1960er Jahren wichtige Diskussionsbeiträge zu einer Systematik von Bewertung und Ordnung. Das in der diskutierten Problematik der »Archivwürdigkeit« inhärente Spannungsfeld von Inklusion und Exklusion bzw. Bewahrung und Aussonderung blieb eine vor allem fachpraktische Angelegenheit, zu dessen Klärung weder nationalsozialistisches Gedankengut noch kommunistische Sinnhorizonte bemüht wurden. Parallel dazu setzten seit Mitte der 1960er Jahre allerdings in der DDR theoretische Bemühungen ein, das eigene Archivwesen insgesamt sozialistisch zu begründen und einen marxistisch-leninistisch determinierten archivwissenschaftlichen Überbau zu schaffen. Die Zielsetzung war dabei eindeutig: die ideologische Abgrenzung zur Bundesrepublik und deren »kapitalistisch-imperialistischem Archivwesen« sowie die Schaffung eines neuen Typus von Archivar, der auf das staatssozialistische Gesellschaftssystem und dessen Ansprüche verpflichtet ist.

Fazit

Zentrale staatliche Archive im Jahrhundert der Extreme

Archivgeschichtlich war das 20. Jahrhundert in Deutschland eine zerfaserte Epoche. Die Macht der Diktaturen löste »eine veritable Krise des historischen Archivs« aus, denn neben der politischen Instrumentalisierung und Überwältigung erodierte das »Gedankengut …, auf dem seine Arbeit ruhte«.[1] Extreme Zerstörung und administrative Routine standen ebenso eng beieinander wie ideologische Deformierung und fachliche Modernisierung. Aus institutionen- und biografiegeschichtlicher Perspektive stellt sich die Geschichte der drei Archive und ihrer Protagonisten gleichermaßen fragmentiert wie miteinander verwoben dar. Wie für die untersuchten Archive gezeigt werden konnte, kam es nach den Systemwechseln von 1933 und 1945/49 jeweils nicht zu einem umfassenden Bruch mit der Tradition oder einer radikalen Umwälzung und Neubegründung unter ideologisch-programmatischen Vorzeichen, sondern zu transformativen Wandlungsprozessen. Zusammengenommen bilden diese einen zentralarchivischen Transformationszeitraum, der das ganze zweite Drittel des 20. Jahrhunderts einschließt. Unter den Signaturen von Diktatur und totalitärem Herrschaftsanspruch sowie von demokratischer Umorientierung vollzogen sie sich übergangsartig, in diversen Schrittfolgen und mit unterschiedlicher, teils gegensätzlicher Ausrichtung.

Vier Zeit- und Formabschnitte können für die hier untersuchten Zentralarchive unterschieden werden: Der erste Abschnitt markiert für das Reichsarchiv die NS-Zeit und die schrittweise destruktive Umwandlung unter diktatorischen Vorzeichen bis hin zur Selbstauflösung und Zerstörung der Behörde 1945/46. Der zweite Abschnitt umfasst die ersten fünfzehn Umbaujahre der Potsdamer Nachfolgeinstitution DZA, die von einem fachlich-strukturellen Anknüpfen an die Erfahrungen vor 1939 und dem Entstehen einer speziellen Expertenoase geprägt waren, ohne damit den parteipolitischen Vorstellungen der SED-Verantwortlichen zu entsprechen. Die Zeit nach dem Mauerbau bis Mitte der 1970er Jahre bildet die dritte Wegstrecke. In ihr ging es darum, das DZA mittels aggressiver Methoden der geheimdienstlichen Durchsetzung und Steuerung, der Parteiwerbung und Restrukturierung »auf Linie« zu bringen und eine diktatorische Durchherrschung und Kontrolle vor Ort zu etablieren. Dieser Umgestaltungsvorgang erreichte zwischen 1963/64 und 1976 seine volle Intensität. Danach befand sich das DZA wie auch das DDR-Archivwesen generell in einem »staatssozialistischen Modus«, der bis 1989 anhielt. Den vierten Abschnitt füllt die Parallelgeschichte des Bundesarchivs. Obwohl eine institutionelle Neugründung, definierte es sich als Nachfolger des Reichsarchivs

1 Schenk, »Aufheben, was nicht vergessen werden darf«, S. 137.

und stellte mit der Übernahme und Adaption strukturell-fachlicher Maßstäbe, Traditionen und Sichtweisen den transformatorischen Anschluss an die Vorgängereinrichtung her. Dies prägte die über 15-jährige Etablierungsphase des Archivs. Mit dem Wechsel an der Spitze von Bruchmann zu Mommsen und dem vorläufigen Ende der Aktenrückgaben Ende der 1960er Jahre war das Bundesarchiv dann strukturell und personell konsolidiert.

Vor diesem Hintergrund ergeben sich mehrere zentrale Befunde, die den historischen Komplex von Archivwesen und diktatorischer Herausforderung im Untersuchungszeitraum auszeichneten:

Die Geschichte von Reichs-, Bundes- und Deutschem Zentralarchiv exemplifiziert auf besondere Weise das Dasein und Wirken von Verwaltungsinstitutionen und deren Funktionseliten, die sich in Bezug zum Herrschaftssystem und Staatsapparat in der zweiten, dritten Reihe bewegten und weitgehend im Schatten der »großen Politik« standen. Diese Nachrangigkeit übersetzte sich bemerkenswerterweise in die Sphäre des Politischen. Die historischen Amplituden, die aus dem Spannungsfeld von Diktatur und Demokratie und seinen Zäsuren erwuchsen, blieben in der Welt der Archivare vergleichsweise moderat. Sie fielen weder durch aufsehenerregende Täterschaft noch durch außergewöhnliche Widerständigkeit auf. Unter den Herausforderungen der Diktatur verkörperten sie vor allem die Grauzonen des Mitmachens, des Überlebens, der Beständigkeit – aber auch der fachlichen Selbstbehauptung im Jahrhundert der Extreme. In der staatlichen Arbeitswelt bewegte sich ihr Expertentum zwischen Wissenschaft und Verwaltung – auch in der eigenen zeitgenössischen Wahrnehmung.[2] In diesem Sinne rücken Archivare stellvertretend für die große Gruppe der Fachbeamten ins Rampenlicht, die bislang erst selten Eingang in die Behördenforschung gefunden hat.

Die scheinbare Durchschnittlichkeit ist als Befund allerdings keinesfalls belanglos. In ihrem wendeaffinen Wesen liegt eine der Ursachen für die rasante, massenhafte Wandlungs- und Anpassungsfähigkeit begründet, die die Transformationsprozesse und ihre Protagonisten nach 1933 und nach 1945 auszeichneten – und für den Umschlag vom Normal- in den Ausnahmezustand und umgekehrt sorgen konnten. Die Archivare aller drei Institutionen trugen im Zeitraum 1930 bis Anfang der 1970er Jahre mit ihrer Arbeit und ihrem beruflichen Selbstverständnis zur Systemstabilität bei, im Falle von Reichsarchiv und DZA speziell zur Stabilität diktatorischer Regime. Dies konnte sich in »Archivschutz«-Aktivitäten in der NS-Zeit ebenso äußern wie in Mitgliedschaften in politischen Organisationen und Parteien oder der restriktiven Regulierung und Handhabung des Archivzuganges gegenüber politisch unerwünschten Benutzern. Als explizite Systemträger hingegen exponierten sich nur wenige Archivare.

2 Georg Wilhelm Sante, Die Archive zwischen Wissenschaft und Verwaltung, in: Der Archivar 7 (1954), Sp. 1-12.

Die politische Bindung an das System erfolgte für die meisten Archivare vor allem über den Staat *in abstracto* und dessen (Archiv-)Institutionen *in concreto*. Beruf, Berufung und Institution verschmolzen miteinander und sorgten für identifikative Integrationsverläufe der Experten, die sich quasi durch ihre Archiveinrichtung »hindurch« mit dem Staat und seinem Ordnungsregime verbanden. Insofern stößt man hier auf starke Momente einer institutionenzentrierten Staatsloyalität von Fachleuten.[3] Hingegen wirkten NSDAP und SED zumindest in den Anfangsjahren kaum als politisch-ideologische Identifikationsanker und »Transmissionsriemen«. In dem Moment jedoch, als beide Parteien die staatliche Ebene in ihre Verfügungsgewalt gebracht hatten, erhielten sie Zugriff und weitreichende Verfügungsmacht über die Staatsarchivare. Je ausgeprägter nun die individuelle Berufspassion und Behördenbindung war, desto schneller und stärker entwickelte sich bei vielen dortigen Fachkräften die Bereitschaft, sich ideologisch anzupassen und für politische Zwecke einbinden zu lassen. Dieser Zusammenhang von identitätsstiftender Bindungskraft durch die Nah-Welt der Institutionen und dem Arrangement mit diktatorischen Regimen besitzt exemplarischen Anstrich und lässt sich sowohl vor als auch nach 1945 auch auf zahlreiche andere gesellschaftliche Expertenbereiche übertragen.

In keinem der diktatorischen Systeme ist es gelungen, die Archivargemeinschaft vollständig auf die herrschende politische Linie zu verpflichten. Dies lag weniger in individuell abweichenden politischen Auffassungen begründet als vielmehr im Beharren auf professionellen Standards. Dies deckt sich – zumindest bis zum Zeitpunkt des Mauerbaus 1961 – mit Befunden anderer professionsbezogener Untersuchungen.[4] Das Gros der Archivare agierte als Staatsdiener mit fachbeamtischem Sinnhorizont. Ihre auffallend problemlose Einpassungsfähigkeit in wechselnde politische Systeme liegt in dieser Verknüpfung begründet, die in hohem Maße vom Loyalitätsgedanken geprägt war. Die gekoppelte Loyalität gegenüber Profession und Staat offenbarte sich dabei als tradiertes Verhalten und verinnerlichte Haltung, die ihre ethische Legitimation aus den sogenannten Tugenden preußischen Beamtentums bezog. In dem Maße, in dem nach 1933 Fachbeamten-Dasein und Staatsdienst an Loyalitätsbekenntnisse zum Nationalsozialismus gebunden wurden, erfüllten viele Archivare diese Bedingung ohne großes Zögern. Je stärker sich NS-Funktionäre für archivfachliche Standards und Werte einsetzten, desto mehr Loyalität produzierten sie auch unter den Experten, die regimefern eingestellt waren. Äußere Zustimmungen zum NS- wie auch SED-Regime mussten aber nicht zwangsläufig mit innerer politisch-ideologischer Gefolgschaft einhergehen.

3 Dazu auch: Frieder Günther, Denken vom Staat her. Die bundesdeutsche Staatsrechtslehre zwischen Dezision und Integration 1949-1970, München 2004.

4 Beispielsweise: Ralph Jessen, Akademische Elite und kommunistische Diktatur. Die ostdeutsche Hochschullehrerschaft in der Ulbricht-Ära, Göttingen 1999.- Henrik Bispinck, Bildungsbürger in Demokratie und Diktatur. Lehrer an höheren Schulen in Mecklenburg 1918 bis 1961, München 2011.- Maeke, Kontinuität der Experten, S. 710 ff.

Die für den untersuchten Zeitraum maßgeblichen Archivare gehörten zu den zwischen 1890 und 1930 Geborenen und fächerten sich in Herkunft und Kommunikationszusammenhang weit auf. Sie bildeten eine heterogene *imagined community*, deren sozialer und mentaler Kitt aus einem Mix von generationellen Zugehörigkeiten (Front-/Kriegsjugend-/Nachkriegsgeneration, Altkommunisten, Aufbaugeneration), Erfahrungsgemeinschaften (IfA, Osteinsatz, Jenaer Kreis), Expertenkreisen und kollegialen Freundschaftsbanden bestand. Diese Gemengelage erklärt zum ersten Kommunikationszusammenhänge über Grenzen und Systeme hinaus, zum zweiten Loyalitätsbekenntnisse trotz ideologischer Differenzen, drittens das Eingehen von Diktaturarrangements und schließlich viertens das Fortleben eines gesamtdeutschen Archivkontextes bis zum Mauerbau. Gegenseitige Wahrnehmung und kommunikativer Austausch zwischen Ost und West blieben auf allen Ebenen und Altersstufen intensiv; die jeweiligen Archivleiter etwa pflegten rege Kontakte zu ihren Kollegen im Nachbarstaat.

Innerhalb der archivarischen Expertengemeinschaft Deutschlands blieb nach 1945 ein grenz- und regime-übergreifender Zusammenhang mit bisweilen starken Verflechtungsmomenten bestehen, ungeachtet der individuellen Haltungen gegenüber dem politischen System. Dies zeigte sich vielfältig, angefangen von der gegenseitigen Kollegenhilfe für notleidende Archivare über die VdA-Mitgliedschaften bis zu den (west)deutschen Archivtagen sowie Dienstbesuchen und Privatreisen. Die gleichwohl bestehende Wettbewerbssituation auf der institutionellen Ebene fiel im Kontext einer »asymmetrisch verflochtenen Parallelgeschichte« bemerkenswerterweise zunächst zugunsten der DDR-Seite aus.[5] Das Deutsche Zentralarchiv galt lange Zeit als Orientierungspunkt und Argumentationsbeispiel für westdeutsche Verfechter eines bundesdeutschen Zentralarchivs.[6] Erst mit der westalliierten Archivalienrückgabe, der wachsenden Etablierung des Bundesarchivs und der zunehmenden Ideologisierung und Kontrolle des ostdeutschen Archivwesens verlor das Potsdamer Pendant seine Strahlkraft.

Archive und Archivare wurden in beiden deutschen Diktaturen politisch instrumentalisiert und ideologisiert, der Grad der konkreten Durchherrschung wies jedoch Unterschiede auf. Funktion und Funktionsfähigkeit von Reichs- und Deutschem Zentralarchiv unterlagen vielfach binnenbehördlichen Zwängen und fachlichen Logiken, die sich streckenweise stärker erwiesen als der national- oder staatssozialistische Gestaltungs- und Veränderungswille. Besonders für die 1940er und 1950er Jahre offenbart sich eine gewisse Differenz zwischen Plänen, Vereinbarungen und Anordnungen auf der einen Seite und

5 Christoph Kleßmann. Spaltung und Verflechtung – Ein Konzept zur integrierten Nachkriegsgeschichte 1945 bis 1990, in: Ders./Peter Lautzas (Hg.), Teilung und Integration. Die doppelte deutsche Nachkriegsgeschichte als wissenschaftliches und didaktisches Problem, Bonn 2005, S. 20-36.

6 Kahlenberg, Deutsche Archive in Ost und West, S. 83 f.

den wiederholt dahinter zurückbleibenden Ergebnissen ihrer tatsächlichen Umsetzung auf der anderen.

Die formale Belastung im Reichsarchiv lag im Durchschnitt anderer Archive bzw. sogar darunter, wenn man von bisherigen Gesamtschätzungen eines Anteils von über 80 Prozent NSDAP-Mitgliedern unter den Archivaren ausgeht. Aufgrund des durchweg niedrigeren Pg.-Anteils unter den anderen Angestellten und Arbeitern lag die Gesamtquote zudem stets darunter; überdies trat das Gros erst 1937 und danach bei. Insofern war das Reichsarchiv zwar unter Kontrolle der Nationalsozialisten, jedoch keine Vorzeigebastion für eine formal durchnazifizierte Institution – ein Befund, der mit der Situation in anderen Bereichen des Reichsministeriums des Innern korrespondierte. Vielfach diskutierte Prozesse von Selbstmobilisierung vollzogen sich nur in begrenztem Ausmaß. Ein Teil der politisch und rassistisch motivierten Mitarbeiter-Entlassungen wurde allerdings auch von leitenden Archivbeamten ohne Parteibuch unterstützt, die unter fachlichen Gesichtspunkten die »Gunst der Stunde« nutzten, um sich von vermeintlich unterqualifizierten, leistungsschwachen Mitarbeitern zu trennen.

Etwa zwei Jahre nach der Etablierung Ernst Zipfels im Reichsarchiv seit 1936 und seinem raschen Zuwachs an Aufgaben und Zuständigkeiten verlagerte sich dessen Interesse von einer aggressiven Nazifizierung zur fachlich gesicherten Funktionsfähigkeit seiner Behörde. Insofern ließ der Druck zum NS-Bekenntnis durch Mitgliedschaften etwas nach. Hinzu kam, dass Zipfel den Umstand nationalsozialistischer Überzeugung in der Regel nicht höher dotierte als den Wert loyaler Fachkraft – in diesem Sinne blieb der mächtige Archivfunktionär dem Expertentum verhaftet. Zipfels System entsprach in seiner archivischen Gesamtzuständigkeit durchaus einem »personalisierten Herrschaftsverband« mit charismatischen Zügen an der Leitungsspitze, dessen Machtpositionen, wie die Forschung argumentiert, gegenüber Konkurrenzinstitutionen stets von neuem verhandelt werden mussten.[7] Doch vor Ort wirkte ein gewisser politisch-ideologischer »Filter« durch ältere Archivspezialisten ohne Parteibuch, die wie Hermann Cron und Adolf Brenneke die Facharbeit im Reichsarchiv bzw. im Geheimen Staatsarchiv anleiteten. Solche Erkenntnisse werden gestützt durch gesellschaftsgeschichtliche Forschungsansätze, die das Verhältnis von politischer Herrschaft und Gesellschaft bzw. Belegschaft in Reichsarchiv und DZA nicht allein als einen linearen Prozess der Steuerung und Umsetzung von oben nach unten, sondern als wechselseitigen sozialen Prozess ausloten.[8]

7 Rebentisch, Führerstaat und Verwaltung im Zweiten Weltkrieg, S. 35, 538, 549.- Rüdiger Hachtmann, »Charismatische Herrschaft« und der Nationalsozialismus, Version: 1.0, in: Docupedia-Zeitgeschichte, 02.04.2019.

8 Vgl. auch dahingehende Überlegungen für die DDR-Geschichte: Jens Gieseke, Staatssicherheit und Gesellschaft – Plädoyer für einen Brückenschlag, in: ders. (Hg.), Staatssicherheit und Gesellschaft – Studien zum Herrschaftsalltag in der DDR, Göttingen 2007, 8-21.- Thomas Lindenberger, SED-Herrschaft als soziale Praxis, Herrschaft und »Eigen-Sinn«. Problemstellung und Begriffe, in: ebd., S. 24-48.

Nach 1945 lieferten die Alliierten klare Vorgaben für den politischen, wirtschaftlich-sozialen und kulturellen Neuanfang in Deutschland durch die »vier D«: Demilitarisierung, Denazifizierung, Dekartellisierung und Demokratisierung. Es waren anti-restaurative Leitprinzipien mit quasi revolutionärem Anstrich für die deutsche Gesellschaft, die zum Ziel hatten, vergangene Fehler nach 1918/19 zu vermeiden und eine politisch-moralische Umorientierung der Deutschen zu erreichen: In keinem Fall sollte es wieder beim Alten bleiben. Doch der patriarchale Stil der Adenauer-Ära, der strikte Wiederaufbau-Modus und die massenhaften personellen Kontinuitäten bzw. NS-Belastungen in der Folge eines einstellungspolitischen »Hyperpragmatismus«[9] in staatlichen Institutionen und Eliten, allen voran in der Berufsbeamtenschaft, verlagerten den westdeutschen Neuanfang auf das vorrangig Materielle. Die massenhafte Integration NS-belasteter Personen in das BMI bildete die personalpolitische Blaupause für die Vorgänge im Bundesarchiv.[10] Dort verknüpften sich die widerstreitenden Elemente der zentralen historiografischen Nachkriegsfrage »Neubeginn oder Restauration« miteinander: So lassen sich die 1950er Jahre für Koblenz in der Verbindung von strukturellem Aufbau, personeller Besetzung sowie fachlich-konzeptuellem Ansatz archivgeschichtlich als rückwärtsorientierter Neuanfang beschreiben. Auf der formalen Ebene allerdings konnte im Zusammenhang mit den alliierten »vier D« von einer personalpolitischen Denazifizierung sowie von einer Demokratisierung des Arkanbereichs Archiv zunächst keine Rede sein.

Insgesamt bestanden nur geringfügige bzw. kurzlebige personelle Kontinuitäten vom Reichsarchiv zum Bundesarchiv bzw. zum DZA. Dieser Sachverhalt stimmt überein mit der Entwicklung in beiden deutschen Innenministerien bzw. unterscheidet sich von der anderer Institutionen und Behörden, wie des Auswärtigen Amts oder im Justizwesen. Auf Archivpersonal, das vom NS-Regime entlassen wurde, griffen weder das Deutsche Zentral- noch das Bundesarchiv zurück. Die von Ralf Dahrendorf 1965 beklagte notorische »Seßhaftigkeit der Verwaltungselite in den Stürmen politischen Wandels« als Hemmnis für eine Durchsetzung liberaler Demokratie oder das von Theodor Eschenburg zehn Jahre später monierte unabänderliche Beharrungsvermögen des Berufsbeamtentums fanden im Bundesarchiv aufgrund seiner Entstehungsgeschichte nur bedingt ihre konkrete Entsprechung.[11] Dennoch bestand auf der Zeitschiene NS-Diktatur – westdeutsche Nachkriegsdemokratie von den 1930er bis Anfang der 1970er Jahre ein enger fachlicher, erfahrungsgeschichtlicher und generationeller Zusammenhang. Hierbei ist auf bundesarchivarischer Seite bis-

9 Hans-Ulrich Wehler, Deutsche Gesellschaftsgeschichte, Bd. 5: Von der Gründung der beiden deutschen Staaten bis zur Vereinigung 1949-1990, München 2008, S. 13.

10 Bösch/Wirsching (Hg.), Hüter der Ordnung.

11 Ralf Dahrendorf, Gesellschaft und Demokratie in Deutschland, München 1965, S. 280.- Theodor Eschenburg, Regierung, Bürokratie und Parteien 1945-1949. Ihre Bedeutung für die politische Entwicklung der Bundesrepublik, in: Vierteljahrshefte für Zeitgeschichte 24 (1976) 1, S. 58-74.

weilen ein Anknüpfen an konservativ-antikommunistische Denkhorizonte aus der Zeit vor 1933 zu beobachten. Diese traten praktisch vor allem dann zutage, wenn es um Archivzugänge osteuropäischer Nutzer ging. NS-Überzeugungen hingegen waren kaum anzutreffen – am ehesten noch in der Deutung des sozialistischen Archivwesens und in vereinzelten Hauspublikationen wie »Zur Geschichte der Ordnungspolizei 1936-1945« (1957) von Georg Tessin, in denen unkritische Betrachtungsweisen, Quellenselektion, Beschönigungen bzw. sogar bewusstes Verschweigen von Unrecht und Verbrechen im Nationalsozialismus anzutreffen waren.

In der DDR endete mit der Entlassung von Otto Korfes 1952 eine Personalpolitik, die zur Einstellung von ehemaligen Militärs und NS-Belasteten im ostdeutschen Archivwesen geführt hatte. Im Deutschen Zentralarchiv vollzog sich bereits in der zweiten Hälfte der 1940er Jahre eine Trennung von NS-belastetem Personal. Mit Ausnahme von Walter Nissen und Gerhart Enders wurde auf der leitenden DZA-Ebene daran auch nach der Aufhebung der Einstellungssperre festgehalten. Nach einer mehrjährigen Übergangszeit folgte eine Phase neuerlicher Politisierung und Ideologisierung, die auf eine Erhöhung der Systemträgerzahl abzielte. Die Quote von Mitgliedschaften in der SED und in den staatssozialistischen Formationen stieg beständig, sodass die formale Diktaturbelastung am Ende ebenso erheblich war wie in der NS-Zeit. Zugleich setzte bereits Anfang der 1950er Jahre, und damit deutlich früher als bisher angenommen, eine gezielte geheimdienstliche Durchsetzung und Überwachung ein, die im Verlauf der 1960er Jahre und danach in eine außerordentliche Durchdringung des Deutschen Zentralarchivs und der Staatlichen Archivverwaltung bzw. des gesamten ostdeutschen Archivwesens bis in die höchsten Spitzen der DDR-Archivelite mündete.

Diese Befunde werfen in der Perspektive einer langen Betrachtung von formaler und materialer Diktaturbelastung in Deutschland ein eigenes Schlaglicht auf das Archivwesen: Demnach war das Maß an Vergangenheiten mit NS-Belastung nach 1945 im westdeutschen Fall zunächst hoch und löste sich dann Ende der 1960er Jahre schließlich generationell bedingt auf. Dies wurde begleitet von einem umfassenden sozialen und die Mentalität betreffenden Umbruch der bundesdeutschen Verwaltung und ihrer zunehmend »westernisierten« Angestellten.[12] Auf ostdeutscher Seite hingegen nahm vor allem seit den 1960er Jahren die Zahl an Mitgliedschaften und Mitarbeit in SED, MfS und Massenorganisationen im DZA – Formationen, die die diktatorische Herrschaft vor Ort sicherten – und damit die Vereinnahmung für das politische System an Stärke und Dichte zu.

Dies leitet über zu Funktionsausfall und Teilung des deutschen Archivwesens. Die Zeitspanne von NS-Diktatur, Zweitem Weltkrieg und Nachkriegszeit riss mit ihren einschneidenden Beschränkungen und zerstörerischen Folgen in personeller, struktureller und materieller Hinsicht eine einzigartige, 20-

12 Ruck, Kontinuität und Wandel, S. 139.

30 Jahre umfassende »Jahrhundertlücke« in das deutsche Archivwesen. Dies betraf im Fall der drei Archive sowohl die Archivarbeit und Archivnutzung als auch das Herzstück der Archive, nämlich das Archivgut selbst. Zum Tod vieler Archivare, der Archivzerstörung und Aktenvernichtung kam die alliierte Beschlagnahmung von Millionen Akten hinzu. Der Rückgabeprozess aus den Händen der Alliierten war erst im Verlauf der 1960er Jahre abgeschlossen – ohne dass das Material damit automatisch für den Nutzerbetrieb zur Verfügung stand. In erinnerungskultureller Perspektive ist diese amnestische Periode gleichbedeutend mit einem langen »Gedächtnisausfall« der Archive im sogenannten kurzen 20. Jahrhundert.

Diktatur und Kalter Krieg zementierten diese Auszeit, indem die daraus resultierenden Rahmenbedingungen und Handlungslogiken den öffentlichen Dienstleistungsanspruch eliminierten. Zunächst schränkten seit Mitte der 1930er Jahre rassistische und politische sowie thematische Auflagen und Kriterien den Aktenzugang ein, danach wurde dieser durch Krieg, Nachkriegschaos und Aktenverbringung blockiert. Schließlich bestimmten (Un)Logiken der Systemkonkurrenz, wer in bestimmten Zeiten welche Archivbestände zur Einsichtnahme erhielt. Im Deutschen Zentralarchiv etablierte sich im Zuge der geheimdienstlichen Durchdringung und hypertrophierten Geheimnisschutz-Praxis überdies ein streng kodifiziertes Zugangssystem auch unter den Mitarbeitern, das bisweilen zu Blockaden führte, die sich auf den ausländischen Benutzerverkehr auswirkten. Um Archivalienzugriffe entwickelte sich ein regelrechtes deutsch-deutsches Geschacher. Dabei verfügte die DDR-Seite über besondere Druckmittel, da sich die zeitgeschichtlich interessanteren Quellen im Osten Deutschlands befanden. Die Zugangsregime – angefangen von restriktiven Antragsregularien über beschränkte Findhilfsmittel bis hin zu Besucherzeitbegrenzungen – untermauerten über Jahrzehnte die althergebrachte Hegemonie des Archivars nicht nur über die Akten, sondern auch über die Antragsteller bzw. Archivbenutzer vor Ort. Zahlreich sind die Fälle, in denen vorhandenes Archivmaterial bewusst verschwiegen oder unzugänglich gemacht wurde und sich Besuchergenehmigung und Aktenvorlage im Nachhinein als Willkürakt offenbarten.

Diese erhebliche Dysfunktionalität im zweiten Jahrhundertdrittel korrelierte mit einer überraschenden institutionellen und (arbeits)biografischen Ruhelosigkeit im Archivwesen, die sich vielfach erst auf den zweiten Blick erschließt. So besteht eine Gemeinsamkeit zwischen den drei Archiven in den jeweiligen prekären Nachkriegssituationen, in denen sie entstanden, ihren beständigen Struktur- und Umbauschüben, in ihren Anstrengungen zur Überwindung von Notbetrieb und Provisorien sowie in der technischen Herausforderung durch Massenakten. Vor allem das Reichsarchiv und DZA, aber letztlich auch das Bundesarchiv waren »Behörden in Bewegung«. Ihre Organisationsgeschichte war von permanenten Struktur- und Personalveränderungen, manchmal im Jahrestakt, gekennzeichnet. Das korrespondiert zunächst kategorial mit der Unterteilung von mobilisierter Verwaltung (Reichsarchiv, DZA) und traditionaler Verwaltung (Bundesarchiv), wie sie auch für die deutschen Innenministerien vorgenommen wurde.[13] In der SBZ/DDR galt dies in verstärktem Maß auch für die quasi vorgesetzten Organe des DZA, also die StAV und die übergeordnete Hauptabteilung im MdI.

Doch waren Dynamik und Rhythmen keineswegs das Ergebnis eines gezielten Vorgehens. Daher widersprechen Anzahl und Vielfalt der strukturellen Umgestaltungen und Erwerbsbiografien dem Narrativ einer mehr oder weniger ungebrochenen Kontinuität in Personal oder Archivbetrieb über Systeme bzw. Systemwechsel hinweg. Vielmehr erweisen sich Kontingenz, Unsicherheit, Wechselhaftigkeit und Offenheit der Situation als kennzeichnende Merkmale. Stetiger Personalfluss, organisatorischer Umbau und Zuständigkeitsverschiebungen prägten den Entwicklungsrhythmus der Zentralarchive von den 1920er Jahren bis in die 1960er Jahre und darüber hinaus; nur ein Bruchteil ehemaliger Reichsarchivare fand eine längere Anstellung in einer der beiden Nachfolgeinstitutionen. Überdies hingen die Motive hinter den Personalentscheidungen, wer Mitarbeiter am DZA oder Bundesarchiv wurde, häufig von Zufall und Gelegenheit ab, weniger hingegen von systematischer Einstellungspolitik. Dabei ist zu berücksichtigen, dass insbesondere in den Anfangsjahren nach 1945 eine archivische Anstellung vielfach als unattraktiv galt: Bescheidene Bezahlung, hohe Arbeitsbelastung, fehlendes Renommee waren nicht gerade Faktoren, die Magnetwirkung entfalteten. Wer sich für den Archivarberuf entschied, tat dies in der Regel aus professioneller Überzeugung. Diese Merkmale und Konstellationen untermauern in ihrer gleichermaßen dynamischen wie fragilen Ausprägung den Transformationscharakter der beschriebenen archivgeschichtlichen Entwicklung in Zeiten von Diktatur und Postdiktatur.

Ausblick

Der Bedeutungszuwachs der Archive im 20. Jahrhundert wurde begleitet von einem fachlichen Professionalisierungsschub. Seiner Substanz und Dynamik nach handelte es sich um eine endogene Modernisierung. Im Kern ging es dabei zunächst um die Vereinheitlichung, Standardisierung und Zentralisierung von Begrifflichkeiten, Kommunikation, Verfahren, Praxen und Strukturen, später um die fortschreitende technische Modernisierung der selbigen. Impulsgebung und Durchsetzung erfolgten hier insbesondere in Diktaturzeiten. Die Zielsetzungen der archivischen Moderne deckten sich vielfach mit den zentralistischen Herrschaftsvorstellungen im National- und Staatssozialismus, wobei in der Umsetzung die DDR und ihre Staatliche Archivverwaltung am deutlichsten vorangingen. Das Deutsche Zentralarchiv setzte bis in die 1960er Jahre die Tradition des Reichsarchivs fort, fachwissenschaftliche Debatten und

13 Vgl. Günther/Maeke/Palm/Richter/Stange, Kommunikation und Hierarchie. Die Verwaltungskulturen im BMI und MdI, in: Bösch/Wirsching (Hg.), Hüter der Ordnung, S. 307-354, hier insbesondere S. 351ff.

Diskurse anzuführen, ein Pfad, der erst mit den forcierten Anstrengungen zur Etablierung einer marxistisch-leninistischen Archivwissenschaft veröden sollte. Basis dafür war das Wirken von Experten, deren Denken nicht an den Systemgrenzen stoppte. Das wird aber auch in den vergleichsweise offenen und mehr oder weniger politikfreien Fachdebatten der Zeitschrift »Archivmitteilungen« in den 1950er Jahren deutlich, als noch westliche Literatur und Entwicklungen rezipiert werden durften. Seit der zweiten Hälfte der 1960er Jahre konzentrierten sich ostdeutsche Archivare wie Helmut Lötzke dann zunehmend auf den Auftrag, Archivwesen und Archivwissenschaft explizit sozialistisch zu begründen. Zusätzlich verlor das Deutsche Zentralarchiv durch Kompetenzabgaben an die Archivverwaltung und den Weggang wichtiger Mitarbeiter seine Position als »Denkfabrik«. Das Bundesarchiv hingegen entwickelte sich in den 1960er Jahren zunächst vor allem durch technische Neuerungen wie dem Zwischenarchiv, aber auch durch die frühe Beschäftigung mit EDV *peu à peu* zu einer innovativen Institution, die damit zugleich ihr fachwissenschaftliches Profil schärfte.

Der Modernisierungsschub wurde von einem allmählichen Berufsbildwechsel seit Mitte der 1930er Jahre flankiert. So wandelten sich auf der zentralarchivischen Leitungsebene Bild und Praxis vom wissenschaftsgeleiteten Historiker-Archivar zum verwaltungsorientierten Archivmanager, exemplarisch verkörpert durch Ernst Zipfel, Georg Winter und Otto Korfes. Auch Karl G. Bruchmann, der in seiner Goslarer Nachkriegszeit den Typus des (Landes) Historiker-Archivars gepflegt hatte, fehlte nach seiner Berufung zum Direktor des Bundesarchivs schlicht die Zeit, um sich weiter Geschichtsthemen zu widmen. Helmut Lötzke setzte sich am Deutschen Zentralarchiv zwar zeitlebens mit archivwissenschaftlichen Themen auseinander, bearbeitete jedoch keine historischen Fragestellungen. Hinzu kam, dass seine vorgesetzten Funktionäre in der Staatlichen Archivverwaltung und im Ministerium des Innern durchweg verwaltungsaffine Fachfremde waren. Das Gewicht der geschichtswissenschaftlichen Ausbildung verringerte sich zugunsten der archivfachlichen bzw. -wissenschaftlichen Themenbereiche. Die archivarische und technische Bewältigung der Aktenmassen sowie die thematische Spezialisierung gewannen hingegen zunehmend an Bedeutung. Waren dies zunächst gesamtdeutsche Trends der archivischen Moderne, suchte die DDR im Zuge ihrer Abgrenzungspolitik einen neuen Typ des sozialistischen Archivars zu propagieren: Als Funktionär des Arbeiter- und Bauernstaates hatte dieser auf der Basis eines sozialistischen Geschichtsbewusstseins »parteilich« das Archivgut vom Standpunkt der Arbeiterklasse zu bewerten, zu erschließen und auszuwerten. Für die konfrontierten Archivare bedeutete das, Loyalitätsverhältnisse individuell auf den Prüfstand zu stellen und den Spagat zwischen Profession und Ideologie auszuhalten.

Während Ausgangslagen, Arbeitsbedingungen und Benutzerumgang am DZA und Bundesarchiv ähnlich intransparente und undemokratische Formen aufwiesen, vollzog sich im Westen mit dem Zufluss der Akten aus alliiertem Gewahrsam und den damit verbundenen Auflagen des öffentlichen Zugangs, mit dem institutionellen Wachstum sowie dem gesteigerten öffentlich-wissenschaftlichen Interesse seit den 1960er Jahren ein langsamer, schrittweiser Demokratisierungs- und Differenzierungsprozess. Dieser schuf im Behördeninneren die Voraussetzungen dafür, dass sich das Bundesarchiv zu einem modernen Zentralarchiv mit Modell- und Leitcharakter entwickelte. Immer deutlicher wurde, dass es neben seinem Archivierungsauftrag nun auch den Archivbenutzer in den Mittelpunkt seiner Funktionsaufgabe stellte. Insofern beschritt das Bundesarchiv – insbesondere seit den 1970er Jahren kontrastiv sichtbar – einen anderen Weg als das Potsdamer DZA/ZStA.

Demgegenüber führte die wachsende diktatorische Durchherrschung des DZA/ZStA zur Verkrustung der eigenen Strukturen und zur Verkomplizierung des Alltagsbetriebs. Das MfS, das sowohl in Ost-Berlin als auch in der Potsdamer Bezirksverwaltung über eigene Abteilungen verfügte, die sich ausschließlich mit den Archiven befassten, wurde mehr und mehr zu einer zentralen Steuerungseinheit im staatlichen Archivwesen. Vielen Benutzerinnen und Benutzern gegenüber herrschte ein grundsätzliches politisches Misstrauen, und das Zurverfügungstellen von Akten galt als immer arbeitsaufwendigerer Vorgang. Vor diesem Hintergrund verweist die historische Entwicklung des DZA exemplarisch auf die Bedeutung der systemimmanenten Faktoren Entdifferenzierung, Demodernisierung und Systemübersteuerung, die die DDR zunächst blockierten und in ihrer Potenzierung schließlich zum Zusammenbruch führten. Dem Differenzierungstrend moderner Industriegesellschaften standen im Archivwesen entdifferenzierende Maßnahmen und Prozesse gegenüber. Selbstregulative Mechanismen wie Demokratie, Öffentlichkeit oder auch Recht, wie sie im bundesdeutschen Archivwesen seit der zweiten Hälfte der 1960er Jahre mehr und mehr zu greifen begannen, entfalteten im Archivwesen der DDR keine Wirkmacht. Gesteigerter Zentralismus, Überorganisation und vor allem überspannte Kontrolle ebneten den Weg zu Ineffizienz, Paralyse und Modernisierungsstau in DDR-Archiven. Dies stand nicht im Gegensatz zu archivarischen Einzelleistungen, wie sie beispielsweise durch Fachkräfte und Mitarbeiter im DZA/ZStA erbracht wurden. Das fachlich hohe Niveau vieler Expertinnen und Experten wurde demnach auch nach dem Ende der DDR anerkannt – und bildete sich nicht zuletzt in der beruflichen Kontinuität vieler ostdeutscher Archivare nach 1989/90 ab. Doch moderne Gesellschaften beziehen ihre Modernisierungsimpulse gerade in Expertenkulturen aus dem freien Spiel der individuellen und bereichsspezifischen Kräfte – und diese entfalteten sich bis 1989 stärker im Westen.

Dank

Die vorliegende Untersuchung wurde thematisch angeregt und finanziell großzügig gefördert vom Bundesarchiv und entstand als Kooperationsprojekt zwischen dem Bundesarchiv und dem Leibniz-Zentrum für Zeithistorische Forschung Potsdam (ZZF). Mein Dank gilt daher dem Präsidenten des Bundesarchivs, Prof. Dr. Michael Hollmann, dem ehemaligen Direktor des Leibniz-Zentrums für Zeithistorische Forschung Potsdam, Prof. Dr. Martin Sabrow, sowie Prof. Dr. Thomas Schaarschmidt (ZZF) für ihre fachliche und organisatorische Unterstützung und Begleitung des Projektes.

Ebenso danke ich allen zuständigen Mitarbeiterinnen und Mitarbeitern der angefragten Archive für ihr Mitwirken an den Recherchen, insbesondere Karola Wagner und Michael Weins vom Bundesarchiv an den Standorten Berlin und Koblenz sowie Rainer Eiselt vom Bundesarchiv/Stasi-Unterlagen-Archiv. Wichtige Hinweise verdanke ich zudem Dr. Dietmar Schenk, Leiter des Archivs der Universität der Künste Berlin, und Dr. Karsten Uhde, Archivdirektor und Studienleiter der Archivschule Marburg, sowie Michael Müller, ehemaliger Mitarbeiter des Zentralen Staatsarchivs der DDR und des Bundesarchivs.

Eine notwendige forschungsdienliche Umgebung und den Austausch boten das ZZF Potsdam und der Lehrstuhl für Neueste und Zeitgeschichte an der Humboldt-Universität– neben den bereits genannten Personen fühle ich mich in diesem Zusammenhang besonders Prof. Dr. Marcus M. Payk und Privatdozentin Dr. Sabine Moller sowie Dr. Matthias Berg, Dr. Jens Thiel, Dr. Tilmann Siebeneichner und vor allem Dr. Franziska Kuschel verbunden. Für das sorgfältige Lektorat und die Fertigstellung der Druckfassung geht mein Dank an Jens Brinkmann (ZZF) und Hajo Gevers vom Wallstein Verlag.

Schließlich möchte ich mich ausdrücklich beim Leibniz-Zentrum für Zeithistorische Forschung für die Übernahme sämtlicher Kosten für die Drucklegung des Buches bedanken.

Abkürzungsverzeichnis

AA	Auswärtiges Amt
ABBAW	Archiv der Berlin-Brandenburgischen Akademie der Wissenschaften
AdW	Akademie der Wissenschaften der DDR
AHA	American Historical Association
ASV	Archivsammlung der Vertriebenen
BArch	Bundesarchiv
BArch, MfS	Bundesarchiv/Stasi-Unterlagen-Archiv
BLHA	Brandenburgisches Landeshauptarchiv
BMG	Bundesministerium für gesamtdeutsche Fragen
BMI	Bundesministerium des Innern
BMVt	Bundesministerium für Vertriebene, Flüchtlinge und Kriegsgeschädigte
BND	Bundesnachrichtendienst
BPO	Betriebsparteiorganisation (der SED)
CIA bzw. ICA	Conseil International des Archives bzw. International Council on Archives
DAB	Diözesanarchiv Berlin
DDR	Deutsche Demokratische Republik
DHI	Deutsches Historisches Institut
DNVP	Deutschnationale Volkspartei
DSF	Gesellschaft für Deutsch-Sowjetische Freundschaft
DZA	Deutsches Zentralarchiv
ERR	Einsatzstab Reichsleiter Rosenberg
FDJ	Freie Deutsche Jugend
FfA	Fachschule für Archivwesen in Potsdam
Gestapo	Geheime Staatspolizei
GHO	Geheimhaltungsordnung
GI	Geheimer Informator
GStA	Geheimes Staatsarchiv
HK	Historische Kommission
HU Berlin	Humboldt-Universität zu Berlin
HU UA	Universitätsarchiv der Humboldt-Universität zu Berlin
IfA	Institut für Archivwissenschaft und geschichtswissenschaftliche Fortbildung am Geheimen Staatsarchiv in Berlin-Dahlem
IfA	Institut für Archivwissenschaft in Potsdam, dann an der Humboldt-Universität zu Berlin
IfZ	Institut für Zeitgeschichte
IM	Inoffizieller Mitarbeiter
IML	Institut für Marxismus-Leninismus beim ZK der SED

IMS	Inoffizieller Mitarbeiter Sicherheit
IREX	International Research and Exchange Board
KgU	Kampfgruppe gegen Unmenschlichkeit
KPdSU	Kommunistische Partei der Sowjetunion
lfm.	Laufende Meter (Akten)
LDPD	Liberal-Demokratische Partei Deutschlands
MdI	Ministerium des Innern
MfAA	Ministerium für Auswärtige Angelegenheiten
MfS	Ministerium für Staatssicherheit der DDR
MWD	Ministerium für innere Angelegenheiten der UdSSR
NDPD	National-Demokratische Partei Deutschlands
NKFD	Nationalkomitee Freies Deutschland
NKWD	Volkskommissariat für innere Angelegenheiten der UdSSR
NLA OS	Niedersächsisches Landesarchiv, Abteilung Osnabrück
NS	Nationalsozialismus
NSDAP	Nationalsozialistische Deutsche Arbeiterpartei
NSV	Nationalsozialistische Volkswohlfahrt
NVA	Nationale Volksarmee
Pg.	Parteigenosse (Mitglied der NSDAP)
PUSTE	Publikationsstelle
RDB	Reichsbund der Deutschen Beamten
RKB	Reichskolonialbund
RKU	Reichskommissariat Ukraine
RLB	Reichslehrerbund
RMI	Reichsministerium des Innern
SA	Sturmabteilung
SBZ	Sowjetische Besatzungszone
SD	Sicherheitsdienst des Reichsführers SS
SED	Sozialistische Einheitspartei Deutschlands
SMAD	Sowjetische Militäradministration in Deutschland
SS	Schutzstaffel
StA	Staatsarchiv
Stasi	s. MfS
StAV	Staatliche Archivverwaltung der DDR
UdSSR	Union der Sozialistischen Sowjetrepubliken (Sowjetunion)
VHD	Verband der Historiker und Historikerinnen Deutschlands
ZNS	Zentralnachweisstelle (im Bundesarchiv)
ZPA	Zentrales Parteiarchiv der SED
ZStA	Zentrales Staatsarchiv der DDR
ZStL	Zentrale Stelle der Landesjustizverwaltungen zur Aufklärung nationalsozialistischer Verbrechen
ZZF	Leibniz-Zentrum für Zeithistorische Forschung

Auswahlbibliografie (ab 1945)

Aly, Götz/Susanne Heim: Das Zentrale Staatsarchiv in Moskau (»Sonderarchiv«). Rekonstruktion und Bestandsverzeichnis verschollen geglaubten Schriftguts aus der NS-Zeit, Düsseldorf 1992.

Amos, Heike: Die Westpolitik der SED 1948/49-1961. »Arbeit nach Westdeutschland« durch die Nationale Front, das Ministerium für Auswärtige Angelegenheiten und das Ministerium für Staatssicherheit, Berlin 1999.

Andretta, Gabriele/Martin Baethge: Zwischen zwei Welten. Berufliche Transformationsbiographien in den neuen Bundesländern, in: L. Clausen (Hg.), Gesellschaften im Umbruch. Verhandlungen des 27. Kongresses der Deutschen Gesellschaft für Soziologie in Halle an der Saale 1995, Frankfurt a. M. 1996, S. 706-721.

Archivalienaustausch zwischen der Deutschen Demokratischen Republik und der Volksrepublik Polen, in: Archivmitteilungen 11 (1961) 3, S. 99-100.

Archive und Herrschaft. Referate des 72. Deutschen Archivtages 2001 in Cottbus (= Der Archivar, Beiband 7), Siegburg 2002.

Archivwesen der Deutschen Demokratischen Republik. Theorie und Praxis, herausgegeben von einem Autorenkollektiv unter Leitung von Botho Brachmann, Berlin 1986.

Ash, Mitchell G.: Verordnete Umbrüche – Konstruierte Kontinuitäten. Zur Entnazifizierung von Wissenschaftlern und Wissenschaften nach 1945, in: Zeitschrift für Geschichtswissenschaft 43 (1995) 10, S. 903-923.

–: Wissenschaft und Politik als Ressourcen für einander, in: Rüdiger vom Bruch/Brigitte Kaderas (Hg.), Wissenschaften und Wissenschaftspolitik. Bestandsaufnahmen zu Formationen, Brüchen und Kontinuitäten im Deutschland des 20. Jahrhunderts, Wiesbaden 2002, S. 32-51.

Auer, Leopold: Das Archivprogramm der Unesco, in: Scrinium 21 (1979), S. 26-33.

–: Struktur und Aufgaben des internationalen Archivrats, in: Scrinium 40 (1989), S. 433-441.

–: Zum Wandel der Archive im Wandel der Gesellschaft, in: Tehnicni in vsebinski problemi klasicnega in elektronskega arhiviranja. 7. zbornik referatov dopolninega izobra, Maribor 2008, S. 7-12.

Baethge, Martin u. a. (Hg.): Die berufliche Transformation in den neuen Bundesländern. Ein Forschungsbericht, Münster/New York 1996.

Barkhausen, Hans: Zur Geschichte des ehemaligen Reichsfilmarchivs. Gründung – Aufbau – Arbeitsweise, in: Der Archivar 13 (1960), Sp. 1-14.

Baumann, Imanuel/Herbert Reinke/Andrej Stephan/Patrick Wagner: Schatten der Vergangenheit. Das BKA und seine Gründungsgeneration in der frühen Bundesrepublik, Köln 2011.

Beck, Friedrich: Staatsarchiv Potsdam 1949-1974, in: Archivmitteilungen 24 (1974) 5, S. 180-184.

–: 30 Jahre staatliches Archivwesen der DDR, in: Archivmitteilungen 29 (1979) 5, S. 171-177.

–: 40 Jahre Staatsarchiv Potsdam. Entwicklung – Ergebnisse – Perspektiven, in: Archivmitteilungen 39 (1989) 4, S. 115-118.

– /Eckart Henning: Die archivalischen Quellen. Eine Einführung in ihre Benutzung, 4. durchges. Aufl., Weimar 1994.

– u. a. (Hg.): Archivistica docet. Beiträge zur Archivwissenschaft und ihres interdisziplinären Umfelds, Potsdam 1999.
– u. a. (Hg.): Archive und Gedächtnis. Festschrift für Botho Brachmann, Potsdam 2005.
– (Hg.): Gerhard Schmid. Archivar von Profession. Wortmeldungen aus fünfzig Berufsjahren, Potsdam 2008.
Beck, Friedrich/Klaus Neitmann (Hg.): Lebensbilder brandenburgischer Archivare und Historiker. Landes-, Kommunal- und Kirchenarchivare, Landes-, Regional- und Kirchenhistoriker, Archäologen, historische Geografen, Landes- und Volkskundler des 19. und 20. Jahrhunderts, Berlin 2013.
Becker, Irmgard Christa/Volker Hirsch/Annegret Wenz-Haubfleisch (Hg.): Neue Strukturen – bewährte Methoden? Was bleibt vom Archivwesen der DDR. Beiträge zum 15. Archivwissenschaftlichen Kolloquium der Archivschule Marburg, Marburg 2011.
Becker, Peter: Überlegungen zu einer Kulturgeschichte der Verwaltung, in: Jahrbuch für europäische Verwaltungsgeschichte 15 (2003), S. 311-336.
Beer, Mathias: Im Spannungsfeld von Politik und Zeitgeschichte. Das Großforschungsprojekt »Dokumentation der Vertreibung der Deutschen aus Ost-Mitteleuropa«, in: Vierteljahrshefte für Zeitgeschichte 46 (1998) 3, S. 345-389.
–: Die Dokumentation der Vertreibung der Deutschen aus Ost-Mitteleuropa. Hintergründe – Entstehung – Ergebnis – Wirkung, in: Geschichte in Wissenschaft und Unterricht 50 (1999), S. 99-117.
–: Die Ostdokumentation. Zur Genesis und Methodik der größten Sammlung biographischer Zeugnisse in der Bundesrepublik. In: Heinke Kalinke (Hg.): Brief, Erzählung, Tagebuch. Autobiographische Dokumente als Quellen zur Kultur und Geschichte der Deutschen in und aus dem östlichen Europa, Freiburg 2000, S. 23-50.
–: Die Dokumentation der Vertreibung der Deutschen aus Ost-Mitteleuropa (1953-1962). Ein Seismograph bundesdeutscher Erinnerungskultur, in: Jörg-Dieter Gauger/Manfred Kittel (Hg.), Die Vertreibung der Deutschen aus dem Osten in der Erinnerungskultur. Eine Veröffentlichung der Konrad-Adenauer-Stiftung e. V. und des Instituts für Zeitgeschichte, Sankt Augustin 2004, S. 17-35
Benninghoven, Friedrich: Verbleib, Vernichtung und Ersatz Reichs- und preußischer Behördenüberlieferungen, in: Geschichtsquellen zur Reichs- und preußischen Politik 1871-1945 in Archiven der Bundesrepublik Deutschland, in: Der Archivar 31 (1978), Sp. 35-38.
Benz, Wolfgang: Versuche zur Reform des öffentlichen Dienstes in Deutschland 1945-1952. Deutsche Opposition gegen alliierte Initiativen, in: Vierteljahrshefte für Zeitgeschichte 29 (1981) 2, S. 216-245.
Berg, Matthias/Jens Thiel/Peter Th. Walther (Hg.): Mit Feder und Schwert. Militär und Wissenschaft – Wissenschaftler und Krieg, Stuttgart 2009.
–: »Die 760 Kisten gehen übermorgen nach Frankfurt«. Von der paradigmatischen zur physischen Aneignung von Archivalien durch die nationalsozialistische »Judenforschung«, in: Berg/Thiel/Walther (Hg.): Mit Feder und Schwert. Militär und Wissenschaft – Wissenschaftler und Krieg, Stuttgart 2009, S. 241-257.
– /Olaf Blaschke/Martin Sabrow/Jens Thiel: Die versammelte Zunft. Historikerverband und Historikertage in Deutschland 1893-2000, 2 Bde., Göttingen 2018.
Bergsträsser, Ludwig: Mein Weg, München 1953.
Biddiscombe, Alexander Perry: The Denazification of Germany. A History 1945-1950, Stroud 2007.

Bienert, Michael: Zwischen Opposition und Blockpolitik. Die »bürgerlichen« Parteien und die SED in den Landtagen von Brandenburg und Thüringen (1946-1952), Düsseldorf 2016.

Bienert, Michael/Hermann Wentker (Hg.), Land zwischen den Zeiten: Brandenburg in der SBZ und frühen DDR (1945-1952), Berlin 2022.

Biernat, Andrzej: The Destruction and Reconstruction of Archives. The Case of Poland, in: International Council on Archives 42 (1996), S. 147-155.

Blaschke, Karlheinz: Die Stellung des Archivwesens im Herrschaftssystem der DDR, in: Referate der 12. Jahrestagung »Bibliotheken, Bücher und andere Medien in der Zeit des Kalten Krieges«, 6.-8. Mai 2002, Wolfenbüttel 2005, S. 197-212.

Blaschke, Olaf/Jens Thiel: Konsolidierung und Politisierung (1949/50-1958), in: Matthias Berg/Olaf Blaschke/Martin Sabrow/Jens Thiel, Die versammelte Zunft. Historikerverband und Historikertage in Deutschland 1893-2000, Bd. 2, Göttingen 2018, S. 331-415.

Blum, Ralf: Wie die Stasi ins Archiv kam – der Einfluss des MfS auf das Deutsche Zentralarchiv zu Beginn der 1960er Jahre, in: Heiner Timmermann (Hg.), Historische Erinnerung im Wandel. Neuere Forschungen zur deutschen Zeitgeschichte unter besonderer Berücksichtigung der DDR-Forschung, Berlin 2007, S. 281-302.

Boberach, Heinz: Das Schriftgut der staatlichen Verwaltung, der Wehrmacht und der NSDAP aus der Zeit von 1933-1945. Versuch einer Bilanz, in: Der Archivar 22 (1969) 2, S. 137-152.

–: Die Benutzungsordnung für das Bundesarchiv, in: Der Archivar 23 (1970) 1, S. 63-69.

– /Hans Booms (Hg.): Aus der Arbeit des Bundesarchivs. Beiträge zum Archivwesen, zur Quellenkunde und Zeitgeschichte, Boppard a. R. 1977.

–: Die schriftliche Überlieferung der Behörden des Deutschen Reiches 1871-1945. Sicherung, Rückführung, Ersatzdokumentation, in: Ebd., S. 50-61.

–: Angehörige des Reichsarchivs als Opfer der Verfolgung durch das NS-Regime. Mitteilungen aus dem Bundesarchiv 2 (1997), S. 17-19.

–: Die Beteiligung des Bundesarchivs an der Verfolgung und Wiedergutmachung nationalsozialistischen Unrechts in den sechziger Jahren, in: Klaus Oldenhage/Hermann Schreyer/Wolfram Werner (Hg.), Archiv und Geschichte. Festschrift für Friedrich P. Kahlenberg, Düsseldorf 2000, S. 264-274.

–: Archivar zwischen Akten und Aktualität, Norderstedt 2004.

Bösch, Frank (Hg.): Geteilte Geschichte. Ost- und Westdeutschland 1970-2000, Göttingen 2015.

– /Andreas Wirsching (Hg.): Abschlussbericht zur Vorstudie zum Thema »Die Nachkriegsgeschichte des Bundesministeriums des Innern (BMI) und des Ministeriums des Innern der DDR (MdI) hinsichtlich möglicher personeller und sachlicher Kontinuitäten zur Zeit des Nationalsozialismus«, München/Potsdam 2015, in: https://www.bmi.bund.de/SharedDocs/downloads/DE/veroeffentlichungen/2015/abschlussbericht-vorstudie-aufarbeitung-bmi-nachkriegsgeschichte.html (letzter Zugriff am 15.01.2022).

– /Andreas Wirsching (Hg.): Hüter der Ordnung. Die Innenministerien in Bonn und Ost-Berlin nach dem Nationalsozialismus, Göttingen 2018.

Booms, Hans: Grenzen und Gliederungen zeitgeschichtlicher Dokumentationen in staatlichen Archiven. Ausführungen nach dem Referat des 42. Deutschen Archivtages, in: Der Archivar 19 (1966), Sp. 31-46.

–: Gesellschaftsordnung und Überlieferungsbildung. Zur Problematik archivarischer Quellenbewertung, in: Archivalische Zeitschrift 68 (1972), S. 3-40.

–: Das Bundesarchiv. Ein Zentralarchiv 25 Jahre nach der Gründung, in: Heinz Boberach/Hans Booms (Hg.): Aus der Arbeit des Bundesarchivs. Beiträge zum Archivwesen, zur Quellenkunde und Zeitgeschichte, Boppard a. R. 1977, S. 11-49.

–: Georg Winters Weg zum Gründungsdirektor des Bundesarchivs. Hoffnungen und Enttäuschungen des früheren preußischen Staatsarchivdirektors, in: Klaus Oldenhage/Hermann Schreyer/Wolfram Werner (Hg.), Archiv und Geschichte. Festschrift für Friedrich P. Kahlenberg, Düsseldorf 2000, S. 240-263.

Borodziej, Włodzimierz: »Ostforschung« aus der Sicht der polnischen Geschichtsschreibung, in: Zeitschrift für Ostmitteleuropa-Forschung 46 (1997), S. 405-426.

Brachmann, Botho: Zur Entwicklung des sozialistischen Archivwesens der DDR, in: Archivmitteilungen 10 (1960) 1, S. 1-11.

–: Die Pflicht zur nationalen Verantwortung. Notwendige Gedanken zur Schriftenreihe des Bundesarchivs Koblenz, in: Archivmitteilungen 16 (1966) 5, S. 169-173.

– /Helmut Lötzke: Die Ausbildung wissenschaftlicher Archivare für das sozialistische Archivwesen der DDR, in: Archivmitteilungen 17 (1967) 5, S. 182-189.

–: Die Ausbildung wissenschaftlicher Archivare in Potsdam und Berlin 1950-1995/1996, in: Walter Heinemeyer (Hg.), Archiv für Diplomatik, Schriftgeschichte und Wappenkunde 39 (1993), S. 387-492.

–: Die Archivwissenschaft in der DDR – Überlegungen zur Geschichte der Disziplin, in: Diether Degreif (Red.), 50 Jahre Verein deutscher Archivare. Bilanz und Perspektiven des Archivwesens in Deutschland, Referate des 67. Deutschen Archivtags 1996 in Darmstadt, Siegburg 1998, S. 149-161.

–: Archivwissenschaft. Theorieangebote und Möglichkeiten, in: Friedrich Beck/Wolfgang Hempel/Eckart Henning (Hg.), Archivistica docet. Beiträge zur Archivwissenschaft und ihres interdisziplinären Umfelds, Potsdam 1999, 21-71.

– /Klaus Klauß: »De me ipso!« Heinrich Otto Meisner und die Ausbildung archivarischen Nachwuchses in Potsdam und Berlin, in: Ebd., S. 601-636.

Brachmann-Teubner, Elisabeth/Hans-Stephan Brather/Johanna Weiser: 25 Jahre Deutsches Zentralarchiv. Erfahrungen und Probleme, in: Archivmitteilungen 21 (1971) 3, S. 104-108.

– /Helmut Lötzke/Kurt Metschies/Johanna Weiser: Zentrales Staatsarchiv 1949-1974, in: Archivmitteilungen 24 (1974) 5, S. 169-174.

– /Wolfgang Merker: 40 Jahre Zentrales Staatsarchiv – Archivarbeit im Dienste des Friedens und des Sozialismus, in: Archivmitteilungen 36 (1986) 2, S. 44-52.

–: Sources for the History of the Jews from the Eighteenth Century to the Twentieth Century in the Archives of the former DDR, in: Leo Baeck Institute, Year Bock XXXVIII (1993), S. 391-408.

Brackmann, Albert: Gesammelte Aufsätze, Köln/Graz 1967.

Bradley, Harriet: The Seductions of the Archive. Voices Lost and Found, in: History of the Human Sciences 12:2 (1999), S. 107-122.

Brandt, Ahasver von: Schicksalsfragen deutscher Archive, in: Der Archivar 1 (1948) 3, S. 133-140.

Brather, Hans-Stephan: Aktenvernichtung durch deutsche Dienststellen beim Zusammenbruch des Faschismus, in: Archivmitteilungen 8 (1958) 4, S. 115-117.

–: Registraturgut-Archivgut-Sammlungen. Beiträge zu einer Diskussion, in: Archivmitteilungen 12 (1962) 5, S. 158-167.

– /Gerhart Enders: Über die archivalischen Quellen zur Geschichte der Novemberrevolution im Deutschen Zentralarchiv Potsdam, in: Archivmitteilungen 18 (1968) 4, S. 142-147.

Brechtken, Magnus: Mehr als Historikergeplänkel. Die Debatte um »Das Amt und die Vergangenheit«, in: Vierteljahrshefte für Zeitgeschichte 63 (2015) 1, S. 59-91.

Brenneke, Adolf: Archivkunde. Ein Beitrag zur Theorie und Geschichte des europäischen Archivwesens. Bearbeitet nach Vorlesungsmitschriften und Nachlaßpapieren durch Wolfgang Leesch, Leipzig 1953.

Brenner-Wilczek, Sabine/Gertrude Cepl-Kaufmann/Max Plassmann: Archivarbeit. Einführung in die moderne Archivarbeit, Darmstadt 2006.

Brentjes, Burchard (Hg.): Wissenschaft unter dem NS-Regime, Berlin u. a. 1992.

Brilling, Bernhard: Judenakten in deutschen Archiven. Ergebnisse einer wissenschaftlichen Archivreise 1955/56, in: Der Archivar 11 (1958), Sp. 199-204.

–: Archivgut und Dokumentation der Judenverfolgung unter besonderer Berücksichtigung von Nordrhein-Westfalen, in: Der Archivar 22 (1969), Sp. 157-168.

Brown, Richard Harvey/Beth Davis-Brown: The Making of Memory: The Politics of Archives, Libraries and Museums in the Construction of National Consciousness, in: History of the Human Sciences 11 (1998) 4, S. 17-32.

Bruchmann, Karl G.: Das Bundesarchiv in Koblenz. Entstehung, Organisation, Aufgaben, in: GWU 15 (1964), S. 83-98.

Brübach, Nils: Johannes Papritz (1898-1992) und die Entwicklung der Archivwissenschaft nach 1945, in: Der Archivar 51 (1998) 4, S. 573-588.

Brühl, Reinhard: Entstehung und Konsolidierung des Reichsarchivs 1919-1923. Ein Beitrag zum Thema Generalstab und Militärgeschichtsschreibung, in: Zeitschrift für Militärgeschichte 7 (1968), S. 423-438.

–: Militärgeschichte und Kriegspolitik. Zur Militärgeschichtsschreibung des preußisch-deutschen Generalstabes 1816-1945, Berlin (Ost) 1973.

–: Neubeginn der Militärgeschichtsschreibung in der DDR, in: Militärgeschichtliche Zeitschrift 52 (1993) 2, S. 303-322.

Burleigh, Michael: Albert Brackmann (1871-1952) Ostforscher. The Years of Retirement, in: Journal of Contemporary History 23 (1988), S. 573-588.

–: Germany Turns Eastwards. A Study of Ostforschung in the Third Reich, Cambridge u. a. 1988.

Büschel, Hubertus: Die volkseigenen Akten. Materielle und diskursive »Spuren« staatlicher Archive der DDR, in: Österreichische Zeitschrift für Geschichtswissenschaften 18 (2007) 2, S. 35-56.

Büttner, Edgar: Personenbezogene Unterlagen militärischer Provenienz im Bundesarchiv, in: Der Archivar 59 (2006) 2, S. 143-146.

Büttner, Edgar: Quellen im Überlieferungszusammenhang. Über Editionen als Aufgabe des Bundesarchivs, in: Archivalische Zeitschrift 92 (2011) 1, S. 9-26.

Camphausen, Gabriele: Die wissenschaftliche historische Rußlandforschung im Dritten Reich (1933-1945), Frankfurt a. M. 1990.

Conze, Eckart/Norbert Frei/Peter Hayes/Moshe Zimmermann (Hg.): Das Amt und die Vergangenheit. Deutsche Diplomaten im Dritten Reich und in der Bundesrepublik, München 2010.

Cordshagen, Hugo: Die Aktenvernichtungen beim Mecklenburgischen Staatsministerium, Abt. Inneres, und seinen nachgeordneten Behörden im März und April 1945, in: Archivmitteilungen 6 (1956) 4, S. 127-130.

Croon, Helmuth: Aktenerhaltung und Archivgutpflege im Reichsarbeitsdienst, in: Der Archivar 3 (1950), Sp. 153-177.

Dahm, Helmut: Methodologie der Archivgeschichte, in: Der Archivar 22 (1969), Sp. 24-29.

Demeter, Karl: Das Reichsarchiv. Tatsachen und Personen, Frankfurt a. M. 1969.

–: Das Bundesarchiv, Abteilung Frankfurt a. M. Entstehung, Aufgabe, Tätigkeit, in: Archivalische Zeitung 49 (1954), S. 111-125.

Derrida, Jacques: Dem Archiv verschrieben. Eine Freudsche Impression, Berlin 1997.

Deutsches Zentralarchiv 1946-1971, Autorenkollektiv unter Leitung von Helmut Lötzke, Potsdam 1971.

Diestelkamp, Adolf: Die künftige Behandlung der Personalakten und der bei den Gerichten erwachsenen Akten personengeschichtlichen und erbbiologischen Inhalts, in: Der Archivar 1 (1947/48) 2, S. 79-91.

–: Die Lage der deutschen Ostarchive, in: Der Archivar 3 (1950), Sp. 78-94.

Dohms, Peter/Hermann Rumschöttel: Rekonstruktion von Schriftgut der NSDAP und ihrer Gliederungen aus Empfängerüberlieferung, in: Der Archivar 32 (1979) 1, S. 36-39.

Dietz, Burkhard/Helmut Gabel/Ulrich Tiedau (Hg.): Griff nach dem Westen. Die »Westforschung« der völkisch-nationalen Wissenschaften zum nordwesteuropäischen Raum (1919-1960), Münster u. a. 2003.

Ebeling, Knut/Stephan Günzel (Hg.): Archivologie. Theorien des Archivs in Philosophie, Medien und Künsten, Berlin 2009.

Eckert, Astrid M.: Kampf um die Akten. Die Westalliierten und die Rückgabe von deutschem Archivgut nach dem Zweiten Weltkrieg, Wiesbaden 2004.

–: Zur Einführung: Archive und Archivare im Nationalsozialismus, in: Kretzschmar u. a. (Red.), Das deutsche Archivwesen und der Nationalsozialismus. 75. Deutscher Archivtag in Stuttgart, Essen 2007, S. 11-19.

–: »Im Fegefeuer der Entbräunung«. Deutsche Archivare auf dem Weg in den Nachkrieg, in: Robert Kretzschmar u. a. (Red.), Das deutsche Archivwesen und der Nationalsozialismus. 75. Deutscher Archivtag in Stuttgart, Essen 2007, S. 426-448.

Eichwede, Wolfgang/Ulrike Hartung (Hg.), »Betr.: Sicherstellung«. NS-Kunstraub in der Sowjetunion, Bremen 1998.

Ellwein, Thomas: Der Staat als Zufall und Notwendigkeit. Die jüngere Verwaltungsentwicklung in Deutschland am Beispiel Ostwestfalen-Lippe, Bd. 2: Die öffentliche Verwaltung im gesellschaftlichen und politischen Wandel 1919-1990, Opladen 1997.

Enders, Gerhart: Die ehemaligen deutschen Militärarchive und das Schicksal der deutschen Militärakten nach 1945, in: Militärgeschichte 8 (1969), S. 599-608.

Epstein, Fritz T. (Red.): Guide to Captured German Documents, New York 1952.

Espagne, Michel/Katharina Middell/Matthias Middell (Hg.): Archiv und Gedächtnis. Studien zur interkulturellen Überlieferung. Deutsch-Französische Kulturbibliothek 13, Leipzig 2000.

Ernst, Wolfgang: Das Schweigen des Archivs erzeugt Ungeheuer (When Memory Comes), in: WerkstattGeschichte 5 (1993), 39-49.

–: Archival Action. The Archive as ROM and its Political Instrumentalization under National Socialism, in: History of the Human Sciences 12 (1999), S. 13-34.

–: Radikale Wissensarchäologie oder: Kultur als Funktion ihrer Speicher, in: Hans-Christian von Herrmann/Matthias Middel (Hg.), Orte der Kulturwissenschaft. Fünf Vorträge, Leipzig 1998, S. 55-80.

–: Im Namen von Geschichte: Sammeln – Speichern – Er/Zählen. Infrastrukturelle Konfigurationen des deutschen Gedächtnisses, München 2003.

Esch, Arnold: Überlieferungs-Chance und Überlieferungs-Zufall als methodisches Problem des Historikers, in: Historische Zeitung 240 (1985) 3, S. 529-570.

Eschenburg, Theodor: Der bürokratische Rückhalt, in: Richard Löwenthal/Hans-Peter Schwarz (Hg.), Die Zweite Republik. 25 Jahre Bundesrepublik Deutschland – eine Bilanz, Stuttgart 1974, S. 64-94.

Escher, Felix: Der Potsdamer Reichsarchivrat Karl Heinrich Schäfer (1871-1945) und sein Wirken für die brandenburgische Landesgeschichte, in: Jahrbuch für brandenburgische Landesgeschichte 44 (1993), S. 211-220.

–: Bekenner in der Diktatur. Zum Leben, Wirken und Sterben von Karl Heinrich Schäfer, in: Wichmann-Jahrbuch N. F. 3 = 34/35 (1995), S. 235-245.

Exner, Gerhard: Die Archive im Dienste der entwickelten sozialistischen Gesellschaft in der Deutschen Demokratischen Republik, in: Archivmitteilungen 19 (1969) 4, S. 122-133.

Facius, Friedrich/Hans Booms/Heinz Boberach: Das Bundesarchiv und seine Bestände, Boppard a. R. 1961.

Fahlbusch, Michael: Wissenschaft im Dienst der nationalsozialistischen Politik? Die »Volksdeutschen Forschungsgemeinschaften« von 1931-1945, Baden-Baden 1999.

Fiedler, Wilfried (Hg.): Internationaler Kulturgüterschutz und deutsche Frage. Völkerrechtliche Probleme der Auslagerung, Zerstreuung und Rückführung deutscher Kulturgüter nach dem Zweiten Weltkrieg, Berlin 1991.

–: Kulturgüter als Kriegsbeute? Rechtliche Probleme der Rückführung deutscher Kulturgüter aus Russland, Heidelberg 1995.

Fitschen, Thomas: Das rechtliche Schicksal von staatlichen Akten und Archiven bei einem Wechsel der Herrschaft über Staatsgebiet, Baden-Baden 2004.

Fischer-Baling, Eugen: Der Untersuchungsausschuss für die Schuldfragen des Ersten Weltkrieges, in: Alfred Herrmann (Hg.), Aus Geschichte und Politik. Festschrift zum 70. Geburtstag von Ludwig Bergsträsser, Düsseldorf 1954, S. 117-137.

Flachowsky, Sören/Rüdiger Hachtmann/Florian Schmaltz (Hg.): Ressourcenmobilisierung. Wissenschaftspolitik und Forschungspraxis im NS-Herrschaftssystem, Göttingen 2017.

Forstreuter, Kurt: Das Preußische Staatsarchiv in Königsberg. Ein geschichtlicher Rückblick mit einer Übersicht über seine Bestände, Göttingen 1955.

Forum. Das Fachmagazin des Bundesarchivs 2019: »100 Jahre Reichsarchiv«, Koblenz 2019.

Forwick, Helmuth: Militärarchiv und Bundeswehr. In: Heinz Boberach/Hans Booms (Hgg.): Aus der Arbeit des Bundesarchivs. Beiträge zum Archivwesen zur Quellenkunde und Zeitgeschichte, Boppard a. R. 1977, S. 125-132.

Foucault, Michel: Archäologie des Wissens, Frankfurt a. M. 1981.

Franz, Eckhart G./Thomas Lux: Einführung in die Archivkunde, 9. vollst. überarb. und erw. Auflage, Darmstadt 2013.

Franz, Rudolf/Reiner Groß: Wissenschaftliche Beziehungen zwischen sowjetischen und deutschen Archivaren in den Jahren 1917-1933, in: Archivmitteilungen 16 (1966) 3, S. 81-90.

Frantz, Günther: Zwischen Tradition und Innovation. Die Arbeit des Archivars heute … und morgen. Vortrag zur Eröffnung des 57. Deutschen Archivtages, in: Der Archivar 39 (1986), S. 19-26.

Frei, Norbert: Vergangenheitspolitik. Die Anfänge der Bundesrepublik und die NS-Vergangenheit, München 1996.

Freitag, Gabriele/Andreas Grenzer: Der deutsche Umgang mit sowjetischem Kulturgut während des Zweiten Weltkrieges. Ein Aspekt nationalsozialistischer Besatzungspolitik, in: Jahrbücher für Geschichte Osteuropas 45 (1997) 2, S. 237-272.

Gahde, Robert: Im Dienst der nationalsozialistischen Rassenpolitik. Das Lippische Landesarchiv in Detmold 1933-1945, in: Lippische Mitteilungen aus Geschichte- und Landeskunde 75 (2006), S. 37-71.

Gallin, Benjamin/Peter Riedel: Potsdamer Bürger und Katholik – Reichsarchivrat Karl Heinrich Schäfer (1871-1945), in: Bürger machen Politik. 200 Jahre Stadtverordnete in Potsdam, H. 1, Potsdam 2009, S. 33-61.

Garner, Curt: »Zerschlagung des Berufsbeamtentums«? Der deutsche Konflikt um die Neuordnung des öffentlichen Dienstes 1946-1948 am Beispiel Nordrhein-Westfalens, in: in: Vierteljahrshefte für Zeitgeschichte 39 (1991) 1, S. 55-101.

–: Der öffentliche Dienst in den 50er Jahren. Politische Weichenstellungen und ihre sozialgeschichtlichen Folgen, in: Axel Schildt/Arnold Sywottek (Hg.), Modernisierung im Wiederaufbau. Die westdeutsche Gesellschaft der 50er Jahre, Bonn 1953, S. 759-790.

Generaldirektion des Österreichischen Staatsarchivs (Hg.), Österreichs Archive unter dem Hakenkreuz, Innsbruck 2010.

Glaser, Josef/Gisela Mokry: Archivalische Quellen zum Kapp-Putsch 1920 im Zentralen Staatsarchiv in Potsdam, in: Archivmitteilungen 30 (1980) 3, S. 86-90.

Gockel, Michael (Hg.): Rudolf Lehmann, ein bürgerlicher Historiker und Archivar am Rande der DDR. Tagebücher 1945-1964, Berlin 2018.

Gohsmann, Christine: Gut vorbereitet für die (Archiv-)Praxis? Struktur und Inhalte des Studiums zum/zur Diplom-Archivar/in (FH) in Potsdam vor und nach 1990, in: Irmgard Christa Becker/Volker Hirsch/Annegret Wenz-Haubfleisch (Hg.), Neue Strukturen – bewährte Methoden? Was bleibt vom Archivwesen der DDR. Beiträge zum 15. Archivwissenschaftlichen Kolloquium der Archivschule Marburg, Marburg 2011, S. 195-217.

Görtemaker, Manfred/Christoph Safferling (Hg.): Die Rosenburg. Das Bundesministerium der Justiz und die NS-Vergangenheit – eine Bestandsaufnahme, Göttingen 2013.

– /Christoph Safferling: Die Akte Rosenburg. Das Bundesministerium der Justiz und die NS-Zeit, München 2016.

Goguel, Rudi: Über die Mitwirkung deutscher Wissenschaftler am Okkupationsregime in Polen im Zweiten Weltkrieg, Berlin 1964.

–: Die Nord- und Ostdeutsche Forschungsgemeinschaft im Dienste der faschistischen Aggressionspolitik gegen Polen 1933-1945, in: Archivmitteilungen 17 (1967) 3, S. 82-89.

Goldinger, Walter: Archivbenützung vor 100 Jahren, in: Der Archivar 26 (1973), S. 427-429.

Goschler, Constantin/Michael Wala: »Keine neue Gestapo«. Das Bundesamt für Verfassungsschutz und die NS-Vergangenheit, Reinbek bei Hamburg 2015.

Grahn, Gerlinde/Helmut Lötzke/Johanna Weiser: Die Hilfe und Unterstützung der UdSSR für den Schutz und die Sicherung des Staatlichen Archivfonds der DDR, in: Archivmitteilungen 25 (1975) 2, S. 47-52.

Granier, Gerhard: Rückgabe deutscher militärischer Archivalien durch Frankreich, in: Der Archivar 44 (1991) 2, S. 291-294.

Grimsted, Patricia Kennedy: The Odyssey of the Smolensk Archive. Plundered Communist Records, Part I-III, in: 1999, Zeitschrift für Sozialgeschichte des 20. und 21. Jahrhunderts 12 (1997) 4, S. 71-97; 13 (1998) 2, S. 190-201; 14 (1999) 1, S. 134-151.

–: Twice Plundered or »Twice Saved«? Identifying Russia's »Trophy« Archives and the Loot of the Reichssicherheitshauptamt, in: Holocaust and Genocide Studies 15 (2001), S. 191-244.

–: U.S. Restitution of Nazi-Looted Cultural Treasures to the USSR, 1945-1959. Facsimile Documents from the National Archives of the United States, Washington D.C. 2001.

Gringmuth-Dallmer, Hanns: Die Bauten der staatlichen Archive in der DDR, in: Archivmitteilungen 7 (1957) 2, S. 77-79.

Groß, Rainer: Kontakte zwischen sowjetischen und deutschen Archivaren in den Jahren zwischen 1928-1930, in: Beiträge zum 50. Jahrestag der Großen Sozialistischen Oktoberrevolution, Potsdam 1968, S. 198-203.

– /Reinhard Kluge: Zu einigen Fragen von Erbe und Tradition im staatlichen Archivwesen der DDR, dargestellt am Beispiel des Staatsarchivs Dresden, in: Archivmitteilungen 34 (1984) 3, S. 83-87.

–: Hellmut Kretzschmar 1893-1965, in: Heinz Heitzer/Karl-Heinz-Noack/Walter Schmidt (Hg.), Wegbereiter der DDR-Geschichtswissenschaft. Biographien, Berlin (Ost) 1989, S. 125-135.

Grotkopp, Jörg: Beamtentum und Staatsformwechsel. Die Auswirkungen der Staatsformwechsel von 1918, 1933 und 1945 auf das Beamtenrecht und die personelle Zusammensetzung der deutschen Beamtenschaft, Frankfurt a.M. u.a. 1992.

Grünspek/Sigrun Hellmund: 40. Jahrestag des Zentralen Staatsarchivs, in: Archivmitteilungen 36 (1986) 5, S. 165-167.

Grundsätze der Wertermittlung für die Aufbewahrung und Kassation von Schriftgut der sozialistischen Epoche in der DDR, herausgegeben von der Staatlichen Archivverwaltung im Ministerium des Innern der DDR, Potsdam 1965.

Grüttner, Michael: Ostforschung und Geschichtswissenschaft im Dritten Reich, in: Archiv für Sozialgeschichte 43 (2003), S. 510-517.

Gutsul, Nazarii: Der Einsatzstab Reichsleiter Rosenberg und seine Tätigkeit in der Ukraine 1941-1944, Gießen 2013 [https://geb.uni-giessen.de/geb/volltexte/2014/11002/pdf/GutsulNazarii_2013_07_02.pdf (letzter Zugriff am 25.1.2022)].

Haar, Ingo: Historiker im Nationalsozialismus. Deutsche Geschichtswissenschaft und der »Volkstumskampf« im Osten, Göttingen 2000.

–: German Ostforschung and Anti-Semitism, in: Ders./Michael Fahlbusch (Hg.), German Scholars and Ethnic Cleansing, 1919-1945, New York 2005.

– /Michael Fahlbusch (Hg.): Handbuch der völkischen Wissenschaften. Personen – Institutionen – Forschungsprogramme – Stiftungen, München 2008.

Haase, Günther: Kunstraub und Kunstschutz. Eine Dokumentation, Hildesheim 1991.

Hachtmann, Rüdiger: Die Wissenschaftslandschaft zwischen 1930 und 1949. Profilbildung und Ressourcenverschiebung, in: Michael Grüttner/Rüdiger Hachtmann/Konrad H. Jarausch/Jürgen John/Matthias Middell (Hg.), Gebrochene Wissenschaftskulturen. Universität und Politik im 20. Jahrhundert, Göttingen 2010, S. 191-203.

–: Elastisch, dynamisch und von katastrophaler Effizienz. Anmerkungen zur Neuen Staatlichkeit des Nationalsozialismus, in: Sven Reichardt/Wolfgang Seibel (Hg.), Der prekäre Staat. Herrschen und Verwalten im Nationalsozialismus, Frankfurt a.M./New York 2011, S. 29-73.

–: Institutionen in Diktaturen, in: Johannes Hürter/Hermann Wentker (Hg.), Diktaturen. Perspektiven der zeithistorischen Forschung, Berlin/Boston 2019, S. 81-93.

Hackmann, Jörg: »An einem neuen Anfang der Ostforschung«. Bruch und Kontinuität in der ostdeutschen Landeshistorie nach dem Zweiten Weltkrieg, in: Westfälische Forschung 46 (1996), S. 232-258.

Haker, Gisela: Erschließung in staatlichen Archiven der DDR. Regeln, Ergebnisse und Nachhall, in: Irmgard Christa Becker/Volker Hirsch/Annegret Wenz-Haubfleisch (Hg.), Neue Strukturen – bewährte Methoden? Was bleibt vom Archivwesen der DDR. Beiträge zum 15. Archivwissenschaftlichen Kolloquium der Archivschule Marburg, Marburg 2011, S. 317-332.

Harris, Verne: The Archive is Politics. Truths, Powers, Records and Contestation in South Africa, in: Procter/Williams (Hg.), Political Pressure and the Archival Record, Liverpool 2004.

Hartung, Ulrike: Verschleppt und verschollen. Eine Dokumentation deutscher, sowjetischer und amerikanischer Akten zum NS-Kunstraub in der Sowjetunion (1941-1948), Bremen 2000.

– (Hg.): Raubzüge in der Sowjetunion. Das Sonderkommando Künsberg 1941-1943, Bremen 1997.

Hartmann, Josef/Johann Weiser: Zum Gegenstand und zu den Aufgaben der marxistisch-leninistischen Archivwissenschaft nach dem VIII. Parteitag der SED, in: Archivmitteilungen 22 (1972) 5, S. 165-171.

Haslinger, Peter/Joachim von Puttkamer: Staatsmacht, Minderheit, Loyalität – konzeptionelle Grundlagen am Beispiel Ostmittel- und Südosteuropas in der Zwischenkriegszeit, in: Dies. (Hg.), Staat, Loyalität und Minderheiten in Ostmittel- und Südosteuropa 1918-1941, München 2007, S. 1-16.

Hassel, Wolfgang: Die Rolle der preußischen Staatsarchive in der Ostpolitik des deutschen Imperialismus, in: Beiträge des Deutschen Zentralarchivs, Abteilung Merseburg, gehalten auf der Arbeitstagung der Staatlichen Archivverwaltung mit wissenschaftlichen und staatlich geprüften Archivaren. »Die Arbeit der Archivare unter dem Banner der Ideen des nationalen Dokuments« vom 27.-29. Juni 1962, S. 43-52.

–: Rolle und Funktion des Grenzmarkarchivs im Dienste des deutschen Revanchismus und die Fortführung seiner Tradition durch das Geheime Staatsarchiv in Westberlin, in: Archivmitteilungen 21 (1971) 5, S. 214-219.

Hebig, Dieter: Die »Archivmitteilungen« nach der »Wende«. Anmerkungen zur Arbeit unserer Zeitschrift zu Beginn ihres 40. Jahrganges, in: Archivmitteilungen 40 (1990) 1, S. 1-4.

Heesen, Anke te/E. C. Spary (Hg.): Sammeln als Wissen. Das Sammeln und seine wissenschaftsgeschichtliche Bedeutung, Göttingen 2001.

Hegen, J.: Die nationale Aufgabe des deutschen Archivars, in: Archivmitteilungen 3 (1953) 6, S. 41-42.

Heiber, Helmut: Walter Frank und sein Reichsinstitut für die Geschichte des neuen Deutschlands, Stuttgart 1966.

Heinsius, Paul: Das Aktenmaterial der deutschen Kriegsmarine. Seine bisherige Auswertung und sein Verbleib, in: Die Welt als Geschichte 13 (1953), S. 198-202.

Henke, Josef: Das Schicksal deutscher zeitgeschichtlicher Quellen in Kriegs- und Nachkriegszeit. Beschlagnahme – Rückführung – Verbleib, in: Vierteljahrshefte für Zeitgeschichte 30 (1982) 4, S. 557-620.

Henke, Klaus-Dietmar/Hans Woller (Hg.): Politische Säuberung in Europa. Die Abrechnung mit Faschismus und Kollaboration, München 1991.

Henning, Eckart: Im Kampf um Berlin. Aufzeichnungen des Abteilungsleiters beim Preußischen Geheimen Staatsarchiv, Dr. Reinhard Lüdicke über seinen Volkssturm-Einsatz vom 20. April bis 2. Mai 1945, in: Archivmitteilungen 43 (1994) 1, S. 5-14.

–: 50 Jahre Geheimes Staatsarchiv – 100 Jahre seit seiner Vereinigung mit dem Ministerialarchiv, in: Jahrbuch für Brandenburgische Landesgeschichte 25 (1974), S. 154-187.

–: Das Geheime Staatsarchiv in Berlin-Dahlem. Rückblick anläßlich seines Doppeljubiläums 1874-1924-1974, in: Der Archivar 28 (1975), Sp. 143-152.

– /Christel Wegeleben: Archivare beim Geheimen Staatsarchiv in Berlin-Dahlem 1924-1974, in: Jahrbuch für Brandenburgische Landesgeschichte 27 (1976), S. 155-178.

Herbert, Ulrich (Hg.): Wandlungsprozesse in Westdeutschland. Belastung, Integration, Liberalisierung 1945-1980, Göttingen 2002.

Herrebout, Els: Georg Sante und der deutsche Archivschutz in Belgien während des Zweiten Weltkrieges, in: Robert Kretzschmar u. a. (Red.), Das deutsche Archivwesen und der Nationalsozialismus. 75. Deutscher Archivtag 2005 in Stuttgart, Essen 2007, S. 208-215.

Herrmann, Matthias: Kriegswirtschaftsbestände im Reichsarchiv (1919-1945). Die Bewältigung des Massenproblems aus historischer Sicht, in: Archiv und Wirtschaft 24 (1991) 1, S. 18-25.

–: Gedächtnis des Krieges. Zur Geschichte des jetzt wiedervereinigten Reichsarchivs, in: Frankfurter Allgemeine Zeitung vom 31.07.1991.

–: Archiv(gut)schutz im Deutschen Reich in der ersten Hälfte des 20. Jahrhunderts, in: Archivmitteilungen 42 (1993), S. 169-182.

–: Das Reichsarchiv 1919-1945, 2 Bde., Berlin 1994.

–: Das Reichsarchiv – Archiv des Reiches? Anmerkungen zu Wirken und Wirkung des Reichsarchivs (1919-1945), in: Dahlemer Archivgespräche 6 (2000), S. 101-139.

–: Das Reichsarchiv 1933-1945 – Wirken und Wirkungen unter Einflussnahme nationalsozialistischer Politik, in: Jens Murken (Red.), Archive und Herrschaft, Referate des 72. Deutschen Archivtages 2001 in Cottbus, Siegburg 2002, S. 27-51.

Heuss, Anja: Die »Beuteorganisation« des Auswärtigen Amtes. Das Sonderkommando Künsberg und der Kulturraub in der Sowjetunion, in: Vierteljahrshefte für Zeitgeschichte 45 (1997), S. 535-556.

–: Kunst- und Kulturgutraub. Eine vergleichende Studie zur Besatzungspolitik der Nationalsozialisten in Frankreich und der Sowjetunion, Heidelberg 2000.

Heusterberg, Babett: Personenbezogene Unterlagen aus der Zeit des Nationalsozialismus. Das Bundesarchiv in Berlin und seine Bestände, insbesondere des ehemaligen amerikanischen Berlin Document Center (BDC), in: Herold-Jahrbuch N. F. 5 (2000), S. 149-186.

Hochmuth, Walter: Das deutsche Zentralarchiv – 20 Jahre im Dienste des sozialistischen Aufbaus, in: Archivmitteilungen 16 (1966) 4, S. 122-124.

Höhnel, Karl: Pressekonferenz der Staatlichen Archivverwaltung im Deutschen Zentralarchiv in Potsdam, in: Archivmitteilungen 5 (1955) 4, S. 25-26.

– /Gerhart Enders: Aufbau und Entwicklung des Archivwesens der DDR, herausgegeben von Staatlichen Archivverwaltung, Potsdam 1959.

Hollmann, Michael: Das »NS-Archiv« des Ministeriums für Staatssicherheit der DDR und seine archivische Bewältigung durch das Bundesarchiv, in: Mitteilungen des Bundesarchivs 9 (2001) 3, S. 53-62.

–: Die Gründung des Reichsarchivs im Jahre 1919, in: Rainer Hering/Robert Kretzschmar/Wolfgang Zimmermann (Hg.), Erinnern an den Ersten Weltkrieg. Archivische Überlieferungsbildung und Sammlungsaktivitäten in der Weimarer Republik, Stuttgart 2015, S. 29-62.

Holtmann, Everhard: Signaturen des Übergangs, in: Aus Politik und Zeitgeschichte, 28/2009, 6.7.2009, S. 3-9.

Holzapfel, Helmut/Bernhard Stasiewski: Gedenkschrift für Karl-Heinrich Schäfer, Würzburg 1946.

Holzweißig, Gunter: Konrad Adenauer in den Medien der DDR: Kampagnen der SED-Agitationsbürokratie, in: Hans Günter Hockerts (Hg.), Das Adenauer-Bild in der DDR, Bonn 1996, S. 75-93.

Honigmann, Peter: Geschichte des jüdischen Archivwesens in Deutschland, in: Der Archivar 55 (2002) 3, S. 223-230.

–: Gesamtarchiv der deutschen Juden, in: Enzyklopädie Jüdischer Geschichte und Kultur, Bd. 2, Stuttgart/Weimar 2012, S. 434-437.

Horstmann, Anja: Archiv – Macht – Wissen. Organisation und Konstruktion von Wissen und Wirklichkeiten in Archiven, Frankfurt a. M. 2010.

Hubatsch, Walther: Das Weltkriegswerk des Reichsarchivs, Bd. 13 (1917/18), in: Wehrwissenschaftliche Rundschau 6 (1956), S. 269-272.

–: Das Ende des Weltkriegswerkes, in: Wehrwissenschaftliche Rundschau 7 (1957), S. 45-47.

Hürter, Johannes/Hermann Wentker (Hg.): Diktaturen. Perspektiven der zeithistorischen Forschung, Berlin/Boston 2019.

Jäger, Wolfgang: Historische Forschung und politische Kultur in Deutschland. Die Debatte 1914-1980 über den Ausbruch des Ersten Weltkriegs, Göttingen 1984.

Jarausch, Konrad H.: Die Umkehr. Deutsche Wandlungen 1945-1995, Stuttgart 2004.

Jasch, Hans-Christian: Staatssekretär Wilhelm Stuckart und die Judenpolitik. Der Mythos von der sauberen Verwaltung, München 2012.

Jedlitschka, Karsten/Philipp Springer (Hg.): Das Gedächtnis der Staatssicherheit. Die Karten- und Archivabteilung des MfS, Göttingen 2015.

Jena, Kai von: Die Rückführung deutscher Akten aus Russland – eine unerledigte Aufgabe, in: Klaus Oldenhage u. a. (Hg.), Archiv und Geschichte. Festschrift für Friedrich P. Kahlenberg, Düsseldorf 2000, S. 391-420, hier S. 403.

Joyce, Patrick: The Politics of the Liberal Archive, in: History of the Human Sciences 12 (1999) 2, S. 35-49.

Kahn, David: Secrets of Nazi Archives, in: Atlantic Monthly 223 (1969) 5, S. 50-56.

Kahlenberg, Friedrich: Deutsche Archive in West und Ost. Zur Entwicklung des staatlichen Archivwesens seit 1945, Düsseldorf 1972.

Kaiser, Susanne: Die Fachschule für Archivwesen »Franz Mehring« in Potsdam (1955-1993), in: Lorenz Friedrich Beck/Felix Escher/Eckart Henning (Hrsg.), Jahrbuch für Brandenburgische Landesgeschichte 60 (2009), S. 180-203.

Kappelt, Olaf: Die Entnazifizierung in der SBZ sowie die Rolle und der Einfluss ehemaliger Nationalsozialisten in der DDR als ein soziologisches Phänomen, Hamburg 1997.

Kehrig, Manfred: »... und keinen Staat im Staate bilden.« Skizzen zur Entwicklung des militärischen Archivwesens 1945-1955, in: Friedrich P. Kahlenberg (Hg.), Aus der Arbeit der Archive. Beiträge zum Archivwesen, zur Quellenkunde und zur Geschichte. Festschrift für Hans Booms. Boppard a. R. 1989, S. 368-408.

Keitel, Christian: Zwölf Wege ins Archiv. Umrisse einer offenen und praktischen Archivwissenschaft, Stuttgart 2018.

Kent, George O.: The German Foreign Ministry's Archives at Whaddon Hall, 1948-1958, in: The American Archivist 24 (1961), S. 43-54.

Kessler, Wolfgang: Die »Ostforschung« und die Deutschen in Polen, in: Nordostarchiv. Zeitschrift für Regionalgeschichte D. F. 9 (2000), S. 379-411.

Kißener, Michael: Das Dritte Reich, Darmstadt 2005.

Kißmehl, Horst: Kriegswichtige Zielobjekte – Akten, Archive, Bibliotheken, in: Burchard Brentjes (Hg.), Wissenschaft unter dem NS-Regime, Frankfurt a. M. u. a. 1992, S. 132-155.

Kleifeld, Helge: Archive und Demokratie. Demokratische Defizite der öffentlichen Archive im politischen System der Bundesrepublik Deutschland, Essen 2018.

Klöckler, Jürgen: Verhinderter Archivalienraub in Italien. Theodor Mayer und die Abteilung »Archivschutz« bei der Militärverwaltung in Verona 1943-1945, in: Quellen und Forschungen aus italienischen Archiven und Bibliotheken 86 (2006), S. 491-537.

Kluge, Reinhard/Klaus Oldenhage: Archive im innerdeutschen Dialog. Zur Geschichte der Rückkehr deutscher Akten und Urkunden in deren Heimatarchive im Rahmen des innerdeutschen Kulturabkommens vom 6. Mai 1986, in: Friedrich Beck u. a. (Hg.), Archivistica docet. Beiträge zur Archivwissenschaft und ihres interdisziplinären Umfelds, Potsdam 1999, S. 189-203.

Knabe, Lotte: Die Neuordnung der Bestände des ehemaligen Reichsarchivs im Deutschen Zentralarchiv Potsdam, in: Archivmitteilungen 2 (1952) 3, S. 43-44.

Knoche, Michael: Wissenschaftliche Bibliothekare im Nationalsozialismus. Handlungsspielräume, Kontinuitäten, Deutungsmuster, Wiesbaden 2011.

Kober, Ulrich: Bewertung und Übernahme von Archivgut durch das Geheime Staatsarchiv in der Zeit des Nationalsozialismus (1933-1945), in: Sven Kriese (Hg.), Archivarbeit im und für den Nationalsozialismus. Die preußischen Staatsarchive vor und nach dem Machtwechsel von 1933, Berlin 2015, S. 307-333.

Kohnke, Meta: Das Archivwesen als Bestandteil der souveränen sozialistischen DDR. Eine Zurückweisung westdeutscher Alleinvertretungsansprüche, in: Archivmitteilungen 18 (1968) 4, S. 153-157.

–: Das westdeutsche Archivwesen im Dienste des staatsmonopolistischen Kapitalismus, in: Archivmitteilungen 19 (1969) 6, S. 213-215.

Kolisch, Rainer: Archivgut deutscher Provenienz und zur deutschen Geschichte in sowjetischen Archiven, in: Archivmitteilungen 40 (1990) 3, S. 86 f.

Kollmorgen, Raj: Ostdeutschland. Beobachtungen einer Übergangs- und Teilgesellschaft, Wiesbaden 2005.

–: Wende – Umbruch – Beitritt. Die ostdeutsche Transformation und ihre Verortung im postsozialistischen Raum, in: Thomas Großbölting u. a. (Hg.), Das Ende des Kommunismus. Die Überwindung der Diktaturen in Europa und ihre Folgen, Essen 2010, S. 151-175.

Konter, Erich/Harald Bodenschatz: Städtebau und Herrschaft. Potsdam: Von der Residenz zur Landeshauptstadt, Berlin 2011.

Koops, Tilman/Ernst Ritter: Das Bundesarchiv. Geschichte und Organisation – Aufgaben – Bestände. Mit einer Einleitung von Hans Booms, Koblenz 1988.

Köpf, Peter: Die Mommsens. Von 1848 bis heute. Die Geschichte einer Familie ist die Geschichte der Deutschen, Hamburg 2004.

Kosenko, Oxana: Sowjetische Archivarbeit in der SBZ 1945 bis 1949, Aachen 2018.

Kotsch, Detlef: Potsdam. Die preußische Garnisonstadt, Braunschweig 1992.
–: Das Land Brandenburg zwischen Auflösung und Neubegründung. Politik, Wirtschaft und soziale Verhältnisse in den Bezirken Potsdam, Frankfurt (Oder) und Cottbus in der DDR (1952 bis 1990), Berlin 2001.
Kretzschmar, Robert u. a. (Red.): Das deutsche Archivwesen und der Nationalsozialismus. 75. Deutscher Archivtag 2005 in Stuttgart, Essen 2007.
–: Kassationsgrundsätze allgemeiner und besonderer Art. Zur Bewertungsdiskussion der preußischen Archivverwaltung 1936 bis 1945, in: Bernd Kasten/Matthias Manke/Johann Peter Wurm (Hg.), Leder ist Brot. Beiträge zur norddeutschen Landes- und Archivgeschichte. Festschrift für Andreas Röpcke, Schwerin 2011, S. 383-399.
Kriegsschutz- und Rückführungsmaßnahmen und deren Erfahrungen sowie Verluste der Archive der britischen Zone. Teil 1, in: Der Archivar 1 (1947/48), Sp. 97-134.
Kriese, Sven (Hg.): Archivarbeit im und für den Nationalsozialismus. Die preußischen Staatsarchive vor und nach dem Machtwechsel von 1933, Berlin 2015.
Kröger, Martin/Roland Thimme: Das Politische Archiv des Auswärtigen Amtes im Zweiten Weltkrieg. Sicherung, Flucht, Verlust, Rückführung, in: Vierteljahrshefte für Zeitgeschichte 47 (1999), S. 243-264.
Krüger, Dieter: Zeitgeschichtsschreibung und informelle Selbstbestimmung. Archivgesetzgebung im Spannungsfeld von Wissenschaft, Politik und Verwaltung, in: Zeitschrift für Geschichtswissenschaft 45 (1997) 9, S. 793-817.
–: Archiv im Spannungsfeld von Politik, Wissenschaft und öffentlicher Meinung. Geschichte und Überlieferungsprofil des ehemaligen »Berlin Document Center«, in: Vierteljahrshefte für Zeitgeschichte 45 (1999) 1, S. 49-74.
Kühne, Heinz: Blutzeugen des Bistums Berlin, Berlin 1950.
Kuller, Christiane: Bürokratie und Verbrechen. Antisemitische Finanzpolitik und Verwaltungspraxis im nationalsozialistischen Deutschland, München 2013.
Kundrus, Birthe/Sybille Steinbacher (Hg.): Kontinuitäten und Diskontinuitäten. Der Nationalsozialismus in der Geschichte des 20. Jahrhunderts. Göttingen 2013.
Kurtz, Michael J.: Nazi Contraband. American Policy on the Return of European Cultural Treasures, 1945-1955, New York 1985.
Kurz, Karl Jacob: Kunstraub in Europa 1938-1945, Hamburg 1989.
Kuschel, Franziska/Lutz Maeke: Ein Neubeginn. Das Innenministerium der DDR und sein Führungspersonal, in: Frank Bösch/Andreas Wirsching (Hg.), Hüter der Ordnung. Die Innenministerien in Bonn und Ost-Berlin nach dem Nationalsozialismus, Göttingen 2018, S. 182-237.
–: Konsolidierung und Wandel. Die Personalpolitik des MdI bis 1969, in: Ebd., S. 238-265
Lambert, Margaret: Source Materials Made Available to Historical Research as a Result of World War II, in: International Affairs 35 (1959), S. 188-196.
Langhorst, Wolfgang: Beamtentum und Artikel 131 des Grundgesetzes. Eine Untersuchung über Bedeutung und Auswirkung der Gesetzgebung zum Artikel 131 des Grundgesetzes unter Einbeziehung der Position der SPD zum Berufsbeamtentum, Frankfurt a. M. u. a. 1994.
Leesch, Wolfgang: Archivgutschutz und Archivpflege. Geschichte, Organisation und Aufgaben, in: Der Archivar 3 (1950), Sp. 121-146.
–: Das Institut für Archivwissenschaft und geschichtswissenschaftliche Fortbildung (IfA) in Berlin-Dahlem (1930-1945), in: Brandenburgische Jahrhunderte. Festgabe für Johannes Schultze zum 90. Geburtstag, Berlin 1971, S. 219-254.

–: Zur Entwicklung des mitteldeutschen Archivwesens, in: Der Archivar 18 (1965), Sp. 345-372.
–: Archivbau in Vergangenheit und Gegenwart. Heinrich Otto Meisner zum 75. Geburtstag (1. April 1965) gewidmet, in: Archivalische Zeitschrift 62 (1966), S. 11-65.
–: Das Institut für Archivwissenschaft und geschichtswissenschaftliche Fortbildung (IfA) in Berlin-Dahlem, in: Brandenburgische Jahrhunderte. Festgabe für Johannes Schultze zum 90. Geburtstag, Berlin 1971, S. 219-254.
–: Entwicklungstendenzen im Archivwesen der DDR, in: Der Archivar 25 (1972), Sp. 149-170.
–: Das Archivwesen der DDR seit 1971, in: Der Archivar 37 (1984), Sp. 495-510.
–: Die Deutschen Archivare 1500-1945, Bd. 2: Biographisches Lexikon, München u. a. 1992.
Lehnstaedt, Stephan: Das Reichsministerium des Inneren unter Heinrich Himmler 1943-1945, in: Vierteljahrshefte für Zeitgeschichte 54 (2006) 4, S. 639-672.
Lehr, Stefan: Ein fast vergessener »Osteinsatz«. Deutsche Archivare im Generalgouvernement und im Reichskommissariat Ukraine, Düsseldorf 2007.
–: Deutsche Archivare und ihre Archivpolitik im »Generalgouvernement« (1939-1945), in: Robert Kretzschmar u. a. (Red.), Das deutsche Archivwesen und der Nationalsozialismus. 75. Deutscher Archivtag in Stuttgart, Essen 2007, S. 166-174.
–: Wolfgang A. Mommsens Aufzeichnungen aus dem Baltikum, Polen und Ukraine 1942-1944, in: Zeitschrift für Ostmitteleuropa-Forschung 57 (2008) 4, S. 453-513.
Leide, Henry: NS-Verbrecher und Staatssicherheit. Die geheime Vergangenheitspolitik der DDR, 3. Aufl., Göttingen 2007.
Lemke, Michael: Instrumentalisierter Antifaschismus und SED-Kampagnenpolitik im deutschen Sonderkonflikt 1960-1968, in: Jürgen Danyel (Hg.), Die geteilte Vergangenheit. Zum Umgang mit Nationalsozialismus und Widerstand in beiden deutschen Staaten, Berlin 1995, S. 61-86.
Lenz, Wilhelm/Klaus D. Postupa: Im Zweiten Weltkrieg verlagerte Archivbestände aus dem Osten. Eine Übersicht des »Kommissars für den Archivschutz«, in: Mitteilungen aus dem Bundesarchiv 4 (1996), S. 19-26.
Lenz, Wilhelm: Die Verlagerung des Revaler Stadtarchivs im Rahmen des »Archivschutzes« während des Zweiten Weltkrieges, in: Ders. u. a. (Hg.), Reval. Handel und Wandel vom 13. bis zum 20. Jahrhundert, Lüneburg 1997.
Lepper, Marcel/Ulrich Raulff (Hg.): Handbuch Archiv. Geschichte, Aufgaben, Perspektiven, Stuttgart 2016.
Liste der Gefallenen und Verstorbenen (1939-1945), in: Der Archivar 1 (1947), Sp. 45-46.
Löhr, Hanns Christian: Kunst als Waffe – Der Einsatzstab Reichsleiter Rosenberg, Ideologie und Kunstraub im »Dritten Reich«, Berlin 2018.
Lommatzsch, Erik: Hans Globke (1898-1973). Beamter im Dritten Reich und Staatssekretär Adenauers, Frankfurt a. M. 2009.
Loth, Wilfried/Bernd A. Rusinek: Verwandlungspolitik. NS-Eliten in der Westdeutschen Nachkriegsgesellschaft, Frankfurt a. M. u. a. 1998.
Lötzke, Helmut: Die Bedeutung der von der Sowjetunion übergebenen deutschen Archivbestände für die deutsche Geschichtsforschung, in: Zeitschrift für Geschichtswissenschaft 3 (1955) 3, S. 775-779.
– /Hans-Stephan Brather (Red.): Archivar und Historiker. Studien zur Archiv- und Geschichtswissenschaft. Zum 65. Geburtstag von Heinrich Otto Meisner, Berlin 1956.

–: Die Übergabe deutscher Archivbestände durch die Sowjetunion an die Deutsche Demokratische Republik, in: Der Archivar 9 (1956) 1, S. 31-34.
–: Der Aufbau des Deutschen Zentralarchivs 1946-1956, in: Der Archivar 9 (1956) 4, S. 335-348.
–: Zehn Jahre Deutsches Zentralarchiv, in: Archivmitteilungen 6 (1956) 2, S. 33-41.
– /Gerhart Enders: Der Neubau des deutschen Zentralarchivs in Potsdam, in: Archivmitteilungen 6 (1956) 2, S. 41-44.
– (Hg.): Übersicht über die Bestände des Deutschen Zentralarchivs Potsdam, Berlin 1957.
– /Gerhart Enders/Heinz Welsch/Gerhard Schmid: Deutsches Zentralarchiv Potsdam und Merseburg, in: Archivmitteilungen 9 (1959) 5, S. 143-152.
–: Bericht über die von der UdSSR an die DDR seit 1957 übergebenen Archivbestände, in: Archivmitteilungen 10 (1960) 1, S. 12-21.
–: Quellen zur Wirtschaftsgeschichte in der Epoche des Imperialismus im Deutschen Zentralarchiv Potsdam, in: Jahrbuch für Wirtschaftsgeschichte (1961) 1, S. 278-279.
–: Leistungen und Aufgaben des Instituts für Archivwissenschaft in Lehre und Forschung, in: Archivmitteilungen 12 (1962) 2/3, S. 44-49.
–: Methodologische Probleme der marxistischen Archivwissenschaft, in: Archivmitteilungen 17 (1967) 6, S. 216-222.
–: Zur Aufgabenstellung der marxistisch-leninistischen Archivwissenschaft, in: Archivmitteilungen 20 (1970) 2, S. 56-60.
–: Probleme der marxistisch-leninistischen Archivwissenschaft nach dem VIII. Parteitag der SED, in: Archivmitteilungen 22 (1972) 4, S. 127-133.
–: Theoretische und methodologische Probleme einer Archivgeschichte der DDR, in: Archivmitteilungen 25 (1975) 1, S. 13-18.
–: Gesetzmäßigkeiten und ihre Wirkungsweise im Archivwesen der DDR. Ein Diskussionsbeitrag, in: Archivmitteilungen 28 (1978) 1, S. 3-10.
–: Das Zentrale Staatsarchiv im Dienste der Arbeiter-und-Bauern-Macht, in: Archivmitteilungen 29 (1979) 5, S. 184-189.
–: Funktion, Aufgaben und Gliederung der Archivwissenschaft, in: Archivmitteilungen 30 (1980) 5, S. 183-188.
–: Archive und ihre Geschichte. Zur Traditions- und Erbeproblematik im staatlichen Archivwesen der DDR, in: Archivmitteilungen 34 (1984) 3, S. 81-82.
Lüdtke, Alf/Tobias Nanz (Hg.): Laute, Bilder, Texte. Register des Archivs, Göttingen 2015.
Maeke, Lutz: Kontinuität der Experten. Die Meteorologie und das Archivwesen im MdI, in: Frank Bösch/Andreas Wirsching (Hg.), Hüter der Ordnung. Die Innenministerien in Bonn und Ost-Berlin nach dem Nationalsozialismus, Göttingen 2018, S. 710-728.
–: Die zivilen Verwaltungen und wissenschaftlichen Dienste, in: Frank Bösch/Andreas Wirsching (Hg.): Abschlussbericht zur Vorstudie zum Thema »Die Nachkriegsgeschichte des Bundesministeriums des Innern (BMI) und des Ministeriums des Innern der DDR (MdI) hinsichtlich möglicher personeller und sachlicher Kontinuitäten zur Zeit des Nationalsozialismus«, München/Potsdam 2015, S. 130-140. [https://www.bmi.bund.de/SharedDocs/downloads/DE/veroeffentlichungen/2015/abschlussbericht-vorstudie-aufarbeitung-bmi-nachkriegsgeschichte.html (letzter Zugriff am 10.12.2018)].
Manasse, Peter M.: Verschleppte Archive und Bibliotheken. Die Tätigkeit des Einsatzstabes Rosenberg während des Zweiten Weltkrieges, St. Ingbert 1997.

Martens, Stefan: Frankreich und Belgien unter deutscher Besatzung und das Schicksal der deutschen Akten nach dem Zweiten Weltkrieg, in: Ders. (Hg.), Frankreich und Belgien unter deutscher Besatzung 1940-1944. Die Bestände des Bundesarchiv-Militärarchivs in Freiburg, Stuttgart 2002, S. XXIII-LVI.
Maschke, H. M.: Die deutschen Akten und das Kriegsrecht, in: Der Archivar 3 (1950), Sp. 27-34.
Materna, Ingo/Wolfgang Ribbe (Hg.): Brandenburgische Geschichte, Berlin 1995.
Mau, Hermann: Die deutschen Archive und Dokumente in den Vereinigten Staaten, in: Geschichte in Wissenschaft und Unterricht 2 (1951), S. 621-625.
Mehrtens, Herbert: Kollaborationsverhältnisse. Natur- und Technikwissenschaften im NS-Staat und ihre Historie, in: Christoph Meinel/Peter Voswinckel (Hg.), Medizin, Naturwissenschaft, Technik und Nationalsozialismus. Kontinuitäten und Diskontinuitäten, Stuttgart 1984, S. 13-32.
Meinert, Hermann; Albert Brackmann und das deutsche Archivwesen, in: Archivalische Zeitschrift 49 (1954), S. 127-138.
Meisner, Heinrich Otto: Urkunden- und Aktenlehre der Neuzeit, Leipzig 1950.
–: Über einige Fragen der deutschen Archivberufssprache, in: Der Archivar 8 (1955) 4, Sp. 347-362.
– /Wolfgang Leesch: Grundzüge einer deutschen Archivterminologie, Referentenentwurf des Ausschusses für deutsche Archivsprache, in: Archivmitteilungen 5 (1955) 4, Beilage, S. 1-14.
– /Wolfgang Leesch: Grundzüge einer deutschen Archivterminologie, Referentenentwurf des Ausschusses für deutsche Archivsprache, in: Archivmitteilungen 10 (1960) 4, S. 134-152.
–: Archivalienkunde vom 16. Jahrhundert bis 1918, Leipzig 1969.
–: Das Reichsarchiv, in: Archivalische Zeitschrift 66 (1970), S. 50-53.
Menne-Haritz, Angelika: 40 Jahre Archivschule Marburg. Perspektiven der Archivarsausbildung, in: Der Archivar 42 (1989) 2, S. Sp. 165-176
–: Das Provenienzprinzip – ein Bewertungssurrogat?, in: Der Archivar 47 (1994) 2, S. 229-252.
–: Archivische Erschließung – Methodische Aspekte einer Fachkompetenz, Marburg 1999.
– (Hg.): Archive im Kontext. Öffnen, Erhalten und Sichern von Archivgut in Zeiten des Umbruchs. Festschrift für Prof. Dr. Hartmut Weber zum 65. Geburtstag, Düsseldorf 2010.
–: Ernst Posner – Professionalität und Emigration, in: Sven Kriese (Hg.), Archivarbeit im und für den Nationalsozialismus. Die preußischen Staatsarchive vor und nach dem Machtwechsel von 1933, Berlin 2015, S. 111-141.
Mentel, Christian/Niels Weise: Die zentralen deutschen Behörden und der Nationalsozialismus. Stand und Perspektiven der Forschung, München/Potsdam 2016.
Merkel, Wolfgang: Systemtransformation. Eine Einführung in die Theorie und Empirie der Transformationsforschung, 2. überarbeitete und erweiterte Auflage, Wiesbaden 2010.
Metschies, Kurt: Quellen zur Militärgeschichte in der historischen Abteilung des Zentralen Staatsarchivs (Teil II), in: Militärgeschichte 13 (1974) 3, S. 338-343.
–: Quellen im Zentralen Staatsarchiv in Potsdam zur kolonialen Politik Deutschlands in Afrika und Nahost, in: Archivmitteilungen 40 (1990) 4, S. 134-139.
–: Zu den Verlusten des ehemaligen Reichsarchivs im Zweiten Weltkrieg, in: Archivmitteilungen 40 (1990) 3, S. 87.

Meyer-Landrut, Joachim: Die Behandlung von staatlichen Archiven und Registraturen nach Völkerrecht, in: Archivalische Zeitschrift 48 (1950), S. 45-120.

Middell, Matthias: Historische West- und Ostforschung in Zentraleuropa zwischen dem Ersten und dem Zweiten Weltkrieg. Verflechtung und Vergleich. Geschichtswissenschaft und Geschichtskultur im 20. Jahrhundert, Leipzig 2004.

Mommsen, Hans: Beamtentum im Dritten Reich. Mit ausgewählten Quellen zur nationalsozialistischen Beamtenpolitik, Stuttgart 1966.

Mommsen, Wolfgang A.: Deutsche Archivalien im Ausland, in: Der Archivar 3 (1950), S. 33-38.

–: Deutsche Archivalien im Ausland: I. Auswärtiges Amt, in: Der Archivar 4 (1951) 1, S. 1-14.

–: Ernst Posner. Mittler zwischen deutschem und amerikanischem Archivwesen, in: Der Archivar 20 (1967), Sp. 217-239.

–: G. Bruchmann zum Gedenken, in: Der Archivar 24 (1971) 4, S. 345-354.

Mommsen, Wolfgang J.: Historisches Erinnern. Die Tradierung historischer Quellen und die historische Forschung. Vortrag zur Eröffnung des 62. Deutschen Archivtags, in: Der Archivar 45 (1992) 1, S. 19-28.

Morsey, Rudolf: Personal- und Beamtenpolitik im Übergang von der Bizonen- zur Bundesverwaltung (1947-1950). Kontinuität oder Neubeginn? in: Ders. (Hg.), Verwaltungsgeschichte. Aufgaben, Zielsetzungen, Beispiele, Berlin 1977, S. 191-238.

Mühl-Benninghaus, Sigrun: Das Beamtentum in der NS-Diktatur bis zum Ausbruch des Zweiten Weltkriegs, Düsseldorf 1996.

Müller, Philipp: Ranke in the Lobby of the Archive. Metaphors and Practices of Historical Research, in: Sebastian Jobs/Alf Lüdtke (Hg.), Unsettling History: Archiving and Narrating in Historiography, Frankfurt a. M./New York 2010, S. 109-125.

–: Die fehlende Eingabe. Zur Geschichte der Archivbenutzung und ihrer Regulierung im 19. Jahrhundert, in: Der Archivar 65 (2012) 3, S. 153-159.

–: Using the Archive. Exclusive Clues of the Past and the Politics of the Archive in 19th Century Bavaria, in: Storia della Storiografia 62 (2012) 2, S. 27-53.

–: The ›Opening of the Archives‹ and its Limits. Contested Interests in ›Tyrol‹, in: Barbara Korte/Sylvia Paletschek (Hg.), Popular History Now and Then. International Perspectives, Bielefeld 2012, S. 105-122.

–: Die Niederungen des Archivs. Von Hilfsarbeitern und Dienern, Schriftstücken und anderen Archivdingen, in: Xenia von Tippelskirch/Sandra Maas (Hg.), Faltenwürfe der Geschichte. Entdecken, entziffern, erzählen, Frankfurt a. M. 2014, S. 305-317.

–: Die neue Geschichte aus dem alten Archiv. Geschichtsforschung und Arkanpolitik in Mitteleuropa ca.1800-ca.1850, in: Historische Zeitschrift 299 (2014) 1, S. 36-69.

Müller, Philipp/Markus Friedrich/Michael Riordan: Practices of Historical Research in Archives and Libraries from the Eighteenth to the Nineteenth Century, in: History of Humanities 2 (2017) 1, S. 3-13.

Müller, Wolfgang: Der organisatorische Aufbau des Bundesarchivs 1953-1954, in: Der Archivar 8 (1955) 2, S. 73-76.

Musial, Torsten: Das staatliche Archivwesen in Deutschland 1933-1945, in: Archivmitteilungen 41 (1991) 1, S. 10-13.

–: Staatsarchive im Dritten Reich. Zur Geschichte des staatlichen Archivwesens in Deutschland 1933-1945, Potsdam 1996.

–: Deutsche Archivare in den besetzten Ostgebieten 1939 bis 1945, in: Jens Murken

(Red.), Archive und Herrschaft, Referate des 72. Deutschen Archivtages 2001 in Cottbus, Siegburg 2002, S. 77-87.

Mühle, Eduard: Für Volk und deutschen Osten. Der Historiker Hermann Aubin und die deutsche Ostforschung, Düsseldorf 2005.

Müller, Günter: Zum Klassencharakter des Archivwesens in der BRD, in: Archivmitteilungen 24 (1974) 4, S. 126-130.

Müller, Wolfgang: Georg Winter und das Bundesarchiv, in: Archivalische Zeitschrift 58 (1962), S. 129-137.

Murawski, Erich: Das Bundesarchiv-Militärarchiv, in: Der Archivar 13 (1960), Sp. 187-198.

Nicholas, Lynn H.: The Rape of Europa. The Fate of Europe's Treasures in the Third Reich and the Second World War, London 1994.

Nissen, Walter: Der Neuaufbau verlagerter ehemals preußischer Archivbestände durch das Deutsche Zentralarchiv, in: Archivmitteilungen 1 (1951) 2, S. 21-22.

–: Archivalische Forschungen zur Geschichte der deutschen Arbeiterbewegung in den staatlichen Archiven der Deutschen Demokratischen Republik, in: Archivmitteilungen 6 (1956) 3, S. 78-82.

–: Zur Geschichte der Reichsarchividee im 19. Jahrhundert, in: Helmut Lötzke/Hans-Stephan Brather (Red.), Archivar und Historiker. Studien zur Archiv- und Geschichtswissenschaft. Zum 65. Geburtstag von Heinrich Otto Meisner, Berlin 1956, S. 162-175.

Nowack, Sabrina: Sicherheitsrisiko NS-Belastung. Personalüberprüfungen im Bundesnachrichtendienst in den 1960er Jahren, Berlin 2016.

Nützenadel, Alexander (Hg.): Das Reichsarbeitsministerium im Nationalsozialismus. Verwaltung – Politik – Verbrechen, Göttingen 2017.

Oldenhage, Klaus: Das Schicksal deutscher zeitgeschichtlicher Quellen nach dem Zweiten Weltkrieg, in: Archivum 32 (1986), S. 303-309.

–: Archivbeziehungen zur DDR, in: Friedrich P. Kahlenberg (Hg.): Aus der Arbeit der Archive, Boppard a. R. 1989, S. 130-141.

– /Hermann Schreyer/Wolfram Werner (Hg.): Archiv und Geschichte. Festschrift für Friedrich P. Kahlenberg, Düsseldorf 2000.

Opitz, Alfred: Die wirtschaftliche Entwicklung Deutschlands und die inhaltlichen Wandlungen des staatlichen Archivguts im 19. und 20. Jahrhundert, in: Archivalische Zeitschrift 52 (1956), S. 219-233.

Orr, William J.: Archival Training in Europe, in: The American Archivist 44 (1981) 1, S. 27-39.

Osterkamp, Jana: Loyalität als Rechtspflicht – Verfassungsrechtliche Grundpflichten im Staatssozialismus, in: Volker Zimmermann/Peter Haslinger/Tomas Nigrin (Hg.), Loyalitäten im Staatssozialismus. DDR, Tschechoslowakei, Polen, Marburg 2010, S. 25-45.

Otto, Helmut: Das ehemalige Reicharchiv. Streiflichter seiner Geschichte und der wissenschaftlichen Aufarbeitung des Ersten Weltkrieges, in: Bernhard R. Kroener (Hg.), Potsdam. Staat, Armee, Residenz in der preußisch-deutschen Militärgeschichte, Frankfurt a. M. u. a. 1993, S. 421-434.

Petropoulos, Jonathan: Kunstraub und Sammelwahn. Kunst und Politik im Dritten Reich, Berlin 1999.

Pfeil, Ulrich: Archivraub und historische Deutungsmacht. Ein anderer Einblick in die deutsche Besatzungspolitik in Frankreich, in: Francia 33 (2006) 3, S. 163-194.

Podewin, Norbert (Hg.): Braunbuch. Kriegs- und Naziverbrecher in der Bundesrepublik und in Berlin (West). Reprint der Ausgabe 1968, 3. Auflage, Berlin 2002.

Pöhlmann, Markus: Kriegsgeschichte und Geschichtspolitik. Der Erste Weltkrieg. Die amtliche deutsche Militärgeschichtsschreibung 1914-1956, Paderborn 2002.

Poll, Bernhard: Vom Schicksal der deutschen Heeresakten und der amtlichen Kriegsgeschichtsschreibung, in: Die Welt als Geschichte 12 (1952), S. 61-68.

Polley, Rainer (Hg.): Archivgesetzgebung in Deutschland. Beiträge eines Symposions, Marburg 1991.

Prantl, Heribert: Das Gedächtnis der Gesellschaft. Die Systemrelevanz der Archive. Warum Archivare Politiker sind, in: Heiner Schmitt (Red.), Alles was Recht ist. Archivische Fragen – juristische Antworten. Tagungsdokumentationen zum 81. Deutscher Archivtag 2011 in Bremen, Fulda 2012.

Ramm-Helmsing, Herta von: Schicksal, Verbleib und Organisation der ostdeutschen Archive im Rahmen der polnischen Archivgesetzgebung. Teil 2, in: Der Archivar 6 (1953), Sp. 209-234.

Rass, Christoph: Das Sozialprofil des Bundesnachrichtendienstes. Von den Anfängen bis 1968, Berlin 2016.

Rauschenbach, Petra: Zugang zu Archivgut in der DDR – Norm und Praxis, in: Irmgard Christa Becker/Volker Hirsch/Annegret Wenz-Haubfleisch (Hg.), Neue Strukturen – bewährte Methoden? Was bleibt vom Archivwesen der DDR. Beiträge zum 15. Archivwissenschaftlichen Kolloquium der Archivschule Marburg, Marburg 2011, S. 333-367.

–: Einheitliche Ordnungs- und Verzeichnungsgrundsätze in der DDR. Nutzen für Theorie und Praxis, in: Brandenburgische Archive. Berichte und Mitteilungen aus den Archiven des Landes Brandenburg (2015) Heft 32, S. 17-21.

Rebenich, Stefan: Die Mommsens, in: Volker Reinhardt (Hg.), Deutsche Familien. Historische Portraits von Bismarck bis Weizsäcker, München 2005, S. 147-179.

Rebentisch, Dieter: Führerstaat und Verwaltung im Zweiten Weltkrieg. Verfassungsentwicklung und Verwaltungspolitik 1939-1945, Stuttgart 1989.

Reichardt, Sven/Wolfgang Seibel: Radikalität und Stabilität. Herrschen und Verwalten im Nationalsozialismus, in: Dies. (Hg.), Der prekäre Staat. Herrschen und Verwalten im Nationalsozialismus, Frankfurt a. M./New York 2011, S. 7-27.

Reimann, Norbert: Kulturgutschutz und Hegemonie. Die Bemühungen der staatlichen Archive um ein Archivalienschutzgesetz in Deutschland 1921 bis 1972, Münster 2003.

–: Grundfragen und Organisation des Archivwesens, in: Ders. (Hg.), Praktische Archivkunde. Ein Leitfaden für Fachangestellte für Medien und Informationsdienste. Fachrichtung Archiv, 3 Aufl., Münster 2014, S. 25-52.

Reißig, Rolf: Gesellschafts-Transformation. Eine theoretisch-konzeptionelle Fundierung, Erklärung und Deutung, in: Michael Thomas/Ulrich Busch (Hg.), Transformation im 21. Jahrhundert. Theorien-Geschichte-Fallstudien, Berlin 2015, S. 73-114.

Richter, Georg (Hg.): Aus der Arbeit des Archivars. Festschrift für Eberhard Gönner, Stuttgart 1986.

Riedrich, Ramona: Die Deutschen Archivtage. Diplomarbeit an der Fachhochschule Potsdam. Potsdam: unveröff. Typoskript 2004.

Ritter, Gerhard: Ergebnis meiner Archivreise nach Berlin (11.-18. Oktober), in: Der Archivar 4 (1951), Sp. 49-55.

Roeske, Ulrich: Der Bestand Reichspostministerium im Zentralen Staatsarchiv Potsdam, Bestandsanalyse, in: Archivmitteilungen 36 (1986) 5, S. 154-157.

Rohr, Wilhelm: Die zentrale Lenkung deutscher Archivschutzmaßnahmen im Zweiten Weltkrieg, in: Der Archivar 3 (1950), Sp. 105-122.

–: Schicksal und Verbleib des Schriftguts der obersten Reichsbehörden, in: Der Archivar 8 (1955), S. 161-174.

–: Deutsche Akten in amerikanischem Gewahrsam, in: Der Archivar 14 (1961), S. 429 f.

–: Georg Winter, in: Der Archivar 14 (1961), Sp. 179-190.

–: Mikroverfilmung und Verzeichnung deutscher Akten in Alexandria, USA, in: Der Archivar 19 (1966) 3, S. 251-260.

Rösler, Ingo: Das deutsche Archivwesen im Urteil der sowjetischen Archivwissenschaft, in: Beiträge zum 50. Jahrestag der Großen Sozialistischen Oktoberrevolution, Potsdam 1968, S. 57-82.

Ross, Marvin C.: The Germans and their Archives, in: American Archivist 9 (1946), S. 89-91.

Roth, Karl Heinz: Eine höhere Form des Plünderns. Der Abschlußbericht der »Gruppe Archivwesen« der deutschen Militärverwaltung in Frankreich 1940-1944, in: 1999. Zeitschrift für Sozialgeschichte des 20. und 21. Jahrhunderts 4 (1989) 2, S. 79-112.

–: Klios rabiate Hilfstruppen. Archivare und Archivpolitik im deutschem Faschismus, in: Archivmitteilungen 41 (1991) 1, S. 1-10.

Ruck, Michael: Korpsgeist und Staatsbewusstsein. Beamte im deutschen Südwesten 1928 bis 1972, München 1996.

–: Beharrung im Wandel. Neuere Forschungen zur deutschen Verwaltung im 20. Jahrhundert, in: Neue politische Literatur 42 (1997) 2, S. 200-256.

–: Kontinuität und Wandel. Westdeutsche Verwaltungseliten unter dem NS-Regime und in der alten Bundesrepublik, in: Wilfried Loth/Bernd-A. Rusinek (Hg.), Verwandlungspolitik. NS-Eliten in der westdeutschen Nachkriegsgesellschaft, Frankfurt a. M./New York 1998, S. 117-142.

–: Die Tradition der deutschen Verwaltung, in: Anselm Doering-Manteuffel (Hg.), Strukturmerkmale der deutschen Geschichte des 20. Jahrhunderts, München 2006, S. 95-108.

–: Die »Demokratisierung« des Verwaltungspersonals in Deutschland, in: Edwin Czerwick/Wolfgang H. Lorig/Erhard Treutner (Hg.), Die öffentliche Verwaltung in der Demokratie der Bundesrepublik Deutschland, Wiesbaden 2009, S. 89-112.

Ruppert, Karl: Heeresarchiv Potsdam 1936-1945, in: Der Archivar 3 (1950), Sp. 177-180.

Sabrow, Martin: Das Diktat des Konsenses. Geschichtswissenschaft in der DDR 1949-1969, München 2001.

–: Das Unbehagen an der Aufarbeitung. Zur Engführung von Wissenschaft, Moral und Politik in der Zeitgeschichte, in: Thomas Schaarschmidt (Hg.), Historisches Erinnern und Gedenken im Übergang vom 20. zum 21. Jahrhundert, Frankfurt a. M. 2008, S. 11-20.

–: Die Zeit der Zeitgeschichte, Göttingen 2012.

–: Zeitgeschichte schreiben. Von der Verständigung über die Vergangenheit in der Gegenwart, Göttingen 2014.

– /Christian Mentel (Hg.): Das Auswärtige Amt und seine umstrittene Vergangenheit. Eine deutsche Debatte, Frankfurt a. M. 2014.

Sandhofer, Gert: Rückführung deutscher Archivalien an das Bundesarchiv, in: Der Archivar 32 (1979) 1, S. 88.

Schaller, Helmut Wilhelm: Die ›Publikationsstelle Berlin-Dahlem‹ und die deutsche

Osteuropaforschung in der Zeit von 1933 bis 1945, in: Historische Mitteilungen 20 (2008), S. 193-216.

Schenk, Dietmar: Kleine Theorie des Archivs, Stuttgart 2008.

–: »Aufheben, was nicht vergessen werden darf«. Archive vom alten Europa bis zur digitalen Welt, Stuttgart 2013.

Schetelich, Eberhard: Zehn Jahre Staatliche Archivverwaltung der Deutschen Demokratischen Republik, in: Archivmitteilungen 9 (1959) 5, S. 134-142.

–: Zur Leitung und Organisation des staatlichen Archivwesens, in: Archivmitteilungen 15 (1965) 5, S. 169-171.

–: Zur Terminologie der marxistisch-leninistischen Archivwissenschaft in der DDR, in: Archivmitteilungen 20 (1970) 2, S. 61-66.

Seraphim, Hans-Günther: Quellen zur Erforschung des Dritten Reiches, in: Europa Archiv 5 (1950) 17, S. 3307-3310.

–: Die Erschließung der Nürnberger Prozeßakten, in: Der Archivar 28 (1975) 4, S. 417-422.

Schmädeke, Philipp Christoph: Politische Regimewechsel. Grundlagen der Transitionsforschung, Tübingen/Basel 2012.

Schmid, Anton: Die bayerischen Archive im Zweiten Weltkrieg, in Archivalische Zeitschrift 46 (1950), S. 41-76.

Schmid, Gerhard: Probleme des Nichtstaatlichen Archivgutes im Deutschen Zentralarchiv Potsdam, in: Archivmitteilungen 6 (1956) 2, S. 46-48.

–: Die Verluste des ehemaligen Reichsarchivs im Zweiten Weltkrieg, in: Archivar und Historiker. Studien zur Archiv- und Geschichtswissenschaft, Berlin 1956, S. 176-207.

–: Zur Militarisierung des politischen Lebens in der Weimarer Republik. Beispiel aus dem Bestand »Stahlhelm – Bund der Frontsoldaten« im Deutschen Zentralarchiv, in: Archivmitteilungen 13 (1963) 3, S. 96-99.

–: Prolegomena zur Archivgeschichte der DDR. Eine Wortmeldung zur Einheit im deutschen Archivwesen, in: Der Archivar 43 (1990) 4, Sp. 501-516.

Schmid, Irmtraut: Der Bestand des Auswärtigen Amtes im Deutschen Zentralarchiv Potsdam. I. Teil: 1870-1920, in: Archivmitteilungen 12 (1962) 2/3, S. 71-79; II. Teil: 1929-1945, in: Archivmitteilungen 12 (1962) 4, S. 123-132.

Schmidt, Sarah: Das Staatsarchiv Hamburg im Nationalsozialismus, Hamburg 2016.

Schmitt, Heiner (Red.): Archive und Öffentlichkeit. 76. Deutscher Archivtag 2006 in Essen, hrsg. vom Verband Deutscher Archivarinnen und Archivare e.V., Bd. 11, Neustadt a.d. Aisch 2007.

Schnath, Georg: Drei Jahre deutscher Archivschutz in Frankreich, in: Ders. (Hg.), Ausgewählte Beiträge zur Landesgeschichte Niedersachsens, Hildesheim 1968, S. 341-344.

Schöbel, Thomas: Albert Brackmann und die Publikationsstelle Berlin-Dahlem, in: Jessica Hoffmann/Anja Megel/Robert Parzer/Helena Seidel (Hg.), Dahlemer Erinnerungsorte, Berlin 2007, S. 229-243.

Schockenhoff, Volker: Reflexionen über »Janus«: Deutsche Archivare in verschiedenen Zeiten und Herrschaftskonstellationen des 20. Jahrhunderts, in: Dagmar Unverhau (Hg.), Hatte »Janus« eine Chance? Das Ende der DDR und die Sicherung einer Zukunft der Vergangenheit, Münster 2003, S. 27-38.

Schöttler, Peter: Geschichtsschreibung als Legitimationswissenschaft 1918-1945, Frankfurt a.M. 1999.

Schreckenbach, Hans-Joachim: Das Archivwesen der DDR zur Zeit der »Wende«. Eine

Situationsbeschreibung, in: Jens Murken u. a. (Red.), Die Archive am Beginn des 3. Jahrtausends. Archivarbeit zwischen Rationalisierungsdruck und Serviceerwartungen. Referate des 71. Deutschen Archivtags 2000 in Nürnberg, Siegburg 2002, S. 261-292.

Schreyer, Hermann: Nachlässe aus der Epoche des Kapitalismus im Zentralen Staatsarchiv Potsdam, in: Archivmitteilungen 35 (1985) 3, S. 88-92.

–: Die Kriegswirtschaftsorganisationen im Ersten Weltkrieg und ihre Archivbestände als Quellen zur Geschichte des staatsmonopolistischen Kapitalismus, in: Jahrbuch für Wirtschaftsgeschichte, Heft 3, Berlin 1985, S. 181-208.

–: Archive und Archivare im Dienste und als Opfer des totalitären Staates. Ein Beitrag zur sowjetischen Archivgeschichte, in: Friedrich Beck u. a. (Hg.), Archivistica docet. Beiträge zur Archivwissenschaft und ihres interdisziplinären Umfelds, Potsdam 1999, S. 165-188.

–: Das Staatliche Archivwesen der DDR. Ein Überblick, Düsseldorf 2008.

Schroll, Heike: Spurensicherung, Die Bestände des Stadtarchivs Berlin und ihr Schicksal durch den Zweiten Weltkrieg, Berlin 2000.

Schulze, Winfried/Otto Gerhard Oexle (Hg.): Deutsche Historiker im Nationalsozialismus, Frankfurt a. M. 2000.

Schulze Wessel, Martin: »Loyalität« als geschichtlicher Grundbegriff und Forschungskonzept. Zur Einleitung, in: Ders. (Hg.), Loyalitäten in der Tschechoslowakischen Republik 1918-1938, München 2004, S. 1-22.

Schupp, Waldemar: Die Anfänge und das Ende der Fachschule für Archivwesen in Potsdam (1955/1993), in: Friedrich Beck u. a. (Hg.), Archive und Gedächtnis. Festschrift für Botho Brachmann, Potsdam 2005, S. 177-200.

Schwabe, P.: Die Sowjetunion übergab deutsches Archivmaterial – wann werden es die Westmächte tun?, in: Archivmitteilungen 5 (1955) 3, S. 1-2.

Schwartz, Joan M./Terry Cook: Archives, Records, and Power. The Making of Modern Memory, in: Archival Science 2 (2002) 1-2, S. 1-19.

Seeberg-Elverfeldt, Roland: Die Archive in der Deutschen Demokratischen Republik, in: Archivmitteilungen 1 (1951) 1, S. 3-7.

Simpson, Elizabeth: The Spoils of War. World War II and Its Aftermath. The Loss, Reappearance, and Recovery of Cultural Property, New York 1995.

Stahl, Friedrich-Christian: Die Organisation des Heeresarchivwesens in Deutschland 1936-1945, in: Heinz Boberach/Hans Booms (Hg.), Aus der Arbeit des Bundesarchivs. Beiträge zum Archivwesen, zur Quellenkunde und Zeitgeschichte, Boppard a. R. 1978, S. 69-101.

Stasiewski, Bernhard: Gedenkschrift für Karl-Heinrich Schäfer, Würzburg 1946.

Stebelski, Adam: The Fate of the Polish Archives During World War II, Warszawa 1964.

Stein, Wolfgang Hans: Die Inventarisierung von Quellen zur deutschen Geschichte. Eine Aufgabe der deutschen Archivverwaltung in den besetzten westeuropäischen Ländern im Zweiten Weltkrieg, in: Ders., Inventar von Quellen zur deutschen Geschichte in Pariser Archiven und Bibliotheken, Koblenz 1986, S. XXVII-LXVII.

–: Georg Schnath und die französischen Archive unter deutscher Besatzungsverwaltung, in: Robert Kretzschmar u. a. (Red.), Das deutsche Archivwesen und der Nationalsozialismus. 75. Deutscher Archivtag in Stuttgart, Essen 2007, S. 175-194.

Stehkämper, Hugo: Die massenhaft gleichförmigen Einzelsachakten in einer heutigen Großstadtverwaltung, dargestellt am Beispiel Kölns, in: Archivalische Zeitschrift 61 (1965), S. 97-127.

Stöver, Bernd: Die Bundesrepublik Deutschland, Darmstadt 2002.

Stumpf, Marcus (Hg.): Beruf und Berufsbild des Archivars im Wandel, Münster 2008.

Süle, Tibor: Preußische Bürokratietradition. Zur Entwicklung von Verwaltung und Beamtenschaft in Deutschland 1871-1918, Göttingen 1988.

Süß, Dietmar/Winfried Süß (Hg.): Das »Dritte Reich«. Eine Einführung, München 2008.

Sydow, Jürgen: Das Archivwesen in der Deutschen Demokratischen Republik (SBZ), in: Der Archivar 4 (1951), Sp. 55-63.

Szukała, Maciej: Stettiner Archivare und die »deutsche Ostforschung«. Die Korrespondenz zwischen Albert Brackmann und Adolf Diestelkamp in den Jahren 1935 bis 1941, in: Berichte und Forschungen. Jahrbuch des Bundesinstituts für Kultur und Geschichte der Deutschen im Östlichen Europa 10 (2002), S. 27-58.

Thiel, Jens: Akademische »Zinnsoldaten«? Karrieren deutscher Geisteswissenschaftler zwischen Beruf und Berufung (1933/1945), in: Rüdiger vom Bruch/Uta Gerhardt/Aleksandra Pawliczek (Hg.), Kontinuitäten und Diskontinuitäten in der Wissenschaftsgeschichte des 20. Jahrhunderts, Stuttgart 2006, S. 167-194.

Thimme, Roland: Das Politische Archiv des Auswärtigen Amts. Rückgabeverhandlungen und Aktenedition 1945-1995, in: Vierteljahrshefte für Zeitgeschichte 49 (2001), S. 317-362.

–: Rote Fahnen über Potsdam 1933-1989. Lebenswege und Tagebücher, Berlin 2007.

Thomas, Michael/Ulrich Busch (Hg.): Transformation im 21. Jahrhundert. Theorien-Geschichte-Fallstudien, Berlin 2015.

Treffeisen, Jürgen: Archivische Überlieferungsbildung bei konventionellen Unterlagen im deutschsprachigen Raum – eine Auswahlbibliographie, in: Historical Social Research 29 (2004) 4, S. 227-265.

Uhl, Bodo: Der Wandel in der archivischen Bewertungsdiskussion, in: Der Archivar 43 (1990) Sp. 529-538.

–: Die Geschichte der Bewertungsdiskussion, in: Andrea Wettmann (Hg.), Bilanz und Perspektiven archivischer Bewertung, Veröffentlichungen der Archivschule Marburg 21, Marburg 1994. S. 11-36.

–: Die Bedeutung des Provenienzprinzips für Archivwissenschaft und Geschichtsforschung, in: Zeitschrift für Bayerische Landesgeschichte 61 (1998) 1, S. 97-121.

Uhlemann, Wolfgang: Hoffnungen, Wege, Irrwege. Potsdam 1945-1990, Emmelshausen 1994.

Ulrich, Bernd/Benjamin Ziemann (Hg.): Krieg im Frieden. Die umkämpfte Erinnerung an den Ersten Weltkrieg, Frankfurt a. M. 1997.

Unger, Corinna: Ostforschung in Westdeutschland. Die Erforschung des europäischen Ostens und die deutsche Forschungsgemeinschaft, 1945-1975, Stuttgart 2007.

Unverhau, Dagmar (Hg.): Hatte »Janus« eine Chance? Das Ende der DDR und die Sicherung einer Zukunft der Vergangenheit, Münster 2003.

–: Das »NS-Archiv« des Ministeriums für Staatssicherheit. Stationen einer Entwicklung, Münster 2004.

Velody, Irving: The Archive and the Human Sciences. Notes Toward a Theory of the Archive, in: History of the Human Sciences 11 (1998) 4, S. 1-16.

Verzeichnis der Archivare an Archiven der Bundesrepublik Deutschland mit Land Berlin, in der Deutschen Demokratischen Republik, der Republik Österreich und der Schweizerischen Eidgenossenschaft, Wiesbaden 1975.

Vietsch, Eberhard von/Wolfgang Kohte: Das Bundesarchiv. Entwicklung und Aufgaben, Boppard a. R. 1966.
Vismann, Cornelia: Akten. Medientechnik und Recht, Frankfurt a. M. 2000.
Vogel, Walter: Der Kampf um das geistige Erbe. Zur Geschichte der Reichsarchividee und des Reichsarchivs als »geistiger Tempel deutscher Einheit«, Bonn 1994.
Vogt, Timothy R.: Denazification in Soviet-Occupied Germany. Brandenburg 1945-1948, Cambridge, Mass./London 2000.
Volkert, Natalia: Kunst- und Kulturraub im Zweiten Weltkrieg. Versuch eines Vergleichs zwischen den Zielsetzungen und Praktiken der deutschen und der sowjetischen Beuteorganisationen unter Berücksichtigung der Restitutionsfragen, Frankfurt a. M. 2000.
Vollnhals, Clemens (Hg.): Entnazifizierung. Politische Säuberung und Rehabilitierung in den vier Besatzungszonen 1945-1949. Dokumente, München 1991.
Vollmer, Gisela: Archivarinnen gestern und heute. Zur Entwicklung des Frauenanteils insbesondere im staatlichen Bereich, in: Der Archivar 42 (1989) 3, S. 351-374.
Vries, Willem de: Kunstraub im Westen 1940-1945. Alfred Rosenberg und der Sonderstab Musik, Frankfurt 2000.
Wagner, Alfred: Rückgabe von Quellen zur jüngsten deutschen Geschichte aus Großbritannien und den Vereinigten Staaten, in: Der Archivar 15 (1962) 4, S. 343-346.
–: The Policy of Access to Archives. From Restriction to Liberalization, in: UNESCO Bulletin for Libraries 24:2 (1970), S. 73-78, 116.
Wagener, Hans-Jürgen: Transformation als historisches Phänomen, Frankfurt/Oder 1996.
Wagner, Matthias: Das Stasi-Syndrom. Über den Umgang mit den Akten des MfS in den 90er Jahren, Berlin 2001.
Wahl, Volker: »Auf jeden Fall soll die Qualität des Archivarstandes gewahrt werden.« Eine Denkschrift von 1948 zur künftigen Ausbildung des wissenschaftlichen Archivarnachwuchses in der SBZ, in: Friedrich Beck u. a. (Hg.), Archivistica docet. Beiträge zur Archivwissenschaft und ihres interdisziplinären Umfelds, Potsdam 1999, S. 583-599.
–: Der Kongress der Archivare der DDR 1952 in Weimar, in: Klaus Oldenhage/Hermann Schreyer/Wolfram Werner (Hg.), Archiv und Geschichte. Festschrift für Friedrich P. Kahlenberg, Düsseldorf 2000, S. 115-141.
–: Thüringische Archivgeschichte 1933/34. Der »Kampf« um das Direktorat der Staatsarchive, in: Renate Wißuwa/Gabriele Viertel/Nina Krüger (Hg.), Landesgeschichte und Archivwesen. Festschrift für Reiner Groß zum 65. Geburtstag, Dresden 2002, S. 565-590.
–: Einleitung. Thüringer Archivar, Landeshistoriker und Goetheforscher. Willy Flach (1903-1958) – Ein Lebensbild, in: Ders., (Hg.), Willy Flach (1903-1958). Beiträge zum Archivwesen, zur thüringischen Landesgeschichte und zur Goetheforschung, Weimar 2003, S. 10-55.
–: Die »gemeinsame Front«. Die Arbeitstagungen der deutschen Archivverwaltungen 1941-1944, in: Robert Kretzschmar u. a. (Red.), Das deutsche Archivwesen und der Nationalsozialismus. 75. Deutscher Archivtag in Stuttgart, Essen 2007, S. 57-68.
Walther, Simone: Besonderheiten der Archivierung und Nutzung ministerialer Überlieferung der Bereiche Inneres und Justiz der DDR – Rückblick und Ausblick, in: Dagmar Unverhau (Hg.), Hatte »Janus« eine Chance? Das Ende der DDR und die Sicherung der Zukunft einer Vergangenheit, Münster 2003. S. 51-68.

–: Zum Umgang mit der NS-Vergangenheit beim personellen Neubeginn im zentralen Archivwesen der SBZ/DDR 1945-1952. Versuch einer Bestandsaufnahme, in: Robert Kretzschmar u. a. (Red.), Das deutsche Archivwesen und der Nationalsozialismus. 75. Deutscher Archivtag 2005 in Stuttgart, Essen 2007, S. 469-485 (zuvor bereits abgedruckt in: Friedrich Beck u. a. (Hg.), Archive und Gedächtnis. Festschrift für Botho Brachmann, Potsdam 2005, S. 217-236).

Weber, Hartmut: Der willkommene Benutzer – Förderung des Zugangs von Archivgut als professionelle Zielvorstellung, in: Der Archivar 54 (2001) 4, S. 291-296.

Weber, Max: Wissenschaft als Beruf, Stuttgart 2010.

Wegner-Korfes, Sigrid: Zur Biographie von Otto Korfes. Die Entwicklung vom Generalmajor in Stalingrad zum Kämpfer für deutsch-sowjetische Freundschaft, in: Zeitschrift für Geschichtswissenschaft 30 (1982) 1, S. 51-62.

–: Weimar – Stalingrad – Berlin. Das Leben des deutschen Generals Otto Korfes. Biografie, Bayreuth 1994.

Weinke, Annette: Der Kampf um die Akten. Zur Kooperation zwischen MfS und osteuropäischen Sicherheitsorganen bei der Vorbereitung antifaschistischer Kampagnen, in: Deutschland-Archiv 32 (1999), S. 564-477.

–: Die Verfolgung von NS-Tätern im geteilten Deutschland. Vergangenheitsbewältigungen 1949-1969 oder: eine deutsch-deutsche Beziehungsgeschichte im Kalten Krieg, Paderborn u. a. 2002.

–: Eine Gesellschaft ermittelt gegen sich selbst. Die Geschichte der Zentralen Stelle in Ludwigsburg 1958-2008, Darmstadt 2008.

Weiser, Johanna: Zur Geschichte der Auswertung im Kapitalismus; in: Archivmitteilungen 29 (1979) 1, S. 26-29.

–: Zur Geschichte der Auswertung im Kapitalismus; in: Archivmitteilungen 29 (1979) 2, S. 64-67.

– /Meta Kohnke: Zur Geschichte der archivischen Öffentlichkeitsarbeit im Kapitalismus Teil 1, in: Archivmitteilungen 33 (1983) 5, S. 145-150.

–: Geschichte der preußischen Archivverwaltung und ihrer Leiter von den Anfängen unter Staatskanzler von Hardenberg bis zur Auflösung im Jahre 1945, Köln u. a. 2000.

Weisbrod, Bernd: Dem wandelbaren Geist. Akademisches Ideal und wissenschaftliche Transformation in der Nachkriegszeit, in: Ders. (Hg.), Akademische Vergangenheitspolitik. Beiträge zur Wissenschaftskultur der Nachkriegszeit, Göttingen 2002, S. 11-35.

–: The Moratorium of the Mandarins and the Self-Denazification of German Academe. A View from Göttingen, in: Contemporary European History 12 (2003) 1, S. 47-69.

Weiß, Petra: Die Bergung von Kulturgütern auf der Festung Ehrenbreitstein, in: Jahrbuch für westdeutsche Landesgeschichte 26 (2000), S. 421-452.

Wellmann, Annika: Theorie der Archive – Archive der Macht. Aktuelle Tendenzen der Archivgeschichte, in: Neue Politische Literatur 57 (2012), S. 385-401.

Wember, Heiner: Entnazifizierung nach 1945. Die deutschen Spruchgerichte in der britischen Zone, in: Geschichte in Wissenschaft und Unterricht 43 (1992), S. 405-426.

Wengst, Udo: Beamtentum zwischen Reform und Tradition. Beamtengesetzgebung in der Gründungsphase der Bundesrepublik Deutschland 1948-1953, Düsseldorf 1988.

Wettmann, Andrea (Hg.): Bilanz und Perspektiven archivischer Bewertung. Beiträge eines Archivwissenschaftlichen Kolloquiums, Marburg 1994.

Wiedenmann, Rainer E.: Treue und Loyalität im Prozess gesellschaftlichen Wandels, in:

Nikolas Buschmann/Marl Borromäus Murr (Hg.), Treue. Politische Loyalität und militärische Gefolgschaft in der Moderne, Göttingen 2008, S. 36-71.

Wiesen, Rudolf: Bau von Bibliotheken und Archivgebäuden. Das Archivgebäude auf dem Brauhausberg, in: Neue Bauwelt 6 (1951) 32, S. 519-522.

Wießner, Heinz: Archivalienraub im Staatsauftrag. Beschlagnahme von Archivbeständen im Landesarchiv Altenburg durch das MfS im Januar 1962, in: Michael Gockel/Volker Wahl (Hg.), Festschrift für Hans Eberhardt, Weimar u. a. 1993, S. 593-612.

Wimmer, Mario: Die kalte Sprache des Lebendigen. Über die Anfänge der Archivberufssprache (1929-1934), in: Peter Becker (Hg.), Sprachvollzug im Amt. Kommunikation und Verwaltung im Europa des 19. und 20. Jahrhunderts, Bielefeld 2011, S. 45-74.

–: Archivkörper. Eine Geschichte historischer Einbildungskraft, Göttingen 2012.

Winkler, Wilhelm: Der Internationale Archivrat und die deutschen Archivare, in: Der Archivar 10 (1957), Sp. 161-164.

Winter, Georg: Das Bundesarchiv. Fachprobleme eines Zentralarchivs im Aufbau, in: Der Archivar 9 (1956) 1, S. 1-18.

–: Bewertung und Aussonderung von Schriftgut des 20. Jahrhunderts, in: Comité des Mélanges Braibant (Hg.), Mélanges offerts par ses confrères étrangers à Charles Braibant, Brüssel 1959, S. 542-551.

Winter, Tobias: Die deutsche Archivwissenschaft und das »Dritte Reich«. Disziplingeschichtliche Betrachtungen von den 1920ern bis in die 1950er Jahre, Berlin 2018.

Wirsching, Andreas: Zur aktuellen Situation der »Aufarbeitung der NS-Zeit«, in: Mitteilungen (2014) 4, S. 16-27.

–: Eldorado oder Dilemma. Diktaturforschung heute, in: Johannes Hürter/Hermann Wentker (Hg.), Diktaturen. Perspektiven der zeithistorischen Forschung, Berlin/Boston 2019, S. 30-46

Woitinas, Erich: Das Archivwesen der Sozialistischen Einheitspartei Deutschlands, in: Archivmitteilungen 14 (1964) 1, S. 21-24.

Wolfe, Robert (Hg.): Captured German and Related Records. A National Archives Conference, Athens 1974.

Woller, Hans (Hg.): Politische Säuberung in Europa. Die Abrechnung mit Faschismus und Kollaboration nach dem Zweiten Weltkrieg, München 1991.

Zala, Sacha: Geschichte unter der Schere politischer Zensur. Amtliche Aktensammlungen im internationalen Vergleich, München 2001.

Zechel, Arthur: Werttheorie und Kassation. Hermann Meinert zum 70. Geburtstag gewidmet, in: Der Archivar 18 (1965), Sp. 1-16.

Zibell, Stephanie: Ludwig Bergsträsser – Ein politisches Portrait, Mainz 2002.

–: Ludwig Bergsträsser und das deutsche Archivwesen, in: Archivalische Zeitschrift 87 (2005), S. 7-38.

Zimmermann, Gerhard: Das Ringen um die Vereinheitlichung des Archivwesens in Preußen und im Reich von 1933-45, in: Jahrbuch Preußischer Kulturbesitz 1967, Bd. V, S. 129-143.

Bildnachweis

S. 34
Bundesarchiv, Bild 102-16890, Foto: Pahl, Georg
Bundesarchiv, Bild 183-H29993A, Foto: o.Ang.
Bundesarchiv, Bild 146-2012-0059, Foto: o.Ang.
Bundesarchiv, Bild 146-1977-037-15, Foto: o.Ang.

S. 188
Bundesarchiv, DO 6 Bild-01-004, Foto: o.Ang. /ca. 1956
Bundesarchiv, DO 1/PA, 16985, Foto: o.Ang.
Landesarchiv Sachsen-Anhalt, Magdeburg, L 174, Nr. Foto 46.
Brandenburgisches Landeshauptarchiv, Rep. 530 SED Bezirksleitung Potsdam F B54.

S. 358
Foto: Heinrich Wolf, Koblenz
Bundesarchiv, Bild 146-1971-096-54, Foto: o.Ang.
Bundesarchiv, Bild 146-1982-148-14, Foto: o.Ang.
Bundesarchiv, Bild 147-0435, Foto: Held, Werner

S. 482
Bundesarchiv, Bild 183-54782-0010, Foto: Quaschinsky, Hans-Günter
Bundesarchiv, Bild 102-16888, Foto: Pahl, Georg
Bundesarchiv, B 198 Bild-00521, Foto: o.Ang.